Korruptionsbekämpfung und das Bestechungsstrafrechtssystem

Deutsches, europäisches und internationales Strafrecht und Strafprozessrecht

Herausgegeben von
Martin Waßmer

Band 15

PETER LANG

Semih Yumak

Korruptionsbekämpfung und das Bestechungsstrafrechtssystem

Eine kriminal- und strafrechtswissenschaftliche Studie unter besonderer Berücksichtigung des deutschen und türkischen Strafrechts

PETER LANG

Bibliografische Information der Deutschen Nationalbibliothek
Die Deutsche Nationalbibliothek verzeichnet diese Publikation in der Deutschen Nationalbibliografie; detaillierte bibliografische Daten sind im Internet über http://dnb.d-nb.de abrufbar.

Zugl.: Köln, Univ., Diss., 2020

Gedruckt auf alterungsbeständigem, säurefreiem Papier.
Druck und Bindung: CPI books GmbH, Leck

D 38
ISSN 2197-8417
ISBN 978-3-631-82932-5 (Print)
E-ISBN 978-3-631-83602-6 (E-PDF)
E-ISBN 978-3-631-83603-3 (EPUB)
E-ISBN 978-3-631-83604-0 (MOBI)
DOI 10.3726/b17611

Peter Lang – Berlin · Bern · Bruxelles · New York · Oxford · Warszawa · Wien

Diese Publikation wurde begutachtet.

www.peterlang.com

Vorwort

Die vorliegende Arbeit entstand während meines Aufenthalts als Stipendiat der Regierung der Republik Türkei und sie wurde im Sommersemester 2020 von der Rechtswissenschaftlichen Fakultät der Universität zu Köln als Dissertation angenommen. Die Literatur, Rechtsprechung und die Internetverweise entsprechen dem Stand Januar 2020.

Die Idee zu dieser Arbeit erhielt ich durch meine lange Recherche. Mein Doktorvater gab mir mit Geduld die Freiheit bei der Ausgestaltung der Arbeit. Meine Danksagung gilt zunächst deshalb meinem Doktorvater Professor Dr. iur. utr. Dr. h.c. Martin Waßmer. Ihm danke ich sehr auch für das in mich gesetzte Vertrauen und die freundschaftliche und herzliche Atmosphäre sowie wertvolle Anregungen. Für die Übernahme und zügige Fertigung des Zweitgutachtens danke ich auch sehr herzlich Herrn Professor Dr. iur. Bachana Jishkariani, LL.M.

Mein außerordentlicher Dank gilt dem Ministerium für nationale Erziehung (Türkei), das meine akademische Laufbahn in Deutschland von Anfang an unterstützt hat.

Für die kritische Durchsicht und das Lektorat des ersten Manuskripts möchte ich Herrn Martin Rath und Leon Schlömer danken.

Ein herzlicher Dank gebührt weiterhin der Leiterin des Promotionsbüros der Rechtswissenschaftlichen Fakultät der Universität zu Köln, Frau Dr. Tatiana Chekushina, die mir seine rasche Bereitschaft zur Erledigung meiner Meldungen zeigte.

Auch die vielen nicht-wissenschaftlichen und motivierenden Gespräche haben meine Arbeit unterstützt. Die Zeit, die ich in Saarbrücken verbracht habe, sorgte aufgrund der besonderen Menschen für eine positive Motivation. Das werde ich nie vergessen. Mein herzlicher Dank gilt dabei auch für die „Saarbrücker Stipendiatenkreis", die ich durch ihre ehrliche Freundschaft die vielen heiteren Momente und netten Kaffeepausen auf dem Weg zur Promotion erfahren hat.

Mein ganz besonderer Dank gilt meinen Eltern. Ohne meine Eltern wäre diese Arbeit nicht entstanden.

Der größte Dank gebührt jedoch meiner lieben Frau Selen. Sie ermöglichte mir, meine Träume zu leben und neben dem wissenschaftlichen Werdegang eine Familie zu gründen. Ich weiß, dass Du jeden meiner Schritte liebevoll begleitet hast und ich glaube, dass Du immer mit unserer Tochter Hatice Asya auf meiner Seite stehen wirst.

An letzter Stelle will ich erwähnen, dass das vorliegende Promotionsprojekt größtenteils ungerechte Vorteile i.S.d. Bestechungskriminalität klargemacht hat. Von daher widme ich als Verfasser dieser Doktorarbeit den Personen, die das (unbestechliche) Leben der anderen führen, also den Kämpfer für ein gerechtes System!

Bilecik, im Juni 2020
Semih Yumak

Inhaltsübersicht

Inhaltsverzeichnis

Zweiter Hauptteil: Rechtstheoretische und systematische Vorstellung des Verbrechensphänomens „Bestechung“

Dritter Hauptteil: Das deutsche Bestechungsstrafrechtssystem

Abkürzungsverzeichnis

aA	andere Ansicht
a.a.O.	am angegebenen Ort
ABD	Ankara Barosu Dergisi (Zeitschrift der Anwaltskammer von Ankara)
AbgG	Abgeordnetengesetz
Abs.	Absatz
AD	Adalet Dergisi (Justizzeitschrift)
a.F.	alte Fassung
AG	Aktiengesellschaft
AktG	Aktiengesetz
Am. Econ. Rev.	American Economic Review
Anm.	Anmerkung
Annu. Rev. Law Soc. Sci.	Annual Review of Law and Social Science
AntiDopG	Antidopinggesetz
ANZJC	Australian and New Zealand Journal of Criminology
APuZ	Aus Politik und Zeitgeschichte
ARSP	Archiv für Rechts- und Sozialphilosophie
Art.	Artikel
AT	Allgemeiner Teil
Aufl.	Auflage
Az.	Aktenzeichen
BauGB	Baugesetzbuch
BB	Betriebs-Berater
BBG	Bundesbeamtengesetz
BGBl.	Bundesgesetzblatt
Bd.	Band
BeckOK	Beck'scher Online-Kommentar
BeamtG	Beamtengesetz
BeamtStG	Beamtenstatusgesetz
BeckRS	Beck-Rechtsprechung
beStGB	Belgisches Strafgesetzbuch
BGB	Bürgerliches Gesetzbuch
BGBl.	Bundesgesetzblatt
BGH	Bundesgerichtshof

BGHSt	Entscheidungen des Bundesgerichtshofs in Strafsachen
BKA	Bundeskriminalamt
BLJ	Bucerius Law Journal
Brit. J. Crim.	British Journal of Criminology
Brook. L. R.	Brooklyn Law Review
BT	Besonderer Teil
BT-Drucks.	Drucksachen des Bundestages
BR	Bundesrat
BRAK	Bundesrechtsanwaltskammer
BRAO	Bundesrechtsanwaltsordnung
BRRG	Rahmengesetz zur Vereinheitlichung des Beamtenrechts
Buffalo L.R.	Buffalo Law Review
BVerfG	Bundesverfassungsgericht
BVerfGE	Entscheidungen des Bundesverfassungsgerichts
CD	Ceza Dairesi (Strafsenat)
CGK	Ceza Genel Kurulu (Großer Senat für Strafsachen)
CHD	Ceza Hukuku Dergisi (Zeitschrift für Strafrecht)
CHKD	Ceza Hukuku ve Kriminoloji Dergisi (Journal of Penal Law and Criminology)
C.L. & S.C.	Crime, Law & Social Change
CoE	Council of Europe
COM	Commission
c.p.	Codice Penale (italienisches Strafgesetzbuch)
ders.	derselbe
DDR	Deutsche Demokratische Republik
DGStZ	Deutsch-Georgische Strafrechtszeitschrift
dies.	dieselbe(n)
Diss.	Dissertation
DJT	Deutscher Juristentag
DRK	Deutsches Rotes Kreuz
DStR	Deutsches Steuerrecht
Dtv	Deutscher Taschenbuch Verlag
E	Entwurf
E.	Esas (Rechtssache)
Ed.	Editör
EGStGB	Einführungsgesetz zum Strafgesetzbuch
Einl.	Einleitung

EMRK	Europäische Menschenrechtskonvention
EstG	Einkommensteuergesetz
ETS	European Treaty Series (Sammlung Europäischer Verträge)
EU	Europäische Union
EZfPS	Die elektronische Zeitschrift für politikwissenschaftliche Studien
f., ff.	folgende (Seiten oder Randnummern)
FES	Friedrich-Ebert-Stiftung
Fn.	Fußnote
Fordham Int'l L. J.	Fordham International Law Journal
frStGB	Französisches Strafgesetzbuch (Code Pénal)
FS	Festschrift
GA	Goltdammer's Archiv für Strafrecht
GemO	Gemeindeordnung
GewO	Gewerbeordnung
GG	Grundgesetz der Bundesrepublik Deutschland
ggf.	gegebenenfalls
GRECO	Group of States against Corruption
GS	Gedächtnisschrift
GSSt	Großer Senat in Strafsachen
GTZ	Gesellschaft für Technische Zusammenarbeit
GVG	Gerichtsverfassungsgesetz
GWB	Gesetz gegen Wettbewerbsbeschränkungen
GwG	Geldwäschegesetz
Habil.	Habilitation
HD	Hukuk Dergisi (Rechtszeitschrift)
HGB	Handelsgesetzbuch
HmbGVBl.	Hamburgisches Gesetz- und Verordnungsblatt
HmbTG	Hamburgisches Transparenzgesetz
HMT	Hukuki Müzakere Toplantıları (rechtswissenschaftliche Besprechungen)
HRRS	Höchstrichterliche Rechtsprechung im Strafrecht
Hrsg.	Herausgeber/herausgegeben
HStR	Handbuch des Staatsrechts der Bundesrepublik Deutschland
HSYK	Hakimler ve Savcılar Yüksek Kurulu
ICC	International Chamber of Commerce
i.d.F.	in der Fassung

i.d.R.	in diesem Rahmen
i.d.S.	in dem/diesem Sinne
i.E.	im Ergebnis
i.e.S.	im engeren Sinne
insb.	insbesondere
IntBestG	Gesetz zur Bekämpfung internationaler Bestechung
Int. Rev. of Penal Law	International Review of Penal Law
InULR	Inonu University Law Review
i.R.d.	im Rahmen der/des
i.S.d.	im Sinne der/des
IStGH	Internationaler Strafgerichtshof
i.V.m.	in Verbindung mit
i.w.S.	im weiteren Sinne
JA	Juristische Arbeitsblätter
JAB	Justizausschussbericht der Nationalversammlung (Adalet Komisyonu Raporu)
J. Law & Society	Journal of Law and Society
JR	Juristische Rundschau
JURA	Juristische Ausbildung
jurisPR-Compl	Juris PraxisReport Compliance and Investigations
JuS	Juristische Schulung
JZ	Juristenzeitung
K.	Karar (Entscheidung, Beschluss)
Kap.	Kapital
KB	Korruptionsbekämpfung
KBG	Korruptionsbekämpfungsgesetz
KJ	Kritische Justiz. Vierteljahresschrift für Recht und Politik
KOM	Europäische Kommission
KOM	Kaçakçılık ve Organize Suçlarla Mücadele (Polizeiliche Abteilung für Bekämpfung der Schmuggel und OK)
KorrBekG	Gesetz zur Bekämpfung der Korruption
KP	Kriminalpolitik
KPKp	Kölner Papier zur Kriminalpolitik
KPzKp	Kölner Papiere zur Kriminalpolitik
Kriminalistik	Kriminalistik. Unabhängige Zeitschrift für die kriminalistische Wissenschaft und Praxis
Krim. J.	Kriminologisches Journal

KriPoZ	Kriminalpolitische Zeitschrift
KritV	Kritische Vierteljahresschrift für Gesetzgebung und Rechtswissenschaft
KZfSS	Kölner Zeitschrift für Soziologie und Sozialpsychologie
lit.	Litera
LK	Leipziger Kommentar
LPK	Lehr- und Praxiskommentar
MA	Masterarbeit
MDR	Monatsschrift für Deutsches Recht
medstra	Zeitschrift für Medizinstrafrecht
MIP	Zeitschrift für Parteienwissenschaften
MschrKrim	Monatsschrift für Kriminalpsychologie und Strafrechtsreform bzw. Monatsschrift für Kriminologie und Strafrechtsreform
MüKo	Münchener Kommentar
m.w.N.	mit weiteren Nachweisen
NCP	Nouveau Code Pénal
NJ	Neue Justiz. Zeitschrift für Rechtsentwicklung und Rechtsprechung
NJW	Neue Juristische Wochenschrift
NJW-RR	NJW-Rechtsprechungs-Report
NK	Neue Kriminalpolitik; Nomos Kommentar
Nr.	Nummer
NRW	Nordrhein-Westfalen
NS	Nationalsozialismus; nationalsozialistisch
NSDAP	Nationalsozialistische Deutsche Arbeiterpartei
NStZ	Neue Zeitschrift für Strafrecht
NStZ-RR	Neue Zeitschrift für Strafrecht, Rechtsprechungs-Report
NVwZ	Neue Zeitschrift für Verwaltungsrecht
NZWiSt	Neue Zeitschrift für Wirtschafts-, Steuer- und Unternehmensstrafrecht
Obj.	Objektiv(e)
OECD	Organisation for Economic Co-operation and Development
OK	Organisierte Kriminalität
OLG	Oberlandesgericht
OWiG	Gesetz über Ordnungswidrigkeiten

öStGB	Österreichisches Strafgesetzbuch
PKS	Polizeiliche Kriminalstatistik
PPP	Public Private Partnership
PVS	Politische Vierteljahresschrift
RC	Compliance Report
Rec	Records
RG	Resmi Gazete (Gesetzblatt)
RGSt	Entscheidungen des Reichsgerichts in Strafsachen
Rl.	Richtlinie zur Korruptionsprävention v. 2004
Rn.	Randnummer
RuP	Recht und Politik
S.	Seite
schweiz.	schweizerische
SD	Sayıştay Dergisi (Zeitschrift für Rechnungshof)
SGB	Sozialgesetzbuch
SJZ	Süddeutsche Juristenzeitung
SK	Systematischer Kommentar
spStGB	Spanisches Strafgesetzbuch
sStGB	Schweizerisches Strafgesetzbuch
StA	Staatsanwaltschaft
StÄG	Strafänderungsgesetz
StPO	Strafprozessordnung
StGB	Strafgesetzbuch
STHK	Seçimlerin Temel Hükümleri ve Seçmen Kütükleri Hakkında Kanun (Gesetz zur grundsätzlichen Bestimmung der Wahl)
StV	Strafverteidiger
StVollzG	Strafvollzugsgesetz
subj.	subjektiv(e)
SÜHFD	Selçuk Üniversitesi Hukuk Fakültesi Dergisi (Zeitschrift der Juristischen Fakultät der Universität Selçuk)
TAAD	Türkiye Adalet Akademisi Dergisi (Zeitschrift für Justizakademie der Türkei)
TBB	Türkiye Barolar Birliği (Union der türkischen Anwaltskammern)
TBBD	Türkiye Barolar Birliği Dergisi (Zeitschrift der Union der türkischen Anwaltskammern

TBMM	Türkiye Büyük Millet Meclisi (Große Nationalversammlung der Türkei)
TCK	Türk Ceza Kanunu (türkisches Strafgesetzbuch)
Teilbd.	Teilband
TEPAV	Türkiye Ekonomi Politikaları Araştırma Vakfı (Türkische Stiftung für wirtschaftspolitische Forschung)
TI	Transparency International
türk.	türkische/türkischer/türkisches/türkische(-m/-n)
TV	Tatverdächtige
u.a.	und anderen
UN	United Nations
UNCAC	United Nations Convention against Corruption
UNESCAP	United Nations Economic and Social Commission for Asia and the Pacific
Universitas	Universitas – Orientieren! Wissen! Handeln!
UNODC	United Nations Office on Drugs and Crime
UnRV	Unrechtsvereinbarung
UnRVM	Unrechtsvereinbarungsmodell(-e)
Urt.	Urteil
u.U.	unter Umständen
v.	von/vom
VerfG	Verfassungsgesetz
VerpflG	Gesetz über die förmliche Verpflichtung nichtbeamteter Personen
VJH	Vierteljahreshefte Zur Wirtschaftsforschung
VJW	Vierteljahreshefte zur Wirtschaftsforschung
Vorb./Vorbem.	Vorbemerkung
VSWG	Die Vierteljahrschrift für Sozial- und Wirtschaftsgeschichte
VwV	Verwaltungsvorschrift
VwVfG	Verwaltungsverfahrensgesetz
WahlG	Wahlgesetz
WiJ	Journal der Wirtschaftsstrafrechtlichen Vereinigung e.V.
WiRO	Wirtschaft und Recht in Osteuropa
WirtStR	Wirtschaftsstrafrecht
wistra	Zeitschrift für Wirtschafts- und Steuerstrafrecht
WK	Wirtschaftskriminalität
WpHG	Wertpapierhandelsgesetz

WStG	Wehrstrafgesetz
Yale L.J.	Yale Law Journal
YD	Yargıtay Dergisi (Zeitschrift des Kassationshofs)
ZaöRV	Zeitschrift für ausländisches öffentliches Recht und Völkerrecht
z. B.	zum Beispiel
ZfRSoz	Zeitschrift für Rechtssoziologie
ZfRV	Zeitschrift für Europarecht, Internationales Privatrecht und Rechtsvergleichung
ZIS	Zeitschrift für Internationale Strafrechtsdogmatik
Zit.	Zitiert
ZJS	Zeitschrift für das Juristische Studium
ZRP	Zeitschrift für Rechtspolitik
ZStW	Zeitschrift für die gesamte Strafrechtswissenschaft
ZStrR	Schweizerische Zeitschrift für Strafrecht
z. T.	zum Teil
ZWH	Zeitschrift für Wirtschaftsstrafrecht und Haftung im Unternehmen

Abbildungsverzeichnis

§ 1 Einleitung

A. Ausgangspunkt der Arbeit und Ziel der Untersuchung

Wer sich des Phänomens der Korruption und ihrer Bekämpfung annimmt, stößt heute auf eine vielfältige Rechtsliteratur, auf Dissertationsprojekte, Bücher, Aufsätze, einschließlich einer Vielzahl von Abhandlungen, wie auch Handreichungen zu den Korruptions- und Bestechungsdelikten.[1] Diese Tendenz zeichnet sich national und international ab.

Den strafrechtlichen Kern der Korruption bilden die klassischen Bestechungsdelikte.[2] Um Korruption durch das Strafrechtsinstrumentarium angemessen bekämpfen zu können, ist ein gerechtes, klar und deutlich strukturiertes Bestechungsstrafrechtssystem nötig. Zu diesem Zweck sind die Bestechungsstraftaten vom Gesetzgeber allgemeinverständlich und gerecht zu konzipieren.

Die vorliegende Arbeit – die zunächst das Fachwissen der Strafrechtswissenschaft und die kriminalpolitischen Ansätze in Bezug auf die Bestechungsdelikte systematisiert[3] sowie Schwächen und Defizite des Bestechungsstrafrechts zum Thema Korruptionsbekämpfung vorstellt – wird für die Lehre und die künftige Gesetzgebungsarbeit einen hoffentlich nützlichen Beitrag leisten können.

Sowohl das heutige deutsche als auch das türkische Bestechungsstrafrecht sind – als jeweils eigene Struktur bzw. als Bestandteil des Korruptionsstrafrechts – jedoch zumindest teilweise defizitär und weisen kein einheitliches Bild auf. Es wird aufzuzeigen sein, inwiefern das Bestechungsstrafrecht beider Länder verbesserungswürdig ist. Vor diesem Hintergrund sind Reformen und intendierte

---

1 Es wird hier von einer „Literaturbombe" gesprochen. Siehe *v. Alemann*, in: ders. (Hrsg.), Dimensionen politischen Korruption, 2005, S. 14; vgl. auch *Androulakis*, Globalisierung der Korruptionsbekämpfung, 2007, S. 29.

2 Die „Kernhandlung strafbarer Korruption" ist nach *Korte*, in: MüKo-StGB, 2019, § 331, Rn. 8, „die Annahme und Gewährung von Vorteilen für künftige pflichtwidrige Handlungen"; gleichfalls *Kudlich/Oğlakcıoğlu*, Wirtschaftsstrafrecht, 2014, Rn. 386: „Ist der Vorteil als Gegenleistung für eine konkrete und rechtswidrige Amtshandlung zugeflossen, liegt der „klassische Fall einer Bestechung bzw. Bestechlichkeit vor". So auch *Kaufmann*, JZ 1959, S. 375 (377): „Echte Bestechung (Bestechlichkeit) ist nur die Bestimmung (das Bestimmtwerden) zu einer künftigen pflichtwidrigen Handlung". Vgl. auch *Barranco*, in: FS-Tiedemann, 2008, S. 870; *Kuhlen*, in: NK-StGB, 2017, § 331, Rn. 13.

3 Zur Relevanz des Systemdenkens im Strafrecht *Roxin*, Strafrecht AT 1, 2006, § 7, Rn. 37 ff.

Verbesserungen der aktuellen Gesetzeslage zu erwarten. Die vorliegende Arbeit setzt sich daher zum einen kritisch mit dem Standort der Bestechungsstraftaten auseinander und unternimmt es zum anderen, die Gesamtstruktur strafbarer Bestechungshandlungen systematisch darzulegen.

Eine der wichtigsten Aufgaben der Rechtswissenschaft ist es, dem Gerechtigkeitspostulat im System des nationalen Rechts Geltung zu verschaffen. Es bezieht indes eine bevorzugte Stellung gegen den rechtswissenschaftlichen Systematisierungsgedanken.[4] So darf die *Einzelfallgerechtigkeit* nicht außer Acht gelassen werden. In diesem Bewusstsein stellt auch die vorliegende Arbeit die „*Systemgerechtigkeit*" zweier unterschiedlicher Bestechungsstrafrechtskonzepte in Frage.[5]

Diese Arbeit setzt sich zum Ziel, den Kern der Korruption und die Gesamtstruktur der Bestechungsdelikte zu beschreiben sowie den Standort der Bestechlichkeit und Bestechung in der strafrechtstheoretischen Diskussion zu klären. Der Aufbau der Arbeit orientiert sich an der Darlegung folgender vier grundlegenden Themen:

I. Kriminalphänomenologische (faktische) und kriminalwissenschaftliche Stellung des Phänomens „Korruption"

Der Begriff der Korruption liefert derzeit für Politiker, Gesellschaftskritiker und Medien ein neues „Feindbild".[6] Um den „Feind" in Gestalt der Korruption kennenzulernen, müssen wir um das „Phänomen Korruption" und den Kern von Korruption wissen. Deshalb wird das „Phänomen der Korruption" in diese Arbeit einbezogen.[7] Juristische Analysen zum Korruptionsphänomen bieten hier zwar die Beschreibung von Kernelementen, aber ihre Erklärung und Konsequenzen basieren nicht auf empirischen Ansätzen.[8] Jede rechtswissenschaftliche Untersuchung sollte aber an „Rechtstatsachen" anknüpfen.[9]

---

4 *Wagner*, JuS 1963, S. 457 (465).

5 *Sauer*, Allgemeine Strafrechtslehre, 1955, S. 20, bringt zu Recht zum Ausdruck, dass das höchste Ziel aller Juristen „*die Konkretisierung der Gerechtigkeit*" sei.

6 Siehe *Richter*, Kunst der Korruption, 1989, S. 10; *Kaiser*, Universitas 1991, S. 1062 (1063).

7 *Zimmermann*, Das Unrecht der Korruption, 2018, S. 287, sucht in ähnlicher Weise die Antwort auf die Frage: „Was ist das Unrecht der Korruption?" in seiner Habilitationsschrift „anhand einiger der im Schrifttum vorgeschlagenen Korruptionsdefinitionen" neben den Rechtsgutsbetrachtungen.

8 *Graeff*, in: Priddat/Schmid (Hrsg.), Korruption als Ordnung zweiter Art, 2011, S. 11; *Reichard*, in: Graeff/Grieger (Hrsg.), Was ist Korruption, 2012, S. 94, 96.

9 *Wagner*, JuS 1963, 457 (458).

Darüber hinaus sind viele Probleme mit diesem interdisziplinär und komplex erscheinenden Begriff verbunden.[10] Hingegen verlangt die rechtspolitische Diskussion eine bestimmte, verständliche und nachvollziehbare Definition, um die gesetzlichen Lücken zu schließen.[11] Sorgt man sich um die Korruptionsbekämpfung, so sollte man sich beizeiten über die Definition Gedanken machen.[12] Somit muss zunächst der Begriff „Korruption" erläutert werden.[13] Entsprechend sollen hier die Erklärungsversuche einiger einschlägiger Disziplinen erörtert werden. Für dieses vorläufige Vorgehen ist der Ausdruck „Erklärungsversuche" angemessen, da die Definitionen weder allgemeingültig noch generalisierbar sind. Zudem existiert eine kaum abschließend zu erfassende Menge an Literatur, die dieses Phänomen zu definieren sucht.

So ist das Ziel hier zunächst, das Phänomen Korruption zu beschreiben und seinen Zusammenhang mit den Bestechungsdelikten darzulegen.

II. Rechtstheoretische und strafrechtliche Betrachtung des Verbrechensphänomens „Bestechung"

Um das Verbrechensphänomen „Bestechung" und seinen Zusammenhang mit der Korruption eindeutig darlegen zu können, bedarf es einer kriminalphänomenologischen Darstellung. Diese Erläuterungen folgen nicht nur einem Bedürfnis von Kriminalisten oder Kriminologen, sie sind auch eine Aufgabe von Strafjuristen.[14]

---

10 Vgl. *v. Arnim*, in: ders. (Hrsg.), Korruption, 2003, S. 17; *v. Alemann*, in: ders. (Hrsg.), Dimensionen politischen Korruption, 2005, S. 22; *v. Arnim/Heiny/Ittner*, Der Begriff Korruption, 2006², Vorwort, V und S. 1 f.; *Nagel*, Internationale Maßnahmen, 2007, S. 30; *Androulakis*, Globalisierung der Korruptionsbekämpfung, 2007, S. 32; *Marsch*, Internationale Korruptionsbekämpfung, 2010, S. 17.

11 Vgl. *Dölling*, Gutachten, 1996, C 10; *Überhofen*, Korruption und Bestechungsdelikte, 1999, S. 30; *Bannenberg*, Strafrechtliche Kontrolle, 2002, S. 13; *v. Arnim/Heiny/Ittner*, Der Begriff Korruption, 2006², S. 14. Nach *Geisler*, Korruptionsstrafrecht und Beteiligungslehre, 2013, S. 22, ist der Terminus Korruption „ein Schlüsselbegriff der gegenwärtigen rechtspolitischen Auseinandersetzung".

12 *Reichard*, in: Graeff/Grieger (Hrsg.), Was ist Korruption?, 2012, S. 102.

13 Zustimmend auch mit ähnlichen Gründen *Dölling*, Gutachten, 1996, C 10; *v. Alemann/Bäcker/Schmidt*, MIP 2008/09, S. 16 (18); *Marsch*, Internationale Korruptionsbekämpfung, 2010, S. 18; *Kannemann*, Korruption und Anreize, 2013, S. 9; *Geisler*, Korruptionsstrafrecht und Beteiligungslehre, 2013, S. 39.

14 Vgl. *Geerds*, in: FS-Mayer, 1966, S. 605 ff.; *ders.*, Kriminalistik 1968, S. 234 (235).

Hier ist es das Anliegen dieser Arbeit, das allmählich komplex werdende kriminal- und strafrechtswissenschaftliche Fachwissen von Bestechungsdelikten im Sinne der Rechtstheorie und anhand der deutschen und türkischen Strafrechtsdogmatik zur Korruptionsbekämpfung verständlich und deutlich zu machen, mithin zu systematisieren, es zu einem sinnvollen und allgemeinen Gesamtbild zusammenzusetzen.

III. Systematische Darstellung und kritische Betrachtung des deutschen und türkischen Bestechungsstrafrechts

In diesem Teil der Arbeit wird angestrebt, die Gesamtstruktur mit ihren problematischen Punkten zu erfassen. Mit der Darstellung der Struktur wird die Komplexität des Untersuchungsgegenstands offengelegt und damit relevante dogmatische Probleme herausgearbeitet. Erst diese systematische Darstellung ermöglicht es, die Defizite und Fehlentwicklungen festzustellen und im Anschluss daran Vorschläge zur Problematik und Systematik zu machen.

Es ist das Ziel der vorliegenden Untersuchung, strafrechtsdogmatische Probleme und Wertungswidersprüche festzustellen, anschließend strafrechtsdogmatische und kriminalpolitische Vorschläge anzubieten. Außerdem wird die *Systemgerechtigkeit* in Frage gestellt und geprüft, ob die gegenwärtigen Bestechungsstrafrechtssysteme im Einzelnen vertretbar sind.[15] Somit hat diese Arbeit das Ziel, den Weg zu Reformen zu bereiten und ihn zu beleuchten, indem sie die Defizite beider Bestechungsstrafrechtssysteme erkennbar werden lässt.
Die *Untersuchungsfragen* lauten also:

- ➢ Bilden das deutsche und türkische Bestechungsstrafrecht ihr jeweils eigenes System im Besonderen Teil des jeweiligen StGB? *(Untersuchungsfrage 1)*
- ➢ Sind die Konstruktion und Ausgestaltung der beiden Bestechungsstrafrechte gerechtfertigt, sachgemäß und zeitgemäß strukturiert? *(Untersuchungsfrage 2)*

IV. Eigene Lehre zu den Bestechungsdelikten

Es gibt in der kontinentaleuropäischen Rechtssprache und in diesem Rechtskreis keine einheitliche Praxis und Doktrin bei der strafrechtlichen Betrachtung des klassischen Verbrechensphänomens der Bestechung. Es bedarf mithin klarer

15 *Dieterich*, Systemgerechtigkeit und Kohärenz, 2014, S. 544–545, versteht dagegen diese Prüfung als „subsidiäre, zusätzliche Ebene". Doch widerspricht es dem höchsten Ziel des Rechts.

Kriterien dazu, wann und in welchem Rahmen ein Akteur eine Bestechungsstraftat begeht. Daraus ergibt sich die dritte Untersuchungsfrage dieser Arbeit:

➢ Worin besteht der Unrechtskern der Bestechung im strafrechtsdogmatischen Sinne? *(Untersuchungsfrage 3)*

B. Problemstellung

I. Unklarheit

Nicht jede Tätigkeit gegen Entgelt, die in einem zweifelhaften Synallagma erfolgt, ist sozialgefährlich und strafwürdig. Im Gegensatz zu den vielfältigen sozialen, in Politik und Medien verhandelten Sanktionswünschen ist festzuhalten, dass auch nicht jedes zweifelhafte menschliche Handeln i.R.d. Korruptionsbekämpfung bestraft werden kann. Dies ergibt sich schon aus der Einschränkung des menschlich relevanten Handelns i.S.d. Strafrechts: das Strafbarkeitsrisiko darf im menschlichen Leben nicht unkontrolliert und uneingeschränkt bewirkt werden. Es muss im Lichte geschützter Rechtsgüter und unter einem besonderen Legitimationsaspekt zweckmäßig und sachgerecht sowie verhältnismäßig eingeschränkt werden.[16]

Es besteht keine Einigkeit in der terminologischen Verwendung und in den Legitimationsgrundlagen. Vor diesem Hintergrund ist heute die Unterscheidung zwischen klassischen Bestechungstatbeständen und bestechungsähnlichen Delikten schwer geworden. Dies gilt für das deutsche Bestechungsstrafrecht theoretisch, wogegen es im türkischen Strafrecht unbestreitbar klar in Erscheinung tritt.

Bei den Bestechungstatbeständen im türkischen Strafrecht geht es demnach um eine sehr weite Vorverlegung der Strafbarkeit, um mögliche Strafbarkeitslücken zum Zwecke des Kampfes gegen die Bestechungskriminalität zu schließen. Das ergibt sich einerseits aus einem zu weit ausgestalteten Präventionsgedanken hinsichtlich der Korruptionsbekämpfung, andererseits aus grenzenloser und voller Effektivierung des Strafrechtsinstrumentariums. Auf diese Weise ist die

16 Ähnliche Gedanken i.S.d. Korruptionsbekämpfung durch Strafrechtsinstrumentarium *Volk*, in: 61. DJT, Bd. II/2, L 178. Vgl. auch BVerfGE [Schwangerschaftsabbruch-Entscheidung I] 39, 1 (45 f.); *Otto*, Grundkurs Strafrecht, 2004, § 1, Rn. 48; *Krey*, Strafrecht AT, Bd. 1, 2008, § 1, Rn. 17; *Kindhäuser*, Strafrecht AT, 2017, § 2, Rn. 5 f.

Abgrenzung zwischen strafbaren Bestechungshandlungen und straflosen Handlungen nunmehr schwer zu ziehen.[17]

II. Komplexität

Die Bestechungsdelikte sind regelmäßig komplexe Tatbestände.[18] Nicht nur die Tatbestandsstruktur, sondern auch der Ausgangspunkt des Legitimationsgrunds der jeweiligen strafbaren Bestechungshandlungen ist oft komplex und mehrdimensional.[19]

Die *Untersuchungsfrage* hierzu lautet daher:

➢ Wie könnte die Komplexität bei der Konstruktion eines Bestechungsstrafrechts reduziert werden? *(Untersuchungsfrage 4)*

III. Die Fehlentwicklungen und systematische Defizite

Hinsichtlich der Strafbarkeit des Verbrechensphänomens der Bestechung geben die heutigen Strafrechtssysteme kein einheitliches Bild ab. Die vorliegende Arbeit wird dies deutlich machen. Die Bestechungsdelikte im deutschen Strafrecht finden sich im StGB, verteilt auf vier Abschnitte in Bezug auf fünf Bereiche mit teilweise abweichenden Regelungen (§§ 108b, 108e; § 265d; § 299; §§ 299a, 299b; §§ 332, 334).[20] Im Vergleich dazu regelt das türkische StGB die Bestechung fast vollständig in einem Artikel (Art. 252 türk. StGB).

Beide Systeme enthalten strukturelle und dogmatische Fehler und falsche Gesichtspunkte hinsichtlich der Systemgerechtigkeit. Aufgrund dessen ergeben sich Schwierigkeiten und Inkonsistenzen. Ein deutliches Beispiel dafür liefert das türkische Bestechungsstrafrecht, in dem die Bestechungsdelikte mit den im Vorfeld von Bestechung und Bestechlichkeit liegenden Vortaten verschmolzen

---

17 Dasselbe Problem existiert schon im deutschen Strafrecht bezüglich der §§ 331, 333. Die Lösungsvorschläge und die Behandlung seitens der deutschen Lehre und höchstrichterlichen Rechtsprechung zu dieser Problematik werden ggf. in dieser Arbeit genutzt.

18 Vgl. *Sowada*, in: LK-StGB, 2009, § 331, Rn. 21; zum Thema Fn. 501. *Hein*, ZStW 1995, S. 429 (431): „Das italienische Strafgesetzbuch enthält in den Art. 318–322 eine komplexe Regelung der Bestechungsdelikte."

19 Vgl. *Heger*, in: Lackner/Kühl-StGB, 2018, § 331, Rn. 1; *Rosenau*, in: S/S/W-StGB, 2018, § 331, Rn. 1; *Kuhlen*, in: NK-StGB, 2017, § 331, Rn. 11.

20 §§ ohne Gesetzesbezeichnung sind im weiteren Verlauf dieser Arbeit solche des StGB.

wurden. Das führt zum einen dazu, dass die originären Bestechungsdelikte übersehen werden und macht es schwierig, die Trennung zwischen echten und unechten Bestechungsdelikten nachzuvollziehen. Darüber hinaus ruft die uneingeschränkte Anwendung des Art. 252 türk. StGB verfassungsrechtliche sowie systemimmanenten Probleme hervor.

In ähnlicher Art weist die nachträgliche Belohnung des Amtsträgers unter der Bestechlichkeit des deutschen StGB auf strukturelle Fehler hin. Ferner weckt die Gleichstellung des Versuchs mit der Vollendung der Tat im deutschen Bestechungsstrafrecht Zweifel an der Systemgerechtigkeit.

Die dogmatischen Brennpunkte zeigen sich schließlich bei der Täterschaft und Teilnahme, dem Vorteilsbegriff, der Kausalität, Feststellung der Vollendung und Beendigung der Tat, dem Vorsatz und Irrtum sowie Versuch, in Fragen der Strafausschließungs- und Aufhebungsgründe, Verjährung und zuletzt bei der Konkurrenzlehre.

C. Lösungskonzept

Um den Standort strafbarer Bestechungshandlungen und ihre Zusammenhänge mit anderen, ähnlichen Delikten sowie die Konzeption des Gesetzgebers zu verstehen, muss zunächst die Gesamtstruktur des jeweiligen Bestechungsstrafrechts dargestellt werden. Das ist nur nach einem entsprechenden Gesamtkonzept möglich.[21] Außerdem ist zu berücksichtigen, dass fast jedem Straftatbestand im Besonderen Teil des StGB zumindest ein kriminalpolitisches Verständnis zugrunde liegt.[22] Meist lässt sich aber eine eigene Kriminalpolitik mit eigener Systematik entfalten.[23]

Wenn man die eigentliche Struktur der Bestechungsdelikte und ihre Verhältnisse zu anderen, ähnlichen Konstellationen verstehen will, so muss man „die

21 Ähnlich auch der Beschluss 7 des 61. Deutschen Juristentags zur Korruptionsbekämpfung, 1996, in: 61. DJT, Bd. II/1, L 56 : „Zur Eindämmung der Korruption ist ein Gesamtkonzept erforderlich, das zahlreiche Maßnahmen auf verschiedenen Ebenen vorsieht und aufeinander abstimmt." Der schweizerische Gesetzgeber geht auch während seiner Renommierung des Korruptionsstrafrechts von dem „Gesamtkonzept gegen die Beamtenbestechung" aus. Siehe schweiz. BBl 1999, S. 5515. Vgl. auch den Aufsatz von *Schaupensteiner*, Gesamtkonzept zur Eindämmung der Korruption, in: NStZ 1996, S. 409 ff.

22 Ähnlich *Fincke*, Das Verhältnis des Allgemeinen zum Besonderen Teil des Strafrechts, 1975, S. 22.

23 Der Gedanke, dass jedes Delikt ein Verständnis oder ein System bildet, könnte als „Subsysteme in der Strafrechtslehre" bezeichnet werden.

Systematik und Ausgestaltung der Strafnorm" gut kennen.[24] Die vorliegende Arbeit stellt vor diesem Hintergrund, die *Gesamtstruktur*[25] *und Kriminalpolitik der Bestechungsdelikte* nach beiden Systemen dar. Die unten ausgeführte Untersuchung nutzt insofern die Systematik und Ausgestaltung von Strafnormen als einen der wichtigsten Kernpunkte der vorgenommenen Analyse.

Aufgrund der komplexen Natur der Bestechungstatbestände bedarf es von vornherein einer Systematisierung des vorhandenen Fachwissens.[26] Ist die komplexe Natur der Bestechungstatbestände dem Leser zugänglich gemacht und ohne weiteres aufgedeckt, erhält die Lehre Gelegenheit, die Gesamtstruktur und Systemgerechtigkeit zu überprüfen.

„Die Aufgabe jeder wissenschaftlichen Betrachtung besteht darin, ein Mannigfaltiges, in einheitlicher Art zu erfassen."[27] In diesem Zusammenhang wird das Gesamtbild der Bestechungsdelikte auf möglichst einfache, kurze und allgemeinverständliche Weise mit einer klaren Struktur erörtert, um die Komplexität zu reduzieren.

D. Begriffsbestimmung und zur Terminologie

„Das Strafrecht im engeren Sinne" stellt den Kern der Strafrechtswissenschaft dar. Dies bezieht sich auf das materielle Strafrecht und behandelt das Thema „Strafbarkeitsvoraussetzungen" (sog. Verbrechenslehre). Hierbei ist von einer dynamischen Dogmatik auszugehen, weil das Recht nicht stabil, sondern lebendig ist.

Hingegen bedeutet *„das Strafrecht im weiteren Sinne"* jene Strafrechtswissenschaft, in der das materielle Strafrecht, die Sanktionenlehre, die Strafprozesslehre und die Kriminologie sowie Kriminalpolitik als je eigene Fachdisziplinen Beachtung finden. Unter dem „Strafrecht" wird in der vorliegenden Arbeit überwiegend das Strafrecht im weiteren Sinne verstanden.

---

24 So schon *Birkmeyer*, Bestechung, in: Vergleichende Darstellung, IX. Bd., 1906, S. 310–311.

25 Um die Straftaten besser zu verstehen, empfiehlt *Lagodny* in seinem Buch, Gesamtstrukturen bzw. Systematik von Straftaten zu erkennen. Siehe *ders.*, Gesetzestexte verstehen, 2012, S. 107. Ebenfalls empfehlen *Kudlich/Aksoy*, JA 2014, S. 81 (87), die „Grundsystematik" der Raubdelikte zu kennen, um sie besser auffassen zu können.

26 „Die Systematisierung juristischen Wissens" ermögliche einen verbesserten Zugang: *Hassemer*, in: ders./Neumann/Saliger (Hrsg.), Einführung in die Rechtsphilosophie und Rechtstheorie der Gegenwart, 2016, S. 231. *Zollner*, Komplexität und Recht, 2014, S. 172, stuft die „Systembildung" als eine „wesentliche Strategie" i.R.d. Komplexitätsproblematik.

27 *Stammler*, Theorie der Rechtswissenschaft, 1911, S. 344.

Das System = Gesamtstruktur + Kriminalpolitik

Abbildung 1: Entstehung eines Teil- bzw. Subsystems im Strafrecht

Unter dem Begriff „*Systematik*" bzw. „*System*" im Besonderen Teil des StGB ist de lege lata die „juristische Konstruktion des Gesetzgebers" und die de lege ferenda zu rechtfertigende, „sachgemäße und zeitgemäße Konstruktion" zu verstehen.[28]

Eine Systematik verlangt eine sinnvoll geordnete Darstellung des Systems. Daher ist unter der *systematischen Ausgestaltung* ein planmäßiger Aufbau der Systematik i.R.d. Strafrechts zu verstehen.

Ein System soll eine sinnvolle Ordnung bieten. Abweichende und damit nicht entsprechende Konstellationen stellen *Systembrüche* dar.

Das Korruptionsstrafrecht ist ein Teil des Besonderen Teils des Strafrechts, das mithilfe der strafbaren Korruptionsdelikte der Bekämpfung und Verhinderung der Korruption dienen soll. Es besteht insbesondere aus denjenigen Deliktskreisen, die aus dem Vor- und Nachfeld und aus den verwandten Delikten der Bestechung gebildet werden. Diese Delikte werden je nach Rechtskultur kriminalisiert oder entkriminalisiert. Sie sind daher nicht abschließend.

Ein Bestechungsstrafrechtssystem besteht aus dem planmäßigen Aufbau strafbarer Bestechungsdelikte und aus besonderen Strafvorschriften sowie speziellen Prinzipien des Gesetzgebers. In diesem Zusammenhang bezieht sich der Fachausdruck „strafwürdige Bestechungshandlungen" auf die normativen Tathandlungsmodalitäten von gesetzlicher Bestechung und Bestechlichkeit.

Das Nebenstrafrecht des Bestechungsstrafrechts besteht aus den Tatbeständen, die für die anderen Bestechungsdelikte außer der Amtsträgerbestechung vorgesehen sind.

Nicht alle Vereinbarungen bezüglich eines rechtswidrigen und strafbaren Vorteils knüpfen an den Unrechtskern der Bestechung an. Eine bewusste und freiwillige Verknüpfung des ungerechtfertigten Vorteils mit der rechtswidrigen Diensthandlung bzw. Entscheidung des Amtsträgers ist eine „*Unrechtsvereinbarung*" i.S.d. vorliegenden Arbeit.

28 Vgl. *Engisch*, Die Einheit der Rechtsordnung, 1935, S. 81.

Die Straftatbestände „Vorteilsannahme“ und „Vorteilsgewährung“ sind nach hier vertretener Meinung eigenständigen Delikte, welche die im Vorfeld der Bestechung liegenden, verwandten strafbaren Konstellationen darstellen. Die vorliegende Arbeit folgt damit nicht der überwiegenden Meinung, welche die Straftaten Vorteilsannahme und Bestechlichkeit auf der Nehmerseite und Vorteilsgewährung und Bestechung auf der Geberseite der Bestechungsdelikte sieht. Vielmehr sind unter den „Bestechungsdelikten“ nur die Bestechung und Bestechlichkeit im engeren Sinne zu verstehen.

E. Abgrenzung des Themas

Im Kern jedes Systems steht ein Element, das alle anderen relevanten Elemente beeinflusst. Den Kern des Korruptionsstrafrechts bilden, wie schon erwähnt, die klassischen Bestechungsdelikte. Im Mittelpunkt der Untersuchung stehen deshalb die Bestechungstatbestände in der öffentlichen Verwaltung (sog. *Amtsträgerbestechung*).

Die Bekämpfung der Korruption mittels strafrechtlicher Instrumente ergibt sich sowohl aus nationalem Recht als auch aus internationalem Strafrecht. Die vorliegende Untersuchung begrenzt sich auf die Korruptionsbekämpfung durch das nationale Strafrecht. In Betracht kommen hierbei das deutsche und türkische Bestechungsstrafrechtssystem. So bilden die systematische Stellung und kritische Betrachtung der durch den deutschen und türkischen Strafgesetzgeber explizit als *Bestechlichkeit bzw. Bestechung in der öffentlichen Verwaltung* genannten Delikte den Schwerpunkt der Untersuchung.

Im Schwerpunkt der Studie werden also nur jene Straftaten, die vom Gesetzgeber ausdrücklich als Bestechung bzw. Bestechlichkeit benannt wurden, untersucht. Damit können die Unterschiede, Vor- und Nachteile zwischen zwei Systematiken zielführend festgestellt werden, wobei sich die Frage stellt, ob und inwieweit eine Bekämpfung der Bestechungskriminalität möglich ist und ob das deutsche bzw. türkische Bestechungsstrafrecht gerechtfertigt, sachgemäß und zeitgemäß strukturiert ist.

F. Methodischer Hintergrund der Arbeit

Einerseits aufgrund des Zusammenhangs zwischen Korruption und Bestechung und andererseits um das Gesamtbild und den Standort des Verbrechensphänomens „Bestechung“ darzulegen, ist sowohl eine kriminalphänomenologische/kriminalwissenschaftliche als auch rechtstheoretische Betrachtung erforderlich. Dies dient zur Gewinnung kriminalpolitischer Ansätze. Auf der anderen Seite werden „die Ergebnisse der Strafrechtsdogmatik" benötigt,[29] um im Zusammenhang mit dem sogenannten Kampf gegen Bestechungskriminalität die Funktionsfähigkeit des Strafrechts zu bemessen und dann i.R.d. Kriminalpolitik weitere Verbesserungsmaßnahmen bzw. bessere Instrumente und Vorschläge entwickeln zu können.

Da die Überprüfung der Effektivität von Strafrechtsinstrumentarium im Kampf gegen Bestechungskriminalität primär die Kenntnis der strafbaren Bestechungshandlungen voraussetzt, kommt der systematischen Stellung dieser Handlungen, die sich aus der Gesamtstruktur des Bestechungsstrafrechts und der verfolgten Kriminalpolitik ergibt, für den Gang der Untersuchung zentrale Bedeutung zu.

In dieser Studie geht es also nicht nur darum, sich auf die betroffenen Tatbestandsmerkmale zu konzentrieren, sondern auch um die Analyse von Rechtslagen, um vorhandene Defizite und Systemwidersprüche aufzuzeigen.

Im Hinblick auf die Kriminalpolitik soll diese Arbeit die theoretisch-deskriptiven Ansätze entwickeln, um Vorschläge für die möglichen Reformvorhaben zu treffen und damit etwaige künftige Gesetzgebungstätigkeiten zu begleiten.

I. Warum eine kriminal- und strafrechtswissenschaftliche Untersuchung?

Wie eingangs erwähnt, ist die Gerechtigkeit eine der wichtigsten Grundsätze der Rechtswissenschaft. Auch die Strafrechtswissenschaft soll ihr als ein wesentlicher Bestandteil der Rechtswissenschaft dienen.[30] In einer Analyse, die allein aus Sicht der Strafrechtsdogmatik geführt würde, bestünde die Gefahr, am Ende zu unbilligen Ergebnissen und nicht auflösbaren Fällen zu gelangen.[31] Daher

---

29 Siehe für diese Methodik *Jescheck/Weigend*, Strafrecht AT, 1996, S. 43.

30 Nach *Kindhäuser*, in: FS-Yamanaka, 2017, S. 445, steht auch die gesamte Praxis des Strafrechts unter dem Gerechtigkeitspostulat; demgemäß ist die Strafrechtswissenschaft als „Gerechtigkeitswissenschaft" berufen, dem Menschen zu dienen.

31 Zwar geht es dabei um eine materielle Betrachtung – nicht um rein formale Betrachtung – aber auf Grund der Vielfältigkeit menschlicher Handlungen und Rechtsprinzipien sowie zahlreicher Verknüpfungen von Teildisziplinen mit dem Rechtssystem bedarf es einer Analyse nach Maßgaben der gesamten Strafrechtswissenschaft bzw. der Kriminal- und Strafrechtswissenschaft. In diese Richtung auch H. *Mayer*, Strafrecht AT, 1967, Vorwort: „Der Student vergesse aber niemals, daß es im Strafrecht nicht nur um Dogmen geht, sondern vor allem um den Menschen und seine praktischen Nöte." *Planas*, ZIS 2010, S. 357 (365): „Allein die Strafrechtsdogmatik ist dazu in der Lage, einen angeblichen Rechtsakt widerspruchsfrei als bloßen Akt der Gewalt zu entlarven."

versucht diese Arbeit, entsprechend der heutigen Vorstellung der gesamten Strafrechtswissenschaft,[32] neben strafrechtsdogmatischen Aspekten kriminalphänomenologische, kriminologische und kriminalpolitische Ansichten und Lösungen für künftige Reformbewegungen zu präsentieren.

Von daher ist es sinnvoll und zweckmäßig, eine nicht nur strafrechtsdogmatische, sondern auch kriminalphänomenologische, kriminologische und kriminalpolitische Analyse in der Arbeit vorzustellen.[33] Nach weit verbreiteter Meinung der Kriminologen, ist die Kriminologie als Wahrheitswissenschaft tatsachenorientiert auf die „objektive Realität" bezogen.[34] In diesem Zusammenhang richtet sich die Kriminalphänomenologie sinngemäß auf die „naturrechtliche Rechtsontologie".

Die Kriminologie[35] liefert Informationen mit empirischem Wahrheitsanspruch und öffnet den Blick auf die Strafrechtspraxis (*Rechtstatsachenforschung*).[36] Somit dienen die Kriminologie und die Kriminalphänomenologie auch als Hilfsmittel bei Reformvorhaben im Strafrecht im engeren Sinne.[37] Außerdem liefern sie Vorüberlegungen und Nachweise über den (ausgebliebenen) Erfolg späterer Reformen.

Die Verbrechensbekämpfung braucht Theorien und Ansätze. Dafür steht die Kriminalpolitik als eigene Teildisziplin im Gesamtkonzept der Strafrechtswissenschaft zur Verfügung.

Für die Analyse der Bestechungsstrafrechtssysteme sowie zu einer Verbesserung des Strafrechts[38] ist – wie folgende Abbildungen zeigen – ein vierstufiges Modell anzuwenden.[39] In diesem Bewusstsein stellt die vorliegende Arbeit die Bestechungstatbestände in jeweiliger Systematik dar. Denn ohne

32 Das Konzept der gesamten Strafrechtswissenschaft hat das als normative Geisteswissenschaft verstandene Strafrecht modifiziert und zugleich mehr Kontakt mit den Sozialwissenschaften ermöglicht. Siehe *Calliess*, Theorie der Strafe im demokratischen und sozialen Rechtsstaat, 1974, S. 29.

33 Vgl. ferner *Kubiciel/Weigend*, KriPoZ 2019, S. 35 (38).

34 *Schneider*, JURA 2010, S. 370 (371).

35 Nach *Gropp*, Strafrecht AT, 2015, § 1, Rn. 142, stellt die Kriminologie „einen ganz wesentliches Gebiet der gesamten Strafrechtswissenschaft" dar.

36 *Kaiser*, Kriminologie, 1997, S. 405.

37 Vgl. *Tiedemann*, Gutachten, 1972, C 40.

38 Ähnlicher Ausdruck von *Schünemann*, GA 2001, S. 205 (206): „Weiterentwicklung der Strafrechtsdogmatik".

39 Siehe für das dreistufige Modell *Maurach/Zipf*, Strafrecht AT, Teilbd. 1, 1992, § 3, Rn. 9. Dies kann systematisch so gezeigt werden: Strafrecht → Kriminologie → Kriminalpolitik → Strafrechtsentwicklung → (Zirkulation) Strafrecht.

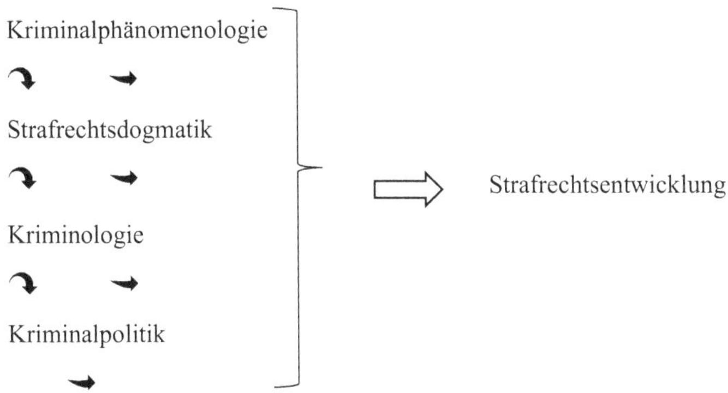

Abbildung 2: Vierstufiges Untersuchungsmodell für eine strafrechtliche Untersuchung

kriminologische und kriminalpolitische Gesichtspunkte wäre es kaum möglich, sich das Gesamtbild dieses strafrechtlich komplexen Themas vorzustellen.[40]

Diese Untersuchung verfolgt dementsprechend eine an Kriminal- und Strafrechtswissenschaft orientierte Methodik. Hierbei bedient sie sich ggf. der Logik und der Methoden von Kriminalphänomenologie, Strafrechtsdogmatik und Kriminologie sowie der Rechtsvergleichung und letztlich der Kriminalpolitik. Mithilfe dieser multidisziplinaren Perspektive der Arbeit wird außerdem der Zugang zu den komplexen Fragen des Themas gewonnen.

Die kriminalwissenschaftliche Frage der Arbeit ist hierbei wie folgend:

- „Wie und auf welchem Rechtsboden können wir mit dem Strafrechtsinstrumentarium gerechter, besser und wirksamer umgehen, damit die Begehung von Bestechungsstraftaten verhindern und das Vertrauen der Bürger in das Fairness und die Rechtsmäßigkeit der Entscheidungen stärken?" (*Untersuchungsfrage 5*).

II. Warum ist eine kritische Analyse erforderlich?

Eine der wesentlichen Aufgaben der Rechtswissenschaft ist die Verbesserung des Rechts mithilfe der kritischen Analyse der aktuellen Rechtslage.[41] Im Mittelpunkt

---

40 „Kriminologie und Kriminalpolitik [sind] untrennbar geworden.": *Bauer*, Das Verbrechen und die Gesellschaft, 1957, S. 9.

41 *v. Hippel*, Rechtspolitik, 1992, S. 185; i.S.d. Strafrechtswissenschaft *Kubiciel*, Die Wissenschaft vom Besonderen Teil des Strafrechts, 2013, S. 14 ff.; *ders.*, in: FS-Fischer, 2018, S. 143 ff.

der Studie stehen demgemäß das Bestechungsstrafrecht und seine kritische Analyse mit Blick auf die gesamte Strafrechtswissenschaft.

III. Warum eine rechtsvergleichende Studie im Lichte des deutschen und türkischen Strafrechts?

Der wichtigste Grund für die rechtsvergleichende Konzeption ist die verschiedentliche Ausgestaltung und Systematisierung.[42] Es geht also um zwei Regelungsmodelle mit systemischem Unterschied in der Gestaltung. Geregelt ist das deutsche Bestechungsstrafrecht in vier Abschnitten des StGB (namentlich 4., 22., 26. und 30. Abschnitt). Hingegen sieht der türkische Strafgesetzgeber nur einen Artikel (Art. 252 türk. StGB) für die Bestechung vor. Dieser Artikel stellt ein kumulatives Strafgesetz mit verschiedenen Täterkreisen und Rechtgütern dar. Das verdeutlicht bereits prima facie den größten Unterschied bei der Gestaltung der Bestechungstatbestände und bietet einen guten Ausgangspunkt für diese Arbeit.

Der zweite wichtige Grund für diese rechtsvergleichende Studie ist die terminologische Betrachtung und kriminalpolitische Blickrichtung des Gesetzgebers zum Verbrechensphänomen „Bestechung". Wie in dieser Arbeit dargelegt, gibt es keine gesetzliche Einschränkung der Strafbarkeit im türkischen Bestechungsstrafrecht. Dafür bieten die deutsche Doktrin und Praxis geeignete Möglichkeiten und Vorschläge, diese vorhandene Lücke auszuschließen, namentlich die für die Be- und Einschränkung des Tatbestandes des § 331 entwickelten Ansätze.

Drittens dient die Rechtsvergleichung der Vorbereitung von Rechtsvereinheitlichung. Sie ist also eine Vorphase eines solchen Bestrebens.[43] In diesem Sinne unternimmt die folgende rechtsvergleichende Arbeit den Versuch, eine Rechtsbrücke zwischen Deutschland und der Türkei zu bauen.

Zuletzt erfreut sich die deutsche Strafrechtslehre eines wachsenden Interesses in der türkischen Doktrin, da die im Jahr 1926 mit der (Voll-) Rezeption des italienischen Strafgesetzbuchs begonnene Entwicklung eine Wende erfahren hat: So wurde das neue türkische StGB, das am 1. Juni 2005 in Kraft getreten ist, größtenteils von der deutschen Verbrechenslehre und damit vom Allgemeinen Teil des StGB inspiriert.[44] Auch die türkische StPO von 1929 wurde, bereits

---

42 Siehe zur Regelungsmodelle unten § 10.

43 Siehe *Jescheck/Weigend*, Strafrecht AT, 1996, S. 45. Siehe auch i.R.d. Korruptionsbekämpfung *Eser*, in: 61. DJT, 1996, Bd. II/2, L 72.

44 Siehe *Keçelioğlu*, Der Einfluss des StGB, 2009, passim; *Ünver*, in: Hilgendorf (Hrsg.), Das Strafrecht im deutsch-türkischen Rechtsvergleich, 2009, S. 317; *Tellenbach*,

damals, aus Deutschland übernommen.[45] Seit geraumer Zeit werden die deutschen Strafprozessentwicklungen und -änderungen vom türkischen Gesetzgeber verfolgt. Die neue türk. StPO, die auch am 1. Juni 2005 in Kraft getreten ist, orientiert sich am deutschen Vorbild.[46] Aus diesen Nähebeziehungen ist auf den Nutzen rechtsvergleichender Betrachtungen für beide Seiten zu schließen.

G. Gang der Untersuchung

Die Studie gliedert sich in zwei Hauptthemen: Einerseits die Korruptionsbekämpfung durch Strafrecht und andererseits das Bestechungsstrafrechtssystem, wobei dessen Begriffe „Korruption" und „Bestechung" außerdem nach kriminalrechtswissenschaftlicher Sicht dargestellt werden.

Die vorliegende Arbeit erläutert zunächst im ersten Hauptteil das Korruptionsphänomen im Lichte von Erklärungsversuchen der verschiedenen Disziplinen (§ 2) und sucht danach seinen Standort im Rechtssystem (§ 3). Darüber hinaus wird es mithilfe kriminologischer (§ 4) und kriminalpolitischer Gesichtspunkte (§ 5) untersucht.

Im zweiten Hauptteil der Arbeit geht es um die Beschreibung des Verbrechensphänomens „Bestechung" über rechtstheoretische und kriminalwissenschaftliche Gesichtspunkte. Bevor die Studie den Stand der aktuellen Rechtslage darlegt, gilt es hier das kriminal- und strafrechtswissenschaftliche Fachwissen über die strafbaren Bestechungshandlungen insbesondere anhand des deutschen und türkischen Rechts rechtstheoretisch zu systematisieren. Die Systematisierung des Fachwissens in Bezug auf die Bestechungsdelikte bildet also den zweiten Hauptteil der Studie (§§ 7–12).

Beide Hauptteile der Studie bieten eine Zusammenfassung und ein Zwischenfazit (§§ 6, 12).

Die Arbeit legt in ihrem dritten und vierten Hauptteil (§§ 13–20), im Anschluss an die jeweilige geschichtliche Entwicklung, das deutsche respektive türkische Bestechungsstrafrecht de lege lata dar (§§ 14, 18). Bei der Beschreibung

---

Reformen in Strafrecht, 2004, S. 2; *Dağaşan*, InULR 1/2012, S. 379 (385); vgl. auch *Roxin/Isfen*, GA 2005, S. 228 (243).

45 *Önder*, ZStW 1958, S. 313 (319 f.).

46 Nach den in einer Sitzung für den StPO-Entwurf mitgeteilten Angaben des damaligen Justizministers *Cemil Çiçek* war die Strafprozessordnung von Beginn an vorbereitet, die deutschen Entwicklungen zu berücksichtigten. Siehe (*ohne Verfasser*), Tutanaklarla Ceza Muhakemesi Kanunu, 2005, S. 654.

der beiden Bestechungsstrafrechtssysteme verfolgt die vorliegende Arbeit einen *normativ-dogmatischen Ansatz.*

Bei der Erörterung von Bestechungsstraftaten folgt die Untersuchung einer Systematik nach der folgenden Kategorisierung:

- in der öffentlichen Verwaltung
- in der Justiz
- in der Politik
- in der Wirtschaft
- in der Gesellschaft

Die in Bereichen außerhalb öffentlicher Verwaltung vorgesehenen Bestechungsdelikte (§ 14 B und § 18 B) werden dabei nur grundsätzlich erörtert, um den Kern des Bestechungsstrafrechts hervorzuheben.

Nach der Darstellung von Bestechungstatbeständen, werden die kriminologischen und kriminalistischen Aspekte erläutert (§§ 15, 19).

Am Ende des dritten und vierten Hauptteils der Arbeit werden die systematische Stellung des deutschen und türkischen Bestechungsstrafrechts mit kriminalpolitischen Ansätzen (§ 16 B und § 20 B) als *das System de lege lata* präsentiert (§§ 16, 20). Dabei wird das Thema größtenteils mithilfe eines *theoretisch-deskriptiven Ansatzes* erfasst.

Nach den Erläuterungen und der kritischen Analyse werden am Anfang des fünften und abschließenden Hauptteils die strafrechtsdogmatischen Ergebnisse präsentiert (§ 21). Die *Effektivität*[47] von Strafrechtsinstrumentarien der jeweiligen Bestechungsstrafrechtssysteme wird auch hier, unter Zugrundelegung der Untersuchung der Bestechungsstrafrechtsdogmatiken, dargelegt (§ 21 A und § 21 C). So trägt die Untersuchung zum Schluss die Befunde und eine sinnvolle Synthese zusammen, die sich aus der Zusammenschau der drei vorherigen grundlegenden Themen der Arbeit ergibt (§ 22).

Die Arbeit fokussiert danach auf primäre bzw. echte Bestechungsdelikte und legt ihren Standort und ihre Bedeutung zum Thema Korruptionsbekämpfung dar. Dies öffnet den Blick auf die Gesamtstruktur von Bestechungsstraftaten im deutschen und türkischen Recht und dient zugleich als ein Versuch zur Lehre

47 Nach *Naucke*, KritV 1990, S. 244 (254), bedeutet Effektivität „Machtstärkung" im strafrechtlichen Sinne.

von den Bestechungsdelikten (§ 23). Dabei ist auch eine allgemeine Kriminalpolitik zur Bestechungsstraftatenlehre zum Zwecke der Korruptionsbekämpfung zu formulieren (§ 23 E).

In obligatorischer Übung wird zu guter Letzt die Schlussbetrachtung (§ 24) gezogen, wobei die Untersuchungsfragen der Arbeit beantwortet sind.

Erster Hauptteil: Das Phänomen „Korruption“ und sein Erscheinungsbild in der Kriminalwissenschaft

§ 2 Das Korruptionsphänomen in verschiedenen Disziplinen

Die Rechtswissenschaft beschäftigt sich zunächst mit bloßen Wörtern, die zur Erklärung und Beschreibung ihrer Begriffe dienen.[48] Manche gehen in diesem Zusammenhang davon aus, dass ihre Wissenschaft sich im Wesentlichen mithilfe dieser auf historisch kontingente Ziele richtenden Begriffe entwickelt.[49]

Unter dem Wort „Korruption" wird – wie in der Einleitung betont – ein viel diskutiertes und strittiges Thema subsumiert, das Forschungsgegenstand in diversen wissenschaftlichen Disziplinen ist.[50] So bedarf es am Anfang der Untersuchung einer klaren, möglichst kurzen Analyse des Korruptionsbegriffs im Lichte der Ausgangspunkte und Erklärungsversuche bzw. Diagnosen der einschlägigen wissenschaftlichen Disziplinen, weil es ohne Wissen, was als korrupt zu gelten habe, nicht möglich ist, sinnvoll über das Korruptions- und Bestechungsstrafrecht zu sprechen.[51] Wenig dienlich wäre auch eine Arbeit ohne eine Feststellung von Korruptionsmechanismen, Ursachen und wesentlichen tatsächlichen Problemen der Korruption.[52] Anderenfalls wäre daran zu zweifeln, ob ein wissenschaftlicher Beitrag zum Phänomen Korruption vorgelegt wird.[53] Es ist zum Zwecke der Korruptionsbekämpfung deshalb wichtig, die Erklärungsversuche und Betrachtungen der zuständigen Wissenschaften im Hinblick auf das Korruptionsphänomen darzulegen.

A. Sprachwissenschaftlicher Ansatz

In sprachwissenschaftlichen Erklärungen wird dem Wort *Korruption* nichts anderes als die Bedeutung *Bestechung, Käuflichkeit* zugewiesen. Die Herkunft

---

48 Vgl. *Herberger/Simon*, Wissenschaftstheorie für Juristen, 1980, S. 244 f.

49 *Opp*, in: Graeff/Grieger (Hrsg.), Was ist Korruption, 2012, S. 24.

50 *v. Alemann*, in: ders. (Hrsg.), Dimensionen politischer Korruption, 2005, S. 20: „Die Literatur zur Definition von Korruption ist umfangreich und unübersichtlich."; *Röhl*, Rechtssoziologie-online, 2012, S. 1158.

51 *Volk*, in: 61. DJT, Bd. II/1, L 35. Vgl, auch *v. Alemann*, in: ders. (Hrsg.), Dimensionen politischer Korruption, 2005, S. 22.

52 Vgl. *Bannenberg*, Strafrechtliche Kontrolle, 2002, S. 7; *v. Arnim/Heiny/Ittner*, Der Begriff Korruption, 2006[2], Vorwort, V; mit ähnlichen Gründen *Stanitzek*, Criminal Compliance, 2013, S. 7.

53 *Geisler*, Korruptionsstrafrecht und Beteiligungslehre, 2013, S. 38.

des Wortes rührt vom lateinischen Substantiv *corruptio*, dessen Verb *corrumpere* (verderben, vernichten) lautet.[54] Die adjektive Form des Wortes verwendet man im Deutschen seit dem 15. Jahrhundert als *korrupt*. Es bedeutet im engeren Sinne *bestechbar, bestechlich, käuflich*.[55] Das Verb *korrumpieren* wird ferner als identisch mit dem Verb *bestechen* angesehen.[56]

B. Historischer Ansatz

Die Geschichtswissenschaft verstand sich lange Zeit als politische Herrschaftsgeschichtsschreibung und konnte sich erst seit dem 18. Jahrhundert als selbstständiges wissenschaftliches Fach entwickeln.[57]

Korruption ist kein in moderner Zeit entstandenes Phänomen, sondern existiert wohl seit Anbeginn der Menschheit.[58] Das Phänomen wird in historischen Ansätzen nicht selten aus moralischer und gesellschaftskritischer Sicht beschrieben.[59] Sie wird wegen der inhärenten Pflichtenverletzung bzw. des Regelverstoßes öffentlicher Bediensteter als abweichendes Verhalten betrachtet.[60] In diesem Kontext nennt man zwar ebenso unterschiedliche wie ähnliche Formen von Korruption, beispielsweise Bestechung, Patronage, Nepotismus; viele Erklärungen neigen indes zum Konzept der Bestechung.[61] In diesem Punkt kommen insbesondere der Kauf öffentlicher Ämter (Ämterkauf) und der Stimmenkauf

54 Vgl. Wörterbuch der deutschen Gegenwartssprache, 1967; Das Etymologische Wörterbuch des Deutschen (nach *Pfeifer*), 1993, abrufbar unter: http://www.dwds.de/?qu=Korruption,; *Kluge*, Etymologisches Wörterbuch, 2002, S. 530; *Wahrig*, Deutsches Wörterbuch, 2006, S. 883; Pons, Latein-Deutsch, 2012, S. 221; Duden-Online-Wörterbuch, http://www.duden.de/node/737131/revisions/1369077/view.

55 *Kluge*, Etymologisches Wörterbuch, 2002, S. 530; *Bulitta*, Wörterbuch des Synonyme, 2003, S. 515; *Wahrig*, Deutsches Wörterbuch, 2006, S. 883.

56 Wörterbuch des Synonyme, Dtv (Hrsg.), 2005, S. 448.

57 *Wehler*, in: Armingeon (Hrsg.) Staatstätigkeiten, Parteien und Demokratie, 2013, S. 63.

58 *van Klaveren*, VSWG 1944, S. 289 (318), zum Thema Fn. 52; *v. Alemann*, in: ders. (Hrsg.), Dimensionen politischer Korruption, 2005, S. 16; *v. Alemann/Bäcker/Schmidt*, MIP 2008/09, S. 16 (20); *Engels*, Geschichte der Korruption, 2014, S. 177.

59 *Friedrich*, Pathologie der Politik, 1973, S. 108.

60 *Schuller*, Der Staat 1977, S. 373 (373); *v. Alemann/Bäcker/Schmidt*, MIP 2008/09, S. 16 (20).

61 *Schuller*, Der Staat 1977, S. 373 (373, 379); *Schuller*, in: ders. (Hrsg.), Korruption im Altertum, 1982, S. 11.

(Wahlbestechung) als häufigste Formen vormoderner Epochen in Betracht.[62] Geschenke anzunehmen ist darüber hinaus ein historisches Problem, da es zu Abgrenzungsproblemen begrifflicher wie faktischer Art führt.[63]

„Zur Zeit des Absolutismus war der Kauf und Verkauf von Ämtern etwas ganz Alltägliches." Um die Dienstleistungen zu verbessern, befürwortete beispielsweise *Montesquieu* dementsprechend den Ämterkauf ausdrücklich.[64] Die Besoldung war nicht staatlich garantiert. Infolgedessen war der Ämterkauf durch Bestechungszahlungen eine übliche Praxis.[65] Nach einer anderen Meinung entwickelten die damaligen Beamten eine Strategie dergestalt, dass sie ihre Ämter als eine Art Betrieb sahen, Bestechungszahlungen maximierten ihre konventionelle, wenn nicht gebotene Einnahmesituation.[66] Das Amt diente danach als eine Art Rententitel. Deshalb war die Korruption besonders in solchen Monarchien häufig, die sich Verfügungsmacht über zu verleihende Titel aneigneten.[67]

Die historische Quellenlage zur Korruption belegt,[68] dass die bekannten Philosophen, Beobachter und Staatsdiener die Korruption als für die Gesellschaft und für den Staat gefährlich ansahen. Sie wiesen dementsprechend die Autoritäten darauf hin, dass sie zu bekämpfen sei.[69]

62 Vgl. *Schuller*, Der Staat 1977, S. 373 (378); *Nützenadel*, in: Graeff/Grieger (Hrsg.), Was ist Korruption, 2012, S. 79. *Kaiser*, Universitas 1991, S. 1062 (1067), fügt hierbei Nepotismus neben dem Ämterkauf ein.

63 Vgl. *Schuller*, Der Staat 1977, S. 373 (376); *Kulesza*, Die Bestechung im politischen Leben Athens, 1995, S. 40.

64 *Friedrich*, Pathologie der Politik, 1973, S. 110.

65 *Sebaldt*, Pathologie der Demokratie, 2015, S. 22. Zum Beispiel wurde die Beamtenbesoldung in Preußen erst im 18. Jahrhundert eingeführt. Siehe dazu *Nützenadel*, in: Graeff/Grieger (Hrsg.), Was ist Korruption, 2012, S. 81.

66 *Nützenadel*, in: Graeff/Grieger (Hrsg.), Was ist Korruption, 2012, S. 80. Vgl, auch *van Klaveren*, VSWG 1944, S. 289 (292 ff.).

67 *Friedrich*, Pathologie der Politik, 1973, S. 105.

68 Trotz guter Quellenlage konnte die Geschichtswissenschaft „eine systematische, alle Aspekte berücksichtigende Darstellung" nicht schaffen. Siehe *Schuller*, Der Staat 1977, S. 373 (375): dieselbe Richtung auch *van Klaveren*, VSWG 1944, S. 289 (289). Es fehlt ebenso eine generalisierbare Studie und „ein klarer methodischer Fokus": *Nützenadel*, in: Graeff/Grieger (Hrsg.), Was ist Korruption, 2012, S. 79.

69 „Die Wurzel der Korruption ist dann ausschließlich der appetitus divitiarum infinitus, die unersättliche Habgier, die nun einmal zu den menschlichen Schwächen gehört und schon von den Scholastikern bekämpft wurde", *van Klaveren*, VSWG 1944, S. 289 (293–294); vgl. auch *v. Alemann*, in: ders. (Hrsg.), Dimensionen politischer Korruption, 2005, S. 16 f.; *v. Alemann/Bäcker/Schmidt*, MIP 2008/09, S. 16 (20); *Bergmann*, Korruption und Systemrationalität, 2007, S. 8; *Androulakis*, Globalisierung

Korruption wurde im geschichtlichen Ablauf nach einer Meinung bis zum 19. Jahrhundert, nach anderer Meinung bis zur Mitte des 20. Jahrhunderts, von einem Teil der Eliten unter sozialem Druck normalisiert. Sie wurde also damals teilweise als normales Verhalten bzw. als *Kavaliersdelikt* betrachtet.[70] Heute verhält es sich umgekehrt: Korruptionsdelikte sind nunmehr nicht Bagatell- bzw. Kavaliersdelikte, sondern gelten als eklatante Regelverstöße.[71]

C. Politikwissenschaftlicher Ansatz

Die Politikwissenschaft, als eine eigene Disziplin und als „ein heterogenes Fach"[72] unter den Sozialwissenschaften, beschäftigt sich ganz allgemein „mit dem Zusammenleben der Menschen als Bürger",[73] indem sie befriedigende institutionelle und allgemein verbindliche Lösungen zur Organisation von Macht zu entwickeln sucht.[74] Dabei nimmt die Politikwissenschaft auch eine geschichtliche Perspektive wahr.[75] Die Politikwissenschaft wurde in den zwischenzeitlichen Entwicklungen der Nachkriegsgesellschaften oftmals mit einer Demokratiewissenschaft gleichgesetzt.[76]

Insbesondere die Politologen befassen sich im Vergleich mit Vertretern anderer Disziplinen intensiv mit dem Korruptionsphänomen.[77] In ihren Erklärungsversuchen steht der Machtmissbrauch ohne Zweifel im Mittelpunkt.[78] Dieser

---

der Korruptionsbekämpfung, 2007, S. 41; *Reinhart*, in: FS-Imme Roxin, 2012, S. 69; *Engels*, Geschichte der Korruption, 2014, S. 173 f. Die Verfasser nennen beispielsweise die Staatslehre des Aristoteles; Platons Gedanke zur Gefahr der Käuflichkeit für die Ordnung; die Lehre des Konfuzianismus; der Ausgangspunkt von Rousseau für die Gleichheit und die Gerechtigkeit.

70 Vgl. *Friedrich*, Pathologie der Politik, 1973, S. 110, 113; *Nützenadel*, in: Graeff/Grieger (Hrsg.), Was ist Korruption, 2012, S. 80.

71 *Pies*, in: Jansen/Priddat (Hrsg.), Korruption, 2005, S. 83; *Ostendorf*, in: Buck (Hrsg.), Neue Fragen an den Rechtsstaat, 2009, S. 101. Siehe ferner unten § 9 B I.

72 *Wolf*, in: Graeff/Grieger (Hrsg.), Was ist Korruption, 2012, S. 116.

73 Vgl. *Nohlen*, in: Nohlen/Grotz (Hrsg.), Kleines Lexikon der Politik, 2011, S. 461; eingehend *Nohlen/Schultze*, Lexikon der Politikwissenschaft, 2010, S. 762 ff.

74 Vgl. *Rudzio*, Das politische System der Bundesrepublik Deutschland, 2015, S. 9 f.

75 World Bank, Helping Countries Combat, 1997, S. 16.

76 *Wehler*, in: Armingeon (Hrsg.) Staatstätigkeiten, Parteien und Demokratie, 2013, S. 65.

77 „In der politischen Diskussion ist ‚Korruption' einer der meistbenutzten Begriffe": *Hetzer*, APuZ 3-4/2009, S. 6 (6).

78 Vgl. *Friedrich*, Pathologie der Politik, 1973, S. 108 ff. Die Frage „was versteht man unter dem Begriff Missbrauch" ist aber schwierig. Siehe dazu *v. Alemann*, in: ders. (Hrsg.), Dimensionen politischer Korruption, 2005, S. 21.

Missbrauch geschieht zum Nachteil des Gemeinwohls, dementsprechend zuungunsten des öffentlichen Interesses,[79] da der z. B. Mandanten, Amtsträger oder Angestellte Missbrauchende zur Erlangung privater Vorteile handelt. Hier stellt man fest, dass private Interessen einer mit öffentlich-rechtlichen Machtbefugnissen ausgestatteten Person als ein wichtiger Beweggrund des Handelns erscheinen.[80] Gleichwohl kann die übertragene öffentliche Macht als Ausgangspunkt der Betrachtung gewählt werden.[81]

Die einfache Definition von Korruption lautet danach: „Missbrauch öffentlicher Macht zum privaten Vorteil".[82] Andere allgemeingültige Definitionen werden wie folgt ausgedrückt:

> „Verletzung der für die Demokratie unverzichtbar haltenden Normen des politischen Systems"[83]
>
> „Illegale oder unmoralische Benutzung der Amtsbefugnisse zum privaten oder politischen Vorteil"[84]

Das demokratische System erlaubt korrupte Aktivitäten nicht, erkennt in ihnen keine Quelle legitimen Handelns.[85] Je geringer die Korruption in einem Staat ausfällt, desto eher spricht man von der Qualität bzw. Funktionalität der Demokratie.[86] Da die korrupten Aktivitäten als sozialschädlich gelten, gefährdet die

---

79 Vgl. *Schultze*, in: *Nohlen/Schultze*, Lexikon der Politikwissenschaft, 2010, S. 524; *Olteanu*, Korrupte Demokratie, 2012, S. 44. *Noack*, Korruption, 1985, S. 17, geht davon aus, dass der Begriff „öffentliche Interesse" beim modernen Definitionsversuch eine große Bedeutung findet.

80 Vgl. *Senturia*, in: Encyclopedia of the Social Sciences, 1931, S. 448 ff.; *Bergmann*, Korruption und Systemrationalität, 2007, S. 9.

81 Vgl. *v. Alemann*, in: ders. (Hrsg.), Dimensionen politischer Korruption, 2005, S. 20.

82 *Senturia*, in: Encyclopedia of the Social Sciences, 1931, S. 449. In dieser Richtung auch *Friedrich*, Pathologie der Politik, 1973, S. 108; *Noack*, Korruption, 1985, S. 46; *Schultze*, in: *Nohlen/Schultze*, Lexikon der Politikwissenschaft, 2010, S. 524. Definiert man die Korruption auf diese Weise, so richtet sich diese Perspektive außerdem zu Amtsträgerkorruption. Die Kernfrage in diesem Punkt ist: Was macht Unterschied zwischen politische Korruption und Amtsträgerkorruption? Siehe dazu § 4 E I 3.

83 *Berg/Hahn/Schmidhauser*, Corruption in the American Political System, 1976, S. 3 (eigene Übersetzung).

84 *Benson*, Political Corruption in America, 1978, xiii (eigene Übersetzung).

85 Vgl. *van Klaveren*, VSWG 1944, S. 289 (299, 302).

86 *Kaiser*, Universitas 1991, S. 1062 (1067); nicht überraschend *Bussmann*, Wirtschaftskriminologie I, 2016, Rn. 635.

Korruption die liberale Demokratie.[87] Die Korruption qualifiziert sich damit als verfassungswidrig, zugespitzt nachgerade als Feindin der Menschenrechte.[88]

In autoritären Regimen ist Korruption dagegen stets anzutreffen, weil weder kritische Opposition noch die Öffentlichkeit ihre Meinungen mitteilen können. Unter derartigen Regimes wird daher keine Verantwortung für Korruptionsfälle übernommen. Korruption gefährdet mithin die freiheitliche Demokratie in hohem Maße.[89] Insbesondere fällt der Kampf gegen Korruption unter autoritären Regimen aufgrund des Fehlens von freien demokratischen Institutionen deutlich schwerer.[90]

D. Wirtschaftswissenschaftlicher Ansatz

Unter Wirtschaftswissenschaften werden gemeinhin Disziplinen erfasst, die sich der Gestaltung, dem Verlauf und den Zielen ökonomischer Prozesse widmen.[91] Sie befassen sich mit der „die Erforschung von Gesetzmäßigkeiten in der Wirtschaft", weil es nach herrschender Meinung keine zur Befriedigung des menschlichen Bedarfs hinreichenden Dienstleistungen und Güter gibt.[92] Daher sind rationale Entscheidungen während des Lebens unvermeidbar, bei denen die Gewinnmaximierung unter den Bedingungen der Knappheit im Vordergrund steht.[93]

Nach der Grundthese der Ökonomie bzw. nach dem Modell des *Homo oeconomicus*, der das Prinzip der Gewinn- und Einkommensmaximierung befolgt,[94] soll der Ausgangspunkt der Korruption dergestalt skizziert werden, dass der Bestochene sich nach einer *Kosten-Nutzen-Abwägung*[95] während seiner

---

87 *Überhofen*, Korruption und Bestechungsdelikte, 1999, S. 7.

88 Siehe *See*, Wirtschaft zwischen Demokratie und Verbrechen, 2014, S. 157.

89 *Nützenadel*, in: Graeff/Grieger (Hrsg.), Was ist Korruption, 2012, S. 88.

90 *Baurmann*, in: *v. Alemann* (Hrsg.), Dimensionen politischen Korruption, 2005, S. 178, 180.

91 Vgl. *Meyer*, in: Preuß (Hrsg.), Meyers Handbuch über die Wirtschaft, 1970, S. 1151; Duden-Wirtschaft von A bis Z, 2013, S. 58.

92 Seien sie privat, seien sie öffentlich, bilden Güter den Gegenstand der Wirtschaftswissenschaften. Dienstleistungen sollen auch in diesem Sinne als Güter verstanden werden. Siehe *Albach*, in: Kompakt-Lexikon Wirtschaft, 2014, S. 3632.

93 *Albach*, in: Gabler-Wirtschaftslexikon, 2014, S. 3632.

94 *van Klaveren*, VSWG 1944, S. 289 (290).

95 Zum einen wird vertreten, dass das „Kosten-Nutzen-Kalkül"-Modell bzw. die Rational-Choice-Theorie nach der neoklassischen Theorie hier separat beschrieben werden sollte. Diese Vorstellung ist nicht nachvollziehbar, da die Aufklärung dieses Modells darauf hindeutet, dass es auf „wirtschaftlich und zweckrational denkende Menschen"

Entscheidungen nicht für das Gemeinwohl interessiert, sondern dabei das Motiv verfolgt, eigene wirtschaftliche Interessen zu bedienen, also den eigenen Nutzen zu maximieren.[96] Damit entstehen der Volkswirtschaft externe Kosten,[97] die also von anderen Wirtschaftssubjekten ungerechterweise getragen werden müssen.[98] Somit wird das Publikum, beispielsweise vom korrumpierten Ordnungsträger, ausgebeutet.[99] Aus individueller Perspektive ist Korruption indes eine Methode der Gewinnmaximierung.[100]

Einen weiteren Ausgangspunkt neben dem Homo-oeconomicus-Modell liefert der *Property-Rights-Ansatz*. In dieser Hinsicht werden finanzielle Ressourcen wegen der Korruption nicht optimal verteilt, dadurch wird das Gemeinwohl zum einen beeinträchtigt und die kleinen Gruppen, die Tauschpartner der Korruption sind, werden zum anderen immer reicher. Hier wird das Problem von markträumenden Preisen gesehen. Dies erweckt in der Gemeinschaft allmählich das Gefühl, die Position der Politik zu verändern.[101]

Ein weiteres Modell wird unter der Trias *Prinzipal-Agent-Klient* gefasst. In diesem Modell geht es um ein Dreiecksverhältnis, das aus dem Prinzipal (z. B. Geschäftsherrn, Regierung, Staat), Agent (z. B. Beamte, Politiker, Wirtschaftsteilnehmer) und Klient (z. B. Bürger, Geschäftsmann) besteht. Bei der Interaktion verbünden sich Agent und Klient illegal gegen den Prinzipal, um sich einander Vorteile verschaffen zu können. So verletzt der Agent in der externen

---

zurückgreift. Vgl. Kompakt-Lexikon Wirtschaft, Piekenbrock/Hasenbalg (Hrsg.), 2014, S. 267, Stichwort: „homo oeconomicus". In diese Richtung *Wehler*, in: Armingeon (Hrsg.) Staatstätigkeiten, Parteien und Demokratie, 2013, S. 68; vgl. auch *Beck/Nagel*, in: Graeff/Grieger (Hrsg.), Was ist Korruption, 2012, S. 33.

96 Vgl. *v. Arnim/Heiny/Ittner*, Der Begriff Korruption, 2006^2, S. 27; Duden-Wirtschaft von A bis Z, 2013, S. 180.

97 Diese Kosten stammen nach der Neuen Politischen Ökonomie aus „illegalen bzw. anomalen Transaktionen". Vgl. *Borner/Schwyzer*, in: Pieth/Eigen (Hrsg.), Korruption im geschäftlichen Verkehr, 1999, S. 17, 20; *Priddat*, in: Jansen/ders. (Hrsg.), Korruption, 2005, S. 86; *Vehrkamp*, Wirtschaftsdienst 2005, S. 776 (777).

98 Vgl. *van Klaveren*, VSWG 1944, S. 289 (289, 292); *v. Alemann*, in: ders. (Hrsg.), Dimensionen politischen Korruption, 2005, S. 31; *Priddat*, in: ders./Schmid (Hrsg.), Korruption als Ordnung zweiter Art, 2011, S. 72; *Beck/Nagel*, in: Graeff/Grieger (Hrsg.), Was ist Korruption, 2012, S. 31.

99 *van Klaveren*, VSWG 1944, S. 289 (293); *Priddat*, in: Jansen/ders. (Hrsg.), Korruption, 2005, S. 86.

100 *van Klaveren*, VSWG 1944, S. 289 (293); Kompakt-Lexikon Wirtschaft, Piekenbrock/Hasenbalg (Hrsg.), 2014, S. 323.

101 Siehe dazu *Hey*, Ökonomische Analyse der Wirtschaftsstraftaten, 2001, S. 218.

Beziehung seinen Vertrag mit dem Prinzipal.[102] Diese vom Prinzipal-Agent-Ansatz entwickelte Theorie ist sehr populär geworden und findet allmählich mehr Interesse im juristischen Schrifttum.[103]

Der letzte wirtschaftswissenschaftliche Ausgangspunkt ist als *Rent-Seeking* bekannt. Hier wird etwa der Wettbewerb zwischen Unternehmen seitens der Regierung beschränkt, sodass das bevorzugte Unternehmen einen Vorteil erlangt. Der vorgeschaltete Wettbewerb um die Zuteilung dieser bevorzugten Position, z. B. die Lizenz für ein räumliches Monopol, wird nicht immer mit legalen Mitteln geführt. Vielmehr benutzen einige Wettbewerber dabei Bestechungszahlungen, damit sie die ‚Rente' erlangen können. Durch die Bestechungszahlungen versuchen sie, den empfundenen Nachteil von Geschäften mit der Regierung auszugleichen, bzw. als nicht notwendig erachtete Bürokratie zu umgehen.[104]

Im Gegensatz dazu steht der *Profit-Seeking-Ansatz*.[105] Hier streben Unternehmen an, Wirtschaftsmacht zu bekommen, indem sie später politische und volkswirtschaftliche Entscheidungen zu ihrem eigenen Interesse nutzen könnten.

---

102 Vgl. *Banfield*, Journal of Law and Economics 1975, S. 587 ff.; *Rose-Ackerman*, Corruption, 1978, S. 6 f.; *Klitgaard*, Controlling Corruption, 1988, S. 69 ff.; *Groenendijk*, C.L. & S.C. 1997, S. 207 (210 ff.); *Dietz*, Institutionenökonomische Analyse, 1998, S. 29 ff.; *Graeff*, in: Lambsdorff u.a. (Hrsg.), The New Institutional Economics of Corruption, 2005, S. 41; *v. Arnim/Heiny/Ittner*, Der Begriff Korruption, 2006^2, S. 28; *Lambsdorff*, The Institutional Economics of Corruption, 2007, S. 62 f,; *Noor*, Corruption in Developing World, 2009, S. 42 ff.

103 *Kaiser*, Bestechung, 1999, S. 18; *Lambsdorff/Beck*, APuZ 2009, S. 19 (21); *Wieland*, in: Jansen/Priddat (Hrsg.), Korruption, 2005, S. 48; *Androulakis*, Globalisierung der Korruptionsbekämpfung, 2007, S. 38; „Principal-agent relationships are at the heart of any corrupt transaction.“: *Rose-Ackerman*, Annu. Rev. Law Soc. Sci., 2010, S. 217 (218); *Graeff*, in: Priddat/Schmid (Hrsg.), Korruption als Ordnung zweiter Art, 2011, S. 29; *Graeff/Dombois*, in: Graeff/Grieger (Hrsg.), Was ist Korruption, 2012, S. 141; *Röhl*, Rechtssoziologie-online, 2012, S, 1159; *Kannemann*, Korruption und Anreize, 2013, S. 121; *Geisler*, Korruptionsstrafrecht und Beteiligungslehre, 2013, S. 48 ff.; *Karmann*, Regelungssysteme der Bekämpfung, 2016, S. 92.

104 Vgl. *Krueger*, Am. Econ. Rev. 1974, S. 291 (291); *Mbaku*, in: Borner/Paldam (Hrsg.), The Political Dimension of Economic Growth, 1998, S. 195, 197; *Lambsdorff*, The Institutional Economics of Corruption, 2007, S. 112 f.; *Beck/Nagel*, in: Graeff/Grieger (Hrsg.), Was ist Korruption, 2012, S. 35. *Pies*, in: Jansen/Priddat (Hrsg.), Korruption, 2005, S. 66: „Ökonomisch handelt es sich um illegales Rent-Seeking im öffentlichen Sektor, um ein Problem des Delegationsmissbrauchs zwischen Bürgern und Bürokraten.“

105 Vgl. *Lambsdorff*, The Institutional Economics of Corruption, 2007, S. 112.

So ist das Ziel der korrupten Wettbewerber, einen künftigen kostengünstigen Profit durch jetzige Investitionen zu gewährleisten. In diesem Sinne motivierte Akteure setzen in erster Linie die Mittel der Bürokratie ein, um ihren Konkurrenten Hürden entgegensetzen zu lassen.[106]

Die Erklärungen der Wirtschaftswissenschaften werden, wie oben gesehen, oft mit der Bestechung identifiziert.[107] Denn es geht hier ganz überwiegend um ein Austauschverhältnis.[108] Einem Definitionsversuch zufolge handle es sich um „jede unerlaubte Geschäftsabwicklung zwischen Agenten und dritte Parteien."[109]

Hier ist zu betonen, dass nicht alle *Rent-Seeking-Aktivitäten* illegal sind.[110] Als Beispiel dafür können Lobbying und Parteispenden genannt werden, die sich im gesetzlichen Bereich bewegen.

E. Psychologischer Ansatz

Unter Psychologie versteht man die Untersuchung des beobachtbaren Verhaltens von Menschen und ihrer mental verbundenen Entwicklungen nach wissenschaftlicher Methode. Verhalten ist i.d.S. eine Aktivität, durch die Menschen mit der Umwelt in Kontakt treten. Es besteht Einigkeit darüber, dass menschliches Verhalten nicht verstanden werden kann, ohne ihre Mentalität - die Innendimension des Individuums - zu kennen.[111]

Im Bereich der Psychologie gibt es sehr wenige Untersuchungen zur Korruption.[112] Auch bietet die Psychologie keine Definition. Hier geht es aber auch um ein abweichendes bzw. deviantes Verhalten, ein Feld, mit dem sich die Sozialpsychologie intensiv beschäftigt.[113]

Es wurde in einer empirischen Studie zu Ursachen von Korruption in Unternehmen festgestellt, dass die korrumpierenden Akteure sich selbst immer mehr

---

106 *Mbaku*, in: Borner/Paldam (Hrsg.), The Political Dimension of Economic Growth, 1998, S. 209.

107 Vgl. *Borner/Schwyzer*, in: Pieth/Eigen (Hrsg.), Korruption im geschäftlichen Verkehr, 1999, S. 22 f.; *Bauer*, Korruptionsbekämpfung durch Rechtsetzung, 2002, S. 21.

108 *Rose-Ackerman*, in: Pieth/Eigen (Hrsg.), Korruption im geschäftlichen Verkehr, 1999, S. 40. *Litzcke* u.a. (Hrsg.), Korruption: Risikofaktor Mensch, 2012, S. 9, hebt diese Interaktion hervor.

109 *Groenendijk*, C.L. & S.C. 1997, S. 207 (210, 218), eigene Übersetzung.

110 Vgl. *Pies*, in: Jansen/Priddat (Hrsg.), Korruption, 2005, S. 66; *Lambsdorff*, The Institutional Economics of Corruption, 2007, S. 115 ff.

111 Vgl. *Gerrig/Zimbardo*, Psychlogie, 2008, S. 2 f.

112 *Rabl*, in: Graeff/Grieger (Hrsg.), Was ist Korruption, 2012, S. 153, 160, 165.

113 *Rabl*, a.a.O., S. 160.

mit ihren positiven Absichten rechtfertigen. Eine häufig verwendete Rechtfertigungsstrategie beispielsweise lautet: „Ich habe nur versucht, die guten Geschäftsbeziehungen zu einem guten Kunden zu erhalten.“[114] Es wird auch vertreten, dass neu hinzugekommene Organisationsmitglieder dieses Verhalten erlernten (sog. Lerntheorie); durch Sozialisation und Prozesse der Gewöhnung sähen sie am Ende Korruption als das „kleinere Übel“ an.[115]

Aus einer Analyse von Korruption in Organisationen werden zwei Verhaltensweisen deutlich: Während die erste Gruppe daran glaubt, dass es i.S.d. organisationalen Zusammenhangs nichts mit ethischen Problemen zu tun habe, hält die andere Gruppe ihre korrupten internen Beziehungen gegenüber Externen geheim.[116]

F. Soziologischer Ansatz

Das Hauptaugenmerk der klassischen Soziologie liegt in der Beziehung zwischen Individuum und Gesellschaft. Die Soziologie untersucht dementsprechend das soziale Handeln der Individuen, indem sie an dessen Ursachen und Folgen, mit anderen Wörtern mikro- und makrosoziologische Einflüsse, in der gesellschaftlichen Struktur anknüpft.[117] Die Soziologie interessiert sich in diesem Zusammenhang nicht für die vielfältigen Umgangsformen, die mit Korruption einhergehen, sie befasst sich mit Entstehung solcher Beziehungen zwischen Akteuren.[118]

Zuallererst knüpfen die Beobachtungen von Soziologen zum Phänomen Korruption an der Dimension des abweichenden Verhaltens des Täters an.[119] Nach diesem Modell steht die Verletzung formaler oder informaler Regelungen im Mittelpunkt und es wird als Kern der Korruption betrachtet.[120] Doch wird

---

114 *Rabl*, a.a.O., S. 157 und Tabelle 1.

115 *Rabl*, a.a.O., S. 157-158.

116 Vgl. *Darley*, Brook. L. R. 2005, S. 1177 (1178, 1194).

117 *Graeff/Dombois*, in: Graeff/Grieger (Hrsg.), Was ist Korruption, 2012, S. 137.

118 *Graeff/Dombois*, a.a.O., S. 138.

119 Vgl. *Überhofen*, Korruption und Bestechungsdelikte, 1999, S. 44; *Mischkowitz*, in: ders. u.a. (Hrsg.), Einschätzungen zur Korruption, 2000, S. 387; *Baurmann*, in: *v. Alemann* (Hrsg.), Dimensionen politischen Korruption, 2005, S. 164; *Bergmann*, Korruption und Systemrationalität, 2007, S. 10; *Graeff/Dombois*, in: Graeff/Grieger (Hrsg.), Was ist Korruption, 2012, S. 137; *Geisler*, Korruptionsstrafrecht und Beteiligungslehre, 2013, S. 42.

120 *Graeff/Dombois*, a.a.O., S. 141.

kritisiert und dagegen vertreten, dass das Konzept abweichenden Verhaltens nicht geeignet sei, die Korruptionshandlungen zu subsumieren.[121]

Für die Korruption ist im soziologischen Sinne immer eine Tauschbeziehung unter der Missachtung bzw. dem Missbrauch von Regeln erforderlich.[122] Damit wir aber darüber sprechen können, soll zuerst von der Pflicht des Akteurs ausgegangen werden.[123] Dieser Grundgedanke legt den ambivalenten Charakter der Korruption offen: Es entsteht eine Tauschbeziehung, indem von den Akteuren dieser Beziehung gegen die soziale Normen verstoßen wird.[124] Daher stehen Käuflichkeit und Tausch bei den soziologischen Erörterungen im Mittelpunkt.[125]

Es geht hier um zwei Erklärungsversuche: Zum einen *Mikrosoziologische Beschreibungen*, in denen der korrupte Vorgang und die korrupten Akteurbeziehungen dargestellt werden (z. B. Korruptionsvereinbarung). Sie werden insbesondere von den psychologischen und kriminologischen Aspekten beeinflusst. Im Vergleich dazu orientieren sich *makrosoziologische Erklärungsversuche* an der gesamtgesellschaftlichen Ebene (z. B. geschätzte Korruptionsniveaus in verschiedenen Ländern). Darüber hinaus finden sich theoretische Beschreibungsversuche, die entweder auf der Mikroebene oder der makrosoziologischen Ebene basieren.[126]

---

121 Vgl. *Fleck/Kuzmics*, in: dies. (Hrsg.), Korruption, 1985, S. 7, 29 ff. Die Verfasser geben mit dem „Trinkgeld für den Parkplatzwächter" ein Beispiel. Siehe dies., a.a.O., S. 9. In diese Richtung auch *Röhl*, Rechtssoziologie-online, 2012, S. 1178. Ein anderes Beispiel dafür gibt ders. a.a.O., S. 1159, „das übliche Trinkgeld in der Gastronomie". Nicht immer wird ein einfaches abweichendes Verhalten in diesem Sinne als Normverstoß betrachtet. Siehe *Baurmann*, in: *v. Alemann* (Hrsg.), Dimensionen politischen Korruption, 2005, S. 164. Vgl. Auch *Graeff*, in: Lambsdorff u.a. (Hrsg.), The New Institutional Economics of Corruption, 2005, S. 44.

122 *Höffling*, Korruption als soziale Beziehung, 2002, S. 25; „Austausch von Gütern oder Dienstleistungen" *Graeff*, in: Priddat/Schmid (Hrsg.), Korruption als Ordnung zweiter Art, 2011, S. 31; *Röhl*, Rechtssoziologie-online, 2012, S. 1158.

123 Vgl. *Baurmann*, in: *v. Alemann* (Hrsg.), Dimensionen politischen Korruption, 2005, S. 164.

124 *Bergmann*, Korruption und Systemrationalität, 2007, S. 11.

125 *Überhofen*, Korruption und Bestechungsdelikte, 1999, S. 44, m.w.N.

126 *Graeff/Dombois*, in: Graeff/Grieger (Hrsg.), Was ist Korruption, 2012, S. 135-136. Vgl. auch *Höffling*, Korruption als soziale Beziehung, 2002, S. 59 ff; kritisch *Bergmann*, Korruption und Systemrationalität, 2007, S. 38 f.

Die rechtlichen Aspekte treffen nicht stets mit den soziologischen Ansätzen zusammen,[127] weil die Wertungen der Gesellschaft sich von Zeit zu Zeit verändern.[128] Nur ein Teil der korrupten Handlungen wird daher kriminalisiert.[129] Die nicht kriminalisierten und mit der Korruption als gleichwertig angesehenen Verhaltensweisen verstoßen aber in jedem Fall gegen die „herrschende Sozialmoral".[130]

Korruption ist zunächst einmal ein soziales Phänomen.[131] Korruptionstatbestände seien demnach soziale Tatbestände.[132] Ohne soziales Kapital,[133] also ohne „Netzwerke und ein besonderes Vertrauensverhältnis zwischen den Beteiligten", wäre es kaum möglich, über Korruption zu sprechen.[134] Für soziales Kapital bedarf es einer Zugehörigkeit mindestens eines Akteurs.[135] Selbstverständlich stellt sich die korrupte Beziehung i.d.R. „als eine positive Verbindung zwischen den korrupten Akteuren" dar. Negative Verbindungen – wie etwa Erpressung und Unterschlagung – sind kein Teil dieser Beziehung, da sie eine andere Logik

127 Als Beispiel dafür nennt *Liebl*, Soziale Probleme 2000, S. 5 (18), die Aktivitäten bezüglich des Lobbyings. Er stellt dabei die Frage: „Handelt es sich hierbei nicht um Korruption im Sinne von ‚moralischem Verfall'?"

128 Vgl. *Fleck/Kuzmics*, in: dies. (Hrsg.), Korruption, 1985, S. 7; *Henning*, in: Jansen/Priddat (Hrsg.), Korruption, 2005, S. 200; *Graeff/Dombois*, in: Graeff/Grieger (Hrsg.), Was ist Korruption, 2012, S. 140; *Röhl*, Rechtssoziologie-online, 2012, S. 1171; *Bannenberg*, in: Handbuch des Wirtschafts- und Steuerstrafrechts, 2014, Kap. 12, Rn. 2.

129 *Höffling*, Korruption als soziale Beziehung, 2002, S. 17. Siehe auch *Henning*, in: Jansen/Priddat (Hrsg.), Korruption, 2005, S. 200; *Androulakis*, Globalisierung der Korruptionsbekämpfung, 2007, S. 40; *Friedrichs*, MschrKrim, 2007, S. 91 (95).

130 *Baurmann*, in: *v. Alemann* (Hrsg.), Dimensionen politischen Korruption, 2005, S. 164.

131 *Zhang u.a.*, ANZJC 2009, S. 204 (205).

132 *Bruhn/Mischkowitz/Held*, in: Mischkowitz u.a. (Hrsg.), Einschätzungen zur Korruption, 2000, S. 387 m.w.N.; *Graeff*, in: Lambsdorff u.a. (Hrsg.), The New Institutional Economics of Corruption, 2005, S. 44; *Baurmann*, in: *v. Alemann* (Hrsg.), Dimensionen politischen Korruption, 2005, S. 176.

133 Das Sozialkapital wird eigentlich in Bezug auf Ökonomie erläutert. Siehe *Graeff*, in: Priddat/Schmid (Hrsg.), Korruption als Ordnung zweiter Art, 2011, S. 15. Nach funktionalistischer Sicht dient das soziale Kapital zur Senkung der Transaktionskosten. Siehe *Offe/Fucks*, in: Putnam (Hrsg.), Sozialkapital im internationalen Vergleich, 2001, S. 417.

134 *Baurmann*, in: *v. Alemann* (Hrsg.), Dimensionen politischen Korruption, 2005, S. 165.

135 Vgl. *Graeff*, in: Priddat/Schmid (Hrsg.), Korruption als Ordnung zweiter Art, 2011, S. 16, 31.

aufweisen.[136] Nur für Dritte bzw. für die Allgemeinheit ergibt sich aus der korrupten Beziehung eine negative Wirkung.[137] Dies führt dazu, dass die Akteure im Innenverhältnis interdependentes Vertrauen erzeugen, indem sie in ihrer Beziehung eine Gewinnmöglichkeit eröffnen. So werden diese Beziehungen von den beteiligten Akteuren als eine Ressource angesehen.[138] Korruptionsbeziehungen setzen daher nicht, wie manche Autoren meinten,[139] drei Beteiligte voraus, sondern sind Folge von Dreieckverhältnissen in Zwei-Herren-Beziehungen.[140]

Aufgrund unterschiedlicher Ausgangspunkte, der Heterogenität der sozialen Beziehungsformen und wegen der Kulturabhängigkeit der Normen ergeben sich in soziologischen Ansätzen offene und weite, jedoch keine „all-umfassenden und international verbindlichen" Definitionen bzw. Begriffsbestimmungen für das Phänomen Korruption.[141] In dieser Wissenschaft fehlt auch eine generalisierbare Erklärungstheorie. Die soziologische Perspektive ist also nicht in der Lage, für diese Arbeit brauchbare Erklärungen für das Phänomen Korruption zu bieten.[142] Deswegen sind sie für die Rechtswissenschaft, zumal für das Strafrecht, nicht geeignet;[143] regelmäßig sind die soziologischen Ansätze zu weit, als dass sie pönalisierbare Korruptionshandlungen beschreiben könnten.[144] Allerdings können diese Ansätze zielführend sein, Präventionsstrategien auf der Basis der jeweiligen Gesellschaftsstruktur zu entwickeln. Zudem können gesellschaftliche Debatten über die Normen und Werte für künftige juristische Definitionen eine wichtige Rolle spielen.[145]

---

136 Vgl. *Graeff/Dombois*, in: Graeff/Grieger (Hrsg.), Was ist Korruption, 2012, S. 141 ff. Die Abgrenzung zwischen Erpressung und Korruption ist nicht einfach. So *dies.*, a.a.O., S. 146.

137 *Graeff/Dombois*, a.a.O., S. 141. Vgl. auch *Graeff*, in: Priddat/Schmid (Hrsg.), Korruption als Ordnung zweiter Art, 2011, S. 12.

138 *Graeff*, a.a.O., S. 12.

139 *Graeff*, a.a.O., S. 29; *Röhl*, Rechtssoziologie-online, 2012, S. 1158.

140 In dieser Richtung *Graeff/Dombois*, in: Graeff/Grieger (Hrsg.), Was ist Korruption, 2012, S. 144.

141 *Graeff/Dombois*, a.a.O., S. 139, 147.

142 *Graeff/Dombois*, a.a.O., S. 136.

143 *Überhofen*, Korruption und Bestechungsdelikte, 1999, S. 45.

144 *Geisler*, Korruptionsstrafrecht und Beteiligungslehre, 2013, S. 42.

145 Vgl. *Henning*, in: Jansen/Priddat (Hrsg.), Korruption, 2005, S. 201; *Graeff/Dombois*, in: Graeff/Grieger (Hrsg.), Was ist Korruption, 2012, S. 148.

G. Moralischer und ethischer Ansatz

Zunächst bezieht sich das Phänomen Korruption auf die Moral.[146] Bei einer korrupten Tauschbeziehung handelt es sich in erster Linie um ein moralisches Konstrukt.[147] Der Begriff Korruption enthält in diesem Zusammenhang „eine negative moralische Wertung".[148]

Aus moralischer Sicht kommen primär die Werte der Gesellschaft in Betracht. In diesem Zusammenhang spricht man von Korruption dann, soweit die Werte nicht tauschbar sind. „Tauschbare und nicht tauschbare Werte" spielen also eine entscheidende Rolle.[149] Es bedarf somit in einer Gesellschaft oder in einer Gruppe einer „Regulierung von Tauschbeziehungen".[150]

Es wird auch hier diskutiert, ob alle Formen von Korruption moralisch verwerflich sind.[151] Auf keinen Fall findet man nach moralischer Bewertung eine „ernsthafte öffentliche Rechtfertigung von Korruption".[152] Es wird regelmäßig vertreten, dass Korruption zweifellos „eine Folge moralischer Fehlentwicklungen" sei.[153] Die Habgier in der modernen Gesellschaft gibt ein gutes Beispiel dafür. Die Wünsche und Verlangen des Individuums, immer mehr haben oder besitzen zu wollen, seien in unserer Zeit zunehmend beobachtbar.[154]

Das rechtliche Verbot der Korruption, das sich komplementär zu dem im Grundgesetz vorgesehenen „humanen funktionsfähigen Rechtssystem" verhält, das Grundwerten von Freiheit, Gleichheit und Gerechtigkeit dient, spiegelt die moralische Auffassung der Gesellschaft.[155] Ein gutes Beispiel dafür liefert „der am Gemeinwohl, an Gerechtigkeit und Parteilosigkeit orientierte Amtseid" von Bundespräsident, -kanzler und -ministern. Es legt deutlich den moralischen

---

146 *Fleck/Kuzmics*, in: dies. (Hrsg.), Korruption, 1985, S. 29, 31; *Braum*, NJ 1996, S. 450 (450); *Kerner/Rixen*, GA 1996, S. 355 (359).

147 Vgl. *Fleck/Kuzmics*, in: dies. (Hrsg.), Korruption, 1985, S. 8; *Beese*, in: Mischkowitz u.a. (Hrsg.), Einschätzungen zur Korruption, 2000, S. 410; *Röhl*, Rechtssoziologie-online, 2012, S. 1158.

148 *Beese*, in: Mischkowitz u.a. (Hrsg.), Einschätzungen zur Korruption, 2000, S. 405.

149 *Beese*, a.a.O., S. 418.

150 *Beese*, a.a.O., S. 417.

151 *Pies*, in: Jansen/Priddat (Hrsg.), Korruption, 2005, S. 64.

152 *Beese*, a.a.O., S. 422. „Korruption beispielsweise, die sich für alle lohnt, wäre dann gar nicht mehr verwerflich.": *Henning*, in: Jansen/Priddat (Hrsg.), Korruption, 2005, S. 195.

153 *Ahlf*, in: Vahlenkamp/Knauß (Hrsg.), Korruption, 1995, S. 446.

154 Vgl. *Ahlf*, a.a.O., S. 403.

155 Vgl. *Beese*, a.a.O., S. 418, 421, 422.

Blickwinkel der Allgemeinheit auf rechtliche Amtspflichte dar. Dem Verbot gilt ein weiteres Bedürfnis als das an Legalität.[156]

Korruption ist nicht nur ein moralisches, sondern auch ein ethisches Problem.[157] Ethik, als „die Wissenschaft vom moralischen Handeln" unter den Philosophiedisziplinen, erörtert das Phänomen Korruption mithilfe von moralischen Normen und Werten. Die Aufgabe von Ethik ist, dieses Handeln wissenschaftlich zu analysieren und zu bewerten. Moral knüpft an gegenwärtige, historisch kontingente Normen und Werte an, die durch die Gesellschaft bestimmt werden und damit davon abhängig sind.[158] Ethik strebt an, über derartige kontingente Verhältnisse hinauszugreifen.

Ethische Analysen gehen im vorliegenden Zusammenhang besonders von der Wirtschaftsethik aus.[159] Nach dieser Perspektive könnte der auf ihre Ziele setzende Markt als eine Initiative, z. B. als ein am Gemeinwohl orientierter Markt, zwar „eine moralfördernde Wirkung" mit sich bringen, er kann aber selbst niemals moralisch sein.[160] Eine durch Korruption bewirkte Störung der Allokation müsste daher zwar nach gesonderten ethischen Maßstäben gewichtet werden, sie hätte jedoch insoweit indizielle Wirkung.

Zuletzt ist auch aus moralischer Sicht nicht möglich, über ein zeitübergreifend geltendes Moralsystem zu sprechen. Es verändert sich in einer Gesellschaft oder in einer Gruppe vor allem im Rahmen geschichtlicher Entwicklungen. Es geht im Status quo daher um einen *Moralpluralismus*.[161] Korruption lässt sich gleichwohl als ein Seismograf betrachten, der „Moral und Rationalität der Gesellschaften" offenbart.[162]

H. Zwischenergebnis und Stellungnahme

Zunächst ist festzustellen, dass die Korruption ein soziales Phänomen ist, das aus vielfältigen Gründen entsteht.[163] Eine vollständige Antwort auf die Frage, was Korruption eigentlich sei, kann mit den oben dargestellten Ansätzen nicht gegeben werden. Korruption stellt also einen Ober- bzw. Sammelbegriff dar.[164] Es ist

---

156 *Isensee*, Gemeinwohl und öffentliches Amt, 2014, S. 62.
157 *Beese*, a.a.O., S. 403.
158 *Ahlf*, in: Vahlenkamp/Knauß (Hrsg.), Korruption, 1995, S. 403 ff.
159 *Pies*, in: Jansen/Priddat (Hrsg.), Korruption, 2005, S. 83.
160 *Henning*, in: Jansen/Priddat (Hrsg.), Korruption, 2005, S. 195.
161 *Ahlf*, in: Vahlenkamp/*Knauß* (Hrsg.), Korruption, 1995, S. 405.
162 *Kaiser*, in: FS-Tiedemann, 2008, S. 1591.
163 *Zhang u.a.*, ANZJC 2009, S. 204 (205) m.w.N.
164 *Überhofen*, Korruption und Bestechungsdelikte, 1999, S. 34.

aber deutlich geworden, dass die skizzierten Ansätze zum Korruptionsbegriff mit Bestechung und Bestechlichkeit assoziiert werden.

Die historische Perspektive erlaubt es zwar nicht, konkrete Empfehlungen für die Eindämmung der Korruption zu geben, aber sie macht die Wurzeln, Spielarten und die Ursachen von Korruption deutlich.[165] Korruption ist danach nicht als ein neues Feindbild der heutigen Gesellschaft anzusehen, sie ist vielmehr als ein Phänomen, das wohl *seit Menschengedenken* vorhanden ist, anzusehen: Die Geschichte zeigt, dass das Phänomen Korruption unabhängig von Religion, Herrschern, Region oder Gesellschaft immer existiert. Sie ist also *ubiquitär,* überall und jederzeit, und zugleich verschiedenartig anzutreffen.[166]

Viele Sozialwissenschaftler definieren das Phänomen im Rahmen des öffentlichen Dienstes (*Public-office-centered Definitionen*[167]). Meist handelt es sich um die Erklärungsversuche, in denen als Ausgangspunkt das „Gemeinwohl" im Zentrum steht (*Public-interest-centered Definitionen*).[168]

Die Inter- oder *Multidisziplinarität,*[169] mit der Korruption zu betrachten ist, führt zum einen dazu, dass es Schwierigkeiten bereitet, sich an einer klaren Korruptionsdefinition zu versuchen.[170] Das heutige Wissenschaftsverständnis legt nahe, dass kein allgemein anerkannter Korruptionsbegriff zu formulieren ist.

---

165 *Nützenadel*, in: Graeff/Grieger (Hrsg.), Was ist Korruption, 2012, S. 89.

166 *Friedrich*, Pathologie der Politik, 1973, S. 111; *Schuller*, Der Staat 1977, S. 373 (392); *v. Alemann*, in: ders. (Hrsg.), Dimensionen politischer Korruption, 2005, S. 19, 41; *Bergmann*, Korruption und Systemrationalität, 2007, S. 7; *v. Alemann/Bäcker/Schmidt*, MIP 2008/09, S. 16 (20); *Nützenadel*, in: Graeff/Grieger (Hrsg.), Was ist Korruption, 2012, S. 80, 88. Der Historiker Jens Ivo *Engels* teilt in einem Interview mit Deutschlandradio seine eigene Auffassung darüber so mit: „Man muss auf jeden Fall sagen, dass Formen des Gabentausches, der Bestechung, der Patronage, des Klientelismus, dass diese Formen sicherlich in allen Gesellschaften vorhanden sind und auch bis heute in unseren Gesellschaften, nicht nur in Afrika und Afghanistan, die Politik einfach strukturieren." Abrufbar unter http://www.deutschlandradiokultur.de/geben-und-nehmen-jede-gesellschaft-braucht-ein-bisschen.954.de.html?dram:article_id=288983.

167 Insbesondere nach dem Prinzipal-Agent-Modell. So *Lambsdorff*, Public Choice 2002, S. 97 (97).

168 *Heidenheimer*, in: ders./Johnston/LeVine (Hrsg.), Political Corruption, 1989, S. 8 ff.

169 Vgl. *Smelser*, in: Fleck/Kuzmics (Hrsg.), Korruption, 1985, S. 212, 223; *Kerner/Rixen*, GA 1996, S. 355 (358 ff.); *v. Arnim*, in: ders. (Hrsg.), Korruption, 2003, S. 16 (17); *Altmann*, Bestechungsstrafrecht, 2012, S. 75; *Olteanu*, Korrupte Demokratie, 2012, S. 268; *Geisler*, Korruptionsstrafrecht und Beteiligungslehre, 2013, S. 57; *Klitgaard*, Adressing corruption together, 2014, S. 18.

170 *Fleck/Kuzmics*, in: dies. (Hrsg.), Korruption, 1985, S. 32, 34; *Kerner/Rixen*, GA 1996, S. 355 (362); *Dölling*, in: Int. Rev. of Penal Law, 2003, S. 37; *ders.*, in: ders. (Hrsg.),

Es spricht einiges für die Meinung, eine abschließende Definition zu schaffen, sei aufgrund der Multidisziplinarität und Komplexität und wegen des dynamischen Charakters, mit dem das Phänomen auftritt, nicht möglich.[171] Gleichwohl erscheint die folgende Definition für beidseitige und korruptive Tauschbeziehungen zweckmäßig. So ist anhand der oben dargestellten Ansätze festzustellen, dass eine als korrupt zu bezeichnende Verhaltensweise immer zum selben Ergebnis führt:

> „Beidseitige Erlangung eines wertvollen Gegenstands, Nutzens oder Vorteils für sich oder für einen Dritten durch Vereinbarung zwischen Funktionsträger (z. B. Beamte, Angestellte) und Klient (z. B. Bürger, Vertreter oder Beauftragten eines Geschäftsherrn, Geschäftsmann), indem der Funktionsträger die Entstehung einer solchen Vereinbarung erlaubt und dazu parallel ihm überlassene/anvertraute Macht missbraucht."

Dies soll für alle korruptiven Austauschverhältnisse gelten.

Korruptionsprävention, 2007, Rn. 1; *Geisler*, Korruptionsstrafrecht und Beteiligungslehre, 2013, S. 57.

171 Vgl. *Dölling*, Gutachten, 1996, C 9; *Überhofen*, Korruption und Bestechungsdelikte, 1999, S. 46, 48; *Bannenberg*, Strafrechtliche Kontrolle, 2002, S. 15; *Nagel*, Internationale Maßnahmen, 2007, S. 28, 32; *Androulakis*, Globalisierung der Korruptionsbekämpfung, 2007, S. 34, 40; *Röhl*, Rechtssoziologie-online, 2012, S. 1158; *Karmann*, Regelungssysteme der Bekämpfung, 2016, S. 91.

§ 3 Korruption – Standort im Rechtssystem

Korruption ist nicht nur ein aktuelles politisches Thema, auch Juristen beschäftigen sich heute sehr intensiv mit ihr. Zwei Kernfragen bestimmen hier die Grenzen der wissenschaftlichen Diskussionen, nämlich was Korruption ist und worin ihre Strafwürdigkeit besteht.[172] Im vorliegenden Abschnitt wird versucht, den Standort des Konzepts Korruption im Rechtssystem deutlich zu machen.

Unabhängig davon, ob in einem Staat oder in einem Unternehmen bestimmte Aufgaben zu erledigen sind, wird ihre Erledigung Personen anvertraut.[173] Wo diese Aufgaben nicht im Rahmen der geltenden Regeln, sondern im Zusammenhang mit unzulässigen Vorteilen erfüllt werden, gehört es zum Beruf der Rechtswissenschaft, sich einschlägiger Fälle anzunehmen.[174]

Korruption zeigt sich als ein „gesamtgesellschaftliches Syndrom".[175] Sie existiert also in allen Rechts- und Wirtschaftssystemen. Aus diesem Grund wird sie mitunter als „eine der wichtigsten Krankheiten der Gesellschaft"[176], als „das zweitälteste Gewerbe der Welt"[177] oder als ein „Krebsgeschwür der Gesellschaften"[178] gesehen.

Es bleibt ohne Zweifel, dass es kein Rechtssystem gibt, in dem Korruptionsvereinbarungen bzw. Bestechungsverträge rechtlich geschützt werden sollten.[179] Jedoch findet sich auch kein Rechtssystem, in dem die Korruption oder der Korruptionstatbestand abschließend definiert wurde.[180]

---

172 *Greco*, GA 2016, S. 249 (249).

173 Vgl. *v. Arnim/Heiny/Ittner*, Der Begriff Korruption, 2006^2, S. 15.

174 Vgl. *Dölling*, in: ders. (Hrsg.), Korruptionsprävention, 2007, Rn. 2.

175 *Bergmann*, Korruption und Systemrationalität, 2007, S. 13.

176 Siehe *Feuerbach*, Themis, 1812, S. 190; *Dölling*, Gutachten, 1996, C 7 und C 30; *v. Alemann*, in: ders. (Hrsg.), Dimensionen politischer Korruption, 2005, S. 28.

177 Zitat von damaligem Leiter der StA Frankfurt am Main, zit. nach *Kerner/Rixen*, GA 1996, S. 355 (395), Fn. 20.

178 *Röhl*, Rechtssoziologie-online, 2012, S. 1153.

179 *Röhl*, a.a.O., S. 1179.

180 *Kaiser*, Universitas 1991, S. 1062 (1064); *Bottke*, ZRP 1998, S. 215 (217); *Reinhart*, in: FS-Imme Roxin, 2012, S. 69; *Geisler*, Korruptionsstrafrecht und Beteiligungslehre, 2013, S. 57. Ein Beispiel für die ausdrückliche Verwendung des Wortes „Korruption" im StGB findet man ausnahmsweise im österreichischen und im belgischen Strafrecht. Der 22. Abschnitt des öStGB heißt „Strafbare Verletzungen der Amtspflicht, Korruption und verwandte strafbare Handlungen". Dagegen verwendet der belgische Gesetzgeber im Kapitel IV des beStGB den Titel: „Korruption von Personen, die ein öffentliches Amt ausüben".

Da Korruption ein *multidisziplinärer Begriff* ist, spielt der Maßstab hier eine wichtige Rolle.[181] Denn in der Rechtswissenschaft sind erstens stets klare und abgrenzbare Fachbegriffe erforderlich. Zweitens geht es in diesem Kapitel vorzugsweise um eine strafrechtliche Untersuchung. Die Kriminalpolitik – wie zuvor erwähnt – erfordert Bestimmtheit und Klarheit.

Im juristischen Sinne dient die aktuelle Gesetzeslage als Maßstab der Beschreibung und Abgrenzung des Phänomens Korruption.[182] Sucht man den Begriff Korruption in der deutschen Gesetzgebung, findet man ihn selten.[183] Im türkischen Recht wird das Wort „Korruption" ausdrücklich und im Sinne der Korruptionsbekämpfung im „Gesetz zur Angabe über Vermögenswerte und zur Bekämpfung der Bestechung und Korruptionen" verwendet.[184] Außerdem hat der in Großbritannien im Jahr 2011 in Kraft getretene „*Bribery Act 2010*" den „*Public Bodies Corrupt Practices Act*" aus dem Jahr 1889 abgelöst.[185] Der britische Gesetzgeber sieht also die Begriffe „Korruption" und „Bestechung" (corruption and bribery) als gleichbedeutend und austauschbar an.

Zwar halten sich die meisten Gesetzgeber mit einer Definition zurück,[186] jedoch ist zu beobachten, dass die juristische Literatur, vor allem die strafrechtliche, die Absicht erkennen lässt, das Phänomen Korruption „als Synonym für Bestechung" zu verwenden.[187] Daher wird Korruption in den

---

181 Zustimmend *Nagel*, Internationale Maßnahmen, 2007, S. 33.

182 Vgl. *v. Arnim/Heiny/Ittner*, Der Begriff Korruption, 2006^2, S. 2.

183 Man findet das Wort „Korruption" ausnahmsweise im Vermögensgesetz, das im Jahr 1990 i.R.d. Wiedervereinigung der DDR verabschiedet wurde. § 4 (3) (b): […], der Erwerber *durch Korruption* oder Ausnutzung einer persönlichen Machtstellung auf den Zeitpunkt […].

184 Gesetz Nr. 3628 v. 19.4.1990, RG Nr. 20508 v. 4.5.1990. Siehe auch *Tellenbach*, in: Eser/Überhofen/Huber (hrsg.), Korruptionsbekämpfung durch Strafrecht, 1997, S. 643.

185 Siehe dazu http://www.legislation.gov.uk/ukpga/Vict/52-53/69/section/1.

186 Auch Juristen machen das. Siehe *Kaiser*, Universitas 1991, S. 1062 (1062); *Marsch*, Internationale Korruptionsbekämpfung, 2010, S. 20; *Meyer*, in: Graeff/Grieger (Hrsg.), Was ist Korruption, 2012, S. 70.

187 Siehe *Feuerbach/Mittermaier*, Lehrbuch, 1847, S. 757; *Kaiser*, Lehrbuch Kriminologie, 1996, § 38, Rn. 54; *Überhofen*, Korruption und Bestechungsdelikte, 1999, S. 35; *Dölling*, ZStW 2000, S. 334 (334 ff.); *Prüfer*, Korruptionssanktionen gegen Unternehmen, 2004, S. 12; *Nagel*, Internationale Maßnahmen, 2007, S. 28 f.; *Androulakis*, Globalisierung der Korruptionsbekämpfung, 2007, S. 37; *Durynek*, Korruptionsdelikte, 2008, S. 5; *Marsch*, Internationale Korruptionsbekämpfung, 2010, S. 18; *Kindhäuser*, ZIS 6/2011, S. 461 (461); *Reinhart*, in: FS-Imme Roxin, 2012, S. 69; *Stanitzek*, Criminal

Rechtswörterbüchern überwiegend im Lichte der Bestechungsdelikte definiert.[188]

A. Der Begriff Korruption im Privatrecht

Das Bürgerliche Recht, das Zentrum des Privatrechts, sollte als selbstständiger Teilbereich der Rechtswissenschaft einen eigenständigen Korruptionsbegriff erwarten lassen. Da Korruption privatrechtlich jedoch nicht definiert wird, versucht man, dieses Phänomen unter zivilrechtlichen Terminologien wie „Pflichtverletzung“ oder „Sittenwidrigkeit“ zu erfassen.[189]

Korruption kann zivilrechtlich als ein verbotener Tauschgeschäftsvertrag im Rahmen bzw. unter dem Missbrauch von Vertretungsmacht subsumiert werden.[190] Es fehlt aber hierbei ein Maßstab, durch den die korrupten Handlungen von anderen oder von ähnlichen Formen abgegrenzt werden. Aus diesem Erfordernis dient das Dreieckverhältnismodell dazu, den Standort der Korruption besser zu beschreiben.[191]

Weil korrupte Vereinbarungen - besser gesagt „Schmiergeldvereinbarungen“ i.R.d. Privatrechts - zwischen Akteuren unmoralisch und gesetzlich verboten ist, sind diese Verträge nichtig.[192] Aus solchen illegalen Rechtsgeschäften ergibt sich die Fallgruppe der „missbilligten Kommerzialisierung“.[193] In

---

Compliance, 2013, S. 11. Kritisch *Saliger*, in: FS-Kargl, 2015, S. 494; *Klesczewski*, Strafrecht BT, 2016, S. 1007.

188 Vgl. West's Law and Commercial Dictionary, 1985, S. 356; Black's Law Dictionary, 2009, S. 422; Creifelds Rechtswörterbuch, *Weber* (Hrsg.), 2014, S. 759-760; *Köbler*, Juristisches Wörterbuch, 2016, S. 253.

189 *Meyer*, in: Graeff/Grieger (Hrsg.), Was ist Korruption, 2012, S. 69.

190 Vgl. *Meyer*, a.a.O., S. 72.

191 *Meyer*, a.a.O., S. 74; *Bonell/Meyer*, in: dies. (Hrsg.), Impact of Corruption on ICC, 2015, S. 5–6.

192 Der Grund dafür ist zum einen der Schutz des Geschäftsherrn, zum anderen der Schutz Dritter (Wettbewerber) bzw. der Allgemeinheit. Siehe *Schlüter*, Schmiergeldvereinbarung, 2005, S. 205.

193 *Schlüter*, Schmiergeldvereinbarung, 2005, S. 25. Nach Verfasser sei die „Nichtigkeit wegen des Verstoßes gegen die guten Sitten“ (§ 138 I BGB) hier *lex specialis* im Vergleich zu „Nichtigkeit wegen des Verbotsgesetzes“ (§ 134 BGB). Siehe *a.a.O.*, S. 24 f.; zur Rechtsprechung BGH Urt. v. 13.10.1976 - IV ZR 91/75 = BeckRS 1976, 31116805; BGH, Urt. v. 25.06.1986 - IVa ZR 234/84 = NJW-RR 1987, S. 42; OLG Köln, Urt. v. 27.11.1986 - 10 U 22/85 = NJW-RR 1988, S. 144; BGH Urt. v. 9.6.2011 - IX ZR 38/10, Rn. 21. Vgl. auch *Maschmann*, in: Dölling (Hrsg.), Korruptionsprävention, 2007, Rn. 200.

diesem Zusammenhang müssen auch Verträge oder Vertragsklauseln, die eine direkte Korruptionsvereinbarung zwischen Käufer und Verkäufer enthalten, nichtig sein.[194] Dabei ist aber zu beachten, dass nach Schmiergeldvereinbarungen abgeschlossene Folgeverträge nicht immer nichtig sind; ihre Nichtigkeit ist abhängig von Inhalt und Zweck sowie vom Beweggrund der Vertragspartner.[195]

Zum Schluss lässt sich festhalten, dass korrupte Akteure nach dem *do-ut-des*-Prinzip[196] handeln. Sie verbünden sich, um durch den gegenseitigen Vertrag einen ihrem Aufwand mindestens gleichwertigen Vorteil zu sichern.[197]

B. Der Begriff Korruption im öffentlichen Recht

Zwar werden korrupte Verträge als illegal und gesellschaftlich als unmoralisch angesehen, doch wird im öffentlichen Recht diskutiert, ob Schmiergeldvereinbarungen im Sinne des Steuerrechts abzugsfähig sein können.[198] Es besteht indes nunmehr Einigkeit darüber, dass Schmiergelder als Betriebskosten nicht mehr abzugsfähig sind.[199] Soweit Bestechungsgelder als abzugsfähig gelten, besteht wegen der Belohnung durch den Gesetzgeber die Gefahr, unerwünschte Anreize zu setzen.[200]

Korrupte Aktivitäten in der verwaltungsrechtlichen Entscheidungspraxis führen unmittelbar zur Rücknahme des rechtswidrigen Verwaltungsakts. Falls ein Verwaltungsakt durch arglistige Täuschung oder Bestechung bewirkt wird,

---

194 Das Zivilrechtsübereinkommen gegen Korruption des Europarates v. 1999 verpflichtet die Vertragsparteien, Korruptionsverträge nichtig zu erklären (Art. 8 Abs. 1).

195 *Maschmann*, in: Dölling (Hrsg.), Korruptionsprävention, 2007, Rn. 202 ff.

196 Das Motiv des d*o ut des* ist ursprünglich ein theologischer Ausdruck während der römischen Antike und bedeutet „ich gebe, damit du gibst". Als Rechtformel ist es für gegenseitige Verhältnisse gebräuchlich. Siehe *Liebs*, Lateinische Rechtsregeln und Rechtssprichwörter, 2007, S. 69.

197 Vgl. i.S.d. Schuldrechts *Larenz*, Schuldrecht AT, 1987, S. 202 f.

198 Vgl. *Joecks*, DStR 1997, S. 1425 ff.; *Bürger*, DStR 2003, S. 1421 ff.; *Demuth/Peykan*, DStR 2003, S. 1426 f. Falls Schmiergelder in einem Staat als Betriebsausgaben abzugsfähig sind, ist von der „*Doppelmoral des Staates*" auszugehen. Siehe *Ostendorf*, NK 1/1996, S. 16 (17).

199 *Schlüter*, Schmiergeldvereinbarung, 2005, S. 31. Es ist streitig, ob dieses Verbot sich auf der Strafbarkeit oder auf der Sittenwidrigkeit der Schmiergeldvereinbarungen beruht. Siehe dazu *ders.*, a.a.O., S. 33.

200 *Opp*, Soziologie der Wirtschaftskriminalität, 1975, S. 183.

wird er in der Regel mit Wirkung für die Vergangenheit zurückgenommen (§ 48 Abs. 2 S. 3, 4 BVwVfG). Das Verwaltungsrecht verweist somit auf Bestechungs- und ähnliche Delikte bei Konstellationen, in denen Korruptionsverdacht besteht.

C. Der Begriff Korruption im Strafrecht

Vom strafrechtlichen Standpunkt betrachtet, gibt es drei Arten von Korruption: Strafrechtlich nicht relevante, strafrechtlich noch nicht sowie strafrechtlich relevante Korruption.[201]

Einige von Strafrechtlern vorgeschlagene Definitionen zu Korruption lauten wie folgt:

„Ein regelwidriger Tausch von Vorteilen“[202]
„Interessenwidrige Verknüpfung eines Vorteils mit der Ausübung übertragener Entscheidungsmacht“[203]
„Die vorteilsbedingte und interessenwidrige Dienerschaft zweier Herren“[204]
„Vorteilsbedingter Machtmissbrauch“[205]
„Das Verhalten von Personen mit öffentlichen oder privaten Aufgaben, die ihre Pflichten verletzen, um ungerechtfertigte Vorteile gleich welcher Art zu erhalten.“[206]
„Korruption ist der (Ver-)Kauf einer unfair benachteiligenden Fehlentscheidung.“[207]

Es wird somit festgestellt, dass es im Strafrecht nicht um täterorientierte Ansätze zur Korruption geht, vielmehr fokussieren die Strafrechtler phänomenologisch

---

201 Ähnlich *Kindhäuser*, ZIS 6/2011, S. 461 (468). Vgl. auch *Zirpins/Terstegen*, Wirtschaftskriminalität, 1963, S. 37. Im Schrifttum wird eine Differenzierung zwischen strafrechtlich relevanter und nicht relevanter Korruption beobachtet. Siehe *Geisler*, Korruptionsstrafrecht und Beteiligungslehre, 2013, S. 57.

202 *Volk*, in: 61. DJT, Bd. II/1, L 43; *ders.*, in: GS-Zipf, 1999, S. 421.

203 *Kindhäuser*, ZIS 6/2011, S. 461 (463).

204 *Saliger*, in: FS-Kargl, 2015, S. 498; so auch *Gaede*, in: NK-WirtStR, 2017, § 299, Rn. 8.

205 *Greco*, GA 2016, S. 249 (257).

206 Die Definition der 19. Europäischen Justizministerkonferenz, zit. nach *Flormann*, Heimliche Unterwanderung, 1995, S. 145. *Volk.*, in: GS-Zipf, 1999, S. 421, stufe es in die „täterorientierte Definition“ ein und formuliere viel zu weit. Kritisch auch *Kindhäuser*, ZIS 6/2011, S. 461 (463).

207 *Zimmermann*, Das Unrecht der Korruption, 2018, S. 717.

auf beidseitig,[208] freiwillig[209] und regelwidrig[210] geschehene Austauschverhältnisse. Der Ansatz, in dem das Phänomen Korruption nach dem Dreiecksverhältnismodell (Prinzipal-Agent-Klient: als konkret Arbeitgeber-Bestochener-Bestechender) beschrieben wird, findet allmählich verstärktes Interesse der Strafrechtler.[211]

Darüber hinaus sind die Merkmale der Korruption aus strafrechtlicher Sicht bisher noch nicht genau geklärt.[212] Korruption präsentiert sich in der strafrechtlichen Literatur meist als Schmiermittel zur rechtswidrigen Beförderung von Einzelinteressen.[213]

Verdecktes Handeln bzw. die Heimlichkeit der korrupten Beziehung ist nicht als eines ihrer Merkmale zu zählen, da es bei einigen Begehungsformen um relative Offenheit geht (z. B. Lobbyismus, Drittmittelprojekte und illegale

---

208 Ob die Definition auch einseitige Handlungen wie Unterschlagung umfassen sollte, ist nicht klar. Es geht auch um ausnahmsweise einseitige Korruptionshandlungen. Die Literatur vernachlässigt dieses Phänomen. Zum Beispiel bringt es *v. Alemann*, in: ders. (Hrsg.), Dimensionen politischen Korruption, 2005, S. 30, wie folgt zum Ausdruck: „Korruption ist immer ein Austauschprozess zwischen zwei oder mehr Personen." *Vahlenkamp/Knauß*, Korruption, 1995, S. 59 verlangen gleichfalls in aller Regel „Interaktion zwischen Vorteilsgeber und Vorteilsnehmern". Der Grund für dieses Plädoyer wäre die Assoziation der Korruption mit der Bestechung.

209 *Kaiser*, Universitas 1991, S. 1062 (1064); *Bottke*, ZRP 1998, S. 215 (215); *Prüfer*, Korruptionssanktionen gegen Unternehmen, 2004, S. 12, zum Thema Fn. 5; *Zimmermann*, Das Unrecht der Korruption, 2018, S. 110.

210 Vgl. *Bottke*, ZRP 1998, S. 215 (215); *Volk*, in: GS-Zipf, 1999, S. 422-423; *Pragal*, ZIS 2/2006, S. 63 (72 ff.) Nach *Volk*, a.a.O., handelt es sich um drei Regelkreise: Die zwischen korrupte Geschäftspartner geltenden *Vertragsregeln*; die beim Geschäft zwischen Staat und Unternehmer zu verwendeten *Innenregeln* und zuletzt die im Staat Wettbewerblichkeit schützenden *Außenregeln*. Nach *Pragal*, a.a.O., S. 75, geht es bei der Korruption um „die Käuflichkeit von bestimmten Entscheidungen unter Verletzung von ‚Außenregeln' der Rechtsordnung."

211 *Prüfer*, Korruptionssanktionen gegen Unternehmen, 2004, S. 12; *Pragal*, ZIS 2/2006, S. 63 (67, 72); *Kindhäuser*, ZIS 6/2011, S. 461 (463); *Geisler*, Korruptionsstrafrecht und Beteiligungslehre, 2013, S. 54, 127; *Saliger*, in: FS-Kargl, 2015, S. 497; *Jositsch*, Referat, 2016, S. 7. In der Literatur möchten einige Autoren noch einen Schritt weitergehen; sie betrachten die Erklärungen der korrupten Beziehungen ohne Prinzipal-Agent-Theorie als nicht möglich. Siehe dazu *Pragal*, ZIS 2/2006, S. 63 (72) m.w.N.

212 Siehe für die Versuche, gemeinsame Merkmale zu finden: *Kerner/Rixen*, GA 1996, S. 355 (363); *Geisler*, Korruptionsstrafrecht und Beteiligungslehre, 2013, S. 50 ff.

213 *Schaupensteiner*, NStZ 1996, S. 409 (410). *Arzt*, in; ders./Weber, Strafrecht BT, 2000, § 49, Rn. 44, verwendet den Begriff „Korruption", um das Unrechtsgeschäft zwischen korrumpierten Parteien mit Rücksicht auf die Beamtenbestechung zum Ausdruck zu bringen.

Parteispenden).[214] Es ist ebenso zu klären, ob das Merkmal der Pflichtverletzung wesentlich für die Bestimmung korrupter Handlungen ist. Nach der überwiegenden Meinung setzen derartige Handlungen keine Pflichtverletzung voraus; Täter können auch pflichtgemäß korrumpieren.[215] Die Merkmale Pflichtverletzung und Heimlichkeit sind also nicht maßgebend für das strafrechtliche Unrecht von Korruption.[216]

Machtmissbrauch (*abuse of functions*) spielt hier eine entscheidende Rolle. Es wird im Schrifttum durchgängig vertreten, dass Korruption den Machtmissbrauch zum privaten Vorteil als Kernmerkmal voraussetzt.[217] Ferner lässt sich festhalten, dass Missbrauch mit dem Treubruch gleichgesetzt werden kann. Daraus ergibt sich, dass die Verletzung des Vertrauens ebenfalls dem Kernelement der Korruption unter dem Machtmissbrauch zuzuordnen ist.[218]

---

214 Vgl. *Dölling*, Gutachten, 1996, C 10; *ders.*, in: ders. (Hrsg.), Korruptionsprävention, 2007, Rn. 2; wegen paradoxer Situation *Überhofen*, Korruption und Bestechungsdelikte, 1999, S. 50; aufgrund der internationalen Definitionsversuche *Volk*, in: GS-Zipf, 1999, S. 424, zum Thema Fn. 9; *Geisler*, Korruptionsstrafrecht und Beteiligungslehre, 2013, S. 56; *Zimmermann*, Das Unrecht der Korruption, 2018, S. 719. Nach *Vahlenkamp/Knauß*, Korruption, 1995, S. 20, 338; *Kerner/Rixen*, GA 1996, S. 355 (363) und *Heymann*, in: FES (Hrsg.), Korruption in Deutschland, 1997, S. 50 ist die *Geheimhaltung* hingegen ein Merkmal von Korruption. *Androulakis*, Globalisierung der Korruptionsbekämpfung, 2007, S. 38–39, bewertet sie ebenso als ein Merkmal und betont ferner ihre Rolle bei der Abgrenzung. *Saliger*, in: FS-Kargl, 2015, S. 496–497, geht in diesem Zusammenhang davon aus, dass Heimlichkeit zwar ein Element der Korruption ist, sei sie aber nicht ausschlaggebend für den Inhalt von Korruption.

215 *Volk*, in: GS-Zipf, 1999, S. 424, zum Thema Fn. 9; *Pragal*, ZIS 2/2006, S. 63 (67); *Androulakis*, Globalisierung der Korruptionsbekämpfung, 2007, S. 39, zum Thema Fn. 26; *Saliger*, in: FS-Kargl, 2015, S. 496-497.

216 *Saliger*, in: FS-Kargl, 2015, S. 496.

217 Siehe *Kerner/Rixen*, GA 1996, S. 355 (360); *Bannenberg*, Strafrechtliche Kontrolle, 2002, S. 14; „Korruption ist strafbarer Missbrauch der Macht" (eigene Übersetzung) *Zimring/Johnson*, Brit. J. Crim. 2005, S. 793 (807); *v. Arnim/Heiny/Ittner*, Der Begriff Korruption, 2006², S. 23; *Dölling*, in: ders. (Hrsg.), Korruptionsprävention, 2007, Rn. 2; *Bauer*, Korruptionsbekämpfung durch Rechtsetzung, 2002, S. 24; *Nagel*, Internationale Maßnahmen, 2007, S. 31; *Ostendorf*, in: Buck (Hrsg.), Neue Fragen an den Rechtsstaat, 2009, S. 96; *Altmann*, Bestechungsstrafrecht, 2012, S. 77; *Geisler*, Korruptionsstrafrecht und Beteiligungslehre, 2013, S. 52, 127; *Stanitzek*, Criminal Compliance, 2013, S. 7 f.; *Pieth/Zerbes*, ZIS 2016, S. 619 (619).

218 *Zhang u.a.*, ANZJC 2009, S. 204 (205); zustimmend auch *Thiel*, in: Graeff/Grieger (Hrsg.), Was ist Korruption, 2012, S. 175.

Soweit die Entscheidungen von öffentlichen Bediensteten entweder als rechtswidrig oder sachwidrig betrachtet werden, kann ein allgemeiner Korruptionsverdacht vorliegen.[219] Rechtmäßige Entscheidungen des Amtsträgers werden i.d.S. pönalisiert und bestraft, wenn er dafür unzulässige Vorteile für sich oder einen Dritten fordert, sich versprechen lässt oder annimmt (z. B. § 331 StGB). ier geht es um die Käuflichkeit seiner Entscheidungen gegen Belohnung.[220] *Unerlaubte persönliche Vorteile* zu schaffen, zählt daher zu den Kernelementen von Korruption.[221]

Es ist im Ergebnis davon auszugehen, dass das Phänomen Korruption im Strafrecht Bedeutung nur für bestimmte Straftaten findet.[222] Dank dieses Verständnisses wird zutreffend vertreten, dass der strafrechtliche Korruptionsbegriff deutlicher als andere – sozialwissenschaftliche – Ansätze ist.[223]

I. Korruptionsdelikte im engeren Sinne

Falls Kernvorschriften hinsichtlich der Dienstleistung und Dienstausübung durch den Amtsträger gegen Annahme eines rechtswidrigen Vorteils verletzt werden, kommt „die essentiale Seite von Korruption“ in Betracht, da die amtliche Tätigkeit in solchen Fällen an eine rechtswidrige Gegenleistung anknüpft; somit erscheint der Amtsträger als käuflich.[224]

---

219 Vgl. *Kaiser*, Universitas 1991, S. 1062 (1067); *Bannenberg*, Strafrechtliche Kontrolle, 2002, S. 14, 16.

220 Vgl. *Volk*, in: 61. DJT, Bd. II/1, L 36; *Ostendorf*, in: Buck (Hrsg.), Neue Fragen an den Rechtsstaat, 2009, S. 96.

221 *Ostendorf*, in: Buck (Hrsg.), Neue Fragen an den Rechtsstaat, 2009, S. 96; *Ax* u.a., Rechtshandbuch Korruptionsbekämpfung, 2010, Rn. 6.

222 „Das Strafrecht kennt keine übergreifende Korruptionsstrafvorschrift, sondern sanktioniert das mit Korruption verbundene Unrecht in verschiedenen Straftatbeständen“: Der Erlass zur Verhütung und Bekämpfung von Korruption in der öffentlichen Verwaltung, NRW, Zitat unter 1.2 (abrufbar unter https://recht.nrw.de/lmi/owa/br_text_anzeigen?v_id=5402015022409053274O). Siehe auch *Dölling*, Gutachten, 1996, C 9; *Überhofen*, Korruption und Bestechungsdelikte, 1999, S. 51; *Sowada*, in: LK-StGB, 12. Aufl., Vor § 331, Rn. 41; *Kindhäuser*, ZIS 6/2011, S. 461 (461). Nach *Kerner/Rixen*, GA 1996, S. 355 (361), geht es hier um eine Orientierung zum Begriff auf dem Gebiet des Strafrechts.

223 *Arzt*, in: FS-Kaiser, 1998, S. 498. Siehe auch *Androulakis*, Globalisierung der Korruptionsbekämpfung, 2007, S. 40.

224 *Volk*, in: 61. DJT, Bd. II/1, L 51, Nr. 4.

Deutschland erließ das erste Korruptionsbekämpfungsgesetz im Jahr 1997.[225] Mit diesem Gesetz wurde klar, dass der deutsche Gesetzgeber unter Korruption primär die in §§ 331–335 StGB normierten *Amtsdelikte* (Vorteilsannahme, Bestechlichkeit, Vorteilsgewährung und Bestechung) und die in § 299 StGB geregelte, zuvor als *Wettbewerbsdelikt* eingestufte Bestechlichkeit und Bestechung im geschäftlichen Verkehr versteht. Die Wählerbestechung (§ 108b StGB) sowie die Abgeordnetenbestechung (§ 108e StGB), die wegen privat-vorteilhafter politischer Tätigkeiten unter Strafe gestellt und in diesem Gesetz nicht geregelt sind, werden ebenfalls in diesem Rahmen betrachtet.[226] Diese bestimmten Delikte, in denen die Unbestechlichkeitsvorstellung im Zentrum steht, bilden den *Kern des Korruptionskreises im engeren strafrechtlichen Sinne.* Dabei kommen nicht nur die Vollendungsformen dieser klassischen Korruptionstatbestände in Betracht; dieser Kreis umfasst auch die einseitigen Versuchsformen solcher Straftaten.[227]

II. Korruptionsdelikte im weiteren Sinne

Aus Sicht des Strafrechts kann Korruption i.w.S. als Unternehmen

> *„unter Missbrauch von Entscheidungskompetenz und unter Übertretung des Gesetzes, unmittelbare oder mittelbare ungerechte Vorteile durch Tauschgeschäft zwischen Korrumpierender und Korrumpierter zu schaffen“*

definiert werden.[228]

---

225 BGBl. I, S. 2038: Das Gesetz zur Bekämpfung der Korruption.

226 Dieses Verständnis hat auch in der Lehre Zustimmung gefunden. Vgl. *Hettinger*, NJW 1996, S. 2263 (2265, 2268); *Bannenberg*, Strafrechtliche Kontrolle, 2002, S. 13; teilweise gekürzt und aktualisiert *ders.*, in: Handbuch des Wirtschafts- und Steuerstrafrechts, 2014, Kap. 12, Rn. 5; *Dölling*, in: ders. (Hrsg.), Korruptionsprävention, 2007, Rn. 2; zustimmend ohne §§ 108b und 108e StGB *Geisler*, Korruptionsstrafrecht und Beteiligungslehre, 2013, S. 127 m.w.N.; *Stanitzek*, Criminal Compliance, 2013, S. 9.

227 Vgl. *Dölling*, Gutachten, 1996, C 11; *Ostendorf*, NK 1/1996, S. 16 (17); *Weigend*, ZStW 2004, S. 242 (246); *v. Arnim/Heiny/Ittner*, Der Begriff Korruption, 2006², S. 2; *Altmann*, Bestechungsstrafrecht, 2012, S. 77; *Geisler*, Korruptionsstrafrecht und Beteiligungslehre, 2013, S. 128; *Saliger*, in: FS-Kargl, 2015, S. 494. Zustimmend im engeren Sinn ohne § 108b und § 108e StGB *Bernsmann/Gatzweiler*, Verteidigung, 2014, S. 1, Rn. 1. BGH hatte in einem Urteil überraschend die in der §§ 331 ff. StGB vorgesehenen Delikte strafrechtlich im weiteren Sinn bewertet. Siehe BGH Urt. v. 1.3.2004 – 5 StR 271/03 = wistra 2004, 302.

228 Vgl. *Braum*, NJ 1996, S. 450 (450 f.); *Dölling*, Gutachten, C 9; *Volk*, in: GS-Zipf, 1999, S. 421; *Stanitzek*, Criminal Compliance, 2013, S. 13. Der in der Definition vorhandene Begriff *„Gesetzesübertretung“* ist nach *Kerner/Rixen*, GA 1996, S. 355 (363) zu verstehen als „Verstoß gegen lebensbereichsprägende Normen“.

So spielen hier das ökonomische Kalkül der Täter nach dem *do-ut-des*-Prinzip[229] und die „kausale Verknüpfung von Geld und Amtshandlung“[230] eine bedeutende Rolle bei der Betrachtung durch Strafrechtler.[231]

Man zählt im weiteren strafrechtlichen Sinne die folgenden Delikte hierzu: wettbewerbsbeschränkende Absprachen bei Ausschreibungen – kurz: Submissionsabsprachen – (§ 298 StGB),[232] Einflussmissbrauch (*trafic d'influence*),[233] unerlaubte Bereicherung,[234] Betrug (§ 263 StGB), Untreue (§ 266 StGB),[235] Unterschlagung (§ 246 StGB),[236] Landesverrat (§ 94 StGB), Spionage, Verrat von Betriebsgeheimnissen,[237] Rechtsbeugung (§ 339 StGB),[238] Erpressung (§ 253 StGB),[239] Geldwäsche (§ 261 StGB); Insidertrading; Steuerstraftaten[240] wie Steuerhinterziehung (§ 370 AO).[241]

---

229 *Bottke*, ZRP 1998, S. 215 (215), stuft diesen Ansatz als „Imperativ der Korruption“ ein.

230 *Fätkinhäuer*, in: FES (Hrsg.), Korruption in Deutschland, 1997, S. 75.

231 Aus strafrechtlicher Sicht sind beide Seiten, also Geber und Nehmer, Täter. Siehe *Bussmann*, Wirtschaftskriminologie I, 2016, Rn. 617. Siehe auch unten § 11 B I.

232 Es ist umstritten, ob dieses Delikt ein klassisches Korruptionsdelikt oder ein Begleitsdelikt ist. Siehe *Geisler*, Korruptionsstrafrecht und Beteiligungslehre, 2013, S. 129 f. Vgl. auch unten § 14 B III 1 zu vertikaler Submissionsabsprache.

233 *Dölling*, in: ders. (Hrsg.), Korruptionsprävention, 2007, Rn. 2; *Philipp*, Der Straftatbestand des Einflusshandels, 2016, S. 374. In Deutschland ist der Straftatbestand „Einflussmissbrauch“ noch nicht pönalisiert. Dagegen ist es schon seit längerer Zeit in Frankreich, Belgien, Spanien, Österreich und Griechenland sowie in der Türkei (Art. 255 türk. StGB) strafbar. Siehe dazu unten § 20 E III und § 23 A IV 4.

234 Siehe dazu Art. 20 UNCAC; *Kliegel*, Der Straftatbestand der unerlaubten Bereicherung, 2013, passim.

235 *Geisler*, Korruptionsstrafrecht und Beteiligungslehre, 2013, S. 127, ordnet der Untreuetatbestand und die Submissionsabsprachen den „korruptionsnahen Delikten“ zu.

236 *Ahlf*, Kriminalistik, 1996, S. 154 (156); *Hoppe*, ZStW 2011, S. 901 (901); vgl. auch *Borner/Schwyzer*, in: Pieth/Eigen (Hrsg.), Korruption im geschäftlichen Verkehr, 1999, S. 22.

237 *Zirpins/Terstegen*, Wirtschaftskriminalität, 1963, S. 689.

238 *Feuerbach*, Themis, 1812, S. 191; *Kaiser*, Universitas 1991, S. 1062 (1062); *Kerner/Rixen*, GA 1996, S. 355 (374); *Überhofen*, Korruption und Bestechungsdelikte, 1999, S. 13.

239 Siehe für den Zusammenhang zwischen Bestechung und Erpressung *Mergen*, in: Beiträge, 1979, S. 156. Siehe auch dazu unten § 16 E III und § 20 E II sowie § 23 A IV 3.

240 *Dölling*, Gutachten, 1996, C 22.

241 Vgl. *Arzt*, in: FS-Kaiser, 1998, S. 498; *v. Arnim/Heiny/Ittner*, Der Begriff Korruption, 2006^2, S. 7 f.

Dem Kern der Korruptionsdelikte, also die Bestechungsdelikte, folgen häufig die anderen Delikte.[242] Diese im weiteren Sinne verstandenen und die Korruptionselemente enthaltenden Delikte sind als Umfeld- und Begleitdelikte ebenfalls Korruptionsdelikte.[243] Dabei ist zu beachten, dass diese Delikte ggf. erweitert werden können; diese Aufzählung ist demnach nicht abschließend.[244]

D. Der Begriff Korruption im internationalen Recht

Obschon seit längerer Zeit eine Fachdiskussion über den Terminus Korruption zu beobachten ist, gibt es noch keine umfassende, konsentierte Definition der Korruption. Der Grund dafür liegt überwiegend in den Perspektivunterschieden zwischen den Kulturen der internationalen Gemeinschaft. Aufgrund dessen nahmen einschlägige Abkommen von OECD, COE und UN Abstand von einer Definition.[245]

Der erste definitorische Versuch wurde bei einer Konferenz, die i.R.d. Korruptionsbekämpfung unter Beteiligung der Justizminister der damaligen Europäischen Gemeinschaft im Jahr 1994 stattfand, von Juristen vorgelegt. Korruption sollte danach sein:

---

242 *Feuerbach*, Themis, 1812, S. 191; *Dölling*, Gutachten, 1996, C 22. Dies kann ein „Domino-Effekt" genannt werden. Siehe dazu *Ostendorf*, in: Buck (Hrsg.), Neue Fragen an den Rechtsstaat, 2009, S. 98. Siehe auch „NRW – Der Erlass zur Verhütung und Bekämpfung von Korruption in der öffentlichen Verwaltung", abrufbar unter https://recht.nrw.de/lmi/owa/br_text_anzeigen?v_id=54020150224090532740.

243 *Überhofen*, Korruption und Bestechungsdelikte, 1999, S. 60–61. Vgl auch BKA, Bundeslagebild Korruption, 2014, S. 4, zum Thema Fn. 3; *Walter*, Jura 2010, S. 511 (512); *Saliger*, in: FS-Kargl, 2015, S. 494. Nach *Überhofen*, a.a.O., S. 61 sind die Begleitsdelikte keine Korruptionstatbestände. *Kaiser*, Universitas 1991, S. 1062 (1063) nennt diese Delikte „*vergleichbare Tatbestände*". Nach *Schwind*, Kriminologie und Kriminalpolitik, 2016, § 21, Rn. 12, fallen diese Delikte unter „*Begleitkriminalität*".

244 „(…) es gibt in Wirtschaft und Gesellschaft eine ganze Reihe von schwerwiegenden korruptiven Praktiken, die mit dem geltenden Bestechungsstrafrecht gar nicht erfaßt werden können.": König, JR 1997, S. 397 (398); so auch *Geisler*, Korruptionsstrafrecht und Beteiligungslehre, 2013, S. 129 m.w.N.

245 Vgl. CoE, Explanatory Report to the Criminal Law Convention on Corruption, 1999, Rn. 2 (Explanatory Report – ETS 173); EU, KOM (2003) 317, S. 6; UN-Guide, 2003, S. 21; UN-Handbook, 2004, S. 23 ; OECD-Glossaries, Corruption, 2008, S. 22; *Wolf*, Maßnahmen internationaler Organisationen zur Korruptionsbekämpfung auf nationaler Ebene, 2006, S. 50.

> „Das Verhalten von Personen mit öffentlichen oder privaten Aufgaben, die ihre Pflichten verletzen, um ungerechtfertigte Vorteile gleich welcher Art zu erhalten.“[246]

Das Zivilrechtsübereinkommen über Korruption aus dem Jahr 1999 ist eine Ausnahme in der internationalen Absenz, Korruption im Rahmen eines multilateralen Vertrags zu definieren. Die in Art. 2 der Konvention[247] vorgesehene Definition benennt:

> „(d)as unmittelbare oder mittelbare Fordern, Anbieten, Gewähren, Annehmen oder Inaussichtstellen von Bestechungsgeldern oder eines anderen ungerechtfertigten Vorteils, das die Erfüllung der dem Begünstigten obliegenden Pflichten beeinträchtigt oder dazu führt, dass er sich nicht wie geboten verhält.“

246 Die Definition der 19. Europäischen Justizministerkonferenz, zit. nach *Flormann*, Heimliche Unterwanderung, 1995, S. 145. Siehe auch *Dölling*, Gutachten, 1996, C 10.

247 ETS – Nr. 174.

§ 4 Kriminologische Betrachtung

Die kriminologischen Gesichtspunkte sind sehr hilfreich, die heutige Gesetzgebung, vor allem aber das Korruptionsphänomen zu verstehen.[248] Im Übrigen legen sie, als Gegenstand tatsachenorientierter Wissenschaft, die gesellschaftliche Anschauung dar.[249]

Gezeigt wurde bis hierher bereits, dass es eine Grauzone gibt, in der die Unterscheidung zwischen krimineller und nicht krimineller Korruption schwer zu treffen ist. Um hier Maßstäbe zu bestimmen und, darüber hinaus, neben strafrechtsdogmatischen Aspekten auch kriminalpolitische Aussichten und Lösungen für künftige Reformbewegungen gewinnen zu können, werden hier kriminologische Erklärungen zu erörtern sein.[250]

A. Der Begriff Korruption in der Kriminologie

Die Kriminologie als selbständige und internationale Sozialwissenschaft[251] beschäftigt sich mit drei Sachverhalten: Verbrechen, Verbrecher und Verbrechenskontrolle.[252] Die unter „*Strafrechtswissenschaft*"[253] titulierte Kriminologie beschränkt sich auf das Thema Kriminalität[254] und stellt sich als die empirische und wissenschaftliche Seite der Verbrechenslehre dar.[255] Da das Thema der Korruption in der Literatur nahezu durchgängig in ihrem weiteren Sinne behandelt wird, hilft vorliegend die Kriminologie, den Terminus richtig und wissenschaftlich zu konkretisieren.[256]

Bei diesem Thema fokussieren sich nicht nur Strafrechtsdogmatiker, sondern auch Kriminologen auf Bestechungsdelikte.[257] Das Phänomen der Korruption

---

248 *Kerner/Rixen*, GA 1996, S. 355 (364), spricht hierbei von der Notwendigkeit des empirischen Wissens.

249 Vgl. *Zirpins*, Kriminalistik 1967, S. 576 (576).

250 Vgl. oben § 1 A I und § 1 F I.

251 Vgl. *Schneider*, Handbuch, 2014, S. 96, 129 und S. 159; *Neubacher*, Kriminologie, 2011, S. 21.

252 *Kaiser*, Kriminologie, 1997, S. 1.

253 *Roxin*, Strafrecht AT, 2006, § 1, Rn. 8 ff.

254 *Schwind*, Kriminologie und Kriminalpolitik, 2016, S. 3 ff.

255 Vgl. *Kaiser*, Kriminologie, 1997, S. 2; *Roxin*, Strafrecht AT, 2006, § 1, Rn. 13.

256 *Kerner/Rixen*, GA 1996, S. 355 (364).

257 *Bauer*, Korruptionsbekämpfung durch Rechtsetzung, 2002, S. 17; *See*, Wirtschaft zwischen Demokratie und Verbrechen, 2014, S. 212, 244.

gilt auch hier als durch den strafrechtlichen Tatbestand der Bestechung herauskristallisiert.[258] Beide Seiten des illegalen Austauschgeschäfts, die das Strafrecht als *Täter* benennt, sind aus kriminologischer Sicht *Profiteure*.[259]

Nach der Definition des BKA[260] wird Korruption zu kriminologischen Untersuchungszwecken bestimmt als:

> „Missbrauch eines öffentlichen Amtes, einer Funktion in der Wirtschaft oder eines politischen Mandats zugunsten eines Anderen, auf dessen Veranlassung oder Eigeninitiative, zur Erlangung eines Vorteils für sich oder einen Dritten, mit Eintritt oder in Erwartung des Eintritts eines Schadens oder Nachteils für die Allgemeinheit (in amtlicher oder politischer Funktion) oder für ein Unternehmen (betreffend Täter als Funktionsträger in der Wirtschaft)."

Um Korruption zu verstehen, sind die kriminologischen Theoriekonzepte nützlich. Allerdings können sie dieses Phänomen nicht vollends klar und deutlich darlegen. Aus diesem Grund spricht man von einem „multifaktoriellen Ansatz".[261] Korruption wird i.d.R. als ein „Demonstrationsobjekt" angesehen, das sich aus Macht, Moral und Recht ergibt.[262]

Das wirtschaftswissenschaftliche Grundmodell der Korruption, das auf dem *Homo oeconomicus* beruht, findet sich hier eingebettet in den *Rational-Choice-Ansatz*. In dieser Betrachtung wird Korruption durch die illegale individuelle Nutzenmaximierung auf Kosten der Gesellschaft realisiert.[263]

Es steht außer Zweifel, dass Korruptionstäter ihre Entscheidungen bewusst und rational ausführen, auch das Strafrecht einzusetzen, ergibt sich überwiegend aus dieser kriminellen Kalkulation.[264] Zwar scheint der *Rational-Choice-Ansatz* der Kriminologie einen allgemeinen Grund für korrupte Handlungen zu bieten, doch setzt eine Theorie geeignete Belege voraus. Das fehlt bei diesem

---

258 Vgl. *Kaiser*, Lehrbuch Kriminologie, 1996, § 38, Rn. 55; *Friedrichs*, MschrKrim, 2007, S. 91 (95); *Bussmann*, Wirtschaftskriminologie I, 2016, Rn. 585.

259 *Bussmann*, Wirtschaftskriminologie I, 2016, Rn. 617.

260 BKA, Bundeslagebild Korruption, 2014, S. 3.

261 *Bannenberg*, Strafrechtliche Kontrolle, 2002, S. 357. Insbesondere individuelle bzw. täterorientierte Ansätze wie der Rational Choice Approach oder der ökonomische Grundsatz sind unzulänglich. Die anderen Faktoren, wie soziale und strukturelle Indikatoren, stehen damit nicht im Einklang. Siehe *ders.*, a.a.O., S. 362 m.w.N.

262 *Karstedt*, in: Oberwittler/Karstedt (Hrsg.), Soziologie der Kriminalität, 2003, S. 388. Vgl. auch *Mischkowitz*, in: ders. u.a. (Hrsg.), Einschätzungen zur Korruption, 2000, S. 395.

263 Siehe dazu oben § 2 D.

264 Vgl. *Braum*, NJ 1996, S. 450 (451); *Bannenberg*, Strafrechtliche Kontrolle, 2002, S. 362.

Ansatz.[265] Außerdem ist dieser Aspekt sehr eng und zu individuell, um das Phänomen Korruption zu fassen.[266]

Im Rahmen der *Anomietheorie* gilt Korruption als ein rechtswidriges Unternehmen des Akteurs, als legitim angesehene Ziele zu erreichen.[267] Hierbei ist das Konzept des abweichenden Verhaltens nicht einschlägig. Es mag aber hilfreich sein, es auch unter diesem Gesichtspunkt zu verstehen.[268]

B. Ursachen (Beweggründe)

Auch in der Kriminologie findet sich keine internationale und als konsentiert geltende allgemeine Definition.[269] Gleichwohl, um im Kampf gegen Korruption die staatlichen Instrumente besser einsetzen zu können, ist Ursachenkenntnis behilflich.[270]

Für die Entstehung von Korruption werden mehrere Ursachen benannt. Sie sind nicht aus allein einer Perspektive darzustellen. Namentlich geht es hier aber nur um zweierlei Einschätzungen: Einmal um eine nachvollziehbare Annahme, auf der anderen Seite um Vorstellungen mithilfe von empirischen Belegen. Diese Einschätzungen dienen schließlich dazu, das Phänomen Korruption diesseits allfälliger Definitionsanliegen zu verstehen.[271]

I. Täterbezogene Ursachen

Als das dominierende Hauptmotiv von korrupten Akteuren gilt die Gehaltsaufbesserung[272], kurz gesagt: das Geld.[273] Dies bedeutet, dass das illegale persönliche Gewinnstreben bzw. die *persönliche Bereicherungsabsicht* bei den Korruptionsdelikten im Vordergrund steht. Die Korruption wird demnach von einigen

---

265 *Bergmann*, Korruption und Systemrationalität, 2007, S. 34 m.w.N.

266 Vgl. *Bergmann*, a.a.O., S. 36 m.w.N.

267 Vgl. *Bergmann*, a.a.O., S. 30.

268 *Thiel*, in: Graeff/Grieger (Hrsg.), Was ist Korruption, 2012, S. 170.

269 Siehe *Bussmann*, Wirtschaftskriminologie I, 2016, Rn. 621.

270 *Dölling*, Gutachten, 1996, C 30.

271 Vgl. *Dölling*, Gutachten, 1996, C 30.

272 Es wurde in einer vom BKA unterstützten und von Vahlenkamp/*Knauß* durchgeführten Studie festgestellt, dass dieses Motiv, also eine individuelle Verbesserungsmöglichkeit, für die circa 75 % der Befragten in erster Linie in Betracht kommt. Siehe *Vahlenkamp, in:* ders./Knauß, Korruption, 1995, S. 85, 144 und 214.

273 *Bannenberg*, Strafrechtliche Kontrolle, 2002, S. 222; so auch *Böse*, ZIS 4/2018, S. 119 (122).

Staatsbediensteten als ein Kompensationsmittel angesehen. Sie gehen davon aus, dass sie ein zu geringes Gehalt bekommen und erlauben sich daher, sich anderweitig zu finanzieren. Diese täterbezogene Habgier führt danach zu Korruption.[274] Die Absicht von Unternehmen als Profiteure ihre Position im Wettbewerb zu sichern, ist auch in diesem Zusammenhang zu nennen.[275]

„Fehlendes bzw. mangelndes Unrechtsbewusstsein" zählt zu den täterbezogenen Ursachen.[276] Solche Personen nehmen an, dass niemand durch die Korruption geschädigt wird. Sie neutralisieren damit ihre Verhältnisse.[277]

II. Ursachen hinsichtlich des sozialen Umfelds

Es ist festzuhalten, dass es nicht immer einfach ist zu bestimmen, ab wann von einer Korruptionsabrede zu sprechen ist. Häufig ist dies abhängig vom kulturellen Setting.[278] Die Kulturen bzw. die kulturellen Weltorientierungen, die in der Gesellschaft dominant sind, sind ebenfalls maßgebend für die Bewertung der Korruption.[279]

Da die Korruptionstatbestände soziale Tatbestände sind, bedingen sowohl die Gelegenheit zu korrupten Handlungen als auch die soziale Strukturen Korruption.[280]

Gesellschaftliche Ursachen können auch aus einem fehlerhaften Verwaltungs- und Beamtengeist entstanden sein, wobei das nötige Bewusstsein zur Korruptionsbekämpfung fehlt (*interne Schwachstellen*).[281] Bürger können dies in ihren Beziehungen mit solchen Beamten bzw. Behörden bemerken, sogar erst von dieser Seite erlernen. Somit wird Korruption normalisiert.

Moralische Fehlentwicklungen sind hier als eine der wichtigsten Ursachen zu nennen. Denn Menschen beobachten das Umfeld und die Welt insbesondere aus

---

274 *Priddat*, in: ders./Schmid (Hrsg.), Korruption als Ordnung zweiter Art, 2011, S. 67. Niedrige Löhne könnten wie eine Anstiftung des Prinzipals zur Korruption angesehen werden. Siehe dazu *Graeff/Dombois*, in: Graeff/Grieger (Hrsg.), Was ist Korruption, 2012, S. 146.

275 *Vahlenkamp*, in: ders./Knauß, Korruption, 1995, S. 45; *Bannenberg*, Strafrechtliche Kontrolle, 2002, S. 223.

276 *Ostendorf*, in: Buck (Hrsg.), Neue Fragen an den Rechtsstaat, 2009, S. 99.

277 Vgl. *Bannenberg*, Strafrechtliche Kontrolle, 2002, S. 233 f.

278 Gabler-Wirtschaftslexikon, 2014, S. 1881.

279 Vgl. *Bussmann*, Wirtschaftskriminologie I, 2016, Rn. 640 f.

280 Vgl. oben § 2 F.

281 *Bussmann*, a.a.O., Rn. 617, 620.

der eigenen sozialen Umgebung und sie lernen dadurch.[282] In diesem Zusammenhang ist ein ‚Werteverfall in der Gesellschaft' als eine potenzielle Hauptursache für korrupte Handlungen einzustufen.[283]

Zuletzt werden die „sozialen Netzwerke" – im klassischen, nicht im digitalen Sinn – mit Recht als eine wesentliche Gefahrenquelle angesehen. Sie werden als „eine zentrale Ursache für die Entstehung von Korruption" betrachtet.[284] Empirische Untersuchungen verweisen auch gleichermaßen darauf, dass Korruption ein „*Netzwerkphänomen*" ist.[285]

III. Ökonomische Ursachen

Es ist fraglich, ob staatliche Interventionen in die freie Wirtschaft und breite Ermessensspielräume von Staatsdienern auf der Basis von Vertraulichkeit zu Korruptionsabreden, zumal zu Bestechungsverträgen, führen. Es wird daher immer wieder behauptet, dass Eingriffe und Spielräume von Beamten zum einen die Korruptionsmotivation von Akteuren erhöhten.[286] Wirtschaftliche Strukturen des Systems, anders gesagt Gelegenheiten, machten zum anderen Korruption wahrscheinlicher.[287]

Seit der industriellen Revolution leben Menschen in einer oft als weitgehend ungebunden wahrgenommenen Wettbewerbsgesellschaft. Unternehmen haben eigene Kulturen und eigene organisationale Ziele. Es wird i.d.R. vertreten, dass Unternehmen wegen ihrer Wettbewerbsziele, anders gesagt wegen Konkurrenzdrucks, kriminell handelten.[288] Dieser *anomische Druck*, d. h. ein „sozialer Unterdruck",[289] führt ebenfalls zu Korruption. Um diesen Druck zu minimieren, machen Unternehmen von Korruption als logisches Instrument bzw. Mittel

---

282 *Ahlf*, in: Vahlenkamp/*Knauß*, Korruption, 1995, S. 446. Die Lerntheorie erfährt immer mehr Zustimmung „bei der Entwicklung von Strategien zur Kriminalitätsbekämpfung". Siehe *Wassermann*, in: Beiträge, 1979, S. 49, zum Thema Fn. 23.

283 *Bruhn/Mischkowitz/Held*, in: Mischkowitz u.a. (Hrsg.), Einschätzungen zur Korruption, 2000, S. 371.

284 *Bussmann*, a.a.O., Rn. 628 m.w.N.

285 *Hiller*, ZfRSoz 2005, S. 57 (57). Vgl. auch unten § 9 A VI.

286 *Borner/Schwyzer*, in: Pieth/Eigen (Hrsg.), Korruption im geschäftlichen Verkehr, 1999, S. 29.

287 *Braum*, NJ 1996, S. 450 (454).

288 „[…] unlauterer Konkurrenzkampf beinhaltet Gewaltanwendung, und Wirtschaft bedeutet Kampf": *Mergen*, in: Beiträge, 1979, S. 156. Vgl. auch *Terstegen*, in: Strafrechtspflege und Strafrechtsreform, 1961, S. 95.

289 *Zirpins*, Kriminalistik 1967, S. 576 (579).

Gebrauch. So wird Korruption aus wettbewerblichen Gründen der Unternehmen normalisiert und gerechtfertigt.[290] Hierbei geht es um eine zur Motivation der Tat gehörende Rechtfertigung.[291]

Besteht das Gefühl in einer Gesellschaft, dass das wirtschaftliche System ungerecht ist, könnte dies von Bürgern als Ausgangspunkt gesehen werden, korrupt zu agieren.[292] Wenn Bedienstete kaum Möglichkeiten erleben, auf legalem Wege ihre Karriere voranzubringen, kann dies zu Korruption führen. Man spricht hierbei von *geringer sozialer Mobilität*.[293]

IV. Andere Ursachen

Eine Überhand nehmende Bürokratie in einem Staat führen zur Korruption. Manche Bürger bewerten die Korruption in diesem Zusammenhang als eine Lösung, Entscheidungen von Amtsträgern zu beschleunigen oder überhaupt zu bewirken.[294] Auf der anderen Seite vergrößern die notwendigen Anstrengungen außenstehender Akteure, wie Unternehmen und anderer Mächtiger in der Gesellschaft, Einfluss auf der Ebene der Entscheidungsträger zu nehmen, dann die Korruptionsgefahr.[295]

Ein großer Teil der internationalen Untersuchungen bestätigt, dass die Elemente „hohe Machtdistanz" wie unter hierarchisch-elitären Strukturen gegeben, „geringes Vertrauen in Entscheidungsträger" und „Unsicherheitsvermeidung" zu vermehrter Korruption führen.[296]

Kontrolldefizite bzw. unzureichende Kontrolle und dementsprechend mangelnde Transparenz im System sind auch den Hauptursachen zuzuordnen. Das gilt für die unkontrollierten Machtbefugnisse, die sich entweder aus persönlichen oder aus organisatorischen Gründen ergeben nach dem Übernehmen einer Befugnis.[297] Dies führt danach dazu, dass Korruptionstaten (nicht direkte, aber indirekte) innerhalb einer Behörde leichtgängiger begangen werden.[298]

---

290 Vgl. *Thiel*, in: Graeff/Grieger (Hrsg.), Was ist Korruption, 2012, S. 172–173.

291 *Schneider*, in: Handwörterbuch der Kriminologie, 1969, S. 662.

292 *Bussmann*, Wirtschaftskriminologie I, 2016, Rn. 634 m.w.N.

293 *Bussmann*, a.a.O., Rn. 637.

294 *Bussmann*, a.a.O., Rn. 632–633.

295 *Dölling*, Gutachten, 1996, C 31.

296 *Bussmann*, a.a.O., Rn. 638.

297 *Ostendorf*, in: Buck (Hrsg.), Neue Fragen an den Rechtsstaat, 2009, S. 100.

298 Vgl. *Schaupensteiner*, Kriminalistik, 1994, S. 514 (520); *ders.*, in: BKA, Wirtschaftskriminalität und Korruption, 2003, S. 106; *Korte*, in: Dölling (Hrsg.), Korruptionsprävention, 2007, Rn. 25; *See*, Wirtschaft zwischen Demokratie und Verbrechen, 2014, S. 218.

Schließlich darf nicht vergessen werden, dass in Bezug auf das Strafrecht eine ineffiziente Tätigkeit der Strafverfolgungsorgane bei der Aufdeckung und Ermittlung der Korruptionsdelikte und strafrechtliche Lücken als Hauptursachen von Korruption gelten müssen.[299]

C. Standort als korrupt bezeichneter Handlungen in der Kriminologie

Kriminologisch ist nicht klar, unter welcher Kategorie die korrupten Handlungen vorzugsweise analysiert werden sollten. Hier gibt es zwei unterschiedliche, aber ähnliche Hauptrichtungen: Einmal den dem White-collar-crime-Konzept folgenden, andererseits einen dem Wirtschaftskriminalitätskonzept folgenden Ausgangspunkt.[300]

I. Korruption aus der Perspektive von *White-collar criminality*

1. *Die sog.* White-collar crimes

Die Diskussion von amerikanischen Kriminologen über die Wirtschaftskriminalität begann zunächst mit der sogenannten „*White-collar criminality*".[301] Der US-Soziologe und Kriminologe *Sutherland* verwendete den Begriff erstmals (Deutsch: Weiße-Kragen-Kriminalität; Türkisch: beyaz yaka suçları; Italienisch: criminalita in colletti bianchi; Französisch: crime en col blanc) im Jahr 1939 bei seinem berühmten Vortrag auf der Tagung der Amerikanischen Soziologischen Gesellschaft, um die „*blue collar criminality*" (Blaue-Kragen-Kriminalität) zu ergänzen.[302] Der Ausgangspunkt dieses Vortrages war die Kritik am damaligen Verständnis einer sozial randständigen, von Armut angetriebenen Arbeiter- bzw. *blue collar criminality*.[303] Somit eröffnete das Konzept von Sutherland einen neuen Blickwinkel.[304]

---

299 Vgl. *Schaupensteiner*, in: Pieth/Eigen (Hrsg.), Korruption im geschäftlichen Verkehr, 1999, S. 140 ff.

300 Kritisch *Röhl*, Rechtssoziologie-online, 2012, S. 1178.

301 *Opp*, Soziologie der Wirtschaftskriminalität, 1975, S. 40.

302 Vgl. *Middendorff*, in: BKA-Arbeitstagung, 1963, S. 61; *Schneider*, in: Handwörterbuch der Kriminologie, 1969, S. 657; *Kaiser*, Lehrbuch Kriminologie, 1996, § 72, Rn. 1; *Otto*, Jura 1989, S. 24 (25); *Meier*, Kriminologie, 2010, § 11, Rn. 4.

303 *Bussmann*, Wirtschaftskriminologie I, 2016, Rn. 5.

304 *Kaiser*, Lehrbuch Kriminologie, 1996, § 72, Rn. 4 m.w.N.; kritisch *Middendorff*, in: BKA-Arbeitstagung, 1963, S. 59 f.

Sutherland versteht unter *White-collar crimes* die im Rahmen von beruflichen Tätigkeiten entstandene Kriminalität von Personen, die ein gutes Image und einen hohen sozialen Status haben.[305] Sutherland hat auf diese Weise sein Konzept im Lichte von täterbezogenen Merkmalen charakterisiert. Im Kern handelt es sich dabei um eine *täterbezogene Klassifizierung*.[306]

Sutherland geht im Anschluss daran weiter und bildet zwei Tätertypen, die Oberschicht- bzw. Oberwelt-Verbrechen (*crimes of the upper class*) und Unterschicht- bzw. Unterwelt-Verbrechen (*crimes of the lower class*) erwarten lassen.[307] Er bekräftigte seine Aussage kriminologisch mit Verweis auf eine Lerntheorie.[308]

Mit diesem Begriff sollten zwei Punkte betont werden: Erstens, der hohe Status des Täters in der Gesellschaft; zweitens die Begehung einer Straftat i.R.d. Berufstätigkeit.[309] In diesem Zusammenhang fällt die Weiße-Kragen-Kriminalität unter *Berufsstraftaten* im weiteren Sinne.[310] Der *Vertrauensmissbrauch* und

---

305 Siehe für die originelle Definiton Sutherlands, White Collar Crime, 1983 (die ungekürzte Version, zuerst 1949), S. 7: „White collar crime may be defined approximately as a crime committed by a person of respectability and high social status in the course of his occupation." Siehe auch für die ins Deutsche übersetzte Erklärungen Bauer, in: Beiträge, 1979, S. 11; *Middendorff*, in: BKA-Arbeitstagung, 1963, S. 61; Dannecker/Bülte, in: Handbuch des Wirtschafts- und Steuerstrafrecht, 2014, Kap. 1, Rn. 6.

306 *Schneider*, in: Bock (Hrsg.) Göppinger Kriminologie, 2008, § 25, Rn. 5. Siehe auch *Kaiser*, Lehrbuch Kriminologie, 1996, § 72, Rn. 19; *Arzt* u.a., Lehrbuch BT, 2015, § 19, Rn. 9; kritisch *Edelhertz*, White-Collar Crime, 1970, S. 4.

307 Zit. nach *Geis* (Hrsg.), White Collar Crime, 1977, S. 47.

308 Zit. nach *Geis* (Hrsg.), White Collar Crime, 1977, S. 50. Vgl. auch *Middendorff*, in: BKA-Arbeitstagung, 1963, S. 73; *Bauer*, in: Beiträge, 1979, S. 14.

309 *Schönherr*, Vorteilsgewährung und Bestechung als Wirtschaftsstraftat, 1985, S. 69.

310 Vgl. *Terstegen*, in: Strafrechtspflege und Strafrechtsreform, 1961, S. 95; *Bauer*, in: Beiträge, 1979, S. 11. *Middendorff*, Soziologie des Verbrechens, 1959, S. 51, verwendet dabei den Begriff „Berufskriminalitä"t. Im anglo-amerikanischen Kontext wird heute zwischen *corporate crimes* [Verbandsdelikte bzw. Unternehmenskriminalität zugunsten einer Organisation im wirtschaftlichen Sinne] und *occupational crimes* [Begehung eines Delikts zuungunsten einer Organisation durch den Angehörigen: Betriebskriminalität]" unterschieden. Siehe *Schneider*, in: Handwörterbuch der Kriminologie, 1969, S. 659; *Kaiser*, Lehrbuch Kriminologie, 1996, § 72, Rn. 15; *Meier*, Kriminologie, 2010, § 11, Rn. 6; *Brettel/Schneider*, Wirtschaftsstrafrecht, 2014, § 1, Rn. 15 f.; *Bussmann*, Wirtschaftskriminologie I, 2016, Rn. 21.

die *Bereicherungsabsicht*[311] des Täters mithilfe der Betätigung des Berufes sind mithin wesentliche, jedenfalls soziale Tatvoraussetzungen.[312]

Da die Arbeitsdefinition von *Sutherland* unbestimmt und unscharf ist, wird versucht, sie anhand von bestimmten Wirtschaftsdelikten, namentlich Betrug, Untreue, Wettbewerbs- sowie Steuerdelikte, zu erfassen bzw. ergänzen und insoweit das Konzept von *Sutherland* zu konkretisieren.[313] Sie wird gemeinhin als ein Sammelbegriff betrachtet. Es handelt sich also nur um Schätzungen und Beispiele anhand von einigen als sozial naheliegend klassifizierten Delikten.[314]

Die Definition und der Blickwinkel von *Sutherland* bezüglich wirtschaftskrimineller Handlungen haben zwar ein neues Verständnis eröffnet. Sie fanden aber in der Lehre keine allzu weitgehende Zustimmung. *Sutherlands* Definition wurde meist und insbesondere wegen ihrer Unklarheit gerügt,[315] weil die Profile von Wirtschaftsstraftätern nicht einfach klassifizierbar seien, es sich vielmehr um Typen *sui generis* handle. Aus diesem Grund erscheint es nicht sinnvoll, aus diesem Modell eine Erklärung mit allgemeinem Geltungsanspruch zu formulieren.[316] Neue Ansätze gehen heute nicht mehr von der Täterpersönlichkeit aus, sondern fokussieren sich nun auf das konkrete Verhalten des Täters.[317]

2. *Korruption als White-collar crime*

Es ist also fragwürdig, ob die kriminellen Korruptionsformen unter den Begriff der White-collar-Kriminalität gefasst werden sollten. Einige Autoren erklären, ungeachtet der oben angeführten Kritik, Korruption durch den

---

311 *Bauer*, in: Beiträge, 1979, S. 16. *Middendorff*, Soziologie des Verbrechens, 1959, S. 69 ff., erörtert die Korruption bzw. Bestechungen von Beamten unter der Kategorie „Bereicherungsdelikte".

312 Vgl. *Terstegen*, in: Strafrechtspflege und Strafrechtsreform, 1961, S. 83, 95; *Edelhertz*, White-Collar Crime, 1970, S. 12; *Kaiser*, Lehrbuch Kriminologie, 1996, § 72, Rn. 6. Einfache Vertrauensverletzung ist nicht genügend, es muss in diesem Sinne vielmehr ein Missbrauch eines bei gesellschaftlichen Beziehungen und Kontakten nötigen Vertrauens vorkommen. Siehe dazu *Terstegen*, a.a.O., S. 91.

313 Vgl. *Kaiser*, Lehrbuch Kriminologie, 1996, § 72, Rn. 6.

314 *Middendorff*, in: BKA-Arbeitstagung, 1963, S. 61.

315 Siehe *Middendorff*, in: BKA-Arbeitstagung, 1963, S. 73; *Schneider*, in: Handwörterbuch der Kriminologie, 1969, S. 657 m.w.N.; *Edelhertz*, White-Collar Crime, 1970, S. 3; *Opp*, Soziologie der Wirtschaftskriminalität, 1975, S. 44, 51; *Mergen*, Kriminologie, 1995, S. 321; *Dannecker/Bülte*, in: Handbuch des Wirtschafts- und Steuerstrafrecht, 2014, Kap. 1, Rn. 7.

316 *Schneider*, Kriminologie für das 21. Jahrhundert, 2001, S. 24.

317 *Edelhertz*, White-Collar Crime, 1970, S. 4; *Meier*, Kriminologie, 2010, § 11, Rn. 6.

White-collar-Crime-Ansatz. Sie rechtfertigen dies mit der Erwägung, dass dieser theoretische Ausgangspunkt sehr hilfreich sei, korrupte Handlungen zu beschreiben.[318] So werden vor allem die Bestechung und Bestechlichkeit im geschäftlichen Verkehr (*commercial bribery*) und die Unterschlagung (*embezzlement*) in die Erscheinungsformen der Korruption einbezogen.[319]

Im Rahmen des White-collar-Crime-Konzepts von *Sutherland* könnte die Korruption wie folgt definiert werden: „Gesetzesübertretung von Personen aus höheren sozialen Schichten in Ausübung eines Berufes, wobei das abweichende Verhalten zuvor in Kleingruppen erlernt wurde, inklusive der dazugehörigen Einstellung".[320]

Sutherland, der intellektuelle Urheber des White-collar-Crime-Konzepts, gab auch die Bestechungs- und Unterschlagungsdelikte als typische Beispiele an.[321] Doch ist dabei zu beachten, dass die Bestechungsdelikte auch ihm zufolge nicht unmittelbar als White-collar-Taten bezeichnet werden können. Vielmehr gelte es, je nach Fall zu überprüfen, ob sie die weiteren Voraussetzungen erfüllen oder nicht. Bestechungsdelikte sind also „bedingte White-collar crimes" (*cum grano salis*).[322]

II. Korruption aus der Perspektive der Wirtschaftskriminalität

1. *Ein allgemeiner Überblick zur Wirtschaftskriminalität*

Die Kriminalität zeigt sich wie ein „Werk und Spiegel der Gesellschaft".[323] Um die wirtschaftsbezogenen Delikte i.d.S. zu verstehen, wird

---

318 *Zimring/Johnson*, Brit. J. Crim. 2005, S. 793 (805 ff.). *Middendorff*, in: BKA-Arbeitstagung, 1963, S. 69–70, gibt Korruption als Beispiel für Weiße-Kragen-Kriminalität an. Auch *Schaupensteiner*, in: BKA, Wirtschaftskriminalität und Korruption, 2003, S. 102, denkt, dass Korruption alle klassischen Elemente des „*white-collar-crimes*" erfülle. *Dölling*, Gutachten, 1996, C 23, bewertet den größten Teil von Korruptionsformen als Weiße-Kragen-Kriminalität.

319 *Edelhertz*, White-Collar Crime, 1970, S. 19-20 und Appendix A. *Bauer*, in: Beiträge, 1979, S. 23, sieht die Bestechungsstraftat in diesem Rahmen als „Begleitdelikt", also „parallel laufendes Delikt" an.

320 *Bergmann*, Korruption und Systemrationalität, 2007, S. 24.

321 Siehe *Sutherland*, in: Geis (Hrsg.), White Collar Crime, 1977, S. 42, 50.

322 *Sutherland*, a.a.O., S. 42; *Terstegen*, in: Strafrechtspflege und Strafrechtsreform, 1961, S. 91; *Opp*, Soziologie der Wirtschaftskriminalität, 1975, S. 52. Vgl. auch unten § 9 A VIII.

323 *Kunz*, Kriminologie, 2011, S. 12.

vorab eine kriminologische Beschreibung von Wirtschaftskriminalität benötigt.[324]

Zunächst ist festzustellen, dass man für den Begriff Wirtschaftskriminalität in der Lehre keine herrschende und allgemein anerkannte Definition findet.[325] Auch die Gesetzgebung bietet keine Legaldefinition. Hinter diesem Sammelbegriff verstecken sich mithin „sehr verschiedenartige Sachverhalte, Handlungsweisen und auch Personengruppen".[326] Dieser Begriff ist, wie der Begriff der Korruption, mehrdimensional. Dazu liegen dementsprechend mehrere Erklärungsversuche je nach Disziplin vor.[327]

Die Frage, was wirtschaftskriminell ist, hängt von verschiedenen Orientierungspunkten ab. Das klassische Verständnis der Wirtschaftskriminalität konzentriert sich grundsätzlich auf die Deliktstypen bzw. knüpft an „bestimmte Deliktsfolgen"[328] an; damit wird versucht, eine eigenständige Kenntnis von den mit der Wirtschaft verbundenen täterbezogenen Ursachen zu ermitteln.[329] Nach einer Meinung umfasst die Wirtschaftskriminalität „alle ökonomisch motivierten strafbaren oder schädlichen Handlungen" (im weiteren Sinne).[330] Dieses weite Verständnis bezieht sich meist auf die „Bereicherungskriminalität", auf

---

324 Vgl. *Geerds*, Kriminalistik 1968, S. 356 (358); *Heißner*, Wirtschaftskriminalität und Korruption, 2014, S. 27.

325 *Tiedemann*, Gutachten, 1972, C 27; *Schönherr*, Vorteilsgewährung und Bestechung als Wirtschaftsstraftat, 1985, S. 65; *Otto*, Jura 1989, S. 24 (25); *Müller*, Soziale Kontrolle in der Wirtschaftsgesellschaft, 1993, S. 79 ff.; *Heinz*, in: Kaiser u.a. (Hrsg.), Kleines Kriminologisches Wörterbuch, 1993, S. 589; *Kaiser*, in: FS-Tiedemann, 2008, S. 1583; *Dannecker/Bülte*, in: Handbuch des Wirtschafts- und Steuerstrafrecht, 2014, Kap. 1, Rn. 5; *Liebl*, Wirtschafts- und Organisierte Kriminalität, 2016, S. 3. *Hefendehl*, ZStW 2007, S. 816 (816): „Was zur Wirtschaftskriminalität gehört, wissen wir nicht genau."

326 *Kaiser*, Lehrbuch Kriminologie, 1996, § 74, Rn. 2. Obwohl viele empirisch-kriminologische Forschungen seit den 1970er Jahren zur Beantwortung der Grundfragen der Wirtschaftskriminalität durchgeführt wurden, findet sich kein Konsens. Der Grund liegt darin, dass diese Forschungen nur „punktuelle Ergebnisse" lieferten. Siehe dazu *Tiedemann*, in: BKA-Arbeitstagung, 1984, S. 125. Siehe auch *Meier*, Kriminologie, 2010, § 11, Rn. 28.

327 Siehe *Schuchter*, Wirtschaftskriminalität, 2012, S. 38 ff.

328 *Schneider*, in: Handwörterbuch der Kriminologie, 1969, S. 658.

329 Vgl. *Bussmann*, Wirtschaftskriminologie I, 2016, Rn. 51.

330 *Bussmann*, a.a.O., Rn. 5. Siehe auch *Rönnau*, ZStW 2007, S. 887 (890); *Löhr/Burkatzki*, in: dies. (Hrsg.), Wirtschaftskriminalität und Ethik, 2008, S. 13; *Burkatzki*, ZIS 2011, S. 160 (162); „die Summe der geltenden Straf- und Bußgeldvorschriften, die der Bekämpfung der Wirtschaftskriminalität dienen": *Heinz*, GA 1977, S. 193 (196).

eine „ökonomisch motivierte“ oder „gewinnorientierte Kriminalität“.[331] Eine im Rahmen des Arbeitskreises Alternativ-Entwurf zum Ausdruck gebrachte Definition geht dahin:

> „Verstoß gegen die sozial-überindividuellen Belange des Wirtschaftsgeschehens bzw. Missbrauch der Instrumente des Wirtschaftslebens“[332]

Auf die Strafrechtspflege nimmt die Bestimmung des Begriffs der Wirtschaftskriminalität keinen direkten Einfluss, er hat aber eine unmittelbare Bedeutung, etwa in der Spezialisierung der polizeilichen Dezernate sowie der Schwerpunktstaatsanwälte und Wirtschaftsstrafkammern. Hier haben Inhalt und Umfang der Wirtschaftskriminalität stets maßgebende Bedeutung (§ 74c GVG).[333] Es geht dabei um eine tatbezogene Definition, welche Gelegenheit zur Kategorisierung und Erleichterung der kriminalstatistischen Erfassung bietet.[334] Dieses im konkreten Fall auf die Tat fokussierte Konzept findet – wie schon oben ausgeführt wurde – mehr und mehr Interesse nach heutigem Verständnis.[335]

Es bestehen keine Zweifel darüber, dass der deutsche Gesetzgeber mit § 74c GVG keine Legaldefinition für Wirtschaftskriminalität schaffen wollte.[336] Vielmehr geht es in pragmatischer Weise um eine kriminaltaktisch- und strafprozessuale Bestimmung.[337] Denn die Regelung bestimmt hier den offenen Begriff „besondere Fachkenntnisse“ nicht. Es fehlt also i.R.d. Zuständigkeitsregelung ein Maßstab sowohl nach gesetzgeberischer Vorgabe als auch in der Rechtsprechung.[338] Daraus ergeben sich Ermessenspielräume für Strafkammern, weil der Gesetzgeber bei der Zuweisung eine Einzelfalllösung vorgesehen hat.[339]

Wirtschaftskriminalität wird nach einer Ansicht als „Hauptanwendungsfall des White-collar-Verbrechens“ betrachtet.[340] Nach anderer

---

331 *Bussmann*, Wirtschaftskriminologie I, 2016, Rn. 15.

332 Zit. nach *Meier*, Kriminologie, 2010, § 11, Rn. 7.

333 *Tiedemann*, Gutachten, 1972, C 27. Im Kriminaljustizsystem des türkischen Rechts findet man den Begriff Wirtschaftskriminalität nicht. Er wird nur in Lehre, Kriminal- und Strafrechtspolitik verwendet.

334 *Schneider*, in: Bock (Hrsg.) Göppinger Kriminologie, 2008, § 25, Rn. 6.

335 *Meier*, Kriminologie, 2010, § 11, Rn. 6.

336 *Schönherr*, Vorteilsgewährung und Bestechung als Wirtschaftsstraftat, 1985, S. 61.

337 Vgl. *Schönherr*, Vorteilsgewährung und Bestechung als Wirtschaftsstraftat, 1985, S. 62; *Schwind*, Kriminologie und Kriminalpolitik, 2016, 2011, § 21, Rn. 18.

338 *Schönherr*, Vorteilsgewährung und Bestechung als Wirtschaftsstraftat, 1985, S. 63.

339 Vgl. OLG München v. 6.6.1979 – 1 Ws 510/79 = JR 1980 S. 77 (79).

340 *Kaiser*, Lehrbuch Kriminologie, 1996, § 72, Rn. 21.

Ansicht bildet das Konzept von *Sutherland* eine gute Basis für die späteren Untersuchungen.[341]

„Die Wirtschaftskriminalität ist keine individuelle Pathologie."[342] Im Vergleich zu anderen Delikten verursachen Wirtschafsstraftaten bzw. *White-collar crimes* – insgesamt Wirtschaftskriminalität – mehr Schäden als andere Deliktstypen, aufgrund der sozialen Zusammenhänge solcher Handlungen (Sozialschädlichkeit der Wirtschaftskriminalität).[343] Daraus ergeben sich gefährliche Folgen für den Staat, die Wirtschaft und Gesellschaft sowie Bürger bzw. Steuerzahler.[344]

Es ist davon auszugehen, dass viele wirtschaftskriminelle Handlungen nicht durch natürliche, sondern durch juristische Personen begangen werden. Die meisten Formen von Wirtschaftskriminalität stehen jedenfalls in einem unternehmensbezogenen Zusammenhang.[345]

Eine augenscheinliche Mehrheit deutscher Wirtschaftskriminologen schildert das Phänomen Wirtschaftskriminalität im weitesten Sinne. Sie setzen folgende Bedingungen voraus: Erstens, eine wirtschaftliche Betätigung im Rahmen des Berufes, die wegen der Sozialschädlichkeit (sog. sozialschädliches Verhalten) bestraft wird; zweitens, Missbrauch des zum Wirtschaftsleben benötigten Vertrauens und letztlich eine überindividu2elle Schädigung (namentlich volkswirtschaftliche Schäden oder Schäden der Allgemeinheit).[346] Sie orientieren sich vor allem am Missbrauch des zum Wirtschaftsleben benötigten Vertrauens.[347]

---

341 Vgl. *Heinz*, GA 1977, S. 193 (193); *Schönherr*, Vorteilsgewährung und Bestechung als Wirtschaftsstraftat, 1985, S. 64, 69.

342 *Schneider*, in: Handwörterbuch der Kriminologie, 1969, S. 662 m.w.N.

343 *Sutherland*, in: Geis (Hrsg.), White Collar Crime, 1977, S. 44. Vgl. auch *Wassermann*, in: Beiträge, 1979, S. 30 ff.; skeptisch *Heinz*, GA 1977, S. 193 (204).

344 *Zirpins/Terstegen*, Wirtschaftskriminalität, 1963, S. 98; *Zirpins*, Kriminalistik 1967, S. 576 (579); *Edelhertz*, White-Collar Crime, 1970, S. 9; *Bauer*, in: Beiträge, 1979, S. 23; *Heinz*, ZStW 1984, S. 417 (435); *Mergen*, in: Haesler (Hrsg.), politische Kriminalität und Wirtschaftskriminalität, 1984, S. 5; *Liebl*, Wirtschafts- und Organisierte Kriminalität, 2016, S. 27.

345 Vgl. *Heinz*, ZStW 1984, S. 417 (446); *Többens*, NStZ 1999, S. 1 (1); *ders.*, Wirtschaftsstrafrecht, 2006, S. 2.

346 *Schwind*, Kriminologie und Kriminalpolitik, 2016, § 21, Rn. 17. *See*, Wirtschaft zwischen Demokratie und Verbrechen, 2014, S. 157, ist davon überzeugt, dass beim „Wirtschaftsverbrechensbegriff" nicht vom „Weißen Kragen" oder vom „sozialen Status" oder dem „Beruf" auszugehen ist; der Ausgangspunkt habe vielmehr den Kapitalbegriff ernst zu nehmen.

347 Vgl. *Zirpins/Terstegen*, Wirtschaftskriminalität, 1963, S. 1067; *Zirpins*, Kriminalistik 1967, S. 169 (169); *Schneider*, in: Handwörterbuch der Kriminologie, 1969, S. 659;

2. *Korruption als Wirtschaftskriminalität*

Bemerkenswert ist in diesem Zusammenhang, dass die Wirtschaftsverbrechen im Hinblick ihres *modus operandi* zu bewerten sind. In dieser Hinsicht ist – wie beim *White-collar-crime*-Konzept – im Einzelfall zu prüfen, ob die Art und Weise der Deliktsverwirklichung einen Wirtschaftsverbrechenscharakter hat.[348] In diesem Punkt wäre es auch sachgerecht, einen Unterschied zwischen Wirtschafts- und wirtschaftsbezogenen Delikten zu machen.[349]

Um die „strafbaren Korruptionshandlungen"[350] unter den Wirtschaftsdelikten fassen zu können, sind die charakteristischen Elemente der Korruption maßgebend.[351]

Typische Korruptionstäter haben eine hohe Selbstkontrolle.[352] Korruptionshandlungen werden trotzdem durch diese intelligenten Menschen realisiert. Als Beispiele sind die transparenten wie auch geheimen Rent-Seeking-Aktivitäten zu nennen.[353]

Das Publikum in der heutigen, hoch arbeitsteiligen und funktional differenzierten Gesellschaft ist mehr denn je zum Vertrauen gezwungen. Die vielfältigen staatlichen Aufgaben müssen durch je anvertraute Personen erfüllt werden, die in der Lage sind, die Qualität und inhaltliche Richtigkeit essenzieller Geschäftsinhalte zu prüfen. Das heutige System bedarf also einer Vertrauensbasis. Da es sich bei der Korruption um einen erheblichen Missbrauch der anvertrauten Macht handelt, ist sie damit auch unter *Treubruchdelikten* zu verhandeln.[354]

Auf der anderen Seite ist Korruption „ein massiver Angriff auf das Prinzip des freien Wettbewerbs und die allgemeine Wirtschaftsmoral". Sie wird durch

---

Kaiser, Lehrbuch Kriminologie, 1996, § 72, Rn. 6; *Heinz*, GA 1977, S. 193 (196); *Schneider*, Kriminologie für das 21. Jahrhundert, 2001, S. 23.

348 Vgl. *Edelhertz*, White-Collar Crime, 1970, S. 4; *Schönherr*, Vorteilsgewährung und Bestechung als Wirtschaftsstraftat, 1985, S. 75; *Tiedemann*, Wirtschaftsstrafrecht BT, 2011, Rn. 20.

349 Vgl. *Rönnau*, ZStW 2007, S. 887 (894).

350 Da – wie oben unter § 3 C erwähnt – noch nicht-kriminalisierte Begehungsformen infrage kommen, wird dort dieser Begriff verwendet.

351 Dieser Ausgangspunkt wurde von *Rönnau* für das Untreuedelikt verwendet. Siehe *Rönnau*, ZStW 2007, S. 887 (890).

352 *Bannenberg*, Strafrechtliche Kontrolle, 2002, S. 361.

353 Vgl. *Rose-Ackerman*, in: Pieth/Eigen (Hrsg.), Korruption im geschäftlichen Verkehr, 1999, S. 47; *Priddat*, in: ders./Schmid (Hrsg.), Korruption als Ordnung zweiter Art, 2011, S. 67.

354 *Zirpins/Terstegen*, Wirtschaftskriminalität, 1963, S. 30, 23, 662.

wirtschaftskriminelle Praktiken, also durch Wirtschaftsstraftäter in die Tat umgesetzt.[355]

Somit ist die Korruption ein Verbrechensphänomen, das sich zwischen Staat und Wirtschaft abspielt und auf dem auf Gewinnmaximierung basierenden Kosten-Nutzen-Kalkül einzelner Menschen beruht. Es lässt sich sagen, dass die strafbaren Korruptionsformen größtenteils zu den Wirtschaftsstraftaten zählen.[356]

III. Zwischenfazit

Das Konzept der ‚Weiße-Kragen-Kriminalität' ist überwiegend mit der Wirtschaftskriminalität gleichzustellen.[357] In diesem Punkt ist zunächst zu betonen, dass Weiße-Kragen-Delikte nicht in jedem Fall zu Wirtschaftsdelikten zählen.[358] Die Weiße-Kragen-Kriminalität ist also als ein Oberbegriff zu betrachten.[359] Wirtschaftsdelikte sind i.d.R. nur eine Teilmenge der *White-collar crimes*.[360]

Es fehlt der Definition von *Sutherland* die Konkretisierung, so werden ihr „begriffliche Unklarheiten" bescheinigt: Man weiß nicht, welche Handlungen unter diese Definition fallen. Das führte zu einer „Marginalisierung" des Konzepts und zu „unfruchtbaren und folgenlosen Debatten".[361] Es kann danach als politischer „Propagandaausdruck"[362] verstanden werden. Demnach ist die

355 Vgl. *Schaupensteiner*, NStZ 1996, S. 409 (411); *Bannenberg*, Strafrechtliche Kontrolle, 2002, S. 216 f.; *Bergmann*, Korruption und Systemrationalität, 2007, S. 22.

356 Vgl. *Schöch*, in: 61. DJT, Bd. II/1, L 109; *Priddat*, in: ders./Schmid (Hrsg.), Korruption als Ordnung zweiter Art, 2011, S. 67; *Klitgaard*, Adressing corruption together, 2014, S. 18. Es wird auch vertreten, dass Korruptionsdelikte oft „Begleitsdelikte" im Zusammenhang mit Wirtschaftskriminalität sind. Siehe dazu *Schneider*, in: Handwörterbuch der Kriminologie, 1969, S. 660; *Thiel*, in: Graeff/Grieger (Hrsg.), Was ist Korruption, 2012, S. 169 m.w.N. „Korruption ist ein Wegbereiter für Wirtschaftskriminalität": *Ziercke*, in: Löhr/Burkatzki (Hrsg.), Wirtschaftskriminalität und Ethik, 2008, S. 37.

357 Vgl. *Opp*, Soziologie der Wirtschaftskriminalität, 1975, S. 40; *Schneider*, in: Bock (Hrsg.) Göppinger Kriminologie, 2008, § 25, zum Thema Fn. 25; kritisch *Dannecker/Bülte*, in: Handbuch des Wirtschafts- und Steuerstrafrecht, 2014, Kap. 1, Rn. 6; *Arzt* u.a., Lehrbuch BT, 2015, § 19, Rn. 8; *Bussmann*, Wirtschaftskriminologie I, 2016, Rn. 5.

358 *Kaiser*, Lehrbuch Kriminologie, 1996, § 72, Rn. 1.

359 Siehe *Heinz*, GA 1977, S. 193 (193); *Opp*, Soziologie der Wirtschaftskriminalität, 1975, S. 44.

360 Vgl. *Opp*, Soziologie der Wirtschaftskriminalität, 1975, S. 45.

361 *Bergmann*, Korruption und Systemrationalität, 2007, S. 24 f. m.w.N.

362 *Schneider*, in: Handwörterbuch der Kriminologie, 1969, S. 657.

Definition von *Sutherland* aus heutiger kriminologischer Sicht nicht durchsetzbar, obwohl sie eine bemerkenswerte kriminologische Sicht bot.[363]

Die Ansätze für den Begriff der White-collar-Kriminalität und für die Wirtschaftskriminalität sind, wie gesehen, nicht stabil, sondern beweglich. Die Darstellungen und Erscheinungsformen sind namentlich abhängig von technischen und gesellschaftlichen Entwicklungen.[364]

Obwohl sich beachtliche Kritik am Konzept *Sutherlands* findet, verwenden manche Strafrechtler und Kriminologen den Begriff der White-collar-Kriminalität immerhin aufgrund seines prägnanten „Schlagwortcharakters".[365]

Wirtschaftskriminalität kann schlichtweg als das kriminologische und empirische Gebiet des Wirtschaftsstrafrechts identifiziert werden.

Wirtschaftskriminalität hat „einen korrumpierenden Einfluß auf das Wirtschaftsleben".[366] Die Wirtschaftsverbrechen werden meist als Missbrauch der Vertrauensbasis „für eigennützige Zwecke" verstanden. Dieses Verhalten bringt eine „*korrumpierende Wirkung*" mit sich.[367] Sofern eine effektive Sogwirkung besteht, lässt sich das Wirtschaftssystem korrumpieren.[368] Die Konkurrenzfähigkeit wird durch die Wirtschaftskriminalität auf jeden Fall erheblich beeinträchtigt.[369] Darüber hinaus ruft Wirtschaftskriminalität erhebliche sozialschädliche Folgen hervor.[370]

Die kriminalphänomenologischen Erklärungsmodelle für die Korruption beruhen überwiegend auf einem „wirtschaftskriminellen Handeln".[371] Demnach ist die Korruption nach weitgehend vertretener Meinung grundsätzlich eine

---

363 *Meier*, Kriminologie, 2010, § 11, Rn. 5. Siehe auch *Dannecker/Bülte*, in: Handbuch des Wirtschafts- und Steuerstrafrecht, 2014, Kap. 1, Rn. 7; *Brettel/Schneider*, Wirtschaftsstrafrecht, 2014, § 1, Rn. 12. Die späteren Verbesserungsversuche orientierten sich auch an täterbezogenen Merkmalen. Siehe dazu *Otto*, Jura 1989, S. 24 (25).

364 Vgl. *Edelhertz*, White-Collar Crime, 1970, S. 7; *Heinz*, GA 1977, S. 193 (195); *Green*, Buffalo L.R., 2004, S. 101 (134).

365 *Kaiser*, Lehrbuch Kriminologie, 1996, § 72, Rn. 20. *Waßmer*, DGStZ 2017, S. 2 (3), spricht in diesem Punkt von der kriminologisch-rechtsgutsbezogenen Begriffsbestimmung.

366 *Tiedemann*, Gutachten, 1972, C 22.

367 *Kaiser*, Lehrbuch Kriminologie, 1996, § 72, Rn. 6, 25.

368 *Wassermann*, in: Beiträge, 1979, S. 33.

369 *Tiedemann*, Wirtschaftsstrafrecht und Wirtschaftskriminalität 1, 1976, S. 25.

370 *Otto*, Jura 1989, S. 24 (24).

371 *Bannenberg*, Strafrechtliche Kontrolle, 2002, S. 357.

Form von Wirtschaftskriminalität.[372] Die Korruptionsdelikte gehören i.w.S. zu den Wirtschaftsverbrechen.[373]

D. Folgen von Korruption

Es ist nicht einfach, sich über den ganzen Umfang sowie feststellbare Schäden von Korruption eine Übersicht zu verschaffen. Weitgehend lässt sich nur spekulieren oder schätzen.[374]

In erster Linie schadet Korruption der Wirtschaft und der Wettbewerbsstruktur.[375] Je nach Branche und Sektor haben diese materiellen bzw. finanziellen Schäden womöglich erheblichen Umfang.[376] Allerdings ist die Summe des

---

372 Siehe *Zirpins/Terstegen*, Wirtschaftskriminalität, 1963, S. 23; *Niggemeyer*, in: BKA-Arbeitstagung, 1963, S. 9; *Zirpins*, Kriminalistik 1967, S. 576 (576); *Berk*, in: BKA-Arbeitstagung, 1983, S. 50; *Sheleff*, in: Liebl (Hrsg.), Internationale Forschungsergebnisse, 1987, S. 617; *Mergen*, Kriminologie, 1995, S. 324; *Schaupensteiner*, in: FES (Hrsg.), Korruption in Deutschland, 1997, S. 97; *Ziercke*, in: Löhr/Burkatzki (Hrsg.), Wirtschaftskriminalität und Ethik, 2008, S. 37; *Schneider*, in: Bock (Hrsg.), Göppinger Kriminologie, 2008, § 25, Rn. 48; *Meier*, Kriminologie, 2010, § 11, Rn. 13; *Neubacher*, Kriminologie, 2011, S. 152; *Schwind*, Kriminologie und Kriminalpolitik, 2016, § 21, Rn. 17; *Bannenberg*, in: Albrecht/Groenemeyer (Hrsg.), Handbuch soziale Probleme, 2012, S. 752; *Kudlich/Oğlakcıoğlu*, Wirtschaftsstrafrecht, 2014, § 11, Rn. 366; *Bussmann*, Wirtschaftskriminologie I, 2016, Rn. 6; *Liebl*, Wirtschafts- und Organisierte Kriminalität, 2016, S. 7, ist sich darüber außer zwei Fälle einig: Einfache Beamtenbestechung und sog. politische Korruption (Ämterkauf). *See*, Wirtschaft zwischen Demokratie und Verbrechen, 2014, S. 213, betrachtet dagegen die Korruption als eine Funktion der Wirtschaftskriminalität. In dem Lehrbuch von *Tiedemann*, Wirtschaftsstrafrecht BT, 2011, Rn. 196 ff., wird die Amtsträgerkorruption nicht erläutert, sondern man findet dort nur die Angestelltenbestechung. Dagegen fallen die Amtsträger-, Abgeordneten- und Mandatsträgerkorruption in seinem Buch v. 2017 unter allgemeinen Wirtschaftsdelikte. Siehe dazu *ders.*, Wirtschaftsstrafrecht, 2017, § 14, Rn. 575 ff. Nach statistischer Darstellung von BKA werden die Korruptionsdelikte nicht unter Wirtschaftskriminalität zugeordnet. Sie werden vielmehr jedes Jahr in einem eigenen Bericht von BKA dargelegt. Siehe BKA, Bundeslagebild Korruption.

373 *Geerds*, Kriminalistik 1968, S. 234 (235); *See*, Wirtschaft zwischen Demokratie und Verbrechen, 2014, S. 207, 244.

374 *Rimann*, Wirtschaftskriminalität, 1973, S. 102; *Tiedemann*, in: BKA-Arbeitstagung, 1984, S. 116 f.

375 Siehe *Tiedemann*, Gutachten, 1972, C 63; *Vahlenkamp, in:* ders./Knauß, *Korruption,* 1995, S. 48 f; zur einen gesamten Perspektive *Karmann*, Regelungssysteme der Bekämpfung, 2016, S. 99 ff.

376 *Bannenberg*, Strafrechtliche Kontrolle, 2002, S. 240 f.

Schadens nicht feststellbar, sondern „nur darstellbar".[377] Darüber hinaus handelt es sich auch um immaterielle, abstrakte und kaum messbare Schäden, wie den Vertrauensverlust des Bürgers in die Unabhängigkeit und Unbestechlichkeit,[378] den Verlust an öffentlichem Vertrauen[379] und vermittelt durch diesen Vertrauensverlust in die Rechtmäßigkeit der Verwaltungsentscheidungen und des Rechtsstaats.[380] Korruption erschüttert außerdem die „Glaubwürdigkeit und Legitimation des Gemeinwesens".[381] Mit zunehmenden Korruptionsfällen funktioniert ein Rechtssystem nicht länger nach dem Gleichheits- und Gerechtigkeitsprinzip.[382]

Die Grundidee, dass Korruption wünschenswerte ökonomische Entwicklungen verhindert, findet nach und nach das Interesse in Wissenschaft und allgemeiner Öffentlichkeit.[383] Gemeint ist in diesem Zusammenhang, dass die Korruption sowohl das Wachstum einer Volkswirtschaft als auch die ökonomische Entwicklung von Unternehmen langfristig schädigt.[384] Als Beispiel für Letzteres kann man die Gefährdung der Organisationskultur und die Schädigung des öffentlichen Ansehens eines Unternehmens nennen. Außer negativen Folgen für Unternehmen geht auch das persönliche Vertrauen zu Kollegen im Betrieb verloren. Ferner führt der Vertrauensverlust zu negativen Konsequenzen im Wettbewerb.[385]

Für die Steuerzahler entsteht finanzieller Schaden i.R.d. öffentlichen Auftragsvergabe. In der Erledigung der Aufträge entsprechen sich Preis und Leistung nicht. So bekommen Steuerzahler zu hohen Preisen Güter und Dienstleistungen geringerer Qualität.[386] Unterschiedliche empirische Forschungen haben gezeigt,

---

377 BKA, Bundeslagebild Korruption, 2014, S. 8. Nach BKA lautet der Schaden im Jahr 2014 rund 358 Millionen Euro, der zweimal höher im Vergleich zu letztem Jahr. Siehe a.a.O., S. 8.

378 So BKA, a.a.O., S. 8.

379 *Feuerbach*, Themis, 1812, S. 192; auch *Vahlenkamp/Knauß*, Korruption, 1995, S. 334.

380 *Bannenberg*, Strafrechtliche Kontrolle, 2002, S. 243.

381 *Kaiser*, Lehrbuch Kriminologie, 1996, § 72, Rn. 12.

382 Vgl. *Röhl*, Rechtssoziologie-online, 2012, S. 1172; *Reinhart*, in: FS-Imme Roxin, 2012, S. 85.

383 *Lambsdorff*, The Institutional Economics of Corruption, 2007, S. 58.

384 Vgl. *Borner/Schwyzer*, in: Pieth/Eigen (Hrsg.), Korruption im geschäftlichen Verkehr, 1999, S. 18; *v. Alemann*, in: ders. (Hrsg.), Dimensionen politischen Korruption, 2005, S. 40; *v. Alemann/Bäcker/Schmidt*, MIP 2008/09, S. 16 (17); *Reichard*, in: Graeff/Grieger (Hrsg.), Was ist Korruption, 2012, S. 93.

385 *Rabl*, in: Graeff/Grieger (Hrsg.), Was ist Korruption, 2012, S. 161.

386 *Vahlenkamp/Knauß*, Korruption, 1995, S. 334; *Bannenberg*, Strafrechtliche Kontrolle, 2002, S. 240–241.

dass Korruption in Gesellschaften negative Folgen hervorruft.[387] In diesem Punkt sind insbesondere Umweltschädigungen aufgrund mangelnder Aufsicht zu nennen.[388]

Die Allokation von Besitz- und Eigentumsrechten wird durch den Staat im Wege des Rechts geregelt und durch Verwaltung und Justiz überwacht.[389] Sind der Staat und seine Apparate nicht in der Lage, Eigentumsrechte von Bürgern zu gewährleisten, könnten Besitzer und Inhaber versuchen, das politische System zu verändern.[390]

Durch Korruption verliert der Staat seine *Steuerungsfähigkeit* auf Amtsträger, weil seine wesentlichen Instrumente, wie Gesetze und Entscheidungskompetenz, während der Erfüllung von staatlichen Aufgaben nicht wahrgenommen werden.[391] Darüber hinaus kommt eine ‚Umgehung staatlicher Wirtschaftspläne' in Frage.[392]

Durch Korruption privilegierte Beziehungen führen auch zu „Ungleichheit".[393] Auf diese Weise bezieht sich die Folgenseite von Korruption auf Armut.[394] Aufgrund der Fehlentwicklungen im Wirtschaftssystem werden Reiche immer reicher, Arme immer ärmer. Diese Fehlentwicklungen können hier als eine der Hauptursachen der Korruption angesehen werden.[395]

Zusammengefasst lässt sich sagen, dass es um zwei Kategorien von Schaden geht: einmal der individualisierbare (materielle) Schaden, wie reale finanzielle Einbußen der nichtkorrupten Mitbewerbern, andererseits die überindividuellen (immateriellen) Schäden, etwa Vertrauensverlust der Bürger. Als erhebliche und unmittelbare Folgen von Korruption sind Rechtsunsicherheit mit Blick auf Verwaltungsapparate und demzufolge ein Vertrauensverlust in öffentliche Institutionen zu nennen.[396]

---

387 *Graeff/Dombois*, in: Graeff/Grieger (Hrsg.), Was ist Korruption, 2012, S. 144.

388 Siehe UNODC, Corruption, Environment und UN, 2012, S. 5; TI, Corruption and the Environment, 2006, S. 49–50.

389 *Lambsdorff*, The Institutional Economics of Corruption, 2007, S. 112.

390 Vgl. *Borner/Schwyzer*, in: Pieth/Eigen (Hrsg.), Korruption im geschäftlichen Verkehr, 1999, S. 25; *Hey*, Ökonomische Analyse der Wirtschaftsstraftaten, 2001, S. 218; *Noack*, in: FES (Hrsg.), Korruption in Deutschland, 1997, S. 28.

391 *Bussmann*, Wirtschaftskriminologie I, 2016, Rn. 630.

392 Vgl. *Tiedemann*, in: Beiträge, 1979, S. 77.

393 OECD, Handbuch „Bestechung und Korruption" für den Innen- und Außendienst der Steuerverwaltung, 2013, S. 9.

394 *Bussmann*, Wirtschaftskriminologie I, 2016, Rn. 631.

395 Zustimmend Eb. *Schmidt*, Bestechungstatbestände, 1960, Rn. 236.

396 Vgl. *Reichard*, in: Graeff/Grieger (Hrsg.), Was ist Korruption, 2012, S. 103.

E. Der Habitus der Korruption – Typische Erscheinungsformen und ihre Kategorisierung

Wie oben festgestellt, ist es nicht möglich, eine abschließende Definition für das Phänomen der Korruption zu geben. Aus diesem Grund ist eine phänomenologische Beschreibung im Lichte verschiedener Erscheinungsformen sinnvoll, um mit dem gewonnenen Verständnis kriminalpolitische Vorüberlegungen zu strafrechtlichen Problemen anstellen können.[397]

I. Typische Erscheinungsformen

Mithilfe des Einteilungskriteriums kann das Korruptionsmodell durch den jeweiligen Gesetzgeber konkretisiert werden. Es wird somit besser verständlich.[398] Für das Korruptionsmodell des Gesetzgebers sind in der Realität beobachtbare Handlungsformen maßgebend.[399]

Das meistbenutzte Modell zur Klassifizierung der Korruptionsdelikte knüpft an das Verständnis an, in dem Korruption nach Akteuren der Verwaltung bzw. des Staats (Amtsträgerkorruption), der Politik (politische Korruption) und der Wirtschaft (Wirtschaftskorruption) untersucht wird (sog. Dreierdifferenzierung).[400] Bei dieser Differenzierung geht es um eine Unterscheidung je „Beschäftigungsgebiet".[401] Die in dieser Untersuchung vertretene Sicht folgt dagegen

---

397 „Die Beantwortung der Frage, ob wir ein spezifisches Strafrechtsproblem vor uns haben, setzt zunächst phänomenologische Klarheit voraus": *Kerner/Rixen*, GA 1996, S. 355 (357); zustimmend auch *Kaiser*, Universitas 1991, S. 1062 (1064); mit ähnlichen Gründen *Androulakis*, Globalisierung der Korruptionsbekämpfung, 2007, S. 41, 45; in diese Richtung auch *Röhl*, Rechtssoziologie-online, 2012, S. 1158.

398 Vgl. *Geisler*, Korruptionsstrafrecht und Beteiligungslehre, 2013, S. 127.

399 Vgl. zu dieser Methodik *Naucke*, Zur Lehre vom strafbaren Betrug, 1964, S. 141.

400 Siehe *Zirpins/Terstegen*, Wirtschaftskriminalität, 1963, S. 689; *Dölling*, Gutachten, 1996, C 11; wegen strafrechtlich-systematischer Sicht *Überhofen*, Korruption und Bestechungsdelikte, 1999, S. 39-40. *Sowada*, in: LK-StGB, 12. Aufl., Vor § 331, Rn. 41; *Saliger*, in: FS-Kargl, 2015, S. 504. Es wird ferner eine zweiseitige Aufteilung vertreten. *Kaiser*, Universitas 1991, S. 1062 (1064) und *ders.*, in: FS-Tiedemann, 2008, S. 1594 gliedert sich Korruption wie folgt: Korruption im öffentlichen Bereich (politische Korruption) und Korruption im privaten Bereich (Wirtschaftskorruption). *Geisler*, Korruptionsstrafrecht und Beteiligungslehre, 2013, S. 130 m.w.N. differenziert in ähnlicher Weise so: Korruption im Staat bzw. Amtsträgerkorruption und Korruption in der Wirtschaft bzw. Wirtschaftskorruption. *Kerner/Rixen*, GA 1996, S. 355 (357-358), klassifiziert das Phänomen Korruption wie folgt: Korruption im Staat, Korruption in der Wirtschaft und Korruption in der Gesellschaft.

401 Vgl. *Androulakis*, Globalisierung der Korruptionsbekämpfung, 2007, S. 46.

einer fünffachen Untergliederung. Auf diese Weise können auch die herausragende Bedeutung der Justizkorruption und sowie der Korruptionsformen in der Gesellschaft betont werden.

1. Amtsträgerkorruption: Korruption in der öffentlichen Verwaltung

Staatliche Aufgaben müssen stets durch natürliche Personen erfüllt werden, weil weder das Volk als Herr der originären Macht, noch der Staat als die größte Einrichtung des Volkes als solche handlungsfähig sind.[402] Mit anderen Worten sind Menschen erforderlich, Aufgaben staatlicher Ämter zu verrichten.[403] Diese Staatsdiener – hier Beamte bzw. Amtsträger – die vom Staat in einem bestimmten Bereich für zuständig erklärt wurden, haben ihre Machtbefugnisse oder Ermessensspielräume entsprechend in gesetzlicher Form und sachgerecht zu nutzen.

Zweifellos steht Korruption in erster Linie mit dem öffentlichen Sektor in Verbindung.[404] Hierbei geht es um eine „Konzentration auf öffentliche Macht".[405] Korruption ist mithin von zentraler Bedeutung für Staat und Verwaltung.[406]

Korruption in der Verwaltung ist unter anderem als Amtsträger-, als Amts-, administrative, amtsbürokratische, Verwaltungs- oder Staatskorruption bekannt.[407]

Die Korruptionsdelikte in der öffentlichen Verwaltung stellen „die Verpflichtung der Amtsträger auf das Gemeinwohl" unter Schutz.[408] Die Amtsträgerkorruption wird in der Regel unter den Bestechungsdelikten im öffentlichen Sektor subsumiert.[409] Bestechung und Bestechlichkeit stellen also die klassischen Fälle von Amtsträgerkorruption dar.[410]

---

402 *Depenheuer*, in: HStR III, 2005, § 36, Rn. 14.

403 Vgl. *Depenheuer*, a.a.O., § 36, Rn. 36.

404 *Reichard*, in: Graeff/Grieger (Hrsg.), Was ist Korruption, 2012, S. 109.

405 *v. Alemann*, in: ders. (Hrsg.), Dimensionen politischen Korruption, 2005, S. 20.

406 *Reichard*, in: Graeff/Grieger (Hrsg.), Was ist Korruption, 2012, S. 93; ähnlich *Kerner/Rixen*, GA 1996, S. 355 (367). Die bürokratische bzw. Amtsträgerkorruption ist auf der anderen Seite eine der meist benutzten Form von Rent-Seeking. Siehe *Mbaku*, in: Borner/Paldam (Hrsg.), The Political Dimension of Economic Growth, 1998, S. 197.

407 Siehe dazu *Bottke*, ZRP 1998, S. 215 (219); *Saliger*, in: FS-Kargl, 2015, S. 504.

408 *Amelung*, Rechtsgüterschutz und strafbare Bestechung, zit. nach *Böse*, ZIS 4/2018, S. 119 (122).

409 *Geisler*, Korruptionsstrafrecht und Beteiligungslehre, 2013, S. 131.

410 *Saliger*, in: FS-Kargl, 2015, S. 496.

Es ist zusammenfassend festzustellen, dass die Amtsträgerkorruption drei Grundelemente umfasst: (1) Eine amtsbezogene Handlung des Amtsinhabers; (2) Missbrauch dieser Befugnis, mit anderem Wort Verstoß gegen eine allgemeine Gemeinwohlpflicht;[411] (3) Vorhaben zum ungerechten Vorteil durch diesen Regelverstoß.

2. *Justizkorruption: Korruption in der Justiz*

Die in der Justiz bediensteten und befugten Personen erfahren im Bewusstsein der Öffentlichkeit eine deutlichere Aufmerksamkeit als andere Staatsdiener. Denn nur von einer unabhängigen Justiz werden die Bürgerrechte gewährleistet. Die Justiz muss sich daher streng an das Gesetz (und Recht) binden. Geht es um eine Bindung der Justiz an politische Institutionen, verliert sie bereits ihre Unabhängigkeit und ihre Macht als dritte Gewalt.[412]

Vor allem Korruptionsformen der Justiz beeinträchtigen den Rechtsstaat und sind daher besonders schwerwiegend.[413] Die Bestechung in richterlichen Entscheidungen und Rechtsbeugung (§ 339) kommen besondere Erscheinungsformen der Justizkorruption in Betracht.[414]

3. *Politische Korruption: Korruption in der Politik*

Hierbei ist zunächst darauf aufmerksam zu machen, dass die Erkenntnisse der Politikwissenschaft zur Korruption nicht ganz übertragbar sind, da sie das Phänomen Korruption durch ihren Blickwinkel verallgemeinert. Die politische Korruption erscheint dagegen als eine Typologie bei situationsbezogener Aufteilung und ist nicht identisch mit Korruption im öffentlichen Bereich.[415]

---

411 Vgl. *Kaiser*, Universitas 1991, S. 1062 (1064).

412 *Blankenburg*, KJ 1999, S. 355 (361).

413 Mit diesem Bewusstsein beginnt *Zimmermann* in seiner Habilitationsschrift bei der Erörterung des Korruptionsstrafrechts des StGB mit der Richterkorruption. Siehe dazu *Zimmermann*, Das Unrecht der Korruption, 2018, S. 555 ff.

414 *Kerner/Rixen*, GA 1996, S. 355 (374).

415 Wie vorher erwähnt, teilt *Kaiser*, Universitas 1991, S. 1062 (1064); *ders.*, Lehrbuch Kriminologie, 1996, § 38, Rn. 54, die Korruption so auf: Korruption im öffentlichen Bereich und Korruption in der Privatsphäre. Erste wird danach als politische Korruption, zweite wird als Wirtschaftskorruption betrachtet. *Bottke*, ZRP 1998, S. 215 (218), folgt auch dieser Systematik. Diese Einordnung ist allerdings nicht geeignet für die Klassifizierung aller Korruptionsformen.

In der Politik wird die Korruption auch als ein abweichendes Verhalten des Beamten bzw. Amtsträgers betrachtet.[416] Dieses abweichende Verhalten wird im politischen Sinn mit einer besonderen Motivierung verbunden. In diesem Punkt führt die Frage, nach welchen Standards hier abweichendes Verhalten zu bestimmen sei, zu einem Konflikt zwischen sogenannten westlichen und östlichen Werten.[417] Derartige Standardisierungen bieten aber nichts anderes als eine künstliche und unverständliche Diskussion, weil die Weltgeschichte gezeigt hat, dass die Korruption ein unabhängig von Kulturkreisen erscheinendes Phänomen ist.

Wie oben erörtert, haben Ämter nicht einen eigenen, individuellen Zweck, sondern dienen dem Wohl der Allgemeinheit. Die politischen Führungsämter, Kanzler und Minister, Bürgermeister, politische Beamte wie Staatsekretäre oder der Präsident des Amtes für Verfassungsschutz sind unmittelbar verpflichtet, dem Gemeinwohl zu dienen.[418]

> „Korruption und Politik sind oftmals eng miteinander verbunden. Diese Verbindung kann es mit sich bringen, daß in großen Korruptionsprozessen, mehr noch als in anderen Verfahren, die Hauptschuldigen im Hintergrund bleiben und nur die ausführenden Organe auf der Anklagebank sitzen."[419]

In diesem Zusammenhang erscheinen die Wählerbestechung bzw. der Stimmenkauf und der Einflusshandel ohne Zweifel als evidenteste Formen der politischen Korruption, wobei die erste „kein besonderes Treueverhältnis" voraussetzt, letzte aber im Rahmen der Treuebeziehung geschieht.[420] Entscheidend ist der Beweggrund (das Motiv) von Bevollmächtigten wie etwa „persönlicher Gewinn auf Kosten der Öffentlichkeit".[421]

---

416 Vgl. *Friedrich*, Pathologie der Politik, 1973, S. 103; *Noack*, Korruption, 1985, S. 14; *Wolf*, in: Graeff/Grieger (Hrsg.), Was ist Korruption, 2012, S. 120.

417 So liest man beispielsweise bei *Bayley*, in: Heidenheimer/Johnston/LeVine (Hrsg.), Political Corruption, 1989, S. 937 f.: „Between these two alternatives the better choice, in my view, is to preserve the Western denotative meaning of corruption." (938) „It is not unfair, therefore, to make comparative statements between West and non-West based upon Webster's definition. Such judgments will be readily understood by the nation-building elites in most developing nations." (939); vgl. auch *Nye*, a.a.O., S. 966 f.; *Heidenheimer*, a.a.O., 1989, S. 12 f.

418 *Depenheuer*, in: HStR III, 2005, § 36, Rn. 24; *v. Arnim*, NVwZ 2006, S. 249 (249).

419 *Middendorff*, Soziologie des Verbrechens, 1959, S. 71.

420 *Wolf*, in: Graeff/Grieger (Hrsg.), Was ist Korruption, 2012, S. 121.

421 *Friedrich*, Pathologie der Politik, 1973, S. 103. So auch *Leyendecker*, APuZ 3-4/2009, S. 3 (3).

Die Abgrenzung zwischen Politik und öffentlichem Dienst und die Abgrenzung von Korruption und Politik sind anspruchsvoll.[422] Dabei stehen außerdem die Begriffe Patronage, Klientelismus, Lobbyismus mit der politischen Korruption in Verbindung.[423]

Es liegen jedoch nicht immer geheime Vereinbarungen bzw. Tauschbeziehungen hinter den Kulissen zu Grunde. Legale Lobbyismustätigkeiten geben ein Beispiel dafür, dass die Abgrenzung nicht trivial ist.[424] Es besteht dabei Einigkeit darüber, dass Heimlichkeit i.d.R. keine Voraussetzung ist.[425] Jedoch kann das Merkmal *Heimlichkeit* als Abgrenzungsmerkmal eine bedeutende Rolle spielen,[426] wo Transparenzobliegenheiten bestehen. Zu beachten ist ferner, dass korrupte Lobbyismustätigkeiten und Partei- und Wahlkampffinanzierung unter einer Gesetzesumgehung in Betracht kommen können.

Korruption wird mitunter als eine besondere Form politischer Krankheit bezeichnet.[427] Durch Korruption verlieren das politische System und seine politischen Institutionen an Glaubwürdigkeit und Wirksamkeit.[428] Mithilfe von Korruption lässt sich in der Öffentlichkeit das Gefühl hervorrufen, dass das politische System ungerecht ist. Danach können Meinungen einfacher manipuliert werden, um das politische System zu verändern und anschließend ein neues

---

422 *Rudzio*, Das politische System der Bundesrepublik Deutschland, 2015, S. 397.

423 *Schultze*, in: *Nohlen/ders.*, Lexikon der Politikwissenschaft, 2010, S. 524; vgl. auch unten § 4 E III.

424 *v. Arnim*, NVwZ 2006, S. 249 (253); *Wolf*, in: Graeff/Grieger (Hrsg.), Was ist Korruption, 2012, S. 121.

425 Vgl. *Zimring/Johnson*, Brit. J. Crim. 2005, S. 793 (803); *v. Arnim/Heiny/Ittner*, Der Begriff Korruption, 2006^2, S. 25: *Dölling*, in: Korruptionsprävention, 2007, Rn. 2; *Marsch*, Internationale Korruptionsbekämpfung, 2010, S. 21; *Olteanu*, Korrupte Demokratie, 2012, S. 44, verwendet die Geheimhaltung im Gegensatz dazu als Merkmal der Korruption.

426 Vgl. *Überhofen*, Korruption und Bestechungsdelikte, 1999, S. 42; *de Nève*, in: Achathaler u.a. (Hrsg.), Korruptionsbekämpfung, 2011, S. 132.

427 *Friedrich*, Pathologie der Politik, 1973, S. 110.

428 Vgl. *Heymann*, Fordham Int'l L. J., 1997, S. 323 (324, 327); *Manow*, in: v. Arnim (Hrsg.), Korruption, 2003, S. 240; „Korruption ist ein Symptom eines schlecht funktionierenden Staates“: *Rose-Ackerman*, in: Pieth/Eigen (Hrsg.), Korruption im geschäftlichen Verkehr, 1999, S. 48; *ders.*, Yale L. J., 2010, S. 125 (128); *de Nève*, in: Achathaler u.a. (Hrsg.), Korruptionsbekämpfung, 2011, S. 139; *Röhl*, Rechtssoziologie-online, 2012, S. 1153; *Olteanu*, Korrupte Demokratie, 2012, S. 282, 286; *Rudzio*, Das politische System der Bundesrepublik Deutschland, 2015, S. 397.

aufzubauen.[429] So können die Vorwürfe („propagandistische Verwertbarkeit") auch in einer Skandalisierungskampagne[430] strategisch bzw. „als Kampfbegriff" verwendet werden.[431]

Wie oben ausgeführt, sehen funktionalistische Politikwissenschaftler wie *Huntington* und *Nyle* Korruption zwar als nützlich an und finden sie in hohem Maße wichtig für die Modernisierung der Entwicklungsländer.[432] Zu diesem Punkt sollte aber nicht unerwähnt bleiben, dass die korruptiven Handlungen auch deutlich als ein „Angriff gegen die Fundamente des Staates" angesehen werden. Sie sind ein schwerer Missbrauch der systemrelevanten Rechtsnormen.[433] Deshalb ist die nützliche Funktion der (politischen) Korruption in der heutigen Politikwissenschaft nicht zu rechtfertigen und damit abzulehnen.[434]

Die politische Korruption setzt demgemäß die folgenden Grundelemente voraus: (1) Bevollmächtigungsverhältnis, (2) Missbrauch dieser Befugnis zum eigenen/politischen Interesse, (3) eine Handlung hinsichtlich dieser öffentlichen Macht.

4. *Wirtschaftskorruption: Korruption in der Wirtschaft*

Bei der Verwirklichung der öffentlichen Daseinsvorsorge geht es nicht um ein generelles staatliches oder kommunales Monopol. Die öffentlichen Aufgaben

---

429 Ein interessantes Beispiel dafür geben die von den Nazis angegebenen (Schein-) Gründe, um das Volk zu provozieren. Nazis nutzten auch eine „Skandalisierung von Korruption", um die politische Macht zu übernehmen. Siehe *v. Alemann*, in: ders. (Hrsg.), Dimensionen politischen Korruption, 2005, S. 19. Vgl. auch *Smelser*, in: Fleck/ Kuzmics (Hrsg.), Korruption, 1985, S. 202 (224); *Friedrich*, Pathologie der Politik, 1973, S. 108.

430 *Höffling*, Korruption als soziale Beziehung, 2002, S. 13, erklärt die Debatten, die bevor der Verabschiedung des ersten Bekämpfungsgesetzes im Jahr 1997 führte, so: „Dialektik von Skandalisierung und Entdramatisierung".

431 *Fleck/Kuzmics*, in: dies. (Hrsg.), Korruption, 1985, S. 9–10 und S. 16; ferner *Kaiser*, Universitas 1991, S. 1062 (1064). Mit dem schwerwiegenden moralischen Vorwurf „*Käuflichkeit*" können die Menschen einfach etikettieren lassen. Siehe *Liebl*, Soziale Probleme 2000, S. 5 (15).

432 Siehe dazu unten § 4 E II 8.

433 *Friedrich*, Pathologie der Politik, 1973, S. 109, 114. Vgl. auch *de Nève*, in: Achathaler u.a. (Hrsg.), Korruptionsbekämpfung, 2011, S. 132, 138 ff.

434 *Wolf*, in: Graeff/Grieger (Hrsg.), Was ist Korruption, 2012, S. 113 (124). Vgl. auch *v. Alemann/Bäcker/Schmidt*, MIP 2008/09, S. 16 (20); *Smelser*, in: Fleck/Kuzmics (Hrsg.), Korruption, 1985, S. 202 (224), fixiert auf beiden Seiten und nimmt im Ergebnis zur Kenntnis, dass er die Korruption sowohl nützlich als auch schädlich sei.

müssen nicht stets durch staatliche Organe erfüllt werden, sie dürfen auch durch andere Institutionen, die nach Zivilrecht tätig sind, aufgrund ihres öffentlichen Auftrags erfüllt werden.[435]

Mit der Industrialisierung und einer vielfachen Auflösung der Trennung von Staat und Wirtschaft seit dem 19. Jahrhundert zeigte sich Korruption auch innerhalb der privaten Wirtschaft.[436]

Das oben unter dem Begriff der Amtsträgerkorruption dargelegte Konzept ist hier prinzipiell zu übertragen.[437] Allerdings bleibt die empirisch-kriminologische Position der Wirtschaftskorruption, also ihre Verbreitung und Erscheinungsformen, im Gegensatz zur strafrechtlichen Fixierung der Amtsdelikte umstritten.[438] Es ist ferner anzumerken, dass es nicht immer einfach festzustellen ist, ab wann ein Korruptionsvertrag vorliegt. Häufig ist dies abhängig von der jeweiligen Kultur.[439] Die Korruptionsverträge werden i.d.S. zum einen als eine besondere[440] und zum anderen als eine komplexe[441] Vertragsform dargestellt.

In diesem Konzept verwandeln sich Amtsträger zu Treuhändern von privaten Unternehmen. Daher sind alle Verhaltensweisen von Bediensteten, die nicht mit der Vertretungsmacht bzw. mit ihrem Auftrag im Einklang stehen und nur ihrem privaten Zwecke dienen, in diesem Zusammenhang als Missbrauch anvertrauter Macht zu verstehen.[442] Strafrechtlich bilden also die Angestelltenbestechlichkeit- und Bestechung im geschäftlichen Verkehr den Kernbereich der Wirtschaftskorruption.[443] Diese sind daher von zentraler Bedeutung für die moderne

---

435 *Rüfner*, in: HStR IV, 2006, § 96, Rn. 9.

436 *Nützenadel*, in: Graeff/Grieger (Hrsg.), Was ist Korruption, 2012, S. 85.

437 Zustimmend *Kerner/Rixen*, GA 1996, S. 355 (363); *Vogel*, in: FS-Weber, 2004, S. 395; *v. Arnim/Heiny/Ittner*, Der Begriff Korruption, 2006^2, S. 26; *Geisler*, Korruptionsstrafrecht und Beteiligungslehre, 2013, S. 44; *Kudlich/Oğlakcıoğlu*, Wirtschaftsstrafrecht, 2014, § 11, Fn. 745; Präventions- und Bekämpfungskonzept, 1995, S. 36 (unter Schlussmerkung).

438 Vgl. *Tiedemann*, Gutachten, 1972, C 63.

439 Gabler-Wirtschaftslexikon, 2014, S. 1881.

440 *Klitgaard*, Controlling Corruption, 1988, S. 99.

441 *Priddat*, in: ders./Schmid (Hrsg.), Korruption als Ordnung zweiter Art, 2011, S. 65.

442 Vgl. *v. Arnim/Heiny/Ittner*, Der Begriff Korruption, 2006^2, S. 26-27. *Greco*, GA 2016, S. 249 (256), lehnt diese Auffassung ab, weil „mangels Machtmissbrauch" kein Korruptionsunrecht bestehe.

443 *Tiedemann*, Gutachten, 1972, C 63; *Vogel*, in: FS-Weber, 2004, S. 395; *Braasch*, in: Grüne/Slanicka (Hrsg.), Korruption, 2011, S. 365; *Rönnau*, in: Handbuch des Wirtschaftsstrafrecht, 2015, S. 276. Einige Verfasser stellen Bestechlichkeit und Bestechung im geschäftlichen Verkehr mit Wirtschaftskorruption gleich. Siehe dazu *Tiedemann*, in: FS-Lampe, 2003, S. 760 m.w.N.

Wirtschaft und Gesellschaft.[444] Auch die Straftaten des Verrats, des Missbrauchs von Geschäfts- und Betriebsgeheimnissen[445] und die Submissionsabsprache,[446] also der Ausschreibungsbetrug, werden als Formen von Wirtschaftskorruption angesehen.[447]

Aus rein ökonomischer Perspektive ist es nicht wichtig, ob die Akteure aus humanitären, ethischen oder wirtschaftlichen Gründen agieren. Hier wird lediglich berücksichtigt, ob das Handeln auf Kosten der Allgemeinheit oder der Konkurrenten geht oder nicht.[448] Die Logik der Wirtschaftskorruption ist in diesem Zusammenhang eine „unerlaubte Einflussnahme auf Transaktionszugänge" unter Umgehung der Wettbewerbsstruktur.[449] Somit richtet sich die Schadenstendenz mittelbar gegen das Vermögen Dritter.[450]

Korrupte Absprachen sind ein Instrument zur Ökonomisierung von Herrschaft.[451] Durch lenkende Intervention von Wirtschaftsmächtigen wird das Verhalten der Ämter gegen die Interessen der Mitbewerber beeinflusst. Es geht also um einen Machtmissbrauch von Wirtschaftsmacht.[452] Heutzutage sind die womöglich meisten korrupten Beziehungen in illegitimen PPP-Verträgen zu beobachten.[453] In diesem Zusammenhang kann die Korruption als „ein illegales Geschäft zwischen Unternehmen und Bürokraten zu Lasten der Bürger" definiert werden.[454]

Die Akteure der Wirtschaftskorruption riskieren, von Außenstehenden aufgedeckt zu werden (sog. *Bestrafungsrisiko*). Dadurch wird eine verdeckte Transaktionswelt gebildet. Deshalb sind die Korruptionsverträge, vor allem aber

---

444 *Bussmann*, Wirtschaftskriminologie I, 2016, Rn. 628.

445 *Kaiser*, Universitas 1991, S. 1062 (1065).

446 *Heinrich*, in: Arzt u.a., Strafrecht BT, 2015, § 49, Rn. 51.

447 *Kerner/Rixen*, GA 1996, S. 355 (363), ordnet die Korruption in der Wirtschaft „als besondere Form wettbewerbsfeindlichen Verhalten" ein.

448 *Groenendijk*, C.L. & S.C. 1997, S. 207 (217).

449 *Priddat*, in: ders./Schmid (Hrsg.), Korruption als Ordnung zweiter Art, 2011, S. 63. „Bribery has often been treated as a transfer payment.": *Krueger*, Am. Econ. Rev. 1974, S. 291 (292).

450 Vgl. *Kindhäuser*, ZIS 6/2011, S. 461 (466).

451 *de Nève*, in: Achathaler u.a. (Hrsg.), Korruptionsbekämpfung, 2011, S. 139.

452 Vgl. *Triffterer*, ZfRV 1991, S. 262 (268). In Spanien wird dafür eine Straftat vorgesehen. Gemäß Art. 540 und 541 wird „Missbrauch wirtschaftlicher Macht" bestraft. Siehe *ders.*, a.a.O., S. 269.

453 *Priddat*, in: ders./Schmid (Hrsg.), Korruption als Ordnung zweiter Art, 2011, S. 66.

454 Vgl. *Pies*, in: Jansen/Priddat (Hrsg.), Korruption, 2005, S. 74.

Bestechungsverträge, nicht transparent. Sie bleiben geheim und es werden „isolierte Bestechungsbeziehungen in einem eigenen Parallelsystem" gebildet.[455]

Die Spielräume der Geschäftsleute zu Rent-Seeking-Aktivitäten sind für die Vorstellungen der Menschen vom Wirtschaftssystem ausschlaggebend.[456] Das Ziel des wirtschaftlichen Korruptionsverbots ist es daher, diese Einflüsse zu blockieren.[457]

Insbesondere durch die systematische Korruption und Gewinnmaximierungsabsicht von effizienten bzw. multinationalen Unternehmen wird die Wettbewerbsfähigkeit des Systems geschädigt.[458] In diesem Rahmen kann Korruption als eine spezifische illegitime Investition definiert werden. Unternehmen versuchen unter Umgehung der Gesetze, vor allem mithilfe der Schmiergeld- bzw. Bestechungszahlungen, ihre eigenen Interessen zu wahren.[459] Nur wenn die Unternehmer behaupten, dass diese Kosten in Zukunft möglicherweise einen wesentlichen Profit mit sich bringen, entscheiden sich für die Korruption. Daher führt eine Rent-Seeking-Aktivität von Unternehmen nicht in jedem Fall zur Korruption.[460]

Der Anreiz zur Bestechungsvereinbarung und der Wert der Bestechungsleistung sind zueinander proportional. Die Kosten-Nutzen-Abwägungen der Beteiligten stehen also stets im Vordergrund.[461] Dies kann wie folgt formuliert werden: Je höher die Akquisitionschancen des Bestechungsvertrags, desto stärker wird Wunsch sein, einen Bestechungsvertrag abzuschließen. Im Rahmen dieser Habgier ignorieren die Parteien die Risiken sowie Aufdeckungs- oder Transaktionskosten.[462]

---

455 *Borner/Schwyzer*, in: Pieth/Eigen (Hrsg.), Korruption im geschäftlichen Verkehr, 1999, S. 34; *v. Alemann*, in: ders. (Hrsg.), Dimensionen politischen Korruption, 2005, S. 28; *Priddat*, in: ders./Schmid (Hrsg.), Korruption als Ordnung zweiter Art, 2011, S. 64.

456 *Krueger*, Am. Econ. Rev. 1974, S. 291 (302).

457 *Bussmann*, Wirtschaftskriminologie I, 2016, Rn. 629.

458 Vgl. *Kaiser*, Lehrbuch Kriminologie, 1996, § 38, Rn. 57; *Rose-Ackerman*, in: Pieth/Eigen (Hrsg.), Korruption im geschäftlichen Verkehr, 1999, S. 42 f.

459 *Priddat*, in: ders./Schmid (Hrsg.), Korruption als Ordnung zweiter Art, 2011, S. 62. „Über den illegalen Einfluss schafft der Korrupteur einen Transaktionszugang, den er im Wettbewerb nicht erlangen würde, in den er entweder überhaupt nicht gekommen wäre oder nicht zu den jetzt erreichbaren Konditionen.": *ders.*, a.a.O., S. 64; *Beck/Nagel*, in: Graeff/Grieger (Hrsg.), Was ist Korruption, 2012, S. 35.

460 Vgl. *Lambsdorff*, The Institutional Economics of Corruption, 2007, S. 130.

461 Vgl. *Rabl*, ApuZ 3-4/2009, S. 26 (27).

462 *Borner/Schwyzer*, in: Pieth/Eigen (Hrsg.), Korruption im geschäftlichen Verkehr, 1999, S. 27.

Als Fazit lässt sich sagen, dass Wirtschaftskorruption kein Terminus des positiven Rechts, sondern ein im Rahmen von Kriminalpolitik, Kriminologie und Kriminalistik nutzbarer Begriff ist.[463] Darunter ist ein illegales Geschäft zu verstehen, bei dem die beteiligten Akteure ihren Profit zu maximieren suchen. Dadurch bringt es langfristige Nachteile für die Wettbewerbsstruktur der ökonomischen Entwicklung von Unternehmen und Staaten mit sich.

5. *Korruption in der Gesellschaft*

In gesellschaftlichen Organisationen wie Gewerkschaften und anderen Großverbänden steht die Gewinnorientierung grundsätzlich nicht im Vordergrund.[464] Dagegen – wie oben unter Korruption in der Wirtschaft erwähnt – findet sich heute keine saubere Trennung zwischen Staat und Gesellschaft mehr. Die staatlichen Dienste werden einerseits weitgehend durch private Unternehmen ausgeführt. Zudem vermischen sich öffentlich- und privatrechtliches Bewusstsein nach Maßgabe von Dienstleistungsansprüchen und Effizienzvorstellungen. Somit kann auch eine Korruptionsgefahr von Seiten der Gesellschaft heranwachsen.[465]

Die entscheidende Frage ist hierbei: Welches Verhalten verdient eine Kriminalstrafe? Dafür ist eine genaue Analyse nötig, bevor die Fachdiskussion geführt wird.[466] Nicht erforderlich scheint aber eine starke Verknüpfung dieser Korruptionsform mit jenen der öffentlichen Verwaltung, wie bei der Amtsträgerkorruption. Ohne übertragene Macht kann hier ausnahmsweise eine Korruptionspartnerschaft bestehen. Als Beispiel dafür kann man in der Wissenschaft das Plagiat, im Sport[467] den Sportwettbetrug und Manipulationen; im Gesundheitssektor die Ärztebestechung oder in der Wirtschaft Produktfälschung nennen.

---

463 *Vogel*, in: FS-Weber, 2004, S. 395.

464 *Kerner/Rixen*, GA 1996, S. 355 (378).

465 Vgl. *Noack*, Korruption, 1985, S. 147; *Priddat*, in: ders./Schmid (Hrsg.), Korruption als Ordnung zweiter Art, 2011, S. 66; i.R.d. Korruption im Sport *Heilemann*, Bestechlichkeit und Bestechung im sportlichen Wettbewerb, 2014, S. 70 ff.

466 *Kerner/Rixen*, GA 1996, S. 355 (378); *Kindhäuser*, ZIS 6/2011, S. 461 (468).

467 *Heilemann*, Bestechlichkeit und Bestechung im sportlichen Wettbewerb, 2014, S. 73, sieht die Korruption im Sport „als eine dritte Art von Korruption" neben den Grundformen „Korruption im öffentlichen Bereich" und „Korruption im wirtschaftlichen Bereich" an. *Pieth/Zerbes*, ZIS 2016, S. 619 (619), rechtfertigen das Korruptionsstrafrecht unter dem Motto „Sport als Privatangelegenheit – Sportfunktionäre als Machtträger".

II. Kategorisierung der Korruptionsformen

Die Typologien von Korruption lassen sich zum einen überwiegend durch ökonomische Konsequenzen von Verhältnissen unterscheiden.[468] Diese Kategorisierung dient zum anderen zur Lenkung der betreffenden Strafverfolgungs- und Kontrollinstanzen. So lässt sich etwa die Bildung von speziellen Dezernaten für die Korruptionsbekämpfung vereinfachen.[469]

Kriminologisch werden diese Handlungen wie folgt aufgegliedert:

1. *Einfache und schwere Korruption (*petty and grand corruption*)*

Die quantitative Methode ist „das einfachste Kriterium", das Korruptionsphänomen zu systematisieren.[470]

Unter der einfachen *(petty corruption)* versteht man die „Alltagskorruption",[471] die zwischen Amtsträgern und Bürgern abläuft. Sie wird daher auch als „Administrativ- oder Bürokratiekorruption" bezeichnet. Der aus diesen korruptiven Beziehungen entstandene Schaden bleibt im Vergleich zur *grand corruption* überschaubar.[472]

Eliten wie Minister, Politiker in der Regierung oder höhere Ex-Beamte verfolgen ihre eigenen Interessen während der geschäftlichen Tätigkeiten mit großen Unternehmern. Sie missbrauchen somit ihre Macht und Befugnisse.[473] Schwere Korruption (*grand* oder *high-level corruption*) ist damit schädlicher als einfache Korruption.[474]

---

468 Vgl. *Klitgaard*, Adressing corruption together, 2014, S. 18.

469 *Bannenberg*, in: Internationale Handbuch der Kriminologie, Bd. 2, 2009, S. 366.

470 *Androulakis*, Globalisierung der Korruptionsbekämpfung, 2007, S. 45. Hingegen geht *Überhofen*, Korruption und Bestechungsdelikte, 1999, S. 39, unzutreffend von der qualitativen Unterscheidung aus.

471 *Ostendorf*, in: Buck (Hrsg.), Neue Fragen an den Rechtsstaat, 2009, S. 99.

472 UN-Handbook, 2004, S. 23; U4, Glossary, der Begriff „Petty corruption", abrufbar unter https://www.u4.no/terms.

473 Aus diesen Gründen wird die schwere Korruption von manchen als „politische Korruption" bezeichnet. Siehe *Kaiser*, Universitas 1991, S. 1062 (1064); *Überhofen*, Korruption und Bestechungsdelikte, 1999, S. 39; U4, Glossary, der Begriff „Grand corruption", abrufbar unter https://www.u4.no/terms.

474 *Heymann*, Fordham Int'l L.J.1997, S. 323 (329).

2. *Situative und strukturelle Korruption*

Situative Korruption findet spontan statt und hängt von Lage und Anlass ab. Man nennt sie daher auch Bagatell- oder Gelegenheitskorruption.[475] Diese Form von Korruption ist weder vorhersehbar und noch wiederholungsfähig.[476] Es gehört entsprechend zur Alltagskriminalität.[477]

Bei der situativen Korruption geht es um keine geplante Absprache zwischen Korrumpierendem und Korrumpiertem. Die rechtswidrige Aktion geschieht spontan und ohne Vorbereitung. Dagegen setzt die strukturelle Korruption langfristige Beziehungen voraus. Die Parteien dieser Form begehen die Tat absichtlich und nach einem Plan.[478] Aus diesem Grund ist die strukturelle schwerwiegender als die situative Korruption. Wie bei Fällen im Bauwesen oder bei der Vergabe von öffentlichen Aufträgen profitieren die Beteiligten lange Jahre durch solche korruptiven Beziehungen.[479]

3. *Netzwerkkorruption und systematische Korruption*

Bei der Netzwerkkorruption wird die Konkurrenz durch eine Personen- bzw. Unternehmensgruppe zu Lasten der Verbraucher und zum Zwecke der Unternehmensstrategie ausgeschaltet.[480] Somit gehört die Korruption hier zur „Geschäftspolitik eines Unternehmens".[481] Zum Beispiel wenn ein großes Bauunternehmen mithilfe von Korruption ein Baukartell bilden will, kommt die Subsumtion unter der Netzwerkkorruption in Betracht.[482] Im Vergleich ist die systematische Korruption gravierender als Netzwerkkorruption. Da korruptive kriminelle Vereinigungen, die z. B. zum Zwecke des Waffen- und Menschenhandel gegründet werden, auf die Unterwanderung des politischen Systems abzielen, gefährdet die insoweit vorliegende systematische Korruption ferner die innere Sicherheit. Dies kann grenzüberschreitende Folgen haben.[483]

---

475 *Geisler*, Korruptionsstrafrecht und Beteiligungslehre, 2013, S. 67.

476 *Bannenberg*, in: Handbuch des Wirtschafts- und Steuerstrafrechts, 2014, Kap. 12, Rn. 7.

477 *Überhofen*, Korruption und Bestechungsdelikte, 1999, S. 10, sieht es als die „erste Stufe" der Korruption.

478 BKA, Bundeslagebild Korruption, 2001, S. 6.

479 *Bannenberg*, in: Handbuch des Wirtschafts- und Steuerstrafrechts, 2014, Kap. 12, Rn. 7.

480 *Bannenberg*, Strafrechtliche Kontrolle, 2002, S. 108.

481 *Bannenberg*, in: Internationale Handbuch der Kriminologie, Bd. 2, 2009, S. 363.

482 *Bannenberg*, Strafrechtliche Kontrolle, 2002, S. 109; *Menne*, KZfSS 1948/49, S. 144 (168).

483 *Bannenberg*, in: Internationale Handbuch der Kriminologie, Bd. 2, 2009, S. 365.

4. *Endemische (interne) und externe Korruption*

Korruption kann entsprechend ihrer Verortung in zwei große Kategorien unterteilt werden.[484] Normalerweise findet Korruption zwischen Klient und Agent statt, die aus unterschiedlichen Branchen stammen, oder zwischen Bürokratie und Bürger. Sie nennt man externe Korruption. Aber falls die Akteure der Korruption in derselben Organisation, z. B. in derselben Universität, tätig sind und sie die Organisation durch Korruption ausnutzen wollen, ist dies als endemische (interne) Korruption zu bezeichnen. Indem die beiden Agenten die internen oder externen Regeln derselben Organisation verletzen, profitieren die intern Korrumpierenden.[485]

5. *Autokorruption und systemkonforme (legalisierte) Korruption*

Bei der Autokorruption handelt es sich um eine missbräuchliche Selbstbedienung. Entscheidungsträger, wie Regierungspolitiker, missbrauchen hier während der Gesetzgebungstätigkeiten ihre Macht zum Zwecke privater Vorteile. Der klassische Fall ist der selbst eingeräumte Anspruch auf Pension nach kurzer Amtszeit von Politikern.[486] Korruption wird also durch Korruption gesichert.[487] Dagegen können Entscheidungsträger bei der systemkonformen (legalisierten) Korruption einfach lex lata, ohne neue Gesetze zu verabschieden, von ihrer Position profitieren. Der Grund dafür ist, dass das positive Statusrecht das Unrecht im System ermöglicht. Die öffentlichen Funktionsträger sind wegen dieser Situation zufrieden, weil das System ohne Autokorruption die legalisierte Korruption produziert. Ein gutes Beispiel dafür gibt der nicht verdeckt arbeitende, sondern offen bezahlte Abgeordnete als Lobbyist.[488] Ein weiteres gutes Beispiel dafür ist die Inanspruchnahme mehrerer Einkommen als Nebeneinkünfte öffentlich-rechtlicher Unternehmen seitens Politiker.[489]

---

484 *Sutherland/Cressey*, Criminology, 1978, S. 401.

485 Vgl. *Ahlf*, Kriminalistik, 1996, S. 154 (157); *Stierle*, Korruptionscontrolling in öffentlichen und privaten Unternehmen, 2008, S. 60.

486 *v. Arnim/Heiny/Ittner*, Der Begriff Korruption, 2006^2, S. 20.

487 *Menne*, KZfSS 1948/49, S. 144 (172). Der Verfasser betrachtet sie als schlimmste und gefährlichste Form der Korruption. Siehe *ders.*, a.a.O., S. 174.

488 *v. Arnim*, NVwZ 2006, S. 249 (253).

489 *Rügemer*, KJ 1997, S. 458 (466).

6. *Nationale und internationale (grenzüberschreitende) Korruption*

Mit der Internationalisierung und der weltweiten Praxis der Korruption ist auch zwischen einer nationalen und internationalen Korruption zu unterscheiden.[490] Falls die als korruptiv bezeichneten Verhaltensweisen sich innerhalb eines Staates vollziehen, kommt die Subsumtion als nationale Korruption in Betracht. Grenzüberschreitend praktizierende Korruptionshandlungen finden ihren Platz unter dem Dach der internationalen Korruption.

7. *Reziproke (gegenseitige) und erpresserische (extortive) Korruption*

Wie schon in der vorliegenden Untersuchung erwähnt, stellt eine korruptive Beziehung in der Regel ein beidseitiges freiwilliges Unrechtsgeschäft zu Lasten der Gesellschaft bzw. der Verbraucher dar.[491] Die Korruption bildet also eine Austauschbeziehung, die gesellschaftlich unerwünscht ist.[492] Diese Art von Korruption wird auch reziproke (gegenseitige) Korruption genannt.

Nicht jede Form von Korruption basiert auf einem gegenseitigen Verhältnis. Vielmehr beobachtet man immer häufiger, dass korrupte Machthaber unter Erpressung Geld oder andere Vorteile erlangen.[493] Diese Art von Korruption bildet das Gegenstück der reziproken Korruption und wird mit dem englischen Terminus *extortion* bezeichnet.[494] In diesem Sinne können die Korruptionsdelikte kriminologisch auch als repressives Verbrechen verstanden werden. Denn mithilfe des korrupten Handelns versucht der Akteur, seine amtliche,

490 Siehe dazu unten § 5 F II.

491 Siehe oben § 3 C. Diese auf gegenseitige Willen der Akteure basierende Korruption ist nach *Pies*, in: Handlungsfreiheit des Unternehmers, 2009, S. 150, eine „Entlastungskorruption".

492 *Stegbauer*, Reziprozität, 2011, S. 57 f. Siehe ferner zur Neutralisierung unter der Berufung Reziprozität *Litzcke* u.a., Korruption, 2012, S. 37.

493 *Klitgaard*, Controlling Corruption, 1988, S. 4 f. Kritisch *Alatas*, Corruption, 1990, S. 4. *Kaiser*, Universitas 1991, S. 1062 (1064), lehnt auch diese Auffassung ab. Basiert die Korruption danach auf einer freiwilligen Vereinbarung, so dürften die Formen, die durch *Erpressung* begehen werden, nicht unter Korruption subsumiert werden. Es gebe keinen Platz für *Erpressung* in der Korruption. Vgl. auch *ders.*, in: FS-Tiedemann, 2008, S. 1595.

494 U4, Glossary, der Begriff „extortion", abrufbar unter https://www.u4.no/terms. Nach *Androulakis*, Globalisierung der Korruptionsbekämpfung, 2007, S. 55, sei diese Art von Korruption „oft übersehene Korruption". Nach *Pies*, in: Handlungsfreiheit des Unternehmers, 2009, S. 149, handelt es sich dabei um eine „Belastungskorruption".

wirtschaftliche oder politische Position zu bewahren und sie zu stärken, indem er eine Privilegierung nutzt.[495]

8. Nützliche oder gute Korruption?

Wissenschaftliche Aussagen zu etwaigen Vorteilen der Korruption sind rar. Wir kennen aber einerseits den emblematischen Fall Oskar Schindler. Andererseits hat sich die sog. funktionalistische Schule in der Politikwissenschaft etabliert. Diese zwei diametralen Ansätze müssen in diesem Punkt auseinandergehalten werden, da mit dem Fall des Unternehmers Schindler die funktionalistischen Betrachtungen nicht assoziiert werden und auch nicht assoziierbar sind. Trotzdem beziehen sich die hier gegebenen Komplexe jeweils auf eine Rechtfertigung der Korruption.

Zu unterscheiden ist also zwischen der guten bzw. nützlichen Korruption im Sinne der Funktionalisten und dem Korruptionsunrecht, das sich durch Notstand rechtfertigen mag. Im ersteren Fall geht es um hier die Frage, ob Korruption unter Umständen funktional bzw. nützlich ist.[496]

Der wirtschaftswissenschaftliche Ausgangspunkt, dass Güter knapp sind, führt dazu, dass Korruption unmittelbar als ein rechtfertigendes Mittel erscheint, um insoweit den eigenen Vorteil zu maximieren.

Einige Politikwissenschaftler, wie *Huntington* und *Nye*, und Wirtschaftswissenschaftler, wie *Leff* und *Becker*, haben „erstaunlicherweise"[497] vertreten, dass Korruption in der Dritten Welt, also in den Entwicklungsländern, ein sehr nützliches, unverzichtbares und wichtiges Mobilisierungs- und Reformationselement sei.[498]

Sie meinten konkret damit, dass Korruption vor allem eine bedeutende Rolle bei politischen Entwicklungen spielt bzw. spielen solle, damit bürokratische Abläufe durch Bestechungszahlungen überwunden werden. Die Argumentation

---

495 Siehe *Hess*, Krim. J., 1976, S. 1 (1 ff.). Vgl. auch unten § 5 A, B. Kritisch in Bezug auf den Begriff *Kaiser*, Lehrbuch Kriminologie, 1996, § 38, Rn. 32.

496 Siehe für die Einzelheiten *Bauer*, Korruptionsbekämpfung durch Rechtsetzung, 2002, S. 117 ff.

497 Zustimmend *Rose-Ackermann*, in: Yale Law Review, S. 125 (127); *Sebaldt*, Pathologie der Demokratie, 2015, S. 22.

498 Vgl. *Huntington*, in: Heidenheimer/Johnston/LeVine (Hrsg.), Political Corruption, 1989, S. 379, 381, 382; *Nye*, a.a.O., S. 965, 968, 981; *Schultze*, in: *Nohlen/Schultze*, Lexikon der Politikwissenschaft, 2010, S. 524. *Jansen*, in: ders./Priddat (Hrsg.), Korruption, 2005, S. 34–35, schlag dafür weitere Forschungen vor. Er steht damit auf der skeptischen Seite.

beginnt immer mit der Annahme, dass eine *little corruption* dem einfachen Volk helfe, seine Verhältnisse zu modernisieren, und seine Gesellschaften in modernes Leben transformiert habe. Im Anschluss daran solle der Markt seine Rolle gegenüber dem Staat festigen. In diesem Sinne gilt den Vertretern dieser Auffassung der freie und uneingeschränkte Markt wichtiger als die Legalität der Vergütungen.[499] Diese Perspektive kennt also keine moralischen Grenzen, wie etwa die Perspektive des Machiavellismus.[500] Nur ein Sachverhalt bildet für sie ein Problem, die *grand corruption*. Im Übrigen sei die *petty corruption* zur Transformation eines Volkes vom traditionalen Leben zu einem modernen Leben sehr nützlich.

In ähnlicher Weise denkt der Historiker *Engels*, dass eine Gesellschaft ohne Korruption nicht funktioniere und die moderne Politik ohne Korruptionsverflechtung schwer vorstellbar sei.[501] Der Jurist *Bauer* postuliert mit einer anderen Argumentation die Funktionalität der Korruption, obwohl er mit den erheblichen Schäden für die Gesellschaft einverstanden ist. Er vertritt die These – wenn auch nicht klar –, dass Korruption und ihre Bekämpfung die Gesellschaft aufgrund eines „öffentlichen Bekanntwerdens der Korruption" wachhielten.[502]

„Da sich Moral, Rechtsprechung und Normen im ständigen Wandel befinden, ist Korruption nicht immer als abweichendes Verhalten begriffen worden."[503] Im eingangs genannten Fall ist bekannt, dass selbst nicht von Verfolgung Betroffene – hier der Fabrikant Oskar *Schindler* – jüdische Menschen durch Bestechung der NS-Funktionsträger, die für die Organisation der Shoah verantwortlich waren, gerettet haben. Im Fall von *Schindler* geht es dabei nicht um Kosten-Nutzen-Abwägungen, private Vorteile oder politische Macht, sondern allein um Menschenleben. Während Verfolgung von Juden während der NS-Zeit hat dieser Mann – soweit er konnte – das Leben von so vielen Juden wie möglich gerettet, indem er einem humanistischen Weg folgte: Er zahlte sog. Bestechungsgelder' an Beamte bzw. Offiziere, damit er eine Gruppe von Häftlingen eines Konzentrationslagers nahe seiner Fabrik als Arbeitskräfte zugewiesen erhielt. Offensichtlich verfolgte er die nahezu ausschließlich Absicht, das Leben dieser Menschen zu retten.

---

499 Vgl. *Rose-Ackermann*, in: Yale L.J., 2010, S. 125 (126).

500 Vgl. auch *Fleck/Kuzmics*, in: dies. (Hrsg.), Korruption, 1985, S. 13.

501 *Engels*, Interview mit Deutschlandradio. Abrufbar unter http://www.deutschlandradiokultur.de/geben-und-nehmen-jede-gesellschaft-braucht-ein-bisschen.954.de.html?dram:article_id=288983.

502 *Bauer*, Korruptionsbekämpfung durch Rechtsetzung, 2002, S. 121–122.

503 *Bergmann*, Korruption und Systemrationalität, 2007, S. 8.

In totalitären Systemen, in denen die „Herrschaft der Schlechtesten" (sog. Kakistokratie) etabliert ist,[504] wird Bestechlichkeit insofern begrüßt.[505] In diesem Punkt ist es wichtig, nach welchem Kriterium wir Korruption bewerten. Die entscheidende Frage dafür ist vielleicht, ob der Vertrag zwischen Prinzipal und Agent gesellschaftlich vertretbar ist.[506] Möglich wäre auch eine Rechtfertigung unter Hinweis auf die gesellschaftliche Funktion.[507]

Die reziproke Korruption kann deshalb nicht in jedem Fall per se als unethisch eingestuft werden. Die korrekt-formellen Entscheidungen in solchen Unrechtsstaaten bringen offensichtlich ungerechte Folgen mit sich.[508] Dies kann auch mit der Radbruch'schen Formel, die das positive Recht für relativ erklärt, soweit es auf evidenter Ungerechtigkeit basiert,[509] begründet werden.

Im Übrigen hängt die Frage, ob die Korruption für die Wirtschaft gut ist oder nicht, von den wirtschaftlichen Rahmenbedingungen ab. Dies gilt auch für die moralische Bewertung.[510] Wenn die Wirtschaftsverfassung Unrecht produziert, dann ist von einem Korruptionsbedürfnis der Bürger auszugehen, obwohl die Vorgänge im Einzelnen als kriminell einzustufen sind.[511] Denn das System produziert stets Ungleichheit und Ungerechtigkeit. Die Korruption funktioniert also im guten Sinne, wenn eine gut funktionierende Demokratie fehlt.[512]

Als Fazit hinsichtlich dieser Fälle ist zum Ausdruck zu bringen, dass korruptive Handlungen nur unter „Ausnahmebedingungen"[513], also in Fällen, in denen rechtfertigende oder entschuldigende Notstandssituationen vorliegen, zu billigen sind und damit nicht unsittlich bzw. unmoralisch sind.[514] Im Übrigen finden

---

504 Siehe dazu *Menne*, KZfSS 1948/49, S. 144 (179).

505 Siehe dazu *Kerner/Rixen*, GA 1996, S. 355 (360), zum Thema Fn. 42.

506 Vgl. *Prüfer*, Korruptionssanktionen gegen Unternehmen, 2004, S. 48.

507 Vgl. *Schuller*, Der Staat 1977, S. 373 (380).

508 *Zimmermann*, Das Unrecht der Korruption, 2018, S. 370, zum Thema Fn. 1668.

509 Siehe dazu *Radbruch*, SJZ 1946, S. 105 (107); *Saliger*, Radbruchsche Formel und Rechtsstaat, 1995, S. 7, 19.

510 *Nützenadel*, in: Graeff/Grieger (Hrsg.), Was ist Korruption, 2012, S. 89.

511 *Bussmann*, Wirtschaftskriminologie I, 2016, Rn. 638, spricht über dieses Bedürfnis i.R.d. Ursachen der Korruption.

512 *Menne*, KZfSS 1948/49, S. 144 (188).

513 Also beispielsweise bei rechtswidrigen, systematischen Verhaftungen und Deportationen von Juden und anderen Verfolgten im NS-Staat. Dies wurde von *Sowada*, in: LK-StGB, 12. Aufl., Vor § 331, Fn. 216, als „lebensrettende Funktion der Korruption" bezeichnet. Siehe auch dazu *Kerner/Rixen*, GA 1996, S. 355 (360).

514 Vgl. *Friedrich*, Pathologie der Politik, 1973, S. 105; *Bergmann*, Korruption und Systemrationalität, 2007, S. 10, zum Thema Fn. 42; Die Frage, ob es überhaupt auch

jene Meinungen, nach denen Korruption aus politischen und wirtschaftlichen Gründen positiv bewertet wird, in der heutigen wissenschaftlichen Sicht keinen Platz.[515]

III. Andere korruptionsähnliche Formen

Wie bereits zur Sprache gebracht, werden nicht alle Handlungen bezüglich der Korruption kriminalisiert. In diesem Sinne kommen häufig die Formen Ämterpatronage, Nepotismus und Klientelismus in Betracht.[516] Ihr gemeinsames Merkmal, Missbrauch der anvertrauten Macht, setzt sie mit Korruption in Verbindung. Es geht aber bei diesen Formen nicht direkt um einen Vorteil, vielmehr profitieren die politischen Parteien und Gemeinschaften sowie Freunde von Entscheidungsträgern.[517] Deswegen sind diese Vorgänge als korruptionsähnliche Formen zu nennen. In diesem Zusammenhang ist zu erwähnen, dass diese ähnlichen Formen nicht ausschließend zu verstehen sind.

Beobachtet man das Korruptionsphänomen vor allem im öffentlichen Sektor, steht außer Zweifel, dass es ein Abgrenzungsproblem gibt. Die entscheidende Frage ist hier: Wie kann man zwischen Korruption und den ihr ähnlichen Formen unterscheiden? Bei diesen Formen geht es zwar auch um den Missbrauch von Macht und Beziehungen im eigenen Interesse; diese Begehungsformen könnten jedoch zum Teil gesellschaftlich akzeptiert sein, wobei die kulturellen Formen und ihre Ausgangspunkte eine große Rolle spielen.[518] Aus diesem Grund handelt es sich hier um *Grauzonen der Korruption*, die zwischen Recht und Politik stehen.[519]

„gute Korruption" gibt, nach *v. Alemann*, in: ders. (Hrsg.), Dimensionen politischer Korruption, 2005, S. 19, soll hierbei offenlassen.

515 *Lambsdorff*, The Institutional Economics of Corruption, 2007, S. 59: *Beck/Nagel*, in: Graeff/Grieger (Hrsg.), Was ist Korruption, 2012, S. 34 f.; *Karmann*, Regelungssysteme der Bekämpfung, 2016, S. 123. Siehe auch oben § 4 E I 3.

516 Siehe *Bannenberg*, in: Albrecht/Groenemeyer (Hrsg.), Handbuch soziale Probleme, 2012, S. 754.

517 Vgl. UN-Handbook, 2004, S. 28.

518 Vgl. *Reichard*, in: Graeff/Grieger (Hrsg.), Was ist Korruption, 2012, S. 102.

519 *Bellers/Schröder*, in: Bellers (Hrsg.), Politische Korruption, 1989, S. 82, zit. nach *Kaiser*, Universitas 1991, S. 1062 (1064); zu den Grenzfällen *Androulakis*, Globalisierung der Korruptionsbekämpfung, 2007, S. 40. *Altmann*, Bestechungsstrafrecht, 2012, S. 76, zählt diese Formen im weiteren Sinne.

1. Ämterpatronage

Der Begriff Patronage stammt vom französischen Wort „patron". Ihre ursprüngliche Bedeutung lautet: „Begünstigung einer oder mehrerer Personen beim gesellschaftlichen Aufstieg (besonders beruflich)". Ämterpatronage manifestiert sich mit anderen Worten in Personen, welche die Besetzung von amtlichen Stellen durch ihre Amtsbefugnis (meistens Politiker) lenken können. Diese Menschen verfolgen die Absicht, eigene Vorteile oder ihre Macht zu sichern.[520] Heute bedeutet Ämterpatronage „ungerechtfertigte Bevorzugung von Bewerbern bei der Besetzung von Ämtern und Führungspositionen wegen ihrer Parteizugehörigkeit, bestimmter Weltanschauungen oder persönlicher Verbindungen".[521]

Ämterpatronage und Korruption sind sehr ähnliche Formen sozialen Handelns, zwischen beiden Formen besteht ein „enger Zusammenhang".[522] Denn der Beamte missbraucht „sein Amt zum Vorteil des Patronierten und seiner Partei".[523] Deshalb ist die Unterscheidung zwischen beiden Phänomenen kompliziert.[524] Zu beachten ist, dass Ämterpatronage nicht direkt zur Korruption führt, sie ist vielmehr eine Vorphase, ein sich ganz in der Nähe von Korruption bewegender Schritt.[525] Es geht dabei um ein Wechselverhältnis bzw. Wechselspiel beider Phänomene.[526]

Ämterpatronage wird zunächst als ein „politisches Problem" bewertet.[527] Sie ist im weiteren Sinne als „ein Akt staatlicher Willkür" zu werten.[528] Deswegen steht die politische Patronage im Kern der Darstellung. Politische Patronage ist

---

520 Siehe dazu Brockhaus Enzyklopädie, 21. Aufl., B. 21, S. 108.

521 TI, Positionspapier zur Ämterpatronage, 2009, S. 1.

522 TI, Positionspapier zur Ämterpatronage, 2009, S. 2. „Ämterpatronage in extremer Form kann zu einer besonderen Form der Bestechung werden und dadurch Privatpersonen, die nicht über die Möglichkeit der Ämterpatronage verfügen, zur Bestechung im strafrechtlichen Sinne anreizen.": *Eschenburg*, Ämterpatronage, 1961, S. 23.

523 *v. Arnim/Heiny/Ittner*, Der Begriff Korruption, 2006^2, S. 17. Die Autoren betrachten damit den Begriff ohne Zweifel unter Korruption. siehe *dies.*, a.a.O.

524 *Ahlf*, Kriminalistik, 1996, S. 154 (154).

525 *Ahlf*, Kriminalistik, 1996, S. 154 (156).

526 *Schmidt-Hieber*, in: v. Arnim (Hrsg.), Korruption, 2003, S. 85. Aus diesem Grund sieht der Verfasser die Ämterpatronage „die grausame Art der Korruption" an. Siehe *ders.*, a.a.O., S. 86.

527 *Mousiol*, Ämterpatronage, 2013, S. 24.

528 *Mousiol*, a.a.O., 2013, S. 181.

überwiegend als „eine Folge eines Defizits an Wettbewerb zwischen den Parteien" anzusehen.[529]

Ämterpatronage ist ein wichtiges politisches Instrument „zur Durchsetzung und Absicherung von Herrschaft".[530] Sie kann ferner als politisches Instrument, etwa als die Skandalisierung von Korruption den revolutionären Vorbereitungen mancher Gruppen, Gemeinschaften usw. dienen.[531]

Die Patronage ist ein gravierender Verstoß gegen das verfassungsrelevante und für die Demokratie unverzichtbare Gleichheitsprinzip, da sie dieselbe Zugangsmöglichkeit von Bürgern zu jeder öffentlichen Stelle relativiert bzw. inaktiviert.[532] Aufgrund dessen lässt sich sagen, dass hier eine große Gefahr für die liberale Demokratie, in der der Wille der Bürger Vorrang haben sollte, vorliegt. Es besteht auch die Gefahr, dass die Ämter, die dank Patronage besetzt werden, nicht dem Gemeinwohl dienen, weil ihre Inhaber nach den Wünschen der sie fördernden Parteien handeln.[533]

Strafrechtlich ist nicht klar, wie entsprechende Vorgänge pönalisiert werden sollten.[534] Nach einer Meinung im deutschen Recht sind die Täter wegen des Missbrauchs von öffentlichen Mittel wegen Untreue (§ 266 StGB) zu bestrafen.[535]

2. *Klientelismus*

Klientelismus als Fachausdruck bezieht sich auf eine gegenseitige Beziehung von Patron und Klient. Der Patron ist i.d.R. reicher und stammt aus einer höheren sozialökonomischen Umgebung. Sein Klient ist hingegen schwächer und er ist ökonomisch von seinem Patron abhängig. Diese Patron-Klient-Beziehung ergab sich ursprünglich in Agrargesellschaften.[536]

Solange der Patron etwas für den Klient bewirkt, z. B. den Zugang zum öffentlichen Dienst, fühlt sich der Klient dem Patron verpflichtet. Deswegen muss er

---

529 *Mannow*, PVS, 2002, S. 20 (21). Deshalb stufen *v. Arnim/Heiny/Ittner*, Der Begriff Korruption, 2006², S. 33, die Ämterpatronage als eine Form der politischen Korruption ein.

530 *Mousiol*, Ämterpatronage, 2013, S. 11, 20.

531 Siehe *Mousiol*, a.a.O., 2013, S. 56 ff.

532 *Mousiol*, a.a.O., 2013, S. 182 f.

533 Vgl. *Mousiol*, a.a.O., 2013, S. 192 ff.

534 *Lindenschmidt*, Strafbarkeit der parteipolitischen Ämterpatronage 2004, S. 124.

535 *Schmidt-Herber*, NJW, 1989, S. 558 ff.

536 Siehe dazu *Schröter*, Klientelismus in der Politik Mexikos, 2011, S. 55, zum Thema Fn. 72.

eine Gegenleistung erbringen (sog. Abhängigkeitsverhältnis).[537] Beispielsweise muss er die politische Partei des Patrons wählen oder ihn als Informant unterstützen.[538] Daraus ergibt sich ein unausgesprochener Tauschvertrag.[539]

3. *Nepotismus (*Favouritism*)*

Der Begriff Nepotismus stammt vom lateinischen Wort *nepos*, das Enkel bzw. Neffe bedeutet (italienisch *nepotismo*). Die terminologische Bedeutung ist: „Bevorzugung der eigenen Verwandten (Nepoten) bei der Vergabe von Ämtern und Würden". Ein historisches Beispiel für Nepotismus bietet die päpstliche Praxis – hauptsächlich zwischen dem 10. und 17. Jahrhundert –, Verwandte als Kardinäle und andere Inhaber von Macht in Position zu bringen (Kardinalnepoten),[540] um „zuverlässige Stützen für die eigene Politik gegen oppositionelle Gruppen im Kardinalskollegium zu gewinnen".[541]

Doch nicht nur durch Vergabe unter Verwandten, auch die Zugehörigkeit zu gemeinsamen Solidaritätszirkeln, z. B. Schulbekanntschaften oder Freunde aus der Militärausbildung, gilt Ansatz für Nepotismus. Nepotistische Akteure haben die Hoffnung, mit den Nepoten ihre eigene Position zu festigen und einander ferner besondere Vorteile zu verschaffen.[542] Nepotismus ist daher eine besondere Art der Ämterpatronage. Diese Form kann auch „Herrschaftspatronage" genannt werden.[543]

537 *Pfister*, Klientelismus, in: Historisches Lexikon der Schweiz, abrufbar unter http://www.hls-dhs-dss.ch/textes/d/D16088.php (27.1.2019).
538 U4, Glossary, der Begriff „clientelism", abrufbar unter https://www.u4.no/terms.
539 *Schröter*, Klientelismus in der Politik Mexikos, 2011, S. 56.
540 Siehe Brock Haus Enzyklopädie, 21. Aufl., Bd. 19, S. 488–489.
541 *Eschenburg*, Ämterpatronage, 1961, S. 18.
542 Vgl. *Eschenburg*, a.a.O., S. 19; UN-Handbook, 2004, S. 28.
543 *Eschenburg*, Ämterpatronage, 1961, S. 18.

§ 5 Kriminalpolitische Betrachtung

Die Kriminalpolitik als Teilgebiet der Politik beschäftigt sich intensiv mit der Gewährleistung der inneren Sicherheit, indem sie die Gesellschaft und die Bürger insbesondere durch kriminalrechtliche Instrumente zu schützen sucht.[544] Die vorliegende Untersuchung versucht daher auch kriminalpolitische Aspekte zu umreißen, um wichtige Ansätze zur gerechten Korruptionsbekämpfung aus dem Gesamtbild der Kriminalwissenschaft gewinnen zu können.

Unter diesem Titel wird insb. das Verhältnis zwischen Korruption und Macht vor dem genannten Hintergrund behandelt, weil es sich bei der Korruption stets um einen Machtmissbrauch handelt.

A. Kriminalität der Mächtigen (Makrokriminalität)

Dieses Thema hat bisher weder in der Kriminologie oder im Strafrecht einen festen Platz gefunden.

Der Ausgangspunkt der Makrokriminalität ergibt sich aus der soziologischen Makro- und Mikro-Perspektive. Das Konzept Makrokriminalität steht im Gegensatz zur Alltagskriminalität bzw. Mikrokriminalität. Viele Tatbestände sind hier solche des Völkerrechts, Staatsterrorismus und Kriegsverbrechen.[545] Einige Definitionen ähneln den folgenden:

> „Die Summe der Straftaten, die zur Stärkung oder Verteidigung überlegener Macht begangen werden."[546]
> „Die Summe der Straftaten, welche von Personen mit besonderen Positionen und einer sich darauf gründenden herausragenden Machtstellung zur Stärkung oder Verteidigung dieser Macht begangen werden."[547]

Charakteristisch bei diesen Definitionsversuchen ist der Missbrauch einer nicht einfachen Handlungsmacht, sondern einer außergewöhnlichen Macht, wobei der Missbrauchende gleichzeitig von seiner Position profitiert.[548]

---

544 *Kaiser*, in: ders. u.a. (Hrsg.), Kleines Kriminologisches Wörterbuch, 1993, S. 280.
545 *Kaiser*, Lehrbuch Kriminologie, 1996, § 38, Rn. 52 m.w.N.
546 *Scheerer*, in: Kaiser u.a. (Hrsg.), Kleines Kriminologisches Wörterbuch, 1993, S. 246.
547 *Kaiser*, Lehrbuch Kriminologie, 1996, § 38, Rn. 32.
548 *Kaiser*, Lehrbuch Kriminologie, 1996, § 38, Rn. 35; siehe auch *Scheerer*, in: Kaiser u.a. (Hrsg.), Kleines Kriminologisches Wörterbuch, 1993, S. 247. Nach einer Schätzung sind die Karrierechancen öffentlicher Amtsträger umso größer, je verbreiteter

Diese Idee wird auch für die Erklärungen schwerwiegender Wirtschaftsverbrechen und Korruption verwendet.[549] Das Konzept einer „Kriminalität der Mächtigen“ hat Ähnlichkeit mit dem Konzept der White-collar-Kriminalität, weil beide Konzepte hauptsächlich nach dem Status der beteiligten Personen differenzieren.[550]

Die Wirtschaftskriminalität gehört auch zum Konzept Kriminalität der Mächtigen.[551] Erstmals ist die Schule der Kritischen Kriminologie auf die Verbindung von Weiße-Kragen-Kriminalität bzw. Wirtschaftskriminalität eingegangen und hat sich darum bemüht, sie unter einer „Kriminologie der Mächtigen“ zu systematisieren.[552] In diesem Zusammenhang wird die Korruption als eine Form der Kriminalität der Mächtigen zugeordnet.[553] Kleinkriminalitätsformen wie Bestechung können hier ebenfalls einen Platz finden, wenn es dort um die Ausnutzung der wirtschaftlichen Macht geht.[554]

Es ist klar, dass Amtsträger, die bei der Vergabe von öffentlichen Aufträgen tätig sind, große wirtschaftliche Macht und diesbezügliche Ermessenspielräume haben. Es geht dabei naturgemäß um viel Geld. Korrupte Staatsdiener können daher ihre Machtposition befestigen, indem sie ihre Ermessenspielräume für eigene Zwecke missbrauchen. Politiker können in ähnlicher Weise Entscheidungen beeinflussen. Somit wird ein großes Einfallstor zu Kriminalität der Mächtigen eröffnet.[555] Hier wird die anvertraute Macht nicht zum Wohl der Gesellschaft, sondern auf Kosten eines einzelnen Opfers oder auf Kosten der Gemeinschaft ausgeübt.

Zwischen dem Phänomen der Kriminalität der Mächtigen bzw. Makrokriminalität und der Korruption gibt Überschneidungen: Der hohe materielle oder immaterielle Schaden ist für Makrokriminalität charakteristisch. Das ist auch

---

Korruption in den betreffenden Behörden ist. Siehe dazu *Huntington*, in: Heidenheimer/Johnston/LeVine (Hrsg.), Political Corruption, 1989, S. 384.

549 *Karstedt*, MschrKrim 2007, S. 78 (79).

550 Siehe *Kaiser*, Lehrbuch Kriminologie, 1996, § 38, Rn. 60, zum Thema Fn. 114. Vgl. auch *Karstedt*, MschrKrim 2007, S. 78 (78 f.); i.S.v. WK *Pieth*, Wirtschaftsstrafrecht, 2016, S. 21.

551 *Schüler-Springorum*, Kriminalpolitik, 1991, S. 236.

552 *Schneider*, in: Bock (Hrsg.) Göppinger Kriminologie, 2008, § 25, Rn. 2. Vgl. auch *Hefendehl*, ZStW 2007, S. 816 (833).

553 Vgl. *Ostendorf*, RuP, 1990, S. 155 (156); *Killias*, in: FS-Schneider, 1998, S. 239; *Zimring/Johnson*, Brit. J. Crim. 2005, S. 793 (796).

554 *Scheerer*, in: Kaiser u.a. (Hrsg.), Kleines Kriminologisches Wörterbuch, 1993, S. 246.

555 Vgl. *Kaiser*, Lehrbuch Kriminologie, 1996, § 38, Rn. 56.

bei der Korruption der Fall. Doch wird das Schadenspotenzial der Makrokriminalität deutlicher.[556] Ein weiteres gemeinsames Merkmal ist das Dunkelfeld. Die Schwierigkeiten bei der Entdeckung sowie Verfolgung solcher Taten führen zu weitläufiger Verdunkelung.[557]

Korruption ist eine Art des Verbrechens der Wirtschaftsmächtigen.[558] Das Ziel des Täters, Macht zu haben und mächtiger zu werden, kann auch durch Wirtschaftsdelikte erreicht werden.[559] Korruption erscheint in diesem Zusammenhang als eine indirekte Verbindung und ein Einflusskanal, die staatlichen Funktionen vor allem durch wirtschaftlich mächtige Unternehmen und mithilfe von Lobbys auszuschalten.[560]

Wirtschaftskriminalität und Korruption sind in diesem Sinne als Erscheinungsformen kollektiver Destruktivität zu charakterisieren.[561]

Für das Strafrecht ist stets die präzise Formulierung relevant. Der Begriff der „Macht" ist deshalb hier im engeren Sinne zu verstehen.[562] Mächtig ist derjenige, der gegenüber anderen Einflussmöglichkeiten hat,[563] z. B. . Entscheidungsbefugnisse über die Vergabe und Verteilung öffentliche Gelder.[564]

---

556 *Kaiser*, Lehrbuch Kriminologie, 1996, § 38, Rn. 36.

557 Siehe zu dem Dunkelfeldproblem der Korruption unten § 5 C.

558 Vgl. *Walter*, Krim. J., 1993, S. 117 (121 f.); *Zimring/Johnson*, Brit. J. Crim. 2005, S. 793 (796); *Hess*, Krim. J., 1976, S. 1 (7): „... ein großer Teil der sogenannten Wirtschaftsverbrechen ist als repressives Verbrechen anzusehen, vor allem aber illegale Kartellabsprachen und Korruption".

559 Siehe *Mergen*, in: Beiträge, 1979, S. 168.

560 Siehe *Walter*, Krim. J., 1993, S. 117 (121, 122).

561 *Scheerer*, in: Kaiser u.a. (Hrsg.), Kleines Kriminologisches Wörterbuch, 1993, S. 246; vgl. auch *Walter*, Krim. J., 1993, S. 117 (122).

562 Siehe *Triffterer*, ZfRV 1991, S. 184 (198); in diese Richtung auch *Kaiser*, Lehrbuch Kriminologie, 1996, § 38, Rn. 32; *Scheerer*, in: Kaiser u.a. (Hrsg.), Kleines Kriminologisches Wörterbuch, 1993, S. 247, versteht unter der Macht zwei große Kontrolle: Wirtschaftliche Macht und politische Macht. Dagegen geht es um drei kriminologisch relevante verschiedene Machtverhältnisse nach *Karstedt*, MschrKrim 2007, S. 78 (89): Industrielle (ähnlich wie wirtschaftliche Macht), militärische oder politische Macht.

563 *Kaiser*, Lehrbuch Kriminologie, 1996, § 38, Rn. 32.

564 *Noack*, in: FES (Hrsg.), Korruption in Deutschland, 1997, S. 28.

B. Regierungskriminalität (Staatskriminalität)

Der Begriff der *Kriminalität der Mächtigen* ist von vornherein als ein Oberbegriff zu verstehen.[565] Regierungskriminalität steht danach im Mittelpunkt der Kriminalität der Mächtigen, so besteht bei dieser Form eine Überschneidung von Staat und Regierung.[566]

Nach einer Meinung sind die kriminellen Formen dieser Korruption Wahlfälschung und Stimmenkauf, die zum Zwecke der Erweiterung oder Sicherung der politischen Macht begangen werden, als Regierungskriminalität (*governmental crime, state of crime*) einzustufen, weil sich die Kriminalität hierbei nicht wie bei der Makrokriminalität gegen höchstpersönliche Rechtsgüter richtet.[567]

Die Beteiligung von Regierungen an kriminellen Handlungen macht systematisch Makrokriminalität aus. Deshalb ist es bei dieser Kriminalitätsform schwierig, von individueller Zurechenbarkeit zu sprechen.[568]

Zwar setzt die Makrokriminalität einen für das Strafrecht relevanten Missbrauch einer Machtposition durch die handelnden natürlichen Personen voraus. Bei Regierungskriminalität als solcher liegt jedoch ein solcher individueller Machtmissbrauch nicht vor. Dabei geht es um nur eine kriminalpolitische Vorüberlegung,[569] weil im Strafrecht kollektive Entscheidungsorgane wie Regierungen nicht bestraft werden, sondern nur natürliche Personen.[570] Also werden die Vertreter oder Funktionäre von Regierungen bestraft.[571]

Auch die systematische Korruption ist in diesem Rahmen zu analysieren. Als ein besonders deutliches Beispiel gilt die Korruption in der NS-Zeit. Die Justiz innerhalb der NS-Diktatur ließ die Ämterpatronage i.R.d. NSDAP zu, der Staat konnte daher umfassend korrumpiert werden, während Vorgänge der

---

565 In diese Richtung auch *Neubacher*, MschrKrim 2002, S. 290 (295); *Prittwitz*, in: ders. (Hrsg.), Kriminalität der Mächtigen, 2008, S. 195.

566 *Prittwitz*, in: ders. (Hrsg.), Kriminalität der Mächtigen, 2008, S. 193.

567 Siehe *Neubacher*, MschrKrim 2002, S. 290 (296); *ders.*, Kriminologische Grundlagen einer internationalen Strafgerichtsbarkeit, 2003, S. 30; so auch *Schwind*, Kriminologie und Kriminalpolitik, 2016, vor § 28, Rn. 4.

568 Siehe *Kaiser*, Lehrbuch Kriminologie, 1996, § 38, Rn. 52.

569 *Triffterer*, in: Kaiser/Jehle, Kriminologische Opferforschung, 1994, S. 155, geht in diesem Punkt von den Straftaten aus, die nur durch natürliche Personen begangen werden können.

570 Unter diesem Blickwinkel ist einzufügen, dass die Frage, ob Kollektive wie Regierungen als Subjekt bestraft werden sollten, spekulativ und irrelevant für das heutige Tat- und Schuldstrafrecht bleibt.

571 Vgl. *Prittwitz*, in: ders. (Hrsg.), Kriminalität der Mächtigen, 2008, S. 191 f.

Bereicherung einzelner NS-Funktionsträger im Sinne einer Peer-Konkurrenz der *Räuber um die Beute* sanktioniert werden konnten.[572] Von einer systematischen Korruption zu sprechen, ist einleuchtend, weil es dabei an einer effektiven Machtkontrolle durch demokratische Gewaltenteilung fehlte.[573]

C. Dunkelfeldproblem

Bei Korruption ist nicht von opferlosen Delikten auszugehen; vielmehr handelt es sich um „unsichtbares Opfer",[574] woraus „die geringere Sichtbarkeit der Straftat" folgt.[575] „Zwischen Tat und Opfer besteht eine große Entfernung."[576] Da die Opfer nicht personifizierbar sind und da – aufgrund der Geheimhaltung – wenige Straftaten zur Anzeige gebracht werde,[577] wird anzunehmen sein, dass das Dunkelfeld der Korruptionstaten groß ist.[578]

Nach überwiegender Auffassung gilt dies auch für wirtschaftskriminelle Handlungen.[579] Wo das Dunkelfeld zu groß ist, fällt es schwer, den ganzen Umfang der Wirtschaftskriminalität zu erfassen. Man kann hierzu allenfalls Schätzungen treffen.[580]

---

572 Wie z. B. der Fall von SS-Richter Konrad Morgen verdeutlicht den paradoxerweise moralischen Kampf während der NS-Justiz. Siehe dazu https://www.fr.de/kultur/literatur/ethisch-selbstzufrieden-11061061.html (8.4.2019).

573 Eingehend *Bajohr*, in: Prittwitz (Hrsg.), Kriminalität der Mächtigen, 2008, S. 200 ff.

574 *Bussmann*, Wirtschaftskriminologie I, 2016, Rn. 617.

575 *Kaiser*, Universitas 1991, S. 1062 (1064).

576 *Wassermann*, in: Beiträge, 1979, S. 30.

577 *Kerner/Rixen*, GA 1996, S. 355 (365-366).

578 Vgl. *Ostendorf*, RuP, 1990, S. 155 (158 f.); *Kaiser*, Lehrbuch Kriminologie, 1996, § 38, Rn. 39; *Schaupensteiner*, in: BKA, Wirtschaftskriminalität und Korruption, 2003, S. 75 f.; *Zachert*, in: FES (Hrsg.), Korruption in Deutschland, 1997, S. 87; *Ziercke*, in: Löhr/Burkatzki (Hrsg.), Wirtschaftskriminalität und Ethik, 2008, S. 38.

579 *Biermann*, Kriminalistik 1955, S. 327 (328); *Bauer*, in: Beiträge, 1979, S. 18; *Ostendorf*, RuP, 1990, S. 155 (159); *Schneider*, in: Bock (Hrsg.) Göppinger Kriminologie, 2008, § 25, Rn. 35; kritisch *Heinz*, ZStW 1984, S. 417 (429). *Hefendehl*, ZStW 2007, S. 816 (816): „Sichtbar wird sie nur bei guten Augen oder glücklichen Umständen, ansonsten scheint sie im Dunkeln ihren Schrecken zu verbreiten". Dies wird beim *Meier*, Kriminologie, 2010, § 11, Rn. 14, als eines der typischen Kennzeichen der Wirtschaftskriminalität genannt.

580 *Zirpins/Terstegen*, Wirtschaftskriminalität, 1963, S. 95; *Tiedemann*, Gutachten, 1972, C 19.

D. Vorverlagerung der Strafbarkeit (Vorfeldkriminalisierung)

Es besteht Einigkeit darüber, dass ein strafrechtlicher Schutz im Vorfeld der eigentlichen Schädigung erforderlich ist, um die überindividuellen Werte abzusichern.[581] Die Notwendigkeit der Vorverlagerung der Strafbarkeit ergibt sich aus der Unmöglichkeit des Schutzes „von obersten Gemeinwohlzielvorstellungen der Wirtschaft und der Wirtschaftspolitik sowie Zwischenziele".[582] Aufgrund verfassungsrechtlicher Wirtschaftsziele, die sich weitgehend aus der Gemeinwohlverpflichtung ableiten, wird eine Vorfeldschutzpflicht des Gesetzgebers angenommen. Somit ist die Vorfeldkriminalisierung ein Instrument des Strafrechts.[583]

Vorfeldkriminalisierung und Effektivierung von Strafverfolgungsbehörden sind eng miteinander verbunden.[584] Das ist eine im Rahmen des formellen Strafrechts entwickelte moderne Strategie vieler Länder geworden. Das Ziel dieser Strategie soll nicht bedeuten, nur die Verfolgung zu effektivieren; es müssen sowohl formale Ermittlungsmaßnahmen als auch normative Regelungen etabliert werden.

Beim gerechten Kampf gegen Korruption kann und soll der Gesetzgeber mit strafrechtlichen Instrumenten auch vom Instrument der Vorverlagerung der Strafbarkeit Gebrauch machen. Dazu ist von vornherein eine gesetzgeberische Entscheidung notwendig. Dabei hat aber der Gesetzgeber zu beachten, dass er die legitimen Grenzen einhält.

E. Bekämpfung der Wirtschaftskriminalität

Fraglich ist, welche Art korrupten menschlichen Verhaltens kriminalisiert werden sollte. Die Suche nach Legitimationsquellen der Korruption anhand dieser Frage führt zum Standort der Korrumpierbarkeit in der Strafrechtswissenschaft. Die Antwort sucht man vor allem „in der Reaktion auf Wirtschaftskriminalität".[585]

---

581 *Tiedemann*, Gutachten, 1972, C 46.

582 *Tiedemann*, a.a.O., C 47; über den Betrugstatbestand *Wassermann*, in: Beiträge, 1979, S. 45.

583 Vgl. auch unten § 23 E II 6 f.

584 Siehe für das Verhältnis zwischen Vorfeldkriminalisierung und Strafverfolgung § 23 E V 1.

585 *Braum*, NJ 1996, S. 450 (453).

Der Kampf gegen die Kriminalität steht in der Agenda der Strafrechtspflege und das wird als ihre eine der wichtigsten Aufgaben gezählt. Wenn dies mit der Wirtschaftskriminalität zu tun hat, dann gewinnt es heute zunehmend an di Bedeutung der Bekämpfung.[586] Da man über den Umfang und Schaden von Wirtschaftskriminalität nur Schätzungen treffen kann, sind ihre Eindämmung und Bekämpfung ein rechtspolitisch approximatives Handlungsfeld geworden.[587] Die Eindämmung der Wirtschaftskriminalität als eine drängende Mission steht somit auf der Agenda von Parteien,[588] weil entweder die Politiker dem wirtschaftskriminellen Täter die Tür öffnen oder sie durch gegenläufige Kräfte zum limitierenden Eingreifen gezwungen werden.[589]

Die Erscheinungsformen der Wirtschaftskriminalität sind nicht stabil. Hierbei geht es auch begrifflich – wie beim Korruptionsphänomen – um *Komplexität*.[590] Durch die sich von Zeit zu Zeit verändernden Wirtschafts- und Technologieentwicklungen erwirbt die Gesellschaft auch an neuen Formen wirtschaftskrimineller Handlungen.[591] Die Organe der Strafjustiz (sog. Kriminaljustizsystem) haben daher die episodischen Entwicklungsphasen gut zu beobachten, damit sie bei der Bekämpfung rechtzeitig effektive und vorbeugende Maßnahmen zur Verhinderung und Entdeckung neuartiger Taten entwickeln können.[592]

Aus sehr komplexen Sachverhalten ergeben sich Schwierigkeiten während der Aufdeckung und Verfolgung der wirtschaftskriminellen Handlungen.[593] Auch

586 *Liebl*, Wirtschafts- und Organisierte Kriminalität, 2016, S. 1.

587 *Tiedemann*, in: BKA-Arbeitstagung, 1983, S. 116.

588 Vgl. *Wassermann*, in: Beiträge, 1979, S. 31.

589 Siehe *Mergen*, in: Haesler (Hrsg.), politische Kriminalität und Wirtschaftskriminalität, 1984, S. 3.

590 Siehe *Wassermann*, in: Beiträge, 1979, S. 51–52.

591 Vgl. *Zirpins/Terstegen*, Wirtschaftskriminalität, 1963, S. 35 f.; *Schneider*, in: Handwörterbuch der Kriminologie, 1969, S. 660; *Rimann*, Wirtschaftskriminalität, 1973, S. 54; *Mergen*, in: Beiträge, 1979, S. 154, 167; *Heinz*, in: Kaiser u.a. (Hrsg.), Kleines Kriminologisches Wörterbuch, 1993, S. 590; *Meier*, Kriminologie, 2010, § 11, Rn. 13; *Dannecker/Bülte*, in: Handbuch des Wirtschafts- und Steuerstrafrecht, 2014, Kap. 1, Rn. 4.

592 *Rimann*, Wirtschaftskriminalität, 1973, S. 54. Vgl. ferner *Zirpins/Terstegen*, Wirtschaftskriminalität, 1963, S. 38; *Wassermann*, in: Beiträge, 1979, S. 34 f.; *Liebl*, Wirtschafts- und Organisierte Kriminalität, 2016, S. 11. § 74c Abs. 1 GVG ist beispielsweise zwar nicht präventiv ausgerichtet, aber diese strafprozessuale Vorschrift dient zur besseren Bekämpfung und bildet den Ausgangspunkt für die organisatorischen Maßnahmen. Siehe dazu *Schwind*, Kriminologie und Kriminalpolitik, 2016, § 21, Rn. 18.

593 *Dannecker/Bülte*, in: Handbuch des Wirtschafts- und Steuerstrafrecht, 2014, Kap. 1, Rn. 12. Siehe auch BT-Drucks. 7/3441, S. 14; *Biermann*, Kriminalistik 1955, S. 327

die „Vielfältigkeit“[594] beim Täterkreis und bei der Tätertypologie[595] (z. B. Berufs-, Situations-, Durschnittstäter) und der Taten machen es schwierig, Wirtschaftsdelikte aufzuklären.[596] Es erscheint daher zutreffend, auch hier die Erscheinungsformen der Korruption im Zusammenhang mit der Wirtschaftskriminalität zu diskutieren und im Anschluss daran die neuen Ansätze zu entwickeln. In diesem Zusammenhang wäre es für die Kriminalpolitik nützlich, eine weite Fassung von Wirtschaftskriminalität zu betrachten.[597]

Unser heutiges Wirtschaftssystem hat theoretisch nach dem freiheitlichen Wettbewerbsmechanismus zu funktionieren. Der Gesetzgeber schützt den Wettbewerb, indem er den Inhalt und Umfang dieses Mechanismus, also die Spielregeln, bestimmt.[598] Ist ein ungesunder Wettbewerb in einem Staat vorhanden, liegt ein sozialer Unterdruck vor, der Mittbewerber potentiell motiviert, kriminell zu handeln (sog. *Sogwirkung* von Wirtschaftskriminalität). Wenn ein Mittbewerber, der normalerweise seine Tätigkeit im rechtlichen Rahmen ausübt, wegen dieses Drucks kriminell handelt, kommt es zu einer *Spiral- oder Fernwirkung* von Wirtschaftskriminalität.[599] Ein von einem Kollegen oder einem Mitbewerber verursachtes schwarzes Loch in der Marktwirtschaft, das zum Vorsprung vor den anderen genutzt wird, zwingt die anderen dazu, dass sie ebenfalls entsprechend handeln.[600] Ein wirksamer Kampf gegen Wirtschaftskriminalität soll deswegen in erster Linie präventiv, vor allem aber gesellschaftlich orientiert werden. Auf diese Weise sollten alle Mitglieder und Vereinigungen der Gesellschaft ihren Beitrag zu kriminalpolitischen Ansätzen leisten.[601] Somit können die Quellen bzw. Hauptursachen vorzeitig und rechtzeitig abgeschnitten werden.[602]

---

(328); *Geerds*, Kriminalistik 1968, S. 356 (356); *Schneider*, in: Handwörterbuch der Kriminologie, 1969, S. 665; *Bauer*, in: Beiträge, 1979, S. 21.

594 *Wassermann*, in: Beiträge, 1979, S. 32; *Zirpins*, Kriminalistik 1967, S. 169 (169); *Schneider*, in: Handwörterbuch der Kriminologie, 1969, S. 660.

595 Siehe für einen Versuch zur Systematisierung von Wirtschaftsstraftätern *Geerds*, Kriminalistik 1968, S. 300 (305 f.).

596 *Tiedemann*, Gutachten, 1972, C 22.

597 *Heinz*, GA 1977, S. 193 (196).

598 Vgl. *Tiedemann*, Wirtschaftsstrafrecht und Wirtschaftskriminalität 1, 1976, S. 18 f.; *Wassermann*, in: Beiträge, 1979, S. 33.

599 Vgl. *Zirpins*, Kriminalistik 1967, S. 576 (579); *Schneider*, in: Handwörterbuch der Kriminologie, 1969, S. 660; *Tiedemann*, Gutachten, 1972, C 21.

600 Vgl. *Zirpins/Terstegen*, Wirtschaftskriminalität, 1963, S. 32, 99.

601 Vgl. *Zirpins*, Kriminalistik 1967, S. 169 (173).

602 Vgl. *Wassermann*, in: Beiträge, 1979, S. 32.

Zuletzt anzuführen ist, dass die Bekämpfung der Wirtschaftskriminalität auch ein Kampf gegen organisierte Kriminalität bedeutet, weil es einen engen Zusammenhang zwischen wirtschaftskriminellen Handlungen und organisiertem Verbrechen gibt.[603]

F. Bekämpfung der Korruption

Seien es technische oder seien es rechtliche Mittel, Korruption wird seit dem antiken Babylon gesetzlich bekämpft.[604]

Der Kampf gegen Korruption braucht ein Zusammenspiel von präventiven (Konzepte, Strategien und Institutionen) und repressiven (meistens strafrechtlich) Maßnahmen.[605] Die Bekämpfung ist demzufolge beidseitig in Gang zu setzen: Die Schaffung neuer Gesetze soll zum einen neue legitime Bekämpfungsmöglichkeiten mit sich bringen. Die vorhandenen Maßnahmen sollen der Eliminierung illegitimer Möglichkeiten dienen.[606] Noch ein weiterer wichtiger Punkt ist dabei, dass diese Möglichkeiten beim Kampf gegen Korruption in der Praxis effektiv durchgesetzt werden sollen.[607]

Die Verhinderung und Bekämpfung der Korruption in allen Ausprägungen gehört zu den zentralen staatlichen Aufgaben.[608] Die Korruptionsbekämpfung ist somit ein unverzichtbares Element des Systems und enthält überwiegend

603 Siehe *Kaiser*, Lehrbuch Kriminologie, 1996, § 38, Rn. 33; *Schneider*, Kriminologie für das 21. Jahrhundert, 2001, S. 23; *Liebl*, Wirtschafts- und Organisierte Kriminalität, 2016, S. 19. *See*, Wirtschaft zwischen Demokratie und Verbrechen, 2014, S. 207, sieht die Korruption ferner als einen Ausschnitt des Organisierten Verbrechens an.

604 Siehe dazu *Reinhart*, in: FS-Imme Roxin, 2012, S. 69.

605 In dieser Richtung *Schaupensteiner*, Kriminalistik, 1994, S. 514 (518); *Vahlenkamp/Knauß*, Korruption, 1995, S. 189, 346; *Mischkowitz* u.a., Einschätzungen zur Korruption, 2000, S. 343, 384; *Walther*, Bestechlichkeit und Bestechung im geschäftlichen Verkehr, 2011, S. 213–214. Nach einer Untersuchung nennen fast 75 % der Experten Prävention und Repression gleichrangig im Kampf gegen Korruption. Siehe *Mischkowitz* u.a., a.a.O., S. 343. Ein gutes Beispiel dafür liefert das Präventions- und Bekämpfungskonzept Korruption, das im Jahr 1995 gemäß Beschluss der ständigen Konferenz der Innenminister/-senatoren der Länder vorgelegt wurde. Abrufbar unter: https://www.transparency.de/fileadmin/pdfs/Themen/Verwaltung/IMK-Konzept_1996.pdf.

606 *Opp*, Soziologie der Wirtschaftskriminalität, 1975, S. 189.

607 *See*, Wirtschaft zwischen Demokratie und Verbrechen, 2014, S. 217. Vgl. auch *Schneider*, in: Handwörterbuch der Kriminologie, 1969, S. 665.

608 BT-Drucks. 18/4350, S. 11.

präventive Maßnahmen. Im Gegensatz dazu umfasst das Korruptionsstrafrecht entsprechende Maßnahmen zur Sicherung des Systems.[609]

I. Der Kern der (außerstrafrechtlichen) Korruptionsbekämpfung: Prävention

Die Strafrechtspflege trägt zwar die Hauptlast der repressiven Korruptionsbekämpfung; das darf jedoch nicht bedeuten, dass die Justiz und Strafverfolgungsbehörden sämtliche Probleme zu lösen haben.[610] Was noch wichtiger erscheint, ist die Korruptionsprävention, d. h. eine Blockierung der korruptiven Wege durch adäquate Kontrollen und Maßnahmen im Vorfeld. Der Grund dafür ergibt sich aus dem Charakter der Korruption.

Korruption wird kriminologisch als *Kontrolldelikt* bewertet;[611] die Existenz von Kontrolldefiziten, z. B. an Arbeitsplätzen und einfachen Einfallstoren, erleichtern bzw. ermöglichen die Korruption.[612] Die Prävention trägt zur Erhöhung des Entdeckungsrisikos bei und hat daher Vorrang strafrechtlichen Maßnahmen.[613] Auch zeigen sich deutliche Ansätze dafür, dass „präventiv-außerstrafrechtliche Akte" effizienter als strafrechtliche Bestrafung sind.[614]

---

609 Vgl. *Reinhart*, in: FS-Imme Roxin, 2012, S. 86.

610 Vgl. *Schaupensteiner*, Kriminalistik, 1994, S. 514 (518); *Hassemer*, in: FES (Hrsg.), Korruption in Deutschland, 1997, S. 80; skeptisch über die Effektivität der Strafrechtsmitteln *Hetzer*, a.a.O., S. 124.

611 Siehe dazu unten § 9 A VII.

612 *Schaupensteiner*, NStZ 1996, S. 409 (413); *ders.*, in: BKA (Hrsg.), Wirtschaftskriminalität und Korruption, 2003, S. Siehe auch Präventions- und Bekämpfungskonzept, 1995, S. 6, unter C „Leitsätze". Diese Leitsätze sind von *Vahlenkamp/Knauß*, Korruption, 1995, S. 350–351 übernommen.

613 Vgl. UN-Übereinkommen gegen Korruption v. 2003, Art. 6; Präventions- und Bekämpfungskonzept, 1995, S. 6 (unter Leitsätze); Beschluss 7 der 61. DJT, 1996, in: 61. DJT, Bd. II/1, L. 56: „Vorrang der Prävention". Siehe auch *Ransiek*, StV 1996, S. 446 (451, 453); *Schaupensteiner*, in: FES (Hrsg.), Korruption in Deutschland, 1997, S. 100; UN-Guide, 2003, S. 6; UN-Hanbook, 2004, S. 7; Der Resolutionsentwurf von Deutschen Vorkolloquium, in: ZStW 2004, S. 244; *Weigend*, ZStW 2004, S. 242 (243); *Dölling*, in: Int. Rev. of Penal Law, 2003, S. 50; Die Resolution von XVII. Internationalen Strafkongress, in: Int. Rev. of Penal Law, 2003, S. 571; *Korte*, in: Dölling (Hrsg.), Korruptionsprävention, 2007, Rn. 1. Vgl. auch BVerfGE [Schwangerschaftsabbruch-Entscheidung I] 39, 1 (44).

614 *Dannecker/Bülte*, in: Handbuch des Wirtschafts- und Steuerstrafrechts, 2014, Kap. 1, Rn. 132.

Da die Korruptionsbekämpfung ähnlich wie das Phänomen Korruption ein komplexes und sehr schwieriges Thema ist,[615] sollen die Maßnahmen nicht aus einer Sicht eingesetzt werden, sondern müssen wie das Problem auch mehrdimensional sein. Es ist ergo ein durch Kombination von Maßnahmen geschaffenes Konzept erforderlich.[616] In ähnlicher Weise ist für die Korruptionsprävention notwendig, dass sie von der Gesellschaft und allen Bereichen des Staates als gemeinsames Vorhaben betrieben wird.[617] Die Bekämpfung der Korruption ist insofern nicht nur eine Aufgabe des Staates, sondern auch eine „zentrale gesellschaftliche Aufgabe";[618] die gesamtgesellschaftliche Ächtung ist ein fundamentaler Bestandteil.[619] Im Kern dieser Aufgabe stehen Menschen als Mitglieder der Gesellschaft.[620] Die Bekämpfungsstrategie erstreckt sich i.E. auf drei Ebenen: die gesamtgesellschaftliche Ebene, die Ebene der Institutionen bzw. Behörden und jener des Individuums.[621]

Statt sich auf die individuelle und normative Ebene zu konzentrieren, sollten zunächst organisatorische und technische Maßnahmen i.R.d. institutionellen Ebene entwickelt werden. Dies umfasst vor allem aber eine außerstrafrechtliche Perspektive aufzubauen.[622]

---

615 *Vahlenkamp/Knauß*, Korruption, 1995, S. 195.

616 Siehe den Resolutionsentwurf des deutschen Vorkolloquiums, in: ZStW 2004, S. 245: „Die Notwendigkeit eines vielseitigen Ansatzes". Vgl. auch *Schaupensteiner*, NStZ 1996, S. 409 (413); *Bannenberg*, Strafrechtliche Kontrolle, 2002, S. 462. *Mischkowitz* u.a., Einschätzungen zu Korruption, 2000, S. 339, spricht sich für „mehrdimensionale Bekämpfungsstrategie" aus.

617 Vgl. *Vahlenkamp/Knauß*, Korruption, 1995, S. 195; Präventions- und Bekämpfungskonzept, 1995, S. 6 (unter C „Leitsätze") und 36 (unter Schlussmerkung).

618 *Mischkowitz* u.a., Einschätzungen zur Korruption, 2000, S. 353; „Die Bekämpfung der Korruption ist eine zentrale gesellschaftspolitische Aufgabe": Korruptionsbekämpfungsrichtlinie-Bayern, Nr. 1 S. 1.

619 *Schaupensteiner*, NStZ 1996, S. 409 (415).

620 „Korruptionsprävention ist sowohl auf die Person als auch auf die Organisation auszurichten, wobei die eigentliche Schwachstelle der Mensch ist.": Präventions- und Bekämpfungskonzept, 1995, S. 6 (unter C „Leitsätze"); „Korruption kann nur wirksam bekämpft werden, wenn sie auch von den Bürgern als besonders sozialschädliches Verhalten erkannt und geächtet wird." Korruptionsbekämpfungsrichtlinie-Bayern, Nr. 4 S. 1. „Wenn wir Korruption bekämpfen wollen, müssen wir zunächst bei uns selbst anfangen": *Ostendorf*, NK 1/1996, S. 16 (21).

621 *Mischkowitz* u.a., Einschätzungen zur Korruption, 2000, S. 383. Nach *Schaefer*, Referat, 1996, L 14, sind die Beschreibungen des Korruptionsphänomens abhängig von Strategien.

622 Vgl. *Hassemer*, in: FES (Hrsg.), Korruption in Deutschland, 1997, S. 81; ähnlich *Hetzer*, in: a.a.O., S. 125; *Mischkowitz* u.a., Einschätzungen zur Korruption, 2000, S. 343.

Das Wichtigste ist hier, „konkrete Maßnahmen“ und „wirksame und durchführbare Kontrollmöglichkeiten“ zu schaffen.[623] Spricht man von der „Wirksamkeit von Maßnahmen“, so bedeutet dies, dass die Verminderungsfunktion dieser Maßnahmen gut greift. Danach kommt in der zweiten Phase die „Auswahl von Maßnahmen“ in Betracht.[624] Man macht also von einer Maßnahme Gebrauch, soweit sie effektiv ist. Manche Maßnahmen erfahren Schwierigkeiten in der Praxis, weil zunächst irrtümlich Maßnahmenprogramme entwickelt werden, die in die Praxis umzusetzen versucht werden. Daher ist die Umsetzungsaufgabe wichtig und maßgebend.[625]

Die auf die Korruptionsbekämpfung basierenden Leitprinzipen, Strategien und Maßnahmen sollen sich vorrangig an die öffentliche Verwaltung richten.[626] Diese Methoden sind grundsätzlich auf andere Bereiche außerhalb des öffentlichen Diensts übertragbar.[627]

Möglichkeiten, die Korruption einzudämmen, basieren auf zwei Grundideen: Erhöhung von Transparenz und Erhöhung des Entdeckungsrisikos durch Einführung effektiver Kontrolle.[628] Es ist ferner zwischen allgemeinen und speziellen Maßnahmen zu unterscheiden.[629] Spezielle Maßnahmen werden unter besonderer Berücksichtigung der Organisationen und Institutionen entfaltet. Im Gegensatz dazu sollten allgemeine Maßnahmen überall unabhängig von Organisationsstrukturen beim Kampf gegen Korruption funktionieren. Die folgenden Ansätze sind allgemeine Maßnahmen und gelten für alle Bereiche.

1. Transparenz

Das oberste Gebot gilt der Transparenz und Offenheit.[630] Jede Organisation soll grundsätzlich ihre Entscheidungen mit dem Publikum teilen. Zum

623 Vgl. *Opp*, Soziologie der Wirtschaftskriminalität, 1975, S. 172; *Zirpins*, Kriminalistik 1967, S. 169 (170); *Schneider*, in: Handwörterbuch der Kriminologie, 1969, S. 665.

624 *Opp*, Soziologie der Wirtschaftskriminalität, 1975, S. 172 f.

625 Vgl. *Bannenberg*, Strafrechtliche Kontrolle, 2002, S. 461, 465.

626 *Kerner/Rixen*, GA 1996, S. 355 (367).

627 Präventions- und Bekämpfungskonzept, 1995, S. 36 (unter Schlussmerkung).

628 Vgl. *Benz* u.a., in: Dölling (Hrsg.), Korruptionsprävention, 2007, Rn. 21; Empfehlungen an die Politik, in: FES (Hrsg.), Korruption in Deutschland, 1997, S. 14.

629 *Poerting/Vahlenkamp*, Kriminalistik, 1998, S. 733 (734); *Mischkowitz* u.a., Einschätzungen zu Korruption, 2000, S. 340.

630 *Vahlenkamp/Knauß*, Korruption, 1995, S. 343; *Hassemer*, in: FES (Hrsg.), Korruption in Deutschland, 1997, S. 82. Siehe auch *Maak/Ulrich*, in: Pieth/Eigen (Hrsg.), Korruption im geschäftlichen Verkehr, 1999, S. 114 f.

Beispiel ermöglicht Transparenz in den öffentlichen Verwaltungen den Bürgern, von Informationszugangsrechten bzw. Einsichtsrechten zu amtlichen Akten Gebrauch zu machen.[631] Transparente Firmen zeigen, dass sie keine illegalen Ziele verfolgen oder sich unerwünschte Vorteile verschaffen. Dadurch setzen Organisationen auf gute Kommunikation mit der Öffentlichkeit.[632]

Amtsträgern sind in Bezug auf ihre Aufgaben schriftliche Erklärungen über „Nebentätigkeiten, Beschäftigungsverhältnisse, Kapitalanlagen, Vermögenswerte und erhebliche Geschenke oder Vergünstigungen" i.R.d. Arbeit abzuverlangen. Dafür sind gesetzliche Vorschriften vorzusehen (sog. *Offenlegungspflicht*).[633] Ein besonders deutliches Beispiel dafür gibt das *Gesetz zur Angabe über Vermögenswerte und zur Bekämpfung der Bestechung und Korruptionen* im türkischen Recht.[634] Nach diesem Gesetz sind weite Personenkreise (Art. 2) wie Minister, Parteien, Notare, Amtsträger, Beamte, Journalisten, die mit der öffentlichen Dienst eine enge Beziehung aufnehmen, verpflichtet, ihre Vermögenswerte sowohl vor dem Beginn, als auch alle fünf Jahre und schließlich nach der Beendigung der Arbeit (Art. 6) an die zuständigen Behörde zu melden (Art. 8).[635]

Durch *Transparenzgesetze* sollten die Auskunfts- und Veröffentlichungspflicht gewährleistet werden. Als ein gutes Beispiel dafür gilt das Hamburgische Transparenzgesetz, das am 19. Juni 2012 in Kraft getreten ist.[636] Das Gesetz bezweckt, Bürgern Zugang zu Informationen zur Verfügung zu stellen, um die demokratische Meinungs- und Willensbildung zu fördern und eine Kontrolle des staatlichen Handelns zu ermöglichen (§ 1 HmbTG). Das Land verpflichtet sich, die Daseinsvorsorge betreffende Verträge ab 100.000 Euro zu veröffentlichen (*Veröffentlichungspflicht* nach §§ 9, 10 HmbTG) oder die entsprechenden Informationen auf Antrag des Bürgers zugänglich zu machen (*Auskunftspflicht* nach

631 *Hassemer*, in: FES (Hrsg.), Korruption in Deutschland, 1997, S. 83; Resolutionsentwurf des deutschen Vorkolloquiums, in: ZStW 2004, S. 246. *Korte*, in: Dölling (Hrsg.), Korruptionsprävention, 2007, Rn. 73, ist dazu skeptisch.

632 Vgl. UN Global Compact Office, Business against Corruption, 2011, S. 13; OECD, Leitsätze für multinationale Unternehmen, 2011, VII, Nr. 5. „Transparenz ist der Todfeind der Korruption": *Schaupensteiner*, in: BKA (Hrsg.), Wirtschaftskriminalität und Korruption, 2003, S. 102.

633 Siehe UN-Übereinkommen gegen Korruption v. 2003, Art. 8, Abs. 5.

634 Gesetz Nr. 3628 vom 19.4.1990, RG Nr. 20508 v. 4.5.1990.

635 Siehe auch *Tellenbach*, in: Eser/Überhofen/Huber (Hrsg.), Korruptionsbekämpfung durch Strafrecht, 1997, S. 645; zur strafbewehrten Meldepflicht unten § 23 E I 2 b.

636 HmbGVBl. 2012, S. 271. Abrufbar unter http://transparenz.hamburg.de/das-hmbtg/.

§ 12 HmbTG). Die Informationspflicht des Landes nach dem HmbTG umfasst somit sowohl eine Auskunfts- als auch eine Veröffentlichungspflicht (§ 2 Abs. 10 HmbTG). Diese Tendenz ist zu begrüßen, weil Transparenz in der Politik und Verwaltung die Korruptionsbekämpfung leichter macht.[637]

Die Offenlegungspflicht zum Zwecke der Transparenz spielt in der Politik eine große Rolle. Seitens der Gesetzgebung sind umfangreiche Offenlegungspflichten während Dienstzeit von Volksvertretern vorzusehen.[638] Unter diesem Blickwinkel ist auch zu diskutieren, dass Personenkreise wie Manager der Industrie und Firmen nun mehr Eigenverantwortung zu tragen haben, um eine klare Trennung von unternehmerischer und staatlicher Sphäre so weit wie möglich zu erhalten und die Individualbezogenheit des Marktes zu sichern.[639] Zum Beispiel sollten Unternehmen bei etwaigen Lobbyzahlungen an Politiker gesetzlich verpflichtet werden, ihre Beziehungen zum politischen Mandatsträger periodisch bekannt zu machen.[640]

Schließlich führt Finanzierung durch Private häufig zu Abgrenzungsproblemen zwischen der gern gesehenen Gemeinwohlförderung und der strafbaren Korruptionstat. Dieses Problem soll mithilfe von präzisen Regelungen und vom Transparenzgebot ausgelöst werden.[641] Darüber hinaus, um Transparenz in der Organisation zu effektuieren, sind einige Grundprinzipien wie das Vier-Augen-Prinzip und Rotation einzuhalten.[642]

---

637 *Darbishire* u.a., Transparenzranking 2017, S. 4.

638 *Schenk*, Abgeordnetenkorruption, 2008, S. 19. Siehe auch für Pro- und Contra der „Nebeneinkünfte“ Entscheidung des BVerfG, Urteil v. 4.7.2007, 2 BvE 1/06.

639 Vgl, *Noack*, Korruption, 1985, S. 183; *Henning*, in: Jansen/Priddat (Hrsg.), Korruption, 2005, S. 194; *Bernsmann*, StV 2009, S. 308 (308 ff.); *Grieger*, in: Graeff/Grieger (Hrsg.), Was ist Korruption, 2012, S. 47.

640 *v. Arnim*, NVwZ 2006, S. 249 (253).

641 Siehe *Korte*, in: Dölling (Hrsg.), Korruptionsprävention, 2007, Rn. 63. Dafür hat die Bundesregierung die „Allgemeine Verwaltungsvorschrift Sponsoring“ erlassen. In dieser ist die „Genehmigungspflicht“ ausdrücklich geregelt. Siehe VwV Sponsoring, Nr. 3.3.

642 Vgl. *Schaupensteiner*, in: BKA (Hrsg.), Wirtschaftskriminalität und Korruption, 2003, S. 109; *Bachmann/Prüfer*, ZRP 2005, S. 109 (112); *Benz* u.a., in: Dölling (Hrsg.), Korruptionsprävention, 2007, Rn. 22 ff.

2. *Risikoanalyse (Risikoatlas)*

In besonders korruptionsgefährdeten Bereichen sind Zuständigkeitsregelungen und Arbeitsabläufe klar zu regeln.[643] Von vornherein sind daher korruptionsgefährdete Arbeitsgebiete zu identifizieren.[644] In diesem Punkt helfen Risikoanalysen, die jeweiligen Felder zu bestimmen. Dabei wird außerdem untersucht, ob in der Organisation ein Handlungsbedarf besteht. So kann auch festgestellt werden, ob noch weitere organisatorische Maßnahmen erforderlich sind.

Mithilfe der regelmäßigen Risikoanalysen werden Präventivmaßnahmen entwickelt.[645] Dies könnte daher im Rahmen einer dynamischen Organisationsführung betrachtet werden.

Zum Schluss bedarf es einer regelmäßig durchgeführte Evaluations- und Entwicklungsanalyse, um die Funktionsfähigkeit zu überprüfen.[646]

3. *Kontrollmechanismen schaffen*

Mangelhafte Kontrollen in einer Organisation ermöglichen es indirekt, Korruptionstaten einfacher zu begehen. Es ist daher als eine der wichtigsten Ursachen für kriminelle Korruption einzustufen. In diesem Zusammenhang spielen eine effektive und wirkungsvolle Kontrolle durch die Vorgesetzten und die Aufsichtsbehörde eine entscheidende Rolle. Dadurch soll das Gefühl, dass alle Akte der Mitarbeiter kontrollierbar sind, vermittelt werden.[647] Darüber hinaus erhöhen effektive interne und externe Kontrollen die Zuverlässigkeit der Organisation gegen Korruptionsvorwürfe.[648]

---

643 Präventions- und Bekämpfungskonzept, 1995, Nr. 2.3 und dortiges Fazit; i.R.d. Geschäftsführung *Hauschka/Greeve*, BB 2007, S. 165 (167). ICC-Rules v. 2011, Art. 8-a. sieht entsprechend eine Leistungsevaluationen durch Personalabteilung vor.

644 Richtlinie zur Korruptionsprävention v. 2004, Nr. 2.1; Empfehlungen zur Korruptionsprävention, 2012, 1.1. unter Nr. 2. In diesem Rahmen verdienen besonders Vergaben von öffentlichen Aufträgen (insbesondere im Bauwesen), Subventionen, Erteilung von Genehmigungen, Auflagen, Erlaubnissen, Lizenzen entsprechende, Kontrolltätigkeiten. Siehe Präventions- und Bekämpfungskonzept, 1995, S. 2 (unter Vorbemerkung); Empfehlungen zur Korruptionsprävention, 2012, 2.1 lit. b. unter Nr. 2.

645 *Korte*, in: Dölling (Hrsg.), Korruptionsprävention, 2007, Rn. 10.

646 In diese Richtung Specialised Anti-Corruption Institutions, 2008, OECD, S. 33.

647 Vgl. *Korte*, in: Dölling (Hrsg.), Korruptionsprävention, 2007, Rn. 27 f. Siehe auch Richtlinie zur Korruptionsprävention v. 2004, Nr. 9.

648 Vgl. „Selbstreinigung" *Ax* u.a., Rechtshandbuch Korruptionsbekämpfung, 2010, Rn. 399.

Wie erwähnt, schädigt die Korruption die Unternehmenskultur und Wettbewerbsstruktur.[649] Unternehmen sollen deshalb Korruption mithilfe von bewusst gestalteten Antikorruptionsprogrammen bekämpfen.[650] In der heutigen Unternehmensvorstellung zählen ohne Zweifel Korruptionsbekämpfung und Korruptionsverbot zu den Grundwerten des Geschäfts.[651] Dies wird heute mit gesetzlichen *Compliance-Pflichten* von Firmen bekräftigt (§ 91 Abs. 2 AktG; § 33 WpHG; § 130 OWiG; § 14 Abs. 2 GwG).[652]

Präzise Analysen setzen vor allem gute Kontrollmechanismen voraus. Daher sind Kontrollmechanismen, insbesondere eine gegenseitige Kontrolle der Mitarbeiter ausschlaggebend.[653] Indem die Dienst- und Fachaufsicht genutzt wird, können problematische Arbeitsgebiete besser geklärt und damit vorbeugende Maßnahmen durch Führungskräfte rechtzeitig eingesetzt werden. Dies ist eine Kernaufgabe von Vorgesetzten, da die aktive vorausschauende Personalführung zu ihren Obliegenheiten gehört.[654]

Aus diesen Gründen muss am Anfang der Bekämpfung eine eindeutige formale Entscheidung zu Antikorruptionsmaßnahmen von der Unternehmensleitung getroffen werden.[655] Eine Firma ohne Ethikstandards und Antikorruptionsprogramm muss mit Haftungsrisiken aufgrund der Prozesse nach

---

649 Siehe auch OECD, Leitsätze für multinationale Unternehmen, 2011, VII, Nr. 74.

650 Vgl. TI, Führungsgrundsätze für kleine und mittlere Unternehmen zur Bekämpfung von Korruption, 2014, S. 6.

651 *Maschmann*, in: Dölling (Hrsg.), Korruptionsprävention, 2007, Rn. 209.

652 *Hauschka/Greeve*, BB 2007, S. 165 (166); TI, Führungsgrundsätze für kleine und mittlere Unternehmen zur Bekämpfung von Korruption, 2014, S. 7. Doch ist es nicht klar, ob eine „reine gesetzliche Pflicht" vorhanden ist. Siehe dazu *Moosmayer*, Compliance, 2012, S. 5; *Heißner*, Wirtschaftskriminalität und Korruption, 2014, S. 110; keine generelle Pflicht *Rotsch*, in: Handbuch des Wirtschaftsstrafrecht, 2015, S. 87.

653 *Korte*, in: Dölling (Hrsg.), Korruptionsprävention, 2007, Rn. 11. In diesem Punkt ist zu berücksichtigen, dass nicht nur Mitarbeiter, sondern auch „die Leiter" wechseln lassen sollen. Siehe *ders.*, a.a.O., Rn. 18.

654 Siehe Präventions- und Bekämpfungskonzept, 1995, Nr. 3; Richtlinie zur Korruptionsprävention v. 2004, Nr. 9; Empfehlungen zur Korruptionsprävention, 2012, Nr. 9.

655 TI, Führungsgrundsätze für kleine und mittlere Unternehmen zur Bekämpfung von Korruption, 2014, S. 8. Die gute Unternehmensführung nennt man „*Corporate Governance*". Siehe *Maschmann*, in: Dölling (Hrsg.), Korruptionsprävention, 2007, Rn. 209 ff; *Möllering*, in: a.a.O., Rn. 170. Das Compliance-System wird unter „*corporate governance*" verstanden. Siehe dazu *Rathgeber*, Criminal Compliance, 2010, S. 63.

Korruptionsvorwürfen rechnen.[656] Darüber müssen Imageverluste (*reputational risks*) erwartet werden.[657]

4. *Vier-Augen-Prinzip*

Eine weitere wichtige und vorbeugende Maßnahme zur Korruptionsbekämpfung ist das Mehr-Augen- oder Vier-Augen-Prinzip. Das Mehr-Augen-Prinzip verlangt die „Beteiligung bzw. Mitprüfung durch mehrere Beschäftigte oder Organisationseinheiten".[658] Dem stehen oft einige Schwierigkeiten entgegen, z. B. Mangel an Personal. Deshalb sollte hier subsidiär eine intensivere Dienst- und Fachaufsicht vorgesehen und kombiniert mit der Personalrotation in die Praxis umgesetzt werden.[659] Darüber hinaus sind der Transparenz halber Zugangsrechte für Bürger zur Verfügung zu stellen.[660]

5. *Regelmäßige Unterrichtung und Belehrung*

In der Regel beschäftigen sich die Personalabteilungen und Ansprechpersonen zur Korruptionsprävention mit Sensibilisierung,[661] Belehrung[662] und Fortbildung.[663] Dafür sind von vornherein Aus- und Fortbildungswege zu öffnen.

Regelmäßige Unterrichtung und Belehrung zielen auf die „Stärkung des Unrechtsbewusstseins für korrupte Handlungen" ab.[664]

---

656 UN Global Compact Office, Business against Corruption, 2011, S. 6. Nach dem Art. 3 Abs. 1 des Zivilrechtsübereinkommens über Korruption v. 1999 ist jede Vertragspartei in ihrem innerstaatlichen Recht vorzusehen, dass durch Korruption Geschädigte das Recht haben, auf vollständigen Ersatz des Schadens zu klagen.

657 *Buff*, Compliance, 2000, S. 380; *Hauschka/Greeve*, BB 2007, S. 165 (166); *Dieners*, in: Dölling (Hrsg.), Korruptionsprävention, 2007, Rn. 3.

658 Richtlinie zur Korruptionsprävention v. 2004, Nr. 3.1.

659 Siehe *Korte*, in: Dölling (Hrsg.), Korruptionsprävention, 2007, Rn. 13 f.

660 Richtlinie zur Korruptionsprävention v. 2004, Nr. 3.2.

661 Fast jeder zweite Experten fordert in erster Linie „Sensibilierung". Siehe *Mischkowitz* u.a., Einschätzungen zur Korruption, 2000, S. 347, Schaubild 34.

662 Richtlinie zur Korruptionsprävention v. 2004, Nr. 7. Die Pflicht zur Belehrung ist zu protokollieren. Es ist ausdrücklich in der Richtlinie geregelt (Nr. 7.1).

663 *Korte*, in: Dölling (Hrsg.), Korruptionsprävention, 2007, Rn. 22. Die *Richtlinie der Bundesregierung zur Korruptionsprävention in der Bundesverwaltung* spricht i.d.S. von einem „Fortbildungsbedarf". Siehe dazu Richtlinie zur Korruptionsprävention v. 2004, Nr. 8.

664 Präventions- und Bekämpfungskonzept, 1995, Nr. 1.2; „Korruption kann nur verhindert und bekämpft werden, wenn sich jeder verantwortlich fühlt und alle als

Bedienstete sollen regelmäßig über alle Formen von Korruption informiert und unterrichtet werden.[665] Entsprechend ist in der öffentlichen Verwaltung ein Verhaltenskodex zur Korruptionsbekämpfung zu schaffen, um mögliche ethisch-moralische Fehlentwicklungen zu beseitigen.[666]

Noch ein anderer wichtiger Punkt hierbei ist, dass für die Bürger, und vor allem für die potenziellen Opfer, Aufklärungsveranstaltungen geboten werden, sie über die durchgeführten Maßnahmen unterrichtet werden sollten. Auf diese Weise wird diese sensible Thematik in das Bewusstsein gebracht und erwartet, die Anzeigebereitschaft zu erhöhen.[667]

6. *Personalrotation*

Die Personalrotation ist ein Bestandteil der Strategie zur Verringerung des Korruptionspotenzials.[668] Es wird behauptet, dass Betriebsangehörige, denen von Beginn an bewusst ist, dass, sie ihre Arbeiten nur in einem begrenzten Zeitraum, z. B. drei oder fünf Jahre, führen dürfen, eher kooperieren.[669]

Personalrotation ist mehr als bloßer Personalwechsel; sie umfasst auch den Wechsel von zugeteilten Zuständigkeiten (Aufgabenrotation).[670] In korruptionsgefährdeten Bereichen ist vor allem an systematische Rotation zu denken.[671]

---

gemeinsames Ziel die ‚korruptionsfreie Dienststelle' verfolgen.“: Verhaltenskodex gegen Korruption, zu 6.

665 *Zirpins/Terstegen*, Wirtschaftskriminalität, 1963, S. 755; Präventions- und Bekämpfungskonzept, 1995, Nr. 1.3.

666 Präventions- und Bekämpfungskonzept, 1995, Nr. 1.1.

667 *Vahlenkamp/Knauß*, Korruption, 1995, S. 355, 357. Begeisterung von Journalisten ist auch bei der Aufklärungsaufgabe denkbar. Siehe *Heymann*, in: FES (Hrsg.), Korruption in Deutschland, 1997, S. 53.

668 *Renner*, VJW 2004, S. 292 (297).

669 *Korte*, in: Dölling (Hrsg.), Korruptionsprävention, 2007, Rn. 16. Dieses Prinzip findet man im Art. 7 Abs. 1 lit. b des UN-Übereinkommens gegen Korruption v. 2003. Auch Richtlinie zur Korruptionsprävention v. 2004 Nr. 4.2 spricht von fünf Jahren als Höchstgrenze: ähnlich auch § 21 KBG-NRW. Dies wird zu Recht kritisiert. Aus Grund der großen Korruptionsrisiken soll die Verwendungsdauer des Personals weniger als fünf Jahre sein. Siehe dazu *Korte*, a.a.O., Rn. 17.

670 *Fiebig/Junker*, Korruption und Untreue im öffentlichen Dienst, 2000, Rn. 153.

671 Präventions- und Bekämpfungskonzept, 1995, Nr. 5.4; *Schaupensteiner*, Kriminalistik, 1994, S. 514 (520); Empfehlungen zur Korruptionsprävention, 2012, 3.1 unter Nr. 4; kritisch *Schaupensteiner*, NStZ 1996, S. 409 (412), zum Thema Fn. 18.

Da die Bestechungsdelikte kriminologisch unter den Netzwerkdelikten[672] fallen, werden die Bestechungsdelikte vor allem durch Amtsträger mit langjähriger Berufserfahrung begangen.[673] In ähnlicher Weise haben die korruptiven Beziehungen grundsätzlich eine langfristige Natur.[674] Diese Gründe sprechen deswegen für eine Personalrotation, wobei dessen Bedeutung für die technische Prävention groß ist.[675]

7. *Whistleblower (Hinweisgeber) zu schützen*

Eine weitere wichtige Strategie zur Korruptionsbekämpfung ist es, Hinweisgeber (sog. *Whistleblower*) zu schützen. Der Grund dafür sind die vielfältigen und geheimen Netzwerke von Korruption. Deshalb haben interne und externe Meldungen große Bedeutung.

Unter dem Begriff *Whistleblower* ist jede Person zu verstehen, „die im Zusammenhang mit ihrem Arbeitsverhältnis im öffentlichen oder im privaten Sektor Meldungen macht oder Informationen mitteilt über Gefahren oder Nachteile für das öffentliche Interesse".[676] Dieses Institut erhöht einerseits die demokratische Sensibilität und Transparenz, andererseits dient es als ein „Frühwarnsystem".[677]

8. *Gerechte Entlohnung*

Eine ausreichende bzw. gerechte Entlohnung dürfte „einer der wichtigsten (präventiven) Bekämpfungsansätze" sein.[678] Bei der Entwicklung von Maßnahmen und Strategien bzw. Konzepte sollte dies nicht übersehen werden.[679]

II. Internationalisierung des Korruptionsstrafrechts

Die internationale Gemeinschaft hat ab Mitte der 1970er Jahre begonnen, sich mit dem Korruptionsproblem im rechtlichen Sinn zu beschäftigen.[680] Damals

---

672 Siehe dazu oben § 9 A VI.

673 Bundeslagebild Korruption, 2017, S. 13.

674 Bundeslagebild Korruption, 2004, S. 55; Bundeslagebild Korruption, 2017, S. 11.

675 Siehe ferner oben § 5 F I 6.

676 Europarat, Empfehlung des Ministerkomitees an die Mitgliedstaaten über den Schutz von Whistleblowern, Rec (2014)/7, Grundsätze, lit. a.

677 Vgl. Europarat, Der Schutz von Whistleblower: Erläuternder Bericht zur Empfehlung, Rn. 1 und 3. Abrufbar unter: https://rm.coe.int/16805c5ea1.

678 *Mischkowitz* u.a., Einschätzungen zur Korruption, 2000, S. 373.

679 Vgl. *Renner*, VJW 2004, S. 292 (296 f.).

680 *Kaiser*, Universitas 1991, S. 1062 (1062). Damals war der „*Foreign Corrupt Practices Act*" der USA das einzige Gesetz, das die Auslandsbestechung im internationalen

wurde vertreten, dass Bestechungsdelikte den internationalen Straftatbeständen zugeordnet werden sollten.[681] Die Diskussion der internationalen Gemeinschaft hat sich seither verstärkt.[682]

Nach überwiegender Auffassung begann die Internationalisierung des Strafrechts zur Bekämpfung der Korruption in den 1990er Jahren mit der Globalisierung der Wirtschaft bzw. mit der Auflösung des sozialistischen Blocks. Durch diese Tendenz und mit der Erkenntnis, wie gewaltige Folgen Korruption im internationalen Kontext hat – insbesondere im Geschäftsverkehr von multinationalen Unternehmen – begannen die internationalen Organisationen über die internationalen strafrechtlichen Instrumenten verstärkte Antikorruptionsregimes in Gang zu setzen.[683]

1. Globalisierte Marktwirtschaft: Sind alle Mitbewerber?

Nach Ende des Kalten Kriegs begann eine neuerliche, in diesem Ausmaß unbekannte Globalisierung der Weltökonomie. Die sich zunehmend globalisierende Welt hat zum einen für internationale Wirtschaftsbeziehungen bestehende Hindernisse nach und nach beseitigt. Die Kommunikation zwischen Firmen ist z. B. durch die Globalisierung im Vergleich zur Vergangenheit ohne weiteres deutlich einfacher geworden. Die ökonomische Globalisierung erhöht zum anderen die Korruptionsfälle von Unternehmen, die meistens unter verschärftem Konkurrenzdruck arbeiten.[684] Die nationalen Player haben sich in diesem Zusammenhang geändert und wurden in das neue System integriert. Sie verfolgen jetzt die Interessen von internationalen Elitenetzwerken.[685]

Geschäftsverkehr unter Strafe stellte. Siehe dazu *Wolf*, Maßnahmen internationaler Organisationen zur Korruptionsbekämpfung auf nationaler Ebene, 2006, S. 2.

681 *Sheleff*, in: Liebl (Hrsg.), Internationale Forschungsergebnisse, 1987, S. 617.

682 Vgl. *Bussmann*, Wirtschaftskriminologie I, 2016, Rn. 587.

683 Vgl. *Kaiser*, Lehrbuch Kriminologie, 1996, § 72, Rn. 12; *ders.*, in: FS-Tiedemann, 2008, S. 1588 f.; *Möhrenschlager*, in: Dölling (Hrsg.), Korruptionsprävention, 2007, 8. Kap., Rn. 271; *Wolf*, Maßnahmen internationaler Organisationen zur Korruptionsbekämpfung auf nationaler Ebene, 2006, S. 1 f.; *ders.*, Der Beitrag, 2007, S. 12; *Karstedt*, in: Oberwittler/Karstedt (Hrsg.), Soziologie der Kriminalität, 2003, S. 384 f.; OECD-Specialised Anti-Corruption Institutions, 2008, S. 31; *Böckmann*, in: Achathaler/Hofmann/Pázmándy (Hrsg.), Korruptionsbekämpfung als globale Herausforderung, 2011, S. 150.

684 *Thiel*, in: Graeff/Grieger (Hrsg.), Was ist Korruption, 2012, S. 173.

685 Siehe *Karstedt*, MschrKrim 2007, S. 78 (81).

Die heutige Welt propagiert, dass Fairness die Grundlage aller Geschäfte sei. Der Kampf gegen Korruption ist in der heutigen Zeit somit nunmehr unerlässlich. Die internationale Gemeinschaft braucht im internationalen Geschäftsverkehr die notwendigen Instrumente „zur Erhaltung und zum Schutz des freien und fairen Wettbewerbs" und um gleichermaßen „gleiche Wettbewerbsbedingungen für alle Unternehmen im Weltmarkt zu schaffen".[686] Die Korruptionsbekämpfung erscheint in diesem Zusammenhang als ein gutes Instrument in der globalisierten Marktwirtschaft.[687]

2. *Korruption als internationales Phänomen*

Korruption als internationales Phänomen[688] ist ein „weltweites Problem",[689] sogar ein weltweit praktiziertes „Kommunikationsmittel"[690] geworden. Insofern ist Korruption in allen Staaten ein ganz reales, praktisches Problem. Aus diesen Gründen hat der regionale wie internationale Kampf gegen Korruption vor allem durch strafrechtliche Instrumentarien an rechtspolitischer ebenso wie an unternehmenspraktischer Bedeutung gewonnen. Die internationale Gemeinschaft sieht sich in der Pflicht zur Korruptionsbekämpfung.[691]

Da Korruption in der heutigen Welt oft grenzüberschreitend praktiziert wird, ist darüer hinaus die strafrechtliche Bekämpfung auf internationale Zusammenarbeit und Informationsaustausch auf internationaler Ebene angewiesen.[692] Es besteht das Bedürfnis, die internationalen strafrechtlichen Vorschriften bei der Bekämpfung maßgebend werden zu lassen.

---

686 BT-Drucks. 18/4350, S. 11. Siehe auch *Maak/Ulrich*, in: Pieth/Eigen (Hrsg.), Korruption im geschäftlichen Verkehr, 1999, S. 117.

687 Schweiz. BBl. 2014, S. 3594; *Stratenwerth/Bommer*, Strafrecht BT II, 2013, § 62, Rn. 1.

688 *Priddat*, in: ders./Schmid (Hrsg.), Korruption als Ordnung zweiter Art, 2011, S. 67.

689 *Schönherr*, Vorteilsgewährung und Bestechung als Wirtschaftsstraftaten, 1985, S. 12; *Dölling*, Gutachten, 1996, C 22; *Kaiser*, in: FS-Tiedemann, 2008, S. 1587; *See*, Wirtschaft zwischen Demokratie und Verbrechen, 2014, S. 159.

690 *Mergen*, in: Haesler (Hrsg.), politische Kriminalität und Wirtschaftskriminalität, 1984, S. 6.

691 Vgl. *Karstedt*, MschrKrim 2007, S. 78 (79). Siehe auch BT-Drucks. 18/4350, S. 1, 11; *Vahlenkamp*, in: ders./Knauß, Korruption, 1995, S. 17.

692 Siehe dazu UNCAC, Präambel und Art. 43, BGBl. 2014, S. 763, 791; *Mischkowitz*, in: ders. u.a. (Hrsg.), Einschätzungen zur Korruption, 2000, S. 44; *Möhrenschlager*, in: Dölling (Hrsg.), Korruptionsprävention, 2007, 8. Kap., Rn. 271.

3. *Standardisierter und effektiver Strafrechtsschutz*

Von grenzüberschreitenden Kaufverträgen wird heute immer mehr durch multi- und transnationale Unternehmen Gebrauch gemacht. Daher benötigen die Akteure, die i.R.d. internationalen Wirtschaftsrechts und Wirtschaftsvölkerrechts handeln sowie die hier relevanten Risiken tragen, einen standardisierten und effektiven Schutz. Es bedarf also eines bestimmten strafrechtlichen Antikorruptionsregimes, das durch internationale Organe geschaffen und durchgesetzt wird.[693]

Korruption wird von der internationalen Gemeinschaft als „schwerwiegendes Verbrechen" anerkannt.[694] Damit wird ihre Bekämpfung als nicht nur innerstaatliche Aufgabe begründet; sie ist auch eine internationale Aufgabe der Staatengemeinschaft geworden.[695]

Korruptionsstrafrecht ist in der internationalen Gemeinschaft ein soweit prominentes Thema geworden, dass es als Herzstück von Bestrebungen zur Harmonisierung betrachtet wird.[696] In Betracht kommen auf internationaler Ebene die Instrumente des OECD-Übereinkommens[697] über die Bekämpfung der Bestechung ausländischer Amtsträger im internationalen Geschäftsverkehr aus dem Jahr 1997 (Convention on Combating Bribery of Foreign Public Officials in International Business Transactions) und das Übereinkommen der Vereinten Nationen gegen Korruption aus dem Jahr 2003[698] (United Nations Convention

693 Vgl. *Hefendehl*, ZStW 2007, S. 816 (831).

694 Vgl. *v. Alemann/Bäcker/Schmidt*, MIP 2008/09, S. 16 (17). *Kirch-Heim*, BLJ 2009, S. 35 (40), plädiert in seinem Aufsatz dafür, dass die schwere Form von Korruption (grand corruption) als eine Sui-generis-Form der internationalen Verbrechen einzustufen ist.

695 Vgl. BT-Drucks. 18/9234, S. 1. *Triffterer*, ZfRV 1991, S. 184 (190), bringt den Fall i.R.d. Bekämpfung des Machtmissbrauchs zum Ausdruck.

696 *Korte*, in: MüKo-StGB, § 331, Rn. 20.

697 Das Übereinkommen von OECD ist am 15. Februar 1999 in Kraft getreten. Deutschland hat es am 17. Dezember 1997 unterzeichnet und zur Umsetzung des Übereinkommens wurde *das Gesetz zur Bekämpfung internationaler Bestechung* verabschiedet, das am 21. September 1998 in Kraft getreten ist. Siehe zur Gesetzbegründung BT-Drucks. 13/10428 und zum Gesetz BGBl. 1998 II S. 2327. Die Türkei hat das Abkommen am 17. Dezember 1997 in Paris unterschrieben und es ist durch das Gesetz mit der Nr. 4518 v. 1.2.2000 ratifiziert. Siehe zur Begründung des Ausschusses für Auswärtige Angelegenheiten 1/367, TBMM-Nr. 168 und zum Gesetz RG-Nr. 23956 v. 6.2.2000.

698 Das Übereinkommen der Vereinten Nationen vom 31. Oktober 2003 ist am 14. Dezember 2005 in Kraft getreten. Das in Mérida am 9. Dezember 2003 von der Bundesrepublik Deutschland unterzeichnete Übereinkommen gegen Korruption ist durch das betreffende Vertragsgesetz v. 27.10.2014, das am 1.11.2014 in Kraft getreten

against Corruption). Vergleichbare Instrument auf europäischer Ebene sind das EU-Bestechungsübereinkommen aus dem Jahr 1997[699] und die Strafrechtskonvention des Europarats gegen Korruption aus dem Jahr 1999 (Criminal Law Convention on Corruption).[700]

Der Egoismus, der von mächtigen Nationalstaaten ausging, wird allmählich durch heutige völkerrechtliche Entwicklungen eingegrenzt.[701] Völkerrechtliche Weltpflichten, die auf Solidarität basieren, überformen das Eigeninteresse des Nationalstaats.[702] Die unterzeichnenden Staaten müssen die Vereinbarungen umsetzen.[703] Mit der erforderlichen Anpassungen wird damit das Strafrecht bezüglich des internationalen Antikorruptionsregimes zwar nicht identisch, aber im Rahmen einer funktionalen Äquivalenz harmonisiert.[704]

---

ist, ratifiziert. Siehe zum Gesetzentwurf der Regierung BT-Drucks. 18/2138 und zum Gesetz BGBl. 2014 Teil II, S. 762. Die Türkei hat die Konvention durch das Gesetz mit der Nr. 5506 v. 18.5.2006 bestätigt. Siehe zur Begründung des Ausschusses für Auswärtige Angelegenheiten 1/1072, TBMM-Nr. 1043 und zum Gesetz RG-Nr. 26307 v. 2.10.2006.

699 Dem in Brüssel am 26. Mai 1997 von der Bundesrepublik Deutschland unterzeichneten Übereinkommen wurde „durch Gesetz zu dem Übereinkommen vom 26. Mai 1997 über die Bekämpfung der Bestechung, an der Beamte der Europäischen Gemeinschaften oder der Mitgliedstaaten der Europäischen Union beteiligt sind" zugestimmt (BGBl. 2002 II S. 2727 ff.) und am 28 September 2005 in Kraft getreten (BGBl. 2006 II S. 954).

700 Die Konvention ist am 1. Juli 2002 in Kraft getreten. Die Bundesrepublik Deutschland hat das Strafrechtsübereinkommen am 27. Januar 1999 in Straßburg unterzeichnet und durch *das Gesetz zu dem Strafrechtsübereinkommen des Europarats vom 27. Januar 1999 über Korruption und dem Zusatzprotokoll vom 15. Mai 2003 zum Strafrechtsübereinkommen des Europarats über Korruption* v. 14. Dezember 2016 wurde es ratifiziert. Siehe zu dem Gesetzentwurf der Regierung BT-Drucks. 18/9234 und zu dem Gesetz BGBl. 2016 Teil II, S. 1322. Die Türkei hat das Strafrechtsübereinkommen durch das Gesetz mit der Nr. 5065 v. 14.1.2004 ratifiziert. Siehe zur Begründung des Ausschusses für Auswärtige Angelegenheiten 1/285, TBMM-Nr. 211 und zum Gesetz RG-Nr. 25390 v. 2.3.2004.

701 Nach *Hassemer*, in: FES (Hrsg.), Korruption in Deutschland, 1997, S. 82 ist die Schaffung international wirksamer Vereinbarungen darüber „ein Mittel organisatorischer Prävention". Denn es gebe keine sanktionsfreien Räume in der Welt. Dadurch werden Handlungsspielräume von korrupten Personen begrenzt.

702 Vgl. *Isensee*, Gemeinwohl und öffentliches Amt, 2014, S. 76.

703 Vgl. *Zieschang*, NJW 1999, S. 105 ff.; *van Aaken*, ZaöRV 2005, S. 407 ff.

704 *Wolf*, Maßnahmen internationaler Organisationen zur Korruptionsbekämpfung auf nationaler Ebene, 2006, S. 38 m.w.N.

Die Korruptions- bzw. Bestechungsdelikte werden vor diesem Hintergrund vielfach europäisiert und internationalisiert.

III. Der Kern der strafrechtlichen Korruptionsbekämpfung: Bestechung

Neben Aufgaben der Friedenssicherung und des Schutzes der Bürger, ist auch die Funktion der sozialen Kontrolle anzusprechen. Es geht dabei eine um vielfältige gesellschaftliche Aufgabe; das Strafrecht ist nur ein Teil dieser Arbeit im Sinne des gesamten Sozialkontrollkonzepts.[705]

Versteht man unter Korruption Verstöße gegen gerechte und systemrelevante Rechtsnormen, ist das Strafrecht nicht allein relevant, vielmehr ist auch die gesellschaftliche Aufmerksamkeit für Normen von besonderer Bedeutung. Das Strafrecht hilft zur „Stabilisierung“[706] solcher Normen. Dies trifft dann zu, wenn strafbare korruptive Konstellationen in Frage kommen. Jedoch besteht bei Korruption keine direkte Pönalisierungspflicht.[707] Wie schon oben erwähnt,[708] finden sich Korruptionsformen, die nicht oder noch nicht kriminalisiert sind.

Die Rolle des Strafrechts in der Korruptionsbekämpfung gewinnt an Bedeutung, wenn die notwendige Machtausübung von präzisen Regeln abhängig ist.[709] Der strafrechtliche Korruptionsbegriff ist daher relevant und steht im Mittelpunkt dieser Bekämpfung, weil die schärfsten Instrumente wie Bestrafung, Beschlagnahmung und andere Zwangsmaßnahmen des Strafrechts autoritativ in die Praxis umgesetzt werden.[710] Dabei ist aber zu beachten, dass nicht alle einschlägigen Verhaltensweisen strafwürdig sind und damit kein Thema der Strafrechtswissenschaft darstellen.

Die Sozialschädlichkeit des Verhaltens spielt eine besondere Rolle in der Begrenzung des Strafrechts. Ein Verhalten ist dann sozialschädlich, wenn es die gesamtgesellschaftliche Ordnung stört (sog. *Strafwürdigkeit*). Den

---

705 *Maurach/Zipf*, Strafrecht AT, Teilbd. 1, 1992, § 3, Rn. 5; *Meier*, Strafrechtliche Sanktionen, 2019, S. 3 ff.

706 Siehe dazu i.S.d. KB *Reinhart*, in: FS-Imme Roxin, 2012, S. 83. *Montenbruck*, Deutsche Straftheorie, 2018, S. 268, bringt i.d.R. zutreffend zum Ausdruck, dass die Korruptionstatbestände „die Unterwanderung und somit die Gefährdung des Staatsapparates“ bekämpfen.

707 *Zimmermann*, Das Unrecht der Korruption, 2018, S. 540–541.

708 Siehe oben § 3 C.

709 *Reinhart*, in: FS-Imme Roxin, 2012, S. 87.

710 *v. Arnim*, in: *ders.* (Hrsg.), Korruption, 2003, S. 19.

Legitimationsgrund der Strafrechtstheorie bildet diese kriminalpolitische Notwendigkeit (sog. *Rechtsgüterlehre*).[711]

Die Beurteilung der Sozialschädlichkeit einer Handlung, die von großer Bedeutung für das materielle Strafrecht ist, obliegt naturgemäß dem Strafgesetzgeber. Er hat die Macht, über das Strafrecht zu entscheiden und es zu konkretisieren, soweit er in den Grenzen der dynamischen Verfassungspostulate bleibt.[712] Nur die sozialschädlichen und strafbedürftigen Handlungen dürfen zwecks Korruptionsbekämpfung durch Strafrecht kriminalisiert werden.[713] So liegen die Grenzen des Strafrechts im Kampf gegen die Korruption etwa mit der Tatbestandsbestimmtheit zusammen.[714]

Das Wort ‚Korruption' ist, wie erläutert, kein Begriff der Strafrechtswissenschaft.[715] Manche Länder definieren die Korruption zwar, dies erfolgt aber zu weit und ist für das Strafrecht nicht nachvollziehbar.[716]

Aus den oben genannten Gründen knüpft das Korruptionsstrafrecht an schon kriminalisierte Verhaltensformen an.[717] Aus juristischer Sicht stehen die *Bestechungsdelikte* im Kern der Korruptionsstrafbarkeit.[718]

---

711 Eingehend unten § 8.

712 Vgl. BVerfGE [Schwangerschaftsabbruch-Entscheidung II] 88, 203 (258); [Inzest-Entscheidung]120, 224 (240, 256); *Amelung*, Rechtsgüterschutz, 1972, S. 350 ff.; *Schmidhäuser*, Strafrecht AT, 1975, Kap. 2, Rn. 14; *Otto*, Grundkurs Strafrecht, 2004, § 2, Rn. 1 f.; *Hassemer/Neumann*, in: NK-StGB, 2013, Vor § 1, Rn. 108; *Kudlich*, in: S/S/W-StGB, 2016, Vor §§ 13 StGB, Rn. 3 ff. Siehe auch *Tiedemann*, Gutachten, 1972, C 38.

713 So z. B. i.S.d. Vorteilsbegriffs nach § 331 *Friedhoff*, Die straflose Vorteilsannahme, 2012, Rn. 109.

714 Vgl. *Kaiser*, Universitas 1991, S. 1062 (1064).

715 *Kaiser*, Universitas 1991, S. 1062 (1063–1064); *Sowada*, in: LK-StGB, 12. Aufl., Vor § 331, Rn. 41. „Korruption ist mithin kein eindeutig umschriebener juristischer Begriff, sondern ein vor allem in den Sozialwissenschaften verwendeter vorrechtlicher Terminus": *Kerner/Rixen*, GA 1996, S. 355 (360). „Corruption ist ein überwiegend geistiger Begriff": *Schütze*, Die nothwendige Theilnahme am Verbrechen, 1869, S. 340. Siehe auch *Nagel*, Internationale Maßnahmen, 2007, S. 30; *Geisler*, Korruptionsstrafrecht und Beteiligungslehre, 2013, S. 57; *Noltensmeier*, PPP und Korruption, 2009, S. 38; *Stanitzek*, Criminal Compliance, 2013, S. 7; *Beckemper*, in: Hellman/ders., WirtStR, 2013, Rn. 759; *Pieth*, Wirtschaftsstrafrecht, 2016, S. 171.

716 OECD-Glossary, 2008, S. 22.

717 So auch *Walter*, Jura 2010, S. 511 (512).

718 In einer Untersuchung wurde bewiesen, dass fast alle in die Befragung einbezogenen Experten (98 %) die Bestechung in erster Linie als korrupt betrachtet haben. Siehe dazu *Grafl*, in: Achathaler/Hofmann/Pázmándy (Hrsg.), Korruptionsbekämpfung als globale Herausforderung, 2011, S. 183, Tabelle 2.

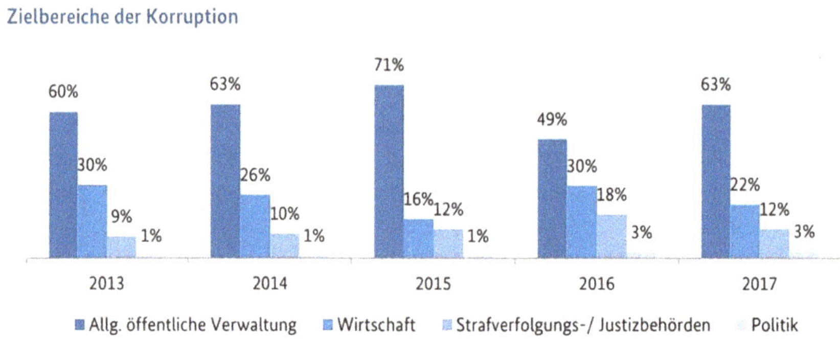

Abbildung 3: *Zielbereiche der Korruption*. Bundeslagebild Korruption, 2017, S. 10.

Oben wurde bereits dargelegt, dass alle Ansätze, die das Phänomen Korruption erklären, sich in erster Linie mit der *Bestechung und Bestechlichkeit* bzw. Bestechungshandlungen assoziieren lassen (Identifizierung mit Amtsträgerbestechung). Als Beispiel für Korruption kommen stets primär *Bestechungsstraftaten* in Betracht.[719] Die augenscheinlich meisten Verfasser, die zu Korruption arbeiten, beschränken sich auf diese.[720] Denn die am häufigsten begangene und schädlichste Form von Korruption in der Praxis ist ohne Zweifel die Bestechung (*bribery*).[721] Vorteilsannahme (§ 331 StGB) und Vorteilsgewährung (§ 333 StGB) erfolgen „im Vorfeld der Korruption".[722] Deshalb kommen sie dabei in erster Linie nicht in Betracht.[723]

Der Zielbereich durch Bestechungsmittel richtet sich überwiegend gegen öffentliche Verwaltung.[724] Die rechtsstaatliche Lauterkeit und die Integrität der

719 UN-Handbook, 2004, S. 24; *Überhofen*, Korruption und Bestechungsdelikte, 1999, S. 51; *Androulakis*, Globalisierung der Korruptionsbekämpfung, 2007, S. 37; *Zimmermann*, Das Unrecht der Korruption, 2018, passim.

720 Siehe *Bussmann*, Wirtschaftskriminologie I, 2016, Rn. 585, 620; *Dölling*, in: Int. Rev. of Penal Law, 2003, S. 37; *Kahsnitz*, Strafbarkeit von Korruption deutscher Unternehmen im Ausland, 2015, S. 44; *Durynek*, Korruptionsdelikte, 2008, passim. Kritisch *Bauer*, Korruptionsbekämpfung durch Rechtsetzung, 2002, S. 17.

721 Etwa UN-Handbook, 2004, S. 24.

722 *Überhofen*, Korruption und Bestechungsdelikte, 1999, S. 56.

723 *Eb. Schmidt*, die Bestechungstatbestände, 1960, und *Engelhardt*, Zur Struktur der Bestechungstatbestände, 1963 sowie *Möhrenschlager*, in: Dölling (Hrsg.), Korruptionsprävention, 2007, haben richtigerweise ein anderes Verständnis und betrachten die Bestechlichkeit als Ausgangsform für ihre Kommentatoren.

724 Bundeslagebild Korruption, 2017, S. 10.

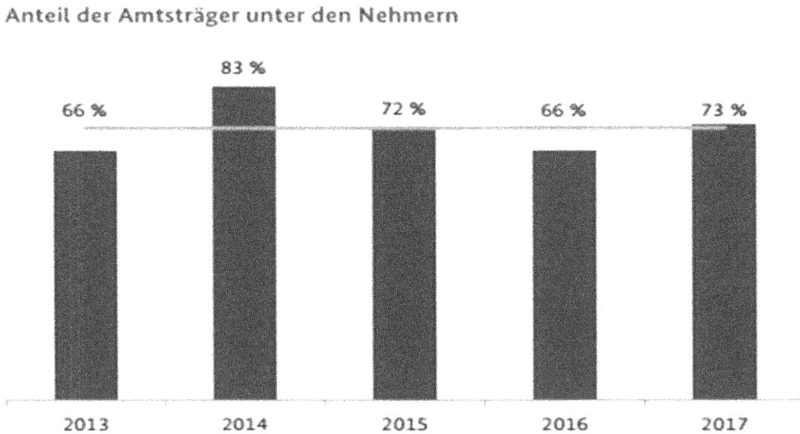

Abbildung 4: *Anteil der Amtsträger auf der Nehmerseite*. Bundeslagebild Korruption, 2017, S. 12.

staatlichen Institutionen werden i.R.d. Strafrechts daher erst mit den eigentlichen bzw. originären Bestechungsdelikten, also durch die Straftatbestände der Bestechlichkeit und Bestechung, gewährleistet.[725] Der Bribery Act 2010 des Vereinigten Königreichs, der am 1. Juli 2011 in Kraft getreten ist, liefert in diesem Rahmen ein gutes Beispiel. Das Korruptionsgesetz aus dem Jahr 1889 (The Public Bodies Corrupt Practices Act 1889) ist durch dieses Gesetz abgeschafft. Der Bribery Act 2010 ist also an die Stelle des Korruptionsgesetzes getreten. Somit orientiert der englische Gesetzgeber sich bei der strafrechtlichen Bekämpfung der Korruption nur an der Bestechung.[726]

Personen, die Amtsträgerschaft innehaben, bilden den größten Teil unter den insgesamt Bestochenen. Die Bestechung und Bestechlichkeit erscheinen in diesem Sinne als „originäre besondere Korruptionstatbestände".[727] Auf diese Weise bilden die eigentlichen Bestechungsdelikte in der Verwaltung den Kern des Korruptionsstrafrechts.[728]

725 In diese Richtung auch *Kindhäuser*, ZIS 6/2011, S. 461 (465).

726 Das Gesetz (the Bribery Act 2010) ist abrufbar unter https://www.legislation.gov.uk/ukpga/2010/23/pdfs/ukpga_20100023_en.pdf. Siehe auch dazu *Hugger/Röhrich*, BB 2010, S. 2643 (2643); *Dixon/Gößwein/Hohmann*, NZWiSt 2013, S. 361 (362); *Weiß*, HRRS 7/2014, S. 293 (293).

727 *Überhofen*, Korruption und Bestechungsdelikte, 1999, S. 63.

728 So auch BT-Drucks. 18/2643, S. 1.

§ 6 Zusammenfassung und Zwischenfazit

1. Mit der *Wiederentdeckung* der Schädlichkeit von Korruption[729] erscheint sie heute als ein viel diskutiertes, beschriebenes und weiterhin aktuelles Thema von Politik und Wirtschaft sowie der Rechtswissenschaft.
2. Alle Ansätze, das Phänomen Korruption zu erklären, sind in erster Linie mit *Bestechung und Bestechlichkeit* bzw. mit Bestechungshandlungen assoziiert (*Identifizierung mit Amtsträgerbestechung*).[730]
3. Für die Rechtswissenschaft ist davon auszugehen, dass sich aus Gründen der Komplexität dieses Phänomens Schwierigkeiten bei Konkretisierung des Begriffs ergeben.[731] Auf der anderen Seite konkurrieren die vielfältigen Theorienansätze nicht miteinander, sie ergänzen sich vielmehr darin, das Korruptionsproblem zu verdeutlichen.[732] Die berühmte und klassische

---

729 *Böckmann*, in: Achathaler/Hofmann/Pázmándy (Hrsg.), Korruptionsbekämpfung als globale Herausforderung, 2011, S. 162.

730 Siehe für die *Politikwissenschaft Bayley*, in: Heidenheimer/Johnston/LeVine (Hrsg.), Political Corruption, 1989, S. 936; *Noack*, in: FES (Hrsg.), Korruption in Deutschland, 1997, S. 24; für die *Wirtschaftswissenschaft Lambsdorff/Beck*, APuZ 2009, S. 19 (21); *für den öffentlichen Bereich Reichard*, in: Graeff/Grieger (Hrsg.), Was ist Korruption, 2012, S. 93.; für die *Soziologie Graeff/Dombois*, in: Graeff/Grieger (Hrsg.), Was ist Korruption, 2012, S. 143; für die *Rechtswissenschaft* (insb. strafrechtliche Sicht) *Middendorff*, Soziologie des Verbrechens, 1959, S. 69 ff.; *Ostendorf*, NK 1/1996, S. 16 (17); *Schaefer*, Referat, 1996, L 14; *Überhofen*, Korruption und Bestechungsdelikte, 1999, S. 59, 63; „Bribery is probably the most common form of corruption": UN-Handbook, 2004, S. 24; *Többens*, Wirtschaftsstrafrecht, 2006, S. 105; *Nagel*, Internationale Maßnahmen, 2007, S. 29; *Androulakis*, Globalisierung der Korruptionsbekämpfung, 2007, S. 37; *Ostendorf*, in: Buck (Hrsg.), Neue Fragen an den Rechtsstaat, 2009, S. 96; *Marsch*, Internationale Korruptionsbekämpfung, 2010, S. 20; *Bernsmann/Gatzweiler*, Verteidigung, 2014, Rn. 1; *Zimmermann*, Das Unrecht der Korruption, 2018, passim; *Böse*, ZIS 4/2018, S. 119 (120, 122); kritisch *Kerner/Rixen*, GA 1996, S. 355 (359); zustimmend mit der Beifügung der Straftaten „Vorteilsannahme und Vorteilsgewährung" *Kaiser*, Lehrbuch Kriminologie, 1996, § 38, Rn. 54. Vgl. auch *Durynek*, Korruptionsdelikte, 2008, S. 4; *Geisler*, Korruptionsstrafrecht und Beteiligungslehre, 2013, S. 127 ff.; *Bonell/Meyer*, in: dies. (Hrsg.), Impact of Corruption on ICC, 2015, S. 6 ff.; *Pieth*, Wirtschaftsstrafrecht, 2016, S. 172 ff.

731 Vgl. *Kaiser*, Universitas 1991, S. 1062 (1064); *Durynek*, Korruptionsdelikte, 2008, S. 3; *Meyer*, in: Graeff/Grieger (Hrsg.), Was ist Korruption, 2012, S. 72; *Zimmermann*, ZStW 2012, S. 1023 (1027); *Geisler*, Korruptionsstrafrecht und Beteiligungslehre, 2013, S. 57.

732 *Reichard*, in: Graeff/Grieger (Hrsg.), Was ist Korruption, 2012, S. 101.

Definition von *Senturia* hat zwar Nachteile, beweist ihren Nutzen aber mit Blick auf die Mehrdimensionalität dieses Phänomens.[733]

4. Wie dargestellt, liegen mehrere Erklärungsansätze vor. Zusammenfassend lässt sich sagen, dass es hier einerseits um objektive (*phänomenologische*) und subjektive (*täterorientierte*[734]) Definitionsversuche geht. Andererseits gibt es auch weite und enge Ansätze. Die Ansätze i.w.S. haben zwar den Vorteil, vergleichbare Situationen zu betrachten, doch sind sie für das Strafrecht weniger geeignet. In diesem Punkt ist zu empfehlen, dass die Definitionsversuche i.e.S. *rechtspolitisch* logisch erscheinende Formulierungen bleiben.[735] Für strafdogmatische Zwecke erscheint demnach der Korruptionsbegriff i.e.S. zweckmäßig.[736]
5. Die Frage, welche *Kriterien* die Korruption umfasst, ist – wie oben im Lichte der Disziplinen präsentiert wurde – sehr umstritten.[737] Machtmissbrauch und ein ungerechtfertigter Vorteil sind die essenziellen Bestandteile der Korruption. Damit korrupte Tauschbeziehungen von anderen, ähnlichen Interaktionsformen unterschieden werden können, sind die Merkmale Geheimhaltung und Freiwilligkeit in entsprechenden Vergleichen zielführend.
6. In der Regel setzt die Korruption mehr als eine Person voraus. Sie ist vor allem beidseitig (*Reziprozität*[738] der Korruption). Dies darf aber nicht darüber hinwegtäuschen, dass ausnahmsweise auch durch einseitige Handlungen

---

733 *v. Alemann/Bäcker/Schmidt*, MIP 2008/09, S. 16 (21).

734 Siehe dazu *Saliger*, in: FS-Kargl, 2015, S. 496.

735 Zustimmend *Kaiser*, Universitas 1991, S. 1062 (1067); *ders.*, Lehrbuch Kriminologie, 1996, § 38, Rn. 58 und § 72, Rn. 12; *Hettinger*, NJW 1996, S. 2263 (2268); *Volk*, in: GS-Zipf, 1999, S. 419; *Überhofen*, Korruption und Bestechungsdelikte, 1999, S. 50, 69; vor allem für die Rechtsgutsdefinition *Pragal*, ZIS 2/2006, S. 63 (71); *Nagel*, Internationale Maßnahmen, 2007, S. 33; *Ostendorf*, in: Buck (Hrsg.), Neue Fragen an den Rechtsstaat, 2009, S. 96; *Stanitzek*, Criminal Compliance, 2013, S. 11 f. Die weite Korruptionsdefinition von Strafrechtler wird zu Recht kritisiert, weil dies zu kurz, ungenügend und letztendlich uferlos ist. Siehe *Kindhäuser*, ZIS 6/2011, S. 461 (461); *Saliger*, in: FS-Kargl, 2015, S. 497, Fn. 497; *Androulakis*, Globalisierung der Korruptionsbekämpfung, 2007, S. 39, zum Thema Fn. 26; *Geisler*, Korruptionsstrafrecht und Beteiligungslehre, 2013, S. 53. Vgl. auch *See*, Wirtschaft zwischen Demokratie und Verbrechen, 2014, S. 212; *Braasch*, in: Grüne/Slanicka (Hrsg.), Korruption, 2010, S. 364.

736 *Zimmermann*, Das Unrecht der Korruption, 2018, S. 127.

737 *Smelser*, in: Fleck/Kuzmics (Hrsg.), Korruption, 1985, S. 202 (207); *Ahlf*, Kriminalistik, 1996, S. 154 (154).

738 Vgl. *Kerner/Rixen*, GA 1996, S. 355 (362); *Beese*, in: Mischkowitz u.a. (Hrsg.), Einschätzungen zur Korruption, 2000, S. 410; *Ostendorf*, in: Buck (Hrsg.), Neue Fragen an den Rechtsstaat, 2009, S. 96; *Graeff*, in: Lambsdorff u.a. (Hrsg.), The New Institutional

Korruption, z. B. im Fall der Unterschlagung, realisiert werden kann.[739] Eine Korruptionshandlung ist also eine unerlaubte Handlung im Sinne einer unerlaubten Bereicherung.

7. Historisch hergebrachte Formen von Korruption haben sich infolge der Parlamentarisierung politischer Herrschaft, der Trennung von Legislative und Exekutive, der Industrialisierung, Arbeitsteilung und der Wettbewerbsstrukturen in neuen Formen und unter neuen Bezeichnungen ausgebildet.[740]
8. „Straf- und Zivilrecht bilden nur einen normativen Rahmen."[741] Infolgedessen stehen nicht alle Formen von Korruption unter Strafe.[742]
9. Wenn die überlassene Macht durch Funktionsträger zum Zwecke eines ungerechtfertigten Vorteils missbraucht wird, beginnt Korruption.
10. Für das Strafrecht bleibt außer Zweifel, dass eine handlungsorientierte Erörterung der Vorgänge eine maßgebliche Rolle spielen muss. Auch die sozialwissenschaftlichen Ansätze sollten sich um Handlungstheorien bemühen.[743] Gesetztechnisch ist nicht feststellbar, ob eine Tathandlung einem „Unterweltverbrecher" oder einem „Oberweltverbrecher" zugeordnet werden soll.[744] Rechtspolitisch braucht man eine klare Basis, damit die Diskussionen nicht ins Uferlose führen.[745] Obschon die Darstellung von *Sutherland* „eine bestimmte Art von Kriminalität"[746] bzw. kriminelle Handlungen erfasst, ist sie mehr soziologisch orientiert. Deswegen sind die Überlegungen

---

Economics of Corruption, 2005, S. 42; *Baurmann*, in: *v. Alemann* (Hrsg.), Dimensionen politischen Korruption, 2005, S. 165; *Jansen*, in: ders./Priddat (Hrsg.), Korruption, 2005, S. 28 f.; *Litzcke* u.a. (Hrsg.), Korruption: Risikofaktor Mensch, 2012, S. 8; *Graeff/Dombois*, in: Graeff/Grieger (Hrsg.), Was ist Korruption, 2012, S. 142. Nach *Graeff*, in: Priddat/Schmid (Hrsg.), Korruption als Ordnung zweiter Art, 2011, S. 26, sind die Normen oder das Vertrauen die Grundlagen für die Reziprozität.

739 *Höffling*, Korruption als soziale Beziehung, 2002, S. 25, macht dementsprechend einen Unterschied zwischen „korruptiven Handeln" und „korruptiver Interaktion". Siehe auch *Androulakis*, Globalisierung der Korruptionsbekämpfung, 2007, S. 34 f.; *Geisler*, Korruptionsstrafrecht und Beteiligungslehre, 2013, S. 61.

740 *Nützenadel*, in: Graeff/Grieger (Hrsg.), Was ist Korruption, 2012, S. 82, 88.

741 *Graeff/Dombois*, a.a.O., S. 147.

742 Vgl. *Meyer*, in: ders. (Hrsg.), Civil Law Consequences, 2009, S. 145.

743 *Opp*, Soziologie der Wirtschaftskriminalität, 1975, S. 43.

744 Von daher wird i.d.S. vertreten, dass das Konzept von Sutherland keine Darstellung zu Delinquenz bildet. Siehe *Terstegen*, in: Strafrechtspflege und Strafrechtsreform, 1961, S. 91.

745 Vgl. *Geerds*, Kriminalistik 1968, S. 234 (234).

746 *Opp*, Soziologie der Wirtschaftskriminalität, 1975, S. 49.

von *Sutherland* für die Rechtswissenschaft irrelevant,[747] namentlich für das materielle Strafrecht. Sie sind aber für die kriminologische und kriminalpolitische Analyse beachtlich.

11. Im Lichte der Kriminologie kann man sagen, dass „eine allgemeine Theorie zu Korruption" noch nicht entwickelt ist.[748] Daher kommt für Kriminologen nur eine *Beschreibung* dieses Phänomens in Betracht.[749] Um den Begriff Korruption i.R.d. kriminologischen Betrachtungen greifbarer zu machen, bedarf es noch weiterer empirischer Untersuchungen und Forschung.[750] Deshalb finden sich heute nur „einige plausible Annahmen"[751]. Letztlich lässt sich aber sagen, dass unter dem kriminologischen Ansatz der *Rational Choice Theory* korrupte Handlungen besser verstehbar und zugleich kriminalpolitisch besser greifbar sind.[752]
12. Korruptionsdelikte sind zwar kein geborenes Wirtschaftsdelikt, stehen aber in erster Linie in Verbindung mit einem wirtschaftlichen Aspekt.[753] Die beiden Seiten der korrupten Beziehung haben „erhebliche wirtschaftliche Interessen".[754]
13. Grundsätzlich sind Grundgedanken und Bestimmungen zur Korruption, die im öffentlichen Sektor Beachtung gefunden haben, auf die Privatwirtschaft übertragbar.
14. Da es hierbei überwiegend um Begehung wirtschaftskrimineller Handlungen mittels Privilegierungen und Vorrechten geht, ist die Bekämpfung der Wirtschaftskriminalität und der Korruption unabdingbar. Die Erwägung, solche Aktivitäten in einem Verfassungsstaat zu erlauben, ist keineswegs mit

---

747 Vgl. *Bauer*, in: Beiträge, 1979, S. 11.

748 *Überhofen*, Korruption und Bestechungsdelikte, 1999, S. 42; *Thiel*, in: Graeff/Grieger (Hrsg.), Was ist Korruption, 2012, S. 170. *Bannenberg*, Strafrechtliche Kontrolle, 2002, S. 356 ff., ist der Meinung, dass ob eine allgemeine theoretische Erklärungsansätze für das Phänomen Korruption gibt, hängt von Täter- und Gelegenheitsstrukturen ab.

749 *Androulakis*, Globalisierung der Korruptionsbekämpfung, 2007, S. 35; zustimmend auch *Geisler*, Korruptionsstrafrecht und Beteiligungslehre, 2013, S. 46.

750 *Bannenberg*, Strafrechtliche Kontrolle, 2002, S. 365.

751 *Dölling*, Gutachten, 1996, C 30.

752 Siehe auch *Bergmann*, Korruption und Systemrationalität, 2007, S. 33.

753 „Although bribery ist not always white-collar-crime, it is another extremely prevalent crime for wich arrests are seldom made.": *Sutherland/Cressey*, Criminology, 1978, S. 49. Siehe auch *Zirpins/Terstegen*, Wirtschaftskriminalität, 1963, S. 663, 687; *Zirpins*, Kriminalistik 1967, S. 576 (576); *Braum*, NJ 1996, S. 450 (454).

754 *Dölling*, Gutachten, 1996, C 31.

dem Sozialstaatsgrundgedanken vereinbar.[755] Alle Privilegierungen zugunsten von Wirtschaftsakteuren (wie z. B. Firmen und Unternehmen) müssen gesetzgeberisch beseitigt werden.[756] Andernfalls wächst in der Gesellschaft durch solche Taten das Gefühl heran, dass der Glaube an die Gerechtigkeit nicht trägt.[757]

15. Wegen des geschätzten großen Dunkelfelds ist Korruption auch als Kontrollkriminalität anzusehen.[758]
16. Es ist in der Wirtschaftskriminalität eine Tendenz zu beobachten, dass der Strafgesetzgeber moderne Handlungen und Verhalten meist durch abstrakte Gefährdungsdelikte zu fassen versucht.[759]
17. Korruption ist heute als ein internationales Phänomen anerkannt.
18. Bei der Korruptionsbekämpfung durch Strafrecht ist eine Priorität der Bestechungsdelikte infolge der geschichtlichen Entwicklung zu beobachten. Die strafwürdigen Bestechungshandlungen bilden damit die Kerntatbestände des Korruptionsstrafrechts.
19. Wie oben festgestellt, ist die Korruption ein sehr komplexes Thema.[760] Prävention- und Bekämpfungsmaßnahmen sollten daher erst nach einer klaren Analyse und Beschreibung von Korruption ansetzen.[761] Zudem sollten die entsprechenden Maßnahmen zur Eindämmung der Korruption klar und verständlich ausfallen.[762]

---

755 Vgl. *Wassermann*, in: Beiträge, 1979, S. 29.

756 Vgl. *Opp*, Soziologie der Wirtschaftskriminalität, 1975, S. 184.

757 Das Motto: „Die Kleinen (Diebe) hängt man, die Großen lässt man laufen" stellt das sog. „*negative Gut Kriminalität*" dar, wobei dessen Bedeutung im sozialen Status sowie in der Karriere und Rolle des Täters zu finden versucht wird. *Sack*, in: ders./König (Hrsg.), Kriminalsoziologie, 1979, S. 469–470, der Vertreter dieses Gedankens, meint damit, dass Delinquenten aus der ‚Unterwelt' schärfer als andere im Sinne des Strafrechts kontrolliert werden.

758 *Schneider*, in: Bock (Hrsg.) Göppinger Kriminologie, 2008, § 25, Rn. 35; Für die Bestechungsdelikte *Überhofen*, Korruption und Bestechungsdelikte, 1999, S. 41; zu allen Korruptionsdelikten BKA, Bundeslagebild Korruption, 2014, S. 12.

759 *Hassemer*, HRRS 4/2006, S. 130 (136).

760 Siehe ferner UN-Guide, 2003, S. 40.

761 Vgl. *Reichard*, in: Graeff/Grieger (Hrsg.), Was ist Korruption, 2012, S. 109.

762 „Komplexität schafft Intransparenz. Intransparenz bietet Betrügern und Manipulatoren Nischen, die Unklarheit für eigene Zwecke auszunutzen.": *Heißner*, Wirtschaftskriminalität und Korruption, 2014, S. 30. Vgl. ferner *Opp*, Soziologie der Wirtschaftskriminalität, 1975, S. 184 f.; *Zirpins*, Kriminalistik 1967, S. 169 (172).

20. Zusammenfassend kann für die präventive Bekämpfung der Korruption Folgendes festgehalten werden: „Korruption ist eine ständige Herausforderung, eine kriminalpolitische und gesellschaftliche Daueraufgabe".[763] Es gibt kein „Allheilmittel gegen Korruption", da sie ein sehr komplexes Thema ist.[764] Gleichwohl ist eine wirksame Bekämpfung möglich, indem mit der Korruption präventiv umzugehen gelernt wird, insbesondere in der Weise, dass Tatgelegenheiten reduziert werden.[765] Die Theorie verwendet hierfür das englische Wort „Curbing" (zu Deutsch: *Eindämmung, Drosselung*).

763 *Schaupensteiner*, in: BKA (Hrsg.), Wirtschaftskriminalität und Korruption, 2003, S. 109.

764 Vgl. *Benz* u.a., in: Dölling (Hrsg.), Korruptionsprävention, 2007, Rn. 20.

765 *Ostendorf*, NK 1/1996, S. 16 (20); „Minimierung von Tatgelegenheiten" *Kerner/Rixen*, GA 1996, S. 355 (379). Nach *Hassemer*, in: FES (Hrsg.), Korruption in Deutschland, 1997, S. 80, geht es vorrangig um sogenannte „technische Prävention".

Zweiter Hauptteil: Rechtstheoretische und systematische Vorstellung des Verbrechensphänomens „Bestechung“

In diesem zweiten Hauptteil befasst sich die Untersuchung zunächst mit einer terminologischen Betrachtung des Verbrechensphänomens Bestechung. Danach unternimmt sie es, die strafwürdigen Bestechungshandlungen im Lichte der Legitimationsgründe und Hauptmerkmale, das kriminologische und strafrechtsdogmatische Deliktscharakteristikum von Bestechung und Bestechlichkeit sowie die Regelungsmodelle zur Ausgestaltung der Bestechungsdelikte anhand von deutschen und türkischen Bestechungshandlungs- sowie ggf. ausländischen Varianten zu erörtern. Die betreffenden Modelltatbestände der Arbeit sind wie folgt formuliert:

§ 332 StGB: Bestechlichkeit

(1) Ein Amtsträger, ein Europäischer Amtsträger oder ein für den öffentlichen Dienst besonders Verpflichteter, der einen Vorteil für sich oder einen Dritten *als Gegenleistung dafür* fordert, sich versprechen läßt oder annimmt, daß er eine Diensthandlung vorgenommen hat oder künftig vornehme und dadurch seine *Dienstpflichten verletzt hat oder verletzen würde*, wird mit Freiheitsstrafe von sechs Monaten bis zu fünf Jahren bestraft. In minder schweren Fällen ist die Strafe Freiheitsstrafe bis zu drei Jahren oder Geldstrafe. Der Versuch ist strafbar.
(2) […]
(3) Falls der Täter den Vorteil als Gegenleistung für *eine künftige Handlung* fordert, sich versprechen läßt oder annimmt, so sind die Absätze 1 und 2 schon dann anzuwenden, wenn er sich dem anderen gegenüber *bereit gezeigt hat*,
1. bei der Handlung seine Pflichten zu verletzen oder,
2. soweit die Handlung in seinem Ermessen steht, sich bei Ausübung des Ermessens durch den Vorteil *beeinflussen zu lassen.*

§ 334 StGB: Bestechung

(1) Wer einem Amtsträger, einem Europäischen Amtsträger, einem für den öffentlichen Dienst besonders Verpflichteten oder einem Soldaten der Bundeswehr einen Vorteil für diesen oder einen Dritten als Gegenleistung dafür anbietet, verspricht oder gewährt, daß er eine Diensthandlung vorgenommen hat oder künftig vornehme und *dadurch seine Dienstpflichten verletzt hat oder verletzen würde*, wird mit Freiheitsstrafe von drei Monaten bis zu fünf Jahren bestraft. In minder schweren Fällen ist die Strafe Freiheitsstrafe bis zu zwei Jahren oder Geldstrafe.
(2) […]
(3) Falls der Täter den Vorteil als Gegenleistung für eine künftige Handlung anbietet, verspricht oder gewährt, so sind die Absätze 1 und 2 schon dann anzuwenden, wenn er den anderen zu bestimmen versucht, daß dieser
1. bei der Handlung seine Pflichten verletzt oder,
2. soweit die Handlung in seinem Ermessen steht, sich bei der Ausübung des Ermessens durch den Vorteil beeinflussen läßt.

Art. 252 türk. StGB: Bestechung[766]

(1) Wer einem Amtsträger oder einem von diesem benannten Dritten *im Zusammenhang mit der Ausübung des Amtes* für ein Tun oder Unterlassen direkt oder über Mittelspersonen Vorteil verschafft, wird mit vier bis zu zwölf Jahren Gefängnisstrafe bestraft.
(2) Auch der Amtsträger, der für ein Tun oder Unterlassen im Zusammenhang mit der Ausübung des Amtes direkt oder über Mittelspersonen sich selbst oder einem von diesem benannten Dritten Vorteil verschafft, wird mit der in Absatz 1 aufgeführten Strafe bestraft.
(3) Im Falle, dass eine *Vereinbarung* bezüglich der Bestechung getroffen wird, sind die Täter wegen vollendeter Tat zu bestrafen.
(4) *Fordert* der Amtsträger eine Bestechung und wird dies von dem Aufgeforderten abgelehnt oder gibt der Aufgeforderte gegenüber dem Amtsträger ein *Angebot oder Versprechen* auf Gewährung des Vorteils ab und lehnt dieser dies ab, so wird die nach Absatz 1 und 2 gegen den Täter zu verhängende Strafe um die Hälfte herabgesetzt.
(5) [...]
...
(10) [...]

766 Die folgende Übersetzung orientiert sich an derjenigen von *Tellenbach*, Aktualisierung, 2012, S. 15 und *Rumpf*, in: Passarge/Behringer (Hrsg.), Handbuch Compliance International, 2015, S. 615, wurde jedoch an einigen Stellen verändert (Hervorhebungen durch den Verfasser).

§ 7 Terminologie

A. Das Wort „Bestechung“ i.w.S. und i.e.S.

Wie oben festgestellt, wird das Wort Bestechung in strafrechtlichen Diskussionen zur Korruption oft verwendet.[767] Es besteht daher die Notwendigkeit, diesen terminologischen Gebrauch weiter zu klären.

Die rechtsterminologische Verwendung des Wortes Bestechung spiegelt die gesetzgeberische Bedeutung und das Verständnis des Gesetzgebers. Daher ist es relevant und kann zudem als Hilfsmittel bei der Bestimmung des Rechtguts[768] und der Auslegung sowie bei der Abgrenzung von ähnlichen Delikten dienen,[769] indem es die *ratio legis* der Strafnorm beleuchtet. Wenn man es entweder in der amtlichen Überschrift der Straftat oder im Inhalt des Straftatbestands erforscht, kann man sich über die rechtsterminologische Bedeutung verständigen. Außerdem kann der Strafgesetzgeber eine gesetzliche Definition geben, indem er die Eckpunkte beschreibt, um betreffende Straftaten auf diesem Feld der Korruptionskriminalität anzusiedeln.

Das Wort Bestechung hat strafrechtsterminologisch drei Bedeutungen: Eine ist im weiteren Sinne zu verstehen, die andere im engeren Sinne, eine dritte schließlich im weitesten Sinne.

Die Rechtsterminologie *Bestechung i.w.S.* umfasst sowohl einseitige Handlungen einer Person, die den Amtsträger besticht oder bestechen will und daher eine Kriminalstrafe verdient, als auch den Straftatbestand der Bestechlichkeit. Also legt der Begriff der Bestechung i.w.S. rechtsterminologisch den beidseitigen verbrecherischen Zweck dar, der aus den Straftatbeständen Bestechung i.e.S. und Bestechlichkeit besteht. Spricht man in diesem Zusammenhang zum Thema Bestechung, sind diese zwei verschiedenen Straftaten in Betracht zu ziehen.[770] Denn das Wort Bestechung i.e.S. ist allein nicht in der Lage, den beidseitigen

767 Siehe auch *Hettinger*, in: v. Nell/Schwitzgebel/Vollet (Hrsg.), Korruption, 2003, S. 100.

768 Unter diesem Gesichtspunkt kann es sich dabei aufgrund uneinheitlicher Rechtsterminologie um Schwierigkeiten bei der Klärung des geschützten Rechtsguts handeln. Vgl. *Sowada*, in: LK-StGB, 12. Aufl., Vor § 331, Rn. 29.

769 Vgl. *Peppler*, Die Bestechung, 1915, S. 12; i.R.d. Verschiedenartigkeit *Eb. Schmidt*, Die Bestechungstatbestände, 1960, Rn. 268.

770 *Birkmeyer*, Bestechung, in: Vergleichende Darstellung, IX. Bd., 1906, S. 322; *Rasch*, Die Bekämpfung des Bestechungsunwesens, 1985, S. 15.

kriminellen Vorgang zu präsentieren; es erfasst nur eine Seite.[771] Daher verwendet man auch die Wörter „Bestechungstatbestände „oder „Bestechungshandlungen".[772]

Der rechtsterminologische Begriff *Bestechung im weitesten Sinne* umfasst unechte Bestechungsdelikte unter dem Begriff Bestechung.[773] Ein Beispiel dafür gibt das schweizerische StGB, neunzehnter Titel mit dem Wort „Bestechung" (Art. 322ter ff.). Auch das spanische StGB regelt die Bestechungs- und ähnliche Delikte in Art. 419–427 unter dem Titel „del cohecho". Ähnlicher Weise folgt das heutige türkische StGB dieser Ansicht im Art. 252 unter dem Titel „rüşvet".

Im Gegensatz dazu ist unter dem Begriff Bestechung i.e.S. nur das Delikt Bestechung, also das Gegenstück von Bestechlichkeit, zu verstehen.

Im türkischen Strafrecht hat das Wort „rüşvet" hauptsächlich eine Doppelbedeutung: Einmal bezeichnet es das Bestechungsmittel bzw. Bestechungsgeld wie im Titel des Art. 252, zum anderen benennt es dort die Straftatbestände Bestechung und Bestechlichkeit im weitesten Sinne, wie beim Inhalt des Art. 252.

Man findet in der Regel keine Legaldefinition des Begriffs Bestechung.[774] Falls Gesetzgeber bei diesem Thema zunächst definitorisch agieren, gehen sie vom Tatmittel – also überwiegend vom Bestechungsgeld – aus und stellen damit den ungerechtfertigten Vorteil und Bestechung gleich, z. B. die Art. 99 neuseeländisches StGB und Art. 211 a.F. des türk. StGB v. 1926.[775]

---

771 In diese Richtung *Peppler*, Die Bestechung, 1915, S. 11; *Geisler*, Korruptionsstrafrecht und Beteiligungslehre, 2013, S. 38 f.

772 Wie z. B. beim *Möhrenschlager*, in: Dölling (Hrsg.), Korruptionsprävention, 2007, 8. Kap., Rn. 60; *Androulakis*, Globalisierung der Korruptionsbekämpfung, 2007, S. 40.

773 Siehe *Peppler*, Die Bestechung, 1915, S. 9 f.; *Sauer*, Kriminalsoziologie, 1933, S. 506; *v. Hippel*, Lehrbuch, 1932, S. 313; *Zirpins/Terstegen*, Wirtschaftskriminalität, 1963, S. 697 ff.; *Walther*, JURA 2010, S. 511 (512), zum Thema Fn. 11. Der BGH hat in einem Beschluss mitgeteilt, dass die unechte und echte Bestechungsdelikte zusammen als „Bestechungsdelikte im weiteren Sinne" zu verstehen sind. Siehe BGH, Urt. v. 1.3.2004 – 5 StR 271/03, S. 5 = NStZ 2004, S. 564.

774 *Überhofen*, Korruption und Bestechungsdelikte, 1999, S. 37.

775 In ähnlicher Weise hatte der Regierungsentwurf v. 2003 die Bestechung im Art. 403 an der materiellen Sache orientiert definiert. Das Wort „rüşvet" bedeutet auch im türkischen Wörterbuch „Geld oder materielle Vorteile für etwas Gesetzwidriges zu geben". Siehe http://www.tdk.gov.tr/index.php?option=com_bts&arama=kelime&guid=TDK.GTS.59c92e358929e8.42693145 (25.9.2017). So auch gibt *Überhofen*, Korruption und Bestechungsdelikte, 1999, S. 64, ‚die Zuwendung' den Ausschlag für den Bestechungsbegriff. Siehe ferner unten § 17 C I.

B. Der formale (pragmatische) und materielle Aspekt

Der Ausgangspunkt der Fachdiskussion zur Bestechungsterminologie ist nicht die vorzunehmende oder schon vollzogene Amtshandlung; der Kernpunkt der Diskussionen findet sich vielmehr darin, ob die vorzunehmende oder schon vollgezogene Amtshandlung rechtmäßig oder pflichtwidrig sein sollte. Es geht hier um zwei Ansichten.

Das Verständnis des formalen Aspekts, unter der Strafrechtsterminologie ‚Bestechung' auch Straftaten wie Vorteilsannahme und Vorteilsgewährung zu fassen, die durch rechtmäßige Amtshandlung des Amtsträgers begangen werden, beruht auf der These, dass ‚Wesen' bzw. ‚Unrechtsgehalt der Bestechungsdelikte' für die terminologische Bestimmung und in Abgrenzung zu ähnlichen Delikten als Maßstab funktionieren sollten. Die Vertreter dieser Lehre gehen i.R.d. Bestechungsdelikte daher von dem römischrechtlichen Grundsatz der Unkäuflichkeit der Amtshandlungen aus.[776] Die Wahrnehmung des Staatsdieners als käuflich reiche schon aus, von Bestechung oder Bestechlichkeit zu sprechen.[777]

Im Gegensatz dazu umfasst der materielle Aspekt terminologisch nur eigentliche Bestechungsdelikte, also Bestechung und Bestechlichkeit im engeren Sinne. Denn „das personale Unrecht der Bestechungsstraftaten" besteht sowohl nach phänomenologischem als auch nach normativem Sinn in der Rechtswidrigkeit der Diensthandlung.[778] Der deutsche Gesetzgeber sieht daher in entsprechender Weise mit § 332 (Bestechlichkeit) und § 334 (Bestechung) als selbstständige Straftaten spiegelbildlich vor.[779] Das deutsche Bestechungsstrafrecht wurde mit § 335a zu Recht grundsätzlich um die Anwendung der §§ 332 und 334 erweitert, indem die Bestechungstatbestände mit Auslandsbezug unter Strafe gestellt und „die Pflichtwidrigkeit der Diensthandlung" als Vorbedingung geregelt ist.[780]

---

776 Vgl. *Binding*, Strafrecht BT II, 1905, S. 713 f.; *Peppler*, Die Bestechung, 1915, S. 9 f.; *Birkmeyer*, Bestechung, in: Vergleichende Darstellung, IX. Bd., 1906, S. 311; *Welzel*, Strafrecht, 1969, S. 539.

777 Siehe dazu unten § 8 B II.

778 Die „volle persönliche Verantwortung" tragen Beamte für die Rechtmäßigkeit ihrer dienstlichen Handlungen z. B. nach dem deutschen Bundesbeamtengesetz § 63 Abs. 1. In diese Richtung auch *Volk*, in: 61. DJT, Bd. II/1, L 51; *Überhofen*, Korruption und Bestechungsdelikte, 1999, S. 61. *Zimmermann*, Das Unrecht der Korruption, 2018, S. 717, geht i.d.S. von der inkorrekten Entscheidung des Amtsträgers aus.

779 In diese Richtung auch *Binding*, Strafrecht BT II, 1905, S. 714.

780 Siehe zur internationaler Bestechung im deutschen Strafrecht unten § 14 B V.

C. Echte (eigentliche) und unechte Bestechungsdelikte

Wegen des letztgenannten Ausgangspunkts werden die Bestechungsdelikte nach der Qualifikation der Diensthandlung des Amtsträgers getrennt. Die gesetzeswidrige Geschenk- oder Vorteilsannahme des Amtsträgers – für pflichtgemäße vorgenommene oder künftig vorzunehmende dienstliche Tätigkeiten – werden mit Recht als unechte Bestechung bezeichnet.

Hingegen werden unter dem Begriff „echte bzw. eigentliche Bestechung" Bestechung und Bestechlichkeit i.e.S. verstanden, wobei die als Gegenleistung vorgenommene oder vorzunehmende dienstliche Tätigkeit pflichtwidrig ist.[781]

Dieselbe Unterscheidung findet man im italienischen Bestechungsstrafrecht unter dem Begriff „*corruzione*" (Art. 318, 319 c.p.), da die italienische Lehre die Korruption und Bestechung als dasselbe betrachtet. Dabei werden unter Korruption im eigentlichen Sinn die auf die pflichtwidrige Amtshandlung basierenden Bestechungsstraftaten bzw. Bestechung (Art. 321, *corruzione attiva*) und Bestechlichkeit (Art. 319, *corruzione passiva*) verstanden. Im Gegensatz dazu finden die Straftaten Vorteilsannahme (Art. 318 c.p.) und Vorteilsgewährung ihren Platz unter Korruption im uneigentlichen Sinn.[782]

D. Internationale Perspektive

Das Rechtsgefühl zum Begriff Bestechung mag sich auch an internationalen Abkommen herausbilden, die auf Vereinbarungen zwischen Staaten basieren. Denn diese Abkommen legen eine geschichtlich universelle Transformation

---

781 In diese Richtung Expertenkommissionen des sStGB, zitiert nach schweiz. BBl. 1999, S. 5505; *Stratenwerth/Bommer*, Strafrecht BT II, 2013, § 62, Rn. 2; *Piel/Rübenstahl*, in: NK-WirtStR, 2017, § 331, Rn. 2. *Pieth*, Wirtschaftsstrafrecht, 2016, S. 172, nennt die Straftaten Vorteilsannahme und Vorteilsvergabe als „diffusere Formen der Bestechung" und spricht von ‚eigentlicher Bestechung', wenn „ein Vorteil zur Bewirkung einer Pflichtwidrigkeit gegeben wird". Nach *Androulakis*, Globalisierung der Korruptionsbekämpfung, 2007, S. 52–53 ist hierbei im weiteren und im engeren Sinne so zu differenzieren: Der Verfasser fasst die Zuwendungen, die als Gegenleistung für pflichtmäßige Handlung oder Unterlassung des Funktionsträgers sind, unter „Schmierzuwendungen" bzw. „Erleichterungszahlungen". Falls hingegen die Zuwendungen mit Rücksicht auf pflichtwidrige Handlungen oder Unterlassungen empfangen werden, kommen „eigentliche Bestechungszuwendungen" in Betracht.

782 *Hein*, ZStW 1995, S. 429 (432), zum Thema Fn. 13 und 14; *Pioletti*, NZWiSt 2016, S. 249 (257); zur deutschen Fassung *Rübenstahl*, Amtsträgerkorruptionsdelikte nach italienischem und deutschem Recht, 2012, S. 774 f.

dar. Im Übrigen wird dadurch sie die äußere Rechtspolitik der Staaten harmonisiert.[783]

Die internationalen Konventionen formulieren keine Einhelligkeit. Das erste internationale, aber auf regionaler Ebene geltende Übereinkommen zur Korruption stammt aus der Rechtssetzung der damaligen Europäischen Gemeinschaft. Das EU-Bestechungsübereinkommen vom 26.5.1997 sah im Art. 2 den Straftatbestand der Bestechlichkeit und im Art. 3 den Tatbestand der Bestechung vor. Beide Straftaten können nur „unter Verletzung der Dienstpflichten" oder „bei der Ausübung des Dienstes" begangen werden. Mit dieser Formulierung verwendet das EU-Bestechungsübereinkommen von 1997 den Begriff Bestechung terminologisch *im weitesten Sinne.* Darunter werden sowohl echte als auch unechte Bestechungsdelikte verstanden. Dieselbe Perspektive gilt auch für das Zivilrechtsübereinkommen über Korruption aus dem Jahr 1999. Dort wird der Begriff „Korruption" unter Art. 2 definiert. Danach ist „die Beeinträchtigung der dem Begünstigten obliegenden Pflichten" oder „das Verhältnis nicht wie geboten" Bestandteil der Korruptionsdefinition.[784] Das erste Merkmal rührt an die echten Bestechungsdelikte, das zweite wird gemeinhin für unechte Bestechungsdelikte verwendet. Ein Verstoß gegen das Verbot der Annahme von Belohnungen, Geschenken und sonstigen Vorteilen (§ 71 BBG; Art. 29 Abs. 1 türk. BeamtG) ist i.d.R. ein Beispiel für ein nicht gebotenes Verhältnis.

Eine andere Konvention, der OECD, über die Bekämpfung der Bestechung ausländischer Amtsträger im internationalen Geschäftsverkehr aus dem Jahr 1997 setzt hingegen nicht stets die Pflichtwidrigkeit des Dienstes voraus, sondern lässt das Vornehmen oder die Unterlassung der Handlung „im Zusammenhang mit der Ausübung von Dienstpflichten" ausreichen (Art. 1). Das OECD-Übereinkommen aus dem Jahr 1997 schließt sich also an den *formalen bzw. pragmatischen Aspekt* an.

Das Strafrechtsübereinkommen des Europarates über Korruption vom 27.1.1999 unterscheidet zwischen „Bestechung im öffentlichen Sektor" (Art. 2 und Art. 3) und „Bestechung im privaten Sektor" (Art. 7 und Art. 8). Für die aktive und passive Bestechung im öffentlichen Sektor genügt es schon, wenn

---

783 Siehe zum Verhältnis zwischen Rechtsgefühl und Politik *Hoche*, Das Rechtsgefühl in Justiz und Politik, 1932, S. 77 ff.

784 Diese auf eine Pflichtverletzung seitens des Vorteilsempfängers abgestellte Entwicklung in den internationalen Antikorruptionsregime wird auch von *Androulakis*, Globalisierung der Korruptionsbekämpfung, 2007, S. 39, zum Thema Fn. 26, festgestellt. Doch ist der Verfasser kritisch, da er solche Formulierungen als „nicht breit genug" ansieht.

„bei der Wahrnehmung der Aufgaben" ein ungerechtfertigter Vorteil an einen Amtsträger oder, ganz im Gegenteil, durch einen Amtsträger in Betracht kommt. Dagegen ist für den Straftatbestand der Bestechung oder für die Bestechlichkeit im privaten Sektor die Verletzung einer Pflicht entscheidend. Dasselbe gilt auch für das Übereinkommen der Vereinten Nationen gegen Korruption aus dem Jahr 2003 (Art 15: Bestechung und Bestechlichkeit inländischer Amtsträger; Art. 21: Bestechung und Bestechlichkeit im privaten Sektor).

§ 8 Strafwürdige Bestechungshandlungen

Nicht auf jedes abweichende menschliche Verhalten wird mit dem Strafrechtsinstrumentarium reagiert, vielmehr gelten allein als besonders sozialschädlich angesehene Handlungen wegen des Schutzbedürfnisses der individuellen oder allgemeinen Rechtsgüter für strafwürdig und damit strafbedürftig. In diesem Sinne findet nicht jeder einfache Schaden, sondern finden nur gesteigertes Unrecht' enthaltene Rechtsgutsverletzungen ihren Platz im Strafrecht.[785]

Strafwürdigkeit stellt den Ausgangspunkt einer Kriminalisierung unter Wahrung verfassungsrechtlicher Postulate dar.[786] Erforderlich ist eine kriminalpolitische Entscheidung des Gesetzgebers im Rahmen seines Beurteilungsspielraums, wobei er den Werten einer bereits rechtlich verfassten Gesellschaft folgt.[787] Diese Kriminalisierungsentscheidung steht daher mit den Erwartungen der Gesellschaft an die Rechtsidee[788] im Einklang und variiert je nach betroffener Rechtskultur.[789]

A. Strafwürdigkeit

Den Kern des Strafrechts bildet die allgemeine Lehre vom Verbrechen.[790] Diese Lehre beschäftigt sich mit abweichendem Verhalten.[791] Im Allgemeinen ist es ein schlichter Normverstoß, der den Ausgangspunkt bildet. Doch nicht alle Verhaltens- und Ordnungsverstöße werden kriminalisiert. Um die Befugnis des Strafgesetzgebers zu legitimieren, wird Strafwürdigkeit vorausgesetzt. Das strafwürdige Verhalten wird erst nach der kriminalpolitischen Entscheidung des

---

785 Vgl. *Jescheck/Weigend*, Strafrecht AT, 1996, S. 50; *Baumann/Weber/Mitsch*, Strafrecht AT, 2003, § 3, Rn. 19; *Otto*, Grundkurs Strafrecht, 2004, § 1, Rn. 48 f.; *Wessels/Beulke/Satzger*, Strafrecht AT, 2019, § 3, Rn. 132; *Kindhäuser*, Strafrecht AT, 2017, § 2, Rn. 6.

786 Siehe *Altpeter*, Strafwürdigkeit, 1990, S. 245, 257.

787 Vgl. *Jescheck/Weigend*, Strafrecht AT, 1996, S. 52; *Krey*, Strafrecht AT, Bd. 1, 2008, § 1, Rn. 18; *Deckert*, ZIS 2013, S. 266 (266). Das „*Strafwürdigkeitsurteil*" spiegelt sich die Wertordnung der Rechtsgesellschaft. Siehe dazu *Altpeter*, Strafwürdigkeit, 1990, S. 163.

788 *Sauer*, Allgemeine Strafrechtslehre, 1955, S. 19.

789 *Jescheck/Weigend*, Strafrecht AT, 1996, S. 51.

790 Statt aller *Walter*, Der Kern des Strafrechts, 2006, passim.

791 „Das Verbrechen als Ausschnitt des abweichenden Verhaltens": *Rössner*, in: Gesamtes Strafrecht, 2013, Vor §§ 1 ff., Rn. 16.

Strafgesetzgebers durch den Begriff der „Straftat“ in die Welt des Strafrechts vermittelt.[792]

Die Strafwürdigkeit einer Handlung oder einer Unterlassung ergibt sich entweder aus dem Handlungs- oder aus dem Erfolgsunwert.[793] In diesem Rahmen sucht die Verbrechenslehre nach einer logisch und rational strukturierten Systematik, ob und unter welchen Voraussetzungen eine Tat strafbar sein könnte.

Die Strafwürdigkeit des Verhaltens zeigt sich in der Straftatsystematik dergestalt, dass sie „auf allen Ebenen des Deliktsaufbaus“ erkennbar sein sollte.[794] Die Bestimmung des Gesetzgebers zu Handlungen, die von ihm als strafwürdig angesehen werden, ist zwar hier entscheidend; aber die Ausgestaltung der Straftatbestände hat auch eine wichtige Rolle in der Dogmatik.[795]

Falls ein Verhalten vom Gesetzgeber als strafwürdig betrachtet wird, muss es auch pönalisiert werden. Eine Strafnorm besteht also aus einer Verhaltens- und einer Sanktionsvorschrift.[796] Daraus ergibt sich die „Zweispurigkeit einer Strafnorm“.[797]

B. Das strafrechtliche Unrecht der Bestechung

Wie in der Einleitung thematisiert, ist davon auszugehen, dass die meisten Straftaten eigene kriminalpolitische Verständnisse haben. Indem sie ihre jeweiligen (kriminalpolitischen) Ziele bedienen, werden die strafrechtlich geschützten Rechtsgüter zukunftsorientiert gesichert.

---

792 „Der Begriff des abweichenden Verhaltens reicht aber nicht hin, um die spezifische Aufgabe des Strafrechts zu beschreiben.“: *Hassemer/Neumann*, in: NK-StGB, 2013, Vor § 1, Rn. 154. Einzelheiten dazu *dies.*, in: a.a.O., Rn. 49 ff.; im Hinblick auf die WK *Wassermann*, in: Beiträge, 1979, S. 34.

793 *Günther*, JuS 1978, S. 8 (13).

794 *Altpeter*, Strafwürdigkeit, 1990, S. 283 ff.

795 *Altpeter*, Strafwürdigkeit, 1990, S. 287. Siehe auch *Sauer*, Allgemeine Strafrechtslehre, 1955, S. 20.

796 Vgl. *Altpeter*, Strafwürdigkeit, 1990, S. 257; *Lagodny*, Strafrecht vor den Schranken der Grundrechte, 1996, S. 533; *Freund*, Strafrecht AT, 2009, § 1, Rn. 5 ff.; *Deckert*, ZIS 2013, S. 266 (275).

797 Das Sanktionssystem des Strafrechts ist zweispurig. Es geht also um schuldabhängige (wie z. B. Freiheits- und Geldstrafe und schuldunabhängige Maßnahmen der Besserung und Sicherung, also ohne dem Schuld des Täters angeordnete Maßnahmen wie Führungsaufsicht (§§ 68) und Berufsverbot (§ 70). Siehe dazu *Eser*, in: FS-Müller-Dietz, 2001, S. 213 ff.; *Gropp*, Strafrecht AT, 2015, § 15, Rn. 6 ff. Die Zweispurigkeit des Strafrechts ist beim obigen Ausdruck in „Zweispurigkeit der Strafnorm“ umgewandelt.

Wie erwähnt, werden nicht alle gesellschaftliche Werte durch das Strafrecht geschützt. Eine der wichtigsten Aufgaben des Strafrechts ist es, Rechtsgüter zu schützen. In der heutigen Lehre wird zum größten Teil vertreten, dass es vom Strafrecht zu schützende Rechtsgüter zu verlangen ist, einige Formen menschlichen Verhaltens zu inkriminieren.[798] Den Maßstab der Strafrechtswissenschaft formulieren hierbei die sich aus der Verfassung ergebenden und damit zu schützenden Werte. Indem die Strafrechtswissenschaft „verfassungsrechtlichen Zwecken, Werten und Interessen" folgt und sie umsetzt, legitimiert sie sich selbst.[799] So beginnt die Legitimation des staatlichen Strafens grundsätzlich mit dem schützenswerten Rechtsgut.[800]

Das strafrechtliche Unrecht vermittelt ein Verständnis des Gesetzgebers hinsichtlich der Straftatbestände, das von der Rechtskultur und Ideen der Rechtsgemeinschaft abhängig ist. Die Bestimmung des Rechtsguts bezieht sich auf den Schutzzweck der Norm bzw. den Normzweck des Delikts (also die *ratio legis*), in ihm spiegelt sich das Unrecht der Straftat wider.

Deutliche Ansätze dessen zeigen sich darin, dass das vom Strafrecht zu schützende Rechtsgut grundlegend ist und vor allem für die Tatbestandsbildung[801] und Auslegung[802] besondere Bedeutung hat.[803] Vor allem aber „zur Beurteilung der kriminalpolitischen Entwicklung" ist es nötig, das strafbare Unrecht der Bestechungsdelikte klarzustellen.[804] Es ist daher zweckmäßig, die in der Lehre erörternden Legitimationsgründe für die Bestechungsstraftaten darzulegen.

---

798 *Hassemer/Neumann*, in: NK-StGB, 2013, Vor § 1, Rn. 109; *Wessels/Beulke/Satzger*, Strafrecht AT, 2019, § 1, Rn. 9; *Heinrich*, Strafrecht AT, 2016, Rn. 3; kritisch zum Rechtsgutskonzept *Weigend*, in: LK-StGB, 2007, Einl., Rn. 7 f.; *Rössner*, in: Gesamtes Strafrecht, 2013, Vor §§ 1 ff., Rn. 17; *Kudlich*, ZStW 2015, S. 635 (652); *Stuckenberg*, ZStW 2017, S. 349 (362).

799 Siehe BVerfGE 120, 224 (241 f.); vgl. auch *Weigend*, in: LK-StGB, 2007, Einl., Rn. 1 ff.; *Swoboda*, ZStW 2010, S. 24 (25); *Rudolphi/Jäger*, in: SK-StGB, 2016, Vor 1 §, Rn. 14; *Heinrich*, Strafrecht AT, 2016, Rn. 4.

800 *Wohlers*, GA 2002, S. 15 (20).

801 *Überhofen*, in: Eser/ders./Huber (Hrsg.), Korruptionsbekämpfung durch Strafrecht, 1997, S. 729, spricht in diesem Sinne von der „Einordnung der Tatbestände".

802 *Baumann*, Zur Problematik der Bestechungstatbestände, 1961, S. 11; *Geppert*, Jura 1981, S. 42 (46); *Gribl*, Der Vorteilsbegriff bei den Bestechungsdelikten, 1993, S. 69; *Barranco*, in: FS-Tiedemann, 2008, S. 873.

803 Prinzipiell *Wessels/Beulke/Satzger*, Strafrecht AT, 2019, § 4, Rn. 163.

804 *Saliger*, in: FS-Kargl, 2015, S. 493 f., vertritt i.S.v. Bestechungsdelikten die These, dass eine klare Ansicht in Bezug auf das Rechtsgut nicht nur zum Zweck der Auslegung hilfreich sei; es verhindere auch zwecklose kriminalpolitische Diskussionen während der Erweiterungsüberlegungen beim strafrechtlichen Kampf gegen Korruption.

I. Unentgeltlichkeit

Dieser Aspekt geht davon aus, dass die Ausführung öffentlicher Tätigkeiten nicht von der Vergütung der nichtstaatlichen Akteure abhängig ist. Deshalb muss jede Verknüpfung von Amt und Geld strafrechtlich beseitigt werden.[805]

Diese Meinung ist heute nicht mehr vertretbar, da heute fast alle Dienstleistungen gebührenpflichtig sind.[806] In diesen Fällen wird das Prinzip Unentgeltlichkeit indes nicht verletzt, da die Gebühren der betroffenen Dienste eine rechtliche Grundlage haben.[807] Das Prinzip Unentgeltlichkeit der Amtsführung kann aber durch den Fachausdruck *Unverkäuflichkeit* umschrieben werden.[808] Jedes vorteilsbedingtes Verwaltungshandeln stellt in diesem Sinne ein abweichendes Verhalten des Staatsdieners dar.

II. Unkäuflichkeit

Amtsträger sind verpflichtet, ihre Aufgaben und Tätigkeit unabhängig und ordnungsmäßig sowie unparteiisch auszuüben. Die amtlichen Handlungen sind also nicht käuflich. Falls eine Amtshandlung entgegen dieser Tatsache vom zuständigen Beamten gegen einen ungerechtfertigten Vorteil verkauft wird, dann liegt ein Unrechtsgeschäft vor.[809] Der Strafgrund wäre in dieser Hinsicht prima facie die Unkäuflichkeit der staatlichen Entscheidungen.[810]

---

805 Vgl. deutlich *Birkmeyer*, Bestechung, in: Vergleichende Darstellung, IX. Bd., 1906, S. 327, 349; *Henkel* JZ 1960, S. 507 (508); *Baumann* BB 1961, S. 1057 (1057). Siehe auch *Binding*, Strafrecht BT II, 1905, S. 730.

806 So *Schröder*, GA 1961, S. 289 (289); *Cramer*, in: S/S-StGB, 2001, § 331, Rn. 2; *Sowada*, in: LK-StGB, 12. Aufl., Vor § 331, Rn. 30; *Rosenau*, in: S/S/W-StGB, 2016, § 331, Rn. 6.

807 Auch *Birkmeyer*, Bestechung, in: Vergleichende Darstellung, IX. Bd., 1906, S. 311, zum Thema Fn. 4.

808 *Loos*, in: FS-Welzel, 1974, S. 880, zum Thema Fn. 16; „Nichtkäuflichkeit" *Eser*, Strafrecht III, 1980, 18 A 28.

809 *Binding*, Strafrecht BT II, 1905, S. 715.

810 In diese Richtung die *französische* Doktrin, zit. nach *Birkmeyer*, Bestechung, in: Vergleichende Darstellung, IX. Bd., 1906, S. 313; *Pragal*, ZIS 2/2006, S. 63 (75); *Maurach/Schroeder/Maiwald*, Strafrecht BT, Teilbd. 2, 2012, § 79, Rn. 1. *Binding*, Strafrecht BT II, 1905, S. 714 f. und *Birkmeyer*, Bestechung, in: Vergleichende Darstellung, IX. Bd., 1906, S. 329, 343, 346 verwenden die Begriffe Unentgeltlichkeit und Käuflichkeit in ähnlichem Sinne. Ebenfalls spricht *Rosenau*, in: S/S/W-StGB, 2016, § 331, Rn. 6, von einer näheren Beziehung zwischen ihnen. Daher thematisiert *Zimmermann*, Das Unrecht der Korruption, 2018, S. 145, dies unter dem Titel „*Nichtkäuflichkeit i.S.d. Unentgeltlichkeitsdoktrin*".

Unter der Unkäuflichkeit ist hierbei vor allem eine *Unbestechlichkeit* zu verstehen. Doch dieser Ausdruck beschreibt nur schlecht, nach welchem Maßstab der materielle Unrechtskern betrachtet wird.[811] Der Begriff Unbestechlichkeit umschreibt die Unkäuflichkeit der staatlichen Entscheidungen.[812] Entsprechend sind unter den Vorteilen die nicht an einen gesetzlichen Rahmen gebundenen Vorteile zu verstehen. Denn diese Zuwendungen fließen außerhalb der gesetzlichen Grenzen.[813] Der Bezugspunkt ist hier damit der ungerechtfertigte Vorteil. Unbillig werden die Entscheidungen der Amtsträger dadurch beeinflusst; sie können sogar – wie in meisten Fällen – abgelenkt werden.

Der entscheidende Punkt in dieser Lehre ist nicht die rechtliche Bewertung des Amtshandelns, schon die naheliegende Vermutung der Käuflichkeit des Verwaltungshandelns ist ausreichend, um von Bestechungsdelikten sprechen zu können.[814] Das Unrecht der Bestechlichkeit liegt damit im vom unrechtmäßigen Vorteil abhängigen Dienst.[815]

III. Vertrauensschutzlehre

Es gibt eine Anzahl von Ansätzen, um den primären Strafgrund für die Bestechungsstraftaten nach der Vertrauensschutzlehre zu erklären.[816] Die Ansichten zum Vertrauen sind vielfältig, im Kern ist aber das öffentliche Vertrauen zu verstehen.[817]

Zum einen wird vertreten, dass durch Bestechungsdelikte „das Vertrauen der Öffentlichkeit in die Sachlichkeit bzw. Objektivität und Korrektheit der staatlichen Entscheidungen" geschützt werden sollte.[818] Zum anderen werden aber

---

811 *Zimmermann*, Das Unrecht der Korruption, 2018, S. 144. Kritisch auch *Birkmeyer*, Bestechung, in: Vergleichende Darstellung, IX. Bd., 1906, S. 313; *Dannecker*, in: NK-StGB, 2017, § 299, Rn. 10.

812 In diese Richtung die amtliche Begründung der ersten Auffassung der Bestechung aus dem Jahr 2004 (Art. 252 türk. StGB); *Rengier*, Strafrecht BT II, 2019, § 60, Rn. 6.

813 Siehe dazu *Greco*, GA 2016, S. 249 (252).

814 Statt aller *Birkmeyer*, Bestechung, in: Vergleichende Darstellung, IX. Bd., 1906, S. 313: „… es muß gleichgültig sein, ob die Amtshandlung, für welche der Amtsinhaber Vorteile annahm, eine pflichtwidrige war oder nicht." Vgl. auch unten § 7 B.

815 *Greco*, GA 2016, S. 249 (252).

816 Eingehend *Zimmermann*, Das Unrecht der Korruption, 2018, S. 207 ff.

817 *Möhrenschlager*, in: Dölling (Hrsg.), Korruptionsprävention, 2007, 8. Kap., Rn. 9.

818 So im Hinblick auf den Vertrauensaspekt *Kuhlen*, in: NK-StGB, 2017, § 331, Rn. 13. *Sowada*, in: LK-StGB, 12. Aufl., Vor § 331, Rn. 36, erklärt sich dabei, dass die Sachlichkeit der „Ausgangs- und Bezugspunkt der Rechtsgutsbestimmung" sei.

die Bestechungsdelikte über den Schutz des „Vertrauens in die Lauterkeit bzw. Zuverlässigkeit“ legitimiert werden müssen.[819] In diesem Rahmen wird die Zuverlässigkeit durch das Prinzip Unkäuflichkeit der Entscheidungen gewährleistet.[820] Schließlich gehen weitere anderen Ansichten von einer Kombination aus und betrachten beide Richtungen als schutzwürdig.[821] Das Vertrauen der Allgemeinheit erscheint im Lichte dieser Gedanken nicht als ein schlichtes Gefühl,[822] sondern als ein von Strafrecht geschützter Wert.[823]

Vom Amtsträger eigennützig und parteiisch erfüllte Aufgaben erschüttern zunächst die Objektivität der Amtsführung als solcher, des Weiteren verletzen sie das Gerechtigkeitsgefühl der Allgemeinheit, indem das Vertrauen der Bürger in die Unparteilichkeit und in Nichtkäuflichkeit beeinträchtigt wird. Dies rechtfertigt den Einsatz des Strafrechts im Sinne von Bestechungsdelikten, um unerlaubt erworbene Vorteile zu verhindern, aufzudecken und potentielle Täter durch die strafrechtlichen Instrumente abzuschrecken.[824] Insofern sind darauf gerichtete Vorstellungen der Täter und gegenseitige, einvernehmliche Willenserklärungen strafwürdig und strafbedürftig.[825] Nach der Vertrauensschutzlehre sollten daher Handlungen, die im Vorstadium der Bestechungsdelikte geschehen und den Anschein der Käuflichkeit erwecken, aus kriminalpolitischen Gründen unter dem Namen Bestechlichkeit bzw. Bestechung durch das Strafrecht verhindert werden.[826] Das Unrecht der Bestechung besteht demnach in der

---

819 So im Hinblick auf den Vertrauensaspekt schweiz. BBl. 1999, S. 5505; *Vest/Weber*, Bestechungsstraftaten, 2009, S. 2; *Dölling*, in: ders./Gössel, Strafrecht BT, 2004, § 75, Rn. 1. Nach *Korte*, in: MüKo-StGB, 2014, § 331, Rn. 8, wird die Lauterkeit durch „Unabhängigkeit des Verwaltungshandelns“ gewährleistet. *Baumann* BB 1961, S. 1057 (1057), zum Thema Fn. 9, bringt zum Ausdruck, dass „der Reinheit der Amtsführung oder Amtsausübung“ das gemeinsame Schutzgut aller Amtsdelikte darstellten.

820 In diese Richtung i.R.d. Vorteilsannahme BGHSt 49, 275 (294).

821 So *Hefendehl*, Kollektive Rechtsgüter im Strafrecht, 2002, S. 125; *Möhrenschlager*, in: Dölling (Hrsg.), Korruptionsprävention, 2007, 8. Kap., Rn. 9; *Korte*, in: MüKo-StGB, 2019, § 331, Rn. 8; *Rengier*, Strafrecht BT II, 2019, § 60, Rn. 6; *Dölling*, ZStW 2000, S. 334 (335); *Bannenberg*, Strafrechtliche Kontrolle, 2002, S. 18–19.

822 *Zimmermann*, Das Unrecht der Korruption, 2018, S. 242.

823 In diese Richtung *Cramer*, in: S/S-StGB, 2001, § 331, Rn. 3. Vgl auch § 39 BauGB (Vertrauensschaden).

824 Vgl. *Dölling*, Gutachten, 1996, C 64–65.

825 Vgl. *Fischer*, StGB, 2019, § 331, Rn. 19–20.

826 *Braum*, NJ 1996, S. 450 (451); zustimmend im Lichte des Gesichtspunkts „Vertrauensschutz“ *Baumann*, Zur Problematik der Bestechungstatbestände, 1961, S. 11. Vgl. auch *Kargl*, ZStW 2002, S. 763 (790, 791); *Sommer/Schmitz*, Praxiswissen Korruptionsstrafrecht, 2016, § 2, Rn. 122. Kritisch zur Vertrauenslehre aufgrund der ungerechtfertigten

Interessenwidrigkeit der Konnexität zwischen dienstlicher Tätigkeit und dem ungerechtfertigten Vorteil.[827] Die Lehre macht auf diese Weise rechtsterminologisch vom formalen Aspekt Gebrauch.[828]

IV. Pflichtwidrigkeitslehre (Bindungstheorie)

Jede Art von Übertragung der Macht ist rechtfertigungsbedürftig. Dies wird durch das entsprechende, also am Gemeinwohl orientierte Gesetz legitimiert. Daher binden die staatlichen Entscheidungsmechanismen sie an Gesetz und Recht.[829]

Die Bindungstheorie vertritt danach die Auffassung, dass es sich bei den Bestechungsdelikten um den Schutz des Grundprinzips Gesetzlichkeit der Verwaltung handelt. In diesem Zusammenhang ergibt sich die ursprüngliche Legitimation der Straftat der Bestechlichkeit aus der Gesetzmäßigkeit des Staates.

Nach dieser Auffassung wird das strafrechtlich geschützte Interesse des Bestechlichkeits- und Bestechungstatbestands durch die rechtswidrige bzw. inkorrekte Entscheidung des Amtsträgers verletzt.[830] Demzufolge ergibt sich der Legitimationsgrund der Bestechungsdelikte aus den in Betracht kommenden außerstrafrechtlichen Normen.[831] Sie können in diesem Sinne als durch Strafe geschützte Rechtgüter angesehen.[832] Aus diesem Blickwinkel liegt die

---

Ausdehnung der Strafbarkeit *Dölling*, in: ders./Gössel, Strafrecht BT, 2004, § 75, Rn. 1; *Bannenberg*, in: Handbuch des Wirtschafts- und Steuerstrafrechts, 2014, Kap. 12, Rn. 47.

827 Vgl. *Kindhäuser*, ZIS 6/2011, S. 461 (464). Beim Verfasser wandelt die Rechtswidrigkeit der Konnexität in eine „Interessenwidrigkeit" um. Vgl. auch § 48 VwVfG (Rücknahme eines rechtswidrigen Verwaltungsaktes).

828 Siehe dazu oben § 7 B.

829 *Greco*, GA 2016, S. 249 (252).

830 *Böse*, ZIS 4/2018, S. 119 (122). *Zimmermann*, Das Unrecht der Korruption, 2018, S. 287, 715, 717, spricht i.d.S. von einer „Inkorrektheitslehre", die er als mit ihr zum größten Teil übereinstimmend annimmt. Der Verfasser erweitert in seinem eigenen Theorieversuch diesen Ausgangspunkt und vertritt die Auffassung, dass der Strafgrund für die Bestechlichkeit *„in einer unfairen Beeinträchtigung der Chancen einer Partei in einem Interessenwettstreit"* besteht. Für die Bestechung i.e.S. sieht er den Strafgrund entsprechend in der *„Anstiftung zur Vornahme einer inkorrekten Entscheidung"*. Siehe *ders.*, a.a.O., S. 350, 398.

831 Nach der Normentheorie von *Binding* geht es hier um ein außerstrafrechtliches Gebot bzw. eine Verhaltensnorm, das primäre Bedeutung für den Bestrafungsgrund hat. Siehe dazu *Kaufmann*, Lebendiges und Totes in Bindings Normentheorie, 1954, S. 6 ff.

832 *Böse*, ZIS 4/2018, S. 119 (122).

Rechtsgutsverletzung in der Verletzung einer Norm. So wird die Bindung der staatlichen Entscheidungen an Gesetz (und Recht) geschützt.[833]

Die Pflichtwidrigkeitslehre geht davon aus, dass im Kern des Unrechts ein Interessenkonflikt steht, wobei der Ausgangspunkt wesentlich auf den Erklärungsversuch nach Prinzipal-Agent-Theorie abstellt. Maßstab für diesen Widerspruch ist im konkreten Fall die in Betracht kommende konkrete Pflicht des Agenten. Die entscheidende Frage lautet hierbei also: Wem ist der Entscheidungsträger (Agent) im konkreten Fall verpflichtet? Der Bezugspunkt ist hier die Diensthandlung.[834]

Das in dieser Sicht in Betracht kommende Verwaltungshandeln des Entscheidungsträgers ist primär die gebundene Verwaltungshandlung.[835] Es besteht dabei keine Möglichkeit für den Staatsdiener, zwischen rechtmäßigen Handlungen zu wählen bzw. anders als auf gesetzlich vorgesehene Weise zu handeln (Diensthandlung ohne Ermessensspielraum).

Ermessensentscheidungen können auch bei Bezug auf eine Unrechtsvereinbarung dahingehend beeinflusst werden, dass der Amtsträger die gesetzlichen Grenzen des Ermessens überschreitet oder missbraucht, indem er die Entscheidung nicht zweckmäßig[836] bzw. sachgerecht trifft.[837]

In der Bindungstheorie stellt „jede Verknüpfung von Vorteil und rechtswidriger Diensthandlung" eine Unrechtsvereinbarung dar.[838] Eine solche Unrechtsvereinbarung verstößt somit gegen die Gesetzmäßigkeit der Verwaltung (Art. 20 Abs. 3 GG; Art. 8 türk. Verf.). Es besteht auf diese Weise eine „besondere Gefahr" für die rechtsstaatliche Verwaltung und Justiz.[839] Solche Tätigkeiten von Beamten verdienen daher Strafe.[840]

Das Unrecht der Bestechlichkeit liegt damit in der von unrechtmäßigem Vorteil abhängigen und gesetzwidrigen Führung des Amtes.

---

833 *Böse*, ZIS 4/2018, S. 119 (120).

834 Vgl. unten § 10 A II 2.

835 Siehe dazu *Stein/Rudolphi*, in: SK-StGB, 2015, § 332, Rn. 6; *Zimmermann*, Das Unrecht der Korruption, 2018, S. 348 ff.

836 Ablehnend *Greco*, GA 2016, S. 249 (253), unter Verweis auf *Luhmann*: „Gesetze sind Konditionalprogramme und keine Zweckprogramme". Der Verfasser hat somit die Ermessensentscheidungen unbeachtet gelassen.

837 Vgl. *Korte*, in: MüKo-StGB, 2019, § 332, Rn. 32; *Heine/Eisele*, in: S/S-StGB, 2019, § 332, Rn. 11.

838 *Greco*, GA 2016, S. 249 (254).

839 *Greco*, GA 2016, S. 249 (253).

840 Vgl. *Greco*, GA 2016, S. 249 (257).

V. Kombinationstheorien

Durch die Bestechungsdelikte werden nicht nur die Interessen der Bürger und der Allgemeinheit bzw. Öffentlichkeit berücksichtigt, sondern auch die Interessen des Staates. Daraus ergibt sich „die Komplexität des Rechtsguts".[841] Vielfach will die Literatur aufgrund der komplexen Natur der Bestechungsdelikte nicht auf einen Legitimationsgrund abstellen. Dies führt dazu, dass es schwierig wird, ein konkretes und einziges Rechtsgut für die Bestechungsdelikte zu bestimmen.[842] Regelmäßig wird gleichwohl das Bemühen sichtbar, einen ursprünglichen und wichtigsten Strafgrund für diese Straftaten zu finden.[843] Im Rahmen der Rechtsgutsüberlegungen erscheint es gerechtfertigt, entsprechende Meinungen zwecks Legitimationssuche zu kombinieren.[844] Kombinationstheorien erscheinen somit als das Resultat dieser Versuche.

Das legitime Bedürfnis zu Strafen, liegt nach den Kombinationstheorien in der Verletzung der jeweils als strafrechtlich schützenswert angesehener Werte.[845]

1. Funktionsfähigkeit der Institutionen (Systemtheorie)

Die hier zu thematisierende Ansicht setzt zuerst strafrechtlich geschützte Institutionen voraus.[846] Die systemtheoretische Betrachtung ergibt sich danach aus inneren und äußeren Bedingungen des strafrechtlich geschützten Instituts. Spricht man hier von der Funktionsfähigkeit einer Institution, kommen mithin innere und äußere Bedingungen in Frage.[847]

---

841 *Heine/Eisele*, in: S/S-StGB, 2019, § 331, Rn. 7.

842 *Barranco*, in: FS-Tiedemann, 2008, S. 871; *Stratenwerth/Bommer*, Strafrecht BT II, 2013, § 62, Rn. 2; *Korte*, in: MüKo-StGB, 2019, § 331, Rn. 6; *Pioletti*, NZWiSt 2016, S. 249 (249).

843 *Wagner*, Amtsverbrechen, 1975, S. 230 ff., geht daher davon aus, dass das Rechtsgut „je nach der Handlungsmodalität" zu bestimmen sei. Kritisch dazu *Cramer*, in: S/S-StGB, 2001, § 331, Rn. 2.

844 Siehe dazu unten § 14 A I 1 hinsichtlich des deutschen Strafrechts; § 18 A I 1 hinsichtlich des türkischen Strafrechts jeweils m.w.N.; zum schweizerischen Strafrecht schweiz. BBl. 1999, S. 5505.

845 *Hefendehl*, Kollektive Rechtsgüter im Strafrecht, 2002, S. 322, legt dies im Lichte der Systemtheorie dar und spricht i.d.S. von einem ‚Kumulationsgedanken'. Vgl. auch *Loos*, in: FS-Welzel, 1974, S. 891.

846 *Loos*, in: FS-Welzel, 1974, S. 893, zum Thema Fn. 57.

847 *Loos*, in: FS-Welzel, 1974, S. 889, zum Thema Fn. 47; *Stein/Rudolphi*, in: SK-StGB, 2015, vor § 331, Rn. 7a; *Kuhlen*, in: NK-StGB, 2017, § 331, Rn. 10; *Fischer*, StGB, 2019, § 331, Rn. 2.

Die Funktionsfähigkeit der Verwaltung bezieht sich auf „das ordnungsgemäße Funktionieren".[848] Dies umfasst die Sachlichkeit und Gesetzmäßigkeit der Verwaltung.[849] Die erste Bedingung der Funktionalität ergibt sich somit aus den Pflichten der Bediensteten.[850] Das institutionelle Interesse besteht also in der ordnungsmäßigen Führung des Amtes. Eine Pflichtverletzung des Agenten eines unverdienten Vorteils willen führt i.d.R. zur „Institutionsverletzung".[851] Das Vertrauen der Allgemeinheit, mit anderem Wort das Vertrauen der Mehrheit der Gesellschaftsmitglieder, stellt hier auf der anderen Seite das kollektive Interesse dar.

Systemmitglieder der öffentlichen Verwaltung sind die Amtsträger. Korrupte Amtsträger gehen mit einem außenstehenden Gesellschaftsmitglied, das nicht ein Teil der Verwaltung ist, eine Bestechungsbeziehung ein. Durch diese Partnerschaft werden die Funktionsbedingungen der staatlichen Institution angegriffen. Auf diese Weise erschüttern sie das Amtsethos und die Zuverlässigkeit[852] der Verwaltung (innere Bedingung) einerseits[853] und somit das Vertrauen der Öffentlichkeit[854] (äußere Bedingung) andererseits.[855]

In Bezug auf das Amtsethos darf nicht übersehen werden, dass es überwiegend mit einem *Gefühl* zu tun hat.[856] Daher betrachtet es ein Teil der Lehre kritisch, weil diese Grundlage zu einem Gesinnungsstrafrecht führe. In diesem Sinne wird die Zerstörung der Dienstmoral mit der Pflichtverletzung gleichgestellt. Aus diesem Grund kann eine pflichtgemäße Handlung des Beamten unter dem Verbrechensphänomen Bestechung legitimiert werden.[857]

---

848 *Möhrenschlager*, in: Dölling (Hrsg.), Korruptionsprävention, 2007, 8. Kap., Rn. 9.

849 *Hefendehl*, Kollektive Rechtsgüter im Strafrecht, 2002, S. 322.

850 *Böse*, ZIS 4/2018, S. 119 (120). Der türkische Gesetzgeber hat die Pflichten, die zum Schutz dieser beidseitigen Bedingungen der Verwaltung dienen, ausdrücklich im Art. 8 türk. BeamtG geregelt.

851 *Hefendehl*, Kollektive Rechtsgüter im Strafrecht, 2002, S. 321.

852 Betrachtet man die Lauterkeit als innere Funktionsbedingung, könnte es „ein eigenständiges Rechtsgut" sein. So *Böse*, ZIS 4/2018, S. 119 (120).

853 Die „Nichtkäuflichkeit" des Entscheidungsträgers ist nach *Pragal*, ZIS 2/2006, S. 63 (75), als interne Seite der Systembedingung zu verstehen.

854 Nach *Hefendehl*, Kollektive Rechtsgüter im Strafrecht, 2002, S. 124 ff., handelt es sich dabei um ein „gesellschaftsrelevantes Vertrauensrechtsgut".

855 *Loos*, in: FS-Welzel, 1974, S. 889 ff.

856 Vgl. EU-Verhaltenskodex, 2008, S. 2, Nr. 2. *Böse*, ZIS 4/2018, S. 119 (120), definiert es als „das Pflichtgefühl als innere Einstellung".

857 *Böse*, ZIS 4/2018, S. 119 (120). Kritisch auch zum Begriff „Amtsethos" *Sowada*, in: LK-StGB, 12. Aufl., Vor § 331, Rn. 36. Im spanischen und italienischen Strafrecht wird

Mit der äußeren Funktionsfähigkeit der staatlichen Institutionen sind die Vorstellung und der Glaube der Allgemeinheit daran gemeint, dass die amtlichen Tätigkeiten in der Regel ordnungsgemäß und effektiv ausgeführt werden.[858] Dieses zu schützende Vertrauen knüpft also an die Rechtsmäßigkeit der staatlichen Einrichtungen an.[859] Der Anschein der Käuflichkeit wirkt sich auf die äußere Funktionsfähigkeit der Verwaltung beachtlich negativ aus.[860] Diese externe Gefahr führt unmittelbar zum Vertrauensverlust der Öffentlichkeit.[861] So besteht aufgrund der Vermischung von privaten und öffentlichen Interessen eine Gefährdung der Funktionsfähigkeit.[862] Ob diese Gefährdung im Lichte von abstrakten oder konkreten Bezugspunkten sich vollzieht, ist die Frage der Ausgestaltung der Bestechungstatbestände.[863]

2. Normative Theorie (Wertelehre)

Im Kern der normativen Theorie steht die Legitimation vermittels der normativen Grundlagen der Gesellschaft, also über die Rechts- und Verfassungsordnung. Diese Theorie entwickelt sich zum Teil in den Bahnen der Bindungstheorie, zum Teil nach der Systemtheorie.

Im Rahmen der Bindungstheorie muss von vornherein eine gesetzliche Grundlage mit Blick auf eine Pflicht des Staatsdieners vorhanden sein. Die normative Theorie geht in Verknüpfung mit der Pflichtwidrigkeitslehre davon aus, dass diese Norm durch eine pflichtwidrige Entscheidung des Funktionärs verletzt werden muss.

---

häufig „die Würde und das Ansehen der öffentlichen Verwaltung" als das geschützte Rechtsgut vorgelegt. Siehe dazu *Barranco*, in: FS-Tiedemann, 2008, S. 874.

858 *Stein/Rudolphi*, in: SK-StGB, 2015, vor § 331, Rn. 7b.

859 *Böse*, ZIS 4/2018, S. 119 (120).

860 *Rosenau*, in: S/S/W-StGB, 2018, § 331, Rn. 7.

861 *Kuhlen*, in: NK-StGB, 2017, § 331, Rn. 10; *Böse*, ZIS 4/2018, S. 119 (120).

862 *Loos*, in: FS-Welzel, 1974, S. 889; vgl. auch *Greco*, GA 2016, S. 249 (252).

863 Das italienische Bestechungsstrafrecht z. B. setzt eine „konkrete Gefährdung" bei der echten Bestechung (Art. 319, 321 c.p.) und bei der unechten Bestechung eine „abstrakte Gefährdung" der Funktionsfähigkeit voraus. Siehe dazu *Rübenstahl*, Amtsträgerkorruptionsdelikte nach italienischem und deutschem Recht, 2012, S. 624. *Cramer*, in: S/S-StGB, 2001, § 331, Rn. 3, spricht hier von einer „generellen Gefährdung des Staatsapparates". Nach *Sowada*, in: LK-StGB, 12. Aufl., Vor § 331, Rn. 37 stehe „die Gefährdung der Sachlichkeit der staatlichen Entscheidungen" im Zentrum des Unrechtsgehalts.

Die Mitglieder der Gesellschaft erhoffen sich von den Amtsträgern, dass sie ihre Tätigkeiten nach Gesetz und Recht ausüben. Nach Ansicht der normativen Theorie entsteht hier das Vertrauen der Öffentlichkeit in diese Grundlagen. Im Vergleich zur Lehre von der Funktionalität der Verwaltung ergibt sich die Wurzel des Vertrauens insofern nicht aus den inneren Bedingungen des staatlichen Apparats, sondern aus den betroffenen normativen Ursprüngen, wie Glaube an Gleichheit und Fairness sowie an Unkäuflichkeit bzw. Unbestechlichkeit.[864]

Die Systemtheorie betrachtet die Funktionsfähigkeit der staatlichen Institutionen als Basis. Die normative Theorie geht noch einen Schritt weiter und erweitert diesen Ausgangspunkt. Wie erwähnt setzt die Funktionsfähigkeit eine ordnungsgemäße Führung voraus. Darunter versteht man hier eine transparente und gerechte sowie unparteiische Führung des Amtes im Namen des öffentlichen Interesses.[865] Das institutionelle Interesse besteht hier also nicht nur in der ordnungsgemäßen Führung, sondern auch in der korrekten und gerechten Führung des Amtes.

Das berufliche Ansehen des Staatsdieners soll durch interne und externe Handlungen des Beamten gewährleistet werden (§ 61 Abs. 1 S. 3 BBG; § 34 S. 3 BeamtStG; Art. 8 türk. BeamtG). Diese Loyalität im Dienst gehört zum zentralen Bereich der Grundpflichten.[866] Im türkischen Recht kommen mit Bezug darauf die Treuepflicht der Beamten (Art. 129 Abs. 1 türk. VerfG),[867] die Bindung an Gesetz und Verfassung (Art. 6 türk. BeamtG), Unparteilichkeit und Objektivität – also Neutralitätsgebot (Art. 7 türk. BeamtG) – und schließlich das berufliche Ansehen, also das Amtsethos (Art. 8 türk. BeamtG), als die zu schützenden normativen Werte in Betracht. Diese Amts- bzw. Dienstpflichten, die während der Ausübung des Amtes im Auge zu behalten sind, werden durch eine Unrechtsvereinbarung zwischen dem Bestochenen und dem Bestechenden erheblich und gravierend verletzt.

---

864 In diese Richtung auch die amtliche Begründung der ersten Auffassung der Bestechung vom Jahr 2004 (Art. 252 türk. StGB); vgl. ferner *Dölling*, JuS 1981, S. 570 (573).

865 Siehe dazu Erläuternder Bericht zum Strafrechtsübereinkommen des CoE über Korruption, Nr. 32, abgedruckt in: BT-Drucks. 18/9234, S. 52.

866 BT-Drucks. 19/4117, S. 12. Nach *Dölling*, JuS 1981, S. 570 (573), sind sie als „Generalpflicht" anerkannt.

867 Art. 129 Abs. 1 türk. VerfG lautet wie folgt: „Die Beamten und übrigen Angehörigen des öffentlichen Dienstes sind verpflichtet, ihre Tätigkeiten in Treue gegenüber der Verfassung und den Gesetzen auszuüben." Übersetzt v. Rumpf, S. 37, abrufbar unter http://www.tuerkei-recht.de/downloads/verfassung.pdf (8.2.2019).

Durch die Verletzung seiner Pflicht versucht der Amtsträger, einen ungerechten Vorteil für sich oder einen Dritten zu erlangen.[868] So zeigt sich das Verhältnis des Bestochenen verfassungsrechtlich als eine besondere Verstoßform gegen die Gesetzmäßigkeit des Staates und das allgemeine Gleichheitsprinzip.[869] In diesem Rahmen plädiert die Wertelehre dafür, dass die Bestechungsdelikte vorrangig nach der Verfassung,[870] also insbesondere nach verfassungsrechtlichen Prinzipen des Rechtsstaatsprinzips und der Gesetzesbindung der staatlichen Einrichtungen legitimiert werden sollten.[871] Dies entspricht dem Gedanken, der die Schutzrichtung auf die Sachlichkeit bzw. Korrektheit der Amtsführung abstellt.[872]

Dies führt zu dem Fazit, dass in der normativen Theorie (Wertelehre) „Norm und Rechtsgut" Bestandteile des strafrechtlichen Schutzes sind.[873]

C. Hauptmerkmale der Bestechungsdelikte

Im Weiteren werden die aus phänomenologischen Betrachtungen von Korruption und aus der terminologischen Analyse des strafrechtlichen Begriffs Bestechung sowie den im StGB vorgesehenen strafbaren Bestechungshandlungen gewonnene Erkenntnisse genutzt und im Anschluss daran die Hauptmerkmale kurz vorgestellt.[874] Hierbei ist zwar wiederum die Betrachtung auf Seiten des Bestochenen maßgebend, aber die zweiseitige kriminelle Beziehung darf nicht außer Acht gelassen werden.

---

868 Vgl. *Heinrich*, in: Arzt u.a., Strafrecht BT, 2015, § 49, Rn. 9. Nach *Dölling*, JuS 1981, S. 570 (573), sind sie als „Sonderpflicht" eingestuft.

869 Vgl. *Arzt*, in; ders./Weber, Strafrecht BT, 2000, § 49, Rn. 9; *Greco*, GA 2016, S. 249 (253).

870 Die italienische Doktrin geht von „Verfassungsrechtsgütern" aus. Siehe dazu *Rübenstahl*, Amtsträgerkorruptionsdelikte nach italienischem und deutschem Recht, 2012, S. 624.

871 In diese Richtung *Greco*, GA 2016, S. 249 (252); *Böse*, ZIS 4/2018, S. 119 (122); vgl. auch *Barranco*, in: FS-Tiedemann, 2008, S. 876 f.

872 Vgl. *Dölling*, ZStW 2000, S. 334 (335); *Kindhäuser*, ZIS 6/2011, S. 461 (465); *Böse*, ZIS 4/2018, S. 119 (122).

873 *Böse*, ZIS 4/2018, S. 119 (120). Nach der Theorie von *Saliger*, in: FS-Kargl, 2015, S. 498, stellt diese gesellschaftliche Anschauung „das formelle Strafunrecht" und die Anknüpfung an strafrechtlich geschützte Rechtsgüter „das materielle Strafunrecht" dar.

874 Siehe unten für die ausführliche Darstellung der Gesamtmerkmale § 23 B.

I. Machtmissbrauch (allgemeiner Regelverstoß)

Das Verbot des Amtsmissbrauchs ist das gemeinsame Rechtsgut von Amtsdelikten und hat bei den Bestechungsdelikten eine besondere Bedeutung.[875]

In der geschichtlichen Entwicklung wurde die Bestechung zunächst mit Recht als eine der primären Form von Amtsmissbrauch eingestuft.[876] Begeht der Vertrauens- bzw. Funktionsträger, der in einem durch das Strafrecht geschützten Gebiet tätig ist, ein Bestechungsdelikt, ergibt sich daraus stets eine Verletzung des Machtmissbrauchsverbots, da die betreffende Macht oder Befugnis im bestimmten und begrenzten Sinne auf den Staatsdiener übertragen und auf unzulässige Weise ausgenutzt wurde.[877] Bestechlichkeit setzt somit am Anfang immer eine Ausnutzung der Machtposition zum eigenen, privaten Zweck voraus.[878]

II. Unrechtsvereinbarung (Bestechungsabsprache)

Der Hintergrund der Bestechungsvereinbarung liegt in der do-ut-des-Logik.[879] Die von Reziprozität abhängige Vorstellung motiviert die Parteien. Sie stimmen bewusst überein, dass sie durch ihre unzulässigen Leistungen einen privaten Mehrwert erlangen.

Alle Theorien bezüglich des strafrechtlichen Unrechts von Bestechungsdelikten basieren auf der Vertragstheorie.[880] Die Fälle können grundsätzlich auf Basis der zivilrechtlichen Vertragstheorie deutlich gemacht werden. Bei einer Unrechtsvereinbarung handelt es sich im Kern um eine „Absprache über die Gewährung eines Vorteils für die Ausübung von Entscheidungsmacht".[881] Also setzt das Verbrechensphänomen Bestechung grundsätzlich eine freiwillige Absprache zwischen dem Bestochenen und dem Bestechenden voraus.

---

875 *Arzt*, in; ders./Weber, Strafrecht BT, 2000, § 49, Rn. 9; vgl. auch *Pieth/Zerbes*, ZIS 2016, S. 619 (619).

876 *Feuerbach/Mittermaier*, Lehrbuch, 1847, S. 752, 758; zustimmend *Kerner/Rixen*, GA 1996, S. 355 (360). Siehe auch unten zur Straftat „Amtsmissbrauch" § 20 E I und § 23 A IV 1.

877 Vgl. oben § 23 B II 1.

878 *Überhofen*, Korruption und Bestechungsdelikte, 1999, S. 111; *Arzt*, in; ders./Weber, Strafrecht BT, 2000, § 49, Rn. 6; *Bannenberg*, Strafrechtliche Kontrolle, 2002, S. 14; *Geisler*, Korruptionsstrafrecht und Beteiligungslehre, 2013, S. 52.

879 „Ich gebe dir, damit du mir gibst." Vgl. oben § 3 A. Siehe auch BT-Drucks. 7/550, S. 271.

880 Eingehend unten § 10 A II.

881 *Kindhäuser*, ZIS 6/2011, S. 461 (464).

Indem Geber und Nehmer die Leistung und Gegenleistung im Sinne des *do-ut-des* tauschen, treten sie als die Tauschparteien dieser unrechtmäßigen Beziehung in Erscheinung.[882] Der Tauschgedanke und die ökonomische Kalkulation stehen also im Vordergrund.[883] Auf diese Weise wird ein zweiseitiges Verhältnis gebildet.[884] Bei keiner Betrachtung eines Bestechungsfalles darf diese Tatsache außer Acht gelassen werden. Das Treffen von Willensübereinstimmungen muss entsprechend als objektives Tatbestandsmerkmal bzw. „als objektiver Gehalt der Unrechtsvereinbarung“[885] in die gesetzliche Fassung einbezogen werden.[886]

Der Interessenmaßstab verdeutlicht den Kern der Objektivität der Unrechtsvereinbarung.[887] Nach dieser Ansicht ist aus Sicht der Öffentlichkeit festzustellen, dass die dienstliche Leistung im Interesse des Bestechenden liegt. Gleichfalls soll die Gegenleistung danach im Interesse des Bestochenen stehen.

Schließlich ermöglicht die Unrechtsvereinbarung einen Interessenkonflikt zwischen der öffentlichen Verwaltung und dem Staatsdiener, der entgegen dem Willen der staatlichen Einrichtung in Erscheinung tritt.[888] Solche Absprachen verdienen insofern Strafe. Die Absprache zwischen dem Bestochenen und dem Bestechenden wird infolgedessen vom Recht nicht geschützt und ist selbstverständlich i.R.d. Bestechungsstraftaten strafbar.

Nach der Vertragstheorie können die Leistung und Gegenleistung der Bestechungsabsprache wie folgt dargestellt werden:

1. Leistung der Unrechtsvereinbarung: Dienstliche Tätigkeit (= Bestechungsobjekt und Tatmittel auf Seiten des Funktionsträgers)

Um von der Leistung einer Unrechtsvereinbarung zu sprechen, muss die Diensthandlung, die nicht mit einer privaten Entlohnung verbunden ist, von vornherein maßgebend sein.[889] Diese auszuübende Tätigkeit muss ferner – wie oben

882 *Geisler*, Korruptionsstrafrecht und Beteiligungslehre, 2013, S. 51.

883 *Braum*, NJ 1996, S. 450 (451).

884 *Kindhäuser*, ZIS 6/2011, S. 461 (463).

885 *Deiters*, in: FS-Rengier, 2018, S. 212.

886 Vgl. *Braum*, NJ 1996, S. 450 (452).

887 Vgl. *Kuhlen*, in: NK-StGB, 2017, § 331, Rn. 85. Siehe unten § 10 A II 1 und 2, § 23 E II 3.

888 *Kindhäuser*, ZIS 6/2011, S. 461 (464).

889 Dieser Fall ist im Art. 247 § 1 beStGB zutreffend und überzeugend so ausformuliert: „Hat die Korruption zum Ziel, dass die Person, die ein öffentliches Amt ausübt, eine ihrer zwar rechtmäßigen, jedoch nicht mit einer Entlohnung verbundenen Amtshandlungen verrichtet, ist die Strafe […].

erwähnt – eine „am Gemeinwohl orientierte Tätigkeit" sein.[890] Sonst besteht die Gefahr einer Verletzung des Bestimmtheitsgebots, da die Grenze nicht ausreichend bestimmt wäre.

Nur eine sich auf den Dienst beziehende Handlung oder eine mithilfe der dienstlichen Zuständigkeit ausgeführte Handlung ist taugliches Bestechungsobjekt und somit das Tatmittel des Funktionsträgers. Das heißt, die übertragene Entscheidungsmacht muss „in dienstlicher Eigenschaft" betätigt werden.[891] Außerdem muss der Vorgang offensichtlich und objektiv sichtbar sein;[892] der Tatbestand muss dies eindeutig erkennen lassen. Sonst kommt eine „mangelhafte Redaktion" in Frage.[893]

Eine unzulässige Ausübung der Aufgaben gegen Entgelt ist also als die Leistung der Bestechungsunrechtsvereinbarung und das Tatobjekt der Bestechung auf Seiten des Bestochenen.

2. Gegenleistung der Unrechtsvereinbarung: Ungerechtfertigter Vorteil (= Bestechungsobjekt und Tatmittel auf Seiten des Bestechenden)

Um den Vorteil als Gegenleistung einer Bestechungsabsprache anzunehmen, muss er rechtlich unzulässig sein. Die rechtlichen Grenzen werden hierbei nach den Rechtskulturen der Staaten bestimmt.[894]

Die Rechtswidrigkeit des Vorteils wird durch Gesetzgeber unterschiedlich zum Ausdruck gebracht: Es wurde etwa im schweizerischen Bestechungsstrafrecht als „nicht gebührender Vorteil" (Neunzehnter Titel: Bestechung, Art. 322ter ff.) und in ähnlicher Weise als „ungebührlicher Vorteil" im österreichischen Bestechungsstrafrecht formuliert (§ 305 Abs. 4 öStGB).

Die rechtswidrige Zuwendung als Gegenleistung muss sich zweitens an den Amtsträger oder an Dritte richten (sog. Drittvorteile).[895]

Schließlich spielt es keine Rolle, ob der Vorteil potenziell oder real vorhanden ist, um von einer Unrechtsvereinbarung sprechen zu können. Dabei ist die Qualität bzw. das Charakteristikum des Vorteils entscheidend. Nur der Vorteil,

---

890 Siehe auch dazu unten § 23 B I 1.

891 *Binding*, Strafrecht BT II, 1905, S. 718. Der Verfasser, a.a.O., S. 719, zum Thema Fn. 1, spricht i.d.S. über „eine in das Amt einschlagende Handlung"; zustimmend *Birkmeyer*, Bestechung, in: Vergleichende Darstellung, IX. Bd., 1906, S. 350 f.

892 *Binding*, Strafrecht BT II, 1905, S. 718, zum Thema Fn. 4.

893 *Birkmeyer*, Bestechung, in: Vergleichende Darstellung, IX. Bd., 1906, S. 354.

894 Erläuternder Bericht zum Strafrechtsübereinkommen des COE über Korruption, Nr. 38, abgedruckt in: BT-Drucks. 18/9234, S. 52; *Pioletti*, NZWiSt 2016, S. 249 (259).

895 Siehe dazu unten § 11 B II.

der eine verführerische Qualität hat, kann als eine objektive[896] Gegenleistung der Absprache bewertet werden. In den meisten Fällen motiviert der Bestochene sich durch die Verbesserungsvorstellung.[897] Somit entsteht eine Sympathie hinsichtlich der Praktikabilität des Versprechens auf Seiten des Bestochenen.[898]

Als ungerechtfertigte Vorteile durch Missbrauch kommen nicht nur materielle Vorteile wie Geld in Betracht; immaterielle Vorteile wie Anerkennung eines hohen Status sind ebenfalls wichtige Beweggründe der Amtsträger. Daher ist das Eigeninteresse des Amtsträgers als Akteur einer korrupten Beziehung weit zu verstehen.[899] Die qualitative Eigenschaft des Vorteils gilt auch für die immateriellen Vorteile.[900]

Wie die herrschende Meinung in Deutschland zutreffend annimmt,[901] kann die Zuwendung materiell wie immateriell sein.[902] Dieser Aspekt ist beim italienischen Bestechungsstrafrecht durch die Formulierung „Geld oder einen anderen Vorteil" präzise verfasst (Art. 319 c.p.).[903] Das französische (Art. 432–11 frStGB: „Zuwendungen, Geschenke oder sonstige Vergünstigungen" bzw. Art. 432–12 frStGB: „irgendein Vorteil")[904] und das spanische Bestechungsstrafrecht (Art. 419 spStGB: „Zuwendung, Begünstigung oder Vergütung jedweder Art")[905] schließen sich ebenfalls dieser Perspektive an. Der türkische Gesetzgeber

---

896 So auch *Kuhlen*, in: NK-StGB, 2017, § 332, Rn. 3.

897 *Kuhlen*, in: NK-StGB, 2017, § 331, Rn. 56, stellt auch seine diesbezügliche Meinung auf die „Besserstellung" ab und er betrachtet es als „Anreizfunktion"; so auch *Zimmermann*, Das Unrecht der Korruption, 2018, S. 378. *Rengier*, Strafrecht BT II, 2019, § 60, Rn. 23a, spricht i.d.S. von dem „Gegenleistungscharakter" des Vorteils.

898 In diese Richtung *Zimmermann*, Das Unrecht der Korruption, 2018, S. 377 ff.; derselbe Grundgedanke Art. 322^{decies} sStGB und § 305 Abs. 4 öStGB. Siehe ferner zum Thema „Geringwertigkeit der Zuwendungen" unten § 14 A II 3 a bb und § 18 A I 4 g.

899 Vgl. *Reichard*, in: Graeff/Grieger (Hrsg.), Was ist Korruption, 2012, S. 99.

900 *Kuhlen*, in: NK-StGB, 2017, § 331, Rn. 45; *Rengier*, Strafrecht BT II, 2019, § 60, Rn. 10.

901 Siehe unten § 14 A I 3 a bb.

902 Die internationalen Antikorruptionsregime verpflichten hierzu auch die Vertragsstaaten. Siehe dazu Erläuternder Bericht zum Strafrechtsübereinkommen des CoE über Korruption, Nr. 37, abgedruckt in: BT-Drucks. 18/9234, S. 52; „Vorteile jedweder Art" Art. 2 EU-Bestechungsübereinkommen; „einen ungerechtfertigten geldwerten oder sonstigen Vorteil" Art. 1 OECD-Abkommen; Art. 2 lit. d UN-Übereinkommen. Siehe auch *Möhrenschlager*, in: Dölling (Hrsg.), Korruptionsprävention, 2007, 8. Kap., Rn. 25, zum Thema Fn. 56.

903 Zit. nach *Rübenstahl*, Amtsträgerkorruptionsdelikte nach italienischem und deutschem Recht, 2012, S. 775.

904 Zit. nach *Philipp*, Der Straftatbestand des Einflusshandels, 2016, S. 602–603.

905 Zit. nach *Philipp*, a.a.O., S. 609.

verwendet allerdings – wie bei den §§ 332, 334 – im Art. 252 türk. StGB einfach nur den Begriff „Vorteil". Also bleibt es im türkischen Bestechungsstrafrecht unklar, ob der gesetzliche Wortlaut damit auch immaterielle Vorteile umfasst oder nicht.[906]

Der Amtsträger handelt im Ergebnis gegen seine Pflichten und der Bestechende honoriert dieses abweichende Verhalten mit einer Gegenleistung. Es geht hierbei daher um „die Belohnung auf eine besondere fremdnützige Pflichtenstellung".[907] Der Vorteil der Bestechung kann in diesem Rahmen wie folgt definiert werden:

> „ein objektiv feststellbares und rechtswidriges Honorar, das in der Bestechungspartnerschaft das Gegenstück der Diensthandlung darstellt."

III. Kausalzusammenhang (Konnexität)

An letzter Stelle gilt es zu beachten, dass ein Zusammenhang zwischen der Amtshandlung und dem Bestechungsmittel (ungerechtfertigter Vorteil) bestehen muss.[908] Es muss also eine strafwürdige Konnexität zwischen Handlung und Vorteil festzustellen sein. Zu diesem Zweck ist von vornherein zwischen dem Amt des Bestochenen und dessen Handlung „zumindest ein funktionaler Zusammenhang" erforderlich.[909] Die Konnexität besteht also sowohl mit dem Amt (erste Stufe) und als auch mit dem ungerechtfertigten Vorteil (zweite Stufe).[910]

Der primäre Kausalzusammenhang muss im Tatbestand unmissverständlich zum Ausdruck gebracht werden.[911] Dies wird im schweizerischen Bestechungsstrafrecht über den Term „im Zusammenhang mit dessen amtlicher Tätigkeit" (Art. 322ter sStGB), im spanischen Recht durch „in Ausübung seines Amtes" (Art. 419 spStGB[912]) und im belgischen Strafrecht über die Formel „bei Ausübung ihres Amtes" (Art. 247 § 2 beStGB[913]) erfasst.

906 Die türkische Doktrin lehnt doch diese Auffassung teilweise ab. Siehe dazu unten § 18 A I 3 a bb.

907 *Kindhäuser*, ZIS 6/2011, S. 461 (463).

908 *Peppler*, Die Bestechung, 1915, S. 13; *Maurach/Schroeder/Maiwald*, Strafrecht BT, Teilbd. 2, 2012, § 79, Rn. 17.

909 *Rengier*, Strafrecht BT II, 2019, § 60, Rn. 17. So auch *Heine/Eisele*, in: S/S-StGB, 2019, § 331, Rn. 32.

910 Vgl. *Volk*, in: 61. DJT, Bd. II/1, L 43; *ders.*, in: GS-Zipf, 1999, S. 423.

911 *Birkmeyer*, Bestechung, in: Vergleichende Darstellung, IX. Bd., 1906, S. 342.

912 Zit. nach *Philipp*, Der Straftatbestand des Einflusshandels, 2016, S. 609.

913 Offizielle deutsche Übersetzung, abgedruckt, in: Belgisches Staatsblatt v. 13.12.2010. Abrufbar unter www.scta.be/MalmedyUebersetzungen/downloads/18670608_CodePenal.doc.

Der zweite Hauptzusammenhang zwischen Amtshandlung und Vorteil muss zumindest erkennbar sein. Im deutschen Bestechungsstrafrecht wird dies mithilfe des Wortes „für" bewirkt („als Gegenleistung dafür": §§ 332, 334 jeweils Abs. 1 S. 1). Dasselbe gilt auch für die Bestechung (Art. 252 Abs. 1) und Bestechlichkeit (Art. 252 Abs. 2) im türkischen Recht.

Im Lichte der oben genannten Beispiele lässt sich sagen, dass der Bezugspunkt aller genannten Bestechungsstraftaten die dienstliche Tätigkeit bzw. die im Rahmen des Amtes ausgeübte Handlung ist. Die Konnexität richtet sich demnach sekundär auf den ungerechtfertigten Vorteil.

Die kausale Verknüpfung verdeutlich im Ergebnis die *ratio legis* des Gesetzgebers hinsichtlich des Bestrafungswillens wegen der auf Korruption abzielenden Absprache. Im Anschluss daran tritt sie an nachgerade beliebiger Stelle in den Tatbeständen als ein normativer Begriff' in Erscheinung. Demgemäß erst wenn der von Vorstellungen und vom Willen des Täters abhängige konkludente oder ausdrückliche Konnex objektiv erkennbar ist, vermögen Gesetzgeber und Strafverfolgung ein *Gegenseitigkeitsverhältnis* anzunehmen.[914]

914 Vgl. *Eb. Schmidt*, die Bestechungstatbestände, 1960, Rn. 138, und Rn. 140; *Kuhlen*, in: NK-StGB, 2017, § 332, Rn. 4.

§ 9 Deliktscharakter von Bestechung und Bestechlichkeit

Die Deliktstypenlehre macht die Struktur und Verhältnisse von Straftaten mit ähnlichen oder anderen Delikten verständlich und ist wesentlich für die Gliederung und Auslegung der Straftatbestände. Somit hat sie im Strafrecht einen festen Platz.[915]

Die Feststellung der Rechtsnatur einer Straftat ist wichtig und hat Bedeutung sowohl in der formellen Perspektive des Strafrechts – z. B. in der Bestimmung der Zuständigkeit von Strafgerichten –, als auch im materiellen Strafrecht – z. B. beim Versuch, bei der Teilnahmelehre, Verjährung und beim Tatort bezüglich des Strafanwendungsrechts sowie bei der Festlegung der Strafe.[916]

A. Kriminologische Betrachtungen

Die deliktstypischen Erörterungen der Kriminologie bringen die Beweggründe und Motive des Täters ans Licht. Eine zutreffende Darstellung mag die Ermittlungen von Strafverfolgungsbehörden erleichtern und könnte deshalb für die Bekämpfung der Bestechungskriminalität nützlich sein.[917] Bestochene Amtsträger stehen hierbei im Mittelpunkt der folgenden Darstellung.

I. Sind Bestechungsdelikte Treubruchdelikte?

Nach den politischen und ökonomischen Theorien zur Korruption lässt sich sagen, dass ihre Formen zum *Vertrauensverlust* im System führen.[918] Das gilt ebenfalls für die Bestechungsdelikte.[919]

Der öffentliche Dienst wird von Amtsträgern oder mit Amtsträgern gleichgestellten Personen getragen. Es besteht dabei ein Treuverhältnis zwischen Staat (Institution) und Amtsträger (Funktionsträger). Im Falle, dass die Amtsträger

---

915 Siehe *Jescheck/Weigend*, Strafrecht AT, 1996, S. 260.

916 Nach *Haffke*, JuS 1973, S. 402 (407), bereiten diese begriffslogischen und systematischen Feststellungen nur die teleologische Arbeit i.S.d. Auslegung von Straftaten vor.

917 Vgl. *Bauer*, in: Sieverts/Schneider (Hrsg.), Handwörterbuch der Kriminologie, Bd. 5, 1998, S. 123.

918 *v. Alemann/Bäcker/Schmidt*, MIP 2008/09, S. 16 (18); *Androulakis*, Globalisierung der Korruptionsbekämpfung, 2007, S. 39.

919 Vgl. oben § 8 B III.

ihre Pflichten gegen einen ungerechtfertigten Vorteil nicht erfüllen oder Diensthandlungen rechtswidrig vornehmen, stellt ihr Verhalten einen Treubruch dar. So erscheinen die Tathandlungen der Bestechlichkeit als Treubruchdelikte.[920]

II. Sind Bestechungsdelikte Berufsstraftaten?

Bestechlichkeitsdelikte können nur durch Amtsträger oder Vertrauensträger, z. B. durch Angestellte oder Vertragsärzte begangen werden. Die tauglichen Täter von Bestechlichkeitsdelikten haben verschiedene Aufgaben in unterschiedlichen Bereichen und begehen diese Straftaten im Rahmen ihrer Tätigkeiten bzw. in Bezug auf ihre Dienste, weil auf sie für einen bestimmten Zweck eine bestimmte Macht übertragen wird.[921] Ohne diese berufsspezifischen Tätigkeiten kann nicht von einem Bestechlichkeitsdelikt gesprochen werden. Aus diesem Grund sind Bestechlichkeitsdelikte Berufsstraftaten.[922]

III. Sind Bestechungsdelikte Nutzdelikte?

Durch Bestechlichkeit missbraucht der Amtsträger sein Amt. Bestochene Amtsträger nutzen auf diese Weise ihre Dienststellung aus, um sich zu bereichern oder eine rechtswidrige Zuwendung für sich oder für einen Dritten zu erhalten.[923] Der überwiegende Beweggrund des Vorteilsempfängers ist ein „finanzieller Gewinn".[924] Bestochene Amtsträger zielen dementsprechend auf einen ungerechtfertigten Vorteil ab, indem sie rechtswidrig und eigennützig handeln. Es geht um insofern ein „verbotenes eigennütziges Verhalten des Beamten".[925]

So sind die Bestechungsdelikte Nutzdelikte,[926] wobei die „Willensrichtung und Gefährlichkeit des Angriffs" eine entscheidende Bedeutung haben.[927]

---

920 *Sauer*, Kriminalsoziologie, 1933, S. 506; *Zirpins/Terstegen*, Wirtschaftskriminalität, 1963, S. 662. *Hefendehl*, Kollektive Rechtsgüter im Strafrecht, 2002, S. 126, 322, benennt sie als „Vertrauensdelikte". *Montenbruck*, Deutsche Straftheorie, 2018, S. 270, stuft ebenfalls die Bestechlichkeit als „eine Form der egoistischen Untreue gegenüber dem Staat" ein.

921 Vgl. unten 10 B I.

922 Siehe dazu oben § 4 C I.

923 Siehe oben § 8 C I.

924 *Vahlenkamp/Knauß*, Korruption, 1995, S. 45. Ebenfalls *Geisler*, Korruptionsstrafrecht und Beteiligungslehre, 2013, S. 53. Siehe auch oben § 4 B I.

925 *Geerds*, Unrechtsgehalt der Bestechungsdelikte, 1961, S. 48.

926 Siehe zur Nutzdelikte *Sauer*, Allgemeine Strafrechtslehre, 1955, S. 34; *Sauer*, System des Strafrechts, BT, 1954, S. 16 ff. *Riegel*, Bestechungskriminalität, 1961, S. 34, nennt eine kleine Tatgruppe der Bestechungskriminalität als „gewinnsüchtige Taten".

927 *Sauer*, Kriminalsoziologie, 1933, S. 651.

IV. Sind Bestechungsdelikte Dunkelfeldtaten?

Da die Bestechungsdelikte den Kern von Korruption darstellen und weil das Dunkelfeld bei den Korruptionsdelikten groß sein dürfte,[928] treten die Bestechungsdelikte als Dunkelfeldtaten ins Blickfeld.[929] Dies hat eine große Bedeutung für die Aufklärung. Entsprechend sollte der Gesetzgeber in seinem Bestechungsstrafrechtssystem Institutionen wie eine „Kronzeugenregelung",[930] den Schutz von Whistleblowern (Hinweisgeber) sowie „tätige Reue"[931] und die „strafbefreiende Selbstanzeige"[932] vorsehen.

V. Sind Bestechungsdelikte Männerdelikte?

Die Statistiken belegen die Tatsache, dass männliche immer höher als weibliche Kriminalität. In Deutschland sind ca. 20 % der Verurteilten nach den Angaben des Jahres 2016 Frauen.[933] Hier ist daher zwischen den Tätern der Bestechlichkeit (passive) und der Bestechung i.e.S. (aktive) zu unterscheiden, weil die Bestechlichkeitstäter meistens Männer sind. Der Grund dafür ist ihre starke Präsenz im öffentlichen Dienst.

Amtsdelikte sind also typische Männerdelikte.[934] Das gilt auch für die Bestechungsdelikte. In einer Untersuchung wurde festgestellt, dass nur 3,7 % der Beschuldigten wegen Bestechungsdelikte Frauen waren.[935] Nach einer Untersuchung stellten Frauen zwischen 1950 und 1957 durchschnittlich 16,5 % der wegen der Bestechung Verurteilten.[936]

Auffällig ist auch, dass manche männliche Täter die Gewinne aus der Tat hinter Frauen verstecken, indem sie die Werte und Zuwendungen auf ihre Ehefrau

---

928 Siehe dazu oben § 5 C und § 5 F III.

929 *Geerds*, Unrechtsgehalt der Bestechungsdelikte, 1961, S. 12; *Riegel*, Bestechungskriminalität, 1961, S. 11; *Schönherr*, Vorteilsgewährung und Bestechung als Wirtschaftsstraftat, 1985, S. 8; *Arzt*, in; ders./Weber, Strafrecht BT, 2000, § 49, Rn. 9.

930 Wie z. B. Beschlüsse III 3, in: 61. DJT, Bd. II/1, L 63.

931 So *Bannenberg*, Strafrechtliche Kontrolle, 2002, S. 422.

932 Dafür Beschlüsse III 2, in: 61. DJT, Bd. II/1, L 63; *Nell/Schlüter*, NJW 2008, S. 1996 ff.

933 Strafverfolgungsstatistik 2016, S. 20.

934 Vgl. *Sauer*, Kriminalsoziologie, 1933, S. 662; *Bruhn*, in: Mischkowitz u.a. (Hrsg.), Einschätzungen zur Korruption, 2000, S. 172; *Bannenberg*, Strafrechtliche Kontrolle, 2002, S. 34-35.

935 *Bannenberg*, Strafrechtliche Kontrolle, 2002, S. 209.

936 *Riegel*, Bestechungskriminalität, 1961, S. 37.

oder Freundin übertragen.[937] Diese Frauen werden zu Recht von den Ermittlern und Richtern nicht als Haupttäter, sondern als unterstützende Mittäterinnen oder als Helferinnen eingestuft.[938] In diesem Rahmen ist die Rolle der Frauen bei der aktiven Bestechung nicht außer Acht zu lassen.[939]

VI. Sind Bestechungsdelikte Netzwerkdelikte (Kommunikationsdelikte)?

Korruption ist, wie erwähnt, ein Netzwerkphänomen. Mithilfe der sozialen, politischen oder wirtschaftlichen Verbindungen vereinigen sich Vorteilsgeber und Funktionsträger.[940] Diese überwiegend langfristigen[941] Netzwerke sind entsprechend der Aussichten der Täter als „soziales Kapital" zu bezeichnen,[942] weil sie ungerechtfertigte und unlautere Gewinnmöglichkeiten ermöglichen, oft aber auf lange Frist angelegt sein müssen. Bestechungsdelikte erscheinen in diesem

---

937 Von daher hatte der türkische Gesetzgeber dafür eine gesonderte Strafvorschrift im Art. 72 türk. StGB i.d.F. v. 1858, welche durch die Novelle v. 1911 aufgehoben wurde. Es lautete: *„Ist die bestochene Person eine verheiratete Frau und hat ihr Ehemann erwiesenermaßen Kenntnis von der Bestechung gehabt, so wird von ihnen beiden ebenfalls der doppelte Betrag des Bestechungsgeldes erhoben und gegen beide zusammen auf die im Art. 68 bestimmten Strafen erkannt. Ist die Bestochene unverheiratet, oder ist sie verheiratet und hat es sich während der Gerichtsverhandlung nicht erweisen lassen, daß ihr Ehemann von der Bestechung unterrichtet war und seine Zustimmung dazu gegeben hatte, so wird gegen die Frau allein auf Geldstrafe sowie auf ein Jahr Gefängnis erkannt."* Zitiert nach *Nord*, Das türkische Strafgesetzbuch, 1912, S. 26.

938 *Bannenberg*, Strafrechtliche Kontrolle, 2002, S. 217. Siehe auch *Sauer*, Kriminalsoziologie, 1933, S. 662.

939 In dieser Richtung mit der Erwähnung von Statistiken *Sauer*, Kriminalsoziologie, 1933, S. 507.

940 Vgl. oben § 4 B II.

941 Siehe Bundeslagebild Korruption 2004, S. 42 und Bundeslagebild Korruption 2016, S. 9.

942 Der französische Soziologe Pierre *Bourdieu* spricht über die vier Kapitalsorten, nämlich ökonomisches Kapital, kulturelles Kapital, soziales Kapital sowie symbolisches Kapital und beschreibt das Sozialkapital so: „Das Sozialkapital ist die Gesamtheit der aktuellen und potentiellen Ressourcen, die mit dem Besitz eines dauerhaften Netzes von mehr oder weniger institutionalisierten Beziehungen gegenseitigen Kennens oder Anerkennens verbunden sind. (…) Es handelt sich dabei um Ressourcen, die auf der Zugehörigkeit zu einer Gruppe beruhen." Zit. nach *Reitz*, Deutschlandfunk, 26.11.2007, abrufbar unter https://www.deutschlandfunk.de/das-denken-pierre-bourdieus-im-21-jahrhundert-noch-feinere.1184.de.html?dram:article_id=398990.

Zusammenhang als „soziale Tatbestände“[943] bzw. „Kommunikationsdelikte“[944] oder eben als Netzwerkdelikte.

VII. Sind Bestechungsdelikte Kontrolldelikte?

Die Bestechungsdelikte wurzeln vielfach dort, wo keine praktischen Kontrollmaßnahmen existieren. Denn Defizite bei den Kontrollmechanismen erleichtern die Ausbildung der korruptiven Netzwerke. Aus diesem Grund bedarf es zur Bekämpfung der Korruption effektiver Kontrollinstrumente. Denn je wirksamer diese in der Praxis sind, desto höher ist das Entdeckungsrisiko. Damit lässt sich behaupten, dass solche Straftaten durch präventive Maßnahmen und effiziente Kontrolle regelmäßig verhindert werden können.[945]

VIII. Sind Bestechungsdelikte Wirtschaftsdelikte?

Zunächst sollte klar sein, dass nicht alle Formen von Wirtschaftskriminalität unmittelbar als Wirtschaftsverbrechen gewertet werden können. Zum Beispiel wird der Tatbestand des Diebstahls, obwohl ein wirtschaftlich geschütztes Rechtsgut vorliegt und sogar in vielen Fällen ein wirtschaftlicher Schaden auf der Opferseite vorliegt, nicht als eine Erscheinung von Wirtschaftskriminalität gewertet.[946]

Nach weitgehend vertretener Ansicht äußert sich Wirtschaftskriminalität durch die Verwirklichung von Wirtschaftsdelikten.[947] Sie werden anhand gewisser typischer Tatkonsequenzen definiert.

Den Begriff Wirtschaftsdelikt zu klären, ist im Grunde keine strafrechtsdogmatische Angelegenheit. Der Terminus hat aber eine praxisrelevante und

---

943 Siehe dazu oben § 2 F. *Menne*, KZfSS 1948/49, S. 144 (147), bringt diese Realität zu Recht zum Ausdruck, sodass die eigentliche Korruption eine „organisierte Gesellschaft“ voraussetzt. Er geht weiter davon aus, dass die Korruptionsgefähr durch die „Sozialisierung“ verstärkt wird. Siehe *ders.*, a.a.O., S. 157. Auf der anderen Seite geht es sozialpsychologisch um eine „Interaktion“, weil jede der Tauschparteien im eigener Interesse handelt und sie sich anschließend in einem gemeinsamen Punkt treffen. *Kerner/Rixen*, GA 1996, S. 355 (362).

944 Vgl. *Kuhlen*, NStZ 1988, S. 433 (433 f.); *Schaupensteiner*, NStZ 1996, S. 409 (412); *Geisler*, Korruptionsstrafrecht und Beteiligungslehre, 2013, S. 51; „Kommunikation als Vorbedingung“ *Zimmermann*, Das Unrecht der Korruption, 2018, S. 378.

945 Siehe dazu unten § 5 F I; auch Bundeslagebild Korruption 2004, S. 43.

946 Siehe für die ausführliche Darstellung oben § 4 C II.

947 *Otto*, Jura 1989, S. 24 (26). Siehe auch *Opp*, Soziologie der Wirtschaftskriminalität, 1975, S. 45.

sogar teilweise strafrechtsdogmatische Bedeutung. Die Bewertung, ob eine Straftat eine Wirtschaftsstraftat ist, bzw. sich durch eine wirtschaftskriminelle Begehungsweise auszeichnet, ist daher auch für das Strafrecht wichtig, weil diese Feststellung sowohl für das materielle[948] – wie „die Abgrenzung der Vorbereitungshandlungen vom Versuch" und „für die Auslegung der einzelnen Merkmale eines Tatbestands" – als auch für das formelle[949] Strafrecht – wie die Verfolgung durch Schwerpunktstaatsanwaltschaften, Zuständigkeit von Wirtschaftsstrafkammern nach § 74c GVG – Bedeutung hat. Darüber hinaus ist diese Festlegung, wie oben erwähnt, auch für die Rechts- und Kriminalpolitik maßgebend (sog. Bekämpfung der Wirtschaftskriminalität).[950]

Wie beim Terminus Korruption findet sich für den Begriff Wirtschaftsdelikt weder eine legale Definition in der Gesetzgebung noch eine konsentierte Feststellung in der Lehre.[951] Manche Erklärungen und Definitionen gleichen den folgenden:

> „Als Wirtschaftsdelikte sind strafbare Handlungen dann anzusehen, wenn und soweit sie geeignet sind, die wirtschaftliche Ordnung zu beeinträchtigen, d.h. zu stören oder zu gefährden, indem das für das jeweilige Wirtschaftssystem grundlegende Vertrauen angetastet wird."[952]
>
> „[…] Delikte, die in erster Linie die freie Wirtschaftsordnung und ihr Funktionieren schützen sollen […]"[953]
>
> „Jene Verhaltensweisen bestimmen, die das Vertrauen in die geltende Wirtschaftsordnung insgesamt oder in einzelne ihrer Institute verletzen und damit den Bestand und die Arbeitsweise dieser Wirtschaftsordnung gefährden"[954]

Die Antwort auf die Frage, ob die Bestechungsdelikte als eine Form von Wirtschaftsdelikten angesehen werden sollten, kann auf Basis der weitgehend benutzten Unterscheidung Wirtschaftsdelikte i.e.S. und Wirtschaftsdelikte i.w.S.[955], beleuchtet werden.

---

948 *Otto*, Jura 1989, S. 24 (25).

949 *Rimann*, Wirtschaftskriminalität, 1973, S. 4.

950 Siehe oben § 5 E.

951 Siehe *Zirpins/Terstegen*, Wirtschaftskriminalität, 1963, S. 18 f.

952 *Zirpins/Terstegen*, Wirtschaftskriminalität, 1963, S. 34. Die Verfasser nennen dies nur eine „Arbeitshypothese". Siehe *dies.*, a.a.O., S. 18.

953 *Geerds*, Kriminalistik 1968, S. 234 (234).

954 *Otto*, Jura 1989, S. 24 (26).

955 Siehe dazu *Geerds*, Kriminalistik 1968, S. 234 (235).

Wirtschaftsdelikte i.e.S. beziehen sich auf die Wirtschaft behindernden bzw. beeinträchtigenden strafbaren Handlungen. Dabei kommen prima facie etwa Wettbewerbs- und Insolvenzdelikte in Betracht.[956]

Nach einer Meinung werden die Wirtschaftsdelikte i.w.S. so verstanden, dass alle Delikte, die mit der Wirtschaft verbunden sind, insoweit qualifiziert sind.[957] Diese Meinung ist unvertretbar, weil sie keinen Maßstab hat, zudem würde sie bei wissenschaftlichen Diskussionen ins Uferlose führen.[958] So verstanden könnten alle Delikte prinzipiell das Wirtschaftsleben betreffen.[959] Vielmehr sind unter Wirtschaftsdelikte i.w.S. jene Delikte zu verstehen, die das rechtstaatlich verfasste Wirtschaftssystem nicht respektieren, indem sie überindividuelle Rechtsgüter verletzen.

Im Hinblick auf gesetzliche Systematik ist es kaum möglich, Wirtschaftsdelikte anschaulich zu ordnen. Es handelt sich um ein komplexes Anliegen wegen der „Natur des Begriffs Wirtschaftsdelikte".[960] Es bedarf daher „einer zusätzlichen, kriminologisch-wertenden Betrachtung".[961]

Um eine Straftat als Wirtschaftsdelikt zu qualifizieren, kommt eine zweistufige Prüfung in Frage: Zunächst ist das strafrechtlich geschützte Rechtsgut mit einem überindividuellen Opfer zu konkretisieren (*qualitatives Kriterium*). Danach ist zu erwarten, dass der durch die Tat verursachte Schaden bzw. „die Gefährdung des Tatobjekts" groß sein muss (*quantitatives Kriterium*). Es geht dabei von Fall zu Fall entweder um einen „kollektiven Rechtsgutsschutz" oder einen „vorverlagerten Vermögensschutz".[962] Eine Tat kann nur auf diese Weise im Wirtschaftsstrafrecht einen Platz finden.[963]

Bei den Wirtschaftsdelikten muss das strafrechtlich geschützte Ziel nach einer in der Strafrechtswissenschaft überwiegend vertretenen Meinung überindividuell sein.[964] Denn die durch solche Straftaten entstandene mittelbare Folge ist „die Gefährdung des in freien Wirtschaft erforderlichen Vertrauens".[965]

---

956 *Zirpins/Terstegen*, Wirtschaftskriminalität, 1963, S. 32.

957 Siehe *Bussmann*, Wirtschaftskriminologie I, 2016, Rn. 5.

958 Kritisch auch *Zirpins/Terstegen*, Wirtschaftskriminalität, 1963, S. 20.

959 Übereinstimmend *Geerds*, Kriminalistik 1968, S. 234 (235).

960 *Zirpins/Terstegen*, Wirtschaftskriminalität, 1963, S. 20.

961 *Meier*, Kriminologie, 2010, § 11, Rn. 9. Siehe auch *Geerds*, Kriminalistik 1968, S. 356 (358).

962 Siehe für die Unterscheidung *Hefendehl*, ZStW 2007, S. 816 (819).

963 Vgl. *Tiedemann*, Gutachten, 1972, C 30.

964 Vgl. *Tiedemann*, a.a.O., C 29.

965 Siehe *Zirpins/Terstegen*, Wirtschaftskriminalität, 1963, S. 97.

Strafrechtsdogmatisch geht es dabei meistens um „abstrakte Gefährdungsdelikte".[966] In diesem Rahmen ist ein konkreter Schaden bei den Bestechungsdelikten nicht erforderlich. Hierbei ist die Absicht des Täters, also die „potentielle Gefährlichkeit", relevant.[967]

Um die Bestechungsdelikte den Wirtschaftsdelikten zuschlagen zu können, müssen zuerst ihre charakteristischen Elemente untersucht werden.[968] Nach einer zutreffenden Ansicht sind die Bestechungsdelikte dann Wirtschaftsverbrechen, soweit ihre Rechtsschutzrahmen sich an überindividuellen Vermögensinteressen ausrichten (wirtschaftspolitisches Interesse).[969] Diese Tatbestände können also nur im weiteren Sinne als Wirtschaftsstrafrecht und damit als Wirtschaftsdelikt kategorisiert und charakterisiert werden.[970] Anders ausgedrückt sind Bestechungsdelikte „keine geborenen Wirtschaftsdelikte"[971], d. h. „gekorene Wirtschaftstatbestände"[972] bzw. bedingte Wirtschaftsdelikte. Soweit sie im Einzelfall die Wirtschaft erheblich behindern und das nötige Vertrauen in das Wirtschaftssystem erschüttern, sind sie als Wirtschaftsdelikt in Betracht zu ziehen.[973] In diesem Sinne ist in der deutschen Gesetzgebung § 74c I Nr. 6 GVG vorgesehen (*Einzelfallklausellösung*). Entscheidend sind hier die wirtschaftlichen Folgen. Die Lösung des § 74c I Nr. 6 GVG stellt sich also als Würdigung des *modus operandi* dar.[974]

Man kann für das deutsche Recht im Lichte des gesetzgeberischen Ausgangspunkts sagen, dass die Regelung § 74c I Nr. 6 GVG „den Zusammenhang

---

966 *Tiedemann*, a.a.O., C 29.

967 Siehe *Opp*, Soziologie der Wirtschaftskriminalität, 1975, S. 45 f.

968 Dieser Ausgangspunkt wurde von *Rönnau* für das Untreuedelikt genutzt. Siehe *Rönnau*, ZStW 2007, S. 887 (890). Siehe auch zur Korruption als Wirtschaftsverbrechen die Erklärungen oben § 4 C II 2.

969 Nach *Waßmer*, DGStZ 2017, S. 2 (3), geht es um dort eine „kriminologisch-rechtsgutsbezogene Begriffsbestimmung".

970 Vgl. *Geerds*, Kriminalistik 1968, S. 300 (304); *Tiedemann*, Gutachten, 1972, C 30. Siehe auch *Schönherr*, Vorteilsgewährung und Bestechung als Wirtschaftsstraftat, 1985, S. 67.

971 *Zirpins/Terstegen*, Wirtschaftskriminalität, 1963, S. 663.

972 *Kudlich/Oğlakcıoğlu*, Wirtschaftsstrafrecht, 2014, Rn. 7.

973 Es ist auch zu erwähnen, dass Bestechlichkeit eine typische „Begleit- und Folgekriminalität" von Wirtschaftsdelikten ist. Siehe dazu *Tiedemann*, Gutachten, 1972, C 22; i.R.d. Subventionskriminalität *Mansdörfer/Kleemann/Ziegler*, Subventionskriminalität, 2017, S. 93.

974 Vgl. oben § 4 C II 2. Siehe auch *Zirpins/Terstegen*, Wirtschaftskriminalität, 1963, S. 33; *Tiedemann*, Wirtschaftsstrafrecht, 2017, § 15, Rn. 585.

zwischen Bestechung oder Vorteilsgewährung und Wirtschaftskriminalität" demonstriert.[975] Den Strafverfolgungsbehörden sind solche Beziehungen durch diese einzige Vorschrift zugewiesen.[976] Rechtsprechung hierzu ist allerdings selten. Für die Strafkammern sollten hierbei die Schädlichkeit der Tat und die Zahlen von Verbrechensopfer und Tätern ausschlaggebend sein.[977] Somit kann man davon ausgehen, dass hierbei die Ansicht bezüglich der Wirtschaftsdelikte i.w.S. gelten soll.

B. Strafrechtsdogmatische Betrachtungen

Es handelt sich in der Strafrechtsdogmatik um verschiedene systematisch, größtenteils dichotomisch dargestellte Deliktstypen (z. B. Begehungs- und Unterlassungsdelikte sowie Verletzungs- und Gefährdungsdelikte).[978] Zur Bestimmung der Deliktstypen ist eine bewusste Auswahl des Strafgesetzgebers notwendig, um das Strafrecht zielorientiert zu strukturieren.

I. Sind Bestechungsdelikte Kavaliers- bzw. Bagatelldelikte?

Bis in die 1990er Jahre wurden die Bestechungsdelikte im Alltag und sogar vom Gesetzgeber bagatellisiert.[979] Die Vorstellung, dass die Einstufung der Bestechungsdelikte als Kavaliersdelikte angemessen sei, darf nunmehr als überwunden gelten.[980] Mit der Feststellung großer immaterieller und materieller Schäden müssen Strafrechtswissenschaftler und -praktiker, als Mitglieder der Gesellschaft, und der Staat, als der Apparat einer großen, zeitübergreifenden gesellschaftlichen Organisation, sich vor einer bagatellisierenden, überpragmatischen

975 *Schönherr*, Vorteilsgewährung und Bestechung als Wirtschaftsstraftat, 1985, S. 58.

976 *Schönherr*, a.a.O., S. 60.

977 Vgl. *Schönherr*, a.a.O., S. 60. *Liebl*, Wirtschafts- und Organisierte Kriminalität, 2016, S. 7, plädiert deshalb für die einfache Beamtenbestechung, außer Wirtschaftskriminalität zu betrachten.

978 Vgl. *Wohlers*, Deliktstypen des Präventionsstrafrechts, 2000, S. 281; *Kudlich*, in: S/S/W-StGB, 2016, Vor §§ 13 StGB, Rn. 23 ff.

979 *Borner/Schwyzer*, in: Pieth/Eigen (Hrsg.), Korruption im geschäftlichen Verkehr, 1999, S. 17; vgl. auch *Litzcke* u.a., Kriminalistik 2012, S. 598 (599).

980 *Möhrenschlager*, in: Dölling (Hrsg.), Korruptionsprävention, 2007, 8. Kap., Rn. 60; *Ostendorf*, in: Buck (Hrsg.), Neue Fragen an den Rechtsstaat, 2009, S. 101; zur damaligen Sicht *Riegel*, Bestechungskriminalität, 1961, S. 10.

Betrachtung der Korruptions- und Bestechungsdelikte in Acht nehmen.[981] Diese Delikte sollten gleichfalls nicht, als irgendwie zu Zwecken der Zusammenarbeit dienlich, rationalisiert werden.[982]

II. Sind Bestechungsdelikte Amtsdelikte?

Das Wesen der Amtsdelikte besteht stets darin, dass die Amtsgewalt vom Amtsträger missbraucht wird.[983] Der Amtsträger verletzt seine Amts- bzw. Sonderpflicht.[984]

Es steht außer Frage, dass das Tatsubjekt der Straftat Bestechlichkeit – nicht aber allein der Bestechung i.e.S. – nur ein Amtsträger sein kann. Daher ist es ein echtes Amtsdelikt.[985] Das hat zur Folge, dass der Außenstehende, also der Nichtbeamte nicht Mittäter sein kann, weil dabei „das aus der Sonderpflicht des Amtsträgers ergebende besondere persönliche strafbegründende Merkmal“ fehlt.[986]

III. Sind Bestechungsdelikte Staatsschutzdelikte?

Das Staatsschutzstrafrecht schützt die nach dem GG strukturierte „freiheitlich demokratische Grundordnung“ bzw. den demokratischen Rechtsstaat.[987] Dies legitimiert die bei den Staatsschutzdelikten als obligatorische eingestufte Übung, nämlich die Vorverlagerung der Strafbarkeit.[988] Beim Strafanwendungsrecht gilt i.d.S. grundsätzlich das „Schutzprinzip“.[989]

Das Staatsschutzstrafrecht verlangt in der Beweisgewinnung nach Mitteln wie den „Kronzeugen“, „V-Leute“ und „plea bargaining“ sowie „Vertrauensmänner“. Diese gelten als unverzichtbar.[990]

---

981 Siehe die „Folgen von Korruption“ unter § 4 D. Vgl. auch *Opp*, Soziologie der Wirtschaftskriminalität, 1975, S. 190. Siehe auch Verhaltenskodex gegen Korruption: „*Korruption ist kein Kavaliersdelikt; sie führt direkt ind die Strafbarkeit.*“

982 In diese Richtung *Schaupensteiner*, Kriminalistik, 1994, S. 514 (518).

983 *Arzt*, in; ders./Weber, Strafrecht BT, 2000, § 49, Rn. 9.

984 *Welzel*, Das deutsche Strafrecht, 1969, S. 537.

985 *Cramer*, in: S/S-StGB, 2001, Vorbem. §§ 331 ff., Rn. 7; *Heger*, in: Lackner/Kühl-StGB, 2018, Vorbem. §§ 331 ff., Rn. 2; *v. Heintschel-Heinegg*, in: BeckOK-StGB, 42. Ed., 2019, § 331, Rn. 2.1. *Welzel*, Das deutsche Strafrecht, 1969, S. 538, betrachtet die Bestechlichkeit, also die passive Bestechung, als „das allgemeinste Amtsverbrechen“.

986 *Arzt*, a.a.O., Rn. 6.

987 *Becker*, BLJ 3/2012, S. 113 (115).

988 *Jakobs*, ZStW 1985, S. 751 (752).

989 *Böse*, in: NK-StGB, 2017, § 5, Rn. 7; *Ambos*, in: MüKo-StGB, 2017, § 15, Rn. 12; *Paeffgen*, in: NK-StGB, 2017, Vor §§ 80 ff., Rn. 21.

990 *Arzt*, in; ders./Weber, Strafrecht BT, 2000, § 42, Rn. 17–18.

Aus historischer Perspektive lässt sich feststellen, dass der Kern der Korruptionstatbestände, also die Bestechungstatbestände im staatlichen Bereich, seit Jahrhunderten als Verbrechen gegen den Staat eingeordnet wurden. Ein besonders deutliches Beispiel liefert das antike athenische Strafrecht. Die hier verhandelten Tatbestände wurden damals mit solchen wie Hoch- oder Landesverrat sowie Amtsvergehen zusammen mittels der Klageform „*Eisangelia*" verfolgt. Man kann auch für die Gegenwart sagen, dass die modernen Gesetzgebungstätigkeiten hinsichtlich der Bestechungsformen an Grundprinzipien der Staatsschutzdelikte anknüpfen.[991]

Mit der Ausweitung des örtlichen und personalen Geltungsbereichs,[992] wie bei Fällen nach §§ 5 Nr. 15, 335a StGB und Art. 252 Abs. 9, 10 türk. StGB sowie mit der Vorverlagerung der Strafbarkeit, ähneln sich das Bestechungs- und Staatsschutzstrafrecht. In ähnlicher Weise bilden die Angriffe von Amtsträgern auf den Staat bzw. Bestechlichkeit die Seite des Staatsschutzregimes.[993] Jedoch können die eigentlichen Bestechungsdelikte nur in einem weiten Sinne als Staatsschutzdelikte angesehen werden.

IV. Sind Bestechungsdelikte Sonderdelikte?

Kann ein Delikt aufgrund seines besonderen Unrechts allein von bestimmten Tätern begangen werden, so ist es ein Sonderdelikt.[994] Da die Täter der Sonderdelikte vor der Begehung einer Straftat außerstrafrechtliche Pflichten übernommen haben, könnten sie auch als „Pflichtdelikte" bezeichnet werden.[995]

Die Bestechlichkeit kann nur vom zuständigen Amtsträger begangen werden. Sie ist daher ein echtes Sonderdelikt.[996] Relevant ist dies bei der „Täterschaft und Teilnahme" sowie der „irrtümlichen Annahme" eines Täters von einem Sonderdelikt.[997]

---

991 So *Reinhart*, in: FS-Imme Roxin, 2012, S. 80.

992 Siehe zu dieser Tendenz *Kubiciel/Spörl*, KPKp 4/2014, S. 5; *Isfen*, JZ 2016, S. 228 (231 f.); *Hoven*, Auslandsbestechung, 2018, S. 102 f.

993 *Arzt*, a.a.O., Rn. 7.

994 *Langer*, Sonderstraftat, 2007, S. 352.

995 *v. Heintschel-Heinegg*, in: BeckOK-StGB, 42. Ed., 2019, § 331, Rn. 2.2.

996 *Heger*, in: Lackner/Kühl-StGB, 2018, Vorbem. §§ 331 ff., Rn. 2; *v. Heintschel-Heinegg*, in: BeckOK-StGB, 42. Ed., 2019, § 331, Rn. 2.2. Nach *Geerds*, Unrechtsgehalt der Bestechungsdelikte, 1961, S. 55, sei die Bestechlichkeit „ein erschwerter Sondertatbestand der einfachen Bestechung".

997 *Roxin*, Strafrecht AT I, 2006, § 2, Rn. 131.

V. Sind die Bestechungsdelikte Jedermannsdelikte?

Es besteht kein Zweifel darüber, dass die Bestechungsdelikte im Grunde auf einer reziproken Beziehung basieren, in der die Willensrichtung der Tauschparteien i.S.v. do-ut-des-Logik verknüpfen.[998]

Auffällig ist in diesem Zusammenhang, dass die Bestechung i.e.S. keine Berufsstraftat ist. Sie ist vielmehr Jedermannsdelikt. Allerdings werden die Bestechungsdelikte i.e.S. aufgrund des engen Zusammenhangs häufig mit den Bestechlichkeitsdelikten gemeinsam entweder unter demselben Titel- oder Artikel geregelt.[999]

VI. Sind Bestechungsdelikte Grunddelikte?

Ein Grundtatbestand stellt einen Ausgangspunkt zur Ausgestaltung typischer Sachverhalte dar. Er ist die „Grundform" des „jeweiligen Deliktstypus".[1000]

Die Tatbestände der Amtsträgerbestechung i.e.S. dienen als eine Grundlage aller Bestechungsdelikte. Im Hintergrund jedes Bestechungsdelikts steht deshalb dieselbe bzw. eine ähnliche Systematik und Struktur. Zum Beispiel liegt eine Richterbestechung vor, wenn das Grunddelikt „Bestechlichkeit" – wie beim Art. 252 Abs. 7 türk. StGB – durch die Erweiterung des Täterkreises oder durch die Beschränkung der Tathandlung auf richterliche Tätigkeit wie beim § 332 Abs. 2 qualifiziert wird. In diesem Sinne erscheint zumindest die Amtsträgerbestechung als Grunddelikt aller Bestechungsdelikte, die im Bereich der öffentlichen Verwaltung existieren.[1001]

VII. Sind Bestechungsdelikte qualifizierte Delikte?

Die Abwandlungen und Unterscheidungsmerkmale sind zwar bei der Auslegung der ähnlichen Delikte maßgebend, sie finden aber im Schrifttum kaum Interesse.[1002]

Bei der Qualifizierung einer Straftat geht es um eine „Abwandlung" der Grundtatbestandsform durch „Hinzufügung weiterer Merkmale"[1003] bzw. „zusätzliche

998 Siehe dazu oben § 8 C II.

999 Vgl. dazu *Sauer*, Kriminalsoziologie, 1933, S. 504.

1000 *Kindhäuser*, in: LPK-StGB, 2017, Vor § 13, Rn. 38.

1001 In diese Richtung auch *Sauer*, System des Strafrechts, BT, 1954, S. 515; *Bottke*, ZRP 1998, S. 215 (219); *Möhrenschlager*, in: Dölling (Hrsg.), Korruptionsprävention, 2007, 8. Kap., Rn. 6.

1002 Kritisch dazu im Lichte des Grundtatbestands der Tötungsdelikte *Kargl*, JZ 2003, S. 1141 ff.

1003 *Roxin*, Strafrecht AT I, 2006, § 2, Rn. 132.

unwertsteigernde Merkmale"[1004]. Mit dieser Abwandlung wird die Grundtatbestandsform entweder erschwert oder gemildert. So heißt die erschwerte Grundform Qualifizierung bzw. unselbstständige Abwandlung. Die mildernde Form des Grundtatbestands wird hingegen als Privilegierung bezeichnet.[1005] Beim Verhältnis von Grund- und Qualifizierungstatbestand ist nicht die Modifizierung, vielmehr das zusätzliche Merkmal entscheidend. Denn der qualifizierte Straftatbestand wird solcherart gebildet und zeigt sich als eine „spezielle Ausgestaltung des Grunddelikts".[1006]

Die Meinung, welche die Bestechlichkeit als Qualifikationstatbestand ansieht, ist ambivalent. Das ergibt sich einerseits aus der rechtsterminologischen Betrachtung, andererseits aus dem Grund- und Qualifizierungstatbestandsverhältnis.

Dies erklärt sich zum einen daraus, dass die Bestechung von Beamten schon mit der Vorteilsannahme des Amtsträgers auch auf Basis seiner rechtmäßigen Tätigkeit in Betracht kommen kann. Wie schon ausgeführt wurde,[1007] gehören nach dem formellen rechtsterminologischen Gesichtspunkt solche nicht pflichtwidrigen Handlungen des Beamten zum Bestechungsverdacht, finden sich daher unter dem Dach der Bestechung. Nach dieser Auffassung – wie die herrschende Meinung in der deutschen Strafrechtslehre unglücklicherweise annimmt – ist die Vorteilsannahme der Grundtatbestand. Der Grundtatbestand, mit anderen Worten der Ausgangstatbestand, wird nach dieser Ansicht durch Erschwerung, also durch Hinzufügung des Pflichtwidrigkeitsmerkmals qualifiziert (*Qualifikationstheorie*).[1008] Die Tatbestände Vorteilsgewährung und Bestechung stehen in demselben Verhältnis.

1004 *Gropp*, Strafrecht AT, 2015, § 2, Rn. 45.

1005 *Jescheck/Weigend*, Strafrecht AT, 1996, S. 268; *Kindhäuser*, in: LPK-StGB, 2017, Vor § 13, Rn. 39; *Roxin*, Strafrecht AT I, 2006, § 2, Rn. 132 f.

1006 *Jescheck/Weigend*, Strafrecht AT, 1996, S. 268.

1007 Siehe oben § 7 B.

1008 Siehe dazu *Baumann*, Zur Problematik der Bestechungstatbestände, 1961, S. 8; *Zirpins/Terstegen*, Wirtschaftskriminalität, 1963, S. 698; *Eser*, Strafrecht III, 1980, 18 A 32; *Geppert*, Jura 1981, S. 42 (49); *Jescheck*, in: LK-StGB, 11. Aufl., Vor § 331, Rn. 16; *Cramer*, in: S/S-StGB, 2001, § 332, Rn. 1; *Höltkemeier*, Sponsoring als Straftat, 2005, S. 144; BGH, NJW 2003, S. 763 (765, 766); BGH, Urt. v. 14. 2. 2007 – 5 StR 323/06 = NStZ-RR 2008, 13 (14); *Sowada*, in: LK-StGB, 12. Aufl., Vor § 331, Rn. 40 m.w.N.; *Heger*, in: Lackner/Kühl-StGB, 2018, § 332, Rn. 2; *Heine/Eisele*, in: S/S-StGB, 2019, § 332, Rn. 1; *Korte*, in: MüKo-StGB, 2019, § 331, Rn. 19; *Stein/Rudolphi*, in: SK-StGB, 2015, § 331, Rn. 18; *Sommer*, in: Anwalt-StGB, 2015, § 332, Rn. 1; *Heinrich*, in: Arzt u.a., Strafrecht BT, 2015, § 49, Rn. 19; *Wittig*, Wirtschaftsstrafrecht, 2017, § 27, Rn. 70; *Kindhäuser*, in: LPK-StGB, 2017, § 332, Rn. 1; *v. Heintschel-Heinegg*,

Folgt man diesem Gedanken, geht es strafrechtsdogmatisch um eine Abhängigkeit der Qualifikation des Grundtatbestands bzw. ein Stufenverhältnis zwischen Grund- und Qualifikationstatbestand.[1009] Demzufolge würde der Täter bei Beweisschwierigkeiten nach dem Grundsatz *in dubio pro reo* nur wegen des Grunddelikts zu verurteilen sein. Zweitens hat es eine entscheidende Bedeutung für das Konkurrenzverhältnis.[1010] Es entstehe danach ein Fortsetzungszusammenhang.[1011]

VIII. Sind Bestechungsdelikte Verletzungsdelikte?

Da eine Tathandlungsmodalität bei der Bestechlichkeit den tatsächlichen Eintritt des Missbrauchs des Amtes unter Verletzung von Dienstpflichten voraussetzt – wie explizit im § 332 Abs. 1 S. 1 formuliert „(…) *dadurch seine Dienstpflichten verletzt hat oder verletzen würde*" – erscheint sie entgegen der h.M. als Verletzungsdelikt.[1012]

IX. Sind Bestechungsdelikte Erfolgsdelikte?

Es wurde schon oben darauf aufmerksam gemacht, dass unter der Tathandlungsmodalität „seine Dienstpflichten verletzt hat oder verletzen würde" (§ 332 Abs. 1 S. 1) ein erkennbarer Erfolg im normativen Sinne entsteht. Aus diesem Grund kann das Delikt nach dieser Tathandlungsmodalität als ein Erfolgsdelikt angesehen werden.[1013]

---

in: BeckOK-StGB, 35. Ed., 2019, § 332, Rn. 1. Skeptisch für diese Unterscheidung *Greco*, GA 2016, S. 249 (256).

1009 Siehe dazu i.S.v. Bestechungsdelikten *Geppert*, Jura 1981, S. 42 (49); allgemein *Maurach/Zipf*, Strafrecht AT, Teilbd. 1, 1992, § 20, Rn. 44; *Wessels/Beulke/Satzger*, Strafrecht AT, 2019, § 4, Rn. 169.

1010 *Greco*, GA 2016, S. 249 (256).

1011 Im Ergebnis ebenso RGSt 56, 402; *Baumann*, Zur Problematik der Bestechungstatbestände, 1961, S. 9.

1012 BGHSt 52, 300; *Wentzell*, Zur Problematik der §§ 331 ff., 2004, S. 88; *Krack*, NStZ 2001, S. 505 (508); *Kindhäuser*, ZIS 6/2011, S. 461 (465); zustimmend aufgrund des Scheins der Käuflichkeit im Rahmen des § 331 *Kargl*, ZStW 2002, S. 763 (786 f.); i.R.d. § 299 *Vasilikou*, Zuwendungen, 2016, S. 103; ablehnend *Sowada*, in: LK-StGB, 12. Aufl., Vor § 331, Rn. 39, zum Thema Fn. 202 und Rn. 40; i.R.d. passiven Privatbestechung nach Art. 322[novies] sStGB *Meili*, Strafrechtliche Bekämpfung der Privatbestechung, 2018, S. 75; *Dann*, NJW 2008, S. 3076 (3078).

1013 *Helmrich*, wistra 2009, S. 11 (11) m.w.N.; *Kindhäuser*, ZIS 6/2011, S. 461 (465); zustimmend i.R.d. § 299 und zugleich seine Parallelität zu §§ 331 *Krack*, NStZ 2001,

Diese Meinung ist eine Folge der Annahme, dass durch Tathandlungen bezüglich des Unrechtsvereinbarungsmodells ein objektiv wahrnehmbarer Schaden bzw. eine konkrete Gefährdung des geschützten Rechtsguts in Betracht kommt.[1014]

X. Sind Bestechungsdelikte Tätigkeitsdelikte?

Bei der Prüfung von Tatbeständen der Bestechlichkeit muss nicht immer ein tatsächlicher Eintritt der Gefahr oder Erfolg in der Außenwelt festgestellt werden. Vielmehr wird das Delikt prinzipiell durch ein einfaches Tun ohne Erfolg wie beim „Fordern" oder durch ein Verhältnis des Amtsträgers bezüglich seiner künftigen Diensthandlung wie beim „Sichbereitzeigen" i.S.v. § 332 Abs. 3 begangen. Die Bestechlichkeit ist auf diese Weise den schlichten Tätigkeitsdelikten zuzuordnen.[1015]

XI. Sind Bestechungsdelikte Mischtatbestände?

In der Regel werden die unterschiedlichen Begehungsformen einer Straftat entweder strafbegründend oder strafmodifizierend in Betracht gezogen, indem sie die Hauptstrafe verschärfen, mildern oder ausschließen. Damit die Normen „alle denkbaren strafwürdigen Fälle" abdecken können, gestaltet der Gesetzgeber sie oftmals als Mischtatbestände aus.[1016]

Falls der Gesetzgeber die unterschiedlichen Tatmodalitäten unter einer gleichen Strafdrohung regelt, spricht man von den „Mischtatbeständen".[1017] Nach der Unterscheidung von *Binding*[1018] gibt es zwei Dimensionen der Mischtatbestände: Bilden Mischtatbestände ein einheitliches Verbrechen ab, so ist von

---

S. 505 (507); *Özalp*, Türk Ceza Kanununda Rüşvet Suçu, 2018, S. 170; ablehnend *Cramer*, in: S/S-StGB, 2001, § 332, Rn. 1; *Heine/Eisele*, in: S/S-StGB, 2019, § 332, Rn. 1.

1014 Siehe zur Identität vom Erfolgsdelikt und konkreten Gefährdungsdelikt *Gallas*, in: FS-Heinitz, 1972, S. 176 m.w.N.; ablehnend *Koriath*, GA 2001, S. 51 (58 ff.).

1015 Siehe *Cramer*, in: S/S-StGB, 2001, § 332, Rn. 1; *Helmrich*, wistra 2009, S. 11 (12); so im Lichte der Privatbestechung in der Schweiz *Meili*, Strafrechtliche Bekämpfung der Privatbestechung, 2018, S. 73; im französischen Strafrecht *Philipp*, Der Straftatbestand des Einflusshandels, 2016, S. 194; zu Tätigkeitsdelikten *Kudlich*, in: S/S/W-StGB, 2016, Vor §§ 13 StGB, Rn. 27.

1016 *Wertheimer*, Mischgesetze, 1903, S. 3.

1017 *Maurach/Zipf*, Strafrecht AT, Teilbd. 1, 1992, § 20, Rn. 37.

1018 Zitiert nach *Wertheimer*, a.a.O., S. 6 m.w.N. Nach dem Verfasser ist außer dieser Betrachtung „ein einheitliches Prinzip" nicht vorhanden. Das mache daher die Trennung schwierig. Siehe *ders.*, a.a.O., S. 68.

einem alternativen Mischgesetz auszugehen. Die alternativen Mischtatbestände geben daneben das einheitliche Erscheinungsbild verschiedener Tatbestandsmerkmale ab. Der Gesetzgeber äußert damit den Wunsch, trotz der Verschiedenartigkeit in dem betreffenden Verbrechen, es gleichwertig zu behandeln.[1019] Stellen sich dagegen die als selbstständiges Verbrechen angesehenen Mischtatbestände in verschiedenen Paragraphen vor, so kommt dann ein kumulatives Mischgesetz in Betracht.

Als ein deutliches Beispiel für die alternativen Mischtatbestände sind §§ 332, 334 des deutschen StGB (Fordern, Sichversprechenlassen, Annehmen aus der Bestechlichkeit; Anbieten, Versprechen, Gewähren aus der Bestechung).[1020] Obwohl die in §§ 332, 334 genannten Handlungen nicht einheitlich sind und es daher für ihre Analyse verschiedener Ansätze bedarf,[1021] sind sie nach dem Willen des Gesetzgebers gleichwertig. Sie sind „vom Gesetz ausdrücklich gleichgestellte Tatbestandsmomente",[1022] oder anders ausgedrückt, „nur Modalitäten des einheitlichen Verbrechens".[1023] Im Gegensatz dazu erscheint der „Bestechung" betitelte, einzige Artikel des türkischen Bestechungsstrafrechts (Art. 252) als kumulativer Mischtatbestand, da dort mehrere Verbrechen unharmonisch unter dem gleichen Artikel geregelt sind.

XII. Sind Bestechungsdelikte Begegnungsdelikte?

Falls die Erfüllung eines Tatbestands die Beteiligung von mindestens zwei Personen voraussetzt, wird von einer „notwendigen Teilnahme" gesprochen.[1024]

Hierbei geht es in den folgenden Konstellationen: Nehmen die Beteiligten auf dasselbe Ziel „in derselben Rolle" Einfluss, wird der Vorgang als „Konvergenzdelikt" bezeichnet. Wirken die Beteiligten hingegen „in verschiedenen, miteinander korrespondierenden Rollen" auf den Taterfolg hin, spricht man vom „Begegnungsdelikt".[1025] Ein Fall des Begegnungsdelikts kommt in Betracht, sofern es eine auf dasselbe Ziel gerichtete Begegnung der Willensbekundung von

---

1019 *Wertheimer*, a.a.O., S. 4.

1020 *Binding*, Handbuch, Bd. I, 1885, S. 563, zum Thema Fn. 8, Nr. 13; *Wertheimer*, Mischgesetze, 1903, S. 66.

1021 Siehe zu *Differenzierungsgebot* unten § 10 B III; § 16 B VI; § 23 E II 2 e.

1022 *Wertheimer*, a.a.O., S. 56.

1023 *Wertheimer*, a.a.O., S. 30.

1024 *Kühl*, in: Lackner/ders.-StGB, 2014, Vorbemerkung zur Täterschaft und Teilnahme, Rn. 12; *Kindhäuser*, in: LPK-StGB, 2017, Vor §§ 25–31, Rn. 9.

1025 *Gropp*, Deliktstypen mit Sonderbeteiligung, 1992, S. 10; siehe ferner unten § 18 A I 2 m.w.N.

Beteiligten gibt.[1026] Hierbei führen die Beteiligten ihre Rolle mit unterschiedlichen, aber sich gegenseitig ergänzenden Verhaltensweisen und Handlungen aus.[1027] Aus diesem Grund erklärt der Gesetzgeber beide Seiten für strafbar. Daraus ergibt sich eine „Straflosigkeit" zugunsten des auf der notwendigen Seite stehenden Beteiligten. Diese Sperrwirkung zur Bestrafung gilt nur dann, wenn es eine nicht- überschnittene Mindestbeteiligung vorliegt.[1028]

Da es bei den Bestechungsdelikten es mehr als einer Person bedarf und der Gesetzgeber beide Seiten der Bestechungsdelikte mit Rücksicht auf die getroffene Unrechtsvereinbarung selbstständig für strafbar erklärt hat, sind die Bestechungsdelikte ohne weiteres Begegnungsdelikte.[1029]

XIII. Sind Bestechungsdelikte Unterlassungsdelikte?

Ein strafrechtlich relevantes Verhalten kann entweder durch ein aktives Tun oder durch eine Unterlassung wahrgenommen werden, wenn es gesetzlich vorgesehen ist. Sie sind danach „Handlung i.S.d. Strafrechts".[1030] Eine Diensthandlung bei der Bestechlichkeit kann vom Amtsträger auch unterlassen werden, wenn er z. B. einen ausführlichen Bericht hätte anfertigen und abgeben müssen, davon jedoch aufgrund der Unrechtsvereinbarung absichtlich verzichtet. Insoweit stellt Bestechlichkeit von Amtsträgern auch ein Unterlassungsdelikt dar. Da das Verhalten des Amtsträgers hier eine Gegenleistung i.R.d. Bestechungsabsprache ist, ist diese Unterlassung in diesem Zusammenhang ein vorsätzliches Untätigbleiben. Es ist daher kein echtes Unterlassungsdelikt.[1031] Aufgrund dessen steht das Unterlassen einer notwendigen Diensthandlung mit der Vornahme einer pflichtwidrigen Diensthandlung i.S.d. Bestechlichkeit gleich (§ 336 StGB).

1026 *Freudenthal*, Die Begegnungsdelikte, 1899, S. 3; *Otto*, Grundkurs Strafrecht, 2004, § 22, Rn. 70.

1027 Vgl. *Wolter*, JuS 1982, S. 343 (344); *Roxin*, Strafrecht AT II, 2006, § 26, Rn. 42; *Schünemann*, in: LK-StGB, 12. Aufl., Vor § 26, Rn. 25; *Kindhäuser*, in: LPK-StGB, 2017, Vor §§ 25–31, Rn. 9.

1028 *Schünemann*, in: LK-StGB, 12. Aufl., Vor § 26, Rn. 29. Vgl. auch unten § 10 A I 2; § 16 B IV, V.

1029 *Schütze*, Die nothwendige Theilnahme am Verbrechen, 1869, S. 339; *Freudenthal*, Die Begegnungsdelikte, 1899, S. 45; *Schünemann*, in: LK-StGB, 12. Aufl., Vor § 26, Rn. 29; vgl. auch *Hoyer*, in: SK-StGB, 2017, Vorbemerkung vor §§ 26–31, Rn. 78.

1030 Siehe *Freund*, Strafrecht AT, 2009, § 6, Rn. 112a.

1031 *Walther*, JURA 2010, S. 511 (516).

XIV. Sind Bestechungsdelikte Gefährdungsdelikte?

Wahrscheinlichkeit und Schädlichkeit charakterisieren diese Kategorie.[1032] Gefährdungsdelikte unterscheiden sich insofern durch ihre Intensität der Verletzung des geschützten Rechtsgutes. Nach diesem Maßstab wird von drei verschiedenen Gefährdungsdelikten gesprochen: Abstrakte und konkrete sowie abstrakt-konkrete (Mischformen) Gefährdungsdelikte, wobei die Tathandlung eines Gefährdungsdelikts entweder den tatbestandsmäßigen Erfolg oder die Vollendung des Tatbestandes erfüllt. In dieser Einteilung kommt es auf die enge oder weite Betrachtung des Delikts an.

Bei der abstrakten Version wird das geschützte Rechtsgut nicht direkt, sondern mittelbar und normativ verletzt. Hingegen wird das Rechtsgut beim konkreten Gefährdungsdelikt konkret und ernsthaft beeinträchtigt. In der abstrakt-konkreten Kategorie der Gefährdungsdelikte geht es demnach um eine Mischform der genannten Versionen.[1033]

Mit den abstrakten Gefährdungsdelikten wird ein Verhalten bestraft, das ein vom Strafrecht zu schützendes Rechtsgut potenziell beeinträchtigt. Damit ist für die abstrakten Delikte die potenzielle Wahrscheinlichkeit maßgebend. Hingegen vollzieht sich die Gefährdung eines konkreten Gefährdungsdelikts in einem Stadium, in dem eine enge Verbindung zwischen der Rechtsgutsverletzung und dem verbrecherischen Erfolgsunwert entsteht. Die abstrakten Gefährdungsdelikte können in diesem Zusammenhang als dessen Vorstadium angesehen werden.[1034] Es besteht daher ein besonderer Legitimationsbedarf zur Kriminalisierung von Gefährdungstatbeständen.[1035]

Nach allgemeiner Auffassung im deutschen Schrifttum liegt die Deliktsnatur von Bestechungsstraftaten in abstrakten Gefährdungsdelikten, da die Straftat mit der abstrakten Wahrscheinlichkeit des Schadenseintritts schon vollendet ist.[1036] Doch sprechen manche Autoren davon, dass es sich bei der Bestechlichkeit und

---

1032 *Koriath*, GA 2001, S. 51 (51).

1033 Siehe dazu *Kudlich*, in: S/S/W-StGB, 2016, Vor §§ 13 StGB, Rn. 25–26.

1034 Vgl. *Cramer*, Der Vollrauschtatbestand, 1962, S. 68; *Gallas*, in: FS-Heinitz, 1972, S. 180.

1035 *Lagodny*, Strafrecht vor den Schranken der Grundrechte, 1996, S. 534, zum Thema Fn. 8.

1036 Vgl. *Gribl*, Vorteilsbegriff, 1993, S. 136; *Lüderssen*, JZ 1997, S. 112 (115); *Gänßle*, NStZ 1999, S. 543 (546); *Ambos*, JZ 2003, S. 345 (349); *Sowada*, in: LK-StGB, 12. Aufl., Vor § 331, Rn. 39-40; *Schönwälder*, Das Bestechungswesen in der Privatwirtschaft, 2013, S. 86; *Rosenau*, in: S/S/W-StGB, 2018, § 331, Rn. 8; *v. Heintschel-Heinegg*, in: BeckOK-StGB, 42. Ed., 2019, § 331, Rn. 5; *Fischer*, StGB, 2019, § 331, Rn. 2.

Bestechung (§§ 332, 334 StGB) um konkrete Gefährdungen handelt, indem mit den Tathandlungen eine tatsächliche Beeinträchtigung des geschützten Rechtsguts in Betracht kommt (z. B. Annehmen bzw. Vorteilsverschaffung).[1037]

XV. Sind Bestechungsdelikte Unternehmensdelikte?

Sofern eine Tat wegen eines Versuchsunrechts unter Strafe gestellt ist und der Gesetzgeber dabei ausdrücklich oder konkludent keinen Unterschied zwischen Versuch und Vollendung macht, um damit den Versuch oder etwas Versuchsähnliches aufgrund des Versuchsunrechts als vollendetes Delikt bestrafen zu können, hat dieser Straftatbestand einen Unternehmensdeliktscharakter.[1038] Der Gesetzgeber verfolgt hier also die Erwägung, den „Versuch der Tat" als Vollendung des Tatbestandes zu beschreiben.[1039] Es handelt sich daher im materiellen Sinne um eine „Gleichbehandlung von Vollendung und Versuch".[1040]

Es kommen hierbei nur unechte Unternehmensdelikte in Betracht, da der Gebrauch des Fachausdrucks „Unternehmen" in der Tatbestandsstruktur der Bestechungsdelikte kaum möglich wäre.[1041]

In der türkischen Lehre wird de lege lata ein Unternehmensdeliktscharakter der Bestechungsdelikte einhellig vertreten.[1042] Der Grund dafür ist der gesetzliche Ausdruck. Der entsprechende Absatz lautet wie folgt:[1043]

1037 Vgl. *Baumann*, Zur Problematik der Bestechungstatbestände, 1961, S. 9, 32; *Loos*, in: FS-Welzel, 1974, S. 891; *Geerds*, JR 1981, S. 301 (302 f.); *Hardtung*, Erlaubte Vorteilsannahme, 1994, S. 44; *Korte*, in: MüKo-StGB, 2019, § 331, Rn. 12. Sehr kritisch mit der Begründung *Sowada*, in: LK-StGB, 12. Aufl., Vor § 331, Rn. 40. Dem Verfasser erscheint es dabei richtig, über den „erhöhten Gefährlichkeitsgrad" zu sprechen. In ähnlicher Weise handelt es sich nach *Wolters*, Unternehmensdelikt, 2001, S. 313, um eine „gesteigerte (abstrakte) Gefährlichkeit".

1038 Vgl. *Kudlich*, in: S/S/W-StGB, 2016, Vor §§ 13 StGB, Rn. 33.

1039 *Wolters*, Unternehmensdelikt, 2001, S. 301.

1040 Siehe dazu und ihre Konsequenzen *Eser*, in: S/S-StGB, 2001, § 11, Rn. 47 ff.; *Radtke*, in: MüKo-StGB, 2017, § 11, Rn. 133; zur Rolle bei der Bekämpfung unten § 16 C III 1 und § 23 E II 6 f.

1041 *Geisler*, Korruptionsstrafrecht und Beteiligungslehre, 2013, S. 182, geht davon aus, dass die Sachverhalte in Bezug auf Korruptionsdelikte mithilfe der echten Unternehmensdeliktsstruktur nicht erfasst werden könnten.

1042 *Özgenç*, Rüşvet, 2013, S. 84, 91; *Sancar*, Rüşvet Suçu, 2015, S. 116. Auffällig ist in diesem Zusammenhang, dass *Özalp*, Türk Ceza Kanununda Rüşvet Suçu, 2018, S. 170–171, in seiner Doktorarbeit die Bestechung sowohl als Unternehmensdelikt als auch als Gefährdungsdelikt einstuft.

1043 Eigene Übersetzung.

> „Im Falle, dass eine Vereinbarung bezüglich der Bestechung getroffen wird, sind die Täter wegen vollendeter Tat zu bestrafen (Art. 252 Abs. 3)."

In ähnlicher Weise vertritt ein Teil der deutschen Literatur, dass die Bestechungsdelikte sich zum Teil als Unternehmensdelikte darstellten.[1044]

XVI. Sind Bestechungsdelikte eigenständige Delikte (*delictum sui generis*)?

Ein *delictum sui generis* formt sich entweder „durch Kombination eines Delikts mit weiteren Merkmalen" oder wird mithilfe zweier Delikte gebildet. Diese neue deliktische Form wird „vom gesamten Regelungskomplex des Ausgangstatbestands" unterschieden und ist ein eigenständiges Delikt.[1045] Dieser deliktische Typus wird auch „selbstständige Abwandlung" genannt.[1046]

Es ist zu beachten, dass ein kriminologischer oder schlichter innerer Zusammenhang von Delikten im Besonderen Teil eines Strafgesetzbuches nicht ohne Weiteres zum Verhältnis von Grund- und Qualifizierungstatbestand führt. Ein gutes Beispiel dafür ist die Beziehung zwischen der Bestechlichkeit (§ 332) und Vorteilsannahme (§ 331) im deutschen Recht. Es geht hierbei zwar sowohl um eine kriminologische als auch um innere bzw. formale Verbindung. Doch die Bestechlichkeit ist ein eigenständiges Delikt, da die Straftat sich mit der Vorteilsannahme mit eigenem und unabhängigem Unrechtstypus in Verbindung setzt.[1047] Aufgrund dessen ist ein echtes Bestechungsdelikt als *delictum sui generis* zu kategorisieren.[1048]

1044 Zustimmend als „unechte Unternehmensdelikte" in Bezug auf die Modalität „Anbieten" nach § 334 *Eser*, in: S/S-StGB, 2001, § 11, Rn. 52; auch *Kudlich*, in: S/S/W-StGB, 2016, Vor §§ 13 StGB, Rn. 33. *Kindhäuser*, ZIS 6/2011, S. 461 (464) sieht die Tatmodalitäten „Fordern" und „Anbieten" auch als unechtes Unternehmensdelikt" an, weil dabei der Versuch formal mit der Vollendung gleichgestellt ist. So etwa *Mitsch*, JURA 2009, S. 534 (538). *Pragal*, ZIS 2/2006, S. 63 (77), bejaht dies i.R.d. Angestelltenbestechung so: „Es handelt sich somit bei der Norm um ein unechtes Unternehmensdelikt, da der korruptive Tausch lediglich geplant sein braucht". Vgl. auch zum Thema *Fincke*, Das Verhältnis des Allgemeinen zum Besonderen Teil des Strafrechts, 1975, S. 58; *Berz*, Gefährdungs- und Unternehmensdelikte, 1986, S. 133, zum Thema Fn. 3; kritisch *Wolters*, Unternehmensdelikt, 2001, S. 301 ff.; *Geisler*, Korruptionsstrafrecht und Beteiligungslehre, 2013, S. 182 ff.

1045 *Kindhäuser*, in: LPK-StGB, 2017, Vor § 13, Rn. 41.

1046 *Maurach/Zipf*, Strafrecht AT, Teilbd. 1, 1992, § 20, Rn. 44; *Kindhäuser*, in: LPK-StGB, 2017, Vor § 13, Rn. 39.

1047 Siehe dazu *Jescheck/Weigend*, Strafrecht AT, 1996, S. 268–269.

1048 In diese Richtung *Eb. Schmidt*, die Bestechungstatbestände, 1960, Rn. 267; *Kindhäuser*, in: LPK-StGB, 2017, § 332, Rn. 1. Siehe auch unten § 9 C m.w.N.

XVII. Sind Bestechungsdelikte eigenhändige Delikte?

Die Tathandlungsmodalitäten „Fordern“ bei der Bestechlichkeit und „Anbieten“ bei der Bestechung i.e.S. können durch nur einen Täter begangen werden. Es ist für die Tat nicht mehr als eine beteiligte Person erforderlich. Daher sind die Bestechungsdelikte mit den soeben genannten Handlungsmodalitäten als eigenhändige Delikte zu betrachten.

XVIII. Sind Bestechungsdelikte grenzüberschreitende Delikte?

Alle Straftaten können grundsätzlich nicht nur im Inland, sondern auch im Ausland begangen werden.

Seit Ende des Kalten Kriegs und des neuen Schubs weltökonomischer Vernetzung werden Bestechungsdelikte immer häufiger von ausländischen und internationalen Amtsträgern auslandsbezogen begangen. Um dies zu erfassen, sind mehrere internationale Abkommen ausgehandelt bzw. in Kraft gesetzt worden, um damit effektive und abschreckende Maßnahmen seitens der nationalen Gesetzgeber hierzu jedenfalls in einem standardisierten Rahmen anzukündigen und eine angemessene Bekämpfung durch staatliche Organe an- und einleiten zu können.[1049] Dies ist zu begrüßen.

In diesem Bewusstsein hat sowohl der deutsche als auch der türkische Gesetzgeber zutreffend neue Straftaten mit Auslandsbezug in ihre Bestechungsstrafrechtssysteme eingefügt. So sind im deutschen Bestechungsstrafrecht durch das zweite Korruptionsbekämpfungsgesetz[1050] den § 335a und im türkischen Bestechungsstrafrecht die Straftatbestände in Art. 252 Abs. 9 und Abs. 10 mit dem Änderungsgesetz aus dem Jahr 2012[1051] geregelt worden.[1052]

XIX. Sind Bestechungsdelikte Blankettdelikte?

Blanketttatbestände sind die Tatbestände, welche andere Vorschriften oder Normen „zu ihrer inhaltlichen Ausfüllung“ anrufen.[1053] Dafür wird eine vollständige

1049 Siehe dazu oben § 5 F II.
1050 Gesetz zur Bekämpfung der Korruption v. 20.11.2015, BGBl. I, S. 2025.
1051 Gesetz Nr. 6352 v. 2.7.2012, RG Nr. 28344 v. 5.7.2012.
1052 Eingehend unten § 14 B V für den § 335a und § 18 B V für den Art. 252 Abs. 9, 10.
1053 *Köhler*, Strafrecht AT, 1997, S. 89.

oder teilweise Verweisung in Bezug auf die „tatbestandlichen Voraussetzungen“[1054] bzw. „bezüglich des Verbotsinhalts“[1055] vorgenommen. Ist die Verweisung ein Bestandteil des Straftatbestandes, so umfasst das Delikt ein „Blankettmerkmal“.[1056] Auf diese Weise sind „außerstrafrechtlich beschriebene Verhaltensweisen“ für die Strafbarkeit des Täters maßgeblich.[1057]

Die Blanketttatbestände sind im Wirtschaftsstrafrecht typisch; sie sorgen für die „Flexibilität der gesetzlichen Regelung“.[1058] Sie hängen von außerstrafrechtlichen Vorschriften, Ansätzen und Regeln sowie Normen ab. Damit sind sie akzessorisch.[1059] Das führt dazu, dass die Betrachtung solcher Tatbestände außerstrafrechtliche Spezialkenntnisse voraussetzt.[1060]

Es ist zwischen Blanketttatbestände i.e.S. (reine Blankettstrafgesetze oder echte Blankettgesetze) und Blanketttatbestände i.w.S. (sog. Binnenverweisungen oder unechte Blankettgesetze) zu unterscheiden.[1061] Im Nebenstrafrecht findet man oft reine Blankettstrafgesetze, die schlichte außerstrafrechtliche Verstöße (sog. Ausfüllungsnorm) unter Strafe stellen. Dagegen trifft man im Kernstrafrecht nur auf Blanketttatbestände im weiteren Sinne.[1062] Bei solchen Straftatbeständen wird die Strafbarkeit inhaltlich zwar vollständig umrissen, aber sie sind konkretisierungsbedürftig und ihre betreffenden rechtsnormativen Tatbestände bzw. Blankettmerkmale werden durch Verweisung auf formelle Gesetze bzw. durch in Bezug genommene Normen und Ansätze vervollständigt.[1063]

Im deutschen Bestechungsstrafrecht begründen Verweise bzw. Bezugsnormen zum Amtsträgerbegriff in § 11 Abs. 1 Nr. 2[1064] und auf die Dienstpflicht in

---

1054 *Krey*, Strafrecht AT, Bd. 1, 2008, § 7, Rn. 208.

1055 *Jescheck/Weigend*, Strafrecht AT, 1996, S. 111.

1056 *Puppe*, in: NK-StGB, 2017, Vorb. zu §§ 13 ff., Rn. 30.

1057 *Dannecker*, in: LK-StGB, 12. Aufl, § 1, Rn. 149.

1058 *Tiedemann*, Wirtschaftsstrafrecht, 2017, § 5, Rn. 239. In diese Richtung auch *Kudlich/Oğlakcıoğlu*, Wirtschaftsstrafrecht, 2014, Rn. 47-48; „häufig“ *Wittig*, Wirtschaftsstrafrecht, 2017, § 6, Rn. 14

1059 *Wittig*, a.a.O., Rn. 14.

1060 *Kudlich/Oğlakcıoğlu*, a.a.O., Rn. 1.

1061 *Tiedemann*, a.a.O., Rn. 238; *Wittig*, a.a.O., Rn. 16; *Kudlich/Oğlakcıoğlu*, a.a.O., Rn. 48; vgl. auch *Karpen*, Die Verweisung als Mittel der Gesetzgebungstechnik, 1970, S. 20, 89.

1062 *Puppe*, in: NK-StGB, 2017, § 16, Rn. 19.

1063 Vgl. *Bülte*, JuS 2015, S. 769 (777).

1064 *Schuster*, Strafnormen und Bezugsnormen, 2012, S. 368.

Rechtssätzen und Verwaltungsvorschriften sowie Gesetzen[1065] den Blankettcharakter der Tatbestände.[1066]

C. Zwischenergebnis und Stellungnahme

Es ist bei den Wirtschaftsdelikten nicht selten schwieriger als bei anderen, einen Schaden sichtbar festzustellen. Damit lässt sich eine „unmittelbare Gefährlichkeit" als eine Folge der Begehung von Wirtschaftsdelikten konstatieren.[1067] Daher ist nötig, die Gesellschaft über sie zu informieren und ihr bewusst zu machen, dass auch Wirtschaftsdelikte erhebliche Schäden bewirken.[1068]

Die Feststellung, ob eine Straftat ein Wirtschaftsdelikt ist oder nicht, dient nahezu ausschließlich zur Verständigung über kriminelle Aktivitäten. Darüber hinaus wird auch eine phänomenologische Position klar gemacht. Für die Strafrechts- bzw. Verbrechenslehre ist die Konsequenz insoweit wie folgt zu formulieren: Beamtenbestechung wird im Sinne der Kriminalphänomenologie meist als eine Art von Wirtschaftsverbrechen betrachtet.[1069] Außerdem spielt diese Feststellung eine Rolle im Strafprozess und in der Strafzumessung: Im deutschen Recht müssen hier einschlägig Verdächtige nach § 74c I Nr. 6 GVG durch Schwerpunktstaatsanwälte verfolgt und Täter durch Wirtschaftsstrafkammer verurteilt werden, soweit zur Beurteilung des Falles besondere Kenntnisse des Wirtschaftslebens erforderlich sind. Im Übrigen könnte die Intensität, Art und Weise der Tatbegehung i.R.d. Strafzumessung entscheidend sein.

Im Hinblick auf die Deliktsnatur ist gewissermaßen eine differenzierende Betrachtung nach Tathandlungsmodalitäten maßgebend. Das gilt auch für die Auslegung der Tathandlungsmodalitäten.

Die Feststellung, ob eine Straftat in einem Grund- und Qualifikationstatbestandsverhältnis steht oder ob sie ein eigenständiges (*delictum sui generis*) Delikt bildet, ist relevant für die Praxis und hat erhebliche Bedeutung für die Auslegung.[1070] Erstens setzt das Verhältnis vom Grund- und Qualifikationsdelikt

---

1065 BT-Drucks. 7/550, S. 273; *Zimmermann*, Das Unrecht der Korruption, 2018, S. 429.

1066 Nach der Meinung von *Tiedemann*, Wirtschaftsstrafrecht, 2017, § 5, Rn. 266, Abb. 3, umfassen die Blanketttatbestände im weiteren Sinne „unechte normative Merkmale".

1067 Siehe *Zirpins/Terstegen*, Wirtschaftskriminalität, 1963, S. 94 f.

1068 *Wassermann*, in: Beiträge, 1979, S. 30. „Den Schaden trägt vor allem Allgemeinheit, Gesellschaft und der Staat": *Wassermann*, a.a.O., S. 31.

1069 *See*, Wirtschaft zwischen Demokratie und Verbrechen, 2014, S. 158.

1070 *Baumann*, Zur Problematik der Bestechungstatbestände, 1961, S. 10; *Eb. Schmidt*, die Bestechungstatbestände, 1960, Rn. 268; allgemein *Maurach/Zipf*, Strafrecht AT, Teilbd. 1, 1992, § 20, Rn. 43; *Gropp*, Strafrecht AT, 2015, § 2, Rn. 50; gegen

eine „enge Zusammengehörigkeit" voraus. Dies macht den dogmatischen Wert aus.[1071] Zweitens gelten die auf diese Weise für das Grunddelikt gewonnenen Ansätze und Regeln auch für die qualifizierte Form des Tatbestands.[1072] Im Gegensatz dazu besteht keine „charakteristische Beziehung" zwischen einem eigenständigen Delikt und Grunddelikt.[1073] Die eigenständigen Delikte setzen also keine solche Verbindung mit einem Grundtatbestand voraus. Dabei gilt die „Selbstständigkeitstheorie".[1074] Das bedeutet, dass ein eigenständiges Verbrechen eine „selbständige Beurteilung" mit Blick auf Strafrahmen, Verjährungsfrist, Nebenfolgen, Prozessvoraussetzungen usw. mit sich bringt.[1075] Drittens gilt bei der Gesetzeskonkurrenz zwischen dem Grund- und Qualifikationstatbestand der Lex-specialis-Grundsatz. Somit wird der Täter in diesen Fällen nur danach wegen der Qualifikationsstraftat bestraft.[1076]

In der vorliegenden Studie wird die Qualifikationstheorie aufgrund der geschichtlichen und soziologischen Tatsachen sowie der Sprach- und Rechtslogik nicht vertreten.[1077] Daher ist dieser formale und pragmatische Gedanke nicht

---

die einfache Unterscheidung als unselbstständige (abhängige) oder selbstständige Abwandlung *Roxin*, Strafrecht AT I, 2006, § 2, Rn. 135.

1071 Ähnlich auch *Roxin*, Strafrecht AT I, 2006, § 2, Rn. 136. Es gibt aber auch Meinungen, die die Feststellungsversuche in Bezug auf die Tatstruktur und Rechtsnatur als irrelevant sehen. Im Zusammenhang könnten diese Versuche nur als Hilfsmittel während Auslegung der Tatbestände dienen. Wie z. B. sehr kritisch zur Betrachtung über die formale Struktur der §§ 331, 332 *Haffke*, JuS 1973, S. 402 (406, 407).

1072 *Maurach/Zipf*, Strafrecht AT, Teilbd. 1, 1992, § 20, Rn. 44; „dieselbe Auslegung" *Roxin*, Strafrecht AT I, 2006, § 2, Rn. 133; grundsätzlich *Gropp*, Strafrecht AT, 2015, § 2, Rn. 46; zustimmend mit Rücksicht auf den Begriff „Vorteil" i.S.d. §§ 331 ff. *Korte*, in: MüKo-StGB, 2019, § 331, Rn. 84.

1073 *Jescheck/Weigend*, Strafrecht AT, 1996, S. 269.

1074 Dasselbe Problem kommt auch beim Verhältnis zwischen Mord (§ 211) und Totschlag (§ 212) in Betracht. Nach dieser Theorie stellen diese Delikte „zwei selbstständige Tatbestände" dar. Siehe zur Unterscheidung von Spezialitäts- und Selbstständigkeitstheorie i.d.S. *Hillenkamp*, Probleme BT, 2013, 1. Problem, S. 1 ff.

1075 *Maurach/Zipf*, Strafrecht AT, Teilbd. 1, 1992, § 20, Rn. 46.

1076 *Roxin*, Strafrecht AT I, 2006, § 2, Rn. 133.

1077 „Da eine Amtshandlung nicht gleichzeitig pflichtmäßig und pflichtwidrig sein kann" lehnt *Kaufmann*, JZ 1959, S. 375 (375) das Grund- und Qualifikationsverhältnis zwischen Vorteilsannahme (§ 331) und Bestechlichkeit (§ 332) und somit den Fortsetzungszusammenhang ab; zustimmend BGH, Urt. v. 21.11.1958 – 1 StR 458/58 = BGHSt 12, 146 = NJW 1959, S. 108; *Eb. Schmidt*, die Bestechungstatbestände, 1960, Rn. 267. Diese Ansicht war die herrschende Meinung in Deutschland bis in die 1970er Jahre. Siehe dazu *Baumann*, Zur Problematik der Bestechungstatbestände,

entscheidend und er wird hier nicht weiterverfolgt. Richtigerweise sind manche Bestechungsdelikte Qualifikationstatbestände. Das zeigt sich beispielsweise in der Richterbestechung.[1078]

Weiterhin spielten Mischgesetze vieler Strafgesetzbücher eine wichtige Rolle bei der Lehre von der Konkurrenz, weil es sich dabei um die Mehrheit der Verbrechen handelt.[1079] Diese sind in der Regel nach den Regeln zur Tateinheit zu lösen, weil sie meistens ein Verbrechen bilden.[1080]

Mithilfe der Ausgestaltung der Bestechungsdelikte als Gefährdungs- und Unternehmensdelikte wird die Strafbarkeit vorverlegt.

Aus den Fällen, in denen Blankett-Gesetzestatbestände im weiteren Sinne ausformuliert wurden, stellt sich der Verbrechenslehre „das schwierige Problem der Abgrenzung zu normativen Tatbestandsmerkmalen".[1081]

Die eigentlichen Bestechungsdelikte enthalten sowohl Blankett- als auch normative Tatbestandsmerkmale. Das macht die Betrachtung solcher Delikte schwieriger und komplexer.[1082] In der Verbrechenslehre hat dies zur Folge, dass die Bestechungsdelikte nur mit besonderer Kenntnis bzw. mit ausgeprägter „Bedeutungskenntnis" begangen werden könnten (sog. Parallelwertung in der Laiensphäre).[1083]

1961, S. 10; *Schmitt*, ZStW 1961 S. 414 (416); *Engelhardt*, Zur Struktur der Bestechungstatbestände, 1963, S. 49; vgl. auch *Graupe*, Die Systematik, 1988, S. 119 ff.; *Wentzell*, Zur Problematik der §§ 331 ff., 2004, S. 162 ff.; *Sowada*, in: LK-StGB, 12. Aufl., Vor § 331, Rn. 20 jeweils m.w.N.

1078 Ebenso *Binding*, Strafrecht BT II, 1905, S. 717; *Heinrich*, in: Arzt u.a., Strafrecht BT, 2015, § 49, Rn. 22.

1079 *Binding*, Normen, Bd. I, 1916, S. 209.

1080 *Binding*, Handbuch, Bd. I, 1885, S. 560 f.

1081 *Tiedemann*, Wirtschaftsstrafrecht, 2017, § 5, Rn. 239.

1082 Vgl. *Tiedemann*, a.a.O., Rn. 239; *Sternberg-Lieben/Schuster*, in: S/S-StGB, 2014, § 15, Rn. 103.

1083 Im Sinne des Merkmals „Pflichtwidrigkeit" *Korte*, in: MüKo-StGB, 2019, § 332, Rn. 37; BGH, NStZ 1984, S. 24 (25) = BGH, Urt. v. 31.05.1983 – 1 StR 772/82 [Fortsetzungszusammenhangsentscheidung]; *Schuster*, Strafnormen und Bezugsnormen, 2012, S. 179; allg. *Kühl*, in: Lackner/ders.-StGB, 2018, § 15, Rn. 14.

§ 10 Regelungsmodelle zur Ausgestaltung von Bestechungstatbeständen

Um die Schwächen des als „zu abstrakt“[1084] angesehenen Rechtsgutskonzepts zu vermeiden und damit die Tatbestandsmerkmale besser analysieren zu können,[1085] ist es zweckmäßig, „die typischen Sachverhalte“ nach logischen und systematischen Denkmodellen vorzustellen.[1086] Dazu helfen die Empirie der Kriminologie und die Erkenntnisse nach der Rechtsvergleichungsmethode.

Mit dem *Regelungsmodell* wird hier ein logisches und systematisches Aufbaumodell gemeint, das die nach dem kriminalpolitischen Verständnis eines typischen Sachverhalts deduktiv entwickelten Ansätze und Prinzipien enthält.[1087] Bei einem strafrechtlichen Regelungsmodell geht es demnach um eine juristische Konstruktion, in der etwas Allgemeines aus einem Besonderen entsteht.[1088] Man versucht dabei, Komplexität sinnwahrend vereinfacht zum Ausdruck zu bringen.[1089]

Da jedes Regelungsmodell zumindest einen Leitgedanken hat, könnten allein hiermit bereits die Bestechungstatbestände grundsätzlich verbessert werden, indem sie die Gesetzgebungstätigkeiten im Hinblick auf eine Revision von Vorschriften im Besonderen Teil des Strafrechts vereinfachen und die Diskussionen hierzu verbessern; doch kann hier noch kein einziges konkretes und bereichsspezifisches[1090] Reformmodell angeboten werden. Denn die folgenden

---

1084 Zustimmend i.S.d. Tatbestands § 299 *Vogel*, in: FS-Weber, 2004, S. 399.

1085 Ähnliche Gründe auch *ders.*, a.a.O., S. 398.

1086 Siehe zu diesem Angelpunkt des Regelungsmodells *ders.*, a.a.O.

1087 In ähnlicher Weise ist ein Regelungsmodell nach *ders.*, a.a.O., „eine logisch, systematisch und teleologisch bruchlose, gleichsam idealtypische Regelung eines typischen Sachverhalts“.

1088 Vgl. *Engisch*, Einheit der Rechtsordnung, 1935, S. 81.

1089 Siehe zur Modellierung i.S.v. Sozialwissenschaft *Saam*, in: Kühl/Strodtholz/Taffertshofer (Hrsg.), Handbuch Methoden der Organisationsforschung, 2009, S. 517 ff. m.w.N.

1090 Siehe zu bereichspezifischen Regelungsmodellen i.R.d. Angestelltenbestechung *Vogel*, a.a.O., S. 398 ff.; *Walther*, Bestechlichkeit und Bestechung im geschäftlichen Verkehr, 2011, S. 16 ff.; *Wollschläger*, Täterkreis des § 299, 2009, S. 135 ff.; *Vasilikou*, Zuwendungen im geschäftlichen Verkehr, 2016, S. 42 ff. Siehe auch zu einer Studie hinsichtlich der konkreten Reformmodelle *Hartmann*, Reformmodelle zur Abgeordnetenbestechung, 2013, passim.

Regelungsmodelle dienen nur dazu, die Ausgangs- und Bezugspunkte etwaiger Reformen, die während der Ausgestaltung bzw. Revision von Bestechungsstraftatbeständen (i.w.S.) vom Gesetzgeber beachtet werden sollten, zu beleuchten. Sie stellen einen Teilaspekt der Bestechungsstrafrechtsdogmatik dar und gehen von diesbezüglichen Axiomen aus.

So lassen sich auf folgende Weise fünf Modelle unter den Hauptmodellen und neun Modelle als ergänzende und unterstützende Modelle, insgesamt also vierzehn verschiedene Regelungsmodelle zur Ausgestaltung der strafwürdigen Bestechungshandlungen identifizieren.

A. Hauptmodelle

I. Das Aussehen des Verbrechens

Hier wird die Differenzierung nach dem äußeren Erscheinungsbild des Delikts abgehandelt. Sie ermöglicht, zwischen dem Einzel- und Zweier-Verbrechen-Modell zu unterscheiden.

1. Einzelverbrechen-Modell

Im Schrifttum wird teilweise die Auffassung vertreten, dass es bei der Bestechung zwar um verschiedene Tätigkeiten seitens des Bestochenen und des Bestechenden geht, es komme aber nur eine Straftat in Betracht, da die Täter mit derselben Absicht einen Verbrechenszweck verfolgten.[1091] Diese von zwei Seiten geführte und sich begegnende Aktion sollte daher durch eine Strafnorm, hier also mit dem Straftatbestand der Bestechung pönalisiert werden.[1092] Demnach reiche schon die Bestechlichkeit eines Amtsträgers für die Ausgestaltung von Bestechungsdelikten aus. Nach der Deliktstypenlehre tritt die als Einzeltatbestand ausgestaltete Bestechung als ein Begegnungsdelikt in Erscheinung.[1093]

Die Strafbarkeit des anderen Beteiligten ist hierbei nach notwendiger Teilnahme bzw. nach Täterschaftsregelungen des AT zu ermitteln.[1094] Nach diesem

1091 *Schütze*, Die nothwendige Theilnahme am Verbrechen, 1869, S. 339.

1092 Wie z. B. ausdrücklich *Özgenç*, Rüşvet, 2013, S. 80, zum Thema Fn. 86. während der betroffenen Sitzung des Justizausschusses propagierte. Dies wurde danach vom Gesetzgeber in der amtlichen Begründung fast wörtlich angenommen. Siehe JAB-TBMM v. 6.8.2004, S. 268, zit. nach www.ceza-bb.adalet.gov.tr/mevzuat/maddegerekce.doc. Vgl. ferner *Özalp*, Türk Ceza Kanununda Rüşvet Suçu, 2018, S. 165–166.

1093 Vgl. oben § 9 B XI.

1094 *Schütze*, Die nothwendige Theilnahme am Verbrechen, 1869, S. 342; *Peppler*, Die Bestechung, 1915, S. 15; *Welzel*, Strafrecht, 1969, S. 542; *Arzt*, in; ders./Weber,

Modell ist eine Differenzierung zwischen der Tat des Amtsperson und dem Außenstehenden bedeutungslos, weil diese „nur eine zur Täterschaft ausgestaltete Sonderform der (notwendigen) Teilnahme" zur Darstellung bringt.[1095] Bei diesem Modell wird der Bestechende prinzipiell als der Anstifter zu Bestechung angesehen.[1096]

2. *Zweier-Verbrechen-Modell*

In der heutigen Lehre und in der ausländischen Gesetzgebung besteht Einigkeit darüber, dass die Gesetzgeber zu Recht die beiden Parteien der Bestechung selbständig für strafbar erklären, da sie sonst wegen bloßer Teilnahme an der Bestechung bzw. Bestechlichkeit milder bestraft werden müssten. Die sich auf einen bestimmten Täterkreis beziehende Unrechtsgehalte von Bestechlichkeit und Bestechung werden auf diese Weise bewahrt.[1097]

Nach diesem Modell ist während der Ausgestaltung von Bestechungsdelikten zwischen dem Bestechenden und dem Bestochenen, mit anderem Wort zwischen dem Geber und dem Nehmer des ungerechtfertigten Vorteils, zu unterscheiden.[1098] Zu diesem Zweck sind zwei selbständige Straftatbestände erforderlich.[1099]

Bei der getrennten Behandlung der Bestechungsdelikte geht es um zwei Richtungen: Einige Gesetzgeber erfassen zuerst die Bestechung oder, umgekehrt, zunächst die Bestechlichkeit des Amtsträgers und danach verweisen sie im folgenden Absatz auf den vorherigen Straftatbestand zur Strafbarkeit des

---

Strafrecht BT, 2000, § 49, Rn. 17; *Heinrich*, in: Arzt u.a., Strafrecht BT, 2015, § 49, Rn. 16; teilweise *Teichmüller*, Die Bestechung, 1887, S. 15. Kritisch *Binding*, Strafrecht BT II, 1905, S. 710. Binding nennt diese Betrachtung „gemeinrechtliche Theorie". Siehe *ders.*, a.a.O., S. 726, 716 m.w.N. Kritisch auch *Geerds*, Unrechtsgehalt der Bestechungsdelikte, 1961, S. 59 ff. m.w.N.; *Krejci*, in: Brünner (Hrsg.) Korruption und Kontrolle, 1981, S. 539. Vgl. auch *Hoyer*, in: SK-StGB, 2017, Vorbemerkung vor §§ 26–31, Rn. 78.

1095 *Hettinger*, NJW 1996, S. 2263, (2273).

1096 *Binding*, Strafrecht BT II, 1905, S. 724.

1097 Siehe dazu *Birkmeyer*, Bestechung, in: Vergleichende Darstellung, IX. Bd., 1906, S. 322–323, zum Thema Fn. 1; *Geerds*, Unrechtsgehalt der Bestechungsdelikte, 1961, S. 59 ff. jeweils m.w.N. *Kerner/Rixen*, GA 1996, S. 355 (384), bringen die Sache als „konspirative Aktionsstruktur" zum Ausdruck. *Philipp*, Der Straftatbestand des Einflusshandels, 2016, S. 501, spricht ebenfalls über „dualistische Ausgestaltung". So auch *Walther*, Bestechlichkeit und Bestechung im geschäftlichen Verkehr, 2011, S. 6.

1098 Das führt zur sog. Trennung „passive und aktive Bestechung". Siehe oben § 11 B I.

1099 *Feuerbach/Mittermaier*, Lehrbuch, 1847, S. 758; *Braum*, NJ 1996, S. 450 (451); *Bottke*, ZRP 1998, S. 215 (220).

Bestechens oder des Bestochenen. Nach einer anderen Systematik werden die Bestechungsstraftaten durch zwei selbständige StGB-Artikel geregelt.[1100] Bei diesen Richtungen ist aber zu beachten, dass die Strafrahmen des Extraneus (Außenstehender des einen Amtsdelikts) um der Systemgerechtigkeit willen je nach Fall gesetzlich entweder mit jener des Amtsträgers gleichgestellt oder privilegiert werden sollte.[1101]

Als Beispiel für die erste Richtung kann Art. 252 des türk. StGB genannt werden, wobei zunächst die Bestechung im Art. 252 Abs. 1 und die Bestechlichkeit im Art. 252 Abs. 2 unter Verweis auf Art. 252 Abs. 1 bestimmt sind. Ein anderes Beispiel dafür liefert Art. 433–1 Abs. 1 und 2 des französischen Code pénal. Das deutsche StGB geht dagegen zutreffend von der Trennung aus und sieht zwei verschiedene Strafnormen, nämlich Bestechlichkeit im § 332 und Bestechung im § 334 vor. Auch das russische StGB regelt die Bestechlichkeit in Art. 290 (englisch: *Bribe-Taking*) und die Bestechung im Art. 291 (englisch: *Bribe-Giving*).[1102] Der englische Gesetzgeber sieht im Bribery Act v. 2010 zwei selbständige Strafen für die Bestechung vor und stellt erstens die Bestechung (section 1) und danach die Bestechlichkeit des Amtsträgers (section 2) unter Strafe.

So ergibt sich daraus eine materielle „*Sperrwirkung*“ im Sinne der Beteiligungslehre, weil sich dann weder der Bestechende wegen der Bestechlichkeit noch der Bestochene wegen der Bestechung strafbar machen kann. Die beiden Seiten werden verselbständig und abschließend kriminalisiert.[1103] Auf diese Weise liegt in der Folge der Sperrwirkung der wichtige strafrechtsdogmatische Unterschied im Vergleich zum Einzelverbrechen-Modell.

1100 Siehe auch *Birkmeyer*, Bestechung, in: Vergleichende Darstellung, IX. Bd., 1906, S. 323.

1101 Vgl. *Geisler*, Korruptionsstrafrecht und Beteiligungslehre, 2013, S. 162 f.

1102 Die englische Auffassung abrufbar unter http://www.russian-criminal-code.com/PartII/SectionX/Chapter30.html. Siehe ferner *Birke/Dann*, WiJ 2012, S. 133 (136 f.); *Markuntsov/Waßmer*, WiRO 2019, S. 289 (291 f.).

1103 Vgl. *Birkmeyer*, Bestechung, in: Vergleichende Darstellung, IX. Bd., 1906, S. 322; *Eb. Schmidt*, die Bestechungstatbestände, 1960, Rn. 209 f.; *Geerds*, Unrechtsgehalt der Bestechungsdelikte, 1961, S. 62; *Eser*, Strafrecht III, 1980, 18 A 33; *Fätkinhäuer*, in: FES (Hrsg.), Korruption in Deutschland, 1997, S. 77; *Jescheck*, in: LK-StGB, 11. Aufl., § 331, Rn. 29; *Cramer*, in: S/S-StGB, 2001, § 334, Rn. 11; *Sowada*, in: FS-Tiedemann, 2008, S. 297-298; *ders.*, in: LK-StGB, 12. Aufl., § 332, Rn. 33; *Sommer*, in: Anwalt-StGB, 2015, § 331, Rn. 81; *Hartmann*, Reformmodelle zur Abgeordnetenbestechung, 2013, S. 114; *Kuhlen*, in: NK-StGB, 2017, § 332, Rn. 28 und § 334, Rn. 9.

II. Die Art und Form der Unrechtsvereinbarung (Austauschmodelle)

Es wurde schon darauf aufmerksam gemacht, dass die Lehre von der Unrechtsvereinbarung den materiellen Unrechtskern der Bestechungsdelikte darlegt.[1104] Damit ist klar geworden, dass nicht alle Zuwendungen in Bezug auf das Amt i.R.d. Bestechung strafbar sind. Kriminalpolitisch ist es auch nicht vertretbar, sie schlechthin zu pönalisieren.[1105]

Unter diesem Teil der Arbeit wird versucht, die i.S.v. Bestechungsstrafrecht als relevant zu erachtenden Absprachen zwischen Amtsträger und Extraneus anhand der zivilrechtlichen Vertragstheorie[1106] darzustellen.

1. Gelockertes Unrechtsvereinbarungsmodell (formell-funktionales Austauschmodell)

Ob die Begehung des Vertrauensträgers pflichtwidrig ist oder nicht, hat nach diesem Modell keine Bedeutung.[1107] Hier ist festzustellen, ob in der internen Zwei-Herren-Beziehung i.R.d. externen Dreieckverhältnisses ein ungerechtfertigter Vorteil durch Missbrauch des Amts vorliegt.[1108] Dafür wäre ausreichend, die Käuflichkeit des Amtsträgers zu attestieren. Ohne Vereinbarung einer bestimmten Diensthandlung kann dabei ein Bestechungsdelikt über einen formalen Verknüpfungspunkt in Betracht kommen.[1109] Auf diese Weise erscheint der Beamte als Hauptakteur des Delikts, da die formell-funktionale Ausübung des Amtes hierbei die entscheidende Rolle spielt.[1110]

Abstrakte Zuständigkeit des Amtsträgers genügt hierbei,[1111] weil die Vertreter dieses Modells davon ausgehen, dass nach heutiger Aussicht die Aufgabenbereiche

---

1104 Siehe oben § 8 C II.

1105 *Volk*, in: 61. DJT, Bd. II/1, L 50; *Jähnke*, in: 61. DJT, Bd. II/2, L 89 f; *Überhofen*, Korruption und Bestechungsdelikte, 1999, S. 53; *Barranco*, in: FS-Tiedemann, 2008, S. 873. Vgl. auch oben § 8 B.

1106 Vgl. *Schütze*, Die nothwendige Theilnahme am Verbrechen, 1869, S. 319, 339; *Peppler*, Die Bestechung, 1915, S. 15; *Sowada*, in: LK-StGB, 12. Aufl., § 331, Rn. 27; *Sommer*, in: Anwalt-StGB, 2015, § 331, Rn. 65; *Stein/Rudolphi*, in: SK-StGB, 2015, § 331, Rn. 24. Siehe ferner unten § 20 B XI 2.

1107 Vgl. *Stein/Rudolphi*, in: SK-StGB, 2015, § 331, Rn. 18, 28; *Fischer*, StGB, 2019, § 331, Rn. 9.

1108 Vgl. oben § 2 D und § 3 C.

1109 In diese Richtung auch der Beschluss des 61. DJT. Siehe Beschlüsse II 2 Alt. 3, in: 61. DJT, Bd. II/1, L 58.

1110 *Palazzo*, in: FS-Volk, 2009, S. 534.

1111 Vgl. *Fischer*, 2019, § 331, Rn. 6.

der Staatsdiener nicht streng an einem förmlichen Tätigkeitsfeld orientiert sind.[1112] Die Aufgabenzuweisungen seien in der Regel „interpretationsbedürftig".[1113] Bei diesem Modell liegt deshalb eine entsprechende dienstliche Tätigkeit schon dann vor, wenn ein funktionaler Zusammenhang zwischen ungerechtfertigtem Vorteil und Amtsführung besteht. Ein funktionaler Zusammenhang zwischen der Amtsführung und den übertragenen Tätigkeitsbereichen reicht ebenfalls aus, um über eine Konnexität bzw. fiktionale Bestechungsabsprache zu sprechen.[1114]

In dem gelockerten Unrechtsvereinbarungsmodell ist das Beziehungsverhältnis bzw. die innere Beziehung von Leistung und Gegenleistung hauptsächlich objektiv ausgerichtet. Denn das formell-funktionale Austauschmodell geht davon aus, dass schon mit objektiv erkennbarer rechtswidriger Verknüpfung von Vorteil und Amtsführung ein Verdacht auf ein Bestechungsdelikt besteht.[1115] Terminologisch macht dieses Modell deshalb vom oben ausgeführten formalen bzw. pragmatischen Aspekt Gebrauch. Aber um das Austauschverhältnis anzunehmen, ist nicht nur eine objektive Erkennbarkeit der Reziprozitätsbeziehung, sondern auch – wie oben erwähnt – eine über die Reziprozitätsbeziehung entstandene Absprache erforderlich.[1116]

Eine vom Willen der Beteiligten abhängige abstrakte Gefährdung des geschützten Rechtsguts ist hier schon genügend, um die betreffenden Taten auf Bestechungsvorschriften zu beziehen. Hierbei charakterisiert die abstrakte Gefährdung die objektive Seite des Modells; die vom Willen der Parteien abhängige Perspektive stellt hingegen den subjektiven Sinn des Modells dar.

1112 Vgl. *Sowada*, in: LK-StGB, 12. Aufl., § 331, Rn. 56.

1113 *Stein/Rudolphi*, in: SK-StGB, 2015, § 331, Rn. 10c.

1114 Siehe dazu *Sowada*, in: LK-StGB, 12. Aufl., § 331, Rn. 56; *Heine/Eisele*, in: S/S-StGB, 2019, § 331, Rn. 37; *Rengier*, Strafrecht BT II, 2019, § 60, Rn. 17; *Kuhlen*, in: NK-StGB, 2017, § 331, Rn. 67.

1115 Vgl. *Sommer/Schmitz*, Praxiswissen Korruptionsstrafrecht, 2016, § 2, Rn. 122, 125; *Deiters*, in: FS-Rengier, 2018, S. 213.

1116 In diese Richtung auch *Geerds*, Unrechtsgehalt der Bestechungsdelikte, 1961, S. 73. Ihm zufolge ist der objektiv erkennbare Sinnzusammenhang „vom Willen der Beteiligten" abhängig. Siehe *ders.*, a.a.O., zum Thema Fn. 377; in ähnlicher Weise *Deiters*, in: FS-Rengier, 2018, S. 214. Nach *Sommer*, in: Anwalt-StGB, 2015, § 331, Rn. 33 seien nicht die Vorstellungen, sondern „das äußerliche Bild der Käuflichkeit" sei maßgebend. Ebenfalls BGH, NJW 2001, S. 2558 (2559); BGH, NStZ 2005, S. 334 (335); ablehnend auf die Willensperspektive *Heine/Eisele*, in: S/S-StGB, 2019, § 331, Rn. 36.

Dieses formell-funktionale Austauschmodell ist in drei Punkten objektiv: Erstens muss die amtliche Tätigkeit im Interesse des Vorteilsgebers liegen.[1117] Zweitens soll Amtsführung zumindest in groben Umrissen erkennbar sein. Drittens soll eine konkrete Zuständigkeit im Sinne von Dienstausübung nicht erforderlich sein.[1118] Dabei gilt entsprechend die weite Auslegung.[1119] „Lediglich vorbereitende und unterstützende dienstliche Tätigkeiten, wie etwa die Beratung anderer Amtsträger und Vorschläge zur Vergabe von Aufträgen," werden daher in diesem Modell als Dienstausübung gewertet.[1120]

Diese unrechtmäßige und bestechungsähnliche Konnexität ist hier aufgrund der Austauschbarkeit der Leistungen, also ohne konkretes Synallagma, als strafrechtsrelevanter Bestechungsvertrag anzunehmen.[1121] „Die Lehre von der Unrechtsvereinbarung" wird einerseits gelockert und auf diese Weise wird ermöglicht, als Anfüttern oder Klimapflege geschilderte Verhaltensweisen unter Strafe zu stellen. Die Strafbarkeit wegen der Bestechung wird damit vor die bloße funktionale Unrechtsvereinbarung vorverlegt.[1122] Die Problematik der Beweisschwierigkeiten in Bezug auf konkrete Absprache wird somit ausgelöst.

Hier wird deshalb nicht die konkrete Absprache in Anbetracht der Bestechung bestraft, sondern die festgestellte Konnexität zwischen der Amtsführung und dem ungerechtfertigten Vorteil. So beanstandet ein Teil der Doktrin mit Recht die Verwendung des Begriffs „Unrechtsvereinbarung" in diesem Zusammenhang.[1123] Statt ihrer sprechen die Vertreter dieser Lehre von der „Konnexität" zwischen Amt und Vorteil, da der Begriff Unrechtsvereinbarung untauglich

---

1117 Siehe dazu *Dölling*, ZStW 2000, S. 334 (345); OLG Hamm, NStZ 2002, 38 (39); *Kuhlen*, in: NK-StGB, 2017, § 331, Rn. 94.

1118 Vgl. *Fischer*, 2019, § 331, Rn. 6.

1119 Vgl. BT-Drucks. 7/550, S. 271; *Korte*, in: MüKo-StGB, 2019, § 331, Rn. 109.

1120 So BGH, NStZ 2008, S. 216 (218). Vgl. auch *Möhrenschlager*, in: Dölling (Hrsg.), Korruptionsprävention, 2007, 8. Kap., Rn. 31; *Korte*, in: MüKo-StGB, 2019, § 331, Rn. 108; *Fischer*, 2019, § 331, Rn. 7.

1121 *Ahlf*, in: von Nell/Schwitzgebel/Vollet (Hrsg.), Korruption, 2003, S. 139.

1122 Vgl. *Geisler*, Korruptionsstrafrecht und Beteiligungslehre, 2013, S. 78; *Rengier*, Strafrecht BT II, 2019, § 60, Rn. 28 ff.

1123 „keine Vereinbarung über Unrecht" *Korte*, in: MüKo-StGB, 2019, § 331, Rn. 116; ebenso *v. Heintschel-Heinegg*, in: BeckOK-StGB, 42. Ed., 2019, § 331, Rn. 25.1; *Deiters*, in: FS-Rengier, 2018, S. 217. Vgl. auch „etwas ungenau" *Fischer*, 2018, § 331, Rn. 23. Siehe auch *Wentzell*, Zur Problematik der §§ 331 ff., 2004, S. 138 ff. *Binding*, Strafrecht BT II, 1905, S. 715, geht i.d.S. vom Begriff „Unrechtsgeschäft" aus; *Schreier*, Drittvorteil und Unrechtsvereinbarung, 2002, S. 79, spricht von der „Zuwendungsübereinkunft", zit. nach *Sowada*, in: LK-StGB, 12. Aufl., § 331, Fn. 428.

sei, jene Beziehung darzulegen, in der ein funktionaler und objektiv feststellbarer Zusammenhang aufgrund der amtlichen Tätigkeit gegen rechtswidrigen Vorteil besteht.[1124] Aus diesem Grund gehen sie davon aus, dass diese formell-funktionale Verknüpfung als ein „regelwidriger Tausch“ zu verstehen ist.[1125]

Die Regelwidrigkeit in dieser normativen Perspektive ist nicht i.e.S. zu verstehen. Es kommen dementsprechend an dieser Stelle Verhaltensregeln in Betracht.[1126] Schließlich darf nicht vergessen werden, dass es bei der Abgrenzungsfrage zwischen strafbarem und nicht straflosem Verhalten bzw. beim Zweifel hinsichtlich der Regelwidrigkeit des Austauschverhältnisses einer Gesamtbetrachtung bedarf.[1127]

Verselbständigt kriminalisiert werden hier die Verhältnisse der Parteien bezüglich der Vergangenheits- oder Zukunftsaussichten,[1128] wobei die beiden Seiten ein Teil dieser auf dem Unrecht basierenden und auf einen ungerechtfertigten Vorteil gerichteten formell-funktionalen Beziehung sind.

1124 Siehe dazu *Sommer*, in: Anwalt-StGB, 2015, § 331, Rn. 32; *ders./Schmitz*, Praxiswissen Korruptionsstrafrecht, 2016, § 2, Rn. 120; zustimmend *v. Heintschel-Heinegg*, in: BeckOK-StGB, 42. Ed., 2019, § 331, Rn. 25.1.

1125 Vgl. *Volk*, in: 61. DJT, Bd. II/1, L 41; *ders.*, in: GS-Zipf, 1999, S. 421 f.; *Dölling*, ZStW 2000, S. 334 (345); ein unerlaubtes Risiko i.S.d. Strafrechts *Kindhäuser/Goy*, NStZ 2003, S. 291 (294); „normative Komponente“ des Tatbestandsmerkmals *Satzger*, ZStW 2003, S. 469 (481); *Sowada*, in: LK-StGB, 12. Aufl., § 331, Rn. 65; *Zöller*, ZJS 6/2011, S. 550 (555); „normative Voraussetzung“ *Stein/Rudolphi*, in: SK-StGB, 2015, § 331, Rn. 29; *Rosenau*, in: S/S/W-StGB, 2018, § 331, Rn. 35; *Kindhäuser*, Strafrecht BT I, 2017, § 76, Rn. 34; *Kuhlen*, in: NK-StGB, 2017, § 331, Rn. 96; *v. Heintschel-Heinegg*, in: BeckOK-StGB, 42. Ed., 2019, § 331, Rn. 25.

1126 *Heine/Eisele*, in: S/S-StGB, 2019, § 331, Rn. 39. Vgl. auch *Stein/Rudolphi*, in: SK-StGB, 2015, § 331, Rn. 29.

1127 Siehe dazu *Sowada*, in: LK-StGB, 12. Aufl., § 331, Rn. 70; *Korte*, in: MüKo-StGB, 2019, § 331, Rn. 123; *Sommer*, in: Anwalt-StGB, 2015, § 331, Rn. 32; *ders./Schmitz*, Praxiswissen Korruptionsstrafrecht, 2016, § 2, Rn. 120; *Heine/Eisele*, in: S/S-StGB, 2019, § 331, Rn. 39; BGHSt 53, 6 = NJW 2008, S. 3580 (3580).

1128 Beispielsweise ausdrücklich beim Art. 318 Abs. 2 des italienischen Korruptionsstrafrechts: „Nimmt die Amtsperson das Entgelt für eine von ihr bereits vorgenommene Amtshandlung an, (…)“. Zit. nach *Rübenstahl*, Amtsträgerkorruptionsdelikte nach italienischem und deutschem Recht, 2012, S. 774.

2. *Konkretisiertes Unrechtsvereinbarungsmodell (materielles Austauschmodell)*

Im Vergleich zum formell-funktionellen Austauschmodell reicht hier ein bloß objektives Zusammentreffen von Vorteil und Amtshandlung nicht aus.[1129] Das Austauschverhältnis zwischen ungerechtfertigtem Vorteil und der Amtshandlung wird in diesem Modell vom konkreten Nachweis abhängig gemacht (obj. Seite). Daher kann dieses Modell als konkretisiertes Unrechtsvereinbarungsmodell bezeichnet werden.[1130]

Das spezielle Unrecht liegt bei diesem Modell in der Unrechtsvereinbarung. Die Austauschbeziehung zwischen Vorteil und Amtshandlung ist demzufolge unverzichtbar.[1131] Das Beziehungsverhältnis wird bei diesem Unrechtsvereinbarungsmodell insbesondere subjektiviert, indem das strafwürdige Unrecht des Tatbestands von den tatsächlichen Vorstellungen und Reziprozitätseinstellungen der korrumpierten Partner abhängig gemacht wird.[1132] Dies legt auf diese Weise den subjektiven Sinn des Modells dar (subj. Seite). Die Existenz einer solchen beidseitigen kriminellen Beziehung hängt also „von den Vorstellungen und dem Willen der Beteiligten“ ab.[1133]

Wie oben ausgeführt, ist beim formell-funktionalen Austauschmodell nur das formell-funktionale Austauschverhältnis regelwidrig. Im Gegensatz dazu ist beim konkretisierten Unrechtsvereinbarungsmodell (*materielles Austauschmodell*) sowohl die aus dem Bestechungsvertrag, d. h. aus den Vorstellungen und Willen der Täter bestehende Koinzidenz, als auch die Hauptleistung des Vertrags, die sich auf den Dienst beziehende Handlung des Amtsträgers i.S.d. Dienstrechts, rechtswidrig.[1134] Es kommt somit eine echte bzw. eigentliche Bestechungsstraftat

---

1129 Vgl. *Eb. Schmidt*, die Bestechungstatbestände, 1960, Rn. 128.

1130 *Schroth*, Strafrecht BT, 2010, S. 396, verwendet den Ausdruck „konkretisierte Unrechtsvereinbarung“, um die Konnexität zwischen Amt und Vorteil i.R.d. Bestechung und Bestechlichkeit deutlich zu machen.

1131 Vgl. *Eb. Schmidt*, die Bestechungstatbestände, 1960, Rn. 126 m.w.N.

1132 Siehe zur Subjektivierung des Beziehungsverhältnisses *Eb. Schmidt*, die Bestechungstatbestände, 1960, Rn. 139 f.; *Kargl*, ZStW 2002, S. 763 (777); *Cramer*, in: S/S-StGB, 2001, § 331, Rn. 29d; *Kuhlen*, in: NK-StGB, 2017, § 332, Rn. 24

1133 *Eb. Schmidt*, die Bestechungstatbestände, 1960, Rn. 129.

1134 In ähnlicher Weise *Arzt*, in; ders./*Weber*, Strafrecht BT, 2000, § 49, Rn. 19.

i.R.d. Bestechungskriminalität in Betracht.[1135] Deshalb macht sich dieses Modell rechtsterminologisch den materiellen Aspekt zunutze.

Der ungerechtfertigte Vorteil, der bei dem konkreten Unrechtsvereinbarungsmodell als Gegenleistung dient, muss nach Vorstellungen der Täter im Interesse des Bestochenen sein. Gleichfalls muss die bereits vorgenommene oder vorzunehmende pflichtwidrige Diensthandlung auch im Interesse des Bestechenden liegen.[1136] Die Täter werden also „im Sinne eines Gegenseitigkeitsverhältnisses"[1137] aktiv und schließen ausdrücklich oder stillschweigend einen Bestechungsvertrag ab.[1138] Deshalb ist immer zu beachten, dass Leistung und Gegenleistung im Interesse der Beteiligten liegen und entsprechend objektiv feststellbar sein müssen.

Der Zusammenhang des eigennützigen Verhaltens mit der dienstlichen Tätigkeit ist bei diesem Regelungsmodell eng auszulegen. Die Erkennbarkeit des Gegenseitigkeitsverhältnisses ist auch nicht ausreichend, um von einem Beziehungsverhältnis i.S.d. Bestechungsdelikte zu sprechen.[1139] Somit kann festgehalten werden, dass es hier um eine echte, an Bestechung und Bestechlichkeit orientierte Vereinbarung und die sich daraus ergebende engere Auslegung dieser Unrechtsvereinbarung geht.[1140]

Verselbständigt bestraft werden hier entsprechend die Verhältnisse der Parteien, wobei die beiden Seiten ein Teil dieser auf die klassische Bestechung basierenden und auf den ungerechtfertigten Vorteil gerichteten rechtswidrigen Absprache sind.

Die traditionale Seite des deutschen (§§ 332 Abs. 1, 334 Abs. 1), schweizerischen (Art. 322ter, 322^{quater} sStGB[1141]), österreichischen (§§ 304, 307 öStGB)

1135 Im Sinne der Sprachlogik geht es um „doppelte Verneinung". Nach dem schweizerischen Strafgesetzgeber ist es als „doppelte Pflichtverletzung" zum Ausdruck gebracht. Siehe schweiz. BBl. 1999, S. 5502.

1136 Vgl. *Korte*, in: MüKo-StGB, 2019, § 332, Rn. 6; *Sinner*, in: Matt/Renzikowski-StGB, 2013, § 332, Rn. 5; *Kuhlen*, in: NK-StGB, 2017, § 331, Rn. 94; *Sowada*, in: LK-StGB, 12. Aufl., § 331, Rn. 66.

1137 Vgl. *Satzger*, ZStW 2003, S. 469 (481).

1138 So wird ein „bewusster Zusammenhang" gestiftet. Siehe dazu RGSt 64, 335; 77, 75 ff. Vgl. auch *Sauer*, System des Strafrechts, BT, 1954, S. 515; *Geerds*, Unrechtsgehalt der Bestechungsdelikte, 1961, S. 73; *Vest/Weber*, Bestechungsstraftaten, 2009, S. 4, 6; „bewusste Verknüpfung" *Fischer*, 2019, § 331, Rn. 21.

1139 *Möhrenschlager*, in: Dölling (Hrsg.), Korruptionsprävention, 2007, 8. Kap., Rn. 29. Ebenso *Geisler*, Korruptionsstrafrecht und Beteiligungslehre, 2013, S. 77.

1140 *Heine/Eisele*, in: S/S-StGB, 2019, § 332, Rn. 1.

1141 Die klassische Fassung wird dabei als „Hauptmodell" vorgestellt. Siehe dazu schweiz. BBl. 1999, S. 5502.

sowie italienischen (Art. 319 CP) Bestechungsstrafrechts unterliegen bei diesem Modell.

3. *Entschließung zur Verschmelzung (Rechtsgutsmodell)*

Bei diesem Modell ergibt sich eine „Verschmelzung", in der bestechungsähnliche Vorfelddelikte, nämlich Vorteilsannahme und Vorteilsgewährung, mit echten Bestechungsdelikten, nämlich Bestechlichkeit und Bestechung, im Namen der Prävention verbunden werden und dergestalt eine Einheit bilden, dass sie i.S.d. geschützten Rechtsguts untrennbar werden.[1142] Auf diese Weise knüpft dieses Modell grundsätzlich an das Verständnis des gelockerten Aufbaumodells an.

Befürworter dieses am geschützten Rechtsgut orientierten Modells betrachten die Strafwürdigkeit von Vorteilsannahme und Bestechlichkeit aus kriminalpolitischen Gründen als dieselbe.[1143] Für Gesetzgeber, die dieser Ansicht folgen, ist irrelevant, ob die Amtshandlung des Beamten sachlich rechtswidrig ist oder nicht. Entscheidend ist hierbei, ob die Käuflichkeit der amtlichen Tätigkeit in Betracht kommt. Mit anderen Worten liegt deshalb auch schon dann ein Bestechungsdelikt vor, wenn das Vertrauen der Allgemeinheit in die Funktionsfähigkeit staatlichen Verwaltung bzw. die Lauterkeit des öffentlichen Dienstes beeinträchtigt ist. Dies ist im weiteren Sinne zu verstehen. Infolgedessen ist

---

1142 In der a. F. des türk. StGB v. 1926 wurden die einfache Bestechung bzw. Bestechlichkeit beim Art. 211 Abs. 1 und die schwere Bestechung des Amtsträger unter demselben Artikel beim Abs. 2 geregelt. Siehe *Tellenbach*, Einführung in das türkische Strafrecht, 2003, S. 116 ff. Dieselbe Formulierung hat der Entwurf von Bundesregierung für StGB v. 1960 im § 460 um technischer Vereinfachung willen vorgesehen. Siehe dazu BT-Drucks. 2150, S. 607–608; mit Zustimmung *Geerds*, Unrechtsgehalt der Bestechungsdelikte, 1961, S. 88. Ebenso hatte der Regierungsentwurf für das heutige türk. StGB v. 2003 im Art. 404 Abs. 1 die einfache Bestechlichkeit, also widerrechtliche Geschenk- oder Vorteilsannahme des Amtsträgers, und im selben Art. Abs. 2 die schwere Bestechlichkeit des Amtsträgers eingeplant.

1143 Nach *Feuerbach*, Themis, 1812, S. 213–214, auch *ders./Mittermaier*, Lehrbuch, 1847, S. 757, 762, sei die pflichtwidrige Geschenkannehme des Staatsdieners wegen der strengen Vermutung zur rechtswidrigen Absicht mit der echten Bestechung tatbestandlich gleich. Dies solle bei der Strafzumessung eine Rolle spielen; ähnlich auch die Begründung des EGStGB v. 1973, BT-Drucks. 7/550, S. 270. Nach *Geerds*, Unrechtsgehalt der Bestechungsdelikte, 1961, S. 68, besteht es nur ein Unterschied zwischen einfacher und schwerer Bestechlichkeit im Grad der Gefährdung der verwaltenden Staatstätigkeit. Vgl. auch *Haffke*, JuS 1973, S. 402 (405); „das straferhöhende Moment" *Rosenau*, in: S/S/W-StGB, 2018, § 332, Rn. 1. Kritisch *Kaufmann*, JZ 1959, S. 375 (376).

schon beim Eindruck oder Anschein von Käuflichkeit eine Bestechungsstraftat anzunehmen.[1144]

Demgemäß geht das Rechtsgutsmodell davon aus, dass das geschützte Rechtsgut bei der Pönalisierung des abweichenden Verhaltens grundlegend und für echte und unechte Bestechungsdelikte identisch ist. Deshalb soll die gesetzliche Formulierung sowohl die Bestechungs- als auch die bestechungsähnlichen Delikte umfassen. Daraus ergibt sich eine „Gleichstellung der Handlungsmodalitäten von Bestechungsdelikten mit Vorfeldtaten", d. h. eine „Orientierung an Vorfeldtaten".[1145]

Der heutige französische Code pénal geht im Art. 433-1 von dieser Formulierung aus und macht keinen Unterschied zwischen einfacher und schwerer Bestechung.[1146] Gleichfalls verbindet die Formulierung des Art. 252 des türk. StGB die echten mit unechten Bestechungsdelikten im denselben Absatz unter dem Begriff Bestechung.[1147]

B. Ergänzende und unterstützende Modelle

I. Sektormodell

Aufgrund der vielfältigen Aufgaben der heutigen Staaten und wegen ihrer allmählich zunehmenden Tätigkeiten[1148] sowie wegen unterschiedlicher Rege-

---

1144 Siehe oben § 8 B III m.w.N. Siehe auch dazu *Barranco*, in: FS-Tiedemann, 2008, S. 869 f. In den internationalen Abkommen besteht auch Einigkeit darüber, dass die Bestechungsdelikte in der öffentlichen Verwaltung sowohl die echte als auch die unechte Bestechung umfassen. Siehe unten § 7 D.

1145 *„Bestechungshandlung"* sei nach *Androulakis*, Globalisierung der Korruptionsbekämpfung, 2007, S. 39, i.d.S. „das unmittelbare oder mittelbare Fordern, Anbieten, Sichversprechenlassen, Versprechen, Annehmen oder Gewähren eines nicht geschuldeten Vorteils".

1146 *Barth*, in: Eser/Überhofen/Huber (Hrsg.), Korruptionsbekämpfung durch Strafrecht, 1997, S. 107, zum Thema Fn. 19 und S. 118; *Überhofen*, Korruption und Bestechungsdelikte, 1999, S. 384; *Philipp*, Der Straftatbestand des Einflusshandels, 2016, S. 156.

1147 Die amtliche Begründung der jetzigen Auffassung der Bestechung im Art. 252, JAB-TBMM Nr. 278 v. 12.6.2012, S. 126, hebt hervor, dass es dabei nicht relevant ist, ob die vom Vorteilsgeber gewünschte vorgenommene oder vorzunehmende dienstliche Tätigkeit pflichtmäßig oder pflichtwidrig ist, um eine Tat als Bestechung anzunehmen. So auch *Özgenç*, Rüşvet, 2013, S. 88. Dieser Justizausschussbericht der Nationalversammlung ist abrufbar unter https://www.tbmm.gov.tr/sirasayi/donem24/yil01/ss278.pdf.

1148 Vgl. *Dölling*, Gutachten, 1996, C 31.

lungen von Rechtsgebieten wäre es kaum möglich, Bestechungsdelikte in einem Einheitsmodell, also ohne Differenzierung nach normativen Bedürfnissen, auszugestalten.[1149] Es ist daher nicht mehr zeitgemäß, Bestechungsdelikte auf den öffentlichen Bereich zu reduzieren. In den heutigen Bestechungsstrafrechtsmodellen werden die Bestechungsdelikte nach weiteren Sektoren ausgestaltet.[1150]

In diesem Modell werden die Bestechungsdelikte nach Erscheinungsformen[1151] und besonderen sektoralen Vorschriften ausgestaltet. Die sog. Zweiteilung einer Bestechung im öffentlichen Sektor und einer Bestechung im privaten Sektor ist ein gutes Beispiel für dieses Regelungsmodell.[1152]

Das deutsche Modell basiert auf der Differenzierung nach den Beschäftigungsbereichen der Entscheidungsträger.[1153] Es ist damit von den Berufsgruppen abhängig.[1154] Das deutsche Bestechungsstrafrecht schreibt diese Basis fort und erfasst die Bestechungsdelikte nach Sektoren unter vier unterschiedlichen Abschnitten; namentlich §§ 108b, 108e im Bereich der Politik; § 265d im Bereich des Sports; §§ 298, 299 im Wirtschaftssektor; §§ 299a und 299b im Gesundheitssektor; §§ 332, 334 in der öffentlichen Verwaltung; §§ 332 Abs. 2 und 334 Abs. 2 in der Justiz sowie § 335a in der internationaler Bestechung.

1149 In diese Richtung i.R.d. Unterscheidung von Amtsträgern und Mandatsträgern *Heinrich*, ZIS 6/2016 S. 382 ff.; vgl. auch *Walther*, Bestechlichkeit und Bestechung im geschäftlichen Verkehr, 2011, S. 8 f.; *Teixeria*, Das Unrecht der privaten Korruption im geschäftlichen Verkehr, 2018, S. 161.

1150 Vgl. *Vogel*, in: FS-Weber, 2004, S. 400.

1151 Siehe unten § 11 A.

1152 *Teixeria*, Das Unrecht der privaten Korruption im geschäftlichen Verkehr, 2018, S. 154. Aussagekräftigt ist das Bedürfnis solcher Differenzierung mit der Möglichkeit „Idealkonkurrenz zwischen § 332 und 299 Abs. 1". Siehe *Korte*, in: MüKo-StGB, 2019, § 332, Rn. 49. So auch *Kuhlen*, in: NK-StGB, 2017, § 331, Rn. 151; zur verschiedenen Schutzrichtungen zwischen Angestellten- und Amtsträgerbestechung *Überhofen*, in: Eser/ders./Huber (Hrsg.), Korruptionsbekämpfung durch Strafrecht, 1997, S. 767; *Schönwälder*, Das Bestechungswesen in der Privatwirtschaft, 2013, S. 168, 240 f.; vgl. auch *Dölling*, Gutachten, 1996, C 52; *ders.*, ZStW 2000, S. 334 (336); ablehnend The Law Commission, Reforming bribery, 2007, Rn. 12.1. Der UK Bribery Act 2010 sieht keine Unterscheidung zwischen Amtsträgerbestechung und Angestelltenbestechung vor. Es geht um dabei eine Gleichbehandlung und somit eine Annäherung zwischen diesen Branchen. Siehe *Hugger/Röhrich*, BB 2010, S. 2643 (2644); *Dixon/Gößwein/Hohmann*, NZWiSt 2013, S. 361 (362).

1153 So *Eser*, in: 61. DJT, 1996, Bd. II/2, L 75.

1154 Kritisch *Schneider*, in: GS-Seebode, 2015, S. 156 ff.

II. Einheitsmodell (Gleichstellungsmodell)

Im Gegensatz zu dem Regelungsmodell nach Sektoren spielen im Einheits- bzw. Gleichstellungsmodell weder die Branche des Täters noch die Position des Extraneus eine Rolle in der Systematik der Bestechungsdelikte. Vielmehr plädiert dieses Modell für eine „Gleichbehandlung" aller Täter.[1155] Regelmäßig findet hier eine Gleichstellung mit der Amtsträgerbestechung statt. Der Strafrahmen unterscheidet idealiter nicht zwischen Geber und Nehmer. Das heißt, dass es hierbei also weder um eine Qualifizierung noch eine Privilegierung des Extraneus geht (Amtsträger = Außenstehender).[1156]

Das türkische Bestechungsstrafrecht knüpft an dieses Regelungsmodell in der solitären Bestechungsstraftat seines StGB an, namentlich in der Bestrafung von Wirtschaftsteilnehmern nach Art. 252 Abs. 8 und von ausländischen Amtsträgern nach Art. 252 Abs. 9 und 10. Auch machen der Bribery Act von 2010 in section 11; das sStGB bei Art. 322ter, 322^{quater}; das öStGB bei §§ 304, 307 und der c.p. beim Art. 321[1157] sowie das spStGB bei Art. 424[1158] von diesem Regelungsmodell Gebrauch, indem sie alle die betreffenden Haupttäter bei der Hauptstrafe gleichstellen.

Im deutschen Bestechungsstrafrecht sind nur die ausländischen und internationalen Amtsträger nach § 335a mit deutschen Amtsträgern gleichgestellt. Somit werden sie wie die deutschen Amtsträger bestraft, sofern sich ihr Tun auf eine künftige richterliche Handlung oder eine künftige pflichtwidrige Diensthandlung bezieht.[1159]

1155 Vgl. *Volk*, in: 61. DJT, Bd. II/1, L 44 f.; ders. in: GS-Zipf, 1999, S. 424; *Jähnke*, in: 61. DJT, Bd. II/2, L 87 ff.

1156 Eingehend *Birkmeyer*, Bestechung, in: Vergleichende Darstellung, IX. Bd., 1906, S. 362 f.; *Wessels/Hettinger/Engländer*, Strafrecht BT 1, 2017, Rn. 1195, sehen die Gleichbehandlung von §§ 331, 333 i.S.d. Strafrahmens als den „schwerste Missgriff" an und sprechen vom „Zweifel an der Verfassungsmäßigkeit". Kritisch auch zu diesem Gedanken i.R.d. Schuldprinzips *Hettinger*, NJW 1996, S. 2263, (2272); *Zimmermann*, Das Unrecht der Korruption, 2018, S. 545. Nach *Sowada*, in: FS-Tiedemann, 2008, S. 289, erweise sich das Modell als verfassungsmäßig, soweit es in die Strafzumessung einbezogen ist.

1157 Siehe *Maurach/Schroeder/Maiwald*, Strafrecht BT, Teilbd. 2, 2012, § 79, Rn. 3.

1158 Zit. nach *Philipp*, Der Straftatbestand des Einflusshandels, 2016, S. 610.

1159 Eingehend unten § 14 B V.

III. Präventionsmodell

Aus der Perspektive der Prävention berücksichtigt der Gesetzgeber alle Begehungsarten des Vor- und Nachfelds eines Bestechungsvertrags, um etwaige Strafbarkeitslücken zu vermeiden. Im Übrigen sollen hier nicht nur Handlungen vor der Diensthandlung, sondern auch nachträgliche Belohnungen kriminalisiert werden, indem fiktional ein Kausalzusammenhang für einen ungerechtfertigten Vorteil postuliert wird. Denn auch solcherart zurechenbare Zuwendungen führen in diesem Paradigma zu einer „Verfälschung des Staatswillens".[1160] Die Systematik gewährleistet dies *stufenförmig*[1161] und mithilfe von unterschiedlichen Tathandlungsmodalitäten. Daraus ergibt sich eine *Stufenfolge*[1162] bzw. ein Drei-Stufen-Modell[1163] in der Analyse eines Bestechungsdelikts (Fordern → Sichversprechenlassen → Annehmen aufgrund Bestechlichkeit; Anbieten → Versprechen → Gewähren aufgrund Bestechung). Das führt aber nicht zu einer Hierarchie zwischen den Tatmodalitäten; „eine präzise Abgrenzung der Handlungsalternativen" könnte aber in jedem Fall nützlich sein.[1164]

Jede dieser *Erscheinungsformen* zur Begehung der Bestechung hat hier eine selbständige Bedeutung und sie stellen verschiedene Momente in Bezug auf die Vollendung der Tat (*Differenzierungstheorie*) dar.[1165] Somit wird eine der wichtigsten Fragen des Gesetzgebers mit Rücksicht auf die Vollendung der Tat mithilfe von alternativen Tatbeständen[1166] und vor dem Hintergrund von kriminalpolitischen Überlegungen präventiv und variabel beantwortet.[1167]

Im Mittelpunkt dieser Handlungsmodalitäten steht die Unrechtsvereinbarungsstufe, nämlich darauf gezielte Formen des „Versprechens" auf der Seite der Bestechung und des „Sichversprechenlassen" auf Seiten der Bestechlichkeit. Somit tritt hier nochmals der Gedanke „Käuflichkeit" in den Vordergrund.[1168]

1160 BT-Drucks. 7/550, S. 270.

1161 *Fischer*, 2019, § 331, Rn. 17.

1162 *Sowada*, in: LK-StGB, 12. Aufl., § 331, Rn. 27.

1163 *Geisler*, Korruptionsstrafrecht und Beteiligungslehre, 2013, S. 147.

1164 *Bernsmann/Gatzweiler*, Verteidigung bei Korruptionsfällen, 2014, Rn. 205 ff.

1165 Vgl. *Birkmeyer*, Bestechung, in: Vergleichende Darstellung, IX. Bd., 1906, S. 355; *Peppler*, Die Bestechung, 1915, S. 66; *Sowada*, in: LK-StGB, 12. Aufl., § 331, Rn. 21; *Korte*, in: MüKo-StGB, 2019, § 331, Rn. 71; *Kuhlen*, in: NK-StGB, 2017, § 331, Rn. 27; *Geisler*, a.a.O., S. 147. *Binding*, Strafrecht BT II, 1905, S. 710, geht noch ein Schritt weiter und betrachtet dies als „selbständiges Delikt".

1166 Vgl. oben § 9 B XI.

1167 Vgl. *Birkmeyer*, Bestechung, in: Vergleichende Darstellung, IX. Bd., 1906, S. 324.

1168 Vgl. *Möhrenschlager*, in: Dölling (Hrsg.), Korruptionsprävention, 2007, 8. Kap., Rn. 29.

Darüber hinaus werden die einseitigen Initiativen zur Realisierung der Bestechungsabsprache, nämlich die Tathandlungsvariante „Fordern" bei der Bestechlichkeit und „Anbieten" auf Seiten der Bestechung, in diesem Modell mit Vollendung der Tat als gleichwertig betrachtet. Dies darf aber nicht darüber hinwegtäuschen, dass die Vollendung der Tat vom Gesetzgeber „tief in das Versuchsstadium" vorverlegt ist.[1169] Denn das mit den Bestechungsdelikten geschützte Rechtsgut wird hierbei schon, also bereits im Vorfeld der Unrechtsvereinbarung, ernstlich verletzt.[1170] Deswegen wäre dieses Aufbaumodell als eine „präventive gesetztechnische Formulierung" anzusehen.

Abgesehen von oben genannten Tathandlungmodalitäten ermöglicht dieses Regelungsmodell auch, das Sichbereitzeigen des Amtsträgers bezüglich der künftigen Unrechtsvereinbarung unter den Bestechungstatbeständen zu bestrafen. Dies kommt in Betracht, indem er entweder bei der Handlung seine Pflichten verletzt haben wird (wie z. B. beim § 332 Abs. 3 Nr. 1 StGB) oder sich wegen tauglicher Beeinflussungsmöglichkeit bei Ausübung des Ermessens durch den Vorteil hat beeinflussen lassen (z. B. beim § 332 Abs. 3 Nr. 2 StGB). Dies ist jeweils i.S.d. Konzepts strafwürdig und strafbedürftig, weil „schon die nach außen gezeigte Bereitschaft zur Pflichtwidrigkeit" die Gefahr mit sich bringt, dass der Amtsinhaber sich während seiner Dienstausübung nicht mehr objektiv verhalten könnte. Aus diesem Grund besteht „die Gefahr einer Verfälschung des Staatswillens".[1171] Daraus ergibt sich insgesamt eine Ausweitung des strafrechtlich geschützten Felds zur Sicherstellung des Vertrauens in die Sachgerechtigkeit amtlicher Tätigkeiten.[1172] In diesen Fällen ist zu beachten, dass die Entscheidung des Amtsträgers stets am rechtswidrigen Vorteil ausgerichtet wird[1173]; der Amtsträger weckt somit „den Anschein einer Bereitschaft zu einer Diensthandlung", die nicht geboten ist.[1174] Dafür ist aber ein deutliches Image bzw. eine „Bekundung der Beeinflussbarkeit" vonnöten, sodass das Tatgericht nach allen

1169 So BGHSt 15, 97; zustimmend *Korte*, in: MüKo-StGB, 2019, § 331, Rn. 71; aA *Binding*, Strafrecht BT II, 1905, S. 726; *Androulakis*, Globalisierung der Korruptionsbekämpfung, 2007, S. 55; *Bernsmann/Gatzweiler*, Verteidigung bei Korruptionsfällen, 2014, Rn. 209.

1170 *Korte*, in: MüKo-StGB, 2019, § 331, Rn. 71.

1171 Die Begründung des EGStGB v. 1973, abgedruckt in: BT-Drucks. 7/550, S. 270.

1172 Vgl. *Sowada*, in: LK-StGB, 12. Aufl., § 332, Rn. 15; „schon im Vorfeld" *Sommer*, in: Anwalt-StGB, 2015, § 332, Rn. 1.

1173 BGHSt 48, 44, 48; BGH, Urt. v. 14. 2. 2007 – 5 StR 323/06, Rn. 10 = NStZ-RR 2008, S. 13 (14); *Sowada*, in: LK-StGB, 12. Aufl., § 332, Rn. 17.

1174 *Möhrenschlager*, in: Dölling (Hrsg.), Korruptionsprävention, 2007, 8. Kap., Rn. 9.

Umständen und Vorstellungen der Beteiligten Ausschau halten kann.[1175] Das präventive Konzept basiert auf diese Weise weder auf der echten Annahme des Vorteils oder noch auf der Vornahme dienstlicher Tätigkeit.

Letztlich sollte die Unterlassung einer Amtshandlung in diesem Modell ausdrücklich in der gesetzlichen Fassung berücksichtigt werden, um dies klarzustellen.[1176] In diesem Fall bezieht sich der ungerechtfertigte Vorteil der Unrechtsvereinbarung nicht auf Vornahme einer vergangenen oder künftigen Diensthandlung, sondern auf das Unterlassen.[1177]

Das Präventionsmodell knüpft somit an fünf selbständig und spiegelbildlich zu inkriminierende Akte bzw. wesentlichen Kriminalisierungsgedanken an, wobei jede eine Verknüpfung mit einem Unrechtsgeschäft verlangt: Erstens, die Kriminalisierung der im Vor- und Nachfeld der Unrechtsvereinbarung liegenden (ex ante und ex post[1178]) Handlungen; zweitens, die Pönalisierung der im Ermessen stehenden Handlungen; drittens, das Sichbereitzeigen für eine künftige Handlung; viertens, die Pönalisierung von einseitigen Handlungen und zuletzt die Bestrafung des Amtsträgers wegen der Unterlassung (sog. Gleichstellung der Unterlassung).

Für dieses Modell kann das deutsche Bestechungsstrafrecht das klassische Beispiel liefern, in dem die vier oben genannten Kriminalisierungsgedanken in §§ 332, 334 ausdrücklich formuliert sind.

IV. Billigkeitsmodell (Adäquanzmodell)

Das Unrecht der Tat bei der Ausgestaltung von Bestechungsdelikten ist, um der Einzelfallgerechtigkeit willen, durch die Unterscheidung zwischen pflichtgemäßen und pflichtwidrigen bzw. rechtmäßigen und rechtswidrigen Handlungen zu bestimmen.[1179] Anderenfalls wären Schwierigkeiten bei der Strafzumessung

---

1175 BGHSt 48, 44, 48; *Möhrenschlager*, in: Dölling (Hrsg.), Korruptionsprävention, 2007, 8. Kap., Rn. 45; *Sowada*, in: LK-StGB, 12. Aufl., § 332, Rn. 17; *Sommer*, in: Anwalt-StGB, 2015, § 332, Rn. 9, spricht i.d.S. von „einer klaren Konturierung eines solchen Unrechtskerns im Einzelfall".

1176 Für die Klarstellung *Zimmermann*, Das Unrecht der Korruption, 2018, S. 562.

1177 BT-Drucks. 7/550, S. 276; *Sowada*, in: LK-StGB, 12. Aufl., § 336, Rn. 1; *Sommer*, in: Anwalt-StGB, 2015, § 336, Rn. 1.

1178 Vgl. dazu *Androulakis*, Globalisierung der Korruptionsbekämpfung, 2007, S. 55.

1179 Das Zivilrechtsübereinkommen über Korruption v. 1999 trennt die Korruption gleichfalls durch das Pflichtwidrigkeitsmerkmal von anderen Formen (Art. 2); zustimmend i.R.d. Wirtschaftskorruption bzw. Angestelltenbestechung *Arzt*, in; ders./Weber, Strafrecht BT, 2000, § 49, Rn. 58; vgl. auch *Vogel*, in: FS-Weber, 2004, S. 411, zum Thema Fn. 82.

und ungerechte Ergebnisse zu befürchten. Eine Nichtberücksichtigung dieser Differenzierung führt auch dazu, dass der Spielraum des Tatrichters beschränkt wird.[1180] Zu bevorzugen ist daher, eine mit abweichenden Bestimmungen und nach oben erwähntem Maßstab formulierte selbstständige Straftat zu fassen. Das ist offenkundig eine Frage der Systematik des Gesetzgebers und der Systemgerechtigkeit.

Sofern der Gesetzgeber die „gelockerte Unrechtsvereinbarung" als das Hauptmodell seines Bestechungsstrafrechts bestimmt hat, sollte die Strafbarkeit bei gravierenden Begehungsarten, also die Fälle, in denen die Pflichtwidrigkeit bzw. Rechtswidrigkeit der Diensthandlung vorliegen, wie z. B. Art. 319 c.p. zuungunsten des Bestochenen und des Bestechenden, erhöht werden, weil der Täter durch solche Begehungsarten sein Handlungsniveau in Bezug auf Vorsatz und Schuld steigert. Das Unrechtsbewusstsein des Täters tritt hier deutlicher hervor.[1181] Zum Zweck dieser Differenzierung muss der Grundtatbestand zuungunsten solcher Täter qualifiziert werden. Es besteht somit ein „Stufenverhältnis" zwischen der Grund- und der qualifizierten Straftat.[1182]

Außerdem sind nach diesem Billigkeitsmodell die Täter qualifiziert zu bestrafen, wenn ein besonders schwerer Fall vorliegt. Dafür ist eine ausdrückliche Vorschrift entweder in Strafzumessungsregelform wie z. B. § 335 StGB oder in Form eines getrennten Straftatbestands wie §§ 304, 307 jeweils Abs. 2 öStGB und Art. 319bis c.p. vorzusehen.[1183]

In ähnlicher Weise sind die Täter in minderschweren Fällen i.R.d. Strafrechts positiv zu sanktionieren, indem die für die Grundstraftat vorgesehene Strafe gemildert wird. Zeigt der Täter seine Hilfsbereitschaft bzw. Zusammenarbeit oder Reue gegenüber den Strafverfolgungsorganen, indem er z. B. das Bestechungsmittel zurückgibt oder bei der Aufklärung der Tat aktiv hilft, ist die Strafe

---

1180 Nach dem Bericht der EU-Kommission über die Korruptionsbekämpfung in der EU sei der Spielraum für die strafrechtliche Ahndung in einigen Mitgliedstaaten „aufgrund des schmalen Grats zwischen rechtmäßigem und rechtswidrigem Verhalten" sehr eng. Siehe COM(2014) 38, S. 15. Die deutsche Version abrufbar unter https://ec.europa.eu/home-affairs/sites/homeaffairs/files/e-library/documents/policies/organized-crime-and-human-trafficking/corruption/docs/acr_2014_de.pdf (Stand: 15.1.2018).

1181 Vgl. *Dölling*, Gutachten, 1996, C 73. *Geerds*, Unrechtsgehalt der Bestechungsdelikte, 1961, S. 69, betrachtet diesen Sachverhalt als schwere Bestechlichkeit aufgrund der konkreten Gefährdung der verwaltenden Staatstätigkeit.

1182 Siehe zur Folgen dieses Stufenverhältnis oben § 9 B VII.

1183 Zustimmend *Dölling*, Gutachten, 1996, C 76.

zu mildern oder ggf. aus kriminalpolitischen bzw. anderen relevanten Gründen über ein entsprechendes Rechtsinstitut wie „tätige Reue“ oder „Kronzeugenregelung“, von der Strafe abzusehen.[1184]

Schließlich dürfte es auch möglich sein, dass der Gesetzgeber den Außenstehenden bzw. Extraneus der Bestechlichkeit mit dem Amtsträger i.R.d. Strafe nicht gleichstellt. Der Bestechende soll vielmehr milder im Vergleich zum Bestochenen bestraft werden, da es sich bei der Bestechlichkeit um ein Sonderdelikt handelt und der Amtsträger durch sein Verhalten bzw. seine Tat sowohl seine Sonderpflicht i.R.d. gesetzlichen Dienstvorschriften als auch das Rechtsgut der Bestechung verletzt.[1185] Der Bestochene verletzt also mehr Rechtsgüter als der Bestechende und soll daher härter bestraft werden. Allerdings ist in diesem Zusammenhang auffällig, dass im ausländischen Strafrecht eine Gleichstellung des Extraneus i.R.d. Bestrafung herrscht. Dies gilt beispielsweise für die Art. 322ter und 322^{quater} des sStGB,[1186] § 307 des öStGB, Art. 424 des spStGB, Art. 433-1 und Art. 433-2 des frStGB, Art. 321 des c.p., Art. 252 Abs. 2 des türk. StGB. Nach den §§ 332, 334 jeweils Abs. 1 sind nur die vorgesehenen Obergrenzen (fünf Jahre) gleich.

V. Qualifikationsmodell

In ähnlicher Weise wie im Billigkeitsmodell liegen die Fälle, in denen das Vertrauen des Volkes in die Rechtsstaatlichkeit des Staates oder das Gerechtigkeitsgefühl in der Gesellschaft wegen der amtlichen Position des bestochenen Staatsdieners eher und besonders wie z. B. in Fällen von Justizkorruption und Richterbestechung beschädigt werden. Sie sollten anders als Grundfall beurteilt werden. Täter solcher Handlungen sind nach einer Sonderregelung bzw. Sonderstraftat qualifiziert zu bestrafen.[1187] Die Richterbestechung nach dem Art. 252

1184 *Geisler*, Korruptionsstrafrecht und Beteiligungslehre, 2013, S. 163; siehe ferner unten § 21 B II und § 23 E III 2.

1185 *Hettinger*, NJW 1996, S. 2263, (2273). In ähnlicher Weise spricht *Loos*, in: FS-Welzel, 1974, S. 894, darüber, dass die „*Amtspflichtverletzungsabsicht*“ das Unrecht der Tat steigere. Vgl. ferner *Zimmermann*, Das Unrecht der Korruption, 2018, S. 375 f.; i.S.d. Soziologie *Menne*, KZfSS 1948/49, S. 144 (164 f.).

1186 Der schweizerische Gesetzgeber spricht in diesem Zusammenhang von der „Angleichung der Strafdrohung für Bestechende“ und betrachtet diesen Ansatz als die „erste Korrektur“ der Revision. Siehe dazu schweiz. BBl. 1999, S. 5506.

1187 Zustimmend *Dölling*, Gutachten, 1996, C 77; teilweise kritisch *Geerds*, Unrechtsgehalt der Bestechungsdelikte, 1961, S. 87.

Abs. 7 des türk. StGB und § 332 Abs. 2 des deutschen Bestechungsstrafrechts belegen beispielsweise dieses Aufbaumodell.

VI. Subsystemmodell

In dieser Modellierung werden alle Tatbestände und Vorschriften in Bezug auf Bestechungsdelikte im Lichte einer vertretbaren und logischen Systematik und Kriminalpolitik entweder unter einem Abschnitt oder Kapitel oder durch ein gesondertes Gesetz geregelt.[1188] Auf diese Weise entsteht ein „Teilsystem", besser gesagt ein gesondertes Hauptsystem des Korruptionsstrafrechts. Diese Tendenz ist zu begrüßen, weil die Existenz unterschiedlicher Regelungen in verschiedenen Kapiteln bzw. Abschnitten vor allem aus Sicht des rechtsinteressierten Bürgers schwer verständlich ist. Eine systematische Trennung weckt ferner den Eindruck, als würde die aktive Bestechung andere Rechtsgüter verletzen. Sie entspricht aus diesen Gründen nicht den Prima-facie-Erwartungen an sinnvolle Systematik.[1189]

Ein gutes Beispiel dafür liefert das schweizerische Bestechungsstrafrecht, nämlich der im Jahr 2000 eingefügten neunzehnten Titel unter dem Begriff „Bestechung", wobei die eigentlichen und uneigentlichen Bestechungsdelikte unter Strafe gestellt sind (Art. 322ter bis 322^{decies} sStGB). Auch das spanische Bestechungsstrafrecht regelt die Bestechungsdelikte im weitesten Sinne unter dem Titel *del cohecho* (Art. 419–427 spStGB).[1190]

Ein Beispiel dafür, dass die Bestechungsdelikte durch ein gesondertes Gesetz bestimmt werden, ist der UK Bribery Act aus dem Jahr 2010 zu nennen. Dieses Gesetz stellt die aktive und passive sowie die Bestechungsdelikte mit Auslandsbezug (section 6: Bestechung ausländischer Amtsträger) unter Strafe. In diesem

---

1188 *Peppler* hat schon diese Meinung in seiner Dissertation propagiert. Siehe *ders.*, Die Bestechung, 1915, S. 12.

1189 Siehe dazu schweiz. BBl. 1999, S. 5524.

1190 Diese Tendenz ist aber nicht neu. Schon das türk. StGB v. 1858 hatte die unechten und echten Bestechungsdelikte unter dem ersten Teil, dritten Abschnitt mit dem Namen „Bestechung" geregelt (Art. 67–81), welche am 4.4.1911 durch ein Gesetz novelliert wurden. Auch das türk. StGB v. 1926 hat die schwere passive Bestechung unter dem dritten Teil, zweiten Abschnitt (Art. 209–210) geregelt; die anderen Bestechungsdelikte unter dem dritten Teil, dritten Abschnitt mit dem Namen „Bestechung" vorgesehen (Art. 211–227). Die alte Fassung v. 1858 vor der Novellierung beinhaltete in Art. 67 eine Definition zur Bestechung. Der Regierungsentwurf für das heutige türk. StGB v. 2003 hatte ebenso die Bestechung in Art. 403 definiert. Siehe dazu ferner oben § 7 A.

besonderen Gesetz sind ferner die Unternehmensstrafbarkeit und die Veröffentlichungspflicht des Staatssekretärs eines Leitfadens bezüglich der Prävention im Unternehmen (section 9) und Vorschriften in Bezug auf das Strafprozess- und Strafanwendungsrecht geregelt.[1191]

VII. Kombinationsmodell (Verknüpfungsmodell)

Dieses Regelungsmodell folgt der Leitidee einer Ähnlichkeit zwischen strafbaren Bestechungshandlungen und einigen anderen Handlungen. Nach diesem Ansatz finden sich Bestechungsdelikte entweder mit den verwandten Delikten unter einem Abschnitt, z. B. unter dem Titel des novellierten 22. Abschnitts des öStGB: „strafbare Verletzungen der Amtspflicht, Korruption und verwandte strafbare Handlungen". Oder der Gesetzgeber versucht, sie soweit wie möglich mit ähnlichen Delikten zu formulieren. Dafür kann man das frStGB als Beispiel geben. Dort heißt der erste Abschnitt des Kapitels III „Bestechung und unerlaubte Einflussnahme durch Privatpersonen" (Art. 433–1 und 433–2).

VIII. Symmetrie-Modell (spiegelbildliches Modell)

Die Tatbestandstruktur der Bestechlichkeit spiegelt sich in den Bestechungstatbeständen nach diesem Aufbaumodell wider. So bildet sich eine Symmetrie der Systematik, in der die Tatbestände von Bestechlichkeit mit den Tatbeständen von Bestechung in den selbständigen Formen korrespondieren. Durch den Gesetzgeber werden damit dieselben Voraussetzungen bezüglich der Straftatbestandsmerkmale symmetrisch erfasst.[1192]

Indem der Gesetzgeber das Zweier-Verbrechen-Modell annimmt und jede Seite der Bestechungsabsprache in selbständigen Strafnormen erfasst, verzichtet er auf den Strafwürdigkeitscharakter als Teilnahme.[1193] Es kommen demnach unabhängig von den Teilnahmeregelungen zwei Lager der Unrechtsvereinbarung in Betracht, wobei sie im Verhältnis zu allgemeinen Teilnahmeregeln den Vorrang haben (sog. *Lagertheorie*).[1194] Es geht hierbei deshalb um eine Art der formellen Ausgestaltung von Teilnahmehandlungen.[1195] Die wichtigste

---

1191 Das Gesetz (the Bribery Act 2010) ist abrufbar unter https://www.legislation.gov.uk/ukpga/2010/23/pdfs/ukpga_20100023_en.pdf. Siehe ferner *Dixon/Gößwein/Hohmann*, NZWiSt 2013, S. 361 ff.

1192 *Hartmann*, Reformmodelle zur Abgeordnetenbestechung, 2013, S. 114.

1193 Vgl. *Sax*, ZStW 1978, S. 927 (953).

1194 *Arzt*, in; ders./Weber, Strafrecht BT, 2000, § 49, Rn. 44; *Sowada*, in: FS-Tiedemann, 2008, S. 285 ff.

1195 *Sowada*, in: FS-Tiedemann, 2008, S. 275.

Konsequenz dieses Erscheinungsbilds i.R.d. Täterschaft und Teilnahme ist die oben unter dem § 10 A I 2 bereits erwähnte „Sperrwirkung".[1196] Dabei ist aber zu beachten, dass dafür die Spiegelbildlichkeit vollständig sein muss.

Bei der Lagertheorie sind die Rechtsfolgen einer Seite der Bestechungsabrede stets und lediglich nach der für sich selbständig geregelten Straftat zu bestimmen.[1197]

Das deutsche Bestechungsstrafrecht basiert auf der Spiegelbildlichkeit nach der Unterscheidung zwischen dem Nehmenden (§§ 332 Abs. 1; 332 Abs. 2; 299 Abs. 1; 299a; 108b Abs. 2; 108e Abs. 1) und Gebenden (§§ 334 Abs. 1; 334 Abs. 2; 299 Abs. 2; 299b; 108b Abs. 1; 108e Abs. 2).[1198] Ebenso ist die Bestechlichkeit durch Art. 252 Abs. 2 unter Verweis auf Art. 252 Abs. 1 des türk. StGB spiegelbildlich geregelt. Auch die Bestechlichkeit und Bestechung im schweizerischen (Art. 322ter und 322^{quater}) und österreichischem (§§ 304, 307) Bestechungsstrafrecht nehmen ihren Ausgang vollständig im Symmetrie-Modell.

C. Ein Sui-generis-Modell – das All-in-one-Modell

Bei diesem Modell wird alles, was der Strafgesetzgeber unter dem Verbrechensphänomen „Bestechung" versteht, mithilfe eines StGB-Artikels zu erfassen versucht. Ein besonders deutliches Beispiel gibt das türk. StGB. In Art. 252 ist alles in Bezug auf Bestechung – mit Ausnahme der Sicherungsmaßnahmen über die juristischen Personen (Art. 253) und der tätigen Reue (Art. 254) – mittels einer Tatbestandsformulierung und diesbezüglicher Hauptstrafe erfasst. Geregelt wird dabei die „Bestechung" i.e.S. als Grundtatbestand in Art 252 Abs. 1; die „Bestechlichkeit" in Art. 252 Abs. 2 unter Verweis auf den Abs. 1 des Art. 252; die „Unrechtsvereinbarung" zwischen Beteiligten in Art. 252 Abs. 3; Tathandlungsvarianten „Fordern" und „Anbieten" in Art. 252 Abs. 4; der „Vermittler" einer Bestechung in Art. 252 Abs. 5; Bestrafung des „Empfängers eines Drittvorteils" als Mittäter in Art. 252 Abs. 6; die „richterliche bzw. gerichtliche Bestechung" in Art. 252 Abs. 7; die „Angestelltenbestechung" in Art. 252 Abs. 8; die „internationale Bestechung" in Art. 252 Abs. 9 und 10.

1196 Siehe auch *Arzt*, in; ders./Weber, Strafrecht BT, 2000, § 49, Rn. 44; *Sowada*, in: LK-StGB, 12. Aufl., § 332, Rn. 33.

1197 *Sowada*, in: FS-Tiedemann, 2008, S. 278.

1198 Siehe dazu *Sowada*, in: LK-StGB, 12. Aufl., Vor § 331, Rn. 21; *Böttger*, in: WirtStR in der Praxis, 2015, Kap. 5, Rn. 7. Vgl. auch *Oğlakcıoğlu*, HRRS 6/2011, S. 275 ff.

D. Zwischenergebnis

Die Einheit des „Unrechtsgeschäfts“ führt nach Ansicht einiger Autoren zu Unrecht zur Auffassung einer Verbrechenseinheit.[1199] Das Einzelverbrechen-Modell sei daher nur als ein doktrinärer Wunsch anzusehen. Wegen des Verbrechenscharakters der Bestechung, in der die beiden Seiten der Bestechung unterschiedliche Unrechtsgehalte darstellten, gilt dieses Hauptmodell als nicht umsetzbar.

Für das Austauschmodell ist der Aufbau des Zusammenhangs bzw. der Bezugspunkt zwischen der Amtsführung und dem Vorteil entscheidend. Die gelockerte Unrechtsvereinbarung, also die fiktionale Annahme ohne konkreten Nachweis und ohne konkrete Diensthandlung, aufgrund pragmatischer Erwägungen[1200] und aufgrund von Beweisschwierigkeiten[1201] führt zu einem formell-funktionalen Austauschmodell.[1202] Hierbei handelt es sich eigentlich um eine kriminalpolitische Möglichkeit zu Lasten des Strafrechts.[1203] Im Gegensatz dazu setzt das materielle Austauschmodell eine konkrete und auf die Pflichtwidrigkeit der Diensthandlung abgestellte Unrechtsvereinbarung voraus.

Die Aussicht des Vorteils, der die Gegenleistung des Bestechungsvertrags darstellt, ist für beide Unrechtsvereinbarungsmodelle die gleiche. Im Rahmen der Unrechtsvereinbarungsmodelle ist der Vorteil nicht ein bloß materieller oder immaterieller Vorteil; er ist vielmehr ein solcherart qualifizierter Vorteil, dass er ungerechtfertigter Weise als Gegenleistung für eine Amtshandlung dienen muss (*do ut des*).[1204] Das ist damit nur „mit Kenntnis und Einverständnis des Amtsträgers“ möglich.[1205]

1199 *Binding*, Strafrecht BT II, 1905, S. 709–710.

1200 In diese Richtung auch *Überhofen*, Korruption und Bestechungsdelikte, 1999, S. 59.

1201 Siehe schweiz. BBl. 1999, S. 5503. *Jositsch*, ZStrR 2005, S. 241 (248), betont i.d.S., dass das Leben der Strafverfolgungsbehörden somit einfacher geworden sei. *Walther*, Bestechlichkeit und Bestechung im geschäftlichen Verkehr, 2011, S. 278 ff., ist auch um der Vorhersehbarkeit und dem Bestimmtheitsgebot willen gegen die Qualifikation der UnRV über das Pflichtwidrigkeitsmerkmal.

1202 *Bannenberg*, in: Handbuch des Wirtschafts- und Steuerstrafrechts, 2014, Kap. 12, Rn. 61, spricht ferner die Strafbedürftigkeit solcher Begehungen aus.

1203 Vgl. *Stratenwerth/Bommer*, Strafrecht BT II, 2013, § 62, Rn. 27.

1204 Siehe *Eb. Schmidt*, die Bestechungstatbestände, 1960, Rn. 119; *Dölling*, Gutachten, 1996, C 65; *Kindhäuser*, Strafrecht BT I, 2017, § 76, Rn. 28. Vgl. auch *Korte*, in: MüKo-StGB, 2019, § 331, Rn. 125.

1205 *Sinner*, in: Matt/Renzikowski-StGB, 2013, § 331, Rn. 25.

Da es bei den Korruptionsdelikten um verschiedene strafrechtlich geschützte Rechtsgüter geht,[1206] besteht der Sinn des Sektormodells in ihrer Trennung. Sie ermöglicht eine differenzierende Bearbeitung, die jedenfalls nützlich für die Analyse der betreffenden Straftaten ist.

Trotz der gemeinsamen Punkte der Regelung nach Sektoren ist vom bereichsspezifischen Unrechtsgehalt auszugehen.[1207] Das Einheitsmodell handelt insoweit dem spezifisch zu gestaltenden Bestechungsstrafrechtsmodell zuwider. Es erscheint daher unzutreffend, die Bestechungsdelikte nach diesem Verständnis auszuformulieren.[1208]

Das Billigkeitsmodell macht einen deutlichen Unterschied zwischen echten und unechten Bestechungsdelikten. Außerdem stellt ein solches Modell dem Gesetzgeber adäquate Ausgestaltungsmöglichkeiten zur Verfügung.

Ohne Billigkeit- und Qualifikationsmodelle wird die Tat eher komplexer nach Strafzumessungsregeln und Ermessen des Gerichts bestimmt. Daher erscheinen die Billigkeit- und Qualifikationsmodelle nicht als Teil der Strafzumessung, sondern liefern durch die differenzierten Strafrahmen und selbständigen Bestimmungen eine eigene Kriminalpolitik.

1206 Siehe dazu *Bannenberg*, Strafrechtliche Kontrolle, 2002, S. 14. Vgl. auch *Volk*, in: GS-Zipf, 1999, S. 428.

1207 Ähnlich auch Beschlüsse, in: 61. DJT, Bd. II/1, L 63; *Dölling*, ZStW 2000, S. 334 (336).

1208 So auch *Vogel*, in: FS-Weber, 2004, S. 401: „(…) ein umfassendes ‚Einheitsmodell', in dem Amtsträger, Richter, Träger politischer Mandate, insbesondere Abgeordnete, und Wirtschaftsteilnehmer dem einheitlichen Begriff des ‚agent' unterstellt und im Prinzip gleich behandelt werden. Ist das logisch, systematisch und teleologisch möglich und begründbar?".

§ 11 Der Habitus der Bestechungskriminalität

A. Erscheinungsformen

Die Erklärungen des Habitus einer Kriminalitätsform ist nützlich. Denn mit der Erfassung der Erscheinungsformen wird erstens die gerechte Bekämpfung des in Frage kommenden Delikts besser vorbereitet. Zweitens lässt sich feststellen, wo und in welchen Bereichen strafwürdige und nicht strafwürdige Verhaltensweisen mit Blick auf die in Frage kommende Tat liegen. Und schließlich liefert eine solche Erörterung Belege „für bestimmte kulturhistorische Zusammenhänge".[1209]

Die Klassifizierungen der Erscheinungsformen von Korruption sind grundsätzlich auf die Bestechungstatbestände übertragbar.[1210] Die Bestechungshandlungen, wie die Erscheinungsformen von Korruption, sind in allen Bereichen bemerkbar. Im Folgenden werden die Erscheinungsformen von Bestechungstatbeständen beschrieben, indem die kriminalphänomenologische Position der Korruption übertragen wird.

I. Bestechungsdelikte in der öffentlichen Verwaltung (Amtsträgerbestechung)

Die Korruptionsbekämpfung richtet sich primär am öffentlichen Sektor aus, insbesondere der öffentlichen Verwaltung.[1211] Der klassische Fall der Amtsträgerkorruption ist ohne weiteres die Bestechlichkeit des Amtsträgers. Sie ist im deutschen Recht in § 332 Abs. 1 und im türkischen Recht in Art. 252 Abs. 2 unter Strafe gestellt. Die Bestechung i.e.S. bildet das Gegenstück der Bestechlichkeit, strafbar nach § 334 Abs. 1 und Art. 252 Abs. 1 türk. StGB.

II. Bestechungsdelikte in der Justiz (Richterbestechung)

„Die älteste und stets die wichtigste aller Bestechungen" ist in der Richterbestechung zu sehen.[1212] Die Bestechung zum Zweck der richterlichen Entscheidung beeinträchtigt besonders gravierend die Rechtsstaatlichkeit, die Justiz und das Gebot der Bindung an Gesetz (und Recht).[1213]

1209 Siehe dazu *Naucke*, Zur Lehre vom strafbaren Betrug, 1964, S. 141–142.

1210 Siehe dazu oben § 4 E I.

1211 Vgl. oben § 4 E I 1.

1212 *Binding*, Strafrecht BT II, 1905, S. 713.

1213 Vgl. oben § 4 E I 2.

Sowohl im deutschen und als auch im türkischen Bestechungsstrafrecht existiert kein gesonderter Paragraf oder Artikel für die Bestechungsdelikte in der Justiz.[1214] Beide Systeme regeln die Richterbestechung unter der Bestechlichkeit und nach der Amtsträgerbestechung, § 332 Abs. 2 und Art. 252 Abs. 7 türk. StGB. § 334 Abs. 2 stellt ferner die aktive Seite der Richterbestechung unter Strafe. Im türkischen Strafrecht wird dies gesondert nach Art. 252 Abs. 7 bestraft, da die beiden Seiten der Straftat in demselben Absatz formuliert sind.

III. Bestechungsdelikte in der Politik (Wähler- und Mandatsträgerbestechung)

Bei den Erscheinungsformen der Bestechungsdelikte in der Politik ist die demokratische Wahl zentral. Man unterscheidet zwischen Bestechungsdelikten vor der Wahl und nach der Wahl.

Vor der Wahl, also vor der Bevollmächtigung durch die Stimmen von Bürger, kommt hierbei die Wählerbestechung in Betracht. Sie ist im deutschen Recht nach § 108b strafbar.[1215]

Durch eine Wahl werden Inhaber von Wahlämtern, namentlich etwa Abgeordnete oder Bürgermeister, bevollmächtigt, das Volk zu vertreten. Es besteht dabei eine Mandatsbeziehung zwischen dem Volk und dem Mandatar. So kommt die Mandatsträgerbestechung nach der Bevollmächtigung in Betracht. Das deutsche Bestechungsstrafrecht stellt sie in § 108e (Bestechung und Bestechlichkeit von Mandatsträgern) unter Strafe.[1216]

Das türkische Bestechungsstrafrecht kennt nur die Wählerbestechung als die besondere Bestechungsform der Politik.[1217] Der Grund dafür liegt in der Gleichstellung der Mandatsträgerbestechung mit der Amtsträgerbestechung,[1218] die insofern nicht gesondert ausgewiesen wird: Die Vertreter des Volkes werden als Amtsträger i.S.d. türk. StGB betrachtet. Die Wählerbestechung ist hingegen im „Gesetz zur grundsätzlichen Bestimmung der Wahl" (STHK) und unter dem

---

1214 Der französische Code Pénal sieht dafür zutreffend eine besondere Straftat im Art. 434-9 unter dem Obertitel „Behinderungen der Ausübung von Justiztätigkeiten" vor. Übersetzt von *Bauknecht/Lüdicke*, abrufbar unter https://www.bijus.eu/?p=10720.

1215 Eingehend unten § 14 B II 1.

1216 Eingehend unten § 14 B II 2.

1217 Eingehend unten § 18 B II 1.

1218 Eingehend unten § 18 B II 2.

Art. 152 Abs. 1 pönalisiert. Dieselbe Strafe trifft auch den Wähler als Begünstigten der Bestechung nach Art. 152 Abs. 2 STHK.

IV. Bestechungsdelikte in der Wirtschaft

In der heutigen Gesellschaft würde „eine Begrenzung des strafrechtlichen Begriffs der Korruption auf Handlungen von Amtsträgern" unangemessen erscheinen,[1219] da Unternehmen und Verbände beträchtliche Machtstellungen zugewachsen sind. Daher wird Korruption immer mehr als ein illegales Geschäft bzw. ein Tauschgeschäft angesehen,[1220] wobei eine Sondermachtposition missbraucht wird.

Mittels Vereinbarung zum Korruptionsvertrag tauschen hauptsächlich Klient und Funktionsträger Vorteile dergestalt aus, dass der Klient dafür zahlt und der Agent, dem i.R.d. Vertraulichkeit ein Entscheidungsspielraum vom Prinzipal zugelassen wurde, entgegen seinem Vertrag mit dem Prinzipal (Geschädigter), handelt.[1221] Dieser *Prinzipal-Agent-Ansatz*, deren Ausgangspunkt im Grunde ein privatrechtlich auf einem Vertragsabschlusskonzept basierendes Modell ist,[1222] umfasst damit sowohl Amtsträger- als auch Angestelltenbestechung.[1223] Erstere ist in Bezug auf die „Normverletzung", letztere mit Blick auf eine „Vertragsverletzung" zu betrachten.[1224]

Die Bestechlichkeit des Angestellten im geschäftlichen Verkehr ist im deutschen Recht gemäß § 299 Abs. 1, die Bestechung des Angestellten als das Gegenstück der Straftat gemäß § 299 Abs. 2 unter Strafe gestellt (Bestechlichkeit und Bestechung im geschäftlichen Verkehr).[1225] Dergleichen ist hingegen im

1219 *Bannenberg*, Strafrechtliche Kontrolle, 2002, S. 14.

1220 Vgl. *Rose-Ackerman*, in: Pieth/Eigen (Hrsg.), Korruption im geschäftlichen Verkehr, 1999, S. 40; *v. Alemann*, in: ders. (Hrsg.), Dimensionen politischen Korruption, 2005, S. 29; *Priddat*, in: Jansen/ders. (Hrsg.), Korruption, 2005, S. 85 (99); *de Nève*, in: Achathaler u.a. (Hrsg.), Korruptionsbekämpfung, 2011, S. 132, 142 f.; *Priddat*, in: ders./Schmid (Hrsg.), Korruption als Ordnung zweiter Art, 2011, S. 61 (66). Nicht aber ein bloßer Tauschakt führt immer zu einer Korruptionsvereinbarung, siehe *Geisler*, Korruptionsstrafrecht und Beteiligungslehre, 2013, S. 49.

1221 *Dietz*, Institutionenökonomische Analyse, 1998, S. 33, zit. nach *Hey*, Ökonomische Analyse der Wirtschaftsstraftaten, 2001, S. 221.

1222 *Meyer*, in: Graeff/Grieger (Hrsg.), Was ist Korruption, 2012, S. 73; *Bonell/Meyer*, in: dies. (Hrsg.), Impact of Corruption on ICC, 2015, S. 6.

1223 Vgl. oben § 4 E I 4.

1224 Gabler-Wirtschaftslexikon, 2014, S. 1881.

1225 Eingehend unten § 14 B III 2.

türkischen Bestechungsstrafrecht eingeschränkt zu erkennen, durch die Gleichstellung mit der Amtsträgerbestechung in Art. 252 Abs. 8 vorgesehen.[1226] Vertikale Submissionsabsprachen sind eine besondere Erscheinungsform der Bestechung im Rahmen von öffentlichen Ausschreibungen. Die Entscheidungsträger, die bei der Vergabe von öffentlichen Aufträgen zuständig sind, übernehmen wirtschaftliche Macht und haben diesbezügliche Ermessenspielräume. Aufgrund der engen Beziehung mit dem geschäftlichen Verkehr sollte das Delikt auch einer Form der Bestechung in der Wirtschaft zugeordnet werden. Sie ist im deutschen Recht nach § 298[1227] und im türkischen Recht nach Art. 235, 236[1228] strafbar.

V. Bestechungsdelikte in der Gesellschaft

Wie oben dargestellt, ist der „Missbrauch von Macht" der Schwerpunkt von Korruption.[1229] Dieses Axiom findet seinen Platz nur im öffentlichen Bereich.[1230]

Es handelt sich auch hier – wie bei den Bestechungsformen in der Wirtschaft – um die Erweiterung des strafrechtlichen Schutzes durch Qualifizierung des Täterkreises.[1231] Die Gefahr der Korruption ergibt sich heute nicht nur durch das Verhalten von Amtsträgern, sondern seitens Funktionären, die eine wichtige gesellschaftliche Aufgabe erfüllen.[1232] Die Gefahr der Bestechlichkeit kommt nun nicht mehr allein aus der öffentlichen Verwaltung.[1233] Die Frage, welches Verhalten die gesellschaftlichen Werte strafwürdig untergräbt, bildet dabei den Ausgangspunkt einschlägiger Kriminalisierungsgedanken.[1234] Hierzu besteht aber – wie schon erwähnt – Forschungsbedarf.[1235]

Der als Bestochener taugliche Täter ist auch hier wegen der Übernahme einer besonderen strafrechtsrelevanten Aufgabe verpflichtet, auf bestimmte Weise zu

---

1226 Eingehend unten § 18 B III 2.

1227 Eingehend unten § 14 B III 1.

1228 Eingehend unten § 18 B III 1.

1229 Siehe oben § 2 C und § 3 C.

1230 *Überhofen*, Korruption und Bestechungsdelikte, 1999, S. 42; *Geisler*, Korruptionsstrafrecht und Beteiligungslehre, 2013, S. 44.

1231 Siehe dazu unten § 23 E II 6 a.

1232 In diese Richtung auch *Pieth/Zerbes*, ZIS 2016, S. 619 (619, 624 f.).

1233 *Zimmermann*, Das Unrecht der Korruption, 2018, S. 574.

1234 Vgl. oben § 4 E I 5.

1235 Siehe oben § 4 E I 5. Siehe ferner Beschlüsse I 6 und II 17, in: 61. DJT, Bd. II/1, L 56, 63; *König*, JR 1997, S. 397 (398); *Dölling*, Gutachten, 1996, C 93; *ders.*, ZStW 2000, S. 334 (336).

handeln. Anderenfalls wäre es kaum möglich, von einer hinreichend definierbaren Bestechung zu sprechen.

Nach deutschem Recht können die Manipulationen im Sport (§ 265d)[1236] und korruptive Aktivitäten im Gesundheitswesen bzw. Ärztebestechung (§§ 299a, 299b)[1237] als konkrete Beispiele genannt werden. In ähnlicher Weise hat der türkische Gesetzgeber die Manipulation von berufssportlichen Wettbewerben im Art. 11 Gesetz Nr. 6222 v. 31.3.2011 unter Strafe gestellt.[1238]

B. Kategorisierung der Bestechungsdelikte

I. Aktive und passive Bestechung (Geber-Nehmer-Verhältnis)

Wie oben zur Terminologie erwähnt, evoziert das alltagskommunikative Sprechen von „Bestechung" meist das Bild einer beidseitig kriminellen Beziehung. Erklärungen für das Wort „Bestechung" mit einseitiger Tendenz wären damit unlogisch und widersprächen der Realität sowie dem Sprachgebrauch.[1239] Darüber hinaus bliebe ohne diese Kategorisierung der Sinn der „Selbstständigkeit und Unabhängigkeit der Strafbarkeit" von Austauschpartnern dunkel.[1240] Deswegen gilt das Einteilungskriterium nach aktiver und passiver Bestechung für beide rechtsterminologische Richtungen. Mit der Rechtsterminologie der „aktiven Bestechung" ist die Geberseite des ungerechtfertigten Vorteils (*Bestechende*), mit jener der „passiven Bestechung" die Nehmerseite (*Bestochene*) gemeint.[1241]

Für die Unterscheidung zwischen Bestechlichkeit und Bestechung wird in der Rechtsterminologie der Paarterm der aktiven und passiven Bestechung

---

1236 Eingehend unten § 14 B IV 3.

1237 Eingehend unten § 14 B IV 1.

1238 Eingehend unten § 18 B IV.

1239 Siehe auch *Birkmeyer*, Bestechung, in: Vergleichende Darstellung, IX. Bd., 1906, S. 324, zum Thema Fn. 4; zum besseren Verständnis *Rasch*, Die Bekämpfung des Bestechungsunwesens, 1985, S. 15. Der Begriff „corruptio" blieb auch im römischen Recht ambivalent. Siehe dazu *Schütze*, Die nothwendige Theilnahme am Verbrechen, 1869, S. 339.

1240 *Geisler*, Korruptionsstrafrecht und Beteiligungslehre, 2013, S. 132.

1241 UN-Handbook, 2004, S. 24; Legislative Guide-UNCAC, 2012, S. 62; *Überhofen*, in: Eser/ders./Huber (Hrsg.), Korruptionsbekämpfung durch Strafrecht, 1997, S. 731 f. *Liszt*, Lehrbuch, 1900, S. 566 f., verstehe die pflichtwidrige Geschenkannahme als „passive Bestechung i.w.S." und die Grundformel der echten Bestechung als „einfache passive Bestechung i.e.S.". Kritisch bei der Verwendung von Begriffen „Geber und Nehmer" *Pragal*, ZIS 2/2006, S. 63 (72).

verwendet.[1242] Unter aktiver Bestechung ist Bestechung i.e.S. zu verstehen, weil der kriminelle Zweck meistens auf Seiten des Vorteilsgebers liegt, also vom Bestechenden aktiviert wird.[1243] Das heutige türk. StGB folgt dieser Ansicht im Art. 252, indem es im ersten Absatz der Norm die aktive Seite als „Hauptstraftat" regelt. Das OECD-Übereinkommen sieht ebenfalls die Bestechung ausländischer Amtsträger (Art. 1) als Hauptstraftat der Konvention vor.

Diese Zweiteilung finden wir noch im Strafrechtsübereinkommen über Korruption aus dem Jahr 1999. Die deutsche Fassung regelt die aktive Bestechung im Art. 2, die passive Bestechung im Art. 3. Außerdem wurde als Titel des Art. 2 der englischen Fassung des Bestechungsübereinkommens aus dem Jahr 1997 „Passive corruption" gewählt, sein Art. 3 bezeichnet „Active corruption". Gleichfalls verwendet der französische Code pénal denselben Ausdruck im Titel des Art. 433-1.

Diese Teilung ist de lege lata in manchen Konstellationen kaum verständlich. Denn der hier passiv bleibende Täter kann auch sehr aktiv sein, indem er einen Vorteil für sich oder einen Dritten als Gegenleistung für die Verletzung der Dienstpflichten fordert (§ 332 Abs. 1).[1244]

II. Unmittelbare und mittelbare Bestechung

Der Orientierungspunkt dieser Kategorisierung ist das Tatmittel der Bestechung, also der ungerechtfertigte Vorteil. Wenn der Vertrauensträger einen ungerechtfertigten Vorteil als Gegenleistung für seine pflichtwidrige Diensthandlung nur

1242 Siehe *Binding*, Strafrecht BT II, 1905, S. 712; *Birkmeyer*, Bestechung, in: Vergleichende Darstellung, IX. Bd., 1906, S. 324; *Kaiser*, Die Bestechung von Beamten, 1998, S. 5. *Pragal*, ZIS 2/2006, S. 63 (72), betrachtet diese Klassifizierung als aufgrund des Tauschvertrags „irreführend".

1243 Die aktive Bestechung ist nach der Aussicht von *See*, Wirtschaft zwischen Demokratie und Verbrechen, 2014, S. 216–217, „ein unerklärter Krieg von Wirtschaftskriminellen gegen die geltende Rechtsordnung".

1244 *Peppler*, Die Bestechung, 1915, S. 12, lehnt diesen Sprachgebrauch mit folgendem Grund ab, dass er diese Unterscheidung als notwendige Folge von Teilnahme sieht. *Arzt*, in ders./Weber, Strafrecht BT, 2000, § 49, Rn. 16, befürwortet eine Ausgestaltung aus der Teilnahmelehre des AT und deshalb kritisch zu dieser Trennung. Darüber hinaus geht er davon aus, dass diese Trennung Missverständnisse erregt, da auch die Tathandlung „Fordern" zur passiven Bestechung gehört; zustimmend *Heinrich*, in: a.a.O., 2015, § 49, Rn. 16. *Jähnke*, in: 61. DJT, Bd. II/2, L 89, sieht diese Trennung als „entbehrlich" an. *Durynek*, Korruptionsdelikte, 2008, S. 444, spricht von einer Entkriminalisierung zugunsten der aktiven Seite, da es „ohne das Zutun des Amtsträgers" keine Korruption gebe.

für sich fordert, sich versprechen lässt oder annimmt, kommt eine „unmittelbare Bestechung“ in Betracht. Im Gegensatz dazu steht das Tat- bzw. Bestechungsmittel für einen Dritten, z. B. für einen Freund, Bekannte sowie für eine Vereinigung oder Partei; der Vorgang wird als „mittelbare Bestechung“ eingeordnet.[1245] Die mittelbare Bestechung wird in der Lehre überwiegend unter „Drittvorteilen“ bzw. „Drittzuwendungen“ verhandelt.[1246]

Kriminalpolitisch ist schwerlich vertretbar, dass das Bestechungsunrecht nur in eigener Ausnutzung des Amtsträgers bestehen soll. Auch eine zum Vorteil von Dritten vorgenommene oder vorzunehmende Amtshandlung gegen materiellen oder immateriellen Vorteil gefährdet die Sachlichkeit der dienstlichen Aufgaben und das Vertrauen der Allgemeinheit in die Behörde. Um den Tatnachweis erheblich verhindern oder blockieren zu können, camouflieren moderne Korruptionspraktiker zudem ihr Geschäft, indem die unrechtsmäßigen Vorteile an einen Angehörigen oder einen Mittelsmann angewiesen werden.[1247] Es erscheint daher treffend, auch die Drittvorteile ausdrücklich in Bestechungstatbestände einzubeziehen.[1248] Gleiches bringen die internationalen Abkommen explizit zum Ausdruck.[1249] Unter anderen Maßgaben wäre eine Lücke im Bestechungsstrafrecht zu besorgen.[1250]

III. Einfache (leichte) und schwere Bestechung

Die sog. Trennung zwischen einfacher und schwerer Bestechung ist in der Kategorisierung der Bestechungsdelikte üblich und wird im Schrifttum fast einhellig

---

1245 Siehe dazu *Binding*, Strafrecht BT II, 1905, S. 721; *Zirpins/Terstegen*, Wirtschaftskriminalität, 1963, S. 700; *Gribl*, Vorteilsbegriff, 1993, S. 17-18, unterscheidet die Drittzuwendungen in echte und unechte mittelbare Drittzuwendung. Wird eine Zuwendung direkt an Dritte weitergeleitet, so ist sie echte Drittzuwendung. Falls der ungerechtfertigte Vorteil über den Amtsträger an Dritte geht, dann sei es eine unechte Drittzuwendungsform.

1246 *Möhrenschlager*, in: Dölling (Hrsg.), Korruptionsprävention, 2007, 8. Kap., Rn. 28; *Korte*, in: MüKo-StGB, 2019, § 331, Rn. 196 f.; *Kuhlen*, in: NK-StGB, 2017, § 331, Rn. 47.

1247 *Dölling*, Gutachten, 1996, C 67; *Androulakis*, Globalisierung der Korruptionsbekämpfung, 2007, S. 54.

1248 Vgl. *Dölling*, ZStW 2000, S. 334 (345).

1249 Siehe das OECD-Übereinkommen v. 1997, Art. 1 Abs. 1; das EU-Bestechungsübereinkommen v. 1997, Art. 2 Abs. 1 und Art. 3 Abs. 3; Das Strafrechtsübereinkommen über Korruption v. 1999, Art. 2 und 3; das Übereinkommen der Vereinten Nationen gegen Korruption v. 2003, Art. 15 und 16.

1250 *Hettinger*, in: v. Nell/Schwitzgebel/Vollet (Hrsg.), Korruption, 2003, S. 108.

vertreten.[1251] In diesen Rahmen gehören die Straftatbestände der „Vorteilsannahme und Vorteilsgewährung", in denen das Unrechtsgeschäft auf einer rechtmäßigen Diensthandlung des Amtsträgers basiert, zu der einfachen (leichten) Bestechung.[1252] Im Gegensatz dazu werden die Straftatbestände „Bestechlichkeit und Bestechung", in denen das Unrechtsgeschäft auf rechtswidriger Diensthandlungen des Amtsträgers basiert, unter schwerer Bestechung kategorisiert. Es handelt sich hierbei also um eine Einteilung nach dem Maßstab sozialwidrigen Verhaltens, wobei es von der Pflichtmäßigkeit bzw. Pflichtwidrigkeit abhängig ist.[1253]

Nach dieser Kategorisierung muss jede pflichtwidrige bzw. ungerechtfertigte Geschenkannahme oder andere unzulässige Vorteilsannahme von Amtsträgern, die zur Beeinträchtigung des Grundsatzes ihrer „Unkäuflichkeit"[1254] führen oder führen könnten, als das Verbrechen der Bestechung erfasst werden.[1255] Zur Unterscheidung lassen sich diese Delikte in einfache und schwere Bestechung bzw. Bestechlichkeit gliedern, wobei die erstere eine auf rechtmäßiger Amtshandlung des Amtsträgers basierende[1256] und die letzte eine auf pflichtwidriger Amtshandlung basierende Straftat bezeichnet.[1257] Das italienische StGB pönalisiert z. B. im Art. 318 die einfache Bestechung und im Art. 319 die schwere Bestechung von Beamten.[1258]

1251 So z. B. *Binding*, Strafrecht BT II, 1905, S. 716, zum Thema Fn. 1; *v. Hippel*, Lehrbuch, 1932, S. 314; *Eb. Schmidt*, die Bestechungstatbestände, 1960, Rn. 4, 119; *Zirpins/Terstegen*, Wirtschaftskriminalität, 1963, S. 697; *Überhofen*, Korruption und Bestechungsdelikte, 1999, S. 134; *Dölling*, ZStW 2000, S. 334 (336). Siehe auch zur Terminologie „echte und unechte Bestechungsdelikte" oben § 7 C.

1252 Die entsprechenden Tatbestände im schweiz. Korruptionsstrafrecht (Die Artikel 322[quinquies] und 322[sexies] sStGB) werden vom schweizerischen Gesetzgeber als „gemilderte Form" der Bestechungsdelikte eingestuft. Siehe schweiz. BBl. 2014, S. 3603.

1253 *Maurach/Schroeder/Maiwald*, Strafrecht BT, Teilbd. 2, 2012, § 79, Rn. 2.

1254 Siehe dazu oben § 8 B II.

1255 Diese Idee stammt ursprünglich aus der römischen Rechtskultur. Siehe kritisch *Wächter*, Lehrbuch, 2. Teil, 1826, S. 478; *Binding*, Strafrecht BT II, 1905, S. 715.

1256 *Zimmermann*, Das Unrecht der Korruption, 2018, S. 502 ff., ordnet die Vorteilszuwendung für eine „ordnungsgemäße Entscheidungstätigkeit" der „Protokorruption" zu.

1257 *Baumann*, Zur Problematik der Bestechungstatbestände, 1961, S. 41; *Geerds*, Unrechtsgehalt der Bestechungsdelikte, 1961, S. 53; *Welzel*, Strafrecht, 1969, S. 539 ff.; *Dölling*, Gutachten, 1996, C 36; *Schünemann*, in: FS-Otto, 2007, S. 779.

1258 *Maurach/Schroeder/Maiwald*, Strafrecht BT, Teilbd. 2, 2012, § 79, Rn. 3.

§ 12 Zusammenfassung und Zwischenfazit

1. Es lässt sich festhalten, dass die *Rechtsterminologie* zu den Bestechungsdelikten zwei oppositionelle Meinungen dokumentiert. Unter dem formellen Gesichtspunkt werden auch die Straftaten, in denen es sich zwar um nicht pflichtwidrige Handlungen handelt, die jedoch den Verdacht der Käuflichkeit des Amtsträgers wecken, als Bestechung bezeichnet.[1259] Dies war der Grundgedanke des römischen und sowie des deutschen *ius commune*.[1260] Dieselbe Erwägung gilt überwiegend für die heutige Lehre.
2. Die formelle Betrachtung im Hinblick auf die Terminologie erscheint nur aus pragmatischen Gründen vertretbar, da das Recht i.R.d. Generalprävention eine sozialpädagogische Einwirkung auf die Mitglieder der Gesellschaft leisten könnte.[1261] Diese Ansicht wird aber nur unter den unechten Bestechungsdelikten einen Platz finden. Denn solche Handlungen erregen wie die Bestechungsdelikte kongruent das Misstrauen in der Bevölkerung.
3. Den Begriff „Bestechungsdelikte bzw. Bestechungstatbestände“ zu verwenden, ergibt Sinn, weil Bestechung nur durch mindestens zwei Personen begangen werden kann. Das Verbrechensphänomen Bestechung ist also eine aus zwei Seiten bestehende kriminelle Beziehung. Spricht man von einem Bestechungsdelikt, so kommen zwingend zwei selbständige Straftaten in Betracht: Bestechlichkeit und Bestechung im engeren Sinne.
4. Da die Bestechung eine zweiseitige und komplexe Straftat ist, lassen sich die Rechtsgutsüberlegungen nicht vereinfachen. Es ist also schwierig, ein konkretes Rechtsgut für die Bestechungsdelikte zu bestimmen.
5. Die meisten Bestechungsstrafrechtssysteme gehen heute bei der Betrachtung des Strafgrunds nicht von einem Gesichtspunkt aus, sondern von einer Harmonisierung der relevanten Blickwinkel.[1262] Es handelt sich deshalb um komplexe Rechtsgüter i.R.d. Kombinationstheorie.

1259 Ähnlich auch *Binding*, Strafrecht BT II, 1905, S. 713.

1260 *Binding*, Strafrecht BT II, 1905, S. 714 m.w.N.

1261 Wie das schweizerische StGB das Wort „Bestechung“ im neunzehnten Titel aus pragmatischen Gründen i.w.S. verwendet. Doch unterscheidet es sich dabei die echte und unechte Bestechungsdelikte.

1262 Schon *Birkmeyer*, Bestechung, in: Vergleichende Darstellung, IX. Bd., 1906, S. 311; für heute schweiz. BBl. 1999, S. 5505.

6. Der Ausgangspunkt der Rechtsgutsüberlegungen ist die „Verfälschung des Staatswillens".[1263] Vor diesem Hintergrund sind einige Erwägungen zu treffen. Nach der Vertrauensschutzlehre reicht bereits der böse Anschein bzw. der Verdacht der Käuflichkeit von Diensthandlungen aus, die Taten als Bestechungsdelikte zu pönalisieren.
7. Die „Funktionsfähigkeit der staatlichen Verwaltung und Rechtspflege" ist das gemeinsame Schutzgut aller Amtsdelikte.[1264] Das Vertrauen der Öffentlichkeit in die Rechtmäßigkeit der staatlichen Einrichtungen als ein Bündel strafrechtlich zu schützender Werte ist jedoch „nur als eine Variante des allgemeinen Normgeltungsvertrauens" zu verstehen. Es ist deshalb nicht in der Lage, als eigener Legitimationsgrund der Bestechungsdelikte zu dienen.[1265]
8. Das Vertrauen der Öffentlichkeit in die Sachlichkeit und in die Objektivität der Verwaltung und Justiz stellt „die soziale Dimension der strafbewehrten Norm"[1266] dar.
9. Man kann davon ausgehen, dass alle Bestechungstatbestände „die aus der verbotenen Beziehung zwischen Bestecher und Bestochenem sich ergebende generelle Gefährdung des Staatsapparates" tangieren.[1267]
10. Jede Gesellschaft hat eine eigene Rechtskultur. Besonders die Verfassung legt die normativen Grundlagen der Gesellschaft offen. Die Legitimation über die normativen Grundlagen der Gesellschaft, also über die Rechts- und Verfassungsordnung ist i.d.S. als ein wichtiges Motiv des Gesetzgebers anzusehen. Dennoch müssen vor allem die verfassungsrechtlichen Werte „Rechtsstaatlichkeit" und „Gesetzmäßigkeit" sowie „Gleichheit" durch Bestechungsdelikte primär gewährleistet werden. Gleichgültig, ob es um ein institutionelles oder ein bürgerliches Interesse geht, haben Inhaber billigenswerter Interessen das Recht, den Schutz der betroffenen Normen ggf. über das Bestechungsstrafrecht zu verlangen.

1263 In diese Richtung auch *Möhrenschlager*, in: Dölling (Hrsg.), Korruptionsprävention, 2007, 8. Kap., Rn. 9.

1264 *Stein/Rudolphi*, in: SK-StGB, 2015, vor § 331, Rn. 7c. Vgl. auch *Baumann* BB 1961, S. 1057 (1057), zum Thema Fn. 9.

1265 *Böse*, ZIS 4/2018, S. 119 (120).

1266 Im Sinne von *Amelung*, Rechtsgüterschutz und Schutz der Gesellschaft, 1972, S. 350 ff., zit. nach *Böse*, ZIS 4/2018, S. 119 (121).

1267 *Cramer*, in: S/S-StGB, 2001, § 331, Rn. 3, stuft seinen Ausdruck als „gemeinsamer Unrechtskern" ein.

11. Je nach den Bedürfnissen der strafrechtlich geschützten Sektoren gehen die Gesetzgeber mit Recht von unterschiedlichen Legitimationsgründen für die Nichtkäuflichkeit der jeweiligen Bediensteten aus.[1268] Aus diesem Grund ist anzunehmen, dass das Prinzip Unkäuflichkeit im Zentrum der jeweils einschlägigen Rechtsgutsüberlegungen steht.
12. Falls man das geschützte Rechtsgut in einem Bestechungsstrafrechtssystem etablieren will, muss man zunächst seine Systematik und die diesbezüglichen Vorschriften gut kennen.[1269]
13. Die Unrechtsvereinbarung mit ihren notwendigen Bestandteilen bildet zu Recht den Kern der Bestechungsdelikte.[1270] Der Gesetzgeber ist damit verpflichtet, die auf Korruption zielende und daher auf ein Unrecht abgestellte Abrede zwischen Vorteilsgeber und Vorteilsnehmer in den Tatbeständen ausdrücklich oder konkludent zum Ausdruck zu bringen.
14. Es ist vor allem aber im Lichte von wirtschaftswissenschaftlichen Modellen festzustellen, dass es sich bei der Bestechung um eine *interne Zwei-Herren-Beziehung* (zwischen Bestechendem und Bestochenem) i.R.d. *externen Dreiecksverhältnisses* (Prinzipal-Agent-Klient) handelt.[1271] So beschreibt man das Verbrechensphänomen Bestechung nach internen und externen Verhältnissen.
15. Um ein Verhalten unter dem Ausdruck „Bestechungstatbestand" zu erfassen, muss stets von vornherein ein „Beziehungsverhältnis" vorhanden sein.

1268 So *Dannecker*, in: NK-StGB, 2017, § 299, Rn. 10.

1269 So schon *Birkmeyer*, Bestechung, in: Vergleichende Darstellung, IX. Bd., 1906, S. 310–311.

1270 *Binding*, Strafrecht BT II, 1905, S. 715; *Jescheck*, in: LK-StGB, 11. Aufl., Vor § 331, Rn. 17; BGHSt 39, 46; *Volk*, in: 61. DJT, Bd. II/1, L 40; *Überhofen*, Korruption und Bestechungsdelikte, 1999, S. 120; *Cramer*, in: S/S-StGB, 2001, § 331, Rn. 3; *Hund*, Wege zur Bekämpfung der Korruption, 2002, S. 59; „Kern der Bestechlichkeit" *Hettinger*, in: v. Nell/Schwitzgebel/Vollet (Hrsg.), Korruption, 2003, S. 104; *Möhrenschlager*, in: Dölling (Hrsg.), Korruptionsprävention, 2007, 8. Kap., Rn. 29; „Kern des Bestechungsunrechts" *Schünemann*, in: FS-Otto, 2007, S. 784; *Korte*, in: MüKo-StGB, 2019, § 331, Rn. 116; *Saliger*, in: FS-Kargl, 2015, S. 495; *Kuhlen*, in: NK-StGB, 2017, § 332, Rn. 31; *Heine/Eisele*, in: S/S-StGB, 2019, § 331, Rn. 7 jeweils m.w.N.

1271 Siehe dazu *Androulakis*, Globalisierung der Korruptionsbekämpfung, 2007, S. 38; *Kindhäuser*, ZIS 6/2011, S. 461 (463); *Geisler*, Korruptionsstrafrecht und Beteiligungslehre, 2013, S. 127; *Teixeria*, Das Unrecht der privaten Korruption im geschäftlichen Verkehr, 2018, S. 102. Vgl. auch *Groenendijk*, C.L. & S.C. 1997, S. 207 (218): „corruption always involves a third party."; *Jansen*, in: ders./Priddat (Hrsg.), Korruption, 2005, S. 23; *Priddat*, in: Jansen/ders. (Hrsg.), Korruption, 2005, S. 99.

Dafür hat der rechtswidrige Konnex zwischen Amt und Vorteil kausal zu sein.

16. Der Konnex zwischen Vorteil und Amtsführung kann entweder in der objektiv erkennbaren vertragsmäßigen Willensübereinstimmung der Beteiligten oder in einer bloßen Fiktion bzw. Funktionalität[1272] (sog. Zusammenhangsklausel) identifiziert werden. Wird der Konnex zu Unrecht über einen bloßen Kausalzusammenhang aufgebaut, so wird er i.R.d. Bestimmtheitsgebots angreifbar, da eine derartige Zusammenhangsklausel das Bestechungsstrafrecht ins Uferlose führt.[1273] Außerdem kommt ohne Einbezug des Willensaspekts der Bestechungspartner hinsichtlich des Austauschverhältnisses eine ungerechtfertigte Ausdehnung in Frage.[1274]
17. Falls der Gesetzgeber die Straftat der Vorteilsannahme mit derselben Strafe wie die Bestechlichkeit bedroht, ist dies mit dem Schuldprinzip nicht vereinbar. Denn der Verdacht, dass der Vorteilsnehmer später seine Dienstpflichten gegen Geld verletzen könnte, wäre im heutigen Strafrecht kein Grund für die Erhöhung der Strafe.[1275]
18. Festzustellen ist, dass eine bloße Verwandtschaft von Delikten i.R.d. gesetzlichen Konstruktion oder des inneren kriminalphänomenologischen Zusammenhangs nicht ausreicht, das Verhältnis von Grund- und Qualifikationstatbestand anzunehmen.[1276]
19. Obwohl die *Regelungsmodelle* de lege lata und aus Sicht der Strafrechtsdogmatik wertlos sind, können diese Modelle doch i.R.d. Kriminalpolitik genutzt werden, wobei die betreffenden Tathandlungen typisiert und abstrakt generalisiert werden.[1277] Dies ermöglicht, ein Gesamtbild typischer Fälle zu beobachten.
20. Das formell-funktionale Austauschmodell ist in zwei Punkten als funktional gerichtet zu würdigen: Zum einen besteht ein funktionaler Zusammenhang zwischen dem Amtsgeschäft und den übertragenen Tätigkeitsbereichen des

---

1272 Wie z. B. *Stein/Rudolphi*, in: SK-StGB, 2015, § 331, Rn. 25a.

1273 *Jositsch*, ZStrR 2005, S. 241 (248); *König*, JR 1997, S. 397 (399); *Überhofen*, Korruption und Bestechungsdelikte, 1999, S. 132; vgl. auch *Sommer/Schmitz*, Praxiswissen Korruptionsstrafrecht, 2016, § 2, Rn. 120.

1274 *Deiters*, in: FS-Rengier, 2018, S. 214.

1275 *Kindhäuser*, ZIS 6/2011, S. 461 (465); *Zimmermann*, Das Unrecht der Korruption, 2018, S. 495.

1276 Siehe dazu oben § 9 C.

1277 Vgl. *Vogel*, in: FS-Weber, 2004, S. 398; *Braasch*, in: Grüne/Slanicka (Hrsg.), Korruption, 2010, S. 365.

dienstlichen Handelns; zum anderen beruht es auf einer funktionalen Austauschbarkeit der Leistungen.

21. Beim materiellen Austauschmodell besteht die Notwendigkeit, für den Tatbestand Verletzung der Dienstpflichten einen konkludenten oder schlüssigen Verweis auf außerstrafrechtliche Ansätze, Vorschriften und Regeln sowie Normen auszugestalten, da der Gesetzgeber nicht in der Lage sein wird, alle in Betracht zu kommende Pflichtwidrigkeiten in demselben Tatbestand zu bestimmen (sog. fragmentarischer Charakter des Strafrechts).[1278] Auf diese Weise kann das Strafgesetz insbesondere auf Änderungen im Verwaltungsrecht flexibel reagieren. Hierzu steht dem Strafgesetzgeber die *Blanketttechnik* zur Verfügung.[1279]
22. Die Blanketttechnik spielt im Rechtsgut- bzw. Verschmelzungsmodell keine Rolle, weil das „käufliche Erscheinungsbild" des Amtsträgers für die Pönalisierung der Bestechlichkeit schon als ausreichend gilt. Verfolgt man die Kriminalpolitik des Rechtsgutsmodells, führt sie zu einer teilweisen Akzessorietät der echten Bestechungsdelikte und bringt echte Bestechungsdelikte in Abhängigkeit von unechten bzw. bestechungsähnlichen Delikten.[1280]
23. Beim Rechtsgutsmodell handelt es sich um eine Verschmelzung der Vorteilsannahme mit der Bestechlichkeit in einem Tatbestand. Sie führt ungerechtfertigterweise zu einer weiten Ausdehnung des Tatbestands.
24. Bestechungsstraftaten beziehen sich nicht allein auf den staatlich-öffentlichen Bereich. Unter den heutigen Bedingungen sind auch die Bestechungshandlungen außerhalb der öffentlichen Verwaltung sozialschädlich und gefährlich.[1281] Daher ist eine Erweiterung des strafrechtlichen Schutzes im Hinblick auf den Täterkreis zu begrüßen. Die Akteure solcher Handlungen

1278 Im Sinne der Korruptionsstraftaten *Volk*, in: 61. DJT, Bd. II/1, L 53; *Kindhäuser*, ZIS 6/2011, S. 461 (465); allg. *Jescheck/Weigend*, Strafrecht AT, 1996, S. 52 f.; *Freund*, Strafrecht AT, 2009, § 1, Rn. 22.

1279 Siehe dazu *Zimmermann*, Das Unrecht der Korruption, 2018, S. 164, 430; allgemein *Eser/Hecker*, in: S/S-StGB, 2014, Vor § 1, Rn. 3.

1280 Dies ist die herrschende (aber noch nicht zutreffende) Position der heutigen deutschen Doktrin zum Bestechungsstrafrecht. Für die objektiven Tatbestände der Bestechungsdelikte wird im Schrifttum immer mehr auf die Kommentierungen dieser ähnlichen Straftaten verwiesen. So z. B. *Jescheck*, in: LK-StGB, 11. Aufl., § 332, Rn. 3; *Sowada*, in: LK-StGB, 12. Aufl., § 332, Rn. 4; *Sinner*, in: Matt/Renzikowski-StGB, 2013, § 332, Rn. 4; *Sommer*, in: Anwalt-StGB, 2015, § 332, Rn. 2; *Piel/Rübenstahl*, in: ERST, WirtStR, 2017, § 332, Rn. 7; „weitgehend identisch" *Überhofen*, Korruption und Bestechungsdelikte, 1999, S. 138.

1281 So auch *Rasch*, Die Bekämpfung des Bestechungsunwesens, 1985, S. 17.

sind demzufolge als taugliche Täter von Bestechungsdelikten zu betrachten.[1282] Bei den Regelungsmodellen ist daher eine Formulierung mit Blick auf neue strafrechtlich zu schützende Bereiche gerechtfertigt, wie das ausländische und internationale Strafrecht belegt.[1283]

1282 Vgl. auch unten § 11 A und § 23 E II 6 a.

1283 Vgl. *Vogel*, in: FS-Weber, 2004, S. 400.

Dritter Hauptteil: Das deutsche Bestechungsstrafrechtssystem

§ 13 Geschichtliche Entwicklung

Die Steigerung des Gemeinwohls erscheint in der geschichtlichen Entwicklung als eine der wichtigsten Begründung politischer Macht. Dies war in der Vormoderne auf bestimmte Gruppen und Personenverbände bezogen. Erst mit den modernen Staaten ist die Zielsetzung Gemeinwohl abstrahiert.[1284]

A. Bestechungsdelikte im antiken Griechenland

Das Geschenkegeben i.R.d. Gastfreundschaft war einerseits ein Bestandteil im Leben Athens und diente dem Ausdruck der Dankbarkeit. Die Annahme von Geschenken waren andererseits „eine Form der Entlohnung für einen Dienst".[1285]

Das Gesetz über die Eisangelie (*nomos eisangeltikos*) hat die Bestechung mit den Staatsschutzdelikten[1286] Verrat (*prodosia*) und Sturz der Demokratie (*katolysis tou demou*) vorgesehen. Für die Anklage bzw. Staatsschutzklage[1287] wegen dieser Straftaten durfte es konkreter Nachweise.[1288] Im Gesetz war es nicht einfach feststellbar, ab wann ein Geschenk (*doran*) als Bestechung galt.[1289] Der Grund dafür war, dass das Wort für die Bestechungsannahme *dora* lautete.[1290]

Unvermeidbar war es für die Beamten, die Geschenke in Bezug auf die Dienst- und Hilfeleistungen anzunehmen, da es keine festen Regeln für die Beamtenbesoldung gab. Somit hat die Demokratie in Athen mittelbar die Korruption unterstützt.[1291]

Die Strafe für die bestochenen Beamten war die Zahlung des zehnfachen Gewinns,[1292] für Richter und Ratsmitglieder war die Todesstrafe vorgesehen.[1293]

1284 *Engels*, Geschichte der Korruption, 2014, S. 173.

1285 *Kulesza*, Die Bestechung im politischen Leben Athens, 1995, S. 10.

1286 Siehe dazu *Reinhart*, in: FS-Imme Roxin, 2012, S. 80; siehe auch unten § 9 B III.

1287 *Reinhart*, in: FS-Imme Roxin, 2012, S. 74.

1288 *Kulesza*, a.a.O., S. 16–17.

1289 *Kulesza*, a.a.O., S. 11.

1290 *Kulesza*, a.a.O., S. 14.

1291 *Kulesza*, a.a.O., S. 40. Eigentlich waren Annahmen von Geschenken in Bezug auf das Amt verboten und stellen damals unerlaubte Bereicherung dar. Denn die Politiker waren durch Missbrauch ihres Amtes immer reicher als vorher. Siehe dazu *ders.*, a.a.O., S. 42, 54.

1292 *Wankel*, in: Schuller (Hrsg.), Korruption im Altertum, 1982, S. 36; *Kulesza*, a.a.O., S. 14.

1293 *Wankel*, a.a.O., S. 35.

B. Bestechungsdelikte im römischen Recht

Das römische Strafrecht behandelt die Bestechung nicht spezifisch; sondern knüpfte während der Behandlung an das Verbot zur Geld- und Geschenkeannahme an.[1294] Das römische Strafrecht ging also rechtsterminologisch vom weitestem Sinn aus und hat sich auf den Begriff *corruptio* geeinigt.[1295]

Die Annahme von Geschenken und Vergütungen für die Erfüllung der dienstlichen Pflichten war nach dem Verständnis der Römer „unschicklich".[1296] Solch ein Verhalten des Beamten stellte keinen Verstoß gegen die Rechtsordnung dar; sondern wurde als eine Zuwiderhandlung gegen die guten Sitten eingestuft.[1297]

Das römische Recht hatte den Begriff „crimen repedundarum" i.w.S. für „schlechte Magistratsverwaltung" und i.e.S. vor allem für die Bestechung verwendet.[1298]

Vor der Kaiserzeit wurde die Bestechung als eine Art von Betrug angesehen und das Thema nach der lex Cornelia *de falsis* behandelt. In der Kaiserzeit wurde die Beamtenbestechung wie die Richterbestechung nach der lex repetundarum verfolgt.[1299]

Das erste Gesetz, das die Vorschriften für die Bestechung enthielt, war das „Zwölftafelgesetz". Doch war in diesem Gesetz nur die Bestechung in Bezug auf richterliche Entscheidungen vorgesehen. Nach diesem Gesetz konnte die Todesstrafe für den Täter der Richterbestechung verhängt werden. Die Beamtenbestechung wurde erst durch die *lex repetundarum pecuniarum* zum Ausdruck gebracht.[1300] Bis zum Beginn der Kaiserzeit bezog sich die Bestechung nur auf Richter.[1301]

In den Repetundengesetzen wurden zwei wichtige Vorschrift geregelt. Die Möglichkeit, das Bestechungsgeld zurückzufordern hieß *pecunias repetere* und bedurfte der Rückforderungsklage. Die andere wichtige Regelung nach der *lex repetundarum* war präventiv ausgerichtet, beinhaltete nämlich das Geschenkannahmeverbot für die Beamten.[1302] Die Rückforderungsklage hatte keinen

---

1294 *Mommsen*, Römisches Strafrecht, 1899, S. 717.
1295 *Binding*, Strafrecht BT II, 1905, S. 716, zum Thema Fn. 2 m.w.N.
1296 *Mommsen*, Römisches Strafrecht, 1899, S. 705.
1297 *Mommsen*, a.a.O., S. 706.
1298 *Rein*, Das Criminalrecht der Römer, 1844, S. 604–605.
1299 *Rein*, a.a.O., S. 636; *Engelhardt*, Zur Struktur der Bestechungstatbestände, 1963, S. 28.
1300 *Alcalay*, Active und passive Bestechung, 1889, S. 4.
1301 *Alcalay*, a.a.O., S. 8; *Engelhardt*, Zur Struktur der Bestechungstatbestände, 1963, S. 24.
1302 *Mommsen*, a.a.O., S. 714.

strafrechtlichen, sondern zivilrechtlichen Charakter. Dabei ging es um also nur eine Förderung der unrechtmäßig erworbenen Geldsumme oder äquivalenten Werte i.R.d. Zivilrechts.[1303]

Erst mit der lex Julia wurden die ausführlichen Regelungen für die Bestechung verabschiedet. Diese lex Julia diente später wie ein Grundgesetz während der Kaiserzeit, weil sie verbindlich war.[1304] Die Strafe betrug das vierfache des Angenommenen. In schweren Fällen konnte der Angeklagte zum Exil verurteilt werden.[1305]

Die Bestechungsvorschriften der lex Julia galten für alle Beamten.[1306] Die Anwendung der lex Julia wurde durch die Verordnung von Theodosius erweitert. Er setzte fest, dass ein absolutes Geschenkannahmeverbot für die Beamten mit der Ausnahme von Gehalten gelten musste. Sonst mussten die Beamten den vierfachen Betrag des Angenommenen bezahlen.[1307]

Einige Gegenstände, wie Nahrungsmittel, durften die Beamten ausnahmsweise in Bezug auf das Amt annehmen.[1308] Diese kleinen Gaben hießen „*xenia*". Die Beamten mussten aber darauf achten, dass es ein Maximum der xenia (*centum aurei*) gab, das in jedem Kalenderjahr bestimmt wurde. Überschritt der Beamte das *centum aurei*, so könnte die Strafbarkeit in Frage kommen.[1309] In der Kaiserzeit wurde das Rechtsinstitut „centum aurei" aufgehoben.[1310] Danach handelte es sich um ein striktes Verbot der Annahme von Geschenken in Ausübung des Amtes.

Das römische Strafrecht kannte als eine andere Form der Bestechung das „*ambitus*", welches man mit der heutigen Wählerbestechung gleichstellen kann. Unter diesem Begriff verstanden die Römer „Missbrauch der Wahlbewerbung", der als ein selbständiges Kapitalverbrechen eingestuft wurde.[1311] Im römischen Recht war die Stimmenwerbung des Bewerbers nicht illegal. Das gesetzwidrige Verbot während der Wahl knüpfte an die direkte Beeinflussung der Wähler

---

1303 *Mommsen*, a.a.O., S. 721.

1304 *Alcalay*, a.a.O., S. 7 f.

1305 *Rein*, Das Criminalrecht der Römer, 1844, S. 630.

1306 *Engelhardt*, Zur Struktur der Bestechungstatbestände, 1963, S. 26.

1307 *Alcalay*, Active und passive Bestechung, 1889, S. 9.

1308 Dieser Fall kann nach heutigem Recht i.R.d. Sozialadäquanzlehre und geringwertigen Zuwendungen behandelt werden.

1309 Siehe dazu *Mommsen*, Römisches Strafrecht, 1899, S. 715; *Rein*, Das Criminalrecht der Römer, 1844, S. 627; *Engelhardt*, a.a.O., S. 26.

1310 *Alcalay*, a.a.O., S. 10.

1311 *Mommsen*, Römisches Strafrecht, 1899, S. 865.

durch den Kandidaten an.[1312] Ambitus hieß damit die Verfälschung des Wählerwillens mithilfe Geldes oder ähnlicher Mittel.[1313] Typisch war für den unmittelbaren Stimmenkauf „die Schenkung an die Wähler".[1314]

Zuletzt ist im römischen Strafrecht bezüglich der Bestechung zu nennen, dass die Selbstanzeige des Bestechenden zur Straflosigkeit führte.[1315]

Zusammenfassend lässt sich sagen, dass das altrömische Korruptionsstrafrecht in hohem Maße zur „zentralen Stellung der überkommenen Machteliten" diente.[1316]

C. Bestechungsdelikte im kanonischen Recht

Spricht man über den Kauf oder Verkauf eines geistlichen Amtes, kommt der Straftatbestand *Simonie* in Betracht.[1317] Dieser kirchenrechtliche Begriff bedeutet also, etwas Geistliches gegen einen weltlichen Wert zu verkaufen oder mit Geld zu kaufen.[1318] *Simonie* ist aus diesem Grund eine „kirchenbezogene Korruption".[1319]

Bis zum Inkrafttreten des Codex Iuris Canonici v. 1917 wurde die Beamtenbestechung nach kanonischem Recht entweder i.R.d. Simonie oder im Zusammenhang mit der Anstiftung zur Fälschung und Verletzung der Amtspflicht behandelt.[1320] Simonie wird also als eine Art von Bestechungskriminalität eingestuft.

Der Codex aus dem Jahr 1917 hat die passive Beamtenbestechung nicht eigenständig unter Strafe gestellt. Der bestochene geistliche Beamte sollte daher nach der Teilnahme an aktiver Bestechung bestraft werden.[1321]

Das kirchliche Recht vor 1917 sah nur die Strafbarkeit wegen der *simonia realis* vor, welche die realen Leistungen der Bestechungspartnerschaft für den Tatbestand voraussetzt. Dagegen ist beim Codex v. 1917 schon die Erregung der Erwartung durch die Verabredung, also die Handlungen ohne Austausch

---

1312 *Mommsen*, a.a.O., S. 866 f.

1313 Vgl. *Schuller*, in: v. Alemann (Hrsg.), Dimensionen politischen Korruption, 2005, S. 54.

1314 *Mommsen*, a.a.O., S. 869.

1315 *Alcalay*, a.a.O., S. 10; *Engelhardt*, a.a.O., S. 28.

1316 *Reinhart*, in: FS-Imme Roxin, 2012, S. 74.

1317 *Reinhart*, a.a.O., S. 77.

1318 Siehe dazu *Rees*, Die Strafgewalt der Kirche, 1993, S. 271, 455.

1319 *Reinhart*, a.a.O., Fn. 43.

1320 *Rees*, Die Strafgewalt der Kirche, 1993, S. 292.

1321 *Rees*, a.a.O., S. 292-293.

von Leistungen, strafbar (*simonia confidentialis*).[1322] Dabei handelt es sich somit um eine weitere Fassung, indem der Codex keine Unterscheidung zwischen der *simonia realis* und der *simonia confidentialis* machte.[1323]

Die Bestechung kommt als Beamtendelikt im kanonischen Recht nur i.R.d. Ausübung des geistlichen Richteramtes infrage.[1324] Den Grundsatz der lex Julia, also das Geschenkannahmeverbot für Beamte, verfolgte auch das Kirchenrecht. In diesem Zusammenhang sind auch Belohnungen für gerechte Urteile verboten.[1325]

Die Bestechung zielt auf die parteiische bzw. ungerechte Entscheidung des Richters in einem Prozess ab. Somit wird das öffentliche Interesse verletzt.[1326] Der Richter wird dafür, also entweder zu Gunsten oder zu Ungunsten einer Partei, durch das Bestechungsmittel wie Geschenke und Versprechungen beeinflusst. Dabei ist irrelevant, ob der Richterspruch rechtmäßig oder rechtswidrig ist.[1327]

Die beiden Seiten der Bestechung, also Geber und Nehmer, können das Delikt begehen.[1328] Belohnungen für rechtmäßige Urteilssprüche führen aber zur Straflosigkeit; der Geber kann sogar in diesen Fällen das Gegebene rückfordern.[1329] Der Richter macht sich aber in jedem Fall wegen der Bestechung strafbar.[1330]

Noch ein weiterer wichtiger Punkt ist im Kirschenrecht die „Forderung“. Schon mit der Forderung eines Betrags ist die Straftat vollendet.[1331] Hierbei ist aber zu beachten, dass die Strafbarkeit des Richters wegen der Bestechung nach dem Grundsatz „vendere iudicium“ dann vorliegt, wenn sein Richterspruch noch verkaufbar, also noch nicht vollzogen ist.[1332] Deswegen ist hier nachträgliche Belohnung ausgeschlossen.

1322 *Rees*, a.a.O., S. 271.

1323 *Rees*, a.a.O., S. 285.

1324 *Alcalay*, Active und passive Bestechung, 1889, S. 11. Im Mittelalter spielten die weltrichterlichen Tätigkeiten der Kirche eine besondere Rolle wie z. B. bei Testaments- und Vertragskonflikten. Siehe *Engelhardt*, Zur Struktur der Bestechungstatbestände, 1963, S. 32.

1325 *Engelhardt*, a.a.O., S. 31 f.

1326 *Katz*, Grundriss des Kanonischen Strafrechtes, 1881, S. 147.

1327 *Katz*, a.a.O., S. 149.

1328 *Katz*, a.a.O., S. 148.

1329 *Alcalay*, Active und passive Bestechung, 1889, S. 12.

1330 *Engelhardt*, a.a.O., S. 32.

1331 *Katz*, a.a.O., S. 148.

1332 *Alcalay*, a.a.O., S. 12; *Engelhardt*, a.a.O., S. 32; aA *Katz*, a.a.O., S. 148.

Die Strafe für den Bestechenden ist der Ausschluss von den Sakramenten (*Excommunication*) und für den Bestochenen Richter die Entlassung aus dem Amt (*suspensio ab officio*).[1333]

D. Entwicklungen im germanischen Recht

I. Bestechung und Bestechlichkeit im gemeinen Recht

Bestechung war ein Fremdwort im deutschen Mittelalter.[1334] Die Bestechungsvorschriften des gemeinen Rechts entwickelte sich hingegen auf der Grundlage des römischen Rechts.[1335] Im gemeinen Recht wurde der Bestechende als der „Miturheber" der Bestechung eingestuft und bestraft.[1336]

Wie oben dargestellt, lagen dem Begriff Bestechung zwei Verständnisse zugrunde, nämlich das *crimen repetundarum* nach der lex Cornelia und das *crimen corruptionis* nach der lex Julia. Das gemeine Recht vereinigte die beiden Richtungen.[1337]

Der „Cammer-Gerichts-Visitationsabschied" hat das römische Recht der Bestechung ergänzt und die Lücken erheblich geschlossen. Dies war aber nur auf Richterbestechung bezogen. Dabei spielte es keine Rolle, ob der Vorteil vor oder nach dem Urteil angenommen wurde.[1338] Dieser Reichsabschied richtete sich allerdings nur an Kammergerichtsmitglieder, diese Bestechungsvorschriften waren also nicht verallgemeinerungsfähig.[1339]

II. Bestechung und Bestechlichkeit im Partikularrecht

Während der deutschen Partikularrechte durften die Staatsbeamten keine Vorteile in Bezug auf das Amt annehmen, ansonsten machten sich beide Seiten der Bestechung strafbar. In ähnlicher Weise war außerdem der Bestimmungsversuch zur Einwirkung auf die amtliche Tätigkeit unter Strafe gestellt.[1340]

1333 *Katz*, a.a.O., S. 150.

1334 *Alcalay*, a.a.O., S. 17.

1335 *Feuerbach*, Themis, S. 196; *Teichmüller*, Die Bestechung, 1887, S. 9; *Alcalay*, Active und passive Bestechung, 1889, S. 4.

1336 *Feuerbach/Mittermaier*, Lehrbuch, 1847, S. 757; *Alcalay*, Active und passive Bestechung, 1889, S. 18.

1337 *Alcalay*, a.a.O., S. 17.

1338 *Alcalay*, Active und passive Bestechung, 1889, S. 18.

1339 *Engelhardt*, Zur Struktur der Bestechungstatbestände, 1963, S. 36.

1340 *Alcalay*, a.a.O., S. 19.

Es bestand Einigkeit darüber, dass die nur Handlungen bezüglich der Amtspflichten i.R.d. Bestechung infrage kommen konnten. Das Tatobjekt der Bestechlichkeit war damals entsprechend „die Vornahme oder Unterlassung einer Amtshandlung“.[1341] Die partikularen Strafgesetzbücher setzten also für die Bestechlichkeit stets eine amtliche Tätigkeit voraus.[1342]

Die Staatsfunktionäre bildeten den Täterkreis der passiven Bestechung. Der strafrechtliche Schutz über den Täterkreis wurde ausnahmsweise beim Braunschweig, Art. 113, auf Zeugen und Sachverständige ausgedehnt.[1343]

Die aktive Bestechung war damals als ein selbständiges Delikt vorgesehen und bildete das Gegenstück der Beamtenbestechung. Unabhängig der Handlungen des Beamten konnte die Bestechung i.e.S. sowohl durch die Bereitschaft des Vorteilsgebers als auch durch das bloße Anbieten begangen werden. Der Versuch wurde hingegen milder bestraft.[1344]

Das Partikularrecht machte einen Unterschied zwischen der strafbaren Geschenkannahme und der Bestechung.[1345] In den meisten deutschen Strafgesetzbücher wurde die pflichtwidrige Geschenkannahme für eine rechtmäßige Amtshandlung als getrennt von der Bestechung behandelt.[1346] Es ist aber zu beachten, dass die Mehrheit der deutschen Partikularstrafgesetze die Strafbarkeit der aktiven Bestechung wegen der pflichtmäßigen Amtshandlung nicht geregelt haben.[1347]

Neben der Annahme des Angebotenen wurde der Tatbestand auch durch das „Sichbereiterklären“ zur Annahme erfüllt.[1348] Auf diese Weise ging es um eine Erweiterung des strafrechtlichen Schutzes über diese Tathandlungsmodalität.

In den partikularen Strafgesetzbüchern wurden für die Bestechlichkeit (bis zu einem Jahr Gefängnis) und die Bestechung (bis zu sechs Monate Gefängnis) mildere Strafen vorgesehen, sie wurden also als Kavaliersdelikte behandelt.[1349]

1341 *Alcalay*, a.a.O., S. 21.

1342 *Birkmeyer*, Bestechung, in: Vergleichende Darstellung, IX. Bd., 1906, S. 314.

1343 *Alcalay*, a.a.O., S. 21.

1344 Siehe dazu *Alcalay*, a.a.O., S. 22.

1345 *Birkmeyer*, a.a.O., S. 314.

1346 *Alcalay*, a.a.O., S. 37.

1347 *Birkmeyer*, Bestechung, in: Vergleichende Darstellung, IX. Bd., 1906, S. 317.

1348 *Alcalay*, Active und passive Bestechung, 1889, S. 21.

1349 *Alcalay*, a.a.O., S. 22; vgl. auch unten § 9 B I.

III. Bestechung und Bestechlichkeit im preußischen Recht

Das Allgemeine Landrecht für die Preußischen Staaten aus dem Jahr 1794 regelte die Amtsverbrechen unter dem Titel „Verbrechen der Diener des Staates". Darunter fielen auch die Bestechungsvorschriften, namentlich §§ 360, 361, 366 bis 370.[1350] Die Pflichtwidrigkeit der Amtshandlung spielte dabei nur i.R.d. Strafzumessung. Die Strafe wurde je nach Grad des Verdachts bestimmt. Nach dieser Systematik ging es um eine Dreiteilung der Strafen: Mildeste Strafen galten für die Fälle, in denen kein Verdacht für die Pflichtwidrigkeit bestand. Bei erheblichem Verdacht wurde die Strafe erhöht. Nur für die Fälle, in denen eine eindeutige pflichtwidrige Amtshandlung bestand, konnte eine Gefängnisstrafe von drei bis sechs Jahren ausgesprochen werden.[1351] Daraus ergibt sich, dass die rechtliche Qualität der Amtshandlung für die Strafandrohung entscheidend war.

Das römischrechtliche Verständnis bezüglich der Bestechung (crimen repetundarum) hat weniger Beachtung in der Entwicklung des preußischen StGB gefunden.[1352] Das preußische StGB v. 1851 hat außerdem auf die Systematik des allgemeinen Landrechts (sog. Dreiteilung) verzichtet und die Straftatbestände nach dem Pflichtwidrigkeitsmaßstab zweiteilig ausgestaltet.[1353]

Die Amtsdelikte des preußischen StGB v. 1851 wurden unter dem 28. Abschnitt „Verbrechen und Vergehen im Amte" vorgesehen. Es unterscheidet – wie das Allgemeine Landrecht – zwischen der Vorteilsannahme für die rechtmäßige amtliche Tätigkeit (§ 309) und der Bestechlichkeit des Beamten und Schiedsrichters unter der Verletzung einer amtlichen Pflicht (§ 310).[1354] Die passive Bestechung wurde wie folgend formuliert:[1355]

> „Ein Beamter oder Schiedsrichter, welcher für eine Handlung oder Unterlassung, die eine Verletzung einer amtlichen Pflicht enthält, Geschenke oder andere Vortheile annimmt, fordert oder sich versprechen läßt, wird mit Zuchthaus bis zu fünf Jahren bestraft, und zur Herausgabe des Empfangenen oder des Werths desselben an den Fiskus verurtheilt. Wird festgestellt, daß mildernde Umstände vorhanden sind, so soll auf Gefängniß nicht unter sechs Monaten und zugleich auf zeitige Unfähigkeit zu öffentlichen Aemtern erkannt werden."

1350 *Alcalay*, a.a.O., S. 23.

1351 Siehe dazu *Alcalay*, a.a.O., S. 23-24; *Engelhardt*, Zur Struktur der Bestechungstatbestände, 1963, S. 37.

1352 *Feuerbach*, Themis, S. 197.

1353 *Engelhardt*, a.a.O., S. 37.

1354 *Alcalay*, a.a.O., S. 24 f.

1355 Das preußische StGB v. 1851 ist abrufbar unter http://www.koeblergerhard.de/Fontes/StrafgesetzbuchPreussen1851.pdf.

Das preußische StGB v. 1851 behandelte die eigentliche aktive Bestechung (§ 311) autonom und stellte diese Straftat als ein selbstständiges Delikt unter Strafe.[1356] Dagegen war die aktive Seite von strafbaren Geschenkannahme bzw. Vorteilsgewährung für die pflichtmäßige Amtshandlung wie beim Partikularrechte der Deutschen straflos.

Schließlich ist zu bemerken, dass die Bestechlichkeit des Strafrichters im preußischen StGB v. 1851 besonders geregelt wurde (§ 312). Sie war ein qualifizierter Fall der Beamtenbestechung.[1357]

IV. Bestechung und Bestechlichkeit im StGB v. 1871

Das preußische StGB war „der unmittelbare Vorläufer des StGB von 1871".[1358] Die Bestechungsdelikte des preußischen StGB wurden entsprechend in das StGB v. 1871 mit wenigen Änderungen transformiert.[1359] Das Strafgesetzbuch für das Deutsche Reich vom 15. Mai 1871 eröffnete ferner die Möglichkeit, nicht nur den Strafrichter sondern auch Personen des richterlichen Amtes wegen der Richterbestechung zu bestrafen.[1360]

Die Kodifikation des RStGB v. 1871 spiegelt sich prinzipiell das heutige Verständnis des deutschen Bestechungsstrafrechtssystems, wobei die eigentliche Beamtenbestechung in §§ 332, 333 unter dem 30. Abschnitt (Straftaten im Amte) bestimmt waren. Die eigentliche Bestechlichkeit des Beamten wurde unter dem § 332 so verfasst:[1361]

> „Ein Beamter, welcher für eine Handlung, die eine Verletzung einer Amts- oder Dienstpflicht enthält, Geschenke oder andere Vortheile annimmt, fordert oder sich versprechen läßt, wird wegen Bestechung mit (…)."

Die eigentliche Bestechung i.e.S. als das Gegenstück des § 332 wurde wie folgend unter dem § 333 in folgende Worte gefasst:[1362]

1356 *Alcalay*, Active und passive Bestechung, 1889, S. 26.

1357 *Alcalay*, a.a.O., S. 25.

1358 *Gropp*, Strafrecht AT, 2015, § 1, Rn. 47.

1359 Siehe dazu RGSt 39, 193 (201); *Teichmüller*, Die Bestechung, 1887, S. 11; *Alcalay*, a.a.O., S. 35; *Engelhardt*, Zur Struktur der Bestechungstatbestände, 1963, S. 37.

1360 *Alcalay*, a.a.O., S. 35.

1361 Die alten Fassungen der betroffenen Straftaten sind abrufbar unter https://lexetius.com/leges/StGB/Inhalt?0.

1362 *Kuhlen*, in: NK-StGB, 2017, § 331, Rn. 1; *Sowada*, in: LK-StGB, 12. Aufl., Vor § 331, Rn. 20. Auffällig ist, dass die echte aktive Bestechung durch den damaligen Gesetzgeber als „Vorteilsgewährung" tituliert ist.

> „Wer einem Beamten oder einem Mitglieder der bewaffneten Macht Geschenke oder andere Vortheile anbietet, verspricht oder gewährt, um ihn zu einer Handlung, die eine Verletzung einer Amts- oder Dienstpflicht enthält, zu bestimmen, wird wegen Bestechung (…)."

Es bestand somit ein „Exklusivitätsverhältnis" zwischen der Vorteilsannahme (§ 331) und Bestechlichkeit (§ 332) während beim RStGB.[1363]

Straflos war auch die unechte aktive Bestechung auf Seiten des Bestechenden. Nur ein Teil des Unrechtsgeschäfts wegen der Vorteilsannahme (§ 331) war strafbar.[1364] Dazu musste die Handlung in Bezug auf die widerrechtliche Geschenkannahme in sein Amt einschlagen. Dies setzte also einen engen Zusammenhang zwischen der Zuständigkeit des Beamten und der Handlung der Tat voraus.[1365]

V. Bestechung und Bestechlichkeit in der Periode 1975–1997

Die Neufassung des deutschen StGB trat nach längerer Reformdiskussion am 1.1.1975 in Kraft.[1366] Der Besondere Teil ist zwar durch das EGStGB umgestaltet und geändert worden, der Schwerpunkt der Strafrechtsreformen betraf aber grundlegend die Strafen und Maßregeln.[1367]

Die heutige Systematik der deutschen Bestechungsstrafrechtsdogmatik ist erst mit dem Inkrafttreten des EGStGB v. 2.3.1974 (also ab 1.1.1975) in Erscheinung getreten.[1368] Das Ziel dabei war, Zweifelsfragen zu beseitigen und die gesetzlichen Strafrahmen neu zu bestimmen.[1369] Das neue Bestechungsstrafrecht mit dem EGStGB brachte jedoch dieselben Probleme, die sich bereits aus dem alten Recht ergeben, mit sich.[1370] Die Straftat „Bestechlichkeit" wurde nochmals unter dem § 332 wie folgt gefasst:

1363 BGHSt 12, 146 f.; *Kuhlen*, in: NK-StGB, 2017, § 331, Rn. 1; *Sowada*, in: LK-StGB, 12. Aufl., Vor § 331, Rn. 20. Siehe auch unten § 16 B I.

1364 *Binding*, Strafrecht BT II, 1905, S. 733; schon für die weite Auslegung der Amtshandlung *Alcalay*, Active und passive Bestechung, 1889, S. 40; *Birkmeyer*, Bestechung, in: Vergleichende Darstellung, IX. Bd., 1906, S. 349 jeweils m.w.N. In damaligen Zeiten wurde unter dem Begriff Amtshandlung beherrschend „eine in sein Amt einschlagende Handlung" verstanden. Siehe dazu *Birkmeyer*, a.a.O., S. 309, zum Thema Fn. 1, S. 350 m.w.N.

1365 *Binding*, a.a.O., S. 732.

1366 BGBl. I, S. 1.

1367 *Jescheck/Weigend*, Strafrecht AT, 1996, S. 104.

1368 *Kuhlen*, in: NK-StGB, 2017, § 331, Rn. 2 m.w.N.; vgl. auch *Überhofen*, Korruption und Bestechungsdelikte, 1999, S. 74.

1369 *Maiwald*, JuS 1977, S. 353 (353).

1370 *Blei*, JA 1974, S. 457 (459).

(1) Ein Amtsträger oder ein für den öffentlichen Dienst besonders Verpflichteter, der einen Vorteil als Gegenleistung dafür fordert, sich versprechen läßt oder annimmt, daß er eine Diensthandlung vorgenommen hat oder künftig vornehme und dadurch seine Dienstpflichten verletzt hat oder verletzen würde, wird mit Freiheitsstrafe von sechs Monaten bis zu fünf Jahren, in minder schweren Fällen mit Freiheitsstrafe bis zu drei Jahren oder mit Geldstrafe bestraft. Der Versuch ist strafbar.
(2) (...)
(3) Falls der Täter den Vorteil als Gegenleistung für eine künftige Handlung fordert, sich versprechen läßt oder annimmt, so sind die Absätze 1 und 2 schon dann anzuwenden, wenn er sich dem anderen gegenüber bereit gezeigt hat,
1. bei der Handlung seine Pflichten zu verletzen oder,
2. soweit die Handlung in seinem Ermessen steht, sich bei Ausübung des Ermessens durch den Vorteil beeinflussen zu lassen.

Die aktive echte Bestechung wurde durch die neue Ausgestaltung nach dem EGStGB erstmal offiziell unter dem § 334 als „Bestechung" bezeichnet. Die Bestechung wurde danach so formuliert:

(1) Wer einem Amtsträger, einem für den öffentlichen Dienst besonders Verpflichteten oder einem Soldaten der Bundeswehr einen Vorteil als Gegenleistung dafür anbietet, verspricht oder gewährt, daß er eine Diensthandlung vorgenommen hat oder künftig vornehme und dadurch seine Dienstpflichten verletzt hat oder verletzen würde, wird mit Freiheitsstrafe von drei Monaten bis zu fünf Jahren, in minder schweren Fällen mit Freiheitsstrafe bis zu zwei Jahren oder mit Geldstrafe bestraft.
(2) (...)
(3) Falls der Täter den Vorteil als Gegenleistung für eine künftige Handlung anbietet, verspricht oder gewährt, so sind die Absätze 1 und 2 schon dann anzuwenden, wenn er den anderen zu bestimmen versucht, daß dieser
1. bei der Handlung seine Pflichten verletzt oder,
2. soweit die Handlung in seinem Ermessen steht, sich bei der Ausübung des Ermessens durch den Vorteil beeinflussen läßt.

Die Bestechungstatbestände sind zwar durch das Einführungsgesetz zum StGB „völlig neu" formuliert.[1371] Man kann aber trotzdem auf das Schrifttum des alten Rechts bezüglich der §§ 331 verweisen.[1372]

Alle Fälle der Bestechung, die man auch in Nebengesetzen des StGB finden konnte, wurde durch dieses Gesetz in das Kernstrafrecht zum Zwecke der besseren Gesamtschau der Vorschriften überführt.[1373]

1371 *Blei*, JA 1974, S. 309 (309).
1372 *Blei*, JA 1974, S. 457 (459).
1373 *Blei*, JA 1974, S. 309 (311). Siehe auch BT-Drucks. 7/550, S. 269.

Das EGStGB v. 2.3.1974 verdient in zwei Punkten besondere Aufmerksamkeit: Einmal die ausdrückliche Regelung der Bestechung beim Ermessenbeamten (§ 332 Abs. 3) und die Gleichstellungsvorschrift hinsichtlich der Unterlassung der Diensthandlung (§ 336).[1374]

Mit der Neufassung der Delikte durch das EGStGB ist davon auszugehen, dass jeder Tatbestand im Hinblick auf das Verbrechensphänomen Bestechung deliktisch als „Delictum sui generis“ angesehen werden kann.[1375]

1374 *Maiwald*, JuS 1977, S. 353 (353).

1375 *Blei*, JA 1974, S. 457 (459); vgl. auch oben § 9 B XVI.

§ 14 Die deutschen Bestechungstatbestände

A. Amtsträgerbestechung: Strafbare Bestechungshandlungen in der öffentlichen Verwaltung (§§ 332, 334 StGB)

I. Bestechlichkeit (§ 332 StGB)

1. Das geschützte Rechtsgut

Das Gesamtbild in Bezug auf das strafrechtliche Unrecht der Bestechung ist schon oben unter dem § 8 B abgehandelt. Hier wird die Legitimationsgrundlage der deutschen Position nochmals im Lichte der §§ 332, 334 dargelegt.

a. Meinungen in der Lehre

Das geschützte Rechtsgut der Bestechungsdelikte ist bis heute nicht abschließend zur Darstellung gebracht.[1376] Innerhalb der deutschen Lehre liegen verschiedene Meinungen vor. Diese Meinungen orientieren sich an dem Legitimationsgrund der Tatbestände.

Nach einer Ansicht erscheint „der Schutz vor einer Verfälschung des Staatswillens durch Pflichtwidrigkeiten seiner Organe" als der eigentliche Bestrafungsgrund der Bestechlichkeit.[1377] Um über die Verfälschung des Staatswillens zu sprechen, muss im konkreten Fall die Frage, welcher konkreten Pflicht des Amtsträger ist i.R.d. §§ 332, 334 Verletzung droht, in Betracht gezogen werden.[1378] Die andere Meinung geht davon aus, dass die §§ 332, 334 StGB „auf der Grundlage der deutschen Rechts- und Verfassungsordnung" legitimiert werden.[1379]

Für eine weitere Ansicht im Schrifttum steht Unkäuflichkeit im Vordergrund.[1380] Darunter wird konkret die „Unbestechlichkeit" verstanden.[1381]

1376 Siehe *Überhofen*, Korruption und Bestechungsdelikte, 1999, S. 75 ff.; *Möhrenschlager*, in: Dölling (Hrsg.), Korruptionsprävention, 2007, 8. Kap., Rn. 3; *Kuhlen*, in: NK-StGB, 2017, § 331, Rn. 11; *Korte*, in: MüKo-StGB, 2019, § 331, Rn. 2 jeweils m.w.N.

1377 *Kaufmann*, JZ 1959, S. 375 (377); gleichfalls *Engelhardt*, Zur Struktur der Bestechungstatbestände, 1963, S. 52.

1378 Vgl. oben „Bindungstheorie" § 8 B IV. In diese Richtung auch *Schönherr*, Vorteilsgewährung und Bestechung als Wirtschaftsstraftat, 1985, S. 25.

1379 *Böse*, ZIS 4/2018, S. 119 (122). Vgl. auch oben „Normative Theorie" § 8 B V 2.

1380 *Eser*, Strafrecht III, 1980, 18 A 28; *Jescheck*, in: LK-StGB, 11. Aufl., Vor § 331, Rn. 17; *Otto*, Grundkurs Strafrecht, BT, 2004, § 99, Rn. 1; *Pragal*, ZIS 2/2006, S. 63 (75); *Ostendorf*, in: Buck (Hrsg.), Neue Fragen an den Rechtsstaat, 2009, S. 96.

1381 Siehe oben § 8 B II m.w.N.

Die herrschende Lehre vertritt die These, dass es bei den Tatbeständen von §§ 331 ff. StGB um ein einheitliches Rechtsgut gehe.[1382] Danach sei die „Funktionsfähigkeit der Institutionen" das Rechtsgut der Bestechungsdelikte, wobei die Sachlichkeit bzw. Redlichkeit der staatlichen Einrichtung als innere Funktion und zugleich das Vertrauen der Allgemeinheit in diese Sachlichkeit der Staatsdiener als äußere Funktion des Instituts eingestuft werden. Die herrschende Auffassung geht also von einer Kombination aus, in dieser Arbeit als „Systemtheorie" genannt.[1383]

Bei dieser Betrachtungsweise geht es um eine Vereinigung von zwei Schutzrichtungen: Einerseits um den Schutz der Sachlichkeit im Innenverhältnis (innere Funktionsbedingung) andererseits um den Schutz des Vertrauens von Bevölkerung auf die Lauterkeit der Entscheidungen (äußere Funktionsbedingung).[1384] Anders ausgedrückt stehen das „Vertrauen in die Unkäuflichkeit von Trägern staatlicher Funktionen und damit zugleich in die Sachlichkeit staatlicher Entscheidungen"[1385] bzw. „Schutz der Funktionsfähigkeit der öffentlichen Verwaltung und das Vertrauen der Allgemeinheit in die Sachlichkeit und Unabhängigkeit des Verwaltungshandelns" im Vordergrund.[1386]

b. Ansichten in der Rechtsprechung

Die höchstrichterliche Entscheidung stellt zutreffend fest, dass durch die Amtsdelikte „das Vertrauen der Allgemeinheit in die Lauterkeit des öffentlichen Dienstes" geschützt wird.[1387] Durch die Bestechungstatbestände wird nebenbei das Vertrauen in die Nichtkäuflichkeit geschützt.[1388] Unter besonderer Berücksichtigung der Bestechungsdelikte wird dabei erwähnt, dass der Schutzzweck außerhalb der betroffenen Vermögensinteressen liegt.[1389]

1382 Siehe statt aller *Fischer*, StGB, 2019, § 331, Rn. 2; aA *Jescheck*, in: LK-StGB, 11. Aufl., Vor § 331, Rn. 8; *Korte*, in: MüKo-StGB, 2019, § 331, Rn. 2.

1383 Siehe dazu oben § 8 V 1 m.w.N.

1384 *Sowada*, in: LK-StGB, 12. Aufl., Vor § 331, Rn. 31; *Stein/Rudolphi*, in: SK-StGB, 2015, § 331, Rn. 4.

1385 *Heger*, in: Lackner/Kühl-StGB, 2018, § 331, Rn. 1.

1386 *Korte*, in: MüKo-StGB, 2019, § 331, Rn. 8.

1387 BGHSt 47, 22 (31); BGH, Urt. v. 24.6.2010 – 3 StR 84/10, Rn. 15.

1388 RGSt 56, 402; BGHSt 15, 88 (96); BGHSt 47, 22 (25); BGHSt 47, 295 (309); BGHSt 49, 275 (283).

1389 BGHSt 30, 46 (48). Siehe auch unten § 14 A I 3 a aa (2).

Nach Ansichten in der höchstrichterlichen Rechtsprechung ist somit der Strafgrund der Bestechungsdelikte das Vertrauen in die Nichtkäuflichkeit der amtlichen Tätigkeiten.

c. *Stellungnahme*

Bei der deutschen Bestechungsstrafrechtsdogmatik handelt es sich somit um primäre und sekundäre Rechtsgüter. Dies führt zu komplexen und mehrdimensionalen Rechtsgütern.[1390] Die sekundären Rechtsgüter, d. h. die oben erwähnten Ausgangspunkte außer dem Vertrauen ergeben sich aus dem obersten Rechtsgut; jedes sekundäre Rechtsgut knüpft also an das primäre Rechtsgut an.[1391]

Richtigerweise ist der Vertrauensschutzgedanke „kein primäres Rechtsschutzziel". Dieses Ziel schützt vielmehr mittelbare Interessen der Verwaltung.[1392] Stattdessen ist die Gesetzmäßigkeit der staatlichen Behörden als das primäre Rechtsgut anzusehen.[1393] Der Begriff des Vertrauens der Allgemeinheit ist ferner konkretisierungsbedürftig.[1394] Der Aspekt im Hinblick auf die Integrität der staatlichen Institutionen kann aber es klarstellen.[1395]

Die Komplexität der Gedanken in Bezug auf das Rechtsgut ergibt sich aus der Zusammenbetrachtung bzw. Vermischung von Vorteilsannahme (§ 331) und Bestechlichkeit (§ 332) während der Erklärung dieser Straftatbestände. Die deutsche Lehre versucht immer, ein kollektives Rechtsgut für diese Straftaten zu bestimmen. Das ist unzutreffend.[1396] Denn beiden Delikten liegen eigene Verständnisse mit eigenem Unrechtstypus zugrunde.[1397]

Die neue Konzeption des ersten KorrBekG v. 1997 bringt kein neues Verständnis hinsichtlich des Unrechtgehalts von Bestechlichkeit und Bestechung

---

1390 Wie z. B. *Kindhäuser*, ZIS 6/2011, S. 461 (461); *Maurach/Schroeder/Maiwald*, Strafrecht BT, Teilbd. 2, 2012, § 79, Rn. 9; *Adamski*, Die gesetzliche Konzeption der Bestechungsdelikte, 2013, S. 61; *Heger*, in: Lackner/Kühl-StGB, 2018, § 331, Rn. 1; *Kuhlen*, in: NK-StGB, 2017, § 331, Rn. 12; teilweise *Sowada*, in: LK-StGB, 12. Aufl., Vor § 331, Rn. 37.

1391 Vgl. auch *Korte*, in: MüKo-StGB, 2019, § 331, Rn. 7.

1392 *Adamski*, Die gesetzliche Konzeption der Bestechungsdelikte, 2013, S. 62.

1393 *Gribl*, Der Vorteilsbegriff bei den Bestechungsdelikten, 1993, S. 130.

1394 *Wessels/Hettinger/Engländer*, Strafrecht BT 1, 2018, § 24, Rn. 1179, bezeichnen es als „missdeutbar".

1395 *Gribl*, Der Vorteilsbegriff bei den Bestechungsdelikten, 1993, S. 130.

1396 *Böse*, ZIS 4/2018, S. 119 (120), stuft die h.M. mit Recht als „vorherrschende Auffassung" ein und vertritt die These, dass die §§ 332, 334 im Lichte der herrschenden Lehre nicht legitimiert werden können.

1397 Siehe oben § 9 B XVI und § 9 C sowie § 16 E I.

mit sich.[1398] Die geschichtliche Entwicklung macht bewusst, dass der deutsche Gesetzgeber während der Gestaltung der §§ 332, 334 der römischrechtliche Sicht[1399] nicht folgt. Er hat dabei nur seine eigene Richtung (sog. deutschrechtliche Ansicht[1400]) weiterentwickelt. Die pflichtwidrige Amtsführung gegen Entgelt ist im Ergebnis der Ausgangspunkt für die Legitimation von eigenen Bestechungsdelikten.[1401]

Die Lehre von der Verfälschung des Staatswillens gilt i.d.S. nur für die Kernhandlung von Bestechlichkeit und Bestechung, aufgrund der auf künftige rechtswidrige Entscheidungen eines Amtsträgers gerichteten Handlungen.[1402] Der legalisierte Ausgangspunkt geht primär von dem Vertrauen der Bürger in die Nicht-Käuflichkeit bzw. Objektivität von amtlichen Entscheidungen aus.[1403]

Zum Schluss ist die intensive Konzentration auf die Rechtsgutsüberlegungen i.S.v. Betrachtung der Straftaten als bedenklich zu bezeichnen. Denn sie bieten keine konkreten dogmatischen Lösungen für die Problematik der Bestechungstatbestände. Die Auslegungsaufgabe der Tatbestände sollte daher nicht primär im Lichte des geschützten Rechtsguts erfüllt werden.[1404]

1398 *Adamski*, Die gesetzliche Konzeption der Bestechungsdelikte, 2013, S. 63.

1399 Vgl. oben § 7 B; § 11 B III; § 13 B.

1400 Siehe dazu oben § 13 D III und IV. Siehe ferner *Überhofen*, Korruption und Bestechungsdelikte, 1999, S. 75.

1401 *Zimmermann*, Das Unrecht der Korruption, 2018, S. 350, 398, vertritt in diesem Zusammenhang in ähnlicher Weise die Auffassung, dass der Strafgrund für die Bestechlichkeit „*in einer unfairen Beeinträchtigung der Chancen einer Partei in einem Interessenwettstreit*" besteht. Für die Bestechung i.e.S. sieht er den Strafgrund in der „*Anstiftung zur Vornahme einer inkorrekten Entscheidung*".

1402 So etwa *Schröder*, GA 1961, S. 289 (292); *Heinrich*, in: Arzt u.a., Strafrecht BT, 2015, § 49, Rn. 18.

1403 BT-Drucks. 7/550, S. 269.

1404 In diese Richtung auch i.S.v. Bestechungsdelikten *Baumann* BB 1961, S. 1057 (1058); *Loos*, in: FS-Welzel, 1974, S. 893; *Greco*, GA 2016, S. 249 (249); *Kuhlen*, in: NK-StGB, 2017, § 331, Rn. 11; *Amelung*, Rechtsgüterschutz und strafbare Bestechung, zit. nach *Böse*, ZIS 4/2018, S. 119 (122); aA *Henkel* JZ 1960, S. 507 (508); *Eser*, Strafrecht III, 1980, 18 A 27; *Rengier*, Strafrecht BT II, 2019, § 60, Rn. 6; *Heine/Eisele*, in: S/S-StGB, 2019, § 331, Rn. 6. *Kudlich*, ZStW 2015, S. 635 (652), vertritt allgemein die Auffassung, dass das Rechtsgutskonzept „bei der Systematisierung und der Auslegung von strafrechtlichen Verboten" nicht im Kern der Überlegungen stehe.

2. *Rechtsnatur des Delikts*

Da Bestechungsdelikte komplexe Mischtatbestände sind, gilt hier das Differenzierungsgebot, d. h. „differenzierende Betrachtung nach Tathandlungsmodalitäten".[1405]

Die Rechtsnatur der Bestechlichkeit ist schon oben unter § 9 B festgestellt. Danach ist sie ein echtes Amtsdelikt.[1406] Die Bestechlichkeit ist außerdem ein echtes Sonderdelikt, da die Straftat nur durch bestimmten Täterkreis begangen werden kann. Vor der Tat übernimmt dieser Täterkreis außerstrafrechtliche Pflichten. Das führt dazu, dass die Bestechlichkeit neben dem Sonderdeliktscharakter auch als Teil der Pflichtdelikte zugeordnet werden muss.[1407]

Der Verletzungsdeliktscharakter der Bestechlichkeit ist ausdrücklich in § 332 Abs. 1 S. 1 formuliert („verletzt hat oder verletzen würde"). Der Tatbestand setzt i.d.R. „den tatsächlichen Eintritt" unter Verletzung von Dienstpflichten voraus. Sie ist deswegen als Verletzungsdelikt einzustufen.[1408] Ebenfalls entsteht durch diese Formulierung „ein erkennbarer Erfolg". Das Delikt hat also nebenbei den Erfolgsdeliktscharakter.[1409]

Der Straftatbestand setzt nicht immer einen tatsächlichen „Eintritt der Gefahr oder Erfolg" voraus. Die Straftat kann auch „durch ein einfaches Tun" begangen werden. Der § 332 ist daher auch ein schlichtes Tätigkeitsdelikt.[1410]

Im Anschluss an den Willen des Gesetzgebers lässt sich feststellen, dass die Bestechlichkeit als ein alternatives Mischgesetz eingestuft werden sollte. Denn der Gesetzgeber wollte mit seiner Formulierung ein einheitliches Erscheinungsbild schaffen, obwohl die Handlungsmodalitäten nicht gleichwertig sind. Diese sind aber i.R.d. Strafrahmens gleichgestellt.[1411]

Die Tathandlungsmodalität „Fordern" kann nur durch einen Täter begangen werden. Der § 332 präsentiert sich i.d.R. als ein eigenhändiges Delikt.[1412] Darüber hinaus ist diese Variante den unechten Unternehmensdelikten zuzuordnen, weil hierbei der Versuch mit der Vollendung gleichgestellt ist.[1413]

1405 Siehe dazu oben § 9 C. Siehe auch unten § 16 B VI; § 23 E II 2 e.

1406 Siehe dazu oben § 9 B II.

1407 Siehe dazu oben § 9 B IV.

1408 Siehe dazu oben § 9 B VIII.

1409 Siehe dazu oben § 9 B IX.

1410 Siehe dazu oben § 9 B X.

1411 Siehe dazu oben § 9 B XI.

1412 Siehe dazu oben § 9 B XVII.

1413 Siehe dazu oben § 9 B XV; siehe ferner *Geisler*, Korruptionsstrafrecht und Beteiligungslehre, 2013, S. 178 jeweils m.w.N.

Mit Ausnahme der Variante „Fordern“, sind für das Verbrechensphänomen Bestechung mindestens zwei Täter nötig, um von der Bestechungsabsprache zu handeln. Die Täter, also der Bestochene und der Bestechende, wirken in verschiedenen Rollen und Richtungen auf den Taterfolg hin, um jeweils eigenes strafbares Verhalten zu dokumentieren. Die §§ 332, 334 sind aus diesem Grund Begegnungsdelikte.[1414]

„Ein vorsätzliches Untätigbleiben“ unterliegt als Handlung dem Strafrecht. Durch die Klarstellung mit § 336 lässt sich sagen, dass der § 332 im Übrigen ein Unterlassungsdelikt ist.[1415]

Der § 332 erscheint als abstrakt-konkretes Gefährdungsdelikt, weil der Tatbestand sowohl mit der abstrakten Wahrscheinlichkeit als auch durch die konkrete Gefährdung erfüllt werden kann.[1416]

Es darf zuletzt nicht außer Acht gelassen werden, dass der Straftatbestand „Bestechlichkeit“ implizite Verweise enthält: einerseits auf § 11 Abs. 1 Nr. 2, 2a, 4 für den Täterkreis und andererseits auf die Dienstpflicht des tauglichen Täters. Der § 332 ist zwar „inhaltlich zwar vollständig“, aber im Einzelfall stets konkretisierungsbedürftig. Aufgrund dessen spielen die außerstrafrechtlichen Vorschriften eine maßgebliche Rolle. Die Bestechlichkeit ist also i.E. ein Blankettatbestand i.w.S.[1417]

3. *Tatbestandsmerkmale (Strafbarkeitsvoraussetzungen)*

Die Tatbestandsmerkmale umfassen alle diejenigen Merkmale, die „den materialen Unrechtsgehalt der Straftat begründen“.[1418] Die weitgehend vertretene didaktische Auffassung geht heute von der sog. Unterscheidung zwischen objektiven und subjektiven Merkmalen aus.[1419]

1414 Siehe dazu oben § 9 B XII.

1415 Siehe dazu oben § 9 B XIII.

1416 Siehe dazu oben § 9 B XIV.

1417 Siehe dazu oben § 9 B XIX.

1418 *Jescheck/Weigend*, Strafrecht AT, 1996, S. 245.

1419 *Roxin*, Strafrecht AT I, 2006, § 10, Rn. 53. Dabei ist aber zu beachten, dass sie während der Tatbestandsprüfung nicht autonom zu bewerten sind. Sie ergänzen sich miteinander. Siehe dazu *Jescheck/Weigend*, Strafrecht AT, 1996, S. 273-274; *Gropp*, Strafrecht AT, 2015, § 2, Rn. 19 ff.

a. Objektive Tatbestandsmerkmale

Die objektiven Tatbestandsmerkmale i.w.S. ist die äußere und meist normative Konstruktion des Tatbestands, die nicht der seelischen Zone des Täters zugeordnet werden. Dabei kommen nämlich das Tatsubjekt, das Tatobjekt, die Tatbestandshandlungen, deskriptive wie normative Tatumstände (die äußeren Umstände der Tat) sowie die Kausalität in Betracht.[1420]

aa. Tauglicher Täter (Tatsubjekt = Täterkreis)

Jeder Inhaber eines öffentlichen Amtes kann taugliche Täter von Bestechlichkeit sein.[1421] Dies setzt von vornherein die Amtsträgereigenschaft voraus.[1422] Diese Eigenschaft des Amtsträgers muss danach „zur Zeit der Tat" vorliegen.[1423]

Soweit die Mitglieder des unten genannten Personenkreises mit Ausnahme von Europäischen Amtsträger „nach deutschem Recht" zu öffentlichen Aufgaben bestellt sind,[1424] sind sie i.S.d. Strafrechts Amtsträger.[1425] Das hat zur Folge, dass – außer Beamten – die Mitglieder der genannten Personengruppe zwar keine Beamtenstellung innehat. Jedoch werden ihre Tätigkeiten wegen des Gesetzes als Verwaltungshandeln angesehen.[1426]

Die Frage, wiedas Strafrecht zu externe Verwaltungshelfer behandeln soll, gewinnt aufgrund der zunehmenden Privatisierungstendenzen in der staatlichen Praxis immer mehr Bedeutung. Zur effektiven Bekämpfung der Korruption plädieren einige Autoren dafür, dass die Personen, die für eine öffentliche Behörde tätig sind, sollen i.S.d. Strafrechts als Amtsträger eingestuft werden sollten. Somit gehören sie zum Anwendungsbereich der Bestechungsdelikte.[1427] Es ist insofern festzustellen, dass, indem die Beamten i.R.d. amtlicher und die anderen Fallgruppe i.R.d. dienstlicher Eigenschaft ihre als Verwaltungshandeln eingestufte Tätigkeiten ausüben, als Täter der Bestechlichkeit erscheinen.[1428]

1420 Siehe dazu *Jescheck/Weigend*, Strafrecht AT, 1996, S. 272 ff.; *Roxin*, Strafrecht AT I, 2006, § 10, Rn. 54 ff.; vgl. auch *Kühl*, in: Lackner/ders.-StGB, 2018, § 15, Rn. 5 f.

1421 *Birkmeyer*, Bestechung, in: Vergleichende Darstellung, IX. Bd., 1906, S. 343.

1422 *Kudlich/Oğlakcıoğlu*, Wirtschaftsstrafrecht, 2014, Rn. 375.

1423 *Jescheck*, in: LK-StGB, 11. Aufl., Vor § 331, Rn. 5.

1424 Vgl. unten § 14 B V.

1425 BT-Drucks. 7/550, S. 210.

1426 *Überhofen*, Korruption und Bestechungsdelikte, 1999, S. 93.

1427 Siehe *Schaupensteiner*, Kriminalistik, 1994, S. 514 (523); *Korte*, in: Dölling (Hrsg.), Korruptionsprävention, 2007, Rn. 47.

1428 Vgl. *Binding*, Strafrecht BT II, 1905, S. 718.

(1). Amtsträger (§ 11 Abs. 1 Nr. 2)
Hierbei kommen in erster Linie die Beamten als Tatsubjekt des Delikts infrage (§ 11 Abs. 1 Nr. 2 lit. a). Die Beamten sind hiernach diejenigen, die „durch Aushändigung einer Ernennungsurkunde" berufen sind. Neben den Beamten sind darüber hinaus auch diejenigen Amtsträger, die in einem sonstigen öffentlich-rechtlichen Amtsverhältnis stehen (§ 11 Abs. 1 Nr. 2 lit. b). Als Beispiel dafür können Minister und Notare sowie Notarassessoren genannt werden. Zuletzt ist derjenige Amtsträger, der sonst dazu bestellt ist, bei einer Behörde oder bei einer sonstigen Stelle oder in deren Auftrag Aufgaben der öffentlichen Verwaltung, unbeschadet der zur Aufgabenerfüllung gewählten Organisationsform, wahrzunehmen (§ 11 Abs. 1 Nr. 2 lit. c). Als Stelle kommen auch Körperschaften, Anstalten und Vereinigungen sowie Ausschüsse in Betracht, da sie nur zum Zwecke der öffentlichen Aufgaben vorhanden sind.[1429]

Der Beamte wird nach staatsrechtlichen Vorschriften ernannt. Der Beamtenbegriff des § 11 Abs. 1 Nr. 2 lit. a wird daher nach verwaltungsrechtlichen Vorschriften bestimmt, die insbesondere in dem BBG und dem BRRG festgelegt sind. Er ist also ein verwaltungsrechtsakzessorischer und im staatsrechtlichen Sinne zu verstehender Begriff.[1430] Die Bürgermeister fällt danach als Beamter unter § 11 Abs. 1 Nr. 2 lit. a.[1431]

Dabei ist aber zu beachten, dass Pfarrer und Diener der Kirchen und anderen Religionsgemeinschaften in der Regel i.S.d. StGB keine Amtsträger sind.[1432] Im Übrigen umfasst § 48 WStG eine Gleichstellungsklausel. Danach werden Soldaten (Offiziere und Unteroffiziere sowie Mannschaften) mit den Amtsträgern gleichgestellt. Darüber hinaus erklärt der § 48 WStG, dass auch § 332 für Soldaten anwendbar ist.[1433] Er ist daher lex specialis gegenüber § 11 Abs. 1 Nr. 2.[1434]

1429 Siehe dazu BT-Drucks. 7/550, S. 209; *Möhrenschlager*, in: Dölling (Hrsg.), Korruptionsprävention, 2007, 8. Kap., Rn. 10.

1430 *Kudlich/Oğlakcıoğlu*, Wirtschaftsstrafrecht, 2014, Rn. 454; *Hecker*, in: S/S-StGB, 2019, § 11, Rn. 16.

1431 BGHSt 49, 275 (282); *Deiters*, ZJS 2012, S. 255 (256). Subsidiär kommt die Strafbarkeit eines Bürgermeister nach § 11 Abs. 1 Nr. 2 lit. c in Betracht. Beispielsweise ist die Amtsträgereigenschaft eines Oberbürgermeisters vom BGH nach § 11 Abs. 1 Nr. 2 lit. c bejaht, da er als Vorsitzender des Aufsichtsrats der Stadtwerke handelt hat. Siehe dazu BGH, NStZ 2006, S. 628 (629).

1432 BT-Drucks. 7/550, S. 209; *Überhofen*, Korruption und Bestechungsdelikte, 1999, S. 84, zum Thema Fn. 51; *Möhrenschlager*, in: Dölling (Hrsg.), Korruptionsprävention, 2007, 8. Kap., Rn. 10.

1433 *Jescheck*, in: LK-StGB, 11. Aufl., § 331, Rn. 2.

1434 BT-Drucks. 7/550, S. 209; *Hecker*, in: S/S-StGB, 2019, § 11, Rn. 21.

Unter § 11 Abs. 1 Nr. 2 lit. b liegen neben den Notaren der Bundeskanzler, Minister, die parlamentarischen Staatssekretäre, die Präsidenten des Bundestages und der Landtage und sowie nach h.M. der Bundespräsident, da sie in einem sonstigen öffentlich-rechtlichen Amtsverhältnis stehen.[1435] Dagegen sind kommunale Mandatsträger und Abgeordnete[1436] keine Amtsträger i.S.d. § 11 Abs. 1 Nr. 2 lit. B.[1437] Auffällig ist in diesem Zusammenhang, dass, soweit die Ratsmitglieder „mit konkreten Verwaltungsaufgaben, die außerhalb der freien Mandatstätigkeiten bleiben, betraut sind, Amtsträger sind. Kommunale Mandatsträger sind sonst während der Ausübung ihres Mandats kein Amtsträger.[1438]

Freiberufliche Träger wie Ärzte[1439] und Rechtsanwälte werden auch hierbei nicht als Amtsträger angesehen.[1440] Der Grund dafür ergibt sich aus der Freiberuflichkeit ihrer Tätigkeiten.[1441] Diese Berufe erfüllen zwar eine öffentliche Daseinsvorsorge,[1442] aber sie nehmen keine „materielle Aufgaben der öffentlichen Verwaltung“ (sog. funktionale Betrachtung) wahr,[1443] d. h. es fehlt während der Ausübung der Tätigkeit prinzipiell[1444] die „verwaltungsspezifische Handlungsform“.[1445]

Der Brennpunkt des Amtsträgerbegriffs ist § 11 Abs. 1 Nr. 2 lit. c. Das erscheint hierbei besonders diskussionswürdig, da die Definition die nicht ganz konkretisierten Begriffe,[1446] nämlich „Bestellung“ und „sonstige Stelle“ sowie „Aufgaben der öffentlichen Verwaltung“, enthält.[1447] Aufgrund der Privatisierung von

---

1435 *Satzger*, in: S/S/W-StGB, 2018, § 11, Rn. 21; *Walther*, JURA 2010, S. 421 (423).

1436 Siehe unten § 14 B II 2.

1437 *Hecker*, in: S/S-StGB, 2019, § 11, Rn. 18.

1438 Siehe dazu BGH, Urt. v. 9.5.2006 – 5 StR 453/05 (BGHSt 51, 44 = NJW 2006, S. 2050).

1439 Siehe unten § 14 B IV 1.

1440 *Walther*, JURA 2010, S. 421 (423).

1441 Vgl. *Rengier*, Strafrecht BT II, 2019, § 59, Rn. 14a. Siehe auch § 18 I Nr. 1 S. 2 EStG; § 1 BRAO.

1442 *Wessels/Hettinger/Engländer*, Strafrecht BT 1, 2018, § 24, Rn. 1169. Der BGHSt 57, 202 (206), geht davon aus, dass der Vertragsarzt die Aufgaben der öffentlichen Verwaltung in mittelbarer Weise wahrnimmt.

1443 *Satzger*, in: S/S/W-StGB, 2018, § 11, Rn. 27; *Bannenberg*, in: Gesamtes Strafrecht, 2017, § 331, Rn. 8.

1444 Diese Personen können ggf. nach § 11 Abs. 1 Nr. 2 lit. c als Amtsträger eingestuft werden. Siehe dazu *Satzger*, in: S/S/W-StGB, 2018, § 11, Rn. 21.

1445 BGHSt 43, 96 (102).

1446 Deswegen kritisiert *Noltensmeier*, PPP und Korruption, 2009, S. 88 ff., die Formulierung des § 11 Abs. 1 Nr. 2 lit. c i.R.d. Bestimmtheitsgebots.

1447 *Möhrenschlager*, in: Dölling (Hrsg.), Korruptionsprävention, 2007, 8. Kap., Rn. 13.

öffentlichen Aufgaben und der Bestellung von Privaten zur Ausführung von öffentlich-rechtlichen Aufträgen musste der BGH diese nicht ganz konkretisierten Begriffe klären.[1448] Das führt naturgemäß zu Spannungen in der Doktrin und Rechtsprechung.[1449] Nach dem Willen des Gesetzgebers beinhaltet der in dieser Bestimmung verwendete Begriff „Aufgaben der öffentlichen Verwaltung" sowohl die Wahrnehmung staatlichen Aufgaben (sog. Eingriffsverwaltung[1450]), als auch die staatlichen Tätigkeiten der Daseinsvorsorge (sog. Leistungsverwaltung[1451]). Die öffentliche Verwaltung ist in entsprechender Weise weit auszulegen.[1452] Der Gesetzgeber hat somit für einen weiten Amtsträgerbegriff gesprochen.[1453] Die Tendenz des Bundesgerichtshofs geht auch dahin, das Merkmal der Amtsträgereigenschaft auszuweiten.[1454] In der Lehre wird auch vertreten, dass der

---

1448 *Bannenberg*, in: Handbuch des Wirtschafts- und Steuerstrafrechts, 2014, Kap. 12, Rn. 50. Vgl. auch *Lenckner*, ZStW 1994, S. 502 ff.; *Überhofen*, Korruption und Bestechungsdelikte, 1999, S. 104.

1449 Siehe dazu *Heinrich*, in: Arzt u.a., Strafrecht BT, 2015, § 49, Rn. 20 ff.

1450 Siehe dazu *Möhrenschlager*, in: Dölling (Hrsg.), Korruptionsprävention, 2007, 8. Kap., Rn. 18; *Satzger*, in: S/S/W-StGB, 2018, § 11, Rn. 28.

1451 Siehe dazu *Möhrenschlager*, in: Dölling (Hrsg.), Korruptionsprävention, 2007, 8. Kap., Rn. 19; *Satzger*, in: S/S/W-StGB, 2018, § 11, Rn. 29.

1452 BT-Drucks. 7/550, S. 209.

1453 BT-Drucks. 7/550, S. 208; sehr kritisch wegen der mangelnde Rechtssicherheit *Heinrich*, JZ 2010, S. 529 (529).

1454 So z. B. BGHSt 31, 264 – Amtsträgereigenschaft der Vorstandsmitglieder einer Landbank; BGH, NStZ 1994, S. 242 – Treuhand-Mitarbeiter; BGHSt 43, 370 – Angestellte als Entwicklungshelfer bei GTZ (1997); BGH, NJW 2004, S. 693 – der Geschäftsführer bei Fernwärme; 50, 299 – Abfallverwertungsgesellschaft (2005); 51, 44 – Stadträte (2006); NStZ 2006, S. 628 – Vorsitzender des Aufsichtsrats der Stadtwerke; BGH, Urt. v. 18.4.2007 – 5 StR 506/06 (= JR 2008, S. 169 mit kritischen Anm. v. Dölling) – Mitarbeiter einer kommunalen Wohnungsbaugesellschaft; NStZ 2007, S. 211 – der Geschäftsführer bei Müllentsorgung; 52, 290 – Bahningenieur (2008); BGH, NStZ 2009, S. 563 – Begutachtungsstelle für die Fahreignung; 54, 39 – Rechtsanwaltsversorgungswerk (2009); BGH, Urt. v. 9.12.2010 – 3 StR 312/10 – Angestellter der Deutschen Bahn Netz AG; 54, 202 – Redakteure einer öffentlich-rechtlichen Rundfunkanstalt. Dagegen sind kein Amtsträger BGHSt 37, 191 – Funktionsträger bei einer Kirche; 38, 199 – Geschäftsführer einer GmbH eines landeseigenen sozialen Wohnungsbaus (1992); 42, 230 – Dolmetscher (1996); 43, 96 – Planungsingenieur (1997); 45, 16 – Flughafenmitarbeiter (1999); 46, 310 – Blutspendedienst beim DRK (2001); 49, 214 – Mitarbeiter der Deutschen Bahn AG (2004); 50, 299 – Geschäftsführer einer kommunalen Abfallverwertungsgesellschaft (sog. Kölner Müllskandal). *Noltensmeier*, PPP und Korruption, 2009, S. 81, betrachtet die Entwicklung der Rechtsprechung zum Amtsträgerbegriff als „unverständlich".

Amtsträgerbegriff nicht restriktiv auszulegen ist, um die möglichen Strafbarkeitslücken zu schließen.[1455]

Bei § 11 Abs. 1 Nr. 2 lit. c geht es im Kern um eine Ausweitung des Amtsträgerbegriffs auf die Personenkreise, die bei einer privatrechtlich organisierten Einrichtung oder bei einem Unternehmen der öffentlichen Hand tätig sind. Um dies als „sonstige Stelle" anzunehmen, müssen von vornherein zwei Voraussetzungen erfüllt werden. Erstens müssen dabei öffentlich-rechtliche Aufgaben wahrgenommen werden, die der „Daseinsvorsorge" dienen. Zweitens müssen diese Stellen nach einer „Gesamtbewertung"[1456] in der Lage sein, als „verlängerter Arm des Staates" zu gelten. Das bedeutet, dass solche Einrichtungen oder Unternehmen staatlicher Steuerung unterliegen.[1457]

Die rein erwerbswirtschaftlichen Tätigkeiten schließen von Anfang an die Amtsträgereigenschaft aus, weil diese solchen Betätigungen nicht auf öffentliche Interesse abzielen.[1458]

Bestellung von Privatpersonen ist entweder durch langfristige Tätigkeit oder die Beauftragung der Behörden möglich. In jedem Fall muss aber eine „verwaltungsspezifische Aufgabe" vorhanden sein, um die Amtsträgereigenschaft nach § 11 Abs. 1 Nr. 2 lit. c anzunehmen.[1459]

(2). Europäischer Amtsträger (§ 11 Abs. 1 Nr. 2a)

Die beim § 1 EU-Bestechungsgesetz v. 1998[1460] vorgesehene Gleichstellungsklausel (Europäischer Amtsträger = deutscher Amtsträger) findet man seit dem zweiten KorrBekG v. 20.11.2015[1461] nunmehr sowohl in § 332 Abs. 1 als auch in

---

1455 *Knauer/Kaspar*, GA 2005, S. 385 (390). Vgl. auch BT-Drucks. 13/5584, S. 12; *Lenckner*, ZStW 1994, S. 502 (506); *Überhofen*, Korruption und Bestechungsdelikte, 1999, S. 100, 103. Nach zutreffender Ansicht ist diese Eigenschaft eng auszulegen, weil ein Rechtsinstrument, nämlich Gleichstellungsklausel, nach dem Verpflichtungsgesetz der öffentlichen Verwaltung zur Verfügung steht. Siehe *Korte*, in: MüKo-StGB, 2019, § 331, Rn. 51. Siehe auch dazu unten § 14 A I 3 a aa (3).

1456 *Noltensmeier*, PPP und Korruption, 2009, S. 86, spricht i.d.S. zutreffende von der „Einzelfallgerechtigkeit".

1457 Siehe dazu BGHSt 43, 370 (377); 45, 16 (19); 46, 310 (313); 54, 202 (35); 56, 97 (15); BGH, NJW 2001, S. 3062 (3063); BGH, NStZ 2007, S. 211; *Wessels/Hettinger/Engländer*, Strafrecht BT 1, 2018, § 24, Rn. 1169. Kritisch *Dölling*, ZStW 2000, S. 334 (338).

1458 *Knauer/Kaspar*, GA 2005, S. 385 (390); *Kudlich/Oğlakcıoğlu*, Wirtschaftsstrafrecht, 2014, Rn. 468, zum Thema Fn. 908; *Hecker*, in: S/S-StGB, 2019, § 11, Rn. 20.

1459 *Möhrenschlager*, in: Dölling (Hrsg.), Korruptionsprävention, 2007, 8. Kap., Rn. 14.

1460 BGBl. II, S. 2340.

1461 BGBl. I, S. 2025.

§ 11 Abs. 1 Nr. 2a. In Bezug auf den Bestechlichkeitstatbestand geht es also hierbei um eine Klarstellung, indem diese Regelung im Sprachgebrauch des StGB und im Täterkreis der Bestechlichkeit (§ 332 Abs. 1) aufgenommen wurde.[1462] Somit gehören auch Europäische Amtsträger zum tauglichen Täterkreis der Bestechlichkeit.[1463]

Die Erweiterung des Anwendungsbereiches des Tatbestandes über den Täterkreis hat Einfluss auf das Rechtsgut. Mit dieser Erweiterung wird daher vertreten, dass auch die Vermögensinteressen der EU durch die Bestechungsdelikte geschützt werden sollen.[1464]

(3). Für den öffentlichen Dienst besonders Verpflichteter (§ 11 Abs. 1 Nr. 4)

Zwei Personengruppen treten „subsidiär"[1465] als Täter der Bestechlichkeit in Erscheinung, ohne Amtsträger zu sein, namentlich der „für den öffentlichen Dienst besonders Verpflichteter", der

- bei einer Behörde oder bei einer sonstigen Stelle, die Aufgaben der öffentlichen Verwaltung wahrnimmt (§ 11 Abs. 1 Nr. 4) lit. a) oder
- bei einem Verband oder sonstigen Zusammenschluss, Betrieb oder Unternehmen, die für eine Behörde oder für eine sonstige Stelle Aufgaben der öffentlichen Verwaltung ausführen (§ 11 Abs. 1 Nr. 4) lit. b),

beschäftigt oder für sie tätig ist.

Die in dem Buchstaben a genannten Personenkreise nehmen zwar keine öffentlichen Aufgaben wahr, sie stehen aber während des Kontakts mit der Behörde „in einem Dauerbeschäftigungsverhältnis". Beispielsweise kann der Gutachter oder das Mitglied eines beratenden Ausschusses genannt werden. Der Grundgedanke der Fassung des Buchstabens b besteht darin, dass diese Fallgruppe die Diensthandlungen „in unlauterer Weise" zu beeinflussen vermögen.

1462 Vgl. *Isfen*, JZ 2016, S. 228 (228); *Hecker*, in: S/S-StGB, 2019, § 11, Rn. 35 ff.

1463 Siehe unten § 14 B V. Europäischer Amtsträger ist danach, „wer a) Mitglied der Europäischen Kommission, der Europäischen Zentralbank, des Rechnungshofs oder eines Gerichts der Europäischen Union ist, b) Beamter oder sonstiger Bediensteter der Europäischen Union oder einer auf der Grundlage des Rechts der Europäischen Union geschaffenen Einrichtung ist, oder c) mit der Wahrnehmung von Aufgaben der Europäischen Union oder von Aufgaben einer auf der Grundlage des Rechts der Europäischen Union geschaffenen Einrichtung beauftragt ist".

1464 BT-Drucks. 18/4350, S. 23; *Korte*, in: MüKo-StGB, 2019, § 331, Rn. 9. Vgl. auch *Überhofen*, Korruption und Bestechungsdelikte, 1999, S. 91.

1465 *Überhofen*, Korruption und Bestechungsdelikte, 1999, S. 104.

Deshalb ist gerechtfertigt, den Täterkreis des Amtsträgerbegriffs in diese Personen zu erweitern.[1466] Auf diese Weise hat der Gesetzgeber die Absicht, vor allem der Gefahr im Hinblick auf den Bruch von Privat- oder Dienstgeheimnissen oder die Bestechung zu vorbeugen. Dies gilt aber nur für diejenige, die am öffentlichen Dienst mitwirken und deren Organisationsformen als verlängerter Arm des Staates tätig sind.[1467]

Diese Täterqualifikation ergänzt die strafrechtliche Verantwortlichkeit einer Person, die nicht aber Amtsträger ist, sondern zu einem bestimmten öffentlichen Dienst für eine bestimmte Zeit i.R.d. förmlichen Verpflichtung bestellt ist.[1468] Die Personen müssen also von Anfang an durch einen förmlichen Akt gemäß VerpflG verpflichtet worden sein, um über eine Strafbarkeit wegen der § 332 i.V.m. § 11 Abs. 1 Nr. 4 infrage kommen zu können. Dabei ist aber zu beachten, dass nur die Verpflichtungen, die nach dem deutschen Recht vorgenommen werden, gültig sind.[1469] Falls die zuständige Behörde die Anforderungen an eine förmliche Verpflichtung nach dem VerpflG nicht beachtet, führt das zu einer formlosen Bestellung der betroffenen Person. Im Ergebnis kommt keine Amtsträgereigenschaft i.R.d. § 11 Abs. 1 Nr. 4 zustande.[1470]

bb. Tatziel: Ungerechtfertigter Vorteil

Unter Vorteil i.S.d. §§ 332, 334 ist „jede Leistung zu verstehen, auf die der Amtsträger keinen Rechtsanspruch hat und die seine wirtschaftliche, rechtliche oder auch nur persönliche Lage objektiv verbessert."[1471] Der Vorteil erscheint daher als „der Beweggrund", mit anderem Wort eine Motivationsquelle des Täters für die Pflichtverletzung.[1472]

Die Ansätze hinsichtlich des Vorteilsbegriffs der Bestechungsdelikte sind zwar weiter als andere Tatbestände; es ist aber trotzdem ein Maßstab nötig. Von daher sind nur solche Vorteile, die objektiv messbar sind und die rechtliche bzw.

1466 BT-Drucks. 7/550, S. 210.

1467 BT-Drucks. 7/550, S. 211.

1468 *Hecker*, in: S/S-StGB, 2019, § 11, Rn. 31.

1469 BT-Drucks. 7/550, S. 211.

1470 Der BGH hat in einem Fall bezüglich eines V-Mannes so entschiedet und daher die Pflicht zur Amtsverschwiegenheit nach § 54 StPO verneint. Siehe BGH, NJW 1980, S. 846 (847). So auch *Satzger*, in: S/S/W-StGB, 2018, § 11, Rn. 43.

1471 BGHSt 31, 264 (279); 38, 128 (133); 47, 295 (304); BGH, NJW 2003, S. 763 (764); BGH, NStZ-RR 2007, S. 309 (310); BGH, NStZ 2008, S. 216 (217).

1472 BGH, NJW 1955, S. 509. In diese Richtung auch *Maiwald*, NStZ 1994, S. 488 (489).

wirtschaftliche Lage des Täters zu verbessern vermögen, taugliche Bestechungsmittel i.R.d. §§ 332, 334.[1473] Außerdem ist hierbei zu berücksichtigen, dass der Täter nach heute herrschender Ansicht keinen (durchsetzbaren) Rechtsanspruch auf einen solchen Vorteil haben muss.[1474] Dazu sind die „Rechtskulturen der Staaten“ maßgebend.[1475] Aus diesem Grund wird dies als ungerechtfertigter Vorteil bezeichnet.

(1). Materielle Vorteile

Der Vorteilsbegriff der Bestechungsdelikte erfasst grundsätzlich wirtschaftliche Vorteile. Dabei spielt der Wert der Gegenstände keine Rolle, d.h. die geringwertigen Zuwendungen erfüllen ebenfalls den Tatbestand.[1476]

Materielle Vorteile sind verschiedenartig. Der Amtsträger ist namentlich bestrebt, wirtschaftliche Vorteile wie Geld, Vereinbarung eines Rabatts,[1477] Einladungen zu einem Restaurant oder Eintrittskarten zu einer Veranstaltung[1478] ohne repräsentative Zwecke auszunutzen.[1479]

Hierbei ist fragwürdig, ob solche Vorteile, die als Gegenleistung der Diensthandlung nur zur Aufrechterhaltung des aktuellen Standes des Täters dienen (sog. Beibehaltung des Status quo), unter den Vorteilsbegriffs fallen. Nach einer Meinung geht es dabei um eine „Vermeidung eines angedrohten Übels“ und dies kann auch als ein Vorteil i.S.d. Bestechlichkeit angesehen werden.[1480] Nach anderer Ansicht wäre nicht jeder Vorteil wegen der Beibehaltung des Status quo

1473 *Korte*, in: MüKo-StGB, 2019, § 331, Rn. 82; *Fischer*, StGB, 2019, § 331, Rn. 11; *Satzger*, ZStW 2003, S. 469 (476). Vgl. auch *Binding*, Strafrecht BT II, 1905, S. 720, zum Thema Fn. 8.

1474 *Feuerbach/Mittermaier*, Lehrbuch, 1847, S. 761; *Binding*, Strafrecht BT II, 1905, S. 721; *Jescheck*, in: LK-StGB, 11. Aufl., § 331, Rn. 7; *Wessels/Hettinger/Engländer*, Strafrecht BT 1, 2018, § 24, Rn. 1180.

1475 Siehe oben § 8 C II 2.

1476 *Jescheck*, in: LK-StGB, 11. Aufl., § 331, Rn. 8; *Möhrenschlager*, in: Dölling (Hrsg.), Korruptionsprävention, 2007, 8. Kap., Rn. 25; *Sowada*, in: LK-StGB, 12. Aufl., § 331, Rn. 34; *Fischer*, StGB, 2019, § 331, Rn. 11c; *Korte*, in: MüKo-StGB, 2019, § 331, Rn. 84.

1477 BGH, NStZ 2001, S. 425 (426).

1478 Wie z.B. BGHSt 53, 6 – Die Eintrittskarten für Fußballweltmeisterschaftsspiele.

1479 *Bannenberg*, in: Gesamtes Strafrecht, 2017, § 331, Rn. 16.

1480 BGH, NStZ 1985, S. 497 (499); *Rengier*, Strafrecht BT II, 2019, § 60, Rn. 11; RGSt 64, 374 (375), hat die Aufrechterhaltung des Mietvertrags als Vorteil eingestuft. Gleichfalls hat der BGH, NJW 1985, S. 2654, (2656), die Beibehaltung der dienstlichen Stellung durch die Nichtaufdeckung früheren Fehlverhaltens dem Vorteil der Bestechlichkeit zugeordnet.

Vorteil i.S.d. Bestechungstatbestände. Falls die Unrechtsvereinbarung nur zur Vermeidung eines realen Nachteils dient, wäre es ungerechtfertigt, den Vorteil zuungunsten des Amtsträgers als objektives Tatbestandsmerkmal einzustufen.[1481]

(2). Immaterielle Vorteile

Es besteht in der Lehre und der Praxis Einigkeit darüber, dass die Vorteile - wie oben dargelegt - nicht nur auf materielle Vorteile beziehen. Dies erfasst auch immaterielle Vorteile.[1482]

Die immateriellen Vorteile bestehen aus zwei Hauptgruppen, nämlich sexuelle und sonstige Vorteile.[1483] Das Hauptbeispiel für die erstere ist ohne Zweifel „die Gewährung des Geschlechtsverkehrs" und „die Duldung sexueller Handlungen".[1484] Die zweite Gruppe bilden die verschiedenen Vorteile, die meistens für die Bestechungstatbestände infolge eines weiten Verständnissen als untauglich eingestuft werden.[1485] Dabei wird immer mehr „die Befriedigung des Ehrgeizes und der Eitelkeit" als Beispiel dafür gegeben.[1486] Ebenfalls sind die

---

1481 Siehe dazu *Kuhlen*, in: NK-StGB, 2017, § 331, Rn. 42.

1482 Siehe dazu RGSt 9, 166 (177); „ideelle oder sinnliche Vorteile" *Sauer*, System des Strafrechts, BT, 1954, S. 516; BGH NJW 1985, S. 2654 (2656); BT-Drucks. 7/550, S. 271; *Cramer*, in: S/S-StGB, 2001, § 331, Rn. 19; *Sowada*, in: LK-StGB, 12. Aufl., § 331, Rn. 36; *Deiters*, ZJS 2012, S. 255 (256); *Heinrich*, in: Arzt u.a, Strafrecht BT, 2015, § 49, Rn. 24; *Stein/Rudolphi*, in: SK-StGB, 2015, § 331, Rn. 21; *Bannenberg*, in: Gesamtes Strafrecht, 2017, § 331, Rn. 15; *Kuhlen*, in: NK-StGB, 2017, § 331, Rn. 44; *Heine/Eisele*, in: S/S-StGB, 2019, § 331, Rn. 18; *Fischer*, StGB, 2019, § 331, Rn. 11e; *Korte*, in: MüKo-StGB, 2019, § 331, Rn. 86; zustimmend nur i.R.d. objektiv-materiellen Auslegung Eb. *Schmidt*, die Bestechungstatbestände, 1960, Rn. 37; ablehnend *Bernsmann*, StV 2003, S. 521 (526).

1483 *Gribl*, Der Vorteilsbegriff bei den Bestechungsdelikten, 1993, S. 7.

1484 RGSt 9, 166; „nach ständiger Rechtsprechung" 71, 390 (396); BGH, NJW 1989, S. 914 (915). *Bernsmann*, StV 2003, S. 521 (526) und *Stein/Rudolphi*, in: SK-StGB, 2015, § 331, Rn. 21 sowie *Heine/Eisele*, in: S/S-StGB, 2019, § 331, Rn. 19, stufen die Prostitutionsleistungen wegen des wirtschaftlichen Charakters, mit anderem Wort aufgrund der Kommerzialisierung, als materielle Vorteile ein. So etwa auch die Begründung des RGSt 64, 291.

1485 *Satzger*, ZStW 2003, S. 469 (478), bringt in diesem Zusammenhang zum Ausdruck, dass die Vorteile, die rein immaterielle Natur haben, im Lichte des Bestimmtheitsgebots nicht tauglich und sogar „bedenklich" sind. Für die restriktive Auslegung *Sowada*, in: LK-StGB, 12. Aufl., § 331, Rn. 38; *Bannenberg*, in: Gesamtes Strafrecht, 2017, § 331, Rn. 17.

1486 *Feuerbach*, Themis, 1812, S. 210; *Gribl*, Der Vorteilsbegriff bei den Bestechungsdelikten, 1993, S. 9.

bloße Umarmen und Kuss nicht in der Lage, als Gegenleistung der Diensthandlung eingestuft zu werden.[1487] Darüber hinaus erscheint „die bloße Gelegenheit zu sexuellem Kontakt" nach der Rechtsprechung des Bundesgerichthofes als kein Vorteil i.d.S.[1488]

(3). Mittelbare Bestechung und Drittvorteile

Die rechtswidrige Zuwendung richtet sich normalerweise direkt an den Amtsträger. Manchmal geschieht es aber zum einen mittelbar, um den Amtsträger während des Unrechtsgeschäfts zu verbergen und damit den Tatnachweis erheblich zu behindern. Der Bestechende gibt sich zum anderen dafür Mühe, die Entscheidung des Amtsträgers zu beeinflussen, indem er den Vorteil einem Angehörigen z. B. der Frau des Amtsträgers[1489] oder einem Mittelsmann zugunsten des Amtsträgers gereicht (sog. mittelbare Bestechung).[1490] Doch kommt die Strafbarkeit des Amtsträgers wegen der Bestechlichkeit in Frage, wenn er davon Kenntnis hat und damit einverstanden ist.[1491] Bei der mittelbaren Bestechung wird der Vorteil insofern nicht direkt, sondern indirekt den Amtsträger adressiert, um den Adressaten mit Wissen des Amtsträgers zu maskieren.[1492]

Außerdem kann der Amtsträger sich strafbar machen, indem er selbst einen Vorteil für Dritte (§ 332 Abs. 1 S. 1) fordert oder den Vorteil zugunsten eines Dritten i.R.d. Unrechtsvereinbarung annimmt (sog. Drittvorteil). Durch das erste KorrBekG v. 1997 ist klargestellt, dass auch die Vorteilsgewährung an Dritte erfasst wird.[1493] Bei den Drittvorteilen handelt es sich somit um eine gesetzliche Erweiterung des mittelbaren Vorteilsansatzes.[1494] Nach der heute überwiegenden Auffassung liegt danach schon unbeschränkt ein Vorteil vor, auch wenn der Vorteil an sich keine Besserstellung für den Amtsträger bringt. Das ergibt sich

---

1487 *Gribl*, Der Vorteilsbegriff bei den Bestechungsdelikten, 1993, S. 57; *Rengier*, Strafrecht BT II, 2019, § 60, Rn. 10; *Heine/Eisele*, in: S/S-StGB, 2019, § 331, Rn. 19; aA *Kindhäuser*, in: LPK-StGB, 2017, § 331, Rn. 6.

1488 BGH, NJW 1989, S. 914 (915); zustimmend *Fischer*, StGB, 2019, § 331, Rn. 11e. Die älteren Entscheidungen des BGH basieren im Gegensatz dazu auf das weitere Verständnis. Siehe dazu *Gribl*, Der Vorteilsbegriff bei den Bestechungsdelikten, 1993, S. 148.

1489 Vgl. unten § 9 A V.

1490 Siehe dazu oben § 11 B II. Siehe auch *Cramer*, in: S/S-StGB, 2001, § 331, Rn. 20a; *Bannenberg*, in: Gesamtes Strafrecht, 2017, § 331, Rn. 19.

1491 *Cramer*, in: S/S-StGB, 2001, § 331, Rn. 20a; *Fischer*, StGB, 2019, § 331, Rn. 16.

1492 Vgl. *Binding*, Strafrecht BT II, 1905, S. 721; BGHSt 49, 275 (281).

1493 BT-Drucks. 13/5584, S. 16.

1494 BT-Drucks. 13/5584, S. 9; *Kuhlen*, in: NK-StGB, 2017, § 331, Rn. 50.

aus dem Gesetzeswortlaut bzw. der grammatischen Auslegung des Tatbestandsmerkmals.[1495]

(4). Zwischenergebnis und Stellungnahme

Es ist hierbei zu beachten, dass nicht alle Vorteile unter dem Vorteil i.S.d. Bestechungsdelikte fallen. Nur die Vorteile, die die verführerische Qualität und „geistige Verbindung“[1496] mit dem Täter haben, sind tauglich, den Amtsträger von seinen Amts- und Dienstpflichten abzulenken (*die Anreizfunktion und Qualität des Vorteils*).[1497] Ein tauglicher Vorteil i.S.d. §§ 332, 334 liegt also dann schon vor, auch wenn er zwar kein Vermögen darstellt, aber objektiv feststell- und messbar ist sowie den Amtsträger besserstellt.[1498] Das gilt definitiv auch für die immateriellen Vorteile. Eine solche Abgrenzung ist erforderlich, weil es sonst ins Uferlose führen würde.[1499]

Bei der *Anreizfunktion* bzw. dem verführerischen Charakter des Vorteils ist sowohl das subjektive Verständnis als auch die objektive Festlegung maßgebend. Das setzt eine teleologische Interpretation voraus. Daher kann auch eine „bloße Gelegenheit zum sexuellen Kontakt“ tauglich sein, den Amtsträger abzulenken. Denn es bringt die Verknüpfung von Vorteil und Diensthandlung mit sich, wobei es auf die subjektive Betrachtung des Täters ankommt.[1500] Liegt der Vorteil im Interesse des Amtsträgers, so ist er als taugliches Bestechungsmittel zu betrachten (*Interessenmaßstab*).[1501] Danach wären auch die „Befriedigung des Ehrgeizes und der Eitelkeit“ ein Vorteil i.S.v. Bestechungsdelikten.[1502] Die

---

1495 *Sowada*, in: LK-StGB, 12. Aufl., § 331, Rn. 43; *Stein/Rudolphi*, in: SK-StGB, 2015, § 331, Rn. 23a; *Kindhäuser*, in: LPK-StGB, 2017, § 331, Rn. 6; *Kuhlen*, in: NK-StGB, 2017, § 331, Rn. 50; *Fischer*, StGB, 2019, § 331, Rn. 14. Vgl. auch *Korte*, in: MüKo-StGB, 2019, § 331, Rn. 101; kritisch *Heinrich*, in: K/H/H, Strafrecht BT, Bd. 1, 2015, Rn. 937.

1496 Siehe dazu Eb. *Schmidt*, die Bestechungstatbestände, 1960, Rn. 198.

1497 Siehe oben § 8 C II 2 m.w.N.; unten § 23 B II 2 b. In diese Richtung auch *Gribl*, Der Vorteilsbegriff bei den Bestechungsdelikten, 1993, S. 126 ff.; *Jescheck*, in: LK-StGB, 11. Aufl., § 331, Rn. 9; *Sowada*, in: LK-StGB, 12. Aufl., § 331, Rn. 46, 47.

1498 In diese Richtung auch *Binding*, Strafrecht BT II, 1905, S. 720, zum Thema Fn. 8. *Fischer*, StGB, 2019, § 331, Rn. 11e, macht dazu den Begriff „objektivierbare Besserstellung“ Gebrauch.

1499 Eb. *Schmidt*, die Bestechungstatbestände, 1960, Rn. 37; *Sowada*, in: LK-StGB, 12. Aufl., § 331, Rn. 38.

1500 So auch *Gribl*, Der Vorteilsbegriff bei den Bestechungsdelikten, 1993, S. 11, 133; ausdrücklich für den subjektiven Maßstab *Heinrich*, in: Arzt u.a, Strafrecht BT, 2015, § 49, Rn. 24. Vgl. auch *Sauer*, System des Strafrechts, BT, 1954, S. 516.

1501 *Korte*, in: MüKo-StGB, 2019, § 332, Rn. 6; siehe auch dazu oben § 8 C II m.w.N.

1502 *Feuerbach*, Themis, 1812, S. 210; *Sauer*, System des Strafrechts, BT, 1954, S. 516.

Vorteile wie „Karrierechance“ und „berufliches Ansehen“ sowie „Ehrungen“ könnten entsprechend i.R.d. sonstigen immateriellen Vorteile dem Vorteilsbegriff von Bestechlichkeitstatbeständen je nach dem Einzelfall zugeordnet werden.[1503]

Die Fragen bezüglich des *Drittvorteils*, ob einerseits hier auch die für den mittelbaren Vorteil entwickelten Ansätze gelten[1504] oder nicht und ob andererseits wegen des Deliktscharakters nur die eigennützige Vorteile, die nur dem Amtsträger zufließen, erfasst sind, beziehen sich auf das Abgrenzungsproblem des Tatbestandsmerkmals „Vorteil für einen Dritten“ (§§ 332, 334 jeweils Abs, 1 S. 1). Die Frage, wann der Drittvorteil als ein mittelbarer Vorteil i.S.v. Bestechungsdelikten erscheint, muss je nach Einzelfall und nach einer Gesamtbetrachtung beantwortet werden. Das setzt eine teleologische Auslegung des Tatbestandsmerkmals voraus.[1505] Als Indizien fallen hierunter der Beweggrund und das persönliche Interesse des Amtsträgers.[1506] Dies legt die gesetzgeberische Seins-Kriminalpolitik dar.[1507] Nicht jede altruistische Bestechung – wie die herrschende Lehre annimmt – ist also per se strafbar.[1508]

Für die altruistische Bestechung lässt sich nach einer Meinung sagen, dass hierbei das Interesse des Amtsträgers entscheidend ist. Falls kein eigenes Interesse des Täters besteht, gibt es keinen Vorteil i.S.v. Bestechungsdelikten.[1509] Die andere Ansicht vertritt die Auffassung, dass Altruismus heute mit dem Egoismus

---

1503 *Fischer*, StGB, 2019, § 331, Rn. 11f., weiß zutreffend darauf hin, dass es sich dabei um eine „soziale Besserstellung“ handelt. So etwa *Möhrenschlager*, in: Dölling (Hrsg.), Korruptionsprävention, 2007, 8. Kap., Rn. 27; siehe auch Erläuternder Bericht zum Strafrechtsübereinkommen des COE über Korruption, Nr. 37, abgedruckt in: BT-Drucks. 18/9234, S. 52; ablehnend *Sowada*, in: LK-StGB, 12. Aufl., § 331, Rn. 39; *Bannenberg*, in: Gesamtes Strafrecht, 2017, § 331, Rn. 17; *Wessels/Hettinger/Engländer*, Strafrecht BT 1, 2018, § 24, Rn. 1180; *Rengier*, Strafrecht BT II, 2019, § 60, Rn. 10; *Heine/Eisele*, in: S/S-StGB, 2019, § 331, Rn. 18.

1504 So *Heinrich*, in: K/H/H, Strafrecht BT Bd. 1, 2015, Rn. 936. Vgl. auch *Korte*, in: MüKo-StGB, 2019, § 331, Rn. 98.

1505 Vgl. *Maiwald*, NStZ 1994, S. 488 (489).

1506 BGHSt 33, 336 (340); 35, 128 (135); so auch *Cramer*, in: S/S-StGB, 2001, § 331, Rn. 20a; *Korte*, in: MüKo-StGB, 2019, § 331, Rn. 97; nach dem Interessenmaßstab des Gebers *Dölling*, ZStW 2000, S. 334 (345).

1507 BT-Drucks. 13/5584, S. 16.

1508 So auch *Heinrich*, in: K/H/H, Strafrecht BT Bd. 1, 2015, Rn. 937.

1509 *Korte* NStZ 1997, S. 513 (515); *Heinrich*, in: K/H/H, Strafrecht BT Bd. 1, 2015, Rn. 937.

in Verbindung steht. Entscheidend sei daher das Beziehungsverhältnis zwischen Vorteil und Diensthandlung.[1510]

Bei den staatsnützigen (fremdnützigen) Drittvorteilen und ebenso Zuwendungen i.S.v. altruistischen Zwecken (z. B. die Zuwendungen an Vereine wie die politische Partei oder den Sportverein, deren Mitglied der Täter ist) muss man immer prüfen, ob eine Unrechtsvereinbarung zwischen Geber und Nehmer abgeschlossen ist oder nicht.[1511] Es spielt also in der Regel keine Rolle, ob der Vorteil einen privat- (eigennützigen) oder staatsnützigen (fremdnützigen) Vorteil darstellt oder nicht.[1512] Richtig ist dann, dass die Drittvorteile strafwürdig und daher tauglich sind, das strafrechtlich geschützte Rechtsgut zu verletzen, sofern der Drittvorteil den Amtsträger zumindest besserstellt oder besserstellen kann. Zu diesem Zweck ist eine restriktive Auslegung erforderlich. Das Tatbestandsmerkmal Drittvorteil ist also i.E. mit Vorsicht auszulegen. Eine zu weite Auslegung ist nicht gerechtfertigt.[1513]

Die rechtliche Qualifikation des Drittvorteils ist auch für solche Grenzfälle nützlich. Falls er im Einzelfall als „rechtsgutsgefährdende Zuwendung“[1514] angesehen werden kann, dann ist er als Täuschungsmittel einzustufen. Dazu kann vom Maßstab „Anschein der Käuflichkeit“ Gebrauch gemacht werden.[1515]

Die *geringwertigen Zuwendungen* hinsichtlich des Bestechlichkeitsdelikts sind anders als die Vorteilsannahme zu bewerten. Denn das straf- und dienstrechtliche Risiko wiegt hierbei schwerer als die Vorteilsannahme. Das führt zu einer anderen Bewertung. Sie sind in der Regel nicht in der Lage, beim Amtsträger den Anreiz in Bezug auf eine pflichtwidrige Diensthandlung zu wecken. Hierbei ist vor allem davon auszugehen, dass die Kausalität zwischen Vorteil und Diensthandlung fehlt. In solchen Fällen wird demnach der Tatbestand des § 332

1510 *Heine/Eisele*, in: S/S-StGB, 2019, § 331, Rn. 21. *Heinrich*, in: Arzt u.a., Strafrecht BT, 2015, § 49, Rn. 24, spricht in diesem Zusammenhang über die „politisch-bürokratische Nebenzwecke“.

1511 *Korte*, in: MüKo-StGB, 2019, § 331, Rn. 102; *Heine/Eisele*, in: S/S-StGB, 2019, § 331, Rn. 21.

1512 *Fischer*, StGB, 2019, § 332, Rn. 3.

1513 Vgl. BGHSt 49, [Wahlkampspende] 275 (282); *Cramer*, in: S/S-StGB, 2001, § 331, Rn. 20a; *Satzger*, ZStW 2003, S. 469 (475, 477); *Maurach/Schroeder/Maiwald*, Strafrecht BT, Teilbd. 2, 2012, § 79, Rn. 13; *Kuhlen*, in: NK-StGB, 2017, § 331, Rn. 47; *Korte*, in: MüKo-StGB, 2019, § 331, Rn. 98; *Heine/Eisele*, in: S/S-StGB, 2019, § 331, Rn. 20.

1514 Siehe dazu *Gribl*, Der Vorteilsbegriff bei den Bestechungsdelikten, 1993, S. 130.

1515 BGHSt 47 296 (310); *Heine/Eisele*, in: S/S-StGB, 2019, § 331, Rn. 21.

Abs. 1 nicht erfüllt.[1516] Der Täter begeht diese Straftat unter der *do ut des* Logik, sofern er etwas Wertvolles als Gegenleistung für die pflichtwidrige Handlung erlangt.[1517]

Es wird im Schrifttum vertreten, dass ein Vorteil i.S.d. Bestechung vorliegt, auch wenn der Amtsträger den Vorteil erpresserisch bzw. ohne Übereinstimmung des Außenstehenden erlangt hatte. Das bedeutet, dass bei der Zuwendung die Freiwilligkeit nicht nötig ist.[1518] Dies widerspricht aber der Tatsache, dass die Bestechung eine materielle Unrechtsvereinbarung voraussetzt.[1519] Richtig ist es, dass ein erpresserisch erlangter Vorteil abgesehen von der Tatvariante „Fordern" kein Vorteil i.S.d. Bestechung ist.[1520]

In Bezug auf die Vorteile, die i.R.d. *Beibehaltung des Status quo* betrachtet werden, ist davon auszugehen, dass sie sui-generis-Vorteile sind, sofern sie zumindest als die Beibehaltung des Status quo oder als eine Besserstellung betrachtet werden.

In dem Fall, dass der Amtsträger einen Rechtsanspruch auf den Vorteil hat, schließt der betreffende Vorteil nicht per se den Tatbestand aus. Entgegen dieser normativen und überwiegenden Auffassung steht der naturalistische Ansatz. Dabei ist eine rein naturalistische Betrachtung maßgebend, um den Vorteil, der objektiv fähig ist, die wirtschaftliche Situation des Täters zu verbessern, als das Bezugsobjekt der Unrechtsvereinbarung anzunehmen.[1521] Ein besonders deutliches Beispiel liefern die überbezahlten Honorarvereinbarungen für Vorträge oder Gutachten von Amtsträgern.[1522] Ebenfalls kann die Pflichtwidrigkeit aufgrund der zu überhöhten Preise, welche die Gegenleistung des Vertrags darstellen, bei einem pflichtgemäß abgeschlossenen Sponsoringvertrag begründet werden.[1523] Ein Vorteil i.S.d. Bestechung liegt dann vor, „wenn die Zuwendung

1516 Vgl. *Sauer*, System des Strafrechts, BT, 1954, S. 516.

1517 So etwa „angemessene Gegenleistung" *Heine/Eisele*, in: S/S-StGB, 2019, § 331, Rn. 22. Vgl. auch *Fuhrmann*, GA 1959, S. 97 (107); *Gribl*, Der Vorteilsbegriff bei den Bestechungsdelikten, 1993, S. 134.

1518 So *Jescheck*, in: LK-StGB, 11. Aufl., § 331, Rn. 10; *Sowada*, in: LK-StGB, 12. Aufl., § 331, Rn. 31; *Korte*, in: MüKo-StGB, 2019, § 331, Rn. 82.

1519 Vgl. oben § 8 C II; unten § 14 A I 4 e; § 14 A I 6 d.

1520 *Stein/Rudolphi*, in: SK-StGB, 2015, § 331, Rn. 19; vgl. auch *Sowada*, in: LK-StGB, 12. Aufl., § 331, Rn. 22, 35. Siehe ferner unten § 16 E III.

1521 Siehe dazu *Satzger*, ZStW 2003, S. 469 (475 f.); *Höltkemeier*, Sponsoring als Straftat, 2005, S. 104; *Sowada*, in: LK-StGB, 12. Aufl., § 331, Rn. 32; *Bannenberg*, in: Gesamtes Strafrecht, 2017, § 331, Rn. 12 f.; *Kuhlen*, in: NK-StGB, 2017, § 331, Rn. 55 ff.

1522 BGH, NStZ 1999, S. 561; *Fischer*, StGB, 2019, § 331, Rn. 11d.

1523 *Satzger*, ZStW 2003, S. 469 (486); *Höltkemeier*, Sponsoring als Straftat, 2005, S. 104.

den Wert der vom Amtsträger zu erbringenden Gegenleistung übersteigt".[1524] Hierbei ist also die Kausalität zwischen von Leistung (hier beispielsweise: Gutachten) und Gegenleistung (hier beispielsweise: überbezahltes bzw. unangemessenes Honorar), die zumindest eine „Besserstellung" mit sich bringt. Dazu ist eine Beurteilung i.R.d. Unrechtsvereinbarung erforderlich.[1525]

Es lässt sich im Ergebnis sagen, dass die korrupte Fantasie keine Grenzen kennt.[1526] Der Vorteilsbegriff ist daher in der Regel weit, aber mit Vorsicht (z. B. beim Drittvorteil) auszulegen.[1527]

cc. Tatobjekt: Pflichtwidrige Diensthandlung (Bezugspunkt)

Das Tatbestandsmerkmal der pflichtwidrigen Diensthandlung ist „zentraler Bezugspunkt all dieser Tatbestandsvarianten."[1528] Dies bildet ferner das Tatobjekt der Bestechlichkeit.[1529] Es ist dogmatisch dem Bestandteil der Unrechtsvereinbarung, die auch in den Tatbestandsmerkmalen nicht ausdrücklich erfasst ist, zuzuordnen.[1530]

Im deutschen Bestechungsstrafrecht ist umstritten, ob dieses Merkmal ein Blankettmerkmal oder einen normativen Tatbestand darstellt. Die herrschende Meinung nimmt es als einen rechtsnormativen objektiven Tatbestand an.[1531] Im Gegensatz dazu postuliert die Mindermeinung, dass „das Merkmal der Verletzung einer Dienstpflicht" in §§ 332, 334 offensichtlich als ein Blankettmerkmal erscheine.[1532] Dies legt richtigerweise sowohl den rechtsnormativen- und als auch Blankettcharakter des Delikts dar.[1533] Denn die Diensthandlung und Pflichtwidrigkeit sind zum einen bezogen auf die außerstrafrechtlichen Normen

---

1524 *Sowada*, in: LK-StGB, 12. Aufl., § 331, Rn. 45.

1525 *Sowada*, in: LK-StGB, 12. Aufl., § 331, Rn. 46.

1526 *Dauster*, NStZ 1999, S. 63 (65).

1527 *Bannenberg*, in: Gesamtes Strafrecht, 2017, § 331, Rn. 11.

1528 BGH, Urt. v. 19.6.2008 – 3 StR 90/08, Rn. 7 = NStZ 2008, S. 567 (568); BGH, Urt. v. 6.9.2011 – 1 StR 633/10, Rn. 103 = StV 2012, S. 577 (579); so auch *Eb. Schmidt*, die Bestechungstatbestände, 1960, Rn. 203; *Heine/Eisele*, in: S/S-StGB, 2019, § 332, Rn. 1.

1529 In diese Richtung auch *Birkmeyer*, Bestechung, in: Vergleichende Darstellung, IX. Bd., 1906, S. 350.

1530 So auch *Letzgus*, NStZ 1987, S. 309 (311).

1531 *Jescheck*, in: LK-StGB, 11. Aufl., § 332, Rn. 13; *Sowada*, in: LK-StGB, 12. Aufl., § 332, Rn. 26; *Schuster*, Strafnormen und Bezugsnormen, 2012, S. 44; *Korte*, in: MüKo-StGB, 2019, § 332, Rn. 37; *Deiters*, in: FS-Rengier, 2018, S. 217.

1532 *Puppe*, in: NK-StGB, 2017, § 16, Rn. 25.

1533 Siehe oben § 9 C.

und Prinzipen.[1534] Die Auslegung dieses Merkmales ist zum anderen bewusst vom Gesetzgeber der Rechtsprechung und Rechtslehre überlassen, indem er die Eckpunkte der pflichtwidrigen Diensthandlung offengelassen hat.[1535]

(1). Diensthandlung

Zunächst ist zum Ausdruck zu bringen, dass die Diensthandlung keinen selbständigen Unrechtstypus von Tatbestandsmerkmalen der Bestechungsdelikte darstellt. Dieses Merkmal hat vielmehr die Funktion, den Bezugspunkt des Beziehungsverhältnisses klarzumachen.[1536] Aus diesem Grund fällt seine Bewertung unter die objektive Tatbestandsmäßigkeit.[1537]

Der Bestandteil des Bezugspunkts Diensthandlung ergibt sich aus der geschriebenen Erwähnung, nämlich „daß er eine Diensthandlung vorgenommen hat oder künftig vornehme" (§ 332 Abs. 1 S. 1).[1538]

Eine Diensthandlung umfasst „alle Tätigkeiten, die dem Amtsträger übertragen worden sind".[1539] Das heißt, alle Handlungen, die durch einen Amtsträger oder einen mit dem Amtsträger Gleichgestellten sowie einem für den öffentlichen Dienst besonders Verpflichteten i.R.d. übertragenen Aufgaben wahrgenommen werden, fallen unter die Diensthandlung.[1540] Es kommt also unzweifelhaft eine Diensthandlung in Betracht, wenn die Handlung zu den dienstlichen Obliegenheiten des Amtsträgers gehört und von ihm in dienstlicher Eigenschaft vorgenommen wird.[1541] Dies setzt von vornherein eine funktionale Verknüpfung zwischen der Handlung und übertragenen Aufgaben voraus.[1542] Als Beispiel dafür können verwaltungsrechtliche Aufgaben wie Genehmigungen, Erteilung

---

1534 Vgl. *Sternberg-Lieben/Schuster*, in: S/S-StGB, 2019, § 15, Rn. 103.

1535 BT-Drucks. 7/550, S. 273.

1536 Vgl. dazu *Jescheck*, in: LK-StGB, 11. Aufl., Vor § 331, Rn. 17; *Heine/Eisele*, in: S/S-StGB, 2019, § 332, Rn. 6; *Rengier*, Strafrecht BT II, 2019, § 60, Rn. 15; *Korte*, in: MüKo-StGB, 2019, § 332, Rn. 6 ff.

1537 *Stein/Rudolphi*, in: SK-StGB, 2015, § 332, Rn. 15.

1538 *Letzgus*, NStZ 1987, S. 309 (311); aA *Kuhlen*, NStZ 1988, S. 433 (434).

1539 *Möhrenschlager*, in: Dölling (Hrsg.), Korruptionsprävention, 2007, 8. Kap., Rn. 31.

1540 BT-Drucks. 7/550, S. 271.

1541 BGH, NJW 1983, S. 2509 (2513); BGH, NStZ 1996, S. 278 (279); vgl. auch *Jescheck*, in: LK-StGB, 11. Aufl., § 331, Rn. 11.

1542 *Möhrenschlager*, in: Dölling (Hrsg.), Korruptionsprävention, 2007, 8. Kap., Rn. 32; *Heinrich*, in: Arzt u.a., Strafrecht BT, 2015, § 49, Rn. 31; *Stein/Rudolphi*, in: SK-StGB, 2015, § 331, Rn. 10; *Rengier*, Strafrecht BT II, 2019, § 60, Rn. 17; „zwischen der Tätigkeit des Amtsträgers und den ihm übertragenen Aufgaben" *Kuhlen*, in: NK-StGB, 2017, § 331, Rn. 67.

von Erlaubnissen und Vergabe von öffentlichen Aufträgen sowie Mitwirkung an Entscheidungen dienen.[1543]

Hierbei kommen aber bloße Privathandlungen wie die Erteilung von Privatunterricht oder Erstellung eines Privatgutachtens sowie Beratungstätigkeit nicht in Betracht, weil dabei die Amtsträgereigenschaft und dienstrechtliche Tätigkeit fehlen. Bei solchen Nebentätigkeiten ist davon auszugehen, dass der Amtsträger nur seine durch seinen Dienst erlangten Fachkenntnisse zur Verfügung stellt, ohne eine Unrechtvereinbarung abzuschließen, auch wenn die Nebentätigkeit verboten ist.[1544] Dabei ist aber zu beachten, dass die vorbereitenden und unterstützenden (z. B. Gutachten) sowie beratenden Tätigkeiten (z. B. Stellungnahme) danach Diensthandlungen sind, wenn sie geeignet sind, einen feststellbaren Einfluss auf die behördliche Entscheidungen zu nehmen.[1545] Das heißt, dass eine direkte Außenwirkung der Diensthandlug nicht immer notwendig ist.[1546] Darüber hinaus ist eine konkrete Zuständigkeit hier nicht zwingend; es reicht schon eine „bestimmte Diensthandlung" aus.[1547] Es muss aber in jedem Fall eine konkrete oder konkretisierbare Diensthandlung vorliegen, deren Voraussetzungen nicht zu streng festgelegt werden.[1548]

Für die Grenzfälle ist „der Aussagewert für einen verständigen Betrachter" von besonderer Bedeutung.[1549] Eine Diensthandlung ist danach anzunehmen, „wenn der Amtsträger durch die Art seines Auftretens den Anschein der Dienstlichkeit erweckt."[1550]

1543 Mit betroffenen Rechtsprechungen *Möhrenschlager*, in: Dölling (Hrsg.), Korruptionsprävention, 2007, 8. Kap., Rn. 31.

1544 Vgl. RGSt 28, 424 (427); auch wenn während der Dienststunden BGH, GA 1966, S. 377; BGHSt 11, 264 (281); *Möhrenschlager*, in: Dölling (Hrsg.), Korruptionsprävention, 2007, 8. Kap., Rn. 33; *Sowada*, in: LK-StGB, 12. Aufl., § 331, Rn. 55; *Rengier*, Strafrecht BT II, 2019, § 60, Rn. 18; *Heine/Eisele*, in: S/S-StGB, 2019, § 332, Rn. 5; *Kuhlen*, in: NK-StGB, 2017, § 331, Rn. 70; *Korte*, in: MüKo-StGB, 2019, § 331, Rn. 112. Siehe auch oben § 8 C III; unten § 23 E II 6.

1545 Siehe dazu *Kuhlen*, in: NK-StGB, 2017, § 331, Rn. 71.

1546 *Korte*, in: MüKo-StGB, 2019, § 331, Rn. 108.

1547 *Maurach/Schroeder/Maiwald*, Strafrecht BT, Teilbd. 2, 2012, § 79, Rn. 23; *Möhrenschlager*, in: Dölling (Hrsg.), Korruptionsprävention, 2007, 8. Kap., Rn. 32; *Fischer*, StGB, 2019, § 332, Rn. 4; *Korte*, in: MüKo-StGB, 2019, § 331, Rn. 109.

1548 BGH, NStZ 2005, S. 214; *Rosenau*, in: S/S/W-StGB, 2018, § 332, Rn. 5; *Fischer*, StGB, 2019, § 332, Rn. 5.

1549 *Stein/Rudolphi*, in: SK-StGB, 2015, § 331, Rn. 11.

1550 *Stein/Rudolphi*, a.a.O., Rn. 13; vgl. auch BGHSt 48, 213 (220 f.) = NJW 2003, S. 2036.

(2). Pflichtwidrigkeit

Der Maßstab für die Pflichtwidrigkeit richtet sich entsprechend am Beziehungsverhältnis aus, der Unrechtsvereinbarung. Nach ihrem Inhalt wird die Pflichtwidrigkeit festgelegt.[1551] Dabei ist aber zu beachten, dass schlichte interne Pflichtverletzungen, aber sachlich korrekte Diensthandlungen, z.B. der Verstoß gegen „Geschäftsverteilung" und „bevorzugte schnellere Erledigung", nicht i.S.d. §§ 332, 334 pflichtwidrig sind, sofern damit ein Nachteil für die andere Person nicht verbunden ist. Infolgedessen ist grundsätzlich der Inhalt der Handlung, also mit anderem Wort materielle Rechtswidrigkeit, für die dienstliche Beurteilung maßgebend.[1552]

Auf diese Weise ist eine Diensthandlung pflichtwidrig, sofern sie gegen geltende Rechtssätze, Verwaltungs- oder Dienstvorschriften, die Anordnungen von Vorgesetzten oder Gesetze verstößt.[1553] Dies gilt namentlich nur für die Diensthandlungen, die objektiv pflichtwidrig und hinreichend identifizierbar sowie konkretisierbar sind.[1554] Hierunter fallen nicht nur die dienstrechtlichen Verstöße, sondern auch strafrechtlich verbotene Handlungen.[1555]

(a). Pflichtwidrigkeit i.S.v. gebundenen Verwaltungshandeln

Wie oben schon ausgeführt, ergibt sich die Pflichtwidrigkeit daraus, dass die Diensthandlung gegen ein Gesetz, eine Rechtsverordnung, eine Verwaltungsvorschrift oder eine allgemeine oder konkrete dienstliche Weisung verstößt. Das

---

1551 BGH, NJW 1961, S. 469 (471); BGHSt 48, 44 (46); *Korte*, in: MüKo-StGB, 2019, § 332, Rn. 18.

1552 Siehe dazu BGH, NJW 1961, S. 469 (471); BGHSt 16, 37; BGH, NStZ 2002, S. 477 (478); *Möhrenschlager*, in: Dölling (Hrsg.), Korruptionsprävention, 2007, 8. Kap., Rn. 36; *Sowada*, in: LK-StGB, 12. Aufl., § 332, Rn. 12; *Stein/Rudolphi*, in: SK-StGB, 2015, § 332, Rn. 6; *Kindhäuser*, in: LPK-StGB, 2017, § 332, Rn. 5; *Kuhlen*, in: NK-StGB, 2017, § 332, Rn. 7; *Rosenau*, in: S/S/W-StGB, 2018, § 332, Rn. 8; *Heger*, in: Lackner/Kühl-StGB, 2018, § 332, Rn. 3; *Heine/Eisele*, in: S/S-StGB, 2019, § 332, Rn. 10; *Fischer*, StGB, 2019, § 332, Rn. 8; *Waßmer*, in: Louis/Glinder/ders. (Hrsg.), Handbuch, 2020, Rn. 413.

1553 BT-Drucks. 7/550, S. 273; BGHSt 48, 44 (46); *Eser*, Strafrecht III, 1980, 18 A 56; *Sowada*, in: LK-StGB, 12. Aufl., § 332, Rn. 9; *Stein/Rudolphi*, in: SK-StGB, 2015, § 332, Rn. 5; *Kuhlen*, in: NK-StGB, 2017, § 332, Rn. 8; *Korte*, in: MüKo-StGB, 2019, § 332, Rn. 17.

1554 Vgl. *Sowada*, in: LK-StGB, 12. Aufl., § 332, Rn. 7, 20; *Fischer*, StGB, 2019, § 332, Rn. 6; *Korte*, in: MüKo-StGB, 2019, § 332, Rn. 18; *Waßmer*, in: Louis/Glinder/ders. (Hrsg.), Handbuch, 2020, Rn. 410.

1555 *Heger*, in: Lackner/Kühl-StGB, 2018, § 332, Rn. 3; *Kuhlen*, in: NK-StGB, 2017, § 332, Rn. 8; *Fischer*, StGB, 2019, § 332, Rn. 10.

gilt in gleichem Maße für das gebundene Verwaltungshandeln.[1556] Ein objektiver Verstoß gegen die beim konkreten Fall infrage gekommene Vorschrift reicht also hierbei schon aus, über eine pflichtwidrige Diensthandlung zu sprechen.[1557]

(b). Pflichtwidrigkeit i.S.v. Ausnutzung der Amtsstellung

Im Falle von Begehungsarten, in denen der Täter seine amtliche Stellung zur Vornahme einer verbotenen Diensthandlung missbraucht, liegt eine pflichtwidrige Handlung i.S.v. § 332 StGB vor. Denn die amtliche Stellung ermöglicht ihm somit, i.R.d. Unrechtsvereinbarung einen ungerechtfertigten Vorteil zu erlangen.[1558] Es ist deshalb kriminalpolitisch dafür zu plädieren, dass auch die Diensthandlungen, die durch Missbrauch des Amtes oder Ausnutzung der dienstlichen Position vorgenommen sind, in Bezug auf Bestechungstatbestände in Betracht zu ziehen, obwohl die durch das Amt gegebene Handlungsmöglichkeit außerhalb des Zuständigkeitsbereichs des Amtsträgers liegt.[1559]

Solche Begehungsweisen bzw. „amtsbezogenen Privathandlungen“[1560] sind keine Privattätigkeiten, sondern stellen eine pflichtwidrige Amtshandlung dar.[1561] Die strafbaren Handlungen durch die Ausnutzung der amtlichen Stellung liefern in diesem Punkt ein besonders deutliches Beispiel.[1562] Denn sie stellen einen gravierenden Verstoß gegen die geschützten Rechtsgüter dar.[1563]

1556 BGH, Urt. v. 14.2.2007 – 5 StR 323/06, Rn. 10 = wistra 2007, S. 222; *Rosenau*, in: S/S/W-StGB, 2018, § 332, Rn. 8.

1557 *Eser*, Strafrecht III, 1980, 18 A 57; *Jescheck*, in: LK-StGB, 11. Aufl., § 332, Rn. 6.

1558 BGHSt 4, 293 (294); BGH, NJW 1983, S. 462; *Waßmer*, in: Louis/Glinder/ders. (Hrsg.), Handbuch, 2020, Rn. 412.

1559 Siehe BGH, Urt. v. 14.8.2013 – 4 StR 255/13.

1560 Siehe zum Begriff *Ebert*, GA 1979, S. 361 (364); *Letzgus*, NStZ 1987, S. 309 (310).

1561 Nach an dem Rechtsgut orientierter teleologischen Auslegung *Letzgus*, NStZ 1987, S. 309 (310); *Jescheck*, in: LK-StGB, 11. Aufl., § 332, Rn. 3; *Möhrenschlager*, in: Dölling (Hrsg.), Korruptionsprävention, 2007, 8. Kap., Rn. 32; *Wessels/Hettinger/Engländer*, Strafrecht BT 1, 2018, § 24, Rn. 1192; *Fischer*, StGB, 2019, § 332, Rn. 10; *Korte*, in: MüKo-StGB, 2019, § 332, Rn. 11, 13. Kritisch und für die restriktive Auslegung des Begriffs „Diensthandlung“ *Ebert*, GA 1979, S. 361 (375); *Amelung/Weidemann*, JuS 1984, S. 595 (597); *Wagner*, JZ 1987, S. 594 (598); als „Dienstausübung“ i.R.d. § 331 *Sowada*, in: LK-StGB, 12. Aufl., § 331, Rn. 58; *Stein/Rudolphi*, in: SK-StGB, 2015, § 331, Rn. 10e; ablehnend *v. Heintschel-Heinegg*, in: BeckOK-StGB, 42. Ed., 2019, § 332, Rn. 5.

1562 BGH, NJW 1983, S. 462; BGH, NJW 1987, S. 1340; *Kuhlen*, in: NK-StGB, 2017, § 332, Rn. 8; *Korte*, in: MüKo-StGB, 2019, § 332, Rn. 17.

1563 *Kuhlen*, in: NK-StGB, 2017, § 331, Rn. 74.

(c). *Pflichtwidrigkeit i.S.v. Ermessensentscheidungen*

Den Gegensatz zu gebundenen Entscheidungen bilden die Ermessensentscheidungen.[1564]

Der Begriff „Ermessen“ i.R.d. §§ 332, 334 ist nicht ganz nach verwaltungsrechtlichen Ansätze auszulegen; er ist vielmehr ein strafrechtlicher Terminus technicus.[1565] Es liegt eine Ermessensentscheidung schon dann vor, wenn der Täter eine Entscheidung zwischen zwei rechtmäßigen Möglichkeiten treffen kann.[1566] Dies umfasst auch die Entscheidungen, die i.R.d. Beurteilungsspielraums getroffen sind, wie auch Prüfungsbeurteilung und staatsanwaltschaftliche Entscheidungen sowie richterliche Strafzumessung[1567] und „die Anwendung unbestimmter Rechtsbegriffe“.[1568]

Man unterscheidet folgende Konstellationen:[1569]

(aa). Überschreitung des Ermessens

Falls die Entscheidung nicht innerhalb des eingeschränkten Ermessensspielraums bleibt, kommt eine offensichtliche rechtswidrige Entscheidung in Betracht.[1570] Ein Ermessensbeamter verhält sich z. B. so, wenn er bei einem Ordnungsverstoß eine Geldbuße im Höhe von 1490 € verwirkt, obwohl das Gesetz in solchen Fällen höchstens eine Geldbuße im Höhe von eintausend Euro anordnet. Deswegen kann die Frage, ob es sich bei dem vorliegenden Fall eine Pflichtwidrigkeit i.S.v. Ermessensüberschreitung handelt, einfach beantwortet werden.

(bb). Missbrauch des Ermessens

Eine Ermessensentscheidung zielt auf die Einzelfallgerechtigkeit ab.[1571] Aus diesem Grund wird die strenge Bindung der Verwaltung und ihre Entscheidungen gelockert.[1572]

1564 *Hufen*, ZJS 2010, S. 603 (603).

1565 BGH, NStZ 2007, S. 211 (212); *Sowada*, in: LK-StGB, 12. Aufl., § 332, Rn. 13; *Heine/Eisele*, in: S/S-StGB, 2019, § 332, Rn. 11.

1566 Siehe dazu *Fuhrmann*, GA 1960, S. 105 (107); *Sowada*, in: LK-StGB, 12. Aufl., § 332, Rn. 13; *Fischer*, StGB, 2019, § 332, Rn. 9.

1567 *Heinrich*, in: K/H/H, Strafrecht BT Bd. 1, 2015, Rn. 953; *Eisele*, Strafrecht BT I, 2017, Rn. 1649; *Rengier*, Strafrecht BT II, 2019, § 60, Rn. 33.

1568 *Möhrenschlager*, in: Dölling (Hrsg.), Korruptionsprävention, 2007, 8. Kap., Rn. 37; *Fischer*, StGB, 2019, § 332, Rn. 9.

1569 Vgl. auch unten § 14 A I 3 a ee (2) (b).

1570 *Eser*, Strafrecht III, 1980, 18 A 59; *Korte*, in: MüKo-StGB, 2019, § 332, Rn. 24.

1571 *Hufen*, ZJS 2010, S. 603 (604).

1572 *Erichsen/Martens/Badura*, Allgemeines Verwaltungsrecht, 2016, S. 164 f.

Die Pflichtwidrigkeit i.S.v. Ermessensentscheidungen von §§ 332, 334 setzt nicht immer eine Ermessensüberschreitung voraus.[1573] Eine derartige Konstellation liegt dann vor, wenn die Entscheidung an „sachwidrige Erwägungen" z .B. an eine planerische Abwägung angebunden ist.[1574] Auch die Bestellung bestimmter Medizinprodukte gegen einen Vorteil kommt als ein Beispiel aus der Praxis in Betracht.[1575] Die betroffene Entscheidung hängt in diesen Fällen vom Vorteil ab. Zeigt sich der Ermessensbeamte käuflich, sich durch den Vorteil beeinflussen zu lassen, diesen also mit in die Waagschale legt, so ist davon auszugehen, dass er den Tatbestand der Bestechlichkeit erfüllt.[1576] Daher ist nicht wichtig, ob es eine vertretbare Entscheidung ist oder ob ein anderer Amtsträger sich so hätte entscheiden können.[1577]

(d). Pflichtwidrigkeit i.S.v. Europäischen Amtsträger

Ist der Täter nach dem § 11 Abs. 1 Nr. 2a ein Europäischer Amtsträger, ist das Tatbestandsmerkmal „Pflichtwidrigkeit" nach dem EU-Recht festzustellen.[1578]

dd. Tathandlungen

Jede Tathandlungsvariante stellt eine selbständige Tat dar.[1579] Die Tat wird daher durch eine dieser Handlungsformen vollendet.[1580]

Die Tathandlungen von Bestechungsdelikten sind kommunikative Akte, so dass das Verhalten des Täters auf eine bestimmte und selbst vom Täter gewollte Rechtsfolge gerichtet ist.[1581] Sämtliche Handlungsformen zielen also auf eine im Tatbestand nicht ausdrücklich formulierte Unrechtsvereinbarung. Beim „Fordern" hat man sich die Unrechtsvereinbarung als gesetzt vorzustellen (Verhandlungsstufe); beim „Sichversprechenlassen" wird der Bestechungsabsprache

---

1573 *Eisele*, Strafrecht BT I, 2017, Rn. 1649.

1574 BGH, NStZ 2002, S. 477 (478).

1575 *Kuhlen*, JR 2003, S. 231 (235).

1576 BGH, NJW 1961, S. 469; BGH, Urt. v. 9.7.2009 – 5 StR 263/08, Rn. 54; ebenso *Jescheck*, in: LK-StGB, 11. Aufl., § 332, Rn. 7.

1577 *Jescheck*, in: LK-StGB, 11. Aufl., § 332, Rn. 7; *Heinrich*, NStZ 2005, S. 197 (203); *Möhrenschlager*, in: Dölling (Hrsg.), Korruptionsprävention, 2007, 8. Kap., Rn. 37; *Korte*, in: MüKo-StGB, 2019, § 332, Rn. 24.

1578 *Sowada*, in: LK-StGB, 12. Aufl., § 332, Rn. 9; *Korte*, in: MüKo-StGB, 2019, § 332, Rn. 17. Siehe auch unten § 14 B V.

1579 Siehe dazu oben § 10 B III m.w.N.

1580 *Rengier*, Strafrecht BT II, 2019, § 60, Rn. 25; *Kuhlen*, in: NK-StGB, 2017, § 331, Rn. 27.

1581 *Kuhlen*, NStZ 1988, S. 433 (434); *Sowada*, in: LK-StGB, 12. Aufl., § 331, Rn. 21; „Interaktionsdelikte" *Geisler*, Korruptionsstrafrecht und Beteiligungslehre, 2013, S. 157.

bestanden (Vereinbarungsstufe) und letztlich beim Annehmen wird die Unrechtsvereinbarung in die Tat umgesetzt (Leistungsstufe).[1582]

(1). Fordern

Die Handlungsvariante „Fordern" i.S.v. § 332 ist eine ausdrückliche oder konkludente einseitige Willenserklärung, die sich auf einen Vorteil gegen pflichtwidrige Diensthandlung bezieht. Deshalb ist die Zustimmung des Aufgeforderten nicht erforderlich. Für die Erfüllung des Tatbestands setzt die Handlung voraus, dass der Aufgeforderte davon Kenntnis nehmen muss, d.h. von einem verständigen Betrachter in der Situation des Angesprochenen so zu verstehende Erklärung des Amtsträgers muss zur Kenntnis des potenziellen Gebers der Bestechung gebracht werden.[1583] Das setzt freilich eine „objektive Erkennbarkeit" voraus.[1584] Auf diese Weise erscheint das äußere Verhalten des Täters als käuflich.[1585]

(2). Sichversprechenlassen

Die Tat ist mit der Annahmeerklärung zum Angebot von Vorteilsgebers vollendet, was i.S.v. einem objektiv feststellbaren Austauschverhältnis (objektive Seite) stattfinden muss.[1586] Das setzt freilich eine „Willensübereinstimmung" zwischen Geber und Nehmer voraus (subjektive Seite). Somit offenbart der Amtsträger seine Bestechlichkeit.[1587]

Sowohl das Angebot als auch die Annahme kann ausdrücklich oder konkludent zum Ausdruck gebracht werden. Dabei ist aber zu beachten, dass die konkludente Zustimmung nicht ohne weiteres zur Tatbestandserfüllung führt; dies ist die Frage bzw. Auslegung des Einzelfalles.[1588] In diesem Zusammenhang ist auch das bloßes Schweigen nicht ausreichend.[1589]

1582 *Geisler*, Korruptionsstrafrecht und Beteiligungslehre, 2013, S. 147 ff.

1583 RGSt 39, 193 (198); BGH, NStZ 2006, S. 628 (629); so auch *Stein/Rudolphi*, in: SK-StGB, 2015, § 331, Rn. 25.

1584 *Jescheck*, in: LK-StGB, 11. Aufl., § 331, Rn. 4; zustimmend *Sowada*, in: LK-StGB, 12. Aufl., § 331, Rn. 24.

1585 BGH, NJW 1960, S. 2154 (2155); BGHSt 10, 237 (242).

1586 Vgl. oben § 10 A II 2.

1587 Siehe dazu BGHSt 10, 237 (241); BGH, NStZ-RR 2002, 272 (274); *Jescheck*, in: LK-StGB, 11. Aufl., § 331, Rn. 5, 25; *Möhrenschlager*, in: Dölling (Hrsg.), Korruptionsprävention, 2007, 8. Kap., Rn. 43; *Sowada*, in: LK-StGB, 12. Aufl., § 331, Rn. 26-27; *Korte*, in: MüKo-StGB, 2019, § 331, Rn. 75-76; aA *Stein/Rudolphi*, in: SK-StGB, 2015, § 331, Rn. 25a.

1588 *Fischer*, StGB, 2019, § 331, Rn. 19.

1589 *Korte*, in: MüKo-StGB, 2019, § 331, Rn. 75.

Das Angebot oder die Annahme kann letztlich von einer Bedingung abhängig gemacht werden. Dies scheidet den Tatbestand nicht aus.[1590]

(3). Annehmen
Das Annehmen ist grundsätzlich ein aktives Tun. Deshalb ist die Tat hier nicht mit der Erklärung, sondern mit der tatsächlichen Annahme der rechtswidrigen Leistung der Unrechtsvereinbarung vollendet.[1591] Einfache bloße Zusendung per Post oder Überweisung ist deshalb nicht ausreichend, es sei denn, dass der Amtsträger nachträglich von dem Fall und Sachzusammenhang Kenntnis genommen hat und nicht zurückgibt.[1592]

Wie beim Sichversprechenlassen setzt auch diese Handlungsmodalität eine „Willensübereinstimmung" darüber voraus, dass die Leistung für die pflichtwidrige Diensthandlung angenommen wird. Auf diese Weise erscheint der Täter als eine Partei der abgeschlossenen Unrechtsvereinbarung.[1593]

Für die mittelbare Bestechung besteht keine Diskussion; die Zuwendung kann auch dem Amtsträger absprachegemäß über eine Mittelsperson (z. B. Übergabe an eine Bekannte) zufließen. Es kommt auch auf diese Weise ein tatbestandsmäßiges Annehmen in Betracht.[1594] Im Gegensatz dazu ist die Konstellation, in der der Vorteil unmittelbar an einen Dritten zugeleitet wird, im Schrifttum umstritten.[1595] Es ist zunächst festzustellen, ob die Leistung im Einverständnis mit dem Täter oder ohne Wissen des Täters erfolgt. Falls die Leistung ohne aktuelles Wissen des Amtsträgers an den Dritten erbracht wird, sollte folgendes Gebot gelten: Ist die Weitergabe mit eigenem Interesse des Täters verbunden

---

1590 RGSt 57, 28 (29); *Eser*, Strafrecht III, 1980, 18 A 38; *Jescheck*, in: LK-StGB, 11. Aufl., § 331, Rn. 5.

1591 *Maurach/Schroeder/Maiwald*, Strafrecht BT, Teilbd. 2, 2012, § 79, Rn. 16; *Kuhlen*, in: NK-StGB, 2017, § 331, Rn. 28; *Fischer*, StGB, 2019, § 331, Rn. 20; *Korte*, in: MüKo-StGB, 2019, § 331, Rn. 78.

1592 *Jescheck*, in: LK-StGB, 11. Aufl., § 331, Rn. 6; *Korte*, in: MüKo-StGB, 2019, § 331, Rn. 77.

1593 Siehe dazu *Möhrenschlager*, in: Dölling (Hrsg.), Korruptionsprävention, 2007, 8. Kap., Rn. 42; *Maurach/Schroeder/Maiwald*, Strafrecht BT, Teilbd. 2, 2012, § 79, Rn. 16; *Korte*, in: MüKo-StGB, 2019, § 331, Rn. 77; *Fischer*, StGB, 2019, § 331, Rn. 20.

1594 LG Wuppertal NJW 2003, S. 1405; *Möhrenschlager*, in: Dölling (Hrsg.), Korruptionsprävention, 2007, 8. Kap., Rn. 42; *Sowada*, in: LK-StGB, 12. Aufl., § 331, Rn. 29; *Fischer*, StGB, 2019, § 331, Rn. 20; aA *v. Heintschel-Heinegg*, in: BeckOK-StGB, 42. Ed., 2019, § 331, Rn. 24.

1595 Siehe dazu *Sowada*, in: LK-StGB, 12. Aufl., § 331, Rn. 29 m.w.N.; vgl. auch unten § 14 A II 3 a dd (3).

und hat er später davon Kenntnis genommen und ist er danach stillschweigend oder ausdrücklich damit einverstanden,[1596] so genügt die Annahme der ungerechten Leistung für die Tatbestandserfüllung i.S. dieser Tathandlung. Ebenfalls liegt eine tatbestandsmäßige Annahme i.S.v. § 332 dann vor, auch wenn der Vorteil im Einverständnis mit dem Amtsträger an den Dritten zufließt.[1597]

ee. Zeitliche Orientierung

Wie schon in der Einleitung dieser Arbeit erwähnt, ist die Kernhandlung des Verbrechensphänomens Bestechung „die Annahme und Gewährung von Vorteilen für künftige pflichtwidrige Handlungen".[1598] Echte Bestechlichkeit bezieht sich eigentlich nur auf künftige pflichtwidrige Handlungen.[1599]

Die Begehung der Straftat umfasst hier alle zeitlichen Richtungen, indem der Gesetzgeber Vor- und Nachfeld des Bestechungsvertrags mit der Strafe bedroht. Mit anderen Worten sind die Tathandlungen vom Vorfeld bis zum Nachfeld des Beziehungsverhältnisses zwischen den Bestechungspartner unter Strafe gestellt.[1600] Aufgrund der Gesetzessystematik ist daher zwischen der vorgenommenen und künftigen Diensthandlung zu unterscheiden. Dies ergibt sich einfach aus der grammatischen Auslegung (§ 332 Abs. 1: „vorgenommen hat oder künftig vornehme"; § 332 Abs. 3: „für eine künftige Handlung"). Ebenfalls muss in vielen Fällen (z. B. vorgetäuschte Diensthandlung, Ermessensentscheidungen, nachträgliche Belohnung) zwischen zurückliegender und vorzunehmender Handlung unterschieden werden, um die Strafbarkeit des Täters zu überprüfen.[1601]

Obwohl der Gesetzgeber die Straftat mit einer zeitlichen Unterscheidung formuliert, muss aber in jedem Fall die Bezugshandlung (pflichtwidrige

---

1596 Das „Behaltenwollen" des Beamten kann ein wichtiges Beweisanzeichen dafür sein. Die besonderen Umstände des konkreten Falles und die Persönlichkeit des Täters können auch zur tatrichterlichen Feststellung weiterhelfen. Siehe RGSt 58, 263 (267); BGH, GA 1963, S. 148; *Eb. Schmidt*, die Bestechungstatbestände, 1960, Fn. 187.

1597 BGHSt 49, 275 (298); *Jescheck*, in: LK-StGB, 11. Aufl., § 331, Rn. 6; *Fischer*, StGB, 2019, § 331, Rn. 20; *Heine/Eisele*, in: S/S-StGB, 2019, § 331, Rn. 29; für Strafbarkeit wegen Sichversprechenlassen i.R.d. letzteren Konstellation *Kuhlen*, in: NK-StGB, 2017, § 331, Rn. 29; *Korte*, in: MüKo-StGB, 2019, § 331, Rn. 79; kritisch und ablehnend *Deiters*, ZJS 2012, S. 255 (257 f.).

1598 *Korte*, in: MüKo-StGB, 2019, § 331, Rn. 8.

1599 *Kaufmann*, JZ 1959, S. 375 (377).

1600 Vgl. oben § 10 B III.

1601 Vgl. BT-Drucks. 7/550, S. 273.

Diensthandlung) als eine der objektiven Tatbestandsmerkmalen entweder tatsächlich vorliegen oder für die künftige Handlungen tatbestandsmäßig und objektiv in Betracht kommen.[1602]

Die Handlungsmodalitäten „Fordern", „Sichversprechenlassen" und „Annehmen" gelten danach sowohl für zurückliegende als auch für künftige Diensthandlungen. Die zweite Dimension der Bestechlichkeit, „sich bereit zeigen" wird aufgrund seiner eigenständigen Bedeutung separat unter künftigen Diensthandlungen behandelt.

(1). Vergangene Diensthandlungen

Laut dem gesetzlichen Ausdruck (§§ 332, 334 jeweils Abs. 1 S. 1: „vorgenommen hat") kann eine Unrechtsvereinbarung dann schon vorliegen, wenn die Gegenleistung vor der Bestechungsabsprache erledigt ist. Die Belohnung für zurückliegende Pflichtwidrigkeit im Amt ist somit unter Strafe gestellt.[1603] Dies wird als „nachträgliche Belohnung" bezeichnet.[1604]

Wie oben erwähnt, muss, falls die in Betracht gekommene Handlung in Verbindung mit der Vergangenheit steht, die Handlung in der Vergangenheit tatsächlich vorgenommen worden sein.[1605] Wenn die Unrechtsvereinbarung sich auf die zurückliegende Diensthandlung bezieht, setzt also die vollendete Bestechlichkeit immer die tatsächliche Pflichtwidrigkeit der Diensthandlung voraus.[1606]

Hierbei ist im Gegensatz dazu kriminalpolitisch davon auszugehen, dass die Bestechungstatbestände auch für vorgenommene Diensthandlungen begangen werden könnten, weil das Merkmal „Diensthandlung" „nur als Gegenstand der Unrechtsvereinbarung" zum Tatbestand gehöre.[1607] Auf diese Weise sollte es Hoffnung auf erweiterten strafrechtlichen Schutz gegen Unbestechlichkeit bereiten.[1608]

(2). Künftige Diensthandlungen (§ 332 Abs. 3)

Die Tathandlungsmodalität bezieht sich auf eine „künftige" rechtswidrige Leistung, die der Vorteilsgeber dem Amtsträger im Rahmen seiner dienstlichen

---

1602 *Kuhlen*, in: NK-StGB, 2017, § 332, Rn. 16.

1603 *Heinrich*, in: Arzt u.a., Strafrecht BT, 2015, § 49, Rn. 27.

1604 Siehe dazu *Zimmermann*, Das Unrecht der Korruption, 2018, S. 492 ff., 721; kritisch *Eb. Schmidt*, die Bestechungstatbestände, 1960, Rn. 267.

1605 *Stein/Rudolphi*, in: SK-StGB, 2015, § 332, Rn. 10; *Stein/Deiters*, in: SK-StGB, 2016, § 332, Rn. 17.

1606 *Kuhlen*, in: NK-StGB, 2017, § 332, Rn. 16.

1607 *Jescheck*, in: LK-StGB, 11. Aufl., Vor § 331, Rn. 17.

1608 *Jescheck*, in: LK-StGB, 11. Aufl., § 334, Rn. 1.

Bereitschaft offeriert hat. Die Frage, ob es sich hier im Vergleich zu § 332 Abs. 1 um eine „Tatbestandserweiterung“ (konstitutiv) oder eine „Auslegungsregel“ (deklaratorisch) handelt, hat der deutsche Gesetzgeber bewusst offengelassen.[1609] Somit wollte der Gesetzgeber nur „das kriminalpolitisch erwünschte Ergebnis“ sicherstellen.[1610]

Im Kern der Vorschrift stehen die „Bereitschaftsbekundung“ des Täters und die künftig vorzunehmende und objektiv als pflichtwidrig einzustufende Handlung.

Da eine konkrete Feststellung des Tatbestandsmerkmals der Diensthandlung hier unmöglich ist, müssen die künftigen Diensthandlungen wenigstens „identifizierbar“ sein.[1611] Die Diensthandlung muss in diesem Fall nach ihrem sachlichen Gehalt zumindest in groben Umrissen erkennbar und festgelegt sein.[1612] Das ergibt sich aus der ratio legis der Straftat.[1613] In Bezug auf die Tatbestandserfüllung ist hierbei nicht relevant, ob die Diensthandlung durch den Amtsträger tatsächlich vorgenommen werden wird. Die nach außen gezeigte Bereitschaft zur Pflichtwidrigkeit ruft damit die Gefahr hervor, dass die Unbefangenheitspflicht des Bediensteten schon verletzt wird.[1614] Eine solche Gefahr i.S.v. § 332 Abs. 3 kommt aber nur in Betracht, wenn die Bereitschaft genügend konkretisiert und personalisiert sowie nach objektiven Umständen dem Vorteilsgeber bekundet ist.[1615]

Hierbei zeigt sich der Amtsträger käuflich, indem er sich explizit oder implizit bereit erklärt. Die Frage, ob in dem konkreten Fall ein stillschweigendes Sichbereitzeigen vorliegt, muss von dem Tatrichter behandelt werden.[1616]

Das Sichbereitzeigen i.S.v. § 332 Abs. 3 ist im Allgemeinen eine Vorstufe des Abschlusses der möglichen Unrechtsvereinbarung und hat „eigenständige

---

1609 Siehe dazu *Sowada*, in: LK-StGB, 12. Aufl., § 332, Rn. 15. Man kann auch davon ausgehen, dass der deutsche Gesetzgeber damit eine „deklaratorische Regelung“ bezwecken wollte, um die verfassungsrechtliche Bestimmtheitspflicht zu erfüllen.

1610 BT-Drucks. 7/550, S. 274.

1611 *Jescheck*, in: LK-StGB, 11. Aufl., § 331, Rn. 13.

1612 BGH, 32, 290 (291); NStZ 2005, S. 214 (215).

1613 BGH, NJW 1985, S. 391; *Korte*, in: MüKo-StGB, 2019, § 332, Rn. 8.

1614 BT-Drucks. 7/550, S. 270; *Rengier*, Strafrecht BT II, 2019, § 60, Rn. 34; *Zimmermann*, Das Unrecht der Korruption, 2018, S. 586. Nach *Gössel/Dölling*, Strafrecht BT 1, 2004, § 75, Rn. 22, sei hier – wie beim § 331 – die abstrakte Gefahr für die Richtigkeit der künftigen Entscheidung unter Strafe stellt.

1615 Vgl. *Sowada*, in: LK-StGB, 12. Aufl., § 332, Rn. 17. Siehe auch unten § 14 A II 3 a ee (2).

1616 BT-Drucks. 7/550, S. 274.

Bedeutung".[1617] Diese Vorschrift stellt vielmehr einen eigenen bzw. zweiter Akt des Bestechlichkeitstatbestands dar.[1618] Der Bestechlichkeitstatbestand ist deswegen i.R.d. zweiaktigen Delikts auszulegen.[1619] Daher muss in Fällen, in denen dem Täter ein Vorwurf gemäß § 332 Abs. 3 gemacht wird, der Sachverhalt mit weiteren Indizien unterstützt werden. Dazu sind alle Umstände (objektive Seite) und die Vorstellungen der Beteiligten (subjektive Seite) zu bewerten. Für die Bejahung des § 332 Abs. 3 muss man von der eigenständigen Bedeutung des § 332 Abs. 3 ausgehen. Dies setzt eine vom Tatgericht festgestellte ausdrückliche „Bekundung der Beeinflussbarkeit" voraus.[1620] Mit einer solchen Bekundung sind die Fälle von dem § 331 abzugrenzen.[1621] Als Maßstab dazu dient vor allem das Angebot des Täters in Bezug auf die Bestechung und die Annahmeerklärung sowie Annahme eines Vorteils. Die Handlungsvarianten des § 332 Abs. 1 haben demnach „Erklärungswert".[1622] Sonst muss der Täter wegen der Vorteilsannahme (§ 331) bestraft werden.[1623]

(a). Sichbereitzeigen beim gebundenen Verwaltungshandeln (§ 332 Abs. 3 Nr. 1)
Der § 332 Abs. 3 Nr. 1 ist nach dem Gesichtspunkt des Regierungsentwurfs eine „gesetzliche Auslegungsregel".[1624]

Ein Bestechungsdelikt liegt auch schon dann vor, wenn der Amtsträger sich hinsichtlich seiner künftigen Diensthandlung bereit zeigt und der „nach außen erweckte Eindruck"[1625] ihn als käuflich ausweist (§ 332 Abs. 3 Nr. 1). Denn schon

---

1617 BGHSt 48, 44 (47); zustimmend *Möhrenschlager*, in: Dölling (Hrsg.), Korruptionsprävention, 2007, 8. Kap., Rn. 41; *Bernsmann/Gatzweiler*, Verteidigung bei Korruptionsfällen, 2014, Rn. 379; *Deiters*, in: FS-Rengier, 2018, S. 217, zum Thema Fn. 40.

1618 Also „strafbarkeitskonstitutiv". Siehe dazu ablehnend *Kuhlen*, JR 2003, S. 231 (235); *ders.*, in: NK-StGB, 2017, § 332, Rn. 14 f.

1619 Zu Recht auch *Kuhlen*, in: NK-StGB, 2017, § 332, Rn. 14, zum Thema Fn. 45; in diese Richtung auch *Schwab*, Die Beendigung der Bestechungsdelikte, 2019, S. 153, 161; vgl. auch BT-Drucks. 7/550, S. 273.

1620 „Bereitschaftsbekundung" BGHSt 48, 44 (50); *Möhrenschlager*, in: Dölling (Hrsg.), Korruptionsprävention, 2007, 8. Kap., Rn. 45; *Höltkemeier*, Sponsoring als Straftat, 2005, S. 147; *Sowada*, in: LK-StGB, 12. Aufl., § 332, Rn. 17.

1621 Vgl. *Cramer*, in: S/S-StGB, 2001, § 332, Rn. 18; BGHSt 48, 44 (47); *Kindhäuser/Goy* NStZ 2003, S. 291 (296).

1622 *Stein/Rudolphi*, in: SK-StGB, 2015, § 332, Rn. 16.

1623 *Kuhlen*, JR 2003, S. 231 (237).

1624 BT-Drucks. 7/550, S. 273; aA *Joecks*, StGB, 2014, § 332, Rn. 14.

1625 BGH, Urt. v. 23.10.2002 – 1 StR 541/01 = NJW 2003, S. 763; BGH, Urt. v. 14. 2. 2007 – 5 StR 323/06, Rn. 10 = NStZ-RR 2008, S. 14; *Sowada*, in: LK-StGB, 12. Aufl., § 332, Rn. 16.

durch diese Bereitschaft zu pflichtwidrigem Verhalten des Amtsträgers wird das Vertrauen in die Unbefangenheit und die sachliche Richtigkeit seiner Handlungen erschüttert.[1626] Es reicht für die Bestrafung wegen einer Bestechungsstraftat dieses Sichbereitzeigen bzw. dieser Anschein der Käuflichkeit aus.[1627]

(b). Sichbereitzeigen bei Ermessensentscheidungen (§ 332 Abs. 3 Nr. 2)
Nach heute überwiegender Ansicht geht es hierbei um eine „Klarstellung".[1628] Demgemäß bezieht es sich auf die den Tatbestand ergänzende Auslegungsregel.[1629] Dagegen wird vertreten, dass es sich um eine tatbestandsausweitende Vorschrift handelt.[1630] Richtig ist, dass diese Regelung die beiden Gedanken umfasst.[1631]

De lege lata wurde vertreten, dass der Amtsträger oder ein mit ihm Gleichgestellter, der einen Ermessenspielraum besitzt, sich immer strafbar macht, wenn ein funktionaler Zusammenhang zwischen dem ungerechten Vorteil und der Ermessensentscheidung besteht.[1632] Dieser Gedanke ist aber überholt.[1633] Allein die Annahme eines Vorteils führt nicht ohne weiteres zur Strafbarkeit des Ermessensbeamten wegen Bestechlichkeit. Eine Strafbarkeit i.S.v. § 332 Abs. 3 Nr. 2 kann nur – wie im § 332 Abs. 3 zum Ausdruck gebracht – vor der Ermessensentscheidung bestehen. Daher gilt die Strafbarkeit nach § 332 Abs. 3 Nr. 2 in Bezug auf die Ermessensentscheidungen nur für die künftige bzw. bevorstehende Amtshandlung.[1634]

Die Strafbarkeit i.S.v. § 332 Abs. 3 Nr. 2 kann ferner bei Fällen, in denen es um eine „praktische Einflussnahmemöglichkeit" geht,[1635] infrage kommen, obwohl der Täter „formal keine Entscheidungsbefugnis" hat.[1636] Der Grund dafür ergibt

---

1626 BT-Drucks. 7/550, S. 273.

1627 Nach *Gössel/Dölling*, Strafrecht BT 1, 2004, § 75, Rn. 22.

1628 *Jescheck*, in: LK-StGB, 11. Aufl., § 332, Rn. 8; *Höltkemeier*, Sponsoring als Straftat, 2005, S. 147.

1629 *Kuhlen*, in: NK-StGB, 2017, § 332, Rn. 16; „notwendige Ergänzung" *Cramer*, in: S/S-StGB, 2001, § 332, Rn. 15; *Heine/Eisele*, in: S/S-StGB, 2019, § 332, Rn. 15.

1630 BGHSt 48, 44 (46).

1631 In diese Richtung *Sowada*, in: LK-StGB, 12. Aufl., § 332, Rn. 15.

1632 *Eser*, Strafrecht III, 1980, 18 A 61.

1633 *Jescheck*, in: LK-StGB, 11. Aufl., § 332, Rn. 7.

1634 Schon RGSt 77, 77; *Fuhrmann*, GA 1959, S. 97 (106); vgl. auch *Cramer*, in: S/S-StGB, 2001, § 332, Rn. 6.

1635 BGHSt 47, 260 (263) = BGH, NStZ 2002, S. 477 (478); *Kindhäuser*, in: LPK-StGB, 2017, § 332, Rn. 5; *Fischer*, StGB, 2019, § 332, Rn. 9.

1636 *Fuhrmann*, GA 1960, S. 105 (107).

sich aus der mittelbaren Einwirkung auf die Entscheidung. Dabei ist aber erforderlich, dass die Einwirkung einen maßgeblichen Versuch darstellt.[1637] Somit erfüllt ein Amtsträger den Tatbestand der Bestechlichkeit, wenn er sich durch Zuwendungen bei der Vorbereitung einer Ermessensentscheidung beeinflussen lässt, obwohl er keine eigene Entscheidungszuständigkeit besitzt.[1638] Dies gilt insbesondere für untergeordnete Beamte, sie handeln wie ein mittelbarer Täter. Falls sie eine gewichtige Beeinflussungsmöglichkeit zugunsten des Vorteilsgebers haben, sollen sie i.d.R. als Ermessensbeamte eingestuft werden.[1639] Somit spielt es keine Rolle, ob der Täter die Entscheidungsbefugnis allein hat oder sie mit anderen Personen teilt.[1640]

Hierbei ist der Maßstab für die künftige pflichtwidrige Diensthandlung derselbe wie bei vergangener Diensthandlung (entweder Überschreitung oder Missbrauch des Ermessens).[1641] Wie schon ausgeführt: Die Pflichtwidrigkeit i.R.d. Ermessensmissbrauchs festzustellen, bringt Nachweisprobleme mit sich, da es hier um die „innere Einstellung" des Ermessensbeamten geht.[1642] Entscheidend ist aber auf jeden Fall „der von ihm nach außen erweckte Eindruck".[1643]

Zeigt sich dass der Ermessensbeamte sich durch den Vorteil beeinflussen lässt, diesen also mit in die Waagschale legen wird, so ist davon auszugehen, dass er den Tatbestand der Bestechlichkeit erfüllt.[1644] Die Strafbarkeit des Ermessensbeamten liegt deshalb auch schon dann vor, wenn der Täter sich dem anderen gegenüber bereit gezeigt hat, sich bei Ausübung des Ermessens durch den Vorteil beeinflussen zu lassen (§ 332 Abs. 3 Nr. 2).[1645]

1637 RGSt 74, 252 (254); *Fuhrmann*, GA 1959, S. 97 (106); BGHSt 47, 260 (263).

1638 BGHSt 47, 260.

1639 *Fuhrmann*, GA 1960, S. 105 (107).

1640 *Fuhrmann*, GA 1959, S. 97 (106).

1641 *Korte*, in: MüKo-StGB, 2019, § 332, Rn. 16; *Kuhlen*, in: NK-StGB, 2017, § 332, Rn. 19-20; *Fischer*, StGB, 2019, § 332, Rn. 9a. Siehe ferner oben § 14 A I 3 a cc (2) (c).

1642 *Heinrich*, in: Arzt u.a., Strafrecht BT, 2015, § 49, Rn. 39. Eigentlich basiert diese Ansicht auf eine während der NS-Zeit getroffene RG-Entscheidung, nämlich RGSt 74, 251; 77, 78. Kritisch daher *Eb. Schmidt*, die Bestechungstatbestände, 1960, Rn. 81. Nach dem Verfasser stelle die „Ermessenshandlungen" das „Hauptproblem" mit Rücksicht auf die Pflichtwidrigkeit dar.

1643 BGHSt 48, 44 (46).

1644 BGH, Urt. v. 9.7.2009 – 5 StR 263/08, Rn. 56; vgl. auch *Jescheck*, in: LK-StGB, 11. Aufl., § 332, Rn. 8.

1645 Vgl. auch oben § 14 A I 3 a cc (2) (c) (bb).

ff. Kausalität: Unrechtsvereinbarung als Beziehungsverhältnis

Wie schon bei den Hauptmerkmalen der Bestechungsdelikte festgestellt, muss zwischen dem unrechtsmäßigen Vorteil und der verbotenen Diensthandlung eine Beziehung zustande gekommen sein. Der kausale Zusammenhang setzt eine enge Beziehung zwischen der vorgenommenen oder vorzunehmenden amtlichen Tätigkeit und dem ungerechtfertigten Vorteil voraus. Im deutschen Bestechungsstrafrecht wird dies durch das Merkmal „für"[1646] ausgedrückt (bzw. „als Gegenleistung dafür": §§ 332, 334 jeweils Abs. 1 S. 1). Der Bezugspunkt dafür richtet sich primär nach der pflichtwidrigen Diensthandlung und sekundär nach dem Vorteil.[1647] Um den Tatbestand zu erfüllen ist also ein „Beziehungsverhältnis" zwischen dem ungerechtfertigten Vorteil und der pflichtwidrigen Diensthandlung vonnöten.[1648] Ohne Kausalität zwischen Vorteil und Handlung kann der Tatbestand nicht verwirklicht werden.[1649]

Wie oben ausgeführt, ist der objektive Inhalt der Diensthandlung für die Beurteilung der Dienstpflichtwidrigkeit entscheidend. Das führt dazu, dass die bloße Verknüpfung zwischen Vorteil und Handlung nicht ausreichend ist. Die Leistungen müssen hier vielmehr im Sinne der do-ut-des-Logik und durch bewusste Entscheidung der Beteiligten verknüpft sein.[1650]

Danach muss erstens ein enger Zusammenhang zwischen den Leistungen der UnRV bestehen. Aus diesem Grund reicht die Erkennbarkeit des Gegenseitigkeitsverhältnisses nicht aus (§§ 332, 334 jeweils Abs. 1 S. 1.: „als Gegenleistung dafür").[1651] Das gilt vor allem für die Beziehungsverhältnisse, in denen der Bezugspunkt eine vergangene Diensthandlung ist. Geht es um künftige Handlungen, setzt die notwendige Kausalität des Tatbestands nicht zu strengere Anforderungen voraus. Für diese Fälle ist die tatbestandliche Handlung – wie oben erwähnt – schon als die Leistung der Unrechtvereinbarung anzunehmen, falls sie nach ihrem sachlichen Gehalt zumindest in groben Umrissen erkennbar und festgelegt" ist.[1652]

1646 Das Merkmal „für" wird hierbei als „ungeschriebenes Tatbestandsmerkmal" benannt. So *Francuski*, Prozedualisierung im Wirtschaftsstrafrecht, 2014, S. 337.

1647 Siehe dazu oben § 8 C III. Vgl. auch *Kuhlen*, in: NK-StGB, 2017, § 332, Rn. 3.

1648 Siehe BT-Drucks. 13/8079, S. 15.

1649 *Sauer*, System des Strafrechts, BT, 1954, S. 516.

1650 BGH, NStZ-RR, 2008, S. 13 (14); *Satzger*, ZStW 2003, S. 469 (487); *Rengier*, Strafrecht BT II, 2019, § 60, Rn. 23.

1651 Siehe dazu oben § 10 A II 2 m.w.N.

1652 BGH, 32, 290 (291); NStZ 2005, S. 214 (215); *Maurach/Schroeder/Maiwald*, Strafrecht BT, Teilbd. 2, 2012, § 79, Rn. 17.

Der Vorteil muss zweitens für eine bestimmte oder zumindest bestimmbare pflichtwidrige Diensthandlung fließen. Das muss entsprechend vom Tatgericht klar und deutlich festgestellt werden.[1653]

der Bestechungspartner müssen drittens in wesentlichen Punkten übereinstimmen (Koinzidenzprinzip).[1654] Geht es dagegen nur um die Anwendbarkeit des § 332, so ist eine „übereinstimmende Vorstellungen“ nicht nötig. Im Rahmen der alleinigen Anwendbarkeit des § 332 kommt es also auf das Bewusstsein des Täters in Bezug auf die Pflichtwidrigkeit an.[1655] Entscheidend sind daher der Wille und die Vorstellungen des Amtsträgers zum Zeitpunkt des Unrechtsvereinbarungsbeschlusses. Das stellt den inneren Grund für dessen selbständige Strafbarkeit dar.[1656]

Beim Fordern geht es ausnahmsweise um einen hypothetischen Kausalzusammenhang.[1657] Deswegen muss das Fordern den Zweck haben, mit dem Aufgeforderten eine Unrechtsvereinbarung abzuschließen.[1658]

b. *Subjektive Tatbestandsmerkmale*

Die subjektiven Tatbestandsmerkmale bestehen aus den Gesinnungsmerkmalen bzw. täterbezogenen Merkmalen und aus dem Vorsatz.[1659] Sie spiegeln die „innerseelischen Momente des Täters wider.[1660] Bezieht sich ein subjektives Merkmal auf etwas Zukünftiges, so wird es als Absicht eingestuft; wenn es an etwas außerhalb der Zukunft anknüpft, dann wird es i.S.d. Verbrechenslehre als Gewissheit eingestuft.[1661]

Der Vorsatz muss alle objektiven Deliktsmerkmale der jeweiligen Tathandlung, die während der Tatbegehung vorliegen, umfassen.[1662] Vorstellung und

---

1653 RGSt. 64, 328 (336); BGH, NJW 1961, S. 469 (472); *Eb. Schmidt*, die Bestechungstatbestände, 1960, Rn. 128.

1654 *Eb. Schmidt*, die Bestechungstatbestände, 1960, Rn. 138 m.w.N.; siehe ferner unten § 16 B VIII; ablehnend *Deiters*, in: FS-Rengier, 2018, S. 216 f.

1655 Siehe dazu *Jescheck*, in: LK-StGB, 11. Aufl., § 332, Rn. 11.

1656 BGHSt 15, 352 (355); vgl. auch *Sowada*, in: LK-StGB, 12. Aufl., § 332, Rn. 21; *Fischer*, StGB, 2019, § 332, Rn. 12.

1657 *Geerds*, Unrechtsgehalt der Bestechungsdelikte, 1961, S. 73, zum Thema Fn. 376.

1658 BGHSt 15, 88 (98); *Jescheck*, in: LK-StGB, 11. Aufl., § 331, Rn. 13.

1659 Siehe dazu *Gropp*, Strafrecht AT, 2015, § 4, Rn. 110 ff.

1660 *Roxin*, Strafrecht AT I, 2006, § 10, Rn. 8.

1661 *Jescheck/Weigend*, Strafrecht AT, 1996, S. 298.

1662 *Eb. Schmidt*, die Bestechungstatbestände, 1960, Rn. 196; *Sowada*, in: LK-StGB, 12. Aufl., § 331, Rn. 102.

Wille des Täters müssen mit den objektiven Tatbestandsmerkmalen zusammentreffen. In diesem Rahmen muss der Täter im Hinblick auf das Gegenseitigkeitsverhältnis zumindest bedingt vorsätzlich handeln.[1663] Ist sich der Täter beispielsweise der Pflichtwidrigkeit nicht bewusst gewesen (§ 16), so scheidet die Anwendung des § 332 aus.[1664] Bei den Bestechungsdelikten geht es daher um eine bewusste Verknüpfung der Leistungen einer UnRV.[1665]

Wie bei der Kausalität steht die pflichtwidrige Diensthandlung im Hintergrund der Vorstellungen und des Willens des Täters. Für die Bajahung des Vorsatzes muss der Täter also wissen, dass die Handlung zu seinen dienstlichen Aufgaben gehört und er muss wollen, die betroffene pflichtwidrige Handlung vorzunehmen.[1666] Da das Tatbestandsmerkmal der Pflichtwidrigkeit hauptsächlich ein rechtnormatives Tatbestandsmerkmal ist, ist dazu eigens eine „Bedeutungskenntnis" des Täters erforderlich (sog. Parallelwertung in der Laiensphäre[1667]).[1668] Ein allgemeines Bewusstsein des Täters ist daher nicht genügend.[1669] Dies muss ferner an die „objektive Pflichtwidrigkeit der Diensthandlung" ankoppeln (das „Pflichtwidrigkeitsbewusstsein").[1670] Für die Bestrafung des Täters nach § 332 ist die Kenntnis des Zuwendenden nicht relevant.[1671]

Im Rahmen der künftigen Handlungen muss der Täter ferner die Absicht haben, dass der Zuwendende sich vorstellt, dass er im betroffenen Fall pflichtwidrig handeln möge. Bedingter Vorsatz ist auch hier ausreichend.[1672] Wenn der

1663 BGH, NJW 2004, S. 3569 (3575).

1664 *Jescheck*, in: LK-StGB, 11. Aufl., § 331, Rn. 11.

1665 BGH, Urt. v. 14. 2. 2007 – 5 StR 323/06, Rn. 9 = NStZ-RR 2008, S. 13 (14); Eb. *Schmidt*, die Bestechungstatbestände, 1960, Rn. 204; *Möhrenschlager*, in: Dölling (Hrsg.), Korruptionsprävention, 2007, 8. Kap., Rn. 29; *Rengier*, Strafrecht BT II, 2019, § 60, Rn. 23.

1666 *Eb. Schmidt*, die Bestechungstatbestände, 1960, Rn. 200; „Amtspflichtverletzungsabsicht" *Loos*, in: FS-Welzel, 1974, S. 894.

1667 *Jescheck*, in: LK-StGB, 11. Aufl., Vor § 331, Rn. 7; *Jescheck/Weigend*, Strafrecht AT, 1996, S. 297.

1668 BGH, NStZ 1984, S. 24 (25); *Jescheck*, in: LK-StGB, 11. Aufl., § 332, Rn. 13; *Schuster*, Strafnormen und Bezugsnormen, 2012, S. 179; *Korte*, in: MüKo-StGB, 2019, § 332, Rn. 37; *Waßmer*, in: Louis/Glinder/ders. (Hrsg.), Handbuch, 2020, Rn. 421.

1669 BGHSt 15, 352 (356).

1670 Siehe BGHSt 15, 350 ff.; BGH, NStZ 1984, S. 24 (25) = BGH, Urt. v. 31.05.1983 – 1 StR 772/82. So auch *Fischer*, StGB, 2019, § 332, Rn. 16.

1671 *Möhrenschlager*, in: Dölling (Hrsg.), Korruptionsprävention, 2007, 8. Kap., Rn. 39; *Waßmer*, in: Louis/Glinder/ders. (Hrsg.), Handbuch, 2020, Rn. 418.

1672 BGHSt 15, 352; *Fischer*, StGB, 2019, § 332, Rn. 16.

Wille in Bezug auf den entsprechenden Kausalzusammenhang fehlt, scheidet die Annahme einer UnRV aus.[1673]

Hierbei ist im Übrigen zu beachten, dass die künftigen Bezugshandlungen nach § 332 Abs. 3 hinsichtlich des Pflichtwidrigkeitsbewusstseins eine Einschränkung mit sich bringt. Für die künftigen Diensthandlungen reicht das Sichbereitzeigen des Täters aus.[1674] In ähnlicher Weise muss sich der Vorsatz bei Ausübung seines Ermessens darauf erstecken, dass der Täter weiß oder in Kauf nimmt, dass sich bei seiner Ermessenshandlung durch den Vorteil beeinflussen zu lassen.[1675] Der Vorsatz in Bezug auf solche künftige Diensthandlungen ist somit im Gegensatz zu dem Pflichtwidrigkeitsbewusstsein gelockert.

Der Bestechlichkeitstatbestand hat zwar weder eine spezielle Bestechungsabsicht, noch sind sonstige besondere subjektive Merkmale ausdrücklich vorgesehen. Im deutschen Recht bleibt demnach strittig, ob der Inhalt der Äußerung des Täters oder die tatsächliche Absicht des Täters für das subjektives Merkmal maßgebend ist.[1676] Wenn man die erste Meinung vertritt, dann müsste „übereinstimmender Erklärungswert" dem objektiven Bestandteil der UnRV zugeordnet werden.[1677] Dabei ist nicht erheblich, ob der Beamte vorspiegelt oder schwankt. Der äußere Anschein der Käuflichkeit reicht für die Annahme der Bestechlichkeitsabsicht aus. Im Gegensatz dazu, falls man davon ausgeht, dass die UnRV eine „Willensübereinstimmung" voraussetzt, welche die herrschende Meinung darstellt,[1678] dann sind die tatsächlichen Absichten der Beteiligten für

---

1673 BGHSt 39, 45 (48); vgl. auch BGHSt 49, 275 (299); Eb. *Schmidt*, die Bestechungstatbestände, 1960, Rn. 204 f.

1674 *Sowada*, in: LK-StGB, 12. Aufl., § 332, Rn. 27; *Fischer*, StGB, 2019, § 332, Rn. 16.

1675 *Stein/Deiters*, in: SK-StGB, 2016, § 332, Rn. 24; *Kuhlen*, in: NK-StGB, 2017, § 332, Rn. 22; *Heine/Eisele*, in: S/S-StGB, 2019, § 332, Rn. 20; *Fischer*, StGB, 2019, § 332, Rn. 16.

1676 Siehe dazu *Loos*, in: FS-Welzel, 1974, S. 881.

1677 So BGHSt 15, 88 (97); *Stein/Rudolphi*, in: SK-StGB, 2015, § 331, Rn. 25a; *Stein/Deiters*, in: SK-StGB, 2016, § 331, Rn. 49. Nach den Verfassern ist für die Tatbestandserfüllung eine „Erfüllungswille" nicht notwendig. *Cramer*, in: S/S-StGB, 2001, § 332, Rn. 16: „Maßgeblich ist also nicht, was der Täter will, sondern was er erklärt (…)". *Deiters*, in: FS-Rengier, 2018, S. 216: „Das Merkmal „als Gegenleistung" lässt sich sowohl beim Sichversprechenlassen als auch beim Annehmen als überschießende Innentendenz verstehen, die von den tatsächlichen Vorstellungen des Gebers unabhängig ist (…)".

1678 „Vertragsmäßige Willensübereinstimmung" RGSt 65, 52; Eb. *Schmidt*, die Bestechungstatbestände, 1960, Rn. 127 ff.; *Sowada*, in: LK-StGB, 12. Aufl., § 331, Rn. 26-27; *Kuhlen*, in: NK-StGB, 2017, § 331, Rn. 25; *Korte*, in: MüKo-StGB, 2019, § 331, Rn. 76.

den objektiven Gehalt der UnRV (§§ 332, 334 jeweils Abs. 1 S. 1.: *„als Gegenleistung dafür“*) entscheidend.[1679] Daraus ergibt sich eine „echte, an Bestechung und Bestechlichkeit orientierte Vereinbarung“.[1680]

Bei der Tathandlungsmodalität „Fordern“ muss der Täter den Vorteil i.R.d. möglichen Unrechtsvereinbarung verlangen. Der Täter muss entsprechend den Willen haben, dass der Aufgeforderte den Sinn des Angebots verstehe, dass ein Kausalzusammenhang zwischen der Forderung und der Diensthandlung besteht.[1681] Dafür ist der bedingte und tatsächliche Wille ausreichend.[1682] Diese „zusätzliche Intention“[1683] des Täters muss also auf die Unrechtsvereinbarung richten, wobei dessen Inhalt objektiv verständlich ist.[1684]

Beim Sichversprechenlassen muss der Täter die Absicht haben, die in der Unrechtsvereinbarung festgestellte künftige Dienstleistung zu realisieren, wenn es zukunftsorientiert ist.[1685] Die Tathandlungsmodalität ‚Annehmen‘ bezieht sich auf das eigene Interesse des Amtsträgers oder es geht dabei um eine Weiterleitung an Dritte zugunsten des Täters entweder durch dazugehöriges Einverständnis oder nachträgliche Billigung. Der Täter muss demgemäß den Willen haben, den Vorteil für seine eigene Interesse zu behalten oder einen Dritten dazu zu veranlassen. Das betroffene aktive Tun muss entsprechend mit diesem Bewusstsein eine Verknüpfung haben.[1686] Dies macht die tatrichterliche Feststellung notwendig.[1687]

Nach einer zutreffenden Auffassung sind i.E. die Vorstellungen des Täters über den Vorteil und die Pflichtwidrigkeit dem subjektiven Tatbestandsmerkmal

---

1679 Siehe zu diesem Streit *Deiters*, in: FS-Rengier, 2018, S. 212 f.

1680 Siehe dazu oben § 10 A II 2. Ablehnend *Deiters*, in: FS-Rengier, 2018, S. 216: „Die Bestechungsdelikte setzen unabhängig von den einschlägigen Tatvarianten weder im Objektiven noch im Subjektiven eine tatsächliche Vereinbarung zwischen Geber und Nehmer voraus.“

1681 BGHSt 15, 88 (98).

1682 *Fischer*, StGB, 2019, § 331, Rn. 18.

1683 *Deiters*, in: FS-Rengier, 2018, S. 216.

1684 BGH, NStZ 2006, S. 628 (629); *Stein/Rudolphi*, in: SK-StGB, 2015, § 331, Rn. 25; *Sowada*, in: LK-StGB, 12. Aufl., § 331, Rn. 23; *Rengier*, Strafrecht BT II, 2019, § 60, Rn. 24.

1685 *Fischer*, StGB, 2019, § 331, Rn. 19. *Meili*, Strafrechtliche Bekämpfung der Privatbestechung, 2018, S. 78, die Bestechungsdelikte in der Wirtschaft als „Absichtsdelikt“ einstuft.

1686 RGSt 58, 263 (266); *Eb. Schmidt*, die Bestechungstatbestände, 1960, Rn. 121; *Korte*, in: MüKo-StGB, 2019, § 331, Rn. 77; *Fischer*, StGB, 2019, § 331, Rn. 20.

1687 *Eb. Schmidt*, die Bestechungstatbestände, 1960, Rn. 122.

zuzurechnen.[1688] Die Deutung der betroffenen Willenserklärung ist zuletzt die Aufgabe des Tatrichters.[1689]

4. *Strafausschließungs- und Strafaufhebungsgründe*

Strafausschließungs- und Strafaufhebungsgründe sind die Gründe, aus denen die Strafbarkeit oder die Zufügung des Strafunrechts entweder wegen normativer oder persönlicher Kriterien ausgeschlossen sind.

a. *Innerer Vorbehalt des Amtsträgers*

Diese Konstellation bezieht sich auf den inneren Vorbehalt des Amtsträgers und wird unter dem Begriff „Mentalreservation" diskutiert.[1690]

Der innere bzw. insgeheim gehaltene Vorbehalt des Täters, die in Aussicht gestellte pflichtwidrige Amtshandlung nicht auszuführen, schließt nach überwiegender Auffassung die Anwendung des § 332 nicht aus,[1691] es kommt im konkreten Fall für die in Betracht kommende Vorstellung auf den Willen des Täters nicht an.[1692] Das ergibt sich laut einer Meinung aus dem gesetzlichen Wortlaut, nämlich „schon dann anzuwenden, wenn er sich dem anderen gegenüber bereit gezeigt hat" (§ 332 Abs. 3).[1693] Nach anderer Ansicht ergibt es sich aus dem Anschein der Käuflichkeit.[1694]

Die beiden Begründungen, die heute i.R.d. *dolus ex re* als weitgehend von der Praxis und Lehre anerkannt sind, sind als bedenklich zu bezeichnen. Ist die Absicht des Täters ausdrücklich und mit Sicherheit festgestellt, dass sein Wille nicht auf die Bestechung gerichtet ist, so fehlt der böse Wille des Täters. Er darf daher mangels Vorsatzes nicht wegen Bestechlichkeit verurteilt werden.[1695]

1688 *Braum*, NJ 1996, S. 450 (452).

1689 RGSt 58 263 (266); Eb. *Schmidt*, die Bestechungstatbestände, 1960, Rn. 234 ff.

1690 BGHSt 15, 88 = BGH, NJW 1960, S. 2154; *Sporer*, Täuschung, 2017, S. 95.

1691 BGH, NJW 1953, S. 1401; BT-Drucks. 7/550, S. 273; *Jescheck*, in: LK-StGB, 11. Aufl., § 332, Rn. 10; *Sporer*, Täuschung, 2017, S. 161.

1692 RGSt 39, 193 (201-202); BGHSt 15, 88 = BGH, NJW 1960, S. 2154; BGHSt, 48, 44 (46); *Jescheck*, in: LK-StGB, 11. Aufl., § 332, Rn. 4; *Heinrich*, in: Arzt u.a, Strafrecht BT, 2015, § 49, Rn. 33; *Kuhlen*, in: NK-StGB, 2017, § 332, Rn. 17.

1693 *Möhrenschlager*, in: Dölling (Hrsg.), Korruptionsprävention, 2007, 8. Kap., Rn. 39.

1694 *Jescheck*, in: LK-StGB, 11. Aufl., § 332, Rn. 10; so auch i.R.d. § 331 BGHSt 49, 275 (283).

1695 So auch die Begründung der Revision von BGH, NJW 1953, S. 1401; in dieser Richtung auch *Eb. Schmidt*, die Bestechungstatbestände, 1960, Rn. 167; *Zimmermann*, Das Unrecht der Korruption, 2018, Fn. 2555. *Jescheck*, in: LK-StGB, 11. Aufl., § 332,

b. Überführungsabsicht

Es kann auch in Bestechungsfällen möglich sein, dass der Amtsträger den ungerechtfertigten Vorteil in der Absicht annimmt, das Tatmittel später in ein Beweismittel zu überführen. Nach überwiegender Auffassung handelt es sich hierbei um keine Annahme i.S.d. § 332, da der Vorteil nicht im eigenen Interesse des Täters zufließt.[1696] Aus diesem Grund ist „mangels Verwendungswillens" ein tatbestandsmäßiges „Annehmen" ausgeschlossen.[1697]

c. Vorgetäuschte Diensthandlung

Zunächst ist zu erwähnen, dass die folgenden Erläuterungen hier erst dann gelten, wenn in dem konkreten Fall ein beachtlicher und enger Kausalzusammenhang zwischen Amt und Handlung besteht. Besteht kein Zusammenhang „zwischen der vom Amtsträger vorgetäuschten und der tatsächlichen Dienstausübung", so fehlt schon die erste erforderliche Kausalität der Bestechlichkeit, die sich aus dem Aufgabenkreis des Amtsträgers ergibt.[1698] Dies wäre ein Fall des Amtsbetrugs.[1699]

Es geht um zwei Hauptfälle: Ist die Handlung bereits vorgenommen, so kann man von einer Vortäuschung ausgehen. Der Täter täuscht vor, eine pflichtwidrige Diensthandlung bereits vorgenommen zu haben. Falls sich die Diensthandlung hingegen auf eine zukünftige vorzunehmende Tätigkeit des Amtsträgers bezieht, dann geht es um eine Täuschung. Diese zwei Hauptfälle führen zu der zwingenden zeitlichen Unterscheidung, namentlich der zeitlichen Orientierung des Gesetzgebers.[1700]

Rn. 19, geht dabei davon aus, dass der geheime Vorbehalt zur Strafmilderung nach § 332 Abs. 1 S. 2 führen soll.

1696 *Möhrenschlager*, in: Dölling (Hrsg.), Korruptionsprävention, 2007, 8. Kap., Rn. 42; vgl. auch *Jescheck*, in: LK-StGB, 11. Aufl., Vor § 331, Rn. 6.

1697 RGSt 58, 263 (266); BGHSt 15, 88 (97) = BGH, NJW 1960, S. 2154 (2155); *Cramer*, in: S/S-StGB, 2001, § 331, Rn. 20a; *Maurach/Schroeder/Maiwald*, Strafrecht BT, Teilbd. 2, 2012, § 79, Rn. 16; *Sowada*, in: LK-StGB, 12. Aufl., § 332, Rn. 28; *Stein/Rudolphi*, in: SK-StGB, 2015, § 331, Rn. 26. Nach *Kuhlen*, in: NK-StGB, 2017, § 331, Rn. 32; § 332, Rn. 29, beziehen diese Fälle auf die Rechtfertigungsebene. Es gehe dort daher um eine Rechtfertigung gemäß § 34 (rechtfertigender Notstand).

1698 *Korte*, in: MüKo-StGB, 2019, § 331, Rn. 115.

1699 Siehe *Waßmer*, in: Louis/Glinder/ders. (Hrsg.), Handbuch, 2020, Rn. 672 ff.

1700 Vgl. *Maurach/Schroeder/Maiwald*, Strafrecht BT, Teilbd. 2, 2012, § 79, Rn. 21; *Sporer*, Täuschung, 2017, S. 95.

Für künftige Diensthandlungen ist die Meinung im Schrifttum eindeutig:[1701] Dabei ist „der Wille des Täters“[1702] unbeachtlich; die äußere Erklärung ist für die Strafbarkeit entscheidend. Auf diese Weise wird die bestechliche Gesinnung nach dem Wortlaut des § 332 Abs. 3 bescheinigt.[1703] Das Hauptproblem besteht daher in den zurückliegenden Handlungen des Täters.[1704]

Im Schrifttum wird vertreten, dass die Bestechlichkeit i.R.d. vorgenommenen Handlungen eine „tatsächliche Verletzung der Dienstpflichten“ durch eine „tatsächlich begangene Diensthandlung“ voraussetzt (die engere Auslegung des Tatbestandsmerkmals und das Wortlautargument des BGH). Daher ist § 332 für die vorgetäuschte Diensthandlung nicht anwendbar.[1705] Die betroffene Diensthandlung liegt schon sachlich zurück. Die Tatbestandsmäßigkeit setzt eine „tatsächlich begangene Diensthandlung“ voraus. Die grammatische Auslegung erlaubt nicht, in solchen Fällen die Strafbarkeit nach § 332 Abs. 1 anzunehmen.[1706] „Die sich aus dem Wortlaut und der Gesetzgebungsgeschichte ergebende Auslegung“ erlaubt also nicht, von einer Bestrafung nach § 332 auszugehen.[1707] Denn es fehle hierbei die sog. tatsächliche Verbindung zwischen Diensthandlung und Vorteil.

1701 *Sporer*, Täuschung, 2017, S. 99.

1702 *Eb. Schmidt*, die Bestechungstatbestände, 1960, Rn. 140, hatte vor der Regelung des Abs. 3 die Meinung vertreten, dass der Wille auch für noch ausstehende Amtshandlung vorhanden sein müsste. Aus diesem Grund verlangt der Verfasser die „Pflichtwidrigkeitsvorstellung“ und „Tatverwirklichungswille“ für künftige Handlungen des Täters i.R.d. § 332. Das hat zur Folge, dass der hinsichtlich seiner Amtshandlung vorgespiegelte Täter wegen des Betrugs bestrafen sollte, soweit sein Unrechtsverwirklichungswille nicht den objektiven Tatbestandsmerkmalen der Vorteilsannahme entspricht. Siehe dazu *ders.*, a.a.O., Rn. 141.

1703 *Maiwald*, NJW 1981, S. 2777 (2777); *Maurach/Schroeder/Maiwald*, Strafrecht BT, Teilbd. 2, 2012, § 79, Rn. 21; *Joecks*, StGB, 2014, § 332, Rn. 15; *Rengier*, Strafrecht BT II, 2019, § 60, Rn. 21; *Sporer*, Täuschung, 2017, S. 161; *Rosenau*, in: S/S/W-StGB, 2018, § 332, Rn. 7; *Korte*, in: MüKo-StGB, 2019, § 332, Rn. 14; *Waßmer*, in: Louis/Glinder/ders. (Hrsg.), Handbuch, 2020, Rn. 420. *Heinrich*, in: Arzt u.a, Strafrecht BT, 2015, § 49, Rn. 28, 47, vertritt die Auffassung, dass schon der bloße Schein der Käuflichkeit für die Bestrafung ausreicht. Zusätzlich begehe der Täter § 263. Dies werde aber in der Regel nach dem *in dubio pro reo*-Grundsatz nicht gegeben.

1704 Vgl. *Heine/Eisele*, in: S/S-StGB, 2019, § 331, Rn. 52.

1705 BGHSt 29, 300 = BGH, NJW 1980, S. 2203; so auch *Korte*, in: MüKo-StGB, 2019, § 332, Rn. 16; historische Auslegung anhand der Reformen *Fischer*, StGB, 2019, § 331, Rn. 10.

1706 So *Rosenau*, in: S/S/W-StGB, 2018, § 332, Rn. 7.

1707 BGH, Urt. v. 2. 7. 1980 – 3 StR 201/80 = NJW 1980, S. 2203; so auch *Dölling*, JuS 1981, S. 570 (574).

Danach unterliegt die Vortäuschung, eine pflichtwidrige Diensthandlung begangen zu haben, nicht dem Anwendungsbereich der Bestechungsdelikte.[1708] Die Strafbarkeit wegen des Betrugs (§ 263) bleibt doch unberührt.[1709]

Hingegen geht die herrschende Ansicht davon aus, dass das geschützte Rechtsgut schon mit dem „Eindruck der Käuflichkeit der Diensthandlung" beschädigt werden kann.[1710] Das Wortlautargument des BGH sei nach dieser Ansicht deshalb nicht vertretbar.[1711] Auf diese Weise sei die zeitliche Unterscheidung für die Strafbarkeit des Amtsträgers wegen der Täuschungsfälle nach § 332 nicht relevant. Der größte Teil des Schrifttums spricht demnach für die Gleichbehandlung der Handlungen i.R.d. zeitlichen Orientierung des Gesetzgebers.[1712]

d. Stellungnahme

Es ist davon auszugehen, dass es in dieser Konstellation zunächst ein Versuch des § 332 in Tateinheit mit § 263 vorliegt. Die Rechtsnatur dieses Versuches ist allerdings als „untauglicher Versuch" anzusehen, da das Tatobjekt nicht geeignet ist, die in der Straftat objektiv beschriebene tatbestandsmäßige Handlung zu verwirklichen.[1713] Deshalb kommt zweitens die Strafbarkeit wegen des Betrugs in Betracht. Allerdings erfüllt der Amtsträger den Betrugstatbestand nicht, weil die Zuwendung rechtswidrig und nicht Gegenstand des Vermögensschadens ist.[1714]

1708 In diese Richtung *Maurach/Schroeder/Maiwald*, Strafrecht BT, Teilbd. 2, 2012, § 79, Rn. 21.

1709 RGSt 44, 230; 70, 166 (172); BGH, NJW 1956, S. 70; BGH, NJW 1980, S. 2203 = BGHSt 29, 300 (303); so auch *Tiedemann*, in: LK-StGB, 12. Aufl., § 263, Rn. 28; *Stein/Rudolphi*, in: SK-StGB, 2015, § 332, Rn. 10; *Sowada*, in: LK-StGB, 12. Aufl., § 332, Rn. 6; *Fischer*, StGB, 2019, § 332, Rn. 13; „aus kriminalpolitischen Gründen" *Dölling*, JuS 1981, S. 570 (571).

1710 RGSt. 58, 263 (266); *Jescheck*, in: LK-StGB, 11. Aufl., § 331, Rn. 14; in diese Richtung auch *Otto*, Grundkurs Strafrecht, BT, 2004, § 99, Rn. 19; *Rengier*, Strafrecht BT II, 2019, § 60, Rn. 21; vgl. auch *Korte*, in: MüKo-StGB, 2019, § 332, Rn. 15; *Fischer*, StGB, 2019, § 331, Rn. 10 jeweils m.w.N.

1711 *Sowada*, in: LK-StGB, 12. Aufl., § 331, Rn. 62; *Kuhlen*, in: NK-StGB, 2017, § 331, Rn. 38.

1712 Siehe dazu *Otto*, Grundkurs Strafrecht, BT, 2004, § 99, Rn. 19; *Kuhlen*, in: NK-StGB, 2017, § 332, Rn. 18; *Rosenau*, in: S/S/W-StGB, 2018, § 332, Rn. 7; *Rengier*, Strafrecht BT II, 2019, § 60, Rn. 21; *Sporer*, Täuschung, 2017, S. 161.

1713 Im Allgemeinen *Gropp*, Strafrecht AT, 2015, § 9, Rn. 28.

1714 In diese Richtung *Maiwald*, NJW 1981, S. 2777 (2781); siehe auch unten § 21 B II.

So ist das Erscheinungsbild „Käuflichkeit“ in diesem Zusammenhang allein für die künftige Handlungen des Täters i.R.d. § 332 relevant, da die Straflosigkeit des Täters ggf. infrage kommen kann.

e. *Geringwertige Zuwendungen*

Nach heute herrschender Ansicht und der Praxis schließt die geringwertige Zuwendung den Tatbestand nicht aus.[1715]

In der Lehre wird hingegen teilweise vertreten, dass die geringwertigen Zuwendungen keinen tauglichen bzw. tatbestandsmäßigen Vorteil i.S.d. Bestechungsdelikte darstellen.[1716] Ein Teil der Lehre beschränkt sich dabei nur auf Ermessensentscheidungen, da sie nicht in der Lage seien, den Amtsträger zu beeinflussen.[1717] Der Grund dafür ergibt sich in jedem Fall daraus, dass solche Vorteile es nicht vermögen, die Unrechtsvereinbarung zu belegen. Der Tatrichter muss daher in solchen Fällen vorsichtig beurteilen, ob der Vorteil nach objektiver und subjektiver Betrachtung einen verführerischen Charakter auf den Täter hat bzw. ob er im Interesse des Amtsträgers liegt oder nicht. In der Regel sollte geringfügige Vorteile den Tatbestand ausschließen.

f. *Nötigung*

Ob eine Androhung auf Seiten des Gebenden zur Straflosigkeit des Täters führt, ist umstritten.[1718]

Die höchstrichterliche Rechtsprechung vertritt die Auffassung, dass, falls die Unrechtsvereinbarung dem Täter trotz des angedrohten Übels zumindest die Beibehaltung des Status quo eine Besserstellung mit sich bringt, dies als ein Gegenstand bzw. tauglicher Vorteil der UnRV i.S.d. § 332 anzusehen ist.[1719]

1715 BGHSt 36, 45; BGH, NStZ 1998, S. 194; *Jescheck*, in: LK-StGB, 11. Aufl., § 331, Rn. 8; *Korte*, in: MüKo-StGB, 2019, § 331, Rn. 84.

1716 OLG Frankfurt a.M., NJW 1990, S. 2074 (2075); *Kaiser* NJW 1981, S. 321 (322); *Knauer/Kaspar*, GA 2005, 385 (400); *Busch*, NJW 2006, S. 1100 (1102). *Gribl*, Der Vorteilsbegriff bei den Bestechungsdelikten, 1993, S. 135, weist darauf hin (Hervorhebungen durch den Verfasser), dass „diese *zwar formell tatbeständsmäßig* sind, aber sich *typischerweise nicht in einer tatsächlichen Gefährdung* der durch die Bestechungsdelikte geschützten Rechtsgüter niederschlagen.“

1717 BGH, NJW 1961, S. 469 (472); *Korte*, in: MüKo-StGB, 2019, § 332, Rn. 32; *Sowada*, in: LK-StGB, 12. Aufl., § 332, Rn. 28; *Rengier*, Strafrecht BT II, 2019, § 60, Rn. 13.

1718 *Korte*, in: MüKo-StGB, 2019, § 331, Rn. 85.

1719 RGSt 64, 374 (375), hat die Aufrechterhaltung des Mietvertrags als Vorteil eingestuft. Gleichfalls hat der BGH, NJW 1985, S. 2654, (2656), die Beibehaltung der dienstlichen Stellung durch die Nichtaufdeckung früheren Fehlverhaltens dem Vorteil der

Richtig ist dabei, dass wenn es sich um eine Nötigung von Seiten des Außenstehenden handelt und eine „Vermeidung der angedrohten Übelszufügung“[1720] von Seiten des Amtsträgers in Frage kommt, eine solche scheinbare UnRV des Täters mit dem Außenstehenden in der Regel aufgrund der Androhung zur Ausschließung des Tatbestands führen sollte. Der Tatbestandsausschluss wegen der Nötigung gilt eingeschränkt also nur für die tatsächliche Vermeidung der Übelszufügung, indem der Angedrohte „ein unerwünschtes Verhalten“[1721] in Aussicht stellt, das sich aus der Nicht-Vornahme der betroffenen Diensthandlung ergibt.[1722]

5. *Irrtum*

Die innere Tatseite der Bestechungsdelikte hat nicht nur für den Vorsatz, sondern auch für die Irrtumskonstellationen Bedeutung. Für die Irrtumsfälle hat außerdem die Versuchsstrafbarkeit eine maßgebende Bedeutung, weil es bei den Bestechungsdelikten um eine zeitliche Vorverlagerung geht.[1723]

Hat der Amtsträger verkannt, dass er im konkreten Fall nicht pflichtwidrig handelt, wird die Strafbarkeit wegen des Tatbestandsirrtums ausgeschlossen.[1724] Er macht sich i.E. nach § 331 strafbar.[1725]

Für die Bestechungsfälle ist eine vorherige oder nachträgliche Genehmigung als Rechtsfertigungsgrund nicht möglich. Der Irrtum des Täters über die Grenzen einer rechtfertigenden Genehmigung ist nach überwiegender Meinung beachtlich. Diese gegenteilige Annahme des Amtsträgers führt danach zum

---

Bestechlichkeit zugeordnet. Diese Rechtsprechungen sind größtenteils Seitens des Schrifttums abgelehnt. Siehe dazu *Korte*, in: MüKo-StGB, 2019, § 331, Rn. 85 m.w.N.

1720 RGSt 64, 374; so auch *Kuhlen*, in: NK-StGB, 2017, § 331, Rn. 42: „Wer sich etwa durch Androhung von Schlägen eine Dienstausübung abnötigen lässt, handelt nicht, um einen Vorteil zu erlangen, sondern, um einen Nachteil zu vermeiden, er zeigt sich damit vielleicht wenig tapfer, aber nicht bestechlich.“

1721 *Kuhlen*, Nötigung und Bestechung, 2018, S. 96.

1722 So auch *Kuhlen*, in: NK-StGB, 2017, § 331, Rn. 43; zustimmend *Korte*, in: MüKo-StGB, 2019, § 331, Rn. 85; in diese Richtung auch *Heine/Eisele*, in: S/S-StGB, 2019, § 331, Rn. 19; etwa *Möhrenschlager*, in: Dölling (Hrsg.), Korruptionsprävention, 2007, 8. Kap., Rn. 25; zustimmend i.R.d. Unterscheidung *Sowada*, in: LK-StGB, 12. Aufl., § 331, Rn. 35.

1723 *Sowada*, in: LK-StGB, 12. Aufl., § 332, Rn. 31.

1724 *Bernsmann/Gatzweiler*, Verteidigung bei Korruptionsfällen, 2014, Rn. 382.

1725 Eb. *Schmidt*, die Bestechungstatbestände, 1960, Fn. 211c; *Stein/Deiters*, in: SK-StGB, 2016, § 331, Rn. 61; *Fischer*, StGB, 2019, § 332, Rn. 16.

Verbotsirrtum.[1726] Im Gegensatz dazu ist der Irrtum über das Einverständnis des Vorgesetzten in der Lehre umstritten:[1727] Der Täter glaubt, dass das Einverständnis des Vorgesetzten die Pflichtwidrigkeit der Handlung beseitige. Eine Auffassung geht hierbei davon aus, dass es in solchen Fällen ein vorsatzausschließender Tatbestandsirrtum infrage komme. Eine andere Ansicht nimmt an, dass diese Fälle sich nochmals auf den Verbotsirrtum nach § 17 beziehen.[1728]

Die Konstellation, in der der Täter seine Handlung irrtümlich für pflichtwidrig hält, ist im Schrifttum sehr umstritten und hochproblematisch. Die Lehre liefert für die Lösung des Falles insgesamt fünf zu unterscheidende Meinungen:

Die erste Meinung knüpft an das objektive Tatbestandsmerkmal „Diensthandlung“ an. Dies führt dazu, dass ein Irrtum über die Pflichtwidrigkeit der vorgenommenen Diensthandlung und damit über die Unrechtsvereinbarung infrage komme. Sie steht daher für eine Strafbarkeit nur wegen § 331.[1729] Nach anderer Ansicht muss der Täter ggf. nach § 263 bestraft werden.[1730]

Die dritte und vierte Auffassung nimmt dabei die Versuchsstrafbarkeit des Täters an. Zum einen kommt nur die Versuchsstrafbarkeit des Täters nach § 332 Abs. 1 S. 2 in Betracht.[1731] Zum anderen ist aber die versuchte Bestechlichkeit in Tateinheit mit Vollendung des § 331 zu sehen.[1732] Diese Ansicht knüpft an die tatsächliche Konstellation an und stuft die tatsächliche Verletzung als entscheidend ein.[1733]

Letztlich wird vertreten, dass die irrige Verkennung des Amtsträgers in Bezug auf die Pflichtwidrigkeit weder nach § 332, noch nach § 331 geahndet werden

---

1726 *Kuhlen*, in: NK-StGB, 2017, § 332, Rn. 29; *Rosenau*, in: S/S/W-StGB, 2018, § 332, Rn. 13; *Heine/Eisele*, in: S/S-StGB, 2019, § 332, Rn. 21; *Fischer*, StGB, 2019, § 332, Rn. 16. *Eb. Schmidt*, die Bestechungstatbestände, 1960, Rn. 207, nimmt Abstand davon, dass es in der Praxis solche Fälle kaum möglich seien.

1727 Vgl. *Sowada*, in: LK-StGB, 12. Aufl., § 332, Rn. 26 m.w.N.

1728 *Jescheck*, in: LK-StGB, 11. Aufl., § 332, Rn. 13.

1729 RGSt 36, 66 (68); *Letzgus*, NStZ 1987, S. 309 (311).

1730 *Sowada*, in: LK-StGB, 12. Aufl., § 332, Rn. 25.

1731 Eb. *Schmidt*, die Bestechungstatbestände, 1960, Fn. 211c; *Jescheck*, in: LK-StGB, 11. Aufl., § 332, Rn. 13; *Korte*, in: MüKo-StGB, 2014, § 332, Rn. 47; *Bernsmann/Gatzweiler*, Verteidigung bei Korruptionsfällen, 2014, Rn. 391.

1732 *Creifelds*, GA 1962, S. 33 (36); *Möhrenschlager*, in: Dölling (Hrsg.), Korruptionsprävention, 2007, 8. Kap., Rn. 50; *Jescheck*, in: LK-StGB, 11. Aufl., § 332, Rn. 6; *Cramer*, in: S/S-StGB, 2001, § 332, Rn. 9; *Sowada*, in: LK-StGB, 12. Aufl., § 332, Rn. 31; *Stein/Rudolphi*, in: SK-StGB, 2015, § 332, Rn. 21; *Fischer*, StGB, 2019, § 332, Rn. 16; *Heine/Eisele*, in: S/S-StGB, 2019, § 332, Rn. 10.

1733 *Kuhlen*, in: NK-StGB, 2017, § 332, Rn. 18.

dürfe. Das ergibt sich aus dem „aliud-aliud-Verhältnis" von Bestechlichkeit und Vorteilsannahme. Es komme daher nur eine dienststrafrechtliche Ahndung in Betracht.[1734]

Hat darüber hinaus der Täter seine rechtliche Stellung bzgl. Seiner Amtsträgereigenschaft verkannt, kommt i.R.d. Irrtumslehre ein strafbarkeitsausschließender Irrtum in Betracht.[1735] Diese Irrtumsproblematik trifft insbesondere dann zu, wenn der Täter in einem privatrechtlich organisierten Unternehmen tätig ist. Dabei ist aber die Strafbarkeit des Täters nach § 299 denkbar.[1736]

Geht der Täter irrtümlich davon aus, dass seine Privathandlung eine Diensthandlung ist, liegt ein strafloses Wahndelikt vor.[1737] Diese Konstellation bezieht sich auf die irrige Annahme, nach der sich der Bestechende etwas versprechen lässt (Annahmeerklärung). Dies schließt ohnehin die beidseitige Bestechungsvereinbarung aus. Deshalb liegt die Variante des Forderns in solchen Fällen vor.[1738]

Zusammenfassend kann festgehalten werden, dass die Beziehung zwischen Tatbestands- und Verbotsirrtum eigentlich ein Spiegelbild ist. Die Lösung beider Konstellationen hat „das gleiche Schicksal"; sie ist also i.E. gleichbedeutend, nämlich strafausschließend.[1739]

1734 *Eb. Schmidt*, die Bestechungstatbestände, 1960, Rn. 202. „§ 331 verlangt in objektiver und subjektiver Hinsicht, daß der Fall mit Pflichtwidrigkeit der Amtsführung nichts zu tun hat.": *ders.*, a.a.O., Fn. 268.

1735 „Umgekehrter Tatbestandsirrtum" *Sporer*, Täuschung, 2017, S. 92; „denkbar" *Möhrenschlager*, in: Dölling (Hrsg.), Korruptionsprävention, 2007, 8. Kap., Rn. 49; für „Wahndelikt" *Bernsmann/Gatzweiler*, Verteidigung bei Korruptionsfällen, 2014, Rn. 391; *Korte*, in: MüKo-StGB, 2019, § 332, Rn. 47; für einen „untauglichen Versuch", wobei das persönliche Unrecht danach für die Strafbarkeit nicht genügend ist *Zaczyk*, in: NK-StGB, 2017, § 22, Rn. 39; *Sowada*, in: LK-StGB, 12. Aufl., § 332, Rn. 31.

1736 Siehe dazu *Sowada*, in: LK-StGB, 12. Aufl., § 332, Rn. 26; vgl. auch *Noltensmeier*, PPP und Korruption, 2009, S. 257 ff.

1737 *Sowada*, in: LK-StGB, 12. Aufl., § 332, Rn. 31.

1738 *Fischer*, StGB, 2019, § 331, Rn. 19; *Sowada*, in: LK-StGB, 12. Aufl., § 331, Rn. 27.

1739 *Schröder*, ZStW 1953, S. 178 (193); ähnlich auch *Heinrich*, in: Arzt u.a, Strafrecht BT, 2015, § 49, Rn. 37.

6. *Besondere Erscheinungsformen der Straftat*

a. *Täterschaft und Teilnahme*

Der Handelnde bzw. außenstehende Dritte wird „je nach seiner Rolle" entweder als Täter oder als Teilnehmer bestraft.[1740] Dabei ist das Hauptbild des Bestechungsphänomens, nämlich der „Prinzipal-Agent-Klient-Ansatz"[1741] die Grundlage für die Analyse von einschlägigen Fällen in Bezug auf Täterschaft und Beteiligung. Intraneus (Agent bzw. Amtsträger) und Extraneus (Klient bzw. Bestechende) zeigen sich im Außenverhältnis als „Tauschparteien" der Bestechung. Der Prinzipal gehört dagegen zur Seite des Verbrechensopfers.[1742]

Da der Bezugspunkt aller oben genannten Tathandlungen eine bestimmbare bzw. bestimmte Diensthandlung ist, ist zur Zeit der Tat eine „Amtsträgereigenschaft" i.S.d. § 11 I Nr. 2 (Nr. 3 und 4) StGB erforderlich, um über die Täterschaft im Hinblick auf die Bestechlichkeit sprechen zu können. Das bedeutet, dass alle Tathandlungen „während der Amtszeit" begangen werden müssen.[1743] Deswegen hat es nach wohl überwiegender Meinung für die Tatbestandserfüllung keine Bedeutung, ob die Handlung vor der Ernennung oder nach der Beendigung des Arbeitsverhältnisses vorgenommen wurde. Mit Verlust dieser Eigenschaft kommt also kein Bestechlichkeitsdelikt mehr infrage.[1744] „Ein entsprechender ergänzender Handlungsteil" reicht nicht aus, den Tatbestand zu erfüllen.[1745] Es kommt aufgrund dessen nur zu disziplinarrechtlichen Folgen.[1746] Die Mindermeinung vertritt hingegen die Auffassung, dass der Täter den Tatbestand erfülle, falls er vor der Ernennung oder der Zuweisung die in Erwartung gebliebene Handlung entweder später über die UnRV bestätigt oder sie vorgenommen hat. Der aus dem Dienst ausgeschiedene Täter könnte sich demnach wegen der Bestechlichkeit schuldig machen, auch wenn er den Vorteil i.R.d. UnRV, welche

---

1740 *Baumann/Weber/Mitsch*, Strafrecht AT, 2003, § 29, Rn. 14.

1741 Siehe dazu nochmals oben § 2 D und § 11 A IV.

1742 *Geisler*, Korruptionsstrafrecht und Beteiligungslehre, 2013, S. 70.

1743 *Jescheck*, in: LK-StGB, 11. Aufl., Vor § 331, Rn. 5; BGH, NStZ 2004, S. 564; *Stein/Rudolphi*, in: SK-StGB, 2015, § 331, Rn. 7; *Sowada*, in: LK-StGB, 12. Aufl., Vor § 331, Rn. 6; *Fischer*, StGB, 2019, § 331, Rn. 24 b (unter Hinweis auf 332, Rn. 4).

1744 BGHSt 11, 345 (347); *Kuhlen*, in: NK-StGB, 2017, § 331, Rn. 15; *Stein/Rudolphi*, in: SK-StGB, 2015, § 331, Rn. 7; *Korte*, in: MüKo-StGB, 2019, § 331, Rn. 57.

1745 *Fischer*, StGB, 2019, § 331, Rn. 24 b; zustimmend *Sowada*, in: LK-StGB, 12. Aufl., § 331, Rn. 4.

1746 *Sowada*, in: LK-StGB, 12. Aufl., § 331, Rn. 4; *Stein/Rudolphi*, in: SK-StGB, 2015, § 331, Rn. 7.

während der Dienstzeit des Täters abgeschlossen wurde, als Gegenleistung für die Handlung annimmt.[1747]

Für die Mittäterschaft gilt eine besondere Betrachtung. Mittäter kann danach nur derjenige sein, der die Amtsträgereigenschaft besitzt und zumindest eine teilweise Verbindung mit der Leistung der UnRV hat. Dies setzt außerdem eine enge dienstrechtliche Position des Mittäters voraus, wobei dessen Aufgabe wenigstens an die Dienstpflichten des Haupttäters anknüpft.[1748] Dabei spielt es keine Rolle, ob der Mittäter während der Tat eine über- oder untergeordnete Rolle einnimmt. Das gilt gleichfalls für die gleichrangige Position.[1749] Entscheidend ist also die Schicksalsgemeinschaft.

Die allgemeinen Teilnahmeregeln treten hierbei aufgrund des deliktischen Charakters der Bestechlichkeit (Sonder- bzw. Pflichtdelikt)[1750] und der Gesetzestechnik von §§ 332, 334 zurück. Da der Gesetzgeber für das Verbrechensphänomen Bestechung i.w.S. strafrechtlich „selbständig und abschließend" zwei selbständige Lager vorgesehen hat, ergibt sich daraus eine Sperrwirkung. Der Grund für eine solche Systematik ist der deliktische Charakter der Bestechung, nämlich der des Begegnungsdelikts. Das hat zwei wichtige Folgen: Erstens kann sich der Täter des § 334 nicht wegen der Bestechlichkeit strafbar machen. Zweitens kann er wegen Teilnahme an der Tat des § 332 nicht bestraft werden.[1751] Dies entspricht außerdem der Lehre von der notwendigen Teilnahme.[1752]

1747 Siehe dazu *Jescheck*, in: LK-StGB, 11. Aufl., § 331, Rn. 27. *Cramer*, in: S/S-StGB, 2001, § 331, Rn. 34, beschränkt sich nur auf die Ernennung.

1748 *Jescheck*, in: LK-StGB, 11. Aufl., § 331, Rn. 28. *Kuhlen*, in: NK-StGB, 2017, § 331, Rn. 138, stellt sich auf den funktionalen Zusammenhang ab.

1749 BGHSt 14, 123 (132); *Sowada*, in: LK-StGB, 12. Aufl., § 332, Rn. 135. *Arzt*, in; ders./ Weber, Strafrecht BT, 2000, § 49, Rn. 44, nimmt ausnahmsweise an, dass es sich um eine „Beihilfe" handele, wenn der Täter die Bestechlichkeit mit einer untergeordneten Wirkung unterstützt.

1750 Vgl. *Roxin*, Täterschaft und Tatherrschaft, 2015, S. 358.

1751 Siehe dazu BGHSt 37, 208 (213); BGH, NStZ 2016, S. 349 (350); *Möhrenschlager*, in: Dölling (Hrsg.), Korruptionsprävention, 2007, 8. Kap., Rn. 74; *Sowada*, in: LK-StGB, 12. Aufl., § 331, Rn. 136; *Heinrich*, in: Arzt u.a, Strafrecht BT, 2015, § 49, Rn. 44; *Fischer*, StGB, 2019, § 331, Rn. 38; vgl. auch oben § 10 B VIII.

1752 *Jescheck*, in: LK-StGB, 11. Aufl., § 331, Rn. 29; *Baumann/Weber/Mitsch*, Strafrecht AT, 2003, § 32, Rn. 73; siehe auch oben § 9 B XII; kritisch oben § 10 A I 1 m.w.N; „Problematik" *Heinrich*, in: Arzt u.a, Strafrecht BT, 2015, § 49, Rn. 44-45.

Anstiftungs- oder Beihilfehandlungen müssen nach der Lagertheorie beurteilt werden.[1753] Kettenregeln finden hierbei keine Anwendung. Auf diese Weise wird eine Verdoppelung der Teilnahmestrafbarkeit vermieden.[1754]

Für den Orientierungspunkt der Teilnahmestrafbarkeit ist die Zeit der Beendigung der Tat maßgebend.[1755] Eine Beihilfe liegt dann vor, wenn der außenstehende Dritte dem Intraneus in der pflichtwidrigen Diensthandlung, also der Handlung des Haupttäters mit Wissen und Wollen hilft. Eine bloße Hilfe reicht dabei nicht aus. Die Tat muss vielmehr durch die Förderung des Gehilfen unterstützt werden, um die Strafbarkeit wegen Teilnahme an der Bestechlichkeit anzunehmen.[1756]

Die gleichrangige bzw. doppelseitige Teilnahme des außenstehenden Drittens (sog. Bestechungsvermittler) wird auch nach der Lagertheorie bestimmt. Es handelt sich bei diesen Fällen um eine „Vermittlungstätigkeit" des Täters. Hierbei muss von vornherein festgestellt werden, welche Partei der außenstehende Teilnehmende überwiegend durch sein Verhalten unterstützen will.[1757] Die höchstrichterliche Rechtsprechung stellt auf die „Willensrichtung des Handelnden" ab (subjektiver Ansatz).[1758] Das Schrifttum löst die Fälle hingegen durch die objektive vorrangige Tätigkeit (objektiver Ansatz).[1759] Indizien dafür sind die „Art des Beitrags" und das „Interesse" des Handelnden.[1760] Wenn es trotzdem nicht feststellbar ist, gilt für solche Fälle – wie die herrschende Meinung zutreffend annimmt – je nach konkretem Fall der festzustellende strengere Strafrahmen. Die mildere Beteiligung tritt also zurück.[1761]

Schließlich darf nicht vergessen werden, dass die Verleitung eines Untergebenen zu einer Straftat (§ 357) für die Rolle des Vorgesetzten als eine „Sonderregelung" in Erscheinung tritt, sofern die sog. Konnivenz des Vorgesetzten infrage kommt. Wie die herrschende Meinung annimmt, gilt dies für die versuchte

---

1753 BGHSt 37, 208 (212); *Fischer*, StGB, 2019, § 331, Rn. 38.

1754 *Sowada*, in: LK-StGB, 12. Aufl., § 331, Rn. 137; vgl. auch *Bell*, MDR 1979, S. 719 (719).

1755 *Sowada*, in: LK-StGB, 12. Aufl., § 331, Rn. 131.

1756 Siehe BGHSt 18, 263 (265); BGHSt 37, 208 (213).

1757 Vgl. *Bernsmann*, StV 2003, S. 521 (526); *Heinrich*, in: Arzt u.a, Strafrecht BT, 2015, § 49, Rn. 45.

1758 RGSt 42, 382 (384); BGHSt 37, 208 (212 f.).

1759 *Sowada*, in: LK-StGB, 12. Aufl., § 331, Rn. 138; *Kuhlen*, in: NK-StGB, 2017, § 331, Rn. 143.

1760 *Sowada*, in: LK-StGB, 12. Aufl., § 331, Rn. 138.

1761 *Sowada*, in: LK-StGB, 12. Aufl., § 331, Rn. 139; *Heinrich*, in: Arzt u.a, Strafrecht BT, 2015, § 49, Rn. 45 jeweils m.w.N.

Anstiftung, die Anstiftung sowie für die Beihilfe. Das hat zur Folge, dass der Vorgesetzte in Bestechungsfällen nur wegen des § 357 bestraft werden kann.[1762]

Zusammenfassend kann festgehalten werden, dass die Bestechlichkeit ein echtes Amtsdelikt ist. Das bringt strafrechtsdogmatisch eine wichtige Konsequenz im Hinblick auf die Beteiligungslehre mit sich: Das erforderliche Amtsträgereigenschaftsmerkmal des § 332 ist das persönliche strafbegründende Merkmal i.S.v. § 28 Abs. 1.[1763] Aus diesem Grund kann nur derjenige als unmittelbarer bzw. mittelbarer Täter (§ 25 Abs. 1) oder Mittäter (§ 25 Abs. 2) der Bestechlichkeit sein, der zur Zeit der Tat diese besondere Eigenschaft hat.[1764] Es liegt sonst die Strafbarkeit des Außenstehenden (Extraneus) als Gehilfe oder Anstifter vor, wobei dessen Strafbarkeit nach § 49 Abs. 1 i.V.m. §§ 27 Abs. 2, 28 Abs. 1 zu mildern ist.[1765]

b. Versuch und Rücktritt

Für die Versuchsstrafbarkeit ist die innere Seite des Amtsträgers relevant. Denn es spielt dabei der böse Wille des Täters eine entscheidende Rolle.[1766] Daher ist die „Tauglichkeitsvorstellung" des Täters für die Beurteilung des konkreten Falles relevant.[1767]

Die Versuchsstrafbarkeit ist gesetzlich in § 332 Abs. 1 S. 2 für alle Tatbegehungsvarianten vorgesehen.

Der Fall, in dem der Täter wahrheitswidrig annimmt, dass er der zuständige Amtsträger sei, ist umstritten. Hierbei muss man prüfen, ob ein untauglicher Versuch oder ein Wahndelikt vorliegt. Der Brennpunkt der Diskussion ist das Tatsubjekt des Sonderdelikts, namentlich die „Amtsträgereigenschaft".[1768] Es wird wohl überwiegend vertreten, dass es ein Fall des untauglichen Versuchs ist,

---

1762 BGHSt 3, 349 (351); *Arzt*, in; ders./Weber, Strafrecht BT, 2000, § 49, Rn. 104 ff.; *Sowada*, in: LK-StGB, 12. Aufl., § 331, Rn. 140; vgl. auch *Baumann/Weber/Mitsch*, Strafrecht AT, 2003, § 32, Rn. 76.

1763 Siehe dazu oben § 9 B II.

1764 RGSt 39, 193 (195); *Möhrenschlager*, in: Dölling (Hrsg.), Korruptionsprävention, 2007, 8. Kap., Rn. 71-72; vgl. auch allgemein *Baumann/Weber/Mitsch*, Strafrecht AT, 2003, § 29, Rn. 14, 122.

1765 *Jescheck*, in: LK-StGB, 11. Aufl., Vor § 331, Rn. 11; § 331, Rn. 27; *Cramer*, in: S/S-StGB, 2001, Vorbem. §§ 331 ff., Rn. 7; *Möhrenschlager*, in: Dölling (Hrsg.), Korruptionsprävention, 2007, 8. Kap., Rn. 75.

1766 *Sporer*, Täuschung, 2017, S. 92.

1767 *Baumann/Weber/Mitsch*, Strafrecht AT, 2003, § 26, Rn. 30.

1768 Siehe dazu *Sporer*, Täuschung, 2017, S. 89 ff.

weil das Tatsubjekt fehlt. Auf diese Weise wird das Tatsubjekt mit dem Tatobjekt gleichgestellt. Nach diesem Gedanken sind alle Tatbestandsmerkmale gleichermaßen zu werten. Die Tätereigenschaft kann somit nicht tatbestandsmäßig begründet werden.[1769]

Es lässt sich zu diesem Gedanken sagen, dass man die Fälle, in denen der Täter irrig ein nicht vorliegendes Tatbestandsmerkmal annimmt, verallgemeinern kann. Solche Fälle sind Gegenstand des untauglichen Versuchs. Nach der subjektiven Versuchslehre führt das zur Straflosigkeit des Täters.[1770] Das gilt ebenfalls für die Fälle, in denen der Täter vortäuscht, dass er der zuständige Amtsträger ist. Hier liegt ein untauglicher Versuch vor, weil dabei das Tatsubjekt, das unter die echten und die Strafbarkeit begründenden Merkmale gezählt wird, fehlt.[1771]

Im Rahmen der Wahndeliktsansicht macht sich der Täter wegen der Bestechlichkeit auch nicht strafbar, wenn er sich irrtümlich von der Tätereigenschaft des tauglichen Täters des § 332 geht. Solche Konstellationen sind danach als Wahndelikt einzustufen.[1772] Einen anderen Fall liefert uns eine Wahndeliktsbewertung:[1773] Der Täter nimmt irrtümlich an, dass es in dem konkreten Fall um eine Dienstpflicht gehe, die aber in Wahrheit eine Privathandlung ist.

Für die Begehungsform „Fordern" ist festzustellen, dass die Tat mit der Erreichung der Erklärung an den Adressaten, also mit der Kenntnisnahme des Erklärungsempfängers vollendet.[1774] In dem Fall, in dem der Außenstehende keine Kenntnis des Forderns genommen hat, liegt ein Fall des Versuchs nach § 332 Abs. 1 S. 3 vor.[1775]

Der Rücktritt ist vor der Vollendung der Tat möglich. Liegt ein vollendetes Bestechlichkeitsdelikt vor, wobei manche schon über das unmittelbare Ansetzen

---

1769 *Sowada*, in: LK-StGB, 12. Aufl., § 332, Rn. 31; *Kuhlen*, in: NK-StGB, 2017, § 331, Rn. 123; *Sporer*, Täuschung, 2017, S. 90, 92.

1770 *Eb. Schmidt*, die Bestechungstatbestände, 1960, Rn. 203.

1771 So auch *Sporer*, Täuschung, 2017, S. 92; im Allgemeinen *Gropp*, Strafrecht AT, 2015, § 9, Rn. 28.

1772 *Korte*, in: MüKo-StGB, 2019, § 332, Rn. 47; *Bernsmann/Gatzweiler*, Verteidigung bei Korruptionsfällen, 2014, Rn. 391.

1773 *Jescheck*, in: LK-StGB, 11. Aufl., Vor § 331, Rn. 7; *Korte*, in: MüKo-StGB, 2019, § 332, Rn. 47.

1774 BGH, NStZ 2006, S. 628 (629); *Sowada*, in: LK-StGB, 12. Aufl., § 331, Rn. 23.

1775 *Jescheck*, in: LK-StGB, 11. Aufl., § 332, Rn. 14; *Möhrenschlager*, in: Dölling (Hrsg.), Korruptionsprävention, 2007, 8. Kap., Rn. 44; *Heinrich*, in: Arzt u.a., Strafrecht BT, 2015, § 49, Rn. 34.

(§ 22) formell vollendet sein können, ist die Anwendung des § 24 nicht mehr möglich.[1776]

Der Verzicht auf die Annahme, z. B. aufgrund des Entdeckungsrisikos, führt letztlich nicht zum strafbefreienden Rücktritt. Der Täter begeht vielmehr eine vollendete Bestechlichkeit (unbeachtlicher Rücktritt).[1777]

c. *Unterlassung*

Die Gleichstellung der Unterlassung mit der Diensthandlung ist erst mit der Reform durch das EGStGB geschaffen worden (damals: § 335; ab 1997: § 336). Damit sollte eine Unklarheit beseitigt werden, obwohl es nach der vorherigen Gesetzlage unbestritten war.[1778]

Die Gesetzestechnik sieht eine allgemeine Unterlassungsvorschrift vor, was für die Tatbestände von §§ 331 bis § 335a gilt.[1779] Das hat zur Folge, dass der Täter wegen der Unterlassung nach § 49 Abs. 1 i.V.m. § 13 Abs. 2 nicht milder bestraft werden darf.

Unter dem Unterlassen i.S.v. § 336 ist „ein vorsätzliches Untätigbleiben", das die Gegenleistung der UnRV dargestellt und somit mit der pflichtwidrigen Diensthandlung gleichgestellt wird, zu verstehen. Ein Unterlassen der Diensthandlung liegt beispielsweise dann vor, wenn der zuständige Polizeibeamte die ihm bekanntgewordene Ordnungswidrigkeit nicht gemeldet hat, weil dies eine nachteilige Auswirkung auf den Vorteilsgeber hätte.[1780] Der Grund dafür ergibt sich daraus, dass der Beamter in solchen Fällen verpflichtet ist, die Ordnungswidrigkeit rechtzeitig zu melden (Handlungspflicht).[1781] Sonst verstößt diese Unterlassung gegen die Pflichten des Täters.[1782] Auf diese Weise werden solche Unterlassungen strafrechtlich mit der aktiven Tätigkeit, die das Handlungsunrecht des Tatbestands begründet, gleichgestellt. Die Unterlassung des Amtsträgers muss auf die Pflichtwidrigkeit der dienstlichen Handlung abstellen.[1783]

1776 Siehe dazu *Baumann/Weber/Mitsch*, Strafrecht AT, 2003, § 27, Rn. 2.

1777 *Eb. Schmidt*, die Bestechungstatbestände, 1960, Fn. 187; BGH, NStZ-RR 2002, S. 272 (273); *Korte*, in: MüKo-StGB, 2014, § 332, Rn. 45; *Sowada*, in: LK-StGB, 12. Aufl., § 332, Rn. 30.

1778 BT-Drucks. 7/550, S. 276. Siehe auch dazu oben § 13 D V.

1779 *Jescheck*, in: LK-StGB, 11. Aufl., § 335, Rn. 1.

1780 Siehe dazu oben § 9 B XIII.

1781 *Korte*, in: MüKo-StGB, 2019, § 336, Rn. 6; vgl. auch *Heine/Eisele*, in: S/S-StGB, 2019, § 336, Rn. 4.

1782 *Kuhlen*, in: NK-StGB, 2017, § 336, Rn. 3.

1783 Anhand von Beispielen *Jescheck*, in: LK-StGB, 11. Aufl., § 335, Rn. 2 ff.

Erforderlich ist daher eine Veränderung in der Außenwelt nicht. Ein bloßes Untätigbleiben ist vielmehr für die Strafbarkeit wegen des § 332 i.V.m. § 336 ausreichend, soweit durch das betroffene Unterlassen eine Pflichtwidrigkeit in der Rechtswelt infrage kommt. Dies setzt eine enge Kausalität zwischen der Unterlassung und der in Betracht gekommenen Pflichtwidrigkeit voraus.[1784]

d. Konkurrenzen

Es wurde schon darauf aufmerksam gemacht, dass die Diensthandlung allein kein selbständiges objektives Tatbestandsmerkmal der Bestechlichkeit ist; die Vornahme der pflichtwidrigen Diensthandlung ist für die Tatbestandserfüllung nicht immer erforderlich. Das hat beim Konkurrenzverhältnis folgende Konsequenz: Zeigt sich die vorgenommene bzw. vorzunehmende Diensthandlung unabhängig der UnRV (beispielsweise vorherige bzw. spätere Untreue[1785] insbesondere die Begleittat Urkundenfälschung[1786]) als eine selbstständige Straftat, so sollte in solchen Fällen in der Regel Tatmehrheit bestehen.[1787] Der Grund dafür sind die unterschiedlichen Zwecke der jeweiligen Straftaten.[1788] Dabei ist aber zu beachten, dass wenn die Verwirklichung beider Tatbestände wenigstens in einer Ausführungshandlung zusammentrifft (wie etwa Erpressung[1789] und Untreue[1790]) oder wenn die Vorname strafbarer Bezugshandlung unter dem Schutzgedanken von Bestechungsdelikten i.w.S. liegt, die Idealkonkurrenz in Betracht kommt.[1791]

1784 Vgl. *Jescheck*, in: LK-StGB, 11. Aufl., § 335, Rn. 5; *Stein/Deiters*, in: SK-StGB, 2016, § 332, Rn. 7; *Rosenau*, in: S/S/W-StGB, 2018, § 336, Rn. 2; *Zimmermann*, Das Unrecht der Korruption, 2018, S. 562.

1785 BGH, NJW 2010, S. 784 (788).

1786 BGH, NJW 1987, S. 1340 (1341).

1787 BGH, GA 1959, S. 176 (177); *Kuhlen*, in: NK-StGB, 2017, § 332, Rn. 30; *Korte*, in: MüKo-StGB, 2019, § 332, Rn. 49. *Heinrich*, in: Arzt u.a., Strafrecht BT, 2015, § 49, Rn. 46, vertritt dagegen die Auffassung, dass diese Taten bei der Tateinheit „als Erfolg der Bestechung" anzusehen sind, wenn die betroffene Diensthandlung dem § 332 nachfolgt.

1788 Vgl. BGH, NStZ 1987, S. 326 (327); BGH, NJW 1987, S. 1340 (1341); BGHSt 47, 22 (25 f.); *Letzgus*, NStZ 1987, S. 309 (311); *Jescheck*, in: LK-StGB, 11. Aufl., § 332, Rn. 18; *Stein/Rudolphi*, in: SK-StGB, 2015, § 332, Rn. 21; *Kuhlen*, in: NK-StGB, 2017, § 332, Rn. 30.

1789 BGH, NJW 1987, S. 509 (510); BGH, NStZ 2008, S. 421.

1790 BGHSt 47, 22 (25 f.); BGH, NStZ 2009, S. 445 (446); BGH, Urt. v. 31.03.2011 – 4 StR 657/10, Rn. 5 = wistra 2011, S. 308; *Heinrich*, NStZ 2005,256 (259); *Sowada*, in: LK-StGB, 12. Aufl., § 331, Rn. 143; *Stein/Rudolphi*, in: SK-StGB, 2015, § 332, Rn. 21.

1791 Siehe dazu *Sowada*, in: LK-StGB, 12. Aufl., § 332, Rn. 35 m.w.N.; vgl. auch *Korte*, in: MüKo-StGB, 2019, § 332, Rn. 49, 55; *Kuhlen*, in: NK-StGB, 2017, § 331, Rn. 148 ff.

In der Regeln ist auch von Idealkonkurrenz zu sprechen, soweit durch dieselbe Tathandlung zugleich ein anderer Tatbestand, der ein anderes Rechtsgut als das des Bestechlichkeitsrechts schützt, erfüllt ist.[1792]

Nach heute weitgehend vertretener Ansicht liegt eine Bestrafung nur wegen des § 332 vor, wenn der Täter für einen tauglichen ungerechten Vorteil teils pflichtwidrig- und teils pflichtgemäße Diensthandlung vornimmt (→ Subsidiarität bzw. Spezialität des § 332 gegenüber § 331).[1793]

Die fortgesetzte Handlung hat für die Konkurrenz entscheidende Bedeutung. Der Ausgangspunkt dieses Rechtsinstituts basiert darauf, dass die betroffenen Handlungen sich auf dasselbe Rechtsgut bzw. dasselbe strafrechtliche Verbot richten.[1794] Daher ist eine „genaue Analyse des Zwecks der fortgesetzten Handlung“[1795] notwendig, die „nach den Regeln der Logik“[1796] erfolgen soll.[1797]

Das andere relevante Thema bezieht sich auf die Tathandlungsvarianten. Wie die Praxis und die Lehre zutreffend betonen, ist die jeweilige Begehungsvarianten der Bestechlichkeit eine Tat i.S.v. § 332. Daraus ergibt sich eine tatbestandliche Handlungseinheit (Idealkonkurrenz) zwischen diesen Modalitäten, sofern sie sich auf dieselbe UnRV bzw. auf eine pflichtwidrige Diensthandlung richten.[1798] Häufig können solche Konstellationen in der Praxis in Betracht gezogen werden,

---

1792 *Kuhlen*, in: NK-StGB, 2017, § 331, Rn. 151; *Korte*, in: MüKo-StGB, 2019, § 332, Rn. 49.

1793 *Cramer*, in: S/S-StGB, 2001, § 331, Rn. 55; *Stein/Rudolphi*, in: SK-StGB, 2015, § 332, Rn. 21; *Kuhlen*, in: NK-StGB, 2017, § 331, Rn. 150; *Korte*, in: MüKo-StGB, 2019, § 331, Rn. 221; *Fischer*, StGB, 2019, § 331, Rn. 39 jeweils m.w.N.; aA „Tateinheit zwischen § 331 und § 332“ *Jescheck*, in: LK-StGB, 11. Aufl., § 331, Rn. 30; offen gelassen BGH, wistra 1985, S. 22.

1794 BGHSt 40, 138 (145 f.); i.R.d. §§ 331, 332 Eb. *Schmidt*, die Bestechungstatbestände, 1960, Rn. 267.

1795 *Haffke*, JuS 1973, S. 402 (406).

1796 *Kaufmann*, JZ 1959, S. 375 (376).

1797 Mit der Entscheidung des Großen Senats für Strafsachen von 3.5.1994 ist dieses Rechtsinstitut seine Bedeutung i.S.v. Strafunrecht und Schuld vielfach verloren. Nach dieser Rechtsprechungsänderung müssen die Staatsanwaltschaft und Gerichte nunmehr immer von der Tatmehrheit ausgehen. Siehe BGHSt 40, 138. *Bannenberg*, Strafrechtliche Kontrolle, 2002, S. 311, spricht in diesem Zusammenhang über die erhebliche Verfahrensverzögerung.

1798 BGH, NStZ 1995, S. 92; BGHSt 41, 292 (302); 47, 22 (30); BGH, Urt. v. 31.03.2011 – 4 StR 657/10, Rn. 4 = wistra 2011, S. 308; *Heinrich*, in: Arzt u.a., Strafrecht BT, 2015, § 49, Rn. 46; *Heine/Eisele*, in: S/S-StGB, 2019, § 331, Rn. 76; *Fischer*, StGB, 2019, § 332, Rn. 19a.

wenn die Leistung teilweise erbracht wird. Dabei darf aber nicht übersehen werden, dass auch eine Tatmehrheit (Realkonkurrenz) zwischen den Tathandlungsvarianten bestehen kann, wenn z. B. das Fordern an andere Absprachen und das Annehmen an einen Vorteil der anderen UnRV anknüpfen und somit jeweils eine neue Tat darstellen kann.[1799]

Ein anderes wichtiges Thema bezüglich der fortgesetzten Handlung ist die Frage, ob es ein „Fortsetzungszusammenhang" zwischen § 331 und § 332 bestehen kann.[1800] Dies stellt eigentlich den schweren Punkt der Konkurrenz dar. Falls man ihm bejaht, werden die Fälle i.R.d. Handlungseinheit behandelt (Qualifikationstheorie).[1801] Vertritt man dagegen die Auffassung, dass es sich um eine „Heterogenität" bzw. ein „aliud aliud"-Verhältnis handelt, führt dies zur Verneinung der Tateinheit und somit zur Anwendung der Realkonkurrenz aufgrund der Handlungsmehrheit (Selbstständigkeitstheorie).[1802] Die gleichzeitige bzw. parallele Anwendung in Bezug auf dasselbe Unrechtsgeschäft ist danach wegen des eigenständigen Charakters dieser Delikte ausgeschlossen.[1803]

Zum Schluss ist beim Konkurrenzverhältnis zwischen der Bestechlichkeit als Vortat und der Geldwäsche als Nachtat darauf zu achten, dass Selbstgeldwäschehandlungen ohne Unrechtssteigerung, also ohne Erfüllung des Tatbestandsmerkmals „Inverkehrbringen", ein Nachtatverhalten darstellen und dies einen persönlichen Strafausschließungsgrund mit sich bringt.[1804] Eine Geldwäsche als mitbestrafte Nachtat wäre also ausgeschlossen, wenn man das Vorverhalten des Täters als eine ‚herrührende Vortat der Geldwäsche' betrachtet.[1805] Der Grund

1799 BGH, NStZ 1998, S. 194; so auch *Heine/Eisele*, in: S/S-StGB, 2019, § 331, Rn. 76; *Fischer*, StGB, 2019, § 331, Rn. 39.

1800 *Zimmermann*, Das Unrecht der Korruption, 2018, S. 511, nimmt die beiden Richtungen als vertretbar an.

1801 Siehe dazu eingehend oben § 9 B VII m.w.N.

1802 Siehe dazu eingehend oben § 9 C m.w.N. So auch neuerdings *Cramer*, in: S/S-StGB, 2001, § 331, Rn. 55; *Wentzell*, Zur Problematik der §§ 331 ff., 2004, S. 162 ff.

1803 BGH, Urt. v. 21.11.1958 – 1 StR 458/58 = NJW 1959, S. 108. Ebenso wird es im österreichischen Korruptionsstrafrecht hinsichtlich der vergleichbaren Tatbestände vertreten. *Schuschschnigg*, Korruptionsstrafrecht, 2015, Rn. 136, hat diesen Fakt zu Recht mit dem folgenden Ausdruck verdeutlicht: „Da ein Amtsgeschäft nicht gleichzeitig pflichtwidrig und pflichtgemäß sein kann, ist die gleichzeitige Anwendung der §§ 304 (Bestechlichkeit) und 305 (Vorteilsannahme) hinsichtlich desselben Amtsgeschäfts ausgeschlossen."

1804 BT-Drucks. 18/6389, S. 13; BGH, NJW 2019, S. 533 (534); *Kühl*, in: L/K-StGB, 2019, § 261, Rn. 10.

1805 So BGH, Urt. v. 18.2.2009 – 1 StR 4/09; ablehnend *Rettenmaier*, NJW 2009, S. 1617 (1619).

dafür ergibt sich aus der Strafbarkeit des Bestochenen wegen Beteiligung an der Vortat und damit der Vermeidung der Doppelbestrafung (§ 261 Abs. 9 S. 2).[1806]

Es besteht in solchen Fällen eine sog. Gesetzeskonkurrenz „mit konsumierendem Charakter" zwischen den Tathandlungen.[1807] Der Gesetzgeber hat dies in einer besonderen Konkurrenzvorschrift geregelt (§ 261 Abs. 9 S. 2). Im Gegensatz dazu ist die Strafbarkeit wegen Selbstgeldwäsche nicht ausgeschlossen, wenn der Täter oder Teilnehmer den Bestechungslohn, der aus dem Bestechlichkeitstatbestand herrührt,[1808] in den Verkehr bringt und dabei die rechtswidrige Herkunft des Tatmittels verschleiert (§ 261 Abs. 9 S. 3). Die Selbstgeldwäschehandlung mit Unrechtssteigerung, also Erfüllung des Tatbestandsmerkmals „Inverkehrbringen", stellt danach „eine andere Tat im verfassungsrechtlichen Sinne" dar.[1809] Es besteht demnach eine Tatmehrheit.

7. Rechtsfolgen

a. Strafrahmen

In Bezug auf den Strafrahmen hat der Gesetzgeber drei Arten von Tatbeständen vorgesehen, nämlich den minderschweren Fall (§ 332 Abs. 1 S. 2: Freiheitsstrafe von sechs Monaten bis zu drei Jahren oder Geldstrafe), den Strafrahmen für den Grundtatbestand bzw. für den Regelfall (§ 332 Abs. 1 S. 1: Freiheitsstrafe von sechs Monaten bis zu fünf Jahren) sowie den Strafrahmen für besonders schwere Fälle der Bestechlichkeit (§ 335 Abs. 1: Freiheitsstrafe von einem Jahr bis zu zehn Jahren). Dies hat zur Folge, dass der Strafrahmen in besonders schweren Fällen deutlich erhöht wird. Die Geldstrafe darf das Gericht danach nur in minderschweren Fällen anordnen (§ 332 Abs. 1 S. 2).

b. Einziehung

Die Einziehung (sog. „Verfall"[1810] nach a.F.) bezieht sich auf die Abschöpfung deliktisch erlangter Vermögenswerte und sie ist – wie bei anderen Nebenfolgen – eine schuldunabhängige Maßnahme.[1811] Dafür genügt eine rechtswidrige Tat bereits.[1812]

1806 *Kuhlen*, JR 2010, S. 270 (271).

1807 *Schröder/Bergmann*, Warum die Selbstgeldwäsche straffrei bleiben muss, 2013, S. 66.

1808 *Kühl*, in: L/K-StGB, 2019, § 261, Rn. 5; *Rengier*, Strafrecht BT I, 2019, § 23, Rn. 7.

1809 *Jahn*, NJW 2019, S. 533 (536).

1810 Der Begriff „Verfall" ist mit dem Gesetz zur Reform der strafrechtlichen Vermögensabschöpfung durch die „Einziehung" ersetzt. Siehe BGBl. I, S. 872.

1811 BT-Drucks. 18/9525, S. 2.

1812 BGHSt 47, 369 (373).

Er zeigt sich nicht als eine zusätzliche Bestrafung.[1813] Das Ziel ist keine schlichte Abschöpfung des Tatgewinns; verfolgt wird vielmehr ein präventiver Zweck: Der Verfallsbetroffene soll das Risiko strafbaren Handelns tragen.[1814] Daher sind etwaige Schadenersatzansprüchen ausgeschlossen.[1815] Im Gegensatz zur zivilrechtlichen Saldotheorie gilt hier der Bruttoansatz. Alles wird nach § 73 eingezogen, was der Täter mithilfe der Straftat unrechtswidrig bekommen hat (sog. Gewinnabschöpfung).[1816] Die Anordnung muss von daher „die Gesamtheit des Erlangten" umfassen.[1817]

Ist der Drittbegünstigte Nutznießer der Tat, kann das Gericht auch für ihn den Verfall gemäß § 73b anordnen.[1818] Durch die Tat erworbene mittelbare Vorteile können abgeschöpft werden (sog. Surrogatverfall).[1819] Der Bestechungslohn stellt sich hier als ein Gewinn bzw. zu erwartender Gewinn der Tat dar, den der Amtsträger als Gegenleistung seiner korruptiven Verhältnisse erlangt hat oder erlangen kann.[1820] Das Tatgericht muss demnach die Vermögensverhältnisse des Angeklagten ausführlich feststellen.[1821]

Als taugliche Vortat der Geldwäsche (§ 261 Abs. 1 Nr. 1, 2 lit. a), kann der Bestechungslohn als „der gewaschene Gegenstand" eingezogen werden (§ 261 Abs. 7). Der Bestechungslohn tritt dabei als aus der Vortat herrührendes taugliches Tatobjekt der Geldwäsche in Erscheinung. Das führt aber nicht dazu,

---

1813 *Meier*, Strafrechtliche Sanktionen, 2019, S. 449 m.w.N. *Möhrenschlager*, in: Dölling (Hrsg.), Korruptionsprävention, 2007, 8. Kap., Rn. 237: „Sie ist je nach ihrer Zweckrichtung (Neben)Strafe oder/und Sicherungsmaßnahme." Der BGH stuft den Verfall als „Maßnahme eigener Art" ein. Siehe BGHSt 47, 369 (373); vgl. auch unten „Verlust der Amtsfähigkeit" nach § 45 StGB.

1814 BGHSt 51, 65 (67)

1815 BT-Drucks. 18/9525, S. 1.

1816 Vgl. *Meier*, Strafrechtliche Sanktionen, 2019, S. 447; *Böttger*, in: WirtStR in der Praxis, 2015, Kap. 5, Rn. 233; *Bannenberg*, in: Gesamtes Strafrecht, 2017, § 331, Rn. 46; *Nötzel*, in: Dölling (Hrsg.), Korruptionsprävention, 2007, Rn. 80-81; BGH, NJW 2001, S. 2560 (2563). Siehe zur extensiven Auslegung und zum strafähnlichen Charakter des Instituts aufgrund dieses Bruttoprinzips *Schlösser*, NStZ 2011, S. 121 ff.

1817 BGHSt 47, 369 (372).

1818 BGHSt 52, 227 (248); *Möhrenschlager*, in: Dölling (Hrsg.), Korruptionsprävention, 2007, 8. Kap., Rn. 230.

1819 *Möhrenschlager*, in: Dölling (Hrsg.), Korruptionsprävention, 2007, 8. Kap., Rn. 226 ff.

1820 Vgl. BGH, NJW 2002, 2257 (2259); *Saliger*, NJW 2006, S. 3377 (3380, 3381); *Möhrenschlager*, in: Dölling (Hrsg.), Korruptionsprävention, 2007, 8. Kap., Rn. 214 ff; *Sowada*, in: LK-StGB, 12. Aufl., § 331, Rn. 145.

1821 BGHSt 47, 260 (264).

dass das Tatgericht von der Einziehung gegen den Bestochenen nicht Gebrauch machen darf. Die Frage, worin die Priorität besteht, ist daher umstritten.[1822]

c. *Nebenfolgen der Straftat*

Wird der Täter zu einer Freiheitsstrafe von mindestens einem Jahr verurteilt, ordnet das Tatgericht in der Begründung ein besonderes „Übel"[1823] dergestalt an, dass der Angeklagte für die Dauer von fünf Jahren die Fähigkeit verliert, öffentliche Ämter zu bekleiden und Rechte aus öffentlichen Wahlen zu erlangen (§ 45 Abs. 1). Der Gesetzgeber hat für die Bestechlichkeit eine besondere Vorschrift vorgesehen. Das Gericht kann auch gemäß § 358 neben einer Freiheitsstrafe von mindestens sechs Monaten die Fähigkeit, öffentliche Ämter zu bekleiden, für die Dauer von zwei bis zu fünf Jahren aberkennen (§ 45 Abs. 2).

Mit dem Verlust der Fähigkeit, öffentliche Ämter zu bekleiden, verliert der Verurteilte zugleich die entsprechenden Rechtsstellungen und Rechte, die er womöglich innehat (§ 45 Abs. 3).

8. *Strafzumessung*

a. *Relevante Umstände*

Für die Strafzumessung relevante Umstände sind:

- Die Begehungsweise und der darauf zielende Entschluss des Täters spielen eine bedeutsame Rolle im Schuldumfang und bei der Strafzumessung.[1824] Beispielsweise sind zweiseitige Begehungsvarianten „Sichversprechenlassen" bzw. „Annehmen" auf der Bestechlichkeitsseite und „Versprechen" bzw. „Gewähren" auf der Bestechungsseite gravierender als einseitige Handlungsmodalitäten.[1825]
- Das Erfolgsunrecht wird i.R.d. Strafzumessung berücksichtigt. Die tatsächliche Vornahme der pflichtwidrigen Diensthandlung ist daher für die Strafbemessung von Bedeutung.[1826]

1822 Siehe *Möhrenschlager*, in: Dölling (Hrsg.), Korruptionsprävention, 2007, 8. Kap., Rn. 241 m.w.N.

1823 *Meier*, Strafrechtliche Sanktionen, 2019, S. 443; „Nebenstrafe" und „das schwere Übel" BGH, NJW 2008, S. 929 (930); zustimmend *Waßmer*, in: Louis/Glinder/ders. (Hrsg.), Handbuch, 2020, Rn. 543.

1824 BGH, NJW 1960, S. 2154 (2155).

1825 *Maurach/Schroeder/Maiwald*, Strafrecht BT, Teilbd. 2, 2012, § 79, Rn. 15.

1826 Vgl. BGH, GA 1959, S. 176 (177); *Jescheck*, in: LK-StGB, 11. Aufl., § 332, Rn. 19; *Rosenau*, in: S/S/W-StGB, 2018, § 332, Rn. 16; *Zimmermann*, Das Unrecht der Korruption, 2018, S. 585; *v. Heintschel-Heinegg*, in: BeckOK-StGB, 42. Ed., 2019, § 332, Rn. 18; vgl. auch oben § 9 B IX.

- Die Belohnung für eine zurückliegende Diensthandlung ist als ein Grund für die Unrechtsminderung der Tat einzustufen. Sie sollte daher den minderschweren Fällen zugeordnet werden.[1827]
- Bei der Strafzumessung ist auch die Klassifizierung des Vorteils entscheidend.[1828] Die eigennützige Besserstellung muss als gravierender denn die altruistische Bestechung eingestuft werden.[1829] Auch die unmittelbare Bestechung ist schwerwiegender als mittelbare Bestechung und Drittvorteile.[1830]
- Dauert das Strafverfahren überlang, ist das auch bei der Strafzumessung zu berücksichtigen.[1831]
- Schließlich soll i.R.d. Strafzumessung auch nach überwiegender Auffassung die disziplinar- und beamten- sowie arbeitsrechtliche Konsequenzen berücksichtigt werden.[1832] Das hat nach einer Ansicht zur Folge, dass disziplinarrechtliche Folgen der Bestechlichkeit sowie der auf ihr beruhende Verlust des Arbeitsplatzes zur Strafmilderung führen sollte.[1833] Richtig ist dabei, dass dies nicht direkt erfolgt, sondern wenn es im konkreten Fall i.R.d. § 46 Abs. 1 S. 2 als notwendig erscheint.[1834]

1827 Nach *Sowada*, in: LK-StGB, 12. Aufl., § 332, Rn. 37, sei die Käuflichkeit bezüglich künftiger Diensthandlung „unrechtsschwerer" als die nachträgliche Belohnung.

1828 BGHSt 47, 295 (306); *Kuhlen*, JR 2003, S, 231 (233).

1829 *Heine/Eisele*, in: S/S-StGB, 2019, § 331, Rn. 23.

1830 *Sowada*, in: LK-StGB, 12. Aufl., § 332, Rn. 37.

1831 BVerfG, NJW 1993, S. 3254 ff.; *Nötzel*, in: Dölling (Hrsg.), Korruptionsprävention, 2007, Rn. 30.

1832 BGH, NStZ 2008, S. 421; *Sowada*, in: LK-StGB, 12. Aufl., § 332, Rn. 37; *Korte*, in: MüKo-StGB, 2019, § 332, Rn. 52; *v. Heintschel-Heinegg*, in: BeckOK-StGB, 42. Ed., 2019, § 332, Rn. 18; *Waßmer*, in: Louis/Glinder/ders. (Hrsg.), Handbuch, 2020, Rn. 543; mit Betonung der Spezialprävention *Bannenberg*, Strafrechtliche Kontrolle, 2002, S. 305.

1833 *Kuhlen*, in: NK-StGB, 2017, § 332, Rn. 32; so auch anhand der Rechtsprechungen des BGH *Bannenberg*, Strafrechtliche Kontrolle, 2002, S. 305 f.

1834 In dieser Richtung BGH, NStZ 1981, S. 341 (343); NStZ 1996, S. 539.

b. Minderschwere Fälle

Als Beispiele für minderschwere Fälle[1835], die in der Praxis weniger Platz finden,[1836] können eine unverschuldete Notlage[1837] und geringwertige Zuwendungen[1838] gegeben werden. Egoistische oder altruistische Motive sollten auch entsprechend zur Strafmilderung führen.[1839]

c. Besonders schwere Fälle (§ 335 i.V.m. § 332)

Diese Strafzumessungsvorschrift bezieht sich überwiegend auf die tatbezogenen Strafschärfungsgründe und ist mithilfe der Regelbeispieltechnik (§ 335 Abs. 2: „liegt in der Regel vor, wenn") ausformuliert.[1840] Das bedeutet, dass auch unbenannte Fälle je nach Fall den besonders schweren Fällen zugeordnet werden können.

Tat- oder täterbezogene Umstände können dabei die Indizwirkung des Regelbeispiels aufheben und zur Ablehnung eines besonders schweren Falles führen. Auch umgekehrt gilt: Tat- oder täterbezogene Gründe können ohne Erfüllung der Regelbeispiele zur Bejahung eines besonders schweren Falles führen.[1841]

Ein besonders schwerer Fall im Sinne des Absatzes 1 liegt danach in der Regel vor, wenn (§ 335 Abs. 2)

- die Tat sich auf einen Vorteil großen Ausmaßes bezieht (Nr. 1),
- der Täter fortgesetzt Vorteile annimmt, die er als Gegenleistung dafür gefordert hat, dass er eine Diensthandlung künftig vornehme (Nr. 2) oder
- der Täter gewerbsmäßig oder als Mitglied einer Bande handelt, die sich zur fortgesetzten Begehung solcher Taten verbunden hat (Nr. 3).

1835 Nach der Entscheidung des BGH, Urt. v. 4.10.1985 – 2 StR 403/85 liegt einen minder schweren Fall vor, wenn aufgrund einer Gesamtbetrachtung der die Tat und die Persönlichkeit des Täters betreffenden Umstände, die der Tat vorausgehen, sie begleiten oder ihr nachfolgen, der Fall vom Durschnitt der erfahrungsgemäß vorkommenden Fälle in einem Maße abweicht, dass die Anwendung des Ausnahmestrafrahmens geboten erscheint. Zit. nach *Bannenberg*, Strafrechtliche Kontrolle, 2002, S. 304.

1836 *Bannenberg*, Strafrechtliche Kontrolle, 2002, S. 303.

1837 Fischer, StGB, 2019, § 335, Rn. 12; *Korte*, in: MüKo-StGB, 2019, § 335, Rn. 19.

1838 BGH, Urt. v. 24.6.2010 – 3 StR 84/10, Rn. 12; *Korte*, in: MüKo-StGB, 2019, § 335, Rn. 19.

1839 *Sowada*, in: LK-StGB, 12. Aufl., § 335, Rn. 6.

1840 BT-Drucks. 13/5584, S. 17; *Rengier*, Strafrecht BT II, 2019, § 60, Rn. 45; Fischer, StGB, 2019, § 335, Rn. 2.

1841 BGH, NStZ 2016, S. 349 (351).

Der Täter erfüllt eines der oben genannten Regelbeispiele, nachdem dies im Rahmen einer Gesamtwürdigung geprüft ist. Das heißt, dass es durch Umstände entkräftet werden kann.[1842]

Erstens liegt ein besonders schwerer Fall vor, wenn die Tat sich auf einen Vorteil großen Ausmaßes bezieht (§ 335 Abs. 2 Nr. 1). Dieses tatbezogene Merkmal, nach dem die Anwendung des § 28 Abs. 2 ausscheidet,[1843] ist aber darin unbestimmt, wann ein erheblicher Vorteil vorliegt. Die Begründung des Entwurfs eines Gesetzes zur Bekämpfung der Korruption hat nichts Besonderes zu einer etwaigen Wertgrenze zum Ausdruck gebracht.[1844] Daraus ergeben sich unterschiedliche Vermögenswerte im Schrifttum. Es gibt zum einen den pauschalen Mindestwert in Höhe von 5.000 €, zum anderen 50.000 €.[1845] Hintergrund dieser Ansicht ist eine subjektive Betrachtung, wobei die Lebensverhältnisse des Täters entscheidende Rolle spielen.[1846]

Das Gericht muss sich von Fall zu Fall entscheiden, ob der Vorteil der UnRV eine große Dimension hat. Dabei ist der Lebensstil des Täters nicht gänzlich entscheidend.[1847] Er kann nur eingeschränkt bzw. teilweise berücksichtigt werden. Richtig ist, dass das Ausmaß des Vorteils anhand objektiver Kriterien (wie z. B. Einkommen) und nach dem Lebensstil des Täters bemessen werden muss.[1848]

Geht es um mehrere Tatbegehungen i.R.d. dauerhaften Korruptionsbeziehung, so ist der Gesamtwert maßgebend, der vom Tatgericht festzuhalten ist.[1849]

1842 BGH, Urt. v. 24.6.2010 – 3 StR 84/10, Rn. 12; *Möhrenschlager*, in: Dölling (Hrsg.), Korruptionsprävention, 2007, 8. Kap., Rn. 56; Fischer, StGB, 2019, § 335, Rn. 12.

1843 *Stein/Deiters*, in: SK-StGB, 2016, § 335, Rn. 7.

1844 BT-Drucks. 13/5584, S. 17.

1845 *Korte*, in: MüKo-StGB, 2019, § 335, Rn. 9; *Sowada*, in: LK-StGB, 12. Aufl., § 335, Rn. 6 jeweils m.w.N.

1846 In dieser Richtung *Cramer*, in: S/S-StGB, 2001, § 335, Rn. 3; *Stein/Deiters*, in: SK-StGB, 2016, § 335, Rn. 3; vgl. auch *Korte*, in: MüKo-StGB, 2019, § 335, Rn. 8.

1847 *Bannenberg*, in: Gesamtes Strafrecht, 2017, § 335, Rn. 1; Fischer, StGB, 2019, § 335, Rn. 5.

1848 *Korte*, in: MüKo-StGB, 2019, § 335, Rn. 8; *Sowada*, in: LK-StGB, 12. Aufl., § 335, Rn. 5; Fischer, StGB, 2019, § 335, Rn. 5; *Bernsmann/Gatzweiler*, Verteidigung bei Korruptionsfällen, 2014, Rn. 433. Der BGH hat sich für eine Mindestgrenze in Höhe von 50.000€ ausgesprochen. Siehe BGH, NStZ 2016, S. 349 (350 f.).

1849 *Korte*, in: MüKo-StGB, 2019, § 335, Rn. 11; Fischer, StGB, 2019, § 335, Rn. 6.

Immaterielle Vorteile sind nach einhelliger Auffassung im Schrifttum nicht unter den besonders schweren Fällen zu berücksichtigen, weil der Inhalt des Vorteils nicht messbar ist.[1850]

Zweitens liegt ein besonders schwerer Fall vor, wenn eine fortgesetzte Annahme von Vorteilen in Frage kommt (§ 335 Abs. 2 Nr. 2). Das gilt aber nur, wenn die Vorteile sich aus der Forderung des Täters ergeben und der Täter sie durch „mehrere selbständige Handlungen"[1851] für künftige Diensthandlungen annimmt.[1852] Der Amtsträger lässt sich somit aus eigenem Antrieb ständig für die Verletzung von Dienstpflichten bezahlen und schädigt damit das Vertrauen der Öffentlichkeit in die Lauterkeit des öffentlichen Dienstes besonders nachhaltig.[1853] Damit tritt ein täterbezogener Strafschärfungsgrund in Erscheinung, der sich eigentlich auf Wiederholungstäter bezieht.[1854]

Drittens kommen Konstellationen infrage, in denen der Täter entweder gewerbsmäßig oder als Mitglied einer Bande handelt, die sich zur fortgesetzten Begehung solcher Taten verbunden hat (§ 335 Abs. 2 Nr. 3). In der ersten Variation dient die fortgesetzte Begehung als eine „Einnahmequelle"[1855] dergestalt, dass man von Gewerbsmäßigkeit sprechen kann. Der Täter muss dafür von Anfang an und folgerichtig Willen und die Absicht haben.[1856] Geringwertige Zuwendungen erfüllen hierbei den § 335 Abs. 2 Nr. 3 Alt. 1 nicht, da sie den Strafmilderungsgründen zugeordnet werden.[1857] Bei § 335 Abs. 2 Nr. 3 Alt. 2 geht

1850 *Korte*, in: MüKo-StGB, 2019, § 335, Rn. 8; *v. Heintschel-Heinegg*, in: BeckOK-StGB, 42. Ed., 2019, § 335, Rn. 3; *Sowada*, in: LK-StGB, 12. Aufl., § 335, Rn. 4; *Heine/Eisele*, in: S/S-StGB, 2019, § 335, Rn. 3; *Kindhäuser*, in: LPK-StGB, 2017, § 335, Rn. 2; *Kuhlen*, in: NK-StGB, 2017, § 335, Rn. 3; Fischer, StGB, 2019, § 335, Rn. 6.

1851 Fischer, StGB, 2019, § 335, Rn. 8. Deutliche Ansätze im Schrifttum hierzu zeigen sich, dass, es mindestens dreimalige Annahme voraussetzt. Siehe *Möhrenschlager*, in: Dölling (Hrsg.), Korruptionsprävention, 2007, 8. Kap., Rn. 55; *Kuhlen*, in: NK-StGB, 2017, § 335, Rn. 5; *Korte*, in: MüKo-StGB, 2019, § 335, Rn. 14; Fischer, StGB, 2019, § 335, Rn. 9 jeweils m.w.N.

1852 *Kuhlen*, in: NK-StGB, 2017, § 335, Rn. 5; *Korte*, in: MüKo-StGB, 2019, § 335, Rn. 15.

1853 BT-Drucks. 13/5584, S. 17.

1854 *Sowada*, in: LK-StGB, 12. Aufl., § 335, Rn. 14; Fischer, StGB, 2019, § 335, Rn. 8a; aA *Stein/Deiters*, in: SK-StGB, 2016, § 335, Rn. 10.

1855 Nach ständiger Rechtsprechung BGH, wistra 1999, S. 465 m.w.N.

1856 Vgl. *Kuhlen*, in: NK-StGB, 2017, § 335, Rn. 7; *Korte*, in: MüKo-StGB, 2019, § 335, Rn. 16; Fischer, StGB, 2019, § 335, Rn. 10. Entgegen der vertretenen Meinung sollte die erste Tatbegehung nicht ausreichen, um die gewerbsmäßige Tatbegehung anzunehmen.

1857 BGH, Urt. v. 24.6.2010 – 3 StR 84/10, Rn. 12.

es ferner um bandenmäßige Begehung, wobei der Täter als Mitglied einer Bande handelt. Das setzt eine kriminelle Vereinigung mindestens dreier Personen voraus. Sie kann auch aus Beteiligten beider Seiten (Bestechender und Bestochener) bestehen.[1858]

9. *Verjährung*

Der Verjährungsbeginn der Straftat hängt vom deliktischen Charakter der einzelnen Tatbestände ab und beginnt mit der Beendigung der Tat. Die Beendigung legt eine deliktische Phase dar, welche mit dem „endgültigen Abschluss des Tatgeschehens" anfängt. Ab diesem Zeitpunkt wird der endgültige Kausalzusammenhang zwischen der Rechtsgutsverletzung und dem Erfolg abschließend bescheinigt. Dies wird „materielle Beendigung" genannt.[1859] Die Feststellungen der Tatbeendigung sind demnach maßgebend (§ 78a S. 1).[1860] Die Verjährungsfrist beginnt also nicht mit der Vollendung, sondern mit der Beendigung der Tat.[1861]

Es besteht kein Zweifel daran, dass man während der Betrachtung der Verjährungsfrist aus einer differenzierten Betrachtung der jeweiligen Tathandlungen ausgeht.[1862] Die Verjährungsfrist beträgt trotzdem in den Fällen des Abs. 1 fünf Jahre (§ 78 Abs. 3 Nr. 4).[1863]

Die Frage, ob die Erfüllung der UnRV für den Beendigungszeitpunkt maßgeblich ist, hat der BGH endgültig und ausdrücklich beantwortet und er hat sie eingeschränkt bejaht.[1864] Für die Bestechungsdelikte gilt vor allem der später liegende Beendigungszeitpunkt, wenn die UnRV erfüllt ist. Die Verjährung beginnt also in der Regel erst mit der tatsächlichen Annahme des letzten Vorteils bzw. seiner letzten Rate.[1865] Der BGH hat sich in diesem Zusammenhang

---

1858 BGH, Urt. v. 25.1.2017 – 5 StR 364/16, Rn. 15; vgl. auch *Möhrenschlager*, in: Dölling (Hrsg.), Korruptionsprävention, 2007, 8. Kap., Rn. 55; *Korte*, in: MüKo-StGB, 2019, § 335, Rn. 17; Fischer, StGB, 2019, § 335, Rn. 11.

1859 *Zaczyk*, in: NK-StGB, 2017, § 22, Rn. 6 m.w.N.; *Helmrich*, wistra 2009, S. 10 (11).

1860 *Stein/Rudolphi*, in: SK-StGB, 2015, § 331, Rn. 42a; BGH, Urt. v. 6.9.2011 – 1 StR 633/10, Rn. 101; umstritten *Sowada*, in: LK-StGB, 12. Aufl., § 332, Rn. 39.

1861 BGHSt 11, 345 (346).

1862 So auch *Helmrich*, wistra 2009, S. 10 (15).

1863 *Korte*, in: MüKo-StGB, 2019, § 331, Rn. 226.

1864 *Gleß/Geth*, StV 2009, S. 182 (184).

1865 Vgl. RGSt 64, 296 (297); BGHSt 10, 237 (243); BGHSt 11, 345 (347); *Jescheck*, in: LK-StGB, 11. Aufl., § 331, Rn. 32; *Bannenberg*, in: Gesamtes Strafrecht, 2017, § 332, Rn. 45; *Korte*, in: MüKo-StGB, 2019, § 331, Rn. 226.

dafür ausgesprochen, dass die Tat – soweit eine vorgenommene Diensthandlung infrage kommt – beendet ist, wenn der Beamte das letzte Stück des Vorteils vollständig erhalten und die Diensthandlung vorgenommen hat.[1866] In solchen Konstellationen verschiebt die Vornahme der Diensthandlung auf einen späteren Zeitpunkt. So knüpft der BGH an die materielle Beendigungslehre an, die den endgültigen Abschluss der Tat voraussetzt.[1867] Die Beendigung der Tat tritt damit erst in dem Zeitpunkt ein, in dem das Tatunrecht seinen tatsächlichen Abschluss findet. Die Verjährung beginnt danach erst, wenn der Täter sein rechtsverneinendes Tun insgesamt abgeschlossen hat.[1868] Auf diese Weise ist der Erfolgscharakter des Delikts bzw. der äußere Geschehensablauf für den Zeitraum des Verjährungsbeginns maßgebend (§ 78a S. 2).[1869]

Die Verjährungsfrist beginnt spätestens mit Ausscheiden aus dem Dienst, weil die Tat in den meisten Fällen vor der Beendigung der Amtsträgereigenschaft beendet ist.[1870] Liegt aber in konkretem Fall eine sukzessive Zahlung des Bestechungslohns vor, endet die Tat regelmäßig erst mit der Zahlung seines letzten Teils, auch wenn der Bestochene zuvor aus dem Amt ausgeschieden ist.[1871]

1866 Siehe dazu BGHSt 11, 345 (346 f.); BGHSt 52, 300 (303); BGH, Urt. v. 31.03.2011 – 4 StR 657/10, Rn. 7 = wistra 2011, S. 308. *Bernsmann/Gatzweiler*, Verteidigung bei Korruptionsfällen, 2014, Rn. 504, spricht i.d.S. von einer expansiven Behandlung der Verjährung, welche sich aus dem Strafunrechts der §§ 332, 334 ergibt. Ebenfalls wird es von *Böttger*, in: FS-Mehle, 2009, S. 77 ff., als „Zeitraumvergrößerung" benannt. *Mitsch*, JURA 2009, S. 534 (534 f.), betont auch gleichfalls, dass es sich mit der tatbestandsexternen Beendigung um eine ungerechtfertigte Ausdehnung des Beendigungsbegriffs i.S.v. § 78a S. 1 handele.

1867 Siehe dazu *Sowada*, in: LK-StGB, 12. Aufl., § 331, Rn. 132 f.; *Kuhlen*, JR 2009, S. 53 (55 f.); Fischer, StGB, 2019, § 332, Rn. 17 jeweils m.w.N.; kritisch *Maurach/Schroeder/Maiwald*, Strafrecht BT, Teilbd. 2, 2012, § 79, Rn. 15; *Dann*, NJW 2008, S. 3076 (3078); ablehnend *Böttger*, in: WirtStR in der Praxis, 2015, Kap. 5, Rn. 135; *v. Heintschel-Heinegg*, in: BeckOK-StGB, 42. Ed., 2019, § 332, Rn. 13; nicht materieller, sondern prozessualer Tatbegriff *Schwab*, Die Beendigung der Bestechungsdelikte, 2019, S. 169. Nach *Helmrich*, wistra 2009, S. 10 (15), stelle die Vornahme der pflichtwidrigen Diensthandlung keinen „Anknüpfungspunkt für die Beendigung" dar.

1868 BGH, NJW 2003, S. 2996 (2997).

1869 BGH, NJW 1998, S. 2373; so auch *Bannenberg*, in: Gesamtes Strafrecht, 2017, § 332, Rn. 45; *Kühl*, in: L/K-StGB, 2018, § 78a, Rn. 4.

1870 BGHSt 11, 345 (347); *Jescheck*, in: LK-StGB, 11. Aufl., § 331, Rn. 32; *Fischer*, StGB, 2019, § 331, Rn. 30a.

1871 BGH, Urt. v. 6.9.2011 – 1 StR 633/10, Rn. 106; zustimmend *Rübenstahl*, wistra 2012, S. 117 (118); ablehnend *Neiseke*, NZWist 2012, S. 229 (236); *Reichling/Winsel*, JR 2014, S. 331 (334).

Weil für die Erfüllung von zweiseitigen Tatbeständen, nämlich Sichversprechenlassen einerseits und Versprechen andererseits, die Umsetzung der Bestechungsabsprache nicht erforderlich ist, kann man daran zweifeln, welcher Zeitpunkt für den Beginn der Verjährungsfrist und damit für die Beendigung der Taten maßgeblich ist. Diese BGH-Entscheidung wird entsprechend durch einen Teil der Literatur heftig kritisiert. Nach einer Meinung im Schrifttum sei die Vornahme der Diensthandlung zwar ein strafrechtsrelevantes kausales Geschehen, könne aber kein zum Tatbestand gehörender Erfolg i.S.v. § 78a S. 1 sein.[1872] Sonst führe eine solche Zeitraumvergrößerung ins Uferlose, damit komme ein Verstoß gegen das Prinzip des fairen Strafverfahrens (Art. 6 Abs. 1 S. 1 EMRK) in Betracht, weil möglicherweise viele Jahre zwischen Vollendung und materieller Beendigung der Tat lägen.[1873]

Bei Konstellationen, in denen die UnRV nicht erfüllt ist oder wird, geht die höchstrichterliche Rechtsprechung davon aus, dass die Tat dann beendet ist, wenn die Forderung oder das Versprechen sich endgültig als „fehlgeschlagen" erwiesen haben und der Täter mit einer Erfüllung nicht mehr rechnet.[1874] Richtigerweise sollte dieser Maßstab nur für das Sichversprechenlassen gelten. Denn das Versprechen fördert bis zu diesem Zeitpunkt die Motivation des Vorteilsempfängers so, sich entsprechend der Unrechtsvereinbarung zu verhalten.[1875]

Da die einseitige Tathandlung „Fordern" ein schlichtes Tätigkeits- und Aussagedelikt ist, ist die Tat gleichzeitig mit der Vollendung auch materiell beendet. Dieser Zeitpunkt ist für die Verjährungsfrist entscheidend. Der Grund besteht darin, dass diese Tatbestände keinen Abschluss einer UnRV verlangen.[1876]

Wie schon oben ausgeführt, ist jede Tathandlungsvariante eine selbständige Tat, es sei denn, sie stellt auf dieselbe UnRV ab. Jede neue selbständige Tathandlung bringt in solchen Fällen eine neue Verjährungsfrist mit sich.[1877] Es handelt

---

1872 *Mitsch*, JURA 2009, S. 534 (536); zustimmend *Reichling/Winsel*, JR 2014, S. 331 (335).

1873 *Mitsch*, JURA 2009, S. 534 (537); *Gleß/Geth*, StV 2009, S. 182 (186); *Reichling/Winsel*, JR 2014, S. 331 (337).

1874 BGH, NJW 2003, S. 2996 (2997); so auch *Fischer*, StGB, 2019, § 331, Rn. 30a; kritisch *Kuhlen*, JR 2009, S. 53 (56).

1875 BGH, NJW 2003, S. 2996 (2997).

1876 So i.E. *Helmrich*, wistra 2009, S. 10 (12).

1877 BGHSt 16, 207 (210); *Jescheck*, in: LK-StGB, 11. Aufl., § 331, Rn. 32.

sich demnach um eine „selbständige Verjährung", die vom Tatgericht je nach Fall zu prüfen ist.[1878]

10. Strafprozessuales

Der Tatort der Bestechlichkeit ist der Ort, an dem die Tathandlungen der Straftat stattgefunden haben, also an dem der Täter den Vorteil gefordert oder angenommen bzw. mit dem Bestochenen vereinbart hat.[1879] Für künftige Handlungen ist der Tatort der Ort, an dem sich der Amtsträger für vorzunehmende Diensthandlung bereitgezeigt hat.

Die Einordnung der Bestechungsdelikte als Wirtschaftsdelikte i.w.S.[1880] führt zu einer strafprozessualen Folge: Die Wirtschaftsstrafkammer ist nach § 74c Abs. 1 Nr. 6 lit. a GVG für das Hauptverfahren zuständig, soweit zur Beurteilung des Falles besondere Kenntnisse des Wirtschaftslebens erforderlich sind.[1881]

Die Anordnung der Untersuchungshaft wegen der Bestechlichkeit ist schwer zu begründen. Dieser Umstand ergibt sich aus dem erforderlichen Haftgrund, nämlich „der Verdunkelungsgefahr" (§ 112 Abs. 2 Nr. 3 StPO). Hierzu fehlt meist der Beleg für Verdunkelung, daher ist die Anordnung der Haft kaum möglich. Dazugehörige Anreize sind nicht ausreichend. Das Haftanliegen muss mit weiteren Indizien bzw. besonderen Umstände der Tatbegehung unterstützt werden, die vom Gericht je nach Tat und Tatbegehung zu berücksichtigen sind.[1882]

„Gründlich vorbereitete Durchsuchungen" könnten nützlich sein, erhebliche Beweismittel, z. B. komplette Festplatte, vergessene Notizbücher, zu gewinnen.[1883]

Die Telekommunikation des Bestochenen und Bestehenden kann überwacht und aufgezeichnet werden, weil Bestechlichkeit und Bestechung nach §§ 332 und 334 schwere Straftaten i.S.d. § 100a StPO sind (§ 100a Abs. 2 Nr. 1 lit. v StPO). Darüber hinaus sind Online-Durchsuchung (§ 100b Abs. 2 Nr. 1 lit. m StPO) und

---

1878 BGHSt 41, 292 (303); *Gleß/Geth*, StV 2009, S. 182 (186); *Helmrich*, wistra 2009, S. 10 (15). Um die ungerechte Realkonkurrenz zwischen Handlungsmodalitäten zu vermeiden vertritt *Bernsmann*, StV 2003, S. 521 (526), in diesem Punkt die Auffassung, dass jede einzelne Modalität dementsprechend selbständig verjährt werden müsse, da die jeweiligen Tathandlungsvarianten selbständige Handlung sind.

1879 *Sowada*, in: LK-StGB, 12. Aufl., § 332, Rn. 40.

1880 Siehe dazu oben § 9 A VIII.

1881 *Korte*, in: MüKo-StGB, 2019, § 332, Rn. 63.

1882 OLG Frankfurt a.M., NStZ 1997, S. 200 (201 f.); vgl. auch *Nötzel*, in: Dölling (Hrsg.), Korruptionsprävention, 2007, Rn. 59; *Korte*, in: MüKo-StGB, 2019, § 332, Rn. 62.

1883 *Nötzel*, in: Dölling (Hrsg.), Korruptionsprävention, 2007, Rn. 58.

Wohnraumüberwachung (§ 100c Abs. 1 Nr. 1 i.V.m. § 100b Abs. 2 Nr. 1 lit. m StPO) in besonders schweren Fällen der Bestechlichkeit und Bestechung unter bestimmten Voraussetzungen zulässig.

Die Einsetzung eines verdeckten Ermittlers ist zwar zulässig, wenn es erforderlich erscheint und der Täter gewerbsmäßig oder als Mitglied einer Bande handelt (§ 110a Abs. 1 Nr. 3 und 4 i.V.m. § 335 Abs. 2 Nr. 3), doch hat dieses Vorgehen in der Praxis weniger Bedeutung.[1884]

Verletzter im Sinne des § 459h StPO (§ 73 Abs. 1 Satz 2 a.F.) kann nur derjenige sein, dessen Individualinteressen durch das vom Täter übertretene Strafgesetz geschützt werden sollen.[1885] Der Dienstherr ist grundsätzlich nicht Verletzter i.d.S.[1886] Er kann aber ausnahmsweise als Verletzter erscheinen, soweit das Delikt i.R.d. §§ 263, 266 einen Vermögensschaden- oder Nachteil begründet.[1887] Dagegen können sich die Behörde, in der der Amtsträger zuständig ist, das Ministerium, das Land oder der Staat als Verletzter i.S.v. § 172 StPO an der Hauptverhandlung beteiligen.

Eine Verfahrenseinstellung gemäß §§ 153 ff. StPO kann grundsätzlich infrage kommen, weil die Bestechlichkeit nach § 12 Abs. 2 i.V.m. § 12 Abs. 1 ein Vergehen ist.[1888]

Eine Verdachtsberichterstattung in Bezug auf einen Bestechlichkeitsvorwurf ist nur zulässig, wenn ein Mindestbestand an Beweistatsachen vorliegt, die für den Wahrheitsgehalt der Information sprechen und ihr damit erst Öffentlichkeitswert verleihen.[1889] Hier ist eine vollständige Berichterstattung erforderlich, sodass dem Leser auch die entlastenden Umstände mitgeteilt werden müssen.[1890]

1884 *Nötzel*, in: Dölling (Hrsg.), Korruptionsprävention, 2007, Rn. 38.

1885 BGH, Urt. v. 24.6.2010 – 3 StR 84/10, Rn. 15; BGH, NStZ 1999, S. 560.

1886 Siehe BGHSt 30, 46 (47); *Jescheck*, in: LK-StGB, 11. Aufl., § 331, Rn. 31; *Sowada*, in: LK-StGB, 12. Aufl., § 331, Rn. 145. Dabei ist zu erwähnen, dass der Dienstherr nach § 71 Abs. 2 S. 2 BBG einen subsidiären Herausgabeanspruch hat, soweit nicht im Strafverfahren die Einziehung von Taterträgen angeordnet worden oder es auf andere Weise auf den Staat übergegangen ist. Siehe dazu BGH, Urt. v. 24.6.2010 – 3 StR 84/10, Rn. 19; *Korte*, in: MüKo-StGB, 2019, § 332, Rn. 53.

1887 *v. Heintschel-Heinegg*, in: BeckOK-StGB, 42. Ed., 2019, § 331, Rn. 58; *Korte*, in: MüKo-StGB, 2019, § 332, Rn. 53.

1888 *Bannenberg*, in: Gesamtes Strafrecht, 2017, § 335, Rn. 2.

1889 OLG München, NJW-RR 2002, S. 186.

1890 BGH, NJW 2000, S. 656 (657).

II. Bestechung (§ 334 StGB)

1. Das geschützte Rechtsgut

In der vorliegenden Arbeit wurde mehrmals erwähnt, dass das Phänomen Bestechung (also i.w.S.) ein zweiseitiges Tauschgeschäft ist. Der deutsche Gesetzgeber hat infolgedessen die Geberseite der Bestechung unter Strafe gestellt, um die komplexen Rechtsgüter zu schützen, nämlich die Verfälschung des Staatswillens zu verhindern und damit Gesetzmäßigkeit und die Lauterkeit der Entscheidungen bzw. das Vertrauen auf die Zuverlässigkeit der Entscheidungen zu bewahren.[1891]

2. Rechtsnatur des Delikts

Das oben zu der Rechtsnatur der Bestechungsdelikte Gesagte gilt auch hier entsprechend für die Bestechung.[1892]

3. Tatbestandsmerkmale (Strafbarkeitsvoraussetzungen)

Die Tatbestandsmerkmale des Bestechungsdelikts bilden das Gegenstück zu § 332.[1893]

a. Objektive Tatbestandsmerkmale

aa Tauglicher Täter (Tatsubjekt = Täterkreis)

Der Straftatbestand der Bestechung ist kein Sonderdelikt, vielmehr ein Jedermannsdelikt bzw. Allgemeindelikt: jeder kann diese Straftat begehen.[1894]

bb. Tatziel: Pflichtwidrige Diensthandlung

Der Täter zielt auf eine pflichtwidrige Diensthandlung ab, indem er einen ungerechtfertigten Vorteil als Gegenleistung dafür anbietet, verspricht oder gewährt, dass sein Bestechungspartner eine Diensthandlung vorgenommen hat oder künftig vornehme und dadurch seine Dienstpflichten verletzt hat oder verletzen werde (§ 334 Abs. 1).

1891 Siehe dazu oben § 8 B V und § 14 A I 1 c.

1892 Siehe dazu oben § 14 A I 2 und § 9 B.

1893 BT-Drucks. 7/550, S. 275.

1894 *Jescheck*, in: LK-StGB, 11. Aufl., § 334, Rn. 3; *Sowada*, in: LK-StGB, 12. Aufl., § 334, Rn. 2; *v. Heintschel-Heinegg*, in: BeckOK-StGB, 42. Ed., 2019, § 334, Rn. 1.

Es gibt drei Arten der Pflichtwidrigkeit der Diensthandlung, namentlich Pflichtwidrigkeit i.S.v. gebundenem Verwaltungshandeln,[1895] Pflichtwidrigkeit i.S.v. Ausnutzung der Amtsstellung[1896] sowie Pflichtwidrigkeit i.S.v. Ermessensentscheidungen.[1897]

Die pflichtwidrige Diensthandlung, die den zentralen Ausgangspunkt der Bestechungsdelikte darstellt, ist ein objektives Tatbestandsmerkmal der Bestechung.[1898] Hierbei zeigt es sich als das Tatziel des Bestochenen.

cc. Tatobjekt: Ungerechtfertigter Vorteil

Wie schon oben erwähnt, ist der Vorteil ein objektives Tatbestandsmerkmal der Bestechungsdelikte. Eine Strafbarkeit wegen Bestechung liegt deshalb dann vor, wenn der Täter einem Amtsträger, einem Europäischen Amtsträger, einem für den öffentlichen Dienst besonders Verpflichteten oder einem Soldaten der Bundeswehr einen objektiv feststellbaren Vorteil als Gegenleistung für seine Bereitschaft bzw. für die pflichtwidrige Diensthandlung zukommen lässt.[1899] Dieses Tatobjekt dient hier als „Bestechungsmittel".[1900] Der mittelbare Vorteil oder Drittvorteil genügt ebenfalls, dieses Merkmal i.S.d. Bestechungstatbestand anzunehmen.[1901]

dd. Tathandlungen

Es ist nochmals zu betonen, dass die pflichtwidrige Diensthandlung der Bezugspunkt aller Tathandlungsmodalitäten ist. Aus diesem Grund muss sich die jeweilige Variante darauf richten.[1902] Darüber hinaus muss die Empfängerseite der Bestechung zur Zeit der Tat Amtsträger, Europäischer Amtsträger, für den öffentlichen Dienst besonders Verpflichteter oder ein Soldat der Bundeswehr, also ein tauglicher Täter der Bestechlichkeit, sein.[1903]

1895 Siehe dazu oben § 14 A I 3 a cc (2) (a).
1896 Siehe dazu oben § 14 A I 3 a cc (2) (b).
1897 Siehe dazu oben § 14 A I 3 a cc (2) (c).
1898 *Sowada*, in: LK-StGB, 12. Aufl., § 334, Rn. 12; *Deiters*, in: FS-Rengier, 2018, S. 217.
1899 *Pelke*, Übel und Vorteil, 1990, S. 118. Siehe auch oben § 14 A I 3 a bb.
1900 *Feuerbach*, Themis, 1812, S. 210; *Binding*, Strafrecht BT II, 1905, S. 720.
1901 *Sowada*, in: LK-StGB, 12. Aufl., § 334, Rn. 6; *Heinrich*, in: Arzt u.a, Strafrecht BT, 2015, § 49, Fn. 189.
1902 *Sowada*, in: LK-StGB, 12. Aufl., § 334, Rn. 7; *Kuhlen*, in: NK-StGB, 2017, § 333, Rn. 7; *Korte*, in: MüKo-StGB, 2019, § 334, Rn. 6.
1903 *Kuhlen*, in: NK-StGB, 2017, § 333, Rn. 3; *Korte*, in: MüKo-StGB, 2019, § 334, Rn. 37.

(1). Anbieten

Das Anbieten eines Vorteils ist eine einseitige Erklärung, welche das Angebot zum Abschluss einer Unrechtsvereinbarung umfasst.[1904] Die Tat ist infolgedessen ein „Äußerungsdelikt", weil es eine Verhaltensweise der Art ist, dass seine Bedeutung aus dem Sinn der gegebenen Erklärung deutlich wird.[1905]

Die Tat ist schon mit der tatsächlichen Kenntnisnahme des potenziellen Bestechungspartners vollendet, wobei dessen Angebot nicht empfangsbedürftig, sondern objektiv erkennbar ist.[1906] Hierbei stehen schlüssige bzw. implizite Handlungen ausdrücklichen Handlungen gleich.[1907] Darüber hinaus ist nicht immer erforderlich, dass der Täter direkt mit dem Amtsträger Kontakt aufnimmt. Die Tat kann auch mithilfe eines Vermittlers (z. B. Gatte oder Verwandte des Beamten) oder z. B. durch eine direkte Überweisung auf das Konto der Zielperson begangen werden, soweit das Angebot auf der Nehmerseite des Angebotes zur Kenntnis genommen wird.[1908] Dabei ist aber zu beachten, dass dann, wenn eine Interaktion zwischen dem Geber und Nehmer in Frage kommt, diese Tathandlungsvariante ausgeschlossen ist.[1909]

All dies führt dazu, dass der Täter sich durch das Anbieten des Vorteils zur Gewährung der gewünschten Diensthandlung bereit erklärt.[1910] Die Tathandlung „Anbieten" bildet somit das Gegenstück zu „Fordern" nach § 332 Abs. 1 S. 1 und ist ein auf der Verhandlungsstufe[1911] geschehenes „schlichtes Tätigkeitsdelikt".[1912]

1904 BGH, NStZ 2008, S. 33 (34); *Jescheck*, in: LK-StGB, 11. Aufl., § 333, Rn. 4; *Rengier*, Strafrecht BT II, 2019, § 60, Rn. 24.

1905 Eb. *Schmidt*, die Bestechungstatbestände, 1960, Rn. 215.

1906 Vgl. RGSt 26, 424 (426); *Binding*, Strafrecht BT II, 1905, S. 722; *Jescheck*, in: LK-StGB, 11. Aufl., § 333, Rn. 4; *Cramer*, in: S/S-StGB, 2001, § 333, Rn. 5; *Sowada*, in: LK-StGB, 12. Aufl., § 333, Rn. 4; *Kuhlen*, in: NK-StGB, 2017, § 333, Rn. 4; aA Eb. *Schmidt*, die Bestechungstatbestände, 1960, Rn. 223: „(…) erst dann zu sprechen, wenn der Äußerrungsadressat den Gedankeninhalt des sich Äußernden verstanden hat."

1907 RGSt 26, 424 (426); 47, 68 (69); Eb. *Schmidt*, die Bestechungstatbestände, 1960, Rn. 217; *Kuhlen*, in: NK-StGB, 2017, § 333, Rn. 4; *v. Heintschel-Heinegg*, in: BeckOK-StGB, 42. Ed., 2019, § 333, Rn. 2.

1908 *Binding*, Strafrecht BT II, 1905, S. 722; *Cramer*, in: S/S-StGB, 2001, § 333, Rn. 4.

1909 *Oğlakcıoğlu*, HRRS 6/2011, S. 275 (277).

1910 Eb. *Schmidt*, die Bestechungstatbestände, 1960, Rn. 216.

1911 *v. Heintschel-Heinegg*, in: BeckOK-StGB, 42. Ed., 2019, § 333, Rn. 2; Fischer, StGB, 2019, § 333, Rn. 4.

1912 *Heinrich*, in: Arzt u.a, Strafrecht BT, 2015, § 49, Rn. 42. Siehe auch oben § 14 A I 3 a dd (1). Bei den erfolglosen Tathandlungen „Fordern" und „Anbieten" geht es im Kern um „unechte Unternehmensdelikte". So auch *Zimmermann*, Das Unrecht der Korruption, 2018, S. 681.

(2). Versprechen

Die Tathandlungsvariante „Versprechen" ist das Gegenstück zum „Sichversprechenlassen". Sie korrespondieren miteinander.[1913]

Das Versprechen des Täters bezieht sich auf die pflichtwidrige Dienstleistung und tangiert den Wunsch des Vorteilsempfängers.[1914] Das setzt freilich eine ausdrückliche oder konkludente Absprache voraus (sog. Willensübereinstimmung). Die Tat ist also schon durch diese Verabredung vollendet.[1915] Auf diese Weise wird die Vereinbarungsstufe durch den Abschluss der Unrechtsvereinbarung realisiert.[1916] Eine entsprechende einseitige Erklärung ist daher für diese Handlungsmodalität nicht ausreichend.[1917] Der Gesetzgeber hat auch nicht beabsichtigt, durch das Versprechen die einseitige Handlung des Handelnden unter Strafe zu stellen.[1918]

(3). Gewähren

Diese Variante des Bestechungstatbestands setzt eine tatsächliche Zuwendung des Vorteils an den tauglichen Vorteilsempfänger oder an den Dritten voraus.[1919] Dies macht eine unrechtsgeschäftliche Verabredung zwischen dem Leistenden und dem bestochenen Täter notwendig, welche die entsprechende „Annahmeerklärung des Empfängers" umfasst.[1920] Dabei spielt es keine Rolle, ob der Vorteil unmittelbar oder mittelbar dem tauglichen Empfänger der Bestechung zufließt. Diese Handlungsmodalität kann sich also absprachegemäß auch über eine Mittelsperson bzw. über einen Dritten vollziehen.[1921] Somit stellt sich

---

1913 *Jescheck*, in: LK-StGB, 11. Aufl., § 333, Rn. 4; *Cramer*, in: S/S-StGB, 2001, § 333, Rn. 3.

1914 Vgl. Eb. *Schmidt*, die Bestechungstatbestände, 1960, Rn. 216; *Jescheck*, in: LK-StGB, 11. Aufl., § 333, Rn. 4.

1915 *Möhrenschlager*, in: Dölling (Hrsg.), Korruptionsprävention, 2007, 8. Kap., Rn. 47; *Stein/Deiters*, in: SK-StGB, 2016, § 333, Rn. 9; *Kuhlen*, in: NK-StGB, 2017, § 333, Rn. 5.

1916 RGSt 47, 68 (69); *v. Heintschel-Heinegg*, in: BeckOK-StGB, 42. Ed., 2019, § 333, Rn. 2; *Heine/Eisele*, in: S/S-StGB, 2019, § 333, Rn. 5; Fischer, StGB, 2019, § 333, Rn. 4.

1917 Für einseitige Erklärung *Jescheck*, in: LK-StGB, 11. Aufl., § 333, Rn. 4; *Cramer*, in: S/S-StGB, 2001, § 333, Rn. 5; *Korte*, in: MüKo-StGB, 2019, § 333, Rn. 13.

1918 *Kuhlen*, in: NK-StGB, 2017, § 333, Rn. 5; *Sowada*, in: LK-StGB, 12. Aufl., § 334, Rn. 8.

1919 *Möhrenschlager*, in: Dölling (Hrsg.), Korruptionsprävention, 2007, 8. Kap., Rn. 47; *Sowada*, in: LK-StGB, 12. Aufl., § 333, Rn. 10; *Stein/Deiters*, in: SK-StGB, 2016, § 333, Rn. 8; *Kuhlen*, in: NK-StGB, 2017, § 333, Rn. 6; *Korte*, in: MüKo-StGB, 2019, § 333, Rn. 14.

1920 BGHSt 15, 184 (185); *Heine/Eisele*, in: S/S-StGB, 2019, § 333, Rn. 5; Fischer, StGB, 2019, § 333, Rn. 4.

1921 BGH, NStZ 1998, S. 90 (91); BGHSt 49, 275 (298); *Cramer*, in: S/S-StGB, 2001, § 333, Rn. 4; *Oğlakcıoğlu*, HRRS 6/2011, S. 275 (277); *Korte*, in: MüKo-StGB, 2019, § 333, Rn. 13.

diese Tathandlungsmodalität als die „Leistungsstufe" i.R.d. quasi-vertraglichen Modells vor und bildet das Gegenstück zum Bestechlichkeitstatbestand.[1922]

In der Lehre ist diese Ansicht hingegen nicht einhellig vertreten. Der Kernpunkt der Diskussion besteht darin, ob das Gewähren die Kenntnis des Amtsträgers voraussetzt. Nach einer Ansicht sei nur der Wille und das Verhalten des Täters wie beim „Anbieten" für die Tatbestandserfüllung genügend.[1923] Die Grammatikalische Auslegung bekräftigt dies prima facie. Danach könnte man davon ausgehen, dass für die Tatbestandserfüllung es auf den Willen und die Vorstellung des Vorteilsempfängers nicht ankomme.[1924] Diese Ansicht vereinfacht allerdings die Unrechtsvereinbarung und sie ignoriert damit mittelbar die Unrechtsvereinbarung. Das führt dazu, dass das Ergebnis dem Willen des Gesetzgebers, also der *ratio legis* der Straftat widerspricht.[1925] Die einseitige Willenserklärung des Täters ist deswegen nicht ausreichend, den Tatbestand „Gewähren" i.S.v. § 334 zu erfüllen. Das setzt vielmehr eine Willensübereinstimmung voraus, die sich aus den Willen des Vorteilsgebers und des Vorteilsempfängers ergibt.[1926] Aus diesem Grund sind neben dem Willen des Vorteilsgebers die „Erkenntnis" und das entsprechende „Bewusstsein" des tauglichen Empfängers den Bestandteilen dieser Tathandlungsmodalität zuzuordnen.[1927] Nach zutreffender Meinung liegt also ein tatbestandsmäßiges „Gewähren" nur dann vor, wenn es eine Willensübereinstimmung zwischen den Parteien des Verbrechensphänomen Bestechung besteht und der Vorteil der Verfügungszone des Empfängers zugeführt ist und zuletzt der taugliche Empfänger des § 334 dies verstanden hat.[1928]

1922 Vgl. BGHSt 15, 184 (185); *Sowada*, in: LK-StGB, 12. Aufl., § 333, Rn. 9; *Heine/Eisele*, in: S/S-StGB, 2019, § 333, Rn. 3; *Rengier*, Strafrecht BT II, 2019, § 60, Rn. 25; *v. Heintschel-Heinegg*, in: BeckOK-StGB, 42. Ed., 2019, § 333, Rn. 2; Fischer, StGB, 2019, § 333, Rn. 4.

1923 BGHSt 15, 184 (185); *Deiters*, in: FS-Rengier, 2018, S. 215.

1924 So *Deiters*, in: FS-Rengier, 2018, S. 215. Nach dem Verfasser käme unter dem Tatbestandsmerkmal „als Gegenleistung" nicht gegenseitige Willensübereinstimmung, sondern nur die „überschießende Innentendenz" in Betracht. Siehe *ders.*, a.a.O., S. 216.

1925 Vgl. *Oğlakcıoğlu*, HRRS 6/2011, S. 275 (279).

1926 RGSt 29, 413, 414; *Kuhlen*, in: NK-StGB, 2017, § 333, Rn. 6; *Korte*, in: MüKo-StGB, 2019, § 333, Rn. 15; *Heine/Eisele*, in: S/S-StGB, 2019, § 333, Rn. 5; Fischer, StGB, 2019, § 333, Rn. 4.

1927 *Eb. Schmidt*, die Bestechungstatbestände, 1960, Rn. 227 m.w.N.

1928 Siehe dazu eingehend Eb. *Schmidt*, die Bestechungstatbestände, 1960, Rn. 224 ff. m.w.N.

Für die Konstellationen, in denen der Vorteil direkt an einen Dritten erbracht ist, gilt das oben zum „Annehmen" Gesagte entsprechend.[1929] Die Fälle, in denen der Dritte als eine Mittelsperson-Rolle auftritt, sind also unproblematisch, weil die Zuwendung durch den tauglichen Empfänger der Bestechung angeordnet wird. Es handelt sich dabei i.E. um eine faktische Verfügung zugunsten des Bestehenden und deswegen ein tatbestandsmäßiges Gewähren und spiegelbildlich ein tatbestandsmäßiges Annehmen auf Seiten des Bestochenen.[1930] Problematisch sind dagegen die Fälle, in denen der Dritte ohne eine Unrechtsvereinbarung zwischen den Beteiligten als Zielperson in Erscheinung zutritt. Fließt der Vorteil direkt und ohne aktuelles Wissen des Amtsträgers an einem Dritten, so ist eine nachträgliche Kenntnisnahme und Billigung des Amtsträgers vonnöten. Auf diese Weise kann man über eine „Verfügungsmacht"[1931] sprechen. Sonst fehlt die notwendige rechtswidrige bewusste Verknüpfung zwischen dem Vorteil und der Diensthandlung.[1932]

ee. Zeitliche Orientierung

Wie beim Bestechlichkeitstatbestand ist zwischen der zurückliegenden und der künftigen Diensthandlung zu unterscheiden.[1933] Für die Strafbarkeit des Bestechenden nach § 334 Abs. 1 ist hier gleichgültig, ob die betroffene Diensthandlung vorgenommen oder vorzunehmen ist.[1934] Es betrifft diejenigen Fälle, in denen der Täter den Vorteil für eine künftige Handlung anbietet, verspricht oder gewährt.

(1). Vergangene Diensthandlungen

Es geht hier um nachträgliche Vorteilsgewährung.[1935] Der strafrechtliche Schutz wird dadurch verstärkt.[1936]

Hierbei ist zu beachten, dass wenn die Diensthandlung zurückliegt oder schon vorgenommen ist, sie tatsächlich vorgenommen worden und objektiv

---

1929 Siehe dazu oben § 14 A I 3 a dd (3); kritisch und ablehnend *Deiters*, ZJS 2012, S. 255 (257 f.).

1930 *Oğlakcıoğlu*, HRRS 6/2011, S. 275 (277 f.), stuft die Anordnung des Vorteilsnehmers als „Verfügungshandlung" ein.

1931 *Oğlakcıoğlu*, HRRS 6/2011, S. 275 (278).

1932 BGHSt 49, 275 (298 f.).

1933 *Cramer*, in: S/S-StGB, 2001, § 334, Rn. 2; *Sowada*, in: LK-StGB, 12. Aufl., § 334, Rn. 7; *Heine/Eisele*, in: S/S-StGB, 2019, § 334, Rn. 4.

1934 BT-Drucks. 7/550, S. 276; *Eser*, Strafrecht III, 1980, 18 A 76.

1935 *Eser*, Strafrecht III, 1980, 18 A 76; *Sowada*, in: LK-StGB, 12. Aufl., § 334, Rn. 8.

1936 BT-Drucks. 7/550, S. 275.

pflichtwidrig sein muss.[1937] Für die Pflichtwidrigkeit gilt schon oben zu dem Bestechlichkeitstatbestand Ausgeführte.[1938]

(2). Künftige Diensthandlungen (§ 334 Abs. 3)

Der § 334 Abs. 3 ist das Gegenstück zu § 332 Abs. 3. Wie beim § 332 Abs. 3 haben die Tathandlungsmodalitäten des § 334 Abs. 1 hier den „Erklärungswert".[1939] Der Inhalt der Erklärung muss entsprechend zumindest objektiv erkennbar sein.[1940]

Die Vorschrift stellt klar,[1941] dass sich also nur der strafbar macht, wer den anderen zu bestimmen versucht, dass dieser bei der Handlung Pflichten des Adressaten verletzt (Nr. 1) oder, soweit die Handlung im Ermessen steht, sich bei der Ausübung des Ermessens durch den Vorteil beeinflussen lässt (Nr. 2). Die Tat ist also unabhängig „von den Reaktionen des Adressaten"[1942] mit dem Bestimmungsversuch vollendet.[1943]

Ebenso erfordert die Vorschrift nicht, dass der Amtsträger, Soldat, Richter, Schiedsrichter oder besonders Verpflichtete das mit dem Vorteil verfolgte Ansinnen des Täters erkennt.[1944] Diese Auffassung wird im Schrifttum weitgehend anerkannt.[1945] Letzteres ist aber wegen des Merkmals „zu bestimmen versucht" problematisch geworden und es wird in der Lehre diskutiert, ob dieses Merkmal im Lichte des § 30 Abs. 1 oder nach dem Sinn und Zweck von Bestechungstatbeständen bestimmt werden soll. Nach einer Meinung ist es

---

1937 *Jescheck*, in: LK-StGB, 11. Aufl., § 334, Rn. 5; *Sowada*, in: LK-StGB, 12. Aufl., § 334, Rn. 8; *Höltkemeier*, Sponsoring als Straftat, 2005, S. 145; *Korte*, in: MüKo-StGB, 2019, § 334, Rn. 8; *Heine/Eisele*, in: S/S-StGB, 2019, § 334, Rn. 5. *Kuhlen*, in: NK-StGB, 2017, § 334, Rn. 4 geht anders davon aus, dass die „Bedeutung" schon ausreichend sei.

1938 Siehe dazu oben § 14 A I 3 a cc (2).

1939 Siehe dazu oben § 14 A I 3 a ee (2).

1940 *Sowada*, in: LK-StGB, 12. Aufl., § 334, Rn. 11; *Joecks*, StGB, 2014, § 334, Rn. 4. Nach *Bernsmann/Gatzweiler*, Verteidigung bei Korruptionsfällen, 2014, Rn. 430, müsste die Handlung „genau" erkennbar sein.

1941 *Fischer*, StGB, 2019, § 334, Rn. 8; *Höltkemeier*, Sponsoring als Straftat, 2005, S. 147; *Heger*, in: Lackner/Kühl-StGB, 2018, § 334, Rn. 3.

1942 *Sowada*, in: LK-StGB, 12. Aufl., § 334, Rn. 10; zur Funktion des § 334 Abs. 3 *ders.*, a.a.O., Rn. 11.

1943 *Cramer*, in: S/S-StGB, 2001, § 334, Rn. 17; vgl. auch *Heger*, in: Lackner/Kühl-StGB, 2018, § 334, Rn. 3; *Fischer*, StGB, 2019, § 334, Rn. 8.

1944 BT-Drucks. 7/550, S. 276.

1945 *Jescheck*, in: LK-StGB, 11. Aufl., § 334, Rn. 6; *Cramer*, in: S/S-StGB, 2001, § 334, Rn. 10; *Heine/Eisele*, in: S/S-StGB, 2019, § 334, Rn. 7.

materiell-rechtlich gemäß § 30 Abs. 1 auszulegen.[1946] Danach ist einerseits neben dem Bestimmungswille zusätzlich ein „Anstiftungsvorsatz"[1947] erforderlich, dass die Gegenseite der Bestechung die gewünschte Handlung vornehme. Der Vollendungszeitpunkt ist auf der anderen Seite im Gegensatz zu den Tathandlungen nach § 334 Abs. 1 vorverlagert.[1948] Die andere Meinung in der Lehre geht davon aus, dass es eine eigenständige Bedeutung hat, welche zutreffend nach dem Sinn und Zweck von Bestechungstatbeständen ermittelt werden sollte. Dies führt danach dazu, dass es für die Erfüllung des Tatbestands des § 334 Abs. 3 entweder die Kenntnisnahme des Vorteilsempfänger oder der Zugang des Bestimmungsversuches bedarf.[1949]

(a). Bestimmungsversuch zur Pflichtwidrigkeit (§ 334 Abs. 3 Nr. 1)
Es ist umstritten, welche Betrachtung für die Bewertung der Pflichtwidrigkeit gelten soll. Die überwiegende Ansicht nimmt dabei die objektive Betrachtung an. Danach liegt ein Bestimmungsversuch zur Pflichtwidrigkeit nach § 334 Abs. 3 Nr. 1 vor, wenn die vom Täter gewünschte Tathandlung nach einer objektiven Betrachtung pflichtwidrig wäre. Das bedeutet, dass die Vorstellung des Täters dazu nicht ausreichend ist.[1950]

Der hier in Betracht gekommene Bestimmungsversuch stellt kein Erfolgsdelikt dar und entsprechend setzt er keinen Taterfolg bzw. keine „Reaktion des Amtsträgers"[1951] voraus.[1952] Die gewünschte Handlung, die objektiv als pflichtwidrig einzustufen ist, muss also nicht wirklich vorgenommen werden. Der Bestimmungsversuch muss nur unter der Kenntnisnahme von Adressaten oder

1946 *Rengier*, Strafrecht BT II, 2019, § 60, Rn. 34; *Heine/Eisele*, in: S/S-StGB, 2019, § 334, Rn. 7; *Heger*, in: Lackner/Kühl-StGB, 2018, § 334, Rn. 3; *Joecks*, StGB, 2014, § 334, Rn. 6; *Zimmermann*, Das Unrecht der Korruption, 2018, S. 586 f.

1947 Siehe *Bernsmann/Gatzweiler*, Verteidigung bei Korruptionsfällen, 2014, Rn. 428.

1948 Siehe dazu *Sowada*, in: LK-StGB, 12. Aufl., § 334, Rn. 17.

1949 *Sowada*, in: LK-StGB, 12. Aufl., § 334, Rn. 11 m.w.N.; in diese Richtung auch *Fätkinhäuer*, in: FES (Hrsg.), Korruption in Deutschland, 1997, S. 77 f.; *Stein/Deiters*, in: SK-StGB, 2016, § 334, Rn. 11; *Heine/Eisele*, in: S/S-StGB, 2019, § 334, Rn. 10.

1950 *Jescheck*, in: LK-StGB, 11. Aufl., § 334, Rn. 7; *Bernsmann/Gatzweiler*, Verteidigung bei Korruptionsfällen, 2014, Rn. 427; *Kuhlen*, in: NK-StGB, 2017, § 334, Rn. 6; *Sowada*, in: LK-StGB, 12. Aufl., § 334, Rn. 10; *Korte*, in: MüKo-StGB, 2019, § 334, Rn. 9. Im Schrifttum wird dagegen teilweise die Auffassung vertreten, dass für die Tatbestandserfüllung nicht die objektive Umstände, sondern die Vorstellung des Täters maßgebend sei. So *Cramer*, in: S/S-StGB, 2001, § 334, Rn. 10; *Joecks*, StGB, 2014, § 334, Rn. 5; *Deiters*, in: FS-Rengier, 2018, S. 217.

1951 *Sowada*, in: LK-StGB, 12. Aufl., § 334, Rn. 9.

1952 *Heger*, in: Lackner/Kühl-StGB, 2018, § 334, Rn. 3.

mit dem Zugang des Bestimmungsversuches sich auf eine pflichtwidrige Diensthandlung richten.[1953]

(b). Bestimmungsversuch zur Beeinflussung (§ 334 Abs. 3 Nr. 2)

Die Vorschrift schafft Klarheit, dass der Täter auch wegen der Bestechung nach § 334 Abs. 1 für schuldig befinden kann, wenn er den anderen zu bestimmen versucht, sich bei der Ausübung des Ermessens durch den Vorteil beeinflussen zu lassen (§ 334 Abs. 3 Nr. 2). In solchen Fällen steht die vom Täter gewünschte Handlung im Ermessen des Vorteilsempfängers.[1954] Hier gilt auch oben für die Ermessensentscheidung[1955] und künftige Handlung Gesagte.

ff. Kausalität

Die Tathandlungsmodalitäten „Versprechen" und „Gewähren" erfordern – wie schon oben ausgeführt wurde – eine bewusste Verknüpfung zwischen dem Vorteil und der Diensthandlung, welche durch den Tatrichter festgestellt werden muss. Dadurch unterscheidet man zwischen der einseitigen Unrechtsqualität „Anbieten" und der beiderseitigen höheren Unrechtsstufe des Tatbestandes.[1956] Der kausale Zusammenhang für die beiderseitigen Unrechtsqualität setzt eine enge Beziehung zwischen der betroffenen vorgenommenen oder vorzunehmenden amtlichen Tätigkeit und dem ungerechtfertigten Vorteil voraus. Also gilt auch oben zu § 332 Dargestellte entsprechend.[1957]

Bei den Fällen nach § 334 Abs. 3 muss die mögliche Bestechungsverknüpfung zumindest objektiv erkennbar sein.[1958] Auf diese Weise wird die Kausalität im Vergleich zu den beiderseitigen Tathandlungen gelockert.

b. Subjektive Tatbestandsmerkmale

Die Intention bzw. das „Vorteilsbewusstsein"[1959] des Täters muss alle objektiven Merkmale des Bestechungstatbestands umfassen, die zur tatrichterlichen

---

1953 *Korte*, in: MüKo-StGB, 2019, § 334, Rn. 9.

1954 *Sowada*, in: LK-StGB, 12. Aufl., § 334, Rn. 9; *Fischer*, StGB, 2019, § 334, Rn. 8. *Korte*, in: MüKo-StGB, 2019, § 334, Rn. 10, gibt als ein Beispiel dafür die Schulfotografen-Entscheidung des BGH, Urt. v. 26.5.2011 – 3 StR 492/10).

1955 Siehe dazu oben § 14 A I 3 a cc (2) (c).

1956 *Eb. Schmidt*, die Bestechungstatbestände, 1960, Rn. 128, 138; *Heine/Eisele*, in: S/S-StGB, 2019, § 333, Rn. 5. Siehe auch oben § 14 A I 3 a ff.

1957 Siehe dazu oben § 14 A I 3 a ff.

1958 *Joecks*, StGB, 2014, § 334, Rn. 4.

1959 *Möhrenschlager*, in: Dölling (Hrsg.), Korruptionsprävention, 2007, 8. Kap., Rn. 50.

Aufgabe gehören.[1960] Der Anbietende muss also nicht nur wollen, dass der Amtsträger sein Angebot zur Kenntnis nimmt; sein Vorsatz muss auch darauf gerichtet sein, dass der Amtsträger versteht, dass der Vorteil für die pflichtwidrige Diensthandlung angeboten ist. Dabei ist aber die rechtliche Beurteilung des Amtsträgers für die Pflichtwidrigkeit ohne Belang.[1961] Ein entsprechender Anstiftungsvorsatz ist dazu nicht erforderlich.[1962] Diesbezüglicher Bestechungsvorsatz verlangt vielmehr – wie beim § 332 – eine „Bedeutungskenntnis" (sog. Parallelwertung in der Laiensphäre).[1963] Fehlt dem Vorteilsgeber diese Bedeutungskenntnis, so handelt er nicht vorsätzlich.[1964] Ebenfalls kennt der Täter die rechtliche Position des Vorteilsempfängers nicht, so handelt er auch nicht vorsätzlich.[1965] Beim ersten Fall bleibt die Bestrafung wegen der Vorteilsgewährung nach § 333 unberührt.[1966] Bei der zweiten Konstellation kommt eventuell eine Strafbarkeit gemäß § 299 Abs. 2 in Betracht.[1967]

Der Täter muss ferner den Willen haben, dass der Vorteilsempfänger den Sinn seiner einseitigen Erklärung bzw. den Kausalzusammenhang zwischen dem Vorteil und der pflichtwidrigen Diensthandlung verstehe und seine entsprechende Absicht bemerke.[1968] Das bedeutet, dass dies eine zusätzliche Intention des Täters auf die konkretisierbare oder konkrete vergangene bzw. künftige objektiv pflichtwidrige Diensthandlung erfordert.[1969]

Eine exakte Äußerung der Absicht ist nicht der Bestandteil der subjektiven Tatbestandsmerkmale. Deswegen handelt der Täter vorsätzlich, auch wenn er seinen Wille später zeigt.[1970]

Der Vorsatz bezüglich des § 334 Abs. 3 ist schon dann gegeben, auch wenn er sich nicht darauf erstreckt, dass der Vorteilsempfänger seine pflichtwidrige

---

1960 Eingehend Eb. *Schmidt*, die Bestechungstatbestände, 1960, Rn. 233 ff.

1961 BGH, NStZ 2008, S. 33 (34); *Sowada*, in: LK-StGB, 12. Aufl., § 334, Rn. 12.

1962 *Kuhlen*, in: NK-StGB, 2017, § 334, Rn. 7.

1963 *Sowada*, in: LK-StGB, 12. Aufl., § 334, Rn. 14; *Joecks*, StGB, 2014, § 334, Rn. 7.

1964 *Sowada*, in: LK-StGB, 12. Aufl., § 334, Rn. 14.

1965 *Kuhlen*, in: NK-StGB, 2017, § 334, Rn. 7; *Korte*, in: MüKo-StGB, 2019, § 334, Rn. 14.

1966 *Korte*, in: MüKo-StGB, 2019, § 334, Rn. 14.

1967 *Korte*, in: MüKo-StGB, 2019, § 334, Rn. 14; *Sowada*, in: LK-StGB, 12. Aufl., § 334, Rn. 14.

1968 *Jescheck*, in: LK-StGB, 11. Aufl., § 333, Rn. 4; *Möhrenschlager*, in: Dölling (Hrsg.), Korruptionsprävention, 2007, 8. Kap., Rn. 47; *Fischer*, StGB, 2019, § 334, Rn. 7.

1969 Siehe dazu *Deiters*, in: FS-Rengier, 2018, S. 216; oben § 14 A I 3 b.

1970 RGSt 47, 68 (69); Eb. *Schmidt*, die Bestechungstatbestände, 1960, Rn. 247.

Diensthandlung erkennt.[1971] Dadurch wird dieser Vorsatz im Gegensatz zu dem Bewusstsein bezüglich der erforderlichen engen Kausalität gelockert.[1972]

Für die subjektiven Merkmale ist ein bedingter Vorsatz schon ausreichend.[1973] Für die Konstellationen nach § 334 Abs. 3 ist auch der bedingte Vorsatz genügend.[1974] Demzufolge handelt der Täter mit Eventualvorsatz, obwohl er unsicher ist, ob die betroffene Amtshandlung pflichtwidrig sei oder nicht.[1975]

4. *Strafausschließungs- und Strafaufhebungsgründe*

a. *Innerer Vorbehalt*

Das oben unter dem § 14 A I 4 a Gesagte gilt hier auch entsprechend.

b. *Überführungsabsicht*

Es liegt keine Bestechung vor, falls der Täter mit der Absicht handelt, den Amtsträger zu überführen.[1976] Diesbezügliche Mentalreservation kann beachtlich sein.[1977]

c. *Vortäuschung*

Die vorgetäuschte ist keine tatsächliche Zuwendung. Deshalb wird der Tatbestand nicht erfüllt.[1978]

1971 *Sowada*, in: LK-StGB, 12. Aufl., § 334, Rn. 15; vgl. auch *Cramer*, in: S/S-StGB, 2001, § 334, Rn. 10; *Stein/Deiters*, in: SK-StGB, 2016, § 334, Rn. 12; *Fischer*, StGB, 2019, § 334, Rn. 7; *Heine/Eisele*, in: S/S-StGB, 2019, § 334, Rn. 10.

1972 Siehe dazu oben § 14 A I 3 b.

1973 BGH, NJW 2002, S. 2801 (2806); *Cramer*, in: S/S-StGB, 2001, § 334, Rn. 9; *Möhrenschlager*, in: Dölling (Hrsg.), Korruptionsprävention, 2007, 8. Kap., Rn. 49.

1974 *Jescheck*, in: LK-StGB, 11. Aufl., § 334, Rn. 7; *Sowada*, in: LK-StGB, 12. Aufl., § 334, Rn. 10; *Fischer*, StGB, 2019, § 334, Rn. 8.

1975 *Binding*, Strafrecht BT II, 1905, S. 723-724.

1976 *Sowada*, in: LK-StGB, 12. Aufl., § 334, Rn. 16; *Bernsmann/Gatzweiler*, Verteidigung bei Korruptionsfällen, 2014, Rn. 428; vgl. auch oben § 14 A I 4 b. Nach *Kuhlen*, in: NK-StGB, 2017, § 333, Rn. 8, kommt dabei eine Rechtfertigung gemäß § 34 in Betracht.

1977 Vgl. *Cramer*, in: S/S-StGB, 2001, § 334, Rn. 7; *Heine/Eisele*, in: S/S-StGB, 2019, § 334, Rn. 8.

1978 So *Stein/Deiters*, in: SK-StGB, 2016, § 333, Rn. 8, zum Thema Fn. 6; vgl. auch oben § 14 A I 4 c.

Da für die künftigen Handlungen i.S.v. § 334 Abs. 3 schon der Bestimmungsversuch genügt, spielt hier die Vortäuschung keine Rolle und es ist damit unbeachtlich. Der Täter macht sich dann strafbar.[1979]

Täuschte der Amtsträger vor, dass er als Gegenleistung für den Vorteil eine pflichtwidrige Diensthandlung vorgenommen habe, so kommt für den Zuwendenden nur Bestrafung nur wegen der Vorteilsgewährung nach § 333 Abs. 1.[1980]

d. *Geringwertige Zuwendungen*

Es wurde schon oben darauf aufmerksam gemacht,[1981] dass die geringwertigen, vor allem i.R.d. Sozialadäquanz und Höflichkeit angebotenen Zuwendungen für Ermessensausübung nicht dem tauglichen Vorteil i.S.v. Bestechungsdelikten zugeordnet werden. Von daher bleibt ein solcher Bestimmungsversuch zur Beeinflussung (§ 334 Abs. 3 Nr. 2) straflos.[1982]

e. *Nötigung*

Es geht um hier „schwierige Fragen auf Rechtfertigungs- und Schuldebene", soweit der Täter sich in einem Nötigungsstand befindet.[1983]

Hierbei ist von vornherein zu diskutieren, ob das durch den Amtsträger angekündigte und somit in Betracht gekommene Übel als ein Vorteil oder als ein Nachteil bzw. ein empfindliches Übel angesehen wird.[1984] Ist das mögliche Übel eine Beeinträchtigung, so erfüllt der Amtsträger den Bestechlichkeitstatbestand in Tateinheit mit Erpressung (§ 253).[1985] In diesem Fall erscheint der Angedrohte als Opfer der Straftat, obwohl er sich an eine Unrechtsvereinbarung gehalten hat. Der Grund dafür ergibt sich – wie schon oben erwähnt – aus der „Vermeidung der angedrohten Übelszufügung".[1986] Es handelt sich dabei somit um eine Nötigung von Seiten des Amtsträgers und eine „Vermeidung der angedrohten Übelszufügung" von Seiten des Täters. Er bleibt i.E. für den Erpressungsopfer als Teil der notwendigen Teilnahme straflos und für den Bestechungstatbestand handelt er gemäß § 34 nicht rechtswidrig.[1987]

1979 Vgl. oben § 14 A I 4 c.

1980 *Sowada*, in: LK-StGB, 12. Aufl., § 334, Rn. 8; *Korte*, in: MüKo-StGB, 2019, § 334, Rn. 8.

1981 Siehe dazu oben § 14 A I 4 e.

1982 *Sowada*, in: LK-StGB, 12. Aufl., § 334, Rn. 16.

1983 *Heinrich*, in: Arzt u.a., Strafrecht BT, 2015, § 49, Rn. 48.

1984 Siehe dazu mit vielen Beispielen *Pelke*, Übel und Vorteil, 1990, S. 124 ff.

1985 *Zimmermann*, Das Unrecht der Korruption, 2018, S. 409.

1986 Siehe oben und vgl. § 14 A I 4 f.

1987 *Heinrich*, in: Arzt u.a., Strafrecht BT, 2015, § 49, Rn. 48. Im geschäftlichen Verkehr ist das Ergebnis ganz anders. Die Nötigung stellt keinen Grund für die Straflosigkeit

Nach zutreffender Ansicht soll man von dem Rechtsinstitut des rechtfertigenden Notstands gemäß § 34 Gebrauch machen, wenn sich der Täter in einem Nötigungsnotstand befindet.[1988] Das gilt also für Fälle, in denen der Vorteilsgeber wegen einer Drohung mit einem empfindlichen Übel gleichzeitig Opfer geworden ist. Danach tritt der notgedrungene Bündnispartner als Opfer der Straftat in Erscheinung.[1989]

Hält der Bedrohte das Ausbleiben des angedrohten Übels für Vorteilhaft, macht er sich schuldig wegen Bestechung. Er muss auch spiegelbildlich bestraft werden.[1990]

5. *Irrtum*

In Konstellationen, in denen der Täter irrtümlich die Diensthandlung für pflichtwidrig hält, ist zwischen § 334 Abs. 1 und § 334 Abs. 3 zu unterscheiden.

In der Bewertung der irrtümlichen Annahme des Täters über die Pflichtwidrigkeit der vergangenen Diensthandlung herrscht in der Lehre Einigkeit darüber, dass er wegen des Versuchs nach § 334 Abs. 1 nicht bestraft werden darf, da dies vom Gesetzgeber nicht vorgesehen ist. Es geht dabei um einen untauglichen straflosen Versuch.[1991] Entsprechend könnte hierbei ggf. die Strafbarkeit nach § 333 infrage kommen.[1992]

Die Fälle, in denen der Täter während seiner Tatbegehung zum Bestimmungsversuch für künftige Diensthandlungen (§ 334 Abs. 3) irrtümlich die gewünschte Diensthandlung für pflichtwidrig hält, sind allerding unklar. Manche Verfasser

---

des Gebers dar, es sei denn die Nötigung wäre qualifiziert. Siehe dazu OECD Rec. 2009, Annex I, A; *Pieth*, in: Handbuch, 2013, § 22, Rn. 49; aA „unfair" *Arzt*, in; FS-Stöckel, 2010, S. 18 ff; in diese Richtung auch *Kuhlen*, in: NK-StGB, 2017, § 334, Rn. 3g; *Korte*, in: MüKo-StGB, 2019, § 334, Rn. 17; *Zimmermann*, Das Unrecht der Korruption, 2018, S. 406, zum Thema Fn. 1854.

1988 *Sowada*, in: LK-StGB, 12. Aufl., § 334, Rn. 16.

1989 *Binding*, Strafrecht BT II, 1905, S. 720; *Roxin*, ZStW 2017, S. 277 (298).

1990 Vgl. BGHSt 9, 245; *Binding*, Strafrecht BT II, 1905, S. 720; *Möhrenschlager*, in: Dölling (Hrsg.), Korruptionsprävention, 2007, 8. Kap., Rn. 29.

1991 *Korte*, in: MüKo-StGB, 2019, § 334, Rn. 8; *Heine/Eisele*, in: S/S-StGB, 2019, § 334, Rn. 9.

1992 *Jescheck*, in: LK-StGB, 11. Aufl., § 334, Rn. 7; *Bernsmann/Gatzweiler*, Verteidigung bei Korruptionsfällen, 2014, Rn. 427; *Stein/Deiters*, in: SK-StGB, 2016, § 334, Rn. 12; *Korte*, in: MüKo-StGB, 2019, § 334, Rn. 19; *Fischer*, StGB, 2019, § 334, Rn. 8.

sehen zum einen die Strafbarkeit nach § 334 Abs. 3 als hinnehmbar an.[1993] Denn während bei der Begutachtung des Bestimmungsversuches sind die Vorstellungen des Täters entscheidend. Danach reichte die irrige Annahme über die pflichtwidrige Diensthandlung aus.[1994] Es geht zum anderen um die Auffassung, dass § 334 Abs. 3 ihn nicht erfasst. Diesbezügliche Strafbarkeit sei *de lege lata* erst mit dem ersten KorrBekG v. 1997 möglich geworden, indem der Gesetzgeber für solche Fälle die Vorteilsgewährung (§ 333) vorgesehen habe.[1995]

Kennt der Täter richtig die Stellung des tauglichen Vorteilsempfängers, irrt er aber über die normativen Voraussetzungen von Gleichstellungsmerkmalen, so liegt ein bloßer[1996] bzw. unbeachtlicher[1997] Subsumtionsirrtum vor. Dies führt danach ggf. zu einem Verbotsirrtum nach § 17.[1998]

Bei der Verkennung der Pflichtwidrigkeit, d. h. die vorzunehmende Handlung sei pflichtgemäß, aber in Wahrheit pflichtwidrig, ist die Anwendung des § 334 aufgrund des vorsatzausschließenden Tatbestandsirrtums ausgeschlossen. Der Täter macht sich aber nach § 333 strafbar.[1999] Kennt der Täter die rechtliche Position des Vorteilsempfängers nicht, so liegt ein vorsatzausschließender Tatbestandsirrtum vor.[2000]

Zusammenfassend lässt sich sagen, dass, weil die Merkmale „Diensthandlung" und „Verletzung der Dienstpflichten" objektive Tatbestandmerkmalen sind, die irrige Annahme des Täters über einen objektiven Tatbestandsmerkmal zu dem untauglichen Versuch führen muss.[2001] Dies hat danach zur Folge, dass der Täter i.S.v. § 334 straflos bleiben sollte.

1993 *Sowada*, in: LK-StGB, 12. Aufl., § 334, Rn. 11; *Bernsmann/Gatzweiler*, Verteidigung bei Korruptionsfällen, 2014, Rn. 427; vgl. auch *Jescheck*, in: LK-StGB, 11. Aufl., § 334, Rn. 7.

1994 *Cramer*, in: S/S-StGB, 2001, § 334, Rn. 10; *Deiters*, in: FS-Rengier, 2018, S. 217.

1995 *Korte*, in: MüKo-StGB, 2019, § 334, Rn. 9; *Stein/Deiters*, in: SK-StGB, 2016, § 334, Rn. 12. Nach *Fischer*, StGB, 2019, § 334, Rn. 8, kommt hierbei die Bestrafung nach § 333 nur dann in Betracht, wenn er diesen Irrtum nicht vermeiden konnte.

1996 *Kuhlen*, in: NK-StGB, 2017, § 334, Rn. 7.

1997 *Heine/Eisele*, in: S/S-StGB, 2019, § 334, Rn. 9.

1998 *Korte*, in: MüKo-StGB, 2019, § 334, Rn. 14.

1999 *Sowada*, in: LK-StGB, 12. Aufl., § 334, Rn. 15; *Joecks*, StGB, 2014, § 334, Rn. 7; *Kuhlen*, in: NK-StGB, 2017, § 334, Rn. 5; *Stein/Deiters*, in: SK-StGB, 2016, § 334, Rn. 12; *Heine/Eisele*, in: S/S-StGB, 2019, § 334, Rn. 10; für den Verbotsirrtum mit gleichem Ergebnis *Fischer*, StGB, 2019, § 334, Rn. 8.

2000 *Korte*, in: MüKo-StGB, 2019, § 334, Rn. 14.

2001 Eb. *Schmidt*, die Bestechungstatbestände, 1960, Rn. 252.

6. *Besondere Erscheinungsformen der Straftat*

a. *Täterschaft und Teilnahme*

Die Mittäterschaft verlangt eine gemeinsame Tatbegehung und wird nach den zu § 25 entwickelten Grundsätzen behandelt.[2002] Teilnahme des außenstehenden Dritten ist ebenfalls nach allgemeinen Regelungen möglich.[2003]

Wie oben erwähnt, gibt es gesetzlich zwei abschließend geregelte Lager für die Bestechungsdelikte. Dies hat danach eine maßgebende Bedeutung für die Teilnahme des Täters von Bestechlichkeit an der Tat der Bestechung. Es ist strafrechtsdogmatisch mithilfe dieser gesetzlichen Ausgestaltung gesperrt.[2004]

Die Strafbarkeit des Teilnehmers wird nach der Lagertheorie bestimmt.[2005] Solange der außenstehende Dritte vorrangig den Vorteilsgeber unterstützt, steht er im Lager des Bestechungstäters, wobei dessen Bestrafung gemäß § 334 i.V.m §§ 26, 27 festzulegen ist.[2006] Es geht hier um keine Strafmilderung nach § 28 Abs. 1. Dies gilt nur für den Teilnehmer an der Bestechlichkeit.[2007] Dies führt danach dazu, dass der Teilnehmer, der im Lager des Vorteilsgebers steht, härter als der Teilnehmer, der im Lager des Bestechlichkeitstäters steht, bestraft wird. Ein Teil der Lehre kritisiert zu Recht dieses Ergebnis.[2008]

Alle Tathandlungsmodalitäten können außerdem durch eine Mittelsperson erfolgen.[2009] Die Mittelsperson wird als Mittäter bestraft, wenn sie die Tat gemeinsam mit dem Bestechenden begeht. Hingegen liegt eine Bestrafung wegen Teilnahme vor, falls die Mittelsperson nur als Vermittler der Botschaft dient. Tritt die

---

2002 *Möhrenschlager*, in: Dölling (Hrsg.), Korruptionsprävention, 2007, 8. Kap., Rn. 72.

2003 *Cramer*, in: S/S-StGB, 2001, § 334, Rn. 11; *Heine/Eisele*, in: S/S-StGB, 2019, § 334, Rn. 11.

2004 *Sowada*, in: LK-StGB, 12. Aufl., § 334, Rn. 18; *Heine/Eisele*, in: S/S-StGB, 2019, § 334, Rn. 11.

2005 Siehe dazu oben § 14 A I 6 a.

2006 *Rengier*, Strafrecht BT II, 2019, § 60, Rn. 43.

2007 *Möhrenschlager*, in: Dölling (Hrsg.), Korruptionsprävention, 2007, 8. Kap., Rn. 75; *Heine/Eisele*, in: S/S-StGB, 2019, § 333, Rn. 14.

2008 *Stein/Deiters*, in: SK-StGB, 2016, § 334, Rn. 13; für die analoge Anwendung des § 28 Abs. 1 *Cramer*, in: S/S-StGB, 2001, § 334, Rn. 12; *Bernsmann/Gatzweiler*, Verteidigung bei Korruptionsfällen, 2014, Rn. 513; Milderung i.R.d. Strafzumessung *Kuhlen*, in: NK-StGB, 2017, § 331, Rn. 142; hinnehmbar *Korte*, in: MüKo-StGB, 2019, § 333, Rn. 42.

2009 *Jescheck*, in: LK-StGB, 11. Aufl., § 333, Rn. 5; *Stein/Deiters*, in: SK-StGB, 2016, § 333, Rn. 8.

Person also als Bote in Erscheinung, kommt ihre Strafbarkeit nicht i.R.d. Täterschaft in Betracht. Dieser Außenstehende kann vielmehr als Teilnehmer bestraft werden.[2010]

b. Versuch

Nach dem Willen des Gesetzgebers ist der Versuch der Bestechung gegenüber einem Amtsträger, Europäischen Amtsträger oder einem für den öffentlichen Dienst besonders Verpflichteten sowie Soldaten straflos.[2011] Die Handlungen des Täters, die vor der Vollendung der jeweiligen Taten zutage kommen, stellen daher straflose Vorbereitungshandlungen dar. Ein besonders deutliches Beispiel dafür gibt der Mittelsperson-Fall: Falls der Täter eine Mittelsperson erkauft, um ihn i.S.v. § 334 Abs. 3 – ohne Wissen des gezielten möglichen Bestechungspartners – zu einer pflichtwidrigen Diensthandlung bestimmen zu versucht, dann macht er sich wegen der Bestechung nicht strafbar.[2012] Auch liegt nur eine „straflose Vorbereitungshandlung" vor, wenn der Täter seine Offerte durch den Mittelsmann zurücknimmt.[2013]

Nimmt der Täter irrtümlich an, dass der Vorteilsempfänger ein tauglicher Partner der Bestechung sei, bleibt der Täter aufgrund des untauglichen Versuches straflos.[2014]

Der untaugliche Bestimmungsversuch i.R.d. § 334 Abs. 3 ist nicht ganz klar. Ein Teil des Schrifttums vertritt – wie bei Fällen nach § 334 Abs. 1 – die Auffassung, dass der § 334 Abs. 3 nicht den untauglichen Versuch erfasse. Der Gesetzgeber habe für solche Fälle den § 333 vorgesehen.[2015] Hingegen geht der größten Teil der Lehre davon aus, dass sich der Täter bei solchen Fällen nach § 334 Abs. 3

2010 *Heine/Eisele*, in: S/S-StGB, 2019, § 333, Rn. 4.

2011 BT-Drucks. 7/550, S. 276. Nach *Sowada*, in: LK-StGB, 12. Aufl., § 334, Rn. 17, ist es beim „Anbieten" möglich, dass es mit der Entlassung der einseitigen Erklärung aus dem Herrschaftsgebiet des Täters beginnt.

2012 Siehe dazu RGSt 13, 396 (397); *Binding*, Strafrecht BT II, 1905, S. 721; *Jescheck*, in: LK-StGB, 11. Aufl., § 333, Rn. 5; *Cramer*, in: S/S-StGB, 2001, § 333, Rn. 4; *Heine/Eisele*, in: S/S-StGB, 2019, § 333, Rn. 4; vgl. auch unten § 21 A I 1.

2013 *Jescheck*, in: LK-StGB, 11. Aufl., § 333, Rn. 5.

2014 *Cramer*, in: S/S-StGB, 2001, § 334, Rn. 9; *Heine/Eisele*, in: S/S-StGB, 2019, § 334, Rn. 9; *Sowada*, in: LK-StGB, 12. Aufl., § 334, Rn. 14.

2015 *Korte*, in: MüKo-StGB, 2019, § 334, Rn. 8; *Heine/Eisele*, in: S/S-StGB, 2019, § 334, Rn. 9; so auch i.R.d. alten Rechtslage Eb. *Schmidt*, die Bestechungstatbestände, 1960, Rn. 252-253. Einige Autoren nehmen dabei ein „Wahndelikt" an, welche auch das Ergebnis nicht verändert. Siehe dazu *Sowada*, in: LK-StGB, 12. Aufl., § 334, Rn. 10 m.w.N.

schuldig macht, obwohl der Bestimmungsversuch wegen der irrigen Annahme des Täters über die rechtliche Qualifikation der Diensthandlung untauglich wäre.[2016]

c. Unterlassung

Eine Unterlassungsvorschrift für den Bestechungstatbestand ist nicht vorgesehen. Die Gleichstellung der Unterlassung ist nur für die Diensthandlungen möglich.[2017]

d. Konkurrenzen

Es ist zweifelhaft, ob der Täter als „Anstifter" verantwortlich ist, wenn die von dem Vorteilsgeber angesonnene Handlung eine strafbare Handlung ist. Dabei wird in der Lehre überwiegend die Auffassung vertreten, dass der Täter sich in solchen Konstellationen als „Anstifter" wegen versuchter bzw. vollendeter Anstiftung gemäß § 25 oder § 30 Abs. 1 in Tateinheit mit § 334 strafbar macht (Idealkonkurrenz).[2018] Wenn es dabei aber unabhängig von der UnRV um eigene Unterstützung der strafbaren Diensthandlung geht, indem der Täter an dieser Tat mitwirkt, dann liegt aufgrund der zwei selbständigen Handlungen eine Tatmehrheit vor (Realkonkurrenz).[2019]

Wie schon ausgeführt wurde, ist beim Konkurrenzverhältnis zwischen der Bestechung als Vortat und der Geldwäsche als Nachtat darauf zu achten, dass in solchen Fällen eine Gesetzeskonkurrenz besteht. Der Gesetzgeber hat dies in einer besonderen Konkurrenzvorschrift geregelt. Danach ist die Strafbarkeit wegen Geldwäsche stets ausgeschlossen, wenn es um eine Selbstgeldwäschehandlung ohne Unrechtssteigerung geht (§ 261 Abs. 9 S. 2). Im Gegensatz dazu ist die Strafbarkeit wegen Selbstgeldwäsche gegeben, wenn der Bestechende den

---

2016 *Jescheck*, in: LK-StGB, 11. Aufl., § 334, Rn. 7; *Cramer*, in: S/S-StGB, 2001, § 334, Rn. 10; *Sowada*, in: LK-StGB, 12. Aufl., § 334, Rn. 11, 17; *Bernsmann/Gatzweiler*, Verteidigung bei Korruptionsfällen, 2014, Rn. 427; *Deiters*, in: FS-Rengier, 2018, S. 217.

2017 Siehe dazu oben § 14 A I 6 c.

2018 Vgl. BGHSt 6, 308 (311) = BGH, NJW 1954, S. 1693 (1694); *Binding*, Strafrecht BT II, 1905, S. 724, zum Thema Fn. 4; *Jescheck*, in: LK-StGB, 11. Aufl., § 334, Rn. 9; *Kuhlen*, in: NK-StGB, 2017, § 334, Rn. 11; *Sowada*, in: LK-StGB, 12. Aufl., § 334, Rn. 19 m.w.N.; *Fischer*, StGB, 2019, § 334, Rn. 10; *Korte*, in: MüKo-StGB, 2019, § 334, Rn. 23.

2019 RGSt 56, 58 (60); BGHSt 41, 385 (389); *Stein/Rudolphi*, in: SK-StGB, 2015, § 334, Rn. 15; *Fischer*, StGB, 2019, § 334, Rn. 10; *Korte*, in: MüKo-StGB, 2019, § 334, Rn. 23.

Bestechungslohn, der aus dem Bestechungstatbestand herrührt, in den Verkehr bringt und dabei die rechtswidrige Herkunft des Tatmittels verschleiert (§ 261 Abs. 9 S. 3).[2020] In solchen Fällen gilt die Tatmehrheit.

7. Rechtsfolgen

Nach dem ausdrücklichen Willen des Gesetzgebers wird der Bestechende milder als Bestochene bestraft, wobei dessen Mindeststrafe bei drei Monaten Freiheitsstrafe liegt (§ 334 Abs. 1 S. 1). Dagegen ist der Obergrenze des Strafrahmens dieselbe, also fünf Jahre Freiheitsstrafe.[2021] Die Geldstrafe kommt nur in minder schweren Fällen in Frage (§ 334 Abs. 1 S. 2).

Wie oben zum Ausdruck gebracht,[2022] sind durch die Bestechung erlangte Vorteile bzw. Taterträge und selbst der Bestechungslohn nach dem Bruttoprinzip und gemäß §§ 73 ff. abzuschöpfen.[2023] Die Abschöpfung des gesamten Profits erscheint also als eine adäquate Folge beider Bestechungstatbestände.[2024] Darunter kommen als erwartender Gewinn z. B. bei einem „Werkvertrag" der wirtschaftliche Wert des durch Bestechung erlangten Auftrags und als mittelbare Vorteile etwa die konkrete Chance auf Abschluss von Wartungsverträgen für eine errichtete Anlage oder von sonstigen Folgegeschäften durch Aufbau einer Geschäftsbeziehung in Betracht, die Chance zur Erlangung weiterer Aufträge für vergleichbare Anlagen, die Steigerung des wirtschaftlich werthaltigen „Goodwill" eines Unternehmens durch Errichtung eines Prestigeobjekts für einen renommierten Auftraggeber, die Vermeidung von Verlusten durch Auslastung bestehender Kapazitäten oder die Verbesserung der Marktposition durch Ausschalten von Mitwettbewerbern.[2025] Bei der Bestimmung des Wertes des Erlangten gilt der Schätzungsansatz (§ 73d). Dabei ist aber zu beachten, dass die Aufwendungen wie Personal- und Materialkosten und Erwerbskosten des Täters, Teilnehmers oder des anderen abzuziehen sind (§ 73d Abs. 1 S. 1).

Die Meinung, die Belohnung für eine vergangene Diensthandlung sei nicht Gegenstand der Abschöpfung,[2026] ist kaum nachvollziehbar, da sie nicht zu

---

2020 Siehe dazu oben § 14 A I 6 d; vgl. auch *Korte*, in: MüKo-StGB, 2019, § 334, Rn. 34.
2021 *Sowada*, in: LK-StGB, 12. Aufl., § 334, Rn. 20.
2022 Siehe dazu oben § 14 A I 7.
2023 *Korte*, in: MüKo-StGB, 2019, § 334, Rn. 27.
2024 BT-Drucks. 18/9525, S. 68.
2025 BGHSt 50, 299 (311) = NJW 2006, S. 925 (930); vgl. auch *Korte*, in: MüKo-StGB, 2019, § 334, Rn. 29; *Sowada*, in: LK-StGB, 12. Aufl., § 334, Rn. 21 m.w.N.
2026 *Korte*, in: MüKo-StGB, 2019, § 334, Rn. 31; *Sowada*, in: LK-StGB, 12. Aufl., § 334, Rn. 21.

gerechten und vorhersehbaren Ergebnissen führt. Man kann einfach in einer Gesamtbetrachtung feststellen, dass es auch in solchen Fällen einen durch die rechtswidrige Tat erlangten Vorteil gibt.

Hat der Täter die Straftat im Namen juristischer Personen oder Personenvereinigungen begangen, indem er als Leiter, Vertreter, Angestellte usw. die Pflichten des Organs verletzt oder sie durch die Bestechung bereichert, kann gegen diese[2027] eine Geldbuße festgesetzt werden (§ 30 OWiG). Darüber hinaus drohen auch Geldbuße gegen Betriebe oder Unternehmen, wenn die Aufsichtsmaßnahmen verhindert oder erheblich erschwert haben, indem der Inhaber des Unternehmens vorsätzlich oder fahrlässig die Aufsichtsmaßnahmen unterlässt, die erforderlich sind, um in dem Betrieb oder Unternehmen Zuwiderhandlungen gegen Pflichten zu verhindern (§ 130 OWiG).[2028] Hierbei ist zu erwähnen, dass die Einziehung nach §§ 73 ff. mit der Festsetzung einer Geldbuße gegen die juristische Person oder Personenvereinigung nicht mehr möglich ist (§ 30 Abs. 5 OWiG).[2029]

Bei der Festsetzung der Geldbuße gegen Betriebe oder Unternehmen kann sie unter bestimmten Voraussetzungen in das Gewerbezentralregister eingetragen werden (§§ 149 ff. GewO). Im Übrigen ist wegen des korruptiven Sachverhalts die entsprechende Gewerbeuntersagung nach § 35 GewO einzutragen.[2030]

Die Bestechung ist eine taugliche Vortat der Geldwäsche (§ 261 Abs. 1 Nr. 1, 2 lit. a). Der Bestechungslohn kann daher bei einer Geldwäschestraftat eingezogen werden (§ 261 Abs. 7). Das Bestechungsgeld gehört hierbei zum aus der Vortat herrührenden tauglichen Tatobjekt der Geldwäsche.[2031]

2027 Darunter versteht man „alle rechtsfähigen Personengesellschaften". Siehe dazu *Waßmer*, in: Hoven/Kubiciel (Hrsg.), Das Verbot der Auslandsbestechung, 2016, S. 166.

2028 *Korte*, in: MüKo-StGB, 2019, § 334, Rn. 35; *v. Heintschel-Heinegg*, in: BeckOK-StGB, 42. Ed., 2019, § 331, Rn. 61; *Möhrenschlager*, in: Dölling (Hrsg.), Korruptionsprävention, 2007, 8. Kap., Rn. 255 ff. *Sowada*, in: LK-StGB, 12. Aufl., § 334, Rn. 22, benennt diese Geldbuße als „Sanktionsmöglichkeiten i.w.S.".

2029 *Möhrenschlager*, in: Dölling (Hrsg.), Korruptionsprävention, 2007, 8. Kap., Rn. 270; *Korte*, in: MüKo-StGB, 2019, § 334, Rn. 35.

2030 *v. Heintschel-Heinegg*, in: BeckOK-StGB, 42. Ed., 2019, § 331, Rn. 62; *Waßmer*, in: Louis/Glinder/ders. (Hrsg.), Handbuch, 2020, Rn. 440.

2031 Siehe dazu oben § 14 A I 7 a; vgl. auch *Korte*, in: MüKo-StGB, 2019, § 334, Rn. 34.

8. *Strafzumessung*

Das oben zu § 334 Gesagte gilt hier auch sinngemäß.[2032] Bei der Strafzumessung spielt insbesondere der Erfolg der Bestechung eine besondere Rolle.[2033]

9. *Verjährung*

Nach der ständigen Rechtsprechung haben die Tatbestände Bestechlichkeit und Bestechung identische Beendigungszeitpunkte.[2034]

Diese Entscheidung wird auch durch einen Teil der Literatur heftig kritisiert. Der Anknüpfungspunkt für die materielle Beendigung der Bestechlichkeit gelte nach dieser Auffassung für die Bestechungstatbestände nicht. Es gehe um vielmehr eine Differenzierung der Beendigung zwischen Geber und Amtsträger. Der Beendigungszeitpunkt des Bestechenden sei entsprechend unabhängig von dem Vorteilsempfänger festzulegen. Ansonsten komme eine unrechtsmäßige Verzögerung der Verjährungsfrist in Betracht.[2035]

Einige Stimmen gehen noch einen Schritt weiter und vertreten die Auffassung, dass die maßgeblichen Zeitpunkte für die Verjährungsfrist nicht auf die Bestechung übertragbar seien, weil der Bestechende nach dem Abschluss der UnRV nicht mehr Einfluss auf den Bestochenen nehmen könnte.[2036] Das Schicksal des Bestechenden sollte daher nicht von Tathandlungen des Bestochenen abhängen. Ab dem Abschluss der UnRV bleibt der Täter untätig. Von daher sei dieser Zeitpunkt hinsichtlich der Vollendung für die Verjährungsfrist relevant.[2037] Infolgedessen sind sie der Meinung, dass die später vorgenommene Diensthandlung dem Bestechende keine nachteiligen Konsequenzen mit sich bringen sollte. Einer angemessenen Strafverfolgungsverjährung willens sind sie für das Hinausschieben der Deliktsbeendigung über den Zeitpunkt der formellen Vollendung.[2038] Also handele es sich danach i.E. eine schlichte Gleichstellung der Vollendung mit der Beendigung zugunsten des Bestechenden.

2032 Siehe dazu oben § 14 A I 8.

2033 *Cramer*, in: S/S-StGB, 2001, § 334, Rn. 18; *Heine/Eisele*, in: S/S-StGB, 2019, § 334, Rn. 13.

2034 BGHSt 52, 300 (304) m.w.N.; siehe auch oben § 14 A I 9.

2035 *Helmrich*, wistra 2009, S. 10 (14 f.).

2036 *Gleß/Geth*, StV 2009, S. 182 (185); *Reichling/Winsel*, JR 2014, S. 331 (336).

2037 *Helmrich*, wistra 2009, S. 10 (14).

2038 So i.S.v. Subventionsbetrug (§ 264) OLG München, NStZ 2006, S. 630 (631); ebenfalls für die Bestechungsdelikte *Gleß/Geth*, StV 2009, S. 182 (186); *Helmrich*, wistra 2009, S. 10 (12 f.).

Es ist klar, dass die Tathandlungen des § 334 – wie beim § 332 – selbständig verjährt.[2039]

10. Strafprozessuales

Da der Gesetzgeber die strafprozessualen Vorschriften und die Ermittlungsmaßnahmen für die Bestechlichkeit und Bestechung stets spiegelbildlich vorgesehen hat, kann einfach dazu auf den § 14 A I 10 verwiesen werden.

B. Strafbare Bestechungshandlungen in anderen Sektoren

In der deutschen Bestechungsstrafrechstdogmatik wurden die betroffenen Handlungen je nachdem Sektor und je nach sektoralen Bedürfnissen und ggf. mit abweichenden Tatbeständen normiert. Dies ergibt sich aus den je eigenständig zu schützenden Rechtsgütern. So sollte dieses Sektormodell einen besseren Schutz verschiedener Rechtsgüter sichern.[2040]

In diesem Teil der Arbeit stehen die Bestechlichkeitstatbestände im Hintergrund. Hier werden nur ihre wesentlichen Punkte beschrieben. Das unten in den Überschriften verwendete Wort „Bestechung“ ist zuletzt i.w.S. zu verstehen; es bringt die beiden Seite der Bestechung zum Ausdruck.

I. Strafbare Bestechungshandlungen in der Justiz

1. Richterliche Bestechung (§§ 332 Abs. 2, 334 Abs. 2)

Ein Richter, Mitglied eines Gerichts der Europäischen Union oder Schiedsrichter wird als Bestochener bestraft, wenn er einen Vorteil für sich oder einen Dritten als Gegenleistung dafür fordert, sich versprechen lässt oder annimmt, dass er eine richterliche Handlung vorgenommen hat oder künftig vornehme und dadurch seine richterlichen Pflichten verletzt hat oder verletzen würde (§ 332 Abs. 2). Ebenfalls und spiegelbildlich behandelt wird, wer einem Richter, Mitglied eines Gerichts der Europäischen Union oder Schiedsrichter einen Vorteil für diesen oder einen Dritten als Gegenleistung dafür anbietet, verspricht oder gewährt, dass er eine richterliche Handlung vorgenommen und dadurch seine richterlichen Pflichten verletzt hat oder künftig vornehme und dadurch seine richterlichen Pflichten verletzen würde (§ 334 Abs. 2).

2039 *Gleß/Geth*, StV 2009, S. 182 (186).

2040 Vgl. dazu oben § 10 B I und unten § 16 D IV.

Die Bestechlichkeitstatbestände in der justiziellen Tätigkeit sind die Qualifikation zu § 332 Abs. 1.[2041] Für die Handlungsmodalitäten der Tatbestände gilt daher entsprechend das zu § 332 Gesagte.[2042]

Der Begriff „Richter" bezieht sich entweder auf den Berufsrichter oder den ehrenamtlichen Richter, der nach deutschem Recht eingestellt ist (§ 11 Abs. 1 Nr. 3). Hingegen wird der Begriff „Mitglied eines Gerichts der Europäischen Union" nach europäischem Recht festgestellt. Und zuletzt kommt der taugliche Täter „Schiedsrichter" nach den Vorschriften §§ 1025 ff. ZPO in Betracht.[2043]

Unter der richterlichen Handlung sind die Handlungen, die sich auf richterliche Unabhängigkeit beziehen, zu verstehen.[2044] Dabei werden auch vorbereitende und begleitende Entscheidungen wie Terminanordnungen gezählt.[2045] Die richterliche Handlung muss also in der Lage sein, zugunsten oder zum Nachteil einer Partei zu beeinflussen.[2046]

Nicht erforderlich ist eine Beugung des Rechts (§ 339) für die Pflichtverletzung.[2047] Eine richterliche Diensthandlung ist dann pflichtwidrig, wenn der Richter in dem konkreten Fall das zwingende Recht nicht angewendet hat.[2048] Dies kann geschehen, wenn entweder die gültige Norm nicht oder nicht richtig angewendet ist oder der Richter den Fall durch eine ungültige Norm zur Lösung bringt.[2049] Damit wird abgesichert, dass die Handlung nach Rechtsgrundsätzen vorgenommen werden muss.[2050] Außerdem wird die Unparteilichkeit und Nicht-Käuflichkeit des Richters durch die Strafschärfung besonders geschützt.[2051]

2041 *Korte*, in: MüKo-StGB, 2019, § 332, Rn. 33. Siehe auch oben § 9 B VII.

2042 *Sowada*, in: LK-StGB, 12. Aufl., § 332, Rn. 24.

2043 Siehe dazu *Korte*, in: MüKo-StGB, 2019, § 331, Rn. 166 f.

2044 BT-Drucks. 7/550, S. 271.

2045 *Sowada*, in: LK-StGB, 12. Aufl., § 331, Rn. 95; *Korte*, in: MüKo-StGB, 2019, § 331, Rn. 170.

2046 BGHSt 12, 191 (193).

2047 *Korte*, in: MüKo-StGB, 2019, § 332, Rn. 35.

2048 *Fischer*, StGB, 2019, § 332, Rn. 8.

2049 *Jescheck*, in: LK-StGB, 11. Aufl., § 332, Rn. 5; *Sowada*, in: LK-StGB, 12. Aufl., § 332, Rn. 24.

2050 BT-Drucks. 7/550, S. 271.

2051 Vgl. *Sowada*, in: LK-StGB, 12. Aufl., § 331, Rn. 92; *Fischer*, StGB, 2019, § 331, Rn. 29a. Es ist gut vertretbar, wenn man eine Forderung stellt, dass ein „strafschärfender Sondertatbestand" für aktive und passive Richterbestechung erforderlich ist. Siehe *Sauer*, System des Strafrechts, BT, 1954, S. 519.

Liegt eine Justizverwaltungstätigkeit des Richters vor, so ist die Anwendung der Richterbestechung nach § 332 Abs. 2 ausgeschlossen.[2052] Dieses Thema ist vielmehr Gegenstand der Amtsträgerbestechung.[2053]

2. *Schiedsrichtervergütung (§ 337)*

Die Vergütung eines Schiedsrichters ist nur dann ein Vorteil i.S.d. Bestechungsdelikte i.w.S., wenn der Schiedsrichter sie von einer Partei hinter dem Rücken der anderen fordert, sich versprechen lässt oder annimmt oder wenn sie ihm eine Partei hinter dem Rücken der anderen anbietet, verspricht oder gewährt (§ 337).

Die Strafbarkeit des Schiedsrichters i.R.d. Bestechungsdelikte ist durch das Merkmal des § 337 „hinter dem Rücken" abhängig gemacht. Damit ist gemeint, dass der Schiedsrichter, der den Vorteil fordert, sich versprechen lässt oder annimmt, oder dass die eine Partei, die ihm den Vorteil anbietet, verspricht oder gewährt, ohne Wissen der anderen Partei und mit dem Willen handelt, diese zu hintergehen. Es geht deshalb um eine Klarstellung durch diese Auslegungsvorschrift.[2054] Auf diese Weise setzt die Strafbarkeit eines Schiedsrichters eine Heimlichkeit voraus. Das führt danach zur Beschränkung der Strafbarkeit im Vergleich zu Richterbestechung.[2055]

II. Strafbare Bestechungshandlungen in der Politik

„Wer im übrigen, wie die Politik, dem Bürger in Sonntagsreden Moral und Ethik predigt, muß sich zudem an seinen eigenen Taten messen lassen."[2056]

„Unabhängig von ihrer politischen Zugehörigkeit müssen Politiker/innen mit gutem Beispiel vorangehen, da von gewählten Vertreter/innen erwartet wird, dass sie integer sind, und zwar ohne Ausreden."[2057]

2052 BT-Drucks. 7/550, S. 271.

2053 *Fischer*, StGB, 2019, § 331, Rn. 29.

2054 BT-Drucks. 7/550, S. 276; vgl. auch *Sowada*, in: LK-StGB, 12. Aufl., § 337, Rn. 1.

2055 *Sowada*, in: LK-StGB, 12. Aufl., § 337, Rn. 4.

2056 *Fätkinhäuer*, in: FES (Hrsg.), Korruption in Deutschland, 1997, S. 78.

2057 Marin Mrčela, der Präsident der Staatengruppe gegen Korruption (GRECO), https://www.coe.int/de/web/portal/-/greco-president-politicians-should-lead-by-example-without-ifs-or-buts- (zuletzt angerufen am 22.12.2019).

1. *Wählerbestechung (§ 108b)*

Wer einem anderen dafür, dass er nicht oder in einem bestimmten Sinne wähle, Geschenke oder andere Vorteile anbietet, verspricht oder gewährt, wird wegen der aktiven Wählerbestechung bestraft (§ 108 Abs. 1). Ebenso wird wegen der passiven Wählerbestechung und mit derselben Strafrahmen bestraft, wer dafür, dass er nicht oder in einem bestimmten Sinne wähle, Geschenke oder andere Vorteile fordert, sich versprechen lässt oder annimmt (§ 108 Abs. 2).

Im Vergleich zu anderen Bestechungsdelikten ist zu erwähnen, dass hierbei die Bestechung, also die aktive Seite (Stimmenkauf) umgekehrt zuerst formuliert ist. Im zweiten Absatz ist die Bestechlichkeit eines Wählers (Stimmenverkauf) vorgesehen.[2058]

Diese den allgemeinen Bestechungstatbeständen nachgebildete Regelung will die Sachlichkeit der Stimmabgabe des wahlberechtigten Bürgers bei öffentlichen Wahlen und Abstimmungen der in § 108d StGB genannten Art gewährleisten.[2059] Die Wählerbestechungstatbestände kann daher nur vor dem Wahl begangen werden.[2060]

Bei der aktiven Wählerbestechung haben die Kandidaten bzw. Wahlbewerber oder die Dritten die Absicht, die Entscheidungen von Wählern durch Geschenke oder andere Vorteile zu beeinflussen, um sie in ihrem Sinne wählen zu lassen. Das wird „Stimmenkauf" genannt.[2061] Der Bestochene i.S.v. § 108b Abs. 1 heißt also Stimmenkäufer und diese Person kann jedermann, anders gesagt, auch der Nichtwahlbewerber sein.[2062] Noch ein weiterer wichtiger Punkt für die Tatbestände ist die Wahlberechtigung. Um von einer Beeinflussung i.S.d. § 108b sprechen zu können, muss der Wähler in § 108d genannten Wahlen und Abstimmungen stimmberechtigt sein.[2063]

Nach einer höchstrichterlichen Rechtsprechung setzt die Wählerbestechung voraus, dass zwischen Wahlbewerber (Bestechende) und Wähler (Bestochene) eine bestimmte personale Beziehung herausgestellt werden muss. Das ist nach Ansicht des BGH für dieses Delikt entscheidend und wegen des Merkmals

---

2058 *Zimmermann*, Das Unrecht der Korruption, 2018, S. 603.

2059 BGHSt 33, 336 (338) m.w.N.

2060 *Eser*, in: S/S-StGB, 2019, § 108b, Rn. 3; kritisch *Zimmermann*, Das Unrecht der Korruption, 2018, S. 605.

2061 *Eser*, in: S/S-StGB, 2019, § 108b, Rn. 2.

2062 *Fischer*, StGB, 2019, § 108b, Rn. 2.

2063 BGHSt 33, 336 (338).

„einem anderen" erforderlich.[2064] Diese Meinung, die hauptsächlich eine konkrete Unrechtsvereinbarung verlangt, hat im Schrifttum Stimmung gefunden.[2065]

Das Geschenk oder der Vorteil muss zur Befriedigung privaten Interessen des Wählers dienen. Das Bestechungsmittel muss also demokratiefeindlich und rechtswidrig sein. Versprechungen von Kandidaten i.R.d. Demokratie sind demgemäß nicht tatbestandsmäßig.[2066]

Die Frage, ob der Täter wie ein Bürgermeister nach erfolgreichem Stimmenkauf und Wiederwahl wegen der Bestechlichkeit nach § 332 Abs. 1 oder wegen des § 108b Abs. 1 bestraft werden muss, ist offen. Nach einer Ansicht ist dies stets die Gegenstand der Wählerbestechung.[2067]

2. *Mandatsträgerbestechung (§ 108e)*

Wer als Mitglied einer Volksvertretung des Bundes oder der Länder einen ungerechtfertigten Vorteil für sich oder einen Dritten als Gegenleistung dafür fordert, sich versprechen lässt oder annimmt, dass er bei der Wahrnehmung seines Mandates eine Handlung im Auftrag oder auf Weisung vornehme oder unterlasse, wird wegen der Mandatsträgerbestechlichkeit bestraft (§ 108e Abs. 1). Ebenso wird wegen der Mandatsträgerbestechung bestraft, wer einem Mitglied einer Volksvertretung des Bundes oder der Länder einen ungerechtfertigten Vorteil für dieses Mitglied oder einen Dritten als Gegenleistung dafür anbietet, verspricht oder gewährt, dass es bei der Wahrnehmung seines Mandates eine Handlung im Auftrag oder auf Weisung vornehme oder unterlasse (§ 108e Abs. 2).

Die Vorschrift wurde durch das 48. Strafänderungsgesetz v. 23.4.2014 neugefasst und ist am 1.9.2014 in Kraft getreten.[2068] Zuvor waren nur Stimmenverkauf und -kauf bei Wahlen und Abstimmungen im Europäischen Parlament oder in einer Volksvertretung des Bundes, der Länder oder Gemeinden gemäß § 108e a.F. strafbar. Die internationalen Antikorruptionsregimes und die Öffentlichkeit sowie der BGH hatten daher die alte Fassung des § 108e unter Druck gesetzt, weil sie nicht mit den Übereinkommen vereinbar war und die Strafbarkeitslücke gehabt hatte. Daraus ergab sich der Regelungsbedarf.[2069]

2064 BGHSt 33, 336 (339).

2065 *Dölling*, NStZ 1987, S. 69 (70); *Eser*, in: S/S-StGB, 2019, § 108b, Rn. 2; kritisch *Zimmermann*, Das Unrecht der Korruption, 2018, S. 608 f.

2066 Im Rahmen der Sozialadäquanzlehre *Dölling*, NStZ 1987, S. 69 (70).

2067 *Dölling*, NStZ 1987, S. 69 (70).

2068 BGBl. I S. 410.

2069 Siehe BT-Drucks. 18/476, S. 5; *Fischer*, StGB, 2019, § 108e, Rn. 6; eingehend *Francuski*, HRRS 2014, S. 220 ff.

Hierbei ist auch nicht einfach, das geschützte Rechtsgut festzustellen.[2070] Nach der gesetzlichen Begründung ist es das öffentliche Interesse an der Integrität parlamentarischer Prozesse und der Unabhängigkeit der Mandatsausübung sowie der Sachbezogenheit parlamentarischer Entscheidungen. Aus diesem Grund soll die freie Willensbildung und -betätigung in den Parlamenten vor unzulässiger Einflussnahme geschützt werden.[2071] Im Gegensatz dazu vertritt eine Meinung im Schrifttum, dass durch diese Vorschrift „Sachgerechtigkeit und Legitimität parlamentarisch organisierter Entscheidungen" geschützt werden sollten.[2072]

Der Bestochene i.S.v. § 108e Abs. 1 muss die Mandatsträgerschaft innehaben. Nur unter § 108e Abs. 3 genannte Mandatsträger wie Abgeordneten des Bundestages sowie der Mitglieder eines Stadtrates oder Europäischen Parlament[2073] können der taugliche Täter sein.[2074] Der Täterkreis ist i.E. mithilfe des § 108e Abs. 3 erweitert, sodass der Straftatbestand jegliche betroffene Gruppe umfasst.[2075] Im Gegensatz dazu ist die Bestechlichkeit von Mitgliedern des Europäischen Parlaments und ausländischen Abgeordneten „im Zusammenhang mit internationalem Verkehr" ausschließlich nach Art. 2 § 2 IntBestG unter Strafe gestellt. Es wird mit Recht zum Ausdruck gebracht, dass dies einen autonomen Anwendungsbereich darstellt, weil diese materiell-rechtliche Strafvorschrift[2076] kein Handeln im Hinblick auf Mandaten voraussetzt.[2077] Gleichwohl lässt sich nicht sagen, dass die Strafbarkeit von Mandatsträgern in diesem Zusammenhang nicht erweitert.[2078]

Jede Entscheidung des Mandatsträgers kann Gegenstand des Delikts sein. Dies muss nunmehr nicht nur für Wahlen oder Abstimmungen gelten.[2079]

Im Sinne der politischen Bestechung wird eine konkrete Vereinbarung geschaffen, sodass unzulässige Vorteile gegen politische Hilfsbereitschaft

---

2070 *Eser*, in: S/S-StGB, 2019, § 108e, Rn. 2.

2071 BT-Drucks. 18/476, S. 6.

2072 *Fischer*, StGB, 2019, § 108e, Rn. 3.

2073 Mitglieder des Europäischen Parlamentes, des Europäischen Rates und des Rates stehen nicht in einem Auftragsverhältnis zur Europäischen Union und sind keine Europäischen Amtsträger. Mitglieder des Europäischen Parlaments werden nun als Mandatsträger von § 108e StGB erfasst. Siehe BT-Drucks. 18/4350, S. 19.

2074 *Eser*, in: S/S-StGB, 2019, § 108e, Rn. 7, 13.

2075 *Zimmermann*, Das Unrecht der Korruption, 2018, S. 615.

2076 *Greeve*, in: Hauschka/Moosmayer/Lösler (Hrsg.), Corporate Compliance, 2016, § 25, Rn. 70.

2077 *Kargl*, in: NK-StGB, 2017, § 108e, Rn. 12.

2078 *Eser*, in: S/S-StGB, 2019, § 108e, Rn. 4.

2079 *Eser*, in: S/S-StGB, 2019, § 108e, Rn. 6.

ausgetauscht werden.[2080] Politikern wie Abgeordneten und Ratsmitgliedern gewährleisten bei der Wahrnehmung seines Mandates illegale Vorteile für sich oder für Dritten als Gegenleistung ihrer politischen Einwirkung.[2081] Das muss aber eine „konkrete Unrechtsvereinbarung" sein. Der Vorteil (Leistung) muss demnach als Gegenleistung dafür gewährt werden, dass der Mandatsträger im „Auftrag oder auf Weisung"[2082] des Vorteilsgebers handelt.[2083] Diese Notwendigkeit bringt mit sich eine „enge Kausalbeziehung".[2084] Auf diese Weise stehen der ungerechtfertigte Vorteil (Leistung) und die Handlung des Mandatsträgers (Gegenleistung) in einem realen Reziprozitätsverhältnis.

Die Handlungen müssen zudem auf die Zukunft gerichtet sein. Der Tatbestand umfasst deshalb nicht die nachträgliche Belohnung bzw. Dankeschön-Vorteile.[2085] Somit wurde ein präziser Straftatbestand im Vergleich zu §§ 332, 334 erschaffen.[2086]

Nicht alle Vorteile fallen unter dem § 108e; nur die ungerechtfertigten Vorteile[2087] sind tatbestandlich. Der Gesetzgeber stellt den Begriff klar, indem er rechtmäßige Vorteile beim § 108 Abs. 4 nicht abschließend, sondern mithilfe einer zweistufigen Regelbeispieltechnik[2088] definiert. Danach liegt kein ungerechtfertigter Vorteil vor, wenn die Annahme eines Vorteils im Einklang mit den für die Rechtsstellung des Mitglieds maßgeblichen Vorschriften steht. Darüber hinaus fehlt es an einem ungerechtfertigten Vorteil auch dann, wenn die Annahme des Vorteils anerkannten parlamentarischen Gepflogenheiten entspricht.[2089] Diese

---

2080 *Smelser*, in: Fleck/Kuzmics (Hrsg.), Korruption, 1985, S. 211.

2081 Vgl. *v. Arnim*, in: ders. (Hrsg.), Korruption, 2003, S. 20; *Röhl*, Rechtssoziologie-online, 2012, S. 1165.

2082 Hierbei ist bemerkenswert, dass diese Merkmale weit auszulegen sind. Siehe dazu BT-Drucks. 18/476, S. 8; *Waßmer*, in: Louis/Glinder/ders. (Hrsg.), Handbuch, 2020, Rn. 556.

2083 BT-Drucks. 18/476, S. 5.

2084 BT-Drucks. 18/476, S. 7; *Satzger*, JURA 2014, S. 1022 (1028); *Saliger*, in: FS-Kargl, 2015, S. 500.

2085 *Francuski*, HRRS 2014, S. 220 (226); *Fischer*, StGB, 2019, § 108e, Rn. 35; kritisch *Waßmer*, in: Louis/Glinder/ders. (Hrsg.), Handbuch, 2020, Rn. 548.

2086 So auch *Satzger*, JURA 2014, S. 1022 (1029); für die Lockerung der Unrechtsvereinbarung in Anlehnung an die §§ 331 Abs. 1, 333 Abs. 1 StGB *Francuski*, HRRS 2014, S. 220 (228).

2087 Siehe dazu *Waßmer*, in: Louis/Glinder/ders. (Hrsg.), Handbuch, 2020, Rn. 561.

2088 *Eser*, in: S/S-StGB, 2019, § 108e, Rn. 18.

2089 BT-Drucks. 18/476, S. 6.

neue Formulierung hinsichtlich der Beschränkung des Merkmals ‚Vorteil' hat in der Lehre grundsätzlich eine gewichtige Stimmung gefunden.[2090]

Für die Tathandlungen, namentlich „Fordern", „Sichversprechenlassen", „Annehmen" und spiegelbildlich „Anbieten", „Versprechen" und „Gewähren" sind einfach auf oben die zu §§ 332, 334 Gesagte zu verweisen.[2091]

III. Strafbare Bestechungshandlungen in der Wirtschaft

Die Meinung, die Tatbestände der Wirtschaftskorruption schlicht unter Wettbewerbsdelikte zuzuordnen sei, ist heute mit dem ersten KorrBekG v. 1997 nicht mehr vertretbar. Denn der deutsche Gesetzgeber hat bewusst die Tatbestände „Submissionsabsprache" und „Bestechlichkeit und Bestechung im geschäftlichen Verkehr" in das Kernstrafrecht importiert und die Angestelltenbestechung an die echten Bestechungsdelikte[2092] §§ 332, 334 StGB orientiert.[2093]

Durch diese Delikte wird zuallererst der freie Wettbewerb und mittelbar das Vermögen der Mitbewerber geschützt.[2094] Die Wettbewerbsbeschränkungen sollen strafrechtlich durch diese Tatbestände bewältigt werden.[2095]

1. Vertikale Submissionsabsprache (§ 298)

Wie die unten eingefügte Abbildung verdeutlich, dass bei den Ausschreibungen darf nicht außer Acht gelassen werden, dass die Teilnehmer immer mehr versuchen, die Mitarbeiter von privaten oder öffentlichen Auftraggeber zum Nachteil anderer Mitkonkurrenten und zugleich der Volkswirtschaft vor allem durch die korruptiven Methoden zu bestechen.[2096] Dabei geht es um eine verbotene

---

2090 *Francuski*, HRRS 2014, S. 220 (228); *Satzger*, JURA 2014, S. 1022 (1027) jeweils m.w.N.; kritisch *Waßmer*, in: Louis/Glinder/ders. (Hrsg.), Handbuch, 2020, Rn. 565.

2091 *Francuski*, HRRS 2014, S. 220 (226); *Satzger*, JURA 2014, S. 1022 (1028).

2092 *Noltensmeier*, PPP und Korruption, 2009, S. 44, spricht i.d.S. von großen Ähnlichkeiten.

2093 BGBl. I, S. 2038. Siehe auch zur Begründung der Bundesregierung BT-Druck. 13/6424; *Dölling*, ZStW 2000, S. 334 (348); für die alte Meinung *Geerds*, Kriminalistik 1968, S. 300 (303).

2094 *Fischer*, StGB, 2019, Vor §§ 298 ff., Rn. 6.

2095 *Dannecker*, in: NK-StGB, 2017, Vor §§ 298 ff., Rn. 16.

2096 *Dannecker/Müller*, in: Handbuch des Wirtschafts- und Steuerstrafrechts, 2014, Kap. 18, Rn. 15; *Dannecker*, in: NK-StGB, 2017, Vor §§ 298 ff., Rn. 19. Nicht selten wirken sich die wettbewerbswidrig vereinbarte und an der Veranstaltung Beteiligte die letztendliche Vergabeentscheidung nicht nur durch Bestechungsmittel, sondern auch durch „Täuschung" kollusiv zusammen. Siehe *Dannecker*, in: NK-StGB, 2017, Vor §§ 298 ff., Rn. 19.

„wettbewerbsbeschränkende vertikale Vereinbarung" i.S.d. § 1 GWB,[2097] wobei man von einer besonderen Erscheinungsform der Bestechung für öffentliche Ausschreibungen sprechen könnte.

Wer bei einer Ausschreibung über Waren oder Dienstleistungen ein Angebot abgibt, das auf einer rechtswidrigen Absprache beruht, die darauf abzielt, den Veranstalter zur Annahme eines bestimmten Angebots zu veranlassen, wird wegen der wettbewerbsbeschränkenden Absprache bei Ausschreibungen nach § 298 StGB bestraft.

Es wird zwischen horizontaler- und vertikaler Absprache im Hinblick auf die Taten während der Vergabe öffentlicher Aufträge unterschieden. Man nennt die horizontale Submissionsabsprache zwischen Konkurrenten auch

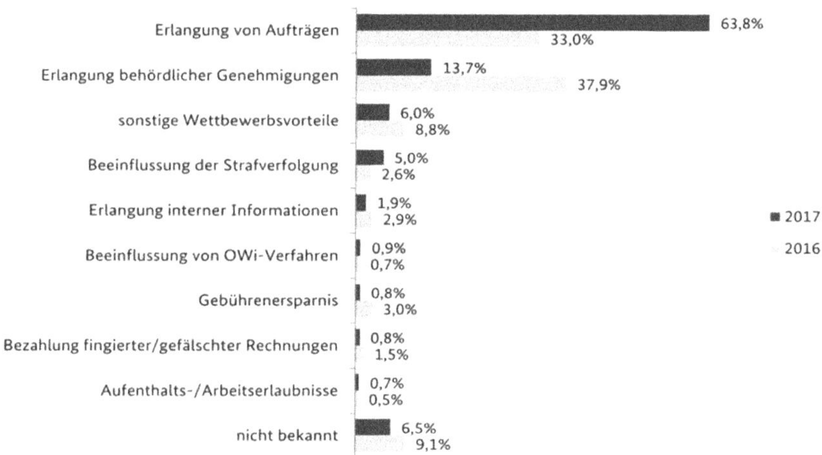

Abbildung 5: *Art der Vorteile der Geber*. Bundeslagebild Korruption, 2017, S. 18.

2097 § 1 GWB a.F. hatte das Verbot wettbewerbsbeschränkender horizontaler Vereinbarungen enthalten. Durch die Streichung der Wörter „miteinander im Wettbewerb stehenden" wird die neue Vorschrift auch auf wettbewerbsbeschränkende vertikale Vereinbarungen erstreckt. Also mit der 7. GWB-Novelle v. 2005 ist im deutschen Recht der Umfang der wettbewerbsbeschränkender Vereinbarungen von horizontaler bis zu vertikaler Richtung erweitert. Siehe BT-Drucks. 15/3640, S. 44.

Submissionsbetrug. Daher wird es überwiegend als betrugsähnliches[2098] Delikt oder als eine „Sonderform des Betrugs“[2099] eingestuft. Die Gegenmeinung geht mit Recht davon aus, dass § 298 „nicht lex specialis“ im Verhältnis zu § 263 ist, da beide Normen verschiedene Rechtsgüter schützen; der erste den freien Wettbewerb und der letzte das Vermögen.[2100] Daher ist § 298 kein betrugsähnliches Delikt. Es besteht Idealkonkurrenz zwischen der Submissionsabsprache und dem Betrug.[2101]

Die Frage, ob § 298 neben rechtswidriger Absprache zwischen Kartellmitgliedern (sog. horizontale Absprache) auch wettbewerbswidrige Vereinbarungen zwischen Auftraggeber oder dessen Vertreter sowie auf der Seiten des Veranstalters stehende Personen und Bieter (sog. vertikale Absprache) einbezieht, ist „eine der zentralen Fragen des Wettbewerbsstrafrechts“.[2102] Infolge der kartellrechtlichen Akzessorietät des Verbrechens ist heute als weitgehend anerkannt, dass § 298 auch die vertikalen Absprachen umfasst. Durch die Vertikalabsprache kann der Tatbestand „rechtswidrige Absprache“ demnach erfüllt werden.[2103] Erst wenn im deutschen Strafrecht also eine vertikale Absprache i.R.d. § 298 angenommen wird, kann man die Straftat als Bestechungsunrecht betrachten.[2104]

2098 *Kudlich/Oğlakcıoğlu*, Wirtschaftsstrafrecht, 2014, Rn. 294; *Heinrich*, in: Arzt u.a., Strafrecht BT, 2015, § 21, Rn. 103 ff.; *Dannecker*, in: NK-StGB, 2017, Vor §§ 298 ff., Rn. 19; aA *Korte*, NStZ 1997, S. 513 (516); *Hellmann*, in: Krey, BT, Bd. 2, 2012, § 15, Rn. 775.

2099 *Zimmermann*, Das Unrecht der Korruption, 2018, S. 553.

2100 *Dannecker*, in: NK-StGB, 2017, § 298, Rn. 112.

2101 Siehe dazu *Korte*, NStZ 1997, S. 513 (516); vgl. auch *Dannecker/Müller*, in: Handbuch des Wirtschafts- und Steuerstrafrechts, 2014, Kap. 18, Rn. 50; *Hellmann*, in: Krey, BT, Bd. 2, 2012, § 15, Rn. 775; *Fischer*, StGB, 2019, § 298, Rn. 22.

2102 *Dannecker*, in: NK-StGB, 2017, § 298, Rn. 70.

2103 *Tiedemann*, in: LK-StGB, 12, Aufl., § 298, Rn. 14; *Fischer*, StGB, 2019, § 298, Rn. 10; *Hohmann*, in: MüKo-StGB, 2014, § 298, Rn. 68; *Stoffers/Möckel*, NJW 2012, S. 3270 (3273); *Waßmer*, in: Louis/Glinder/ders. (Hrsg.), Handbuch, 2020, Rn. 598; BGH, Urt. v. 25.7.2012 – 2 StR 154/12, Rn. 4 = BeckRS 2012, 20033; kritisch *Rotsch*, ZIS 11/2014, S. 579 (593); aA L. *Rengier*, in: FS-Rengier, 2018, S. 298, 300; für restriktive Auslegung des Tatbestandes „rechtswidrige Absprache“ *Dannecker*, in: NK-StGB, 2017, § 298, Rn. 73 ff.; zustimmend *Heine/Eisele*, in: S/S-StGB, 2019, § 298, Rn. 17.

2104 Etwa *Zimmermann*, Das Unrecht der Korruption, 2018, S. 553; vgl. auch *Dannecker*, in: NK-StGB, 2017, § 298, Rn. 75; L. *Rengier*, in: FS-Rengier, 2018, S. 297.

Im Hinblick auf die Tatbestände muss von vornherein ein Angebot in Bezug auf eine rechtswidrige Absprache abgegeben werden, das als die Grundlage der Kausalbeziehung zwischen der Absprache und dem Angebot in Erscheinung zu treten hat.[2105] Dafür sind aber nur Angebote, die auf Ausschreibungen über Waren oder Dienstleistungen[2106] beruhen und den Veranstalter zur Annahme zu veranlassen, tauglich.[2107] Diese Absprache muss danach tatbestandlich rechtswidrig sein. Eine Absprache i.S.v. § 298 ist dann rechtswidrig, wenn sie den Vorschriften hinsichtlich des Wettbewerbs widerspricht. Das muss der Täter zumindest billigend in Kauf nehmen.[2108]

Für die Submissionsabsprache ist weder eine Täuschung noch ein Vermögensschaden erforderlich. Somit wollte der Gesetzgeber der hohen Sozialschädlichkeit von Submissionsabsprachen an sich Rechnung tragen.[2109]

Der Gesetzgeber hat in § 298 Abs. 3 einen persönlichen Strafaufhebungsgrund, nämlich eine tätige Reue-Regelung, die einen sehr weiten Anwendungsbereich erfasst, geregelt.[2110] Wer im Vorbereitungsstadium des Delikts freiwillig verhindert, dass der Veranstalter das Angebot annimmt oder dieser seine Leistung erbringt (§ 298 Abs. 3 S. 1), wird demnach nicht bestraft. Der Täter kann auch während der Leistungsstufe dann straflos bleiben, wenn er sich freiwillig und ernsthaft bemüht, die Annahme des Angebots oder das Erbringen der Leistung zu verhindern (§ 298 Abs. 3 S. 2). Entweder die Verhinderung der Annahme des Angebots oder der Leistung führt also zur Strafbefreiung des Täters.[2111]

„Bei kollusivem Zusammenwirken" zwischen dem bestochenen Amtsträger als dem Veranstalter einer Ausschreibung und dem Bieter besteht Tateinheit bzw. Idealkonkurrenz zwischen § 298 und § 299 bzw. § 332.[2112]

2105 *Dannecker*, in: NK-StGB, 2017, § 298, Rn. 85.

2106 Das Tatbestandsmerkmal bei der alten Fassung „gewerbliche Leistungen" ist mit dem zweiten Korruptionsbekämpfungsgesetz v. 2015 durch das Wort „Dienstleistungen" ersetzt. Siehe BGBl. I, S. 2025.

2107 *Fischer*, StGB, 2019, § 298, Rn. 12a.

2108 *Fischer*, StGB, 2019, § 298, Rn. 18a.

2109 *Dannecker*, in: NK-StGB, 2017, § 298, Rn. 10.

2110 *Dannecker*, in: NK-StGB, 2017, § 298, Rn. 94.

2111 *Fischer*, StGB, 2019, § 298, Rn. 21; für einschränkende Anwendung *Dannecker*, in: NK-StGB, 2017, § 298, Rn. 94.

2112 *Korte*, in: MüKo-StGB, 2019, § 332, Rn. 49 und § 334, Rn. 22; *Heine/Eisele*, in: S/S-StGB, 2019, § 298, Rn. 29; *Fischer*, StGB, 2019, § 299, Rn. 47; *Dölling*, ZStW 2000, S. 334 (348); aA *Tiedemann*, in: LK-StGB, 12. Aufl., § 298, Rn. 51; *Dannecker*, in: NK-StGB, 2017, § 298, Rn. 113.

Zusammenfassend lässt sich sagen, dass die Vorschrift das Ziel hat, während einer Ausschreibung „manipulative Verhaltensweisen" aus dem Weg zu räumen.[2113] Denn die Mitbewerber oder Nicht-Bieter können durch ihre rechtswidrigen Angebote die endgültige Entscheidung des Veranstalters beeinflussen.[2114]

2. Angestelltenbestechung (§ 299)

Wer im geschäftlichen Verkehr als Angestellter oder Beauftragter eines Unternehmens einen Vorteil für sich oder einen Dritten als Gegenleistung dafür fordert, sich versprechen lässt oder annimmt, dass er bei Bezug von Waren oder Dienstleistungen einen anderen im inländischen oder ausländischen Wettbewerb „in unlauterer Weise" bevorzugt (§ 299 Abs. 1 Nr. 1), oder „ohne Einwilligung des Unternehmens" einen Vorteil für sich oder einen Dritten als Gegenleistung dafür fordert, sich versprechen lässt oder annimmt, dass er bei dem Bezug von Waren oder Dienstleistungen eine Handlung vornehme oder unterlasse und dadurch seine „Pflichten gegenüber dem Unternehmen" verletzt (§ 299 Abs. 1 Nr. 2), wird wegen der Bestechlichkeit im geschäftlichen Verkehr bestraft.

Ebenso wird spiegelbildlich wegen der Bestechung im geschäftlichen Verkehr bestraft, wer im geschäftlichen Verkehr einem Angestellten oder Beauftragten eines Unternehmens einen Vorteil für diesen oder einen Dritten als Gegenleistung dafür anbietet, verspricht oder gewährt, dass er bei dem Bezug von Waren oder Dienstleistungen ihn oder einen anderen im inländischen oder ausländischen Wettbewerb „in unlauterer Weise" bevorzugt (§ 299 Abs. 2 Nr. 1) oder „ohne Einwilligung des Unternehmens"[2115] einen Vorteil für diesen oder einen Dritten als Gegenleistung dafür anbietet, verspricht oder gewährt, dass er bei dem Bezug von Waren oder Dienstleistungen eine Handlung vornehme oder unterlasse und dadurch seine „Pflichten gegenüber dem Unternehmen" verletzt (§ 299 Abs. 2 Nr. 2).

Seit der neuen Fassung der Strafvorschrift durch das zweite Korruptionsbekämpfungsgesetz v. 2015 wird in der Lehre diskutiert, ob § 299 auch die Individualinteressen bzw. Vermögensinteressen des Geschäftsherrn schützt oder

2113 *Fischer*, StGB, 2019, § 298, Rn. 4.

2114 Vgl. *Dannecker*, in: NK-StGB, 2017, § 298, Rn. 89.

2115 Es wird vertreten, dass es dabei um „keine (rechtfertigende) Einwilligung, sondern um ein (tatbestandsausschließendes) Einverständnis" geht. Siehe *Waßmer*, in: Louis/Glinder/ders. (Hrsg.), Handbuch, 2020, Rn. 631.

nicht.[2116] Dies und die Vermögensinteressen der Mitbewerber werden richtigerweise neben dem Wettbewerb mitgeschützt.[2117]

Diese komplexe Vorschrift stellt nur die Handlungen eines Angestellten oder Beauftragten eines Unternehmens unter Strafe. Somit hat der Straftatbestand einen eingeschränkten Anwendungsbereich.[2118] Für den Prinzipal ist keine Strafbarkeit vorgesehen.[2119] Geschäftsinhaber oder Selbstständige gehören nicht zu den tauglichen Tätern gemäß § 299 Abs. 1 (passive Angestelltenbestechung).[2120]

Die alte Fassung hatte aufgrund der Beschränkung auf Bevorzugungen im Wettbewerb die strafbedürftigen Fälle, in denen die Verletzung von Pflichten durch Angestellte und Beauftragte von Unternehmen mit Schmiergeldzahlungen erkauft wird, nicht erfasst. Die zweite alternative der Strafvorschrift schließt damit diese Lücke und setzt eine Unrechtsvereinbarung zwischen dem Vorteilsgeber (Mitbewerber oder für ihn handelnder Dritter[2121]) und dem Angestellten oder Beauftragter eines Unternehmens voraus, sodass die Pflichtverletzung des Angestellten oder Beauftragten als Gegenleistung des Vorteils, welche im Interesse des Vorteilsgebers liegen muss, darzustellen ist. Dabei ist aber zu beachten, dass nicht jede Pflichtverletzung unter diese zweite Variante des Straftatbestands fällt; nur die Unternehmenspflichten in Bezug auf Waren oder Dienstleistungen können tatbestandlich sein.[2122] Für die Nummer 1 beider Absätze ist eine „intendierte Bevorzugung im Wettbewerb" erforderlich.[2123] Zuletzt gehört, wie bei der

---

2116 Siehe dazu *Fischer*, StGB, 2019, § 299, Rn. 2a m.w.N.

2117 *Eisele*, in: S/S-StGB, 2019, § 299, Rn. 3; BT-Drucks. 18/4350, S. 21.

2118 *Zimmermann*, Das Unrecht der Korruption, 2018, S. 638. *Fischer*, StGB, 2019, § 299, Rn. 2a, stuft deshalb es als „Untreue-artige Tatbestände" ein. In diese Richtung auch *Waßmer*, in: Louis/Glinder/ders. (Hrsg.), Handbuch, 2020, Rn. 614.

2119 Siehe *Teixeria*, Das Unrecht der privaten Korruption im geschäftlichen Verkehr, 2018, S. 23 ff.; kritisch *Zimmermann*, Das Unrecht der Korruption, 2018, S. 639 f.; *Heuking/von Coelln*, BB 2016, 323 (332).

2120 *Dannecker*, in: NK-StGB, 2017, § 299, Rn. 25.

2121 *Dannecker*, in: NK-StGB, 2017, § 299, Rn. 26.

2122 Aus diesem Grund basiert diese Pflichtverletzungsvariante auf dem „Geschäftsherrenmodell". Siehe *Dannecker*, in: NK-StGB, 2017, § 299, Rn. 4, 6; *Waßmer*, in: Louis/Glinder/ders. (Hrsg.), Handbuch, 2020, Rn. 614. Im theoretischen Hintergrund dieses Regelungsmodells steht dieser Grundgedanke: „Nur der Geschäftsherr trägt das wirtschaftliche Risiko". Siehe dazu *Zimmermann*, Das Unrecht der Korruption, 2018, S. 643 f.

2123 Das wird wegen des fairen Wettbewerbsziels „Wettbewerbsmodell" genannt, wobei das Wettbewerbssystem als die Wirtschaftsverfassung bzw. als Grundlage der

Amtsträgerbestechung, weder die tatsächliche Vornahme der unlauteren Bevorzugung im Wettbewerb nach Nummer 1 noch die tatsächliche Verletzung von Pflichten nach Nummer 2 zum Tatbestand.[2124] Diese Straftatbestände sind daher den abstrakten Gefährdungsdelikten zuzuordnen.[2125]

Die Regelung bringt einen weltweiten strafrechtlichen Wettbewerbsschutz mit sich, weil der ausländische Wettbewerb ausdrücklich in den Tatbeständen vorgesehen ist.[2126] Auf Seiten des Gesetzgebers sprechen gute Gründe für den weltweiten Schutz des fairen Wettwerbers. Die effektive Bekämpfung grenzüberschreitender Korruption und gleiche Wettbewerbsbedingungen für alle Unternehmen im Weltmarkt zu schaffen, zogen danach die Notwendigkeit nach sich, den freien und fairen internationalen Wettbewerb zu schützen.[2127] Dies trifft aber dann zu, wenn die Taten gegen Deutsche (sog. Personalitätsprinzip) oder auf deutschem Territorium (sog. Territorialitätsgrundsatz) begangen werden.[2128] Denn die Strafvorschrift enthält keine Regelung in Bezug auf das Strafanwendungsrecht. Das führt dazu, dass das deutsche internationale Strafrecht gelten muss.[2129]

Zwischen dem § 332 und dem § 299 Abs. 1 geht es um konkurrenzrechtlich ein Tateinheitsverhältnis.[2130] Ebenfalls besteht eine Tateinheit zwischen § 299 Abs. 2 und § 334.[2131] Eine fortgesetzte Handlung zwischen der Angestelltenbestechung und der Amtsträgerbestechung kommt außerdem nicht infrage.[2132]

Marktwirtschaft angesehen werden. Siehe *Schünemann*, ZRP 2015, S. 68, (69); *Heuking/von Coelln*, BB 2016, 323 (325); *Dannecker*, in: NK-StGB, 2017, § 299, Rn. 4, 6.

2124 BT-Drucks. 18/4350, S. 21.

2125 *Dannecker*, in: NK-StGB, 2017, § 299, Rn. 21; *Eisele*, in: S/S-StGB, 2019, § 299, Rn. 4.

2126 *Eisele*, in: S/S-StGB, 2019, § 299, Rn. 3.

2127 Siehe BT-Drucks. 18/4350, S. 11.

2128 Siehe dazu *Dannecker*, in: NK-StGB, 2017, § 299, Rn. 121 ff.

2129 *Eisele*, in: S/S-StGB, 2019, § 299, Rn. 30.

2130 *Kuhlen*, in: NK-StGB, 2017, § 331, Rn. 151; *Korte*, in: MüKo-StGB, 2019, § 332, Rn. 49; *Fischer*, StGB, 2019, § 299, Rn. 47; *Noltensmeier*, PPP und Korruption, 2009, S. 46; *Höltkemeier*, Sponsoring als Straftat, 2005, S. 181. Aus dem § 12 UWG a.F. ergab sich eine Subsidiaritätsklausel gegenüber den §§ 331 ff StGB. Die Angestelltenbestechung musste deshalb im Konkurrenzverhältnis mit der Amtsträgerbestechung zurücktreten. Siehe dazu *Noltensmeier*, PPP und Korruption, 2009, S. 44; BGHSt 2, 396 (403).

2131 *Korte*, in: MüKo-StGB, 2019, § 334, Rn. 22.

2132 *Jescheck*, in: LK-StGB, 11. Aufl., § 334, Rn. 9.

Aufgrund der unterschiedlichen Rechtsgüter liegt auch zwischen § 299 Abs. 2 und § 298 Tateinheit vor, weil die Lauterkeit der Entscheidungen im geschäftlichen Verkehr nicht durch § 298, sondern über § 299 geschützt.[2133]

IV. Strafbare Bestechungshandlungen in der Gesellschaft

1. *Ärztebestechung (§§ 299a, 299b)*

Wer als Angehöriger eines Heilberufs, im Zusammenhang mit der Ausübung seines Berufs einen Vorteil für sich oder einen Dritten als Gegenleistung dafür fordert, sich versprechen lässt oder annimmt, dass er bei der Verordnung von Arznei-, Heil- oder Hilfsmitteln oder von Medizinprodukten (Nr. 1), bei dem Bezug von Arznei- oder Hilfsmitteln oder von Medizinprodukten, die jeweils zur unmittelbaren Anwendung durch den Heilberufsangehörigen oder einen seiner Berufshelfer bestimmt sind (Nr. 2) oder bei der Zuführung von Patienten oder Untersuchungsmaterial (Nr. 3) einen anderen im inländischen oder ausländischen Wettbewerb „in unlauterer Weise“ bevorzuge, wird wegen Bestechlichkeit im Gesundheitswesen bestraft (§ 299a). Ebenso wird in spiegelbildlicher Weise wegen Bestechung im Gesundheitswesen bestraft, wer einem Angehörigen eines Heilberufs im Sinne des § 299a im Zusammenhang mit dessen Berufsausübung einen Vorteil für diesen oder einen Dritten als Gegenleistung dafür anbietet, verspricht oder gewährt, dass er bei den oben genannten drei Varianten ihn oder einen anderen im inländischen oder ausländischen Wettbewerb „in unlauterer Weise“ bevorzuge (§ 299b).

Die Frage, ob ein Arzt in Wahrnehmung der ihm übertragenen Aufgaben als Beauftragter der gesetzlichen Krankenkassen i.S.d. § 299 StGB handelt und zum Täterkreis des § 299 gehört, war vor der Einführung dieser neuen Tatbestände umstritten.[2134] Die damalige Mindermeinung hatte darauf abgestellt, dass die Bestechungszahlungen seitens der Pharmaindustrie an Ärzte unter die Anwendung des § 299 a.F. fallen würden, da hier faktisch ein Beauftragter, der mit einer für den geschäftlichen Betrieb wirkenden Befugnis handelte, in Betracht komme.[2135] Der Große Senat für Strafsachen hat sich im Jahr 2012 dafür entschieden, dass ein niedergelassener, für die vertragsärztliche Versorgung zugelassener Arzt bei der Wahrnehmung der ihm i.d.R. übertragenen Aufgaben (im konkreten Fall Verordnung

2133 *Dannecker*, in: NK-StGB, 2017, Vor §§ 298 ff., Rn. 3.

2134 *Eisele*, in: S/S-StGB, 2019, § 299, Rn. 13.

2135 Siehe dazu BGHSt 57, 202 (211); *Dannecker*, in: NK-StGB, 2017, § 299, Rn. 37 f. jeweils m.w.N.

von Arzneimitteln nach § 73 Abs. 2 SGB V) weder als Amtsträger im Sinne des § 11 Abs. 1 Nr. 2 Buchst. c StGB noch als Beauftragter der gesetzlichen Krankenkassen im Sinne des § 299 StGB a.F. handelt. Der Vertragsarzt wird danach nicht als Vertreter der Krankenkasse beim Zustandekommen jedes einzelnen Kaufvertrages über ein verordnetes Medikament tätig.[2136]

Der deutsche Gesetzgeber hat die Bestechung und die Bestechlichkeit im Gesundheitswesen (§§ 299a und 299b) „in Reaktion auf diese Entscheidung des Großen Senats" speziell kriminalisiert.[2137] Diese Straftatbestände sind danach durch das Gesetz zur Bekämpfung von Korruption im Gesundheitswesen v. 2016 eingefügt worden.[2138]

Zunächst einmal ist zu erwähnen, dass zum Täterkreis des § 299a nicht nur die Ärzte gehören. Normadressaten sind sowohl die akademischen Heilberufe, deren Ausübung eine durch Gesetz und Approbations(ver-)ordnung geregelte Ausbildung voraussetzt (Ärzte, Zahnärzte, Tierärzte, Psychologische Psychotherapeuten),[2139] als auch die sogenannten Gesundheitsfachberufe wie z. B. Gesundheits- und Krankenpfleger, Ergotherapeuten, Logopäden, deren Ausbildung ebenfalls gesetzlich geregelt ist.[2140] Das Gesetz setzt damit das Ziel, der im Gesundheitswesen tätigen Heilberufsgruppen der besonderen Verantwortung Rechnung zu tragen.[2141]

Die Straftatbestände verfolgen einen doppelten Rechtsgüterschutz: Mithilfe dieser Vorschriften sollte primär den ehrlich arbeitenden und Korruptionsrisiken vermeidenden Ärzten und sonstigen Heilberufsausübenden „der faire Wettbewerb im Gesundheitswesen" gewährleistet und ferner „das Vertrauen der Patienten in die Integrität heilberuflicher Entscheidungen"[2142] geschützt werden. Auf diese Weise werden „die Vermögensinteressen der Wettbewerber im

---

2136 BGH, Urt. v. 29.3.2012 - GSSt 2/11 = BGHSt 57, 202.

2137 *Wessels/Hettinger/Engländer*, Strafrecht BT 1, 2018, § 24, Rn. 1169.

2138 BGBl. I, S. 1254.

2139 Die Tatbestandsvariante „Abgabe von Arzneimitteln" beim Gesetzesentwurf wurde entworfen. Deswegen fällen Apotheker praktisch nicht unter den §§ 299a, 299b. Siehe *Tsambikakis*, medstra 2016, S. 131 (132); *Fischer*, StGB, 2019, § 299a, Rn. 5.

2140 BT-Drucks. 18/6446, S. 17. Heilpraktiker gehören nicht zum Täterkreis des § 299a, weil die Ausbildung von Heilpraktiker nicht staatlich geregelt ist. Siehe *Tsambikakis*, medstra 2016, S. 131 (133) m.w.N.

2141 BT-Drucks. 18/6446, S. 11.

2142 Nach *Kronawitter*, Korruption im Gesundheitswesen, 2018, S. 105, wird dies wegen der Streichung des Abs. 2 des Gesetzesentwurfs nur „mittelbar und reflexartig" geschützt. So auch *Kölbel*, medstra 2016, S. 193 (193); *Rosenau/Lorenz/Wendrich*, in: Kuhlen u.a. (Hrsg.), Korruption und Strafrecht, 2018, S. 59.

Gesundheitswesen“ sowie der Patienten und der gesetzlichen Krankenversicherung mittelbar geschützt.[2143]

Diese neuen Straftatbestände haben sich größtenteils an den Bestechungstatbeständen im geschäftlichen Verkehr (§ 299) orientiert.[2144] Sie sind entsprechend abstrakte Gefährdungsdelikte, d. h. eine tatsächliche Bevorzugung im Wettbewerb ist nicht erforderlich; vielmehr reicht eine darauf gerichtete Unrechtsvereinbarung aus. Daher kann auf die zu § 299 StGB entwickelten Auslegungsgrundsätze zurückgegriffen werden.[2145] Das heißt, dass nicht jeder Verstoß gegen berufsrechtliche Verbote der Annahme von Vorteilen zur Strafbarkeit nach § 299a StGB führt. Der Täter muss den Vorteil vielmehr als Gegenleistung für eine zumindest intendierte unlautere Bevorzugung im Wettbewerb oder für einen ebenfalls zumindest intendierten Verstoß gegen seine berufsrechtliche Pflicht zur Wahrung seiner heilberuflichen Unabhängigkeit im Interesse des Vorteilsgebers fordern, sich versprechen lassen oder annehmen.[2146] Dadurch wird die Unrechtsvereinbarung nicht gelockert; sondern – wie bei den echten

---

2143 BT-Drucks. 18/6446, S. 12-13; *Fischer*, StGB, 2019, § 299, Rn. 3; *Eisele*, in: S/S-StGB, 2019, § 299a, Rn. 2. *Greco*, GA 2016, S. 249 (256 f.), vertritt i.d.S. die Auffassung, dass die neue eingeführte Ärztebestechung keine Korruption sei, weil es dabei kein Machtverhältnis zwischen Arzt und Patient bestehe. Dieser Ansatz widerspricht den Tatsachen, dass die tauglichen Täter die Befugnis zur Entscheidung über die Gesundheit der Patienten haben, nachdem sie die erfolgreichen Prüfungen abgelegt haben. Diese Entscheidungsmacht kann freilich durch Bestechungsmittel missbraucht werden. So auch i.S.d. Sports *Pieth/Zerbes*, ZIS 2016, S. 619 (619).

2144 BT-Drucks. 18/6446, S. 16; *Schuhr*, in: Spickhoff (Hrsg.), Medizinrecht, 2018, StGB §§ 299a, 299b, Rn. 9; *Eisele*, in: S/S-StGB, 2019, § 299a, Rn. 4. Es handelt sich aber auch um unterschiedliche Richtungen anders als § 299. Zum Beispiel muss der Bestochene im Gesundheitswesen nicht in einem Angestellten- oder Beauftragtenverhältnis stehen. Im Übrigen ist dieses Delikt kein Antragsdelikt.

2145 BT-Drucks. 18/6446, S. 21; *Rosenau/Lorenz/Wendrich*, in: Kuhlen u.a. (Hrsg.), Korruption und Strafrecht, 2018, S. 56.

2146 Aus diesem Grund wird diese Beschränkung zu Recht kritisiert, so erfasst der neue Straftatbestand Bestechlichkeit im Gesundheitswesen nicht alle strafwürdige Handlungen des Angehörigen des Heilberufs. Nur die Verstöße, welche zur unlauteren Beeinflussung des Wettbewerbs führen, sind unter Strafe gestellt. Siehe dazu *Kubiciel*, jurisPR-Compl 3/2016 Anm. 1; *Zimmermann*, Das Unrecht der Korruption, 2018, S. 689. *Kölbel*, medstra 2016, S. 193 (193), stuft die §§ 299a, 299b in diesem Zusammenhang als „reines Wettbewerbsstrafrecht“ ein und spricht von einem „Wettbewerbsfetischismus“.

Bestechungstatbeständen – qualifiziert und konkretisiert (sog. do-ut-des-Logik der Täuschpartner).[2147]

Die Handlungsmodalitäten entsprechen den Tatbestandsvarianten des § 299. Für die Tathandlungen, den Vorteil und die Unrechtsvereinbarung sowie für das Konkurrenzverhältnis mit anderen Bestechungstatbeständen kann man demnach auf die Erläuterungen zu § 299 und damit zu §§ 332, 334 Gesagte verweisen.[2148]

Die Bevorzugung muss bei der Verordnung oder beim Bezug von Arznei-, Heil- oder Hilfsmitteln oder Medizinprodukten oder bei der Zuführung von Patienten oder Untersuchungsmaterial erfolgen. Die Begrifflichkeiten stammen überwiegend aus den Berufsordnungen der betroffenen Berufsgruppen.[2149] Dabei geht es um „Medizinrechts-Akzessorietät der §§ 299a, 299b".[2150] Allerdings vermag nicht jeder Verstoß gegen betreffende berufsrechtliche Pflichten, die strafbare unlautere bzw. zugunsten des Vorteilsgebers manipulierte Bevorzugung zu begründen.[2151] Der Täter macht sich nur dann strafbar, wenn seine berufsbezogene und unlautere Entscheidung eine berufsrechtliche Pflicht zur Wahrung der heilberuflichen Unabhängigkeit verletzt und auf eine Unrechtsvereinbarung i.S.v. § 299a basiert.[2152]

Der erforderliche Kausalzusammenhang zwischen Vorteil und heilberuflicher Handlung kann nur „im Zusammenhang mit der Ausübung des Heilberufs" bestehen. Liegen deshalb private Handlungen, die außerhalb der beruflichen Tätigkeit erbracht werden, vor, dann ist die Strafbarkeit nach § 299a ausgeschlossen.[2153]

Für das Verhältnis zwischen der Ärztebestechung und anderen Bestechungstatbeständen gelten die für §§ 332, 334 und § 299 entwickelten Grundsätze entsprechend. Danach besteht in der Regel Tateinheit zwischen dem § 299a und § 299, weil beide Strafvorschriften eigene Schutzrichtungen haben.[2154] Das gilt

---

2147 BT-Drucks. 18/6446, S. 18; *Schuhr*, in: Spickhoff (Hrsg.), Medizinrecht, 2018, StGB §§ 299a, 299b, Rn. 40.

2148 Vgl. BT-Drucks. 18/6446, S. 16 f.; *Eisele*, in: S/S-StGB, 2019, § 299a, Rn. 11 ff.; *Schuhr*, in: Spickhoff (Hrsg.), Medizinrecht, 2018, StGB §§ 299a, 299b, Rn. 15, 40, 52; *Fischer*, StGB, 2019, § 299a, Rn. 6, 17, 24.

2149 BT-Drucks. 18/6446, S. 20; *Rosenau/Lorenz/Wendrich*, in: Kuhlen u.a. (Hrsg.), Korruption und Strafrecht, 2018, S. 57.

2150 *Zimmermann*, Das Unrecht der Korruption, 2018, S. 687.

2151 *Eisele*, in: S/S-StGB, 2019, § 299a, Rn. 39; *Kubiciel*, medstra 2019, S. 193 (193) m.w.N. Dies kann als „teilweise Akzessorietät" genannt werden. Siehe unten § 23 B II 3.

2152 Vgl. BT-Drucks. 18/6446, S. 20 f.; *Fischer*, StGB, 2019, § 299a, Rn. 13 f.

2153 BT-Drucks. 18/6446, S. 20.

2154 BT-Drucks. 18/6446, S. 16.

ebenfalls für §§ 332 ff., soweit es um verschiedene Schutzrichtungen geht.[2155] Sonst ist dabei „aufgrund des spezifischen Täterkreises bzw. der speziellen Tatkonstellationen" von der Spezialität der §§ 299a, 299b auszugehen, um die Gleichbehandlung der Angehörigen von Heilberufen zu gewährleisten.[2156] Das gilt also nur dann, wenn die manipulierte Entscheidung, die Gegenstand von einer der drei Varianten ist, direkt eine Verbindung mit Patienten setzt.[2157]

2. *Sportwettbetrug (§ 265c)*

Wer als Sportler oder Trainer einen Vorteil für sich oder einen Dritten als Gegenleistung dafür fordert, sich versprechen lässt oder annimmt, dass er den Verlauf oder das Ergebnis eines Wettbewerbs des organisierten Sports zugunsten des Wettbewerbsgegners beeinflusst und infolgedessen ein rechtswidriger Vermögensvorteil durch eine auf diesen Wettbewerb bezogene öffentliche Sportwette erlangt wird, wird wegen passiven Sportwettbetrugs bestraft (§ 265c Abs. 1). Ebenso wird in spiegelbildlicher Weise wegen des aktiven Sportwettbetrugs bestraft, wer einem Sportler oder Trainer einen Vorteil für diesen oder einen Dritten als Gegenleistung dafür anbietet, verspricht oder gewährt, dass er den Verlauf oder das Ergebnis eines Wettbewerbs des organisierten Sports zugunsten des Wettbewerbsgegners beeinflusst und infolgedessen ein rechtswidriger Vermögensvorteil durch eine auf diesen Wettbewerb bezogene öffentliche Sportwette erlangt wird (§ 265c Abs. 2).

Die Straftatbestände des Sportwettbetrugs sind durch das 51. StÄG v. 2017[2158] in das Strafgesetzbuch eingefügt worden. Die Bundesregierung hat mithin nach dem AntiDopG v. 2015[2159] noch ein weiteres Vorhaben aus dem Koalitionsvertrag zur Erhaltung der ethisch-moralischen Werte im Sport umgesetzt.[2160]

2155 *Eisele*, in: S/S-StGB, 2019, § 299a, Rn. 44.

2156 *Tsambikakis*, medstra 2016, S. 131 (139); vgl. auch *Eisele*, in: S/S-StGB, 2019, § 299a, Rn. 44; *Kronawitter*, Korruption im Gesundheitswesen, 2018, S. 149 f.

2157 *Schuhr*, in: Spickhoff (Hrsg.), Medizinrecht, 2018, StGB §§ 299a, 299b, Rn. 10, 21.

2158 BGBl. I, S. 815. Durch dieses Gesetz sollte die Lücken, die bei der strafrechtlichen Bekämpfung von Sportwettbetrug und Manipulationen von berufssportlichen Wettbewerben in Betracht kommen, geschlossen werden. Siehe dazu BT-Drucks. 18/8831, S. 1; zur Meinungen und Lösungen während bei der älteren Rechtslage *Hoyer*, Schiedsrichtermanipulationen aus wirtschaftsstrafrechtlicher Sicht, 2017, passim.

2159 BGBl. I S. 2210. Siehe auch zum Gesetzesentwurf der Bundesregierung BT-Drucks. 18/4898.

2160 https://www.bmjv.de/SharedDocs/Artikel/DE/2017/03102017_Beschluss_Spielmanipulation.html (2.10.2019).

Die Bezeichnung der Norm ist aus Sicht des Gesetzgebers an § 265b StGB (Kreditbetrug) angelehnt, der ebenfalls Verhaltensweisen im Vorfeld des Betrugstatbestands (§ 263 StGB) erfasst.[2161] Allerdings ist die Benennung des Straftatbestands als „Sportwettbetrug" aufgrund der strukturellen Ähnlichkeiten mit den §§ 299, 331 ff. kaum verständlich.[2162] Denn die Tatbestandsstruktur ist viel eher mit den Bestechungstatbeständen vergleichbar.[2163]

Der Gesetzgeber hat diese Verhaltensweisen wegen der gesellschaftlichen Rolle des Sports, seiner großen wirtschaftlichen Bedeutung sowie der mit ihm verbundenen Vermögensinteressen kriminalisiert und unter Strafe gestellt. Er wollte damit den Gefahren für die Integrität des Sports und das Vermögen anderer auch mit den Mitteln des Strafrechts entgegentreten.[2164] Er begründet seine Position damit, dass der Sport wie ein Träger von positiven Werten (z. B. Leistungsbereitschaft, Fairness, Toleranz und Teamgeist) dient. Sportliche Wettbewerbe sollten diese Werte vermitteln.[2165]

Unter der Integrität des Sports sind die Unverfälschtheit und Authentizität sportlicher Wettbewerbe, bei denen sich die Teilnehmer unter Einhaltung der sportartspezifischen Regeln und unter Beachtung des Gebotes der Fairness untereinander messen und bei denen derjenige gewinnt, der die besten Leistungen erbringt, zu verstehen.[2166]

Zum Täterkreis auf der Nehmerseite des Delikts gehören diejenigen Akteure, die unmittelbar Einfluss auf Verlauf und Ergebnis eines sportlichen Wettbewerbs nehmen können, insbesondere Sportler und Trainer (§ 265c Abs. 1) sowie Schieds-, Wertungs- oder Kampfrichter (§ 265c Abs. 3). Auf einen bestimmten Grad der Professionalisierung oder die Zugehörigkeit zu einer bestimmten Leistungsklasse kommt es nicht an. Erfasst sind deshalb der Täterkreis sowohl der Berufs- als auch der Amateursportler.[2167]

2161 BT-Drucks. 18/8831, S. 15.

2162 So auch *Schreiner*, in: MüKo-StGB, 2019, § 265c, Rn. 5; *Fischer*, StGB, 2019, § 265c, Rn. 18.

2163 *Satzger*, in: Kuhlen u.a. (Hrsg.), Korruption und Strafrecht, 2018, S. 91.

2164 BT-Drucks. 18/8831, S. 1; vgl. auch *Kubiciel*, in: Hoven/ders. (Hrsg.), Korruption im Sport, 2018, S. 61 ff.; gegen die weitgehende Kriminalisierung des sportlichen Wettbewerbs *Satzger*, in: Kuhlen u.a. (Hrsg.), Korruption und Strafrecht, 2018, S. 99; *Schreiner*, in: MüKo-StGB, 2019, § 265c, Rn. 2 m.w.N.

2165 BT-Drucks. 18/8831, S. 10.

2166 BT-Drucks. 18/8831, S. 10.

2167 BT-Drucks. 18/8831, S. 15; *Rübenstahl*, JR 2017, S. 264 (269); *Kubiciel*, in: Hoven/ders. (Hrsg.), Korruption im Sport, 2018, S. 77.

Der Tatbestand des § 265c erfasst nur Sportwettbewerbe, bei denen Regeln einzuhalten sind, die von einer nationalen oder internationalen Sportorganisation mit verpflichtender Wirkung für ihre Mitgliedsorganisationen verabschiedet wurden (§ 265c Abs. 5).[2168] Eine Strafbarkeit nach § 265c kommt aber nur dann in Betracht, wenn sich die Unrechtsvereinbarung auf einen sportlichen Wettbewerb bezieht, der einen besonderen Inlandsbezug i.S.v. § 5 StGB aufweist.[2169]

Eine Beeinflussung des Wettbewerbs vor einem Wettbewerb oder während desselben ist nur dann strafbar, wenn sie in der Lage ist, den Verlauf eines Wettbewerbs zu manipulieren und wenn sie sich gegen die Unvorhersehbarkeit des Wettbewerbsgeschehens richtet. Die in Aussicht gestellte Beeinflussung des Wettbewerbs muss im Zeitpunkt des Zustandekommens bzw. der Anbahnung der Unrechtsvereinbarung noch nicht in allen Einzelheiten feststehen, aber zumindest in groben Umrissen bekannt sein.[2170]

Der Straftatbestand ist bereits mit der auf eine Unrechtsvereinbarung abzielenden Erklärung und gegebenenfalls der Gewährung oder Annahme eines Vorteils vollendet. Der Eintritt eines Vermögensschadens ist deswegen nicht die Voraussetzung der Strafbarkeit. Tatbestandsmäßig ist daher bereits die zumindest intendierte und auf eine Manipulationshandlung zielende Vereinbarung zwischen Vorteilsnehmer und Vorteilsgeber, ohne dass es zu einem Abschluss oder einer Umsetzung der Vereinbarung gekommen sein muss (sog. gelockerte UnRV).[2171] Deswegen ist ein tatsächlicher Abschluss eines Wettvertrags für den Tatbestand nicht erforderlich.[2172]

Der Gegenstand der Unrechtsvereinbarung i.S.v. § 265c ergibt sich aus der Beeinflussung des Wettbewerbs und dem aus einer Wette zu erlangende rechtswidrige Vermögensvorteil. Der rechtswidrige Vermögensvorteil soll aber durch eine auf den Wettbewerb bezogene Sportwette[2173] erlangt werden.[2174] Der Vorteil

---

2168 BT-Drucks. 18/8831, S. 18.

2169 BT-Drucks. 18/8831, S. 14.

2170 BT-Drucks. 18/8831, S. 16; *Kubiciel*, in: Hoven/ders. (Hrsg.), Korruption im Sport, 2018, S. 81. Aus diesem Grund ist die Einstufung von *Fischer*, StGB, 2019, § 265c, Rn. 19 und von *Schreiner*, in: MüKo-StGB, 2019, § 265c, Rn. 8, hinsichtlich des Tatbestands § 265c Abs. 1 als „Bestechlichkeit" nicht nachvollziehbar.

2171 BT-Drucks. 18/8831, S. 15-16; „sportspezifische Unrechtsvereinbarung" *Satzger*, in: Korruption und Strafrecht, Kuhlen u.a. (Hrsg.), 2018, S. 94.

2172 *Satzger*, in: Kuhlen u.a. (Hrsg.), Korruption und Strafrecht, 2018, S. 93.

2173 Sportwetten sind Wetten aus Anlass von Sportereignissen (§ 17 Abs. 2 des Rennwett- und Lotteriegesetzes).

2174 BT-Drucks. 18/8831, S. 16; *Schreiner*, in: MüKo-StGB, 2019, § 265c, Rn. 18 ff.

als die Leistung der UnRV muss die Gegenleistung für die Beeinflussung einer öffentlichen Sportwette bilden. Nur solche rechtswidrigen Vorteile sind tatbestandsmäßig.[2175] Auf diese Weise hat sich der neu eingefügte § 265c weitgehend an den Vermögensinteressen von Wettanbietern und Wettteilnehmern orientiert.[2176]

3. Manipulation von berufssportlichen Wettbewerben (§ 265d)

Wer als Sportler oder Trainer einen Vorteil für sich oder einen Dritten als Gegenleistung dafür fordert, sich versprechen lässt oder annimmt, dass er den Verlauf oder das Ergebnis eines berufssportlichen Wettbewerbs in wettbewerbswidriger Weise und „zugunsten des Wettbewerbsgegners“ beeinflusse, wird wegen der Bestechlichkeit im berufssportlichen Wettbewerb bestraft (§ 265d Abs. 1). Ebenso wird wegen der Bestechung im berufssportlichen Wettbewerb bestraft, wer einem Sportler oder Trainer einen Vorteil für diesen oder einen Dritten als Gegenleistung dafür anbietet, verspricht oder gewährt (§ 265d Abs. 2).

Die Straftatbestände der Manipulation von berufssportlichen Wettbewerben sind auch durch das 51. StÄG v. 2017 neben dem Sportwettbetrug in das Strafgesetzbuch eingefügt.

Das oben zu § 265c Gesagte gilt hier entsprechend. Die Tatbestandsmerkmale sind zwar grundsätzlich mit dem § 265c identisch; sie nehmen doch in zwei Punkten davon Abstand: erstens durch die Anforderung der UnRV und zweitens die wettbewerbsrechtliche Akzessorietät.

Die Strafvorschrift weicht im Kern von den Anforderungen hinsichtlich der Unrechtsvereinbarung ab.[2177] Die gemäß § 265d erforderliche Unrechtsvereinbarung setzt nicht zum Ziel, dass der Bestochene im berufssportlichen Wettbewerb den Vorteil durch eine Sportwette bekommen muss. Das bedeutet, dass „die Erlangung eines rechtswidrigen Vermögensvorteils durch eine Sportwette“, anders als beim § 265c, nicht den Gegenstand der Unrechtsvereinbarung i.S.v. § 265d bildet.[2178] Die Unrechtsvereinbarung muss sich somit auf einen berufssportlichen Wettbewerb beziehen, wobei dessen Begriff in § 265d Abs. 5 definiert ist.[2179] Demgemäß muss die Unrechtsvereinbarung nicht Bezug auf eine

2175 *Rübenstahl*, JR 2017, S. 264 (273).
2176 *Krack*, ZIS 2016, S. 540 (547).
2177 *Satzger*, in: Kuhlen u.a. (Hrsg.), Korruption und Strafrecht, 2018, S. 95.
2178 *Schreiner*, in: MüKo-StGB, 2019, § 265d, Rn. 3.
2179 BT-Drucks. 18/8831, S. 20.

Sportwette nehmen und die Täter müssen auf der Basis von Wettbewerbswidrigkeit vereinbaren, um von einer Manipulation i.S.v. § 265d sprechen zu können.[2180]

Es ist Tatsache, dass hochklassige Sportereignisse von der Öffentlichkeit mit großer Aufmerksamkeit verfolgt werden. Darüber hinaus treten deren Akteure gesellschaftlich immer mehr als Vorbild in Erscheinung. Daher sind Wettbewerbsverfälschungen und der daraus resultierende Glaubwürdigkeitsverlust als besonders schwer zu betrachten.[2181] So findet diese neugefasste Strafvorschrift nur in berufssportlichen Wettbewerben Anwendung.[2182] Das führt dazu, dass die Manipulation berufssportlicher Wettbewerbe den Kern des Unrechtsgehalts von § 265d darstellt.[2183] Danach liegt der Tatbestand der Manipulation von berufssportlichen Wettbewerben vor, wenn sich die Manipulationsabsprache auf hochklassige Wettbewerbe mit berufssportlichem Charakter bezieht, auch wenn ohne Bezug zu Sportwetten.[2184] Der Anwendungsbereich der Regelung ist demnach anders als bei § 265c eingeschränkt. Danach ist eine Bestrafung gemäß § 265d nur dann möglich, wenn es im konkreten Fall um ein „berufssportlicher Wettbewerb" geht und die betroffene Absprache auf wettbewerbswidrige Beeinflussung dessen Verlauf oder Ergebnis bezieht.[2185] Strafbar sind Manipulationsabsprachen ohne Bezug zu Sportwetten dann, wenn sie einen hochklassigen Wettbewerb i.S.v. § 265d mit berufssportlichem Charakter betreffen.[2186]

Da es hier ganz überwiegend um eine konkrete[2187] (nicht wie bei § 265c gelockerte) Absprache und ein abstraktes Delikt handelt sowie primär nicht um Vermögensinteresse geht, ist die Ausgestaltung des Delikts hinter dem (Sportwett-) Betrug und Untreue und unter dem 22. Abschnitt als bedenklich zu bezeichnen,[2188]

2180 Vgl. *Rübenstahl*, JR 2017, S. 333 (334 f.); *Kubiciel*, in: Hoven/ders. (Hrsg.), Korruption im Sport, 2018, S. 82.

2181 BT-Drucks. 18/8831, S. 11.

2182 *Kubiciel*, in: Hoven/ders. (Hrsg.), Korruption im Sport, 2018, S. 78.

2183 *Krack*, ZIS 2016, S. 540 (542); *Schreiner*, in: MüKo-StGB, 2019, § 265d, Rn. 12.

2184 BT-Drucks. 18/8831, S. 11; kritisch und für die Erweiterung des Tatbestands auf Amateurbereich *Kubiciel*, in: Hoven/ders. (Hrsg.), Korruption im Sport, 2018, S. 78.

2185 *Satzger*, in: Korruption und Strafrecht, Kuhlen u.a. (Hrsg.), 2018, S. 95 f.

2186 BT-Drucks. 18/8831, S. 20; *Rübenstahl*, JR 2017, S. 333 (334).

2187 BT-Drucks. 18/8831, S. 22; versehentlich aA *Schreiner*, in: MüKo-StGB, 2019, § 265d, Rn. 21.

2188 So auch *Krack*, ZIS 2016, S. 540 (543); *Satzger*, in: Kuhlen u.a. (Hrsg.), Korruption und Strafrecht, 2018, S. 98; *Schreiner*, in: MüKo-StGB, 2019, § 265d, Rn. 3; *Fischer*, StGB, 2019, § 265d, Rn. 2. *Saliger*, BRAK-Stellungnahme Nr. 8/2016 v. 12.4.2016,

obwohl die beiden Straftatbestände Manipulationsabsprachen bei Sportwettbewerben unter Strafe stellen. Die Gesetzesbegründung stellt auch überraschend fest, dass sein Unrechtsgehalt mit der Beeinträchtigung der Integrität des Sports über die vom Betrugstatbestand abgebildete Verletzung fremder Vermögensinteressen hinausgeht.[2189] Der Straftatbestand gehört damit – anders als beim § 265c – zur echten bzw. eigentlichen Bestechung.[2190]

Laut der Gesetzesbegründung soll der § 265d im Konkurrenzverhältnis zurückzutreten, wenn eine Absprache gleichzeitig beide Tatbestände der §§ 265c und 265d erfüllt. Der Unrechtsgehalt von § 265c sei in § 265d miterfasst.[2191] Dieser Ansicht ist nicht zuzustimmen, da es dabei um „unterschiedliche Vermögensinteressen" und „unterschiedliche Vermögensträger" geht.[2192]

Zur Beurteilung des Konkurrenzverhältnisses zwischen dem Tatbestand der Manipulation von berufssportlichen Wettbewerben und den verwirklichten anderen Bestechungsstraftaten können auf die zu den §§ 299, 331 ff. StGB entwickelten Grundsätze verwiesen werden.[2193]

V. Internationale Bestechung (§ 335a)

Heute macht Korruption vor staatlichen Grenzen nicht mehr Halt. Die enge Zusammenarbeit vieler Staaten im Weltmarkt, die Globalisierung und der wachsende Einfluss internationaler Organisationen führen dazu, dass Korruptionstaten auch grenzüberschreitend und damit im internationalen Bereich begangen werden. Unvorstellbar ist daher ein Staat ohne effektive Bekämpfung grenzüberschreitender Korruption. Darüber hinaus macht die Umsetzung der internationalen Rechtsinstrumente erforderlich, den Anwendungsbereich der Amtsträgerbestechung zu erweitern.[2194] Dazu soll entsprechend der Normzweck der Bestechungsdelikte, der sich weitgehend auf die Lauterkeit des öffentlichen Dienstes und auf das Vertrauen der Öffentlichkeit in diese Lauterkeit richtet, zudem – wenn auch eingeschränkt – für internationale Korruptionstaten

---

S. 9 f., betrachtet es deswegen als ein „Fremdkörper" und „systemwidrig" in diesem Abschnitt. Dazu plädiert er die „Platzierung im Umkreis von § 299 StGB".

2189 BT-Drucks. 18/8831, S. 11.

2190 So auch *Saliger*, BRAK-Stellungnahme Nr. 8/2016 v. 12.4.2016, S. 10; *Schreiner*, in: MüKo-StGB, 2019, § 265d, Rn. 6.

2191 BT-Drucks. 18/8831, S. 20.

2192 *Krack*, ZIS 2016, S. 540 (550).

2193 BT-Drucks. 18/8831, S. 15, 20; kritisch *Krack*, ZIS 2016, S. 540 (550).

2194 BT-Drucks. 18/4350, S. 11; *Isfen*, JZ 2016, S. 228 (234); vgl. auch oben § 5 F II.

gelten.[2195] So ist der § 335a in diesem Zusammenhang durch das zweite KorrBekG v. 2015 in das StGB eingefügt worden.[2196]

Diese neue Regelung dient dem Zweck, bestimmte Bedienstete und Richter ausländischer und internationaler Behörden und Gerichte in den Anwendungsbereich der §§ 331 ff. StGB einzubeziehen.[2197] Der deutsche Gesetzgeber hat insofern durch die Pönalisierung der Bestechlichkeit ausländischer Amtsträger in § 335a i.R.d. Umsetzung internationaler Abkommen gezeigt, dass er mit der Staatengemeinschaft im Kampf gegen Korruption, wo auch immer sie auftritt, solidarisch ist.[2198]

Die Vorschrift ist ohne Zweifel einerseits eine materiell-rechtliche Anwendungsregel. Es geht um hierbei die Ausdehnung des Geltungsbereichs des deutschen Strafrechts „unter Wegfall der in § 5 StGB noch enthaltenen Beschränkungen" (sog. das aktive Personalitätsprinzip) und in Annäherung an den § 6 StGB (sog. Weltrechtsprinzip).[2199] Auf der anderen Seite sind durch diese Vorschrift zwei Tatbestände ins Leben gerufen, nämlich die „internationale Bestechlichkeit" (§ 332 Abs. 1 i.V.m. § 335a Abs. 1) und „internationale Bestechung" (§ 334 Abs. 1 i.V.m. § 335a Abs. 1).[2200]

Diese Vorschrift, die allein die Sachverhalte mit Auslandsbezug umfasst, dient im Grunde genommen der Ausdehnung des Täterkreises. Der § 335a stellt i.d.S. die Amtsträger nach ausländischem Recht mit den Amtsträger nach

---

2195 BT-Drucks. 18/4350, S. 24.

2196 BGBl. I, S. 2025. Noch ein weiteres und wichtiges Instrument dazu wäre die „Geldbuße". Es unterliegt keinem Zweifel, dass Verbandsgeldbuße auch gegen ausländische Verbände angeordnet werden kann. Siehe dazu *Waßmer*, in: Hoven/Kubiciel (Hrsg.), Das Verbot der Auslandsbestechung, 2016, S. 166.

2197 BT-Drucks. 18/4350, S. 24.

2198 Vgl. Erläuternder Bericht zum Strafrechtsübereinkommen des CoE über Korruption, Nr. 49, abgedruckt in: BT-Drucks. 18/9234, S. 54; *Zimmermann*, Das Unrecht der Korruption, 2018, S. 690; kritisch wegen des weltweiten Schutzes der „Integrität ausländischer Staaten sowie ausländischer und internationaler öffentlicher Institutionen" *Kuhlen*, in: NK-StGB, 2017, § 335a, Rn. 9 m.w.N. *Isfen*, JZ 2016, S. 228 (236), vertritt die Auffassung, dass allein die deutsche Strafrechtspflege nicht in der Lage, diese Erwartung in die Tat zu umsetzen.

2199 *Isfen*, JZ 2016, S. 228 (235); siehe ferner BT-Drucks. 18/4350, S. 25.

2200 *Kuhlen*, in: NK-StGB, 2017, § 335a, Rn. 7.

deutschem Recht unabhängig von der Verweisung auf § 11 Abs. 1 Nr. 2 gleich.[2201] Von daher ist hierbei im Prinzip „Fremdrechtsanwendung" möglich.[2202]

Diese Ausdehnung wurde bisher über die in den Nebengesetzen vorgesehenen „Gleichstellungsklauseln" z. B. § 2 IntBestG und § 1 EU-Bestechungsgesetz v. 1998 sowie § 2 IStGH-Gleichstellungsgesetz v. 2002 durchgeführt.[2203] Auf diese Weise verfolgt der Gesetzgeber das Ziel, die Gleichstellungsvorschriften für die Bediensteten ausländischer und internationaler Behörden nicht in Nebengesetzen, sondern im StGB zu regeln, damit der Rechtsanwender problemlos davon Kenntnis erlangen kann.[2204]

Zur Ausdehnung des Anwendungsbereichs gehören drei Berufsgruppen, nämlich Richter und Amtsträger (Bedienstete und Beauftragte) sowie Soldaten in drei verschiedenen Bereichen (§ 335a Abs. 1 Nr. 1 und 2):

- Richter eines ausländischen und eines internationalen Gerichts (ausländische Justiz)
- Bedienstete und Beauftragte sowie Soldaten einer internationalen Organisation (völkerrechtlicher Bereich)
- Bedienstete und Beauftragte sowie Soldaten eines ausländischen Staates

Es ist nicht klar, dass auf welcher Grundlage und Basis die Amtsträgereigenschaft auszulegen ist.[2205] Allerdings spricht der Wille des Gesetzgebers für eine autonome Auslegung, weil der Gesetzesentwurf in vielen Punkten auf die betroffenen Abkommen (OECD und UN Abkommen gegen Korruption) verweist.[2206]

2201 BT-Drucks. 18/4350, S. 12. *Korte*, in: MüKo-StGB, 2019, § 335a, Rn. 2, spricht i.d.S. von einer erheblichen Ausweitung. So auch *Kudlich/Hoven*, ZIS 2016, S. 345 (349); „eine massive Ausdehnung des deutschen Bestechungsstrafrechts" *Heinrich*, in: Arzt u.a., Strafrecht BT, 2015, § 49, Rn. 23; in ähnlicher Weise „konfliktschwangere Geltungsausdehnung" *Isfen*, JZ 2016, S. 228 (235). Die Begründung löst das Problem, das durch diese sehr weitgehende Pönalisierung von Bestechungstaten im Ausland entsteht, aus, indem sie auf die Möglichkeiten i.R.d. Rechtswidrigkeit, Schuld und Strafzumessung sowie auf prozessualer Ebene (§ 153c Abs. 1 Nr. 1 StPO) verweist. Siehe BT-Drucks. 18/4350, S. 24.

2202 *Heine/Eisele*, in: S/S-StGB, 2019, § 335a, Rn. 9.

2203 *Heinrich*, in: Arzt u.a., Strafrecht BT, 2015, § 49, Rn. 23.

2204 BT-Drucks. 18/4350, S. 13; *Kuhlen*, in: NK-StGB, 2017, § 335a, Rn. 1.

2205 BGH, Urt. v. 23.10.2018 – 1 StR 234/17, Rn. 98; *Korte*, in: MüKo-StGB, 2019, § 335a, Rn. 17. *Kuhlen*, in: Kuhlen u.a. (Hrsg.), Korruption und Strafrecht, 2018, S. 39, betrachtet deshalb die Vorschrift § 335a Abs. 1 Nr. 2a als verfassungswidrig.

2206 BGH, Urt. v. 23.10.2018 – 1 StR 234/17, Rn. 99; zur verschiedenen Lösungsansätzen *Kuhlen*, in: NK-StGB, 2017, § 335a, Rn. 25 ff. Aus diesem Grund verliert der

Die Ausdehnung auf Bedienstete ausländischer und internationaler Behörden i.S.v. § 335 Abs. 1 bezieht sich nur auf eine pflichtwidrige Diensthandlung, da der § 335a Abs. 1 nur auf die §§ 332 und 334 StGB verweist.[2207] Darüber hinaus richtet sich die Unrechtsvereinbarung nur auf eine künftige und pflichtwidrige Diensthandlung.[2208] Auf diese Weise bilden die Pflichtwidrigkeit und die künftige Diensthandlung den Umfang der Gleichstellung.[2209] Der Gesetzgeber wollte somit nur „qualifizierte" Fälle der Auslandsbestechung in die Pönalisierung einbeziehen.[2210]

Auch die Frage, wonach man den Begriff „Pflichtwidrigkeit" interpretieren soll, ist noch offen.[2211] Nach der zutreffenden Ansicht ist die Pflichtwidrigkeit i.S.v. internationalen Bediensteten nach dem Recht der betreffenden internationalen Organisation autonom zu bestimmen. Ebenso ist die Pflichtwidrigkeit i.S.v. ausländischen Amtsträger grundsätzlich i.R.d. betreffenden ausländischen Rechts festzulegen.[2212]

---

vorherige Maßstab „zweistufige Prüfung der Amtsträgerschaft" größtenteils seine Bedeutung. Siehe dazu BGH, Urt. v. 10.6.2015 – 1 StR 399/14 = NJW 2015, S. 2675; *Rosenau*, in: S/S/W-StGB, 2018, § 335a, Rn. 9.

2207 BT-Drucks. 18/4350, S. 24; *Hoven*, Auslandsbestechung, 2018, S. 70, stellt fest, dass die internationalen Vorgaben eine solche Beschränkung nicht erforderlich mache.

2208 *Hoven*, Auslandsbestechung, 2018, S. 68; *Kuhlen*, in: NK-StGB, 2017, § 335a, Rn. 5.

2209 *Korte*, in: MüKo-StGB, 2019, § 335a, Rn. 36 ff.

2210 *Rosenau*, in: S/S/W-StGB, 2018, § 335a, Rn. 5.

2211 *Wittig*, Wirtschaftsstrafrecht, 2017, § 27, Rn. 98; zur Lösungsansätze *Hoven*, Auslandsbestechung, 2018, S. 80 ff.

2212 *Sowada*, in: LK-StGB, 12. Aufl., § 332, Rn. 9; *Rosenau*, in: S/S/W-StGB, 2018, § 335a, Rn. 5; *Korte*, in: MüKo-StGB, 2019, § 335a, Rn. 41; *Fischer*, StGB, 2019, § 335a, Rn. 5a. In der Lehre und in der Praxis wird ebenso mehrheitlich vertreten, dass das Pflichtwidrigkeitsmerkmal in Bezug auf die internationale Bestechung im geschäftlichen Verkehr nach dem betroffenen ausländischen Recht festzulegen. Siehe dazu BGH, Urt. v. 13.2.2014 – 1 StR 336/13; *Kuhlen*, in: NK-StGB, 2017, § 335a, Rn. 33.

§ 15 Kriminologische und kriminalistische Aspekte

A. Allgemeines

Die Verfolgung der kriminellen Handlungen ist in erster Linie ein wichtiges Instrument für die Verbrechensbekämpfung.[2213] Hierbei lautet die entscheidende Frage so, wie sie besser und effektiv im organisatorischen Sinne auszustatten ist. Dies soll jedoch nicht bedeuten, dass die Reformen der Strafverfolgung den Vorrang vor anderen Instrumente hat. Die Verbesserung der Strafverfolgungsorgane muss vielmehr rechtspolitisch etappenweise durchgeführt werden.[2214]

B. Befunde

Wie oben festgestellt wurde, stellen die öffentliche Verwaltung und damit die Amtsträger den primären Zielbereich der Bestechung dar.[2215] Auf der Geberseite erscheint hingegen „die Erlangung von Aufträgen" als das bevorzugte Ziel. Danach kommt die illegale Erlangung von behördlichen Genehmigungen an zweiter Stelle.[2216] Im Hinblick auf die Geberseite wird daher vermutet, dass die Bestechungsdelikte überwiegend durch Unternehmen oder Angestellten begangen werden.[2217] Die folgende Tabelle unterstützt diese Ansicht:

Im Jahr 2017 gab es insgesamt 28 Verurteilte wegen Bestechlichkeit und 126 Verurteilte gemäß § 334.[2218] Ebenso gab es laut der Statistiken im Zeitraum von 1995 bis 1999 283 Verurteilte gemäß § 332 und 1308 Verurteilte wegen Bestechung.[2219] Es ist trotzdem nicht pauschal und schlicht davon auszugehen, dass die Initiative erst vom Vorteilsgeber ausgeht. Allerdings ist die deutliche Zahl von Verurteilten gemäß § 334 im Vergleich zur Bestechlichkeit ein Indiz dafür.

2213 Im Sinne von WK *Wassermann*, in: Beiträge, 1979, S. 34.

2214 *Wassermann*, a.a.O., S. 34.

2215 Siehe oben § 5 F III.

2216 Bundeslagebild Korruption, 2004, S. 45; Bundeslagebild Korruption, 2017, S. 18.

2217 *See*, Wirtschaft zwischen Demokratie und Verbrechen, 2014, S. 213.

2218 Siehe Strafverfolgungsstatistik, 2018, S. 45.

2219 Siehe *Bannenberg*, Strafrechtliche Kontrolle, 2002, S. 54-55.

Abbildung 6: *Polizeilich erfasste Fälle von Bestechlichkeit und Bestechung im geschäftlichen Verkehr.* Bundeslagebild Korruption, 2017, S. 5.

Abbildung 7: Tatverdächtige und Verurteilte laut PKS und Destatis (2014–2018)

	Tatverdächtige			**Verurteilte**		
Jahr	§ 332	§ 334	Bundesweit	§ 332	§ 334	Bundesweit
2014	793	493	2.149.504	26	96	748.782
2015	220	458	2.369.036	15	119	739.487
2016	172	375	2.360.806	19	86	737.873
2017	198	457	2.112.715	28	126	716.044
2018	170	251	2.051.266	–	–	–

Die polizeilich registrierten Fälle von Bestechlichkeit und Bestechung sind mit den Verurteiltenzahlen vergleichbar. Die Höhe der Fallzahlen basiert grundlegend auf öffentlich bekannt gewordenen Skandalen wie waffenrechtlichen Bescheinigungen und Zulassungen im Kfz-Gewerbe.[2220]

2220 Siehe dazu Bundeslagebild Korruption, 2017, S. 6-7.

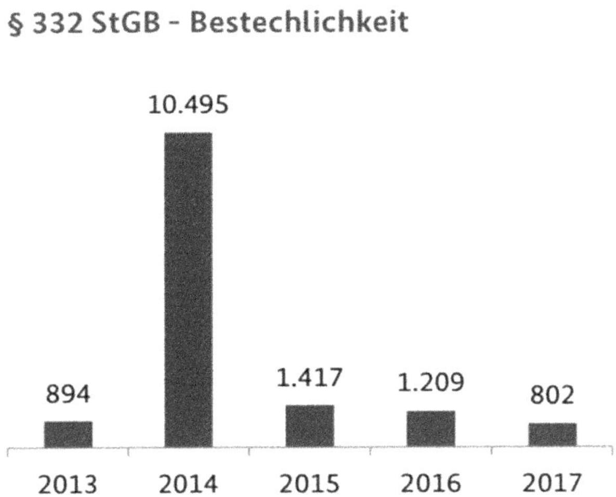

Abbildung 8: *Polizeilich erfasste Fälle von Bestechlichkeit in Deutschland von 2013 bis 2017.* Bundeslagebild Korruption, 2017, S. 6.

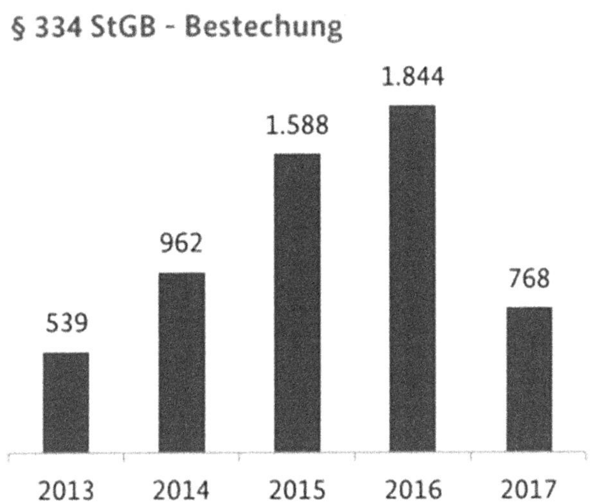

Abbildung 9: *Polizeilich erfasste Fälle von Bestechung in Deutschland von 2013 bis 2017.* Bundeslagebild Korruption, 2017, S. 6.

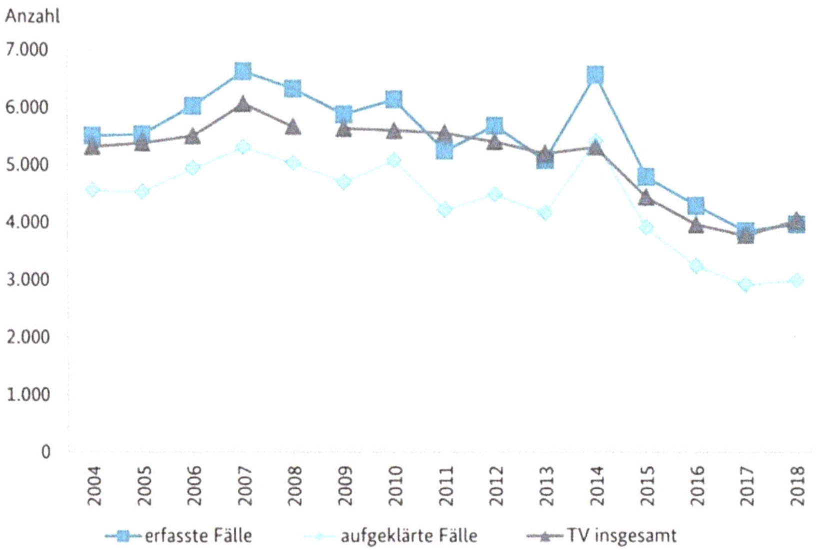

Abbildung 10: *Entwicklung Wettbewerbs-, Korruptions- und Amtsdelikte*. PKS, Jahrbuch 2018, Bd. 4, S. 142.

Wie die Abbildung 10 zeigt, lässt sich eine „rückgängige Tendenz" hinsichtlich der polizeilich registrierten Korruptionsfälle beobachten. Das soll ein Indiz sein, dass Deutschland bei der Umsetzung der effektiven Maßnahmen teilweise Erfolgt gehabt hat. Das darf aber nicht darüber hinwegtäuschen, dass Deutschland mit der polizeilichen und strafrechtlichen Bekämpfung der Korruption fortfahren muss. Die Bekämpfung der Korruption ist eine Daueraufgabe.

C. Kriminaltaktische Überlegungen

Zur besseren Verbrechensbekämpfung sind die taktischen Überlegungen i.S.v. Strafverfahren im Gang zu setzen.[2221] Es geht hierbei um damit die Übertragung der kriminologischen Befunde in der Kriminalistik.

I. Spezialisierung

Für die Ermittlung von Bestechungsfällen ist Spezialisierung erforderlich. Das setzt organisatorische Maßnahmen durch Fachpersonal voraus.[2222] Denn die

2221 *Nötzel*, in: Dölling (Hrsg.), Korruptionsprävention, 2007, Rn. 61 ff., 73.

2222 Siehe dazu unten § 23 E V 4.

meisten Fälle haben einen Wirtschaftsbezug oder gehören zu den Wirtschaftsdelikten.[2223] Dabei spielen Spezialdienststellen für Korruptionsbekämpfung eine wichtige Rolle, da die komplexen Korruptionsverfahren mithilfe der spezialisierten Fachpersonen sachgerecht ermittelt und aufgeklärt werden können.[2224] Der § 74c Abs. 1 Nr. 6 lit. a GVG liefert i.d.S. ein gutes Beispiel. Diese kriminaltaktisch- und strafprozessuale Bestimmung dient schon im Vorfeld der Strafverfolgung zur Spezialisierung und damit mittelbar zur Vorbeugung.[2225]

II. Kooperation bzw. enge Zusammenarbeit

Da es hierbei um eine („opferlose")[2226] Kontrollkriminalität geht, hängt die Aufklärung der Bestechungsstraftaten von den Kontrollen der zuständigen Behörden und der Institutionen ab sowie von darauf gerichteten Hinweisen.[2227] Die Strafverfolgungsbehörden sollen vor diesem Hintergrund mit betroffenen Kontrollmechanismen gut kooperieren.

III. Zwangsmaßnahmen

Weil die Bestechungsdelikte Interaktionsdelikte bzw. kommunikative Akte[2228] sind, bleiben Zeugenaussagen selten.[2229] In der Praxis hat sich gezeigt, dass die Aufklärung von Korruptionsstraftaten häufig nur unter Einsatz verdeckter Ermittlungsmaßnahmen und Telekommunikationsüberwachung möglich ist.[2230]

2223 Siehe dazu oben § 9 A VIII.

2224 Bundeslagebild Korruption, 2004, S. 49.

2225 Siehe dazu oben § 4 C II 1. *Zirpins/Terstegen*, Wirtschaftskriminalität, 1963, S. 755, sind der folgenden Meinung: „Die beste Vorbeugung bietet eine rechtzeitige Aufdeckung korruptiver Sachverhalte durch eine kriminalistische Tätigkeit, [...]". Somit betonen sie die Rolle der strafrechtlichen Maßnahmen.

2226 *Bannenberg*, Strafrechtliche Kontrolle, 2002, S. 61.

2227 Bundeslagebild Korruption, 2004, S. 48. Siehe ferner oben § 5 F I 3.

2228 Siehe oben § 14 A I 3 dd.

2229 *v. Heintschel-Heinegg*, in: BeckOK-StGB, 42. Ed., 2019, § 331, Rn. 70; *Fätkinhäuer*, in: FES (Hrsg.), Korruption in Deutschland, 1997, S. 74: „Da Bestecher und Bestochener im selben kriminellen Boot sitzen, ist von ihnen grundsätzlich keine Hilfe bei der notwendigen Aufklärung der zwischen ihnen abgewickelten Tatabsprache zu erwarten."

2230 BT-Drucks. 18/8831, S. 23; Bundeslagebild Korruption, 2004, S. 71. *Steinrücken*, VJH 2004, S. 301 (302), ordnet diese Zwangsmaßnahmen der „alternativen Präventionsstrategie" zu.

IV. Belohnung

Strafbarkeit ist in bestimmten Fällen und unter bestimmten Voraussetzungen auszuschließen, wenn sie zur Verbrechensbekämpfung dient.[2231] Auf diese Weise werden bestimmte Tätigkeiten und Motivationen in Täter zugunsten Personen und Allgemeinheit geweckt, indem das gewünschte Endergebnis durch die rechtlichen Möglichkeiten des Strafgesetzgebers belohnt wird.[2232] Dies ist als der „Belohnungsgedanke der kriminalistisch orientierten Strafrechtspolitik" anzusehen. Diese Möglichkeiten sind nicht abschließend. Als Beispiele werden folgende erörtert:

1. Rücktritt

Wie oben gesagt führt der Verzicht auf die Annahme nicht zum strafbefreienden Rücktritt des Amtsträgers. Dieser begeht vielmehr ein vollendetes Delikt i.S.d. § 332, da die Tat in der Regel früh formell vollendet wird.[2233] Im deutschen Bestechungsstrafrecht ist de lege lata deshalb schwer vorstellbar, eine „goldene Brücke"[2234] zu bauen, um das rechtstreue Verhalten des Täters zu belohnen.

2. Tätige Reue

Zunächst ist zu erwähnen, dass die Position des Rechtsinstituts „tätige Reue" nicht stabil bleibt; je nach dem verfolgten Zweck zeigt sie sich entweder als positive Sanktion - wie hier - oder als ein Instrument von Strafzumessung, wobei von der Strafe nicht völlig abgesehen wird.[2235]

Wie in der vorliegenden Arbeit bereits erwähnt, formulieren die deutschen Bestechungsdelikte einen früheren Vollendungszeitpunkt.[2236] Deswegen ist dieses Rechtsinstitut kriminaltaktisch in das deutsche Bestechungsstrafrecht

---

2231 Vgl. *Ostendorf*, NK 1/1996, S. 16 (19).

2232 Im rechtssoziologischen Sinne geht es dabei um die „Verhaltenssteuerung durch positive Sanktionen". Siehe *Röhl*, Rechtssoziologie-online, 2012, S. 222 f.; *Raiser*, Rechtssoziologie, 2013, S. 224 f.; *Rehbinder*, Rechtssoziologie, 2014, § 6, Rn. 108; *Baer*, Rechtssoziologie, 2017, § 9, Rn. 6.

2233 § 14 A I 6 b.

2234 Siehe dazu *Gropp*, Strafrecht AT, 2015, § 9, Rn. 174.

2235 Ähnlich auch *Lagodny*, Strafrecht vor den Schranken der Grundrechte, 1996, S. 508; *Gropp*, Strafrecht AT, 2015, § 9, Rn. 224.

2236 *Saliger*, BRAK-Stellungnahme Nr. 8/2016 v. 12.4.2016, S. 9.

zu integrieren, „um einen Ausgleich für den frühen Vollendungszeitpunkt zu schaffen".[2237]

3. *Kronzeugenregelung*

Liegt eine Kronzeugenregelung vor, kann der Beschuldigte sich damit einverstanden erklären, über in der Sache gegen sich selbst zu äußern. Denn der Beschuldigte weiß schon, dass diese Bereitschaft über eine Strafmilderung oder über einen Strafverzicht oder zumindest durch die ‚Freundschaft' der Staatsanwaltschaft belohnt wird. Das ist ohnehin kriminaltaktisch wünschenswert für die Strafverfolgungsbehörde i.S.d. Aufklärungstätigkeit.[2238]

4. *Whistleblower*

Der Schutz von Hinweisgebern ist heute nun durch Übereinkommen gewährleistet.[2239] Es wird geschätzt, dass die Bereitschaft der Hinweisgeber dazu hoch ist.[2240] Aus diesem Grund sind die Einrichtungen und Institutionen, in denen die Anonymität der Informanten gesetzlich geschützt und in diesem Sinne zu ihnen vertraulich behandelt wird, zu schaffen.[2241]

Darüber hinaus sind ‚anonyme Hinweise' auch nützlich.[2242] In diesem Zusammenhang kann Online-Hinweisaufnahme als „ein zentrales Element für die Optimierung der Bekämpfung der Korruptionskriminalität" seinen Beitrag zur Aufklärung der Bestechungsstraftaten leisten.[2243]

2237 *Saliger*, a.a.O., S. 11; in diese Richtung auch *Schönwälder*, Das Bestechungswesen in der Privatwirtschaft, 2013, S. 236.

2238 Diese besondere Bedeutung der Kronzeugenmöglichkeit bringt *Nötzel*, in: Dölling (Hrsg.), Korruptionsprävention, 2007, Rn. 71, wie folgend zum Ausdruck: „Diese oft so genannte „Mauer des Schweigens" zu durchbrechen (…)".

2239 Nach Art. 9 des Zivilrechtsübereinkommens über Korruption v. 1999 und Art. 33 der UN-Übereinkommen gegen Korruption v. 2003 sind die Vertragsparteien verpflichtet, geeignete Maßnahmen vorzusehen und diese Personen vor ungerechtfertigten Behandlungen zu schützen.

2240 Circa jeder dritte Fall wird durch den Hinweis von externen Quellen bekannt. Siehe dazu Bundeslagebild Korruption, 2017, S. 19; „die Mehrzahl" Bundeslagebild Korruption, 2004, S. 55.

2241 *Korte*, in: Dölling (Hrsg.), Korruptionsprävention, 2007, Rn. 43, 150 ff.; *Böttger*, in: WirtStR in der Praxis, 2015, Kap. 5, Rn. 214; eingehend Glinder/Schröfel, in: *Louis*/*Glinder*/Waßmer (Hrsg.), Handbuch, 2020, Rn. 226 ff.; kritisch im Hinblick auf Rechtsstaat i.S.v. anonymen Anzeige *Lindemann*, ZRP, 2006, S. 127 (130).

2242 Bundeslagebild Korruption, 2004, S. 49.

2243 Bundeslagebild Korruption, 2004, S. 71.

D. Technische und repressive Präventionsmittel

Zuletzt stellt Bargeld deutlich den Brennpunkt hinsichtlich der erlangten Vorteile dar. Rund die Hälfte aller Bestechungen werden mit Bargeld verwirklicht.[2244] Aus diesem Grund sind „Transparenztatbestände" i.R.d. Auskunftspflicht und Offenlegungspflicht und strafbewehrte Offenbarungspflichten sowie Verdachtsstrafen wie einer strafbaren unerlaubte Bereicherung, die dem deutschen Bestechungsstrafrecht fremd ist, i.S.v. technischen und repressiven Prävention denkbar und begrüßungswert.[2245]

2244 Bundeslagebild Korruption, 2004, S. 44; Bundeslagebild Korruption, 2017, S. 15.
2245 Siehe dazu unten § 19 D, § 23 A IV 5 und § 23 E I 2.

§ 16 Das deutsche Bestechungsstrafrechtssystem

A. Systematik und Struktur

Zunächst ist festzustellen, dass es zwischen Vorteilsannahme und Bestechlichkeit, ebenso zwischen Vorteilsgewährung und Bestechung sowohl materiell als auch im Sinne der Rechtsterminologie einen erheblichen Unterschied gibt. Das ergibt sich aus der nach verschiedenartigen Gefühlen entstandenen Weiterbildung des Rechts.[2246] Infolge dieser Verschiedenartigkeit kommen wichtige Konsequenzen für die Ausgestaltung der Bestechungstatbestände und damit mittelbar für die strafrechtsdogmatischen Ergebnisse in Betracht.[2247]

Das renovierte deutsche Bestechungsstrafrecht basiert überwiegend auf einer Synthese von römischen und deutschen Grundgedanken.[2248] Die Gliederung berücksichtigt Taten und Täterkreise, indem die Systematik der Bestechungstatbestände sowohl „nach den beiden Tätergruppen“[2249] als auch nach Taten[2250] aufgebaut ist.

B. Kriminal- und strafrechtspolitische Ansätze

Hierbei wird die vom Gesetzgeber verfolgte Kriminalpolitik (Sein-KP) bzw. die „legislatorische Kriminalpolitik“[2251] dargestellt.

I. Exklusivitätsthese

Betrachtet man das deutsche Recht systematisch, ist leicht festzustellen, dass der deutsche Strafgesetzgeber darauf verzichtet hat, dass das Delikt Vorteilsannahme unter der Bestechlichkeit zu regeln. Mit ausdrücklicher Formulierung geht er von einer Trennung zwischen Vorteilsannahme und Bestechlichkeit (§§ 331, 332); gleichfalls zwischen Vorteilsgewährung und Bestechung (§§ 333,

---

2246 Siehe zur Rolle der Gefühle *Kübl*, Rechtsgefühl, 1913, S. 87.

2247 Vgl. *Überhofen*, Korruption und Bestechungsdelikte, 1999, S. 76, zum Thema Fn. 9.

2248 *Maurach/Schroeder/Maiwald*, Strafrecht BT, Teilbd. 2, 2012, § 79, Rn. 8.

2249 *Jescheck*, in: LK-StGB, 11. Aufl., Vor § 331, Rn. 16.

2250 BT-Drucks. 7/550, S. 270.

2251 *Roxin*, Strafrecht AT I, 2006, § 7, Rn. 77.

334) aus.[2252] Dies entspricht dem Sachverhalt in Bezug auf die Abgrenzung zwischen § 249 und § 255.[2253]

II. Freundschaftsprinzip

Die enge Verbindung zwischen der Vorteilsannahme und der Bestechlichkeit ist keine dogmatische, sondern eine formelle Koppelung. Sie haben nur wegen der Gesetzestechnik dieselben Täterkreise und Begehungsformen. Dies wurde durch die Begründung des EGStGB v. 1974[2254] verdeutlicht. Es hatte zum Ziel:

- Klarstellung zu schaffen,
- technische Vereinfachung zu ermöglichen,
- Zeitpunkt der Vollendung kriminaltaktisch festzulegen.

III. Auffangfunktion des § 331

Systematische Anweisungen und Vorgehensweise beeinträchtigen die Rechtsnatur von Bestechungsdelikten nicht. Die Struktur darf nicht dazu führen, dass die §§ 331, 333 als Bestechungsdelikte eingestuft werden. Diese haben vielmehr eine Auffangfunktion i.R.d. KB und schließen damit die Strafbarkeitslücken, um das Korruptionsstrafrecht effizienter zu gestalten.[2255]

Der Gegenstand des § 331 enthält keine Dienstpflichtverletzung. Es kann im besten Fall „wie eine Reserve des § 332" angesehen werden.[2256] In diesem Zusammenhang erscheint der Tatbestand der Vorteilsannahme als „eine subsidiäre,

---

2252 In der Strafrechtsgeschichte zeigen sich die Begriffe Bestechung und Bestechlichkeit erst im sächsischen StGB v. 1855. Damit wurden die aktive und passive Bestechung mithilfe zwei verschiedener Substantive rechtsterminologisch getrennt. Siehe *Birkmeyer*, Bestechung, in: Vergleichende Darstellung, IX. Bd., 1906, S. 325.

2253 Siehe dazu *Kudlich/Aksoy*, JA 2014, S. 81 (85 f.).

2254 BT-Drucks. 7/550, S. 272. *Loos*, in: FS-Welzel, 1974, S. 883, betont in diesem Zusammenhang, dass der deutsche Gesetzgeber sich für die „Staatswillenverfälschungslehre" entschiedet hat.

2255 *Maiwald*, NStZ 1994, S. 488 (490); *Jescheck*, in: LK-StGB, 11. Aufl., § 331, Rn. 11, 13; *Kuhlen*, in: NK-StGB, 2017, § 331, Rn. 75; *Rosenau*, in: S/S/W-StGB, 2018, § 332, Rn. 5; *Heine/Eisele*, in: S/S-StGB, 2019, § 332, Rn. 6; ausdrücklich *Korte*, in: MüKo-StGB, 2019, § 332, Rn. 9. Siehe ferner zur sog. zweistufige Aufbau *Beschlüsse* von 61. DJT; *König*, JR 1997, S. 399.

2256 *Binding*, Strafrecht BT II, 1905, S. 731.

den eigentlichen Bestechungstatbestand des § 332 ergänzende Vorschrift".[2257] Von daher gilt bei Beweisschwierigkeiten in dubio pro reo § 331.[2258]

Dies wäre aus kriminalpolitischen Gesichtspunkten eine hinnehmbare Ansicht. Dieser Ansatz folgt dem Grundsatz *lex specialis derogat legi generali.*

IV. Trennungsprinzip

Es geht gesetzlich um zwei Seiten des Verbrechensphänomens „Bestechung", nämlich der des Bestechenden und der des Bestochenen. Die Strafbarkeit beider Seiten ist selbständig geregelt. Das bedeutet, dass es sich um „Selbstständigkeit und Unabhängigkeit" der Strafbarkeit der zwei Seiten der Bestechung handelt.[2259]

Die wichtigste Folge dieses Prinzips ist die Lagertheorie: Wie oben ausgeführt, muss die Teilnahme außenstehender Dritter nach der Lagertheorie festgestellt werden.[2260]

V. Spiegelbildlichkeitsprinzip

Die deutsche Systematik hinsichtlich der Bestechungsdelikte basiert auf der Unterscheidung von Geber- und Nehmerseite. Das führt dazu, dass diese Delikte spiegelbildlich ausgestaltet werden sollten. In der Systematik des deutschen StGB ist der Straftatbestand Bestechlichkeit (§ 332) auf der passiven Seite und die Bestechung (§ 334) auf der aktiven Seite spiegelbildlich strukturiert. Der Tatbestand der Bestechung bildet infolgedessen das Gegenstück zu der Bestechlichkeit.[2261] Die Bestechung i.e.S. ist unter den „Straftaten im Amt" (30. Abschnitt) „aufgrund des engen Zusammenhangs" mit dem Bestechlichkeitstatbestand spiegelbildlich geregelt.[2262] Dies macht die Systematik allgemeinverständlicher.[2263]

2257 *Schröder*, GA 1961, S. 289 (290), bringt es so zum Ausdruck nach *Binding*, Strafrecht BT II, 1905, S. 731.

2258 *Jescheck*, in: LK-StGB, 11. Aufl., § 332, Rn. 4.

2259 *Geisler*, Korruptionsstrafrecht und Beteiligungslehre, 2013, S. 132.

2260 Siehe dazu oben § 14 A I 6 a.

2261 BT-Drucks. 7/550, S. 275; *Jescheck*, in: LK-StGB, 11. Aufl., § 334, Rn. 1; *v. Heintschel-Heinegg*, in: BeckOK-StGB, 42. Ed., 2019, § 334, Rn. 1; *Korte*, in: MüKo-StGB, 2019, § 334, Rn. 1.

2262 Siehe oben § 9 B V. Das Schicksal der Täter ist auch spiegelbildlich. Beispielsweise gelten die Ansätze für die Verjährung von Bestechlichkeit auch für den Bestechende.

2263 *Kudlich/Oğlakcıoğlu*, Wirtschaftsstrafrecht, 2014, Rn. 372.

Nach einer Meinung im Schrifttum ist die Spiegelbildlichkeit vollständig (§ 332 ↔ § 334).[2264] Es trifft zu, dass sie zum Teil nicht vollständig ist. Es fehlt z. B. bei der Bestechung die Versuchsstrafbarkeit.[2265] Im Gegensatz dazu ist die Spiegelbildlichkeit bei den Strafzumessungs- und den strafprozessualen Vorschriften vollständig.

Die wichtigste Folge der Spiegelbildlichkeit ist die sog. Sperrwirkung: Erstens kann sich der Bestechende nicht wegen der Bestechlichkeit strafbar machen. Zweitens kann er als Teilnehmer an der Bestechlichkeit nicht bestraft werden.[2266]

VI. Stufenprinzip (Differenzierungsgebot)

Die Bestechungsdelikte stellen eine Mischform i.R.d. Deliktstypenlehre dar. Es bedarf dabei eine differenziale Betrachtung wegen dieser Tatbestandsstruktur (*Differenzierungsgebot*).[2267]

Es besteht keine Hierarchie zwischen Tathandlungsmodalitäten und daraus ergibt sich die eigenständige Bedeutung der *Erscheinungsformen*.[2268] Diese haben eine selbständige Bedeutung (z. B. selbständige Verjährung) und legen verschiedene Momente der Vollendung dar.[2269] Somit wird eine der wichtigsten Fragen des Gesetzgebers mit Rücksicht auf die Vollendung der Tat mithilfe von alternativen Tatbeständen[2270] und im Lichte der kriminalpolitischen Überlegungen präventiv und variabel beantwortet.[2271] All diese Tathandlungsmodalitäten stellen die kommunikativen Formen des Bestechungsphänomens dar.[2272] Die Höhepunkte des Unrechts der Bestechungsdelikte sind die Tatmodalitäten „Annehmen“ und spiegelbildlich das „Gewähren“.[2273]

2264 *Sowada*, in: LK-StGB, 12. Aufl., § 331, Rn. 136; *Heinrich*, in: Arzt u.a, Strafrecht BT, 2015, § 49, Rn. 43.

2265 *Sowada*, in: LK-StGB, 12. Aufl., § 334, Rn. 1.

2266 Siehe oben § 14 A I 6 a.

2267 Wie z. B. i.R.d. Tathandlungsmodalitäten von §§ 299, 331 *Helmrich*, wistra 2009, S. 10 (12).

2268 BGHSt 47, 29.

2269 BGHSt 11, 346.

2270 Vgl. oben § 9 B XI.

2271 Vgl. *Birkmeyer*, Bestechung, in: Vergleichende Darstellung, IX. Bd., 1906, S. 324.

2272 Vgl. *Oğlakcıoğlu*, HRRS 6/2011, S. 275 (277).

2273 *Oğlakcıoğlu*, HRRS 6/2011, S. 275 (276).

Das Stufenprinzip[2274] bzw. Drei-Stufen-Modell[2275] (Fordern; Sichversprechenlassen; Annehmen) bringt eine Auslegung nach jeweils Handlungsmodalitäten mit sich, weil es um die selbständige Bedeutung einer jeden Tathandlung geht.[2276]

Dabei darf nicht übersehen werden, dass die für die einseitige Tathandlungen, nämlich das „Fordern" und das „Anbieten", entwickelten Ansätze nicht für die Handlungsmodalitäten „Sichversprechenlassen und Annehmen" auf der Seite der Bestechlichkeit und „Versprechenlassen und Gewähren" auf der Seite des Bestechungstatbestands gelten, da diese einseitigen Varianten der Bestechlichkeit und Bestechung nach dem Willen des Gesetzgebers als „Angebot" zur Unrechtsvereinbarung ausgestaltet sind.[2277] Dies kann auch als Subsidiaritätsfunktion der einseitigen Tathandlungsvarianten genannt werden.[2278]

VII. Die UnRV: Eine quasi-vertraglicher Kernpunkt der Tathandlungen

Die klassischen Bestechungsdelikte setzen eine kausale Verbindung zwischen der pflichtwidrigen Amtshandlung und dem ungerechtfertigten Vorteil voraus. Das Beziehungsverhältnis des deutschen Bestechungsstrafrechts stellt den quasi-vertraglichen Kernpunkt der Tathandlungen dar.[2279] Die Konnexität zwischen Amt und Vorteil wird in der Regel nach engerer Auslegung festgestellt.[2280]

VIII. Koinzidenz- oder Simultaneitätsprinzip

Nach diesem Prinzip müssen objektive Betrachtung eines verständigen Dritten und die innere Vorstellung des Täters grundlegend einig sein.[2281] Es wird auch vertreten, dass hierbei die subjektive Betrachtung Priorität habe.[2282]

2274 Dies bezeichnet *Oğlakcıoğlu*, HRRS 6/2011, S. 275 (275), als „Stufenprinzip" und betrachtet dies auf ersten Blick als „gut nachvollziehbar".

2275 *Geisler*, Korruptionsstrafrecht und Beteiligungslehre, 2013, S. 147.

2276 Siehe dazu oben § 10 B III m.w.N.; *Deiters*, in: FS-Rengier, 2018, S. 217, zum Thema Fn. 40; *Fischer*, StGB, 2019, § 331, Rn. 30, 39; zustimmend i.R.d. „Sich-bereit-Zeigens" BGH 48, 44 (47); teilweise kritisch *Oğlakcıoğlu*, HRRS 6/2011, S. 275 (279).

2277 BT-Drucks. 7/550, S. 273. Eb. *Schmidt*, die Bestechungstatbestände, 1960, Rn. 141, vertritt dagegen die Auffassung, dass „alle unter § 332 zu subsumierenden Fälle" das gleiche Unrechts- und Schuldgehalt zu dokumentieren vermochten.

2278 *Maurach/Schroeder/Maiwald*, Strafrecht BT, Teilbd. 2, 2012, § 79, Rn. 15.

2279 Siehe dazu oben § 14 A I 3 a ff.

2280 *Heine/Eisele*, in: S/S-StGB, 2019, § 332, Rn. 1.

2281 *Sowada*, in: LK-StGB, 12. Aufl., § 331, Rn. 102, § 332, Rn 21.

2282 Statt aller Eb. *Schmidt*, die Bestechungstatbestände, 1960, Rn. 128, 239.

IX. Das Rechtsgut: Die wichtigste Auslegungshilfe

Die herrschende Lehre geht davon aus,[2283] dass die Auslegung im Lichte des geschützten Rechtsguts die problematische Seite der Grenzfälle auslöst.[2284] Darunter ist vor allem aber nicht das Ansehen der Behörde[2285], sondern das käufliche Ansehen des Amtsträgers bei schwierigen Fällen entscheidend.[2286] Denn das äußere Verhalten des Beamten legt seine Käuflichkeit darin dar, dass er sich für ein Unrechtsgeschäft bereit erklärt.

X. Akzessorietät

Es geht um zwei Arten der Akzessorietät des deutschen Bestechungsstrafrechtssystems. Die erste bezieht sich auf die Gesetzestechnik. Das hat zur Folge, dass das Schrifttum immer mehr versucht, die Bestechlichkeit nach dem zu § 331 Gesagten und die Bestechung nach dem zu § 333 Gesagten zu erörtern. Zweitens wohnen die echten Bestechungsdelikten mittelbar dem Blankettverweis i.w.S. inne.[2287] Die Blankettmerkmale der Bestechungsdelikte sind bedürfen einer außerstrafrechtlichen Auslegung. Diese konkludente, aber deutliche Binnenverweisung dient dabei der Konkretisierung des Straftatbestands. Auf diese Weise werden manche Tatbestandsmerkmale der Bestechungsdelikte akzessorisch bestimmt. Dennoch sind sie nicht als reine Blankettnorm einzustufen.[2288]

Gleich, ob die Pflichtwidrigkeit als Blankett oder als normatives Tatbestandsmerkmal eingestuft wird, setzen die deutschen Bestechungsdelikte eine „akzessorische Behandlung" voraus, indem die außerstrafrechtlichen Normen während der Betrachtung der Tatbestände Beachtung finden.[2289] Aus diesem Grund hat

2283 Die Deliktstruktur ist auch nach überwiegender Meinung gemäß dem durch das Delikt geschützte Gut zu bestimmen. Siehe *Jescheck/Weigend*, Strafrecht AT, 1996, S. 257: „Das Rechtsgut ist die anerkannte Grundlage des Aufbaus und der Auslegung der Tatbestände« Als Beispiel dafür liefert *Rotsch*, ZIS 11/2014, S. 579 ff.; siehe auch i.R.d. Bestechungstatbestände *Baumann*, Zur Problematik der Bestechungstatbestände, 1961, S. 10; anhand der Straftat Wettbewerbsbeschränkende Absprachen bei Ausschreibungen nach § 298 StGB *Walter*, GA 2001, S. 131 ff.

2284 Wie z. B. *Sporer*, Täuschung, 2017, S. 21, 101, 160.

2285 Vgl. BGH, NJW 1960, S. 2154 (2155); BGH, NJW 1961, S. 469 (472).

2286 BGH, NJW 1961, S. 469; BGHSt, 48, 44 (46): „(…) Entscheidend ist der von ihm nach außen erweckte Eindruck."

2287 *Zimmermann*, Das Unrecht der Korruption, 2018, S. 429 f.

2288 Vgl. im Lichte von § 298 *Dannecker*, in: NK-StGB, 2017, § 298, Rn. 20; etwa auch *Rotsch*, ZIS 11/2014, S. 579 (590).

2289 Vgl. im Lichte von § 266 *Rönnau*, ZStW 2007, S. 887 (906 f.).

vor allem das Verwaltungsrecht eine gewichtige Bedeutung auf die Auslegung von Pflichtwidrigkeitsmerkmal.[2290] Die Inkorporationstheorie, die das „Zusammenlesen von Blankettgesetz und ausfüllender Norm" zum Ausdruck bringt,[2291] gilt hier entsprechend.

Dies darf nicht darüber hinwegtäuschen, dass die Unrechtsvertypung offen ist. Sie ist vielmehr vollständig. Die Strafbarkeit ist inhaltlich eigenständig bestimmt und umfasst ‚rechtsnormative Tatbestandsmerkmale'. Aus diesem Grund sind die echten Bestechungsdelikte unter „vollständiger Norm" zu kategorisieren.[2292]

XI. Vorfeldkriminalisierung

Nach „einer bewussten Entscheidung des Gesetzgebers" sind die strafwürdigen Bestechungshandlungen schon im Vorfeld kriminalisiert.[2293] Die Handlungsmodalitäten „Fordern" und spiegelbildlich „Anbieten" sind zum einen dogmatisch dem Versuchsstadium zuzuordnen.[2294] Durch die Handlungsmodalitäten „Fordern" und „Sichversprechenlassen" hat der Gesetzgeber die Vollendung zum anderen vorverlagert.[2295] Im Übrigen stellt der Gesetzgeber das Sichbereitzeigen" und die Handlungen Vor- und Nachfeld der UnRV als abstraktes Gefährdungsdelikt unter Strafe, um den Einsatz des Strafrechts schon im Vorfeld der Strafbarkeit effektiver zu machen.[2296]

XII. Keine Integration in die Kerntatbestände

Die in das StGB eingefügten neuen echten Bestechungstatbestände sind aus anderen Bestechungstatbeständen – überwiegend aber in Annäherung an die §§ 332 ff. – übernommen. Für die meisten Tatbestandsmerkmale dieser neuen

---

2290 Siehe dazu *Heine/Eisele*, in: S/S-StGB, 2019, § 336, Rn. 4.

2291 Siehe dazu *Wessels/Beulke/Satzger*, Strafrecht AT, 2019, § 4, Rn. 165; kritisch zur Zusammenlesentechnik *Kudlich/Oğlakcıoğlu*, Wirtschaftsstrafrecht, 2014, Rn. 58 ff.

2292 Vgl. *Dannecker*, in: LK-StGB, 12. Aufl., § 1, Rn. 149; *Rotsch*, ZIS 2014, S. 579 (590); *Kubiciel*, in: Hoven/ders. (Hrsg.), Korruption im Sport, 2018, S. 83.

2293 *Deiters*, in: FS-Rengier, 2018, S. 217. So auch *Krack*, ZIS 2016, S. 540 (543).

2294 *Kudlich/Oğlakcıoğlu*, Wirtschaftsstrafrecht, 2014, Rn. 384; *Krack*, ZIS 2016, S. 540 (546).

2295 *Korte*, in: MüKo-StGB, 2019, § 331, Rn. 71; *Oğlakcıoğlu*, HRRS 6/2011, S. 275 (276); vgl. auch BGHSt 15, 88 (97); *Sowada*, in: LK-StGB, 12. Aufl., § 332, Rn. 31; *Kudlich/Oğlakcıoğlu*, Wirtschaftsstrafrecht, 2014, Rn. 384.

2296 Vgl. oben § 10 B III und unten § 16 C III 1.

Delikte kann deshalb auf die zu §§ 299, 332 ff. entwickelten Rechtsprechungen und Literatur verwiesen werden.[2297]

Es besteht sowohl im materialrechtlichen als auch systematischen und strukturellen[2298] Sinne keine Integration zwischen den Kerntatbeständen und den anderen Bestechungsdelikten. Sie sind außerdem noch nicht kodifiziert, nämlich keine Integration oder Annäherung in einen eigenständigen Abschnitt.[2299] Zuletzt handelt es sich zum Teil um abweichende Regelungen im Vergleich zu §§ 332, 334.[2300] Beispielsweise ist das Antragserfordernis hinsichtlich des § 299. Danach werden die Bestechlichkeit und Bestechung im geschäftlichen Verkehr nach § 299 in der Regel auf Antrag verfolgt. Nachträgliche Zuwendungen sind ferner vom Tatbestand des § 265d nicht erfasst.[2301] Noch ein anderes und gutes Beispiel gibt die Möglichkeit der tätigen Reue bei der vertikalen Submissionsabsprache.

C. Strafrechtsmodell: Bekämpfungsstrafrechtskonzept

Das Konzept des Gesetzgebers spiegelt kriminalpolitische Wünsche wider. Das hier beschriebene Konzept zeigt sich deshalb als ein Steuerungsmodell des Rechts.[2302]

I. Bekämpfungsstrafrechtskonzept als neue Konzeptionisierung?

Zunächst ist auszudrücken, dass die Ansätze in diesem Abschnitt besonders im Lichte der Wirtschaftskriminalität entwickelt sind. Denn die Gesetze zur Bekämpfung der Wirtschaftskriminalität sind ‚prägnante Beispiele' für das Bekämpfungsstrafrechtskonzept.[2303] Sie sind aufgrund des engen Zusammenhangs in die Korruptionsbekämpfung übertragbar.[2304]

2297 Vgl. *Krack*, ZIS 2016, S. 540 (546); *Kubiciel*, in: Hoven/ders. (Hrsg.), Korruption im Sport, 2018, S. 79.

2298 Zum Beispiel sind beide Begehungsweisen der Angestelltenbestechung (§ 299) in einem Absatz zusammengefasst.

2299 Siehe oben § 10 B I. Das ist nicht als eine Kritik, sondern nur als eine Feststellung anzusehen.

2300 Siehe oben § 14 B.

2301 BT-Drucks. 18/8831, S. 15.

2302 Siehe für einen Versuch zur Darstellung unterschiedlicher Steuerungsmodelle des Rechts im Zusammenhang des Strafrechts *Hefendehl*, ZStW 2007, S. 816 (820 ff.).

2303 *Hefendehl*, ZStW 2007, S. 816 (817).

2304 Vgl. dazu oben § 4 C; § 5 E und § 9 A VIII.

Der Ausdruck Bekämpfungsstrafrecht wurde erstmals – soweit gefunden – bei einem Aufsatz über die Vorbeugung der Wirtschaftskriminalität benutzt. Darunter ist im Kontext der Kriminalpolitik ein wirkungsvolles Konzept gegen bestimmten Kriminalitätsbereiche zu verstehen.[2305]

Im modernen Strafrecht ist der Gefährdungsinhalt eher als konkreter Verbrechensopfer wichtiger geworden. Da es beim Bekämpfungsrechtskonzept um höchst sozialgefährliche Straftaten geht, ist eine Erweiterung des strafrechtlichen Rechtsschutzrahmens durch abstrakte Gefährdungsdelikte zugunsten Dritter kriminalpolitisch und im Hinblick auf präventive Gesichtspunkte zutreffend, um die schwerwiegenden Rechtsgutsverletzungen zu verhüten.[2306]

II. Instrumente des Konzepts

1. Bekämpfungsgesetze

Wenn ein Gesetz zur Bekämpfung[2307] als letztes Mittel verabschiedet werden muss, muss dieses Gesetz in der Lage sein, seinen Inhalt und Zweck durchzusetzen. Neue Gesetze zu schaffen ist dann logisch, wenn sie gesellschaftlich einen Beitrag leisten. Die sozialen Kosten müssen also befriedigend sein. Ansonsten ist der Zweck auf anderem Wege zu erreichen.[2308] Aus diesem Grund sind vom Gesetzgeber „präventiv wirksame und repressiv durchsetzbare Gesetze“ zu erwarten.[2309]

2. Gesetze zum Umgehungsverbot

Die Sozialschädlichkeit des Täters ist – wie schon betont – ein Bestandteil der Strafwürdigkeit. Der Gefährdungsgehalt wirtschaftskrimineller Handlungen, also abstrakte Gefährlichkeit ohne konkreten Schaden, verursachen eine „Dichotomie“, sodass der Strafgesetzgeber auf wirtschaftsrechtliche Verhaltenspflichten einfach verweist, ohne dem normalen Weg zu folgen. Er stellt so die

---

2305 Siehe *Hefendehl*, ZStW 2007, S. 816 (820 ff).

2306 Vgl. *Triffterer*, ZfRV 1991, S. 262 (285).

2307 Siehe zur Bekämpfungsgesetze *Hettinger*, NJW 1996, S. 2263, zum Thema Fn. 7; *Kempf*, NJW 1997, S. 1729 (1731).

2308 Vgl. *Opp*, Soziologie der Wirtschaftskriminalität, 1975, S. 184, 188.

2309 *Mergen*, in: Haesler (Hrsg.), politische Kriminalität und Wirtschaftskriminalität, 1984, S. 8.

Strafbarkeit mit einer bloßen Verweisung fest.[2310] Daraus ergibt sich ein schwieriges Auslegungsproblem.[2311]

III. Strafrechtliche Sozialkontrolle nach dem Konzept des Bekämpfungsstrafrechts

Sie orientiert sich an präventiven Perspektiven. Die Formulierung des Strafgesetzgebers „Gesetz zur Bekämpfung …" bestätigt diese Exegese.[2312]

1. Vorverlagerung der Strafbarkeit

Heute kann als weitgehend anerkannt gelten, dass bei der Erweiterung abstrakter Gefährdungsdelikte immer mehr vom Bekämpfungsstrafrechtskonzept Gebrauch gemacht wird.[2313] Bei erheblichen wirtschaftlichen Beziehungen ist „die abstrakte Gefährlichkeit", anders ausgedrückt „sozialethisch relevante Gefährdung der Wirtschaftsordnung", schon genug, es als Tatbestandsfunktion des Strafrechts einzusetzen.[2314] Dabei ist nicht notwendig, den konkreten Schaden nachzuweisen. Somit wird der Rechtsschutzrahmen zugunsten Dritter erweitert.

Auf der anderen Seite bringt diese Lage, also abstrakte Delikte Lösung, sich auch Nachteile wie unpräzise Tatbestände mit, da eine klare Tatbestandsbestimmung, die den Anfang- und Vorbereitungshandlungen umfasst, schwer ist.[2315]

2. Die Rolle der Sanktionen nach diesem Konzept

Hierbei handelt es sich nicht um echte positive Belohnung, es sollen in diesem Modell die strafrechtlichen Sanktionen, also sowohl Sicherungsmaßnahmen als auch Strafen, vom Gesellschaftsmitglied wahrgenommen werden. Die Sanktionen in diesem Sinne werden durch zuständige Organe effizient angeordnet.[2316] Der Belohnungsgedanke des Strafrechts tritt deshalb zurück.

2310 Eingehend *Tiedemann*, Wirtschaftsstrafrecht, 2017, § 5, Rn. 283 ff.; vgl. auch *ders.*, Gutachten, 1972, C 37 und C 43 ff.

2311 *Kudlich/Oğlakcıoğlu*, Wirtschaftsstrafrecht, 2014, Rn. 79.

2312 Siehe *Wohlers*, Deliktstypen des Präventionsstrafrechts, 2000, S. 36 ff.

2313 Vgl. *Zöller*, GA 2010, S. 607 (616); gegen die weitgehende Kriminalisierung *Satzger*, in: Kuhlen u.a. (Hrsg.), Korruption und Strafrecht, 2018, S. 99.

2314 Vgl. *Tiedemann*, Gutachten, 1972, C 48.

2315 Vgl. *Zirpins*, Kriminalistik 1967, S. 576 (577); *Krack*, ZIS 2016, S. 540 (546).

2316 Vgl. *Hefendehl*, ZStW 2007, S. 816 (820).

IV. Ermittlungsmaßnahmen

Mit der Vorverlegung der Strafbarkeit steht der Strafverfolgungsbehörde ein großer Ermessensspielraum zur Verfügung, um ihre Tätigkeit auszuüben. Somit wird sie im Vorfeld der Tat mobilisiert.[2317] Bezweckt wird damit, das Strafrecht mit einer „Streuwirkung“ einzusetzen.[2318] Im Strafanwendungsrecht wird ferner weitgehend das Staatsschutzprinzip verfolgt (§ 5 Nr. 15 StGB).[2319]

D. Regelungsmodell

I. Zweier-Verbrechen-Modell[2320]

Das hat wichtige Konsequenzen während der Prüfung der Strafbarkeit von Beteiligten. Erstens, weil es zwei selbständige Straftaten für das Bestechungsphänomen gibt, hängt die Strafbarkeit nach § 332 nicht von der Vorstellung des Vorteilsgebers ab.[2321] Entscheidend ist daher „der Vorstellungsinhalt jedes einzelnen Beteiligten“.[2322] Zweitens ergibt sich daraus die sog. Sperrwirkung und Lagertheorie.

II. Materielles Austauschmodell[2323]

Das deutsche Bestechungsstrafrecht verinnerlicht das materielle oder anders ausgedrückt konkretisierte Unrechtsvereinbarungsmodell. Zum Wesen dieses Bestechungsmodells gehört die vertragsmäßige Willensübereinstimmung der Beteiligten.[2324] Der Tatrichter hat demnach im Lichte von Koinzidenzprinzip „an die Gestaltung des konkreten Falles“ anzuknüpfen.[2325]

2317 *Zöller*, GA 2010, S. 607 (614 ff.), macht es in seiner Abhandlung im Lichte der im Jahr 2009 in Kraft getretene Straftatbestände (§§ 89a, 89b und 91 StGB) deutlich.

2318 *Hefendehl*, GA 2007, S. 1 (14).

2319 *Isfen*, JZ 2016, S. 228 (231); *Böse*, in: NK-StGB, 2017, § 5, Rn. 16, 18a; *Ambos*, in: MüKo-StGB, 2017, § 15, Rn. 36.

2320 Siehe dazu oben § 10 A I 2.

2321 BGHSt 15, 352 (355); *Kargl*, ZStW 2002, S. 763 (775); *Möhrenschlager*, in: Dölling (Hrsg.), Korruptionsprävention, 2007, 8. Kap., Rn. 50; *Heger*, in: Lackner/Kühl-StGB, 2018, § 332, Rn. 6; *Stein/Rudolphi*, in: SK-StGB, 2015, § 332, Rn. 15; *Sowada*, in: LK-StGB, 12. Aufl., § 332, Rn. 20.

2322 *Rosenau*, in: S/S/W-StGB, 2018, § 332, Rn. 13.

2323 Siehe dazu oben § 10 A II 2.

2324 RGSt 65, 52 (53).

2325 *Eb. Schmidt*, die Bestechungstatbestände, 1960, Rn. 128. Kritisch *Deiters*, in: FS-Rengier, 2018, S. 216-217: „keine Willensübereinkunft“ bzw. keine tatsächliche Verabredung zwischen den Beteiligten, da der Gesetzgeber unter dem

III. Präventionsmodell[2326]

Die Pflichtwidrigkeit der Diensthandlung ist „nicht notwendiger Bestandteil der Unrechtsvereinbarung".[2327] Das Sichbereitzeigen reicht schon aus, wegen der Bestechung zu bestrafen. Ebenfalls, wie schon erwähnt, ist die Vornahme der pflichtwidrigen Diensthandlung nicht objektives tatbestandliches Element des § 332 Abs. 1 S. 1.[2328] Im Übrigen hat der deutsche Gesetzgeber sowohl nachträgliche Zuwendung, als auch einseitige Begehungsformen, namentlich „Fordern" und „Anbieten", unter Strafe gestellt. All dies führt dazu, dass der deutsche Gesetzgeber unter dem Dach der „Bestechlichkeit" ein präventives Konzept ausführt. Daher ist das Regelungsmodell des deutschen Bestechungsstrafrechts ein Präventionsmodell.

IV. Sektormodell[2329]

Das gesamte deutsche Bestechungsstrafrechtssystem verfolgt das Ziel, die Bestechungstatbestände nicht nach normativen, sondern nach sektoralen Bedürfnissen auszugestalten.[2330] Erfasst sind die Bestechungsdelikte danach unter vier unterschiedlichen Abschnitten des StGB; namentlich §§ 108b, 108e in der Politik; § 265d im Sektor des Sports; §§ 298, 299 in der Wirtschaft; §§ 299a und 299b im Gesundheitssektor; §§ 332, 334 in der öffentlichen Verwaltung; §§ 332 Abs. 2 und 334 Abs. 2 in der Justiz und § 335a in der internationalen Bestechung.

V. Symmetrie-Modell[2331]

Wie schon oben ausgeführt, sind die Bestechlichkeit und Bestechung spiegelbildlich konstruiert. So entstehen eine Symmetrie und zwei selbständige Lager in der Systematik.

Bestechlichkeitstatbestand die Tathandlungen „Anbieten" und „nachträgliche Belohnung" und sowie „Bestimmungsversuch bzw. Sich-bereit-Zeigen" geregelt ist".

2326 Siehe dazu oben § 10 B III.

2327 *Sowada*, in: LK-StGB, 12. Aufl., § 332, Rn. 20.

2328 BGH, Urt. v. 6.9.2011 – 1 StR 633/10, Rn. 103 = StV 2012, S. 577 (579).

2329 Siehe dazu oben § 10 B I.

2330 *Rübenstahl*, JR 2017, S. 264 (265), bringt daher zum Ausdruck, dass der deutsche Gesetzgeber immer mehr die Absicht hat, „sektorenbezogen adjustiertes Sonderkorruptionsstrafrecht" ins Leben zu rufen.

2331 Siehe dazu oben § 10 B VIII.

E. Abgrenzung von ähnlichen Delikten

Hierbei geht es um das Verhältnis zu anderen ähnlichen Straftatbeständen.

Für das Verhältnis bzw. die Abgrenzung von Bestechungsstraftaten zu ähnlichen Delikten und für ihren Anwendungsbereich hat das geschützte Rechtsgut hierbei besondere Bedeutung.[2332]

I. Vorteilsannahme und Vorteilsgewährung (§§ 331, 333)

Zunächst ist zu betonen, dass § 331 „kein echter Bestechlichkeitstatbestand", sondern ein sich aus dem Bestechungsgedanken ergebendes abstraktes Vorfelddelikt ist. Die §§ 331 und 332 haben also verschiedene Deliktscharaktere.[2333] In diesem Sinne entsteht ein Aliud-aliud-Verhältnis.[2334] „Rechtsgutserwägungen" helfen hierbei nicht für die Unterscheidung zwischen § 331 und § 332.[2335]

Bei den Straftatbeständen §§ 331, 333 geht es um eine „Rückbesinnung auf römisch-rechtliche Vorstellungen". Dabei stellt sich die „Zuwendung als Indiz für Korruption" vor.[2336]

Erstens ist bei der Bestechlichkeit eine bestimmbare oder bestimmte und pflichtwidrige Diensthandlung erforderlich. Den Straftatbestand *Vorteilsannahme* strukturieren mit anderem Wort zwei Merkmale zur Bestechlichkeit um; nämlich „das Erfordernis einer konkreten Diensthandlung" und „Pflichtwidrigkeit dieser Diensthandlung".[2337] Das Beziehungsverhältnis der Bestechlichkeit ist demzufolge „in zweifacher Weise strenger" als § 331, wobei es um eine Lockerung hinsichtlich der kausalen Verknüpfung von Vorteil und Handlung geht.[2338]

Um das Verhältnis zwischen den Tatbeständen Vorteilsannahme und Bestechlichkeit besser verstehen zu können, muss hier diese Frage beantwortet werden:[2339] Legt das Pflichtwidrigkeitsmerkmal das Charakteristikum des § 332 dar oder ist es nur ein schlichtes Qualifikationsmerkmal?

2332 Vgl. *Rengier*, Strafrecht BT II, 2019, § 60, Rn. 6.

2333 *Kaufmann*, JZ 1959, S. 375 (377); *Engelhardt*, Zur Struktur der Bestechungstatbestände, 1963, S. 60.

2334 *Eb. Schmidt*, die Bestechungstatbestände, 1960, Rn. 202.

2335 *Loos*, in: FS-Welzel, 1974, S. 894.

2336 *Überhofen*, Korruption und Bestechungsdelikte, 1999, S. 126.

2337 Nach *Stein/Rudolphi*, in: SK-StGB, 2015, § 332, Rn. 1, wird dies dabei als Qualifikationsmerkmale des § 331 Abs. 1 genannt.

2338 *Sowada*, in: LK-StGB, 12. Aufl., § 332, Rn. 18.

2339 Vgl. *Loos*, in: FS-Welzel, 1974, S. 881.

„Diese Pflicht- bzw. Rechtswidrigkeit der Diensthandlung ist im Grunde genommen das unrechtserhöhende Moment.“[2340] Der „Ungehorsamsaspekt“ tritt also in §§ 332, 334 deutlicher zutage, weil es sich hierbei außer der Konstellationen von § 332 Abs. 3 Nr. 2 und § 334 Abs. 3 Nr. 2 um die echte Pflichtwidrigkeit einer Diensthandlung handelt.[2341]

Zweitens gibt es bei den echten Bestechungsdelikten keine gesetzliche Einschränkungsmöglichkeit, z. B. Genehmigung nach § 331 Abs. 3. Die Sozialadäquanzlehre widerspricht dem Gedanken der *ratio legis* von echten Bestechungstatbeständen.

Drittens ist der Strafrahmen für §§ 331, 333 derselbe. Dagegen wird der Bestochene härter als der Bestechende bestraft.

Viertens setzen §§ 331, 333 keine echte Vereinbarung voraus. Eine tatsächliche Willensübereinstimmung ist nicht notwendig. Das Gegenleistungsverhältnis nach § 331 setzt nicht im engeren Sinne und eine vertragsähnliche Vereinbarung voraus.[2342]

Fünftens verfolgt die Vorteilsannahme dem gelockerten Unrechtsvereinbarungsmodell (formell-funktionales Austauschmodell), wobei der Gesetzgeber kriminalpolitisch auf einen pragmatischen Aspekt abstellt, indem er keine Konnexität i.S.e. do-ut-des-Logik, sondern eine fiktionale und abstrakte Konnexität zwischen den Leistungen regelt.[2343] Das heißt, § 331 Abs. 1 kann auch nicht i.S.v. do-ut-des begangen werden.[2344] Im Sinne dieses Modells geht der Gesetzgeber davon aus, dass eine Äquivalenzbeziehung zwischen dem Vorteil und der Dienstausübung stets eine Unrechtsvereinbarung darstellt.[2345] In diesem Modell ist das Tatbestandsmerkmal „Dienstausübung“ ferner ein weiterer Begriff als Diensthandlung.[2346]

2340 *Kudlich/Oğlakcıoğlu*, Wirtschaftsstrafrecht, 2014, Rn. 372.

2341 *Schuster*, Strafnormen und Bezugsnormen, 2012, S. 179.

2342 *Fischer*, StGB, § 331, Rn. 21 m.w.N.

2343 *Hettinger*, NJW 1996, S. 2263 (2269); siehe auch dazu oben § 10 A II 1.

2344 *Cramer*, in: S/S-StGB, 2001, § 331, Rn. 3.

2345 Vgl. *Kuhlen*, in: NK-StGB, 2017, § 332, Rn. 7. Der Bundesgerichtshof definiert die Unrechtsvereinbarung i.S.v. § 331 in einem Urteil wie folgt: „Das erforderliche rechtswidrige Gegenseitigkeitsverhältnis zwischen Vorteil und Dienstausübung“. Siehe BGHSt 49, 276 (294).

2346 *Sowada*, in: LK-StGB, 12. Aufl., § 331, Rn. 58; „geringere Anforderungen an die Bestimmtheit des Amtsträgerhandelns“ *Kuhlen*, in: NK-StGB, 2017, § 331, Rn. 65. Nach einer Ansicht wäre der Maßstab für die Grenzfälle „das Verlassen der Sphäre des Öffentlichen“. Siehe dazu Greco, GA 2016, S. 249 (255). Er betont danach, dass dieser Maßstab für die Bestechlichkeit nicht tauglich ist. Siehe dazu *ders.*, a.a.O., S. 256. Nach *Korte*, in: MüKo-StGB, 2019, § 331, Rn. 107, sei die Dienstausübung

Die in § 332 genannten Handlungen sind schließlich nicht die Handlungsmodalitäten des § 331, sondern lediglich Tathandlungsmodalitäten des § 332. Dasselbe gilt ebenso für das Verhältnis zwischen § 333 Abs. 1 und § 334 Abs. 1. Denn die §§ 331 und 332 haben trotz der Verwandtschaft eigene Verständnisse und Unrechtsgehalte. Der § 332 liefert somit nicht das Verständnis des § 331, indem er dieselbe gesetzliche Formulierung hinsichtlich der Tathandlungsmodalitäten hat.[2347]

Auf der anderen Seite hat die Unterscheidung zwischen Grund- und Qualifikationsdelikten eine praxisrelevante Bedeutung, weil die für das Grunddelikt entwickelten Ansätze auch für sein Qualifikationsdelikt gelten.[2348] Das Verhältnis von Grund- und Qualifikationstatbestand ergibt sich nicht aus einer bloßen Verwandtschaft von Delikten i.R.d. gesetzlichen Konstruktion. So ist festzustellen, dass es zwischen Vorteilsannahme (§ 331) und Bestechlichkeit (§ 332), ebenfalls zwischen Vorteilsgewährung (§ 333) und Bestechung (§ 334) um keine dogmatisch relevante Grund- und Qualifikationsbeziehung geht. Das dortige Verhältnis ist nicht mehr als gesetztechnische Vereinfachung und Annäherung zu begreifen.[2349]

All dies führt dazu, dass der beträchtliche Bestrafungsunterschied eine Notwendigkeit mit sich bringt, dass zwischen Vorteilsannahme und Bestechlichkeit um des Rechtsstaats Willen eine „klare Grenze“ bestehen muss, um Verhältnisse nicht zu verwischen.[2350] Die Bestechlichkeit ist i.E. keine „schlichte Qualifikation der Vorteilsannahme“.[2351] Die Tatbestände Vorteilsannahme und Vorteilsgewährung sind „vorverlagerte Gefährdungstatbestände“.[2352] Die Ausübung des Dienstes ist zwar rechtmäßig; aber die Verknüpfung von Vorteil und Amt widerspricht zum einen der Interesse der öffentlichen Verwaltung und zum anderen der

---

mit der Diensthandlung gleichbedeutend. Siehe ferner offen geblieben BGH, NJW 1983, S. 2509 (2512).

2347 Vgl. BGHSt 10, 237 (243).

2348 Siehe oben § 9 C.

2349 Der Verzicht in der Neufassung der Tatbestände (§§ 331 Abs. 1, 333 Abs. 1) auf die Merkmale „vorgenommen hat oder künftig vornehme“ wird in der Lehre interpretiert, sodass es eine bewusste Entscheidung des Gesetzgebers sei; denn der Begriff „Dienstausübung“ ist so weit, dass es auch ohne Zweifel vorgenommene Handlung umfasse. *Korte*, NStZ 1997, S. 513 (514); *Rengier*, Strafrecht BT II, 2019, § 60, Rn. 20. Eigentlich handelt es sich um eine mangelhafte Redaktion, die daran zum Zweifel führt.

2350 *Eb. Schmidt*, die Bestechungstatbestände, 1960, Rn. 143.

2351 Greco, GA 2016, S. 249 (256).

2352 *Kindhäuser*, ZIS 6/2011, S. 461 (465).

Interesse der Öffentlichkeit. Mit selbstständigem und erheblichem Unrecht[2353] unterscheiden die Bestechlichkeit und Bestechung von den Vorteilsannahme und Vorteilsgewährung.[2354]

II. Rechtsbeugung (§ 339)

Beugt bei der Leitung oder Entscheidung einer Rechtssache ein Richter, ein anderer Amtsträger oder ein Schiedsrichter das Recht zugunsten oder zum Nachteil einer Partei, macht er sich der Rechtsbeugung nach § 339 strafbar.

Nach der höchstrichterlichen Rechtsprechung des BGH stellt der Straftatbestand der Rechtsbeugung den Rechtsbruch als elementaren Verstoß gegen die Rechtspflege unter Strafe. Eine unrichtige Rechtsanwendung wird aber nicht immer i.S.d. § 339 StGB bestraft. Vielmehr werden nur solche Rechtsverstöße, bei denen sich der Täter bewusst und in schwerer Weise von Recht und Gesetz entfernt, pönalisiert.[2355]

Da die korruptiven Verhältnisse der Parteien kein Bestandteil des § 339 sind, findet sich keine Sperrwirkung der Rechtsbeugung.[2356] Die herrschende Meinung nimmt entsprechend Tatmehrheit mit § 332 Abs. 2 an.[2357] Die Rechtsbeugung tangiert also nicht immer die Amtsträgerbestechung, weil die Diensthandlung ein weiterer Begriff als die Leitung oder Entscheidung einer Rechtssache ist.[2358]

III. Nötigung

Zunächst ist hier zum Ausdruck zu bringen, dass der Täter eines Bestechungsdelikts nach dem Sinn der Bestechungsdelikte niemals als das Nötigungsopfer erscheinen kann, weil beide Seiten von der Tat profitieren bzw. profitieren werden.[2359] Das bedeutet, dass es sich um kein Exklusivitätsverhältnis zwischen

---

2353 Ein Teil von Lehre sieht die „Unentgeltlichkeit der Amtshandlung" als ein Treffpunkt der §§ 332, 331 vor. Siehe *Binding*, Strafrecht BT II, 1905, S. 714-715; *Henkel*, JZ 1960, S. 507 (508); *Baumann* BB 1961, S. 1057 (1057).

2354 Vgl. BT-Drucks. IV/652, S. 652, 655. Trotz dieser Unterschiedlichkeit geht die überwiegende Lehre zu Unrecht von einem Qualifikationsverhältnis zwischen § 331 und § 332 aus. Die Bestechlichkeit sei danach durch eine „verstärkte Erschütterung" qualifiziert. Siehe *Schröder*, GA 1961, S. 289 (292); *Cramer*, in: S/S-StGB, 2001, § 331, Rn. 3. Vgl. auch *Loos*, in: FS-Welzel, 1974, S. 880.

2355 BGH, NStZ 2016, S. 351 (353).

2356 *Kudlich*, in: Kuhlen u.a. (Hrsg.), Korruption und Strafrecht, 2018, S. 127 m.w.N.

2357 *Kudlich*, a.a.O., m.w.N.

2358 *Jescheck*, in: LK-StGB, 11. Aufl., § 332, Rn. 5; *Korte*, in: MüKo-StGB, 2019, § 332, Rn. 35.

2359 *Hoven*, ZStW 2016, S. 173 (177).

Bestechlichkeit und Erpressung handelt, liegen verschiedene Schutzrichtungen vor. Das ergibt sich schon aus der teleologischen Auslegung.[2360] Die Bestechung kann aber häufig durch Erpressung im Innenverhältnis in Frage kommen.[2361]

Zurzeit existieren keine entscheidenden Gedanken auf Seiten des Gesetzgebers.[2362] In solchen Fällen ist deshalb immer zu prüfen, ob ein Notstandsfall gemäß §§ 34, 25 vorliegt oder nicht.[2363] Es ist außerdem zu prüfen, ob sich der Bedrohte in einer hilfsbedürftigen Situation befindet.[2364] Diese Prüfungen stellen stets schwierige Fragen dar.[2365]

Die Drohung mit einem erlaubten Übel ist mit der Drohung durch ein empfindliches Übel nicht gleichbedeutend. Drohung mit einem rechtmäßigen Unterlassen hat nichts mit der Nötigung zu tun. Es gehört nicht zum Nötigungstatbestand.[2366] Eine Strafbarkeit wegen Nötigung oder Erpressung liegt demnach eher fern.[2367] Stellt der Amtsträger beispielsweise ein verbotenes und in Annahme der Kooperation als vorteilshaft erscheinende Unterlassung in Aussicht, macht er sich nicht wegen Erpressung, sondern wegen der Bestechlichkeit nach § 332 Abs. 1 strafbar. Da die Drohung mit einem erlaubten Übel, z. B. einer Ermittlung oder Strafanzeige normativ kein Übel auf Seiten des Vorteilsgebers darstellt, macht der Drohende sich spiegelbildlich wegen der Bestechung § 334 Abs. 1 strafbar.[2368]

Nach anderer Ansicht stellen die Fälle, in denen das Verhalten des Amtsträgers bezüglich der „nicht-pflichtwidrig zu handeln" (Drohung mit einer Unterlassung) im Einklang mit dem Recht steht, keine erpresserische Bestechlichkeit dar, hier handele es sich um eine „wucherische Bestechlichkeit".[2369] Bei der Drohung mit einer pflichtwidrigen Unterlassung versetze der Täter das Opfer in eine Zwangslage.[2370] Die Strafbarkeit ist danach gemäß § 240 Abs. 4 Nr. 2 in Tateinheit mit einer Strafvereitelung im Amt gemäß § 258a I anzunehmen.[2371]

2360 *Zimmermann*, Das Unrecht der Korruption, 2018, S. 410.

2361 *Montenbruck*, Deutsche Straftheorie, 2018, S. 270.

2362 *Zimmermann*, Das Unrecht der Korruption, 2018, S. 408; in dieser Richtung auch *Hoven*, ZStW 2016, S. 173 ff.

2363 *Marcelli*, NStZ 1985, S. 497 (501). Siehe zur Voraussetzungen des § 34 *Dann*, wistra 2011, S. 127 ff.

2364 *Roxin*, ZStW 2017, S. 277 (298).

2365 *Heinrich*, in: Arzt u.a., Strafrecht BT, 2015, § 49, Rn. 48.

2366 *Hoven*, ZStW 2016, S. 173 (174), zum Thema Fn. 2.

2367 BGH, NJW 1998, S. 2612 (2614).

2368 *Kuhlen*, Nötigung und Bestechung, 2018, S. 84.

2369 *Heinrich*, in: Arzt u.a., Strafrecht BT, 2015, § 49, Rn. 48.

2370 BGHSt 31, 195 (197).

2371 *Zimmermann*, Das Unrecht der Korruption, 2018, S. 410, zum Thema Fn. 1861.

So wird im Schrifttum diskutiert, wie man zwischen Bestechung und Erpressung unterscheidet. Zum einen wird vertreten, dass der rechtliche Status von Beamten bei den Beziehungen mit Privaten bzw. Extraneus hier eine entscheidende Rolle spielen kann.[2372] Der Sachverhalt soll mit Recht sowohl nach naturalistischen als auch nach normativen Gesichtspunkten analysiert werden (Vereinigungstheorie).[2373]

Kommt die Herbeiführung eines empfindlichen Übels[2374] in Betracht, kann man von einem Zusammentreffen der Nötigung mit der Bestechlichkeit oder einem Zusammentreffen der Nötigung mit der Bestechung sprechen.[2375] In solchen Fällen steht der betroffene Straftatbestand in Tateinheit mit der Erpressung.[2376]

Die Tateinheit kommt auch i.R.d. Tathandlungsmodalität „Fordern" infrage. Denn – wie schon beschrieben – die Gegenleistung der Bestechungsabrede, welche im durch die Nötigung bzw. den Zwang erlangten Vorteil in Erscheinung tritt, basiert in keinem Fall auf freiwilligem Vertragsabschluss. So könnte zwischen Erpressung und Bestechlichkeit Tateinheit bestehen.[2377]

§§ 332 und 263 StGB werden dagegen in Tatmehrheit mit § 253 StGB behandelt, wenn das angedrohte Übel nur vorgetäuscht wird, da es zwei voneinander unabhängige Mittel, nämlich die Drohung z. B. mit einer Anzeige und die Täuschung, den Vorteilsgeber beeinflussen.[2378]

IV. Horizontale Submissionsabsprache (§ 298)

Wie schon oben erwähnt, unterscheidet man beim Straftatbestand „wettbewerbsbeschränkende Absprachen bei Ausschreibungen" zwischen der horizontalen und vertikalen Submissionsabsprache. Weil bei der vertikalen Absprache eine wettbewerbswidrige Entscheidung erkauft wird, ist sie schon in der vorliegenden Arbeit den Bestechungstatbeständen zugeordnet.[2379] Im Gegensatz dazu geht es bei der horizontalen Submissionsabsprache nicht um einen Kauf einer Entscheidung des Veranstalters, obwohl dabei schon eine rechtswidrige

2372 *Fleck/Kuzmics*, in: dies. (Hrsg.), Korruption, 1985, S. 26.
2373 *Kuhlen*, Nötigung und Bestechung, 2018, S. 95.
2374 *Roxin*, ZStW 2017, S. 277 (298).
2375 *Kuhlen*, Nötigung und Bestechung, 2018, S. 96.
2376 *Zimmermann*, Das Unrecht der Korruption, 2018, S. 409.
2377 BGHSt 9, 245.
2378 BGHSt 9, 245 (246).
2379 Siehe dazu oben § 14 B III 1.

Absprache zwischen den Mitkonkurrenten i.S.v. Wettbewerb existiert. Das Ziel dieser Absprache ist es, die Ausschreibungen i.S.v. § 298 nur vorteilhaft zu manipulieren.[2380]

V. Untreue (§ 266)

Durch die Strafvorschrift der Untreue wird in erster Linie das Vermögen des Prinzipals oder Unternehmens sowie der Behörde oder anders ausgedrückt „das fremder Hand anvertraute Vermögen" geschützt.[2381] Der Täter fügt dem Auftraggeber einen dienst- oder arbeitsrechtlichen Schaden zu, indem er die ihm durch Gesetz, behördlichen Auftrag oder Rechtsgeschäft eingeräumte Befugnis, über fremdes Vermögen zu verfügen oder einen anderen zu verpflichten, missbraucht oder die ihm kraft Gesetzes, behördlichen Auftrags, Rechtsgeschäfts oder eines Treueverhältnisses obliegende Pflicht, fremde Vermögensinteressen wahrzunehmen, verletzt. Das kann auch durch „eine erkaufte inkorrekte Vorzugsentscheidung" passieren. Doch der Untreuetatbestand tangiert im Kern nicht die Bestechung.[2382] Bestechungszahlungen haben nicht primär den Zweck, die Vermögensinteressen des Geschäftsherrn zu benachteiligen.[2383]

VI. Betrug (§ 263)

Wer in der Absicht, sich oder einem Dritten einen rechtswidrigen Vermögensvorteil zu verschaffen, das Vermögen eines anderen dadurch beschädigt, dass er „durch Vorspiegelung" falscher oder durch Entstellung oder „Unterdrückung wahrer Tatsachen" *einen Irrtum erregt oder unterhält*, wird wegen Betrugs bestraft.

Wie gesehen, die Tat wird nicht auf der Reziprozitäts- und Freiwilligkeitsgrundlage, sondern betrügerisch und orientiert am Vermögen des Opfers begangen. Beim Verhältnis zwischen der Bestechlichkeit und dem Betrug kommt deswegen nur der Aspekt der vorgetäuschten Diensthandlung in Betracht.[2384]

2380 *Zimmermann*, Das Unrecht der Korruption, 2018, S. 553.

2381 *Schünemann*, in: LK-StGB, 12. Aufl., § 266, Rn. 23.

2382 *Zimmermann*, Das Unrecht der Korruption, 2018, S. 553; so auch *Corsten*, HRRS 2011, S. 247 (254).

2383 *Schünemann*, in: LK-StGB, 12. Aufl., § 266, Rn. 185; *Corsten*, HRRS 2011, S. 247 (249); zur Begründung des Verhältnisses von Schmiergeldzahlung und Vermögensschaden i.R.d. „Risikoschadens" *Waßmer*, Untreue bei Risikogeschäften, 1997, passim.

2384 *Heinrich*, in: Arzt u.a., Strafrecht BT, 2015, § 49, Rn. 47. Siehe auch dazu oben § 14 A I 4 c.

Es besteht zwischen Betrug und Bestechlichkeit eine Tatmehrheit.[2385] Es ist hierzu ferner zu erwähnen, dass die Wahlfeststellung zwischen Bestechung und Betrug aufgrund der Verschiedenartigkeit der strafrechtlich zu schützenden Güter unzulässig ist.[2386]

2385 BGHSt 41, 385 (389); *Kindhäuser*, JZ 1997, S. 98, (99).

2386 BGH, NJW 1960, S. 2154 (2156); BGHSt 15, 88 (100); *Stein/Rudolphi*, in: SK-StGB, 2015, § 331, Rn. 50; *Heinrich*, in: Arzt u.a, Strafrecht BT, 2015, § 49, Rn. 33. Siehe ferner zur Verfassungsmäßigkeit der Wahlfeststellung BVerfG, Urt. v. 5.7.2019 – 2 BvR 167/18.

Vierter Hauptteil: Das türkische Bestechungsstrafrechtssystem

§ 17 Geschichtliche Entwicklung

A. Bestechungsdelikte nach dem islamischen Strafrecht

Es sind hier drei Arten von Straftaten zu behandeln. Die erste Gruppe umfasst Delikte, die im heiligen Buch Koran ausdrücklich (z. B. Diebstahl und Unzucht) und abschließend erwähnt sind sowie deren konkrete Strafe von Gott als Gesetzgeber bestimmt sind.[2387] Sie werden „Grenzstrafen" (arabisch *hudud*) genannt. Zur zweiten Kategorie gehören die Vergeltungsstrafen. Im Gegensatz zu den Vergeltungsstrafen werden die Qisas-Delikte dem menschlichen Recht zugeordnet,[2388] weil Taten gegen Leib und Leben diese Gruppe bilden.[2389] Das Verbrechensopfer ist hierbei zur Entscheidung über eine Zufügung desselben Übels berechtigt, also zur Vergeltung der Tat. Der Vergeltungsberechtigte kann aber in einem Gnadenakt, statt sie zu vollziehen, von der Strafe absehen.[2390]

Die letzte Kategorie besteht aus der Ta'zir-Strafe. Die Ta'zir-Delikte sind nicht abschließend erfasst und damit grundsätzlich unbestimmt. Allerdings müssen sie als Sünde eingestuft werden, um von der Strafwürdigkeit der Tat i.R.d. Ta'zir sprechen zu können. Diese Straftatbestände werden durch die gesetzgebende Gewalt, die Sanktionen je nach konkretem Fall durch den Richter bestimmt.[2391] Auf diese Weise schließt die Methodik etwaige Strafbarkeitslücken und kann deshalb als ein Motiv der Strafpolitik dienen.[2392] So fallen Bestechungsdelikte unter diese Kategorie des islamischen Strafrechts.[2393]

Terminologisch versteht man unter der Bestechung (arabisch *rüşvet*) generell einen Vorteil, der einem Amtsträger für eine zum Nutzen des Vorteilsgebers vorgenommene Amtshandlung zuteil wird.[2394] In der Bewertung des

---

2387 Siehe dazu *Pacic*, Islamisches Strafrecht, 2009, S. 17 ff.

2388 „Die von Gott geregelte Vergeltung sichert euch das Leben. Darüber habt ihr nachzudenken und euch der Frömmigkeit zu befleißigen." Koran, Al-Baqara, Versus 179, abrufbar unter https://koransuren.com/koran/die_kuh_2.html (übersetzt von Moustafa Maher im Auftrag der Azhar-Universität).

2389 *Schirrmacher*, Scharia – Eine Einführung, abrufbar unter https://www.igfm.de/die-scharia-eine-einfuehrung/.

2390 *Pacic*, a.a.O., S. 86 ff.

2391 *Pacic*, a.a.O., S. 121 ff.; vgl. auch *Dağaşan*, InULR 1/2012, S. 379 (388).

2392 *Köse*, Journal of Islamic law studies, 2008, S. 139 (152); vgl. auch *Mumcu*, Rüşvet, 2005, S. 219.

2393 *Pacic*, a.a.O., S. 123; *Schirrmacher*, Scharia – Eine Einführung; *Mumcu*, Rüşvet, 2005, S. 218.

2394 *Ümütli*, İslam Hukukunda Rüşvet, 2006, S. 23 f.

Tatbestandsmerkmals „Vorteil" herrscht in der Lehre darüber Einigkeit, dass auch immaterielle Vorteile tauglich sind.[2395] Für das Verbrechensphänomen Bestechung wird außerdem das Wort „islal" verwendet. Dies bezieht sich im Übrigen auf Diebstahl.[2396] Daher stellt sich die Lehre als das Bestechungsmittel einen ungerechtfertigten Vorteil vor.[2397] All dies führt dazu, dass die Tat vor diesem Hintergrund eine enge Verbindung mit Heimlichkeit hat.[2398]

Im Koran ist die Bestechung ausdrücklich untersagt.[2399] Unabhängig davon ist zu erwähnen, dass die Bestechungsdelikte zu den größten Sünden gehören, weil Allah und sein Prophet Muhammad (571–632) sowohl den Bestechungsgeber (*el-mürteşî*) als auch den Bestechungsnehmer (*er-râşî*) und auch den Bestechungsvermittler (*er-raiş*) verflucht haben.[2400] Dabei ist jeder der Täter seiner eigenen Tat (zwei Lager).[2401]

Das Thema der Bestechung wird hier grundsätzlich auf der Grundlage der Richterbestechung eingehend behandelt. Der Grund dafür liegt in der besonderen Schutzwürdigkeit des Amtes gegen Bestechungen in der Justiz.[2402]

Das Geben einer Bestechung wird *reşa*, die Annahme einer Bestechung wird *irteşa* und das Fordern einer Bestechung wird *isterşa* genannt.[2403]

Die Tatbestandsmerkmale der Bestechlichkeit nach islamischem Strafrecht lauten im Allgemeinen wie folgt: Amtsträger; eine Diensthandlung in Bezug auf das Amt;[2404] Missbrauch des Amtes; Fordern, Sichversprechenlassen oder

---

2395 *Ümütli*, a.a.O., S. 17.

2396 *Köse*, a.a.O., S. 139 (149).

2397 *Köse*, a.a.O., S. 139 (140).

2398 *Köse*, a.a.O., S. 139 (153).

2399 „Ihr sollt einander nicht widerrechtlich um Hab und Gut bringen und die Machthaber damit bestechen, um sich wissentlich, ohne Recht, den Besitz anderer oder einen Teil davon anzueignen.": Koran, Al-Baqara, Versus 188, abrufbar unter https://koransuren.com/koran/die_kuh_2.html (übersetzt von Moustafa Maher im Auftrag der Azhar-Universität).

2400 *Ümütli*, İslam Hukukunda Rüşvet, 2006, S. 24 f.; *Köse*, Journal of Islamic law studies, 2008, S. 139 (149).

2401 *Ümütli*, a.a.O., S. 94; vgl. auch *Mumcu*, Rüşvet, 2005, S. 210.

2402 *Köse*, a.a.O., S. 139 (142); *Ümütli*, a.a.O., S. 20; vgl. auch *Mumcu*, Rüşvet, 2005, S. 248.

2403 *Ümütli*, İslam Hukukunda Rüşvet, 2006, S. 14.

2404 Zutreffend betont *Ümütli*, a.a.O., S. 95, dass die Diensthandlung einer Bestechung außerhalb der Justiz sich grundsätzlich auf eine unrechtmäßige Amtshandlung bezieht. Vgl. auch *Mumcu*, Rüşvet, 2005, S. 185.

Annehmen eines ungerechtfertigten Vorteils und zukunftsgerichtete[2405] Bestechungsabsprache sowie entsprechender Vorsatz.[2406]

Maßnahmen zur Vorbeugung unrechtmäßiger Bereicherung spielen eine große Rolle bei der Bekämpfung der Bestechung. Obwohl das Geschenkegeben im Islam wünschenswert ist,[2407] hatte der Prophet Muhammad i.d.S. ein absolutes Geschenkannahmeverbot angekündigt, dessen Zielbereich sich an alle Staatsbeamte richtete.[2408] Darüber hinaus hat der dritte Kalif Umar (581–644) eine Offenlegungspflicht hinsichtlich der Vermögenswerte von Staatsmännern umgesetzt.[2409]

Wie oben ausgeführt, gehören die Bestechungsdelikte zu den Ta'zir-Delikten. Aus diesem Grund steht die Bestimmung der Strafe im Ermessen des Kadi (Richter). Dabei kommen insbesondere eine vorläufige oder endgültige Entfernung aus dem Dienst, Exil, Vermögensabschöpfung, Bekanntmachung des Urteils, Gefängnisstrafe oder Geldstrafe in Betracht.[2410]

An letzter Stelle ist zu erwähnen, dass die Aussagen eines Bestochenen mit einem rechtskräftigen Urteil vor Gericht nicht als Zeugnis verwertet werden dürfen, weil das ungerechte und strafbare Verhalten des Täters die Voraussetzungen eines Zeugen ausschließt.[2411] Dies kann als eine Nebenfolge der Straftat angesehen werden.

B. Rechtslage und Strafgesetzgebung im Osmanischen Reich

Die Betrachtung der Rechtslage und der Strafgesetzgebung im Osmanischen Reich muss im Lichte zweier Epochen erfolgen, nämlich vor der und nach der Neuordnung (Tanzimat). Das Rechtssystem des Osmanischen Reiches hat sich

2405 Nachträgliche Belohnungen sind nicht der Gegenstand der Bestechung. Siehe *Ümütli*, a.a.O., S. 34.

2406 Eingehend *Ümütli*, a.a.O., S. 27 ff.

2407 Man unterscheidet zwischen Bestechung und Geschenk durch den Maßstab „Vorteilserwartung" i.R.d. islamischen Rechts. Die Bestechung ist ein reziproker Akt. Hingegen gibt man ein Geschenk, ohne einer Vorteilserwartung und nur dem Geschenknehmer eine Freude zu machen. Siehe dazu *Ümütli*, a.a.O., S. 16; *Köse*, Journal of Islamic law studies, 2008, S. 139 (158); *Çelik*, The Journal of Turkish Cultural Studies 15/2006, S. 25 (28).

2408 *Köse*, a.a.O., S. 139 (149); *Mumcu*, Rüşvet, 2005, S. 215; eingehend *Ümütli*, a.a.O., S. 71 f.

2409 *Köse*, a.a.O., S. 139 (157).

2410 *Ümütli*, İslam Hukukunda Rüşvet, 2006, S. 80 ff; *Mumcu*, Rüşvet, 2005, S. 217 ff.

2411 *Köse*, Journal of Islamic law studies, 2008, S. 139 (161).

mit der Neuordnung von 1839 „aus politischen Gründen"[2412] allmählich an einer westlichen Blickrichtung orientiert. Bis zur Bekanntmachung der Tanzimat war das justizielle System ganz nach islamischen Rechtsgrundsätzen (sog. Scheria) ausgestaltet.[2413]

Die Bestechlichkeit haben die Osmanen im weitesten Sinne[2414] verstanden und sie als eine Art von Unterdrückung (*zulm*) von Staat und Bürger und damit als ein schweres Verbrechen angesehen. Diese Ansicht ist deshalb teilweise mit römischen *crimen repetundarum* vergleichbar.[2415]

Viele Geschichtsquellen weisen darauf hin, dass der Ämterkauf ab dem 17. Jahrhunderts eine übliche Praxis in der Verwaltung wurde.[2416] Darüber hinaus wurden immer mehr Bestechungsaffären erwähnt.[2417] Daher wollten die Sultane durch strafrechtliche Bestimmungen und Ordnungen und mithilfe diesbezüglicher Erlasse (*Adaletnameler*) für Kadis[2418] die Bestechung bekämpfen. Allerdings waren sie bei der Umsetzung der Dynamik des islamischen Strafrechts nicht recht erfolgreich. Die zumeist angeordnete Strafe war die (vorläufige) Entfernung aus dem Dienst.[2419] Exil[2420] und Vermögensabschöpfung[2421] waren daneben nicht selten. In Ausnahmefällen wurde die Todesstrafe zum Zweck der Abschreckung vollstreckt.[2422]

2412 Siehe *Nord*, Das türkische Strafgesetzbuch, 1912, S. X; *Dağaşan*, InULR 1/2012, S. 379 (390).

2413 Vgl. *Nord*, Das türkische Strafgesetzbuch, 1912, S. IX-X; *Önder*, ZStW 1958, S. 313 (314); *Tellenbach*, Einführung, 2003, S. 1 f.; *Dağaşan*, InULR 1/2012, S. 379 (385 ff.).

2414 Siehe zur Arten von Bestechung *Mumcu*, Rüşvet, 2005, S. 187 ff.

2415 *Mumcu*, Rüşvet, 2005, S. 195; *Yoldas*, Verwaltung und Moral in der Türkei, 2000, S. 160, 167.

2416 Vgl. *Mumcu*, Rüşvet, 2005, S. 86 ff.; *Yoldas*, Verwaltung und Moral in der Türkei, 2000, S. 162 ff.; *Daşcıoğlu*, SD 2005, S. 119 (124); aA *Çelik*, The Journal of Turkish Cultural Studies 15/2006, S. 25 (31 f.).

2417 *Çelik*, a.a.O., S. 25 (30 f.). Nach der Ansicht von Sultan Abdülhamit II. war die schlechte und unregelmäßige Bezahlung der Grund für die zunehmenden Bestechungsaffären. Siehe dazu *Türk*, EZfPS 6/2011, S. 55 (57).

2418 Die Kadis im Osmanischen Reich übten nicht nur justizielle Aufgaben wie die des Richters und Notars aus; sie erfüllten auch verwaltungsrechtliche Aufgaben wie ein Bürgermeister. Siehe *Yoldas*, a.a.O., S. 166 f.

2419 *Mumcu*, Rüşvet, 2005, S. 223, 278; *Çelik*, a.a.O., S. 25 (43).

2420 *Mumcu*, Rüşvet, 2005, S. 226, sieht es zutreffend als eine Nebenfolge der Strafe an.

2421 *Daşcıoğlu*, SD 2005, S. 119 (124).

2422 *Daşcıoğlu*, SD 2005, S. 119 (122).

Mit der Verabschiedung der Neuordnung (*Tanzimat*), also mit dem Ferman von Gülhane (1839), wurde im Osmanischen Reich eine neue Ära für die Verwirklichung von Reformen eröffnet.[2423] Für Reformen hinsichtlich des Strafrechts war die französiche Kodifzierung ein Vorbild. Der Weg zur Rezeption des frStGB v. 1810 wurde somit gebahnt.[2424]

Die stillschweigende Rechtfertigung der Reichsführung, was die Bestechungspraxen betraf, wurde mit der Neuordnung aufgegeben, weil jedenfalls die Staatsmänner nunmehr regelmäßig Gehalt beziehen würden. Dies wurde in der Begründung zum Bestechungsrecht, die bei der strafrechtlichen Bestimmung von 1840 (*Ceza Kanunnamesi*) ausdrücklich zum Ausdruck gebracht.[2425] Ebenso wurde die Schädlichkeit der Bestechung in der Neuordnung von 1839 klar und deutlich betont.[2426]

Nach der Neuordnung (*Tanzimat*) wurden i.R.d. Bekämpfung der Bestechung der Amtseid in Bezug auf Unbestechlichkeit und die Verordnung (*Nizamname*) über das Geschenk im Jahr 1850 in Kraft gesetzt. Die bemerkenswerte Regelung dieser Verordnung besteht darin, dass sie die rechtswidrigen Geschenke abschließend benennen. Darüber hinaus durften geringwertige und sozialadäquate Geschenke nicht i.R.d. Bestechung betrachtet werden.[2427]

Ein weiterer wichtiger Schritt in der Gesetzgebung war die Verordnung über die Bestechung vom 1855 (*Men'-i İrtikâb Nizamnamesi*). Der damalige kaiserliche Rat wollte mit dieser besonderen Verordnung die Gefahr der Bestechung in das Bewusstsein bringen und sie mit den Mitteln des Strafrechts verhindern. Hierbei wurde auch nochmals der Begriff Bestechung (*Rüşvet*) im weitesten Sinne verwendet.[2428] Der Bestochene und der Bestechende wurden danach selbständig und im selben Strafrahmen bestraft. Die Tat wurde mit einer Bestechungsabsprache vollendet. Auch hier wurden rechtmäßige und rechtswidrige Geschenke abschließend bestimmt. Im Übrigen sah die Verordnung eine Kronzeugenregelung und die tätige Reue vor. Allerdings ging es um keine Unterscheidung zwischen einfacher und schwerer Bestechung.[2429]

2423 Siehe dazu *Yoldas*, Verwaltung und Moral in der Türkei, 2000, S. 114 ff. m.w.N.

2424 *Nord*, Das türkische Strafgesetzbuch, 1912, S. IX.

2425 *Mumcu*, Rüşvet, 2005, S. 278-279; *Çelik*, The Journal of Turkish Cultural Studies 15/2006, S. 25 (44).

2426 *Çelik*, a.a.O., S. 25 (47).

2427 *Çelik*, a.a.O., S. 25 (55 f.); *Mumcu*, Rüşvet, 2005, S. 280.

2428 *Mumcu*, Rüşvet, 2005, S. 282; auch bis zum 1855 *Gürelli*, Rüşvet ve İrtikap Cürümleri, 1954, S. 25.

2429 Siehe dazu *Mumcu*, Rüşvet, 2005, S. 282-283; *Çelik*, a.a.O., S. 25 (59 f.).

Nach einigen Kodifizierungsversuchen folgte das kaiserliche Strafgesetzbuch im Jahr 1858 auf der Grundlage der Rezeption[2430] des französischen StGB v. 1810. Es blieb bis zur Republikzeit in Geltung.[2431] Der dritte Abschnitt des ersten Teils des türk. StGB v. 1858 hieß „Bestechung". Auf diese Weise bildete der dritte Abschnitt ein „Subsystem"[2432] in dem türk. StGB v. 1858. Viele vorherige Vorschriften wurden in diesen Abschnitt übertragen.[2433] Dieser Abschnitt wurde durch die Novelle vom 4. Juni 1911 erheblich geändert und damit neu gefasst.[2434]

Bei der ersten Fassung des Abschnitts wurde die Bestechung unter dem Art. 67 definiert.[2435] Nach dem StÄG v. 1911 ging der Gesetzgeber von einer fallbezogenen Beschreibung des Verbrechensphänomen Bestechung aus. Es wurde wie folgt in Worte gefasst:[2436]

> „Bestechung liegt in den Fällen vor, in welchen Richter und überhaupt alle Beamte, die amtliche Pflichten und Obliegenheiten erfüllen, ferner gewählte und ernannte Mitglieder amtlicher Ausschüsse sowie sonstige mit einer öffentlichen Obliegenheit betraute Privatpersonen, wie Schiedsrichter und Sachverständige, endlich auch Prozeßvertreter Geld oder Geschenke oder andere Vorteile zugesichert erhalten, damit sie Handlungen vollziehen oder nicht vollziehen, zu deren Vornahme sie durch Gesetz oder Verordnung verpflichtet sind, oder damit sie Handlungen vollziehen oder nicht vollziehen, zu deren Vornahme sie nicht verpflichtet sind. Ebenso gilt als Bestechung, wenn sie in dieser Absicht bewegliche oder unbewegliche Sachen zu einem niedrigeren oder höheren Preise verkaufen und zwischen dem wirklichen Wert dieser Sachen und dem vereinbarten Preis ein erheblicher Unterschied besteht."

Wie bei der Verordnung über die Bestechung von 1855 war die Unrechtsvereinbarung für die Bestrafung wegen der Bestechlichkeit bzw. Bestechung genügend (Art. 76).[2437] Der strafrechtliche Schutz umfasste nicht nur die Amtsträger wie Beamte und Richter. Die Strafbarkeit wurde auf Mandatsträger, Zeugen

2430 *Nord*, Das türkische Strafgesetzbuch, 1912, S. IX: „(…) nicht nur äußerlich im Aufbau, sondern bis in die Einzelheiten des Strafsystems und der strafrechtlichen Begriffe (…)."

2431 *Şensoy/Tolun*, Das türkische Strafgesetzbuch, 1955, S. VIII; *Tellenbach*, Einführung, 2003, S. 2.

2432 Siehe dazu oben § 10 B VI.

2433 *Çelik*, The Journal of Turkish Cultural Studies 15/2006, S. 25 (62).

2434 *Nord*, Das türkische Strafgesetzbuch, 1912, S. XIII.

2435 Der Art. 67. Türk. StGB v. 1858 a.F. war so: „Bestechung ist alles, was zur Förderung eines Zweckes unter welcher Beziehung auch immer genommen oder gegeben wird." Zit. nach *Nord*, Das türkische Strafgesetzbuch, 1912, S. 24.

2436 Zit. nach *Nord*, Das türkische Strafgesetzbuch, 1912, S. 24.

2437 *Gürelli*, Rüşvet ve İrtikap Cürümleri, 1954, S. 27; *Mumcu*, Rüşvet, 2005, S. 286.

und Sachverständige, Rechtsanwälte sowie auf Auftraggeber ausgedehnt.[2438] Unter dieser Gesetzlage hatte es keine Bedeutung, ob die Amtshandlung rechtmäßig oder pflichtwidrig war. Daraus ergab sich eine Einheit, sodass die Vorteilsannahme und Bestechlichkeit i.S.d. Unrechtsgehalts untrennbar geworden waren.[2439] Die Begehung der Tat zum Zwecke der Verletzung einer Dienstpflicht spielte nur für die Strafzumessung eine Rolle und musste damit schwerere Folgen als die Vorteilsannahme für eine rechtmäßige Amtshandlung mit sich bringen (Art. 68, 69). Hierzu ist außerdem zu erwähnen, dass der Gesetzgeber vor der Novelle von 1911 die sozialüblichen Geschenke mit der Genehmigungsvorschrift Art. 67 Abs. 2 straflos gestellt hatte.

Die Bestimmungen zur Kronzeugenregelung und tätigen Reue, also der Belohnungsgedanke des türk. StGB v. 1858 auf der Grundlage von Anzeigepflicht (Art. 78, 79), sind wegen des besonderen Charakters der Bestechung zu erwähnen.[2440]

Zuletzt hatte der damalige Gesetzgeber die schwierigen Konstellationen des Vorteilsgebers einkalkuliert und entsprechend einen persönlichen Strafausschließungsgrund in Art. 77 geregelt. Dieser Artikel wurde wie folgt formuliert:[2441]

> „Wenn jemand, der zur Rettung seines Lebens oder seines Eigentums oder seiner Ehre oder überhaupt zur Wahrung berechtigter Interessen ernstlich zur Hingabe von Bestechungsgeldern gezwungen wurde, späterhin von diesem Fall der Behörde Anzeige erstattet, so erhält er das Geld zurückerstattet und der Empfänger der Bestechungsgelder wird wie ein Bestochener bestraft. (…)"

C. Entwicklungen nach der Republik

Das türkische Volk begrüßte im Jahr 1923 den neuen demokratischen Staat als Nachfolger des Osmanischen Reiches. Am 29. Oktober 1923 wurde die Republik Türkei gegründet und mit der Säkularisierung eine „vollständige Europäisierung"[2442] in der türkisch-republikanischen Rechtswissenschaft und Gesetzgebung begonnen,[2443] indem die neue Regierung den Dualismus des

2438 Teilweise kritisch dazu *Mumcu*, Rüşvet, 2005, S. 283, 285.

2439 *Gürelli*, Rüşvet ve İrtikap Cürümleri, 1954, S. 27; siehe auch zum Rechtsgutmodell oben § 10 A II 3.

2440 *Gürelli*, Rüşvet ve İrtikap Cürümleri, 1954, S. 29.

2441 *Nord*, Das türkische Strafgesetzbuch, 1912, S. 27.

2442 *Önder*, ZStW 1958, S. 313 (315).

2443 *Dağaşan*, InULR 1/2012, S. 379 (399).

vorherigen Rechtssystems (Scheria und Weltrecht) schnellstmöglich abzuschaffen suchte.[2444]

I. Rechtslage und Strafgesetzgebung unter dem StGB v. 1926

Das erste Strafgesetzbuch der Republik Türkei wurde am 1. März 1926 verabschiedet und trat am 1. Juli 1926 in Kraft, indes ohne legislatorische Begründung.[2445] Es zeigte sich als eine komplette Rezeption (einschließlich sogar der Übersetzungsfehler[2446]) des italienischen Codice Zanardelli aus dem Jahr 1889.[2447]

Auch in diesem Strafgesetzbuch gestaltete der türkische Gesetzgeber die Bestechungsdelikte unter einem eigenen Abschnitt aus. Der dritte Abschnitt des dritten Teils im zweiten Buch hieß „Bestechung“ (Art. 211–227). Die einfache Bestechlichkeit wurde unter dem Art. 212 Abs. 1 und die schwere Bestechlichkeit gesondert unter dem Art. 213 Abs. 1 unter Strafe gestellt. Diesbezüglich wurden besonders schwere Fälle in Art. 212 Abs. 2 und in Art. 213 Abs. 2 benannt. Die einfache (Art. 222) sowie die schwere Bestechung (Art. 223) waren getrennt und in spiegelbildlicher Weise strafbar (sog. Zweier-Verbrechen-Modell).[2448]

Die Richterbestechung bzw. die Bestechungsdelikte während justizieller Tätigkeiten wurden mit allen Einzelheiten (z. B. unrechtmäßige Beeinflussung, besondere Konkurrenzvorschrift, Bestechung mit Todesfolge) unter Strafe gestellt (von Art. 214 bis zum Art. 221). Richter, Staatsanwälte, Rechtsanwälte und Notare sowie Prozessvertreter bildeten damals den Täterkreis der Bestechung in der Rechtspflege.[2449]

Der oben ausgeführte Abschnit hinsichtlich der Bestechungsdelikte wurde zwar durch das Gesetz Nr. 3679 vom 21. November 1990[2450] erheblich geändert und teilweise neugefasst sowie die Strafbarkeit erweitert; aber das System dauerte

---

2444 *Hakeri*, in: Hilgendorf (Hrsg.), Das Strafrecht im deutsch-türkischen Rechtsvergleich, 2010, S. 75; *Keçelioğlu*, Der Einfluss des deutschen StGB, 2009, S. 20 f.

2445 RG Nr. 320 v. 13.3.1926; *Önder*, ZStW 1958, S. 313 (315); *Hakeri*, a.a.O., 2010, S. 74.

2446 *Önder*, ZStW 1958, S. 313 (316).

2447 *Şensoy/Tolun*, Das türkische Strafgesetzbuch, 1955, S. XIII; *Tellenbach*, Einführung, 2003, S. 3.

2448 *Dönmezer*, Özel Ceza Hukuku Dersleri, 1984, S. 101; *Şahin*, in: Ekonomik Suç ve Ceza Sempozyumu, 2005, S. 68; *Dönertaş*, Türk Ceza Hukukunda Rüşvet Suçu, 2010, S. 40; *Aldemir*, 5237 sayılı Türk Ceza Kanunu'na Göre Rüşvet Suçu, 2011, S. 47.

2449 Siehe zu den betroffenen Artikeln *Şensoy/Tolun*, Das türkische Strafgesetzbuch, 1955, S. 52-53.

2450 RG Nr. 20710 v. 29.11.1990.

grundsätzlich fort.[2451] Der Gesetzgeber verfolgte damit das Ziel, die betroffenen Delikte verständlicher zu machen.[2452] Nach dieser StÄG war die gesetzliche Definition der Bestechung wie folgt gestaltet:[2453]

> „Geld, Geschenke oder jedwede andere Vorteile, die Personen, die nach dem Strafgesetzbuch als Beamte gelten, für die Vornahme oder Unterlassung von Handlungen, deren Vornahme oder Unterlassung nach Gesetzen und Verordnungen zwingend vorgesehen sind, annehmen oder anderen verschaffen, gelten als Bestechung. Ebenso gilt es als Bestechung, wenn zwischen dem Wert der von ihnen gekauften, verkauften oder in einer Versteigerung erlangten beweglichen oder unbeweglichen Vermögensgegenstände und dem dafür hingegebenen oder erhaltenen Preis eine übermäßige Differenz besteht."

Die Feststellung der Amtsträgereigenschaft von Personen, außer Beamten i.S.d. türk. StGB v. 1926, war in manchen Konstellationen nicht einfach und warf Zweifel an dieser Eigenschaft hervor.[2454] Das Problem wurde damals dank des Art. 211 Abs. 2 gelöst. Danach gehörte auch ein für den öffentlichen Dienst besonders Verpflichteter zum Täterkreis der Annahme einer Bestechung (*rüşvet alma*).[2455]

Der Grundtatbestand (Art. 212) wurde auf der Basis der einfachen passiven Bestechung ausgestaltet. Das Annehmen der Bestechung für eine rechtmäßige Amtshandlung wurde milder als das Annehmen der Bestechung für eine rechtswidrige Handlung bestraft. Beschleunigung bzw. Verzögerung einer Diensthandlung wurden i.R.d. schweren Bestechung betrachtet.[2456]

Das Verhältnis der Ermessenshandlungen zur Bestechung wurde überwiegend vernachlässigt.[2457] Ein Teil der Literatur war der Meinung, dass es sich dabei um schwere Bestechung handele.[2458]

Anders als die erste Fassung der Bestechungsdelikte, umfasste der reformierte dritte Abschnitt das Vorfeld der schweren passiven Bestechung. Die Tat ist demnach schon mit dem Fordern und Sichversprechenlassen vollendet.[2459]

2451 *Tellenbach*, in: Eser/Überhofen/Huber (Hrsg.), Korruptionsbekämpfung durch Strafrecht, 1997, S. 637.

2452 *Tellenbach*, Einführung, 2003, S. 112.

2453 Zit. nach *Tellenbach*, Einführung, 2003, S. 116.

2454 *Karakurt-Eren*, Türk Ceza Kanununda Rüşvet Suçu, 2016, S. 188.

2455 *Tellenbach*, Einführung, 2003, S. 117.

2456 *Tellenbach*, in: Eser/Überhofen/Huber (Hrsg.), Korruptionsbekämpfung durch Strafrecht, 1997, S. 628.

2457 *Tellenbach*, Einführung, 2003, S. 119.

2458 *Tellenbach*, in: Eser/Überhofen/Huber (Hrsg.), Korruptionsbekämpfung durch Strafrecht, 1997, S. 628.

2459 *Tellenbach*, a.a.O., S. 630.

Die Bestechungsabsprache musste aber in jedem Fall vor der Vornahme der Handlung zustande gekommen sein. Die nachträgliche Belohnung fand nur eingeschränkt im Auffangtatbestand „Amtsmissbrauch“ (Art. 240) Anwendung.[2460]

Für die geringwertigen Zuwendungen hatte der Gesetzgeber eine zur obligatorischen Strafmilderung führende „Geringfügigkeitsklausel“ vorgesehen (Art. 219 Abs. 3).[2461] Hingegen sollte die Strafbarkeit in Bagatelfällen über den Kausalzusammenhang zwischen Amtshandlung und Vorteil ausgeschlossen werden.[2462]

Die Institutionen „Kronzeugenregelung“ und „tätige Reue“ (Art. 215) dienten auch zur Aufklärung von Bestechungsdelikten während dieser Gesetzgebung strafbefreiend. Doch konnte nur vor der Vornahme der Amtshandlung Gebrauch davon gemacht werden.[2463] Noch wichtiger war i.d.S. „das Gesetz zur Angabe über Vermögenswerte und zur Bekämpfung der Bestechung und Korruptionen“ (Gesetz Nr. 3628 vom 1990), das schon in der vorliegenden Studie unter dem Transparenzgebot der Korruptionsbekämpung erwähnt wurde. Dank dieses Gesetzes ist eine besondere Zuständigkeitsregel für die Korruptionsdelikte geschaffen worden, die die zwingende behördliche Zustimmung aufgehoben und damit die Ermittlungen von Staatsanwälten erleichtert hat (Art. 19).[2464] Die Ermittlungsmöglichkeit ohne Zustimmung war also einer der wichtigsten Beweggründe des Gesetzgebers.[2465]

Mit dem rechtskräftigen Urteil wegen Bestechung musste zuletzt der Beamte als Nebenfolge der Strafe lebenslang aus dem öffentlichen Dienst entlassen werden (Art. 219 Abs. 4).

Zusammenfassend lässt sich sagen, dass das Gesamtbild mit allen Einzelheiten uns insgesamt eine kasuistische, aber gut sichtbare Modellierung i.S.d. Subsystems liefert.[2466]

2460 *Tellenbach*, a.a.O., S. 631; *ders.*, Einführung, 2003, S. 120.

2461 Eigentlich galt diese Geringfügigkeitsklausel auch für die anderen Amtsdelikte gegen die öffentliche Verwaltung, namentlich Unterschlagung, Erpressung im Amt (Extortion). Siehe dazu *Tellenbach*, Einführung, 2003, S. 115, 121.

2462 *Tellenbach*, Einführung, 2003, S. 121.

2463 *Tellenbach*, Einführung, 2003, S. 122.

2464 *Tellenbach*, a.a.O., S. 110-111, 123; siehe ferner unten § 18 A I 10.

2465 *Uğur*, TBBD 2008, S. 289 (291).

2466 Vgl. *Tellenbach*, in: Eser/Überhofen/Huber (Hrsg.), Korruptionsbekämpfung durch Strafrecht, 1997, S. 624 ff.

II. Rechtslage und Strafgesetzgebung im neuen StGB Nr. 5237 v. 2004

Das neue türk. StGB ist nach mehreren Gesetzesentwürfen und Debatten[2467] in der TBMM am 26. September 2004 verabschiedet worden und trat am 1. Juli 2005 in Kraft.[2468] Die wichtigste Quelle des türkischen Strafrechts, nämlich die italienische Strafrechtsdogmatik, hat dadurch ihre Bedeutung überwiegend verloren.[2469] Denn die deutsche Ansicht herrscht nunmehr im Hintergund der Verbrechenslehre des türk. StGB v. 2004. Entsprechend hat die türkische Lehre begonnen, sich allmählich - aber schneller als zuvor - der deutschen Schule anzunähern.[2470]

Das neue türk. StGB hat nicht nur den Allgemeinen Teil, sondern auch den Besonderen Teil völlig umformuliert.[2471] Ein besonderer Abschnitt für das Verbrechensphänomen Bestechung existierte nicht mehr in diesem Strafgesetzbuch. Hier ist die Bestechung vielmehr unter dem ersten Abschnitt („Straftaten gegen die Vertrauenswürdigkeit und Funktionsfähigkeit der öffentlichen Verwaltung“[2472]) des vierten Teils über den Art. 252 unter Strafe gestellt. Die Bestechung wurde in Art. 252 Abs. 3 wie folgt definiert:[2473]

> „Bestechung ist ein Vorteil, den sich ein Amtsträger im Rahmen einer Vereinbarung mit einem anderen ‚für das pflichtwidrige Tun oder Unterlassen‘ einer Handlung verschafft.“

2467 Das darf nicht darüber hinwegtäuschen, dass die Debatten auf der Grundlage des letzten Gesetzesentwurfs zum neuen türk. StGB stattgefunden haben. Sie beruhten vielmehr auf alten Entwürfen von 1940, 1958, 1987 und 1989 sowie 2003. Das neue türk. StGB v. 2004 wurde dagegen nur innerhalb von ca. sieben Monaten erarbeitet und danach dem Parlament übersendet. Vgl. *Keçelioğlu*, Der Einfluss des deutschen StGB, 2009, S. 26 ff.; *Tellenbach*, Das türkische Strafgesetzbuch, 2008, S. 2.

2468 *Sözüer*, ZStW 2007, S. 717 (717); *Dağaşan*, InULR 1/2012, S. 379 (401).

2469 *Tellenbach*, Reformen in Strafrecht, 2005, S. 2; *Keçelioğlu*, Der Einfluss des deutschen StGB, 2009, S. 57.

2470 Vgl. *Hakeri*, in: Hilgendorf (Hrsg.), Das Strafrecht im deutsch-türkischen Rechtsvergleich, 2010, S. 100; *Keçelioğlu*, Der Einfluss des deutschen StGB, 2009, S. 53 ff. Der Redakteur des neuen türk. StGB, *Özgenç*, war der Meinung, dass es „ein türkisches Produkt“ sei. Siehe dazu *Keçelioğlu*, a.a.O., S. 57; kritisch *Hakeri*, a.a.O., S. 101; *Ünver*, in: Hilgendorf (Hrsg.), Das Strafrecht im deutsch-türkischen Rechtsvergleich, 2010, S. 317.

2471 *Tellenbach*, Das türkische Strafgesetzbuch, 2008, S. 9.

2472 Zit. nach *Tellenbach*, a.a.O., S. 161.

2473 Zit. nach *Tellenbach*, a.a.O., S. 163-164.

Auf diese Weise erkannte der Gesetzgeber nur die eigentlichen Bestechungsdelikte als Teil des Bestechungsverbrechensphänomens an.[2474]

Die Bestechlichkeit eines Amtsträgers und die schwere aktive Bestechung, also insgesamt der Straftatbestand „Bestechung",[2475] wurde nicht zwei selbständige Straftatbestände, sondern als einzelne Verbrechen[2476] gemäß Art. 252 Abs. 1 ausformuliert. Die Norm lautete wie folgt:[2477]

> „Der Amtsträger, der eine Bestechung annimmt, wird mit […] bestraft. Wer eine Bestechung gibt, wird wie der Amtsträger bestraft. Das Treffen einer Unrechtsvereinbarung wird wie die vollendete Tat bestraft."

Die einfache passive Bestechung wurde nicht unter der Bestechung, sondern gemäß Art. 257 Abs. 3 als Amtsmissbrauchstatbestand bestraft.[2478] Das war zu Unrecht als qualifizierter Fall des Amtsmissbrauchs betrachtet worden.[2479] Die aktive Seite der einfachen Bestechung (so etwa Vorteilsgewährung im deutschen Strafrecht) wurde nach klarem kriminalpolitischen Willen des Gesetzgebers entkriminalisiert.[2480] Der Grund dafür lang in der gesellschaftlich vorherrschenden Meinung, dass öffentliche Dienste ohne Bestechung nicht ausgeübt werden könnten. Aus diesem Grund könne die aktive einfache Bestechung i.d.R. nicht unter Strafe gestellt werden. Die Lehre hat mit Recht diese Betrachtungsweise scharf kritisiert.[2481]

2474 *Şahin*, in: Ekonomik Suç ve Ceza Sempozyumu, 2005, S. 69.

2475 Das Wort „rüşvet" entspricht im türkischen Strafrecht dem Verbrechensphänomen „Bestechung" und umfasst damit die beiden Seiten der Bestechung i.w.S. Siehe *Rumpf/Özdamar*, in: Passarge/Behringer (Hrsg.), Handbuch Compliance International, 2015, S. 617; vgl. auch oben § 7 A.

2476 *Özen*, İrtikap ve Rüşvet Suçları, 2010, S. 150; kritisch *Tezcan/Erdem*, in: TCK Reformu II, 2004, S. 353.

2477 Zit. nach *Tellenbach*, Das türkische Strafgesetzbuch, 2008, S. 163.

2478 Kassationshof, 5. Strafsenat, Urt. v. 18.10.2011, E. 2007/13803, K. 2011/22150.

2479 *Ünver*, in: Hilgendorf (Hrsg.), Das Strafrecht im deutsch-türkischen Rechtsvergleich, 2010, S. 341; *Özgenç*, Rüşvet, 2013, S. 88 m.w.N.

2480 *Baytemir*, TBBD 2010, S. 333 (338), hat damals erstaunlicherweise die andere Ansicht vertreten, dass es in solchen Fällen sowohl um eine „Teilnahme an dieser Tat" (Art. 257 Abs. 3) und als auch die „Beleidigung gegen einen Amtsträger" (Art. 125 Abs. 3) gehe.

2481 *Ünver*, in: Hilgendorf (Hrsg.), Das Strafrecht im deutsch-türkischen Rechtsvergleich, 2010, S. 341; *Mahmutoğlu*, in: TCK Reformu I, 2004, S. 242; *Artuk/Çınar*, in: TCK Reformu II, 2004, S. 81; *Özen*, İrtikap ve Rüşvet Suçları, 2010, S. 152, 155.

Der damalige Art. 252 kannte keine Sonderregelung für die Teilnahme an Bestechung. Für die Teilnahme von außenstehenden Dritten galten die entsprechenden Vorschriften des türk. StGB-AT.[2482] Die einseitigen Tatbegehungsformen mussten ebenfalls nach der Regelung des Versuchs bewertet werden, da es für sie keine Sonderregelung gab.[2483]

Der Gesetzgeber hat auch während dieser Periode auf die Kronzeugenregelung und die der tätigen Reue nicht verzichtet. Von diesen strafbefreienden Möglichkeiten für Täter und Tatbeteiligte, die zur Aufklärung der Bestechungsdelikte dienen, konnte demnach i.R.d. Art. 254 und nur „vor der Einleitung des Ermittlungsverfahrens" Gebrauch gemacht werden.[2484]

III. Neue Gesetzgebung mit der Gesetzänderung v. 2012

Die Blickrichtung des Gesetzgebers hinsichtlich des Verbrechensphänomens der Bestechung hat sich durch das Gesetz Nr. 6352 v. 2012 erheblich geändert und die Bestechungsstraftaten wurden hier neu erfasst.[2485] Der Grund dafür lag in den Empfehlungen von GRECO i.R.d. Umsetzungspflichten der Türkei.[2486]

Es wird unten versucht, die aktuellen Straftaten, die durch den Gesetzgeber insgesamt als Bestechung eingestuft werden, vor dem Hintergrund von Amtsträgerbestechung zu beschreiben und systematisch darzulegen.

2482 *Apaydın*, in: TCK Reformu II, 2004, S. 157; *Özen*, İrtikap ve Rüşvet Suçları, 2010, S. 213.

2483 *Özen*, İrtikap ve Rüşvet Suçları, 2010, S. 207, 210; *Baytemir*, TBBD 2010, S. 333 (365).

2484 *Şahin*, in: Ekonomik Suç ve Ceza Sempozyumu, 2005, S. 73; vgl. auch *Özen*, İrtikap ve Rüşvet Suçları, 2010, S. 219 f.

2485 *Karakurt-Eren*, Türk Ceza Kanununda Rüşvet Suçu, 2016, S. 12; *Özgenç*, Rüşvet, 2013, S. 71; *Rumpf/Özdamar*, in: Passarge/Behringer (Hrsg.), Handbuch Compliance International, 2015, S. 615, 617; *Özbek* u.a., Özel Hükümler, 2015, S. 1039.

2486 Siehe dazu JAB-TBMM Nr. 278 v. 12.6.2012, S. 7; *Mert*, in: Ünver (Hrsg.), Yolsuzlukla Mücadele, 2014, S. 35 ff.

§ 18 Die türkischen Bestechungstatbestände[2487]

A. Amtsträgerbestechung: Strafbare Bestechungshandlungen in der öffentlichen Verwaltung (Art. 252)

I. Bestechlichkeit (Art. 252 Abs. 2)

1. Das geschützte Rechtsgut

Das geschützte Rechtsgut stellt auch im türkischen Strafrecht einen Ausgangspunkt für die Legitimation des Strafrechts dar und ist damit für die Auslegung der Tatbestände wichtig.[2488]

a. Meinungen in der Lehre

Es herrscht im Schrifttum Einigkeit, dass die Verlässlichkeit und Funktionsfähigkeit der öffentlichen Verwaltung die durch die Bestechungsdelikte zu schützenden Rechtsgüter sind.[2489] Sicherlich besteht dieser Schutzzweck aus der Sachlichkeit und Gesetzmäßigkeit der Verwaltung und dem Vertrauen der Allgemeinheit in die Sachlichkeit der Entscheidungen von öffentlichen Diensten sowie aus der Unbestechlichkeit von Amtsträgern (sog. das Amtsethos).[2490] In diesem Zusammenhang geht ein Teil der Literatur davon aus, dass die betroffenen juristischen Institutionen des Staates – insgesamt der Staat – dabei als Verbrechensopfer erscheinen. Denn es gebe keine Straftat ohne Verbrechensopfer.[2491]

2487 Art. ohne Gesetzesbezeichnung sind solche des türk. StGB.

2488 *Özgenç*, Gazi Şerhi, 2006, S. 194; vgl. Auch *Koca/Üzülmez*, Ceza Hukuku, 2015, S. 32, 109.

2489 Vgl. *Özen*, İrtikap ve Rüşvet Suçları, 2010, S. 199; *Baytemir*, TBBD 2010, S. 333 (339); *Özbey*, 765 ve 5237 sayılı Türk Ceza Kanunları'nda Rüşvet Suçu, 2010, S. 58; *Özgenç*, Rüşvet, 2013, S. 76; *Artuk/Gökcen/Yenidünya*, Özel Hükümler, 2013, S. 1033; *Karakurt-Eren*, Türk Ceza Kanununda Rüşvet Suçu, 2016, S. 151 f.; *Akyürek*, Kazancı HD, 2012, S. 22 (25); *Okuyucu-Ergün*, Rüşvet Suçu, in: Ünver (Hrsg.), Ekonomik Suçlar, 2015, S. 39; *Tellenbach*, in: Eser/Überhofen/Huber (Hrsg.), Korruptionsbekämpfung durch Strafrecht, 1997, S. 627; *Rumpf/Özdamar*, in: Passarge/Behringer (Hrsg.), Handbuch Compliance International, 2015, S. 617.

2490 Siehe dazu „Kombinationstheorien“ oben § 8 B V.

2491 *Gürelli*, İrtikap ve Rüşvet Cürümleri, 1954, S. 76; *Özen*, İrtikap ve Rüşvet Suçları, 2010, S. 216; *Hafızoğulları/Aygün-Eşitli*, Kamu İdaresine Karşı, 2014, S. 60, 65; *Okuyucu-Ergün*, Rüşvet Suçu, in: Ünver (Hrsg.), Ekonomik Suçlar, 2015, S. 39. *Koca/Üzülmez*, Ceza Hukuku, 2015, S. 109, sind anders als die herrschende Ansicht der Meinung,

Nach einer parallelen Meinung wird einerseits das Vertrauen in die öffentliche Verwaltung und andererseits die Treuepflicht des Amtsträgers, die sich aus der Bindung an Gesetz und Verfassung ergibt, geschützt. Auf diese Weise soll die Funktionsfähigkeit der öffentlichen Einrichtungen gewährleistet werden.[2492] In ähnlicher Weise steht eine andere Ansicht dafür, dass es primär um die Gewährleistung der Transparenz und der gerechten Führung der öffentlichen Verwaltung gehe. Somit sollten die Fairness des öffentlichen Dienstes und die Objektivität der Amtsträger geschützt, im Übrigen die Verfälschung des Staatswillens verhindert werden.[2493]

Es wird auch vertreten, dass die Unverkäuflichkeit der öffentlichen Entscheidungen, d. h. Unbestechlichkeit, das einzige Rechtsgut von Bestechungsdelikten sei.[2494]

Schließlich geht ein Teil der Lehre davon aus, dass durch die Bestechungsdelikte, die im Schrifttum von einigen Verfassern erwähnten Werte und Güter geschützt werden sollten.[2495]

b. Ansichten in der Rechtsprechung

Nach der Ansicht des Kassationshofs werden durch die Bestechungstatbestände „die gerechte Amtsführung im Namen von Gleichheits- und Leistungsprinzip" und „das Vertrauen der Gesellschaft in die Unverkäuflichkeit bzw. Unbestechlichkeit von Amtsträgern" geschützt. Dies stellt den Schutzzweck der Norm dar.[2496] Der Kassationshof lehnt sich auf diese Weise an die amtliche Begründung der Strafvorschrift an.

---

dass nur die Mitglieder der Gesellschaft als Verbrechensopfer eingestuft werden könnten. Entsprechend nimmt ein Teil der Lehre die gesamte Gesellschaft als das Verbrechensopfer an. So *Özbek* u.a., Özel Hükümler, 2015, S. 1064.

2492 *Artuk*, in: Ünver (Hrsg.), Yolsuzlukla Mücadele, 2014, S. 88.

2493 *Özalp*, Türk Ceza Kanununda Rüşvet Suçu, 2018, S. 176.

2494 *Önder*, Özel Hükümler, 1991, S. 128; vgl. auch *Tezcan/Erdem/Önok*, Özel Hükümler, 2013, S. 929; *Artuk/Gökcen/Yenidünya*, Özel Hükümler, 2013, S. 1034; *Doğan*, in: FS-Toroslu, 2015, S. 337.

2495 *Özbek* u.a., Özel Hükümler, 2015, S. 1039; *Fırat*, Tüzel Kişinin Ceza Sorumluluğu, 2019, S. 19; vgl. auch *Dönertaş*, Türk Ceza Hukukunda Rüşvet Suçu, 2010, S. 49 f.; *Kılıç*, Uluslararası Boyutuyla Rüşvet Suçu, 2013, S. 49.

2496 Kassationshof, 5. Strafsenat, Urt. v. 5.11.2015, E. 2015/5947, K. 2015/15951.

c. Stellungnahme

Die wohl überwiegende Meinung im Schrifttum und die höchstrichterliche Rechtsprechung knüpfen an die amtliche Begründung der Bestechung an, die sich auf die erste Fassung der Bestechung bezieht. Im Kern der amtlichen Begründung der Vorschrift geht es um die normative Theorie[2497] zur Legitimation der Bestechungsdelikte. Wie schon dargestellt, setzt sich diese Theorie zum Teil mit der Bindungstheorie, zum Teil mit der Systemtheorie in Verbindung. Der Glaube der gesellschaftlichen Mehrheit in die Objektivität und Gerechtigkeit sowie die Unbestechlichkeit der Amtsträger bilden die normativen Ursprünge des Tatbestandes, weil diese Werte gesetzlich normiert sind und ggf.[2498] sowohl über die Disziplinar- als auch die strafrechtlichen Maßnahmen geschützt werden. Um dies zu gewährleisten, haben Amtsträger sich an ihre dienstlichen Pflichten wie Treupflicht und Neutralitätsgebot zu halten.

Nicht jeder Verstoß gegen diese Pflichten für einen ungerechtfertigten Vorteil ist absolut i.R.d. Bestechung strafbar. Die strafbaren Bestechungshandlungen kommen nur eingeschränkt gemäß dem Art. 252 in Betracht. Die Bestechungstatbestände sind allerdings eines der wichtigsten Instrumente für den Schutz und die Gewährleistung dieser normativen Werte.[2499]

Aufgrund der grundsätzlichen Position des Gesetzgebers soll diese ursprüngliche Begründung aber auch für heutige Legitimation gelten.

Zusammenfassend lässt sich sagen, dass es sich hierbei auch um komplexe Rechtsgüter handelt, der Schutzweck der Norm ist daher mehrdimensional.[2500]

2. Rechtsnatur des Delikts

Der deliktische Charakter von Bestechungsdelikten ist oben aus strafrechtsdogmatischer Sicht unter § 9 B behandelt worden. Das dort Ausgeführte gilt hier entsprechend.

Hierbei ist besonders im Lichte des türkischen Schrifttums zu erwähnen, dass eine Bestechlichkeitshandlung ein Sonderdelikt,[2501] Erfolgsdelikt,[2502]

2497 Siehe dazu oben § 8 B V 2; so etwa *Hafızoğulları/Aygün-Eşitli*, Kamu İdaresine Karşı, 2014, S. 59.

2498 Vgl. *Rumpf/Özdamar*, in: Passarge/Behringer (Hrsg.), Handbuch Compliance International, 2015, S. 618.

2499 Siehe dazu oben § 8 B V.

2500 Vgl. *Tezcan/Erdem/Önok*, Özel Hükümler, 2013, S. 929

2501 CGK. Urt. v. 18.4.2019, E. 2018/189, K. 2019/350; *Karakurt-Eren*, Türk Ceza Kanununda Rüşvet Suçu, 2016, S. 179; siehe ferner oben § 9 B IV.

2502 Siehe oben § 9 B IX.

Verletzungsdelikt,[2503] schlichtes Tätigkeitsdelikt,[2504] Begegnungsdelikt,[2505] abstraktes Gefährdungsdelikt[2506] und Unternehmensdelikt[2507] sowie ein eigenhändiges Delikt aus Sicht der einseitigen Handlungen[2508] ist.

Im türkischen Schrifttum wird im Übrigen vertreten, dass die Bestechungshandlung ein „Zweckdelikt" darstellt. Dies stützt sich auf den Gedanken, dass der Amtsträger durch die Bestechung während des *iter criminis* einen bestimmten Zweck verfolgt. Aus dieser Sicht soll die Strafbarkeit eigentlich erst mit dem Annehmen bzw. mit der tatsächlichen Verletzung des geschützten Rechtsguts eintreten.[2509]

3. *Tatbestandsmerkmale (Strafbarkeitsvoraussetzungen)*

a. *Objektive Tatbestandsmerkmale*

aa. Tauglicher Täter (Tatsubjekt = Täterkreis)

(1). Amtsträger

Den Täterkreis der Bestechlichkeit bilden zunächst ohne Zweifel die Amtsträger. Der Täter muss entsprechend zur Zeit der Tat die Amtsträgereigenschaft innehaben, wenn man über Bestechlichkeit sprechen will.[2510] Im Übrigen könnten die Straftaten „Einflusshandel" (Art. 255) „Amtsanmaßung" (Art. 262) und „Betrug" (Art. 157) in Frage kommen.[2511]

2503 *Özalp*, Türk Ceza Kanununda Rüşvet Suçu, 2018, S. 170; siehe ferner oben § 9 B VIII.

2504 *Özalp*, a.a.O., S. 170; siehe ferner § 9 B X.

2505 *Özgenç*, Rüşvet, 2013, S. 79; *Artuk/Gökcen/Yenidünya*, Özel Hükümler, 2013, S. 1057; *Özalp*, Türk Ceza Kanununda Rüşvet Suçu, 2018, S. 169; siehe ferner oben § 9 B XII. Dies wurde ausdrücklich in der amtlichen Begründung erwähnt. Siehe JAB-TBMM v. 6.8.2004, S. 268, zit. nach www.cezabb.adalet.gov.tr/mevzuat/maddegerekce.doc.

2506 *Erman/Özek*, Kamu İdaresine Karşı İşlenen Suçlar, 1992, S. 102; *Özalp*, Türk Ceza Kanununda Rüşvet Suçu, 2018, S. 171; siehe ferner oben § 9 B XIV.

2507 Siehe dazu oben § 9 B XV.

2508 *Yalçın-Sancar*, Çok Failli Suçlar, 1998, S. 206 f., zit. nach *Karakurt-Eren*, Türk Ceza Kanununda Rüşvet Suçu, 2016, S. 158.

2509 Amtliche Begründung der ersten Fassung des Delikts, JAB-TBMM v. 6.8.2004, S. 268, zit. nach www.cezabb.adalet.gov.tr/mevzuat/maddegerekce.doc; so auch *Şahin*, in: Ekonomik Suç ve Ceza Sempozyumu, 2005, S. 70; *Özgenç*, Rüşvet, 2013, S. 77, 82; *Küçükince*, Rüşvet Suçu, 2007, S. 82.

2510 *Özalp*, Türk Ceza Kanununda Rüşvet Suçu, 2018, S. 210 f., 230.

2511 Vgl. *Artuk*, in: Ünver (Hrsg.), Yolsuzlukla Mücadele, 2014, S. 89; *Karakurt-Eren*, Türk Ceza Kanununda Rüşvet Suçu, 2016, S. 303; *Özalp*, Türk Ceza Kanununda Rüşvet Suçu, 2018, S. 231.

Die Feststellung der Amtsträgereigenschaft i.S.v. Strafrecht hat im Schrifttum eine große Beachtung gefunden. Zu diesem Zweck wurde viel erörtert und geschrieben.[2512] Der Begriff „Kamu görevlisi“ (Amtsträger) wird i.R.d. Strafrechts anders als in anderen Rechtsdisziplinen ausgelegt und die Strafbarkeit wegen eines Amtsdelikts kann nur unter Annahme dieser Eigenschaft in Frage kommen.[2513]

Der Begriff des Amtsträgers ist erstmals mit dem neuen türk. StGB ins Leben gerufen worden.[2514] Der Begriff „Beamte“ i.S.d. Strafrechts ist somit abgeschafft, den weiteren Begriff gegenüber dem des Beamten hat die türkische Strafrechtswissenschaft begrüßt.[2515] Er („*Kamu Görevlisi*“) ist unter den Definitionen des türk. StGB wie folgt in Worte gefasst (Art. 6 Abs. 1 lit. c):[2516]

> „Eine Person, die auf Dauer, zeitlich begrenzt oder vorübergehend, durch Ernennung, Wahl oder auf irgendeine andere Weise mit der Erledigung öffentlicher Angelegenheiten betraut worden ist.“

Unter dem alten türk. StGB v. 1926 gab es eine Trennung zwischen einer öffentlichen Aufgabe und dem öffentlichen Dienst nach Art. 279.[2517] Nach diesem Unterscheidungsmerkmal war nur derjenige, der eine öffentliche Aufgabe erfüllt, Beamter i.S.d. Strafrechts. Die anderen Personen, die eine öffentliche Dienst ausübten, unterfielen nicht dem Beamtenbegriff.[2518] Dieses

---

2512 Beispielsweise *Aydın*, ABD 1/2010, S. 109 ff.; *Demren-Dönmez*, TBBD 2011, S. 95 ff.; *Gökcan*, CHKD 2/2015, S. 147 ff.

2513 Vgl. *Okuyucu-Ergün*, Türk Ceza Hukukunda Zimmet Suçu, 2007, S. 41 f., 50 f.

2514 *Özen*, İrtikap ve Rüşvet Suçları, 2010, S. 17.

2515 Amtliche Begründung des Art. 6, JAB-TBMM v. 6.8.2004, S. 159, zit. nach www.cezabb.adalet.gov.tr/mevzuat/maddegerekce.doc; *Demren-Dönmez*, TBBD 2011, S. 95 (117, 125); *Özalp*, Türk Ceza Kanununda Rüşvet Suçu, 2018, S. 216.

2516 Zit. nach *Tellenbach*, Das türkische Strafgesetzbuch, 2008, S. 15.

2517 Nach dem damaligen Artikel 279 Abs. 1 waren die folgenden Personen Beamte i.S.d. türk. StGB v. 1926: Beamte oder Angestellte des Staates oder anderer öffentlicher Einrichtungen jeglicher Art, die dauernd oder vorübergehend eine gesetzgeberische, administrative oder justizielle Amtspflicht ausüben (Nr. 1); andere Personen, die dauernd oder vorübergehend, gegen Entgelt oder unentgeltlich, freiwillig oder obligatorisch eine gesetzgeberische, administrative oder justizielle Amtspflicht ausüben (Nr. 2). Zit. nach *Tellenbach*, in: Eser/Überhofen/Huber (Hrsg.), Korruptionsbekämpfung durch Strafrecht, 1997, S. 651.

2518 *Özgenç*, Gazi Şerhi, 2006, S. 98; *Gökcan*, CHKD 2/2015, S. 147 (149).

Unterscheidungskriterium ist aufgrund der neuen Definition nicht übertragbar auf die neue Strafgesetzgebung.[2519]

Der einzige Maßstab für die Feststellung, ob der Täter als ein Amtsträger handelt oder nicht, ist die öffentliche Tätigkeit. Falls die Tätigkeit des Täters zu einer öffentlichen Tätigkeit gehört, tritt er als Amtsträger i.S.d. Strafrechts in Erscheinung (z. B. Sachverständiger, Rechtsanwalt, Notar, Zeuge, Soldat).[2520] Die in der Übersetzung verwendete „öffentliche Angelegenheit" soll vor diesem Hintergrund einfach durch die öffentliche Tätigkeit ersetzt werden.[2521]

Sobald jemand eine öffentliche Aufgabe erfüllt, arbeitet diese Person unter Dienstpflichten. Begeht diese Person eine Straftat in Bezug auf die Ausübung der ihr übertragenen öffentlichen Aufgabe, stellt dies ein Pflichtdelikt dar.[2522] Aber die Antwort auf die Frage, was ist unter der öffentlichen Tätigkeit[2523] zu verstehen ist, fällt schwer.[2524]

De lege lata wird vertreten, dass die amtliche Begründung der Definition sich der verwaltungsrechtlichen Ansicht annähert.[2525] Bemerkenswert ist in diesem

---

2519 *Özgenç*, Gazi Şerhi, 2006, S. 100 f.; *Gökcan*, CHKD 2/2015, S. 147 (151); vgl. auch *Karakurt-Eren*, Türk Ceza Kanununda Rüşvet Suçu, 2016, S. 210. *Okuyucu-Ergün*, Türk Ceza Hukukunda Zimmet Suçu, 2007, S. 58, vertritt anders als die herrschende Meinung die Auffassung, dass die nach der alten Fassung sowie nach dieser Fassung entwickelten Ansätze bezüglich des Beamtenbegriffs auch für das neue StGB uneingeschränkt gelten. Der Verfasser, a.a.O., S. 54, ist deshalb für die enge Auslegung.

2520 Amtliche Begründung des Art. 6, JAB-TBMM v. 6.8.2004, S. 159; *Demren-Dönmez*, TBBD 2011, S. 95 (115); *Toroslu*, Özel Kısım, 2015, S. 279.

2521 *Toroslu*, Özel Kısım, 2015, S. 280, vertritt die Auffassung, dass der heute zu verwendende Begriff „öffentliche Tätigkeit" bis zum neuen Verständnis zu gewinnen, durch den Begriff „öffentliche Aufgabe" ersetzt werden sollte.

2522 *Özgenç*, Gazi Şerhi, 2006, S. 100.

2523 Dieser Begriff ist im türkischen Verwaltungsrecht fast unbekannt. Siehe dazu *Yarsuvat* u.a., in: TCK Reformu II, 2004, S. 291; *Özen*, İrtikap ve Rüşvet Suçları, 2010, S. 21; *Karakurt-Eren*, Türk Ceza Kanununda Rüşvet Suçu, 2016, S. 190; *Okuyucu-Ergün*, Türk Ceza Hukukunda Zimmet Suçu, 2007, S. 50.

2524 *Gökcan*, CHKD 2/2015, S. 147 (150). *Tezcan/Erdem*, in: TCK Reformu II, 2004, S. 336, vertreten die Auffassung, dass die Verwendung dieses unbestimmten Begriffs ein Verstoß gegen das Gesetzlichkeitsprinzip sei. So auch *Okuyucu-Ergün*, Türk Ceza Hukukunda Zimmet Suçu, 2007, S. 51; *Karakurt-Eren*, Türk Ceza Kanununda Rüşvet Suçu, 2016, S. 212. Die Situation ist daher mit dem deutschen § 11 Abs. 1 Nr. 2 lit. c StGB vergleichbar. Siehe dazu oben § 14 A I 3 a aa (1).

2525 *Demren-Dönmez*, TBBD 2011, S. 95 (114); *Okuyucu-Ergün*, Türk Ceza Hukukunda Zimmet Suçu, 2007, S. 41. Zu Recht bringt der Verfasser zum Ausdruck, dass die

Zusammenhang, dass die Bestandteile einer öffentlichen Tätigkeit einer Ansicht nach die folgenden sind:[2526] Erstens muss ein öffentlicher Dienst im Namen des Gemeinwohls in Betracht kommen. Zweitens muss dieser Dienst nach der Verfassung und dem Gesetz übernommen werden. Zuletzt muss diese Tätigkeit kraft einer öffentlichen Macht ausgeübt werden. Vor diesem Hintergrund geht eine andere Meinung davon aus, dass nur die Teilnahme an einer Ausübung der öffentlichen Tätigkeit, die nicht nach dem Privatrecht, sondern nach öffentlichem Recht durchgeführt wird, für die Amtsträgereigenschaft entscheidend sei.[2527]

Der Begriff „öffentlicher Dienst" (*Kamu Hizmeti*) wird durch die Ausübung einer öffentlichen Tätigkeit konkretisiert und damit personalisiert. Bei der Feststellung der Amtsträgereigenschaft i.S.d. Strafrechts wird danach vertreten, dass nicht der rechtliche Status des Handelnden, sondern die Besonderheit der Tätigkeitsausübung maßgebend sei. Demgemäß ist die rechtliche Stellung des Handelnden dem Amtsträger bzw. dem öffentlichen Bediensteten zuzuordnen, wenn die in Betracht gekommene Tätigkeit zu einer öffentlichen Tätigkeit gehört.[2528]

Nach einer Ansicht muss man zwischen öffentlicher Aufgabe[2529] und öffentlichem Dienst unterscheiden. Ersteres bezieht sich danach auf die primären Aufgaben des Staatse, letzteres bringt alle unter dem öffentlichen Recht auszuübenden Tätigkeiten des Staats zum Ausdruck (sog. Eingriffsverwaltung und Leistungsverwaltung). In diesem Zusammenhang wird treffend zum Ausdruck gebracht, dass es keinen tauglichen Maßstab für die Unterscheidung zwischen öffentlicher Aufgabe und öffentlicher Dienst gibt. Dabei geht es um nur wegweisende Erörterungen. Vor diesem Hintergrund soll von der vereinigenden Ansicht zur Auslegung des Begriffs „öffentliche Tätigkeit" (*Kamusal Faaliyet*) Gebrauch gemacht werden.[2530]

---

amtliche Begründung nur eine der von nicht verbindlichen Auslegungsmethoden ist. Siehe *ders.*, a.a.O., S. 42.

2526 *Gökcan*, CHKD 2/2015, S. 147 (150); *Özen*, İrtikap ve Rüşvet Suçları, 2010, S. 22-23; *Özalp*, Türk Ceza Kanununda Rüşvet Suçu, 2018, S. 213 f.

2527 *Özen*, İrtikap ve Rüşvet Suçları, 2010, S. 21; *Demren-Dönmez*, TBBD 2011, S. 95 (114).

2528 *Özgenç*, Rüşvet, 2013, S. 40; *Gökcan*, CHKD 2/2015, S. 147 (151).

2529 Manche Verfasser nehmen „die übertragene öffentliche Macht" als Ausgangspunkt für die Feststellung der öffentlichen Aufgabe. Siehe dazu *Özgenç*, Gazi Şerhi, 2006, S. 99.

2530 *Okuyucu-Ergün*, Türk Ceza Hukukunda Zimmet Suçu, 2007, S. 36.

Die Frage, wer i.S.d. Strafrechts als Amtsträger gilt, ist auch in der Lehre umstritten.[2531] Denn die Feststellung dieser Eigenschaft hängt ohnehin von dem Begriff der öffentliche Tätigkeit ab.[2532]

De lege lata wird vertreten, dass die Personen, die im Rahmen einer öffentlichen Daseinsvorsorge tätig sind, nicht unmittelbar unter dem Amtsträgerbegriff i.S.v. Art. 6 fallen.[2533] Nimmt jemand danach an einer öffentlichen Tätigkeit teil und steht „unter der vollen öffentlich-rechtlichen Anweisung und Kontrolle", egal ob er nach öffentlichem Recht oder Privatrecht bestellt ist, ist dabei i.S.d. Strafrechts von einem Amtsträger auszugehen.[2534]

Es ist klar, dass Personen, die zwar keine Beamtenstellung bzw. Ernennungsurkunde haben, aber zu einer öffentlichen Aufgabe bestellt wurden, i.S.d. Strafrechts als Amtsträger anzusehen sind. Beispielsweise gehören die nach dem öffentlich-rechtlichen Verfahren bestellten Arbeitnehmer zum strafrechtlichen Amtsträgerbegriff.[2535] Die Imame – im Unterschied zu Priestern in Deutschland – fallen auch ohne Frage unter den Amtsträgerbegriff, da diese in der Türkei nach staatsrechtlichen Vorschriften, also nach dem türk. BeamtG (Gesetz Nr. 657 v. 1965) ernannt werden. Auch sind die Rechtsanwälte im türkischen Strafrecht taugliche Täter von Amtsdelikten.[2536] Bürgermeister, Zeugen i.S.d. türk. StPO, Ärzte[2537] und Vorsitzende sowie Vorstandsmitglieder von Genossenschaften sind ebenfalls nach der höchstrichterlichen Rechtsprechung Amtsträger i.S.d. Strafrechts.[2538]

2531 Hierbei ist zu erwähnen, dass die Gleichstellungsklauseln aus gesetzlichen Vorschriften als lex specialis unberührt bleiben; dieses Thema wird nicht diskutiert. Sie tragen die Verantwortung wie ein Amtsträger i.S.d. Strafrecht. Siehe *Özgenç*, Rüşvet, 2013, S. 41; kritisch für die pauschale Annahme *Özen*, İrtikap ve Rüşvet Suçları, 2010, S. 29.

2532 *Özen*, İrtikap ve Rüşvet Suçları, 2010, S. 23, 29.

2533 *Demren-Dönmez*, TBBD 2011, S. 95 (126); *Özalp*, Türk Ceza Kanununda Rüşvet Suçu, 2018, S. 217.

2534 *Özalp*, Türk Ceza Kanununda Rüşvet Suçu, 2018, S. 220; so auch *Heinrich*, Der Amtsträgerbegriff im Strafrecht, 2001, S. 433.

2535 *Gökcan*, CHKD 2/2015, S. 147 (152).

2536 *Gökcan*, ABD 2/2009, S. 151 (156); *Demren-Dönmez*, TBBD 2011, S. 95 (121); *Özalp*, Türk Ceza Kanununda Rüşvet Suçu, 2018, S. 224 jeweils mit entsprechenden Entscheidungen des Kassationshofes.

2537 Dabei ist aber zu beachten, dass die in einer privaten Krankenkasse tätigen Ärzte nicht Amtsträger i.S.d. Strafrechts sind. Siehe dazu *Karakurt-Eren*, Türk Ceza Kanununda Rüşvet Suçu, 2016, S. 228.

2538 *Özalp*, Türk Ceza Kanununda Rüşvet Suçu, 2018, S. 224.

Nach der Lehre ist nicht klar, ob Personen, die mit den öffentlichen Körperschaften und Anstalten in einem Dauerbeschäftigungsverhältnis stehen, dem Amtsträgerbegriff unterliegen oder nicht. Nach einer Meinung werden z. B. die hier tätige Putzfrau,[2539] der Hausmeister oder Koch[2540] als Amtsträger i.S.d. Strafrechts eingestuft. Das trifft wegen der Beeinflussungsmöglichkeit solcher Personen zu.

Die ehrenamtliche Teilnahme an der Wahrnehmung einer öffentlichen Tätigkeit ohne eine gesetzliche Verpflichtung schließt die Berufung auf die Amtsträgereigenschaft aus.[2541]

(2). Gleichstellungsklauseln

Wie im deutschen, ist auch im türkischen Strafrecht möglich, Personal, das nicht in einer öffentlich-rechtlichen Körperschaft tätig ist, durch eine Sondervorschrift in die Amtsträgerverantwortung einzubeziehen. Dadurch können auch die mit dem Beamten bzw. Amtsträger gleichgestellte Personen die Bestechlichkeitshandlung begehen.[2542] Hierzu dienen die allgemeinen Verweise auf das türk. StGB.[2543]

Da am 1. Juni 2005 ein neues türk. StGB in Kraft getreten ist, ist hier eine zeitliche Unterscheidung zu treffen: Nach den Sonderregelungen des alten StGB und den Sonderregelungen des neuen StGB. Es ist umstritten, ob die Gleichstellungsklauseln des ersteren noch gelten oder nicht. Der Grund dafür ergibt sich aus dem Art. 5 des neuen türk. StGB, der das Verhältnis des AT des StGB zu anderen Sonderstrafvorschriften bestimmt hat. Danach ist der Allgemeiner Teil des türk. StGB v. 2004 auch bei den Sondergesetzen, die Strafvorschriften enthalten, anzuwenden. Weil die Definition des Amtsträgers im AT des StGB geregelt ist, wird deshalb seine Anwendbarkeit auf diese Verweise in der Lehre diskutiert.[2544]

2539 *Okuyucu-Ergün*, Türk Ceza Hukukunda Zimmet Suçu, 2007, S. 53 m.w.N.

2540 *Gökcan*, CHKD 2/2015, S. 147 (151).

2541 Anhand des Beispiels „privater Festnehmer“ *Küçükince*, Rüşvet Suçu, 2007, S. 21; *Karakurt-Eren*, Türk Ceza Kanununda Rüşvet Suçu, 2016, S. 198, 211 f.; *Özalp*, Türk Ceza Kanununda Rüşvet Suçu, 2018, S. 222; aA *Okuyucu-Ergün*, Türk Ceza Hukukunda Zimmet Suçu, 2007, S. 61 f.

2542 *Özalp*, Türk Ceza Kanununda Rüşvet Suçu, 2018, S. 230.

2543 Es gibt zwei Sorten von Verweisen: Einmal verweist das Gesetz im Allgemeinen auf die Verantwortung des Beamten, die anderen Vorschriften verweisen auf die abschließenden Katalogtaten oder auf bestimmte Straftaten. Vom letzteren ist nicht weiter die Rede. Siehe dazu *Karakurt-Eren*, Türk Ceza Kanununda Rüşvet Suçu, 2016, S. 214 ff.

2544 *Karakurt-Eren*, Türk Ceza Kanununda Rüşvet Suçu, 2016, S. 215 f.

Art. 3 Abs. 1 des Einführungsgesetzes für das türk. StGB (Gesetz Nr. 5252[2545]) stellt fest, dass die Verweise auf das alte StGB (Gesetz Nr. 765 v. 1926) während des alten StGB wie die Verweise auf die betroffenen Artikel des neuen StGB v. 2004 gelten. Demzufolge vertritt ein Teil der Lehre, dass diese Verweise uneingeschränkt auch für heute gelten.[2546] Nach anderer Meinung ist hier der vorübergehende Art. 1 des Einführungsgesetzes für das türk. StGB entscheidend. Laut dieser Vorschrift können die Strafvorschriften, die in Konflikt mit dem Allgemeinen Teil des türk. StGB v. 2004 stehen, bis spätestens zum 31. Dezember 2008 gelten. Der Gesetzgeber ordne damit an, dass die entsprechenden Änderungen in der Gesetzgebung bis zu diesem Datum durchzuführen sind. Aus diesem Grund vertritt der andere Teil des Schrifttums die Ansicht, dass die allgemeinen Gleichstellungsklauseln des neuen türk. StGB, die die Verantwortung wie ein Amtsträger mit sich bringen, ab 31. Dezember 2008 nicht mehr ohne weiteres gelten.[2547] Der Kassationshof geht hierbei davon aus, dass dies je nach Einzelfall und anhand der neuen Definition gemäß Art. 6 überprüft werden muss.[2548]

In diesem Zusammenhang ist zunächst zu erwähnen, dass dem Gedanken, dass die Gleichstellungsklauseln nicht ohne weiteres gelten, nicht zuzustimmen ist, weil diese Meinung erstens den Art. 3 des Einführungsgesetzes ignoriert. Zweitens bietet die neue Definition des Amtsträgerbegriffs kein geschlossenes Konzept mit Grenzen; sie ist also auslegungsbedürftig. Daher ist zuerst fiktiv die Gültigkeit dieser Strafvorschriften bezüglich der Gleichstellung anzunehmen. Danach muss überprüft werden, ob die Anwendung der betroffenen Klausel auf den konkreten Fall von den Eckpunkten der neuen Definition abweicht oder nicht. Mithin ist zu erfahren, ob die alten Verweise in Konflikt mit dem Art. 6 Abs. 1 lit. c stehen oder nicht.

(3). Personal von öffentlichen Wirtschaftsunternehmen

Es ist umstritten, ob die öffentlichen Wirtschaftsunternehmen öffentlich tätig sind oder nicht. Damit wird die rechtliche Stellung des Personals kontrovers diskutiert.[2549] Nach einer Ansicht ist die Bestellung und das Arbeiten nach

2545 RG Nr. 25642 v. 4.11.2004.

2546 *Özgenç*, Rüşvet, 2013, S. 41; *Özen*, İrtikap ve Rüşvet Suçları, 2010, S. 27-28 m.w.N.

2547 *Okuyucu-Ergün*, Türk Ceza Hukukunda Zimmet Suçu, 2007, S. 64-65; *Karakurt-Eren*, Türk Ceza Kanununda Rüşvet Suçu, 2016, S. 217-218 m.w.N. Diese Ansicht betrachtet die ab dem 31.12.2008 verabschiedeten Gleichstellungsklauseln als lex specialis vor dem Art. 6 türk. StGB. Siehe dazu *Karakurt-Eren*, Türk Ceza Kanununda Rüşvet Suçu, 2016, S. 218, zum Thema Fn. 774.

2548 *Özalp*, Türk Ceza Kanununda Rüşvet Suçu, 2018, S. 226.

2549 *Karakurt-Eren*, Türk Ceza Kanununda Rüşvet Suçu, 2016, S. 193.

öffentlichem Recht das einzige Unterscheidungskriterium.[2550] Die gesetzliche Regelung sei hierzu also genügend (formeller Aspekt).[2551] Nach anderer Ansicht ist hier nicht von der pauschalen Annahme, sondern von einer Gesamtbetrachtung des Einzelfalles auszugehen.[2552] Der Kassationshof knüpft in ähnlicher Weise an die Einzelfallprüfung an.[2553]

Richtig ist, dass wenn das öffentliche Wirtschaftsunternehmen in erster Linie gewinnorientiert ist, es nicht primär öffentlichen Zwecken dient.[2554] Erwerbswirtschaftliche Betätigung soll deshalb die Amtsträgereigenschaft des Handelnden ausschließen. Betreibt der Staat oder seine Körperschaft das Unternehmen hingegen „aus Gründen der Daseinsvorsorge", kann man hier von einer öffentlichen Aufgab sprechen.[2555]

Das Thema „Kommunale Unternehmen" wird auch in der Lehre kontrovers diskutiert: Nach einer Meinung sind diese unter dem Privat- bzw. Handelsrecht tätig, führen insoweit keine öffentliche Tätigkeit aus. Wenn im Gegensatz dazu das kommunale Unternehmen mit Zustimmung des Innenministeriums errichtet wurde und unter Kontrolle des Rechnungshofes arbeitet, ist sein Personal dem Amtsträgerbegriff zuzuordnen. Die höchstrichterliche Rechtsprechung sieht die Personen beider Formen als Amtsträger i.S.d. Strafrechts an.[2556]

(4). Beteiligte Privater an der Wahrnehmung öffentlicher Aufgaben

In der amtlichen Begründung wird zum Ausdruck gebracht, dass Privatpersonen ohne Zweifel nicht als Amtsträger i.S.d. Art. 6 Abs. 1 lit. c eingestuft werden können, wenn sie die öffentliche Tätigkeit über das Vergaberecht übernommen

---

2550 *Özgenç*, Gazi Şerhi, 2006, S. 106; *Gökcan*, CHKD 2/2015, S. 147 (153).

2551 *Özgenç*, Gazi Şerhi, 2006, S. 105. Der Verfasser meint damit, dass die Gesetzgebung dank dieser Definition nicht mehr besondere Gleichstellungsklauseln vorsehen muss, um dabei die Amtsträgerverantwortung zu bestimmen. Siehe *ders.*, a.a.O., S. 106.

2552 So auch *Karakurt-Eren*, Türk Ceza Kanununda Rüşvet Suçu, 2016, S. 207, zum Thema Fn. 758. In ähnlicher Weise geht der Kassationshof davon aus, dass es in dem vorliegenden Fall um eine Erfüllung der öffentlichen Aufgabe geht oder nicht. Allerdings hat er dafür noch nicht einen sicheren Maßstab entwickelt. Siehe dazu *ders.*, a.a.O., S. 208 f.

2553 Siehe dazu *Öztunç*, Legal HD 2011, S. 2683 (2693 f.). *Karakurt-Eren*, Türk Ceza Kanununda Rüşvet Suçu, 2016, S. 200, nennt diese Prüfung als „empirische Betrachtung". Die Entscheidungen von Kassationshof stellen trotzdem kein einheitliches Bild dar. Siehe dazu ders., a.a.O., S. 208, zum Thema Fn. 760.

2554 *Heintzen*, in: Staatsrechtslehrertagung, 2003, S. 230.

2555 *Heintzen*, in: Staatsrechtslehrertagung, 2003, S. 262.

2556 *Gökcan*, CHKD 2/2015, S. 147 (156 f.).

haben.[2557] Diese Aussage knüpft nicht an die Eigenschaft der Tätigkeit an, sondern greift nur schlicht auf das Vergaberecht zurück. Das widerspricht dem einzigen Maßstab „öffentliche Tätigkeit", der auch in der Begründung erwähnt wird.[2558] Danach sollte nicht die Methodik des Verfahrens, sondern die Gesamtbetrachtung der konkreten Aufgabe entscheidend sein.

In solchen Fällen kann auch eine öffentliche Aufgabe erfüllt werden. Der Staat bzw. seine Organe können ggf. zur Wahrnehmung einer öffentlichen Aufgabe der Private durch ein öffentlich-rechtliches Verfahren (hier: Vergaberecht) ermächtigen. Den Maßstab dazu bietet eine Gesamtbetrachtung der förmlichen Beteiligung von Privaten anhand der Organisationsführung.[2559]

(5). Erweiterter Täterkreis (Art. 252 Abs. 8)

Hierbei geht es um eine beachtliche Ausweitung des Täterkreises der Amtsträgerbestechung.[2560] Diese Erweiterung dient zur Ergänzung der strafrechtlichen Verantwortlichkeit. Die Strafvorschriften bezüglich der Bestechung finden Anwendung auch auf Personen, die im Namen bestimmten juristischen Organisationen handeln und ohne die Amtsträgereigenschaft i.S.v. Strafrecht innehaben.[2561] Dies sind:

- die berufsständigen Körperschaften mit der Natur des öffentlichen Rechts, z. B. die Landesärztekammer und die Union der türkischen Anwaltskammern (Art. 252 Abs. 8 lit. a),[2562]

2557 Siehe dazu JAB-TBMM v. 6.8.2004, S. 159; zustimmend Kassationshof und *Gökcan*, CHKD 2/2015, S. 147 (158); *Özalp*, Türk Ceza Kanununda Rüşvet Suçu, 2018, S. 221, 223.

2558 In diese Richtung auch *Karakurt-Eren*, Türk Ceza Kanununda Rüşvet Suçu, 2016, S. 203.

2559 *Heintzen*, in: Staatsrechtslehrertagung, 2003, S. 230, zum Thema Fn. 43. In diesem Zusammenhang formuliert der Verfasser den Maßstab etwa wie folgt: „in ein Gesamtkonzept der Wahrnehmung öffentlicher Aufgaben". Siehe *ders.*, a.a.O., S. 262; vgl. auch oben sog. „verlängerter Arm des Staates" oben § 14 A I 3 a aa (1).

2560 *Tezcan/Erdem/Önok*, Özel Hükümler, 2013, S. 929.

2561 Vgl. *Özen*, İrtikap ve Rüşvet Suçları, 2010, S. 187.

2562 Der Art. 135 Abs. 1 von Verfassung der Türkei lautet: „Die berufsständischen Vereinigungen mit der Natur von Körperschaften des öffentlichen Rechts und ihre Dachverbände sind juristische Personen des öffentlichen Rechts, die durch Gesetz mit dem Ziel gegründet werden, die gemeinsamen Bedürfnisse von Angehörigen eines bestimmten Berufsstandes zu befriedigen, ihre berufliche Betätigung zu erleichtern, den allgemeinen Interessen des Berufsstandes entsprechend dessen Fortentwicklung zu gewährleisten, zur Schaffung der Vorherrschaft von Aufrichtigkeit und Vertrauen in den Beziehungen der Angehörigen des Berufsstandes untereinander und mit der

- die Gesellschaften, die mit Beteiligung von öffentlichen Körperschaften oder Einrichtungen oder der berufsständischen Körperschaften mit der Natur des öffentlichen Rechts gegründet sind (Art. 252 Abs. 8 lit. b). Nach dem ausdrücklichen Willen des Gesetzgebers schließen hier die rein erwerbswirtschaftlichen Tätigkeiten die Amtsträgereigenschaft nicht aus. Es muss pauschal die Verantwortung wie ein Amtsträger gegeben werden, also ohne Wahrnehmung einer öffentlichen Aufgabe oder ohne Ausführung einer öffentlichen Tätigkeit.
- Stiftungen, die im Rahmen von öffentlichen Körperschaften oder Einrichtungen oder der berufsständigen Körperschaften mit Natur öffentlichen Rechts tätig sind (Art. 252 Abs. 8 lit. c).

Es ist klar, dass die Personen, die im Namen einer der oben genannten Institutionen handeln, ohne Rücksicht darauf, ob sie im öffentlichen Dienst stehen oder nicht, wie Amtsträger i.R.d. Bestechungsrechts verantwortlich sind.[2563] Hierbei ist aber die Frage klärungsbedürftig, was unter den im Namen der oben genannten Institutionen handelnden Personen zu verstehen ist. Nach einer Meinung fallen darunter alle Personen, die unter einem Arbeitsvertrag ihre Arbeitskraft der genannten juristischen Personen zur Verfügung stellen.[2564] Die Gegenmeinung beschränkt sich zu Recht auf die Vertretungsmacht i.S.d. Gesamtvertretung. Denn nur die Bevollmächtigten der Organisation können Geschäfte abschließen oder in deren Namen handeln. Demgemäß können nur die Vertreter der oben genannten juristischen Personen als taugliche Täter i.S.v. Art. 252 Abs. 8 angesehen werden.[2565] In diesem Zusammenhang wird zum einen vertreten, dass eine einfache förmliche Ermächtigung i.S.d. gesetzlichen Rahmens oder des betroffenen Gesellschaftsvertrags dafür ausreichend ist.[2566] Eine schlichte Ermächtigung reiche zum anderen nicht aus. Dazu sei nur eine Vertretung im Rahmen des

---

Bevölkerung die Berufsdisziplin und Berufsmoral zu schützen, und deren Organe von den eigenen Mitgliedern unter gerichtlicher Aufsicht nach den durch das Gesetz bestimmten Verfahren in geheimer Abstimmung gewählt werden." Übersetzt von Christian *Rumpf*, abrufbar unter http://www.tuerkei-recht.de/downloads/verfassung.pdf.

2563 *Mert*, in: Ünver (Hrsg.), Yolsuzlukla Mücadele, 2014, S. 46.

2564 *Mert*, a.a.O., S. 46.

2565 Siehe dazu eingehend *Karakurt-Eren*, Türk Ceza Kanununda Rüşvet Suçu, 2016, S. 228 ff.

2566 Vgl. *Akyürek*, Kazancı HD, 2012, S. 22 (38); *Karakurt-Eren*, Türk Ceza Kanununda Rüşvet Suçu, 2016, S. 238; *Özgenç/Ünal*, in: Türk-Kore Ceza Hukuku Günleri, 2019, S. 15.

betroffenen Gesetzes vonnöten.[2567] Letzterer bezieht sich also auf die gesetzliche Vertretung i.S.d. organschaftlichen Gesamtvertretung.

(6). Zwischenergebnis und Stellungnahme

Das Folgende soll als gegeben festgehalten werden:

- Bestellt jemand nach öffentlichem Recht und erfüllt er eine öffentliche Aufgabe, so ist er Amtsträger i.S.d. Strafrechts.
- Außer den Beamten fallen auch diejenigen, die in einem sonstigen öffentlich-rechtlichen Amtsverhältnis stehen, unter den Amtsträgerbegriff. Personen, die verwaltungs- bzw. staatsrechtsakzessorisch in einem sonstigen öffentlich-rechtlichen Amtsverhältnis stehen, sollten i.E. dem Amtsträgerbegriff i.S.v. Art. 6 Abs. 1 lit. c türk. StGB zugeordnet werden.
- Die Gleichstellungsregelungen ab dem 31.12.2008 gelten dagegen aufgrund des kriminalpolitischen Willens des Gesetzgebers (lex specialis) uneingeschränkt.
- Die öffentlichen Wirtschaftsunternehmen können unter einer Gesamtbetrachtung als verlängerter Arm des Staates in Erscheinung treten.
- Die neue Definition, die auf einen weiteren Begriff als Beamte abzielt, löst leider nicht das Abgrenzungsproblem, sondern bringt weitere Probleme mit sich.[2568] Eine weite Auslegung führt ins Uferlose und bedarf deswegen einer Begrenzung.[2569] Diese fehlt bis heute, weil die Klassifizierung der Tätigkeiten zurzeit wegen der Privatisierung und externen Verwaltungshilfen schwer geworden ist.
- Die Entscheidungen des Kassationshofs stellen insgesamt kein einheitliches Bild dar.

Die folgenden Aussagen entsprächen einer sachgerechten Betrachtung:

- Es gilt den Begriff Amtsträger i.S.v. Bestechung eng auszulegen: Einmal wegen des engen funktionalen Kausalzusammenhangs zwischen der Handlung und der amtlichen Tätigkeit (öffentlicher Dienst) und zweitens wegen der Ausweitung des Begriffs in bestimmten Fällen nach Art. 252 Abs. 8, zuletzt wegen der vielfältigen Gleichstellungsklauseln in der türkischen Gesetzgebung.
- Amtsdelikte sind Pflichtdelikte. Die strafrechtliche Verantwortung, die schwerer als Jedermanns- bzw. Allgemeindelikte ist, ergibt sich aus diesen

2567 Siehe dazu *Özalp*, Türk Ceza Kanununda Rüşvet Suçu, 2018, S. 234 m.w.N.
2568 *Demren-Dönmez*, TBBD 2011, S. 95 (96, 118).
2569 *Demren-Dönmez*, TBBD 2011, S. 95 (119, 127).

Pflichten.[2570] Allerdings soll der Grund für diese strafrechtliche Verantwortung nicht allein im Verwaltungsrecht, vielmehr im strafrechtlich geschützten Rechtsgut gesucht werden. Der Amtsträgerbegriff ist also überwiegend nach dem Strafrecht auszulegen und die Amtsträgereigenschaft ist entsprechend danach festzustellen.[2571] Dabei ist aber zu beachten, dass er in jedem Fall mithilfe des Verwaltungsrechts ausgelegt werden muss, obwohl man hier von einem strafrechtlich eigenständigen Begriff spricht.[2572]

- Bei der Betrachtung der Bestellung von Privatpersonen ist die Art und Weise der Aufgabe entscheidend. Gehört das Tätigkeitsfeld der Privatperson entweder zu einer verwaltungsspezifischen Aufgabe oder zum öffentlichen Dienst, so kann man i.S.d. Strafrecht die Amtsträgereigenschaft solcher Personen annehmen. Dazu lautet die entscheidende Frage wie folgt: „Worauf richtet sich der private Beitrag?"
- Beim erweiterten Täterkreis soll das Repräsentationsprinzip gelten; danach können sowohl gesetzliche Vertreter (z. B. Geschäftsführer oder Vorstandsmitglieder) und als auch zulässige bürgerlich-rechtliche Stellvertreter (z. B. ein Rechtsanwalt mit entsprechendem Vertretungsvertrag) als Täter einer Bestechlichkeitshandlung erscheinen.

bb. Tatziel: Ungerechtfertigter Vorteil

(1). Materielle und immaterielle Vorteile

Das Tatziel des türkischen Bestechlichkeitstatbestands nahm geschichtlich einen formellen Gesichtspunkt ein und orientierte sich damit an der Geldleistung. Daher wurden Erwägungen zu immateriellen Vorteilen teilweise vernachlässigt. Diese Wahrnehmung setzt sich auch heute in gewissem Umfang fort. Es ist deshalb in der Lehre umstritten, ob immaterielle Vorteile tatbestandlich sind oder nicht.[2573] Die klassische Meinung vertritt heute noch die Ansicht, dass nur materielle Vorteile wie Geld und Geschenke tatbestandsmäßig seien.[2574] Dagegen wird

2570 In diese Richtung auch *Küçükince*, Rüşvet Suçu, 2007, S. 21.

2571 In diese Richtung etwa *Okuyucu-Ergün*, Türk Ceza Hukukunda Zimmet Suçu, 2007, S. 43 ff., 50 f.

2572 Vgl. *Karakurt-Eren*, Türk Ceza Kanununda Rüşvet Suçu, 2016, S. 213.

2573 *Okuyucu-Ergün*, Rüşvet Suçu, in: Ünver (Hrsg.), Ekonomik Suçlar, 2015, S. 44; *Özbek* u.a., Özel Hükümler, 2015, S. 1039; *Karakurt-Eren*, Türk Ceza Kanununda Rüşvet Suçu, 2016, S. 161; *Doğan*, Türk Ceza Hukukunda Rüşvet Suçu, 2019, S. 92.

2574 So *Şahin*, in: Ekonomik Suç ve Ceza Sempozyumu, 2005, S. 70; *Özgenç*, Rüşvet, 2013, S. 80; wegen der Begründung von JAB-TBMM *Akyürek*, Kazancı HD, 2012, S. 22 (26); wegen der teleologischen Auslegung *Toroslu*, Özel Kısım, 2015, S. 304;

heute zutreffend weitgehend anerkannt, dass der Begriff Vorteil (*menfaat*[2575]) in einem weiteren Sinne auszulegen ist.[2576]

Wie vorliegend in der Studie ausgeführt, können die immateriellen Vorteile aus sexuellen und sonstigen Vorteilen bestehen. Das Thema sexuelle Vorteile gilt der türkischen Lehre als besonders diskussionswürdig.[2577] Nach herrschender Meinung sind auch solche Vorteile tatbestandlich. Der Kassationshof hat etwa die Tätigkeit einer Prostituierten als Vorteil nach Art. 252 angesehen.[2578] Die zweite Gruppe ist hingegen – wie beim deutschen Bestechungsstrafrecht – unklar. Es wird zum einen vertreten, dass, wie bei der bloßen Befriedigung des Ehrgeizes und der Eitelkeit sowie bei einem bloßen Kuss, ein Maßstab erforderlich ist. Ansonsten bestehe die Gefahr, dass die Funktionsfähigkeit der staatlichen Körperschaften aufgrund einer allzu einfachen Strafandrohung und ferner die Rechtstaatlichkeit[2579] im Strafrecht beeinträchtigt werden könnten.[2580] Eine Ansicht in diesem Zusammenhang ist kritisch gegenüber einer allein subjektiven

---

zustimmend *Okuyucu-Ergün*, Rüşvet Suçu, in: Ünver (Hrsg.), Ekonomik Suçlar, 2015, S. 44; wegen der Feststellbarkeit *Çakır*, Türk Ceza Hukukunda Rüşvet Suçu, 2013, S. 33.

2575 Von der ersten Fassung der Bestechung bis zum StÄG v. 2012 wurde der Begriff „*Yarar*" verwendet. Mit diesem StÄG ist das Wort durch das „*Menfaat*" ersetzt. Dies ist i.R.d. Bedeutung nicht von Belang. So auch *Özalp*, Türk Ceza Kanununda Rüşvet Suçu, 2018, S. 181; aA *Çakır*, Türk Ceza Hukukunda Rüşvet Suçu, 2013, S. 31, zum Thema Fn. 7.

2576 Schon *Gürelli*, Rüşvet ve İrtikap Cürümleri, 1954, S. 88; *Dönmezer*, Özel Ceza Hukuku Dersleri, 1984, S. 99; *Önder*, Özel Hükümler, 1991, S. 124; *Bozdoğan-Akbulut*, SÜHFD 2000, S. 633 (641); *Mumcu*, Rüşvet, 2005, S. 13; heute *Küçükince*, Rüşvet Suçu, 2007, S. 58; *Özen*, İrtikap ve Rüşvet Suçları, 2010, S. 172, 198; *Hafızoğulları/Aygün-Eşitli*, Kamu İdaresine Karşı, 2014, S. 61; *Artuk/Gökcen/Yenidünya*, Özel Hükümler, 2013, S. 1049; *Tezcan/Erdem/Önok*, Özel Hükümler, 2013, S. 931; *Özalp*, Türk Ceza Kanununda Rüşvet Suçu, 2018, S. 190; *Karakurt-Eren*, Türk Ceza Kanununda Rüşvet Suçu, 2016, S. 163 m.w.N.; *Doğan*, Türk Ceza Hukukunda Rüşvet Suçu, 2019, S. 93.

2577 *Kılıç*, Uluslararası Boyutuyla Rüşvet Suçu, 2013, S. 53.

2578 *Özbek* u.a., Özel Hükümler, 2015, S. 1040 m.w.N.; vgl. auch *Tellenbach*, Einführung, 2003, S. 118; aA *Karakurt-Eren*, Türk Ceza Kanununda Rüşvet Suçu, 2016, S. 176.

2579 *Özalp*, Türk Ceza Kanununda Rüşvet Suçu, 2018, S. 191.

2580 *Karakurt-Eren*, Türk Ceza Kanununda Rüşvet Suçu, 2016, S. 175, knüpft in diesem Zusammenhang an die deutsche Ansicht an und sie plädiert dafür, den Maßstab „objektiv definierbare und sowie messbare Vorteile, die persönliche oder rechtliche Lage zu verbessern vermögen" zu verwenden. *Özen*, İrtikap ve Rüşvet Suçları, 2010, S. 172, sieht solche Vorteile nicht als rechtsgutgefährdende Vorteile an.

Betrachtung und plädiert für eine Einzelfalllösung. Der Maßstab dafür ist danach ein robuster und objektiver Drittbeobachter.[2581]

Materiell sind die Vorteile, die die wirtschaftliche, rechtliche oder persönliche Lage des Täters objektiv verbessern.[2582] Die höchstrichterlichen Rechtsprechung ist hier vielfältig. Als Beispiele für vorteilhafte Güter kommen etwa eine Armbanduhr, ein Kühlschrank, ein Hahn und Jogurt, Kleidung und Benzin in Betracht.[2583]

Im Grunde spielt der Wert des Bestechungsmittels für die Tatbestandserfüllung keine Rolle.[2584] Auch die geringwertigen Zuwendungen können den Straftatbestand erfüllen.[2585] Dagegen vertritt die Gegenmeinung, dass ein tatbestandsmäßiger Vorteil i.S.d. Art. 252 dann vorliegt, wenn er eine „angemessene Leistung" darstellen kann. Dazu muss man je nach Einzelfall überprüfen, ob der in Betracht gekommene Vorteil als disproportional gegen die Amtsausübung in Erscheinung tritt oder nicht.[2586] In ähnlicher Weise geht eine andere Meinung davon aus, dass nur zielgerichtete logische und sowie funktionale Vorteile tauglich sind, die amtliche Tätigkeit und den Vorteil kausal zu verbinden.[2587]

Ein erpresserisch erlangter Vorteil ist nicht Gegenstand des Bestechungsverbrechens, weil der türkische Gesetzgeber dafür im türk. StGB eine selbstständige Straftat, namentlich Art. 250 Abs. 1, vorgesehen hat.[2588]

Die Fälle, in denen der Amtsträger einen Rechtsanspruch auf den Vorteil hat, wird in der türkischen Lehre kontrovers und grundsätzlich anhand von

---

2581 *Karakurt-Eren*, Türk Ceza Kanununda Rüşvet Suçu, 2016, S. 175; auch für Einzelfalllösung *Özalp*, Türk Ceza Kanununda Rüşvet Suçu, 2018, S. 192.

2582 *Tezcan/Erdem/Önok*, Özel Hükümler, 2013, S. 930.

2583 Siehe dazu *Özalp*, Türk Ceza Kanununda Rüşvet Suçu, 2018, S. 183-184 m.w.N.

2584 *Erman/Özek*, Kamu İdaresıne Karşı İşlenen Suçlar, 1992, S. 99.

2585 *Gözübüyük*, AD 1969, S. 183 (189); *Erem/Toroslu,* Özel Hükümler, 1999, S. 175; *Karakurt-Eren*, Türk Ceza Kanununda Rüşvet Suçu, 2016, S. 170; *Özalp*, Türk Ceza Kanununda Rüşvet Suçu, 2018, S. 201; *Doğan*, Türk Ceza Hukukunda Rüşvet Suçu, 2019, S. 95.

2586 Vgl. *Erman/Özek*, Kamu İdaresıne Karşı İşlenen Suçlar, 1992, S. 99; *Erem/Toroslu,* Özel Hükümler, 1999, S. 175; *Tezcan/Erdem/Önok*, Özel Hükümler, 2013, S. 936; *Toroslu,* Özel Kısım, 2015, S. 305; *Doğan*, Türk Ceza Hukukunda Rüşvet Suçu, 2019, S. 96. *Özen*, İrtikap ve Rüşvet Suçları, 2010, S. 175, ist der Meinung, dass es dafür keinen tauglichen Maßstab gebe. Daher ist es abzulehnen.

2587 *Özalp*, Türk Ceza Kanununda Rüşvet Suçu, 2018, S. 204; in diese Richtung auch *Doğan*, Türk Ceza Hukukunda Rüşvet Suçu, 2019, S. 93.

2588 Regierungsentwurf mit der Nr. 1/565 v. 30.1.2012, S. 45. Siehe ferner zum Straftatbestand „Extortion" unten § 20 E II.

erpresserisch erlangten Vorteilen diskutiert.[2589] Nach einer Meinung seien nur die ungerechtfertigten Vorteile, auf die der Täter keinen Rechtsanspruch hat, tauglich und damit tatbestandlich.[2590] Die Gegenmeinung vertritt die Auffassung, dass der Straftatbestand nicht durch das Adjektiv „ungerecht" oder durch eine ähnliche Limitation eingeschränkt ist. Somit umfasst das Delikt die beiden Fälle.[2591]

(2). Mittelbare Bestechung und Drittvorteile

Es geht nicht um eine Diskussion des Themas der mittelbaren Bestechung. Seit längerer Zeit wird ihre Strafwürdigkeit und Strafbedürftigkeit ohne weiteres von der Lehre und der Praxis angenommen.[2592] Denn das Wichtigste ist hier die Bestechungsabsprache.[2593]

Im neuen türkischen Bestechungsstrafrecht ist das Thema der Verschaffung eines Vorteils an Dritte durch das StÄG v. 2012 klargestellt, indem der Ausdruck „dem Dritte einen Vorteil verschafft" im Art. 252 Abs. 1 ausdrücklich erwähnt wurde.[2594] Dabei ist nicht von Belang, ob der Vorteil der natürlichen oder der juristischen Person zufließt. Denn Art. 252 Abs. 6 hat klar und deutlich die strafbare indirekte Teilnahme des Dritten oder zuständigen Mitarbeiters von einer juristischen Person bezüglich des Drittvorteils geregelt.[2595]

2589 *Karakurt-Eren*, Türk Ceza Kanununda Rüşvet Suçu, 2016, S. 177 m.w.N.

2590 JAB-TBMM v. 6.8.2004, S. 268; *Özgenç*, Rüşvet, 2013, S. 38 f.; siehe ferner *Karakurt-Eren*, Türk Ceza Kanununda Rüşvet Suçu, 2016, S. 178 m.w.N. Während des alten StGB war diese Aussicht dominant. Siehe dazu *Gürelli*, Rüşvet ve İrtikap Cürümleri, 1954, S. 93; *Karakurt-Eren*, a.a.O., S. 177 m.w.N. *Özalp*, Türk Ceza Kanununda Rüşvet Suçu, 2018, S. 363, stuft es als einen Rechtfertigungsgrund ein. Er gibt als Beispiel dafür den Lohn eines Mediators, der je nach dem Einzelfall von dem Mediator verlangt wird.

2591 *Özen*, İrtikap ve Rüşvet Suçları, 2010, S. 76 f.; auch für die Bestechung *Karakurt-Eren*, Türk Ceza Kanununda Rüşvet Suçu, 2016, S. 178; *Özalp*, Türk Ceza Kanununda Rüşvet Suçu, 2018, S. 206.

2592 Vgl. *Önder*, Özel Hükümler, 1991, S. 124; *Erman/Özek*, Kamu İdaresıne Karşı İşlenen Suçlar, 1992, S. 101; *Bozdoğan-Akbulut*, SÜHFD 2000, S. 633 (641).

2593 *Gözübüyük*, AD 1969, S. 183 (189).

2594 In der ersten Fassung der Bestechung, die eine Definition hatte, hatte der Gesetzgeber versehentlich vergessen, das Thema „Drittvorteil" in Worte zu fassen. Im Gegensatz dazu hatte das alte türk. StGB v. 1926 es ausdrücklich im Art. 211 („einen anderen nehmen lassen") erwähnt und dies wurde von der Lehre angenommen. Siehe dazu *Şensoy/Tolun*, Das türkische Strafgesetzbuch, 1955, S. 51; vgl. auch *Gözübüyük*, AD 1969, S. 183 (189); *Erman/Özek*, Kamu İdaresıne Karşı İşlenen Suçlar, 1992, S. 101.

2595 Vgl. *Özgenç*, Rüşvet, 2013, S. 39.

Der tatbestandliche Drittvorteil ist auch – wie im deutschen Strafrecht – ohne Besserstellung für den Amtsträger möglich.[2596] Das ergibt sich sicher aus dem Gesetzeswortlaut bzw. der grammatischen Auslegung. Dazu genügt ein auf dem Bestechungsvertrag basierender Drittvorteil. Ohne ein diesbezügliches Beziehungsverhältnis zwischen dem Drittvorteil und der UnRV kann eine Bestechlichkeitshandlung nicht in Betracht kommen.[2597]

Das Thema staatsnützziger Drittvorteile hat auch im Schrifttum nicht unter der Bestechung, sondern während Erörterung von erpresserisch erlangten Vorteilen einen Platz gefunden.[2598] Nach der zutreffenden Ansicht ist hierbei keine besondere Auslegung nötig.[2599]

(3). Stellungnahme

Die Vorteile, welche die Gegenleistung zur amtlichen Tätigkeit des zuständigen Amtsträgers bilden, sind unabhängig vom Rechtsanspruch des Amtsträgers stets ungerechtfertigt, weil sich solche Vorteile auf die Verbotsnorm des Bestechungsstrafrechts beziehen. Dies kann damit bekräftigt werden, dass der Gesetzgeber den Ausdruck „rechtswidriger Vorteil" nur für den Amtsmissbrauch verwendet hat.

Die oben für die tatbestandliche Einschränkung des Vorteilsmerkmals genannten Maßstäbe „Disproportionalität" und „zielgerichtete logische und sowie funktionale Vorteile" beziehen sich eigentlich auf die Anreizfunktion und Qualität des Vorteils, die schon oben angeführt wurden.[2600] Dabei ist nicht nur von einer subjektiven Auslegung (Stichwörter: verführerische Qualität und geistige Verbindung), sondern von einer objektivierten subjektiven Auslegung auszugehen.[2601] Dies setzt freilich eine teleologische Auslegung voraus. Die Sui-generis-Vorteile „Beibehaltung des Status quo" sollten auch in diesem Zusammenhang betrachtet werden.

2596 *Tezcan/Erdem/Önok*, Özel Hükümler, 2013, S. 936.

2597 So auch im Lichte von italienischen Lehre *Özen*, İrtikap ve Rüşvet Suçları, 2010, S. 173.

2598 *Karakurt-Eren*, Türk Ceza Kanununda Rüşvet Suçu, 2016, S. 260.

2599 *Karakurt-Eren*, a.a.O., S. 261. *Özgenç*, Rüşvet, 2013, S. 40, begründet seine Meinung anhand des Art. 73 Abs. 3 der türkischen Verfassung. Danach werden „Steuern, indirekte Abgaben, Gebühren und ähnliche finanzielle Lasten" nur durch Gesetz auferlegt. Siehe zur Übersetzung *Rumpf*, Verfassung der Republik Türkei, S. 22.

2600 Siehe dazu oben § 14 A I 3 a bb (4).

2601 *Özbek* u.a., Özel Hükümler, 2015, S. 1054, gehen zutreffend von den umsetzbaren Vorteilen aus. In diesem Zusammenhang sind beispielsweise „Fürbitte" und „Hexerei" nicht tatbestandlich.

Ist der Vorteil mit Kenntnis und Zustimmung des Amtsträgers direkt dem Dritten zugutegekommen, so geht es in solchen Konstellationen um einen tatbestandlichen Vorteil i.S.d. Art. 252.[2602] Dabei ist die vorherige UnRV entscheidend. Es kann davon ausgegangen werden, dass die Kenntnis und Zustimmung das Interesse des Amtsträgers darlegen (Stichwort: mittelbarer Egoismus). Die Konstellationen in Bezug auf staatsnützige Drittvorteile fallen daher lex lata unter den Bestechungsdelikten.[2603] De lege ferenda ist aber wünschenswert, ausnahmsweise von einer engen Auslegung auszugehen. Die altruistische Bestechung kann man auch in diesem Sinne einbeziehen.[2604]

cc. Tatobjekt: Handeln im Zusammenhang mit der Amtsausübung (Bezugspunkt)

Aus Sicht der Bestechlichkeit gibt es kaum Erörterungen zum Thema „Tatobjekt".[2605] Nach einer Entscheidung des Großen Senats ist die Ausübung oder Nicht-Ausübung einer Amtshandlung der Gegenstand der Tat.[2606] Nach anderer Meinung im Schrifttum sind nur die Amtsträger Tatobjekt der Bestechung.[2607]

Wie oben in der Studie dargelegt, bilden die Leistungen von Partnern die jeweiligen Tatobjekte der Bestechungstatbestände.[2608] Richtig ist daher, dass ein Handeln im Zusammenhang mit der Amtsausübung (Art. 252 Abs. 1) als das Tatobjekt der Bestechlichkeit in Erscheinung tritt.[2609] Dies setzt freilich eine

2602 So auch *Özgenç*, Rüşvet, 2013, S. 82; *Doğan*, Türk Ceza Hukukunda Rüşvet Suçu, 2019, S. 70.

2603 So auch *Karakurt-Eren*, Türk Ceza Kanununda Rüşvet Suçu, 2016, S. 261. Zu Recht hat *ders.*, a.a.O., S. 260, festgestellt, dass dieses Thema noch nicht in der Lehre diskutiert ist. Der Kassationshof vertritt dagegen andere Ansicht und nimmt in solchen Fällen den Missbrauch des Amtes an. Siehe dazu *ders.*, a.a.O., S. 261, zum Thema Fn. 883.

2604 Vgl. oben § 14 A I 3 a bb (4).

2605 Erstaunlicherweise wird in der Doktrin vertreten, dass das hier zu gehörende Tatobjekt unter den subjektiven Tatbestandsmerkmalen untersucht werden sollte. Siehe *Özgenç*, Rüşvet, 2013, S. 85 f.; *Karakurt-Eren*, Türk Ceza Kanununda Rüşvet Suçu, 2016, S. 273; *Özalp*, Türk Ceza Kanununda Rüşvet Suçu, 2018, S. 258.

2606 CGK, Urt. v. 4.5.1987, 600/245; zustimmend Kassationshof, 5. Strafsenat, Urt. v. 22.5.2019, E. 2015/10807, K. 2019/5555.

2607 *Gözübüyük*, AD 1969, S. 183 (185).

2608 In diese Richtung auch *Hafızoğulları/Aygün-Eşitli*, Kamu İdaresine Karşı, 2014, S. 60.

2609 Nach *Özbek* u.a., Özel Hükümler, 2015, S. 1047 lege es das Gegenstand der UnRV dar.

rechtmäßige Übertragung von bestimmten öffentlichen Aufgaben durch die zuständige Behörde voraus.[2610]

Da die Bestechlichkeit ein Sonder- bzw. Pflichtdelikt ist, stellt das Tatobjekt des Delikts stets einen Verstoß gegen Dienstpflichten dar.[2611]

(1). Dienstliches Handeln

Während der ersten Fassung der Bestechung im türk. StGB v. 2004 war die verwaltungsakzessorische Pflichtwidrigkeit der Diensthandlung Bestandteil des Straftatbestands.[2612] Denn – wie oben erwähnt – nur die schwere Bestechung bildete den Gegenstand des Bestechungsdelikts. Mit dem StÄG Nr. 6352 v. 2012 ist für die Tatbestandserfüllung die dienstrechtliche Pflichtwidrigkeit der Amtsausübung nicht mehr erforderlich; eine Verknüpfung der Tätigkeit in Ausübung des Amtes mit dem Vorteil i.R.d. Bestechungsvertrags ist nunmehr schon ausreichend.[2613]

In der türkischen Lehre wird vertreten, dass der Verstoß gegen die normativ zu schützenden Werte in der öffentlichen Verwaltung mit der Pflichtwidrigkeit der Amtshandlung gleichgestellt ist.[2614] Von daher hat es hierbei keine Bedeutung, ob die Tätigkeit im Einklang mit den dienstrechtlichen Vorschriften steht oder nicht. Der türkische Gesetzgeber hat also die alte Unterscheidung zwischen der einfachen und schweren Bestechung durch das StÄG v. 2012 abgeschafft.[2615] Darüber hinaus umfasst ein dienstliches Handeln – das Tatobjekt der Bestechlichkeit – sowohl eine Tätigkeit als auch eine Diensthandlung in Ausübung des übertragenen Amtes.[2616] Dienstweisungen beziehen sich auch i.d.S. auf die Ausübung des Amtes.[2617] Die amtlichen Tätigkeiten i.S.v. Ermessenshandlungen gehören ebenfalls zum Tatobjekt der Bestechung. Bei der Überschreitung des Ermessens besteht kein Zweifel.[2618] Hingegen kann ein Missbrauch des

---

2610 *Artuk/Gökcen/Yenidünya*, Özel Hükümler, 2013, S. 1037.

2611 *Gökcan*, CHKD 2/2015, S. 147 (148).

2612 Kassationshof, 5. Strafsenat, Urt. v. 6.10.2009, E. 2008/8212, K. 2009/11121; Urt. v. 23.12.2010, E. 2010/9162, K. 2010/9980; Urt. v. 12.4.2011, E. 2008/4145, K. 2011/2941.

2613 Regierungsentwurf mit der Nr. 1/565 v. 30.1.2012, S. 45; JAB-TBMM Nr. 278 v. 12.6.2012, S. 126; *Toroslu*, Özel Kısım, 2015, S. 299.

2614 Vgl. *Özgenç*, SÜHFD 1994, S. 332 (334); *Gökcan*, CHKD 2/2015, S. 147 (148).

2615 *Hafızoğulları/Aygün-Eşitli*, Kamu İdaresine Karşı, 2014, S. 61, zum Thema Fn. 143.

2616 *Öztunç*, Legal HD 2011, S. 2683 (2688).

2617 *Gökcan*, YD 2005, S. 489 (521).

2618 *Özbek* u.a., Özel Hükümler, 2015, S. 1050.

Ermessens nur dann das Gegenstand der Straftat sein, falls es mit einem entsprechenden Bestechungsvertrag verknüpft ist.[2619]

Nach einer Meinung in der Lehre muss eine Amtshandlung verwaltungsakzessorisch festgestellt werden. Denn die Dienstaufgaben basieren auf einem materiellen Gesetz i.S.v. Legitimation.[2620] Demzufolge könne nur ein hoheitliches Handeln das Tatobjekt der Bestechlichkeit bilden.

Für ein dienstliches Handeln genügt eine allgemeine Zuständigkeit, aber der Umkreis von Zuständigkeit muss in jedem Fall von vornherein bestimmt sein. In diesem Zusammenhang handelt es sich um eine gesonderte Aufgabe, die auf bestimmte Personen übertragen ist. Personen, die diese Zuständigkeit nicht innehaben, können die Tat nicht begehen.[2621]

Das Amt wird normalerweise am Dienstort ausgeübt. Hierbei ist weder Dienstzeit und noch Dienstraum ist für die erforderliche Verknüpfung von Tatobjekt und Amtstätigkeit maßgebend.[2622]

Vorbereitende und unterstützende Tätigkeiten, z. B. im Rahmen einer kollektiven Entscheidung, können als ein Handeln im Zusammenhang mit der Amtsausübung eingestuft werden.[2623] Im Gegensatz dazu schließen die Nebentätigkeiten und Privathandlungen die Bestechlichkeitstatbestände aus.[2624]

(2). Im Zusammenhang mit der Ausübung des Amtes

Von vornherein ist zum Ausdruck zu bringen, dass das Vorliegen bzw. die Feststellung der Amtsträgereigenschaft i.S.d. Strafrechts nicht ohne weiteres dazu führt, dass der Handelnde zum tauglichen Täterkreis der Bestechung gehört. Die tatbestandliche Leistung des Amtsträgers i.R.d. Bestechungsvertrags setzt freilich eine bestimmte Amtstätigkeit voraus.[2625] Die Zuständigkeit der in Betracht

---

2619 *Özbek* u.a., Özel Hükümler, 2015, S. 1050; *Küçükince*, Rüşvet Suçu, 2007, S. 64.

2620 *Hafızoğulları/Aygün-Eşitli*, Kamu İdaresine Karşı, 2014, S. 61; *Özbek* u.a., Özel Hükümler, 2015, S. 1049; vgl. auch *Karakurt-Eren*, Türk Ceza Kanununda Rüşvet Suçu, 2016, S. 279.

2621 *Özbek* u.a., Özel Hükümler, 2015, S. 1050; vgl. auch *Kılıç*, Uluslararası Boyutuyla Rüşvet Suçu, 2013, S. 59; aA *Karakurt-Eren*, Türk Ceza Kanununda Rüşvet Suçu, 2016, S. 279, zum Thema Fn. 928.

2622 *Gökcan*, YD 2005, S. 489 (520); *Karakurt-Eren*, Türk Ceza Kanununda Rüşvet Suçu, 2016, S. 276.

2623 *Özbek* u.a., Özel Hükümler, 2015, S. 1050; *Karakurt-Eren*, Türk Ceza Kanununda Rüşvet Suçu, 2016, S. 281.

2624 *Özalp*, Türk Ceza Kanununda Rüşvet Suçu, 2018, S. 276 m.w.N.

2625 Regierungsentwurf mit der Nr. 1/565 v. 30.1.2012, S. 44; *Artuk/Gökcen/Yenidünya*, Özel Hükümler, 2013, S. 1037; *Tezcan/Erdem/Önok*, Özel Hükümler, 2013, S. 932; *Karakurt-Eren*, Türk Ceza Kanununda Rüşvet Suçu, 2016, S. 282; *Aldemir*, 5237 sayılı

kommenden Tätigkeit ist deshalb durch den Amtsträger rechtmäßig zu gewinnen. Dies ist gemäß der im konkreten Fall anzuwendenden Vorschriften in der Gesetzgebung zu bestimmen.[2626] Danach muss eine Konnexität zwischen dem Tatobjekt und der primären Zuständigkeit des Amtsträgers sein.[2627] Anderenfalls kann man nicht über eine Tätigkeit im Zusammenhang mit dem Amt sprechen.[2628]

Das Tatobjekt der Bestechlichkeit muss sich aus der Durchführung der ihm übertragenen Aufgaben ergeben. Nur solche Diensthandlungen sind tatbestandsmäßig.[2629]

Die Frage, wie weit dieses Beziehungsverhältnis gegeben sein muss, ist in der Doktrin umstritten.[2630] Ein Teil der Lehre vertritt die Auffassung, dass ein einfaches Beziehungsverhältnis dafür ausreichend sei.[2631] Nach anderer Ansicht ist dabei ein absolutes Beziehungsverhältnis erforderlich, das durch das Tatgericht genau festgelegt werden müsse.[2632]

Türk Ceza Kanunu'na Göre Rüşvet Suçu, 2011, S. 54; *Kılıç*, Uluslararası Boyutuyla Rüşvet Suçu, 2013, S. 60.

2626 Vgl. *Artuk/Gökcen/Yenidünya*, Özel Hükümler, 2013, S. 1036; *Tezcan/Erdem/Önok*, Özel Hükümler, 2013, S. 931; *Özen*, İrtikap ve Rüşvet Suçları, 2010, S. 161; *Küçükince*, Rüşvet Suçu, 2007, S. 61 f. Beispielsweise unterlassen es im Verkehrsdienst *nicht* eingesetzte Polizeibeamten gegen Geld, die zuständige Dienststelle über Verstöße gegen das Verkehrsgesetz zu unterrichten. Nach dieser Entscheidung des Kassationshofs geht es hier um den Amtsmissbrauch. Siehe dazu Kassationshof, 5. Strafsenat, Urt. v. 27.8.1980, E. 2599, K. 2721, zit. nach *Erman/Özek*, Kamu İdaresıne Karşı İşlenen Suçlar, 1992, S. 111, zum Thema Fn. 3. Nach *Karakurt-Eren*, Türk Ceza Kanununda Rüşvet Suçu, 2016, S. 281, ist es von dem Einzelfall und der persönlichen Situation des Täters in dem Anstalt abhängig.

2627 *Dönmezer*, Özel Ceza Hukuku Dersleri, 1984, S. 98; *Özbek* u.a., Özel Hükümler, 2015, S. 1041. Nach *Erman/Özek*, Kamu İdaresıne Karşı İşlenen Suçlar, 1992, S. 93, ist es eine Vorbedingung.

2628 *Artuk/Gökcen/Yenidünya*, Özel Hükümler, 2013, S. 1037; *Tezcan/Erdem/Önok*, Özel Hükümler, 2013, S. 931; *Özalp*, Türk Ceza Kanununda Rüşvet Suçu, 2018, S. 231.

2629 JAB-TBMM Nr. 278 v. 12.6.2012, S. 126; CGK, Urt. v. 9.5.2019, E. 2015/1087, K. 2019/412; *Toroslu*, Özel Kısım, 2015, S. 304; kritisch für den gesetzlichen Ausdruck *Karakurt-Eren*, Türk Ceza Kanununda Rüşvet Suçu, 2016, S. 276.

2630 *Karakurt-Eren*, Türk Ceza Kanununda Rüşvet Suçu, 2016, S. 275.

2631 *Önder*, Özel Hükümler, 1991, S. 131; zumindest ein funktionaler Zusammenhang *Baytemir*, TBBD 2010, S. 333 (350).

2632 Kassationshof, 5. Strafsenat, Urt. v. 28.3.2019, E. 2015/8714, K. 2019/3687.

(3). Zwischenergebnis und Stellungnahme

Da der türkische Gesetzgeber mit dem StÄG v. 2012 die selbständige einfache Bestechung gestrichen und ein einziges Bestechungsverbrechen geregelt hat, ist normalerweise davon auszugehen, dass dieses Tatbestandsmerkmal weit ausgelegt werden sollte. Allerdings darf hier nicht übersehen werden, dass das türkische Korruptionsstrafrecht eine selbstständige Straftat bezüglich des missbräuchlichen Handelns[2633] (Art. 255) und im Übrigen einen Auffangtatbestand[2634] (Art. 257) im Verhältnis zur Bestechlichkeit hat. Daher ist eine lockere Betrachtung des Tatbestandsmerkmals hinsichtlich der Feststellung des dienstlichen Handelns nicht gerechtfertigt. Diese Gründe sprechen daher für eine enge Auslegung in Bezug auf das Beziehungsverhältnis.[2635] Aus diesem Grund bleiben der Missbrauch der Stellung bzw. ‚amtsbezogene Privathandlungen'[2636] außer Betracht.

Das darf aber nicht darüber hinwegtäuschen, dass die funktionale Verknüpfung zwischen dem dienstlichen Handeln und den dem Täter übertragenen Aufgaben sehr streng festzustellen ist.[2637] Dazu wäre ein allgemeines, aber beachtliches Erscheinungsbild aus Sicht eines verständigen Betrachters genügend.

Unter der „Ausübung des Amtes" ist eine Amtstätigkeit zu verstehen, die sich aus dem tauglichen Täter von Bestechlichkeit übertragenen Amtsbereich ergibt. Die rechtliche Grundlage einer Amtstätigkeit stellt entsprechend auf den zuständigen Bereich des Täters ab. Demzufolge fällt unter eine Amtsausübung jedes Verhalten des Amtsträgers in Bezug auf den gemäß der geltenden Gesetzgebung übertragenen Dienst (sog. Blankettmerkmal). Dazu ist eine allgemeine Zuständigkeit genügend.[2638] Dabei ist aber zu beachten, dass nicht die öffentliche, sondern die amtliche Tätigkeit unter einem Dienstverhältnis das Tatobjekt der Amtsträgerbestechung bildet.

Diese Gründe sprechen dafür, dass die Tat in eine Erledigung der zu der Stelle gehörigen Arbeiten einbezogen werden muss.[2639]

2633 Siehe dazu unten § 20 E III.

2634 Siehe dazu unten § 20 E I.

2635 So auch *Karakurt-Eren*, Türk Ceza Kanununda Rüşvet Suçu, 2016, S. 277.

2636 Siehe dazu oben § 14 A I 3 a cc (2) (b).

2637 So etwa *Önder*, Özel Hükümler, 1991, S. 131; *Artuk/Gökcen/Yenidünya*, Özel Hükümler, 2013, S. 1036; *Karakurt-Eren*, Türk Ceza Kanununda Rüşvet Suçu, 2016, S. 275; vgl. auch Kassationshof, 4. Strafsenat, Urt. v. 7.6.2011, E. 2009/7111, K. 2011/7898.

2638 *Özen*, İrtikap ve Rüşvet Suçları, 2010, S. 161; *Özbek* u.a., Özel Hükümler, 2015, S. 1050; *Karakurt-Eren*, Türk Ceza Kanununda Rüşvet Suçu, 2016, S. 275; vgl. ferner *Gürelli*, Rüşvet ve İrtikap Cürümleri, 1954, S. 93 f.

2639 Vgl. *Toroslu*, Özel Kısım, 2015, S. 305.

Im Ergebnis lässt sich sagen, dass nur ein bestimmtes und sicheres dienstliches Handeln in Ausübung eines dem Amtsträger rechtmäßig übertragenen öffentlichen Amtes, das mit einem hoheitlichen Handeln vergleichbar ist, tatbestandsmäßig sein kann. Ohne diesen „Bezugspunkt" kann man von einer Bestechlichkeitshandlung nicht sprechen.

dd. Tathandlungen

(1). Fordern (Art. 252 Abs. 4)

Die einseitige Tathandlungsvariante von Bestechlichkeit „Fordern"[2640] ist eine ausdrückliche oder konkludente einseitige Willenserklärung des Amtsträgers.[2641]

Im Lichte der grammatischen Auslegung lässt sich sagen, dass es keinem Zweifel unterliegt, wenn für die Anwendung der Strafvorschrift Art. 252 Abs. 4 eine Ablehnung seitens des Aufgeforderten nötig ist.[2642] Anders als das deutsche Bestechungsstrafrecht reicht also die objektiv erkennbare Kenntnisnahme des Aufgeforderten nicht dazu aus.[2643] Zusätzlich muss eine ausdrückliche oder konkludente Ablehnung gegeben sein. Die Tat ist also mit der Ablehnung durch den Aufgeforderten vollendet. Deswegen schließt die Zustimmung des Aufgeforderten die Anwendung dieser Vorschrift aus.[2644]

All dies führt dazu, dass diese einseitige Begehungsweise ein schlichtes Tätigkeits- und Äußerungsdelikt[2645] ist.

Diese Handlungsmodalität wird schließlich vom größten Teil des Schrifttums als eine besondere Regelung für den Versuch angesehen.[2646] Vor diesem Hintergrund wird sie nicht unter den Tathandlungsvarianten genannt.[2647]

2640 *Rumpf*, in: Passarge/Behringer (Hrsg.), Handbuch Compliance International, 2015, S. 615, verwendet in seiner Übersetzung das Verb „Verlangen". Das ist unzutreffend, da es im türkischen Strafrecht die Straftat „Erpressung im Amt" (extortion) gibt.

2641 *Erman/Özek*, Kamu İdaresıne Karşı İşlenen Suçlar, 1992, S. 121; *Özbek* u.a., Özel Hükümler, 2015, S. 1053.

2642 *Karakurt-Eren*, Türk Ceza Kanununda Rüşvet Suçu, 2016, S. 320; *Özalp*, Türk Ceza Kanununda Rüşvet Suçu, 2018, S. 384.

2643 *Hafızoğulları/Aygün-Eşitli*, Kamu İdaresine Karşı, 2014, S. 65.

2644 Vgl. *Erman/Özek*, Kamu İdaresıne Karşı İşlenen Suçlar, 1992, S. 121.

2645 Kritisch dafür *Hafızoğulları/Aygün-Eşitli*, Kamu İdaresine Karşı, 2014, S. 66.

2646 JAB-TBMM Nr. 278 v. 12.6.2012, S. 126-127; *Özgenç*, Rüşvet, 2013, S. 96; M. *Koca* u.a., HMT, 2013, S. 7; *Kılıç*, Uluslararası Boyutuyla Rüşvet Suçu, 2013, S. 83; *Artuk/Gökcen/Yenidünya*, Özel Hükümler, 2013, S. 1052. Siehe ferner unten § 18 A I 3 a dd (1).

2647 So z. B. *Artuk/Gökcen/Yenidünya*, Özel Hükümler, 2013, S. 1051; *Hafızoğulları/Aygün-Eşitli*, Kamu İdaresine Karşı, 2014, S. 62; *Karakurt-Eren*, Türk Ceza Kanununda

(2). Abschließen eines Bestechungsvertrags (Art. 252 Abs. 3)

Die Fälle, in denen eine Vereinbarung bezüglich der Bestechung getroffen ist, werden unter der Tathandlungsvariante „Bestechungsvertrag" behandelt,[2648] weil die Täter in solchen Fällen wegen einer vollendeten Tat bestraft werden müssen (Art. 252 Abs. 3). Daher ist diese Tathandlungsmodalität mit dem Sichversprechenlassen im deutschen Bestechungsstrafrecht vergleichbar.

Nach einer Ansicht in der Lehre geht es hier im Kern um einen Versuch zur Vorteilsverschaffung. Der Gesetzgeber habe aus kriminalpolitischen Gründen eine formelle Gleichbehandlung von Versuch und Vollendung geschaffen. Die Tat sei demnach im materiellen Sinne nicht vollendet.[2649]

Die in Betracht gekommene Amtstätigkeit muss hier nicht wahrgenommen werden.[2650] Denn die Tat ist mit dem freiwilligen[2651] Zustandekommen des Bestechungsvertrags vollendet.[2652] Das setzt definitiv ein objektiv feststellbares Austauschverhältnis (objektive Seite) und eine Willensübereinstimmung zwischen den Korruptionspartnern (sog. Koinzidenzprinzip) voraus.[2653] Gegenstand des Bestechungsvertrags muss daher nicht mit Einzelheiten in Kraft gesetzt werden.[2654] Dabei es spielt keine Rolle, ob die Bestechungsabsprache schriftlich oder mündlich ist. Ebenfalls kann sie explizit oder implizit getroffen werden.[2655]

Die Konstellationen in Bezug auf die Annahmeerklärung des Amtsträgers, die allerdings unter einer Bedingung steht, sind im Unterschied zum deutschen

Rüşvet Suçu, 2016, S. 319; *Özalp*, Türk Ceza Kanununda Rüşvet Suçu, 2018, S. 257, 381.

2648 Dieser Terminus existiert im türkischen Bestechungsstrafrecht seit dem türk. StGB v. 1858. Siehe dazu *Artuk/Gökcen/Yenidünya*, Özel Hükümler, 2013, S. 1027.

2649 *Özgenç*, Rüşvet, 2013, S. 84, 91 f.; *Artuk/Gökcen/Yenidünya*, Özel Hükümler, 2013, S. 1028; *Doğan*, Türk Ceza Hukukunda Rüşvet Suçu, 2019, S. 77 f.; in diese Richtung auch *Özalp*, Türk Ceza Kanununda Rüşvet Suçu, 2018, S. 381. *Özalp*, a.a.O., S. 170, 257, geht einen Schritt weiter und ordne die UnRV i.d.S. der „Vorbereitungshandlung" im Vergleich zur Tathandlungsmodalität „Vorteilsverschaffung" zu.

2650 *Özgenç*, Rüşvet, 2013, S. 89; *Artuk/Gökcen/Yenidünya*, Özel Hükümler, 2013, S. 1027.

2651 CGK, Urt. v. 22.11.2011, E. 2011/5.MD-136, K. 2011/232; CGK, Urt. v. 19.2.2013, E. 2011/5.MD-137, K. 2013/58; *Artuk/Gökcen/Yenidünya*, Özel Hükümler, 2013, S. 1040; *Doğan*, Türk Ceza Hukukunda Rüşvet Suçu, 2019, S. 78.

2652 CGK, Urt. v. 22.11.2011, E. 2011/5.MD-136, K. 2011/232; *Tezcan/Erdem/Önok*, Özel Hükümler, 2013, S. 935.

2653 Siehe dazu *Tezcan/Erdem/Önok*, Özel Hükümler, 2013, S. 932 f.; *Artuk/Gökcen/Yenidünya*, Özel Hükümler, 2013, S. 1028.

2654 *Karakurt-Eren*, Türk Ceza Kanununda Rüşvet Suçu, 2016, S. 252.

2655 *Özen*, İrtikap ve Rüşvet Suçları, 2010, S. 180.

Strafrecht umstritten. Nach der Ansicht des Kassationshofs muss die entscheidende Erklärung i.S.v. Art. 252 Abs. 3 ohne Bedingung gegeben werden.[2656] Im Gegensatz dazu vertritt der größte Teil des Schrifttums die Gegenmeinung.[2657]

(3). Verschaffen eines Vorteils (Art. 252 Abs. 2)

Die Tat ist mit dem tatsächlichen Annehmen oder Verschaffen des Vorteils vollendet.[2658] Diese Tathandlung basiert deshalb auf dem konkreten Erfolg. Der Gesetzgeber verwendet i.d.S. das Verb *sağlamak*, das sich als „verschaffen bzw. „bekommen" übersetzen lässt. Deshalb ist die Handlung mit dem „Annehmen" vergleichbar.

Die Verfügungsgewalt ist hierbei entscheidend. Dies gilt auch für den Drittvorteil unter Kenntnis und Zustimmung des Amtsträgers.[2659] Dies umfasst also sowohl das Verschaffen eines Vorteils direkt an sich selbst oder über die Mittelsperson und auch die Vorteilsverschaffung an Dritte.

(4). Sichbereitzeigen

Ein vom Gesetzgeber explizit als Vorstufe von Sichversprechenlassen geregelter alternativer Tatbestand wie das Sichbereitzeigen i.S.v. § 332 Abs. 3 gibt es in der türkischen Amtsträgerbestechung nicht. Die Bereitschaftsbekundung des Amtsträgers ist deshalb im türkischen Bestechungsstrafrecht irrelevant.[2660] Der Grund dafür ergibt sich aus der Betrachtung, in der die klassische zivilrechtliche Vertragstheorie für das Abschließen eines Bestechungsvertrages maßgebend ist.[2661]

ee. Zeitliche Orientierung

Der Maßstab für die zeitliche Orientierung von Tathandlungsvarianten ist die zukunftsorientierte Unrechtsvereinbarung. Daher muss der Bestechungsvertrag

---

2656 Kassationshof, 5. Strafsenat, Urt. v. 22.3.2012, E. 2008/3414, K. 2012/2533.

2657 *Erman/Özek*, Kamu İdaresıne Karşı İşlenen Suçlar, 1992, S. 101; *Artuk/Gökcen/Yenidünya*, Özel Hükümler, 2013, S. 1028; *Tezcan/Erdem/Önok*, Özel Hükümler, 2013, S. 935; *Özgenç*, Rüşvet, 2013, S. 101; *Karakurt-Eren*, Türk Ceza Kanununda Rüşvet Suçu, 2016, S. 257; *Özen*, İrtikap ve Rüşvet Suçları, 2010, S. 185; *Küçükince*, Rüşvet Suçu, 2007, S. 75.

2658 CGK, Urt. v. 22.11.2011, E. 2011/5.MD-136, K. 2011/232; *Özalp*, Türk Ceza Kanununda Rüşvet Suçu, 2018, S. 258.

2659 Vgl. *Özgenç*, Rüşvet, 2013, S. 82; *Artuk/Gökcen/Yenidünya*, Özel Hükümler, 2013, S. 1039; *Karakurt-Eren*, Türk Ceza Kanununda Rüşvet Suçu, 2016, S. 258; *Doğan*, Türk Ceza Hukukunda Rüşvet Suçu, 2019, S. 70; *Küçükince*, Rüşvet Suçu, 2007, S. 76.

2660 Vgl. *Öztunç*, Legal HD 2011, S. 2683 (2686).

2661 Siehe z. B. *Özen*, İrtikap ve Rüşvet Suçları, 2010, S. 185; *Özalp*, Türk Ceza Kanununda Rüşvet Suçu, 2018, S. 258.

spätestens während der Annahme des Vorteils abgeschlossen werden.[2662] Die Handlungen, die ohne eine vorherige UnRV begangen werden, sind deswegen i.R.d. Bestechung irrelevant und damit nicht als Bestechung strafbar.[2663] Die nachträgliche Belohnung des Amtsträgers wird im Unterschied zur deutschen Amtsträgerbestechung entweder i.R.d. Disziplinarvorschriften[2664] oder ggf. als Amtsmissbrauch (Art. 257)[2665] bestraft.[2666]

ff. Kausalität: Unrechtsvereinbarung als Beziehungsverhältnis

Die Verknüpfung des ungerechtfertigten Vorteils mit einer durch den zuständigen Amtsträger oder einer mit ihm gleichgestellten Person zu erfüllenden dienstlichen Tätigkeit stellt den Kausalzusammenhang von Bestechungshandlungen her. Darum ist dieses zu den objektiven Tatbestandsmerkmalen gehörende Beziehungsverhältnis für jede Begehungsweise vonnöten.[2667]

Das türkische Bestechungsstrafrecht hat – anders als das deutsche – die UnRV ausdrücklich im Art. 252 Abs. 3 erwähnt („eine Vereinbarung bezüglich der Bestechung"). Aus diesem Grund besteht kein Zweifel daran, dass die

---

2662 *Özen*, İrtikap ve Rüşvet Suçları, 2010, S. 181.

2663 *Artuk/Gökcen/Yenidünya*, Özel Hükümler, 2013, S. 1040; *Karakurt-Eren*, Türk Ceza Kanununda Rüşvet Suçu, 2016, S. 171, 271, 428; *Toroslu*, Özel Kısım, 2015, S. 305; *Doğan*, in: FS-Toroslu, 2015, S. 342; *Rumpf/Özdamar*, in: Passarge/Behringer (Hrsg.), Handbuch Compliance International, 2015, S. 617.

2664 Nur dafür *Tezcan/Erdem/Önok*, Özel Hükümler, 2013, S. 931; *Özalp*, Türk Ceza Kanununda Rüşvet Suçu, 2018, S. 209. Nach dem Kassationshof beziehen sich die nachträglichen Dankeschönvorteile während des alten türk StGB nicht auf etwas kriminelles. Jedoch bleiben die Disziplinärvorschriften anwendbar. Siehe dazu *Şahin*, in: Ekonomik Suç ve Ceza Sempozyumu, 2005, S. 70.

2665 *Özgenç*, Rüşvet, 2013, S. 191; *Özen*, İrtikap ve Rüşvet Suçları, 2010, S. 186; *Artuk*, in: Ünver (Hrsg.), Yolsuzlukla Mücadele, 2014, S. 87. Nach ständiger Rechtsprechung während des alten türk. StGB musste dies auch wegen des Amtsmissbrauchs bestraft werden. Siehe dazu *Özgenç*, Rüşvet, 2013, S. 78, zum Thema Fn. 83. *Tezcan/Erdem/Önok*, Özel Hükümler, 2013, S. 931, vertreten die Auffassung, dass es keine Möglichkeit gebe, den Täter in solchen Fällen nach Art. 257 zu bestrafen, da Art. Abs. 3 durch das StÄG v. 2012 gestrichen ist. So auch *Karakurt-Eren*, Türk Ceza Kanununda Rüşvet Suçu, 2016, S. 441; *Doğan*, in: FS-Toroslu, 2015, S. 342, zum Thema Fn. 26.

2666 *Artuk/Gökcen/Yenidünya*, Özel Hükümler, 2013, S. 1030.

2667 Vgl. *Önder*, Özel Hükümler, 1991, S. 131; *Hafızoğulları/Aygün-Eşitli*, Kamu İdaresine Karşı, 2014, S. 61; *Tezcan/Erdem/Önok*, Özel Hükümler, 2013, S. 933; *Özbek* u.a., Özel Hükümler, 2015, S. 1054. *Özalp*, Türk Ceza Kanununda Rüşvet Suçu, 2018, S. 257.

Bestechung von vornherein eine freiwillige[2668] Absprache zwischen Vorteilsgeber und Vorteilsnehmer voraussetzt.[2669] Darunter versteht man die konkretisierbare oder konkrete und damit nicht gelockerte sowie reziproke[2670] Konnexität zwischen der amtlichen Tätigkeit oder der Amtshandlung und dem ungerechtfertigten Vorteil.[2671] Aus diesem Grund beziehen sich die Anbahnungszahlungen ohne solche Verknüpfungen im türkischen Strafrecht nicht auf die Bestechung.[2672]

Die Bestechungsabsprache muss – wie oben thematisiert – von vornherein zukunftsorientiert ausgerichtet sein. Die Verschaffung des Vorteils muss sich danach aus einer vorherigen Bestechungsabsprache ergeben. Die erforderliche kausale Verknüpfung hängt also von vornherein von der Vorbedingung bezüglich der UnRV ab.[2673] Darüber hinaus liegt eine Kausalität i.S.d. Bestechung nur dann vor, wenn die amtliche Tätigkeit „im Zusammenhang mit der Erfüllung der Amtspflichten" (Art. 252 Abs. 1 und Abs. 2) ausgeübt wird oder worden ist. Die einseitige Tathandlung „Fordern" des Amtsträgers muss deshalb immer das Ziel haben, mit dem Aufgeforderten eine UnRV abzuschließen.[2674]

Die Frage, ob der Inhalt der Äußerung oder die tatsächliche Absicht von Parteien für das Zustandekommen des Bestechungsvertrags relevant oder nicht ist, ist auch in der türkischen Lehre umstritten.[2675] Es wird in der Doktrin mehrheitlich vertreten, dass es dazu eine reale Koinzidenz, d. h. eine echte Willensübereinstimmung erforderlich ist.[2676] Aus diesem Grund ist dann eine Bestechungsabsprache ausgeschlossen, wenn eine Partei der Bestechung einen

---

2668 Kassationshof, 5. Strafsenat, Urt. v. 8.6.2009, E. 2009/4776, K. 2009/6859; 8. Strafsenat, Urt. v. 26.1.2011, E. 2010/10708, K. 2011/351; *Dönmezer*, Özel Ceza Hukuku Dersleri, 1984, S. 100.

2669 *Özbek* u.a., Özel Hükümler, 2015, S. 1037.

2670 *Tezcan/Erdem/Önok*, Özel Hükümler, 2013, S. 933, 935.

2671 *Erman/Özek*, Kamu İdaresıne Karşı İşlenen Suçlar, 1992, S. 101; *Öztunç*, Legal HD 2011, S. 2683 (2690).

2672 *Mahmutoğlu*, in: TCK Reformu I, 2004, S. 255; *Tezcan/Erdem/Önok*, Özel Hükümler, 2013, S. 931.

2673 *Dönmezer*, Özel Ceza Hukuku Dersleri, 1984, S. 99; *Erman/Özek*, Kamu İdaresıne Karşı İşlenen Suçlar, 1992, S. 101; *Tezcan/Erdem/Önok*, Özel Hükümler, 2013, S. 931, 935.

2674 *Özbek* u.a., Özel Hükümler, 2015, S. 1054.

2675 Vgl. auch mit den Themen „innerer Vorbehalt" und „Überführungsabsicht" unter dem § 18 A I 4.

2676 *Özalp*, Türk Ceza Kanununda Rüşvet Suçu, 2018, S. 288 m.w.N.; aA *Erman/Özek*, Kamu İdaresıne Karşı İşlenen Suçlar, 1992, S. 97; *Tezcan/Erdem/Önok*, Özel Hükümler, 2013, S. 933.

anderen insgeheimen inneren Vorbehalt hat.[2677] Hingegen ging zum anderen ein Teil der Literatur vor dem StÄG v. 2012 – wie die deutsche Lehre – von dem äußeren übereinstimmenden Erklärungswert aus. Nach dem StÄG v. 2012 nimmt die überwiegende Meinung nunmehr den Art. 252 Abs. 4, nämlich die einseitige Bestechung an, falls die tatsächliche Vorstellung einer Bestechungspartei anders als die auf den Bestechungsvertrag gerichtete äußere Erklärung ausfällt.[2678]

Letztlich müssen, wie oben dargestellt,[2679] drei Punkte gegeben sein, wenn man über Kausalität i.S.v. Bestechungsdelikten sprechen will:

- der (verschaffte oder zu verschaffende) Vorteil für ein bestimmtes oder zumindest bestimmbares dienstliches Handeln,
- ein enge Zusammenhang zwischen den Leistungen der UnRV und
- die Willensübereinstimmung von Beteiligten.

b. *Subjektive Tatbestandsmerkmale*

Die subjektiven Tatbestandsmerkmale müssen alle objektiven Tatbestandsmerkmale umfassen.[2680] Somit kann man über die tatbestandliche psychologische Verbindung des Täters mit der Straftat sprechen.[2681] Die Leistungen müssen deswegen bewusst verknüpft werden.[2682] Der Täter muss also wissen, dass die Handlung sich aus einer Durchführung der ihm übertragenen Aufgaben ergibt und er muss ferner wollen, also die Absicht haben, die betroffene Amtstätigkeit unter Berücksichtigung der Unrechtsvereinbarung auszuüben.[2683]

Im türkischen Strafrecht wird der Vorsatz noch unter Beeinflussung der französischen und italienischen Doktrin in zwei Aspekte gegliedert, nämlich den allgemeinen Vorsatz (türkisch *genel kast*, auf Italienisch *dolo generico*) und den spezifischen Vorsatz (türkisch *özel kast*, auf Italienisch *dolo specifico*).[2684]

2677 *Artuk/Gökcen/Yenidünya*, Özel Hükümler, 2013, S. 1029; *Özen*, İrtikap ve Rüşvet Suçları, 2010, S. 182.

2678 Vgl. *Karakurt-Eren*, Türk Ceza Kanununda Rüşvet Suçu, 2016, S. 255-256 m.w.N.

2679 Siehe dazu oben § 14 A I 3 a ff.

2680 *Özgenç*, Gazi Şerhi, 2006, S. 285.

2681 Der Begriff „psychologische Verbindung" ist ausdrücklich in der amtlichen Begründung erwähnt. Siehe JAB-TBMM v. 6.8.2004, S. 166, zit. nach www.cezabb.adalet.gov.tr/mevzuat/maddegerekce.doc.

2682 *Tezcan/Erdem/Önok*, Özel Hükümler, 2013, S. 933; *Doğan*, Türk Ceza Hukukunda Rüşvet Suçu, 2019, S. 73.

2683 *Erman/Özek*, Kamu İdaresıne Karşı İşlenen Suçlar, 1992, S. 115; *Hafızoğulları/Aygün-Eşitli*, Kamu İdaresine Karşı, 2014, S. 63.

2684 Vgl. *Özgenç*, Gazi Şerhi, 2006, S. 235; *Özbek* u.a., Genel Hükümler, 2014, S. 273.

Allgemeiner Vorsatz umfasst – wie gewöhnlich – das Wissen und Wollen hinsichtlich der Tatbestandsmerkmale. Falls der Täter die Tat hingegen zusätzlich mit besonderer Absicht begehen muss, indem er ein besonderes Ziel verfolgt, dann kommt der spezifische Vorsatz in Betracht.[2685]

Das täterbezogene Merkmal „besondere Absicht", mit anderem Wort bezeichnet „Beweggrund",[2686] ist hierbei kein Bestandteil des Vorsatzes, sondern es ist die zukunftsorientierte und den Vorsatz vorbereitende Vorstellung des Täters.[2687] Manche Delikte verlangen dieses besondere Motiv von vornherein als Teil von Unrechtstatbestandsmerkmalen. In solchen Konstellationen können diese Absichtsdelikte nur mit diesem subjektiven spezifischen Erfordernis erfüllt werden.[2688]

In der neuen türkischen Strafrechtsdogmatik geht die Lehre entsprechend nunmehr von der Unterscheidung zwischen dem direkten Vorsatz und dem bedingten Vorsatz aus. Dies ist deutlich im Art. 21 des neuen türk. StGB formuliert. Der Täter muss in der Regel die Straftat mit Wissen und Wollen[2689] herbeiführen (sog. *dolus directus*, Art. 21 Abs. 1). Auch wenn der Täter den Erfolg billigend in Kauf nimmt, handelt er auch vorsätzlich (sog. *dolus eventualis*, Art. 21 Abs. 2).[2690]

Die Begehung von Bestechungsdelikten setzt nach überwiegender Ansicht den spezifischen Beweggrund des Täters voraus.[2691] Das führt uns notwendigerweise dazu, dass die Bestechungsdelikte aufgrund dieses Charakteristikums des Delikts der Kategorie „Absichtsdelikt"[2692] zuzuordnen sind. So ist i.E. eine

---

2685 Siehe dazu *Alten*, Amtsmißbrauch, 2012, S. 222.

2686 So *Hakeri*, Genel Hükümler, 2010, S. 201.

2687 *Özgenç*, Gazi Şerhi, 2006, S. 235; vgl. auch *Koca/Üzülmez*, Ceza Hukuku, 2015, S. 239.

2688 *Koca/Üzülmez*, Ceza Hukuku, 2015, S. 238-239. Ein Teil der Lehre geht unzutreffend noch einen Schritt weiter und ordne das Tatobjekt der Bestechlichkeit dabei den subjektiven Tatbestandsmerkmalen zu. Siehe dazu *Özgenç*, Rüşvet, 2013, S. 86 ff.; *Karakurt-Eren*, Türk Ceza Kanununda Rüşvet Suçu, 2016, S. 269 ff.; *Özalp*, Türk Ceza Kanununda Rüşvet Suçu, 2018, S. 320 ff. Das soll dazu führen, dass die Vorstellung des Täters allein für die objektiv-rechtliche Bestimmung der dienstlichen Tätigkeit als „maßgebend" erachtet werden.

2689 Ablehnend für dieses Vorsatzmerkmal *Özgenç*, Gazi Şerhi, 2006, S. 292.

2690 *Koca/Üzülmez*, Ceza Hukuku, 2015, S. 157 ff.

2691 *Özbek* u.a., Özel Hükümler, 2015, S. 1056; *Karakurt-Eren*, Türk Ceza Kanununda Rüşvet Suçu, 2016, S. 270; aufgrund des Zweckdeliktscharakters *Özgenç*, Rüşvet, 2013, S. 86; *Küçükince*, Rüşvet Suçu, 2007, S. 82; vgl. auch *Dönmezer*, Özel Ceza Hukuku Dersleri, 1984, S. 101.

2692 Im Lichte der Privatbestechung *Meili*, Strafrechtliche Bekämpfung der Privatbestechung, 2018, S. 77.

besondere Bestechungsabsicht als ein subjektives Tatbestandsmerkmal von vornherein erforderlich.[2693]

Die Frage, ob es hier ein bedingter Vorsatz ausreichend ist oder nicht, ist in der Doktrin umstritten.[2694] Es wird zum einen vertreten, dass die mit besonderer Absicht zu begehenden Delikte nur mit direktem Vorsatz begangen werden können.[2695] Vor diesem Hintergrund kann die Tat nicht mit einem bedingten Vorsatz begangen werden.[2696] Von daher setzt die Bestechlichkeit einen direkten Vorsatz voraus.[2697] Hingegen geht die in der Doktrin vertretene Gegenansicht hierbei davon aus, dass die Bestechung auch mit einem bedingten Vorsatz begangen werden kann.[2698]

4. *Strafausschließungs- und Strafaufhebungsgründe*

a. *Innerer Vorbehalt des Amtsträgers*

Wie oben zur Kausalität ausgeführt, wird die Wirkung der Mentalreservation kontrovers diskutiert. Der innere Vorbehalt des Amtsträgers kann zum einen beachtlich sein.[2699] Der objektiv beobachtbare Anschein der Käuflichkeit sei zum anderen entscheidend und ausreichend, wobei diese Ansicht die Strafbarkeit des Täters *dolus ex re* akzeptiert.[2700]

2693 *Artuk/Gökcen/Yenidünya*, Özel Hükümler, 2013, S. 1051; *Toroslu*, Özel Kısım, 2015, S. 306. Diese qualifizierte Vorsatzform ist auch in Italien und den USA (*quid pro quo*) notwendig. Siehe dazu *Hein*, in: Eser/Überhofen/Huber (hrsg.), Korruptionsbekämpfung durch Strafrecht, 1997, S. 234; *Benseler*, in: a.a.O, S. 668. Nach einer Meinung in der Lehre bescheinige die in dem Straftatbestand verwendete Präposition „für" (auf Türkisch „için") diese besondere Absicht. Siehe *Özbek* u.a., Özel Hükümler, 2015, S. 1056.

2694 Auch während des alten türk. StGB v. 1926 wurde dieses Thema kontrovers diskutiert. Siehe dazu *Artuk/Gökcen/Yenidünya*, Özel Hükümler, 2013, S. 1051; *Karakurt-Eren*, Türk Ceza Kanununda Rüşvet Suçu, 2016, S. 269 jeweils m.w.N.

2695 *Özbek* u.a., Genel Hükümler, 2014, S. 274.

2696 *Karakurt-Eren*, Türk Ceza Kanununda Rüşvet Suçu, 2016, S. 271, 440.

2697 *Özgenç/Ünal*, in: Türk-Kore Ceza Hukuku Günleri, 2019, S. 15.

2698 Irreführend mit der Erklärung im AT-Buch *Özbek* u.a., Özel Hükümler, 2015, S. 1057. *Özen*, İrtikap ve Rüşvet Suçları, 2010, S. 199, nimmt auch zwar den bedingten Vorsatz als ausreichend an, aber er betont, dass es in der Praxis kaum möglich wäre.

2699 *Özen*, İrtikap ve Rüşvet Suçları, 2010, S. 182, 201; *Artuk/Gökcen/Yenidünya*, Özel Hükümler, 2013, S. 1029.

2700 *Önder*, Özel Hükümler, 1991, S. 138; *Erman/Özek*, Kamu İdaresıne Karşı İşlenen Suçlar, 1992, S. 115; *Tezcan/Erdem/Önok*, Özel Hükümler, 2013, S. 933; *Özalp*, Türk Ceza Kanununda Rüşvet Suçu, 2018, S. 323.

b. Überführungsabsicht

Nach der überwiegenden Ansicht des Kassationshofs kann der Täter nicht wegen der Bestechlichkeit bestraft werden, wenn eine Überführungsabsicht vorliegt. Denn es fehlt in diesen Fällen eine auf dem freien Entschluss des Täters basierende Bestechungsabsprache.[2701] Die Lehre hat auch mit Mehrheit dem Kassationshof zugestimmt.[2702] Nach einer Mindermeinung im Schrifttum mache sich der Täter strafbar, jedoch könne der Täter i.R.d. Art. 254 Abs. 2 nicht bestraft werden, wenn er sich, bevor eine Behörde von der Sachlage erfahren hat, reuig zeigt und die Ermittlungsbehörden von der Sache unterrichtet.[2703]

c. Vorgetäuschte Diensthandlung

Im türkischen Strafrecht gibt es für diese Konstellation seit längerem einen besonderen Tatbestand, nämlich Art. 250 Abs. 2.[2704] Darüber hinaus kommt, falls das Tatgeschehen i.R.d. Vertrauens in die Amtsausübung stattgefunden hat, der Straftatbestand „Einflusshandel" in Betracht.[2705] Dies gilt nur dann, wenn der primäre Kausalzusammenhang zwischen Amt und Handeln gegeben ist. Im Übrigen beziehen sich die Fälle ohne amtliche Verknüpfung auf den Betrugstatbestand.[2706]

d. Agent Provokateurs

Im Falle, dass es sich um einen polizeilichen Lockspitzel handelt, ist der Täter nicht wegen Bestechung, sondern wegen Amtsmissbrauchs zu bestrafen.[2707] Es

---

2701 Kassationshof, 5. Strafsenat, Urt. v. 8.6.2009, E. 2009/4776, K. 2009/6859; 8. Strafsenat, Urt. v. 26.1.2011, E. 2010/10708, K. 2011/351; CGK, Urt. v. 19.2.2013, E. 2011/5. MD-137, K. 2013/58.

2702 *Özgenç*, Rüşvet, 2013, S. 96-97; *Artuk/Gökcen/Yenidünya*, Özel Hükümler, 2013, S. 1029, 1041; *Kılıç*, Uluslararası Boyutuyla Rüşvet Suçu, 2013, S. 69, begründet die Straflosigkeit im Lichte von Vorsatz.

2703 *Eker-Kazancı*, CHD 2008, S. 51 (83); *Tezcan/Erdem/Önok*, Özel Hükümler, 2013, S. 934.

2704 *Tezcan/Erdem/Önok*, Özel Hükümler, 2013, S. 932; eingehend unten § 20 E II.

2705 *Erman/Özek*, Kamu İdaresıne Karşı İşlenen Suçlar, 1992, S. 111, zum Thema Rn. 170; eingehend unten § 20 E III.

2706 *Erman/Özek*, a.a.O.; *Artuk/Gökcen/Yenidünya*, Özel Hükümler, 2013, S. 1035, zum Thema Fn. 45.

2707 Siehe dazu *Karakurt-Eren*, Türk Ceza Kanununda Rüşvet Suçu, 2016, S. 255 m.w.N.

fehlt in solchen Konstellationen die erforderliche vertragmäßige Willensübereinstimmung.[2708]

e. *Nötigung*

Die Frage, ob eine Androhung auf Seiten des Vorteilsgebers zur Straflosigkeit des Amtsträgers führt, wird in der Doktrin kaum behandelt. Nach der zutreffenden Meinung sind Fälle keine Bestechung, in denen die „Vermeidung der angedrohten Übelzufügung“[2709] in Frage kommen.[2710] Das heißt, falls der Täter die Tat unter konkreter und massiver Drohung begeht, dann bleibt er straflos (Art. 28 türk. StGB).[2711]

f. *Notstand*

In Ausnahmefällen wie z. B. „Lebensrettung“ ist sicherlich ein rechtfertigender Notstand gemäß Art. 28 türk. StGB für möglich zu halten.[2712]

g. *Die Lehre von der Sozialadäquanz*

Die Lehre von der Sozialadäquanz dient hier im Grunde dazu, den rechtsnormativen Begriff „Vorteil“ einzugrenzen.[2713]

Rechtlicher Charakter der strafbefreienden Sozialadäquanzlehre ist in der Lehre nicht klar.[2714] Nach der überwiegenden Ansicht handelt es sich um eine am Deliktstyp orientierte Gesetzesauslegung, die unmittelbar zur Tatbestandseinschränkung führe.[2715] In diesem Rahmen erscheint diese Lehre nicht

---

2708 *Özalp*, Türk Ceza Kanununda Rüşvet Suçu, 2018, S. 292; vgl. auch *Fätkinhäuer*, in: FES (Hrsg.), Korruption in Deutschland, 1997, S. 77-78.

2709 Siehe dazu oben § 14 A I 4 f.

2710 Im Lichte der Beibehaltung des Status quo *Özalp*, Türk Ceza Kanununda Rüşvet Suçu, 2018, S. 274.

2711 *Karakurt-Eren*, Türk Ceza Kanununda Rüşvet Suçu, 2016, S. 312.

2712 *Karakurt-Eren*, Türk Ceza Kanununda Rüşvet Suçu, 2016, S. 312; vgl. auch *Hafızoğulları/Aygün-Eşitli*, Kamu İdaresine Karşı, 2014, S. 63 und oben § 4 E II 8.

2713 BGHSt 33, 336 (339).

2714 Siehe dazu *Gribl*, Der Vorteilsbegriff bei den Bestechungsdelikten, 1993, S. 98; *Kindhäuser*, in: FS-Rengier, 2018, S. 49 ff. m.w.N.; *Gropp*, Strafrecht AT, 2015, § 5, Rn. 421; *Tezcan/Erdem/Önok*, Özel Hükümler, 2013, S. 937.

2715 *Wessels/Beulke/Satzger*, Strafrecht AT, 2019, § 2, Rn. 87; *Hakeri*, TBBD 2007, S. 55 (81) jeweils m.w.N.; i.S.v. Bestechung *Karakurt-Eren*, Türk Ceza Kanununda Rüşvet Suçu, 2016, S. 304 f.

als Rechtfertigungsgrund,[2716] vielmehr nur als ein Auslegungsmaterial auf der Ebene der Tatbestandsmäßigkeit.[2717] Dabei werden die ganze Rechtsordnung[2718] und die Sitten,[2719] die Rechtsgemeinschaft sowie das sozial übliche Verhalten[2720] und zuletzt das strafrechtlich geschützte Rechtsgut[2721] einbezogen.

Sozialadäquate Zuwendungen erfüllen i.E. nicht den Tatbestand.[2722] Denn die i.R.d. sozialen Handlungsfreiheit liegenden Handlungen sind entweder aus gemeinschaftlichen bzw. sittlichen Gesichtspunkten oder in Anbetracht der gesamten Rechtsordnung weder tatbestandsmäßig oder rechtswidrig.[2723]

Im Kern dieser Lehre handelt es sich um konkret die geringwertigen Zuwendungen.[2724]

Unter Geltung des alten StGB hatte der Gesetzgeber im Art. 219 Abs. 3 eine Geringwertigkeitsklausel vorgesehen.[2725] Diese wurde in dem neuen StGB

2716 *Waßmer*, in: Louis/Glinder/ders. (Hrsg.), Handbuch, 2020, Rn. 339; *Özbek* u.a., Özel Hükümler, 2015, S. 1053; *Karakurt-Eren*, Türk Ceza Kanununda Rüşvet Suçu, 2016, S. 305; *Doğan*, in: FS-Toroslu, 2015, S. 341-342; im Allgemeinen *Hakeri*, TBBD 2007, S. 55 (81) m.w.N. *Kindhäuser*, in: FS-Rengier, 2018, S. 58, plädiert für einen normativen Rechtsfertigungsgrund.

2717 Vgl. *Gropp*, Strafrecht AT, 2015, § 5, Rn. 422. Nach einer Meinung kann man mithilfe der teleologischen Auslegung an dasselbe Ergebnis erreichen. Siehe *Ünver*, Ceza Hukukunda İzin Verilen Risk, 1998, S. 122 ff., zit. nach *Hakeri*, TBBD 2007, S. 55 (86).

2718 BGHSt 23, 226 (228).

2719 *Gribl*, Der Vorteilsbegriff bei den Bestechungsdelikten, 1993, S. 98 m.w.N.

2720 Ausdrücklich im Art. 322[decies] Abs. 1 lit. b sStGB.

2721 So *Hakeri*, TBBD 2007, S. 55 (94).

2722 So *Erman/Özek*, Kamu İdaresıne Karşı İşlenen Suçlar, 1992, S. 99; *Küçükince*, Rüşvet Suçu, 2007, S. 59; *Özen*, İrtikap ve Rüşvet Suçları, 2010, S. 176; *Tezcan/Erdem/Önok*, Özel Hükümler, 2013, S. 937. Nach der Ansicht von *Özalp*, Türk Ceza Kanununda Rüşvet Suçu, 2018, S. 201, fehle dabei das subjektive Tatbestandsmerkmal des Delikts, das für die do ut des-Logik erforderlich ist.

2723 Vgl. BGHSt 23, 226 (228). Auch aus Sicht des italienischen Kassationshofs sind die Dankeschönvorteile bzw. sozialadäquaten Zuwendungen z. B. Eier, Mineralwasser, Tabakwaren nicht tatbestandlich. Siehe *Erman/Özek*, Kamu İdaresıne Karşı İşlenen Suçlar, 1992, S. 99, zum Thema Fn. 7; kritisch aus normtheoretischer Sicht *Kindhäuser*, in: FS-Rengier, 2018, S. 57-58. *Hakeri*, TBBD 2007, S. 55 (92), hält die Nutzbarmachung dieser Lehre im Allgemeinen für möglich.

2724 *Korte*, in: MüKo-StGB, 2019, § 331, Rn. 134; *Rengier*, Strafrecht BT II, 2019, § 60, Rn. 13; *Waßmer*, in: Louis/Glinder/ders. (Hrsg.), Handbuch, 2020, Rn. 339.

2725 Danach konnte die Strafe bei geringeren Zuwendungen um die Hälfte und bei sehr geringeren Vorteile um zwei Drittel herabgesetzt werden. Siehe dazu *Tellenbach*,

v. 2004 nicht übernommen; damit ist diese Frage offengelassen. Das Thema im Schrifttum ist deshalb umstritten.[2726] Einerseits wird in der türkischen Lehre vertreten, dass, falls das Tatmittel nicht sreicht, den Amtsträger zu verführen, sich der Täter nicht wegen der Bestechung strafbar macht.[2727] Nach anderer Meinung könne der Tatbestand durch sehr geringere Zuwendungen nicht erfüllt werden.[2728] Dies wird durch die Wendung „nicht angemessene Zuwendungen" zum Ausdruck gebracht.[2729] Der Maßstab dafür ist dann das geschützte Rechtsgut[2730], also die „rechtsgutsgefährdende Zuwendung".

Auf der anderen Seite bewertet die Gegenmeinung den Vorgang in jedem Fall als tatbestandsmäßig, da kein gesetzlicher Maßstab vorhanden sei. Diese Ansicht hebt hervor, weil der Gesetzgeber darauf verzichte, eine Geringwertigkeitsklausel zu regeln, sollten jedweile Vorteile tatbestandsmäßig sein.[2731]

Die höchstrichterliche Rechtsprechung wählt diese Lehre zwar für die Entscheidungen bezüglich des Diebstahlstatbestands,[2732] aber sie findet keinen Platz für die Bestechung. Der Kassationshof stuft z. B. 20 Türkische Lira als das taugliche und tatbestandliche Tatobjekt von Bestechlichkeit ein.[2733]

Es wird auch vertreten, dass die geringwertigen Zuwendungen nicht pauschal den Straftatbestand ausschließen; eine Betrachtung aus der subjektiven Sicht des Täters sei dafür entscheidend.[2734]

---

in: Eser/Überhofen/Huber (Hrsg.), Korruptionsbekämpfung durch Strafrecht, 1997, S. 650; *Erem/Toroslu,* Özel Hükümler, 1999, S. 175.

2726 *Tezcan/Erdem/Önok*, Özel Hükümler, 2013, S. 936; *Özalp*, Türk Ceza Kanununda Rüşvet Suçu, 2018, S. 193 ff.; *Doğan*, Türk Ceza Hukukunda Rüşvet Suçu, 2019, S. 95; *Rumpf/Özdamar*, in: Passarge/Behringer (Hrsg.), Handbuch Compliance International, 2015, S. 618.

2727 *Erman/Özek*, Kamu İdaresıne Karşı İşlenen Suçlar, 1992, S. 99, Rn. 147.

2728 *Erem/Toroslu,* Özel Hükümler, 1999, S. 175.

2729 *Özbek* u.a., Özel Hükümler, 2015, S. 1052, gehen dabei von der disziplinären Haftung des Amtsträgers aus.

2730 Vgl. *Özen*, İrtikap ve Rüşvet Suçları, 2010, S. 172; *Karakurt-Eren*, Türk Ceza Kanununda Rüşvet Suçu, 2016, S. 175.

2731 *Özen*, İrtikap ve Rüşvet Suçları, 2010, S. 177; *Karakurt-Eren*, Türk Ceza Kanununda Rüşvet Suçu, 2016, S. 170; *Özalp*, Türk Ceza Kanununda Rüşvet Suçu, 2018, S. 201-202.

2732 Siehe dazu *Hakeri*, TBBD 2007, S. 55 (55 f., 89 f.).

2733 Kassationshof, 5. Strafsenat, Urt. v. 16.5.2019, E. 2015/10731, K. 2019/5366; siehe ferner *Özalp*, Türk Ceza Kanununda Rüşvet Suçu, 2018, S. 200-201 m.w.N.

2734 *Doğan*, Türk Ceza Hukukunda Rüşvet Suçu, 2019, S. 95.

Schließlich geht ein Teil der Literatur davon aus, dass wenn ein das geschütze Rechtsgut nicht schwer gefährdender und somit strafrechtlich als unbeachtlich einzustufender Unrechtsgehalt vorliege, könne das Gericht bei den Urteilsgründen nach Art. 223 Abs. 4 lit. d türk. StPO aussprechen, dass die Tat zwar vollendet ist, aber die Verurteilung des Täters wegen der „Niedrigkeit des Unrechtsgehalts" der Tat nicht nötig ist.[2735]

h. Genehmigung

In einem Rechtsstaat hat keine Behörde das Recht, sich mit Verletzungen von Rechtsgütern einverstanden zu erklären. Zudem bleiben solche Verletzungen nicht straffrei, auch wenn Organe oder Behörden sie dulden.[2736] Deshalb handelt es sich um bei den Delikten gegen Staat nicht eine Einwilligung, vielmehr wird dafür die rechtfertigende behördliche Genehmigungslösung anerkannt.[2737] Ist die Grenze der Sozialadäquanz überschritten, kommt diese gesetzgeberische Lösung in Betracht.[2738]

Es gibt keine solche Regelung im türkischen Bestechungsstrafrecht.[2739] Nach einer Meinung in der Doktrin sind die Fälle, in denen es um die gesetzliche oder private Fahndungsgelder geht, unter der Genehmigungslösung zu betrachten.[2740]

i. Nicht verbotene Geschenke und zulässige Spende

Alle Vorteile ohne erforderlichen primären Kausalzusammenhang schließen in der Regel den Tatbestand aus.[2741] Einseitige und daher nicht reziproke Dankeschönvorteile, z. B. kleine Erinnerungsgeschenke, Freiexemplare von Medien durch Verlage, bedingen entsprechend keine Bestechung.[2742] In diesem

2735 So etwa *Özgenç*, Rüşvet, 2013, S. 81, zum Thema Fn. 87.

2736 Vgl. *Noll*, Übergesetzliche Rechtfertigungsgründe, 1955, S. 117.

2737 Vgl. *Rengier*, ZStW 1989, S. 874 (878 ff.); *Schreiber* u.a., GA 2005, S. 265 (271 f.).

2738 *Waßmer*, in: Louis/Glinder/ders. (Hrsg.), Handbuch, 2020, Rn. 340; vgl. ferner *Gribl*, Der Vorteilsbegriff bei den Bestechungsdelikten, 1993, S. 110 ff. m.w.N.

2739 *Özalp*, Türk Ceza Kanununda Rüşvet Suçu, 2018, S. 263.

2740 *Erman/Özek*, Kamu İdaresıne Karşı İşlenen Suçlar, 1992, S. 99; *Küçükince*, Rüşvet Suçu, 2007, S. 59.

2741 *Özbek* u.a., Özel Hükümler, 2015, S. 1052.

2742 *Tezcan/Erdem/Önok*, Özel Hükümler, 2013, S. 935; *Karakurt-Eren*, Türk Ceza Kanununda Rüşvet Suçu, 2016, S. 174; *Özalp*, Türk Ceza Kanununda Rüşvet Suçu, 2018, S. 208. Nach der Ansicht von *Özen*, İrtikap ve Rüşvet Suçları, 2010, S. 177, schließen teure Geschenke den Tatbestand nicht aus.

Zusammenhang sind auch Anbahnungszahlungen nicht tatbestandlich.[2743] Diese werden nur nach Disziplinarvorschriften geahndet,[2744] derartige Anbahnungszahlungen sind durch Art. 15 der Richtline[2745] über den Verhaltenskodex der Amtsträger untersagt.

j. Sponsoring

Die Finanzierung von öffentlichen Körperschaften durch Sponsoring oder Spenden ist üblich, sogar unverzichtbar für alle Ebenen der Verwaltung geworden.[2746]

Die Sponsoringverträge schließen den Tatbestand nicht ohne weiteres aus. Der Rechtsanspruch auf den Vorteil schließt nicht per se den Tatbestand aus. Auch die Leistung der rechtmäßig gesponserten Person kann auf ein konkretes dienstliches Handeln im Zusammenhang mit der Ausübung des Amtes abzielen.[2747] Dabei spielt keine Rolle, ob diese bestechungsstrafrechtlich relevante Leistung als ein eigennütziger oder staatsnütziger Vorteil erscheint.[2748] Das gilt auch für Drittmittel bzw. Drittmitteleinwerbung, die eine besondere Form des Sponsorings sind.[2749]

k. Tätige Reue (Art. 254 Abs. 1[2750])

Diese positive Belohnung des Täters ist im türkischen Bestechungsstrafrecht kein Instrument der Strafzumessung, dient also nicht zur Strafminderung, sondern sie ist ein persönlicher Strafausschließungsgrund und hat damit eine strafbefreiende Wirkung.[2751] Darüber hinaus steht sie nicht im Ermessen des Gerichts, sondern ist obligatorisch anzuwenden.[2752]

In zwei Fällen kann der Täter positiv belohnt werden: Eine erste Konstellation kommt nur dann in Frage, wenn der Amtsträger, der mit einem anderen

2743 *Erdem*, in: TCK Reformu I, 2004, S. 253; *Özalp*, Türk Ceza Kanununda Rüşvet Suçu, 2018, S. 262.
2744 *Mahmutoğlu*, in: TCK Reformu I, 2004, S. 255; *Tezcan/Erdem/Önok*, Özel Hükümler, 2013, S. 931.
2745 RG Nr. 25785 v. 13.4.2005.
2746 *Korte*, in: Dölling (Hrsg.), Korruptionsprävention, 2007, Rn. 59.
2747 So etwa *Özalp*, Türk Ceza Kanununda Rüşvet Suçu, 2018, S. 286.
2748 In diese Richtung auch die oben erwähnte Richtlinie Art. 15 Abs. 5 lit. a.
2749 *Korte*, in: Dölling (Hrsg.), Korruptionsprävention, 2007, Rn. 53.
2750 Siehe zur Übersetzung *Tellenbach*, Aktualisierung, 2012, S. 18.
2751 Vgl. Regierungsentwurf mit der Nr. 1/565 v. 30.1.2012, S. 46; *Özgenç*, Rüşvet, 2013, S. 107.
2752 Kassationshof, 5. Strafsenat, Urt. v. 22.5.2019, E. 2015/10167, K. 2019/5558.

eine Bestechungsabsprache vereinbart hat, einfach die zuständigen Behörden von dieser Sachlage unterrichtet, bevor eine Behörde von der Sachlage erfahren hat (Art. 254 Abs. 1 S. 2).[2753] Die andere strafbefreiende Möglichkeit liegt nur dann vor, falls der Täter den Gegenstand der Bestechung „genauso“[2754] und bevor eine Behörde von der Sachlage erfahren hat, an die zuständigen Behörden übergibt, auch hier wird er nicht wegen der Bestechlichkeit bestraft (Art. 254 Abs. 1 S. 1).[2755]

Es ist daher festzustellen, dass die Anwendung des Art. 254 Abs. 1 ausgeschlossen ist, wenn eine Behörde von der Sachlage erfahren hat.[2756] Darin liegt die Vorbedingung der Strafvorschrift.

Die tätige Reue kann nach dem Willen des Gesetzgebers in der Regel nur ab dem Zeitpunkt der tatsächlichen Vorteilsverschaffung (Art. 254 Abs. 1 S. 1),[2757] welche in der Lehre zum einen die „Vollendungsphase“ und zum anderen die „Beendigungsphase“ des Delikts darstellt,[2758] in Betracht kommen.[2759] Richtig ist, dass die tätige Reue schon mit dem früheren Zeitpunkt als Vorteilsverschaffung anwendbar ist (Art. 254 Abs. 1 S. 2).[2760]

Der hier verwendete Begriff „zuständige Behörde“[2761] ist weit auszulegen. Demgemäß fallen darunter nicht nur die Ermittlungsbehörden, sondern

---

2753 Kassationshof, 5. Strafsenat, Urt. v. 22.5.2019, E. 2015/10167, K. 2019/5558; *Özgenç*, Rüşvet, 2013, S. 109; *Tezcan/Erdem/Önok*, Özel Hükümler, 2013, S. 941.

2754 Aus grammatischer Sicht geht es um dabei nur materielle Vorteile. Vor diesem Hintergrund geht ein Teil der Lehre zu Unrecht davon aus. So z. B. *Akyürek*, Kazancı HD, 2012, S. 22 (26).

2755 *Özgenç*, Rüşvet, 2013, S. 107; *Tezcan/Erdem/Önok*, Özel Hükümler, 2013, S. 941.

2756 JAB-TBMM Nr. 278 v. 12.6.2012, S. 25. *Tezcan/Erdem/Önok*, Özel Hükümler, 2013, S. 941, kritisieren diese Einschränkung, weil der Anwendungsbereich davon abhängig geworden ist.

2757 Während des alten türk. StGB v. 1926 war es nach Art. 215 Abs. 1 auch vor der Entgegennahme der Bestechung möglich. Siehe dazu *Özgenç*, Rüşvet, 2013, S. 107; zur Übersetzung *Tellenbach*, in: Eser/Überhofen/Huber (Hrsg.), Korruptionsbekämpfung durch Strafrecht, 1997, S. 650.

2758 Siehe dazu unten § 18 A I 6 a.

2759 *Özen*, İrtikap ve Rüşvet Suçları, 2010, S. 207; *Özgenç*, Rüşvet, 2013, S. 103.

2760 So etwa *Tezcan/Erdem/Önok*, Özel Hükümler, 2013, S. 941.

2761 Vor dem StÄG v. 2012 wurde der Gesetzgeber den Begriff „vor der Ermittlung“ verwendet. Dies wurde zum einen i.S.v. Strafprozessrecht und zum anderen im allgemeinen Sinne verstanden. Siehe dazu *Tezcan/Erdem/Önok*, Özel Hükümler, 2013, S. 941, zum Thema Fn. 518 m.w.N.

auch die öffentlichen Körperschaften, in denen der Amtsträger zuständig ist.[2762]

5. *Irrtum*

Da die Irrtumsfälle – wie schon im deutschen Teil der Studie dargelegt – in Verbindung mit dem Thema des Vorsatzes stehen, werden sie im türkischen Schrifttum häufig unter den subjektiven Tatbestandsmerkmalen erörtert.[2763] Die Irrtumskonstellationen können hingegen sowohl i.R.d. Tatbestandsmerkmale (Art. 30 Abs. 1 und Abs. 2) und Strafausschließungs- und Strafaufhebungsgründe (Art. 30 Abs. 3) als auch i.R.d. Unrechtsbewusstseins bzw. unvermeidbaren Verbotsirrtums nach Art. 30 Abs. 4 berücksichtigt werden.[2764]

Hierbei sind nicht alle betroffenen Umstände strafrechtlich relevant.[2765]

Im türkischen Strafrecht besteht darüber kein Zweifel, dass ein beachtlicher Tatbestandsirrtum den Vorsatz ausschließt (Art. 30 Abs. 1).[2766] Ein beachtlicher Tatbestandsirrtum schließt demgemäß das Zustandekommen des Bestechungsvertrags aus.[2767]

Verkannte der Täter seine rechtliche Stellung dahingehend, dass er die Amtsträgereigenschaft innehabe, so liegt – wie in der deutschen Irrtumslehre – ein strafbarkeitsausschließender Irrtum vor.[2768]

Geht der Amtsträger irrtümlich davon aus, dass er im konkreten Fall kein dienstliches Handeln im Zusammenhang mit seinem Amt ausübte, so ist der Fall nach einer Meinung anhand von Art. 30 Abs. 4 zu behandeln.[2769] Danach wird

---

2762 *Özgenç*, Rüşvet, 2013, S. 108; *Artuk/Gökcen/Yenidünya*, Özel Hükümler, 2013, S. 1061; für nur die zuständigen Ermittlungsbehörde i.S.v. türk. StPO *Tezcan/Erdem/Önok*, Özel Hükümler, 2013, S. 942.

2763 Vgl. *Özalp*, Türk Ceza Kanununda Rüşvet Suçu, 2018, S. 320 f.; *Kılıç*, Uluslararası Boyutuyla Rüşvet Suçu, 2013, S. 80 f.; *Küçükince*, Rüşvet Suçu, 2007, S. 82; ohne weitere Erörterung *Önder*, Özel Hükümler, 1991, S. 138; *Artuk/Gökcen/Yenidünya*, Özel Hükümler, 2013, S. 1051.

2764 Vgl. *Kılıç*, Uluslararası Boyutuyla Rüşvet Suçu, 2013, S. 56; *Özalp*, Türk Ceza Kanununda Rüşvet Suçu, 2018, S. 263, 375.

2765 *Hafızoğulları/Aygün-Eşitli*, Kamu İdaresine Karşı, 2014, S. 63; *Karakurt-Eren*, Türk Ceza Kanununda Rüşvet Suçu, 2016, S. 303, zum Thema 986.

2766 *Hafızoğulları/Aygün-Eşitli*, Kamu İdaresine Karşı, 2014, S. 63; vgl. auch *Karakurt-Eren*, Türk Ceza Kanununda Rüşvet Suçu, 2016, S. 303, zum Thema Fn. 986.

2767 So etwa *Kılıç*, Uluslararası Boyutuyla Rüşvet Suçu, 2013, S. 63.

2768 *Kılıç*, Uluslararası Boyutuyla Rüşvet Suçu, 2013, S. 81.

2769 *Küçükince*, Rüşvet Suçu, 2007, S. 82; *Artuk/Gökcen/Yenidünya*, Özel Hükümler, 2013, S. 1051; *Özalp*, Türk Ceza Kanununda Rüşvet Suçu, 2018, S. 321.

der Amtsträger ausnahmsweise nicht bestraft, weil er sich über das Unrecht seiner Tat in einem unvermeidlichen Verbotsirrtum befindet.[2770] Nimmt der Täter umgekehrt irrtümlich an, dass seine auszuübende private Tätigkeit zur Amtstätigkeit gehöre, liegt ein Wahndelikt vor, weil das objektive Merkmal des Delikts fehlt.[2771]

Die Konstellationen, in denen der Täter seine dienstliche Tätigkeit für erlaubt hält, er also irrtümlich von einem rechtfertigenden Grund ausgeht, ist dies i.R.d. Irrtumslehre unbeachtlich.[2772] Richtig ist, dass, wenn der Amtsträger der festen Überzeugungist, dass er keine Straftat begehe, die Irrtumslehre zu berücksichtigen ist.[2773]

Zuletzt ist zu erwähnen, dass es hierbei – anders im deutschen Strafrecht – keine Rolle spielt, ob der Täter die Handlung für pflichtmäßig oder pflichtwidrig hält.[2774]

6. *Besondere Erscheinungsformen der Straftat*

a. *Täterschaft und Teilnahme*

In der Regel wird der Handelnde abhängig seiner Rolle entweder als Täter oder als Teilnehmer bestraft.[2775]

Wegen des Begegnungsdeliktscharakters, mit anderem Wort aufgrund der zwei Seiten der Bestechung gilt die sog. Sperrwirkung auch in der türkischen Lehre.[2776]

Die Täterschaft in Bezug auf die Bestechlichkeit setzt *in der Regel* eine Amtsträgereigenschaft zur Zeit der Tat voraus. Denn, wie oben ausgeführt, ohne den strengen Bezugspunkt „zwischen dem dienstlichen Handeln und den dem Täter übertragenen Aufgaben“ ist die Tat i.S.v. Bestechung irrelevant. Fehlt also die

2770 *Özalp*, Türk Ceza Kanununda Rüşvet Suçu, 2018, S. 375-376; siehe ferner zur Übersetzung *Tellenbach*, Das türkische Strafgesetzbuch, 2008, S. 29.

2771 Für die Straflosigkeit ohne weitere Erörterung *Kılıç*, Uluslararası Boyutuyla Rüşvet Suçu, 2013, S. 81.

2772 *Erman/Özek*, Kamu İdaresıne Karşı İşlenen Suçlar, 1992, S. 115; aA *Özalp*, Türk Ceza Kanununda Rüşvet Suçu, 2018, S. 321.

2773 So etwa *Kılıç*, Uluslararası Boyutuyla Rüşvet Suçu, 2013, S. 82; aA *Özalp*, Türk Ceza Kanununda Rüşvet Suçu, 2018, S. 322.

2774 *Özalp*, Türk Ceza Kanununda Rüşvet Suçu, 2018, S. 321.

2775 Siehe oben § 14 A I 6 a.

2776 *Önder*, Özel Hükümler, 1991, S. 141; *Özen*, İrtikap ve Rüşvet Suçları, 2010, S. 212; *Özgenç*, Rüşvet, 2013, S. 113; *Tezcan/Erdem/Önok*, Özel Hükümler, 2013, S. 939; *Hafızoğulları/Aygün-Eşitli*, Kamu İdaresine Karşı, 2014, S. 59.

erforderliche Amtsträgereigenschaft beim Vorteilsnehmer, kommt die Bestechung nicht in Betracht.[2777]

Für die Tatbestandserfüllung hat es keine Bedeutung, dass der Täter nach dem Zustandekommen eines Bestechungsvertrags aus dem Dienst ausgeschieden ist.[2778]

Unter Geltung des alten StGB v. 1926 und der ersten Fassung des Straftatbestands im neuen türk. StGB v. 2004 machten die Beteiligten sich entsprechend mit dem Akzessorietätsprinzip nach allgemeinen Vorschriften als Anstifter oder Gehilfe strafbar (Art. 40 Abs. 2).[2779] Mit der neuen Fassung durch das StÄG v. 2012 sind die allgemeinen Vorschriften der Beteiligungslehre kaum anwendbar ausgestaltet geworden. In zwei Konstellationen treten die allgemeinen Teilnahmeregeln aufgrund der besonderen Vorschriften zurück.[2780]

Erstens gilt die heute „Lagertheorie" genannte und i.R.d. Teilnahmestrafbarkeit vertretene Ansicht für den Bestechungsvermittler mit der Novellierung durch das StÄG v. 2012 nicht mehr.[2781] Der Bestechungsvermittler, der eine Vermittlungstätigkeit ausgeübt hat, indem er dem Bestechungspartner bei den Tathandlungen hilft, wird ungeachtet dessen, ob er eine Amtsträgereigenschaft innehat, als Mittäter bestraft. Der Vermittler wird in jedem Fall, d. h. ungeachtet

2777 CGK, Urt. v. 9.5.2019, E. 2015/1087, K. 2019/412; im Allgemeinen *Roxin/Isfen*, GA 2005, S. 228 (240).

2778 *Toroslu,* Özel Kısım, 2015, S. 301; *Okuyucu-Ergün*, Rüşvet Suçu, in: Ünver (Hrsg.), Ekonomik Suçlar, 2015, S. 40; *Küçükince*, Rüşvet Suçu, 2007, S. 60.

2779 *Önder*, Özel Hükümler, 1991, S. 141; Kassationshof, 5. Strafsenat, Urt. v. 19.2.2007, E. 2006/8410, K. 2007/1204; *Özen*, İrtikap ve Rüşvet Suçları, 2010, S. 213.

2780 JAB-TBMM Nr. 278 v. 12.6.2012, S. 127; *Özalp*, Türk Ceza Kanununda Rüşvet Suçu, 2018, S. 394.

2781 Im Gegensatz dazu hatte der Gesetzgeber diese Theorie im türk. StGB v. 1926 ausdrücklich erwähnt. Siehe *Doğan*, in: FS-Toroslu, 2015, S. 352. Der Art. 226 des türk. StGB v. 1926 lautete so: „*Der Vermittler einer Bestechung gilt als Gehilfe des Bestechers, wenn er in dessen Auftrage, und als Gehilfe des Bestochenen, wenn er im Auftrage des Bestochenen tätig geworden ist.*" Zit. nach *Şensoy/Tolun*, Das türkische Strafgesetzbuch, 1955, S. 54. *Gürelli*, Rüşvet ve İrtikap Cürümleri, 1954, S. 73-74, geht in seiner Dissertation davon aus, dass das Ergebnis wegen der Teilnahmelehre auch ohne diese Vorschrift nicht verändert werden konnte. So auch *Önder*, Özel Hükümler, 1991, S. 141. Nach der Novellierung wurde der genannte Artikel auf gleicher Basis in den Art. 216 umgewandelt. Demnach lautete diese letzte Version wie folgt: „*Wer eine Bestechung vermittelt, wird je nach dem, für wen er tätig wird, als Teilnahme des Bestechenden oder des Bestochenen angesehen.*" Zit. nach *Tellenbach*, in: Eser/Überhofen/Huber (Hrsg.), Korruptionsbekämpfung durch Strafrecht, 1997, S. 650.

dessen, ob er die Amtsträgereigenschaft innehat, abweichend von den allgemeinen Vorschriften als Mittäter bestraft. Das ergibt sich aus dem ausdrücklichen strafpolitischen Willen des Gesetzgebers, Art. 252 Abs. 5.[2782] Dies wird selbstständig unter Strafe gestellt.[2783] Der sog. limitierte Akzessorietätsgrundsatz[2784] bei der Teilnahme an Sonderdelikten (Art. 40 Abs. 2) kommt hier aus kriminalpolitischen Gründen ausnahmsweise nicht zur Anwendung.[2785]

Zweitens muss der außenstehende Bezieher des Drittvorteils, also der bewusste Profiteur des Drittvorteils, auch ohne Rücksicht darauf, ob er eine Amtsträgereigenschaft innehat, gemäß Art. 252 Abs. 6 als Mittäter bestraft werden.[2786]

Außer diesen zwei großen Ausnahmefällen ist die Teilnahme als Gehilfe oder Anstifter möglich.[2787]

Die Teilnahme ist nach überwiegender Ansicht im türkischen Strafrecht – anders als nach der deutschen Strafrechtstheorie – nur bis zur Vollendung der Tat möglich.[2788] Danach ist die Tat Bestechung mit der Verschaffung des Vorteils vollendet.[2789]

2782 CGK, Urt. v. 18.9.2012, E. 2012/5.MD-420, K. 2012/1771. Nach *Hafızoğulları/Aygün-Eşitli*, Kamu İdaresine Karşı, 2014, S. 67, stellt sich die Vermittlung von Bestechung als selbstständige Straftat vor.

2783 Regierungsentwurf mit der Nr. 1/565 v. 30.1.2012, S. 45; *Hafızoğulları/Aygün-Eşitli*, Kamu İdaresine Karşı, 2014, S. 61.

2784 *Roxin/Isfen*, GA 2005, S. 228 (240).

2785 *Özalp*, Türk Ceza Kanununda Rüşvet Suçu, 2018, S. 394.

2786 JAB-TBMM Nr. 278 v. 12.6.2012, S. 127; *Doğan*, in: FS-Toroslu, 2015, S. 353; *Özalp*, Türk Ceza Kanununda Rüşvet Suçu, 2018, S. 398.

2787 *Özgenç*, Rüşvet, 2013, S. 114; *Özalp*, Türk Ceza Kanununda Rüşvet Suçu, 2018, S. 399.

2788 *Özgenç*, Rüşvet, 2013, S. 92, zum Thema Fn. 101; *Artuk/Gökcen/Yenidünya*, Özel Hükümler, 2013, S. 1028, 1051; *Okuyucu-Ergün*, Rüşvet Suçu, in: Ünver (Hrsg.), Ekonomik Suçlar, 2015, S. 47. aA bis zur Beendigung *Önder*, Özel Hükümler, 1991, S. 139; *Tezcan/Erdem/Önok*, Özel Hükümler, 2013, S. 938.

2789 Amtliche Begründung der ersten Fassung des Delikts, JAB-TBMM v. 6.8.2004, S. 268, abrufbar unter www.cezabb.adalet.gov.tr/mevzuat/maddegerekce.doc; Regierungsentwurf mit der Nr. 1/565 v. 30.1.2012, S. 44; so auch *Şahin*, in: Ekonomik Suç ve Ceza Sempozyumu, 2005, S. 70; *Özgenç*, Rüşvet, 2013, S. 82; *Kılıç*, Uluslararası Boyutuyla Rüşvet Suçu, 2013, S. 50; *Artuk/Gökcen/Yenidünya*, Özel Hükümler, 2013, S. 1028, 1051; *Hafızoğulları/Aygün-Eşitli*, Kamu İdaresine Karşı, 2014, S. 62; *Okuyucu-Ergün*, Rüşvet Suçu, in: Ünver (Hrsg.), Ekonomik Suçlar, 2015, S. 44.

In Bezug auf die Vollendung der Tat finden sich zwei Meinungen: Vertritt man die Ansicht, dass die Tat schon mit der Bestechungsabsprache vollendet sein soll,[2790] kann die Teilnahme bis zum Abschluss des Vertrags in Betracht kommen. Im Gegensatz dazu ist die Teilnahme nach anderer Ansicht bis zur Annahme der Bestechungsleistung möglich.[2791]

b. Versuch und Rücktritt

Der Versuch ist nur bis zur Vollendungphase der Straftat möglich. Aus diesem Grund ist hier der Vollendungszeitpunkt der Tat maßgebend.[2792] Im Unterschied zu der deutschen personalen Unrechtslehre ist hierbei die Vorstellung des Täters im türkischen Strafrecht nicht für die Versuchslehre entscheidend. Die türkische Lehre geht vielmehr von der objektiven Theorie aus.[2793]

Laut Schrifttum kann ein Versuch in der türkischen Bestechungsstrafrechtsdogmatik in drei Konstellationen in Frage kommen:

- im Fall des Forderns, aber ohne Zustimmung, also Ablehnung (Art. 252 Abs. 4) stellt, wie oben ausgeführt, die ausdrücklich vorgesehene einseitige Tathandlung „Fordern" nach der wohl überwiegenden Auffassung einen Versuch zum Annehmen einer Bestechung dar. Auf diese Weise wird durch das StÄG v. 2012 klargestellt, dass der Versuch nun nicht nach der allgemeinen

2790 So *Gözübüyük*, AD 1969, S. 183 (184); *Erman/Özek*, Kamu İdaresine Karşı İşlenen Suçlar, 1992, S. 102; *Önder*, Özel Hükümler, 1991, S. 139; *Küçükince*, Rüşvet Suçu, 2007, S. 79; *Özen*, İrtikap ve Rüşvet Suçları, 2010, S. 205; *Öztunç*, Legal HD 2011, S. 2683 (2687); *Tezcan/Erdem/Önok*, Özel Hükümler, 2013, S. 937; *Toroslu*, Özel Kısım, 2015, S. 305.

2791 *Dönmezer*, Özel Ceza Hukuku Dersleri, 1984, S. 100; *Artuk/Gökcen/Yenidünya*, Özel Hükümler, 2013, S. 1057; *Hafızoğulları/Aygün-Eşitli*, Kamu İdaresine Karşı, 2014, S. 62; *Okuyucu-Ergün*, Rüşvet Suçu, in: Ünver (Hrsg.), Ekonomik Suçlar, 2015, S. 44; *Özalp*, Türk Ceza Kanununda Rüşvet Suçu, 2018, S. 258; *Doğan*, Türk Ceza Hukukunda Rüşvet Suçu, 2019, S. 77; vgl. ferner *Karakurt-Eren*, Türk Ceza Kanununda Rüşvet Suçu, 2016, S. 258-259.

2792 *Önder*, Özel Hükümler, 1991, S. 139.

2793 *Roxin/Isfen*, GA 2005, S. 228 (239); *Koca/Üzülmez*, Ceza Hukuku, 2015, S. 393.

Vorschrift, nämlich Art. 35 türk. StGB,[2794] sondern nach dieser besonderen Vorschrift behandelt wird.[2795]

- in dem Fall, dass der Aufgeforderte i.R.d. Art. 252 Abs. 4 die Überführungsabsicht hat.[2796]
- in dem Fall, in dem die Zielperson – wie bei der deutschen Bestechlichkeit – ernstlich vom objektiv erkennbaren Fordern nicht Kenntnis genommen hat. In Anlehnung an die subjektive Versuchstheorie (sog. böser Wille des Täters) handelt es sich um einen Versuch, der nach der allgemeinen Vorschrift (Art. 35) behandelt werden muss.[2797]

Der Rücktritt ist nur vor der Vollendung der Tat möglich (Art. 36).[2798] Liegt ein formell oder materiell vollendetes Bestechlichkeitsdelikt vor, ist die Anwendung des Art. 36 türk. StGB nicht mehr möglich. Da die Tathandlungsvariante

---

2794 Während der ersten Fassung des türk. StGB v. 2004 musste der Art. 35 hier angewendet werden. Der Grund dafür ergab sich daraus, dass die einseitige Tathandlungsvariante unter der Bestechung nicht ausdrücklich geregelt war. Die Vollendung der Tat setzte also zumindest eine UnRV vor. Siehe Kassationshof, 5. Strafsenat, Urt. v. 3.5.2010, E. 2006/7286, K. 2010/3277; Kassationshof, 5. Strafsenat, Urt. v. 5.5.2010, E. 2006/6417, K. 2010/3342; *Özen*, İrtikap ve Rüşvet Suçları, 2010, S. 207; schon *Gürelli*, İrtikap ve Rüşvet Cürümleri, 1954, S. 110.

2795 CGK, Urt. v. 19.2.2013, E. 2011/5.MD-137, K. 2013/58; Kassationshof, 5. Strafsenat, Urt. v. 16.5.2019, E. 2015/10731, K. 2019/5366; *Özgenç*, Rüşvet, 2013, S. 96; *Tezcan/Erdem/Önok*, Özel Hükümler, 2013, S. 937; *Doğan*, in: FS-Toroslu, 2015, S. 357; *Toroslu, Özel Kısım*, 2015, S. 306; *Özalp*, Türk Ceza Kanununda Rüşvet Suçu, 2018, S. 258. Da das türk StGB v. 1926 für die einseitige Handlung „Fordern" – wie beim deutschen Bestechungsstrafrecht – nicht eine Ablehnung voraussetzte, hatte der Große Senat für Strafsachen den Versuch dazu nicht für möglich gehalten. Siehe dazu *Özen*, İrtikap ve Rüşvet Suçları, 2010, S. 210, zum Thema Fn. 936.

2796 Kassationshof, 5. Strafsenat, Urt. v. 8.6.2009, E. 2009/4776, K. 2009/6859; 8. Strafsenat, Urt. v. 26.1.2011, E. 2010/10708, K. 2011/351; CGK, Urt. v. 19.2.2013, E. 2011/5. MD-137, K. 2013/58; *Özgenç*, Rüşvet, 2013, S. 98; *Artuk/Gökcen/Yenidünya*, Özel Hükümler, 2013, S. 1053; *Özbek* u.a., Özel Hükümler, 2015, S. 1044 f.; *Karakurt-Eren*, Türk Ceza Kanununda Rüşvet Suçu, 2016, S. 320.

2797 *Özalp*, Türk Ceza Kanununda Rüşvet Suçu, 2018, S. 258; vgl. ferner *Karakurt-Eren*, Türk Ceza Kanununda Rüşvet Suçu, 2016, S. 314-315. *Hafızoğulları/Aygün-Eşitli*, Kamu İdaresine Karşı, 2014, S. 64, vertreten die Auffassung, dass die einseitigen und selbstständig gemäß Art. 252 Abs. 4 unter Strafe gestellten Handlungen im Kern Vorbereitungshandlungen seien. Deshalb ist der Versuch dazu nicht möglich.

2798 *Erman/Özek*, Kamu İdaresıne Karşı İşlenen Suçlar, 1992, S. 102; *Tezcan/Erdem/Önok*, Özel Hükümler, 2013, S. 942; im Allgemeinen *Koca/Üzülmez*, Ceza Hukuku, 2015, S. 413 ff.

„Fordern" nach Art. 252 Abs. 4 anders als das deutsche Bestechungsstrafrecht tatbestandlich eine Verweigerung durch den Aufgeforderten voraussetzt, kann ein freiwilliger Rücktritt bis zu dieser Verweigerung in Betracht kommen.[2799]

Anders als die deutsche Bestechungsstrafrechtsdogmatik wird in der türkischen Lehre kontrovers diskutiert, ob der freiwillige Rücktritt beim Bestechungsstrafrecht nach dem Zustandekommen des Bestechungsvertrags eine dogmatische Bedeutung hat oder nicht. Es wird zum einen vertreten, dass ein freiwilliger Rücktritt wie Nichtannehmen des Vorteils oder Nichtvornahme der Amtshandlung in solchen Konstellationen möglich sei. Art. 254 Abs. 1 sei aus diesem Grund nicht anwendbar. Für die andere Seite geht es dabei um einen Versuch, der wie vollendete Tat (sog. UnRV) bestraft werden müsse.[2800] Dagegen vertritt die überwiegende Meinung die Ansicht, dass ein strafbefreiender Rücktritt nach einem Abschluss der UnRV nicht möglich ist.[2801] Dafür ist aber die tätige Reue nach Art. 254 anwendbar, wenn die Voraussetzungen erfüllt werden.[2802]

c. *Unterlassung*

Die Strafbarkeit wegen Unterlassung wird im türkischen Bestechungsstrafrecht nicht wie im deutschen Recht durch eine besondere Unterlassungsvorschrift zum Ausdruck gebracht. Der Gesetzgeber hat sie vielmehr mit der ausdrücklichen Erwähnung in den Tatbestandsmerkmalen geregelt. Das vorsätzliche Unterlassen der Amtsausübung ist auch mit dem Tun gleichgestellt (Art. 252 Abs. 2: „für ein Tun oder Unterlassung"). Unterlässt der Amtsträger die Amtshandlung bewusst gegen einen Vorteil, macht er sich sicher der Bestechlichkeit strafbar. Die strafbare Handlung kann i.E. entweder durch ein Tun oder Unterlassen verwirklicht werden.[2803]

Auch hierbei gilt die enge Konnexität zwischen der Unterlassung und dem dienstlichen Handeln im Zusammenhang mit der Ausübung des Amtes, um ein bloßes Untätigbleiben mit der Ausübung des Amtes gleichstellen zu können.

2799 *Özgenç*, Rüşvet, 2013, S. 110, zum Thema Fn. 117; *Kılıç*, Uluslararası Boyutuyla Rüşvet Suçu, 2013, S. 85.

2800 *Özgenç*, Rüşvet, 2013, S. 110. Der Grund dafür ergibt sich aus dem Gesichtspunkt bezüglich des Vollendungszeitpunkts des Tatbestands.

2801 *Erman/Özek*, Kamu İdaresine Karşı İşlenen Suçlar, 1992, S. 102; *Tezcan/Erdem/Önok*, Özel Hükümler, 2013, S. 938, 942; *Kılıç*, Uluslararası Boyutuyla Rüşvet Suçu, 2013, S. 85; *Doğan*, Türk Ceza Hukukunda Rüşvet Suçu, 2019, S. 76.

2802 *Tezcan/Erdem/Önok*, Özel Hükümler, 2013, S. 938.

2803 *Küçükince*, Rüşvet Suçu, 2007, S. 64; *Hafızoğulları/Aygün-Eşitli*, Kamu İdaresine Karşı, 2014, S. 61; *Doğan*, in: FS-Toroslu, 2015, S. 343; anhand eines Beispiels *Gökcan*, YD 2005, S. 489 (506).

d. Konkurrenzen

Für die Konkurrenzen sind die allgemeinen Vorschriften des türk. StGB anzuwenden, weil es keine besondere Vorschrift in der Systematik der Amtsträgerbestechung gibt.[2804]

Wenn die Ausübung der Diensthandlung sich als eine selbstständige Straftat darstellt, ist dabei von der Tatmehrheit auszugehen (Realkonkurrenz).[2805]

Die fortgesetzte Handlung (*Zincirleme Suç*) ist in der Regel möglich.[2806] Da der Staat bzw. die Gesellschaft das Verbrechensopfer ist, ist die Idealkokurrenz entsprechend anwendbar (Art. 43 Abs. 2 i.V.m. Art. 43 Abs. 1 S. 3).[2807] Darüber hinaus ist eine fortgesetzte Straftat i.R.d. Ausführung desselben Tatentschlusses[2808] zu verschiedenen Zeiten möglich (Art. 43 Abs. 1 S. 1).[2809] In solchen Fällen wird die Strafe um ein Viertel bis um drei Viertel verschärft (Art. 43 Abs. 1 S. 2).[2810]

Zwischen den Tathandlungsvarianten ist hier entsprechend eine tatbestandliche Handlungseinheit anzunehmen, falls sie sich auf dieselbe UnRV richten. Ein

---

2804 *Artuk/Gökcen/Yenidünya*, Özel Hükümler, 2013, S. 1058; *Kılıç*, Uluslararası Boyutuyla Rüşvet Suçu, 2013, S. 91.

2805 *Artuk/Gökcen/Yenidünya*, Özel Hükümler, 2013, S. 1058; *Tezcan/Erdem/Önok*, Özel Hükümler, 2013, S. 938; *Özbek* u.a., Özel Hükümler, 2015, S. 1064; *Okuyucu-Ergün*, Rüşvet Suçu, in: Ünver (Hrsg.), Ekonomik Suçlar, 2015, S. 48. *Özgenç*, Rüşvet, 2013, S. 115, stuft diese Straftat als „das Zweckdelikt" der Bestechung ein. In diesem Zusammenhang bestehe dabei ein „Mitteldelikt-Zweckdelikt-Verhältnis", wobei die Bestrafung des Täters wegen der Bestechlichkeit nicht von der Verwirklichung des Zweckdelikts abhängig ist. Der Täter wird demnach unabhängig von der Bestrafung des Zweckdelikts auch wegen der Bestechlichkeit bestraft. Siehe auch dazu *Kılıç*, Uluslararası Boyutuyla Rüşvet Suçu, 2013, S. 91; im Allgemeinen *Göktürk*, CHKD 2014, S. 31 (48).

2806 *Özbek* u.a., Özel Hükümler, 2015, S. 1064; *Karakurt-Eren*, Türk Ceza Kanununda Rüşvet Suçu, 2016, S. 336 ff.; aA *Çakır*, Türk Ceza Hukukunda Rüşvet Suçu, 2013, S. 69; *Özalp*, Türk Ceza Kanununda Rüşvet Suçu, 2018, S. 410.

2807 *Özen*, İrtikap ve Rüşvet Suçları, 2010, S. 216; *Özbek* u.a., Özel Hükümler, 2015, S. 1064.

2808 Dafür ist ein entsprechender Vorsatz vonnöten. Siehe *Özgenç*, Gazi Şerhi, 2006, S. 553.

2809 *Erman/Özek*, Kamu İdaresine Karşı İşlenen Suçlar, 1992, S. 104; *Tezcan/Erdem/Önok*, Özel Hükümler, 2013, S. 938; *Artuk/Gökcen/Yenidünya*, Özel Hükümler, 2013, S. 1058; *Okuyucu-Ergün*, Rüşvet Suçu, in: Ünver (Hrsg.), Ekonomik Suçlar, 2015, S. 48; *Kılıç*, Uluslararası Boyutuyla Rüşvet Suçu, 2013, S. 93; *Doğan*, Türk Ceza Hukukunda Rüşvet Suçu, 2019, S. 127.

2810 Siehe zur Übersetzung *Tellenbach*, Das türkische Strafgesetzbuch, 2008, S. 35.

klares Beispiel aus der Praxis bieten allmählich und teilweise erbrachte Leistungen. Dabei ist aber zu beachten, dass es nur dann gilt, sofern die Tathandlungen auf einen Bestechungsvertrag abzielen.[2811]

Die Anwendbarkeit der Idealkonkurrenz i.S.d. tatbestandlichen Einheit (Art. 44 türk. StGB) ist im türkischen Schrifttum umstritten.[2812] Nach einer Meinung ist hier die Anwendung des Art. 44 nicht möglich.[2813] Hingegen hält die Gegenauffassung eben dies für möglich.[2814] Demzufolge muss der Täter nach dieser Strafvorschrift der Idealkonkurrenz wegen der Straftat, die im Vergleich zu anderen mit der höchsten Strafe bedroht ist, bestraft werden. Das soll auch für die Fälle gelten, in denen ein Konkurrenzverhältnis zwischen der Amtsträgerbestechung und dem anderen Bestechlichkeitstatbestand besteht.[2815]

Ausnahmsweise muss der bestochene Amtsträger außerdem gemäß den besonderen Konkurrenzvorschriften Art. 235 Abs. 4 und Art. 236 Abs. 3 wegen der Ausschreibungsmanipulation bzw. Leistungsmanipulation bestraft werden.[2816] Dies gilt auch auf die Straftat „Fälschung der öffentlichen Urkunden" (Art. 212).[2817]

Nach dem Willen des Gesetzgebers besteht keine Konkurrenz zwischen der Bestechlichkeit und dem Missbrauch des Amtes.[2818] Dies ist in Art. 257 Abs. 1 S. 1 ausdrücklich formuliert, sodass der Täter nicht wegen des Amtsmissbrauchs zu bestrafen ist, soweit die Tat nach einer anderen Bestimmung mit Strafe bedroht ist (die sog. Auffangfunktion[2819]). Auf diese Weise tritt der Amtsmissbrauch im

---

2811 Siehe im Allgemeinen dazu *Göktürk*, CHKD 2014, S. 31 (41).

2812 *Karakurt-Eren*, Türk Ceza Kanununda Rüşvet Suçu, 2016, S. 341 f.; *Doğan*, Türk Ceza Hukukunda Rüşvet Suçu, 2019, S. 128; zur Übersetzung *Tellenbach*, Das türkische Strafgesetzbuch, 2008, S. 36.

2813 *Hafızoğulları/Aygün-Eşitli*, Kamu İdaresine Karşı, 2014, S. 66; *Özbek* u.a., Özel Hükümler, 2015, S. 1064; *Doğan*, Türk Ceza Hukukunda Rüşvet Suçu, 2019, S. 130.

2814 *Kılıç*, Uluslararası Boyutuyla Rüşvet Suçu, 2013, S. 93; *Özalp*, Türk Ceza Kanununda Rüşvet Suçu, 2018, S. 412.

2815 Anhand eines Beispiels *Özalp*, Türk Ceza Kanununda Rüşvet Suçu, 2018, S. 412.

2816 *Artuk/Gökcen/Yenidünya*, Özel Hükümler, 2013, S. 1059.

2817 *Doğan*, Türk Ceza Hukukunda Rüşvet Suçu, 2019, S. 127.

2818 Der Amtsmissbrauch (§ 302 öStGB) im österreichischen Korruptionsstrafrecht steht mit der Bestechlichkeit (§ 304 öStGB) in echter Konkurrenz nach neuer Rechtsprechung. Siehe dazu *Eder-Rieder*, ZIS 2/2014, S. 71 (76); *Schuschschnigg*, Korruptionsstrafrecht, 2015, Rn. 136. Ebenfalls stehen Bestechlichkeit (Art. 319 c.p.) und Amtsmissbrauch (Art. 323 c.p.) beim italienischen Korruptionsstrafrecht in Realkonkurrenz. Siehe *Alten*, Amtsmißbrauch, 2012, S. 260.

2819 Siehe dazu unten § 20 B III.

türkischen Korruptionsstrafrecht aufgrund des Verhältnisses „Grundtatbestand-Spezialtatbestand“ zurück (sog. Subsidiarität bzw. Spezialität des Art. 252 Abs. 2 gegenüber Art. 257).[2820]

Der Art. 13 Abs. 1 des türk. KorrBekG v. 1990 enthält gleichfalls eine besondere Konkurrenzvorschrift. Wegen der Auffangfunktion tritt die unerlaubte „Bereicherung“[2821] zurück. Der Täter muss nur bei solchen Konkurrenzverhältnissen nach Art. 252 Abs. 2 bestraft werden.[2822]

7. *Rechtsfolgen*

a. *Rechtsfolgen der Tat*

Der Gesetzgeber hat ausschließlich eine Freiheitsstrafe von vier bis zu zwölf Jahren vorgesehen. Deshalb darf das Gericht hier eine Geldstrafe nicht anordnen.

Die Tathandlungsvariante „Fordern“ (Art. 254 Abs. 4) fällt gesetzlich unter die minderschweren Fälle. Demgemäß wird die Hauptstrafe obligatorisch auf die Hälfte herabgesetzt.

Die Einziehung zielt auch – wie beim deutschen Strafrecht – auf die Abschöpfung der Gegenstände (Art. 54) ab, die bei der Begehung der Tat verwendet worden sind, und auf die Abschöpfung deliktisch erlangter materieller oder ähnlich konvertierbarer Vorteile (Art. 55).[2823] Hierbei ist darum in erster Linie vom Verfall nach Art. 55 Abs. 1 Gebrauch zu machen, da der Täter mit dem Bestechungsvertrag versucht, einen ungerechtfertigten Vorteil zu erreichen.[2824] Hierbei setzt der Verfall voraus, dass das Tatobjekt entweder in der Verfügungsgewalt des Amtsträgers oder des Profiteur des Drittvorteils stehen muss.[2825] Das gilt auch für die Fälle tätiger Reue i.S.v. Art. 254, weil es dabei noch eine rechtswidrige Straftat vorhanden ist.[2826]

2820 *Artuk*, in: Ünver (Hrsg.), Yolsuzlukla Mücadele, 2014, S. 95; *Özbek* u.a., Özel Hükümler, 2015, S. 1064; vgl. ferner unten § 20 E I.

2821 Siehe dazu unten § 20 E IV und § 23 A IV 5.

2822 *Özalp*, Türk Ceza Kanununda Rüşvet Suçu, 2018, S. 210.

2823 *Özgenç*, in: Ekonomik Suç ve Ceza Sempozyumu, 2005, S. 74; *Özen*, İrtikap ve Rüşvet Suçları, 2010, S. 246.

2824 In diese Richtung auch *Artuk/Gökcen/Yenidünya*, Özel Hükümler, 2013, S. 1065.

2825 Vgl. *Özen*, İrtikap ve Rüşvet Suçları, 2010, S. 246; *Özgenç*, Rüşvet, 2013, S. 119.

2826 Regierungsentwurf mit der Nr. 1/565 v. 30.1.2012, S. 46; *Tezcan/Erdem/Önok*, Özel Hükümler, 2013, S. 942; *Artuk/Gökcen/Yenidünya*, Özel Hükümler, 2013, S. 1061. Vor dem StÄG v. 2012 musste der Gegenstand der Straftat im Dienste der Aufklärung der Tat zurückgegeben werden. Siehe dazu JAB-TBMM v. 6.8.2004, S. 269; kritisch für damalige Rechtslage *Özgenç*, Rüşvet, 2013, S. 111.

Bei der Gewinnabschöpfung nach Art. 55 türk. StGB gelten hier das sog. Bruttoprinzip und der Surrogatverfall. Demnach muss alles, was der Täter durch den Bestechungsvertrag ungerechtfertigt bekommen hat, und der erwartete Gewinn nach der Einschätzung eingezogen werden.

b. Nebenfolgen der Tat (Art. 53)

Als Folge der Verurteilung wegen einer vorsätzlich begangenen Straftat ordnet das Tatgericht darüber hinaus gemäß Art. 53 Abs. 1 ein besonderes Übel,[2827] an, um klarzustellen, dass damit die besonderen Rechte des Verurteilten entzogen worden sind.[2828] Das gilt nur bis zur Verbüßung der Strafe (Art. 53 Abs. 2). Aus diesem Grund kann dies in den Vollzug der Strafe einbezogen werden, sofern die erforderliche Feststellung bezüglich des Entzugs nach Art. 53 Abs. 1 durch das Tatgericht nicht getroffen ist.[2829]

Da der Täter die Tat unter Missbrauch der amtlichen Stellung begangen hat, bestimmt das Gericht außerdem noch eine Sicherungsmaßnahme nach Art. 53 Abs. 5, die nach dem Vollzug der Strafe vollstreckt werden muss. Demgemäß darf der Verurteilte für bestimmte Zeit kein öffentliches Amt ausüben. Diese Aberkennung kann für einen Zeitraum von der Hälfte bis zum vollen Betrag der Gefängnisstrafe andauern.[2830]

2827 Beim türkischen StGB ist es anders als das alte türk. StGB v. 1926 unter den Sicherungsmaßnahmen geregelt. Im Grunde genommen handelt es sich dabei um die „Nebenfolgen der Straftat", namentlich „Nebenstrafe". Siehe dazu BGH, NJW 2008, S. 929 (930); zustimmend *Waßmer*, in: Louis/Glinder/ders. (Hrsg.), Handbuch, 2020, Rn. 543; in diese Richtung auch *Hakeri*, Genel Hükümler, 2010, S. 504; siehe ferner *Özen*, İrtikap ve Rüşvet Suçları, 2010, S. 235 m.w.N.

2828 Die sind wie folgt: Die Anordnung des Verlusts der Amtsfähigkkeit (lit. a); die elterliche Gewalt (lit. c); Aberkennung von Leitung und Aufsicht bei Stiftungen, Vereine, Gewerkschaften, Genossenschaften und Firmen sowie politische Parteien (lit. d); Anordnung des Verlust von Ausübung bestimmter Berufe (lit. e). *Özgenç*, Rüşvet, 2013, S. 118, vertritt dabei die Ansicht, dass das Tatgericht diese zwingenden Folge der Tat nicht im Urteil zu erwähnen sei.

2829 CGK, Urt. v. 3.6.2008, E. 2008/5-56, K. 2008/156; Kassationshof, 5. Strafsenat, Urt. v. 7.4.2011, E. 2008/14801, K. 2011/2813.

2830 *Özgenç*, Rüşvet, 2013, S. 119.

8. *Strafzumessung*

Das Tatgericht bestimmt die schuldangemessene Strafe des Täters gemäß Art. 61 türk. StGB.[2831] Danach sind die folgenden Umstände hier als abschließend relevant:

- Die Art und Weise der Tatbegehung (Art. 61 Abs. 1 lit. a),
- das Tatmittel (Art. 61 Abs. 1 lit. b),
- die Zeit und der Tatort (Art. 61 Abs. 1 lit. c),
- das Tatobjekt (Art. 61 Abs. 1 lit. d),
- der entstandene Schaden und die Gefahr wegen der begangenen Straftat (Art. 61 Abs. 1 lit. e),
- die Intensivität des Vorsatzes (Art. 61 Abs. 1 lit. f),
- das Ziel und Motiv des Täters (Art. 61 Abs. 1 lit. g).

Der Wert der Zuwendung kann demgemäß für die Bestimmung der Strafe eine Rolle spielen.[2832] Fälle, in denen der Täter einen Rechtsanspruch auf den Vorteil hat, sind auch i.d.S. während der Strafzumessung zu berücksichtigen.[2833] In diesem Zusammenhang wiegt ferner der Drittvorteil schwerer als altruistische Bestechung.[2834] Das Zurückgeben oder Nichtannehmen des Vorteils nach dem Abschließen eines Bestechungsvertrags kann auch fakultativ zu einer Strafverminderung führen.[2835]

Es wird unzutreffend in der Lehre vertreten, dass die Strafzumessung i.S.v. Art. 61 türk. StGB eine nur sehr eingeschränkte Anwendung finden könne. Demnach würden allein die geringwertigen Zuwendungen nach dem Ermessen des Gerichts zu berücksichtigen sein.[2836]

Die vorgenommene Diensthandlung bzw. ausgeübte Amtstätigkeit ist bei der Zumessung der Strafe als das Tatobjekt der Straftat zu berücksichtigen.[2837]

Weil das Doppelverwertungsverbot in Art. 61 Abs. 3 ausdrücklich erwähnt wird, darf das besondere Tatmotiv des Täters hierbei nicht nochmals berücksichtigt werden.[2838]

2831 Siehe zur Übersetzung *Tellenbach*, Das türkische Strafgesetzbuch, 2008, S. 51.

2832 *Özgenç*, Rüşvet, 2013, S. 81; *Tezcan/Erdem/Önok*, Özel Hükümler, 2013, S. 940; *Doğan*, Türk Ceza Hukukunda Rüşvet Suçu, 2019, S. 96; vorrangig *Kılıç*, Uluslararası Boyutuyla Rüşvet Suçu, 2013, S. 104.

2833 *Özalp*, Türk Ceza Kanununda Rüşvet Suçu, 2018, S. 207.

2834 *Özalp*, Türk Ceza Kanununda Rüşvet Suçu, 2018, S. 272.

2835 So *Tezcan/Erdem/Önok*, Özel Hükümler, 2013, S. 942.

2836 *Özen*, İrtikap ve Rüşvet Suçları, 2010, S. 252.

2837 *Özalp*, Türk Ceza Kanununda Rüşvet Suçu, 2018, S. 327.

2838 So auch *Kılıç*, Uluslararası Boyutuyla Rüşvet Suçu, 2013, S. 103-104.

Der Rückfall wird zwar nur i.R.d. Gestaltung des Strafvollzugs berücksichtigt, aber er muss im Urteil ausdrücklich erwähnt werden.[2839] Dafür ist im türk. StVollzG ein besonderes Vollzugsregime vorgesehen (Art. 58 Abs. 6 S. 1). Im Gegensatz dazu wurde er unter dem türk. StGB v. 1926 dem obligatorischen Strafschärfungsgrund zugeordnet.[2840] Das Tatgericht bestimmt hier ferner neben der Verurteilung eine „Bewährungszeit" nach dem Strafvollzug (Art. 58 Abs. 6 S. 2).

a. Obligatorischer Strafminderungsgrund (minderschwere Fälle)

Wie oben ausgeführt, führt eine Ablehnung seitens des Aufgeforderten zur Anwendung der Strafvorschrift des Art. 252 Abs. 4. Aus diesem Grund hat der Gesetzgeber solche Konstellationen als obligatorisch strafverminderten Fall unter Strafe gestellt und entsprechend einen besonderen Strafverminderungsgrund dafür vorgesehen. Da hier die Zustimmung des Aufgeforderten fehlt, ist Unrechtsgehalt der Straftat niedriger als im Fall vollendeter Bestechlichkeit.

Die im Ermessen des Tatrichters stehenden Strafmilderungsgründe sind im Art. 62 Abs. 2[2841] mithilfe einer Regelbeispieltechnik zum Ausdruck gebracht. Danach kann die Strafe vor allem abhängig von dem Vorleben, den sozialen Beziehungen und dem Verhalten des Täters nach der Tatbegehung und während des Verfahrens sowie von den künftigen Wirkungen der zu verhängenden Strafe auf den Täter gemildert werden.

b. Obligatorischer Strafschärfungsgrund (besonders schwere Fälle)

Die obligatorischen Strafschärfungsgründe in der türkischen Bestechungsdogmatik kommen in zwei Konstellationen in Betracht.

Der Gesetzgeber hat im beigefügten Artikel mit der Nummer 11 des Verkehrsgesetzes[2842] einen tatbezogenen Strafschärfungsgrund gesehen.[2843] Begeht der Amtsträger, z. B. der Verkehrspolizei, der für die Berichterstattung über kriminelle oder ordnungswidrige Verkehrsfälle zuständig ist, unter Missbrauch des Amtes ein Bestechungsdelikt, lässt sich die zu verhängende Strafe um die Hälfte schärfen.

2839 Kassationshof, 5. Strafsenat, Urt. v. 3.7.2019, 2014/4068 E., 2019/6700 K.
2840 *Roxin/Isfen*, GA 2005, S. 228 (242).
2841 Siehe zur Übersetzung *Tellenbach*, Das türkische Strafgesetzbuch, 2008, S. 52-53.
2842 Gesetz Nr. 2918, RG Nr. 18195 v. 18.10.1983.
2843 *Karakurt-Eren*, Türk Ceza Kanununda Rüşvet Suçu, 2016, S. 267 f.

Im Übrigen muss das Tatgericht in Fällen der fortgesetzten Annahme von Vorteilen die Strafe, wie schon oben unter der Konkurrenz ausgeführt, gemäß Art. 43 Abs. 1 S. 2 um ein Viertel bis um drei Viertel verschärfen.

9. Verjährung

Für die Verfolgungsverjährungsfrist ist der höchste Strafrahmen maßgebend. Danach liegt sie hier bei 15 Jahren (Art. 66 Abs. 1 lit. d i.V.m. Art. 66 Abs. 4).[2844]

Die Verjährung beginnt in der Regel – anders im deutschen Strafrecht – erst mit der Vollendung der Tat (Art. 66 Abs. 6).[2845] Liegt ein Grund, z. B. Vernehmung eines Beschuldigten oder Angeklagten, für die Unterbrechung der Frist vor, so beginnt die Verjährungsfrist ab dem Tag des Eintritts des letzten Unterbrechungsgrunds neu (Art. 67 Abs. 3).[2846]

Bei der Festlegung der Verjährungsfrist ist von einer differenzierten Bewertung der jeweiligen Tathandlungen auszugehen. Liegt nur eine UnRV vor, dann beginnt sie mit dem Zustandekommen des Bestechungsvertrags. Geht es im konkreten Fall jedoch um eine Vorteilsverschaffung, dann beginnt die Verjährungsfrist mit der Verschaffung des Vorteils.[2847] In diesem Zusammenhang lässt sich sagen, dass diese Ansicht aufgrund des Erfolgsdeliktscharakters der Tathandlung, auf die materielle Beendigung abstellt hat. Allerdings wird die Frage, ob sie hierbei mit der tatsächlichen Annahme des ersten oder letzten Vorteils entscheidend ist, im Schrifttum nicht behandelt.

In Bezug auf die Tathandlungsmodalität „Fordern" ist die Frist ab der Ablehnung des Aufgeforderten festzulegen.

10. Strafprozessuales

Die staatsanwaltschaftlichen Ermittlungen in Amtsdelikten dürfen in der Regel aufgrund des besonderen Gesetzes über das Beamtenverfahren[2848] nur mit einer vorherigen Zustimmung der zuständigen Behörde durchgeführt werden.[2849] Aufgrund des Art. 17 des türk. KorrBekG v. 1990 kann der Staatsanwalt aber direkt und ohne vorherige Zustimmung gegen die Tatverdächtigen in

---

2844 Siehe zur Übersetzung *Tellenbach*, a.a.O., S. 54-55.

2845 *Koca/Üzülmez*, Ceza Hukuku, 2015, S. 681.

2846 Siehe zur Übersetzung *Tellenbach*, a.a.O., S. 56.

2847 *Karakurt-Eren*, Türk Ceza Kanununda Rüşvet Suçu, 2016, S. 259; vgl. ferner *Önder*, Özel Hükümler, 1991, S. 139; *Koca/Üzülmez*, Ceza Hukuku, 2015, S. 681.

2848 Gesetz Nr. 4483, RG Nr. 23896 v. 4.12.1999.

2849 *Özen*, İrtikap ve Rüşvet Suçları, 2010, S. 254.

Korruptionsdelikten wie Bestechung und Extortion die Ermittlungen führen.[2850] Außerdem verlangt die Staatsanwaltschaft in Fällen, in denen ein konkreter Verdacht auf Korruptionstaten besteht, die Offenlegung des Vermögens i.R.d. Art. 19 Abs. 2 türk. KorrBekG.[2851]

Die Ermittlungen wegen des Verdachts der Bestechlichkeit werden demnach anhand der besonderen Vorschriften, die im türk. KorrBekG, namentlich im *Gesetz zur Angabe über Vermögenswerte und zur Bekämpfung der Bestechung und Korruptionen* mit der Nr. 3628 v. 1990, geregelt sind, geführt. Dabei ist aber zu beachten, dass dieses Gesetz Privilegierungsvorschriften hat. Laut Art. 17 Abs. 2 türk. KorrBekG bilden einerseits Ministerhelfer (zuvor: Staatssekretäre) und Provinzgouverneure sowie Bezirkshauptmänner einen Ausnahmekreis.[2852] Auf der anderen Seite bleiben die anderen Privilegierungsvorschriften, die in besonderen Gesetzen für bestimmte Amtsträger (z. B. Präsident, Minister, Abgeordnete, Stabschef, Richter von Kassations- und Rechnungshof, Rechtsanwälte) vorgesehen sind, unberührt (Art. 17 Abs. 3 türk. KorrBekG). Doch ist eine Festnahme auf frischer Tat Betroffener stets möglich.[2853]

Die Fälle, in denen es während des Hauptverfahrens um die Änderung der Bezeichnung der Tat, z. B. von der Bestechlichkeit zu Amtsmissbrauch geht, sind hier besonders erwähnenswert. Nach einer Ansicht ist dabei davon auszugehen, dass das Gericht die Hauptverhandlungen gemäß Art. 223 Abs. 8 S. 2 türk. StPO bis zur erforderlichen Zustimmung einstellen müsse.[2854] Dagegen vertreten die Gegenmeinung und der Kassationshof zutreffend die Auffassung, dass die Hauptverhandlung in diesem Fall ohne weiteres durchgeführt wird.[2855] Denn der Amtsmissbrauch umfasst u. U. die unrechtmäßige nachträgliche Belohnung.[2856]

2850 *Özen*, İrtikap ve Rüşvet Suçları, 2010, S. 255; *Artuk/Gökcen/Yenidünya*, Özel Hükümler, 2013, S. 1063; *Özbek* u.a., Özel Hükümler, 2015, S. 1065.

2851 Vgl. M. *Koca* u.a., HMT, 2013, S. 8. Nach *Karakurt-Eren*, Türk Ceza Kanununda Rüşvet Suçu, 2016, S. 407, ist es als eine seperate Zwangsmaßnahme außer der türk. StPO anzusehen.

2852 *Tellenbach*, in: Eser/Überhofen/Huber (Hrsg.), Korruptionsbekämpfung durch Strafrecht, 1997, S. 643; *Karakurt-Eren*, Türk Ceza Kanununda Rüşvet Suçu, 2016, S. 402.

2853 Siehe dazu eingehend *Uğur*, Rüşvet ve Yolsuzluklarla Mücadele Kanunu, 2010, S. 318 ff.; *Karakurt-Eren*, Türk Ceza Kanununda Rüşvet Suçu, 2016, S. 414 ff.

2854 *Artuk/Gökcen/Yenidünya*, Özel Hükümler, 2013, S. 1064; *Özen*, İrtikap ve Rüşvet Suçları, 2010, S. 256.

2855 Siehe dazu *Doğan*, Türk Ceza Hukukunda Rüşvet Suçu, 2019, S. 140 m.w.N.

2856 Siehe dazu unten § 20 E I.

Das bezieht sich danach auf Art. 1 des türk. KorrBekG,[2857] der das Ziel des Gesetzes zum Ausdruck bringt. Da die Vorbeugung und Verfolgung des unrechtmäßigen Vermögenserwerbs dabei als das wichtigste Ziel des Gesetzes bestimmt ist, ist die Hauptverhandlung entsprechend ohne weitere Zustimmung durchzuführen.

Im türkischen Strafprozessrecht ist keine besondere Strafkammer für Wirtschaftsdelikte vorgehsehen. Das zuständige Gericht für die Hauptverhandlung ist das Schwurgericht (*Ağır Ceza Mahkemesi*), das wörtlich als „Gericht für schwere Strafsachen"[2858] übersetzt werden kann. Denn der Strafrahmen der Bestechung überschreitet die zehnjährige Obergrenze (Art. 12 türk. Gerichtsverfassungsgesetz[2859]). Ein Verstoß gegen diese Zuständigkeitsregelung fällt unter die absoluten Revisionsgründe.[2860]

Der Tatort, an dem der Täter begonnen hat, die Tat zu begehen, begründet die primäre örtliche Zuständigkeit (Art. 12 Abs. 1 türk. StPO).[2861]

Grundsätzlich ist die Anordnung der besonderen Zwangsmaßnahmen unter dem dringenden Tatverdacht möglich, da die Straftat Bestechung (Art. 252) unter den Katalogstraftaten gezählt ist. Dies sind die Telekommunikationsüberwachung (Art. 135 Abs. 8 lit. a Nr. 12 türk. StPO) und die Observation durch technische Mittel (Art. 140 Abs. 1 lit. a Nr. 9 türk. StPO).

Besteht ein dringender und konkreter Verdacht darauf, dass Gegenstände durch die Bestechung erworben sind, kann das zuständige Schwurgericht ferner die Beschlagnahme von Immobilien, Forderungsrechte und Guthaben anordnen (Art. 128 Abs. 2 lit. a Nr. 15 i.V.m. Art 128 Abs. 9 türk. StPO).

Die Einsetzung eines verdeckten Ermittlers gemäß Art. 139 türk. StPO ist nicht möglich, da Art. 252 türk. StGB nicht zu den Katalogtaten gehört.[2862] Von daher ist nicht klar, ob Zufallsfunde aus diesem Bereich im Strafprozess verwertbar sind. Nach einer zutreffenden Ansicht dürften Zufallsfunde durch den verdeckten Ermittler verwertet werden, wenn sie i.R.d. verbrecherischen Tätigkeiten einer Bande gewonnen sind (Art. 139 Abs. 4 türk. StPO).[2863]

2857 Andere Ansicht *Doğan*, in: FS-Toroslu, 2015, S. 344; zur Übersetzung *Yoldas*, Verwaltung und Moral in der Türkei, 2000, S. 190.

2858 *Tellenbach*, Einführung, 2003, S. 271. Siehe ferner *Yenisey*, ZStW 1997, S. 243 (258).

2859 Gesetz Nr. 5235, RG Nr. 25606 v. 7.10.2004.

2860 Kassationshof, 5. Strafsenat, Urt. v. 15.5.2019, E. 2015/10480, K. 2019/5328.

2861 *Kunter/Yenisey/Nuhoğlu*, Ceza Muhakemesi Hukuku, 2008, S. 391.

2862 *Karakurt-Eren*, Türk Ceza Kanununda Rüşvet Suçu, 2016, S. 430.

2863 CGK, Urt. v. 19.02.2013, 2011/5 -137 E., 2013/58 K.; *Karakurt-Eren*, Türk Ceza Kanununda Rüşvet Suçu, 2016, S. 430.

Für die Durchsuchung und Beschlagnahme, wobei für ihre Anordnung keine Katalogtaten vorgesehen sind, gelten die allgemeinen Vorschriften.[2864]

Die Anordnung der Untersuchungshaft durch den Untersuchungsrichter kann unter Umständen nach Art. 101 türk. StPO in Frage kommen, obwohl die Bestechung nicht unter die Katalogtaten der Haftgründe (Art. 100 türk. StPO) fällt. Ein Haftungsgrund liegt dann vor, wenn festgestellt wird, dass der Beschuldigte flüchtig ist oder sich verborgen hält. Darüber hinaus besteht ein Haftungsgrund dann, wenn Verdunkelungsgefahr besteht.[2865]

Von einer Verfahrenseinstellung durch die Staatsanwaltschaft gemäß Art. 171 Abs. 1 türk. StPO kann grundsätzlich nur dann Gebrauch gemacht werden, wenn der persönliche Strafausschließungsgrund „tätige Reue" der Amtsträgerbestechung (Art. 254) vorliegt.[2866]

Im Rahmen des Art. 18 Abs. 2 türk. KorrBekG kann sich die Staatskasse auf dessen Antrag und mit Zustimmung des Schwurgerichts gemäß Art. 237 türk. StPO an der öffentlichen Anklage beteiligen.[2867] Fehlt die formelle Überprüfung des Antrags der Staatskasse bezüglich der Beteiligung am Hauptverfahren, ist die Revision aus formalrechtlicher Sicht abzulehnen, weil dies während der Hauptverhandlung vernachlässigt wird.[2868] Somit kann die Staatskasse dank dieser Vorschrift ggf. als Verfahrensbeteiligter in Gestalt des Verletzten an der Hauptverhandlung teilnehmen.

Gemäß Art. 18 Abs. 5 türk. KorrBekG darf bis zur Erhebung der öffentlichen Klage keine Berichterstattung veröffentlicht werden.[2869]

2864 *Karakurt-Eren*, Türk Ceza Kanununda Rüşvet Suçu, 2016, S. 432.

2865 *Karakurt-Eren*, Türk Ceza Kanununda Rüşvet Suçu, 2016, S. 432-433.

2866 *Özen*, İrtikap ve Rüşvet Suçları, 2010, S. 259; *Artuk/Gökcen/Yenidünya*, Özel Hükümler, 2013, S. 1062.

2867 *Uğur*, Rüşvet ve Yolsuzluklarla Mücadele Kanunu, 2010, S. 373; *Karakurt-Eren*, Türk Ceza Kanununda Rüşvet Suçu, 2016, S. 406.

2868 Kassationshof, 5. Strafsenat, Urt. v. 22.5.2019, E. 2015/10757, K. 2019/5561; Kassationshof, 5. Strafsenat, Urt. v. 20.5.2019, E. 2015/10762, K. 2019/5483.

2869 *Karakurt-Eren*, Türk Ceza Kanununda Rüşvet Suçu, 2016, S. 406, spricht dabei von der Verfassungswidrigkeit der Norm, weil der Gesetzgeber ein absolutes und damit unverhältnismäßiges Verbot vorgesehen hat.

II. Bestechung (Art. 252 Abs. 1)

1. Das geschützte Rechtsgut

Für den Schutz und die Gewährleistung der oben genannten normativen Werte, also die Legitimation des Bestechungsdelikts i.e.S., hat der türkische Gesetzgeber bewusst die zwei Seiten des Unrechtsgeschäfts in verschiedenen Absätzen unter Strafe gestellt.

2. Rechtsnatur des Delikts

Für das Bestechungsdelikt i.e.S. gilt das oben zur Rechtsnatur der Bestechungsdelikte Gesagte auch hier entsprechend.

3. Tatbestandsmerkmale (Strafbarkeitsvoraussetzungen)

a. Objektive Tatbestandsmerkmale

aa. Tauglicher Täter (Tatsubjekt = Täterkreis)

Der Täterkreis ist allgemein, es handelt sich um ein Jedermannsdelikt. Es ist insofern keine besondere Eigenschaft erforderlich, jemand als tauglichen Täter der Bestechung i.e.S. einzustufen.[2870]

bb. Tatziel: Eine Tätigkeit in Ausübung des Amtes

Aus Sicht des Bestochenen bildet eine Tätigkeit in Ausübung des Amtes das Tatziel der aktiven Bestechung.[2871] Dies stellt – wie schon erwähnt – den Bezugspunkt aller Varianten der Tatbegehung dar. Das Tatziel muss objektiv vom Amtsträger durchsetzbar sein, um hierbei über eine tatbestandliche Leistung sprechen zu können.[2872]

cc. Tatobjekt: Ungerechtfertigter Vorteil

Auf Seiten des Bestochenen ist der ungerechtfertigte Vorteil Gegenstand der Bestechung. Diese Logik wird auch in mittelbarer Weise in Art. 254 Abs. 1 S. 1

2870 *Toroslu*, Özel Kısım, 2015, S. 303; *Özgenç*, Rüşvet, 2013, S. 113.

2871 Vgl. *Şahin*, in: Ekonomik Suç ve Ceza Sempozyumu, 2005, S. 70.

2872 *Özbek* u.a., Özel Hükümler, 2015, S. 1054.

als „Gegenstand der Bestechung" zum Ausdruck gebracht. Den Gegenstand der Bestechung bildet also jeder tatbestandliche Vorteil.[2873]

dd. Tathandlungen

(1). Anbieten (Art. 252 Abs. 4)

Wie oben ausgeführt, wurden die einseitigen Tathandlungsvarianten erst durch das StÄG v. 2012 in Art. 252 erfasst. Während der ersten Fassung der Bestechung ging der Kassationshof zum Teil zu Unrecht von der Beleidigung gegen Amtsträger (Art. 125 Abs. 3 lit. a) und zum Teil vom Versuch (Art. 35) zur Bestechung aus.[2874]

Die freiwillige und objektiv erkennbare Offerte des Täters muss sich auf ein dienstliches Handeln richten und der Amtsträger muss von diesem Anbieten Kenntnis nehmen.[2875] Anschließend muss diese Offerte des Extraneus abgelehnt werden.[2876] Diese Handlungsmodalität ist insofern kein Interaktionsdelikt.[2877]

Wie oben beschrieben, wird die einseitige Handlung „Fordern" im Schrifttum und in der Praxis als eine Versuchsform der Bestechung angesehen. Diese Ansicht gilt ebenfalls für das „Anbieten", weil es das Gegenstück zu Fordern ist.

(2). Abschließen eines Bestechungsvertrags (Art. 252 Abs. 3)

In Art. 252 Abs. 3 macht der Gesetzgeber keinen Unterschied zwischen den Bestechungspartnern. Demzufolge gilt das oben zum Abschließen eines Bestechungsvertrags Gesagte auch für die aktive Seite der Bestechung. Durch die Verabredung des Extraneus mit dem Amtsträger ist die Tat also vollendet.[2878]

(3). Verschaffen eines Vorteils (Art. 252 Abs. 1)

Die Tat ist vollendet, falls der Vorteil der Verfügungszone des Empfängers oder des Profiteurs, im Fall des Drittvorteils, zugeführt ist.[2879]

2873 *Gürelli*, Rüşvet ve İrtikap Cürümleri, 1954, S. 76; *Özen*, İrtikap ve Rüşvet Suçları, 2010, S. 198; *Özgenç*, Rüşvet, 2013, S. 80; *Artuk*, in: Ünver (Hrsg.), Yolsuzlukla Mücadele, 2014, S. 93.

2874 *Özbek* u.a., Özel Hükümler, 2015, S. 1046, 1058-1059.

2875 *Özen*, İrtikap ve Rüşvet Suçları, 2010, S. 179.

2876 *Tezcan/Erdem/Önok*, Özel Hükümler, 2013, S. 937.

2877 Vgl. *Hafızoğulları/Aygün-Eşitli*, Kamu İdaresine Karşı, 2014, S. 65.

2878 *Artuk/Gökcen/Yenidünya*, Özel Hükümler, 2013, S. 1038.

2879 *Özbek* u.a., Özel Hükümler, 2015, S. 1051; *Özalp*, Türk Ceza Kanununda Rüşvet Suçu, 2018, S. 258.

(4). Bestimmungsversuch

Wie oben ausgeführt, spielt der Versuch des Täters zur Bestechung unter bestimmten Bedingungen i.R.d. türkischen Bestechungsstrafrechts eine Rolle. Wenn ein Bestimmungsversuch zur Beeinflussung (z. B. ein Bestechungsanbieten unter einer Bedingung) vorliegt, dann begeht der Täter nach der Ansicht des Kassationshofs die Straftat „Beleidigung gegen einen Amtsträger" (Art. 125 Abs. 3 lit. a).[2880] Im türkischen Bestechungsstrafrecht existiert also keine solche Tathandlungsvariante wie ein Bestimmungsversuch im deutschen System.

ee. Zeitliche Orientierung

Die Bestechungstatbestände haben dieselbe Orientierung wie der Bestechlichkeitstatbestand.

ff. Kausalität

Wie oben gesagt, ist das objektivierte subjektives Beziehungsverhältnis, kurz als „Amtshandlung gegen Vorteil", für jede der drei Stationen der Tatbegehung unabdingbar. Anderenfalls bleibt die Bestechung außer Betracht.

b. Subjektive Tatbestandsmerkmale

Das oben zu den subjektiven Tatbestandsmerkmalen der Bestechlichkeit Gesagte gilt hier auch für den Bestochenen entsprechend. Der Täter muss also vor der Begehung der Tat spiegelbildlich die zukunftsorientierte und den Vorsatz vorbereitende Vorstellung haben. Dies legt den besonderen Beweggrund des Täters dar. Ohne dieses besonderes subjektives Tatbestandsmerkmal kann der Straftatbestand nicht erfüllt werden.

4. Strafausschließungs- und Strafaufhebungsgründe

Zunächst ist zu erwähnen, dass die sich auf die Bestechlichkeit beziehenden Strafausschließungs- und Strafaufhebungsgründe wegen der limitierten Akzessorietät der Teilnahme (Art. 40 Abs. 1 S. 2 türk. StGB) nicht ohen weiteres für den auf der notwendigen Seite der Bestechlichkeit stehenden Beteiligten, nämlich für

---

2880 CGK, Urt. v. 4.5.1987, 600/245; zustimmend Kassationshof, 5. Strafsenat, Urt. v. 22.5.2019, E. 2015/10807, K. 2019/5555; zustimmend *Kundakçı* u.a., HMT 2013, S. 8.

den Bestechenden, gelten.[2881] Denn jeder (notwendige) Teilnehmer muss in solchen Fällen „nach seiner eigenen schuldhaften Tat“[2882] bestraft werden.

a. Innerer Vorbehalt des Täters

Wie oben ausgeführt wurde, ist dieses Problem in der türkischen Lehre umstritten. Es wird mehrheitlich vertreten, dass der innere Vorbehalt des Täters nicht beachtlich sei, weil das geschützte Rechtsgut auch hier verletzt wird. Auf diese Weise knüpft der *dolux ex re* an den äußeren Schein des Täters an.[2883]

b. Überführungsabsicht

Die herrschende Doktrin und die Praxis gehen davon aus, dass der Bestechungsvertrag in solchen Fällen nicht zustande kommt. Der Täter, der eine Überführungsabsicht verfolgt, bleibt insofern straflos.[2884]

c. Vortäuschung

Die vorgetäuschte Zuwendung des Extraneus ist keine echte Zuwendung. Insofern kommt eine vollendete Vorteilsverschaffung nicht in Frage. Darüber hinaus ist – wie oben erwähnt – nicht die innere Seite des Täters, sondern die objektiv feststellbare Willenserklärung für das Zustandekommen eines Bestechungsvertrags maßgebend. Aus diesem Grund bedarf eine Vortäuschung des Extraneus keiner weiteren Erörterung.

d. Nötigung

Fälle, in denen es sich um eine Androhung auf Seiten des Vorteilsnehmers für einen Vorteil handelt, hat der türkische Gesetzgeber einen besonderen Tatbestand geschaffen, danach wird der Amtsträger nach Art. 250 Abs. 1 bestraft.[2885] Das Drohen mit einer Nachteilszufügung führt also nicht zur Bestechung.[2886] Denn der Androhende steht in einem Nötigungsnotstand und damit handelt er

2881 *Özbek* u.a., Özel Hükümler, 2015, S. 1065; *Doğan*, in: FS-Toroslu, 2015, S. 348; *Özalp*, Türk Ceza Kanununda Rüşvet Suçu, 2018, S. 322.

2882 *Roxin/Isfen*, GA 2005, S. 228 (240).

2883 Vgl. *Özbek* u.a., Özel Hükümler, 2015, S. 1054; *Özen*, İrtikap ve Rüşvet Suçları, 2010, S. 179.

2884 *Özbek* u.a., Özel Hükümler, 2015, S. 1044; siehe ferner oben § 18 A I 4 b.

2885 *Tezcan/Erdem/Önok*, Özel Hükümler, 2013, S. 932; *Hafızoğulları/Aygün-Eşitli*, Kamu İdaresine Karşı, 2014, S. 58; *Karakurt-Eren*, Türk Ceza Kanununda Rüşvet Suçu, 2016, S. 292 f.

2886 CGK, Urt. v. 1.6.1942, 4-128/134; *Önder*, Özel Hükümler, 1991, S. 131.

nicht rechtswidrig.[2887] Der Orientierungspunkt des objektiv feststellbaren psychischen Zwangs des zuständigen Amtsträgers ist hierbei grundsätzlich die Vorstellungen des Opfers.[2888]

Geht der Androhende davon aus, dass das betroffene Übel für sich einen Vorteilscharakter hat und der Bedrohte nicht mehr als Erpressungsopfer der Tat erscheint, ist zu beachten, dass er sich strafbar macht. In diesem Fall müssen beide Seiten spiegelbildlich wegen Bestechung bestraft werden.[2889]

e. Notstand

Das oben zum Notstand Gesagte gilt auch hier.[2890]

f. Die Lehre von der Sozialadäquanz

Die Anwendbarkeit der Lehre von der Sozialadäquanz auf die Bestechungsdelikte ist, wie oben dargestellt, nicht klar. Die sozialüblichen und die geringwertigen Zuwendungen stehen in enger Verbindung mit dieser Lehre.[2891]

g. Genehmigung

Im türkischen Strafrecht gibt es weder für die Bestechung i.e.S. und noch für die Bestechlichkeit eine Genehmigungsregelung.[2892]

h. Nicht verbotene Geschenke und zulässige Spende

Wie erwähnt, beziehen sich die einseitigen und daher nicht reziproken Dankeschönvorteile mangels erforderlichen Kausalzusammenhangs nicht auf Bestechung.[2893]

i. Sponsoring

Die bestechungsstrafrechtliche Bedeutung des Sponsorings setzt erst dann ein, wenn es objektiv feststellbar ist, dass die Leistung der rechtmäßig gesponserten Person die Gegenleistung von einem konkreten dienstlichen Handeln im

---

2887 *Küçükince*, Rüşvet Suçu, 2007, S. 84, geht dabei von dem Fehlen des erforderlichen Vorsatzes.

2888 Siehe dazu unten § 20 E II.

2889 *Özbek* u.a., Özel Hükümler, 2015, S. 1044; siehe ferner oben § 14 A II 4 e.

2890 Siehe oben § 18 A I 4 f.

2891 Siehe oben § 18 A I 4 g.

2892 Siehe oben § 18 A I 4 h.

2893 Siehe oben § 18 A I 4 i.

Zusammenhang mit der Amtsausübung darstellt. Dies gilt auch für die Drittmittel.[2894]

j. Tätige Reue (Art. 254 Abs. 2)

Dieses Rechtsinstitut ist zutreffend spiegelbildlich geregelt. Deshalb kann es auch strafbefreiend zugunsten des Bestochenen von ihr Gebrauch gemacht werden.[2895] Das kommt aber nur dann in Betracht, wenn der Vorteilsgeber sich reuig zeigt und die Ermittlungsbehörden von der Sachlage unterrichtet, bevor eine Behörde von der Sachlage erfahren hat (Art. 254 Abs. 2). Aus diesem Grund setzt die strafbefreiende Reue der aktiven Seite von Bestechung, anders als Art. 254 Abs. 1 nicht das Übergeben des Tatobjekts voraus.

Dies gilt auch „unabhängig von den Tätern“[2896] für die Beteiligten der Straftat, wenn sie sich reuig zeigen und die Ermittlungsbehörden von der Sachlage unterrichten, bevor eine Behörde von der Sachlage erfahren hat (Art. 254 Abs. 3).[2897]

5. Irrtum

Da in der türkischen Bestechungsstrafrechtsdogmatik einerseits gesetzlich keine zeitliche Unterscheidung zwischen vergangener und künftiger Amtshandlung getroffen wurde und andererseits keine dienstliche Qualifikation der Handlung gegeben ist, sind die Bewertung von Irrtumskonstellationen einfacher als im deutschen Strafrecht.

Der Irrtum über die rechtliche Stellung ist beachtlich. Der Täter bleibt damit straflos.[2898] Auch führt der Irrtum des Täters über den primären Kausalzusammenhang zur Straflosigkeit. Danach macht er sich nicht strafbar wegen der Bestechung.[2899] In diesem Punkt lässt sich sagen, dass die irrige Annahme des Täters über ein objektives Tatbestandsmerkmal beachtliche Irrtumskonstellationen, mit anderen Worten untaugliche Versuchsfälle darstellen. Das hat zur Folge, dass der Täter i.R.d. Art. 252 straflos bleibt.

2894 Siehe oben § 18 A I 4 j.

2895 *Özgenç*, Rüşvet, 2013, S. 110; siehe ferner oben § 18 A I 4 k.

2896 *Artuk/Gökcen/Yenidünya*, Özel Hükümler, 2013, S. 1062.

2897 *Özgenç*, Rüşvet, 2013, S. 112.

2898 *Öztunç*, Legal HD 2011, S. 2683 (2691); *Özalp*, Türk Ceza Kanununda Rüşvet Suçu, 2018, S. 306, 321.

2899 *Öztunç*, Legal HD 2011, S. 2683 (2691); *Kılıç*, Uluslararası Boyutuyla Rüşvet Suçu, 2013, S. 81.

6. *Besondere Erscheinungsformen der Straftat*

a. *Täterschaft und Teilnahme*

Auch hier gilt das oben zur Bestechlichkeit Gesagte entsprechend.[2900] Die Bestrafung des Vermittlers als Mittäter nach Art. 252 Abs. 5 gilt demgemäß für die drei Stationen der Tatbegehung, nämlich „die Übermittlung des Angebots an die andere Seite" und „Mittlerdienste beim Zustandekommen des Bestechungsvertrags" sowie „Mittlerdienste bei der Vorteilsverschaffung".[2901] Darüber hinaus wird der Außenstehende zum Besitz des Drittvorteils auch gemäß Art. 252 Abs. 6 ohne eine Amtsträgereigenschaft als Mittäter bestraft.

b. *Versuch und Rücktritt*

Das oben zu Versuch und Rücktritt Gesagte gilt hier spiegelbildlich. Danach stellt die Nichtzustimmung des Amtsträgers einen Versuch dar.[2902] Ein strafbefreiender Rücktritt nach einer Abschließung der UnRV ist ferner nicht möglich.

Der Bestimmungsversuch des Täters unter diesem Vorbehalt stellt keinen Versuch der Bestechung dar. Laut Kassationshof handelt es sich um einen absoluten Revisionsgrund, falls das Tatgericht einen Versuch zur Bestechung annimmt.[2903]

c. *Unterlassung*

Die Unterlassung ist kein Thema für den Bestochenen, weil er keine Pflichtenstellung hat.

d. *Konkurrenzen*

Wie im deutschen Recht ist, falls die vorgenommene Diensthandlung eine selbstständige Straftat ist, der Bestochene wegen der Anstiftung zum begangenen Zweckdelikts zu bestrafen.[2904] Der Täter macht sich in Tateinheit nach Art. 44 türk. StGB schuldig, wobei der Täter wegen der Straftat bestraft wird, die mit der höchsten Strafe bedroht ist.

2900 Siehe dazu oben § 18 A I 6 a.

2901 *Hafızoğulları/Aygün-Eşitli*, Kamu İdaresine Karşı, 2014, S. 67.

2902 *Artuk/Gökcen/Yenidünya*, Özel Hükümler, 2013, S. 1038; *Özgenç*, Rüşvet, 2013, S. 96; *Özen*, İrtikap ve Rüşvet Suçları, 2010, S. 210.

2903 Kassationshof, 5. Strafsenat, Urt. v. 22.5.2019, E. 2015/10807, K. 2019/5555.

2904 *Artuk/Gökcen/Yenidünya*, Özel Hükümler, 2013, S. 1058; *Özgenç*, Rüşvet, 2013, S. 116; *Kılıç*, Uluslararası Boyutuyla Rüşvet Suçu, 2013, S. 92.

7. *Rechtsfolgen*

a. *Rechtsfolgen der Tat*

Der Bestechende wird nicht milder als der Bestochene bestraft. Der Gesetzgeber hat also keine Unterscheidung zwischen der Strafe für Bestechlichkeit und der Strafe für Bestechung im engeren Sinne gemacht. Das oben zu den Rechtsfolgen der Bestechlichkeit Gesagte gilt demnach auch für den Bestechenden. Danach kann das Gericht nur eine Gefängnisstrafe von vier bis zu zwölf Jahren anordnen.[2905]

Der ungerechtfertigte Vorteil stellt sich als ein Tatmittel dar. Deshalb ist der Verfall nach Art. 55 Abs. 1 nicht anwendbar; es muss vielmehr von der Einziehung gemäß Art. 54 Abs. 1 Gebrauch gemacht werden.[2906] Darüber hinaus werden die durch die rechtswidrige Tat erlangten Vorteile abgeschöpft.

Der Vorteil oder die Vorteile sind einzuziehen, auch wenn die Vorschriften bezüglich der tätigen Reue zugunsten des Vorteilsgebers verwendet werden.[2907]

b. *Nebenfolgen der Tat*

Für den Entzug bestimmter Rechte ist eine vorsätzlich begangene Tat entscheidend. Als Folge der Verurteilung wegen einer vorsätzlich begangenen Straftat hat das Tatgericht Art. 53 Abs. 1 anzuwenden,[2908] der bis zur Beendigung des Strafvollzugs berücksichtigt wird.[2909]

c. *Sicherungsmaßnahmen für juristische Personen (Art. 253)*

Nach dem Willen des Gesetzgebers können keine strafrechtlichen Sanktionen gegen juristische Personen verhängt werden (Art. 20 Abs. 2 S. 1). Die Sicherungsmaßnahmen bleiben jedoch unberührt (Art. 20 Abs. 2 S. 2).[2910]

2905 *Artuk/Gökcen/Yenidünya*, Özel Hükümler, 2013, S. 1064; *Hafızoğulları/Aygün-Eşitli*, Kamu İdaresine Karşı, 2014, S. 64.

2906 Kassationshof, 5. Strafsenat, Urt. v. 16.5.2019, E. 2015/10731, K. 2019/5366.

2907 JAB-TBMM Nr. 278 v. 12.6.2012, S. 25; *Özgenç*, Rüşvet, 2013, S. 109; *Tezcan/Erdem/Önok*, Özel Hükümler, 2013, S. 941; *Artuk/Gökcen/Yenidünya*, Özel Hükümler, 2013, S. 1061.

2908 Siehe oben § 18 A I 7 b.

2909 Kassationshof, 5. Strafsenat, Urt. v. 20.5.2019, E. 2015/10803, K. 2019/5434.

2910 *Fırat*, Tüzel Kişinin Ceza Sorumluluğu, 2019, S. 300; zur Übersetzung *Tellenbach*, Das türkische Strafgesetzbuch, 2008, S. 24.

Das türk. StGB sieht ausdrücklich vor, dass die Sicherungsmaßnahmen[2911] auch gemäß Art. 253 gegen juristische Personen verhängt werden, wenn die Bestechung zum Nutzen der juristischen Person begangen worden ist.[2912] Diese werden im Art. 60 türk. StGB aufgelistet.[2913] Dies sind das Zurücknehmen der dienstlichen Genehmigung (Art. 60 Abs. 1) und die Anwendung von Einziehungs- und Verfallvorschriften (Art. 60 Abs. 2).[2914]

Liegt eine Tat, die zum Nutzen der juristischen Person begangen worden ist, vor, so findet zutreffend außerdem das Gesetz über die Ordnungswidrigkeiten[2915] Anwendung.[2916] Das zuständige Schwurgericht ordnet danach die Geldbuße gegen die betroffene juristische Person neben der Hauptstrafe an (Art. 43/A Abs. 2).[2917]

8. *Strafzumessung*

Ist der Bestochene ein Amtsträger, kann das Gericht die Strafe unter seinem Ermessen, also gemäß Art. 66 türk. StGB erhöhen.[2918] Im Übrigen gilt hier das oben zu Art. 252 Abs. 2 Gesagte sinngemäß.[2919]

9. *Verjährung*

Die Tatbestände Bestechlichkeit und Bestechung haben spiegelbildlich identischen Vollendungszeitpunkte.[2920]

2911 Im eigentlichen Sinne geht es hier um nicht eine Sicherungsmaßnahme, sondern eine „Nebenfolge der Straftat". Siehe *Özen*, İrtikap ve Rüşvet Suçları, 2010, S. 234.

2912 *Özen*, İrtikap ve Rüşvet Suçları, 2010, S. 247.

2913 *Tezcan/Erdem/Önok*, Özel Hükümler, 2013, S. 942; *Toroslu, Özel Kısım*, 2015, S. 307.

2914 *Roxin/Isfen*, GA 2005, S. 228 (243).

2915 Gesetz Nr. 5326, RG Nr. 25772 v. 31.3.2005.

2916 *Karakurt-Eren*, Türk Ceza Kanununda Rüşvet Suçu, 2016, S. 456; siehe ferner *Özgenç*, Rüşvet, 2013, S. 121 f.

2917 Gemäß Art. 15 Abs. 3 des türk. OWiG darf keine Geldbuße angeordnet werden, wenn die Tat nach dem türk. StGB bestraft wird. Die Geldbuße ist demnach im türkischen Ordnungswidrigkeitenrecht in der Regel subsidiär. Hingegen ist der Art. 43/A türk. OWiG im Dienste der Korruptionsbekämpfung die Ausnahme dieses Grundprinzips. Siehe dazu *Uğur*, TBBD 2009, S. 189 (195-196).

2918 *Artuk/Gökcen/Yenidünya*, Özel Hükümler, 2013, S. 1043.

2919 Siehe dazu oben § 18 A I 8.

2920 Siehe dazu oben § 18 A I 9.

10. Strafprozessuales

Das oben zu der strafprozessualen Seite der Bestechlichkeit Gesagte gilt spiegelbildlich. Insofern kann dazu auf § 18 A I 10 verwiesen werden.

Hierbei ist besonders zu betonen, dass die Gerichtsverhandlung nicht in jedem Fall aufgrund der sachlichen Zusammenhänge gemäß Art. 8 ff. türk. StPO mit dem Bestechungspartner des Angeklagten fortgesetzt werden muss. Die Vorschriften in Bezug auf den sachlichen Zusammenhang stellen gesetzlich eine Kann-Vorschrift dar.[2921]

B. Strafbare Bestechungshandlungen in anderen Sektoren

Im Folgenden werden andere Bestechungsdelikte außer der Amtsträgerbestechung, wie in der Auseinandesetzung mit dem deutschen Recht, dargestellt.

Über viele Jahren war nur der Beamte der taugliche Täter der Bestechlichkeit.[2922] Allerdings musste der Gesetzgeber den Anwendungsbereich von Bestechungsdelikten aufgrund internationaler Umsetzungspflichten erweitern.[2923] Die aktuellen Bestechungstatbestände, abgesehen von der Amtsträgerbestechung in der öffentlichen Vewraltung, können folgendermaßen zusammengefasst werden.

In erster Linie darf nicht außer Acht gelassen werden, dass Art. 135 türk WStG[2924] einfach darauf hinweist, dass die Strafe für die Bestechungsdelikte im türk. StGB auch für Militärpersonen anzuwenden ist. Das bedeutet, dass die Militärpersonen i.S.d. türk. WStG völlig mit den Amtsträgern gleichgestellt sind. Demzufolge gelten die Tatbestandsmerkmale der Bestechlichkeit nach Art. 252 Abs. 2 auch für sie.[2925]

I. Strafbare Bestechungshandlungen in der Justiz

Aufgrund des klaren Wortlauts von Art. 252 Abs. 7 stellen die strafbaren Bestechlichkeitshandlungen in der Justiz – wie bei der deutschen

---

2921 CGK, Urt. v. 11.7.2014, 2014/5-52 E., 2014/354 K.; *Karakurt-Eren*, Türk Ceza Kanununda Rüşvet Suçu, 2016, S. 411; im Allgemeinen *Kunter/Yenisey/Nuhoğlu*, Ceza Muhakemesi Hukuku, 2008, S. 309 ff.

2922 Das Annehmen einer Bestechung durch einen Amtsträger ist heute noch aus Sicht mancher Verfasser, wie z.B. *Özalp*, Türk Ceza Kanununda Rüşvet Suçu, 2018, S. III, der einzige Ausgangspunkt der Bestechung.

2923 *Karakurt-Eren*, Türk Ceza Kanununda Rüşvet Suçu, 2016, S. 12.

2924 Gesetz Nr. 1632, RG Nr. 1520 v. 22.5.1930.

2925 *Duran*, TBBD 2015, S. 203 (204).

Bestechungsstrafrechtssystematik – den qualifizierten Fall dar. Im Unterschied zum deutschen Recht gilt das aber nur für die passive Seite der Bestechung.[2926]

Den Täterkreis der Bestechlichkeit in der Justiz bilden die Organe der Rechtspflege,[2927] Schiedsrichte und Sachverständige sowie vereidigte Finanzberater. Nach diesem obligatorischen Strafschärfungsgrund wird die zu verhängende Strafe um ein Drittel bis um die Hälfte erhöht (Art. 252 Abs. 7).[2928] Das heißt, dass die Bestechlichkeitstatbestände in der Justiz nicht wie im deutschen Recht über die Qualifikation der Handlung, sondern abschließend durch die Erweiterung des Täterkreises von Art. 252 Abs. 2 ausgestaltet sind.[2929]

II. Strafbare Bestechungshandlungen in der Politik

Finanzielle Unterstützung von Parteien, also sog. Parteispenden, werden in einem demokratischen Staat legalisiert und gesetzlich geschützt. Aus diesem Grund ist sie kein unmittelbarer Gegenstand des Strafrechts und damit sind sog. Parteispenden nicht *eo ipso* strafbar.

Wenn die Spenden aber auf Beeinflussung eines Amtswesens gerichtet sind oder wenn, umgekehrt, Politiker durch einen Vorteil das Wahlverhalten des Bürgers zu bestimmen versuchen, hat dies strafrechtliche Relevanz.[2930]

Politische Parteien dürfen keine wirtschaftliche Tätigkeit entfalten (Art. 69 Abs. 2 türk. VerfG). Darüber hinaus müssen die Einkünfte und Ausgaben der Parteien ihren Zwecken entsprechen. Das Verfassungsgericht stellt bei Erfüllung dieser Aufgabe die Unterstützung durch den Rechnungshof sicher (Art. 69 Abs. 3 türk. VerfG).[2931]

2926 *Özgenç*, Rüşvet, 2013, S. 118; *Artuk/Gökcen/Yenidünya*, Özel Hükümler, 2013, S. 1064; *Karakurt-Eren*, Türk Ceza Kanununda Rüşvet Suçu, 2016, S. 261 f.; *Özalp*, Türk Ceza Kanununda Rüşvet Suçu, 2018, S. 364; aA *Toroslu, Özel Kısım*, 2015, S. 299; *Okuyucu-Ergün*, Rüşvet Suçu, in: Ünver (Hrsg.), Ekonomik Suçlar, 2015, S. 46; *Tezcan/Erdem/Önok*, Özel Hükümler, 2013, S. 940.

2927 Wie oben ausgeführt, gehören im Gegensatz zu deutschem Strafrecht die Rechtsanwälte im türkischen Strafrecht den Organen der Rechtspflege an (Art. 6 Abs. 1 lit. d. türk. StGB). Daneben werden ferner „Richter" und „Staatsanwälte" hierzu gezählt.

2928 Siehe zur Übersetzung *Tellenbach*, Aktualisierung, 2012, S. 16.

2929 *Hafızoğulları/Aygün-Eşitli*, Kamu İdaresine Karşı, 2014, S. 72, kritisieren diese Methodik und schlagen an der justiziellen Tätigkeit orientierte Delikte vor.

2930 Vgl. *Triffterer*, ZfRV 1991, S. 262 (268).

2931 Siehe zur Übersetzung *Rumpf*, Die Verfassung der Republik Türkei, 2017, S. 21-22. Während der Wahl zum Amt des Präsidenten hat nach dem Gesetz über die Präsidentenwahl der Hohe Wahlrat diese Aufgabe (Gesetz Nr. 6271, Art. 14).

1. *Wählerbestechung (Art. 152 türk. WahlG)*

Das türkische Wahlgesetz mit der Gesetz Nr. 298 v. 1961[2932] hat die Wählerbestechung (*Haksız oy temini*) nach Art. 152 unter Strafe gestellt. Wer danach einen Wähler dafür, dass er nicht oder in einer bestimmten Weise wähle, Geschenke oder andere Vorteile anbietet, verspricht oder gewährt, wird wegen des Stimmenkaufs bestraft (Art. 152 Abs. 1 türk. WahlG). Ebenso wird wegen des Stimmenverkaufs und nach demselben Strafrahmen bestraft, wer dafür, dass er nicht oder in einem bestimmten Sinne wähle, Geschenke oder andere Vorteile sich versprechen lässt oder annimmt (Art. 152 Abs. 2 türk. WahlG). So lässt sich bemerken, dass sich der Akteur auf der passiven Seite der Wählerbestechung nur i.R.d. Handlungsformen „Sichversprechenlassen“ und „Annehmen“ strafbar machen kann. Die einseitige Variante „Fordern“ schließt also den Tatbestand zugunsten des Wählers aus.

Stimmenkäufer kann wie beim deutschen Recht jedermann sein. Die gezielte Person muss aber stimmberechtigt sein, um hier von dem Stimmenkauf sprechen zu können.[2933] Das oben zu § 108b StGB Gesagte gilt hier sinngemäß.[2934]

2. *Mandatsträgerbestechung (Art. 252)*

Anders als in Deutschland sind Abgeordnete und Mandatsträger Amtsträger i.S.d. Art. 6 Abs. 1 lit. c türk. StGB.[2935] Das führt dazu, dass auch die Mandatsträger nach der Amtsträgerbestechung (Art. 252 Abs. 2) bestraft werden können. Das heißt, dass die Vorschriften im Hinblick auf die Amtsträgerbestechung auch hier Anwendung finden.

Die Wahlkampspenden sind beispielsweise i.S.v. Art. 252 und unabhängig von der Anknüpfung an die Besserstellung als ungerechtfertigter Drittvorteil einzustufen, wenn der Vorteilsgeber damit auf eine konkrete Entscheidung des eines Abgeordneten oder Mandatsträgers abzielt. Dies setzt von vornherein sicherlich das Zustandekommen eines Bestechungsvertrags voraus.[2936]

Die Vorschriften bezüglich der Immunität bleiben unberüht.[2937]

2932 RG Nr. 10796 v. 2.5.1961.

2933 *Özalp*, Türk Ceza Kanununda Rüşvet Suçu, 2018, S. 490.

2934 Siehe dazu oben § 14 B II 1.

2935 Siehe zur Übersetzung *Tellenbach*, Das türkische Strafgesetzbuch, 2008, S. 15.

2936 Vgl. oben § 14 B II 2.

2937 Siehe dazu *Uğur*, Rüşvet ve Yolsuzluklarla Mücadele Kanunu, 2010, S. 321 f.; vgl. auch *Karakurt-Eren*, Türk Ceza Kanununda Rüşvet Suçu, 2016, S. 420, zum Thema Fn. 1284.

III. Strafbare Bestechungshandlungen in der Wirtschaft

Mit der Erweiterung des Anwendungsbereichs von Bestechung ist nunmehr davon auszugehen, dass durch die Bestechung nicht mehr allein die Funktionsfähigkeit der öffentlichen Körperschaften und das Vertrauen der Gesellschaft in diese geschützt werden. Der Unrechtsgehalt der Norm knüpft daneben in ähnlicher Weise aber eingeschränkt an den Wirtschaftssektor und damit an den fairen Wettbewerb an.[2938]

1. Vertikale Submissionsabsprache (Art. 235, 236)

Die entsprechenden Straftaten des türk. StGB sind in den Art. 235 und Art. 236 unter dem Ausdruck „Manipulation von Ausschreibung" vorgesehen. Bei der Ausgestaltung unterscheidet sich der Gesetzgeber zwischen der Manipulation bis zum Abschließen des Ausschreibungsvertrags und der Manipulation während der Leistungsphase.[2939] Durch diese Bestechungsdelikte werden nicht nur „das korrekte, gerechte und gesetzmäßige Handeln der öffentlichen Verwaltung", vor allem aber das öffentliche Vermögen geschützt.[2940] Auf diese Weise ist die Verlässlichkeit und Funktionsfähigkeit der öffentlichen Verwaltung und damit der faire Wettbewerb zu gewährleisten.[2941] Darüber hinaus wuchs die Notwendigkeit für die zwei selbstständigen und detaillierten Straftaten aus den Erfahrungen nach dem großen Erdbeben v. 1999.[2942]

Der Art. 235 türk. StGB (*İhaleye fesat karıştırma*) stellt Taten, die in betrügerischer Weise während der öffentlichen Ausschreibung begangen werden, unter Strafe, wobei die horizontale Absprache auch hier im Art. 235 Abs. 2 lit. d ausdrücklich formuliert ist.[2943] Die Manipulation muss während der Vergabe einer öffentlichen Ausschreibung vorgenommen werden. Das Tatbestandsmerkmal „öffentliche Ausschreibung" umfasst alle Auftragsvergaben, die öffentliche Mittel zu Beschaffungszwecken einsetzen.[2944]

2938 Vgl. *Akyürek*, Kazancı HD, 2012, S. 22 (25).

2939 *Rumpf/Özdamar*, in: Passarge/Behringer (Hrsg.), Handbuch Compliance International, 2015, S. 609.

2940 *Rumpf/Özdamar*, a.a.O., S. 621, 623.

2941 Vgl. JAB-TBMM v. 6.8.2004, S. 260, zit. nach www.cezabb.adalet.gov.tr/mevzuat/maddegerekce.doc.

2942 Vgl. *Rumpf/Özdamar*, a.a.O., S. 623.

2943 Siehe zur Übersetzung *Rumpf*, a.a.O., S. 620.

2944 *Rumpf/Özdamar*, a.a.O., S. 610.

Welche Handlungen unter den Begriff „in betrügerischer Weise" fallen, listet Art. 235 Abs. 2 lit. a ausdrücklich und abschließend mit vier Varianten auf. Die betrügerischen Begehungsvarianten sind demnach die Verhinderung der Teilnahme (Nr. 1), das Herbeiführen einer Teilnahme unzulässiger Personen (Nr. 2) und rechtswidrige Ablehnung der angebotenen Gütern (Nr. 3) sowie rechtswidriges Annehmen der angebotenen Güter (Nr. 4).

In Anlehnung an Art. 235 Abs. 2 lässt sich sagen, dass die vertikale Submissionsabsprache sich auf die Beeinflussung der Ausschreibungsbedingungen, mit anderen Worten auf die Umgehung der Kriterien von öffentlichen Aufträgen richtet.[2945]

In den Ausschussberichten wurde vielmals betont, dass die korruptiven Handlungen namentlich nach der Vergabe der öffentlichen Aufträge in Betracht kommen. Daher hat der türkische Gesetzgeber hierzu eine eigenständige Straftat formuliert, um den korruptiven Handlungen nach der Vergabe eines öffentlichen Auftrags besser vorzubeugen.[2946] Die betroffenen strafbaren Handlungen sind danach selbständig unter Art. 236 unter Strafe gestellt (*Edimin ifasına fesat karıştırma*).[2947]

Dem geschützten Bereich des Straftatbestands aus Art. 236 liegt zum einen der Gedanke zugrunde, die aus korruptiven Absprachen während öffentlicher Ausschreibungen entstehende Verschwendung zu beseitigen. So werden der Wettbewerb und Steuerzahler durch strafrechtliche Abschreckung geschützt.[2948] Zum anderen wird das Vertrauen der Bürger auf faire Entscheidungen bezüglich öffentlicher Ausschreibungen geschützt.[2949] Die Ausgangspunkte für die Normierung von Art 235 und Art. 236 gleichen sich.

Entsprechend muss die Leistungserfüllung in betrügerischer Weise manipuliert werden. Auf diese Weise geht es um eine „betrügerische Erbringung von Leistungen".[2950]

Die vertikale Absprache findet Beachtung in beiden Straftatbeständen, obwohl das in ihnen nicht ausdrücklich formuliert ist. Denn ohne rechtswidrige konkludente Vereinbarung zwischen Veranstalter bzw. dem Amtsträger als Vertreter

---

2945 *Rumpf/Özdamar*, a.a.O., S. 621.

2946 *Türkan-Er*, Edimin İfasına Fesat Karıştırma Suçu, 2016, S. 231.

2947 Siehe zur Übersetzung *Rumpf*, a.a.O., S. 622.

2948 *Gülel*, TAAD, Ocak 2018, S. 753 (781).

2949 Amtliche Begründung des Art. 235 türk. StGB nach JAB-TBMM v. 6.8.2004, S. 260, abrufbar unter www.cezabb.adalet.gov.tr/mevzuat/maddegerekce.doc. So auch *Arslan/Töngür*, TAAD, Temmuz 2013, S. 229 (232).

2950 Siehe zur Übersetzung *Tellenbach*, Das türkische Strafgesetzbuch, 2008, S. 155.

der Vergabe und dem Kartellmitglied wäre es nicht möglich, einen ungerechtfertigten Vorteil zu verschaffen. Danach sind die oben erwähnten Realkonkurrenzvorschriften nach Art. 235 Abs. 4 und Art. 236 Abs. 3 anzuwenden.

Zusammenfassend kann festgehalten werden, dass diese Straftatbestände sich somit einander ergänzen.[2951] Die strafbaren Handlungen nach diesen Bestechungsdelikten stellen ‚Umgehungshandlungen' dar.[2952]

Schließlich kann als Folge dieser Straftaten ein Ausschreibungsverbot nach dem Gesetz über die Ausschreibungsverträge[2953] verhängt werden (Art. 26).[2954]

2. *Angestelltenbestechung*

a. *Einseitige Angestelltenbestechung*

Zunächst einmal ist zum Ausdruck zu bringen, dass der türkische Gesetzgeber die einseitige Angestelltenbestechung, die den ganzen geschäftlichen Verkehr umfasst und damit den ganzen Wettbewerb schützt (Art. 54 Abs. 1 türk. HGB),[2955] in dem Art. 55 Abs. 1 lit. a Nr. 2 türk. HGB[2956] und i.R.d. unlauteren Wettbewerbs geregelt.[2957] Nicht jede unlautere Wettbewerbsform nach türk. HGB v. 2011 bezieht sich also auf einen Bestechungsfall.[2958]

Nach diesem durch den türk. Gesetzgeber als Wettbewerbsdelikt eingestuften Art. 55 Abs. 1 lit. a Nr. 2 türk. HGB macht sich aber nur der Vorteilsgeber auf Antrag strafbar, der im geschäftlichen Verkehr einem Angestellten oder Beauftragten eines Unternehmens einen ungerechtfertigten Vorteil als Gegenleistung dafür anbietet oder gewährt, dass er ihn oder einen anderen im inländischen Wettbewerb in unlauterer Weise bevorzugt. Das erstrebte Tatziel muss im Interesse des Täters liegen, um von der Kausalität i.S.d. unlauteren Wettbewerbs sprechen zu können. Die abstrakte Gefährdung genügt dabei schon.[2959]

2951 *Soyaslan*, in: FS-Centel, 2013, S. 403.

2952 *Rumpf/Özdamar*, in: Passarge/Behringer (Hrsg.), Handbuch Compliance International, 2015, S. 621.

2953 Gesetz Nr. 4735, RG Nr. 24648 v. 22.1.2002.

2954 *Rumpf/Özdamar*, a.a.O., S. 622 f.

2955 Siehe dazu *Aydın*, Türk Ticaret Kanunu'nda Haksız Rekabet Suçları 2008, S. 76 f.

2956 Gesetz Nr. 6102, RG Nr. 27846 v. 13.1.2011.

2957 Vgl. *Özalp*, Türk Ceza Kanununda Rüşvet Suçu, 2018, S. 494.

2958 *Akyürek*, Kazancı HD, 2012, S. 22 (40).

2959 *Aydın*, Türk Ticaret Kanunu'nda Haksız Rekabet Suçları 2008, S. 176-177; *Çınar*, Türk Ticaret Kanunu'na Göre Haksız Rekabet ve Yaptırımları, 2014, S. 54-55 jeweils m.w.N.

Darüber hinaus hat der türkische Gesetzgeber den Geschäftsinhaber verpflichtet, der ihm zur Kenntnis gebrachten unlauteren Handlung vorzubeugen und sie zu korrigieren. Die Unterlassung dieser Pflicht ist strafbar (Art. 62 Abs. 1 lit. d türk. HGB).

Die Auffangfunktion dieser einseitigen Angestelltenbestechung wird über die besondere Konkurrenzvorschrift nach Art. 62 Abs. 1 türk. HGB zum Ausdruck gebracht.[2960] Demgemäß, soweit die Tat nach einer anderen Bestimmung mit erhöhten Strafe bedroht ist, ist die Anwendung dieses Straftatbestands ausgeschlossen.

b. Eingeschränkte Angestelltenbestechung

Wie oben in der Studie unter § 18 A I 3 a aa (5) ausgeführt, ist der Täterkreis der Bestechlichkeit durch den Art. 252 Abs. 8 erheblich ausgeweitet. »Die beidseitige und eingeschränkte Angestelltenbestechung« fällt auch spiegelbildlich darunter. Für die Tatbestandsmerkmale kann deshalb auf das oben zu Art. 252 Abs. 2 Gesagte verwiesen werden.[2961]

Der Gesetzgeber hat hierbei keine besondere Begehungsvariante vorgesehen. Er geht vielmehr spiegelbildlich von den drei Stationen der Bestechung aus.[2962] Trotzdem vertritt eine Meinung in der Doktrin die Auffassung, dass Art. 252 Abs. 3 hier nicht anwendbar sei, weil Art. 252 Abs. 8 keine klare Verweisung darauf leiste.[2963] Das führte dazu, dass nur die Vorteilsverschaffung wegen einer vollendeten Bestechung zu bestrafen sei. Alles Übrige stelle den Versuch zur Bestechung im geschäftlichen Verkehr dar.[2964] Das ist unzutreffend. Man kann mithilfe der teleologischen und systematischen Auslegung feststellen, dass der Gesetzgeber hierbei einfach und spiegelbildlich auf den Grundtatbestand, nämlich den Art. 252 Abs. 1, abgestellt hat.

Im Vergleich zu internationalen Abkommen ist der Anwendungsbereich der Bestechung im geschäftlichen Verkehr sehr eingeschränkt, obwohl der türkische Gesetzgeber die Bestechungstatbestände i.R.d. Umsetzungspflichten reformiert hatte.[2965] In zwei Rechtsformen können die juristischen Personen i.R.d. sog. Angestelltenbestechung in Erscheinung treten: Genossenschaften (Art. 252

2960 *Özalp*, Türk Ceza Kanununda Rüşvet Suçu, 2018, S. 495.

2961 *Mert*, in: Ünver (Hrsg.), Yolsuzlukla Mücadele, 2014, S. 46-47; *Akyürek*, Kazancı HD, 2012, S. 22 (38); *Kılıç*, Uluslararası Boyutuyla Rüşvet Suçu, 2013, S. 157.

2962 Siehe zur Übersetzung *Tellenbach*, Aktualisierung, 2012, S. 17.

2963 *Karakurt-Eren*, Türk Ceza Kanununda Rüşvet Suçu, 2016, S. 314.

2964 *Karakurt-Eren*, a.a.O., S. 249.

2965 *Özgenç*, Rüşvet, 2013, S. 126 f.

Abs. 8 lit. e) und börsennotierte Publikumsgesellschaften (Art. 252 Abs. 8 lit. f).[2966] Danach wird, wer im geschäftlichen Verkehr einem Vertreter einer Genossenschaft oder einer börsennotierten Publikumsgesellschaft einen Vorteil für ihn oder einen Dritten als Gegenleistung dafür anbietet, verspricht oder gewährt, dass er etwas im Zusammenhang mit der Erfüllung ihrer Dienstpflicht tun oder unterlässt, wegen aktiver Angestelltenbestechung bestraft. Ebenso wird spiegelbildlich bestraft, wer im geschäftlichen Verkehr als Vertreter einer Genossenschaft oder einer börsennotierten Publikumsgesellschaft einen Vorteil für sich oder einen Dritten als Gegenleistung dafür fordert, sich versprechen lässt oder annimmt, dass er etwas im Zusammenhang mit der Erfüllung seiner Dienstpflicht tun oder unterlässt (Art. 252 Abs. 8).

Mithilfe dieses erweiterten Täterkreises werden der freie und faire Wettbewerb geschützt.[2967] Die Individual- bzw. Vermögensinteressen des Geschäftsherrn werden insofern mittelbar geschützt. Nach anderer Meinung im Schrifftum werden durch diese Normen die Verlässlichkeit aus Sicht der Gesellschaft und die Funktionsfähigkeit dieser juristischen Personen geschützt.[2968]

Wegen dieser Gesetzestechnik hat die Lehre in entsprechender Weise an die für den erweiterten Täterkreis von Bestechlichkeit entwickelten Ansätze anzuknüpfen versucht. Das führt danach dazu, dass nur Vertreter einer börsennotierten Publikumsgesellschaft oder einer Genossenschaft sich wegen der Bestechlichkeit im geschäftlichen Verkehr strafbar machen können (Art. 252 Abs. 8 lit. e und lit. f). Ein schlichter Angestellter oder Arbeiter zählt deshalb nicht zum Täterkreis.[2969] Vertreter ohne Vertretungsmacht können ebenfalls nicht in diese Form der Bestechung eingezogen werden.

Die Feststellung des kausalen zivilrechtlichen Zusammenhangs zwischen dem Unrechtsgeschäft des Vertreters und den Aufgaben und Interessen der börsennotierten Publikumsgesellschaft ist schwierig. Die für den Tatbestand erforderliche Kausalität ist nach einer Ansicht unter einer Gesamtbetrachtung

---

2966 *Özgenç*, Rüşvet, 2013, S. 127, zählt in diesem Zusammenhang auch die Gesellschaften, die mit Beteiligung von öffentlichen Körperschaften oder Einrichtungen oder der berufsständischen Körperschaften mit der Natur des öffentlichen Rechts gegründet sind (Art. 252 Abs. 8 lit. b); so auch *ders./Ünal*, in: Türk-Kore Ceza Hukuku Günleri, 2019, S. 10; *Kılıç*, Uluslararası Boyutuyla Rüşvet Suçu, 2013, S. 156.

2967 So etwa *Özalp*, Türk Ceza Kanununda Rüşvet Suçu, 2018, S. 493.

2968 *Özgenç/Ünal*, in: Türk-Kore Ceza Hukuku Günleri, 2019, S. 11-12.

2969 Kritisch dazu *Akyürek*, Kazancı HD, 2012, S. 22 (39); *Özalp*, Türk Ceza Kanununda Rüşvet Suçu, 2018, S. 235; aA *Mert*, in: Ünver (Hrsg.), Yolsuzlukla Mücadele, 2014, S. 46.

zu ermitteln.[2970] Nach anderer Ansicht in der Doktrin kann sich die erforderliche Kausalität sowohl aus den wirtschaftlichen Interessen und Tätigkeiten der oben genannten juristischen Personen als auch aus ihren inneren Arbeitsweisen ergeben.[2971]

IV. Strafbare Bestechungshandlungen in der Gesellschaft

1. Gemeinnützige Vereine (Art. 252 Abs. 8 lit. d)

Wie oben ausgeführt, können die Vertreter von gemeinnützigen Vereinen u.U. taugliche Täter der Bestechlichkeit sein (Art. 252 Abs. 8 lit. d). Dies wird aber nur dann in Frage kommen, wenn der gemeinnützige Verein zum Zwecke öffentlicher Aufgaben eingerichtet ist.[2972]

Eine gemeinnützige Tätigkeit ist nicht immer ein öffentlicher Dienst. Dagegen bringt jeder öffentliche Dienst eine gemeinnützige Tätigkeit mit sich. Das hat zur Folge, dass ein Handeln im Sinn einer gemeinnützigen Tätigkeit allein nicht für die Zuordnung zum Täterkreis der Amtsträgerbestechung (Art. 252 Abs. 2) genügend ist.[2973] Somit bezieht sich diese zweite Konstellation auf eine strafbare Bestechungshandlung in der Gesellschaft.

Zusammenfassend lässt sich sagen, dass die Vertreter von gemeinnützigen Vereinen i.S.d Bestechungsstrafrechts eine beidseitige Rolle haben. Je nach konkretem Fall und Tätigkeit können sie entweder wegen ihrer Amtsträgereigenschaft, die auf der Erweiterung des Täterkreises nach Art. 252 Abs. 8 basiert oder einfach aufgrund des rechtlichen Status des Vereins ein Bestechlichkeitsdelikt begehen.

2. Manipulation von sportlichen Wettbewerben (Art. 11, Gesetz Nr. 6222)

Im April vom Jahr 2011 wurde die Manipulation von sportlichen Wettbewerben gesetzlich geregelt, die sich erst durch dieses Gesetz zur Vorbeugung von Gewalt und Übertretungen im Sport v. 2011[2974] unter Strafe gestellt findet.[2975] Der Grundtatbestand der Sportmanipulation ist demnach der folgende: Wer einem anderen

---

2970 *Karakurt-Eren*, Türk Ceza Kanununda Rüşvet Suçu, 2016, S. 281.

2971 *Özgenç/Ünal*, in: Türk-Kore Ceza Hukuku Günleri, 2019, S. 15.

2972 Vgl. *Özalp*, Türk Ceza Kanununda Rüşvet Suçu, 2018, S. 217; *Karakurt-Eren*, Türk Ceza Kanununda Rüşvet Suçu, 2016, S. 191 jeweils m.w.N.

2973 So auch *Özalp*, Türk Ceza Kanununda Rüşvet Suçu, 2018, S. 215; aA *Karakurt-Eren*, Türk Ceza Kanununda Rüşvet Suçu, 2016, S. 154.

2974 Gesetz Nr. 6222, RG Nr. 27905 v. 14.4.2011.

2975 *Baba*, TAAD, Temmuz 2012, S. 775 (778); *Özen/Yılmaz*, ABD 2012/2, S. 19 (20).

einen Vorteil für die Beeinflussung eines sportlichen Wettbewerbs gewährt, wird wegen Sportmanipulation bestraft (Art. 11 Abs. 1 S. 1).

Vorrangig ist zu erwähnen, dass das objektive Tatbestandsmerkmal des Delikts „ein sportlicher Wettbewerb" nicht wie im deutschen Recht qualifiziert ist. Jede Form des sportlichen Wettbewerbs, welche durch eine Sportföderation organisiert werden muss, ist hier für die Erfüllung des Tatbestandsmerkmals genügend (Art. 3. Abs. 1 lit. ı i.V.m. Art. 3 Abs. 1 lit. a).[2976]

An zweiter Stelle ist zu bemerken, dass der Grundtatbestand am Erfolgsunwert orientiert ist. Außerdem wird zuerst - wie im Art. 252 Abs. 1 türk. StGB - die aktive Seite zum Ausdruck gebracht. Die passive Seite ist hingegen durch den Verweis auf den Grundtatbestand unter Strafe gestellt (Art. 11 Abs. 1 S. 2). Die Vereinbarungsstufe der Sportmanipulation, die eine sportspezifische UnRV voraussetzt, wird wie die vollendete Tat bestraft (Art. 11 Abs. 1 S. 3). Von daher bleibt die Frage, ob die Beeinflussung tatsächlich in die Tat umgesetzt wurde oder nicht, für die Bestrafung wegen Sportmanipulation irrelevant.[2977]

Der Grundtatbestand, also der Art. 11 Abs. 1, erfasst nicht die einseitigen Tathandlungen Fordern und Anbieten. Sie sind vielmehr in Art. 11 Abs. 3 normiert. Danach hat der Gesetzgeber sie ausdrücklich dem Versuch der Sportmanipulation zugeordnet. Aus diesem Grund gilt die allgemeine Vorschrift des türk. StGB-AT, nämlich der Art. 35.[2978]

Das geschützte Rechtsgut der Sportmanipulation ist die Integrität und Lauterkeit der sportlichen Wettbewerbe und das Vertrauen der Gesellschaft in diese.[2979]

Es liegt keine Einschränkung des Täterkreises vor; jeder kann die Straftat begehen.[2980]

Tritt ein Schiedsrichter als der Vorteilsnehmer einer Manipulation von sportlichen Wettbewerben in Erscheinung, steht die Tat im Idealkonkurrenzverhältnis. Der Täter muss demgemäß wegen Bestechlichkeit in der Justiz bestraft werden, weil diese Straftat im Vergleich zur Sportmanipulation mit der höchsten Strafe bedroht ist (Art. 252 Abs. 7 i.V.m. Art. 44 türk. StGB).[2981]

2976 *Baba*, a.a.O., S. 775 (780); *Özen/Yılmaz*, a.a.O., S. 19 (26).

2977 *Baba*, a.a.O., S. 775 (791); *Özen/Yılmaz*, a.a.O., S. 19 (29).

2978 *Baba*, a.a.O., S. 775 (791); *Özen/Yılmaz*, a.a.O., S. 19 (30).

2979 Vgl. *Güngör*, ABD 2011/4, S. 37 (38); *Özen/Yılmaz*, ABD 2012/2, S. 19 (26); *Demiral*, Türk Ceza Hukukunda Şike ve Teşvik Primi Suçu, 2013, S. 105 m.w.N.

2980 *Özen/Yılmaz*, a.a.O., S. 19 (24); vgl. ferner *Baba*, a.a.O., S. 775 (785).

2981 *Özalp*, Türk Ceza Kanununda Rüşvet Suçu, 2018, S. 412.

Die besonders schweren Fälle der Sportmanipulation sind abschließend wie folgt bestimmt:

- Begehung der Tat unter dem Missbrauch des Amtes (Art. 11 Abs. 4 lit. a),
- Begehung der Tat durch Versammlungs- und Vorstandsmitglieder einer sportlichen juristischen Person und sowie Leiter, Manager, Vertreter eines Sportklubs (Art. 11 Abs. 4 lit. b),
- Begehung der Tat i.R.d. kriminellen Vereinigung (Art. 11 Abs. 4 lit. c),
- Begehung der Tat i.R.d. Sportwettbetrugs (Art. 11 Abs. 4 lit. ç).

Unzutreffend hat der Gesetzgeber auf diese Weise den Sportwettbetrug als eine besondere qualifizierte Form von Sportmanipulation ausgestaltet.[2982] Wenn die Manipulation i.S.v. einem Sportwett vorgenommen oder vorzunehmen ist, wird die Strafe erhöht. Der Gesetzgeber hat demnach den Sportwettbetrug als besonders schweren Fall eingestuft. Demgemäß ist die zu verhängende Strafe obligatorisch um die Hälfte zu erhöhen.

Die sog. Siegprämie bewertet das betroffene Gesetz als minderschweren Fall der Sportmanipulation. Die zu verhängende Strafe wird danach um die Hälfte herabgesetzt (Art. 11 Abs. 5).[2983]

Wer einer Nationalmannschaft oder einem Spieler der Nationalmannschaft einen Vorteil für die Unterstützung des Ergebnisses (sog. Siegprämie) anbietet, verspricht oder gewährt, handelt nicht rechtswidrig. Denn der türkische Gesetzgeber sieht im Art. 11 Abs. 6 lit. a dieses Gesetzes einen Rechtfertigungsgrund vor. Dies gilt auch für die Prämien des Sportklubs für seinen Sportler und sei technisches Komitee (Art. 11 Abs. 6 lit. b).[2984]

Art. 11 Abs. 8 des Gesetzes sieht eine Kronzeugenregelung vor. Die strafbefreiende Wirkung gilt aber bis zur Organisation des Berufssports. Somit wollte der Gesetzgeber dieses effektive Instrument der Bekämpfung solcher Kriminalität zur Verfügung stellen.[2985]

Das Tatgericht darf wegen dieser Taten weder den Aufschub der Verkündung des Urteils gemäß Art. 231 türk. StPO[2986] noch die alternative Sanktion bei

2982 In diese Richtung auch *Baba*, TAAD, Temmuz 2012, S. 775 (789).

2983 *Baba*, a.a.O., S. 775 (781).

2984 Vgl. *Baba*, a.a.O., S. 775 (783, 790).

2985 *Özen/Yılmaz*, ABD 2012/2, S. 19 (32).

2986 Diese alternative Sanktion zum Freiheitsentzug ist mit der deutschen Verwarnung mit Strafvorbehalt (§ 59 StGB) vergleichbar. Siehe dazu *Yumak*, Eine alternative Sanktion, 2016, S. 53 ff.

kurzfristiger Gefängnisstrafe nach Art. 50 türk. StGB und die Bewährungsstrafe nach Art. 51 türk. StGB anordnen (Art. 11 Abs. 9, Gesetz Nr. 6222 v. 2011).[2987]

V. Internationale Bestechung (Art. 252 Abs. 9 und Abs. 10)

Auch der türkische Gesetzgeber konnte wegen der Internationalisierung des Weltmarkts und der allgemeinen Globalisierung sowie aufgrund der internationalen Antikorruptionsregime[2988] nicht untätig bleiben und hat daher die Bestechungshandlungen mit Auslandsbezug sowie die grenzüberschreitende Bestechung unter Strafe gestellt.[2989]

Vor dem StÄG v. 2012 war die Anwendung eingeschränkt. Danach konnte nur die UnRV „im Zusammenhang mit dem internationalen Geschäftsverkehr (Art. 252 Abs. 5 a.F.) in die internationale Bestechung einbezogen werden. Mit dem StÄG v. 2012 ist der Anwendungsbereich erweitert worden. Danach bezieht sich der neue Art. 252 Abs. 9 nunmehr sowohl auf den internationalen Geschäftsverkehr als auch auf den Zusammenhang mit der Erfüllung der Aufgaben.[2990] Das Ziel dieser Erweiterung ist insofern, den auslandsbezogenen erweiterten Täterkreis in den Anwendungsbereich des türkischen Bestechungsstrafrechts einzubeziehen.

Der erweiterte Täterkreis ist unter dem Art. 252 Abs. 9 abschließend und zum Zwecke der Umsetzung internationalen Abkommen aufgelistet.[2991] Zur Ausdehnung des Anwendungsbereichs gehören demgemäß drei Berufsgruppen, nämlich Richter und Amtsträger (Bedienstete und Beauftragte) sowie Abgeordnete aus vier verschiedenen Bereichen:

- Richter eines ausländischen oder eines internationalen Gerichts sowie Schiedsrichter (ausländische Justiz, Art. 252 Abs. 9 lit. b und lit. e),
- Bedienstete und Vertreter einer internationalen Organisation (völkerrechtlicher Bereich, Art. 252 Abs. 9 lit. f),
- Mitglied eines ausländischen Parlaments oder einer internationalen Organisation (ausländische Legislative, Art. 252 Abs. 9 lit. c),

---

2987 *Özen/Yılmaz*, ABD 2012/2, S. 19 (36), sehen diese Vorschrift als verfassungswidrig an, da sie gegen das Gleichheitsprinzip (Art. 10 türk. VerfG) verstößt.

2988 Siehe dazu eingehend *Fırat*, Tüzel Kişinin Ceza Sorumluluğu, 2019, S. 65 ff., 319.

2989 Vgl. *Doğan*, in: FS-Toroslu, 2015, S. 339-340.

2990 *Mert*, in: Ünver (Hrsg.), Yolsuzlukla Mücadele, 2014, S. 42-43.

2991 *Mert*, a.a.O., S. 43; *Özgenç*, Rüşvet, 2013, S. 141; zur Übersetzung *Tellenbach*, Aktualisierung, 2012, S. 17.

- Amtsträger eines ausländischen Staates (Art. 252 Abs. 9 lit. a),
- die für einen ausländischen Staat einen öffentlichen Dienst ausübende Person (Art. 252 Abs. 9 lit. d).

Die Bestechungsfälle mit Auslandsbezug i.R.d. internationalen geschäftlichen Verkehr wurden erst durch die StÄG mit der Gesetz Nr. 4782 vom 2. Januar 2003 unter Strafe gestellt.[2992] Die Grenzen der internationalen Bestechung im türkischen Strafrecht sind dagegen erst mit dem StÄG v. 2012 deutlich geworden.[2993] Nach einer Ansicht fiel das Ergebnis einheitlicher aus.[2994]

Vor der Reform durch das StÄG v. 2012 hatte der Gesetzgeber nur die aktive Seite der Bestechung unter Strafe gestellt. Zutreffend hat der Gesetzgeber diese Strafbarkeitslücke bewusst und mithilfe der GRECO-Empfehlung geschlossen.[2995]

Als Ausnahme des Rechtsinstituts strafbefreiender tätiger Reue sind die insoweit einschlägigen Vorschriften nicht auf die auslandsbezogene Amtsträgerbestechung anwendbar (Art. 254 Abs. 4).[2996] Der Grund dafür ergibt sich aus den schärferen Kritiken von GRECO.[2997] Dabei ist aber zu beachten, dass diese Ausnahme nur für die Geber-, also die aktive Seite der Bestechung gilt.[2998]

Der strafprozessrechtliche Grundsatz „ne bis in idem" galt bis zum 9. Juli 2009 ausnahmsweise nicht. Die Staatsanwaltschaft durfte zur auslandsbezogenen Bestechung auf Antrag des Justizministers bis zum rechtskräftigen Urteil ermitteln (Art. 13 Abs. 1 lit. h a.F. i.V.m. Art. 13 Abs. 2).[2999] Durch das Gesetz Nr. 5918

2992 *Uğur*, Rüşvet ve Yolsuzluklarla Mücadele Kanunu, 2010, S. 96; *Özgenç*, Rüşvet, 2013, S. 129. Zu Recht hatte damals *Tellenbach*, in: Eser/Überhofen/Huber (Hrsg.), Korruptionsbekämpfung durch Strafrecht, 1997, S. 644, die Gesetzlage vor der Einführung des Art. 211 Abs. 3 kritisiert.

2993 *Doğan*, in: FS-Toroslu, 2015, S. 337.

2994 *Mert*, in: Ünver (Hrsg.), Yolsuzlukla Mücadele, 2014, S. 37.

2995 *Mert*, a.a.O., S. 43; vgl. auch *Özgenç*, Rüşvet, 2013, S. 131 ff.

2996 Dieser Absatz ist durch das Gesetz Nr. 5918 v. 2009 eingefügt. Siehe RG Nr. 27283 v. 9.7.2009.

2997 *Özgenç*, Rüşvet, 2013, S. 105, zum Thema Fn. 110; siehe ferner *Mert*, in: Ünver (Hrsg.), Yolsuzlukla Mücadele, 2014, S. 49.

2998 *Tezcan/Erdem/Önok*, Özel Hükümler, 2013, S. 942; zur Übersetzung *Tellenbach*, Aktualisierung, 2012, S. 19.

2999 *Özen*, İrtikap ve Rüşvet Suçları, 2010, S. 253; zur Übersetzung *Tellenbach*, Das türkische Strafgesetzbuch, 2008, S. 19-20.

v. 2009[3000] wurde die Bestechung aus den Katalogtaten von Art. 13 Abs. 1 gestrichen.[3001]

Der Gesetzgeber macht eine Ausnahme für die Beamten, die im Ausland für die Türkei eine Amts- oder Dienstpflicht übernommen haben. Danach ist die etwaige Verurteilung von Beamten im Ausland für die türkischen Strafgerichte unbeachtlich (Art. 10).[3002]

Hierbei ist besonders zu erwähnen, dass die Regelung – wie im deutschen Recht – einen weltweiten strafrechtlichen Wettbewerbsschutz mit sich bringt, da der Gesetzgeber im Art. 252 Abs. 9 direkt den Begriff „wegen internationaler Handelsgeschäfte" im Namen des freien und fairen internationalen Wettbewerbs[3003] in die Tatbestandsmerkmale aufgenommen hat. Da hiermit eine besondere Anwendungsvorschrift vorgesehen ist, gilt der Art. 252 Abs. 10.[3004] Diese besondere Vorschrift macht die Anwendung des türkischen Strafrechts in Auslandsfällen klar,[3005] In Bezug auf das internationale Strafrecht greift es demnach erst dann, wenn die betroffene Tat „gegen oder für" einen Türken (Art. 252 Abs. 10 lit. d: Das sog. Personalitätsprinzip); eine öffentliche Institution in der Türkei (Art. 252 Abs. 10 lit. b); eine nach türkischem Recht gegründete zivilrechtliche juristische Person (Art. 252 Abs. 10 lit. c) oder auf türkischem Territorium (Art. 252 Abs. 10 lit. a: Der sog. Territorialitätsgrundsatz) im Ausland durch einen Ausländer begangen ist. Wenn der Ausländer sich in der Türkei aufhält, werden die Ermittlung und Verfolgung von Amts wegen durchgeführt. Die Strafverfolgung kann in diesem Fall ohne den Antrag des Justizministers eingeleitet werden.[3006]

Falls die Bestechung im Ausland begangen ist, dann bleibt die Verfolgungsfrist unbefristet (Art. 66 Abs. 7).[3007]

3000 RG Nr. 27283 v. 9.7.2009.

3001 *Özgenç*, Rüşvet, 2013, S. 138.

3002 *Özen*, İrtikap ve Rüşvet Suçları, 2010, S. 253; zur Übersetzung *Tellenbach*, Das türkische Strafgesetzbuch, 2008, S. 18.

3003 *Fırat*, Tüzel Kişinin Ceza Sorumluluğu, 2019, S. 19.

3004 Siehe zur Übersetzung *Tellenbach*, Aktualisierung, 2012, S. 17-18.

3005 Vgl. dazu *Özgenç*, Rüşvet, 2013, S. 142 ff.

3006 JAB-TBMM Nr. 278 v. 12.6.2012, S. 127; *Özbek* u.a., Özel Hükümler, 2015, S. 1066.

3007 *Özalp*, Türk Ceza Kanununda Rüşvet Suçu, 2018, S. 533; siehe zur Übersetzung *Tellenbach*, Das türkische Strafgesetzbuch, 2008, S. 55.

§ 19 Kriminologische und kriminalistische Aspekte

A. Allgemeines

Wie unter § 15 der vorliegenden Arbeit erwähnt, strebt dieser Teil der Arbeit an, durch eine verbesserte Einsicht in die hier zur Frage stehenden Delikte, auch zu einer besseren, effektiveren Verbrechensbekämpfung beizutragen.

B. Befunde

In der Justiz sind besonders die Kriminalpolizei und andere Amtsträger der Rechtspflege im Vergleich zu Richtern und Staatsanwälten bestechlich.[3008] Im Kommunalrecht sind Baugenehmigungsbehörden korruptionsanfällig.[3009] Im Grundbuchwesen sehen sich die Vorteilsgeber zur Beschleunigung und Vereinfachung des Verfahrens animiert.[3010] Eine Umfrage der TI-Türkei aus dem Jahre 2016 belegt diese Aussagen.[3011]

Abbildung 11 macht deutlich, dass die Korruptionstaten ein Netzwerk- und Organisationsdelikt sind.[3012] Denn die Tatverdächtigen sind mindestens um Faktor fünf zahlreicher als die erfassten Fälle. Das bedeutet, dass es in jedem Verdachtsfall zumindest vier bis fünf Täter gibt. Einer der wichtigsten Gründe dafür liegt in der organisatorischen Ausgestaltung von öffentlichen Ausschreibungen, wobei effiziente Kontrollmechanismen fehlen.[3013]

Die Zahlen aus Abbildung 12 bekräftigen den Wirtschaftsdeliktscharakter der Bestechung.[3014]

3008 Nach einer Umfrage im Jahr 2015 liegt die türkische Rechtspflege in den Spitzensektoren der Korruption, die 28 % Nennungen der Befragten erhielt. Siehe dazu TI, Türkiye Şeffaflık Sistemi Analizi, 2016, S. 83. So auch die Umfrage von Anwaltskammer der İstanbul, siehe TEPAV, Bir Olgu Olarak Yolsuzluk – Bericht zu TBMM, 2006, S. 109 f.

3009 KOM-Bericht, 2018, S. 5.

3010 KOM-Bericht, 2018, S. 6.

3011 TI-Türkei, Türkiye'de Yolsuzluk, 2016, S. 24, abrufbar unter http://www.seffaflik.org/wp-content/uploads/2016/03/Uluslararası-Şeffaflık-Derneği-Yolsuzluk-Araştırması-2.pdf.

3012 Vgl. oben § 9 A VI.

3013 Vgl. oben § 9 A VII.

3014 Vgl. *Mahmutoğlu*, Ekonomik Suçlar, S. 6; *Özalp*, Türk Ceza Kanununda Rüşvet Suçu, 2018, S. 171.

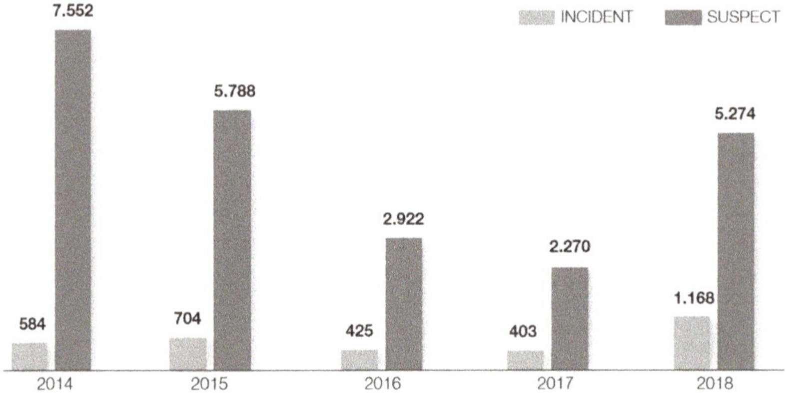

Abbildung 11: *Polizeilich erfasste Fälle und Tatverdächtige i.R.d. Korruptionstaten.* KOM-Bericht, 2018, S. 2.

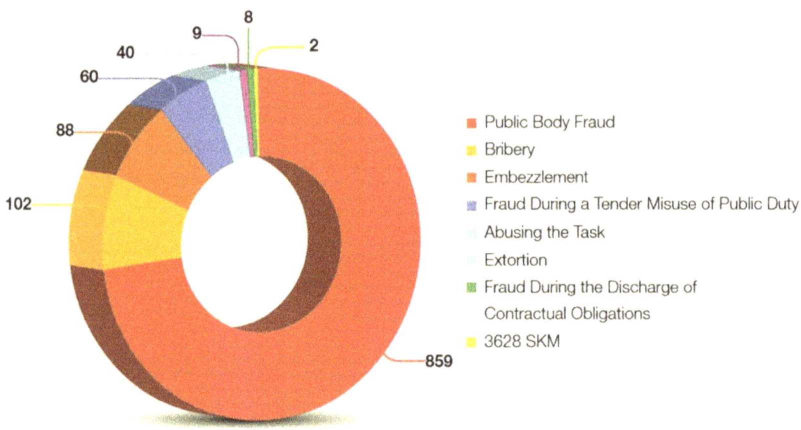

Abbildung 12: *Verteilung von erfassten Korruptionsfällen.* KOM-Bericht, 2018, S. 3.

Manipulationen während der öffentlichen Ausschreibungen werden oft durch vertikale Submissionsabsprachen vorgenommen.[3015]

3015 KOM-Bericht, 2017, S. 7.

Besonders im Gesundheits- und Sozialversicherungssektor sowie im Justizwesen bestehen Korruptionsrisiken.[3016]

Abbildung 13: *Ermittlungen gegen Bestechung durch die KOM-Abteilung.* Die Berichte sind auch auf Englisch unter https://www.egm.gov.tr/kom/raporlarimiz abrufbar.

Jahr	Geplanter Einsatz	Nicht geplanter Einsatz	Polizeilich erfasste Korruptionsfälle	Anteil der Bestechungsfälle
2014	43	-	584	
2015	27	18	704	6 %
2016	21	13	425	8 %
2017	29	38	403	17 %
2018	51	51	1168	9 %

In Bezug auf die geplanten Polizeieinsätze ist ein deutlicher Anstieg beobachtbar. Im Jahr 2017 wurden nur 29 geplante Einsätze gegen Bestechung durchgeführt. Diese Zahl hatte sich im Jahr 2018 fast verdoppelt.[3017] Darüber hinaus sind die durch die KOM-Abteilung erfassten Korruptionsfälle deutlich angestiegen. Die gegenwertige Wirtschaftskrise kann dabei eine Rolle spielen.

Anhand von Abbildung 14 lässt sich zeigen, dass die Initiative zur Bestechung öfter auf Seiten des Vorteilsgebers liegen wird, weil die Zahlen der Extranei deutlich höher als jene der Amtsträger ausfallen.

Jeder dritte Ermittlungsakt bezüglich der Amtsdelikte gegen die öffentliche Verwaltung wird von der Staatsanwaltschaft zur Hauptverhandlung gebracht.[3018]

C. Kriminaltaktische Überlegungen

I. Spezialisierung

Zur Unterstützung der Staatsanwaltschaft durch Fachpersonal stehen der Türkei zwei spezielle Abteilungen zur Verfügung: einmal im Polizeipräsidium und einmal im Finanzministerium. Der Rat zur Untersuchung der Wirtschaftskriminalität (MASAK) ist für eine effiziente Bekämpfung der WK eingerichtet.[3019]

3016 KOM-Bericht, 2018, S. 3.

3017 KOM-Bericht, 2018, S. 4.

3018 Adli İstatistikler, 2018, S. 22.

3019 *Rumpf/Özdamar*, in: Passarge/Behringer (Hrsg.), Handbuch Compliance International, 2015, S. 608.

Industry	Projected Study	Suspect Caught			Detainee		
		Public Official	Other	Total	Public Official	Other	Total
Health	17	18	67	85	10	14	24
Local Governments	6	5	9	14	4	8	12
Forensic Services	13	16	52	68	9	12	21
Education	6	0	12	12	0	0	0
Agriculture	5	1	21	22	1	5	6
Social Security	12	12	362	374	9	40	49
Other	48	58	244	302	34	88	122
Land Registry	2	3	7	10	3	2	5
Transportation	3	0	5	5	0	0	0
Energy	1	0	11	11	0	4	4
Total	113	113	790	903	70	173	243

Abbildung 14: *Tatverdächtige und Verhaftete nach Sektoren im Jahr 2018.* KOM-Bericht, 2018, S. 3.

Die kriminalpolizeiliche Abteilung für Bekämpfung von Schmuggel und OK (KOM) ermittelt insbesondere Korruptionstaten und Schmuggel sowie OK. Der MASAK erstellt ggf. durch seine Spitzenbeamten Gutachten für die Staatsanwaltschaft zur finanziellen Situation von Personen.

Bedauerlicherweise hat die Republik Türkei weder Schwerpunktstaatsanwaltschaften noch Strafgerichte für Wirtschaftsstrafsachen etabliert. Ein Vorschlag zur weiteren Spezialisierung in der Staatsanwaltschaft und in den Strafgerichten wurde aber schon in dem Bericht[3020] zur Korruptionsbekämpfung v. 2003 der Nationalversammlung der Türkei und im Regierungsentwurf zur KB v. 2004[3021] vorgelegt.

II. Kooperation bzw. enge Zusammenarbeit

Die Feststellung des Opfers ist, wie erwähnt, nicht möglich. Es ist daher nicht personifizierbar.[3022] Das führt dazu, dass es stets allzu wenige Anzeigenerstatter

3020 TEPAV, Bir Olgu Olarak Yolsuzluk – Bericht zu TBMM, 2006, S. 140.
3021 Abrufbar unter https://www.tbmm.gov.tr/sirasayi/donem22/yil01/ss610m.htm.
3022 *Özbek* u.a., Özel Hükümler, 2015, S. 1064.

gibt.[3023] Vor diesem Hintergrund kann die Bestechungskriminalität zuvörderst durch effektive Kontrollmechanismen besser aufgeklärt werden.[3024] In diesem Punkt ist in erster Linie zu betonen, dass klare Kooperationsmöglichkeiten zwischen den betroffenen Aufsichtsbehörden geschaffen werden sollten. Weiterhin sollten die Strafverfolgungsbehörden mit ihnen gut kooperieren.

III. Zwangsmaßnahmen

Weil die Bestechungsdelikte Netzwerk- und Interaktionsdelikte sind, sind alternative Präventionsstrategien in die strafprozessualen Maßnahmen einzubeziehen. In diesem Zusammenhang kommen in erster Linie die Telekommunikationsüberwachung und der verdeckte Ermittler in Betracht.[3025] Die Beschlagnahme von Immobilien, Forderungsrechten und Guthaben gemäß Art. 128 Abs. 9 i.V.m. Art. 128 Abs. 2 lit. a Nr. 15 türk. StPO kann auch i.d.S. eine präventive Bedeutung haben.[3026]

Wie schon in der Studie erwähnt, kann das Bestechungsmittel in den meisten Fällen als eine Vortat der Geldwäsche im Rahmen der OK in Erscheinung treten. Das bedeutet, dass regelmäßig eine enge Beziehung zwischen OK und Bestechung besteht.[3027] Aus diesem Grund soll den Ermittlungsbehörden die neue Technologie in diesem Zusammenhang entsprechend zur Verfügung stehen.[3028]

Leider ist im türkischen Recht ein Einsatz von verdeckten Ermittlern in Bestechungsfällen nicht möglich, weil die Bestechung nicht unter die Katalogtaten fällt (Art. 139 Abs. 7 lit. a türk. StPO). Eine rechtmäßige Beweisgewinnung ist allenfalls angelegentlich des Einsatzes des verdeckten Ermittlers in einer kriminellen Vereinigung möglich (Art. 139 Abs. 4 türk. StPO).

IV. Belohnung

Die Privilegierung des Täters durch Belohnung dient in manchen Konstellationen zur Aufklärung von Bestechungsfällen.[3029] Der Belohnungsgedanke des Strafrechts zeigt sich in den folgenden Institutionen:

3023 Vgl. oben § 5 C.
3024 Siehe dazu oben § 9 A VII.
3025 Siehe dazu oben § 15 C III.
3026 *Özen*, İrtikap ve Rüşvet Suçları, 2010, S. 256.
3027 KOM-Bericht, 2014, S. 83.
3028 *Ergül*, in: Ekonomik Suç ve Ceza Sempozyumu, 2005, S. 265.
3029 So auch *Eker-Kazancı*, CHD 2008, S. 51 (56, 65).

1. *Rücktritt*

Das türkische Bestechungsstrafrecht hat eine feste goldene Brücke. Weil die einseitigen Tathandlungsvarianten nach Art. 252 Abs. 4 anders als in Deutschland für die Tatbestandserfüllung eine Verweigerung von dem Aufgeforderten voraussetzen, kann ein freiwilliger Rücktritt bis zu dieser Verweigerung in Betracht kommen.[3030]

2. *Tätige Reue*

Tätige Reue dient in erster Linie der Aufklärung der Tat.[3031] Die obligatorische Straffreiheit vereinfacht die Arbeit der Strafverfolgungsbehörden.[3032] Darüber hinaus gleicht sie die Vorverlagerung der Strafbarkeit aus.[3033]

Es wird in der Lehre vertreten, dass dieses Instrument i.S.v. Bestechungsdelikten drei Funktionen habe: Vorbeugung, Belohnung und Aufklärung. Aus diesem Grund erscheint es als ein sehr geeignetes strafpolitisches Instrument für die Bestechungsdelikte.[3034]

Auffällig ist in diesem Zusammenhang, dass für die passive Seite ein aktives Tun, also das Übergeben der Bestechung, d. h. Bestechungsmittel, erforderlich ist. Dagegen gilt dies für die aktive Seite nicht.[3035]

3. *Kronzeugenregelung*

Im Namen der Bekämpfung der Bestechungskriminalität und vor allem um die Aussagebereitschaft des Täters zu wecken, ist auch von diesem Rechtsinstrument Gebrauch zu machen, indem eine entsprechende gesetzliche Vorschrift normiert wird. Als ein besonders deutliches Beispiel dient Art. 11 Abs. 8, Gesetz Nr. 6222 v. 2011.[3036]

3030 Siehe oben § 18 A I 6 b.

3031 JAB-TBMM v. 6.8.2004, S. 269; *Artuk/Gökcen/Yenidünya*, Özel Hükümler, 2013, S. 1060; *Karakurt-Eren*, Türk Ceza Kanununda Rüşvet Suçu, 2016, S. 451.

3032 *Mert*, in: Ünver (Hrsg.), Yolsuzlukla Mücadele, 2014, S. 50.

3033 Siehe oben § 15 C IV 2.

3034 *Önder*, Özel Hükümler, 1991, S. 143.

3035 Vgl. oben § 18 A I 4 k und § 18 A II 4 j.

3036 Siehe oben § 18 B IV 2.

4. *Whistleblower*

Wie Abbildung 13 zeigte, beliefen sich die ungeplanten Einsätze gegen Bestechungsfälle im Jahr 2018 auf die Hälfte der geplanten. Daher ist der Schutz von Hinweisgebern zu gewährleisten.

Der Zeugenschutz im türkischen Recht ist für Bestechungsfälle nicht pauschal anwendbar, weil der Gesetzgeber ihn nur in zwei Konstellationen für möglich hält: Wenn der Mindestrahmen der Tat zehn Jahre oder die Tat i.R. einer kriminellen Vereinigung begangen ist (Art. 3 des Zeugenschutzgesetzes).[3037] Der letztere Fall ist also u.U. anwendbar.[3038]

Eine Online-Hinweisaufnahme wäre auch hier nützlich. Ein Online-System für anonyme Hinweisgeber ist deshalb einzurichten.

D. Technische und repressive Präventionsmittel

I. Offenlegungs- und Auskunftspflicht

Nach Art. 71 Abs. 1 S. 1 türk. VerfG werden die Abgabe der Vermögenserklärung durch diejenigen, die in den öffentlichen Dienst eintreten, und die Fristen für die Wiederholung dieser Erklärungen durch Gesetz geregelt.[3039] Wie oben zur Bekämpfung der Korruption ausgeführt,[3040] ist diese Meldepflicht im Gesetz zur Bekämpfung der Korruption Nr. 3628 v. 1990 geregelt.[3041] Das Ziel dieses Gesetzes war ferner, die Verstöße gegen diese Meldepflicht unter Strafe zu stellen und die Strafverfolgungsbehörden sowie die Bekämpfung der Korruption effektiver zu machen.[3042]

3037 Gesetz Nr. 5726, RG Nr. 26747 v. 5.1.2008.

3038 Vgl. auch *Uğur*, Rüşvet ve Yolsuzluklarla Mücadele Kanunu, 2010, S. 49 f.

3039 *Uğur*, Rüşvet ve Yolsuzluklarla Mücadele Kanunu, 2010, S. 108; siehe ferner zur Übersetzung *Rumpf*, Verfassung der Republik Türkei, S. 22.

3040 Siehe dazu oben § 5 F I 1.

3041 *Yenisey*, ZStW 1997, S. 243 (256); *Tellenbach*, in: Eser/Überhofen/Huber (Hrsg.), Korruptionsbekämpfung durch Strafrecht, 1997, S. 645. Nach Ansicht von *Überhofen*, Korruption und Bestechungsdelikte, 1999, S. 469, zum Thema Fn. 48, handelt es sich dabei um „eine sehr weitgehende Offenlegungspflicht".

3042 Siehe zur allgemeinen Begründung des Gesetzesentwurfs *Uğur*, Rüşvet ve Yolsuzluklarla Mücadele Kanunu, 2010, S. 100-101; in diese Richtung auch *Tellenbach*, in: Eser/Überhofen/Huber (Hrsg.), Korruptionsbekämpfung durch Strafrecht, 1997, S. 645; *Erdem*, Kamu Görevlisinin Mal Bildiriminde Bulunma Mecburiyeti, 2018, S. 12 f.

Es unterliegt keinem Zweifel, dass diese verfassungsrechtliche Pflicht hinsichtlich der Vermögensoffenlegung eine präventive Bedeutung hat. Somit kann sie als eine vorbeugende Maßnahme i.S.v. KB betrachtet werden.[3043]

II. Transparenztatbestände

Der Inhalt der Vermögensoffenlegung kann nur mit der Anzeige oder wegen einer internen oder strafrechtlichen Ermittlung untersucht werden, ob in ihr Unregelmäßigkeiten bestehen oder nicht, d. h. ob der Inhalt mit dem tatsächlichen Vermögen übereinstimmt. Im Übrigen bleibt die Mitteilung aus datenschutzrechtlichen Gründen geheim (Art. 9 v. Gesetz Nr. 3628).

1. Umgehungshandlung 1: Verstoß gegen die Fristen im Art. 10

Wenn der Amtsträger oder der nach dem Gesetz zur Vermögensoffenlegung Verpflichtete innerhalb der Frist von 30 Tagen, die mit der schriftlichen Abmahnung seitens der zuständigen Behörde beginnt, sein Vermögen nicht offenlegt, wird er mit bis zu drei Monaten Gefängnisstrafe bedroht (Art. 10 Abs. 1 v. Gesetz Nr. 3628).[3044]

In gleicher Weise wird der Amtsträger oder der nach dem Gesetz zur Vermögensoffenlegung Verpflichtete mit drei Monaten bis zu einem Jahr Gefängnisstrafe bedroht, falls die Erklärung innerhalb der Frist von 7 Tagen, die mit der schriftlichen Mitteilung des Inspektors oder der Staatsanwaltschaft zu laufen beginnt, nicht abgegeben ist (Art. 10 Abs. 2 i.V.m. Art. 19 Abs. 2 v. Gesetz Nr. 3628).[3045]

2. Umgehungshandlung 2: Abgeben einer falschen Erklärung

Wenn die Tat nicht mit schwererer Strafe bedroht ist, wird der Amtsträger oder der nach dem Gesetz zur Vermögensoffenlegung Verpflichtete, der falsche Erklärung abgibt, mit sechs Monaten bis drei Jahren Gefängnisstrafe bedroht (Art. 12 v. Gesetz Nr. 3628).[3046]

3043 Der türkische Staatsrat, 1. Kammer, Gutachten v. 22.1.1991, zit. nach *Uğur*, Rüşvet ve Yolsuzluklarla Mücadele Kanunu, 2010, S. 106.

3044 Eingehend *Uğur*, Rüşvet ve Yolsuzluklarla Mücadele Kanunu, 2010, S. 165 ff.; siehe ferner zur Übersetzung *Tellenbach*, a.a.O., S. 651.

3045 Eingehend *Uğur*, a.a.O., S. 170 ff.; siehe ferner zur Übersetzung *Tellenbach*, a.a.O., S. 652.

3046 Eingehend *Uğur*, a.a.O., S. 178 ff.; siehe ferner zur Übersetzung *Tellenbach*, a.a.O., S. 652.

III. Unrechtmäßige Bereicherung (Art. 13, Gesetz Nr. 3628 v. 1990)

Wer sich i.S.d. Gesetzes Nr. 3628 v. 1990 unrechtsmäßig bereichert hat, wird sowohl mit Gefängnisstrafe als auch mit Geldstrafe bedroht (Art. 13 Abs. 1). Die Teilnahme an dieser Tat durch Schmuggeln oder Verheimlichung, die eine fortgesetzte Handlung voraussetzen, wird eigens bestraft (Art. 13 Abs. 2). Dabei ist aber zu beachten, dass die Tat subsidiär in Frage kommt. Soweit die Tat nicht gesetzlich mit schwererer Strafe bedroht, ist die Norm anwendbar.[3047]

In der Regel wird eine Straftat entweder mit einer Freiheitsstrafe oder mit einer Geldstrafe bedroht (sog. Verbot der Doppelbestrafung).[3048] durch diese Ausnahme vom Verbot der Doppelbestrafung wollte der Gesetzgeber den präventiven Abschreckungseffekt des Delikts erhöhen.

Der Begriff „unrechtmäßige Bereicherung" ist in Art. 4 des Gesetzes anhand einer gesetzlichen Fiktion definiert. Demgemäß liegt eine unrechtmäßige Bereicherung i.S.d. Gesetzes vor, wenn die Vermögenswerte gemäß Gesetzgebung oder nach allgemeiner Sitten von dem Täter nicht bewiesen werden können;[3049] oder die Ausgaben nicht mit dem sozialen Leben des Täters im Einklang stehen.[3050] Die Bezugspunkte dieser gesetzlichen Fiktion sind also „ungerechtfertigte Zunahme von Vermögen" und „unangemessene Ausgaben im sozialen Leben des Täters". Bei diesen Auffangtatbeständen geht es somit um eine sog Beweislastumkehr.[3051]

3047 Eingehend *Uğur*, a.a.O., S. 193 ff.; siehe ferner zur Übersetzung *Tellenbach*, a.a.O., S. 652.

3048 *Meier*, Strafrechtliche Sanktionen, 2019, S. 67.

3049 In einer Entscheidung des türkischen Militärgerichts des Generalstabs im Jahr 2006 wurde der damalige Oberkommandiere der Marine wegen dieser Tathandlungsvariante verurteilt. Siehe dazu http://www.hurriyet.com.tr/gundem/ilhami-erdile-2-5-yil-hapis-cezasi-3901422 (23.12.2019).

3050 Siehe zur Übersetzung *Tellenbach*, a.a.O., S. 651.

3051 *Tellenbach*, a.a.O., S. 645; *Uğur*, a.a.O., S. 194.

§ 20 Das türkische Bestechungsstrafrechtssystem

A. Systematik und Struktur

Zunächst ist zu erwähnen, dass die Systematik und Dogmatik der Bestechungsdelikte durch das StÄG v. 2012 erheblich verändert wurden.[3052] Beispielsweise wurden die unechten Bestechungsdelikte mit den echten Bestechungstatbeständen verschmolzen. Außerdem ist die entkriminalisierte aktive Seite der einfachen Bestechung dadurch unter dem einzigen Bestechungstatbestand, nämlich Art. 252 türk. StGB, unter Strafe gestellt.

Bestechung i.e.S. ist als der Grundtatbestand in Art. 252 Abs. 1 geregelt.[3053] Die Bestechlichkeit (Art. 252 Abs. 2) ist unter Verweis auf die Bestechung i.e.S. unter Strafe gestellt. Im Gegensatz dazu war die Bestechlichkeit bei der ersten Fassung des Art. 252 türk. StGB v. 2004 der Grundtatbestand. Die alte Fassung von Bestechung i.e.S. (Art. 252 Abs. 1 S. 2) wurde umgekehrt unter Verweis auf die Bestechlichkeit (Art. 252 Abs. 1 S. 1) formuliert. Im Übrigen wurde die Definition im Art. 252 Abs. 3 a. F. auf Seiten des Bestochenen bestimmt.[3054]

Indem die einfache passive Bestechung nunmehr nicht als qualifizierter Amtsmissbrauch (Art. 257 Abs. 3), sondern als Bestechung bestraft wird, ähnelt die Systematik teilweise jener der alten Fassung des türk. StGB v. 1926.[3055]

B. Kriminal- und strafrechtspolitische Ansätze

I. Trennungsprinzip

Gesetzlich gibt es zwei Seiten des Verbrechensphänomens Bestechung: Auf der Geberseite ist Art. 252 Abs. 1, auf der Nehmerseite Art. 252 Abs. 2 einschlägig.[3056]

Die Lagertheorie, die die wichtigste Folge dieses Prinzips ist, gilt für die Teilnahme an die Bestechung nicht, weil der Gesetzgeber hierzu besondere Vorschriften (Art 252 Abs. 5 und Abs. 6) vorgesehen hat.

3052 *Doğan*, in: FS-Toroslu, 2015, S. 337.

3053 *Özalp*, Türk Ceza Kanununda Rüşvet Suçu, 2018, S. 258.

3054 *Doğan*, in: FS-Toroslu, 2015, S. 348.

3055 Vgl. *Doğan*, in: FS-Toroslu, 2015, S. 337; siehe ferner oben § 17 C.

3056 CGK, Urt. v. 22.11.2011, E. 2011/5.MD-136, K. 2011/232.

II. Spiegelbildlichkeitsprinzip

Auf dieser Grundlage sind die zwei Seiten der Bestechung unter Strafe gestellt.[3057]

Die Spiegelbildlichkeit ist im türkischen Bestechungsstrafrecht vollständig, weil die passive Seite mithilfe eines Verweises auf die aktive Seite pönalisiert ist. Im Übrigen gilt hier aufgrund dessen die Sperrwirkung uneingeschränkt.

III. Verdoppelte Auffangfunktion

Um die negativen Auswirkungen von Beweisschwierigkeiten in der Systemgerechtigkeit zu vermeiden, hat der türkische Gesetzgeber im Korruptionsstrafrecht zutreffend zwei Auffangtatbestände vorgesehen. Diese Delikte können nur subsidiär Anwendung finden. Dies sind „Amtsmissbrauch" (Art. 257 türk. StGB) und „unrechtmäßige Bereicherung" (Art. 13 des Gesetz Nr. 3628 v. 1990). Die Haupttatbestandsfunktion des Art. 252 türk. StGB wird also durch diese Auffangtatbestände gewährleistet. Im Übrigen hat der Gesetzgeber den „Einflusshandel" (Art. 255) bei Fehlen eines engen Zusammenhangs bezüglich der dienstlichen Handlung unter Strafe gestellt.

Stellt z. B. das Tatgericht die Bestechung nicht ohne Zweifel fest, kann der Amtsträger u.U. wegen des Straftatbestands „Amtsmissbrauch" bestraft werden.[3058]

IV. Erweiterungsprinzip

Dieses Prinzip in Bezug auf die Bestechungsdelikte ist dem Grunde nach neu. Erst durch das StÄG v. 2012 sind es unter dem Namen „Bestechung" wesentlich erweitert worden.[3059]

In drei Punkten geht es um diese Erweiterung: In Bezug auf den Täterkreis (Art. 252 Abs. 8) und hinsichtlich der Mittäterschaft (Art. 252 Abs. 5 und Abs. 6) und zuletzt in Bezug auf den Anwendungsbereich (Art. 252 Abs. 9).

V. Der böse Bürger

Vor dem StÄG v. 2012 war die Bestechlichkeit der Grundtatbestand des Art. 252 türk. StGB. Die Bestechung i.e.S. tritt nunmehr anders als die erste Fassung des Art. 252 türk. StGB v. 2004 als Grundtatbestand in Erscheinung. Die Handlung des Vorteilsgebers (Bestechung i.e.S.) stellt also den Ausgangspunkt

3057 *Karakurt-Eren*, Türk Ceza Kanununda Rüşvet Suçu, 2016, S. 172 f.

3058 CGK, Urt. v. 22.11.2011, E. 2011/5.MD-136, K. 2011/232.

3059 *Artuk/Gökcen/Yenidünya*, Özel Hükümler, 2013, S. 1021, 1050.

der Kriminalisierung dar.[3060] Darüber hinaus ist die straflose einfache aktive Bestechung durch diese Änderung kriminalisiert.

Aus diesen zwei Veränderungen lässt sich sagen, dass der „böse Bürger“ hier in den Fokus des gesetzgebers gerückt ist.

VI. Vorverlagerung der Strafbarkeit

Wie oben ausgeführt, stellt die herrschende Lehre den Bestechungsvertrag mit der Vorteilsverschaffung gleich. Daraus ergibt sich der Unternehmensdeliktscharakter der Vereinbarungsstufe, nämlich Art. 252 Abs. 3, wobei der Versuch formell mit der Vollendung gleichgestellt ist.[3061]

VII. Vorrang der Unrechtsvereinbarung

Nach der zeitlichen Orientierung des Gesetzgebers muss die UnRV vor der Vornahme der Amtshandlung zustande gekommen sein.[3062] Ohne vorherige UnRV kann also keine Bestechung in Frage kommen.

VIII. Koinzidenzsprinzip

Der Bestechungsvertrag muss vollständig belegt werden. Die Koinzidenz der Willen muss sowohl aus subjektiver und als auch objektiver Sicht stimmig sein.[3063]

IX. Rechtsgut: Eine wichtige Auslegung für Grenzfälle

Nach überwiegender Ansicht im Schrifttum spielt die am Rechtsgut orientierte Auslegung bei Grenzfällen die entscheidende Rolle.[3064]

3060 Vgl. *Doğan*, in: FS-Toroslu, 2015, S. 340.

3061 *Rumpf/Özdemir*, in: Passarge/Behringer (Hrsg.), Handbuch Compliance International, 2015, S. 618 f.; kritisch für die Rechtssicherheit *Hafizoğulları/Aygün-Eşitli*, Kamu İdaresine Karşı, 2014, S. 66.

3062 CGK, Urt. v. 22.11.2011, E. 2011/5.MD-136, K. 2011/232; *Artuk/Gökcen/Yenidünya*, Özel Hükümler, 2013, S. 1040; *Doğan*, in: FS-Toroslu, 2015, S. 342; vgl. auch *Tellenbach*, Einführung, 2003, S. 120.

3063 Vgl. *Özgenç*, Rüşvet, 2013, S. 85; *Artuk/Gökcen/Yenidünya*, Özel Hükümler, 2013, S. 1028, 1041; *Özbek* u.a., Özel Hükümler, 2015, S. 1044.

3064 *Küçükince*, Rüşvet Suçu, 2007, S. 63, 76; *Özen*, İrtikap ve Rüşvet Suçları, 2010, S. 178; *Karakurt-Eren*, Türk Ceza Kanununda Rüşvet Suçu, 2016, S. 172, 277 f.; *Özalp*, Türk Ceza Kanununda Rüşvet Suçu, 2018, S. 277.

X. Aufklärung wird belohnt

In der Bestechungsstrafrechtsdogmatik waren und sind durchgängig die gesetzlichen Institutionen der tätigen Reue (Art. 254) und die Kronzeugenregelung (Art. 11 Abs. 8 v. Gesetz Nr. 6222) im Namen der Aufklärung von Bestechungshandlungen vorgesehen.

XI. Enge Auslegung

Die enge Auslegung gilt für zwei Tatbestandsmerkmale:

1. Strenger dienstlicher Zusammenhang

Von vornherein muss ein bestimmtes dienstliches Handeln vorliegen. Danach muss die Konnexität zwischen dieser Amtshandlung und der Zuständigkeit des Täters absolut festgestellt werden.[3065]

Dies ergibt sich aus zwei Gründen: Erstens hat der Gesetzgeber einen selbstständigen Straftatbestand für den Missbrauch von Einfluss (Art. 255) vorgesehen. Daher kann diese Straftat im Zweifelsfalle bezüglich der Zuständigkeit des Amtsträgers in Frage kommen. Zweitens existiert ein allgemeiner Korruptionstatbestand, nämlich der Amtsmissbrauch (Art. 257), der im türkischen Korruptionsstrafrecht einen auffangtatbestandlichen Charakter hat.

2. Strenge Vertragstheorie

Wie unter dem Koinzidensprinzip ausgeführt, müssen die subjektiven Vorstellungen mit dem objektiven Sachverhalt übereinstimmen, um von einer „konkretisierbaren oder konkreten“[3066] UnRV i.S.v. Art. 252 türk. StGB sprechen zu können. Insbesondere aufgrund des Art. 252 Abs. 3 ist die Vertragstheorie im türkischen Bestechungsstrafrechts eher sichtbar als im deutschen Modell.[3067] Die zivilrechtliche Vertragstheorie hat diesen Gedanken augenscheinlich inspiriert.[3068]

3065 *Doğan*, in: FS-Toroslu, 2015, S. 342.

3066 Vgl. *Özbek* u.a., Özel Hükümler, 2015, S. 1051.

3067 So auch GRECO RC-III (2012) 4E, Rn. 14.

3068 Ausdrücklich CGK, Urt. v. 22.11.2011, E. 2011/5.MD-136, K. 2011/232; so auch *Özen*, İrtikap ve Rüşvet Suçları, 2010, S. 185; *Özalp*, Türk Ceza Kanununda Rüşvet Suçu, 2018, S. 258; nicht ausdrücklich, aber mittelbar *Özgenç*, Rüşvet, 2013, S. 79. Siehe ferner *Erman/Özek*, Kamu İdaresine Karşı İşlenen Suçlar, 1992, S. 97.

Die herrschende Ansicht zum bedingten Unrechtsgeschäft bescheinigt auch dieses Prinzip.[3069]

XII. Vorteilsverschaffung: Der Orientierungspunkt der Bestechung

Aus Sicht dieses Gedankens stellt nur die Vorteilsverschaffung den Ausgangspunkt des Handlungsunrechts von Bestechung i.w.S. dar.[3070] Die anderen Punkte beziehen sich danach nur auf den Versuch zu dieser Handlung. Im Ergebnis fehlen in der Lehre die je nach der Tathandlungsvariante zu entwickelnden Ansätze.

Diese Ansicht gilt für die beiden Seiten der Bestechung.[3071]

Die einseitige Tathandlungsmodalität „Fordern" findet keinen dogmatischen Platz unter den alternativen Tatbeständen.

XIII. Akzessorietät

Die Frage der Amtsträgereigenschaft i.S.v. Art. 252 und die Frage, ob die auszuübende Tätigkeit in die Zuständigkeit des Täters fällt, sind überwiegend mithilfe des Verwaltungsrechts zu beantworten. Bei der Erweiterung nach Art. 252 Abs. 8 sind ggf. ferner die zivilrechtlichen Ansätze in die Auslegung einzubeziehen.

XIV. Terminologische Abweichung

Im Titel des Art. 252 macht der Gesetzgeber vom Begriff der Bestechung im weitesten Sinne Gebrauch. Dieser Straftatbestand umfasst auf diese Weise sowohl die echten als auch die unechten Bestechungsdelikte. Auf der anderen Seite bezeichnet das Wort „rüşvet" das Bestechungsmittel bzw. Bestechungsgeld.[3072]

Es ist somit davon auszugehen, dass der Begriff „rüşvet" (auf Deutsch: Bestechung) das phänomenologische Verständnis des Strafgesetzgebers darlegt, indem er unter ihm die strafbaren Handlungen dieses beidseitigen Kriminalphänomens ausformuliert hat.

3069 Siehe dazu oben § 18 A I 3 a ff.

3070 Nach Ansicht von *Karakurt-Eren*, Türk Ceza Kanununda Rüşvet Suçu, 2016, S. 258, sei der Grund dafür „die Erweiterung der zeitlichen Dimension bezüglich der Teilnahme und Verjährungsfrist". Vgl. ferner *Doğan*, Türk Ceza Hukukunda Rüşvet Suçu, 2019, S. 69, 73.

3071 *Hafızoğulları/Aygün-Eşitli*, Kamu İdaresine Karşı, 2014, S. 64, vertreten dagegen die Auffassung, dass die Handlung des Amtsträgers den Kernpunkt der Bestechung darstellt.

3072 Vgl. oben § 7 A.

C. Strafrechtsmodell

Für das Strafrechtsmodell kann festgehalten werden, dass es teilweise als funktionales Präventions- und teilweise als Bekämpfungsstrafrecht erscheint.

Der Straftatbegriff „rüşvet" wird von dem Gesetzgeber „als funktionales Element"[3073] verstanden, indem er es bei der Verschmelzung der unechten Bestechung mit der echten Bestechung belassen hat. Die Straftat zeigt sich somit wie ein Kommunikationsinstrument gegenüber dem Bürger.[3074] Die Botschaft liegt darin, dass der Verstoß gegen die normativen Werte i.R.d. Bestechung sanktioniert werden kann. Das führt dazu, dass der Gesetzgeber bei der Bestechungsstrafrechtsdogmatik auf ein funktionales Präventionstrafrecht abzielt.[3075]

Auf der anderen Seite geht es um ein expandiertes Strafrecht auf Kosten der präventiven Abschreckung bzw. des präventiven Funktionalismus.[3076] Denn es existiert eine vielfältige „Legitimationsgrundlage für die Erweiterung des strafrechtlichen Steuerungsanspruchs"[3077] im System der Bestechungsdelikte.

Die Strafgewalt wurde im Namen der effektiven Bekämpfung ausgeweitet.[3078] Eine einfache passive Bestechung wird nunmehr nicht nach qualifiziertem Amtsmissbrauch (Art. 257 Abs. 3), sondern nach genuinem Bestechungsrecht bestraft.[3079] Die Repressionstendenz wird einerseits mit der Erhöhung der angedrohten Strafen, andererseits durch Realkonkurrenzvorschriften zum Ausdruck gebracht.

Drei Dimensionen der Erweiterung und die Vorverlegung der Strafbarkeit knüpfen sowohl an funktionales Präventionstrafrecht als auch an das Bekämpfungsstrafrechtskonzept an.

Zum Schluss belegen die Umgehungshandlungen[3080] das Bekämpfungsstrafrechtskonzept des gesamten Systems.

3073 *Bringewat*, Funktionales Denken im Strafrecht, 1974, S. 67.

3074 Vgl. *Kindhäuser*, in: FS-Ostendorf, 2015, S. 483.

3075 Vgl. *Kunz*, Krim. Journal, 2010, S. 9 (17).

3076 Siehe dazu *Bozbayındır*, Criminal Law Forum, 2018, S. 25 (35 ff.).

3077 *Albrecht*, KritV 1986, S. 55 (81).

3078 *Hafızoğulları/Aygün-Eşitli*, Kamu İdaresine Karşı, 2014, S. 73; *Doğan*, in: FS-Toroslu, 2015, S. 339. Siehe auch zu drei Dimensionen der Erweiterung oben § 20 B IV.

3079 CGK, Urt. v. 19.2.2013, E. 2011/5.MD-137, K. 2013/58. *Mert*, in: Ünver (Hrsg.), Yolsuzlukla Mücadele, 2014, S. 39, gibt in diesem Punkt zur bedenken, dass diese Änderung im Dienste der Umsetzung der GRECO-Empfehlungen verabschiedet ist.

3080 Siehe dazu oben § 19 D II.

D. Regelungsmodell

I. Einzelverbrechen-Modell[3081]

Als Hauptmodell, das in der vorliegenden Arbeit betrachtet wurde, übernimmt der türkische Gesetzgeber das Einzelverbrechen-Modell.[3082] Diese Ansicht wurde auch von der Mehrheit des Schrifttums angenommen.[3083]

Allerdings handelt es sich in Wirklichkeit um zwei selbstständige Taten, daher greift die sog. Sperrwirkung.[3084] Das führt dazu, dass zwar in der amtlichen Begründung vom Einzelverbrechen-Modell die Rede ist, dies aber steht nur auf geduldigem Papier. Denn die Bestechung ist zweispaltig ausgestaltet. Entsprechend erörtert ein Teil der Literatur die Bestechung nach der Annahme der Bestechung und dem Geben der Bestechung.[3085]

3081 Siehe dazu oben § 10 A I 1.

3082 Kassationshof, 5. Strafsenat, Urt. v. 3.7.2019, 2014/4068 E., 2019/6700 K.; *Özen*, İrtikap ve Rüşvet Suçları, 2010, S. 155; *Artuk*, in: Ünver (Hrsg.), Yolsuzlukla Mücadele, 2014, S. 85; *Doğan*, in: FS-Toroslu, 2015, S. 349; vgl. Auch *Rumpf/Özdamar*, in: Passarge/Behringer (Hrsg.), Handbuch Compliance International, 2015, S. 618. Das Hauptmodell während des alten StGB v. 1926 war das Zwei-Verbrechen-Modell. Siehe *Gözübüyük*, AD 1969, S. 183 (184).

3083 *Özen*, İrtikap ve Rüşvet Suçları, 2010, S. 155; *Baytemir*, TBBD 2010, S. 333 (338); *Özbey*, 765 ve 5237 sayılı Türk Ceza Kanunları'nda Rüşvet Suçu, 2010, S. 21; *Aldemir*, 5237 sayılı Türk Ceza Kanunu'na Göre Rüşvet Suçu, 2011, S. 48; *Özgenç*, Rüşvet, 2013, S. 79; *Artuk/Gökcen/Yenidünya*, Özel Hükümler, 2013, S. 1026; *Özbek* u.a., Özel Hükümler, 2015, S. 1065; *Toroslu, Özel Kısım*, 2015, S. 298; *Doğan*, in: FS-Toroslu, 2015, S. 348; *Karakurt-Eren*, Türk Ceza Kanununda Rüşvet Suçu, 2016, S. 156; *Özalp*, Türk Ceza Kanununda Rüşvet Suçu, 2018, S. 170; *Doğan*, Türk Ceza Hukukunda Rüşvet Suçu, 2019, S. 68. Nach *Hafızoğulları/Aygün-Eşitli*, Kamu İdaresine Karşı, 2014, S. 60, sind das Annehmen einer Bestechung und das Geben einer Bestechung die zwei verschiedene Formen eines Bestechungsverbrechens.

3084 Vgl. *Eker-Kazancı*, CHD 2008, S. 51 (85); *Tezcan/Erdem/Önok*, Özel Hükümler, 2013, S. 939; M. *Koca* u.a., HMT, 2013, S. 7; *Baytemir*, TBBD 2010, S. 333 (360 ff.); kritisch *Doğan*, in: FS-Toroslu, 2015, S. 344.

3085 So z. B. *Özen*, İrtikap ve Rüşvet Suçları, 2010, S. 188. Siehe ferner i.S.v. Prozessrecht CGK, Urt. v. 11.7.2014, 2014/5-52 E., 2014/354 K. *Özalp*, Türk Ceza Kanununda Rüşvet Suçu, 2018, S. 165, geht davon aus, dass der Bestochene und der Bestechende gleichrangige Täter des Delikts „Bestechung" seien. So begründet er unzutreffend ein drittes Modell in Bezug auf das Aussehen des Verbrechensphänomens.

Darüber hinaus besteht – da der Artikel im Lichte von zwei Seiten der Bestechung ausgestaltet ist – in jedem Fall die Notwendigkeit, die Taten in zweierlei Hinsicht zu untersuchen.[3086]

Aus diesen Gründen lässt sich sagen, dass die amtliche Begründung nicht der Realität entspricht. Unter Geltung des alten StGB v. 1926 hatten zutreffend sowohl der Kassationshof als auch das Schrifttum das Zweier-Verbrechen-Modell vertreten.[3087]

II. Rechtsgutsmodell[3088]

Da es beim Straftatbestand Bestechung nach dem StÄG v. 2012 um eine Entschließung zur Verschmelzung geht, umfasst die amtsbezogene Tätigkeit i.S.v. Art. 252 Abs. 2 sowohl pflichtgemäße als auch pflichtwidrige Amtshandlungen.[3089] Somit handelt es sich bei der Art und Form der Unrechtsvereinbarung um die Entschließung zur Verschmelzung. Demzufolge macht der Gesetzgeber keine Unterscheidung während der rechtlichen Betrachtung der Diensthandlung.

Da hier eine Verschmelzung von rechtmäßiger und rechtswidriger Diensthandlung vorliegt, ist für die Strafbarkeit nicht relevant, ob der Amtsträger eine ungerechte Diensthandlung gegen einen rechtswidrigen Vorteil vornimmt.[3090] Die materiell-rechtliche und akzessorische Frage, ob die gewünschte dienstliche Tätigkeit des Amtsträgers pflichtmäßig oder pflichtwidrig ist, spielt also keine entscheidende Rolle.[3091]

Es geht damit um eine uferlose Erweiterung der Verstöße gegen Dienstpflichten der strafrechtlichen Handlungsebene und unter dem Namen „Bestechung".

In Hinblick auf einen konkreten Nachweis des Bestechungsvertrags und die enge Auslegung im Zusammenhang des Verhaltens des Amtsträgers mit der amtlichen Tätigkeit steht das Unrechtsvereinbarungsmodell des türkischen Strafrechts ferner mit dem materiellen Austauschmodell in Verbindung.

3086 So etwa CGK, Urt. v. 22.11.2011, E. 2011/5.MD-136, K. 2011/232; anhand des Vorsatzes *Özalp*, Türk Ceza Kanununda Rüşvet Suçu, 2018, S. 322.

3087 *Özalp*, Türk Ceza Kanununda Rüşvet Suçu, 2018, S. 166 m.w.N.

3088 Siehe dazu oben § 10 A II 3.

3089 *Artuk/Gökcen/Yenidünya*, Özel Hükümler, 2013, S. 1043; *Özbek* u.a., Özel Hükümler, 2015, S. 1049; *Doğan*, in: FS-Toroslu, 2015, S. 343, 345; siehe ferner oben § 10 A II 3.

3090 *Karakurt-Eren*, Türk Ceza Kanununda Rüşvet Suçu, 2016, S. 290.

3091 JAB-TBMM Nr. 278 v. 12.6.2012, S. 126.

III. Einheitsmodell[3092]

Das türkische Bestechungsstrafrecht folgt diesem Einheitsmodell in der einzigen Bestechungsstraftat des StGB, nämlich der Bestrafung von Wirtschaftsteilnehmern nach Art. 252 Abs. 8 und von ausländischen Amtsträgern nach Art. 252 Abs. 9.

Im Hinblick auf den Strafrahmen trifft der Gesetzgeber keine Unterscheidung. Es handelt sich demnach weder um eine Qualifizierung noch um eine Privilegierung für den erweiterten Täterkreis und die Extranei.

IV. Subsystemmodell[3093]

Dieser Befund ist für das türkische Strafrecht nicht neu. Der türkische Gesetzgeber verfolgt dieses Regelungsmodell seit rund einem Jahrhundert.[3094]

Das Teilsystem ist allerdings über einen Artikel im türk. StGB entstanden. Das macht die Systematik schwer verständlich; die Methodik bringt mehr Komplexität mit sich denn nötig.

V. All-in-one-Modell[3095]

All dies führt dazu, dass ein Sui-generis-System hinsichtlich der Bestechungstatbestände entstand. Das neue türk. StGB v. 2004 hat sich große Mühe gegeben, das Verbrechensphänomen „Bestechung" mithilfe eines StGB-Artikels zu erfassen. Darüber hinaus hat der türkische Gesetzgeber mit dem StÄG v. 2012 versucht, die Empfehlungen von GRECO zu umsetzen und damit die Umsetzungspflicht der Türkei zu erfüllen. So entstand ein langer Artikel.[3096] Der Gesetzgeber wollte alle betroffenen Konstellationen unter dem Artikel „*Rüşvet*" (Bestechung) titulieren.

Die Systematik ist i.E. überaus komplex.[3097]

3092 Siehe dazu oben § 10 B II.

3093 Siehe dazu oben § 10 B VI.

3094 Siehe oben § 17 B und C.

3095 Siehe dazu oben § 10 C.

3096 *Karakurt-Eren*, Türk Ceza Kanununda Rüşvet Suçu, 2016, S. 143.

3097 So auch GRECO RC-III (2012) 4E, Rn. 14; *Karakurt-Eren*, Türk Ceza Kanununda Rüşvet Suçu, 2016, S. 144.

E. Abgrenzung zu ähnlichen Delikten

I. Amtsmissbrauch

Die Strafbarkeit beim Amtsmissbrauch wird entweder nach dem subjektivierten Ansatz oder nach den objektiven Strafbarkeitsbedingungen begrenzt.

Formuliert der Gesetzgeber den Tatbestand aus, indem er den subjektiven Tatbestand vorrangig behandelt hat, so ist die Absicht des Amtsträgers im Hinblick auf den Taterfolg für die Tatbestandserfüllung unbedingt erforderlich (wie beim Art. 323 c.p. und beim Art. 302 öStGB).[3098]

Der Gesetzgeber kann dagegen, wie beim Art. 257 türk. StGB, an objektive Strafbarkeitsbedingungen um Begrenzung der Anwendbarkeit willen anknüpfen. Für die Strafbarkeit muss eine von der objektiven Tathandlungen in die Tat umgesetzt werden.[3099] Daher reicht für die Bestrafung wegen dieser Straftat ein schlichter Missbrauch des Amtes mit besonderem bzw. spezifischen Vorsatz nicht aus.[3100] Der Amtsträger macht sich nur dann strafbar, wenn ein Schaden zu Lasten einer Person oder des Staates eintritt oder Personen „Vorteilsverschaffung" in Frage kommen. Auf diese Weise richtet sich die *ratio legis* der Straftat auf den Erfolgsunwert.[3101] Damit ist der Straftatbestand als „Verletzungsdelikt" einzustufen.[3102]

Der größte Unterschied zwischen den Bestechungstatbeständen und dem Amtsmissbrauch ist darin zu sehen, dass das Unrecht des Verbrechens „Amtsmissbrauch" in dem Missbrauch der anvertrauten Macht liegt, um Personen einen unzulässigen Vorteil zu verschaffen oder um einer Person oder dem Staat einen Schaden zuzufügen. Im Gegensatz dazu besteht der Unrechtskern von Bestechungsdelikten in der sich aus dem Bestechungsvertrag ergebenden Beziehung.[3103] Im Übrigen, anders als bei den Bestechungstatbeständen, ist hier ein spezieller Vorsatz nicht erforderlich; ein allgemeiner Vorsatz reicht aus.[3104]

3098 Somit ist nach einhelliger Ansicht der italienischen Doktrin *„dolo intenzionale"* erforderlich. Siehe dazu *Alten*, Amtsmißbrauch, 2012, S. 226-227; kritisch zu dieser Methodik *Özgenç*, Rüşvet, 2013, S. 153 ff.

3099 M. *Koca* u.a., HMT, 2013, S. 13.

3100 Siehe dazu *Özgenç*, Rüşvet, 2013, S. 164 ff.

3101 *Alten*, Amtsmißbrauch, 2012, S. 200.

3102 YCGK, 18.10.2005, K. 2005/118, Hinweis bei *Özgenç*, Rüşvet, 2013, S. 165, zum Thema Fn. 188; kritisch *Ünver*, in: Hilgendorf (Hrsg.), Das Strafrecht im deutsch-türkischen Rechtsvergleich, 2009, S. 342.

3103 Vgl. *Alten*, Amtsmißbrauch, 2012, S. 462.

3104 Kassationshof, 4. Strafsenat, Urt. v. 28.5.2002, E. 7492, K. 9487, zit. nach *Gökcan*, YD 2005, S. 489 (519), zum Thema Fn. 60.

Die Bestechung ist eine besondere Form des Amtsmissbrauchs.[3105] Die Bestechung wird danach als eine spezielle Straftat des Amtsmissbrauchs angesehen. Somit gilt i.R.d. Gesetzeskonkurrenz das Verhältnis zwischen allgemeiner und spezieller Norm.[3106] Weil der Amtsmissbrauch von Gesetzgeber als Ersatztatbestand i.R.d. Korruptionsstrafrechts geregelt ist, kommt aber ein Konkurrenzverhältnis nicht in Frage.

Wegen der nachträglichen Belohnung können die Täter in begrenztem Rahmen nach Art. 257 bestraft werden.[3107] Dies kann sowohl durch ein Tun (Art. 257 Abs. 1) als auch durch eine Unterlassung (Art. 257 Abs. 2) begangen werden. Die Unterlassungsvariante ist als minderschwerer Fall im Vergleich zu dem Art. 257 Abs. 1 eingestuft.

Ist im konkreten Fall eine bestimmte Diensthandlung nicht festgestellt, kann der Täter nach dem die Bestechung ergänzenden Amtsmissbrauchstatbestand bestraft werden.[3108]

Falls der Amtsträger vor der Ernennung oder vor der Zuweisung der in Erwartung gebliebenen Handlung entweder später über die UnRV bestätigt oder sie vorgenommen hat, begeht er keine Bestechung, ggf. macht sich strafbar wegen des Amtsmissbrauchs.[3109]

II. Erpressung im Amt (Extortion)

Es bestehen große Schwierigkeiten bei der Abgrenzung zwischen der Bestechung und der Extortion.[3110] Vor diesem Hintergrund spielt das Verhältnis von Bestechung und Extortion eine entscheidende Rolle.[3111]

Im türkischen Strafrecht kann diese Straftat entweder durch psychischen Zwang (Art. 250 Abs. 1) oder durch Vortäuschen (Art. 250 Abs. 2) und zuletzt

---

3105 *Dönmezer*, Özel Ceza Hukuku Dersleri, 1984, S. 98; *Artuk*, in: Ünver (Hrsg.), Yolsuzlukla Mücadele, 2014, S. 95; *Okuyucu-Ergün*, Rüşvet Suçu, in: Ünver (Hrsg.), Ekonomik Suçlar, 2015, S. 48; *Özalp*, Türk Ceza Kanununda Rüşvet Suçu, 2018, S. 331; *Doğan*, Türk Ceza Hukukunda Rüşvet Suçu, 2019, S. 125. Siehe dazu auch unten § 23 B II 1.

3106 *Gökcan*, YD 2005, S. 489 (506, 531).

3107 Vgl. *Özgenç*, Rüşvet, 2013, S. 191.

3108 *Karakurt-Eren*, Türk Ceza Kanununda Rüşvet Suçu, 2016, S. 283.

3109 *Okuyucu-Ergün*, Rüşvet Suçu, in: Ünver (Hrsg.), Ekonomik Suçlar, 2015, S. 40.

3110 *Toroslu,* Özel Kısım, 2015, S. 300; *Okuyucu-Ergün*, Rüşvet Suçu, in: Ünver (Hrsg.), Ekonomik Suçlar, 2015, S. 37; *Doğan*, in: FS-Toroslu, 2015, S. 345.

3111 Vgl. *Tezcan/Erdem/Önok*, Özel Hükümler, 2013, S. 928; *Hafızoğulları/Aygün-Eşitli*, Kamu İdaresine Karşı, 2014, S. 58.

durch das Ausnutzen eines Irrtums (Art. 250 Abs. 3) begangen werden. Dadurch soll das Vertrauen der Bürger auf eine Unverkäuflichkeit von amtlichen Entscheidungen geschützt werden.[3112]

Zeigt der Amtsträger eine böse Überredungskunst und wird ihm deshalb von einem Bürger einen rechtswidrigen Vorteil gewährt, wird der Tatbestand durch Vortäuschen erfüllt. Das stellt eine „mildere Stufe"[3113] des Hauptmodells dar und erinnert an den Betrugstatbestand.[3114] Bei dem letzten alternativen Tatbestand nutzt der Amtsträger die irrige Vorstellung der Person aus. Sie ist die „leichteste Stufe"[3115] des Tatbestandes.

Diese kumulativen Mischtatbestände,[3116] die nur vom Amtsträger im Zusammenhang mit dem Amt und „unter Missbrauch seines Amtes" begangen werden können,[3117] wurden erst im Codice Zanardelli von 1889 (Art. 169–170) geregelt.[3118] Der türkische Gesetzgeber hat sie in das erste StGB der Republik Türkei aufgenommen (Art. 209–210) und sie schließlich in das neue StGB v. 2004 transportiert.[3119]

Im italienischen Strafrecht ist die Abgrenzung zwischen *corruzione passiva* (Art. 319 c.p.) und *consussione* (Art. 317 c.p.) nicht unumstritten.[3120] Daraus ergeben sich in der Praxis „große (Beweis)-Schwierigkeiten". Das gilt ebenfalls für das türkische Bestechungsstrafrecht.[3121] Es existiert kein allgemeingültiges Kriterium, die Tatbestände Bestechlichkeit und Amtserpressung vollkommen richtig zu unterscheiden.

3112 Siehe *Özgenç*, Rüşvet, 2013, S. 13 m.w.N.

3113 *Tellenbach*, in: Eser/Überhofen/Huber (hrsg.), Korruptionsbekämpfung durch Strafrecht, 1997, S. 636.

3114 Nach *Überhofen*, a.a.O., S. 757, ähnelt sich diese Tatvariante aufgrund des Rechtsguts in Bestechungsdelikte.

3115 *Tellenbach*, a.a.O., S. 636.

3116 *Özgenç*, Rüşvet, 2013, S. 14, spricht in diesem Punkt über „selbständige Straftaten".

3117 Der Gesetzgeber schließt somit an die Rechtspflichttheorie im Hinblick auf den Nötigungstatbestand an. Siehe zur Rechtspflichttheorie *Hoven*, ZStW 2016, S. 173 (181 f.); *Roxin*, ZStW 2017, S. 277 (291 ff.).

3118 Siehe dazu *Stephan*, codice penale, 1890, S. 84.

3119 Nach der Fassung v. 1.3.1926. Novelliert wurde das Verbrechen erst durch dem Gesetz Nr. 3679 v. 1990 und danach der Art. 210 Artikel an den Art. 209 gekoppelt. Siehe RG Nr. 20710 v. 29.11.1990.

3120 *Hein*, in: Eser/Überhofen/Huber (hrsg.), Korruptionsbekämpfung durch Strafrecht, 1997, S. 239; „sehr schwierig" *Palazzo*, in: FS-Volk, 2009, S. 534.

3121 *Doğan*, in: FS-Toroslu, 2015, S. 345.

Falls der Amtsträger die Straftat begeht, indem er einen anderen für einen Vorteil zwingt und damit seine Befugnisse missbraucht, ist der Fall eines *consussione* anzunehmen. Im Ergebnis wird der Extraneus als Verbrechensopfer und Augenzeuge des Verbrechens eingestuft. Damit bleibt er straflos.[3122] Denn der Tatbestand „Erpressung im Amt" wird damit grundsätzlich nach der inneren Willensrichtung des Opfers von Bestechungsunrecht abgegrenzt.[3123] Es besteht damit die Gefahr, dass Bestechende die Absicht verfolgen, die Unklarheit des Tatbestandes wegen des Begriffs „Zwang" auszunutzen. Im Weiteren könnten sich mögliche Bestechende gleichsam in Opfer des Delikts umwandeln.[3124] Aus diesem Grund wollte der türkische Gesetzgeber das Problem mithilfe der Definition der Terminologie „Zwang im Sinne dieser Straftat" auslösen (Art. 250 Abs. 1 S. 2).[3125] Dieses einzige Unterscheidungskriterium muss sich von der Bestechung distanziert klären lassen.[3126] In diesem Zusammenhang steht der Gedrängte „mangels Kollusion" in einem entschuldigenden Nötigungsnotstand. So liegt i.E. kein Bestechungsunrecht vor.[3127]

Die Annahme, dass dieses Delikt kein Gefährdungsdelikt, sondern ein echtes Verletzungs- und damit Erfolgsdelikt sei,[3128] kann die Abgrenzung vereinfachen.

III. Einflusshandel (Art. 255)

Im türkischen Strafrecht ist der Straftatbestand Einflusshandel mit Art. 255 türk. StGB i.R.d. Umsetzung internationaler Abkommen unter Strafe gestellt worden.[3129] Die Straftat ist wie die Ausgestaltung des Straftatbestands der Bestechung konstruiert. Beide Seiten der Unrechtsvereinbarung stehen im illegalen Bereich

---

3122 *Hein*, a.a.O., S. 240.

3123 Dies wird nach *Hafızoğulları/Aygün-Eşitli*, Kamu İdaresine Karşı, 2014, S. 58, zum Thema Fn. 133, als objektives Unterscheidungskriterium eingestuft.

3124 *Hein*, a.a.O., S. 240. Dafür wird die „Strafanzeige" als Lösung vorgeschlagen. Siehe dazu *Palazzo*, in: FS-Volk, 2009, S. 535. Aus diesem Grund plädiert *Karakurt-Eren*, Türk Ceza Kanununda Rüşvet Suçu, 2016, S. 302, die Abschaffung dieser psychischen Zwangstheorie nach „Art. 250 Abs. 1 S. 2".

3125 Das Änderungsgestz Nr. 6352 v. 2.7.2012, Art. 86, RG Nr. 28344 v. 5.7.2012. Siehe auch *Koca*, Uyuşmazlık Mahkemesi Dergisi, 6/2015, S. 247 (250, 276).

3126 Vgl. *Özgenç*, Rüşvet, 2013, S. 16 ff.; *Koca*, Uyuşmazlık Mahkemesi Dergisi, 6/2015, S. 247 (253).

3127 *Zimmermann*, Das Unrecht der Korruption, 2018, S. 720.

3128 So *Özen*, İrtikap ve Rüşvet Suçları, 2010, S. 91.

3129 *Özgenç*, Rüşvet, 2013, S. 141.

bzw. in der strafbaren Zone und zielen darauf ab, rechtwidrig zu profitieren.[3130] Die Tatbestände sind hinsichtlich der Täterschaft also beidseitig (bilateral).

In Bezug auf das Verbrechensphänomen geht es hier um ein Dreiecksverhältnis.[3131] Die Sachverhalte sind daher mit der Bestechung (Art. 252 türk. StGB) vergleichbar.[3132] Weitestgehend hat der Straftatbestand mit der Bestechung identische Tatbestände.[3133] Das Legitimationsmotiv des türkischen Gesetzgebers für die Kriminalisierung lag in der „Vertraulichkeit der öffentlichen Verwaltung".[3134]

Die Straftatbestände trafic d'influence (deutsch: Missbrauch von Einfluss[3135] oder Missbräuchlicher Handel mit Einfluss; Englisch: „trading in influence" im Art. 12 CoE-Konvention und Art. 18 UNCAC), und „corruption" sind mit Inkrafttreten des neuen französischen StGB (NCP v. 1994) dort unter demselben Artikel geregelt (Art. 432–11 NCP).[3136] Als das einzige Abgrenzungskriterium hat die französische Doktrin auf den Aufgabenbereich des Einflusshändlers abgestellt. Danach ist festzustellen, ob er im Hinblick auf die gewünschte Handlung zuständig ist. Wenn dem so ist, wird der Amtsträger wegen *corruption* bestraft. Liegt dagegen die Diensthandlung außerhalb seines Aufgabenbereichs, kommt der Tatbestand *„trafic d'influence"* in Frage.[3137] Die türkische Lehre grenzt die strafbare Einflussnahme (Art. 255 türk. StGB) von der Bestechung (Art. 252 türk. StGB) ebenfalls auf diesem Wege ab.[3138]

Weil der Einflusshändler keine Befugnis zur obrigkeitlichen Entscheidung hat, ist das Delikt „Jedermannsdelikt".[3139] Somit können Privatpersonen wie

---

3130 *Koca*, TAAD, Ekim 2013, S. 337 (364).

3131 So etwa *Erdem*, Nüfuz Ticareti Suçu, 2018, S. 69.

3132 Vgl. *Koca*, TAAD, Ekim 2013, S. 337 (340); *Erdem*, Nüfuz Ticareti Suçu, 2018, S. 67.

3133 *Koca*, TAAD, Ekim 2013, S. 337 (337); vgl. ferner *Überhofen*, Korruption und Bestechungsdelikte, 1999, S. 392.

3134 *Koca*, TAAD, Ekim 2013, S. 337 (341); siehe ferner *Erdem*, Nüfuz Ticareti Suçu, 2018, S. 81 f.

3135 So *Philipp*, Der Straftatbestand des Einflusshandels, 2016, S. 195.

3136 *Philipp*, a.a.O., S. 172.

3137 *Philipp*, a.a.O., S. 195. Ebenfalls ist die Amtshandlung in einer höchstrichterlichen Entscheidung als „Bezugshandlung" für die Unterscheidung zwischen corruption und trafic d´influence angenommen. Siehe dazu *ders.*, a.a.O., S. 190, zum Thema Fn. 719.

3138 *Koca*, TAAD, Ekim 2013, S. 337 (348); *Yemenici*, Türk Hukukunda Nüfuz Ticareti Suçu, 2015, S. 40; auch amtliche Begründung jetziger Fassung von Art. 255, JAB-TBMM Nr. 278 v. 12.6.2012, S. 127.

3139 *Zimmermann*, Das Unrecht der Korruption, 2018, S. 490, zum Thema Fn. 2250. Im türkischen Strafrecht falls die Straftat von einem Amtsträger begangen ist, kommt danach ein Strafschärfungsgrund in Betracht, demzufolge wird der Einflusshändler,

„Mächtige" oder „ehemalige Abgeordnete" Täter sein. Allerding muss auch die zu beeinflussende bzw. adressierte Entscheidung eine öffentliche sein, zugleich muss die abzulenkende „Zielperson" ein zuständiger Amtsträger sein.[3140] Soweit die gewünschte Amtshandlung also nicht zu den dem Einflusshändler übertragenen Aufgaben gehört, findet der Straftatbestand des Einflusshandels Anwendung.[3141] Im Übrigen hat der insoweit aktivierte Amtsträger davon keine Kenntnis zu haben. Sonst kommt die Subsumtion unter Bestechung in Betracht.[3142]

In der Lehre wird die Auffassung vertreten, dass die käufliche Erscheinung des Amtsträgers i.R.d. Art. 255 türk. StGB eine Rolle spielen kann. Danach könnte der Amtsträger, der einen käuflichen Eindruck erweckt, wegen des Einflusshandels bestraft werden.[3143]

Zuletzt ist hier zu erwähnen, dass, wie schon ausgeführt, ein unvermeidbarer Verbotsirrtum über die rechtliche Stellung des dienstlichen Handelns beachtlich ist, damit wird der Täter nicht wegen der Bestechung bestraft. Nach einer Ansicht im Schrifttum ist der Täter in solchen Fällen nach Art. 255 zu bestrafen.[3144]

IV. Unrechtmäßige Bereicherung (Art. 13, Gesetz Nr. 3628 v. 1990)

Im Kern dieses Delikt geht es um den nach gesetzlicher Fiktion als unrechtmäßig *erworben* eingestuften Besitz bzw. um ebensolche Gegenstände. Die Auffangfunktion dieses Straftatbestands und die strafbaren Verknüpfungspunkte auf unangemessene Verdachtsfälle wurden oben ausgeführt.[3145]

Die im Dunkelfeld verbleibenden nachträglichen Belohnungen, die dem türkischen Bestechungsstrafrecht fremd ist, können darunterfallen.

Im Hinblick auf die Geschenke hat der türkische Gesetzgeber im Gesetz zur Angabe von Vermögenswerten und zur Bekämpfung der Bestechung und Korruption v. 1990 eine konkludente Erlaubnisvorschrift unter folgenden

---

der während der Tat als Amtsträger tätig ist, nach Art. 255 Abs. 1 S. 2 schärfer als Privatperson bestraft.

3140 *Philipp*, a.a.O., S. 38.

3141 JAB-TBMM Nr. 278 v. 12.6.2012, S. 126.

3142 *Koca*, TAAD, Ekim 2013, S. 337 (342); *Yemenici*, Türk Hukukunda Nüfuz Ticareti Suçu, 2015, S. 129. Die Vermittlung zur Bestechung im türkischen Recht ist im Art. 252 Abs. 5 türk. StGB selbstständig unter Strafe gestellt. Siehe dazu unten § 18 A I 6 a.

3143 *Tezcan/Erdem/Önok*, Özel Hükümler, 2013, S. 932.

3144 *Küçükince*, Rüşvet Suçu, 2007, S. 82.

3145 Siehe oben § 19 D III.

Umständen vorgesehen: Durch das argumentum e contrario lässt sich feststellen, dass Amtsträger die „Geschenke unter zehn Mindest-Monatslöhnen i.R.d. internationalen Beziehungen" unter der Unterrichtung ihrer Behörde innerhalb eines Monats ab dem Tag des Geschenkegebens annehmen dürfen (Art. 6 lit. d i.V.m. Art. 8 lit. b.). Falls der Wert dies übersteigt, müssen sie das Geschenk ihrer jeweiligen Behörde innerhalb eines Monats ab dem Tag übergeben, an dem sie das Geschenk erhielten (Art. 3 dieses Gesetzes[3146]). Ein Verstoß gegen diese Pflicht ist nach Art. 13 des Gesetzes strafbar.[3147]

V. Nichtanzeige (Art. 278, 279)

Es existieren einerseits klare Konturen zwischen der Bestechung (Art. 252) und der Nichtanzeige durch einen Amtsträger (Art. 279). Die Bestechung kann sich nicht in diesen Straftatbestand verwandeln.[3148]

Auf der anderen Seite kann sich die den Drittvorteil erhaltende Privatperson je nach dem konkreten Fall wegen der Nichtanzeige strafbar machen, ohne aber wegen Beteiligung an der Bestechung pönalisiert zu sein.[3149]

VI. Untreue (Art. 155 Abs. 2)

Dazu kann auf oben § 16 E V verwiesen werden. Die Begehung der Tat i.R.d. Berufs stellt im türkischen Strafrecht den qualifizierten Fall des Delikts dar (Art. 155 Abs. 2).[3150]

VII. Betrug (Art. 158 Abs. 2)

Sich ohne amtlichen Zusammenhang und durch Vortäuschung i.R.d. öffentlichen Dienstes einen Vorteil zu erschaffen, ist im türkischen Strafrecht einer der qualifizierten Fälle des Betrugs.[3151] Für solche Konstellationen hat der türkische Gesetzgeber einen besonderen Tatbestand vorgesehen. Nach Art. 158 Abs. 2 türk. StGB v. 2004 wird der Täter, der einen anderen durch öffentliche Beziehungen

---

3146 Siehe zur Übersetzung *Yoldas*, Verwaltung und Moral in der Türkei, 2000, S. 190-191.

3147 *Özalp*, Türk Ceza Kanununda Rüşvet Suçu, 2018, S. 209; siehe ferner zum Straftatbestand „unrechtmäßige Bereicherung" unten § 23 A IV 5.

3148 Kassationshof, 5. Strafsenat, Urt. v. 8.5.2019, E. 2015/10161, K. 2019/5096.

3149 *Tezcan/Erdem/Önok*, Özel Hükümler, 2013, S. 939.

3150 Siehe zur Übersetzung *Tellenbach*, Das türkische Strafgesetzbuch, 2008, S. 110.

3151 Vgl. *Artuk/Gökcen/Yenidünya*, Özel Hükümler, 2013, S. 1035; *Tezcan/Erdem/Önok*, Özel Hükümler, 2013, S. 932.

täuscht, wegen qualifizierten Betrugs bestraft.[3152] Das gilt gleichfalls für die Fälle, in denen es zunächst um den Irrtum des Vorteilsgebers, danach um Ausnutzung dieser Situation durch den Amtsträger geht.[3153] Die Vorteilsgeber werden in solchen Fällen entsprechend als das Verbrechensopfer des Delikts eingeordnet.[3154]

3152 Siehe zur Übersetzung *Tellenbach*, Das türkische Strafgesetzbuch, 2008, S. 112.
3153 *Kılıç*, Uluslararası Boyutuyla Rüşvet Suçu, 2013, S. 81.
3154 CGK, Urt. v. 9.5.2019, E. 2015/1087, K. 2019/412.

Fünfter Hauptteil: Abschließende Bewertung und Ergebnisse der Untersuchung – zugleich ein Versuch zur Lehre von den echten Bestechungsdelikten

§ 21 Ergebnisse der Bestechungsstrafrechtsdogmatik

Der Gesetzgeber ordnet dem Strafrecht als einem Mittel der staatlichen Sozialkontrolle die Aufgabe zu, kriminelles Verhalten zu verhüten und die Gesellschaft positiv zu ändern (sog. *Verhaltenssteuerung*).[3155]

Die Bekämpfung des Verbrechens durch strafrechtliche Instrumente gehört zu den Aufgaben des Strafrechts.[3156] Diese Instrumente ergeben sich aus den vier Arbeitsgebieten der gesamten Strafrechtswissenschaft: Strafrechtstheorie bzw. Verbrechenslehre (das materielle Strafrecht – Strafrecht i.e.S.[3157]), Strafprozessrecht und Strafzumessungslehre sowie Sanktionenlehre.[3158] Alle vier Stufen haben eigene kriminalpolitische Verständnisse.[3159]

A. Ergebnisse der deutschen Bestechungsstrafrechtsdogmatik

I. Tatbestandsbestimmung (Kriminalisierung, Inkriminieren)

Die Tatbestandsbestimmung ist ein Mittel des Strafrechts, durch das bestimmtes Verhalten unter Strafe gestellt wird.[3160] Eine präzise Tatbestandsbestimmung erleichtert die Arbeit der Strafverfolgungsorgane.[3161]

Die Pflicht zu gerechtem und rechtmäßigem Verwaltungshandeln stellt die Verhaltensnorm der Bestechlichkeit dar, es wird durch §§ 332 Abs. 1 und 334 Abs. 1 strafrechtlich geschützt.[3162] Da die Norm unter Berücksichtigung dreier Stationen der Vertragstheorie zweispaltig konstruiert ist, bildet die Unkäuflichkeit den Schwerpunkt des Legitimationsgedankens. Im Vergleich zu § 331

3155 Siehe dazu *Meier*, Strafrechtliche Sanktionen, 2019, S. 5 f.

3156 *Maurach/Zipf*, Strafrecht AT, Teilbd. 1, 1992, § 5, Rn. 1.

3157 Unter dem Strafrecht wird häufig „das materielle Strafrecht" verstanden. Es ist daher nicht unlogisch, das Strafrecht folgendermaßen zuzuordnen: Die Strafrechtswissenschaft fällt unter die Materie im weiteren Sinne und materielles Strafrecht unter jene im engeren Sinne.

3158 Eine ähnliche Teilung von Strafrecht i.w.S findet man bei *Wolter* u.a. (Hrsg.), Straftat, Strafzumessung und Strafprozess im gesamten Strafrechtssystem, 1996, passim.

3159 In diese Richtung vgl. *Maurach/Zipf*, Strafrecht AT, Teilbd. 1, 1992, § 7, Rn. 18.

3160 Vgl. *Tiedemann*, Gutachten, 1972, C 48.

3161 Vgl. *Geerds*, Kriminalistik 1968, S. 356 (358).

3162 *Böse*, ZIS 4/2018, S. 119 (122).

hat sich der Regelverstoß durch das Pflichtwidrigkeitsmerkmal in eine andere Dimension verschoben.

Indem der Gesetzgeber zeitlich die Vor- und Nachphase der UnRV umfasst, ist die Strafbarkeit erweitert.

Im Hinblick auf die künftige Diensthandlung ist der Straftatbestand Bestechlichkeit durch § 332 Abs. 3 StGB gelockert.

1. *Strafbarkeitslücken*

Der Straftatbestand „Amtsmissbrauch“ kann seinen Beitrag als ein wichtiges Instrument leisten, indem er die Bestechlichkeit im Falle von Beweisschwierigkeiten ergänzt und unterstützt.[3163] Beispielsweise gibt es nach einer Meinung in der Doktrin in der Konstellation, in der der Täter seine Handlung irrtümlich für pflichtwidrig hält, eine Strafbarkeitslücke.[3164] Diese Lücke lässt sich einfach mithilfe eines allgemeinen Amtsmissbrauchsdelikts schließen. Leider existiert im deutschen Korruptionsstrafrecht kein solcher Straftatbestand.

Eine selbstständige vertikale Submissionsabsprache, die als besondere Wirtschaftskorruptionsform während der Vergabe von öffentlichen Aufträgen in Erscheinung tritt, kann einen effektiven strafrechtlichen Schutz mit sich bringen.[3165]

Das strafwürdige Verhalten umfasst nicht die bestechliche Absprache, die vor dem Beginn der Amtsträgereigenschaft oder nach ihrem Ende stattgefunden hat.[3166] Nach einer Meinung im Schrifttum sollte eine Vorteilserwartung in diesen Zeiträumen nicht straflos bleiben.[3167]

Einen derartigen Straftatbestand wie Einflusshandel hat der deutsche Gesetzgeber im StGB nicht vorgesehen.[3168] In der Lehre ist aber die Frage umstritten, ob das deutsche Bestechungsstrafrecht ein solches verselbständiges Delikt braucht. Zum einen geht die Lehre davon aus, dass die Kriminalisierung nicht

---

3163 Vgl. *Überhofen*, Korruption und Bestechungsdelikte, 1999, S. 231; siehe ferner „Auffangfunktion“ des Tatbestands *ders.*, a.a.O., S. 60 und oben § 20 E I.

3164 *Eb. Schmidt*, die Bestechungstatbestände, 1960, Rn. 202.

3165 Im Gegensatz dazu gehen manche Verfasser von der geringeren Gefährlichkeit der vertikalen Absprache als horizontale Vereinbarungen. Siehe *Kindhäuser*, in: LPK-StGB, 2017, § 298, Rn. 8; für „Straflosigkeit“ *Rotsch*, ZIS 11/2014, S. 579 (591, 592).

3166 BGH, NStZ 2004, S. 564; *Fischer*, StGB, 2019, § 331, Rn. 24 b.

3167 *Jescheck*, in: LK-StGB, 11. Aufl., Vor § 331, Rn. 5 und § 331, Rn. 27.

3168 Ausdrücklich straflos *Korte*, in: MüKo-StGB, 2019, § 333, Rn. 14.

unerlässlich sei.[3169] Sie rechtfertigt dies mit der Erwägung, dass die betreffenden Konstellationen nach der allgemeinen Beteiligungslehre gelöst werden sollten. In diesem Fall geht es danach um die sog. „Kettenanstiftung" zur Bestechlichkeit; es macht sich der Einflusshändler gemäß § 332 i.V.m. § 30 StGB strafbar.[3170] Nach anderer Ansicht ist die Vorschrift § 332 Abs. 3 Nr. 2 für diese Fälle vorgesehen.[3171] Somit besteht keine Einigkeit im Schrifttum. Um Klarheit zu schaffen, ist deshalb eine ausdrückliche Regelung empfehlenswert, gleich ob als ein eigenständiges Delikt oder als ein alternativer Mischtatbestand unter § 332.[3172] In diesem Zusammenhang ist im Übrigen zu beachten, dass das Verhalten des Täters bezüglich der Einwirkung auf den Amtsträger durch einen Mittelsmann eine straflose Vorbereitungshandlung darstellt.[3173] Es wäre auch wünschenswert, sich darüber Gedanken zu machen, ob der Täter in solchen Konstellationen Strafe verdient oder nicht.

De lege lata ist bei einer Konstellation, in der es sich um eine „vorgetäuschte Diensthandlung" handelt, nicht vertretbar, den Täter entweder wegen der Bestechlichkeit oder wegen des Betrugs für strafbar zu erklären.[3174] Für die Bestechlichkeit fehlt das Tatobjekt, nämlich eine tatsächliche pflichtwidrige Diensthandlung. Für den Betrug fehlt dabei ein Vermögensschaden i.S.v. § 263, weil die Belohnung für ein rechts- und sittenwidriges Geschäft von dieser Sache nicht betroffen ist.[3175] Es geht um daher eine Strafbarkeitslücke.[3176] Die Handlung des Täters könnte danach nur mit disziplinarischen Strafen geahndet werden.

3169 So BT-Drucks. 18/2138, S. 82; *Hoven/Kubiciel*, KPzKp 4/2016, S. 14 f. Die Verfasser vertreten die Ansicht, dass das zu schützende Rechtsgutsareal nicht klar sei. Siehe *dies.*, a.a.O., S. 14.

3170 *Zimmermann*, Das Unrecht der Korruption, 2018, S. 488 ff., 721. Gleichfalls hat das schweizerische Korruptionsstrafrecht keine eigene Straftat für die missbräuchliche Einflussnahme etabliert. Der schweizerische Gesetzgeber sieht auch keine Notwendigkeit dafür, da solche Handlungen bereits als sog. Kettenanstiftung strafbar seien. Siehe schweiz. BBl., 2014, S. 2604.

3171 Siehe dazu oben § 14 A I 3 a ee (2) (b).

3172 So *Überhofen*, Korruption und Bestechungsdelikte, 1999, S. 392; *Androulakis*, Globalisierung der Korruptionsbekämpfung, 2007, S. 457; *Dannecker*, in: NK-StGB, 2013, § 299, Rn. 117; *Tiedemann*, Wirtschaftsstrafrecht, 2017, § 18, Rn. 847.

3173 RGSt 13, 396 (397); *Jescheck*, in: LK-StGB, 11. Aufl., § 333, Rn. 5.

3174 So auch *Maiwald*, NJW 1981, S. 2777 (2781).

3175 *Maiwald*, NJW 1981, S. 2777 (2781).

3176 *Korte*, in: MüKo-StGB, 2019, § 332, Rn. 16 und § 331, Rn. 115, spricht für die Strafbarkeit wegen § 331, auch wenn es keinen Zusammenhang zwischen der vorgetäuschten und der vorliegenden Handlung gebe. Nach dem Verfasser liegt nur der Betrug vor, soweit es dabei die für die Strafbarkeit erforderliche Zuständigkeit fehle.

Beim untauglichen Bestimmungsversuch kommt eine Strafbarkeitslücke nicht in Frage, da hierbei ggf. die Strafbarkeit nach § 333 in Betracht zu ziehen ist.[3177]

2. *Kriminalisierungs- und Entkriminalisierungstendenzen*

In Anbetracht der Rechtfertigung und Neutralisierung sowie der Rationalisierung durch den Täter und wegen der mehrdimensionalen Rechtsgutsverletzungen ist davon auszugehen, dass die „Strafwürdigkeit" und „Strafbedürftigkeit" zumindest in manchen Fällen diskutiert werden können, ob ein „Entkriminalisierungsbedarf" besteht.[3178]

Wie oben unter § 14 B ausgeführt, geht es um im Nebenstrafrecht des Systems immer entweder um die Erweiterung der Bestechungskonstellationen oder die Verabschiedung neuer an Bestechungsdelikten orientierten Straftatbeständen.

II. Sanktionsbestimmung (Pönalisierung)

Von der Gewinnabschöpfung als einem präventiven strafrechtlichen Instrument zur Vorbeugung und auch als einer Zwangsmaßnahme zu Beginn der Ermittlungen ist effektiver Gebrauch zu machen.[3179] Das ist kein schlichtes Postulat der Gerechtigkeit; es ist auch für eine wirksame Abschreckung erforderlich.[3180] Eine extensive Auslegung des Verfalls kann hier auch dienen.[3181] Im Sinne der Abschreckung wird sogar im Schrifttum für die Einziehung des Unternehmens als Tatwerkzeug gemäß § 74 StGB plädiert.[3182]

Die zweite Spur des Sanktionssystems zeigt sich in Deutschland als ein vergessenes Pfad.[3183] Als Beispiel dafür kann die Verfallsanordnung gegeben werden. Nach einer Untersuchung wurde festgestellt, dass nur in fünf von 80 Fällen Verfall angeordnet wurde.[3184]

3177 *Jescheck*, in: LK-StGB, 11. Aufl., § 334, Rn. 7; *Bernsmann/Gatzweiler*, Verteidigung bei Korruptionsfällen, 2014, Rn. 427; *Stein/Deiters*, in: SK-StGB, 2016, § 334, Rn. 12; *Korte*, in: MüKo-StGB, 2019, § 334, Rn. 19; *Fischer*, StGB, 2019, § 334, Rn. 8.

3178 Ähnlich *Brettel/Schneider*, Wirtschaftsstrafrecht, 2014, § 1, Rn. 10.

3179 *Schaupensteiner*, Kriminalistik, 1994, S. 514 (522); *ders.*, in: FES (Hrsg.), Korruption in Deutschland, 1997, S. 103.

3180 *Schaupensteiner*, in: FES (Hrsg.), Korruption in Deutschland, 1997, S. 100, 103. *Hetzer*, in: a.a.O., S. 125, plädiert i.d.S. ein „Vermögenseinziehungsgesetz".

3181 Dafür *Schlösser*, NStZ 2011, S. 121 ff.

3182 *Schaupensteiner*, Kriminalistik, 1994, S. 514 (523).

3183 Vgl. *Bannenberg*, in: Handbuch des Wirtschafts- und Steuerstrafrechts, 2014, Kap. 12, Rn. 82; *Bannenberg*, in: Gesamtes Strafrecht, 2017, § 331, Rn. 47.

3184 *Bannenberg*, Strafrechtliche Kontrolle, 2002, S. 297 ff.

Die Bekämpfung mittels Bußgeldpolitik sollte entsprechend in die Praxis einbezogen werden. Nach einer Studie erwies sich, dass 83,3 % der Strafrichter nicht mit der aktuellen Gesetzgebung zufrieden seien und daher eine Vermögensstrafe forderten.[3185]

Zweifelsohne ist die Beseitigung aus dem Dienst als zwingende Nebenfolge i.R.d. Sanktionenlehre unverzichtbar.[3186]

Die Unternehmensstrafe bzw. eine Strafbarkeit des Unternehmens kann auch in der Praxis eine abschreckende und effektive Rolle spielen.[3187]

Das Bundeskartellamt hat durch das Gesetz zur Einrichtung eines Wettbewerbsregisters v. 2017 eine neue Abteilung erhalten, rechtskräftige strafgerichtliche Verurteilungen und Strafbefehle zum Schutz des Wettbewerbs, der öffentlichen Aufträge und Konzessionen zu erfassen.[3188] Auf diese Weise findet der Ausschluss von der Vergabe öffentlicher Aufträge Anwendung in der Praxis (sog. Korruptionsregister).[3189] Diese Tendenz ist vor allem zu begrüßen, weil das Wettbewerbsregister zur Korruptionsprävention beitragen und dabei helfen soll, Wirtschaftskriminalität zu vermeiden. Es kann zum anderen öffentlichen Auftraggebern ermöglichen, nur saubere Unternehmen, die kein Verlangen an Korruption und anderen Wirtschaftsdelikten haben, öffentliche Aufträge zu erteilen. Sinnvollerweise wird dies im Vergabeverfahren effektiv berücksichtigt.[3190]

III. Strafzumessungsregeln

Die mildere Bestrafung des Bestechenden ist eine wichtige Folge, die sich im Grunde aus der Anstiftungstheorie ergibt.[3191]

Die Regelbeispieltechnik hat die deutsche Bestechungsstrafrechtsdogmatik mit dem ersten KorrBekG im Jahr 1997 begrüßt. Diese Technik ist für die

---

3185 *Mischkowitz* u.a., Einschätzungen zur Korruption, 2000, S. 364.

3186 *Fätkinhäuer*, in: FES (Hrsg.), Korruption in Deutschland, 1997, S. 74. Nach einer Umfrage sprechen sich 80 % der Strafrichter für Entfernung aus dem Dienst aus.

3187 *Waßmer*, ZWH 2018, S. 233 (238).

3188 BGBl. I, S. 2739.

3189 *v. Heintschel-Heinegg*, in: BeckOK-StGB, 42. Ed., 2019, § 331, Rn. 63.

3190 https://www.bmwi.de/Redaktion/DE/FAQ/Wettbewerbsregister/faq-wettbewerbs-register-02.html (29.9.2019).

3191 *Zimmermann*, Das Unrecht der Korruption, 2018, S. 401, 545.

Lehre von Interesse.[3192] Bei dieser Technik geht es um eine „quasiakzessorische Behandlung" der betroffenen Taten.[3193]

Die Strafrahmenverschärfung ist ein Teil der Steuerungsfunktion des Strafrechts.[3194] Sie erhöht die Abschreckungswirkung.[3195] Daher ist die Straferhöhung hinsichtlich der schweren Straftaten gerechtfertigt.

Das Bemühen um Schadenswiedergutmachung beeinflusst die Strafzumessung sehr positiv.[3196] Es wird dabei zutreffend vertreten, dass die Schadenswiedergutmachung unter § 49 Abs. 1 gefasst werden soll, um die positive Bedeutung solcher Bemühungen zu betonen.[3197]

Weil für die Bestechungsdelikte das kriminal- und strafrechtspolitische Instrument der tätigen Reue fehlt, sollte das kooperative Verhalten des Täters nach der Tatbegehung (§ 46 Abs. 2 S. 2) i.R.d. Strafzumessung berücksichtigt werden.[3198] Die sich aus freiem Entschluss ergebende Zusammenarbeit des Beschuldigten haben sich also nach § 46 strafmildernd auszuwirken.[3199] Gegebenenfalls ist gemäß § 46b Abs. 1 Nr. 2 von der Strafe abzusehen, wenn die Straftat ausschließlich mit zeitiger Freiheitsstrafe bedroht ist und der Täter keine Freiheitsstrafe von mehr als drei Jahren verwirkt hat.

IV. Effektive Ermittlung

Das Rechtsinstitut der strafbefreienden Selbstanzeige kann bei Ermittlungs- und Beweisschwierigkeiten eine entscheidende Rolle spielen.[3200] Im Vergleich zur

3192 *Degener*, in: FS-Stree/Wessels, 1993, S. 305 ff.; *Hettinger*, in: FS-Paeffgen, 2015, S. 267 ff.; *Freund*, in: MüKo-StGB 2017, Vor § 13, Rn. 73; kritisch *Calliess*, NJW 1998, S. 929 ff.

3193 *Sowada*, in: LK-StGB, 12. Aufl., § 335, Rn. 14, zum Thema Fn. 68.

3194 Im Sinne von an Marktlogik orientierter Kriminalpolitik wird dies hingegen nicht als ein Steuerungselement verstanden. Maßgebend ist dabei „die Wirkung auf die politisch interessante Klientel". Siehe *Hefendehl*, ZStW 2007, S. 816 (830).

3195 Vgl. *Hefendehl*, ZStW 2007, S. 816 (829); kritisch i.S.v. KB *Hassemer*, in: FES (Hrsg.), Korruption in Deutschland, 1997, S. 80.

3196 *Bannenberg*, Strafrechtliche Kontrolle, 2002, S. 309.

3197 *Bannenberg*, a.a.O., S. 310.

3198 So *Baumann/Weber/Mitsch*, Strafrecht AT, 2003, § 27, Rn. 2.

3199 *Nötzel*, in: Dölling (Hrsg.), Korruptionsprävention, 2007, Rn. 85.

3200 *Nell/Schlüter* NJW 2008, S. 1996; *v. Heintschel-Heinegg*, in: BeckOK-StGB, 42. Ed., 2019, § 331, Rn. 69.

strafbefreicnden Selbstanzeige stellt die Kronzeugenregelung ein effektives Mittel dar.[3201]

Es wäre besser, das Rechtsinstitut der tätigen Reue in die strafrechtliche Bekämpfungskonzeption zu importieren.[3202]

Absprachen nach § 170 Abs. 2 StPO sind im Dienste effektiver Ermittlungen und Sanktionen soweit wie möglich zu vermeiden.[3203]

Eine künftige Whistleblower-Vorschrift kann, wie die Wiedergutmachung, ihren Beitrag im Sinne einer prozessualen Lösungen leisten.[3204]

Eine für alle Wirtschaftsstraftaten geltende Generalklausel zu schaffen und die Zuständigkeit der Strafgerichte nach dieser Klausel zu bestimmen, ist wegen der Unklarheit und „mangels hinreichender Präzision" nicht möglich. Deshalb gilt hier die strafprozessuale Bestimmung des deutschen Gesetzgebers zur Wirtschaftskriminalität, nämlich § 74c Abs. 1 GVG, die eine „Einzelfallklausellösung" bietet.[3205] Sie kann aber aufgrund der zu weit gefassten Zuständigkeitsregeln und im Lichte von Art. 101 Abs. 1 GG kritisiert werden.[3206]

Für die Spezialabteilung bei der Staatsanwaltschaft, die schon in Städten wie Frankfurt am Main, München, Kiel umgesetzt wird,[3207] wäre eine gesetzliche Grundlage zu empfehlen.

Die Weisungsgebundenheit der Staatsanwaltschaft in Deutschland muss abgeschafft werden, um missbräuchliche politische Einflüsse zu vermeiden.[3208]

V. Systematik

Aus der vorliegenden Untersuchung wird deutlich, dass die gesamte Systematik der Bestechungsdelikte ein kasuistisches und komplexes sowie uneinheitliches

---

3201 Vgl. *Hassemer*, in: FES (Hrsg.), Korruption in Deutschland, 1997, S. 81; *Schaupensteiner*, in: a.a.O., S. 102; *Kerner/Rixen*, GA 1996, S. 355 (384). Der § 80 Abs. 1 BDG stellt sich in der Gesetzgebung als eine „atypische Kronzeugenregelung" vor. Siehe dazu *v. Heintschel-Heinegg*, in: BeckOK-StGB, 42. Ed., 2019, § 331, Rn. 73.1.

3202 *Ostendorf*, NK 1/1996, S. 16 (19); *Fätkinhäuer*, in: FES (Hrsg.), Korruption in Deutschland, 1997, S. 76; siehe ferner den Entwurf des BR v. 3.11.1995, gedruckt in BT-Drucks. 13/3353, S. 12.

3203 In diese Richtung *Bannenberg*, in: Gesamtes Strafrecht, 2017, § 331, Rn. 46.

3204 *Hassemer*, in: FES (Hrsg.), Korruption in Deutschland, 1997, S. 81.

3205 *Wassermann*, in: Beiträge, 1979, S. 36.

3206 Ähnlich *Naucke*, Der Begriff der politischen Wirtschaftsstraftat, 2012, S. 84.

3207 Siehe dazu *Nötzel*, in: Dölling (Hrsg.), Korruptionsprävention, 2007, Rn. 3-4.

3208 v. Arnim, in: ders. (Hrsg.), Korruptionsbekämpfung und Korruptionsforschung, 2009, S. 115.

Bild zeichnet. Vor diesem Hintergrund ist kaum vertretbar, von einer Systemkonformität sprechen zu wollen.[3209]

Ein Vorteil stellt sich normalerweise als Gegenleistung der vorzunehmenden Amtshandlungen dar. Im deutschen Amtsträgerbestechungsrecht ergibt das sich schon aus der vorgenommenen Amtshandlung.[3210] Dies ist mit dem klassischen Sinn der Bestechungsdelikte nicht vereinbar. Darüber hinaus ist die Verwendung des Tatbestandsmerkmals Vorteil nicht einheitlich (vgl. § 108e).

VI. Systemgerechtigkeit

Im Namen der Gerechtigkeit sind gleiche Sachverhalte gleich zu behandeln.[3211] Da die Straftatbestände der Bestechlichkeit (§ 332) im Vergleich zur Vorteilsannahme (§ 331) und der Bestechung (§ 334), im Vergleich zur Vorteilsgewährung (§ 333) als eigenständige Delikte – delictum sui generis – eingestuft werden müssten, ist die dogmatische enge Zusammenbetrachtung dieser Delikte unzutreffend. Das verdeutlicht vor allem den fundamentalen Unterschied zwischen der Vorteilsannahme und Bestechlichkeit.[3212]

Erscheint der Bestechungsvermittler als Bote der aktiven Bestechung, macht er sich im Lichte der Lagertheorie wegen der Teilnahme am Delikt des § 334 strafbar.[3213] Die Teilnahme an der Bestechung wird härter als Teilnahme an der Bestechlichkeit bestraft.[3214] Das ist nicht gerechtfertigt.

Nach der Vertragstheorie, der zufolge für die Vollendung der Bestechung ein Vertragsabschluss vorausgesetzt wird, ist umstritten, ob einseitige Handlungen als strafwürdig i.R.d. Versuchs erscheinen oder den mildernden Fall vor der Hauptstrafe oder sie nur „straflose Vorbereitungshandlungen" darstellen. Daher sind „Sonderbestimmungen über den Versuch der Bestechung" zu empfehlen.[3215]

3209 Siehe dazu oben § 16 B XII; vgl. ferner *Schönwälder*, Das Bestechungswesen in der Privatwirtschaft, 2013, S. 156.

3210 Siehe dazu oben § 14 A I 3 a ee.

3211 *Engisch*, Einheit der Rechtsordnung, 1935, S. 35.

3212 In diese Richtung auch *Engelhardt*, Zur Struktur der Bestechungstatbestände, 1963, S. 52, zum Thema Fn. 278.

3213 *Heine/Eisele*, in: S/S-StGB, 2019, § 333, Rn. 4.

3214 Siehe dazu oben § 14 A II 6 a m.w.N.

3215 *Birkmeyer*, Bestechung, in: Vergleichende Darstellung, IX. Bd., 1906, S. 360-361; vgl. auch *Deiters*, in: FS-Rengier, 2018, S. 209 ff.

In dem Fall, dass der Angestellte nicht Diener zweier Herren ist, sollte er nicht wegen Angestelltenbestechung (§ 299) bestraft werden.[3216] Darüber gilt es, sich intensiv Gedanken zu machen, um die Strafgerechtigkeit zu gewährleisten.

Erpresserisch erlangte Vorteile insoweit zu pönalisieren, steht im Widerspruch mit dem Sinn der Bestechungsdelikte.

Um der Gerechtigkeit willen ist der Vorteilsbegriff im gesamten System einheitlich zu regeln.

Im Übrigen ist eine Akzentuierung des Belohnungsgedankens des Strafrechts im Kampf gegen die Bestechungskriminalität und die WK wünschenswert.[3217]

B. Das deutsche Bestechungsstrafrechtssystem de lege ferenda

I. Kriminalisierungs- und Entkriminalisierungsbedarf

Die Normierung neuer Straftaten, also das Inkriminieren, hat ohne Zweifel eine präventive Wirkung auf die Gesellschaft.[3218]

Für die gerechte Bestrafung braucht das Bestechungsstrafrecht eine Sonderregelung bzw. einen verselbständigen Tatbestand zum Bestechungsvermittler, der die beiden Tauschparteien gleichzeitig unterstützt (z. B. Gefangenenbefreiung nach § 120 Abs. 2).[3219] Der Strafrahmen sollte auf jeden Fall zwischen der im Fall Bestechlichkeit und der im Fall der Bestechung angedrohten Strafe liegen.

Ein Straftatbestand für einen Amtsmissbrauch bzw. für eine „Amtsuntreue“[3220] sollte normiert werden, um eine Auffangfunktion zu gestalten.

Die Nötigungsfrage während Begehung einer Bestechungsstraftat bleibt unklar.[3221] Durch entsprechende Straftatbestände ist Klarheit zu schaffen. Dabei ist denkbar, die Bestechungshandlungen durch Nötigung (z. B. erpresserisch erlangte Vorteile) oder Täuschung (sog. vorgetäuschte Diensthandlung) selbstständig unter Strafe zu stellen.

Bei der Belohnung für bereits vollzogene Diensthandlungen kommt nicht in Betracht, den Amtsträger zu beeinflussen.[3222] Aus diesem Grund widerspricht die Existenz eines entsprechenden Delikts dem Unrechtsgehalt der Bestechlichkeit.

3216 *Erb*, in: FS-Geppert, 2011, S. 97 ff.; *Saliger*, in: FS-Kargl, 2015, S. 498.

3217 *Krack*, NStZ 2001, S. 505 (508).

3218 Vgl. *Tiedemann*, Gutachten, 1972, C 42.

3219 Vgl. *Baumann/Weber/Mitsch*, Strafrecht AT, 2003, § 32, Rn. 79 ff.

3220 *Arzt*, in; ders./Weber, Strafrecht BT, 2000, § 49, Rn. 12.

3221 Siehe dazu eingehend mit einem Gesamtkonzept *Kuhlen*, Nötigung und Bestechungsdelikten, 2018, passim.

3222 *Kuhlen*, in: NK-StGB, 2017, § 331, Rn. 13.

Für die höchst umstrittene Irrtumsproblematik, nämlich dem Irrtum des Amtsträgers über die Pflichtwidrigkeit, ist eine besondere Vorschrift wünschenswert.

Mit Änderungen durch das Gesetz zur Bekämpfung der Korruption v. 20.11.2015 ist der Tatbestand § 298 der Bestechungsformulierung angenähert. Durch Art. 1, Nr. 10 sind die Wörter „gewerbliche Leistungen" im § 298 Abs. 1 durch das Wort „Dienstleistungen" ersetzt worden.[3223] Nun ist zu einer vertikalen Submissionsabsprache ein § 298a zu verabschieden. Dabei wäre auch denkbar, den Unternehmensveranstalter dem tauglichen Täterkreis zuzuordnen.[3224]

II. Die vom Gesetzgeber zu verfolgende Kriminalpolitik (Soll-KP)

Es besteht ein besonderer Legitimationsbedarf bei den Modalitäten „Fordern" und „Anbieten". Sie lassen sich nicht mithilfe einer schlichten abstrakten Gefährdung legitimieren.[3225]

Mit Blick auf die rechtliche Stellung vorgetäuschter Diensthandlungen bestehen zwei Möglichkeiten: Der Gesetzgeber hat während der ersten Reform des Korruptionsstrafrechts diesen Fall entweder übersehen oder er hat die Lösung des BGH stillschweigend angenommen. In dem Regierungsentwurf wurde der Fall nicht ausdrücklich erwähnt. Hier ist davon auszugehen, dass der Gesetzgeber für solche Fälle die Strafbarkeit des Täters vorsehen müsste. Dies wurde allerdings nicht Bestandteil der Reform und daher übersehen.[3226] Bis zu einem neuen, ausdrücklichen Tatbestand wird aus kriminalpolitischen Gründen vertreten, dass der Amtsträger sich wegen des Betrugs strafbar machen könne, falls es die primäre Konnexität fehlt. Sonst käme eine Strafbarkeitslücke in Betracht. Im Ergebnis wäre sie aus kriminalpolitischen Gründen bis zur gesetzlichen Lösung hinnehmbar.[3227]

Im Hinblick auf dieses Thema ist darüber hinaus zu erwähnen, dass eine Gleichbehandlung der vergangenen und künftigen Handlungen während der Auslegung ungerechte Ergebnisse mit sich bringt.

Das Prinzip der „differenzierten Betrachtung" darf aufgrund der Mischform der Bestechungstatbestände nicht vernachlässigt werden.[3228]

3223 BGBl. I, S. 2025.

3224 Kritisch *Greeve*, in: NK-WirtStR, 2017, § 298, Rn. 87.

3225 So auch *Pragal*, ZIS 2/2006, S. 63 (77).

3226 Vgl. auch *Jescheck*, in: LK-StGB, 11. Aufl., § 331, Rn. 14.

3227 Wie beim *Dölling*, JuS 1981, S. 570 (571); vgl. auch *Korte*, in: MüKo-StGB, 2019, § 332, Rn. 16.

3228 In diese Richtung auch *Helmrich*, wistra 2009, S. 10 (12), zum Thema Fn. 25.

Die Vorschriften § 332 Abs. 3 und § 334 Abs. 3, die sich nur auf künftige Diensthandlungen beziehen, setzen nicht voraus, dass die Gegenseite das mit dem Vorteil verfolgte Ansinnen des Täters erkennen muss. Diese Auffassung wird im Schrifttum de lege lata weitgehend anerkannt. Doch ist sie kaum nachvollziehbar. Ohne den Zugang des Bestimmungsversuchs oder die Erkenntnis der Gegenpartei kann man nicht von einer Bestechungsbeziehung sprechen. Die für die Bestechungstatbestände vorgesehenen Merkmale müssen im Lichte des Unrechtsvereinbarungsmodells interpretiert werden.[3229]

Die Frage, ob für die Bestechungsdelikte ein spezieller bzw. qualifizierter Vorsatz erforderlich ist, ist in der Lehre und Praxis intensiv und kontrovers zu diskutieren.[3230]

Da die normative Einschränkung des Vorteils fehlt,[3231] sollte das deutsche Bestechungsstrafrecht das Tatbestandsmerkmal „Vorteil" – wie im ausländischen Strafrecht – normativ begrenzen.

Weil der Bestechende auch das strafbare Risiko mittragen soll, soll die Verjährungsfrist der Bestechlichkeit – wie der BGH zutreffend entschied – auch aus kriminalpolitischen Gründen für die Bestechung gelten.[3232] Hierbei ist aber vor allem zum Ausdruck zu bringen, dass die Verjährbarkeit der Grundsatz ist. Der Beendigungszeitpunkt der Bestechungsdelikte soll damit klar und deutlich festgelegt werden.[3233] Der Gesetzgeber sollte de lege ferenda während der Abwägung zwischen dem Strafbedürfnis und dem Recht auf Vergessen eine adäquate Lösung finden.[3234]

Es ist zwischen der Drohung mit einem erlaubten und der Drohung mit einem empfindlichen Übel zu unterscheiden. Die erstere kann u. U. den Sinn der Bestechung tangieren. Hingegen schließt die letztere die Strafbarkeit des Angedrohten aus.

3229 In diese Richtung *Sowada*, in: LK-StGB, 12. Aufl., § 334, Rn. 11 m.w.N.; *Heine/Eisele*, in: S/S-StGB, 2019, § 334, Rn. 10; *v. Heintschel-Heinegg*, in: BeckOK-StGB, 42. Ed., 2019, § 332, Rn. 6.

3230 Vgl. im Lichte des Deliktsabsichts der Bestechung Eb. *Schmidt*, die Bestechungstatbestände, 1960, Rn. 233 ff.; „überschießender Innentendenz" *Deiters*, in: FS-Rengier, 2018, S. 216.

3231 Für §§ 331, 333 *Birkmeyer*, Bestechung, in: Vergleichende Darstellung, IX. Bd., 1906, S. 337; *Zimmermann*, Das Unrecht der Korruption, 2018, S. 567.

3232 Logische Folge *Rübenstahl*, wistra 2012, S. 117 (118); *Neiseke*, NZWist 2012, S. 229 (236).

3233 *Gleß/Geth*, StV 2009, S. 182 (185).

3234 So *Gleß/Geth*, StV 2009, S. 182 (186).

Die Konstellationen hinsichtlich der Versuchsstrafbarkeit i.S.d. § 334 sollten nicht straflos bleiben. Daher ist eine gesetzliche Änderung empfehlenswert.

De lege ferenda ist eine eigene Straftat i.R.d. Belohnung für eine zurückliegende Pflichtwidrigkeit des Amtes vorzusehen.[3235] Sie hat eigenes Unrecht bzw. einen geringeren Unrechtsgehalt im Vergleich zu künftigen Diensthandlungen.[3236] Dementsprechend sollte sie nicht mit den Bestechungsdelikten als gleich behandelt werden. Bei der nachträglichen Belohnung handelt es sich um eine weite Vorverlagerung der Strafbarkeit. Die gemeinsame Regelung macht diesen Unterschied undeutlich.[3237] Das internationale Antikorruptionsregime verlangt ebenfalls nicht, die nachträgliche Belohnung in die Bestechungsdelikte einzubeziehen.[3238]

Wegen der weiten Vorverlagerung der Strafbarkeit, die nach der bewussten Kriminalpolitik des Strafgesetzgebers bestimmt ist, setzen die Bestechlichkeit und Bestechung in machen Konstellationen keine echte Vereinbarung oder Willensübereinstimmung voraus.[3239] Eine solche Vorverlagerungspolitik wie bei der Belohnungskorruption sollte bei den §§ 332, 334 nicht gelten. Sie müssen vielmehr klar und deutlich sowie auf die pflichtwidrige gegenseitige Unrechtsvereinbarungsbasis hin strukturiert werden.

Die Kodifikation der Bestechungstatbestände unter einem Abschnitt wäre denkbar. Der Grund dafür liegt in der „strukturellen Verwandtschaft".[3240]

Viele Taten im BT sind „sehr frühzeitig" formell vollendet.[3241] Dies gilt auch für die Bestechungstatbestände. Auf der anderen Seite ruft diese Aussicht die

3235 So *Binding*, Strafrecht BT II, 1905, S. 727, zum Thema Fn. 3. *Birkmeyer*, Bestechung, in: Vergleichende Darstellung, IX. Bd., 1906, S. 329 findet die Bestrafung wegen der vorgenommenen Amtshandlungen als plausibel i.R.d. § 331.

3236 *Kuhlen*, in: NK-StGB, 2017, § 335a, Rn. 5.

3237 *Zimmermann*, Das Unrecht der Korruption, 2018, S. 544, 725. Der Verfasser stuft diese Sonderform als „Belohnungskorruption" ein. Eingehend *ders.*, Das Unrecht der Korruption, 2018, S. 492 ff.

3238 BT-Drucks. 18/4350, S. 23, 26; *Rosenau*, in: S/S/W-StGB, 2018, § 335a, Rn. 6.

3239 *Deiters*, in: FS-Rengier, 2018, S. 217.

3240 *Schuhr*, in: Spickhoff (Hrsg.), StGB §§ 299a, 299b Rn. 9; in diese Richtung auch *Kubiciel*, jurisPR-Compl 3/2016 Anm. 1.

3241 *Gropp*, Strafrecht AT, 2015, § 9, Rn. 224.

Notwendigkeit der tätigen Reue hervor.[3242] Die Kronzeugenregelung[3243] darf ebenfalls in diesem Punkt nicht außer Acht gelassen werden.[3244]

Die oben genannten Strafbarkeitslücken im gesamten System der KB sollten entsprechend ausgeschlossen werden.[3245]

Wie die herrschende Meinung zutreffend annimmt, gilt für die Mittelsperson ein strengerer Strafrahmen im Namen der Strafgerechtigkeit.[3246] Es wäre aber kriminalpolitisch sinnvoll, eine selbständige Strafbarkeit für die Bestechungsvermittler zu regeln. Denn die gleichrangige bzw. doppelseitige Teilnahme außenstehender Dritter hat einen eigenständigen Charakter. Die Probleme mit gleichrangigen Bestechungsvermittlern können de lege ferenda über „verselbständigte Tatbestände" gelöst werden.[3247] Dies darf aber nicht darüber hinwegtäuschen, dass es der Grund für die Aufhebung der Lagertheorie wäre.[3248]

Aufgrund des erheblichen materiellen Schadens und wegen der intensiven Tatbegehung seitens Unternehmen und Angestellter ist der § 299 wie §§ 298,

---

3242 Siehe auch oben § 15 C IV.

3243 *Dölling*, Gutachten, 1996, C 112. Auch der Bundesrat hat für den Entwurf von ersten KorrBekG vorgeschlagen, eine neue Vorschrift (§ 337a) bezüglich der Strafmilderung oder des Absehens von Strafe in das StGB einzufügen. Der konkrete Vorschlag war wie folgt formuliert: „Das Gericht kann in den Fällen der §§ 331 bis 334, auch in Verbindung mit § 335 oder § 336, die Strafe nach seinem Ermessen mildern (§ 49 Abs. 2) oder von Strafe nach diesen Vorschriften absehen, wenn der Täter *durch die freiwillige Offenbarung seines Wissens* wesentlich dazu beigetragen hat, daß die Tat *über seinen eigenen Tatbeitrag* hinaus aufgedeckt werden konnte (Nr. 1), oder *freiwillig sein Wissen so rechtzeitig einer zuständigen Behörde offenbart*, daß Straftaten nach §§ 332, 334, auch in Verbindung mit § 335 oder § 336, oder nach § 299 in Verbindung mit § 300, von deren Planung er weiß, *noch verhindert werden können* (Nr. 2). Siehe BT-Drucks. 13/6424, S. 9. Das wurde unzutreffend von der Bundesregierung abgelehnt. Denn die damalige Regierung war der Meinung, dass dem Anliegen des Bundesrates bereits nach geltendem Recht i.R.d. Strafzumessung und über eine Anwendung der Einstellungsvorschriften in der Strafprozessordnung (§§ 153 ff. StPO) Rechnung getragen werden kann. Siehe BT-Drucks. 13/6424, S. 13.

3244 Vgl. auch unten § 9 A IV.

3245 Siehe ferner dazu unten § 23 A IV.

3246 Siehe dazu oben § 14 A I 6 a. Der Strafsenat hat bei seiner Entscheidung von BGHSt 37, 208 (213), die Frage der Strafbarkeit wegen Teilnahme offengelassen. Siehe zur möglichen Lösungen *Geisler*, Korruptionsstrafrecht und Beteiligungslehre, 2013, S. 274 ff.

3247 Siehe dazu *Baumann/Weber/Mitsch*, Strafrecht AT, 2003, § 32, Rn. 79 ff.

3248 *Sowada*, in: FS-Tiedemann, 2008, S. 291.

299a, 299b und Art. 322^{octies} sStGB als Offizialdelikt auszugestalten.[3249] In diesem Punkt ist nicht zu vergessen, dass die alte Rechtslage von Bestechung und Bestechlichkeit im geschäftlichen Verkehr damals scharf kritisiert wurde. Der Gesetzgeber hatte für diese die Marktwirtschaft erschütterten Straftaten nur Geldstrafe oder Freiheitsstrafe bis zu einem Jahr – und dies nur auf Antrag – vorgesehen. Deshalb wurde vorgeschlagen, dass das Schmieren im Geschäftsverkehr als Offizialdelikt, also unter Verfolgung von Amts wegen, mit Ausnahme von Bagatellsachen geregelt werden sollte.[3250]

Die Angestelltenbestechung ist nach dem Geschäftsherrenmodell unter Strafe gestellt. Das führt dazu, dass die Anwendbarkeit der betroffenen Tatbestände eingeschränkt ist. Diese Orientierung steht der Umsetzungspflicht Deutschlands entgegen.

Die Tendenz in der internationalen Bestechung setzt eine sich auf künftige Diensthandlung beziehende Tat voraus. Diese Tendenz ist vor allem deshalb zu begrüßen, weil sie die Regelungen mit internationalen Vorgaben in Einklang bringt.[3251]

C. Ergebnisse der türkischen Bestechungsstrafrechtsdogmatik

I. Tatbestandsbestimmung (Kriminalisierung, Inkriminieren)

Über eine schlichte Verschmelzung von unechter Bestechung mit der echten ist das Bestechungsverbrechensphänomen im türkischen Strafrecht kriminalisiert. Die Bestechlichkeit ist auch durch einen einfachen Verweis auf den Bestechungstatbestand unter Strafe gestellt.

Auffällig ist hier, dass der Gesetzgeber den Straftatbestand „Bestechung“ (Art. 252) ohne normative Einschränkung vorgesehen hat.

1. Strafbarkeitslücken

Nach einer Ansicht bleibt die nachträgliche Belohnung seit Abschaffung des Art. 257 Abs. 3 a.F. straflos.[3252] Außerdem ist die Auffangfunktion des Art. 257

3249 So auch *Geerds*, JR 1996, S. 309 (313); *Schönwälder*, Das Bestechungswesen in der Privatwirtschaft, 2013, S. 211.

3250 Siehe dazu *Müller/Wabnitz*, in: Liebl (Hrsg.), Internationale Forschungsergebnisse, 1987, S. 400.

3251 Vgl. *Fischer*, StGB, 2019, § 335a, Rn. 5a.

3252 *Tezcan/Erdem/Önok*, Özel Hükümler, 2013, S. 928, 931.

(Amtsmissbrauch) nicht vollfunktionstüchtig, weil er eine pflichtwidrige Diensthandlung voraussetzt.

Eine gelockerte Beziehung wie bei der Vorteilsannahme und Vorteilsgewährung hat noch nicht Einzug ins türkische Strafrecht erfahren (Stichwort: Anfüttern).[3253] Für die Effektivierung des gesamten Systems ist ein solcher Straftatbestand empfehlenswert.

Bei den Tatbeständen „Unterschlagung" und „Extortion" hat der Gesetzgeber eine besondere Straftat für die Unterlassung durch den Vorgesetzten vorgesehen. Danach wird der Amtsträger, der die Pflicht zur Aufsicht hat, als Mittäter der begangenen Straftat bestraft, wenn er sich das Tatgeschehen vorsätzlich laufen ließ (Art. 251 Abs. 1). Dieser Ansatz soll ebenfalls auf die Bestechung übertragen werden.

Auffällig ist hier, dass gesetzlich keine selbständige Straftat für die Angestelltenbestechung existiert. Außerdem enthält die eingeschränkte Angestelltenbestechung Defizite in Bezug auf die Strafbarkeit.[3254] Aus diesen Gründen ist eine selbständige Straftat für die Bestechung in der Wirtschaft wünschenswert.[3255]

2. *Kriminalisierungs- und Entkriminalisierungstendenzen*

Beim Nebenstrafrecht des Systems ist eine wesentliche Tendenz nicht beobachtbar.

II. Sanktionsbestimmung (Pönalisierung)

Der türkische Gesetzgeber macht keinen Unterschied zwischen dem Strafrahmen von Vorteilsgeber und Vorteilsnehmer. Darüber hinaus hat er die potenziellen Täter nur mit Gefängnisstrafe bedroht.

Im Vergleich zur unerlaubten Bereicherung und zum Einflusshandel fehlt hier die Geldstrafe. Aus diesem Grund ist gerechtfertigt, die Strafe durch die Entweder-oder-Technik oder im Dienste präventiver Abschreckungseffekte durch eine Ausnahme der Doppelbestrafung zu bestimmen.

Die Unternehmensstrafbarkeit ist lex lata kein Thema im türkischen Strafrecht. Doch ist eine Unternehmensstrafe im Namen der Abschreckung und Transparenz denkbar.[3256]

3253 *İsfen*, in: TCK Reformu I, 2004, S. 253; *Erdem*, a.a.O., S. 253.

3254 *Özalp*, Türk Ceza Kanununda Rüşvet Suçu, 2018, S. 95.

3255 In diese Richtung auch *Karakurt-Eren*, Türk Ceza Kanununda Rüşvet Suçu, 2016, S. 285.

3256 *Fırat*, Tüzel Kişinin Ceza Sorumluluğu, 2019, S. 310, 318 ff.

III. Strafzumessungsregeln

Es fehlen in der türkischen Bestechungsstrafrechtsdogmatik besondere Strafvorschriften für die Strafzumessung.[3257] Gesetzlich gibt es weder besondere Vorschriften für besonders schwere Fälle noch für minderschwere Fälle. Die Strafzumessungslehre wird somit vernachlässigt. Ausnahmsweise muss die Strafe herabgesetzt werden, wenn im konkreten Fall eine einseitige Tathandlungsvariante vorliegt.

IV. Effektive Ermittlung

Eine besondere Strafkammer für Wirtschaftsdelikte oder für Korruptionsdelikte wäre nützlich.

Der türkische Gesetzgeber sollte den Einsatz eines verdeckten Ermittlers möglich machen. Die Bestechung sollte ferner in die Katalogtaten der Bestellung des Amtspflegers für juristische Personen gemäß Art. 133 türk. StPO eingefügt werden.[3258]

Die Privilegierungsvorschriften, die den Ausnahmenkreis der direkten Ermittlung bilden, sind zu vermeiden.

Die Instrumente des türkischen KorrBekG v. 1990 sollten effektiver genutzt werden. Beispielsweise sollte die Staatsanwaltschaft die Offenlegung des Vermögens i.R.d. Art. 19 Abs. 2 türk. KorrBekG verlangen, falls ein Verdacht auf ungerechtfertigten Vorteil besteht.

V. Systematik

Im Hinblick auf die Bestechungstatbestände führte der Gesetzgeber drei Mal systematische Veränderungen nach der Verabschiedung des türk. StGB v. 2004 ein.

Das größte Defizit im System von Bestechungsdelikten ergibt sich daraus, dass es keine Unterscheidung zwischen pflichtmäßiger und pflichtwidriger Diensthandlung gibt.

Das Bestrafungsrisiko wegen ungerechtfertigter Vorteile muss im Korruptionsstrafrechtssystem des StGB adäquat und angemessen aufgeteilt werden. Dafür ist – wie im ausländischen Strafrecht üblich – das betreffende Tatobjekt (Diensthandlung) nach dem Verletzungsgrad zu differenzieren. Dies wurde in dieser Arbeit als einfache und schwere Bestechung zum Ausdruck gebracht. Ansonsten ist dem Tatrichter ein uneingeschränkter und unbestimmter

---

3257 *Karakurt-Eren*, Türk Ceza Kanununda Rüşvet Suçu, 2016, S. 268.

3258 *Karakurt-Eren*, a.a.O., S. 430.

Ermessensspielraum – nicht wünschenswert in der Strafzumessung – eingeräumt. Die genannte Methodik des Gesetzgebers führt zum Verstoß gegen das Gesetzlichkeitsprinzip[3259] und das Schuldprinzip.

Die Formulierung des Straftatbestands Art. 255 (Einflusshandel) widerspricht dem Unrechtssinn der türkischen Bestechlichkeit, da der Art. 255 eine ungerechte Diensthandlung voraussetzt, obwohl der türk. Gesetzgeber sich bei der Ausgestaltung der Bestechung entschlossen hatte, das Hauptmodell „Rechtsgut" auszuwählen. Zweitens gilt derselbe Widerspruch ebenfalls für den Tatbestand „Amtsmissbrauch" (Art. 257). Das Tatbestandsmerkmal „pflichtwidriges Verhalten" des Art. 257 ist in der Auffangfunktion des Straftatbestands überwiegend gesperrt. Das könnte nicht als die bewusste Entscheidung des Gesetzgebers angesehen werden. Die stellen vielmehr die Probleme in Bezug auf die Systemkonformität dar.

Die Bestrafung der Bestechlichkeit ist unter dem Verweis auf die Bestechung gewährleistet. Systematisch sollte ganz im Gegenteil die Bestechlichkeit vor der Bestechung geregelt werden, weil der Ausgangspunkt der Systematik an die Gefährdung der verwaltenden Staatstätigkeit anzuknüpfen ist.[3260]

Die Bestechungsdelikte durch einen einzigen Artikel oder Paragraf zu formulieren, ist inkorrekt.[3261]

Nach dem klaren Willen des Gesetzgebers ist das System auf der Grundlage des Einzel-Verbrechens-Modells ausgestaltet. Wenn dem so ist, brauchte die Systematik keine Sonderregelungen für die Teilnahmestrafbarkeit, weil die Verweisung auf den Allgemeinen Teil des StGB genügend sein müsste. Doch hat der Gesetzgeber drei Sondervorschriften, nämlich den Bestechlichkeitstatbestand (Art. 252 Abs. 2), eine für die Teilnahme des Bestechungsvermittlers (Art. 252 Abs. 5) sowie für den Drittvorteil (Art. 252 Abs. 6) geschaffen.

Die besondere Vorschrift in Bezug auf Vermittler ist als eine sehr abweichende Ausnahme in der Teilnahmelehre einzustufen. Von daher ist sie systemwidrig.[3262]

Die Bestechungstatbestände stehen mit ähnlichen Amtsdelikten in einer engen Beziehung. Der Grund dafür ergibt sich aus zum Teil denselben und zum

3259 *Artuk/Çınar*, in: TCK Reformu II, 2004, S. 81.

3260 So auch *Geerds*, Unrechtsgehalt der Bestechungsdelikte, 1961, S. 86.

3261 Nach *Schmitt*, ZStW 1961 S. 414 (417), erweist sich solche Systematik, also aktive und passive Bestechung in einem Paragraph zu regeln, als unzutreffend und der Verfasser sieht es als „zwei kaum verständliche Mammutgebilde" an.

3262 So auch die Begründung der Gegenstimme von Opposition im JAB-TBMM Nr. 278 v. 12.6.2012, S. 146; *Artuk*, in: Ünver (Hrsg.), Yolsuzlukla Mücadele, 2014, S. 86.

Teil ähnlichen Tatbestandsmerkmalen.[3263] All diese Straftatbestände bilden den Kern des türkischen Korruptionsstrafrechts. Um die Harmonie zwischen diesen Kerntatbeständen zu gewährleisten, sind die Systemwidersprüche zu beseitigen.

Beim Art. 252 Abs. 8 geht es um nicht eine schlichte Erweiterung des Täterkreises, sondern um eine sektorbezogene Erweiterung des Anwendungsbereichs. Deshalb ist die gesetzliche Positionierung unter der Amtsträgerbestechung nicht vertretbar.[3264]

Zusammenfassend kann festgehalten werden, dass es sich beim All-in-one-Modell keineswegs um eine rational und logisch vertretbare Systematik handelt, dies bescheinigt uns dieser Artikel. So unterliegt es keinem Zweifel, dass diese gesetzliche Rhetorik aufgrund der Komplexität und der selbständigen Bedeutungen von Tathandlungsmodalitäten sowie je nach Sektor[3265] bestimmten, vielfältig geschützten Rechtsgütern nicht in der Lage ist, Bestechungsdelikte nach logischen und rationalen Maßstäben zu konstruieren.[3266] Aus diesem Grund ist für eine Revision zu plädieren.[3267]

VI. Systemgerechtigkeit

Durch die alte Fassung vom 1. Juni 2006 bis zum 5. September 2012 wurde die einfache aktive Bestechung entkriminalisiert. Mit dem StÄG v. 2. Juli 2012 (Gesetz Nr. 6352) ist die Tatbegehung des Vorteilsgebers für eine pflichtgemäße Diensthandlung nachgerade plötzlich i.R.d. Bestechung strafbar geworden. Es ist kaum vorstellbar, dass eine Handlung zum einen als straflos, zum anderen nach sechs Jahren als schwere Straftat eingestuft wird. Das führt zu Zweifeln an der Verhältnismäßigkeit der Norm.

Das renovierte Bestechungsstrafrecht steht nicht im Einklang mit der Existenz des Art. 257 Abs. 1. Denn auch im Art. 257 Abs. 1 („Amtsmissbrauch") wird eine bestechungsähnliche Handlung, die durch den Missbrauch eines Amtes und unter Verletzung der dienstlichen Pflichten begangen ist, einseitig und als subsidiär und mildernder Fall im Vergleich zu Art. 252 bestraft. Nach einer Meinung

3263 In diese Richtung auch *Artuk/Koçyiğit*, Terazi HD 2015, S. 14 (14).

3264 So auch *Akyürek*, Kazancı HD, 2012, S. 22 (41).

3265 Vgl. *Karakurt-Eren*, Türk Ceza Kanununda Rüşvet Suçu, 2016, S. 172.

3266 Nach Empfehlung von *Özgenç*, hat der Justizausschuss diese Systematik angenommen. Der türkische Gesetzgeber hat sich entsprechend dafür ausgesprochen. Siehe *Özgenç*, Rüşvet, 2013, S. 80, zum Thema Fn. 86.

3267 *Karakurt-Eren*, Türk Ceza Kanununda Rüşvet Suçu, 2016, S. 436, bringt auch gleichfalls zum Ausdruck, dass die heutige Formulierung des Art. 252 dem Bestimmtheitsprinzip widerspricht.

bezüglich dieser Problematik, wenn es um hierbei um eine – wie beim deutschen Recht – sog. nachträgliche Belohnung geht, wird dies nicht gemäß dem Bestechungsstraftatbestand, sondern nach Art. 257 Abs. 1 bestraft.[3268] Nach anderer, zutreffender Meinung ist der Unrechtsgehalt solcher Taten schwerer als im Fall der einfachen Bestechung, die nur eine pflichtgemäße Handlung voraussetzt. Dagegen wird der Täter des Art. 257 Abs. 1 mit einem Jahr bis zu drei Jahren Gefängnis bestraft, obwohl die Tat unter einem pflichtwidrigen Handeln begangen ist. Das führt ohne Frage zur Systemwidrigkeit und Ungerechtigkeit.[3269] Im Übrigen tangiert eine solche Begehungsweise im Kern das Unrecht echter Bestechungsdelikte.

Für die geringwertigen Zuwendungen fehlt eine klare „Geringwertigkeitsklausel".[3270]

Theoretisch folgt der Gesetzgeber irrtümlich dem nicht verwendenden Einheitsmodell, indem er diese Ansicht ausdrücklich in der amtlichen Begründung erwähnt hat. Das bringt einerseits einen inadäquaten Strafrahmen mit sich. Diese Gleichstellung in Bezug auf den Strafrahmen ist ungerecht[3271] und sogar ein Verstoß gegen das Schuldprinzip. Der Ermessensspielraum des Tatrichters kann diesen Verstoß nicht beseitigen.[3272] Auf der anderen Seite ist es nicht gerechtfertigt, weil die Unrechtsgehalte der einfachen und schweren Bestechung nicht dasselbe sind.[3273] Aufgrund dieser Verschmelzung bestehen es demnach Zweifel am Bestimmtheitsgebot und der Verhältnismäßigkeit der Strafnorm i.S.v. Schuldprinzip.

Um der Strafgerechtigkeit willen sollte die aktive Seite – wie beim Art. 255 Abs. 1 türk. StGB[3274] – milder bestraft werden. In ähnlicher Weise sollte die aktive Seite der Richterbestechung schärfer bestraft werden.

Für den erweiterten Kreis hat der türkische Gesetzgeber denselben Strafrahmen vorgesehen. Diese Position ist nicht mit dem Schuldprinzip des Strafrechts, welches immer eine der Schuld des Täters angemessene Strafe erfordert, nicht vereinbar.

3268 *Özgenç*, Rüşvet, 2013, S. 191.

3269 Auch die Begründung der Gegenstimme von Opposition im JAB-TBMM Nr. 278 v. 12.6.2012, S. 146.

3270 *Artuk/Gökcen/Yenidünya*, Özel Hükümler, 2013, S. 1050.

3271 Kritisch auch i.S.d. Strafgerechtigkeit *Artuk*, in: Ünver (Hrsg.), Yolsuzlukla Mücadele, 2014, S. 84; *Artuk/Koçyiğit*, Terazi HD 2015, S. 14 (16).

3272 *Özbek* u.a., Özel Hükümler, 2015, S. 1049; *Doğan*, in: FS-Toroslu, 2015, S. 357.

3273 *Doğan*, in: FS-Toroslu, 2015, S. 343.

3274 *Artuk/Koçyiğit*, Terazi HD 2015, S. 14 (23).

Bei den echten Amtsdelikten ist die Strafe des Teilnehmers um der Gerechtigkeit Willen zu mildern, da der Außenstehende weder als Amtsträger handelt noch eine Amts- oder Dienstpflicht als Amtsträger verletzt.[3275] Im türkischen Strafrecht wird hingegen der Bestechungsvermittler als Mittäter (Art. 252 Abs. 5) bestraft.[3276] Das ist eine große und unangemessene Ausnahme in der Verbrechenslehre, weil es einen klaren Verstoß gegen den uneingeschränkten Akzessorietätsgrundsatz gemäß Art. 40 Abs. 2 türk. StGB darstellt. Diese Überlegung gilt ebenfalls für den bewussten Profiteur des Drittvorteils (Art. 252 Abs. 6).[3277]

D. Das türkische Bestechungsstrafrechtssystem de lege ferenda

I. Kriminalisierungs- und Entkriminalisierungsbedarf

Es wäre vorzuziehen, wenn die Lehre von der Sozialadäquanz eine normative Grundlage erhielte.

Für die geringwertigen Zuwendungen ist eine gesetzliche Bestimmung wie bei der Unterschlagung (Art. 247) erforderlich, die zur Strafmilderung zu führen hat.[3278]

Der eingeschränkte Anwendungsbereich in der Bestechung und Bestechlichkeit im geschäftlichen Verkehr ist nicht mit internationalen Abkommen vereinbar und sie sind damit nicht genügend umgesetzt.[3279]

Der Straftatbestand „Sportwettbetrug" musste selbstständig unter Strafe gestellt werden. Denn der Unrechtsgehalt der Manipulation von sportlichen Wettbewerben hat nicht auf die Vermögensinteressen abgestellt.[3280]

Aufgrund der erheblichen Schäden im Gesundheits- und im Sozialversicherungssystem[3281] sind dafür besondere Straftatbestände vorzusehen.

II. Die vom Gesetzgeber zu verfolgende Kriminalpolitik (Soll-KP)

Der Grundtatbestand müsste dem Abschnitt, also den Amtsdelikten entsprechend, die Bestechlichkeit sein.

3275 Siehe dazu BGHSt 14, 124; *Fischer*, StGB, 2019, vor § 331, Rn. 2.

3276 Teilweise auch kritisch *Doğan*, in: FS-Toroslu, 2015, S. 353.

3277 Auch die Begründung der Gegenstimme der Opposition im JAB-TBMM Nr. 278 v. 12.6.2012, S. 146.

3278 So *Apaydın*, in: TCK Reformu II, 2004, S. 162; *Tezcan/Erdem/Önok*, Özel Hükümler, 2013, S. 940.

3279 *Özgenç/Ünal*, in: Türk-Kore Ceza Hukuku Günleri, 2019, S. 21.

3280 Siehe dazu oben § 14 B IV 3.

3281 Siehe dazu KOM-Berichte.

Die klassisch gewordene Definitionmacht des türk. StGB ist neu zu gewinnen. Um die enge Auslegung des Tatbestandsmerkmals „Amtsträgerbegriff" gewährleisten zu können, ist der Täterkreis des Straftatbestands entsprechend zu beschränken. Der Gesetzgeber sollte ferner den Vorteilsbegriff i.S.v. Beschränkung klarstellen.

Mit dem StÄG v. 2012 sind die Tathandlungen als selbständige Taten ausgestaltet.[3282] Die jeweilige Tathandlung stellt – wie beim deutschen Bestechungsstrafrecht – daher den alternativen Tatbestand der Amtsträgerbestechung dar. Dies ist zwar vom Gesetzgeber nicht klar und deutlich registriert worden, aber systematisch feststellbar. Das bringt zweifelsohne auch eine selbständige Verjährung jeweiliger Tatbestände mit sich.

Weil der türkische Gesetzgeber bei der Ausgestaltung der Bestechungsdelikte dem Rechtsgutmodell folgt und die im Vorfeld liegenden Taten mit den eigentlichen Bestechungsdelikten verschmelzen, muss man einen Unterschied zwischen der straflosen Handlung und der strafbaren machen. Dafür bietet die deutsche Lehre zufriedenstellende Instrumente. Die deutsche Doktrin hat sich wegen der nicht ausreichend eingeschränkten Strafbarkeit und des unbestimmten Charakters von §§ 331, 333 entwickelt.

Es muss ein klarer Unterschied zwischen Vollendung und Beendigung der Tat gemacht werden.[3283]

Die zu verhängende Strafe bei der Teilnahme ist kriminalpolitisch niedrig angesetzt. Demgemäß wurde größtenteils der Unrechtsgehalt der Teilnahmehandlung mit der Haupthandlung gleichgestellt, indem der Gesetzgeber den außenstehenden Teilnehmer, in concreto den Vermittler, als Mittäter eingestuft hat. Das ist – wie oben erwähnt – systemwidrig.[3284] Der Gesetzgeber konnte die Problematik vielmehr durch eine selbständige Straftat auflösen.

3282 So auch *Hafızoğulları/Aygün-Eşitli*, Kamu İdaresine Karşı, 2014, S. 62, 66; *Mert*, in: Ünver (Hrsg.), Yolsuzlukla Mücadele, 2014, S. 37; de lege ferenda *Karakurt-Eren*, Türk Ceza Kanununda Rüşvet Suçu, 2016, S. 320-321; *Özalp*, Türk Ceza Kanununda Rüşvet Suçu, 2018, S. 384; schon Befürworter *Gözübüyük*, AD 1969, S. 183 (184); vgl. auch *Özbek* u.a., Özel Hükümler, 2015, S. 1046.

3283 *Önder*, Özel Hükümler, 1991, S. 139; *Özbek* u.a., Özel Hükümler, 2015, S. 1058; *Doğan*, in: FS-Toroslu, 2015, S. 354; *Özalp*, Türk Ceza Kanununda Rüşvet Suçu, 2018, S. 377.

3284 *Doğan*, in: FS-Toroslu, 2015, S. 357.

Bezieht sich die vorgetäuschte Diensthandlung auf das Amt des Täters, so ist betrügerische Vorteilsannahme anzunehmen (Art. 250 Abs. 1). Falls die Handlung außerhalb des Amtes liegt, ist ein qualifizierter Betrug anzunehmen.

Wie zur Systematik ausgeführt, ist die Verschmelzung von einfachen und schweren Bestechungstatbeständen abzuschaffen.[3285] Darüber hinaus ist das Sektormodell aufgrund der unterschiedlichen Rechtsgüter in die Tat zu umsetzen.[3286]

Aufgrund der weiten Ausdehnung des Tatbestands braucht das türkische Bestechungsstrafrecht ein normatives Korrektiv für die Be- und Einschränkung des Tatbestands über das Tatbestandsmerkmal „Vorteil".[3287] Als Beispiel dafür liefern uns § 305 Abs. 4 im österreichischen Korruptionsstrafrecht und Art. 322^{decies} Abs. 1 lit. b (geringfügige, sozial übliche Vorteile) des sStGB.[3288]

Weil der türkische Gesetzgeber unter dem Bestechungsverbrechen keine Unterscheidung zwischen der einfachen und schweren Bestechung macht, könnten die geringwertigen Zuwendungen zum einen je nach Einzelfall und Schwere der Tat sowie besonderen Umständen wie sozialadäquaten Zuwendungen den Tatbestand ausschließen, wenn eine teleologische Reduktion angezeigt ist. Zum anderen sollten die geringwertigen Zuwendungen wie bei anderen Amtsdelikten (Unterschlagung und Extortion) in jedem Fall als Strafminderungsgrund angesehen werden.[3289] Die Vorschriften in der betroffenen Richtlinie kann man nicht auf die normative Grundlage des Strafrechts übertragen. Das könnte bestenfalls während der Strafzumessung beachtlich sein.[3290]

3285 So auch der Bericht der Juristischen Fakultät der Universität Galatasaray, in: TCK Reformu II, 2004, S. 315; zwei selbständige Unrechtsgehalte *Özbek* u.a., Özel Hükümler, 2015, S. 1049; *Doğan*, in: FS-Toroslu, 2015, S. 357.

3286 In diese Richtung auch *Karakurt-Eren*, Türk Ceza Kanununda Rüşvet Suçu, 2016, S. 155.

3287 Vgl. *Korte*, in: MüKo-StGB, 2019, § 331, Rn. 133; *Fischer*, StGB, 2019, § 331, Rn. 24a.

3288 „Was einen „ungerechtfertigten" Vorteil darstellt, wird bei der Umsetzung des Übereinkommens in innerstaatliches Recht von zentraler Bedeutung sein. Als „ungerechtfertigt" im Sinne des Übereinkommens ist alles zu verstehen, was der Empfänger rechtmäßig nicht annehmen oder erhalten darf. Die Verfasser des Übereinkommens wollten mit dem Adjektiv „ungerechtfertigt" Vorteile, die nach dem Gesetz oder den Verwaltungsvorschriften zulässig sind, sowie kleinste Geschenke, Geschenke von sehr geringem Wert oder gesellschaftlich akzeptable Geschenke ausnehmen.": Erläuternder Bericht zum Strafrechtsübereinkommen des CoE über Korruption, Nr. 38, abgedruckt in: BT-Drucks. 18/9234, S. 52.

3289 Vgl. *Karakurt-Eren*, Türk Ceza Kanununda Rüşvet Suçu, 2016, S. 170; aA *Doğan*, Türk Ceza Hukukunda Rüşvet Suçu, 2019, S. 96.

3290 So auch *Karakurt-Eren*, Türk Ceza Kanununda Rüşvet Suçu, 2016, S. 173.

In Bezug auf den Strafrahmen muss ein klarer Unterschied zwischen dem Bestochenen und dem Bestechenden gemacht werden.[3291]

Gelockert ist die tätige Reue des Bestechenden in Anwendung für den Bestochenen, indem der Art. 254 Abs. 1 das Übergeben des Gegenstands der Bestechung ohne Reue und genauso voraussetzt.[3292] Das ist kaum verständlich.[3293] Das muss auch wie in Art. 254 Abs. 2 unter der Reue des Amtsträgers stattgefunden haben.[3294] Das Rechtsinstitut „tätige Reue" soll ferner nicht nur strafbefreiend, sondern auch abhängig vom Ermessensspielraum des Tatgerichts strafmildernd wirken.[3295] An der letzten Stelle ist der zeitlich eingeschränkte Anwendungsbereich auszuweiten, weil der Belohnungsgedanke der Vorbeugung und Aufklärung dient.

Bis zur Beseitigung der Systemwidrigkeit bezüglich des Tatbestandsmerkmals des pflichtwidrigen Verhaltens von Art. 257 ist dieses Merkmal aus kriminalpolitischen Gründen als ein Verstoß gegen die allgemeinen Dienstpflichten zu verstehen.

Es fehlt eine rechtliche Grundlage für Sponsoring. Dieses Rechtsinstitut kann deshalb einfach missbraucht werden. Die rechtlichen Rahmenbedingungen sollten so schnell wie möglich ihren Platz in der Gesetzgebung finden. Dabei sind das Strafrecht und die das Drittmittelinstitut und das Sponsoring regelnden Vorschriften in Einklang zu bringen, um die systemkonforme Auslegung zu sichern.[3296] Für die Themen „Genehmigung", „Sponsoring", „Drittmittel" sind also besondere Vorschriften vorzusehen.

All dies führt dazu, dass die Kodifizierung der betroffenen Strafvorschriften unerlässlich ist.[3297]

3291 *Hafızoğulları/Aygün-Eşitli*, Kamu İdaresine Karşı, 2014, S. 64. *Karakurt-Eren*, Türk Ceza Kanununda Rüşvet Suçu, 2016, S. 379, geht davon aus, dass das Tatgericht bei der Strafzumessung nach Art. 61 türk. StGB verschiedene Strafen für die Bestechungspartner verhängen kann. Auf diese Weise sieht der Verfasser diesen Ansatz indirekt nicht als problematisch an.

3292 Vgl. i.R.d. Drittvorteils *Özen*, İrtikap ve Rüşvet Suçları, 2010, S. 228; i.R.d. Bestechungsvermittler *Karakurt-Eren*, Türk Ceza Kanununda Rüşvet Suçu, 2016, S. 372.

3293 *Toroslu*, Özel Kısım, 2015, S. 308, schlägt vor, dass dieses Rechtsinstitut hier einfach ohne das Tatbestandsmerkmal „Reue" anzuwenden sei.

3294 *Tezcan/Erdem/Önok*, Özel Hükümler, 2013, S. 941.

3295 *Karakurt-Eren*, Türk Ceza Kanununda Rüşvet Suçu, 2016, S. 454.

3296 Siehe BGHSt 49, 275 (285).

3297 *Karakurt-Eren*, Türk Ceza Kanununda Rüşvet Suçu, 2016, S. 457.

E. Vergleichende Analyse der Systeme

An erster Stelle kann darauf hingewiesen werden, dass im deutschen Bestechungsstrafrecht, ähnlich wie im türkischen vor dem Jahr 2005,[3298] kasuistische Befunde vorliegen.

Die terminologische Verwendung des türkischen Gesetzgebers ist abweichend von der deutschen Systematik. Unter dem Wort „rüşvet“ (auf Deutsch: Bestechung) sind sowohl die Bestechungsdelikte im weitesten Sinne als auch das Bestechungsmittel zu verstehen.

Die Feststellung der Amtsträgereigenschaft ist in beiden Rechten nicht klar und teilweise komplex.

Im deutschen Recht besteht leider keine Möglichkeit, die Bestechungsdelikte nach der Verfassung zu legitimieren.[3299] Hingegen gibt es ein diesbezügliches Rechtsgut in der türkischen Verfassung. Wie erwähnt, sieht z. B. Art. 129 türk. Verf. die ‚Treuepflicht‘ der Staatsdiener vor.

Aufgrund der zu weiten Ausdehnung der Tatbestände ist im türkischen Bestechungsstrafrecht die Strafbarkeit angemessen zu begrenzen. In diesem Sinne bietet das deutsche Schrifttum die „teleologische Reduktion“[3300] und das normative „Regulativ“[3301] (Korrektur) als Lösungsinstrumente an.

Beide Richtungen stellen auf eine konkrete UnRV ab. Die Intensität des türkischen Systems ist allerdings deutlicher als die deutsche Ausgestaltung.

Für die Tatbestände Bestechlichkeit und Bestechung (§§ 332, 334 StGB) ist in der Regel die Begrenzung der Strafbarkeit kein Thema, weil dafür – wie bereits ausgeführt – immer eine konkretisierbare oder konkret pflichtwidrige Diensthandlung und damit eine echte konkrete Gefährdung des geschützten Rechtsguts vorhanden sein müssen.[3302] Das strafrechtlich zu schützende Rechtsgut ist deswegen hier gravierender als Art. 252 türk. StGB.

Die Unrechtsvereinbarung bildet den Unrechtskern der Bestechungsdelikte. Allerdings ist die Situation im deutschen Recht etwas anders angelegt. Mit dem Vorliegen der einseitigen Handlungen wie „Anbieten“ und „Fordern“ verliert die UnRV seine gewichtige Bedeutung in der deutschen

---

3298 *Tellenbach*, in: Eser/Überhofen/Huber (Hrsg.), Korruptionsbekämpfung durch Strafrecht, 1997, S. 637.

3299 *Rübenstahl*, Amtsträgerkorruptionsdelikte nach italienischem und deutschem Recht, 2012, S. 625; vgl. ferner *Alten*, Amtsmißbrauch, 2012, S. 12.

3300 *Fischer*, StGB, 2019, § 331, Rn. 24a; *Rengier*, Strafrecht BT II, 2019, § 60, Rn. 12a.

3301 *Korte*, in: MüKo-StGB, 2019, § 331, Rn. 135.

3302 *Gribl*, Der Vorteilsbegriff bei den Bestechungsdelikten, 1993, S. 124.

Bestechungsstrafrechtsdogmatik.[3303] Im Gegensatz dazu geht es in der türkischen Systematik um gesonderte Bestimmungen für diese einseitigen Handlungen, nämlich Art. 252 Abs. 4. Somit bleibt die UnRV im türkischen Strafrecht eher als Unrechtskern von Bestechungsdelikten erhalten. Für die einseitigen Tathandlungsmodalitäten hat der türkische Gesetzgeber also zutreffend im Art. 252 Abs. 4 eine obligatorische Strafverminderung vorgesehen. Das ist mit der Systemgerechtigkeit vereinbar, weil diese Konstellationen im Grunde mit einem Versuch gleichen.

Die Versuchsstrafbarkeit der Bestechung i.e.S. ist beim türkischen Bestechungsstrafrecht möglich; dagegen existiert es nicht in der deutschen Bestechungsstrafrechtsdogmatik.

Die einseitigen Begehungsweisen des türkischen Bestechungsstrafrechts setzen „Ablehnung" voraus.

Nach überwiegender Ansicht gilt das Stufenprinzip nicht für das türkische Recht.[3304]

Vom Sektormodell macht der deutsche Gesetzgeber effektiver als der türkische Gebrauch.

Die Mentalreservation ist grundsätzlich in beiden Strafrechtsdogmatiken unbeachtlich.

Für die Fälle, in denen es sich entweder um eine vorgetäuschte Diensthandlung oder einen erpresserisch erlangten Vorteil handelt, hat der türkische Gesetzgeber im Unterschied zu dem deutschen Recht besondere Tatbestände vorgesehen.

Die Feststellungen der Untersuchung bezüglich der Systemgerechtigkeit weisen darauf hin, dass das türkische Bestechungsstrafrecht damit erhebliche Probleme gehabt hat.

Der Anknüpfungspunkt für die Kausalität ist beim türkischen Bestechungsstrafrecht am Vorteil orientiert. Dagegen ist die pflichtwidrige Diensthandlung für das deutsche Strafrecht maßgebend. Das Handlungsunrecht steht somit beim deutschen Bestechungsstrafrecht im Vordergrund. Hingegen ist das Erfolgsunrecht der Orientierungspunkt des türkischen Bestechungsstrafrechts.

Nimmt ein Amtsträger beispielsweise eine Handlung vor, durch die einem Gefängnisinsassen verbotene alkoholische Getränke geliefert werden, macht er

---

3303 So *Maurach/Schroeder/Maiwald*, Strafrecht BT, Teilbd. 2, 2012, § 79, Rn. 14.

3304 *Özalp*, Türk Ceza Kanununda Rüşvet Suçu, 2018, S. 385, plädiert dafür eine Konstruktion, in der die alternativen Mischtatbestände je nachdem Unrechtsgehalt differenziert werden sollten.

sich im deutschen Recht nach § 332 strafbar. Im Gegensatz dazu ist er im türkischen Recht wegen Art, 257 Abs. 1, also wegen „Amtsmissbrauch“, zu bestrafen.

In beiden Systemen fehlt eine befriedigende, harmonisch Kodifikation der Bestechungsdelikte.

Zukunftsorientiert ist das türkische System im Hinblick auf die zeitliche Orientierung der UnRV. Dagegen umfasst das deutsche System das Vor- und das Nachfeld der UnRV. Darüber hinaus stellt im türkischen Recht das Handeln im Zusammenhang mit der Amtsausübung – anders als das deutsche Bestechungsstrafrecht – einen selbständigen Unrechtstypus von Bestechungstatbestandsmerkmalen dar.

Anders als die türkische Doktrin ist im deutschen Bestechungsstrafrecht ein bedingtes Unrechtsgeschäft möglich.

Das Vorhandensein der das Bestechungsstrafrecht ergänzenden und unterstützenden Straftatbestände „Amtsmissbrauch“ (Art. 257), und „Einflusshandeln“ (Art. 255) sowie „Extortion“ (Art. 250) machen einen großen Unterschied in der türkischen Bestechungsstrafrechtsdogmatik aus: Erstens soll dabei eine allgemeine enge Auslegung für den Bezugspunkt und die Kausalität gelten. Zweitens stellt die zeitliche Orientierung der Tathandlungen auf die Zukunft ab.

Anders als das deutsche Recht ist ein spezifischer Vorsatz für die Erfüllung des Tatbestands Art. 252 türk. StGB erforderlich.

Im türkischen Bestechungsstrafrecht treten die allgemeinen Teilnahmeregeln nicht wie beim deutschen Recht aufgrund der Lagertheorie, sondern wegen der Sondervorschriften zurück.

Im türkischen Bestechungsstrafrecht ist die Teilnahme anders als das deutsche Bestechungsstrafrecht bis zur Vollendung möglich. Ebenfalls fängt die Verjährung erst mit der Vollendung der Tat an.

Es ist mithilfe des Art. 252 Abs. 5 klargestellt geworden, dass der Vermittler – anders als im deutschen Strafrecht – unabhängig von der Amtsträgereigenschaft als Mittäter zu bestrafen ist.[3305]

Die Tathandlungsvarianten wie Sichbereitzeigen bzw. Bereitschaftsbekundung des Amtsträgers kennt das türkische Bestechungsstrafrecht nicht.

Die Konkurrenzlehre des türkischen Strafrechts wird durch das Schrifttum formell und ohne Orientierung am geschützten Rechtsgut behandelt.

Ein freiwilliger Rücktritt ist beim türkischen Bestechungsstrafrecht möglich.

Die Strafzumessungslehre des türkischen Strafrechts ist schwächer als jene des deutschen, da besondere Vorschriften fehlen.

3305 Regierungsentwurf mit der Nr. 1/565 v. 30.1.2012, S. 45.

Mandatsträger und Abgeordnete sind i.S.v. Art. 6 Abs. 1 lit. c türk. StGB Amtsträger.

Die Staatsanwälte und Rechtsanwälte fallen im türkischen Strafrecht unter die Justizpersonen. Dagegen werden sie im deutschen Strafrecht als einfache Amtsträger eingestuft, obwohl sie im Justizwesen tätig sind und Entscheidungen vornehmen können.

Die Einsetzung eines verdeckten Ermittlers wegen der Bestechung ist im türkischen Bestechungsstrafrecht nicht möglich.

Die Vorgesetzte präventiv abschreckende Straftat Konnivenz existiert zwar im türkischen Recht, aber sie kann nur für die Straftaten der Unterschlagung und Extortion und unter der Unterlassung der Dienstpflichten greifen.[3306]

In Bezug auf die Vollendungs- und Beendigungszeitpunkte könnte theoretisch zwar – wie bei der türkischen Doktrin – eine Möglichkeit zur Gleichstellung gegeben werden; doch würde es danach dem Sinn des Rechtsinstituts widersprechen, der einen Unterschied zwischen Vollendung und Beendigung macht und im Namen der Strafgerechtigkeit einen anderen bzw. späteren Zeitpunkt für die letztere vorsieht. In diesem Zusammenhang liefern die Bestechungsdelikte uns ein gutes und deutliches Beispiel.[3307]

Eine kriminaltaktische und strafprozessuale Bestimmung wie § 74c Abs. 1 Nr. 6 lit. a GVG zur Einrichtung der Wirtschaftsstrafkammer kennt die türkische Gesetzgebung noch nicht, obwohl es im türkischen Recht, anders als in Deutschland, besondere Regelungen für die Ermittlung der wesentlichen Korruptionstaten gibt (das türk. KorrBekG v. 1990).

Beim türkischen Bestechungsstrafrecht steht das kriminal- und strafpolitische Instrument der tätigen Reue zur Verfügung.

Das Nebenstrafrecht hat in der türkischen Bestechungsstrafrechtsdogmatik noch nicht das höchste Niveau erreicht. Die hier aufzufindenden Bestechungsdelikte werden im Vergleich zur deutschen Lehre kaum behandelt.

Bei der Auslandsbestechung gilt für beide Systeme keine schlichte Ausweitung der Strafbarkeit als geboten, vielmehr handelt es sich um eine angemessene Erweiterung des Anwendungsbereichs.

3306 Vgl. *Toroslu,* Özel Kısım, 2015, S. 297.

3307 So etwa *Mitsch*, JURA 2009, S. 534 (535); *Karakurt-Eren*, Türk Ceza Kanununda Rüşvet Suçu, 2016, S. 259.

§ 22 Theorien und Ergebnisse der Untersuchung

A. In Bezug auf das Korruptionsphänomen (§ 2 der Arbeit)

1. Die Aufgabe von Lexikografen besteht darin, dass sie unter anderem umgangssprachliche Verständnisse ihrer Werturteile dokumentieren sollen.[3308] In Bezug auf das Wort „*Korruption*" ist dabei festzustellen, dass es in den Wörterbüchern und in der Umgangssprache zumeist als mit *Bestechung* identisch angesehen wird.[3309] Allerdings ziehen die etymologischen Wurzeln keine deutlichen Grenzen in den Grund des Sprachverständnisses,[3310] weil gleichzeitig unter diesem Begriff Synonymgruppen wie Schmiergeldzahlung, Nepotismus, Vetternwirtschaft, Vorteilsnahme in Betracht kommen. Es geht um also ein *mehrdeutiges Wort.*
2. Es lässt sich sagen, dass die Ausgangspunkte der augenscheinlich meisten Kriminologen darauf abstellen, das Phänomen Korruption im Rahmen von *Public-office-centered*-Definitionen zu fassen.[3311] Allerdings ist diese Ansicht nicht in der Lage, die vielfältigen Begehungsformen zu analysieren.
3. Die typologischen und systematisierten Erklärungen i.R.d. Kriminologie sind zwar für das Strafrecht irrelevant, aber sie ermöglichen eine gute Verständnisbasis für konkrete Verbesserungsvorschläge.[3312]
4. Nach einer zutreffenden Meinung zielt Korruption darauf, „die unabhängige Entscheidungsrationalität moderner Institutionen durch eine *systemfremde Rationalität* zu zersetzen".[3313]
5. Deutliche Ansätze hierzu zeigen sich dergestalt, dass die Analyse von Korruption überwiegend an Makrokriminalitäts- und Weiße-Kragen-Kriminalität sowie an Überlegungen zur Organisierten Kriminalität anknüpfen.[3314]

3308 Vgl. *Opp*, in: Graeff/Grieger (Hrsg.), Was ist Korruption, 2012, S. 16.

3309 *Wahrig*, Deutsches Wörterbuch, 2006, S. 883; *Überhofen*, Korruption und Bestechungsdelikte, 1999, S. 31; *Androulakis*, Globalisierung der Korruptionsbekämpfung, 2007, S. 37; *Marsch*, Internationale Korruptionsbekämpfung, 2010, S. 18; *Litzcke* u.a. (Hrsg.), Korruption: Risikofaktor Mensch, 2012, S. 8.

3310 Vgl. *Überhofen*, Korruption und Bestechungsdelikte, 1999, S. 31; *Geisler*, Korruptionsstrafrecht und Beteiligungslehre, 2013, S. 40.

3311 Vgl. *Thiel*, in: Graeff/Grieger (Hrsg.), Was ist Korruption, 2012, S. 176.

3312 Kritisch *Androulakis*, Globalisierung der Korruptionsbekämpfung, 2007, S. 47.

3313 *Bussmann*, Wirtschaftskriminologie I, 2016, Rn. 627.

3314 *Nelken/Levi*, J. Law & Society, 1996, S. 1 (1).

6. Korruption wird häufig nach kriminologischen Aspekten verstanden und beschrieben.[3315] Daher ist es schwer vorstellbar, den terminologischen Begriff „Korruption" als Rechtsbegriff heranzuziehen.[3316]
7. Die kritische Meinung, dass die wirtschaftsstrafrechtlichen und wirtschaftskriminologischen Untersuchungen zum Phänomen Korruption an Zahl zu wünschen ließen,[3317] ist heute nicht mehr vertretbar. Denn es findet sich seit den 1990er Jahren eine wahre Flut an Studien.[3318]
8. Die gesellschaftlichen Dynamiken moderner Gesellschaften sind nicht stabil, soziale Beziehungen in ihrem Raum vielgestaltig. Korruption ist insofern ubiquitär. Der staatliche Bereich ist nunmehr nicht der einzige Hort öffentlicher Werte, zu dessen Lasten Korruption geübt wird.
9. In der vorliegenden Studie wird bewiesen, dass die Korruption als ein echtes multidisziplinäres und dynamische Phänomen, zugleich ein Ober- und Sammelbegriff für Verhalten ist, das für Gesellschaft, Demokratie und Wirtschaft schädliche Bedeutung hat.[3319]

3315 Vgl. *Zirpins/Terstegen*, Wirtschaftskriminalität, 1963, S. 687; *Kerner/Rixen*, GA 1996, S. 355 (360); i.S.v. Wirtschaftskorruption *Vogel*, FS-Weber, 2004, S. 395; *Beckemper*, in: Hellman/ders., WirtStR, 2013, 5. Abs., Rn. 759. Die Forschung des Phänomens „Korruption" findet außerdem nach und nach mehr Interesse zwischen Kriminologen. Siehe dazu *Kaiser*, Lehrbuch Kriminologie, 1996, § 38, Rn. 54 ff.; *Überhofen*, Korruption und Bestechungsdelikte, 1999, S. 39 m.w.N.

3316 Keine juristische Natur *Zirpins/Terstegen*, Wirtschaftskriminalität, 1963, S. 687; keine juristische Sache *Kaiser*, Universitas 1991, S. 1062 (1062). Siehe auch *Sowada*, in: LK-StGB, 12. Aufl., Vor § 331, Rn. 41: „… innerhalb des strafrechtlich abgedeckten Bereichs ist die ‚Korruption' kein Rechtsbegriff, sondern ein aus kriminalpolitischer, kriminalistischer und kriminologischer Perspektive entwickelter Terminus …" Ähnliche Feststellung findet man beim *Gropp*, in: FS-Kreuzer, 2009, S. 243: „… Man hat den Eindruck, als habe sich die Strafrechtsdogmatik um die Korruption noch gar nicht ernstlich bemüht."

3317 Beispielsweise *Kaiser*, Universitas 1991, S. 1062 (1062).

3318 Bis in die 1990er Jahre haben sich die Lehrbücher von manchen Kriminologen über die Korruption nicht geäußert. *Bottke*, ZRP 1998, S. 215 (218), äußerte sich kritisch darüber: „Deutete man allermeist geübtes Lehrbuch-Schweigen zur Korruption in Deutschland nicht.". Siehe auch dazu *Zhang u.a.*, ANZJC 2009, S. 204 (205).

3319 *Kaiser*, Universitas 1991, S. 1062 (1063, 1067); *Ostendorf*, in: Buck (Hrsg.), Neue Fragen an den Rechtsstaat, 2009, S. 101; *Bergmann*, Korruption und Systemrationalität, 2007, S. 21.

B. In Bezug auf die Bekämpfung der Wirtschaftskriminalität

1. Von vornherein ist davon auszugehen, dass Prävention wirksamer als Repression ist. Dies spiegelt sich im Strafrecht so wider: Vorbeugen ist besser als Heilen.[3320] Infolgedessen hat die „vorbeugende Bekämpfung" nicht weniger Bedeutung als die repressive.[3321]
2. Damit wir im Kampf gegen Wirtschaftskriminalität wirksamer sein können, sind zunächst einmal die Erscheinungsformen der WK systematisch zu erklären. „Kriminologisch-interdisziplinäre Ursachenanalysen" spielen dabei eine große Rolle, Erscheinungsformen der Wirtschaftskriminalität zu verdeutlichen und damit das Dunkelfeld zu erhellen.[3322] Die Gesetzgebung und die Praxis sowie die organisatorischen Instrumente des Wirtschaftsstrafrechts sollten deshalb in die kriminologischen Befunde einbezogen werden, um besser und effektiver zu denken und zu handeln.[3323]
3. Hierbei ist die Subsidiarität des Wirtschaftsstrafrechts bzw. der sekundäre Charakter des Strafrechts nicht außer Acht zu lassen.[3324]
4. Deutliche Ansätze hierzu zeigen sich darin, dass es bei der Bekämpfung der Wirtschaftskriminalität keine „Patentlösung" bzw. kein „Rezept" gibt, alle vorhandenen Probleme sofort und schnell aufzulösen. Maßnahmen sind stets in Verbindung mit organisatorischer Koordination zu treffen.[3325]
5. Der Schutz der Wirtschaftsordnung muss als eine verfassungsmäßige Aufgabe des Strafrechts angesehen werden (Art. 79 Abs. 3 GG; Art. 167 Abs. 1 türk. VerfG). Die Rolle des Strafrechts als Steuerungsinstrument ist dabei unverzichtbar.[3326] Darunter ist vor allem aber Kriminalstrafschutz zu verstehen.[3327]
6. Die Rolle des Strafrechts als ein rechtliches Steuerungsinstrument ist zwar bei der Bekämpfung der Wirtschaftskriminalität unverzichtbar, doch haben wir dabei nicht nur auf das Strafrecht fokussieren, sondern haben überdies

---

3320 *Wassermann*, in: Beiträge, 1979, S. 48. Siehe auch *Tiedemann*, Gutachten, 1972, C 36.

3321 Vgl. *Zirpins*, Kriminalistik 1967, S. 169 (170). Siehe auch *See*, Wirtschaft zwischen Demokratie und Verbrechen, 2014, S. 207.

3322 *Tiedemann*, Gutachten, 1972, C 24. Ferner Empfehlung Nr. R (81) 12 des Europarates über Wirtschaftskriminalität, zit. nach *Tiedemann*, in: BKA-Arbeitstagung, 1983, S. 115. Siehe auch *Schneider*, in: Handwörterbuch der Kriminologie, 1969, S. 666.

3323 Vgl. *Schneider*, in: Handwörterbuch der Kriminologie, 1969, S. 665.

3324 *Wagner*, Die Akzessorietät des Wirtschaftsstrafrechts, 2016, S. 102.

3325 *Wassermann*, in: Beiträge, 1979, S. 51.

3326 *Hefendehl*, ZStW 2007, S. 816 (817).

3327 Vgl. *Tiedemann*, Gutachten, 1972, C 34.

andere Maßnahmen i.R.d. Kriminalprophylaxe zu diskutieren[3328] und damit am Ende „konkrete Maßnahmen" ins Leben zu rufen.[3329] Beim Kampf gegen WK sollen die sich die Gesetzgeber darüber Gedanken machen und sind entsprechend außerstrafrechtliche Maßnahmen einsetzen.[3330] Es geht dabei also um strafrechtliche und außerstrafrechtliche sowie organisatorische Mittel. Gegen die wirtschaftsbezogen strafbaren Handlungen besitzt der Staatsapparat präventive und repressive Handhaben. Der Kampf gegen die WK ist somit mehrfachdimensional geworden.[3331]

C. In Bezug auf die Korruptionsbekämpfung durch Strafrecht[3332]

1. Der fragmentarische Charakter des Strafrechts soll stets im Hintergrund von (Vor-) Überlegungen stehen.[3333]
2. Die Legitimationsgrundlagen in Anbetracht der Korrumpierbarkeit sollen vor allem in Überlegungen zur Wirtschaftskriminalität gesucht werden.
3. Nimmt man die Korruption als ubiquitär im Sinne einer Massenerscheinung an, so reicht allein das Strafrechtsinstrumentarium nicht aus, dieses sozialgefährliche Syndrom zu beseitigen. Es ist dabei vielmehr Mühe zu walten, soziale Maßnahmen i.R.d. Präventionsgedankens zu entwickeln.[3334]

3328 Ähnlich *Geerds*, Kriminalistik 1968, S. 356 (356).

3329 *Opp*, Soziologie der Wirtschaftskriminalität, 1975, S. 172.

3330 Vgl. *Geerds*, Kriminalistik 1968, S. 356 (356); *See*, Wirtschaft zwischen Demokratie und Verbrechen, 2014, S. 218; *Dannecker/Bülte*, in: Handbuch des Wirtschafts- und Steuerstrafrechts, 2014, Kap. 1, Rn. 132.

3331 *Hefendehl*, ZStW 2007, S. 816 (829).

3332 Um von einer Theorie bezüglich des Korruptionsstrafrechts sprechen zu können, ist eine eigene Monografie erforderlich. Siehe dazu *Greco*, GA 2016, S. 249 (249). Die vorliegende Studie zielt damit nicht darauf, obwohl in der Untersuchung einige Ansätze für die Korruptionsstrafrecht entwickelt wurden.

3333 Vgl. *Volk*, in: 61. DJT, Bd. II/1, L 53.

3334 Das österreichische Verfassungsgericht hat das in einem Urteil aus dem Jahr 1986 so beschrieben: „Wenn soziale Mißstände, (...), strukturbedingt als Massenerscheinung auftreten, reiche das Strafrechtsinstrumentarium in der Regel nicht aus, um die Mißstände zu beseitigen. Es bedürfe dazu sozialer Maßnahmen." Entscheidung v. 11. 12.1986, Sammlungsnummer 11195, S. 6, abrufbar unter: https://www.ris.bka.gv.at/Dokumente/Vfgh/JFT_10138789_86G00005_00/JFT_10138789_86G00005_00.pdf.

4. Kriminalpolitisch ist es angezeigt, mit der Korruptionsbekämpfung ohne verfestige Definition umzugehen. Somit werden Handlungsspielräume von Strafverfolgungsorganen gelockert, ferner die Kriminalitätsbekämpfung dynamisch gehalten.[3335]
5. Da es im Strafrecht keine Legaldefinition von Korruption gibt, geht es hier um das Abgrenzungsproblem zwischen Käuflichkeit und Unbestechlichkeit,[3336] besser gesagt um den „Unterschied zwischen Amt und Funktion".[3337] Die Aufgabe des Strafrechts besteht in diesem Punkt darin, dass Strafrechtler einen Unterschied zwischen strafrechtlich relevanter Korruption und strafrechtlich nicht relevanter treffen müssen.[3338] Dabei ist aber auf jeden Fall klar, dass für die gegenwärtige Strafrechtswissenschaft kriminalisierte bzw. strafbare Korruptionsformen ausschlaggebend sind.
6. Es gibt vielfältige komplexe Beziehungen mit Rücksicht auf die Korruption. Darüber hinaus besteht eine „breite Grauzone korruptionsgeneigter Beziehungen".[3339] Diese Grauzone hat aber nichts mit den Bestechungsdelikten zu tun.
7. Man interpretiert die Anfälligkeit für Korruption als ein wichtiges Indiz schlechter Regierungsführung.[3340] Denn eine verantwortungsvolle Staatsführung (*good governance*) versichert, Korruption zu verhindern bzw. minimieren.[3341] Die Verhinderung und Bekämpfung der Korruption gehört infolgedessen zu den zentralen staatlichen Aufgaben.[3342]
8. Soweit die Kernmerkmale des Korruptionsstrafrechts unberührt bleiben, ist die Erweiterung der Anwendungsfelder für möglich zu halten.[3343] Anders ausgedrückt: Wenn es hinreichende Anhaltspunkte zu strafwürdigen Konstellationen gibt, dann kann korruptives Verhalten kriminalisiert werden.
9. Die Diskussionen über die Kriminalisierung müssen auf eine rationale Basis zurückgeführt werden. Nur schlicht moralisierte Anschauungen bringen keine Lösungen mit sich.[3344]

3335 Ähnlich Hassemer, in: FES (Hrsg.), Korruption in Deutschland, 1997, S. 82.
3336 Vgl. *Durynek*, Korruptionsdelikte, 2008, S. 4.
3337 *Kaiser*, Universitas 1991, S. 1062 (1064); *Volk*, in: GS-Zipf, 1999, S. 419.
3338 Vgl. *Geisler*, Korruptionsstrafrecht und Beteiligungslehre, 2013, S. 57.
3339 Krejci, in: Brünner (Hrsg.) Korruption und Kontrolle, 1981, S. 538.
3340 *Reichard*, in: Graeff/Grieger (Hrsg.), Was ist Korruption, 2012, S. 93.
3341 UNESCAP, Was is Good Governance?, (Datum unbekannt), S. 1, abrufbar unter http://www.unescap.org/sites/default/files/good-governance.pdf.
3342 BT-Drucks. 18/4350, S. 11.
3343 *Kindhäuser*, ZIS 6/2011, S. 461 (461).
3344 *Dann*, NJW 2016, S. 203 (204); *Greco*, GA 2016, S. 249 (249).

10. Die Bestechungshandlungen und ihre verwandten und sowie ähnlichen Taten, die als strafwürdig erkannt sind, präzise zu normieren, ist das wichtigste Instrument des Strafrechts beim Kampf gegen Korruption. Es ist deshalb erforderlich, nicht nur die echten Bestechungsdelikte, sondern auch die Vorteilsannahme und Vorteilsgewährung (die uneigentlichen Bestechungsdelikte) zum Zwecke der Korruptionsbekämpfung unter Strafe zu stellen.[3345] Außerdem ist zu berücksichtigen, dass diese unechten Bestechungstatbestände nicht im Namen der Bestechung,[3346] sondern i.R.d. effektiven Korruptionsbekämpfung legitimiert werden sollten.
11. Die internationalen Mindeststandards des Antikorruptionsregimes stellen den Kernbereich des heutigen Korruptionsstrafrechts dar und sie bestimmen die Prinzipien bezüglich der Tatbestände.[3347] Wie in der Studie verdeutlicht, geht es im Kern dieses durch das Strafrecht bekräftigten Antikorruptionsregimes primär um die „Amtsträgerbestechung". Deshalb muss die strafrechtliche Korruptionsbekämpfung zuvörderst die echten Bestechungsstraftaten ernst nehmen.[3348] Bei der Konstruktion des gesamten Systems gilt daher *„die Priorität der eigentlichen Bestechungsdelikte"*. Aus diesen Gründen wäre in Reformdiskussionen eine Fokussierung auf die eigentliche Bestechung zweckmäßig.[3349] Dazu müssen sie von dem Gesetzgeber als Ausgangspunkt angenommen und danach die betreffenden Straftatbestände konstruiert werden.
12. Die Korruptionsdelikte schützen unterschiedliche (aber ähnliche) Rechtsgüter. Aus diesem Grund ist kaum möglich, von einem allgemeinen Korruptionsdelikt zu sprechen.[3350]
13. Ein kodifizierter Abschnitt für die Korruptionsdelikte kann die Verknüpfungen unter ihnen besser darlegen und überschüssige Komplexität vermeiden. Dies fordert auch die „Systematisierungsfunktion" der Rechtsgutslehre heraus.[3351]

3345 So auch *Überhofen*, Korruption und Bestechungsdelikte, 1999, S. 82.

3346 Wie beim *Korte*, in: MüKo-StGB, 2019, § 331, Rn. 8.

3347 *Androulakis*, Globalisierung der Korruptionsbekämpfung, 2007, S. 60.

3348 Auch *Überhofen*, Korruption und Bestechungsdelikte, 1999, S. 69; *Hettinger*, in: v. Nell/Schwitzgebel/Vollet (Hrsg.), Korruption, 2003, S. 99.

3349 Wie z. B. Expertenkommisionen des sStGB, zit. nach schweiz. BBl. 1999, S. 5505. In diese Richtung auch *Überhofen*, Korruption und Bestechungsdelikte, 1999, S. 12.

3350 So auch *Saliger*, in: FS-Kargl, 2015, S. 498; *Greco*, GA 2016, S. 249 (256).

3351 Nach diesem Ansatz sollen die Tatbestände, die das gleiche Rechtsgut haben, unter einem Gesetz oder Gesetzesabschnitt gefasst werden. Siehe *Jescheck/Weigend*,

14. Die Lehre setzt die Rechtsgutsüberlegungen vor allem im Erfolgsunrecht an, in dem die primäre Bedeutung für das Korruptionsstrafrecht nicht besteht. Dies führt danach zur Vernachlässigung des Handlungsunrechts.[3352]
15. Da Gleichheit und Gerechtigkeit i.S.v. Rechtsstaatlichkeit die Grundsteine der modernen Verfassungsstaaten sind, ist der Kampf gegen wirtschaftskriminelle Handlungen als primäre und unverzichtbare Aufgabe der heutigen Strafrechtspflege anzusehen.[3353] In einem Verfassungsstaat sind daher die immateriellen Schäden durch WK empfindlicher als die materiellen Auswirkungen anzusehen. In diesem Sinne ist die Korruption als eine große Gefahr für die Demokratie und den sozialen Rechtsstaat zu betrachten.[3354] Aufgrund dessen nährt sich die Kriminalpolitik wider die Korruption auch von der Wirtschaftskriminalitätsbekämpfung.[3355]
16. Im Kampf gegen Korruption sind „vor allem die strafrechtlich relevanten Bestechungsformen als Funktion von WK und OK zu erkennen".[3356]
17. In der heutigen globalisierten Weltgemeinschaft steht die Bekämpfung der Korruption auf der internationalen Ebene außer Zweifel. In diesem Sinne ist ein ernsthafter Rechtshilfeverkehr funktional einzusetzen.[3357]
18. Wissen ist, dem geflügelten Wort *Bacons* nach, Macht (*scientia est potencia*). Das Strafrecht darf nicht auf falschen Wegen eingesetzt werden: Wenn die wirtschaftliche, politische und gesellschaftliche Organisationsmacht schon nicht in der Lage ist, Korruption einzudämmen, spielt ein strafrechtlicher Verschärfungsdiskurs keine Rolle mehr, obwohl die Pönalisierung „das schärfste Schwert des Staates"[3358] ist. In diesem Zusammenhang ist die

Strafrecht AT, 1996, S. 259; Baumann/Weber/Mitsch, Strafrecht AT, 2003, § 3, Rn. 17; Walter, in: LK-StGB, Vor § 13, Rn. 8.

3352 *Greco*, GA 2016, S. 249 (250).

3353 Vgl. *Kaiser*, Lehrbuch Kriminologie, 1996, § 74, Rn. 69; ähnlich *Schaupensteiner*, in: BKA (Hrsg.), Wirtschaftskriminalität und Korruption, 2003, S. 100.

3354 *See*, Wirtschaft zwischen Demokratie und Verbrechen, 2014, S. 207.

3355 Vgl. *Schaupensteiner*, in: BKA (Hrsg.), Wirtschaftskriminalität und Korruption, 2003, S. 101.

3356 *Amato*, ZStW 2016, S. 1175 (1176), spricht i.d.S. über eine „Dreiecksbeziehung", „in der Wirtschaftskriminalität, organisierte Kriminalität und politisches Verbrechen eine Einheit bilden". Siehe ferner *See*, Wirtschaft zwischen Demokratie und Verbrechen, 2014, S. 249.

3357 Vgl. *Kaiser*, Lehrbuch Kriminologie, 1996, § 38, Rn. 59.

3358 Siehe dazu Albrecht, KritV 1988, S. 182 (198); Braum, NJ 1996, S. 450 (454); *Wessels/Beulke/Satzger*, AT, 2019, § 1, Rn. 15. Siehe auch BVerfGE [Schwangerschaftsabbruch-Entscheidung I] 39, 1 (45).

Leistungsfähigkeit des Strafrechts, die durch seine Kriminalisierungs- und Strafdrohungsmittel die Bewusstseinsbildung der Gesellschaft zu befördern vermag, allenfalls *subsidiär*.[3359]

19. Die strafrechtlichen Instrumente sollen mit anderen konkreten Maßnahmen verbunden werden.[3360]
20. „Rechtzeitige Aufdeckung korruptiven Sachverhaltens durch eine kriminalistische Tätigkeit“ wäre die beste Vorbeugungsmethode.[3361]
21. Die im Vorfeld der Straftat stehenden Polizeieingriffe können theoretisch eine Abschreckungswirkung auf die Gesellschaft – vor allem aber auf die potenziellen Täter – erzeugen.
22. Es bedarf hierbei der Anzeigepflicht, der Vorfeldermittlungen und spezieller Zwangsmaßnahmen, um die Entdeckungswahrscheinlichkeit zu erhöhen und die Nachweisprobleme zu verringern.
23. Externe Meldungen sollten durch die Schaffung eines geschützten Status von Whistleblowern, interne Meldungen mithilfe der Kronzeugenregelung geschützt werden.
24. Eine „Bekämpfungsrhetorik“ ist nur „im Sinne der Steuerungsfunktion des Strafrechts“ nachvollziehbar,[3362] nicht im rhetorischen Kampf für das Gute und gegen das Böse.
25. Mit den Bemühungen der internationalen Gemeinschaft ist Revisionsbedarf im nationalen Recht angekündigt.[3363] Die Korruptionsstraftaten sind danach in vielen Staaten novelliert worden.
26. Wegen der steigenden Privatisierungstendenz beschäftigen sich immer mehr private Personen mit öffentlichen Aufgaben bzw. solchen, die früher als dergleichen verstanden wurden. In diesem Punkt ist zu gewährleisten, dass Mitarbeiter von Unternehmen bzw. Unternehmen auch adäquate Verantwortung tragen. Im deutschen Recht ermöglicht eine „förmliche Verpflichtung nach dem Verpflichtungsgesetz“, dass für die öffentlichen

3359 Vgl. *Kaufmann*, in: FS-Henkel, 1974, S. 100 ff.; *Jescheck/Weigend*, Strafrecht AT, 1996, S. 52.

3360 Vgl. *Hefendehl*, ZStW 2007, S. 816 (817).

3361 *Zirpins/Terstegen*, Wirtschaftskriminalität, 1963, S. 755.

3362 *Hefendehl*, ZStW 2007, S. 816 (826).

3363 Vgl. *Kaiser*, Bestechung, 1999, S. 34; *Waßmer*, in: Louis/Glinder/ders. (Hrsg.), Handbuch, 2020, Rn. 257.

Aufgaben beauftragte privaten Personen ggf. vor den Augen des Strafrechts Verantwortung wie Amtsträger tragen.[3364]

27. Die strafrechtlichen Instrumente verfolgen keinen heimlichen,[3365] sondern einen offenen und transparenten Plan. Sie stellen somit eine Art von Kommunikation mit der Gesellschaft dar.
28. Eine Schwerpunktstaatsanwaltschaft bzw. Spezialabteilung bei der Staatsanwaltschaft für die Korruptionsdelikte wäre nützlich.

D. In Bezug auf die Rechtsterminologie

1. Aufgrund des Korruptionsrisikos und im Dienste der Korruptionsbekämpfung werden einige Tatbestände über die Bestechlichkeit und Bestechung hinaus als Bestechungstatbestände eingestuft.
2. Die meisten Erklärungsversuche für das reziproke Verbrechensphänomen Korruption fokussieren sich auf die *Nehmerseite*.[3366] Das ist leider unzutreffend, weil nach dieser Ansicht tendenziell nur die passive Seite der Bestechung kriminalisiert werden sollte.[3367] Im Gegensatz dazu geht die Initiative in meisten Fällen von der Geberseite aus, um den Entscheidungsträger seine Befugnis missbrauchen zu lassen. Unabhängig von den hier einschlägigen Ansätzen lässt sich sagen, dass der ursprüngliche Grund für die reziproken Korruptionstaten ein Unternehmen bzw. eine Provokation der Geberseite ist.[3368] Ohne diesen Versuch wäre ein kriminelles Unrechtsgeschäft kaum

---

3364 Siehe Richtlinie zur Korruptionsprävention v. 2004, Nr. 12.2. Vgl. auch *Korte*, in: Dölling (Hrsg.), Korruptionsprävention, 2007, Rn. 47. Es ist zu kritisieren, dass es in Deutschland nicht immer vor der Ausführung von öffentlichen Aufgaben durch Private erforderlich ist. Dieses Thema setzt sich ferner eine Verbindung mit dem Täterkreis der Bestechlichkeit.

3365 In der Erziehungs- und Bildungswissenschaft wird dafür der Fachausdruck „hidden curriculum" verwendet.

3366 So auch World Bank, Helping Countries Combat, 1997, S. 19, zum Thema Fn. 1. Auch manche Rechtswissenschaftler, insb. Strafrechtler, gehen von der einseitigen Definition: Siehe *Pragal*, ZIS 2/2006, S. 63 (72); *Dölling*, in: ders. (Hrsg.), Korruptionsprävention, 2007, Rn. 2.

3367 In diese Richtung auch *Marsch*, Internationale Korruptionsbekämpfung, 2010, S. 20.

3368 *Binding*, Strafrecht BT II, 1905, S. 726; *Geisler*, Korruptionsstrafrecht und Beteiligungslehre, 2013, S. 51; *Zimmermann*, Das Unrecht der Korruption, 2018, S. 376 ff. Ähnlicherweise vertritt *Bannenberg*, Strafrechtliche Kontrolle, 2002, S. 14, die These, dass es sich bei den Korruptionsdelikten um „zweckwidrige Beeinflussungen" handele. *Durynek*, Korruptionsdelikte, 2008, S. 444, spricht erstaunlicherweise für eine

möglich. Auf der anderen Seite ist aber darauf aufmerksam zu machen, dass eine solche Perspektive dazu verführen mag, dass immer von der Geberseite auszugehen sei.[3369]

3. Da eine Bestechungsstraftat auf jeden Fall die Hauptmerkmale „Unrechtsvereinbarung“ (*Bestechungsvertrag*) und „Gegenseitigkeit“ (*Reziprozität*) voraussetzt, werden andere, ähnliche Tatbestände, die diese Merkmale umfassen, zu Unrecht mit dem Ausdruck „Bestechungsdelikte“ bezeichnet. Sie bezeichnen aber „eigentlich gar keine richtige Bestechung“.[3370]
4. Korruption muss im StGB oder anderenorts in der Gesetzgebung nicht definiert werden. Denn die Werte der Gesellschaft können sich verändern. Korruption ist auch entsprechend dynamisch.[3371] Dagegen muss der terminologische Begriff „Bestechung“ im StGB verständlich und deutlich umschrieben sein. Jeder kann damit verstehen, was unter diesen Begriff fällt.[3372] Dazu sind präzise Tatbestandsmerkmale ausreichend; eine Definition wäre jedoch deutlich nützlicher (Definitionsmacht des Strafrechts).
5. Der Auffassung, die echte Bestechung liefere nunmehr – infolge der Umwandlung von Rechtsgutsbetrachtungen – nur einen Nachweis für den alten Gedanken des 19. Jahrhunderts,[3373] ist nicht zuzustimmen.
6. Echte Bestechungsdelikte beziehen sich ursprünglich auf eine künftige pflichtwidrige Diensthandlung.[3374]
7. Beim Wandel der Begriffe hat der Gesetzgeber eine „führende Funktion“.[3375] Geht man bei der Rechtsterminologie davon aus, dass die Bestechungsdelikte nur ein Teil der Korruptionsstraftaten sind, ist die Terminologie im weitesten Sinne nachvollziehbar. Vertritt man im Vergleich dazu die These, dass die Bestechungsdelikte zwar ein Teil der Korruptionsstraftaten sind, aber ihr eigenes Subsystem bilden, so wäre – wie in dieser Studie – die Terminologie im engeren Sinne zu verwenden.[3376] Danach bilden die Straftatbestände mit

---

„Entkriminalisierung“ auf der Ebene der aktiven Seite der Korruption. Er meint konkret damit, dass „ohne das Zutun des Amtsträgers etc.“ Korruption nicht vorstellbar sei. Vgl. auch *Dölling*, Gutachten, 1996, C 22.

3369 Vgl. *Dölling*, Gutachten, 1996, C 22; siehe ferner zu „Extortion“ unten § 20 E II und § 23 A IV 3.

3370 Im Sinne der Soziologie *Menne*, KZfSS 1948/49, S. 144 (146).

3371 So auch *Karakurt-Eren*, Türk Ceza Kanununda Rüşvet Suçu, 2016, S. 6.

3372 Vgl. *Doğan*, in: FS-Toroslu, 2015, S. 340.

3373 So schweiz. BBl. 1999, S. 5505.

3374 So auch *Kaufmann*, JZ 1959, S. 375 (377); *Korte*, in: MüKo-StGB, 2019, § 331, Rn. 8.

3375 *Engisch*, ARSP 30, S. 130 (135).

3376 Übereinstimmend im weiteren Sinne *Peppler*, Die Bestechung, 1915, S. 12.

den Tathandlungsmodalitäten „Sichversprechenlassen" und „Annehmen" auf der Nehmerseite und spiegelbildlich „Versprechen" und „Gewähren" für eine pflichtwidrige Handlung auf der Seite des Vorteilsgebers den Kern dieses Subsystems. Aus diesen strafwürdigen Bestechungshandlungen ergeben sich die eigenständigen Straftaten „Bestechlichkeit" auf der Nehmerseite und „Bestechung" auf der Geberseite. Diese sind als Bestechungsdelikte zu benennen.[3377]

8. Der Begriff „Bestechung" hat i.E. drei unterschiedliche Bedeutungen: Einmal bezeichnet er das Bestechungsmittel (z. B. Bargeld). Zweitens bringt er das strafbare Phänomen, das aus zwei Tauschparteien besteht, zum Ausdruck. Damit verwendet man den Begriff, um die Bestechungsstraftaten im weiteren oder im weitesten Sinne auszudrücken. Zuletzt wird die Bestechung für das Gegenstück der Bestechlichkeit verwendet. Die letzte Bedeutung ist in dieser Studie als „Bestechung i.e.S." eingestuft.
9. Der Begriff des ungerechtfertigten Vorteils bezieht sich nicht darauf, ob der Amtsträger darauf einen Anspruch hat oder nicht. Darunter ist vielmehr die tatbestandliche Seite zu verstehen.

E. In Bezug auf die Systematik und Ausgestaltung

1. Die Instrumente des Strafrechts dienen neben der Effektivierung auch der Formalisierung des Systems, „solange und soweit sie das System strafrechtlicher Normen nicht überkomplizieren".[3378]
2. Es darf nicht vergessen werden, dass dem Strafrecht nur mit präzisen und makellosen Tatbeständen funktionell und sinngemäß gedient ist.[3379]
3. Die Idealnorm sollte so kurz wie möglich sein und ist mit wenigen Wörtern zu formulieren.[3380] Unterschiedliche Verbrechen in einem Paragraphen oder Artikel auszugestalten, oder anders ausgedrückt „kumulative Mischgesetze" – wie im Fall des türkischen Bestechungsstrafrechts – sind zu vermeiden. Im Übrigen ist zu beachten, dass die eigenen strafrechtlichen Charaktere jedes Verbrechens beobachtbar und feststellbar sein sollen. Dabei können aber für verwandte Delikte, die zusammen eine Einheit bilden oder in enger

3377 Kritisch dazu *Birkmeyer*, Bestechung, in: Vergleichende Darstellung, IX. Bd., 1906, S. 324.

3378 *Hassemer/Neumann*, in: NK-StGB, 2013, Vor § 1, Rn. 173.

3379 Vgl. *Zirpins/Terstegen*, Wirtschaftskriminalität, 1963, S. 22.

3380 *Wertheimer*, Mischgesetze, 1903, S. 69.

Beziehung zueinanderstehen, eine Ausnahme machen. Sie mag man „zur Bildung eines Abschnitts" in einer Überschrift vereinigen.[3381]

4. Kriminologische Analysen und kriminalistische Befunde sollen in der Regel dem Strafgesetzgeber stets vor Augen bleiben, weil diese Erkenntnisse Hilfsmittel der Strafrechtspflege sind. Diese wissenschaftlichen Erfahrungen zu ignorieren oder zu übersehen, wäre ein klarer Fehler des Gesetzgebers.[3382]
5. Bevor der Gesetzgeber die Straftatbestände und ihre gesetzlichen Strafrahmen fasst, hat er die Aufgabe, die ‚Sozialschädlichkeit' bestimmter Verhaltensweisen auszuwerten. Danach sind die Tatbestände im Lichte dieser in der Vorphase zu gewinnenden Erkenntnisse zu formulieren.[3383] So haben die Tatbestände gleichsam eine „deklaratorische Bedeutung". Weiterhin werden die den Unrechtsgehalt des strafbaren Verhaltens ausmachenden Merkmale klar und deutlich gefasst.[3384]
6. Vor der Ausgestaltung der Bestechungsdelikte muss der Gesetzgeber über drei Punkte eine Entscheidung treffen: Der erste Punkt bezieht sich auf die Entscheidung über das Aussehen des Delikts. Der zweite Punkt betrifft die Gestaltung der Unrechtsvereinbarung. Schließlich ist darüber zu entscheiden, ob die Straftat sich mit vorstufigen bzw. verwandten Delikten in einer Systematik teilweise oder vollständig verschmelzen lässt oder die echten Bestechungsdelikte ihre eigene Systematik unter dem Korruptionsstrafrecht bilden sollten.
7. Bei einer echten Bestechungsstraftat handelt es sich um ein Dreieckverhältnis zwischen zwei Dienern.
8. Weil das Verbrechensphänomen Bestechung ein zweiseitiges Interaktionsdelikt ist, sind die einseitigen Tathandlungen nicht unter den Bestechungstatbeständen zu kriminalisieren.
9. Eine Unterscheidung zwischen rechtsnormativem Tatbestand und dem Blankettmerkmal fällt oft schwer.[3385] Nach überwiegender Ansicht ist die Feststellung, ob das betreffende Merkmal den *Blankettstraftatbeständen* oder den Straftatbeständen mit normativen Tatbestandsmerkmalen zuzuordnen ist, nicht nur für die Auslegung entscheidend, sondern auch für die

3381 *Wertheimer*, a.a.O., S. 70.
3382 Vgl. *Geerds*, Kriminalistik 1968, S. 356 (359).
3383 *Maurach/Zipf*, Strafrecht AT, Teilbd. 1, 1992, § 7, Rn. 18.
3384 Vgl. *Jescheck/Weigend*, Strafrecht AT, 1996, S. 256.
3385 *Kudlich/Oğlakcıoğlu*, Wirtschaftsstrafrecht, 2014, Rn. 51; *Bülte*, JuS 2015, S. 769 (774).

Irrtumslehre.[3386] Richtig ist, dass die Unterscheidung zwischen *Blankettatbeständen* und normativen Tatbestandsmerkmalen i.S.d. Verbrechenslehre keine besondere Bedeutung hat. Denn die beiden sind nur „die unterschiedlichen Formen der Akzessorietätsverhältnisse".[3387] Diese Formen beziehen sich demnach nur auf die „Gesetzgebungstechnik", die das Ergebnis nicht verändert.[3388] Diese Gesetzestechnik setzt immer eine „Zusammenschau" voraus und knüpft an die verwiesene Norm an. Aufgrund dessen geht es um dabei die „auslegungsbezogene Subsidiarität des Strafrechts".[3389] Dies ist zweifelsohne eine zulässige „gesetzestechnische Vereinfachung".[3390]

10. Das Aussehen des Verbrechensphänomens „Bestechung" muss spiegelbildlich konstruiert werden.[3391] Das bedeutet aber nicht, dass auch die Schicksale der Täter vollständig spiegelbildlich sein sollten. Beispielsweise ist das Unrechtsbewusstsein des Bestochenen höher als das des Bestechenden.
11. Wie in dieser Arbeit festgestellt, knüpfen die meisten Gesetzgeber und Wissenschaftler an die dienstliche Tätigkeit des Amtsträgers an. In der Systematik ist entsprechend zuerst die Bestechlichkeit unter Strafe zu stellen.
12. Identische Strafrahmen für die beiden Seiten der Bestechung sind nicht gerechtfertigt. Widrigenfalls ist es ein systematischer Fehler des Strafgesetzgebers.
13. Die Beziehung zwischen der Vorteilsannahme und Bestechlichkeit ist offenbar eine Frage der Gesetzgebungstechnik. Der Gesetzgeber entscheidet über den qualifizierten oder eigenständigen Aufbau der Strafnormen nach seinem Ermessen.[3392] Es ist mitunter nicht einfach feststellbar, woran der

3386 Vgl. *Hohmann*, ZIS 1/2007, S. 38 (40-41); *Kudlich/Oğlakcıoğlu*, Wirtschaftsstrafrecht, 2014, Rn. 57; *Bülte*, JuS 2015, S. 769 (773); *Wittig*, Wirtschaftsstrafrecht, 2017, § 6, Rn. 17.

3387 *Wagner*, Die Akzessorietät des Wirtschaftsstrafrechts, 2016, Rn. 357.

3388 *Müller-Magdeburg*, Abgrenzung, 1998, S. 173; *Bülte*, JuS 2015, S. 769 (777); *Wagner*, Die Akzessorietät des Wirtschaftsstrafrechts, 2016, Rn. 442. *Kudlich/Oğlakcıoğlu*, Wirtschaftsstrafrecht, 2014, Rn. 71, finden den Vorschlag „ein einheitliches Konzept" für die betroffene Irrtumsproblematik bedeutsam.

3389 *Wagner*, Die Akzessorietät des Wirtschaftsstrafrechts, 2016, Rn. 407.

3390 BVerfGE, 143, 38 (43) [Blankettstrafnorm-Entscheidung] = NJW 2016, 3648 (3650).

3391 Die Konventionen über die Korruption gehen ebenfalls von der Spiegelbildlichkeit von Bestechlichkeit und Bestechung. Siehe dazu Erläuternder Bericht zum Strafrechtsübereinkommen des CoE über Korruption, Nr. 32, abgedruckt in: BT-Drucks. 18/9234, S. 52.

3392 *Jescheck/Weigend*, Strafrecht AT, 1996, S. 268.

Gesetzgeber sich orientiert hat.[3393] Daher ist der Wille des Gesetzgebers mithilfe „zweckorientierter“[3394] und „vergleichender“[3395] Auslegung zu untersuchen und festzulegen.

F. In Bezug auf die Regelungsmodelle

1. Die aus dem Zivilrecht inspirierte Quasi-Vertragstheorie gilt für die beiden Austauschmodelle, weil sie auf ein auf dem Unrecht basierendes Gegenseitigkeitsverhältnis verlangen.[3396] Dies setzt eine vertragsmäßige Willensübereinstimmung voraus, die sich aus den Vorstellungen der Täter bildet.[3397] Deshalb müssen die Entschlüsse der Täter mit Rücksicht auf das Austauschverhältnis die Prämissen einer Unrechtsvereinbarung umfassen, sodass hiermit ein rechtswidriger bzw. ungerechtfertigter Vorteil vorhanden sein kann, der als Gegenleistung für eine pflichtgemäße oder pflichtwidrige Amtsführung in Erscheinung tritt. Die Absichten der Täter sollen sich in entsprechender Weise auf einen Unrechtsvereinbarungsabschluss richten.[3398]

3393 *Gropp*, Strafrecht AT, 2015, § 2, Rn. 49.

3394 *Roxin*, Strafrecht AT I, 2006, § 2, Rn. 136.

3395 *Jescheck/Weigend*, Strafrecht AT, 1996, S. 268.

3396 Siehe dazu *Eb. Schmidt*, die Bestechungstatbestände, 1960, Rn. 119; *Sowada*, in: LK-StGB, 12. Aufl., § 331, Rn. 21; *Schünemann*, in: FS-Otto, 2007, S. 786 f.; *Böttger*, in: WirtStR in der Praxis, 2015, Kap. 5, Rn. 75; kritisch zur Vertragstheorie i.R.d. synallagmatischen Verhältnisses *Heine/Eisele*, in: S/S-StGB, 2019, § 331, Rn. 36.

3397 RGSt 64, 335: „(…); vielmehr genüge die beiderseitige Vorstellung und das gegenseitige Einvernehmen (…)“; RGSt 65, 53: „Zum Wesen der Bestechung gehört die vertragsmäßige Willensübereinstimmung der Beteiligten dahin, daß dem Beamten – als Gegenleistung für eine Diensthandlung – ein Vorteil zufallen soll.“; RGSt 65, 277: „Die Bestechung setzt vielmehr einen – wenn auch bürgerrechtlich rechtsungültigen – auf das Ablaufen der Amtshandlung gerichteten Vertrag aus.“; vgl. auch BGHSt 15, 88, 97; 239, 242; 352, 355; ebenso *v. Hippel*, Lehrbuch, 1932, S. 314; *Eb. Schmidt*, die Bestechungstatbestände, 1960, Rn. 138; *Jescheck*, in: LK-StGB, 11. Aufl., § 331, Rn. 13; *Möhrenschlager*, in: Dölling (Hrsg.), Korruptionsprävention, 2007, 8. Kap., Rn. 43; *Sowada*, in: LK-StGB, 12. Aufl., § 331, Rn. 27.

3398 Vgl. RGSt 77, 75 f.; BGHSt 10, 241; 49, 296; BGH, Urt. v. 28.8.2007 – 3 StR 212/07 [Fall-Kremendahl], Rn. 24 = NJW 2007, S. 3446 (3448); *Teichmüller*, Die Bestechung, 1887, S. 42; *Eb. Schmidt*, die Bestechungstatbestände, 1960, Rn. 123; *Fischer*, StGB, 2019, § 331, Rn. 19, 31. *Stein/Rudolphi*, in: SK-StGB, 2015, § 331, Rn. 25a, gehen davon aus, dass auch „ohne dieses Bewusstsein“ eine Unrechtsvereinbarung nach den Regeln des Zivilrechts käme. Sie sind daher kritisch für diesen Wille und sehen

2. Da die Bestechungsdelikte „Hybridtatbestände"[3399] bzw. alternative Mischtatbestände sind, beruht ihre Ausgestaltung auf mehreren Regelungsmodellen.[3400]
3. Beim Präventionsmodell wäre es sachgerecht, wenn die einseitigen Tathandlungsmodalitäten „Fordern" der Bestechlichkeit und „Anbieten" auf dem Bestechungstatbestand zu verselbstständigen.[3401] Die Vertragstheorie fordert dies auch. Denn sie sind nicht ein Teil der Unrechtsvereinbarung, sondern die auf deren Abschluss zielenden Erklärungen.[3402] Im Übrigen gelten die für die kooperativen Tathandlungsmodalitäten entwickelten Ansätze nicht für diese einseitigen Begehungsvarianten.[3403] Bei der Begehungsmodalität „Fordern" ist die strafbare Existenz, also zwischen Leistung und Gegenleistung vorzuliegende Verknüpfung, nur nach Vorstellung des Täters hergestellt wird.[3404] Somit erscheint die UnRV dabei nicht als ein Tatbestandsmerkmal, sondern „ein bloßer Bezugsbegriff"[3405] im Vorfeld der UnRV.[3406] Schließlich

---

eine bloße funktionale Verknüpfung zwischen Amtsführung und Vorteil als „hinreichende Basis für den Anschein der Käuflichkeit".

3399 *Vogel*, in: FS-Weber, 2004, S. 399.

3400 Vgl. *Vogel*, in: FS-Weber, 2004, S. 399.

3401 In ähnlicher Weise i.R.d. Terminologie schon *Teichmüller*, Die Bestechung, 1887, S. 15; „Einseitiges Verschaffen von Vorteilen ist keine Bestechung": *v. Hippel*, Lehrbuch, 1932, S. 314; i.R.d. Gegenseitigkeitsverhältnisses *Eb. Schmidt*, die Bestechungstatbestände, 1960, Rn. 124; *Kargl*, ZStW 2002, S. 763 (774); „versuchsähnliche Stufen" *Möhrenschlager*, in: Dölling (Hrsg.), Korruptionsprävention, 2007, 8. Kap., Rn. 5. *Geerds*, Unrechtsgehalt der Bestechungsdelikte, 1961, S. 73, zum Thema Fn. 376, geht davon aus, dass diese Begehungsweisen einen „hypothetischen Kausalzusammenhang" voraussetzen.

3402 BGHSt 15, 88, 97; *Jescheck*, in: LK-StGB, 11. Aufl., § 331, Rn. 3; *Kargl*, ZStW 2002, S. 763 (774); *Heger*, in: Lackner/Kühl-StGB, 2018, § 331, Rn. 10; *Sommer/Schmitz*, Praxiswissen Korruptionsstrafrecht, 2016, § 2, Rn. 120.

3403 In diese Richtung BGHSt 10, 237, 243: „Bei der Bestechlichkeit in der Begehungsform des Forderns ist die Tat mit der Kenntnisnahme seitens des Aufgeforderten vollendet (RGSt 31, 389, 390; 39, 193, 198). Darauf, ob der andere Teil dem an ihm gestellten Ansinnen entspricht, kommt es nicht an." Auch nach dieser Entscheidung könnten „die für das Merkmal der Vorteilsannahme entwickelten Grundsätze" nicht für die Bestechlichkeit angewendet werden. Vgl. auch *Möhrenschlager*, in: Dölling (Hrsg.), Korruptionsprävention, 2007, 8. Kap., Rn. 44; *Sowada*, in: LK-StGB, 12. Aufl., § 331, Rn. 27; *Helmrich*, wistra 2009, S. 10 (12), zum Thema Fn. 25.

3404 *Kargl*, ZStW 2002, S. 763 (777); vgl. auch BGHSt 10, 243; 47, 29.

3405 *Sowada*, in: LK-StGB, 12. Aufl., § 331, Rn. 65.

3406 *Überhofen*, Korruption und Bestechungsdelikte, 1999, S. 114.

ist die Frage beim Präventionsmodell, ob jede stufige Handlungsformen separat zu formulieren ist oder dieselbe Strafe für alle Varianten vorgesehen werden sollte, ist das Thema der Systemgerechtigkeit.

4. Der Begriff „Äquivalent" vermittelt einen falschen Eindruck,[3407] weil die Partner des Austauschverhältnisses davon ausgehen, dass die beiden als Gegenleistung etwas „Übergewichtetes", „Plusvalentes" bekommen.[3408] Dagegen bezieht sich dieser Begriff auf das nach allgemeiner Erfahrung zu ermittelnde „Gleichgewicht zwischen Leistung und Gegenleistung".[3409] Aus diesem Grund ist stattdessen der Begriff „Austausch" zu verwenden.
5. Im Rahmen des Bestechungsstrafrechts ist vom materiellen Austauschmodell auszugehen, wobei die normative Rechtswidrigkeit der Tat doppelt gestärkt ist, indem man zwischen pflichtgemäßer und pflichtwidriger Diensthandlung unterscheidet. Dieses Modell setzt, wie zuvor erklärt, „eine auf eine pflichtwidrige Diensthandlung bezogene Unrechtsvereinbarung" zwischen den korrumpierten Parteien voraus.[3410] Insofern erscheint es als „Grundmodell"[3411] bzw. „Schwerpunkt" des Korruptionsstrafrechts. Die Systematiken Deutschlands, Österreichs und der Schweiz bezüglich der Bestechungsdelikte verfolgen dieses Modell.[3412]
6. Dagegen sprechen gute Gründe für das formelle Austauschmodell i.R.d. Korruptionsstrafrechts, da es sich in der Praxis um „Beweisschwierigkeiten"[3413] handelt, die sich aus der normativen Erkenntnis zum kommenden Beziehungsverhältnis zwischen Vorteil und Amtshandlung ergeben. Es wäre daher

3407 So auch *Engelhardt*, Zur Struktur der Bestechungstatbestände, 1963, S. 2, zum Thema Fn. 9. In ähnlicher Weise mit Rücksicht auf Soziologie *Clausen*, Tausch, 1978, S. 121; kritisch dazu *Vanberg*, in: Soziologische Revue, Bd. 1, 1978, S. 237 ff.; vgl. auch *Vanberg*, Markt und Organisation, 1982, S. 51 ff.

3408 Im Sinne des zivilrechtlichen Begriffs „Äquivalent" *Jhering*, Der Zweck im Recht, Bd. I, 1893, S. 122.

3409 *Jhering*, Der Zweck im Recht, Bd. I, 1893, S. 133. Die Leistungen sind nach *Larenz*, Schuldrecht AT, 1987, S. 202, „mindestens gleichwertig".

3410 BGH, Urt. v. 4.5.2004 – 4 StR 49/04 = NStZ 2004, S. 565.

3411 Ausdrücklich schweiz. BBl. 1999, S. 5502.

3412 Siehe für Österreich Korruptionsstrafrecht Neu, Bundesministerium für Justiz (Hrsg.), 2012, S. 28; *Eder-Rieder*, ZIS 2/2014, S. 71 (87); für Schweiz schweiz. BBl. 1999, S. 5523, 5531 m.w.N.

3413 Siehe dazu *Fätkinhäuer*, in: FES (Hrsg.), Korruption in Deutschland, 1997, S. 74 f.; *Schaupensteiner*, in: FES (Hrsg.), Korruption in Deutschland, 1997, S. 103; *Schaefer*, in: 61. DJT, Bd. II/1, L 23; *Dölling*, Gutachten, 1996, C 63; schweiz. BBl. 1999, S. 5507; *Hettinger*, in: v. Nell/Schwitzgebel/Vollet (Hrsg.), Korruption, 2003, S. 104.

wünschenswert, von diesem Aufbaumodell als Ergänzungs- bzw. Sekundärmodell zur Verhütung komplexer korruptiver Begehungsweisen i.R.d. Korruptionsstrafrechts Gebrauch zu machen.[3414] Dieser Ansatz weist die heute herrschende Tendenz auf, die aber nicht unter dem Korruptionsstrafrecht, sondern in der Bestechungsstrafrechtsdogmatik greift.[3415]

G. In Bezug auf die Strafrechtsdogmatik zu Bestechungshandlungen

1. Der Strafgesetzgeber hat das Recht, Verbrechenstatbestände frei zu konstruieren. Doch wäre es wünschenswert, kriminologische Erkenntnisse und kriminalpolitische Behauptungen während der Gesetzgebungstätigkeit zu berücksichtigen.[3416] Darüber hinaus sollten die Lebensverhältnisse diese juristische Konstruktion regulieren.[3417] Die Strafrechtsdogmatik hat deshalb nicht isoliert zu bleiben, sondern sie soll mithilfe von Tatsachen (-Forschung) und gesellschaftlichen Entwicklungen (Kriminalphänomenologie) eine Fortschreibung erleben.
2. Wo das rechtsstaatliche Strafrecht gilt, muss die sozialschädliche und deshalb strafrechtlich relevante Handlung infolge des gesetzlichen Bestimmtheitsgebots (Art. 103 Abs. 2 GG; § 1 StGB) klar und deutlich beschrieben werden (*materieller Verbrechensbegriff*).[3418]
3. Breit angelegte Regelungen sind im Bestechungsstrafrecht verzichtbar;[3419] die sind vielmehr im Korruptionsstrafrecht vorzusehen. Daher bleibt die Kodifizierung aller Dienstpflichten i.R.d. Bestechungsstrafrechts außer Betracht.[3420]

3414 Der schweizerische Gesetzgeber ginge dabei von der *„dynamischen Dimension der Bestechung"* aus und vor allem zur Verhinderung der systematischen Korruption novellierte er das Korruptionsstrafrechts des schweiz. StGB, indem er „Auffangtatbestände des Anfütterns", nämlich Vorteilsgewährung im Art. 322^{quinquies} und Vorteilsannahme im Art. 322^{sexies}, unter dem Titel „Bestechung" geschafft hat. Siehe BBl. 1999, S. 5503, 5509. Ähnlicherweise setzt sich das Gesetzgebungvorhaben in Italien diese Perspektive zum Ziel. Siehe *Palazzo*, in: FS-Volk, 2009, S. 534.

3415 *Palazzo*, in: FS-Volk, 2009, S. 532.

3416 *Maurach/Zipf*, Strafrecht AT, Teilbd. 1, 1992, § 20, Rn. 19.

3417 Siehe dazu *Jellinek*, Gesetz und Verordnung, 1887, S. 235.

3418 Statt aller *Rössner*, in: Gesamtes Strafrecht, 2013, Vor §§ 1 ff., Rn. 16.

3419 So Androulakis, Globalisierung der Korruptionsbekämpfung, 2007, S. 39, zum Thema Fn. 26.

3420 Schuster, Strafnormen und Bezugsnormen, 2012, S. 298.

4. Das Bestrafungsrisiko muss für die Bürger erkennbar sein.[3421] Dasselbe gilt sicherlich auch für die Bestechungsdelikte.[3422] Das strafbare Unrecht der Bestechungsdelikte ist daher präzise darzulegen, um das kriminalpolitische Bedürfnis des Gesetzgebers zu verstehen.
5. Die Merkmale der Korruption und die Merkmale der Bestechung laufen zwar parallel, sind aber im Kern auseinanderzuhalten.
6. Als Strafwürdig angesehene Handlungen i.S.v. Bestechung sind nicht stabil. Je nach sektorbezogenem Bedarf und der Rechtskultur kann etwas Neues inkriminiert werden.
7. Die zentrale Frage der Bestechungsstrafrechtsdogmatik bezieht sich nicht auf das Rechtsgut, sondern auf das Handlungsunrecht und die Ausgestaltung der betreffenden Straftaten. Die Diskussion um das Rechtsgut bietet keine Lösungen für die problematischen Punkte, da sie sich überwiegend mit der Seite des Erfolgsunrechts beschäftigen.[3423]
8. Die Rechtsgutsüberlegungen, die vor allem im deutschen Bestechungsstrafrecht eine größere Aufmerksamkeit genießen,[3424] sind weder für die Tatbestandsproblematik noch für die Auslegungsaufgabe allein entscheidend.
9. Die Bestechungsstraftaten produzieren Ungleichheit und Ungerechtigkeit in der Gesellschaft. Sie erschüttern primär das Vertrauen der Öffentlichkeit in die Lauterkeit von Entscheidungen.
10. Die Vorteile, die die Gegenleistung einer Ausübung der zuständigen und für die Bestechlichkeit tauglichen Täter bilden, sind unabhängig vom Rechtsanspruch des Täters stets ungerechtfertigt, da solche Vorteile i.S.d. Bestechungsstrafrechts verboten sind. Daher ist unter einem Vorteil i.S.d. Bestechungsdelikte unabhängig vom Rechtsanspruch des Amtsträgers jede ungerechte und verführerische Leistung zu verstehen, die eine wirtschaftliche, rechtliche, persönliche Lage oder diesbezügliche soziale Umgebung des Täters objektiv verbessert oder zumindest im Vergleich zur möglichen Verschlechterung ihrer Beibehaltung dient.

3421 Siehe zur Erkennbarkeit des Bestrafungsrisikos i.S.d. Bestechungsdelikte BGHSt 60, 266 (31).

3422 *Schneider*, in: FS-Seebode, 2008, S. 331 ff., kritisiert die Neufassung der §§ 331 StGB und spricht dabei von einem „unberechenbaren Strafrecht".

3423 In diese Richtung *Loos*, in: FS-Welzel, 1974, S. 892 f.; *Greco*, GA 2016, S. 249 (249, 250); vgl. auch *Geisler*, Korruptionsstrafrecht und Beteiligungslehre, 2013, S. 70.

3424 *Androulakis*, Globalisierung der Korruptionsbekämpfung, 2007, S. 380, spricht in diesem Zusammenhang über den „Rechtsgütersalat".

11. Die Abhandlungen und Diskussionen über die immateriellen Vorteile spielen im Grunde keine Rolle in der Praxis, weil es höchstrichterliche Rechtsprechung hierzu selten ist oder fehlt. Aus diesem Grund ist dieser Diskurs nur theoretisch beachtlich. Subjektive psychische Befriedigung wie die Berufung zum Honorarprofessor, Ehrungen etc. können aber auch objektiv tauglich sein, wenn der Amtsträger in verständigem Beobachter den Eindruck seiner Käuflichkeit weckt.
12. Die Drittvorteile sollten nur dann tatbestandlich sein, wenn sie zwei Voraussetzungen zueinander erfüllen: Erstens muss der Vorteil entweder aus Sicht des Amtsträgers oder aus Sicht des den Vorteil erhaltenen Dritten eine Besserstellung darstellen. Zweitens muss es im Interesse des Amtsträgers liegen. Eine abstrakte Annahme bliebe hier ungenügend.
13. Wenn es sich um eine übertragene Dienstpflicht in Bezug auf eine öffentliche Tätigkeit handelt, ist die Amtsträgereigenschaft des Handelnden i.S.d. Strafrechts anzunehmen. Die öffentliche Tätigkeit umfasst hierbei sowohl die Eingriffs- als auch die Leistungsverwaltung.
14. Das Vorliegen bzw. die Feststellung der Amtsträgereigenschaft i.S.d. Strafrechts führt nicht ohne weiteres dazu, dass der Handelnde zum tauglichen Täterkreis der Bestechung gehört.
15. Die Unrechtsvereinbarung bildet den Kern der Bestechungsdelikte.
16. Die normative Seite der Unrechtsvereinbarung darf nicht außer Acht gelassen werden. Denn die Gesetzgeber konkretisieren ihre Ansichten nach diesem Angelpunkt.[3425]
17. Das *Bestechungsunrecht* besteht darin, dass die Vorstellungen der Täter auf dasselbe Ziel richten. Ohne das nach objektiven und subjektiven Kriterien festgestellte Gegenseitigkeitsverhältnis könnte man nicht von einer Bestechung sprechen. Ein einseitiger Wille genügt dafür nicht; es muss vielmehr ein nach Vorstellungen und Willen der Beteiligten gebildetes Zusammentreffen vorhanden sein. Dies ist „das Kernstück der Bestechungsdelikte". Ein einseitiger Wille könnte in diesem Zusammenhang allenfalls – wie im türkischen Schrifttum – als ein tauglicher Versuch betrachtet werden, es sei denn, dass für diesen Fall eine besondere Handlungsvariante wie beim „Fordern" und „Anbieten" in den §§ 332, 334 StGB und im Art. 252 Abs. 4 türk. StGB vorgesehen werden. Oder anders ausgedrückt, die Willenserklärungen der Beteiligten müssen mit den tatsächlichen Absichten der Bestechungsparteien übereinstimmen. Soweit nicht anders festgestellt,

3425 In ähnlicher Weise *Greco*, GA 2016, S. 249 (253).

ist die Willenserklärung dabei entscheidend und sie legt die tatbestandliche innere Seite des Täters dar.

18. Der Interessenmaßstab dient zum Verstehen einer Bestechungsabsprache.[3426]
19. Für das Tatobjekt der Bestechlichkeit ist der dienstrechtliche Charakter maßgebend. Deshalb fallen darunter auch Tätigkeiten außerhalb örtlicher und sachlicher Zuständigkeit.[3427] Dabei sollte aber nicht außer Acht bleiben, dass auf jeden Fall eine funktionale Verknüpfung zwischen der Amtshandlung und der dem Amtsträger übertragenen Aufgaben erforderlich ist.
20. Um strafrechtsdogmatisch von einem Bestechungsphänomen sprechen zu können, muss doppelte Kausalität vorhanden sein, namentlich die notwendige Verknüpfung zwischen Amt und Handlung und im Anschluss der Kausalzusammenhang zwischen Amtshandlung und Vorteil.[3428]
21. „Die antisoziale Bedeutung des Verbrechens" soll auch in den normativen Tatbestandsmerkmalen zum Ausdruck gebracht werden. Die betroffene Bedeutungskenntnis des Täters, die sein Bewusstsein im Hinblick auf die Sozialschädlichkeit bescheinigt, kann dabei ihren Platz als eines der subjektiven Bestandteile des Verbrechens finden.[3429]
22. Der Vorsatz des Bestochenen ergibt sich aus dem spezifischen Beweggrund des Täters. Dabei ist aber zu beachten, dass diese Absicht nicht ein Bestandteil des Vorsatzes ist; sie bereitet vielmehr den tatbestandlichen Vorsatz vor. In diesem Zusammenhang tritt die strafbare Leistung des Vorteilsgebers als die Triebkraft in Erscheinung. Aus diesem Grund muss der (ungerechtfertigte) Vorteil in der Lage sein, den Anreiz zu wecken. Nur auf dieser Basis kann eine Motivation im Hinblick auf die Bestechlichkeit auf Seiten des Amtsträgers vorliegen.
23. Den Maßstab für die Grenzfälle bezüglich der internen (primären) funktionalen Verknüpfung bietet die objektivierte subjektive Theorie.[3430]
24. Während der Ausgestaltung ist der eigenständige Charakter der Delikte von Bestechung und Bestechlichkeit zu beachten (*delictum sui generis*).[3431]

3426 Siehe oben § 8 C II.

3427 So auch *Kuhlen*, in: NK-StGB, 2017, § 331, Rn. 67.

3428 *Özbek* u.a., Özel Hükümler, 2015, S. 1043, sehen es als zwei Kernpunkte der UnRV an.

3429 *Kaufmann*, Das Unrechtsbewusstsein in der Schuldlehre des Strafrechts, 1985, S. 169, 170.

3430 So etwa *Korte*, in: MüKo-StGB, 2019, § 331, Rn. 109.

3431 Siehe dazu oben § 9 B XV.

25. Es darf nicht vergessen werden, dass hier nicht nur präzise Tatbestände, sondern auch „effektive Sanktionen“ erforderlich sind.[3432] Die Zweispurigkeit des Strafrechts ist in diesem Zusammenhang zu pflegen. Der Verlust der Amtsfähigkeit spielt hier eine wichtige Rolle. Diese zwingende Nebenfolge der Bestechlichkeit dient nicht nur der Abschreckung, sie hat auch eine erweiterte „präventive Bedeutung“.[3433]
26. Die neuartigen Sanktionsformen, beispielsweise die Gewinnabschöpfung, bezwecken eine „rein ökonomisch interpretierbare Beeinflussung“.[3434]
27. Für die Strafzumessung ist nicht nur die rechtskräftig abgeurteilte Straftat relevant, auch die nicht abgeurteilten Handlungen sind durch das Tatgericht i.R.d. Rückfallprüfung zu berücksichtigen.[3435]
28. Das einseitige Anbieten auf der Seite des Bestechenden und spiegelbildlich das einseitige Fordern von Seiten des Bestochenen stellen gleichsam „einen Versuch der Bestechung“ dar.[3436] Die einseitigen Handlungen müssen daher entweder mittels eines kumulativen Strafgesetzes oder autonom unter Strafe gestellt werden.[3437]
29. Die dargestellten Vorstellungen rechtfertigen die Aussage, dass sich die Bestechungsdelikte wegen der gefährlichen Folgen für die Demokratie, für Wirtschaft und Gesellschaft heute nicht mehr bagatellisieren lassen.[3438]
30. Eine UnRV liegt grundsätzlich schon dann vor, wenn die rechtswidrige Diensthandlung mit einem (ungerechtfertigten) Vorteil verknüpft ist.[3439]
31. Die internationale Tendenz zu Bestechungsdelikten lässt sich beidseitig zusammenfassen: Einerseits Kriminalisierung bzw. Erweiterung der ihnen ähnlichen Formen (z. B. Einflusshandel) und andererseits Erhöhung des Risikos der Verfolgung über die strafrechtlichen Sanktionen.[3440]

3432 Der Resolutionsentwurf von Deutschen Vorkolloquium, in: ZStW 2004, S. 245.

3433 *Voßen*, in: MüKo-StGB, 2019, § 358, Rn. 2; zustimmend *Waßmer*, in: Louis/Glinder/ders. (Hrsg.), Handbuch, 2020, Rn. 539.

3434 *Hefendehl*, ZStW 2007, S. 816 (829, 834 ff.); auch für die Gewinnabschöpfung, Empfehlungen an die Politik, in: FES (Hrsg.), Korruption in Deutschland, 1997, S. 15.

3435 *Meier*, Strafrechtliche Sanktionen, 2019, S. 210.

3436 So *Birkmeyer*, Bestechung, in: Vergleichende Darstellung, IX. Bd., 1906, S. 357; *Geisler*, Korruptionsstrafrecht und Beteiligungslehre, 2013, S. 178 m.w.N.

3437 *Geisler*, Korruptionsstrafrecht und Beteiligungslehre, 2013, S. 150, spricht von der „Auffangfunktion“ des einseitigen Bestechungsversuchs.

3438 Vgl. *Terstegen*, in: Strafrechtspflege und Strafrechtsreform, 1961, S. 86.

3439 Vgl. *Greco*, GA 2016, S. 249 (254).

3440 Vgl. *Kaiser*, Universitas 1991, S. 1062 (1065).

32. Die Studie hat gezeigt, dass die Antikorruptionsregimes der internationalen Gesellschaft wiederholt die nationalen Bestechungsstrafrechtsdogmatiken beeinflusst haben. Aufgrund der Umsetzungspflicht haben manche Vertragsstaaten ihre Grundtatbestände i.R.d. KB reformiert. Die Strafrechtsübereinkommen haben demzufolge eine entscheidende Rolle während der Ausgestaltung und Modernisierung der Bestechungstatbestände eingenommen.[3441]
33. Die Handlungen bezüglich der Belohnung für bereits vollzogene Diensthandlungen und ebenfalls für die Handlungen in Bezug auf die Zuwendungen für künftige nicht pflichtwidrige Dienstausübungen gehören nicht zu den eigentlichen Bestechungsstraftaten.
34. Es muss vom Gesetzgeber dafür gesorgt werden, dass die übelste Form der Bestechung, also die Richterbestechung, mit entsprechend härteren Strafen bedroht wird.
35. Der Bestechungsvermittler, der die beiden Seiten der UnRV unterstützt, hat einen eigenständigen Charakter i.R.d. Teilnahmelehre.
36. Die Feststellung der Vollendungs- und Beendigungszeitpunkte ist insbesondere für die besonderen Erscheinungsformen der Tat maßgebend.
37. Da die Bestechung eine „Täter-Täter-Interaktion"[3442] ist, braucht das Bestechungsstrafrecht entsprechende Rechtsmittel, um die Tat aufzuklären.

H. In Bezug auf die nachträgliche Belohnung

1. Bei der Belohnung für eine zurückliegende Diensthandlung handelt es sich um eine Verstärkung und Erweiterung des strafrechtlichen Schutzes.[3443]
2. Die Frage, ob die nachträgliche Belohnung ins Bestechungsrecht einbezogen werden sollte oder nicht, ist unumstritten.[3444] Es wird vertreten, dass das geschützte Rechtsgut auch nach der Vornahme der Diensthandlung verletzt werden könnte. Denn der Amtsträger erscheint in diesen Fällen als

3441 So *Böttger*, in: WirtStR in der Praxis, 2015, Kap. 5, Rn. 173.

3442 *Geisler*, Korruptionsstrafrecht und Beteiligungslehre, 2013, S. 132.

3443 BT-Drucks. 7/550, S. 275.

3444 Nach *Binding*, Strafrecht BT II, 1905, S. 727, würde die Bejahung der Frage zur „Vergewaltigung des Bestechungsbegriffs" führen. Die Frage wurde auch im gemeinen Recht diskutiert. Damalige Doktrin hat außer der Richterbestechung für eine Beschränkung „auf noch vorzunehmende Amtshandlungen" plädiert. Siehe dazu *Birkmeyer*, Bestechung, in: Vergleichende Darstellung, IX. Bd., 1906, S. 339 m.w.N.

käuflich.[3445] Richtig ist, dass der ungerechtfertigte Vorteil hier keine Gegenleistung i.S.d. do-ut-des-Logik darstellt, er dient nur der Belohnung einer schon vorgenommenen rechtswidrigen Amtshandlung.[3446] Es unterliegt außerdem keinem Zweifel, dass es sich dabei um keine Einflussnahme handelt.[3447]
3. Die nachträgliche Annahme bringt auch dogmatische Probleme mit sich, wenn der Amtsträger an dem Tag, an dem der Vorteil ihm zuteilwird, nicht mehr im Dienst tätig ist.[3448] Daher ist von einem eigenständigen Unwert auszugehen.
4. Die Legitimation „im Vorfeld der eigentlichen Tatbegehung" ergibt sich nicht aufgrund der Beweisschwierigkeiten und der Beweiserleichterung, sondern wird vielmehr anhand der abstrakten Gefährdungsdeliktperspektive legalisiert. „Ein Anreiz zur künftigen Begehung ähnlicher Fehlentscheidungen" wäre hier der Bestrafungsgrund solcher Begehungsweisen. Als Beispiel für diesen Gedanken des deutschen Gesetzgebers kann der § 140 Nr. 1 gegeben werden.[3449]

I. In Bezug auf den Irrtum

1. Bei der Irrtumslehre ist die zutreffende Parallelwertung in der Laiensphäre unbeachtlich.[3450]
2. Der Irrtum über die rechtliche Qualität der Diensthandlung ist ein beachtlicher Tatbestandsirrtum.

3445 *Arzt*, in; ders./Weber, Strafrecht BT, 2000, § 49, Rn. 27.

3446 Aus diesem Grund betrachtet Eb. *Schmidt*, die Bestechungstatbestände, 1960, Rn. 267, den Fall als „fragwürdig".

3447 *Binding*, Strafrecht BT II, 1905, S. 713, zum Thema Fn. 2; *Cramer*, in: S/S-StGB, 2001, § 331, Rn. 2; *Zimmermann*, Das Unrecht der Korruption, 2018, S. 155: „eine Rückwirkung ist hier unmöglich".

3448 Siehe *Greco*, GA 2016, S. 249 (251).

3449 Siehe dazu *Zimmermann*, Das Unrecht der Korruption, 2018, S. 721; kritisch auch *Loos*, in: FS-Welzel, 1974, S. 885, zum Thema Fn. 32; aA *Birkmeyer*, Bestechung, in: Vergleichende Darstellung, IX. Bd., 1906, S. 310.

3450 *Gropp*, Strafrecht AT, 2015, § 13, Rn. 100.

§ 23 Ein Versuch zur Lehre von den echten Bestechungsdelikten

Wegen der Komplexität der Korruptionsproblematik sollte man sich auf einen Schwerpunkt fokussieren,[3451] sodass er als Grundlage für die anderen Bereiche dienen kann. Der Fokus dieser Untersuchung lag entsprechend auf den „Bestechungstatbeständen". Weil die Bestechungsdelikte in der öffentlichen Verwaltung (*Amtsträgerbestechung*) der „Kernbereich des Bestechungsstrafrechts" sind, galt es, sich auf diese Kerntatbestände zu konzentrieren.[3452]

Wie bereits erwähnt, legt die auf konkrete, zukünftige und pflichtwidrige Diensthandlung gezielte Unrechtsvereinbarung von Korruptionspartnern die klassische und eigentliche Seite des Bestechungsverbrechensphänomens dar.[3453]

Um die Theorien und Ansätze für die Verbrechensbekämpfung in der Praxis einzusetzen, ist eine systematisch strukturierte wissenschaftliche Diskussion zu führen. Nur auf ihrer Grundlage können das Strafrecht und die Kriminalpolitik im Einklang stehen.[3454] Entsprechende Prinzipien und Ansätze sind zu entwickeln.

So wird es dieses Kapitel unternehmen, den Kern der Korruptionsbekämpfung durch Strafrecht fortzubilden, indem ein Beitrag zum Bestechungsstrafrecht geleistet wird. Der unten formulierte Versuch ergibt sich aus der Transformation der in dieser Studie gewonnenen Erkenntnisse und hat das Ziel, einen kriminal- und strafrechtswissenschaftlichen Weg für künftige Reformen und Kodifikationen vorzubereiten. Dabei ist aber nicht zu vergessen, dass das „soziale Rechtsdenken" den Generalbass aller Reformgedanken zum Strafrecht gibt.[3455]

3451 Zustimmend *Bauer*, Korruptionsbekämpfung durch Rechtsetzung, 2002, S. 14; vgl. auch *Kerner/Rixen*, GA 1996, S. 355 (359).

3452 In diese Richtung *Überhofen*, Korruption und Bestechungsdelikte, 1999, S. 17 ff.; *Kaiser*, Bestechung, 1999, S. 9; *Möhrenschlager*, in: Dölling (Hrsg.), Korruptionsprävention, 2007, 8. Kap., Rn. 4.

3453 Siehe auch *Kudlich/Oğlakcıoğlu*, Wirtschaftsstrafrecht, 2014, Rn. 386.

3454 „Rechtliche Gebundenheit und kriminalpolitische Zweckmäßigkeit dürfen einander nicht widersprechen, sondern müssen zu einer Synthese gebraucht werden.": *Roxin*, Kriminalpolitik und Strafrechtssystem, 1973, S. 10.

3455 *Wassermann*, in: Beiträge, 1979, S. 52.

A. Das Gesamtbild der Bestechungsdelikte

I. Entstehungsgeschichte

Die Richterbestechung war das Vorbild der heutigen eigentlichen Bestechlichkeit.[3456] In vormodernen Staaten war der Richter das Vorbild des förmlichen Amtsträgers. In vielen Fällen und Konflikten vollzog sich der erste Kontakt des Bürgers mit einem Richter. Deshalb war das Vertrauen in den Richter und sein Urteil wichtig. In diesem Zusammenhang wurden bestechungsähnliche Konstellationen hinsichtlich gerichtlicher Entscheidungen früh mit Strafe bedroht. „Denn die älteste aller Bestechungen" war die Bestechung von Richtern.[3457] So ergabt sich eine historische Transformation hin zur Modernität. Die Dignität etwaiger Normrelikte darf aber nicht darüber hinwegtäuschen, dass der strafrechtshistorische Erkenntnisprozess zur Umwandlung der klassischen Bestechungsdelikte führen sollte.

Im römischen Recht wurden die Bestechungsdelikte wie Straftaten gegen Vermögen behandelt. Sie wurden hernach allmählich in Delikte gegen die Staatsverwaltung und die Gesellschaft umwandelt.[3458]

Das elementare Bedürfnis einer Bestrafung nach Bestechung liegt demnach im Schutz vor Rechtsbeugung.[3459] In Anbetracht dieser Ansicht lässt sich festhalten, dass Untreue und Richterbestechung[3460] den Ausgangspunkt für die Legitimationsgründe des Gesetzgebers darstellten können.

II. Terminologie

Aus präventiven und kriminalpolitischen Gründen sowie im Dienste der Korruptionsbekämpfung werden heute üblicherweise sowohl für die Geber- als auch für die Nehmerseite im Vorfeld der eigentlichen Bestechung und Bestechlichkeit stehende Vortaten im Bestechungsstrafrecht geregelt. Die Bestechungsdelikte in manchen Strafgesetzbüchern – wie beim türkischen StGB – orientieren sich an

---

3456 *Engelhardt*, Zur Struktur der Bestechungstatbestände, 1963, S. 52.

3457 *Binding*, Strafrecht BT II, 1905, S. 713. So auch *Zimmermann*, Das Unrecht der Korruption, 2018, S. 555 ff.

3458 *Gürelli*, İrtikap ve Rüşvet Cürümleri, 1954, S. 15.

3459 *Hardtung*, Erlaubte Vorteilsannahme, 1994, S. 17 f.

3460 Vgl. *Feuerbach/Mittermaier*, Lehrbuch, 1847, S. 757; *Alcalay*, Active und passive Bestechung, 1889, S. 16; *Engelhardt*, Zur Struktur der Bestechungstatbestände, 1963, S. 35; *Schuller*, in: v. Alemann (Hrsg.), Dimensionen politischen Korruption, 2005, S. 50.

den Tathandlungen der genannten Vorfeldtaten. Die überwiegende Meinung in der Lehre sieht diese ähnlichen Straftaten aufgrund der Gesetzestechnik explizit als Bestechungsdelikte an.

Historische Motive des Gesetzgebers lassen zwar eine „sozialpädagogische Einwirkung auf die Öffentlichkeit" erkennen.[3461] In ähnlicher Weise mag „das Bewusstsein der Bevölkerung" auch mithilfe des Strafgesetzbuches zu stärken sein.[3462] Doch verändert das Rechtsbewusstsein der Bevölkerung kaum, wenn die neue Rechtslage mit dem Vorverständnis der Bürger nicht im Einklang steht. Noch wichtiger als diese Transformation sind diese Tatsache, das gesellschaftliche Verständnis und das Rechtsgefühl. Ein Herzstück der Bestechung ist deshalb die inkorrekte und ungerechte Diensthandlung des Staatsdieners gegen einen ungerechtfertigten Vorteil. In ihr kommt die echte Käuflichkeit zum Ausdruck.

Aus materieller Sicht steht auch die echte Käuflichkeit im Mittelpunkt der Betrachtung. Dagegen bildet die rechtswidrige Geschenk- oder Vorteilsannahme des Amtsträgers mit der Verbindung seiner Diensthandlungen den Kernpunkt der formellen Auffassung. Ihr zufolge ist dies „die erste und einfachste Form der Bestechung".[3463] Die Befürworter dieser letzteren Ansicht orientieren sich an dem geschützten Rechtsgut und gehen terminologisch in diese Richtung, sodass sie weit weg vom Rechtsgefühl der Gesellschaft und deren Semantik zu stehen kommen.

Die rechtswidrige Geschenk- oder Vorteilsannahme des Amtsträgers wäre sachgerecht nur als „die Vorstufe für die passive Bestechung" anzusehen.[3464] Die formelle Auffassung will mit Unrecht den Begriff ausdehnen.[3465]

III. Das strafrechtliche Unrecht

Die Frage, was der Legitimationsgrund für die Bestechungsdelikte sein möge, ist unter § 8 B eingehend beantwortet worden. Es geht demnach um eine mehrdimensionale Schutzrichtung.

3461 *Kargl*, JZ 2003, S. 1141 (1143), verwendet diesen Ausdruck in Bezug auf die gesetzgeberische Wortlautbestimmung für den Mordtatbestand.

3462 *Schick*, in: Brünner (Hrsg.) Korruption und Kontrolle, 1981, S. 582, betont damit die Power eines StGB i.R.d. KB.

3463 *Birkmeyer*, Bestechung, in: Vergleichende Darstellung, IX. Bd., 1906, S. 329.

3464 *Binding*, Strafrecht BT II, 1905, S. 731; vgl. auch *Baumann*, Zur Problematik der Bestechungstatbestände, 1961, S. 9.; aA *Korte*, in: MüKo-StGB, 2019, § 331, Rn. 8.

3465 *Cordes*, Bestechung von Beamten, 1920, S. 13; *Kaufmann*, JZ 1959, S. 375 (377); *Überhofen*, Korruption und Bestechungsdelikte, 1999, S. 61; vgl. auch *Peppler*, Die Bestechung, 1915, S. 10-11.

Für die Kernhandlung der Bestechung ist das zu schützende Rechtsgut der unverfälschte Staatswille. Die normative Theorie (Wertelehre) unterstützt nebenbei die Legitimation von Kerntatbeständen.

IV. Bestechungsähnliche Delikte

Zur Bewältigung der Beweisschwierigkeiten muss der Gesetzgeber jene Straftaten regeln, die im System des Korruptionsstrafrechts die klassischen Bestechungstatbestände ergänzen und unterstützen.

Die nachfolgend dargestellten Straftaten sind bestechungsähnlich,[3466] weil sie an den Missbrauch des Amtes anknüpfen oder ggf. eine für das Strafrecht relevante Absprache voraussetzen. Um die traditionalen Bestechungsdelikte von anderen, ähnlichen Delikten abgrenzen zu können, ist eine Darstellung solcher Tatbestände vonnöten. Die erforderliche Abgrenzung ist ferner beim Thema „Konkurrenz" nützlich.[3467]

1. Amtsmissbrauch

Die Frage, was unter dem „Machtmissbrauch" zu verstehen ist, bleibt ein wenig nebulös. Eine von Juristen definierte und allgemein akzeptierte Definition fehlt. Nach einer Meinung ist darunter „jede positivrechtliche bzw. sozialethisch unvertretbare Ausübung oder zweckgerichtete Nicht-Ausübung einer herausragenden sozialen Machtposition" zu verstehen.[3468]

Das UN-Übereinkommen gegen Korruption v. 2003, Art. 19, verpflichtet jeden Vertragsstaat, sie als Straftat zu umschreiben.[3469] Dort heißt es nach offizieller Übersetzung ins Deutsche: „Missbräuchliche Wahrnehmung von Aufgaben". Das heißt, „wenn er in Erfüllung seiner Aufgaben unter Verstoß gegen Gesetze eine Handlung vornimmt oder unterlässt, um für sich selbst oder für eine andere Person oder Stelle einen ungerechtfertigten Vorteil zu erlangen", missbrauche der Amtsträger seine Aufgabe.[3470]

3466 *Überhofen*, Korruption und Bestechungsdelikte, 1999, S. 56, klassifiziert zum Teil dieser Tatbestände als „abgeleitete Korruptionstatbestände".

3467 Vgl. unten § 14 B I 6 d und § 18 B I 6 d.

3468 *Triffterer*, in: Kaiser/Jehle, Kriminologische Opferforschung, 1994, S. 154.

3469 Siehe auch zu dem Tatbestand „Amtsmissbrauch" im türkischen Recht unten § 20 E I.

3470 Siehe dazu BGBl. 2014 Teil II, S. 779. Im deutschen Strafrecht kann die Straftat »Rechtsbeugung (§ 339)« mit Rücksicht darauf als eine besondere Erscheinungsform des Amtsmissbrauchs in der Justiz eingestuft werden. Siehe dazu *Überhofen*, Korruption und Bestechungsdelikte, 1999, S. 231; *Zimmermann*, Das Unrecht der Korruption, 2018, S. 556. In der Theorie von *Zimmermann*, a.a.O., S. 717, hat die

Nach einer Auffassung hat eine solche Straftat eine zweifache Bedeutung:[3471] An erster Stelle werden die kasuistisch erscheinenden Sondertatbestände durch die subsidiäre Auffangtatbestandsfunktion ergänzt. Daher könnte sie als Ersatztatbestand die Nachweisschwierigkeiten bezüglich der Absprache bewältigen.[3472] Zweitens wäre ein solcher Straftatbestand für die Auslegung der anderen ähnlichen Straftaten behilflich. Vor diesem Hintergrund lässt sich sagen, dass das Delikt „Amtsmissbrauch" im Mittel des Korruptionsstrafrechts steht.[3473]

Die Verletzung von Amtspflichten steht dem Missbrauch von Befugnissen nicht gleich. Der Missbrauch der Befugnis ist nur eine besondere Form der Amtspflichtverletzungen.[3474] Der Tatbestand soll damit eine ‚Gesetzeswidrigkeit' voraussetzen, um seine normative Seite zu zeigen.[3475] Danach kommt die Strafbarkeit des Täters erst mit dem „Konflikt mit außerstrafrechtlichen Normen" (quasi Blankettmerkmal) in Frage.[3476] „Amtsmissbrauch" stellt somit, wie im 22. Abschnitt des öStGB ausgedrückt, eine strafbare Verletzung der Amtspflicht dar.

Bei diesem Straftatbestand des italienischen Korruptionsstrafrechts handelt es sich um nicht nur um einseitige strafbare Handlungen des Amtsträgers unter der Schädigungsabsicht. Die Straftat kann auch unter Profitierungsabsicht, also durch konkludente Vereinbarung zwischen Amtsträger und Außenstehendem, begangen werden.[3477] Ein solches Kumulativgesetz könnte als Grunddelikt der Korruptionsdelikte einen Beitrag leisten. In diesem Zusammenhang kann der Amtsmissbrauch wie ein allgemeiner Korruptionstatbestand angesehen werden.[3478] Dabei darf aber nicht außer Acht gelassen werden, dass ein unbestimmt und uneingeschränkt formulierter allgemeiner Korruptionstatbestand verfassungswidrig wäre.[3479]

Rechtsbeugung (§ 339) „das materielle Unrechtselement der Korruption". Im Übrigen stellen die Straftaten „Rechtsbeugung (§ 339)" und „soldatischer Befehlsbefugnismissbrauch (§ 32 WStG)" ein „vollendetes Korruptionsunrecht" dar. Siehe *ders.*, a.a.O., S. 582.

3471 Vgl. *Sauer*, System des Strafrechts, BT, 1954, S. 513.

3472 In diese Richtung auch *Überhofen*, Korruption und Bestechungsdelikte, 1999, S. 60.

3473 So *Marek/Jerabek*, Korruption und Amtsmissbrauch, 2017, S. 5.

3474 *Alten*, Amtsmißbrauch, 2012, S. 200.

3475 *Überhofen*, Korruption und Bestechungsdelikte, 1999, S. 232.

3476 *Alten*, a.a.O., S. 126. Aufgrund der Blankettbestimmung wird das Verbrechen „Amtsmissbrauch" in italienischer Doktrin als „*norma in bianco*" genannt. Siehe *ders.*, a.a.O., S. 127.

3477 *Alten*, a.a.O., S. 18, 145.

3478 So *Sauer*, System des Strafrechts, BT, 1954, S. 513.

3479 Vgl. *Kaiser*, Universitas 1991, S. 1062 (1064).

Beispiele aus den Strafgesetzbüchern lauten wie folgt:[3480]

Art. 323 c.p.:[3481]

Vorausgesetzt, daß die Tat kein schwerwiegenderes Delikt darstellt, wird der Amtsträger oder der mit einem öffentlichen Dienst Beauftragte, der, in Abwicklung seiner Funktionen oder seines Dienstes, mittels Verletzung von Gesetzes- oder Verordnungsnormen oder dadurch, daß er sich bei Bestehen eines eigenen Interesses oder des eines nahen Verwandten oder in den anderen vorgeschriebenen Fällen von der Vornahme der Amtshandlung nicht enthält, absichtlich sich oder anderen *einen unrechtmäßigen Vermögensvorteil* verschafft oder anderen einen unrechtmäßigen Schaden zufügt, mit Freiheitsstrafe von sechs Monaten bis zu drei Jahren bestraft.
Die Strafe wird in den Fällen erhöht, in denen der Vorteil oder der Schaden von erheblicher Schwere sind.

Art. 312 sStGB:

Mitglieder einer Behörde oder Beamte, die ihre Amtsgewalt *missbrauchen*, um sich oder einem andern *einen unrechtmässigen Vorteil* zu verschaffen oder einem andern einen Nachteil zuzufügen, werden mit Freiheitsstrafe bis zu fünf Jahren oder Geldstrafe bestraft.

Art. 302 öStGB:

(1) Ein Beamter, der *mit dem Vorsatz*, dadurch einen anderen an seinen Rechten zu schädigen, seine Befugnis, im Namen des Bundes, eines Landes, eines Gemeindeverbandes, einer Gemeinde oder einer anderen Person des öffentlichen Rechtes als deren Organ in Vollziehung der Gesetze Amtsgeschäfte vorzunehmen, *wissentlich mißbraucht*, ist mit Freiheitsstrafe von sechs Monaten bis zu fünf Jahren zu bestrafen.
(2) Wer die Tat bei der Führung eines Amtsgeschäfts mit einer fremden Macht oder einer über- oder zwischenstaatlichen Einrichtung begeht, ist mit Freiheitsstrafe von einem bis zu zehn Jahren zu bestrafen. Ebenso ist zu bestrafen, wer durch die Tat einen 50 000 Euro übersteigenden Schaden herbeiführt.

Art. 257 türk. StGB:[3482]

(1) Der Amtsträger, der in Fällen, die nicht gesetzlich anderweitig als Straftaten bezeichnet werden, durch pflichtwidriges Verhalten Personen oder der Allgemeinheit Schaden zufügt oder Personen *einen rechtswidrigen Vorteil* verschafft, wird mit sechs Monaten bis zu zwei Jahren Gefängnis bestraft.

3480 Hervorhebungen durch den Verfasser.
3481 Fassung nach der Reform von 1997, zit. nach *Alten*, Amtsmißbrauch, 2012, S. 22.
3482 Fassung nach der Reform von 2012. Zit. nach *Tellenbach*, Aktualisierung, 2012, S. 20.

(2) Der Amtsträger, der in Fällen, die nicht gesetzlich anderweitig als Straftaten bezeichnet werden, die Erfüllung seiner Pflichten unterlässt oder verzögert und dadurch Personen oder der Allgemeinheit Schaden zufügt oder Personen einen rechtswidrigen Vorteil verschafft, wird mit drei Monaten bis zu einem Jahr Gefängnis bestraft.
(3) Gestrichen.

2. *Vorteilsannahme und Vorteilsgewährung*

Es ist zu beachten, dass sich die heutigen (intelligenten) Täter heimlich oder offen Mühe geben, die Funktionsträger zu Korruption zu verleiten. Sie sind in diesem Sinne professionell.[3483]

Das Unrecht dieser Tatbestände entspricht nicht der Unrechtsvereinbarung, sondern ergibt sich schon aus der „Konnexität zwischen Amtshandeln und Zuwendung".[3484] Das vollständige Koinzidenzprinzip gilt infolgedessen nicht für solche Tatbestände, weil die in solchen Konstellationen vorliegende „Bestechungskausalität" zwischen Amt und Vorteil fiktiv ist. Deswegen herrscht dort eine „teleologische Perspektive", wobei dies zur bemerkenswerten Ausdehnung der betroffenen Tatbestände führt.[3485] Daher ist zu beachten, dass schlichte Verknüpfungen nicht per se strafbar sein müssen; es muss vielmehr für die Bestrafung eine „logische und hinnehmbare Konnektivität" erforderlich sein.[3486]

Diese Tatbestände werden, wie erwähnt, als „weitgehend identisch" mit den eigentlichen Bestechungsdelikten angesehen.[3487] Im Kern handelt es sich eigentlich um eine Erweiterung von klassischen rechtswidrigen

---

3483 Dies ist beim schweiz. BBl. 1999, S. 5502, als „professionale Bestechung" eingestuft.

3484 *Sowada*, in: LK-StGB, 12. Aufl., § 331, Rn. 65. Siehe auch *Korte*, in: MüKo-StGB, 2019, § 331, Rn. 116. Nach der Auffassung von *Jositsch*, ZStrR 2005, S. 241 (248), ergibt sich keine Unrechtsvereinbarung aus solcher Erweiterung. Ähnlicherweise wird zum Ausdruck gebracht, dass die Entscheidung der Amtsträger auch ohne Beeinflussung durch einen Vorteil genau so vorgenommen hätte, da kann man von einer Gegenleistung nicht einfach sprechen. Siehe dazu *Reinhold*, HRRS 4/2010, S. 213 (216), zum Thema Fn. 26.

3485 *Palazzo*, in: FS-Volk, 2009, S. 534. *Überhofen*, Korruption und Bestechungsdelikte, 1999, S. 134, betrachtet die durch das KorrBekG geschaffene Ausdehnung „sinnvoll".

3486 *Greco*, GA 2016, S. 249 (253); ähnlich auch i.R.d. „Klimapflege" *Reinhold*, HRRS 4/2010, S. 213 (219).

3487 So auch *Überhofen*, Korruption und Bestechungsdelikte, 1999, S. 138. Nach *Greco*, GA 2016, S. 249 (253), sind sowohl Vorteilsannahme und als auch Bestechlichkeit „Instanzen eines vorteilsbedingten Machtmissbrauchs".

Geschenkannahmetatbeständen.[3488] Die kriminalpolitische Notwendigkeit besteht also – wie oben ausgeführt – in der Behebung von Beweisschwierigkeiten.[3489]

Wenn die Gesetzgeber den Einsatz des Strafrechts und somit die Bestrafung der Fälle des Anfütterns und der Klimapflege sowie das „Dankeschön für gute Zusammenarbeit“ als unvermeidbar betrachten, gehen sie von der möglichen Käuflichkeit oder parteiischen Manipulation dienstlicher Tätigkeiten gegen ungerechte Vorteile aus.[3490] Im Vergleich zu eigentlichen Bestechungsdelikten geht es bei der Begehung dieser Straftaten somit um sog. „Vorbereitungshandlungen“, die im Vorfeld der klassischen Bestechungsstraftaten liegen.[3491] Gewissermaßen zeigen sie sich als „Vorstufe“[3492] und damit als „Vorfelddelikte“[3493] dieser Tatbestände. Das bedeutet, dass sie keine echte Vereinbarung i.S.d. do-ut-des-Logik voraussetzen.[3494]

Der zu legitimierende Grund für die Bestrafung dieser Taten ist nach einer Ansicht die umstrittene „mögliche Käuflichkeit“.[3495] Auf diese Weise wird die Strafbarkeit im Vergleich zu eigentlichen bzw. klassischen Bestechungsdelikten zu weit vorverlegt und „bereits der Verdacht“ bestraft.[3496] So kommt nicht die echte Käuflichkeit des Amtsträgers in Frage. Zu Ungunsten des Beamten wird die „Vermutung“ geltend gemacht und eine „Beweislastumkehr“ in Gang gesetzt.[3497]

3488 *Pieth*, in: Handbuch, 2013, § 22, Rn. 53. *Binding*, Strafrecht BT II, 1905, S. 731, bringt zum Ausdruck, dass diese Tatbestände „eine Reserve des § 332“ bilden.

3489 Vgl. auch *Überhofen*, Korruption und Bestechungsdelikte, 1999, S. 123; schweiz. BBl. 1999, S. 5502; *Pieth*, in: Handbuch, 2013, § 22, Rn. 54, 58; *Stratenwerth/Bommer*, Strafrecht BT II, 2013, § 62, Rn. 27.

3490 *Bannenberg*, in: Handbuch des Wirtschafts- und Steuerstrafrechts, 2014, Kap. 12, Rn. 61. Aus diesem Grund setzt § 333 nach *Reinhold*, HRRS 4/2010, S. 213 (219), eine „Beeinflussungswille“ voraus.

3491 *Stratenwerth/Bommer*, Strafrecht BT II, 2013, § 62, Rn. 27.

3492 Auch *Zimmermann*, Das Unrecht der Korruption, 2018, S. 503 jeweils m.w.N. Nach der Auffassung von *Zimmermann*, a.a.O., S. 582, sind die Tatbestände Vorteilsannahme (§ 331 Abs. 1) und Vorteilsgewährung (§ 333 Abs. 1) i.d.S. als eine Form von „Protokorruption“.

3493 *Binding*, Strafrecht BT II, 1905, S. 731; „Vorfeld-Vorfeld Tatbestände“ *Hettinger*, NJW 1996, S. 2263, (2269); *Zimmermann*, Das Unrecht der Korruption, 2018, S. 505 ff.

3494 Vgl. *Korte*, in: MüKo-StGB, 2019, § 331, Rn. 116; *Stein/Rudolphi*, in: SK-StGB, 2015, § 331, Rn. 25a; *Deiters*, in: FS-Rengier, 2018, S. 213 ff.

3495 Nach *Zimmermann*, Das Unrecht der Korruption, 2018, S. 504, ergibt sich die Legalisierung solcher Straftaten aus zwei unterschiedlichen Grundgedanken: Zum einen ist das „Beweiserleichterungsmodell“ und zum anderen „Gefährdungstatbestand im Vorfeld“ vorgeschlagen.

3496 *Stratenwerth/Bommer*, Strafrecht BT II, 2013, § 62, Rn. 2.

3497 *Überhofen*, Korruption und Bestechungsdelikte, 1999, S. 128.

Es wird auch vertreten, dass der strafrechtliche Legitimationsgrund der Vorteilsannahme sich aus dem „Machtmissbrauch durch Pervertierung des Öffentlichen zum Privaten“ ergibt.[3498] Aus diesem Grund soll der Tatbestand erst mit den privaten Vorteilen in Betracht kommen.[3499]

Die Tathandlungen von Vorteilsannahme und Vorteilsgewährung, die keine konkrete und pflichtwidrige Diensthandlung voraussetzen, werden überwiegend spiegelbildlich und selbständig kriminalisiert.

Die wichtigste Gemeinsamkeit von Bestechlichkeit und Vorteilsannahme besteht darin, dass die beiden sich vom „vorteilsbedingten Machtmissbrauch“ nähren.[3500] Diese Straftaten nähern sich insofern den dienstlichen Vorschriften an.[3501]

Zwischen Vorteilsannahme und Bestechlichkeit geht es zwar um einen gemeinsamen Unrechtkern;[3502] aber die Bestechlichkeit verfolgt einen anderen und eigenständigen Gedanken, um sich selbst zu legitimieren.[3503]

Die Vorteilsannahme hat auch wie beim Amtsmissbrauch die Funktion, den Straftatbestand Bestechlichkeit zu ergänzen.[3504]

Die Tatbestände sehen in den Strafgesetzbüchern folgenderweise aus:

§ 331: Vorteilsannahme[3505]

(1) Ein Amtsträger, ein Europäischer Amtsträger oder ein für den öffentlichen Dienst besonders Verpflichteter, der *für die Dienstausübung* einen Vorteil für sich oder einen Dritten fordert, sich versprechen läßt oder annimmt, wird mit Freiheitsstrafe bis zu drei Jahren oder mit Geldstrafe bestraft.
(2) […]
(3) Die Tat ist nicht nach Absatz 1 strafbar, wenn der Täter einen nicht von ihm geforderten Vorteil sich versprechen läßt oder annimmt und die zuständige Behörde im Rahmen ihrer Befugnisse entweder die Annahme vorher genehmigt hat oder der Täter unverzüglich bei ihr Anzeige erstattet und sie die Annahme genehmigt.

§ 333: Vorteilsgewährung[3506]

(1) Wer einem Amtsträger, einem Europäischen Amtsträger, einem für den öffentlichen Dienst besonders Verpflichteten oder einem Soldaten der Bundeswehr *für die*

3498 *Greco*, GA 2016, S. 249 (252).
3499 *Greco*, GA 2016, S. 249 (254).
3500 *Greco*, GA 2016, S. 249 (253).
3501 Vgl. *Überhofen*, Korruption und Bestechungsdelikte, 1999, S. 126 ff. m.w.N.
3502 Siehe dazu *Heine/Eisele*, in: S/S-StGB, 2019, § 331, Rn. 7.
3503 Vgl. *Greco*, GA 2016, S. 249 (252).
3504 So *Binding*, Strafrecht BT II, 1905, S. 731.
3505 Reformiert durch das Gesetz zur Bekämpfung der Korruption v. 1997, BGBl. 2038.
3506 Reformiert durch das Gesetz zur Bekämpfung der Korruption v. 1997, BGBl. 2038.

Dienstausübung einen Vorteil für diesen oder einen Dritten anbietet, verspricht oder gewährt, wird mit Freiheitsstrafe bis zu drei Jahren oder mit Geldstrafe bestraft.
(2) [...]
(3) Die Tat ist nicht nach Absatz 1 strafbar, wenn die zuständige Behörde im Rahmen ihrer Befugnisse entweder die Annahme des Vorteils durch den Empfänger vorher genehmigt hat oder sie auf unverzügliche Anzeige des Empfängers genehmigt.

Art. 322^{quinquies} sStGB: Vorteilsgewährung

Wer einem Mitglied einer richterlichen oder anderen Behörde, einem Beamten, einem amtlich bestellten Sachverständigen, Übersetzer oder Dolmetscher, einem Schiedsrichter oder einem Angehörigen der Armee *im Hinblick auf die Amtsführung* zu dessen Gunsten oder zu Gunsten eines Dritten einen nicht gebührenden Vorteil anbietet, verspricht oder gewährt, wird mit Freiheitsstrafe bis zu drei Jahren oder Geldstrafe bestraft.

Art. 322^{sexies} sStGB: Vorteilsannahme

Wer als Mitglied einer richterlichen oder anderen Behörde, als Beamter, als amtlich bestellter Sachverständiger, Übersetzer oder Dolmetscher oder als Schiedsrichter *im Hinblick auf die Amtsführung* für sich oder einen Dritten einen nicht gebührenden Vorteil fordert, sich versprechen lässt oder annimmt, wird mit Freiheitsstrafe bis zu drei Jahren oder Geldstrafe bestraft.

§ 305 öStGB: Vorteilsannahme

(1) Ein Amtsträger oder Schiedsrichter, der *für die pflichtgemäße Vornahme oder Unterlassung eines Amtsgeschäfts* für sich oder einen Dritten einen Vorteil fordert oder einen ungebührlichen Vorteil (Abs. 4) annimmt oder sich versprechen lässt, ist mit Freiheitsstrafe bis zu zwei Jahren zu bestrafen.
(Anm.: Abs. 2 aufgehoben durch BGBl. I Nr. 61/2012)
(3) Wer die Tat [...]
(4) Keine ungebührlichen Vorteile sind
[...]

§ 307a öStGB: Vorteilszuwendung

(1) Wer einem Amtsträger oder Schiedsrichter *für die pflichtgemäße Vornahme oder Unterlassung eines Amtsgeschäfts* einen ungebührlichen Vorteil (§ 305 Abs. 4) für ihn oder einen Dritten anbietet, verspricht oder gewährt, ist mit Freiheitsstrafe bis zu zwei Jahren zu bestrafen.
(2) Wer die Tat [...]

3. *Erpressung im Amt (Extortion)*

Die bestechungsähnlichen Handlungen können sowohl durch Nötigung als auch durch Täuschung oder unter der Ausnutzung des Irrtums vom Bürger begangen werden. Diese Tatvarianten können entweder selbstständig unter einem Artikel bzw. Paragrafen oder unter einem Verbrechen als kumulative Mischtatbestände kriminalisiert werden.

Die erpresserische Tatalternative (Stichwort: Schmiergelderpressung) kann entweder i.R.d. Strafzumessung[3507] oder als qualifizierter bzw. besonders schwerer Fall[3508] oder als eine autonome Straftat wie beim Art. 250 Abs. 1 türk. StGB in Erscheinung treten.

Einige Erörterungen, z. B. bezüglich des Vorteils und Amtsmissbrauchs, sind grundsätzlich zwar auf die Bestechung übertragbar; aber man kann die Straftaten „*İrtikap*" und „*Concussione*" nicht als mit der Bestechlichkeit identisch ansehen.[3509] Der Straftatbestand stellt vielmehr das Gegenstück des UnRVM dar. Denn die vom Bürger abgegebene Willenserklärung ist nicht freiwillig, sondern tritt aufgrund des psychischen Drucks in Erscheinung.[3510] Anderenfalls ist die Privatperson wegen der Bestechung zu bestrafen.[3511]

Die scheinbare Bestechungsverabredung ergibt sich also nicht aus dem freien Willen des Bürgers; der Bürger einigt sich darauf nicht wie ein normaler Vertragspartner.[3512] Es könnte daher von einer schwachen Annäherungsmöglichkeit gesprochen werden.

Die betroffenen Straftatbestände sind wie folgt ausformuliert:

Art. 250 türk. StGB: İrtikap[3513]

(1) Der Amtsträger, der *unter Missbrauch des Einflusses*, den ihm sein Amt verschafft, einen anderen *zwingt*, ihm oder einem Dritten einen Vorteil zu gewähren oder zu versprechen,

---

3507 Wie z. B. im schweizerischen Korruptionsstrafrecht, siehe schweiz. BBl. 1999, S. 5505.

3508 Wie z. B. beim russischen Korruptionsstrafrecht, siehe *Birke/Dann*, WiJ 2/2012, S. 133 (136, 139); *Markuntsov/Waßmer*, WiRO 2019, S. 289 (291).

3509 Nach einer Ansicht haben Bestechung und Erpressung ähnliche Bedeutung. Denn wo Gewalt ausgeübt wird, herrscht Zwang. Bestechung ist danach als eine Art von Erpressung „mit umgekehrten Vorzeichen" anzusehen. Mergen, in: Beiträge, 1979, S. 156; *ders.*, in: Haesler (Hrsg.), Politische Kriminalität und Wirtschaftskriminalität, 1984, S. 5. Man kann unter diesem Blickwinkel die Bestechungsdelikte kriminologisch als „repressives Verbrechen" betrachten. Siehe Hess, Krim J., 1976, S. 1 (1 ff.); kritisch *Kaiser*, Lehrbuch Kriminologie, 1996, § 38, Rn. 32.

3510 *Zimmermann*, Das Unrecht der Korruption, 2018, S. 410; „asymmetrische Beziehung" *Hoven*, ZStW 2016, S. 173 (174).

3511 *Binding*, Strafrecht BT II, 1905, S. 720.

3512 Dieses Unterscheidungskriterium nennt man im italienischen Korruptionsstrafrecht als *„metus publicae potestatis"*. Siehe *Hein*, in: Eser/Überhofen/Huber (Hrsg.), Korruptionsbekämpfung durch Strafrecht, 1997, S. 239 m.w.N.

3513 Fassung nach der Reform von 2012. Übersetzt von *Tellenbach*, Aktualisierung, 2012, S. 14-15. Das Wort „irtikap" ist dort als „Erpressung im Amt" übersetzt. Doch

wird mit fünf bis zu zehn Jahren Gefängnis bestraft. *Das Vorliegen von Zwang wird angenommen, wenn* angesichts des rechtswidrigen Verhaltens und Handelns des Amtsträgers bei einer Person die Besorgnis entsteht, die eigene rechtmäßige Angelegenheit würde nicht oder zumindest nicht rechtzeitig erledigt, sie sich so unter Zwang gesetzt fühlt und dem Amtsträger oder einer von ihm benannten Person einen Vorteil verschafft.
(2) Der Amtsträger, der durch listige Machenschaften unter Missbrauch des Einflusses, den ihm sein Amt verschafft, einen anderen *überredet*, ihm oder einem Dritten einen Vorteil zu gewähren oder zu versprechen, wird mit drei bis zu fünf Jahren Gefängnis bestraft.
(3) Wird die in Abs. 2 genannte Tat begangen, indem der *Irrtum* eines anderen ausgenutzt wird, so wird eine Strafe von einem Jahr bis zu drei Jahren Gefängnis verhängt.
(4) Die nach den obigen Absätzen zu verhängende Strafe kann unter Berücksichtigung des Werts des erpressten Vorteils und der wirtschaftlichen Lage des Opfers bis auf die Hälfte herabgesetzt werden.

Art. 317 c.p.: Concussione[3514]

Die Amtsperson (357) oder die mit einem öffentlichen Dienst beauftragte Person (358), die unter Mißbrauch ihrer Eigenschaft oder ihrer Befugnisse einen anderen zu Unrecht zur Hergabe oder zum Verssprechen von Geld oder einem anderen Vorteil für sich oder für einen Dritten zwingt oder ihn dazu veranlaßt, wird mit Gefängnisstrafe von vier bis zu zwölf Jahren bestraft (317bis, 323bis).

4. *Einflusshandel bzw. missbräuchliche Einflussnahme*

Beim Kampf gegen das korrupte Verhalten von Personen, die aus ihrer machtnahen Stellung, die meist auf dem näheren Umfeld des Amtsträgers oder der Angehörigkeit einer politischen Partei basiert, Vorteile erlangen zu wollen, ist das kriminalrechtliche Instrument „Einflusshandel" anzusetzen. Zur Verbesserung der KB ist ein solcher Straftatbestand, der den missbräuchlichen Einfluss

bedeutet es im Wörterbuch als „Bösartigkeit", und „Käuflichkeit" sowie „Schwindler". Siehe dazu http://www.tdk.gov.tr/index.php?option=com_bts&arama=kelime&guid=TDK.GTS.5bc5ff15778179.37305068 (16.10.2018). Zum türkischen Strafrecht bekommt man eine falsche Vorstellung aufgrund dieser Übersetzung. So auch *Rumpf*, in: Passarge/Behringer (Hrsg.), Handbuch Compliance International, 2015, S. 613. Deshalb hat der Verfasser den Straftatbestand als „Amtsmissbrauch i.w.S." tituliert. Betrachtet man nur den Titel des Verbrechens, so ist davon auszugehen, dass die Tat nur etwas mit Erpressung zu tun hat. Doch kann die Straftat, wie oben in verschiedenen Absätzen formuliert, neben der Nötigung auch durch Vortäuschen oder durch das Ausnutzen eines Irrtums begangen werden.

3514 Fassung nach der Reform von 1990. Übersetzt von *Rübenstahl*, Amtsträgerkorruptionsdelikte nach italienischem und deutschem Recht, 2012, S. 774.

verhindert und die Bestechlichkeit ergänzt, im System des Korruptionsstrafrechts unverzichtbar.[3515]

Bei diesem Tatbestand ist nicht relevant, ob die strafbare Einflussnahme von Erfolg gekrönt ist; eine tatsächliche oder vermutete Tat, die sich auf die Ausübung eines Einflusses richtet, reicht schon aus, den Täter zu strafen.[3516] Der Einfluss des Mittelsmannes ist in der Regel auf die „Vornahme einer inkorrekten Entscheidung" zu richten.[3517] Daher geht es im Kern um eine ungerechte und unzulässige Beeinflussung.

Eigentlich wird hier die echte oder vermutende „Vermittlung" zu einer Bestechungsabsprache pönalisiert. Das bezieht sich also auf die Vorphase der Unrechtsvereinbarung (Stichwort: Vorverlegung der Strafbarkeit).[3518] Diese spezielle Teilnahmeform ist deshalb strafwürdig und entsprechend autonom unter Strafe zu stellen.[3519]

Die Straftat ist bilateral und setzt eine rechtswidrige Vereinbarung zwischen dem Einflusshändler und (Auftrag-) Geber voraus. Auf der anderen Seite handelt es sich hier eigentlich um ein „trilaterales Beziehungsverhältnis"[3520] oder mit anderen Worten um eine „korruptive Dreiparteienbeziehung",[3521] die „dem

---

3515 Erläuternder Bericht zum Strafrechtsübereinkommen des CoE über Korruption, Nr. 64, abgedruckt in: BT-Drucks. 18/9234, S. 56; siehe ferner *Waßmer*, in: Grützner u.a. (Hrsg.) Internationaler Rechtshilfeverkehr in Strafsachen, 2019, III C 6.3, Rn. 49-50.

3516 Art. 12 des CoE-Übereinkommen lautet so: „das unmittelbare oder mittelbare Versprechen, Anbieten oder Gewähren eines ungerechtfertigten Vorteils als Gegenleistung an eine Person, die behauptet oder bestätigt, missbräuchlich Einfluss auf die Entscheidungsfindung einer der in den Artikeln 2, 4 bis 6 und 9 bis 11 genannten Personen nehmen zu können, für diese selbst oder für einen Dritten sowie das Fordern oder Annehmen oder das Annehmen des Angebots oder Versprechens eines solchen Vorteils durch eine solche Person als Gegenleistung für eine solche Einflussnahme, unabhängig davon, *ob die Einflussnahme erfolgt ist oder nicht oder ob die vermutete Einflussnahme zu dem gewünschten Ergebnis führt oder nicht.*"

3517 *Zimmermann*, Das Unrecht der Korruption, 2018, S. 489.

3518 *Überhofen*, Korruption und Bestechungsdelikte, 1999, S. 392.

3519 *Überhofen*, in: Eser/ders./Huber (Hrsg.), Korruptionsbekämpfung durch Strafrecht, 1997, S. 752, 753.

3520 *Philipp*, Der Straftatbestand des Einflusshandels, 2016, S. 37.

3521 Erläuternder Bericht zum Strafrechtsübereinkommen des CoE über Korruption, Nr. 65, abgedruckt in: BT-Drucks. 18/9234, S. 56; *Waßmer*, in: Grützner u.a. (Hrsg.) Internationaler Rechtshilfeverkehr in Strafsachen, 2019, III C 6.3, Rn. 50.

deutschen Korruptionsstrafrecht fremd" ist.[3522] Dabei kommen im Gesamtbild Vorteilsgeber, Zwischenhändler und Amtsträger als drei Kettenglieder des Tatbestandes in Betracht.

Viele Länder, die diese Straftat in ihrem StGB vorgesehen haben, wurden vom französischen Strafrecht inspiriert.[3523] Die französische Formulierung diente ferner als „Vorbild für alle internationalen Abkommen".[3524] Dieser Tatbestand wurde dort erst nach politischen Skandalen als notwendig erachtet.[3525]

Es bestehen Ähnlichkeiten mit dem Bestechungsunrecht. Die Einflussnahme zielt auf eine Verletzung einer Dienstpflicht.[3526] Der Straftatbestand des Einflusshandels ist beispielsweise im NCP und im türk. StGB im Lichte von Bestechungshandlungen formuliert und ausgestaltet. Im Unterschied zur Bestechung kommerzialisiert der Einflusshändler seinen tatsächlichen oder mutmaßlichen Einfluss auf die vom Auftragsgeber gewünschte öffentliche Letztentscheidung. Es geht also bei der Straftat um illegale Einflussnahme und „keine verkaufte Handlung". Der Einflusshändler erscheint auf diese Weise als Makler für das betreffende Unrechtsgeschäft bzw. als „Zwischenhändler". Man kann somit den Straftatbestand von den Bestechungshandlungen unterscheiden.[3527]

3522 BT-Drucks. 18/2138, S. 82: „Ein Bedürfnis für eine derart weitgehende Bestrafung dritter Personen ist bislang nicht aufgetreten. Strafwürdiges Unrecht wird durch die §§ 331 ff. StGB erfasst, die auch bei Annahme oder Gewährung von Vorteilen für Dritte anwendbar sind."

3523 *Philipp*, a.a.O., S. 173.

3524 *Philipp*, a.a.O., S. 172.

3525 Eingehend *Philipp*, a.a.O., S. 160 ff. Im Gegensatz dazu sieht der schweizerische Gesetzgeber keine Notwendig für illegale Interventionen in der Politik. Er begründet seine These in der Botschaft v. 10.11.2004 bezüglich der Umsetzung des Europaratsübereinkommens über Korruption wie folgend: „*Die beschriebenen persönlichen und sozialen Verpflichtungen existieren überall, und es ist daher nicht auszuschliessen, dass die enge Verbindung zwischen Politik, Wirtschaft und öffentlicher Verwaltung, wie wir sie auch in der Schweiz kennen, zu so genanntem Filz und in Einzelfällen zu missbräuchlicher Einflussnahme führen kann. Diese Voraussetzungen entstehen jedoch primär im Rahmen gegenseitiger Freundschaften oder gemeinsamer Zugehörigkeit zu Interessengruppen und bilden in erster Linie ein gesellschaftliches Phänomen, welches nicht Gegenstand strafrechtlicher Intervention sein sollte.*" Siehe schweiz. BBl., 2004, S. 7015-7016.

3526 *Zimmermann*, Das Unrecht der Korruption, 2018, S. 489.

3527 *Philipp*, Der Straftatbestand des Einflusshandels, 2016, S. 37.

Art. 432-11 frStGB: Bestechlichkeit und missbräuchliche Einflussnahme[3528]

(...) wird bestraft, wer [...]
1. [...]
2. seinen tatsächlichen oder vermeintlichen Einfluss zu missbrauchen, um die Gewährung von Auszeichnungen, Beschäftigungsverhältnissen, Aufträgen oder anderen begünstigenden Entscheidungen durch eine Behörde oder die öffentliche Verwaltung zu erwirken.

Art. 428 spStGB: Vom Handel mit Einfluss[3529]

Der Beamte oder Amtsträger, der auf einen anderen Beamten oder Amtsträger unter Ausnutzung der Ausübung der Befugnisse seines Amtes oder irgendeiner anderen Situationen, die sich aus seiner persönlichen oder hierarchischen Beziehung mit diesem oder einem anderen Beamten oder Amtsträger ergibt, Einfluss nimmt, um eine Entscheidung zu erlangen, die ihm selbst oder einem Dritten unmittelbar oder mittelbar einen wirtschaftlichen Vorteil bringen kann, wird mit [...]

§ 308 öStGB: Verbotene Intervention

(1) Wer für sich oder einen Dritten dafür einen Vorteil fordert, annimmt oder sich versprechen lässt, dass er einen ungebührlichen Einfluss auf die Entscheidungsfindung eines Amtsträgers oder eines Schiedsrichters nehme, ist mit Freiheitsstrafe bis zu zwei Jahren zu bestrafen.
(2) Ebenso ist zu bestrafen, wer einem anderen dafür einen Vorteil anbietet, verspricht oder gewährt, dass dieser einen ungebührlichen Einfluss auf die Entscheidungsfindung eines Amtsträgers oder eines Schiedsrichters nehme.
[...]
(5) [...]

Art. 255 türk. StGB: Unerlaubte Einflussnahme[3530]

(1) Wer unter Erwähnung seines Einflusses auf einen Amtsträger, *um zur Erledigung einer rechtwidrigen Sache initiativ zu werden,* sich oder einem anderen direkt oder durch Mittelspersonen einen Vorteil verschafft, wird mit Gefängnis von zwei bis zu fünf Jahren und bis zu 5000 Tagessätzen Geldstrafe bestraft. Ist die Person ein Amtsträger, so wird die zu verhängende Gefängnisstrafe um die Hälfte erhöht. Die Person, die für die Erledigung der Angelegenheit oder in Erwartung der Erledigung einen Vorteil gewährt, wird mit Gefängnis von einem Jahr bis zu drei Jahren bestraft.

3528 Zit. nach *Philipp*, a.a.O., S. 602-603.
3529 Zit. nach *Philipp*, a.a.O., S. 610.
3530 Fassung nach der Reform von 2012. Übersetzt von *Tellenbach*, Aktualisierung, 2012, S. 19.

(2) Bereits das Treffen einer Vereinbarung über das Verschaffen des Vorteils wird wie die vollendete Tat bestraft.
[…]
(7) […]

5. *Unerlaubte/Unrechtmäßige Bereicherung*[3531]

Gemäß Art. 20 UN-Übereinkommen ist unter der unerlaubten Bereicherung „eine erhebliche Zunahme des Vermögens eines Amtsträgers, die er im Verhältnis zu seinen rechtmäßigen Einkünften nicht plausibel erklären kann", zu verstehen.

Es geht bei diesem Tatbestand um eine „Verdachtsstrafe"[3532] und um eine Beweislastumkehr auf den Amtsträger, der unangemessene, außerordentliche und verdächtige Gegenstände besitzt.[3533] Diese Verdachtsstrafe ist aber vor allem von den Gutachten abhängig, die vom Fachpersonal erstellt werden. Auf diese Weise müssen Anhaltspunkte, die die objektive Strafbarkeitsbedingung[3534] bilden, konkretisiert werden.[3535]

Die Tatbestandsbestimmtheit ist ein wichtiger Grundsatz des Strafrechts. In diesem Sinne wird in der Doktrin vertreten, dass durch diese Gesetzesumgehungsmethode, also mit der Schaffung einer Generalklausel, der Gesetzgeber sich über dieses verfassungsrechtliche Postulat hinwegsetzt.[3536] Denn in diesem Konzept würden einfache gesetzwidrige Verhalten bestraft, weil dafür ein Verbotsgesetz existiert.[3537] Es handele sich dabei um einen extremen Rechtspositivismus.[3538]

Nach einer Ansicht gehört ein solcher Straftatbestand noch nicht zum internationalen Mindeststandard, weil das Übereinkommen der Vereinten Nationen gegen Korruption aus dem Jahr 2003 ihn unter den Vorbehalt der Verfassung und der wesentlichen Grundsätze der nationalen Rechtsordnung empfohlen hat.[3539]

3531 Siehe dazu oben § 19 D III und § 20 E IV.

3532 Nach *Kliegel*, Der Straftatbestand der unerlaubten Bereicherung, 2013, S. 296, liegt ein Verstoß gegen das Prinzip in dubio pro reo und die Unschuldsvermutung.

3533 *Marsch*, Strukturen der internationalen Korruptionsbekämpfung, 2010, S. 30.

3534 So *Kliegel*, a.a.O., S. 162.

3535 Kassationshof, 7. Strafsenat, Urt. v. 4.7.2007, E. 2006/7187, K. 2007/5352.

3536 Vgl. *Heinz*, GA 1977, S. 193 (227).

3537 Vgl. i.S.d. Wirtschaftsdelikte *Zirpins/Terstegen*, Wirtschaftskriminalität, 1963, S. 40-41.

3538 *Kliegel*, a.a.O., S. 389, stuft diese Straftat als „verfassungswidrig" ein.

3539 *Marsch*, Strukturen der internationalen Korruptionsbekämpfung, 2010, S. 217.

6. *Gemeinsame Punkte von Bestechungs- und ähnlichen Delikten*

Es kann festgehalten werden, dass eine Parallelität zwischen Bestechungs- und bestechungsähnlichen Delikten in Rechtsgut,[3540] Täterkreis und in der Rechtspolitik[3541] sowie in der Motivation des Amtsträgers besteht.[3542]

B. Gesamtmerkmale der eigentlichen Bestechung

Diese Merkmale sollten als Mindeststandards oder Orientierungspunkte des gesetzlichen Reformvorhabens angesehen werden.

I. Formelle Merkmale

1. *Am Gemeinwohl orientierte Dienste*

Unter Dienst ist „eine Tätigkeit für einen anderen, eine im Idealfall treuhänderische, fremdnützige Tätigkeit" zu verstehen.[3543]

2. *Erteilung von Macht und Zuständigkeit durch den Prinzipal*

Ein Handeln bzw. eine Tätigkeit im Zusammenhang mit der Amtsausübung setzt eine übertragene öffentliche Macht voraus.[3544] Die hier in Betracht genommene Sonderpflicht zur Amtsausübung bezieht sich deshalb auf die ihm übertragene Amtsausübung. Bei der Wahrnehmung von öffentlichen Aufgaben gewinnt der Amtsträger eine „spezielle Herrschaftsposition" durch diese Pflicht.[3545]

Übertragung einer Macht ist „rechtfertigungsbedürftig".[3546] In einem demokratischen Rechtsstaat muss dafür von vornherein eine Legitimationsgrundlage

---

3540 Beim Verhältnis zwischen Vorteilsannahme und Bestechlichkeit geht RGSt 56, 402, vom desselben Rechtsgutsgedanke, nämlich „Unkäuflichkeit von Amtshandlungen", aus.

3541 Rechtspolitisch geht es um im Kern „das Vertrauen des Bürgers". Siehe dazu *Baumann*, Zur Problematik der Bestechungstatbestände, 1961, S. 12.

3542 Nach *Überhofen*, in: Eser/ders./Huber (Hrsg.), Korruptionsbekämpfung durch Strafrecht, 1997, S. 759, können diese sämtlichen Delikten über eine Anknüpfung an die amtliche Befugnis und das Merkmal der Verletzung der Dienstpflichten systematisiert werden.

3543 *Greco*, GA 2016, S. 249 (251).

3544 „Übertragung des Amtes" *Birkmeyer*, Bestechung, in: Vergleichende Darstellung, IX. Bd., 1906, S. 344; „Die Übertragung von Entscheidungsgewalt" *Zimmermann*, Das Unrecht der Korruption, 2018, S. 300.

3545 *Barranco*, in: FS-Tiedemann, 2008, S. 873.

3546 *Greco*, GA 2016, S. 249 (251).

vorhanden sein. „Die Aufgabenzuweisung kann auf Gesetz oder VwV beruhen.“[3547]

3. Rechtsmäßige Übernahme der Macht und Zuständigkeit

Unter der rechtmäßigen Übernahme ist die dazu bestellte Person zu verstehen. Dadurch sie wird sie zuständig.

Da die Amtsträger, die nach formaler Entscheidung durch Verwaltung oder durch seitens der Politik zum Inhaber einer Machtbefugnis werden, die staatlichen Aufgaben selbst zu führen haben, entscheiden sie während der Amtszeit mit einer unmittelbaren oder mittelbaren Wirkung auf der Seite des Bürgers und sie tragen damit volle Verantwortung.[3548]

4. Entscheidungs- bzw. Funktionsträger in einem durch das Strafrecht geschützten Gebiet

Die Feststellung des Täterkreises bezieht sich auf die Bestimmung des richtigen Adressatenkreises.[3549] Gehört eine Person zum Täterkreis einer Straftat, so nennt man ihn „tauglicher Täter“.

Im staatlichen Bereich ist das Subjekt der Bestechlichkeit „der Inhaber eines öffentlichen Amtes“.[3550] Im Justizbereich erscheinen Richter, Staats- und Rechtsanwälte und Schiedsrichter, Sachverständige sowie Steuerberater (§§ 332 Abs. 2, 337; Art. 252 Abs. 7 türk. StGB); in der Politik Mandatsträger wie Abgeordnete (§ 108e) und in dem geschäftlichen Verkehr Angestellten (§ 299) als taugliche Täter. Schließlich kommen in der Gesellschaft Vertragsärzte (§ 299a) und Sportler sowie Trainer (§ 265d und Art. 11 Gesetz Nr. 6222 v. 2011) als Akteure von Bestechungshandlungen in Betracht.

Der Täter eines Bestechlichkeitsdelikts ist nur derjenige, der die „hoheitliche Tätigkeit“[3551] ausüben kann und eine Entscheidungsmacht innehat (sog. Amtsträgereigenschaft). Der Entscheidungsträger ist also derjenige, der zu einem öffentlichen Dienst rechtmäßig bestellt und dazu sachlich und örtlich zuständig ist.

3547 *Korte*, in: MüKo-StGB, 2019, § 331, Rn. 107.

3548 Vgl. *Depenheuer*, in: HStR III, 2005, § 36, Rn. 33; *Isensee*, Gemeinwohl und öffentliches Amt, 2014, S. 109 f. und S. 124 f.

3549 *Kudlich*, JA 2007, S. 90 (94).

3550 *Birkmeyer*, Bestechung, in: Vergleichende Darstellung, IX. Bd., 1906, S. 346.

3551 *Barranco*, in: FS-Tiedemann, 2008, S. 873.

II. Materielle Merkmale (Unrechtstatbestandsmerkmale)

1. Missbrauch der anvertrauten Macht (Regelverstoß)

Wie in dieser Arbeit ausgeführt, stellt das Merkmal „Machtmissbrauch“ einen wichtigen Referenzpunkt für die Legalform des Korruptionsbegriffs im strafrechtlichen Sinne dar.

Der Begriff „Missbrauch“ behandelt unterschiedliche Bewertungskriterien wie rechtliche, politische, ethische, gesellschaftliche bzw. soziale Normenverletzungen.[3552] Um den Begriff „*Missbrauch*“ zu klären, ist nicht – wie manche Vertreter meinten – eingeschränkt von einer Sondermoral auszugehen, vielmehr muss hierbei auf die Vorstellungen der Gemeinschaft wie auf die „Perspektive und Moral der Allgemeinheit“ abgestellt werden.[3553]

Unter dem öffentlichen Amt ist die „anvertraute Macht“ zu verstehen.[3554] Diese Macht ist nur „zum Wohl des Treugebers“ zu benutzen. Ein Beamter ist daher verpflichtet, sie nur im Interesse des Gemeinwohls zu betätigen.[3555] Diese Verantwortlichkeit des Staatsdieners ist nun in Staaten mit der Epoche der modernen Demokratie als Verfassungsgebot gewährleistet.[3556] Die auf „Unabhängigkeit“ und „Neutralität“ der Bediensteten beruhenden Entwicklungen gewinnen in Verfassungsstaaten immer mehr Bedeutung.[3557] Amtsmissbrauch des Vertrauensträgers ist deshalb vom Prinzipal nicht erwünscht. Koppelt beispielsweise der Staatsdiener seinen Dienst an ungerechte Vorteile, so missbraucht er seine Macht. Denn er beachtet auf diese Weise nicht dem Grundsatz der Trennung von öffentlicher und privater Sphäre.[3558] Dieser Verstoß umfasst sowohl den Befugnis- und als auch den Stellungsmissbrauch des Amtsträgers.

3552 *Smelser*, in: Fleck/Kuzmics (Hrsg.), Korruption, 1985, S. 211; *v. Arnim/Heiny/Ittner*, Der Begriff Korruption, 2006^2, S. 22.

3553 Vgl. *v. Alemann*, in: ders. (Hrsg.), Dimensionen politischen Korruption, 2005, S. 31; *v. Arnim u.a.*, Der Begriff Korruption, 2006^2, S. 22-23.

3554 *Wiehen*, ApuZ 32-33/2001, S. 15 (15); *v. Arnim/Heiny/Ittner*, Der Begriff Korruption, 2006^2, S. 26.

3555 *Depenheuer*, in: HStR III, 2005, § 36, Rn. 23 und Rn. 44 f.; *v. Arnim/Heiny/Ittner*, Der Begriff Korruption, 2006^2, S. 15.

3556 Vgl. *v. Arnim/Heiny/Ittner*, Der Begriff Korruption, 2006^2, S. 26; *Isensee*, Gemeinwohl und öffentliches Amt, 2014, S. 57, 66 f. und S. 141 f.; *Peters*, JZ 2016, S. 217 (227).

3557 *Bussmann*, Wirtschaftskriminologie I, 2016, Rn. 631. Alle andere amtliche Zwecke wäre ein Missbrauch i.S.d. Verfassung. Siehe dazu *Isensee*, Gemeinwohl und öffentliches Amt, 2014, S. 105.

3558 *Greco*, GA 2016, S. 249 (252).

Die Bestechlichkeit kann also nur unter Missbrauch der anvertrauten Macht begangen werden.[3559]

2. *Unrechtsvereinbarung (Bestechungsvertragsabschluss)*

Die Unrechtsvereinbarung ist ein Austauschverhältnis[3560] in einer Zwei-Herren-Beziehung.[3561] In diesem Verhältnis stehen Funktionsträger und Außenstehender als Tauschparteien des Unrechtsgeschäfts (Intraneus ⇔ Extraneus).

Das Unrechtsvereinbarungsmerkmal dient nicht nur dem besseren Verständnis der Beziehung, sondern auch zur Begrenzung der korruptiven Beziehungen. Jedenfalls ist es in der gesetzlichen Fassung des Verbrechensphänomens „Bestechung" entweder konkludent oder explizit auszudrücken.[3562] Ohne dieses Merkmal kann man nicht von einem Bestechungsverbrechen sprechen. Denn dieses Element macht das kriminelle Unrechtsgeschäft auf normativer Basis deutlich.[3563] So gewinnt das Strafrecht seine Steuerungsfähigkeit i.R.d. negativen Generalprävention.[3564]

Das Austauschverhältnis zwischen korrumpierten Partnern ist stets objektiv erkennbar.[3565] Die auf die Bestechung gerichtete Willensübereinstimmung muss nach ihrem Aussehen sachlich plausibel sein. Die Unrechtvereinbarung ist aber auf der anderen Seite subjektiv ausgerichtet. Zum Abschluss des Bestechungsvertrags wird eine „Willensübereinstimmung" beider Beteiligter verlangt. So setzt eine Unrechtsvereinbarung objektiv und subjektiv zusammentreffende Äußerung voraus.[3566] Die Leistung muss also die Gegenleistung sowohl im objektiven

---

3559 Vgl. *Kindhäuser*, ZIS 6/2011, S. 461 (463, 468); *Zimmermann*, ZStW 2012, S. 1023 (1027); *Sinner*, in: Matt/Renzikowski-StGB, 2013, § 331, Rn. 4; *Heinrich*, in: Arzt u.a., Strafrecht BT, 2015, § 49, Rn. 9; *Greco*, GA 2016, S. 249 (253).

3560 *Ostendorf*, in: Buck (Hrsg.), Neue Fragen an den Rechtsstaat, 2009, S. 96; siehe ferner *Walther*, Bestechlichkeit und Bestechung im geschäftlichen Verkehr, 2011, S. 5 f.

3561 *Saliger*, in: FS-Kargl, 2015, S. 498.

3562 Ebenso *Überhofen*, Korruption und Bestechungsdelikte, 1999, S. 132; *Walther*, Bestechlichkeit und Bestechung im geschäftlichen Verkehr, 2011, S. 6.

3563 *Heffter*, Lehrbuch, 1857, S. 449, Fn. 7: „Das Verbrechen beruht in einer unerlaubten Convention."

3564 *Braum*, NJ 1996, S. 450 (453).

3565 *Sommer*, in: Anwalt-StGB, 2015, § 331, Rn. 33 und § 332, Rn. 8, betont immer die entscheidende Rolle der objektiv erkennbaren Seite.

3566 Vgl. *Kuhlen*, in: NK-StGB, 2017, § 331, Rn. 25; *Korte*, in: MüKo-StGB, 2019, § 331, Rn. 76; *Möhrenschlager*, in: Dölling (Hrsg.), Korruptionsprävention, 2007, 8. Kap., Rn. 43; *Sowada*, in: LK-StGB, 12. Aufl., § 331, Rn. 27 und § 332, Rn. 21; *Heine/Eisele*, in: S/S-StGB, 2014, § 331, Rn. 38; *Sinner*, in: Matt/Renzikowski-StGB, 2013, § 331, Rn. 28; *Hardtung*, Erlaubte Vorteilsannahme, 1994, S. 62 f.; *Geerds*, Unrechtsgehalt

als auch im subjektiven Sinn decken. Die objektiven und subjektiven Sinne der Unrechtsvereinbarung ergeben sich insofern einerseits aus den Willenserklärungen und andererseits den Interessen der Beteiligten (*Interessentheorie*) an dienstlicher Tätigkeit und am Vorteil.

In diesem kriminellen Unrechtsgeschäft motiviert sowohl die Leistung als auch die Gegenleistung die korrupten Beteiligten spiegelbildlich.[3567]

a. *Leistung der UnRV: Dienstliche Tätigkeit*

Nur eine sich auf den Dienst beziehende Handlung kann die Leistung der UnRV bilden. Auf Seiten des Bestochenen tritt sie als das Tatobjekt des Delikts in Erscheinung. Dagegen stellt sie sich aus Sicht des Bestechenden als Tatziel der Bestechung i.e.S. vor.

b. *Gegenleistung der UnRV: Ungerechtfertigter Vorteil*

Das wichtigste in diesem Zusammenhang ist, dass die Initiative des Bestechenden bezüglich des Vorteils zweckmäßig und quantitativ in der Lage sein muss, den Bestochenen zur dienstwidrigen Ausübung anzustiften oder zumindest dahingehend zu beeinflussen.[3568] Dabei ist aber nicht wichtig, ob er potenziell oder real vorliegt. Auf diese Weise stellt der Vorteil den Wert der Leistung dar. Der Grund dafür ergibt sich nochmals aus der do-ut-des-Logik: Die Leistung und Gegenleistung sind die gleichgewichtigen Bestandteile der UnRV. Die Bestechungsparteien gehen also davon aus, dass jeder Akteur dieser Beziehung danach als Gegenleistung etwas Wertvolles bekommen wird.[3569]

Nach der „*Zustandstheorie*" liegt ein ungerechtfertigter bzw. ein tauglicher Vorteil dann vor, wenn er den wirtschaftlichen oder seelischen sowie sinnlichen Zustand des Amtsträgers verführt und damit den Täter in eine strafbare Richtung leitet, wobei sein Verhalten danach „die Leistung der Unrechtsvereinbarung" bilden wird.[3570]

---

der Bestechungsdelikte, 1961, S. 73, zum Thema Fn. 377 jeweils m.w.N. Siehe ferner BGHSt 15, 356; BGH, NStZ 1984, S. 24 (25); BGH, NStZ-RR 2002, S. 272 (274). Kritisch für die Objektivierung *Cramer*, in: S/S-StGB, 2001, § 331, Rn. 29d; kritisch für die Subjektivierung *Stein/Rudolphi*, in: SK-StGB, 2015, § 331, Rn. 25a.

3567 *Maiwald*, NStZ 1994, S. 488 (489).

3568 In der vorliegenden Studie ist das Thema unter der Geringwertigkeit der Zuwendung behandelt.

3569 Vgl. *Jhering*, Der Zweck im Recht, Bd. I, 1893, S. 122. In ähnlicher Weise mit Rücksicht auf Soziologie *Clausen*, Tausch, 1978, S. 121.

3570 So etwa *Katzenstein*, ZStW 1903, S. 163 (172).

Im Ergebnis lässt sich sagen, dass die Interessentheorie, die das Verhalten der beiden Seiten kausal bindet, und die Zustandstheorie für die Beschreibung der tatbestandlichen Leistungen einer UnRV wertvoll und brauchbar sind.

c. *Reziprozität (Gegenleistungsverhältnis)*

Im Sinne des Zivilrechts geht es bei einem Bestechungsvertrag um eine entgeltliche und zweiseitige Abrede. Die beiden Teile des Bestechungsvertrags sind hierbei davon überzeugt, dass sie durch das Austauschverhältnis etwas gewinnen. Ihr Motto lautet demnach: Er gibt, damit sein Partner wertvolles gibt (*do ut des*). Ohne diese Logik kann kein „Austausch" in Betracht kommen.[3571] Daher steht der Reziprozitätsgedanke im Vordergrund.

Das Reziprozitätsprinzip legt den auf das Austauschverhältnis gerichteten Gedanken der beiden Seite dar. Um von dem Austauschverhältnis i.S.d. Bestechungsdelikte zu sprechen, ist hierbei immer[3572]die Interessenlage der korrumpierten Partner maßgeblich.[3573] Wie oben erwähnt, müssen die Leistung (amtliche Tätigkeit) und die Gegenleistung (ungerechtfertigter Vorteil) sowohl im objektiven als auch subjektiven Sinne im Interesse des Vorteilsgebers und im Interesse des Amtsträgers liegen (Interessentheorie).[3574] Im theoretischen Hintergrund stehen dieser Tauschgedanke und die ökonomische Kalkulation zu Lasten der Allgemeinheit.[3575]

Die Reziprozität unterstützt das Vertrauen auf die Beziehung und hilft damit zur Setzung einer guten Verbindung zwischen beiden Kumpanen.[3576] Im Kern dieser Gegenseitigkeitsbeziehung geht es um allmählich wachsende Freundschaft und um Vertrauen.[3577]

3571 Siehe *Jhering*, Der Zweck im Recht, Bd. I, 1893, S. 121. „(…) Man wird dabei die Grundsätze des bürgerlichen Rechts über die Bedeutung von Willenserklärung zwar mit heranziehen dürfen, jedoch höchstens vergleichsweise."«: RGSt 58, 266; *Walther*, Bestechlichkeit und Bestechung im geschäftlichen Verkehr, 2011, S. 5.

3572 *Kerner/Rixen*, GA 1996, S. 355 (362).

3573 Vgl. *Korte*, in: MüKo-StGB, 2019, § 331, Rn. 125; *Kuhlen*, in: NK-StGB, 2017, § 331, Rn. 94; *Sowada*, in: LK-StGB, 12. Aufl., § 331, Rn. 70.

3574 Vgl. *Eb. Schmidt*, die Bestechungstatbestände, 1960, Rn. 138.

3575 *Braum*, NJ 1996, S. 450 (451).

3576 *Kindhäuser*, Gefährdung als Straftat, 1989, S. 155, bring es in diesem Zusammenhang zum Ausdruck: „*Vertrauen, das nicht reziprok abgesichert ist, nützt nicht, sondern schadet.*"

3577 *Stegbauer*, Reziprozität, 2011, S. 59.

3. *Pflichtwidrige Diensthandlung*

Dieses objektive Tatbestandsmerkmal setzt von vornherein eine zu dem übertragenen Amt gehörende Handlung bzw. ein dienstliches Verhalten voraus, wobei die „vereinigte Theorie" bzw. objektivierte subjektive Betrachtung eines verständigen Betrachters für die Beurteilung gilt.[3578]

Dieses Merkmal stellt im Grunde auf die Sachwidrigkeitslehre ab, die auf der „inkorrekten Entscheidung" des Bestochenen basiert.[3579] Es bedarf daher einer konkreten Amtshandlung, damit wir deren Pflichtwidrigkeit beurteilen können.

Dieser konkretisierbare oder konkrete Regelverstoß, anders ausgedrückt „der Verstoß gegen Entscheidungsregeln"[3580], ist ein wichtiges Unterscheidungsmerkmal im Verhältnis zu ähnlichen Delikten.[3581] Ohne Verletzung der dienstlichen Vorschriften sind die eigentlichen Bestechungsdelikte nicht vorstellbar. Andernfalls besteht die Gefahr, die echten Bestechungstatbestände uferlos werden zu lassen.[3582] Die pflichtwidrige Diensthandlung stellt insofern den materiellen Unrechtskern der Bestechlichkeit und Bestechung dar.[3583]

Vertrauens- bzw. Funktionsträger tragen Dienstpflichten wie die Verpflichtung auf Unparteilichkeit bzw. Gleichbehandlung und auf Gesetzmäßigkeit des Staates. Aus diesem Grund dürfen sie während des Dienstes nicht ihre eigenen Interessen wahrnehmen. Anderenfalls kommen (bewusste oder unbewusste) Verstöße gegen die in einem gerechten Rechtssystem vorgesehenen Dienstpflichten in Frage.

Im Allgemeinen kann festgehalten werden, dass im soziologischen Sinne ein illegales Verhalten in Betracht kommt. Die Parteien handeln gegen die rechtlich geschützten sozialen Normen.[3584]

3578 So etwa *Korte*, in: MüKo-StGB, 2019, § 331, Rn. 109.

3579 Siehe dazu *Zimmermann*, Das Unrecht der Korruption, 2018, S. 429 f.

3580 *Volk*, in: 61. DJT, Bd. II/1, L 49; zustimmend dem Begriff „Entscheidungsregeln" i.S.v. Bestechungsdelikte *Zimmermann*, Das Unrecht der Korruption, 2018, S. 165 f, 176 ff.; *Böse*, ZIS 4/2018, S. 119 (126).

3581 Nach *Volk*, in: 61. DJT, Bd. II/1, L 38 sei die Regelwidrigkeit schon beim Missbrauch der Vertrauensstellung inbegriffen.

3582 Vgl. *Volk*, in: 61. DJT, Bd. II/1, L 41; zustimmend i.S.d. Soziologie *Menne*, KZfSS 1948/49, S. 144 (145).

3583 BGH, Urt. v. 6.9.2011 – 1 StR 633/10, Rn. 103 = StV 2012, S. 577 (579); i.R.d. Angestelltenbestechung *Walther*, Bestechlichkeit und Bestechung im geschäftlichen Verkehr, 2011, S. 241; i.R.d. Korruption *Volk*, in: 61. DJT, Bd. II/1, L 49; kritisch *Saliger*, in: FS-Kargl, 2015, S. 496 f.

3584 Nach *Höffling*, Korruption als soziale Beziehung, 2002, S. 15, setzt die korrupte Beziehung den „qualifizierten Normenverstoß" voraus.

Das Rechtgefühl betrachtet die Tathandlungen von Bestechungsdelikten als ungerechtfertigt und rechtswidrig. Solche Handlungen sind von Seiten des Prinzipals unerwünscht, da der Agent bzw. Funktionsträger eine „besondere Pflicht" in seinem Namen trägt (Stichwort: Innenverhältnis).[3585] Hierbei ist ein „Konflikt" zwischen den Zielen von Vertrauensträger und Prinzipal zu sehen. Das Ziel und die Vorstellung des Vorteilsempfängers stellen schließlich auf die Verletzung von dienstlichen Vorschriften gegen einen ungerechtfertigten Vorteil ab.[3586]

Bestochene verletzen explizit nicht nur die Dienstpflichten, sondern auch die Dienstvorschriften hinsichtlich ihrer Entscheidungen. Es handelt sich daher rechtsphänomenologisch um einen „Interessenwiderspruch zwischen Vorteil und Pflichtenstellung".[3587] Hier spricht man neben der ontologischen Pflichtwidrigkeit der Handlung i.S.d. Dienstpflichten auch von der Pflichtwidrigkeit der Diensthandlungen i.S.d. Dienstrechts. Die Rechtswidrigkeit tritt somit als ein „akzessorisches normatives Tatbestandsmerkmal" in Erscheinung.[3588] Diese doppelte Pflichtwidrigkeit schildert die allgemeine Seite der Zweispurigkeit des Regelverstoßes.

Da es sich hier um eine Rechtswidrigkeitsklausel handelt, führt dieses Hauptmerkmal zur teilweisen bzw. limitierten Akzessorietät von Bestechlichkeit und Bestechung. Die Pflichtwidrigkeit der Entscheidung wird zwar überwiegend nach außerstrafrechtlichen Maßstaben beurteilt; hier geht es aber nicht um eine strenge Akzessorietät der Tatbestandsmerkmale.[3589]

Es ist hierbei zu beachten, dass sich die Fälle, in denen die Pflichtverletzung nicht in einer Entscheidung im Zusammenhang mit dem Amt, sondern in der Annahme eines Vorteils besteht, nicht auf die klassische Bestechung beziehen und daher außer Betracht bleiben. Ein solcher Vorteil, dessen Annahme eine Pflichtverletzung begründet, ist nicht zugleich Gegenleistung für die Pflichtverletzung.[3590]

3585 Siehe *Geisler*, Korruptionsstrafrecht und Beteiligungslehre, 2013, S. 64.

3586 *Androulakis*, Globalisierung der Korruptionsbekämpfung, 2007, S. 53.

3587 *Kindhäuser*, ZIS 6/2011, S. 461 (464); zustimmend *Geisler*, Korruptionsstrafrecht und Beteiligungslehre, 2013, S. 53.

3588 So auch i.R.d. Angestelltenbestechung *Walther*, Bestechlichkeit und Bestechung im geschäftlichen Verkehr, 2011, S. 243.

3589 Ebenso i.R.d. Bestechlichkeit im berufssportlichen Wettbewerb *Kubiciel*, in: Hoven/ders. (Hrsg.), Korruption im Sport, 2018, S. 83; vgl. auch *Zimmermann*, Das Unrecht der Korruption, 2018, S. 288.

3590 BT-Drucks. 18/6446, S. 22.

Als bedenklich ist es zu bezeichnen, dass die internationalen Abkommen sich nicht dazu äußern.[3591]

4. *Zukunftsperspektive bzw. Zukunftsbezug der Amtshandlung*

An erster Stelle ist zum Ausdruck zu bringen, dass die Zukunftsperspektive ambivalent ist. Es gibt zwei Dimensionen: Sie bezieht sich zum einen auf die vorzunehmende Amtshandlung und zum anderen auf das Austauschverhältnis. Dadurch wird die Strafbarkeit nur auf noch vorzunehmende Amtshandlungen beschränkt.[3592] Die erste Dimension setzt demnach eine ‚vorzunehmende rechtswidrige Diensthandlung' voraus.[3593]

Demgemäß beziehen sich die Bestechungshandlungen „nur auf Künftiges, nicht auf Vergangenes".[3594] Liegt die Zukunftsperspektive nicht vor, kann man nicht von einem Bestechungsverbrechen sprechen. In diesem Zusammenhang ist fraglich, ob auch in diesen Fällen, in denen der Amtsträger sein Motiv zur Amtspflichtwidrigkeit nicht wegen eines rechtswidrigen Vorteils, sondern selbst erregt und ein Dritter erst im Anschluss dafür eine Zuwendung tätigt, eine Bestechungsstraftat in Betracht kommt oder nicht, ohne weiteres zu verneinen ist.[3595] Denn es gibt in solchen Fällen keinen Kausalzusammenhang zwischen Amt und Vorteil.[3596] Aus diesem Grund soll dieser Fall i.R.d. Bestechungsstrafrechts außer Betracht bleiben. Andernfalls würde die Betrachtung solchen Verhaltens als Bestechungshandlung „zu einer Vergewaltigung des Bestechungsbegriffs" führen.[3597] Diese Konstellationen können aber außerhalb des klassischen Bestechungsstrafrechts in das Korruptionsstrafrecht einbezogen werden, weil es sich dabei aufgrund der „Belohnung" der in der Vergangenheit ohne eine Konnexität stattgefundenen Pflichtverletzung um eine strafbare Handlung handelt.[3598]

3591 *Hoven*, Auslandsbestechung, 2018, S. 70.

3592 *Birkmeyer*, Bestechung, in: Vergleichende Darstellung, IX. Bd., 1906, S. 338 f. Im Gemeinen Recht hatte der größte Teil der Lehre diese Ansicht angenommen. Siehe *ders.*, a.a.O., S. 339.

3593 Ablehnend wegen der Beweisschwierigkeit schweiz. BBl. 1999, S. 5532; *Pieth*, in: Handbuch, 2013, § 22, Rn. 44.

3594 *Heffter*, Lehrbuch, 1857, S. 449, zum Thema Fn. 4. *Meili*, Strafrechtliche Bekämpfung der Privatbestechung, 2018, S. 77, ist auch in der Meinung, dass es bei der Bestechung um „ein zukunftgerichtetes Absichtsdelikt" geht.

3595 *Binding*, Strafrecht BT II, 1905, S. 713, zum Thema Fn. 2.

3596 *Binding*, a.a.O., S. 727, zum Thema Fn. 3.

3597 *Binding*, a.a.O., 1905, S. 727.

3598 *Binding*, a.a.O., S. 727, zum Thema Fn. 3.

An letzter Stelle ist zu erwähnen, dass die Tendenz in den internationalen Antikorruptionsregimes ebenfalls an die Zukunft anknüpft. Der Vorsatz muss sich also – wie bei der heutigen Tendenz des deutschen Gesetzgebers in der Ausgestaltung der Tatbestände der §§ 265d, 299[3599] – auf ein zukünftiges ungerechtes Erfolgsunrecht beziehen.[3600] Dagegen sieht die Tendenz heutiger Kodifikationen anders aus; die meisten enthalten keine Beschränkung auf die Zukunft.[3601]

5. *Geheimhaltung*

Die Verheimlichung der Unrechtsvereinbarung ist als der besondere Strafunwert des Verbrechensphänomens Bestechung anzusehen. Ohne den Heimlichkeitsgedanken wäre eine Unrechtsvereinbarung kaum vorstellbar.[3602] Sie ist ein wesentlicher Indizien für die Aufklärung der Tat.[3603]

Zwischen den Akteuren ist es gebräuchlich, ihre korruptiven Beziehungen geheim zu halten, damit sie sich ergänzen (Stichwort: Kommunikationsdelikt) können. Die Täter wissen genau, dass ihre Verstrickung illegal und strafbar ist. Deshalb betätigen sie sich heimlich.[3604] Das führt zu einem beachtenswerten Dunkelfeld.[3605]

Dieses Bedürfnis ergibt sich aus der reziproken und rechtswidrigen Beziehung, wobei alle Akteure in diesem Verhältnis als Teilnehmer und „Nutznießer" der Aktion zu verstehen sind. Zweifelsohne weckt dies das Bedürfnis nach Geheimhaltung.[3606] Denn der eventuelle Vertrauensverlust kommt erst nach der

---

3599 *Rübenstahl*, JR 2017, S. 333 (334).

3600 Erläuternder Bericht zum Strafrechtsübereinkommen des CoE über Korruption, Nr. 34, abgedruckt in: BT-Drucks. 18/9234, S. 52.

3601 Von daher sehr kritisch *Stratenwerth/Bommer*, Strafrecht BT II, 2013, § 62, Rn. 13.

3602 Ablehnend *Dölling*, JR 2005, S. 509 (519). Nach *Volk*, in: 61. DJT, Bd. II/1, L 38, sei dieses oft genannte Merkmal „kein konstitutives Merkmal". In gleicher Weise *Zimmermann*, Das Unrecht der Korruption, 2018, S. 99 f., 719.

3603 Vgl. *Überhofen*, Korruption und Bestechungsdelikte, 1999, S. 469, zum Thema Fn. 45; *Walther*, Bestechlichkeit und Bestechung im geschäftlichen Verkehr, 2011, S. 6; *Zimmermann*, Das Unrecht der Korruption, 2018, S. 369.

3604 *See*, Wirtschaft zwischen Demokratie und Verbrechen, 2014, S. 218: „Wo aktive Bestechung stattfindet, findet auch passive statt. Es entwickelt sich ein System geheimen Tauschhandels."

3605 *Kerner/Rixen*, GA 1996, S. 355 (365).

3606 *Kerner/Rixen*, GA 1996, S. 355 (366).

Offenbarung in Betracht.[3607] Das Vertrauen der Öffentlichkeit wird also „erst durch das Bekanntwerden des Vorgangs" gestört.[3608]

Als Beispiel dafür kann man das Tatbestandsmerkmal des § 337 StGB, namentlich die Formel „hinter dem Rücken der anderen", geben.

Nach einer zutreffenden Meinung führt dieses Merkmal zur Beschränkung der Strafbarkeit auf der Ebene von subjektiven Strafbarkeitsvoraussetzungen bzw. auf der Schuldebene des Täters.[3609]

6. *Doppelter Kausalzusammenhang*

Doppelter Kausalzusammenhang ist eine Kausalität, die jeweils separat eine sinnvolle Kausalität mit sich bringt. Die erste Stufe setzt eine notwendige Verknüpfung zwischen Amt und Handlung, die zweite den Kausalzusammenhang zwischen Amtshandlung und Vorteil voraus.

a. *Erste Stufe der Konnexität: Funktionale Verknüpfung*

Diese erste Stufe der Konnexität bezieht sich auf die innere Seite der übertragenen Dienstaufgaben.

Dies umfasst nicht nur den sachlichen, sondern auch funktionalen Zusammenhang.[3610]

Hierbei muss positiv festgestellt werden, dass „zwischen der von dem Amtsträger entfalteten Tätigkeit und den ihm übertragenen Aufgaben" ein kausaler (legitimer) Zusammenhang besteht.[3611]

b. *Zweite Stufe der Konnexität: Unrechtsvereinbarung*

Diese zweite Stufe der Konnexität legt die äußere Seite der UnRV dar. Der Gegenstand dieses erforderlichen zweiten Kausalzusammenhangs ist die Beziehung zwischen Handlung und Vorteil.

Die damit vorausgesetzte inhaltliche Verknüpfung von Vorteil und seiner Gegenleistung ist sämtlichen Korruptionstatbeständen des Strafgesetzbuches immanent und begründet die besondere Strafwürdigkeit von Korruption.[3612]

3607 Vgl. *Androulakis*, Globalisierung der Korruptionsbekämpfung, 2007, S. 39; zustimmend teilweise *Geisler*, Korruptionsstrafrecht und Beteiligungslehre, 2013, S. 56.

3608 *Greco*, GA 2016, S. 249 (250).

3609 Siehe *Zimmermann*, Das Unrecht der Korruption, 2018, S. 369.

3610 Vgl. *Kuhlen*, in: NK-StGB, 2017, § 331, Rn. 66 ff.; *Korte*, in: MüKo-StGB, 2019, § 331, Rn. 109.

3611 *Korte*, in: MüKo-StGB, 2019, § 331, Rn. 109.

3612 BT-Drucks. 18/6446, S. 18.

Nicht jeder Kausalzusammenhang zwischen Vorteil und Amt legt eine Bestechungskriminalität dar; dafür müssen sich die Leistung und Gegenleistung vielmehr auf die do-ut-des-Logik richten. Es handelt sich auf diese Weise nicht um eine fiktive, sondern um eine echte funktionale Austauschbarkeit der Leistungen. Diese unzulässige Verbindung demonstriert die normative Seite des Tatbestands und ist ferner den Bestandteil des Verständnisses der Bestechungskausalität.[3613]

Hierbei macht der oben erwähnte konkrete und normative Regelverstoß notwendig, von einer engen Kausalität auszugehen.[3614] Demnach wäre eine Unrechtsvereinbarung „die Manifestation des übereinstimmenden Parteiwillens *zur Herstellung eines (psychischen) Kausalzusammenhangs* zwischen Vorteilszuwendung und [dem] Herbeiführen einer inkorrekten Entscheidung".[3615]

7. Bestechungsabsicht

Die Gesinnung zur Ausnutzung muss bewiesen werden, obwohl dieses besondere subjektive Unrechtselement die richterliche Aufgabe erschwert.[3616]

Die Profitabsicht ruft daneben Zweifel am Phänomen der altruistischen Bestechung und staatsnütziger Vorteile hervor.

Dieses Merkmal stellt auf den spezifischen Vorsatz ab (*quid pro quo*), wobei darunter das den tatbestandlichen Vorsatz vorbereitende täterbezogene Merkmal bzw. das besondere Tatmotiv des Täters zu verstehen ist.[3617] Ein allgemeines Bewusstsein des Täters genügt deshalb nicht.

Der zumindest bedingte spezifische Vorsatz muss sich ferner auf das dienstpflichtwidrige Tun oder die Unterlassung erstrecken.

C. Strafrechtsmodell

Der Begriff „Bekämpfungsstrafrecht" hat in der Lehre keinen herkömmlichen Hintergrund. Seit längeren bekannt ist hingegen die sog. „Kriminalitätsbekämpfung".

Die Verbrechensbekämpfung ist eine der primären Erfindungen der Strafrechtswissenschaft. Doch bei einem strafrechtlichen Konzept, bei dem allein ein sogenannter Kampf im Zentrum steht, werden der Behandlungs- und

3613 Vgl. *Greco*, GA 2016, S. 249 (253).

3614 *Möhrenschlager*, in: Dölling (Hrsg.), Korruptionsprävention, 2007, 8. Kap., Rn. 29.

3615 *Zimmermann*, Das Unrecht der Korruption, 2018, S. 518, zum Thema Fn. 2392.

3616 Siehe zur prozessualen Feststellung durch den Tatrichter *Morselli*, ZStW 1995, S. 324 (356 f.); kritisch Eb. *Schmidt*, die Bestechungstatbestände, 1960, Rn. 242 ff.

3617 Vgl. oben § 18 A I 3 b.

Erziehungsgedanke disqualifiziert. Dies führt zu einer Gesellschaft, in der unangemessener- und ungerechterweise alles für die Verbrechensbekämpfung getan wird, was getan werden kann.[3618] Aus diesem Grund ist eine „rechtsstaatliche Verbrechensbekämpfung"[3619] in Gang zu setzen. Das Strafrecht im Namen des ‚Kampfrechts' als funktionell hinreichend geltend zu lassen, ist damit abzulehnen.[3620] Vor diesem Hintergrund ist auch ein expandiertes Strafrecht auf Kosten der präventiven Abschreckung bzw. des präventiven Funktionalismus unerwünscht.

Im Hintergrund des Bekämpfungsrechtskonzepts steht ein Feindbild, mit dem das Rechtssystem alle Instrumente für den Kampf aufruft, scheint es. Deshalb ist eine Meinung, die ein Feindbild für ihre korruptionsstrafrechtlichen Konzepte benötigt, zu verneinen.[3621]

Es müssen nicht die vorhandenen Instrumentarien verstärkt werden, damit die Bestechungsdelikte in allen Bereichen geahndet werden können. Es sollte vielmehr das Recht effektiviert werden. Das KorrBekG vom Jahr 1997 zielte etwa auch auf die „Effektivierung des Strafrechts".[3622]

Die Prinzipien der „ultima ratio" und der „Verhältnismäßigkeit" sowie der „Humanität" gelten für alle Konzepte. Das Strafrecht ist immer an einem gerechten Bekämpfungsrecht zu orientieren.[3623] Schließlich ist es das „schärfste Schwert des Staates".[3624] Aufgrund dessen ist das Strafrecht als Mittel der Sozialkontrolle in der Gesellschaft immer als letztes Echo zu finden.[3625] Das bedeutet, dass das Strafrecht bei einer gerechten Verbrechensbekämpfung nicht primär zu suchen ist.

Die entscheidende Frage für den Einsatz des Strafrechts ist hierbei, ob „das Strafrecht für derartige Zwecke überhaupt geeignet und erforderlich ist".[3626] Ein weiterer wichtiger Punkt liegt in der Intensität und „dem Grad der Feinheit" von strafrechtlichen Instrumenten. Sie sind entsprechend zu gewährleisten.[3627]

3618 *Reiwald*, in: Meng (Hrsg.), Der Prophylaxe des Verbrechens, 1948, S. 251.

3619 *Roxin*, in: Schünemann (Hrsg.), Strafrechtssystem und Betrug, 2002, S. 31.

3620 *Kerner/Rixen*, GA 1996, S. 355 (395).

3621 Siehe zum Feindstrafrecht *Polaino-Orts*, in: FS-Roxin, 2011, S. 91 ff.

3622 Ähnlich *Korte*, in: MüKo-StGB, 2019, § 331, Rn. 120.

3623 Vgl. *Jescheck/Weigend*, Strafrecht AT, 1996, S. 22.

3624 Siehe zu diesem Begriff *Kudlich*, JA 2007, S. 90 (90); *Krey*, Strafrecht AT, Bd. 1, 2008, § 1, Rn. 18.

3625 Vgl. *Hassemer/Neumann*, in: NK-StGB, 2013, Vor § 1, Rn. 157.

3626 *Tiedemann*, Gutachten, 1972, C 40.

3627 Vgl. etwa *Zirpins/Terstegen*, Wirtschaftskriminalität, 1963, S. 24.

Hierbei ist unter dem „Bekämpfungsrechtskonzept“ ein mit rechtsstaatlichen und effektiven Strafrechtsinstrumenten zweckmäßig ausgestattetes Strafrechtskonzept zu verstehen. Darüber hinaus muss anhand der kriminalpolitischen Notwendigkeiten ein Gesamtkonzept geschaffen werden, dem es um eine humanitäre und „effektive“[3628] Verbrechensbekämpfung geht.

D. Regelungsmodelle zu Bestechungsstraftaten

Die Regelungsmodelle zu den Bestechungsdelikten sind oben unter dem § 10 ausgeführt und beschrieben worden. In der vorliegenden Studie wird für die Ausgestaltung der eigentlichen Bestechungsdelikte wie folgt plädiert:

Unter dem Hauptmodell muss man sich über das Aussehen des Verbrechens und das Austauschmodell Gedanken machen. Für die Gestalt des Verbrechens ist das Zweier-Verbrechen-Modell als unerlässlich zu erachten (Stichwörter: Zwei Lager, selbstständige Straftaten). Die Untersuchung macht ferner deutlich, dass die Art und Form der UnRV von klassischen Bestechungsdelikten auf dem materiellen Austauschmodell basieren.

Außer diesen Hauptmodellen gibt es auch die ergänzenden Modelle, die zu ihrer Unterstützung dienen.

Erstens kommt das Symmetrie-Modell als notwendige Folge des Zweier-Verbrechens-Modells in Betracht.

Das Sektormodell ist mit der heutigen Entwicklung in der Ausgestaltung der Bestechungsdelikte unabdingbar geworden.

Für die Effektivierung der Tatbestandsbestimmung ist das Präventionsmodell denkbar. Dabei ist aber zu beachten, dass die Verschmelzung von unterschiedlichen und spezifischen Unrechtsgehalten zu vermeiden ist.

Das Adäquanzmodell bietet gute Möglichkeiten i.S.d. Strafgerechtigkeit an. Aus diesem Grund ist es auch als obligatorisch einzustufen. Darüber hinaus ist die Bestechung und Bestechlichkeit im Justizwesen als eine qualifizierte Form der Amtsträgerbestechung anzusehen.

Bei der Ausgestaltung der Delikte im Besonderen Teil dienen die Sachverhaltszusammenhänge als Hilfsmittel während der Auslegung der Tatbestände. Die Korruptionsdelikte sind aufgrund der Sachverhaltsverknüpfungen soweit wie möglich unter einem Abschnitt zu regeln. Die Tendenz in Österreich,

---

3628 Kritisch *Naucke*, KritV 1990, S. 244 (254, 259). Der Verfasser betrachtet dagegen diese Formulierung als „Konstruktionsfehler“.

Spanien und der Schweiz ist deshalb zu begrüßen, weil die Gesetzgeber dort versucht haben, die Korruptionsdelikte entsprechend zu kodifizieren.[3629]

All dies führt dazu, dass das Subsystemmodell ein harmonisches und geeignetes Teilsystem für die Bestechungsdelikte im gesamten Korruptionsstrafrecht erforderlich ist.

E. Allgemeine Kriminalpolitik zur Bestechungsstraftatenlehre

Die Kriminalpolitik beschäftigt sich mit der „Kontrolle des Verbrechens". Dafür wird von wissenschaftlichen Argumenten Gebrauch gemacht. Die auf wissenschaftliche Evidenz gegründete Kriminalpolitik legt die heutige internationale Hauptrichtung dar.[3630]

Rechtssysteme bestehen aus Normen und Prinzipien.[3631] Hier geht es um die kriminal- und strafrechtspolitischen Prinzipien, die auf die logischen Befunde der Untersuchung hinweisen und für die normative Seite der klassischen Bestechungsdelikte eine Grundlage bieten. Das Ziel dabei ist es, die eigentliche Bestechungskriminalität unter einem gerechten Subsystem und unter besonderer Berücksichtigung der folgenden Prinzipien sowie der allgemeinen Grundsätze der Kriminalpolitik zu sichern.

I. Prinzipien in Bezug auf die Prävention

Im Dienste der Vorbeugung der Bestechungskriminalität ist die Spezialprävention, die als „ein Kind der modernen Kriminalpolitik" angesehen wird,[3632] entsprechend in die Tat zu umsetzen.

1. Präventive Maßnahmen

a. Schulung

Das Personal muss regelmäßig zur Schädlichkeit der Korruption und ihrer Gefahr für Demokratie und Vertrauen in den Staat unterrichtet werden. Die Verhaltensregeln ethischer Maßstäbe sollten in die Schulung einbezogen werden (z. B. die Arbeit des Ethikrats im türkischen Recht[3633]).

3629 In diese Richtung auch schon Geerds, Unrechtsgehalt der Bestechungsdelikte, 1961, S. 87.

3630 *Schneider*, JURA 2010, S. 370 (370, 377).

3631 *Canaris*, Systemdenken und Systembegriff in der Jurisprudenz, 1983, S. 48.

3632 *Wassermann*, in: Beiträge, 1979, S. 49.

3633 Gemäß Art. 3 des türk. Ethikgesetzes (Gesetz Nr. 5176 v. 2004), ist der Ethikrat zuständig, diese Aufgaben zu erfüllen.

b. Striktes Geschenkannahmeverbot

Staatsdiener sollen in jedem Fall auf den Grundsatz „Wohl der Allgemeinheit" achten, indem sie ihre Aufgaben unparteiisch und gerecht erfüllen (§ 60 Abs. 1 S. 2 BBG; Art. 6 und 7 türk. BeamtG). Eine der wichtigsten Maßnahmen zum Schutz dieses allgemeinen Rechtsguts ist das traditionell gewordene Verbot der Annahme von Belohnungen, Geschenken und sonstigen Vorteilen in Bezug auf das Amt (§ 42 BeamtStG; § 71 Abs. 1 BBG; Art. 29 Abs. 1 türk. BeamtG).

Der Maßstab zur Unterscheidung zwischen Geschenk und Bestechung ist die Vorteilserwartung der Person. Diese hängt ohne weiteres von der Gesinnung des Geschenkgebers ab. Das Strafrecht beschäftigt sich allerding nicht allein mit der Gesinnung des Täters. Dieser Maßstab erscheint daher untauglich und unzweckmäßig im strafrechtlichen Sinn. Diese Feststellung gibt den Legitimationsgrund für das dienstrechtliche absolute Geschenkverbot mit strikten Ausnahmen.

Das Verbot zielt auf die mögliche rechtswidrige Beeinflussung durch Außenstehende ab. Denn ein „Reziprozitätsakt" steht meist im Hintergrund des Geschenkegebens.[3634]

Die Beschränkung dieses Verbots nur auf die Geschenkannahme ist heute nicht mehr vertretbar. Das Verbot wäre in diesem Sinne als ‚Geschenk- und Vorteilsannahmeverbot' zu titulieren.

c. Offenlegungspflicht

Amtsträger haben in Bezug auf ihre Aufgaben schriftliche Erklärungen über „Nebentätigkeiten, Beschäftigungsverhältnisse, Kapitalanlagen, Vermögenswerte und erhebliche Geschenke oder Vergünstigungen" i.R.d. Arbeit abzugeben. Dafür sind gesetzliche Vorschriften vorzusehen.[3635]

Diese Auskunfts- und Offenlegungspflicht soll in der Politik eine starke Rolle spielen. Denn die Politik muss „Vorbild" für die Integrität und Transparenz der Institutionen sein. Auch zu Mandaten ist also eine Mitteilungspflicht zielführend. Daher ist in der Gesetzgebung eine detaillierte Offenlegungspflicht während Dienstzeit der Volksvertreter vorzusehen.[3636] Diese sollte zumindest die Offenlegung von Mandatsausübung, Spenden und Nebentätigkeiten umfassen.

3634 *Androulakis*, Globalisierung der Korruptionsbekämpfung, 2007, S. 49 m.w.N.; vgl. auch *Höffling*, Krim. Journal 1998, S. 284 (285 f.) *Schröder*, GA 1961, S. 289 (291), vertritt die Auffassung, dass die Geschenkannahme im Mittelpunkt der Bestechungsdelikte stehe.

3635 Siehe UN-Übereinkommen gegen Korruption v. 2003, Art. 8, Abs. 5.

3636 *Schenk*, Abgeordnetenkorruption, 2008, S. 19. Siehe auch für Pro- und Contra der „Nebeneinkünfte" Entscheidung des BVerfG, Urteil v. 4.7.2007, 2 BvE 1/06.

2. *Repressive Maßnahmen*

Aufgrund des Vorrangs der Prävention gegenüber der Repression und angesichts der grundsätzlichen Subsidiarität des Strafrechts ist eine stärkere Selbstüberwachung der Wirtschaft abzulehnen.[3637] Doch sollten Industrie- und Handelskammern sowie Berufskammern in der Lage sein, gegebenenfalls eine repressive Tätigkeit einleiten zu können.[3638]

a. *Transparenztatbestände*

Mithilfe der Transparenztatbestände könnte das Nachweisproblem im Hinblick auf die Zuwendung aufgelöst werden.[3639]

Nach dem UN-Übereinkommen v. 2003 ist jeder Vertragsstaat verpflichtet, über Disziplinarmaßnahmen oder andere Maßnahmen gegen Amtsträger, die gegen die Verhaltenskodex oder diesbezügliche Normen verstoßen, nachzudenken. Soweit sie mit den wesentlichen Grundsätzen seines innerstaatlichen Rechts in Übereinstimmung stehen, sind in Betracht kommende Maßnahmen vorzusehen (Art. 8 Abs. 6). Die „Transparenz- und Inkompatibilitätsregelungen"[3640] bzw. die Offenlegungspflichten unter besonderen Unvereinbarkeitsbestimmungen sind dazu hilfreich.[3641]

Hierbei wäre auch ein subsidiäres Bußgeld wegen Verstoß gegen diese Pflicht nützlich. Der deutsche Gesetzgeber hat beispielsweise für die Fälle der Verletzung dieser Pflicht eine Sui-generis-Sanktion vorgesehen. Falls die Anzeigepflicht nicht vom Mitglied des Bundestages erfüllt wird, kann das Präsidium ein „Ordnungsgeld" bis zur Höhe der Hälfte der jährlichen Abgeordnetenentschädigung festsetzen (§ 44a Abs. 4 S. 2 AbgG).[3642]

b. *Strafbewehrte Meldepflicht*

„Strafbewehrte Offenbarungspflichten"[3643] bezüglich Einkünften und Beziehungen sollten in diesem Zusammenhang als ein Instrument der technischen

---

3637 *Tiedemann*, Gutachten, 1972, C 36.

3638 Vgl. *Zirpins*, Kriminalistik 1967, S. 169 (171).

3639 *Überhofen*, Korruption und Bestechungsdelikte, 1999, S. 60.

3640 *Überhofen*, a.a.O., S. 82.

3641 Krejci, in: Brünner (Hrsg.) Korruption und Kontrolle, 1981, S. 537.

3642 „Es handelt sich um ein Sanktionierungssystem eigener Art.": BT-Drucks. 15/5671, S. 4.

3643 Siehe dazu *Überhofen*, Korruption und Bestechungsdelikte, 1999, S. 469 f.; *ders.*, in: Eser/ders./Huber (Hrsg.), Korruptionsbekämpfung durch Strafrecht, 1997, S. 778; *Tellenbach*, a.a.O., S. 645, 651, 652.

Prävention betrachtet werden.[3644] Dies zeigt sich beispielsweise im türkischen Gesetz zur Angabe über Vermögenswerte und zur Bekämpfung der Bestechung und Korruptionen (Gesetz Nr. 3628 v. 1990).[3645]

c. *Strafbewehrte Aufsichtspflicht*

Eine präventiv abzuschreckende Straftat wie „Konnivenz" im StGB ist erforderlich. Liegt darüber hinaus eine Vernachlässigung der Aufsichtspflicht von Vorgesetzten vor, muss die Tat auch mit einer entsprechenden Strafregelung bedroht werden. Von daher sind entsprechende selbstständige Straftaten für Vorgesetzte, die eine dienstliche Aufsichtspflicht haben, im StGB zu regeln. In minderschweren Fällen ist auch ein Bußgeld wegen der Unterlassung der Aufsichtspflicht denkbar.

II. Prinzipien in Bezug auf das Kriminalrecht

1. *Definitionsmacht des Strafrechts*

Die Strafgewalt bestimmt die strafrechtlich geschützten Werte in einem Straftatbestand. Das Strafrecht kann diese Aufgabe auch mithilfe einer Definition erfüllen.[3646]

2. *Tatstrafrechtliche Perspektive*

a. *Priorität des Handlungsunrechts*

Das Unrecht einer Bestechungstat besteht in erster Linie nicht in einem Erfolg, sondern in der Handlung.[3647] Deshalb müssen die Bestechungstatbestände primär am Handlungsunrecht orientiert ausgestaltet werden. Das ist keine schlichte Vorverlagerung der Strafbarkeit. Der Gesetzgeber muss vielmehr aus kriminalpolitischen Gründen präventiv tätig sein.

b. *Bestimmtheitsgebot*

Hierbei ist besonders zu beachten, dass Legalität in einem Rechtsstaat über die Gesetze in Worte gefasst wird. Bürger können mithilfe von Gesetzen verstehen,

---

3644 So *Hassemer*, in: FES (Hrsg.), Korruption in Deutschland, 1997, S. 81; vgl. ferner *Überhofen*, Korruption und Bestechungsdelikte, 1999, S. 58.

3645 Siehe dazu oben § 19 D.

3646 Vgl. *Gropp*, Strafrecht AT, 2015, § 1, Rn. 155.

3647 *Greco*, GA 2016, S. 249 (251).

was legal und was illegal und sowie was strafbar i.R.d. Strafrechts ist. Daher ist das Bestimmtheitsprinzip gewichtig.[3648]

Damit das Strafrecht seine Steuerungsfunktion nicht verliert, müssen die Bestechungstatbestände präzise konstruiert werden. Daher ist von einem engeren und eingeschränkten Bestechungsstrafrecht zu sprechen.[3649] Darüber hinaus sind nicht nur präzise, sondern auch praktikable Straftatbestände zu schaffen.[3650] Denn die Regelung „praktikabler Straftatbestände" erleichtert die Arbeit der Strafverfolgungsorgane und verstärkt die generalpräventive Wirkung der Strafrechtspflege.[3651] Die „Praktikabilität" des Tatbestands ist demnach von vornherein zu überprüfen, um mögliche Schwierigkeiten in der Praxis vorzeitig zu vermindern.[3652]

c. *Gesicherte Auslegung*

Die Bestechungsstrafrechtsdogmatik muss in der Lage sein, in der Praxis „eine gesicherte Auslegung der einzelnen Tatbestandsmerkmale" zu konsentieren.[3653] Nur durch präzise und praktikable Bestechungstatbestände kann die gesicherte Auslegung in der Bestechungsstrafrechtsdogmatik gewonnen werden.

d. *Restriktive (enge) Auslegung*

Von Anfang an ist festzustellen, für welche Tatbestandsmerkmale die enge Auslegung gelten soll. In Anbetracht dessen sind die echten Bestechungsdelikte entsprechend auszugestalten. Die enge Auslegung soll insbesondere für die Kausalität und Vertragstheorie gelten, die auf dem Beziehungsverhältnis zwischen den Kumpanen der Bestechung beruht.

e. *Differenzierungsgebot*

Sofern die Deliktsnatur der Bestechung vom Gesetzgeber durch Mischtatbestände bestimmt ist, gilt insoweit das Differenzierungsgebot. Denn – wie schon

---

3648 *Kaiser*, Universitas 1991, S. 1062 (1063): „Strafgesetz ist die Magna Charta des Rechtsbrechers."

3649 Vgl. *Braum*, NJ 1996, S. 450 (453).

3650 Siehe zur Einhaltung des Bestimmtheitsgebots aus Sicht der Hermeneutik *Roxin*, Strafrecht AT I, 2006, § 5, Rn. 75; *Gropp*, Strafrecht AT, 2015, § 3, Rn. 63.

3651 Vgl. *Tiedemann*, Gutachten, 1972, C 41. Siehe auch *Zirpins*, Kriminalistik 1967, S. 169 (169).

3652 Vgl. *Zirpins/Terstegen*, Wirtschaftskriminalität, 1963, S. 107.

3653 *Reinhart*, in: FS-Imme Roxin, 2012, S. 69.

erwähnt – es geht bei den Mischtatbeständen um mehrere selbstständige Handlungsmodalitäten. Es bedarf daher einer klaren Unterscheidung.

Hierbei stellt jeder Moment ein vollendetes selbständiges Delikt i.R.d. Vertragstheorie dar.[3654] Die gleiche Behandlung der Varianten[3655] ist nicht mit diesem Gebot vereinbar.

f. Keine Amtspflichtverletzungen ohne übertragene Amtshandlung

Als Gegenstand einer Bestechungsabsprache – wie in der Studie gelegentlich ausgeführt – kommt die Leistung des Bestechungsvertrags auf, wobei es um eine Verknüpfung des ungerechtfertigten Vorteils mit der Ausübung des Amtes geht. Das setzt von vornherein voraus, dass die Ausübung des Amtes in die Ausführung des übertragenen Dienstgeschäfts einbezogen werden muss.

Dieses Grundprinzip bringt einen doppelten Kausalzusammenhang mit sich, nämlich das Verhältnis zwischen dem Amt und der Handlung des Amtsträgers und die Kausalität zwischen der Amtshandlung und dem ungerechtfertigten Vorteil. Diese Konnexität muss zur Zeit der Tat vorliegen. Während der Tatbegehung muss der Täter also sachlich zuständig sein.

Unter diesem Blickwinkel muss die Verbotsnorm bezüglich der Amtshandlung (das Tatobjekt der Bestechlichkeit) in dem Tatbestand ganz klar und deutlich formuliert werden. Andernfalls könnte sich z. B. ein zu Hause Privatunterricht gebender Lehrer wegen Bestechlichkeit strafbar machen.[3656] Daher lautet die Formulierung: Keine Amtspflichtverletzungen ohne Amtshandlung;[3657] oder anders ausgedrückt: „Ohne Pflichten keine Pflichtverletzung".[3658]

g. Auffangfunktion in der Verwandtschaft

Die echten Bestechungstatbestände erfordern ein enges normatives Beziehungsverhältnis, das positiv und eindeutig festgestellt werden muss. Eine Vermutung genügt hierzu nicht. Das führt zum Thema „Beweisschwierigkeiten". Um aufgrund dieser „Beweisnot"[3659] die Strafverfolgungsbehörde präventiv und

3654 Vgl. *Binding*, Strafrecht BT II, 1905, S. 722; *Birkmeyer*, Bestechung, in: Vergleichende Darstellung, IX. Bd., 1906, S. 355; *Jescheck*, in: LK-StGB, 11. Aufl., § 333, Rn. 4.

3655 So Eb. *Schmidt*, die Bestechungstatbestände, 1960, Rn. 223: „(…) müssen sie alle von funktional gleicher Bedeutung sein, damit sie in gleichem Maße kriminelles Unrecht darstellen."

3656 Siehe dazu Beispiel *Birkmeyer*, a.a.O., S. 351, zum Thema Fn. 2.

3657 *Binding*, a.a.O., S. 719, zum Thema Fn. 1; *Birkmeyer*, a.a.O., S. 354.

3658 *Pieth/Zerbes*, ZIS 2016, S. 619 (621).

3659 *Hettinger*, in: v. Nell/Schwitzgebel/Vollet (Hrsg.), Korruption, 2003, S. 104.

rechtzeitig in Bewegung setzen zu können, sind die im Umfeld der Bestechungsdelikte liegenden Auffangtatbestände „im Rahmen des Korruptionsstrafrechts" zu schaffen.[3660]

Um Nachweisprobleme zu umgehen, brauchen wir also die folgenden Straftatbestände im gesamten System: Transparenztatbestände bzw. Inkompatibilitätstatbestände; eine strafbewehrte Meldepflicht; eine strafbewehrte Aufsichtspflicht; Vorteilsannahme und Vorteilsgewährung als bestechungsnahe Vereinbarung; Amtsmissbrauch; Verbotene Intervention (trafic d'influence); Vertikale Submissionsabsprache; Unerlaubte Bereicherung.

3. *Täterstrafrechtliche Perspektiv*

Das klassische Strafrecht knüpft am strafwürdigen bzw. strafbaren Verhalten des Täters an und beschäftigt sich in der Regel nicht mit dem Inneren des Menschen, sondern mit außen geschehenen Verhalten. Darüber hinaus leitet das heutige Strafrechtssystem sich aus dem Tat- und Schuldstrafrecht ab. Aus diesem Grund sind die zu einem Tätertypus entwickelten Ansätze für die Kriminal- und Strafrechtspolitik irrelevant (Art. 103 II GG; Art. 38 III türk. VerfG).[3661]

Da es hierbei um ein Austauschverhältnis geht, sind die beiden UnRV-Modelle der Studie an individualistischen Gesichtspunkten ausgerichtet. Die subjektiven Vorstellungen und der Wille der Beteiligten des Unrechtsgeschäfts (Stichwort: Profitabsicht i.R.d. do-ut-des-Logik) sind daher für die beiden UnRV-Modelle von besonderer Bedeutung ggf. maßgeblich.[3662] In diesem Zusammenhang kann man über die besondere Rolle des Täterstrafrechts im Bestechungsstrafrecht sprechen. Falls die Prüfung der inneren Seite außer Betracht bleibt, wäre ein „mit der Gerechtigkeit kaum vereinbares Ergebnis"[3663] zu beklagen.

Beispielsweise würden Vorteile, die direkt oder indirekt keine Besserstellung für den Amtsträger mit sich bringen, nach der Interessentheorie nicht tatbestandlich sein. Denn die Interessentheorie verdeutlicht gleichzeitig den Kern

---

3660 *Braum*, NJ 1996, S. 450 (452), sich äußert auch dazu in ähnlicher Weise und begründet es i.R.d. Straftheorie von *Feuerbach*.

3661 Siehe *Arzt* u.a., Lehrbuch BT, 2015, § 19, Rn. 10; *Dannecker/Bülte*, in: Handbuch des Wirtschafts- und Steuerstrafrecht, 2014, Kap. 1, Rn. 7.

3662 Vgl. BGH, NStZ-RR 2002, S. 272 (274); *Sowada*, in: LK-StGB, 12. Aufl., § 331, Rn. 26 und § 332, Rn. 21; *Fischer*, StGB, 2019, § 331, Rn. 19 f.

3663 BGHSt 10, 237, 243 i.R.d. „Forderns".

der Objektivität der UnRV.[3664] Nach dieser Ansicht wird die UnRV aus Sicht der Öffentlichkeit und nach der Vorstellungen der Bestechungsparteien objektiviert, wobei die dienstliche Leistung im Interesse des Bestechenden und spiegelbildlich die Gegenleistung der Amtshandlung im Interesse des Bestochenen liegt. Also müssen die beiden Vorstellungen tangieren.[3665] Die Interessen von Tauschpartnern sollten i.E. aufgrund des Austauschverhältnisses und der Reziprozität berücksichtigt werden.

Die besondere Rolle des Täterstrafrechts zeigt sich beim Koinzidenzprinzip, bei der Interessentheorie, bei den Gesinnungsmerkmalen und beim Versuch sowie Irrtum.

4. *Exklusivitätsrecht der Bestechung und Bestechlichkeit*

Bei dem Deliktscharakter ist insbesondere von einem delictum sui generis auszugehen, wobei kein Grund- und Spezialtatverhältnis besteht.

Es darf nicht außer Acht bleiben, dass kein Auffangtatbestand gleichwertig mit den eigentlichen Bestechungsdelikten ist.

5. *Trennungsprinzip*

Da das Verbrechensphänomen eine zweiseitige Kriminalbeziehung (Stichwort: Interaktionsdelikt) und das Aussehen des Verbrechens dementsprechend zweiseitig ist, ist während der Ausgestaltung von einem Dualismusansatz zu sprechen. Dieser Ansatz muss entsprechend in das spiegelbildliche Modell und in das Symmetrie-Modell einbezogen werden. Denn

- erstens ist es unzulässig, eine Strafnorm mit einem Doppeldeliktscharakter nach der Theorie von dem Einzelverbrechen-Modell zu fassen.[3666] Vielmehr hat der Strafgesetzgeber die Aufgabe, jede Normwidrigkeit unter einer Strafnorm auszustatten.[3667] Das Aussehen der Bestechungsdelikte als Einzelverbrechen handelt daher dem Charakteristikum strafwürdigen Bestechungshandlungen zuwider und bleibt nur einen Wunsch ein kleiner Teil des Schrifttums. Denn man kann dabei nicht von einem einzigen Bestechungsunrecht sprechen.

3664 Vgl. *Kuhlen*, in: NK-StGB, 2017, § 331, Rn. 85. Siehe auch oben § 8 C II, § 10 A II 1 und 2.

3665 Ähnlich *Kindhäuser*, ZIS 6/2011, S. 461 (464).

3666 *Binding*, Normen, Bd. I, 1916, S. 219.

3667 *Binding*, Normen, Bd. I, 1916, S. 205.

Vielmehr hat das Unrecht für die beiden Seiten des Verbrechensphänomen ‚Bestechung' eigenständige Bedeutung.[3668]

- Zweitens werden die Tatbestände je nach Verwirklichungshandlung „als selbständiges Delikt" unter Strafe gestellt.[3669]

6. *Erweiterung des strafrechtlichen Schutzes*

Die geschichtliche Entwicklung ist beachtlich. In der Geschichte existierten keine Staats- und Verwaltungsmechanismen, in denen die Rolle von Beamten vielfältig wie heute waren. Erst mit den modernen Staaten fanden unterschiedliche Beamtenstatus Anerkennung, somit spielen sie heute eine große Rolle in der Erfüllung von Staatstätigkeiten.

In der Korruptionsbekämpfung ist ein strafrechtlicher Schutz, in dem nur der Beamte wegen der Bestechung bestraft wird, nicht mehr vertretbar. Ebenso ist die sog. strikte Aufteilung von Staat und Gesellschaft aufgrund der Privatisierungen und gleichermaßen der Umwandlung von öffentlichen Diensten zu neuen Formen der Güterbewirtschaftung mit der Globalisierung und der Vielfältigkeit der Beziehungen für die heutigen politischen Systeme nicht mehr einschlägig.[3670]

a. *Qualifizierung des Täterkreises*

„Durch den internationalen Harmonisierungsdruck" werden heute auch jene Korruptionsformen, die außerhalb des öffentlichen Dienstes zu beobachten sind, kriminalisiert.[3671] Mit Kriminalisierung von anderen Formen (z. B. Angestelltenbestechung, Sportmanipulation) wird der strafrechtliche Schutz erweitert.

Das Subjekt der Bestechung ist nunmehr nicht allein der Beamte. Wie oben bereits ausgeführt, kann die Korruption überall zu beklagen sein und damit kann man korrumpierte Akteure in allen Sektoren beobachten. Unabhängig von Berufsperspektiven muss in allen Bereichen, in denen eine öffentliche Entscheidungsmacht legal übertragen wird, gegen Bestechungskriminalität angegangen

---

3668 In diese Richtung *Birkmeyer*, Bestechung, in: Vergleichende Darstellung, IX. Bd., 1906, S. 322; *Überhofen*, Korruption und Bestechungsdelikte, 1999, S. 65; zustimmend im Lichte von unterschiedlichen Rechtsgütern *Stratenwerth/Bommer*, Strafrecht BT II, 2013, § 62, Rn. 18.

3669 *Binding*, Strafrecht BT II, 1905, S. 710.

3670 Vgl. *Noack*, Korruption, 1985, S. 147, 183; *Henning*, in: Jansen/Priddat (Hrsg.), Korruption, 2005, S. 196; *Wolf*, in: Graeff/Grieger (Hrsg.), Was ist Korruption, 2012, S. 115; *Pieth/Zerbes*, ZIS 2016, S. 619 (619).

3671 *Kaiser*, Universitas 1991, S. 1062 (1064).

werden, weil sie die Demokratie und Rechtsstaatlichkeit sowie das Gerechtigkeitsgefühl des Volkes erheblich gefährden.[3672] Daher verlangt heute *die ratio legis* der Bestechungstatbestände die „Ausdehnung des Bestechungssubjekts".[3673]

Durch die Qualifizierung des Täterkreises[3674] ist die Amtsträgerbestechung nunmehr ein (Kern-) Teil des Bestechungsstrafrechts geworden.[3675]

b. Gleichstellungsklausel

Auch durch die Gleichstellungsklausel könnten die klassischen Bestechungsdelikte Anwendung finden.[3676]

c. Erweiterung des Anwendungsbereiches des Tatbestands

Mithilfe der Erweiterung des Anwendungsbereiches des Tatbestands (z. B. internationale Bestechung) wird auch das geschützte Rechtsgut und damit das Bestechungsstrafrecht erweitert.[3677]

d. Ausdehnung des Beendigungszeitpunkts

Der strafrechtliche Schutz kann über die Ausdehnung des Beendigungszeitpunkts erweitert werden. Eine derartige Konstellation liegt beispielsweise dann vor, wenn man das Abschließen eines Bestechungsvertrags selbstständig unter Strafe gestellt hat. In diesem Punkt lässt sich festhalten, dass die Strafbarkeit unbedingt vorzuverlegen ist.[3678]

e. Erweiterung des zeitlichen Orientierungspunkts der UnRV

Durch die Erweiterung des zeitlichen Orientierungspunkts der UnRV wird auch die Strafbarkeit vorverlagert. Ist die nachträgliche Belohnung in den Tatbestand

---

3672 Es geht dabei um eine erhebliche „Verletzung öffentlicher Interessen" i.S.v. *Engisch*, Einheit der Rechtsordnung, 1935, S. 56.

3673 *Birkmeyer*, Bestechung, in: Vergleichende Darstellung, IX. Bd., 1906, S. 348.

3674 Schon Graubünden, der Kanton im Osten der Schweiz, hatte die Bestechung des Zeugen im § 79 geregelt. Das alte frStGB hatte auch im Art. 177 den Täterkreis der Bestechung ausgedehnt. Siehe dazu *Birkmeyer*, Bestechung, in: Vergleichende Darstellung, IX. Bd., 1906, S. 347-348 m.w.N.

3675 So auch *Karakurt-Eren*, Türk Ceza Kanununda Rüşvet Suçu, 2016, S. 12.

3676 Schon *Überhofen*, Korruption und Bestechungsdelikte, 1999, S. 92.

3677 *Korte*, in: MüKo-StGB, 2019, § 331, Rn. 9; so etwa *Überhofen*, Korruption und Bestechungsdelikte, 1999, S. 89.

3678 Vgl. *Überhofen*, Korruption und Bestechungsdelikte, 1999, S. 53.

einbezogen, so handelt es sich dabei um ein zeitlich erweitertes strafbares Beziehungsverhältnis.

f. Vorverlagerung der Strafbarkeit

Um die Strafnormen deutlich besser wirksam werden lassen zu können, wird „die Wahrscheinlichkeit des Sanktionseintritts"[3679] vorverlagert. Somit können die Strafverfolgungsorgane im Vorfeld tätig werden. Dafür betreibt der Strafgesetzgeber eine Vorfeldkriminalisierung. In Wirklichkeit handelt es sich dabei um eine Verminderung der vorherigen Bestrafungsvoraussetzungen zu kriminalpolitischen Zwecken.[3680]

Die Vorverlagerung der Strafbarkeit führt ohne weiteres zur Effektivierung der Strafverfolgung. Wer also als Fürsprecher einer Vorfeldkriminalisierung auftritt, begrüßt gleichermaßen eine stärke Strafverfolgung.[3681] Der Sinn der Vorverlegung der Strafbarkeit besteht damit in einer deutlich wirksameren staatsanwaltschaftlich Tätigkeit im Vorfeld einer Straftat.

Der Gesetzgeber kann die Strafbarkeit der Bestechung durch die folgenden Instrumente erweitern.[3682]

aa. Mithilfe der einseitigen Handlungen

Das Fordern auf der Seite von Bestochenen und das Anbieten auf der Seite von Bestechenden stellen die einseitigen Tathandlungen der Bestechung dar.

bb. Mithilfe der Bestrafung der Absprache

Schon die Existenz einer Unrechtsvereinbarung ist strafwürdig und strafbedürftig. Der Gesetzgeber muss daher frühzeitig und präventiv tätig sein, indem er solche Unrechtsvereinbarungen unter Strafe stellt.[3683] In diesem Zusammenhang hat der türkische Gesetzgeber diese Rechtstatsache explizit beim Art. 252 Abs. 3 in Worte gefasst.

3679 *Günther*, JuS 1978, S. 8 (11), zum Thema Fn. 32.

3680 Siehe kritisch *Hassemer/Neumann*, in: NK-StGB, 2013, Vor § 1, Rn. 343.

3681 Wie *Ostendorf*, RuP, 1990, S. 155 (158), richtig formuliert hat: „Machtneid darf nicht zum Anlaß für staatsanwaltschaftliche Tätigkeit werden."

3682 *Langer*, Sonderstraftat, 2007, S. 80, zum Thema Fn. 179, spricht in diesem Punkt von der „Strafwürdigkeitssteigerung". Ähnlich auch *Wohlers*, Deliktstypen des Präventionsstrafrechts, 2001, S. 313.

3683 Ähnlich auch *Graupe*, Die Systematik, 1988, S. 82.

Mithilfe von Normen, die den abstrakten Charakter sowie den Unternehmensdeliktscharakter formulieren, kann diese Methode umgesetzt werden.

7. Akzessorietät der Bestechungsdelikte

Die Akzessorietät ergibt sich vor allem aus dem Tatbestandsmerkmal „Pflichtwidrigkeit".[3684] Außerdem gilt sie für den Amtsträgerbegriff und für die Diensthandlung. Die Auslegung dieser Merkmale hängt von Auffassungen anderer Rechtsdisziplinen insb. des Verwaltungsrechts ab. Auf der anderen Seite ergibt sich diese Akzessorietät aus dem fragmentarischen Charakter des Strafrechts.

III. Prinzipien in Bezug auf das Sanktionenrecht

Es geht bei der Sanktionenlehre ein dualistisches Rechtsfolgensystem: Die Strafen auf der anderen Seite und die Maßnahmen auf der anderen Seite. Sie dienen der Abschreckung und Besserung sowie Vorbeugung.

1. Negative Sanktionen

Wenn man bei der Bekämpfung ein effektives Strafrecht durch zweispurige Verbrechensbekämpfung einsetzen will, sollte in erster Linie das Gefühl in der Gemeinschaft gestärkt werden, sodass Täter von Bestechungsdelikten eine echte Sanktionierung verdienen (Abschreckungseffekt).[3685]

Im Dienste der Abschreckung ist der Täter hier nicht nur mit Freiheitsstrafen, sondern auch mit Geldstrafen zu bedrohen. Darüber hinaus ist von effektiven Sanktionen wie Berufsverbot, Verbandsgeldbuße und Wirtschaftssanktionen sowie Unternehmensstrafe Gebrauch zu machen. Für Verstöße gegen Dienstpflichten sind daneben außerstrafrechtliche Sanktionen wie „Bekanntmachung" vorzusehen.[3686]

3684 Siehe zur blanketten und normativen Tatbestandsmerkmalen *Bülte*, JuS 2015, S. 769 ff. Siehe ferner zum Begriff der asymmetrischen Akzessorietät *Zimmermann*, ZStW 2012, S. 1023 (1029).

3685 In diese Richtung *See*, Wirtschaft zwischen Demokratie und Verbrechen, 2014, S. 219; ähnlich *Hassemer*, in: FES (Hrsg.), Korruption in Deutschland, 1997, S. 80.

3686 Als ein Beispiel dafür kann § 8 Abs. 2 S. 4 von „Verhaltensregeln für Mitglieder des Deutschen Bundestages" gezeigt werden. Nach dieser Regelung ist die Feststellung des Präsidiums über die Pflichtverletzung eines Mitglieds als Drucksache zu veröffentlichen.

2. *Positive Sanktionen*

In bestimmten Fällen hat der Gesetzgeber i.R.d. Verbrechensbekämpfung eine strategische Entscheidung zu treffen: Eine strafrechtliche Tat entweder zu belohnen[3687] oder zu bestrafen. Die Entscheidung des Strafgesetzgebers in Bezug auf ein bestimmtes Verhalten, dieses entweder zu ‚belohnen', z. B. durch Strafverminderung und Strafverzicht, oder es zu ‚bestrafen', wie mittels Kriminalisierung eines Verhaltens und Strafverschärfung, bedient ein kriminalpolitisches Instrument und bildet das „Kernproblem der Rechtspolitik".[3688]

Bei der Sanktionenlehre handelt es sich nicht nur um negative Folgen, sondern es besteht auch eine positive Sichtweise. Das Strafrecht stets repressiv zu setzen, ist nicht das Ziel des Strafrechts. Im System müssen insofern Möglichkeiten wie Rücktritt und tätige Reue sowie Kronzeugenregelung gegeben sein.

3. *Gerechtigkeit*

Die Bestrafung muss den Anspruch der Gerechtigkeit bedienen. Strafgerechtigkeit wird durch Rekurs auf weitere Gerechtigkeitsdiskurse sichergestellt. Im System ist diese Orientierung zu rationalisieren und unbedingt zu gewährleisten.[3689]

Der wichtigste und konkrete Grundsatz lautet hierbei: Es erfolgt eine mildere Bestrafung des Extraneus, auch wenn der Bestechende das faire Entscheiden manipuliert hat.[3690] Denn die Gleichbehandlung bei der Bestrafung widerspricht dem Gerechtigkeitsgedanken. Dies ergibt sich daraus, dass die Amtsträger verpflichtet sind, ihre Aufgaben ordnungsmäßig, also nach dem Gesetz und Recht, auszuüben. Wegen dieser besonderen Pflicht ist bei der strafrechtlichen Behandlung zwischen den Amtsdelikten und Jedermannsdelikten zu unterscheiden. Aufgrund des doppelten Charakters muss der bestochene Amtsträger härter als der Bestechende bestraft werden. Das soll ebenfalls für den im öffentlichen Dienst besonders Verpflichteten – z. B. für Mitglieder eines Ausschusses – gelten.[3691]

3687 H. *Mayer*, Strafrecht AT, 1967, S. 145, spricht i.d.S. von belohnenden Vergeltung.

3688 *v. Hippel*, Rechtspolitik, 1992, S. 33. Siehe auch *Kaiser*, Kriminologie, 1996, S. 400; *Kunz*, Kriminologie, 2011, S. 12.

3689 *Zimmermann*, Das Unrecht der Korruption, 2018, S. 318; i.S.d. Soziologie *Menne*, KZfSS 1948/49, S. 144 (145).

3690 *Zimmermann*, Das Unrecht der Korruption, 2018, S. 518, zum Thema Fn. 2392.

3691 So auch *Feuerbach/Mittermaier*, Lehrbuch, 1847, S. 763; *Alcalay*, Active und passive Bestechung, 1889, S. 1; *Birkmeyer*, Bestechung, in: Vergleichende Darstellung, IX. Bd., 1906, S. 364. Für die Gleichbehandlung *Arzt*, in; ders./Weber, Strafrecht BT, 2000, § 49, Rn. 30; *Zimmermann*, Das Unrecht der Korruption, 2018, S. 603.

IV. Prinzipien in Bezug auf die Strafzumessung

Bei der Strafzumessung werden general- und spezialpräventive Gesichtspunkte berücksichtigt.[3692] Demzufolge gilt:

- Der Unwert der Korruption ist „nach der Höhe der Vorteile“ zu bemessen.[3693] Daher ist entsprechend eine Geringfügigkeitsklausel zu regeln.
- Das Bemühen um Schadenswiedergutmachung hat die Strafzumessung positiv zu beeinflussen.[3694]
- Besondere Strafzumessungsvorschriften für minder und besonders schwere Fälle sind im System wünschenswert.
- Es ist auch hier denkbar, das Handlungsunrecht und Erfolgsunrecht autonom zu formulieren.

V. Prinzipien in Bezug auf das Prozessrecht

1. Effektive Ermittlung

Das Strafrecht wird weitgehend nach zwei großen Dimensionen geordnet: materielles und prozessuales Strafrecht.

Die „effektive Strafverfolgung“ ist eine sich aus der Verfassung ergebende Pflicht des Rechtsstaates.[3695] Die strafprozessualen Instrumente sollen deshalb soweit wie möglich effektiv sein. Wenn effektive Ermittlungen nicht möglich sind, spielt das prozessuale Strafrecht keine entscheidende Rolle mehr.

Für die Effektivität der Strafverfolgung sind zwei Punkte maßgebend: Einmal „die Wahrscheinlichkeit des Sanktionseintritts“[3696], also die durch Vorverlegung der Strafbarkeit gewonnene Effektivität, und die wirksame Handhabung des strafprozessrechtlichen Instrumentariums.

Mit der Effektivierung der Strafverfolgung dürfen Strafverfolgungsorgane „bei relativ geringem Anfangsverdacht“ ihre Tätigkeit ausüben.[3697] Dadurch können sich die Strafverfolgungsorgane viel besser auf die Tataufdeckung und -aufklärung fokussieren. Somit wird das Risiko der Tatentdeckung erhöht.

3692 *Bannenberg*, Strafrechtliche Kontrolle, 2002, S. 303 ff.
3693 *Greco*, GA 2016, S. 249 (251).
3694 *Bannenberg*, Strafrechtliche Kontrolle, 2002, S. 309.
3695 *Schaupensteiner*, in: 61. DJT, Bd. II/1, L 111.
3696 *Günther*, JuS 1978, S. 8 (11), zum Thema Fn. 32.
3697 Dafür *Groß*, in: 61. DJT, Bd. II/1, L 167.

Die Strafverfolgungsorgane müssen sowohl im rechtlichen (Stichwort: Zwangsmaßnahmen und Spitzenbeamte) und als auch im technologischen Sinne in der Lage sein, das materielle Strafrecht in die Tat umzusetzen.[3698] Auf diese Weise können sie auch als prozessrechtliches Präventionsmittel dienen. Eine einfache Ermittlung kann diese Aufgabe nicht erfüllen.

2. *Tatsächliche und energische Strafverfolgung*

Eine „energische Strafverfolgung" weckt ein Abschreckungsgefühl und damit kann sie potenzielle Täter die pönalisierte Tat meiden lassen. Darüber hinaus verstärkt sie den Glauben der Gesamtheit an Rechtsstaat und Unparteilichkeit.[3699]

Da sich bei der Aufdeckung aufgrund der geheimen Netzwerke Schwierigkeiten zu vergegenwärtigen sind, soll die Strafverfolgung entsprechend intensiver vorgehen. Dafür stehen Hilfsmittel wie Kronzeugenregelung, anonyme Anzeige, vertrauliche Hinweise und personelle Verstärkung zur Verfügung.[3700] Institute wie tätige Reue, Whistleblower, Kronzeugenregelung und Selbstanzeige dienen zur Aufdeckung der Korruptionssachverhalte, indem sich allgemein mehr Transparenz bieten.[3701] Für die Beweisgewinnung unter Beweisschwierigkeiten besteht also die Notwendigkeit, von Methoden wie Kronzeugen und V-Leuten Gebrauch zu machen.[3702] Die Beweisschwierigkeiten beziehen sich insbesondere auf die Feststellung von Motiven.[3703]

Aus der „bloßen Verschärfung der Strafdrohung" ergeben sich nicht immer generalpräventive Wirkungen des Strafrechts; es wird vielmehr durch tatsächliche Verfolgung in der Praxis die „abschreckende Wirkung" zur Geltung gebracht. Dabei sind „Aufdeckung", „Schnelligkeit" und „Aburteilung" die maßgeblichen Kriterien zur Qualität und Intensität solcher Verfolgungen.[3704]

3698 Vgl. *Geerds*, Kriminalistik 1968, S. 356 (356).

3699 Siehe *Zirpins/Terstegen*, Wirtschaftskriminalität, 1963, S. 755.

3700 Siehe *Schaupensteiner*, NStZ 1996, S. 409 (412).

3701 *Fätkinhäuer*, in: FES (Hrsg.), Korruption in Deutschland, 1997, S. 77, benennt dies als „staatlicherseits herbeigeführte Transparenz" und betont, dass dieses Mittel nicht außer Acht zu lassen.

3702 Etwa *Hilgendorf*, in: Arzt u.a (Hrsg.), Strafrecht BT, 2015, § 42, Rn. 18.

3703 Eb. *Schmidt*, die Bestechungstatbestände, 1960, Rn. 242 ff.

3704 Vgl. *Tiedemann*, Gutachten, 1972, C 41.

3. *Anzeigepflicht*

Die Anzeigebereitschaft ist niedrig. Die Opfer der Wirtschaftsstraftäter haben aus ökonomischen Gründen bzw. wegen möglicher Nachteile kein Interesse, Delinquenten vor Gericht zu verklagen.[3705]

Eine frühzeitige Unterrichtung der Strafverfolgungsbehörden über den Verdacht einer Korruptionsstraftat ist ein wichtiger Punkt der erfolgreichen Korruptionsbekämpfung.[3706] Für die öffentlichen Bediensteten ist deshalb in jedem Fall die Anzeigepflicht[3707] über „Dienstanweisung oder sonst geeignete Weise"[3708] vorzusehen. Für eine wirksame repressive Bekämpfung der Korruption ist zudem die Mitteilungspflicht von Ämter gegenüber den zuständigen Strafverfolgungsbehörden unerlässlich.[3709]

4. *Schwerpunktstaatsanwaltschaft*

Wenn man über die kriminalpolitischen Wirkungen der präventiven Ziele des Strafrechts sprechen will, sollte ein zu verwirkendes Urteil wann immer möglich schnell verkündet und vollgezogen werden. Dazu bedarf es der „Spezialisierung"[3710] und „Intensivierung"[3711] sowohl bei der Verfolgung von wirtschaftskriminellen Handlungen und als auch bei den Strafgerichten.[3712]

Eine effektive Ermittlung setzt zunächst die Kenntnis von strafwürdigen Fällen voraus. Daher sind die Aufgaben der Strafverfolgungsorgane schwerpunktmäßig zu verteilen.[3713] Dazu sind „eine kriminalistische Schwerpunktarbeit" und

3705 *Hefendehl*, ZStW 2007, S. 816 (819).

3706 Präventions- und Bekämpfungskonzept, 1995, Nr. 10.2.

3707 *Biermann*, Kriminalistik 1955, S. 327 (330); *Kerner/Rixen*, GA 1996, S. 355 (393, 394).

3708 Präventions- und Bekämpfungskonzept, 1995, Nr. 10.4. Siehe auch Verhaltenskodex gegen Korruption Nr. 2; *Schaupensteiner*, in: BKA (Hrsg.), Wirtschaftskriminalität und Korruption, 2003, S. 103 f.; *Weigend*, ZStW 2004, S. 242 (244). Ein Beispiel dafür Korruptionsbekämpfungsrichtlinie-Bayern, Nr. 5.1.

3709 Präventions- und Bekämpfungskonzept, 1995, S. 6 (unter C „Leitsätze").

3710 Siehe für ein Beispiel zur Spezialisierung bei Staatsanwaltschaft in Spanien: The special prosecutor's office, in: Specialised Anti-Corruption Institutions, 2013, OECD, S. 103.

3711 Siehe dazu *Schaupensteiner*, NStZ 1996, S. 409 (412).

3712 Vgl. *Wassermann*, in: Beiträge, 1979, S. 41.

3713 Siehe zur Beispiele aus der Praxis *Nötzel*, in: Dölling (Hrsg.), Korruptionsprävention, 2007, Rn. 3-4.

„Spezialdezernate" der Kriminalpolizei erforderlich, um die komplexen Sachverhalte zeitgemäß und zügig aufklären zu können.[3714]

Der Sinn dieser Spezialisierung besteht in einer „Konzentration des Sachverstandes". Insbesondere triff sie „organisatorischen Maßnahmen", damit das notwendige Wissen richtig und zeitgemäß in Gebrauch kommt.[3715]

Die schwerpunktstaatsanwaltschaftliche Tätigkeit und Spezialisierung in der Kriminalpolizei,[3716] sollte auch die weiteren Mitarbeiter der Strafrechtspflege umfassen, um von einer Teamarbeit auf intellektueller Augenhöhe sprechen zu können, ohne die Verbriefung der Freiheitssicherung im Strafprozess zu gefährden.

3714 *Geerds*, Kriminalistik 1968, S. 356 (357). Siehe auch *Biermann*, Kriminalistik 1955, S. 327 (328 f.); *Schneider*, in: Handwörterbuch der Kriminologie, 1969, S. 665.

3715 *Wassermann*, in: Beiträge, 1979, S. 36.

3716 Präventions- und Bekämpfungskonzept, 1995, Nr. 15, unter Zusammenfassung; Empfehlungen an die Politik, in: FES (Hrsg.), Korruption in Deutschland, 1997, S. 15; Korruptionsbekämpfungsrichtlinie-Bayern, Nr. 6.3.

§ 24 Schlussbetrachtung

Wie ein verehrter Strafrechtler sagte, ist ein Strafrecht ohne Kriminologie blind. Es ist auch eine strafrechtswissenschaftliche Untersuchung ohne kriminologische Betrachtung und kriminalpolitisches Nachdenken blind und damit perspektivlos für ein künftiges Vorgehen.

In dieser Studie sind die möglichen rationalen Antworten auf das Rätsel der Bestechlichkeit gesucht worden, zum Zwecke einer besseren Korruptionsbekämpfung. Diese Arbeit beschränkt sich auf die Frage danach, ob und inwieweit eine Korruptionsbekämpfung durch Bestechungsstrafrecht möglich ist, und ob das deutsche bzw. türkische Bestechungsstrafrecht gerechtfertigt, sachgemäß und zeitgemäß strukturiert ist.

Im Rahmen der Korruptionsbekämpfung ist davon auszugehen, dass Korruption nicht nur mit dem strafrechtlichen Instrumentarium bekämpft werden muss, sondern dafür vielmehr außerstrafrechtliche und präventive Möglichkeiten zu entwickeln und einzusetzen sind (Ultima-ratio-Funktion des Strafrechts).

Im Dienste der KB sind die Vorfeld- und verwandten Taten zu kriminalisieren. Das darf aber nicht unter dem Bestechungsstrafrecht in die Praxis umgesetzt werden. Andernfalls sind Legitimationsdefizite und Bedeutungslosigkeit wegen der zu weiten Ausweitung der Tatbestände zu gegenwärtigen. Kein Vorgehen darf zudem zur Verschmelzung oder Gleichbehandlung der eigenständig unter Strafe gestellten Tatbestände führen.

Darüber hinaus sind Transparenzstraftaten unerlässlich. Denn wo eine öffentliche Entscheidungsmacht legal übertragen ist, da beginnt die Arbeit des Korruptionsstrafrechts.

Wie in der Einleitung der Untersuchung vorgestellt, beschäftigte sich die vorliegende Arbeit mit vier grundlegenden Themen, um die fünf Untersuchungsfragen zu klären und damit das Ziel der Arbeit zu verdeutlichen. So lauten die Antworten der Arbeit wie folgt:

> **Die Untersuchungsfrage 1:** Bildet das deutsche und türkische Bestechungsstrafrecht sein je eigenes System im Besonderen Teil des jeweiligen StGB?

Die Antwort zu Frage 1:

Es lässt sich einfach feststellen, dass das türkische Bestechungsstrafrecht nicht in der Lage ist, ein einheitliches Bild zu zeichnen, weil es viele verschiedene Verbrechenstatbestände unter einem Artikel geordnet hat. Auch anhand der Befunde der Studie unter § 21 C kann man von einem „Alla Turca System" sprechen, das eine abweichende Sui-generis-Konstruktion mit sich bringt.

Mit der Darstellung der Gesamtstruktur der deutschen Bestechungsdelikte (insb. § 16 B XII und § 21 A) sind die kasuistischen Befunde in der Untersuchung dargelegt geworden.

Die beiden Bestechungsstrafrechte kommen noch nicht an eigenes System im Besonderen Teil des jeweiligen StGB heran.

> **Die Untersuchungsfrage 2:** Sind die Konstruktion und Ausgestaltung der beiden Bestechungsstrafrechte gerechtfertigt, sachgemäß und zeitgemäß strukturiert?

Die Antwort zu Frage 2:

Die Frage, ob das zur Verfügung stehende Strafrechtssystem im Kampf gegen Bestechungskriminalität besserungsbedürftig und das Ziel für die bessere Korruptionsbekämpfung tauglich ist, bezieht sich auf die „Gerechtigkeit", „Effektivität" und „Praktikabilität" seiner Instrumente und Institute sowie auf seine Vereinbarkeit mit der Rechtstatsache, Rechtssprache und Rechtslogik.

Die nachträgliche Belohnung für eine bereits vollzogene Diensthandlung, die im deutschen Bestechungsstrafrechtssystem einen festigen Platz findet, fällt rechtssprachlich und kriminalphänomenologisch nicht unter eine klassische Bestechungslogik.

Die einseitigen Handlungen sind nicht mit den kooperativen Handlungen gleichwertig. Bei den drei Stationen der deutschen Bestechlichkeit und Bestechung fehlt es insofern an einer rechtsnormativen Distanz.

Das Sichbereitzeigen i.S.v. § 332 Abs. 3 und der Bestimmungsversuch i.S.v. § 334 Abs. 3 knüpfen an eine mögliche Bestechungsabsprache an. Es geht daher um eine Lockerung der eigentlichen Bestechungstatbestände.

Die Ansicht des türkischen Gesetzgebers bezüglich der Wahrnehmung des Verbrechensphänomens „Bestechung" ist nicht stabil und deshalb gibt es eine gewisse Verwirrung in der Gesetzgebungslehre. Das heutige reformierte türkische Korruptionsstrafrecht befindet sich außerdem im Widerspruch: Zum einen in Bezug auf die normative Pflichtwidrigkeit der Diensthandlung und zum anderen hinsichtlich der Einbeziehung der Bürger in die Tatbestände. Die Bürger sind Verbrechensopfer des Extortion. Im ähnlichen Umfang war die aktive Seite der einfachen Bestechung bis zum StÄG v. 2012 entkriminalisiert. Heute ist die Perspektive des „bösen Bürgers" vorrangig, indem der Gesetzgeber die Bestechung i.e.S. als Grundtatbestand der Bestechung geregelt und die einfache aktive Bestechung unter dem Bestechungstatbestand unter Strafe gestellt hat. Zweitens hat der Gesetzgeber höchstwahrscheinlich vergessen, die ähnlichen Straftatbestände harmonisch zu konstruieren. Sowohl beim Einflusshandel als auch beim Amtsmissbrauch ist eine objektive pflichtwidrige Diensthandlung für die Tatbestandserfüllung zwingend. Dagegen setzt die Bestechung nur ein dienstliches Handeln im Zusammenhang mit dem Amt voraus. Dies ist ungerechtfertigt und nicht vertretbar. Es fehlt also eine Systemkonformität während der Ausgestaltung der klassischen Bestechungsdelikte und der Bestechung unterstützenden verwandten und Umfelddelikte.

Im Übrigen geht es im türkischen Bestechungsstrafrecht um eine verdoppelte Verschmelzung: Einmal im Hinblick auf das Aussehen des Delikts (Einzelverbrechen-Modell) und einmal im Hinblick auf die Tat (Rechtsgutsmodell hinsichtlich der UnRV). Erstere ist nur eine schlichte Fiktion, die andere ist undurchsetzbar, weil der Straftatbestand nach der Verschmelzung seine Grenzen verloren hat. In diesem Punkt ist nochmals zu erwähnen, dass das deutsche Korruptionsstrafrecht für die Be- und Einschränkung der Tatbestände de lege lata gute Lösungen i.R.d. § 331 bietet. Diese sind schon grundsätzlich unter dem § 18 B I 4 behandelt.

Beim türkischen Strafrecht ist auch das Thema „Täterschaft" sowohl i.S.d. Strafrechtstheorie als auch i.S.d. Strafgerechtigkeit höchst problematisch. Der Bestechungsvermittler wird gesetzlich absolut, also ungeachtet dessen, ob er die Amtsträgereigenschaft innehat, abweichend von den allgemeinen Vorschriften als ‚Mittäter' eingestuft. In ähnlicher Weise muss der Profiteur des Drittvorteils, ohne Rücksicht darauf, ob er eine Amtsträgereigenschaft innehat, als Mittäter bestraft werden. All dies legt die Verfassungswidrigkeit der Strafnorm nahe.

Die beiden Bestechungsstrafrechtssysteme sind im Ergebnis reformbedürftig und im Dienste der KB besteht es zum Teil klarer Umsetzungsbedarf. Eine systemkonforme Auslegung ist für die beiden Systeme nicht möglich.

> **Die Untersuchungsfrage 3:** Worin besteht der Unrechtskern der Bestechung im strafrechtsdogmatischen Sinne?

Die Antwort zu Frage 3:

Der Legitimationsgrund und die Entscheidung des Gesetzgebers über den deliktischen Charakter sowie die Gesamtstruktur legen die *ratio legis* der Bestechungstatbestände und vor allem aber das kriminalpolitische Verständnis der Rechtskulturen dar.

Die Handlungen bezüglich der nachträglichen Belohnung für bereits vollzogene Diensthandlungen und die Handlungen in Bezug auf die Zuwendungen für nichtpflichtwidrige Dienstausübungen gehören nicht zu den eigentlichen Bestechungsstraftaten.

Die Tathandlungsmodalitäten der Bestechung sind kommunikative Akte. Dies macht das reziproke und konkrete Beziehungsverhältnis der Vertragstheorie der Bestechung deutlich. Hierbei gilt das vollständige Koinzidenzprinzip. Dieses Prinzip basiert auf der Interessen- und Zustandstheorie, welche sich aus der Lehre von der Unrechtsvereinbarung ergeben, die keine „vertragsmäßige bzw. quasivertragliche“, sondern eine „vollständige“ Willensübereinstimmung voraussetzt. Rechtssprachlich handelt es sich damit um eine objektivierte Subjektivität. In diesem Verhältnis sind die Heimlichkeit und Profitierungsabsicht die wesentlichen Indikatoren bzw. Indizpunkte und dienen zur Aufklärung der Taten.

Die reziproke, konkrete und intransparente Unrechtsvereinbarung und die Zukunftsperspektiven der Täter sowie die doppelte Rechtswidrigkeit der Diensthandlung treten als die das Unrecht der eigenen Bestechungsdelikte darlegenden Hauptmerkmale in Erscheinung.

Bei der Verletzung von Dienstpflichten handelt es sich um die Zweispurigkeit des Regelverstoßes. Durch eine UnRV verstößt der Amtsträger einerseits gegen das Verbot der Vorteilsannahme in Bezug auf das Amt (allgemeine Dienstpflicht) und andererseits gegen die Entscheidungsregeln während seiner zuständigen Amtszeit (besondere Dienstpflicht).

Die Bestechungsdelikte haben zwar akzessorische Tatbestandsmerkmale, aber sie sind strafrechtlich vollständige Normen. Mithilfe von Bezugsnormen zur Amtsträgereigenschaft und Dienstaufgaben sowie zur Rechtswidrigkeit der Diensthandlung werden die Bestandteile der Tatbestände komplettiert.

Das Vorliegen bzw. die Feststellung der Amtsträgereigenschaft i.S.v. Strafrecht führt nicht ohne weiteres dazu, dass der Handelnde zum tauglichen Täterkreis der Bestechung gehört. Nicht jeder Amtsträger i.S.d. Strafrechts ist also ein tauglicher Täter von Bestechlichkeit. Beispielsweise kann ein Amtsträger i.S.d. Strafrechts die Bestechlichkeit nicht begehen, wenn seine Handlung keine Entscheidungsmacht in Bezug auf seinen Dienst darstellt (sog. funktionale Verknüpfung).

Das klassische Verbrechensphänomen Bestechung bringt eine „doppelte Konnexität“ mit sich. Die funktionale Verknüpfung zwischen Handlung und Amt stellt die erforderliche erste Stufe der Konnexität dar. Das Beziehungsverhältnis zwischen Amtshandlung und Vorteil bildet den zweiten erforderlichen Kausalzusammenhang.

Die Gesamtstruktur der deutschen „Doktrin“ hinsichtlich des Bestechungsstrafrechts baut auf das Vorfelddelikt auf. Allein aus dem systematischen Aufbau der §§ 331 ff. ist nicht möglich, eine überzeugende Aussage über das Wesen der Unbestechlichkeit und ihrer Auslegung zu treffen. Die überwiegende Lehre sollte daher ihre formelle Betrachtung aufgeben.

Die Untersuchungsfrage 4: Wie könnte die Komplexitätsproblematik bei der Konstruktion eines Bestechungsstrafrechts reduziert werden?

Die Antwort zu Frage 4:

Es ist zwar grundsätzlich eine Frage der Systematik und Struktur, also ein Thema der Gesetzgebungslehre. Aber auch hier dürfen einige Punkte nicht außer Acht gelassen werden.

Die Brennpunkte des Bestechungsstrafrechts sind „Vorteilsbegriff", „Vorsatz", „Irrtum", Versuch", „Täterschaft", „Teilnahme", und „Bezugspunkt, Beziehungsverhältnis und ihre Konnexität", „der Zeitpunkt zur Vollendung der Tat" sowie „Unterscheidung von strafwürdigen und straflosen Konstellationen". Die rechtsgutsorientierte Auslegung ist zwar eine der wichtigsten Auslegungsmethoden, doch sie ist allein nicht in der Lage, die problematischen Konstellationen und die Grenzfälle klar zu machen. Aus diesem Grund gilt hier folgendes:

Es ist klar, dass Missbrauch des Amtes gegen einen ungerechtfertigten Vorteil vorweg und rechtzeitig verhindert werden muss. Das soll aber nicht bedeuten, dass auch bestechungsnahe Delikte unter dem Namen „Bestechungsdelikte" geregelt oder konstituiert werden sollten. Von daher muss an erster Stelle unbedingt zwischen Bestechungsdelikten (Bestechungsstrafrecht) und Korruptionsdelikten (Korruptionsstrafrecht) durch klare Konturen unterschieden werden.

Die einfache Bestechung muss zweitens streng von der schweren Bestechung getrennt werden. Dies verlangen die kriminalpolitischen Grundprinzipen „Verhältnismäßigkeit" und „Bestimmtheit" sowie „Schuldprinzip". Das Problem der deutschen Lehre zur Bestechungstatbestände liegt in der Terminologie. Das Schrifttum verwendet gegen den Willen des Gesetzgebers die Tatbestände §§ 331 unter der Begrifflichkeit „Bestechungsdelikte". So treten die Komplikationen bei ihrer Behandlung auf.

Drittens muss die doppelte Verletzung des Amtsträgers in dem Straftatbestand klar und deutlich beschrieben werden. Die Pflichtwidrigkeit der Diensthandlung darf in diesem Punkt nicht dem Qualifikationsmerkmal zugeordnet werden, damit die eigenständige Bedeutung der eigentlichen Bestechungsdelikte nicht verloren geht.

Viertens müssen die normativen Grenzen des ungerechtfertigten Vorteils vorhersehbar sein. In diesem Zusammenhang sind erpresserisch oder durch vorgetäuschte Diensthandlung erlangte Vorteile aus der Bestechung auszuscheiden. Für diese Konstellationen sind selbstständige Straftatbestände zu regeln.

Fünftes muss der doppelte Kausalzusammenhang in den Tatbestandsmerkmalen präzise feststellbar sein. Ist die Tendenz in Bezug auf die Konnexität zu weit und unbestimmt, so schadet dies Gewicht und Bedeutung der Tat.

Und zuletzt ist eine „Kodifikation" der Bestechungstatbestände unter einem Abschnitt erwünscht, um die Komplikationen zu minimieren. In diesem Sinne wäre eine Verschiebung von Bestechungsdelikten des Nebenstrafrechts in das Kernstrafrecht zu begrüßen. Dies erfordert auch das Integrationsprinzip. Insofern sollte eine – soweit wie möglich – „harmonische Kodifikation" in die Tat umgesetzt werden.

Der deutsche Gesetzgeber bewegt sich auf dem richtigen Weg, indem er die Kodifikation von Bestechungsdelikten durch das EGStGB v. 1974 gestartet und indem er die neuen Bestechungstatbestände, namentlich §§ 108e, 299b, 265d, akzessorisch und zukunftsorientiert ausgestaltet hat. Diese Tendenz ist deshalb zu begrüßen. Die erste Phase der Kodifikation hat demnach mit dem EGStGB begonnen; die zweite fand sich durch das erste KorrBekG v. 1997 fortgesetzt. Die dritte Phase konnte aber nicht durch das zweite KorrBekG v. 2015 eröffnet werden.

> **Die Untersuchungsfrage 5:** Wie und auf welchem Rechtsboden können wir mit dem Strafrechtsinstrumentarium gerechter, besser und wirksamer vorgehen, damit die Begehung von Bestechungsstraftaten verhindern und das Vertrauen der Bürger in die Fairness und die Rechtmäßigkeit der Entscheidungen stärken?

Die Antwort zu Frage 5:

Wie in der Studie ausgeführt, ist das Bestechungsstrafrechtssystem das wichtigste Erscheinungsbild der Korruptionsbekämpfung.

Auf der Suche nach einer gerechten Systematik und anschließender Ausgestaltung strafwürdiger Bestechungshandlungen ist das Strafrecht seit längerer Zeit vorrangig. Auf der Suche nach Orientierungspunkten einer gerechten Systematik ist festzuhalten, dass die Bestechungsdelikte in der öffentlichen Verwaltung eine Vorbildfunktion für die anderen Bestechungsdelikte haben, die in anderen Bereichen außerhalb öffentlichen Verwaltung gesehen wurden. Das führt dazu, dass die Bestechungsdelikte aller Sektoren – soweit wie möglich – harmonisch auszugestalten sind.

Die echten Bestechungsdelikte sind schwere, gravierende und sehr schädliche Straftaten. Verschmelzen sie mit den vorstufigen Delikten, so besteht die Gefahr, dass straflose Konstellationen bei der Bestechung und Bestechlichkeit z. B. mittels der Genehmigungs- und Sozialadäquanzmöglichkeiten in Frage kommen. Somit können die klassische Bedeutung und Terminologie ihre Bedeutung ungerechtfertigter Weise an Gewicht verlieren. Auf der Suche nach Gerechtigkeit sollten deshalb die zu verwendenden Begriffe ihre Bedeutungen nicht an die Verschmelzung verlieren. Die vollständige Verschmelzung kann wie eine Odyssee während der systematischen Überlegungen angesehen werden.

Die Bestechungsdelikte orientieren sich primär an dem Handlungsunrecht, weil das Strafrecht vor der Durchführung der korrumpierten Absprache abschreckend tätig sein muss. Das Erfolgsunrecht ist prinzipiell dem Thema der Strafzumessung zuzuordnen.

Das wichtigste und effektivste Instrumentarium beim Kampf gegen Korruption durch das Strafrecht sollte die dienstrechtliche und damit wirtschaftliche Sanktionierung des Täters sein. Vor diesem Hintergrund ist i.R.d. strafrechtlicher Sanktionen die Möglichkeit zu längeren Berufsverboten vorzusehen.

Im Lichte der in dieser Arbeit festgestellten Befunde und um der Systemgerechtigkeit willen, ist für die klassischen/eigentlichen/echten Bestechungsdelikte eine Subsystematik unter einem eigenen Kapitel zu Korruptionsstraftaten im StGB zu plädieren. Dazu hat die Studie unter dem § 23 versucht, eine eigene Lehre zu fassen. Dieser Versuch kann als ein vorläufiger Wegweiser für die Gesetzgebungslehre dienen. Es muss demnach ein komplettes Gesamtsystem für das Korruptionsstrafrecht entwickelt werden. In dieses ist die Lehre von der Bestechungsdelikte als Angelpunkt dieser Disziplin einzubeziehen.

Jedes Ergänzungsmodell der Arbeit bringt seine Defizite mit sich, weil es das Erscheinungsbild „Bestechung“ nur eingeschränkt betrachten lässt. Dies rechtfertigt sich mit der Erwägung, dass von dem Synthese-Modell (Vereinigungsmodell) während der Umsetzung der Ergänzungsmodelle der Studie Gebrauch zu machen ist.

Wegen der Forderung der engen Konnexität zwischen Handlung und Amt sowie zwischen Amtshandlung und Vorteil und aufgrund der engen Vertragstheorie braucht das gesamte System andere Straftatbestände aus dem Kreis der verwandten Taten, die auch durch Missbrauch des Amtes begangen werden. Mithilfe dieser verwandten Delikte können zum einen mögliche Strafbarkeitslücken geschlossen und damit strafwürdige und deshalb strafbedürftige Handlungen zum anderen bestraft werden. Das soll aber nicht bedeuten, dass die eigentlichen Bestechungsdelikte mit diesen Auffangtatbeständen verschmelzen und danach eine terminologische Einheit bilden.

Falls der Gesetzgeber nicht die Absicht hat, die Bestechungstatbestände zu reformieren, sollten entsprechend die in der Studie angebotenen kriminalpolitisch-teleologischen Auslegungen fruchtbar gemacht werden.

Die Erweiterung des strafrechtlichen Schutzes ist in der heutigen Gesellschaft unerlässlich geworden. Hierbei ist aber nicht außer Acht zu lassen, dass die gegenwärtige Erweiterung des geschützten Rechtsguts besondere und sektorbezogene Strafvorschriften erforderlich macht. In diesem Sinne besteht ein weiterer Forschungsbedarf zu den Bestechungsformen in der Gesellschaft. Im gleichen Sinne bedingt die gerechte und menschenrechtsfreundliche sowie harmonische Ausgestaltung neuer Erscheinungsformen auf der Basis von Bestechung weiteren Forschungsbedarf.

Aus den oben dargelegten Erwägungen lässt sich der Schluss ziehen, dass sich das heutige Korruptionsstrafrecht und damit das Bestechungsstrafrecht im Umbruch befinden. Die Systemgerechtigkeit soll im Grundsatz in den Antworten des Gesamt- oder Teilsystems auf die Konkretisierung von Prinzipien der „Verhältnismäßigkeit", des „Schuldprinzip" und der „Humanität" gesucht werden. Im Ergebnis ist weder die Bestechungsstrafrechtsdogmatik Deutschlands noch die Bestechungsstrafrechtsdogmatik der Türkei in einer bevorzugten Position anzutreffen. Die beiden Bestechungsstrafrechtssysteme sind besserungsbedürftig.

Um das Bestechungsstrafrecht auf eine gerecht anmutende Art und Weise zu strukturieren, stehen den Gesetzgebern das in der Studie anhand der Rechtstheorie und Kriminalphänomenologie sowie mithilfe von Rechtsvergleichung systematisierte Fachwissen über die strafbaren Bestechungshandlungen und die dafür entwickelten kriminalpolitischen Ansätze zur Verfügung. Die Arbeit hat in diesem Zusammenhang den Wunsch, ihre Theorien und Ergebnisse für die zukünftige gesetzgeberische Basis zur Verfügung stellen könnten.

Anhang

Auszüge aus den internationalen Abkommen:

➢ **Übereinkommen über die Bekämpfung der Bestechung ausländischer Amtsträger im internationalen Geschäftsverkehr v. 1997**[3717]

Art. 1 Straftatbestand der Bestechung ausländischer Amtsträger

1 Jede Vertragspartei trifft die erforderlichen Maßnahmen, um nach ihrem Recht jede Person mit Strafe zu bedrohen, die unmittelbar oder über Mittelspersonen einem ausländischen Amtsträger vorsätzlich, um im internationalen Geschäftsverkehr einen Auftrag oder einen sonstigen unbilligen Vorteil zu erlangen oder zu behalten, einen ungerechtfertigten geldwerten oder sonstigen Vorteil für diesen Amtsträger oder einen Dritten anbietet, verspricht oder gewährt, damit der Amtsträger in Zusammenhang mit der Ausübung von Dienstpflichten eine Handlung vornimmt oder unterlässt.

2 Jede Vertragspartei trifft die erforderlichen Maßnahmen, um die Beteiligung an der Bestechung eines ausländischen Amtsträgers einschließlich der Anstiftung, der Beihilfe und der Ermächtigung unter Strafe zu stellen. Der Versuch der Bestechung und die Verabredung zur Bestechung eines ausländischen Amtsträgers stellen in demselben Maß Straftaten dar wie der Versuch der Bestechung und die Verabredung zur Bestechung eines Amtsträgers dieser Vertragspartei.

3 Die in den Ziffern 1 und 2 genannten Straftaten werden im Folgenden als «Bestechung eines ausländischen Amtsträgers» bezeichnet.

4 Im Sinne dieses Übereinkommens:

a) bedeutet der Ausdruck «ausländischer Amtsträger» eine Person, die in einem anderen Staat durch Ernennung oder Wahl ein Amt im Bereich der Gesetzgebung, Verwaltung oder Justiz innehat, eine Person, die für einen anderen Staat einschließlich einer Behörde oder eines öffentlichen Unternehmens öffentliche Aufgaben wahrnimmt, und einen Amtsträger oder Bevollmächtigten einer internationalen Organisation.;

3717 BGBl. 1998 II S. 2327.

b) umfasst der Ausdruck «anderer Staat» alle staatlichen Bereiche und Untergliederungen von der nationalen bis zur kommunalen Ebene;
c) umfasst der Ausdruck «im Zusammenhang mit der Ausübung von Dienstpflichten eine Handlung vornehmen oder unterlassen» jede Nutzung der Stellung des Amtsträgers innerhalb oder außerhalb eines ihm übertragenen Zuständigkeitsbereichs.

➢ **EU-Übereinkommen über die Bekämpfung der Bestechung v. 1997**[3718]

Artikel 2 Bestechlichkeit

(1) Für die Zwecke dieses Übereinkommens ist der Tatbestand der Bestechlichkeit dann gegeben, wenn ein Beamter vorsätzlich unmittelbar oder über eine Mittelsperson für sich oder einen Dritten Vorteile jedweder Art als Gegenleistung dafür fordert, annimmt oder sich versprechen lässt, dass er unter Verletzung seiner Dienstpflichten eine Diensthandlung oder eine Handlung bei der Ausübung seines Dienstes vornimmt oder unterlässt.
(2) Jeder Mitgliedstaat trifft die erforderlichen Maßnahmen, um sicherzustellen, dass die in Absatz 1 genannten Handlungen Straftaten sind.

Artikel 3 Bestechung

(1) Für die Zwecke dieses Übereinkommens ist der Tatbestand der Bestechung dann gegeben, wenn eine Person vorsätzlich einem Beamten unmittelbar oder über eine Mittelsperson einen Vorteil jedweder Art für ihn selbst oder für einen Dritten als Gegenleistung dafür verspricht oder gewährt, dass der Beamte unter Verletzung seiner Dienstpflichten eine Diensthandlung oder eine Handlung bei der Ausübung seines Dienstes vornimmt oder unterlässt.
(2) Jeder Mitgliedstaat trifft die erforderlichen Maßnahmen, um sicherzustellen, dass die in Absatz 1 genannten Handlungen Straftaten sind.

3718 BGBl. 2002 II S. 2727.

➢ **Strafrechtsübereinkommen über Korruption v. 1999**[3719]

Artikel 2 Bestechung inländischer Amtsträger

Jede Vertragspartei trifft die erforderlichen gesetzgeberischen und anderen Maßnahmen, um folgende Handlungen, wenn vorsätzlich begangen, nach ihrem innerstaatlichen Recht als Straftaten zu umschreiben: das unmittelbare oder mittelbare Versprechen, Anbieten oder Gewähren eines ungerechtfertigten Vorteils an einen Amtsträger dieser Vertragspartei für diesen selbst oder für einen Dritten als Gegenleistung dafür, dass er bei der Wahrnehmung seiner Aufgaben eine Handlung vornimmt oder unterlässt.

Artikel 3 Bestechlichkeit inländischer Amtsträger

Jede Vertragspartei trifft die erforderlichen gesetzgeberischen und anderen Maßnahmen, um folgende Handlungen, wenn vorsätzlich begangen, nach ihrem innerstaatlichen Recht als Straftaten zu umschreiben: das unmittelbare oder mittelbare Fordern oder Annehmen ungerechtfertigten Vorteils oder das Annehmen des Angebots oder Versprechens eines solchen Vorteils durch einen Amtsträger dieser Vertragspartei für ihn selbst oder einen Dritten als Gegenleistung dafür, dass er bei der Wahrnehmung seiner Aufgaben eine Handlung vornimmt oder unterlässt.

➢ **Übereinkommen der Vereinten Nationen gegen Korruption v. 2003**[3720]

Artikel 15 Bestechung und Bestechlichkeit inländischer Amtsträger

Jeder Vertragsstaat trifft die erforderlichen gesetzgeberischen und sonstigen Maßnahmen, um folgende Handlungen, wenn vorsätzlich begangen, als Straftaten zu umschreiben:

a) das unmittelbare oder mittelbare Versprechen, Anbieten oder Gewähren eines ungerechtfertigten Vorteils an einen Amtsträger für diesen selbst oder für eine andere Person oder Stelle als Gegenleistung dafür, dass er in Ausübung seiner Dienstpflichten eine Handlung vornimmt oder unterlässt;

3719 BGBl. 2016 II S. 1322.
3720 BGBl. 2014 II S. 762.

b) das unmittelbare oder mittelbare Fordern oder Annehmen eines ungerechtfertigten Vorteils durch einen Amtsträger für sich selbst oder für eine andere Person oder Stelle als Gegenleistung dafür, dass er in Ausübung seiner Dienstpflichten eine Handlung vornimmt oder unterlässt.

Artikel 16 Bestechung und Bestechlichkeit von ausländischen Amtsträgern und Amtsträgern internationaler Organisationen

(1) Jeder Vertragsstaat trifft die erforderlichen gesetzgeberischen und sonstigen Maßnahmen, um folgende Handlungen, wenn vorsätzlich begangen, als Straftat zu umschreiben: das unmittelbare oder mittelbare Versprechen, Anbieten oder Gewähren eines ungerechtfertigten Vorteils an einen ausländischen Amtsträger oder einen Amtsträger einer internationalen Organisation für diesen selbst oder für eine andere Person oder Stelle als Gegenleistung dafür, dass der Amtsträger in Ausübung seiner Dienstpflichten eine Handlung vornimmt oder unterlässt, um im Zusammenhang mit Tätigkeiten im internationalen Geschäftsverkehr einen Auftrag oder einen sonstigen ungerechtfertigten Vorteil zu erlangen oder zu behalten.

(2) Jeder Vertragsstaat zieht in Erwägung, die erforderlichen gesetzgeberischen und sonstigen Maßnahmen zu treffen, um folgende Handlungen, wenn vorsätzlich begangen, als Straftat zu umschreiben: die unmittelbare oder mittelbare Forderung oder Annahme eines ungerechtfertigten Vorteils durch einen ausländischen Amtsträger oder einen Amtsträger einer internationalen Organisation für sich oder für eine andere Person oder Stelle als Gegenleistung dafür, dass der Amtsträger in Ausübung seiner Dienstpflichten eine Handlung vornimmt oder unterlässt.

Auszüge aus den ausgewählten Strafgesetzbüchern:

➢ **Das deutsche StGB v. 1871**[3721]

§ 332 Bestechlichkeit

(1) Ein Amtsträger, ein Europäischer Amtsträger oder ein für den öffentlichen Dienst besonders Verpflichteter, der einen Vorteil für sich oder

---

3721 Strafgesetzbuch in der Fassung der Bekanntmachung vom 13. November 1998 (BGBl. I S. 3322), das zuletzt durch Artikel 1 des Gesetzes vom 3. März 2020 (BGBl. I S. 431) geändert worden ist.

einen Dritten als Gegenleistung dafür fordert, sich versprechen läßt oder annimmt, daß er eine Diensthandlung vorgenommen hat oder künftig vornehme und dadurch seine Dienstpflichten verletzt hat oder verletzen würde, wird mit Freiheitsstrafe von sechs Monaten bis zu fünf Jahren bestraft. In minder schweren Fällen ist die Strafe Freiheitsstrafe bis zu drei Jahren oder Geldstrafe. Der Versuch ist strafbar.

(2) Ein Richter, Mitglied eines Gerichts der Europäischen Union oder Schiedsrichter, der einen Vorteil für sich oder einen Dritten als Gegenleistung dafür fordert, sich versprechen läßt oder annimmt, daß er eine richterliche Handlung vorgenommen hat oder künftig vornehme und dadurch seine richterlichen Pflichten verletzt hat oder verletzen würde, wird mit Freiheitsstrafe von einem Jahr bis zu zehn Jahren bestraft. In minder schweren Fällen ist die Strafe Freiheitsstrafe von sechs Monaten bis zu fünf Jahren.

(3) Falls der Täter den Vorteil als Gegenleistung für eine künftige Handlung fordert, sich versprechen läßt oder annimmt, so sind die Absätze 1 und 2 schon dann anzuwenden, wenn er sich dem anderen gegenüber bereit gezeigt hat,
1 bei der Handlung seine Pflichten zu verletzen oder,
2 soweit die Handlung in seinem Ermessen steht, sich bei Ausübung des Ermessens durch den Vorteil beeinflussen zu lassen.

§ 334 Bestechung

(1) Wer einem Amtsträger, einem Europäischen Amtsträger, einem für den öffentlichen Dienst besonders Verpflichteten oder einem Soldaten der Bundeswehr einen Vorteil für diesen oder einen Dritten als Gegenleistung dafür anbietet, verspricht oder gewährt, daß er eine Diensthandlung vorgenommen hat oder künftig vornehme und dadurch seine Dienstpflichten verletzt hat oder verletzen würde, wird mit Freiheitsstrafe von drei Monaten bis zu fünf Jahren bestraft. In minder schweren Fällen ist die Strafe Freiheitsstrafe bis zu zwei Jahren oder Geldstrafe.

(2) Wer einem Richter, Mitglied eines Gerichts der Europäischen Union oder Schiedsrichter einen Vorteil für diesen oder einen Dritten als Gegenleistung dafür anbietet, verspricht oder gewährt, daß er eine richterliche Handlung
1. vorgenommen und dadurch seine richterlichen Pflichten verletzt hat oder
2. künftig vornehme und dadurch seine richterlichen Pflichten verletzen würde,

wird in den Fällen der Nummer 1 mit Freiheitsstrafe von drei Monaten bis zu fünf Jahren, in den Fällen der Nummer 2 mit Freiheitsstrafe von sechs Monaten bis zu fünf Jahren bestraft. Der Versuch ist strafbar.

(3) Falls der Täter den Vorteil als Gegenleistung für eine künftige Handlung anbietet, verspricht oder gewährt, so sind die Absätze 1 und 2 schon dann anzuwenden, wenn er den anderen zu bestimmen versucht, daß dieser

1. bei der Handlung seine Pflichten verletzt oder,
2. soweit die Handlung in seinem Ermessen steht, sich bei der Ausübung des Ermessens durch den Vorteil beeinflussen läßt.

➢ **Das türkische StGB in der Fassung v. 5.7.2012**

Art. 252 Bestechung[3722]

(1) Wer einem Amtsträger oder einem von diesem benannten Dritten im Zusammenhang mit der Ausübung des Amtes für ein Tun oder Unterlassen direkt oder über Mittelspersonen Vorteil verschafft, wird mit vier bis zu zwölf Jahren Gefängnisstrafe bestraft.
(2) Auch der Amtsträger, der für ein Tun oder Unterlassen im Zusammenhang mit der Ausübung des Amtes direkt oder über Mittelspersonen sich selbst oder einem von diesem benannten Dritten Vorteil verschafft, wird mit der in Absatz 1 aufgeführten Strafe bestraft.
(3) Im Falle, dass eine Vereinbarung bezüglich der Bestechung getroffen wird, sind die Täter wegen vollendeter Tat zu bestrafen.
(4) Fordert der Amtsträger eine Bestechung und wird dies von dem Aufgeforderten abgelehnt oder gibt der Aufgeforderte gegenüber dem Amtsträger ein Angebot oder Versprechen auf Gewährung des Vorteils ab und lehnt dieser dies ab, so wird die nach Absatz 1 und 2 gegen den Täter zu verhängende Strafe um die Hälfte herabgesetzt.
(5) Wer bei der Übermittlung des Angebots oder der Forderung einer Bestechung an die andere Seite, beim Zustandekommen einer Unrechtsvereinbarung oder bei der Gewährung eines Vorteils Mittlerdienste leistet, wird ohne Rücksicht darauf, ob er die Amtsträgereigenschaft innehat, als Mittäter bestraft.
(6) Der Dritte, der sich in einer Bestechungsbeziehung den Vorteil indirekt verschafft oder als Vertreter juristischer Person den Vorteil annimmt, wird ohne Rücksicht darauf, ob er die Amtsträgereigenschaft innehat, als Mittäter bestraft.

3722 Die folgende Übersetzung orientiert sich an derjenigen von *Tellenbach*, Aktualisierung, 2012, S. 15 ff. und *Rumpf*, in: Passarge/Behringer (Hrsg.), Handbuch Compliance International, 2015, S. 615 f., wurde jedoch an einigen Stellen verändert.

(7) Ist derjenige, der die Bestechung annimmt, fordert oder die Bestechungsvereinbarung trifft, Funktionär der Rechtspflege, Schiedsrichter, Sachverständiger, Notar oder vereidigter Finanzberater, so wird die zu verhängende Strafe um ein Drittel bis um die Hälfte erhöht.

(8) Die Bestimmungen dieses Artikels werden auch angewendet, wenn für
 a) die berufsständigen Körperschaften mit Natur öffentlichen Rechts,
 b) die Gesellschaften, die mit Beteiligung von öffentlichen Körperschaften oder Einrichtungen oder der berufsständigen Körperschaften mit der Natur des öffentlichen Rechts gegründet sind,
 c) Stiftungen, die im Rahmen von öffentlichen Körperschaften oder Einrichtungen oder der berufsständigen Körperschaften mit Natur öffentlichen Rechts tätig sind,
 d) gemeinnützige Vereine,
 e) Genossenschaften,
 f) börsennotierte Publikumsgesellschaften

handelnden Personen, ohne Rücksicht darauf, ob sie Amtsträgereigenschaft innehaben, dafür dass sie im Zusammenhang mit der Ausübung ihrer Aufgaben für ein Tun oder Unterlassen direkt oder über Mittelspersonen Vorteil verschafft, angeboten oder versprochen wird; wenn der Vorteil von diesen Personen fordert oder angenommen wird; wenn ihnen Mittlerdienste geleistet werden; wenn der Vorteil aufgrund dieser Beziehung dem Dritten gewährt wird.

(9) Die Bestimmungen dieses Artikels werden auch angewendet, wenn
 a) Amtsträgern, die in einem ausländischen Staat gewählt oder ernannt wurden,
 b) Richtern, Mitgliedern einer Jury oder anderen Amtsträgern, die an internationalen, supranationalen oder ausländischen staatlichen Gerichte Dienst haben,
 c) Mitgliedern internationaler oder supranationaler Parlamente,
 d) Personen einschließlich öffentlicher Körperschaften und öffentlicher Wirtschaftsunternehmen, die für einen ausländischen Staat eine öffentliche Dienst ausüben,
 e) Bürgern oder ausländischen Schiedsrichtern, die zur Beilegung einer Rechtsstreitigkeit in einem Schiedsverfahren angerufen wurden,
 f) Bediensteten oder Vertretern internationaler oder supranationaler Organisationen, die aufgrund eines völkerrechtlichen Vertrages errichtet worden sind,

dafür, dass im Zusammenhang mit der Ausübung ihrer Aufgaben für ein Tun oder Unterlassen oder wegen internationaler Handelsgeschäfte zum Zwecke der Erlangung oder Sicherung eines ungerechtfertigten Nutzens direkt oder über Mittelspersonen Vorteil verschafft, angeboten oder versprochen wird oder wenn der Vorteil von diesen fordert oder angenommen wird.

(10) Wird die in Absatz 9 enthaltene Straftat der Bestechung im Ausland durch den Ausländer begangen, und ist dabei
a) die Türkei,
b) eine öffentliche Institution in der Türkei,
c) eine nach türkischem Recht gegründete zivilrechtliche juristische Person,
d) ein türkischer Staatsbürger

in einem Streitfall Partei oder wird die Tat im Zusammenhang mit diesen öffentlichen Institution oder Personen für ein Tun oder Unterlassen begangen, so werden gegen denjenigen, die die Bestechung geben, anbieten oder versprechen; die die Bestechung annehmen, fordern, das Angebot oder das Versprechen annehmen; die dabei Mittlerdienste leisten; die durch die Bestechungsbeziehung Vorteil sich selbst verschaffen, die Ermittlung und Verfolgung von Amts wegen durchgeführt, wenn sie sich in der Türkei aufhalten.

➢ **Das schweizerische StGB in der Fassung v. 1.7.2016**

Art. 322ter Bestechen

Wer einem Mitglied einer richterlichen oder anderen Behörde, einem Beamten, einem amtlich bestellten Sachverständigen, Übersetzer oder Dolmetscher, einem Schiedsrichter oder einem Angehörigen der Armee im Zusammenhang mit dessen amtlicher Tätigkeit für eine pflichtwidrige oder eine im Ermessen stehende Handlung oder Unterlassung zu dessen Gunsten oder zu Gunsten eines Dritten einen nicht gebührenden Vorteil anbietet, verspricht oder gewährt, wird mit Freiheitsstrafe bis zu fünf Jahren oder Geldstrafe bestraft.

Art. 322quater Sich bestechen lassen

Wer als Mitglied einer richterlichen oder anderen Behörde, als Beamter, als amtlich bestellter Sachverständiger, Übersetzer oder Dolmetscher oder als Schiedsrichter im Zusammenhang mit seiner amtlichen Tätigkeit für eine pflichtwidrige oder eine im Ermessen stehende Handlung oder Unterlassung für sich oder einen Dritten einen nicht gebührenden Vorteil fordert, sich versprechen lässt oder annimmt, wird mit Freiheitsstrafe bis zu fünf Jahren oder Geldstrafe bestraft.

➢ **Das österreichisches StGB in der Fassung v. 4.10.2016**

§ 304 Bestechlichkeit

(1) Ein Amtsträger oder Schiedsrichter, der für die pflichtwidrige Vornahme oder Unterlassung eines Amtsgeschäfts einen Vorteil für sich oder einen Dritten fordert, annimmt oder sich versprechen lässt, ist mit Freiheitsstrafe bis zu drei Jahren zu bestrafen. Ebenso ist zu bestrafen, wer als von einem Gericht oder einer anderen Behörde für ein bestimmtes Verfahren bestellter Sachverständiger für die Erstattung eines unrichtigen Befundes oder Gutachtens einen Vorteil für sich oder einen Dritten fordert, annimmt oder sich versprechen lässt.

(2) Wer die Tat in Bezug auf einen 3.000 Euro übersteigenden Wert des Vorteils begeht, ist mit Freiheitsstrafe von sechs Monaten bis zu fünf Jahren zu bestrafen, wer jedoch die Tat in Bezug auf einen 50.000 Euro übersteigenden Wert des Vorteils begeht, ist mit Freiheitsstrafe von einem bis zu zehn Jahren zu bestrafen.

§ 307 Bestechung

(1) Wer einem Amtsträger oder Schiedsrichter für die pflichtwidrige Vornahme oder Unterlassung eines Amtsgeschäfts einen Vorteil für ihn oder einen Dritten anbietet, verspricht oder gewährt, ist mit Freiheitsstrafe bis zu drei Jahren zu bestrafen. Ebenso ist zu bestrafen, wer einem Sachverständigen (§ 304 Abs. 1) für die Erstattung eines unrichtigen Befundes oder Gutachtens einen Vorteil für ihn oder einen Dritten anbietet, verspricht oder gewährt.

(2) Wer die Tat in Bezug auf einen 3.000 Euro übersteigenden Wert des Vorteils begeht, ist mit Freiheitsstrafe von sechs Monaten bis zu fünf Jahren zu bestrafen, wer jedoch die Tat in Bezug auf einen 50.000 Euro übersteigenden Wert des Vorteils begeht, ist mit Freiheitsstrafe von einem bis zu zehn Jahren zu bestrafen.

➢ **Das italienische StGB in der Fassung v. 7.2.1992**[3723]

Art. 318. (Bestechung zur Vornahme einer Amtshandlung)

Die Amtsperson (357), die für die Vornahme einer Amtshandlung ein ihr nicht geschuldetes Entgelt in Form von Geld oder einem anderen Vorteil für sich oder für einen Dritten annimmt oder sich versprechen lässt, wird mit Gefängnisstrafe von sechs Monaten bis zu drei Jahren bestraft (319ter, 320, 321, 322, Abs. 1 und 3, 323bis).

Nimmt die Amtsperson das Entgelt für eine von ihr bereits vorgenommene Amtshandlung an, so ist die Strafe Gefängnisstrafe bis zu einem Jahr (319ter, 320, 323bis).

Art. 319. (Bestechung zur Vornahme einer gegen die Amtspflichten verstoßenden Handlung)

Die Amtsperson (357), die für die Unterlassung oder Verzögerung einer Amtshandlung oder weil sie eine Amtshandlung unterlassen oder verzögert hat oder für eine gegen ihre Amtspflichten verstoßende Handlung oder weil sie eine solche begangen hat, Geld oder einen anderen Vorteil für sich oder für einen Dritten annimmt oder sich versprechen lässt, wird mit Gefängnisstrafe von zwei bis zu fünf Jahren bestraft (319bis, 319ter, 320, 321, 322 Abs. 2 und 4, 323bis; 381 Abs. 2b und 4 StPO).

Art. 321. (Strafen für den Bestechenden)

Die in den Artikeln 318 Abs. 1, 319, 319bis, 319ter und 320 hinsichtlich der in den Artikel 318 und 319 genannten Fälle angedrohten Strafen werden auch gegen denjenigen verhängt, der der Amtsperson (357) oder der mit einem öffentlichen Dienst beauftragten Person (358) Geld oder einen anderen Vorteil gewährt oder verspricht.

Art. 322. (Aufforderung zur Bestechung)

Wer einer Person (357) oder einer mit einem öffentlichen Dienst beauftragten Person (358), die die Eigenschaft eines öffentlichen Angestellten hat, Geld oder einen anderen Vorteil als nicht geschuldetes Entgelt anbietet oder verspricht, um sie zur Vornahme einer Amtshandlung zu veranlassen, unterliegt, sofern das Angebot oder das Versprechen nicht angenommen wird, der in Absatz 1 des Artikels 318 angedrohten Strafe, die um ein Drittel herabgesetzt wird (323bis).

3723 Zit. nach *Riz/Bosch*, Italienisches Strafgesetzbuch, Zweisprachige Ausgabe, 1995, S. 234 ff.

Ist das Angebot oder das Versprechen erfolgt, um eine Amtsperson (357) oder eine mit einem öffentlichen Dienst beauftragte Person (358) zur Unterlassung oder Verzögerung einer Amtshandlung oder Dienstleistung oder zur Vornahme einer gegen ihre Pflichten verstoßenden Handlung zur veranlassen, unterliegt der Täter, sofern das Angebot oder das Versprechen nicht angenommen wird, der in Artikel 319 angedrohten Strafe, die um ein Drittel herabgesetzt wird (323bis).

Die in Absatz 1 genannte Strafe wird auf eine Amtsperson (357) oder einer mit einem öffentlichen Dienst beauftragten Person (358), die die Eigenschaft eines öffentlichen Angestellten hat, angewendet, wenn sie ein Versprechen oder die Hergabe von Geld oder einen anderen Vorteil von einer Privatperson zu den in Artikel 318 bezeichneten Zwecken fordert (323bis).

Die in Absatz 2 genannte Strafe wird auf eine Amtsperson (357) oder einer mit einem öffentlichen Dienst beauftragten Person (358) angewendet, die ein Versprechen oder die Hergabe von Geld oder einen anderen Vorteil von einer Privatperson zu den in Artikel 319 bezeichneten Zwecken fordert (323bis).

➢ **Das spanische StGB in der Fassung v. 15.6.2014**[3724]

Art. 419

Der Amtsträger oder Beamte, der für sich oder einen Dritten direkt oder indirekt eine Zuwendung, eine Begünstigung oder eine Vergütung jedweder Art erhält oder fordert oder ein Angebot oder ein Versprechen dafür annimmt, dass er ein Ausübung seines Amtes eine pflichtwidrige Handlung vornimmt oder eine Handlung unterlässt, obwohl er sie vornehmen müsste, oder diese ungerechtfertigter Weise verzögert, wird mit einer Gefängnisstrafe von drei bis sechs Jahren, Geldstrafe von 12 bis 24 Monaten und der besonderen Aberkennung der Fähigkeit, ein öffentliches Amt zu bekleiden oder in der öffentlichen Verwaltung beschäftigt zu sein, für die Dauer von sieben bis zu zwölf Jahren bestraft, unbeschadet der Strafe, die für die aufgrund der Zuwendung oder des Versprechens vorgenommene Handlung, Unterlassung oder Verzögerung gilt, wenn sie eine Straftat darstellt.

Art. 420

Der Amtsträger oder Beamte, der für sich oder einen Dritten direkt oder indirekt eine Zuwendung, eine Begünstigung oder eine Vergütung jedweder Art erhält oder fordert oder ein Angebot oder ein Versprechen dafür annimmt, dass er

3724 Zit. nach *Philipp*, Der Straftatbestand des Einflusshandels, 2016, S. 609–610.

eine Amtshandlung vornimmt, wird mit einer Gefängnisstrafe von zwei bis vier Jahren, Geldstrafe von 12 bis 24 Monaten und der besonderen Aberkennung der Fähigkeit, ein öffentliches Amt zu bekleiden oder in der öffentlichen Verwaltung beschäftigt zu sein, für die Dauer von drei bis sieben Jahren bestraft.

Art. 421

Die in den vorangehenden Artikeln genannten Strafen werden auch dann verhängt, wenn die Zuwendung, Begünstigung oder Vergütung von einem Amtsträger oder Beamten als Belohnung für die genannten Handlungen angenommen oder gefordert werden.

Art. 424

1. Die Privatperson, die einem Amtsträger, Beamten oder einer an der Ausübung öffentlicher Aufgaben beteiligten Person eine Zuwendung, eine Begünstigung oder eine Vergütung jedweder Art dafür anbietet oder gewährt, dass er eine pflichtwidrige oder pflichtgemäße Handlung vornimmt oder eine Handlung unterlässt oder verzögert, obwohl er sie vornehmen müsste, oder den Vorteil im Hinblick auf das Amt die Funktion gewährt, wird mit derselben Freiheits- oder Geldstrafe belegt wie die korrumpierte Person.

➢ Das belgische StGB in der Fassung v. 19.2.2016[3725]

Art. 246 – [§ 1 - Der Tatbestand der passiven Korruption ist erfüllt, wenn eine Person, die ein öffentliches Amt ausübt, direkt oder durch Zwischenpersonen ein Angebot, ein Versprechen oder einen Vorteil jeglicher Art für sich selbst oder für einen Dritten [erbittet, annimmt oder erhält], um sich in einer der in Artikel 247 erwähnten Weisen zu verhalten.

§ 2 - Der Tatbestand der aktiven Korruption ist erfüllt, wenn einer Person, die ein öffentliches Amt ausübt, direkt oder durch Zwischenpersonen ein Angebot, ein Versprechen oder ein Vorteil jeglicher Art für sie selbst oder für einen Dritten vorgeschlagen wird, damit sie sich in einer der in Artikel 247 erwähnten Weisen verhält.

§ 3 - Einer Person, die im Sinne des vorliegenden Artikels ein öffentliches Amt ausübt, wird jegliche Person gleichgestellt, die sich um ein solches Amt

3725 Die offizielle deutsche Übersetzung stammt aus dem Föderalen öffentlichen Dienst Inneres. Abrufbar unter https://www.scta.be/MalmedyUebersetzungen/downloads/18670608_CodePenal.doc.

beworben hat, die glauben macht, dass sie ein solches Amt ausüben wird, oder die durch Verwendung falscher Eigenschaften glauben macht, dass sie ein solches Amt ausübt.]

Art. 247 – [§ 1 – Hat die Korruption zum Ziel, dass die Person, die ein öffentliches Amt ausübt, eine ihrer zwar rechtmäßigen, jedoch nicht mit einer Entlohnung verbundenen Amtshandlungen verrichtet, ist die Strafe eine Gefängnisstrafe von sechs Monaten bis zu einem Jahr und eine Geldbuße von 100 bis zu 10.000 [EUR] oder eine dieser Strafen.

Wenn in dem im vorhergehenden Absatz vorgesehenen Fall dem in Artikel 246 § 1 erwähnten Erbitten ein in Artikel 246 § 2 erwähnter Vorschlag folgt oder wenn der in Artikel 246 § 2 erwähnte Vorschlag angenommen wird, ist die Strafe eine Gefängnisstrafe von sechs Monaten bis zu zwei Jahren und eine Geldbuße von 100 bis zu 25.000 [EUR] oder eine dieser Strafen.

§ 2 - Hat die Korruption zum Ziel, dass die Person, die ein öffentliches Amt ausübt, bei Ausübung ihres Amtes eine rechtswidrige Handlung verrichtet oder eine zu ihren Amtspflichten gehörende Handlung unterlässt, ist die Strafe eine Gefängnisstrafe von sechs Monaten bis zu zwei Jahren und eine Geldbuße von 100 bis zu 25.000 [EUR].

Wenn in dem im vorhergehenden Absatz vorgesehenen Fall dem in Artikel 246 § 1 erwähnten Erbitten ein in Artikel 246 § 2 erwähnter Vorschlag folgt oder wenn der in Artikel 246 § 2 erwähnte Vorschlag angenommen wird, ist die Strafe eine Gefängnisstrafe von sechs Monaten bis zu drei Jahren und eine Geldbuße von 100 bis zu 50.000 [EUR].

Wenn die korrumpierte Person die rechtswidrige Handlung verrichtet oder eine zu ihren Amtspflichten gehörende Handlung unterlassen hat, wird sie mit einer Gefängnisstrafe von sechs Monaten bis zu fünf Jahren und mit einer Geldbuße von 100 bis zu 75.000 [EUR] bestraft.

§ 3 – Hat die Korruption zum Ziel, dass die Person, die ein öffentliches Amt ausübt, bei Ausübung ihres Amtes ein Verbrechen oder ein Vergehen begeht, ist die Strafe eine Gefängnisstrafe von sechs Monaten bis zu drei Jahren und eine Geldbuße von 100 bis zu 50.000 [EUR].

Wenn in dem im vorhergehenden Absatz vorgesehenen Fall dem in Artikel 246 § 1 erwähnten Erbitten ein in Artikel 246 § 2 erwähnter Vorschlag folgt oder wenn der in Artikel 246 § 2 erwähnte Vorschlag angenommen wird, ist die Strafe eine Gefängnisstrafe von zwei bis zu fünf Jahren und eine Geldbuße von 500 bis zu 100.000 [EUR].

§ 4 – Hat die Korruption zum Ziel, dass die Person, die ein öffentliches Amt ausübt, den tatsächlichen oder mutmaßlichen Einfluss, den sie aufgrund ihres Amtes hat, geltend macht, damit eine öffentliche Behörde oder eine öffentliche

Verwaltung eine Handlung verrichtet oder unterlässt, ist die Strafe eine Gefängnisstrafe von sechs Monaten bis zu einem Jahr und eine Geldbuße von 100 bis zu 10.000 [EUR].

Wenn in dem im vorhergehenden Absatz vorgesehenen Fall dem in Artikel 246 § 1 erwähnten Erbitten ein in Artikel 246 § 2 erwähnter Vorschlag folgt oder wenn der in Artikel 246 § 2 erwähnte Vorschlag angenommen wird, ist die Strafe eine Gefängnisstrafe von sechs Monaten bis zu zwei Jahren und eine Geldbuße von 100 bis zu 25.000 [EUR].

Wenn die korrumpierte Person den Einfluss, den sie aufgrund ihres Amtes hatte, effektiv geltend gemacht hat, wird sie mit einer Gefängnisstrafe von sechs Monaten bis zu drei Jahren und mit einer Geldbuße von 100 bis zu 50.000 [EUR] bestraft.]

➢ **Das französische StGB in der Fassung v. 1.6.1999**

Art. 432-11 Bestechlichkeit und unerlaubte Einflußnahme durch Personen, die ein öffentliches Amt ausüben[3726]

Mit zehn Jahren Gefängnis und 1.000.000 FF Geldstrafe wird bestraft, wer Inhaber öffentlicher Gewalt, mit einer öffentlichen Aufgabe betraut oder mit einem öffentlichen Wahlmandat versehen ist und ohne Befugnis direkt oder indirekt Angebote, Versprechungen, Zuwendungen, Geschenke oder sonstige Vergünstigungen fordert oder annimmt, um dafür

1. eine Handlung vorzunehmen oder zu unterlassen, die in den Bereich seines Amtes, seiner Aufgabe oder seines Mandats fällt oder dadurch erleichtert wird, oder
2. seinen tatsächlichen oder vermeintlichen Einfluß zu mißbrauchen, um die Gewährung von Auszeichnungen, Beschäftigungsverhältnissen, Aufträgen oder anderen begünstigenden Entscheidungen durch eine Behörde oder die öffentliche Verwaltung zu erwirken.

3726 Zit. nach *Bauknecht/ Lüdicke*, Das französische Strafgesetzbuch, Code Pénal – Zweisprachige Ausgabe, abrufbar unter www.bijus.edu.

Art. 433-1 Bestechung durch Privatpersonen

Mit zehn Jahren Gefängnis und 1.000.000 FF Geldstrafe wird bestraft, wer ohne Befugnis direkt oder indirekt Angebote oder Versprechungen macht oder Zuwendungen, Geschenke oder sonstige Vergünstigungen anbietet, um damit zu erreichen, daß ein Inhaber öffentlicher Gewalt, eine mit einer öffentlichen Aufgabe betraute oder mit einem öffentlichen Wahlmandat versehene Person

1. eine Handlung vornimmt oder unterläßt, die in den Bereich ihres Amtes, ihrer Aufgabe oder ihres Mandats fällt oder dadurch erleichtert wird, oder
2. ihren tatsächlichen oder vermeintlichen Einfluß mißbraucht, um die Gewährung von Auszeichnungen, Beschäftigungsverhältnissen, Aufträgen oder anderen begünstigenden Entscheidungen durch eine Behörde oder die öffentliche Verwaltung zu erwirken.

Literaturverzeichnis

Adamski, Vivien: Die gesetzliche Konzeption der Bestechungsdelikte. Zugleich ein Vorschlag für eine künftige Fassung der §§ 331 ff. StGB, 2013.

Ahlf, Ernst-Heinrich: Ethische Aspekte zur Korruptionsbekämpfung, in: Vahlenkamp/ Knauß, Korruption - hinnehmen oder handeln?, 1995, S. 401-453.

Ahlf, Ernst-Heinrich: Zum Korruptionsbegriff. Versuch einer Annäherung, in: Kriminalistik 1996, S. 154- 157.

Ahlf, Ernst-Heinrich: Klassische und neuere ethische Strategien zur Korruptionsbekämpfung, in: v. Nell/ Schwitzgebel/Vollet (Hrsg.), Korruption. Interdisziplinäre Zugänge zu einem komplexen Phänomen, 2003, S. 137-160.

Akbulut, Berrin: "Rüşvet Suçları", in: SÜHFD Milenyum Armağanı, Cilt:8, Sayı:1-2, 2000, s. 632-652.

Akyürek, Güçlü: "5237 Sayılı Türk Ceza Kanunu'nun Yeni 252. Maddesi ve Özel Sektörde Rüşvet", in: Bahçeşehir Üniversitesi Hukuk Fakültesi Kazancı Hakemli Hukuk Dergisi, Sayı:99, 2012, s. 22-42.

Alatas, Syed Hussein: Corruption: Its Nature, Causes and Functions, 1990.

Albrecht, Peter-Alexis: Prävention als problematische Zielbestimmung im Kriminaljustizsystem, in: KritV 1986, S. 55 - 82.

Albrecht, Peter-Alexis: Das Strafrecht auf dem Weg vom liberalen Rechtsstaat zum sozialen Interventionsstaat - Entwicklungstendenzen des materiellen Strafrechts -, in: KritV 1988, S. 182 - 209.

Alcalay, David: Aktive und passive Bestechung nach dem Strafgesetzbuch für das deutsche Reich, 1889.

Aldemir, Zeynep: 5237 sayılı Türk Ceza Kanunu'na Göre Rüşvet Suçu, MA, 2011 (abrufbar unter https://tez.yok.gov.tr/UlusalTezMerkezi/).

v. Alemann, Ulrich: Politische Korruption: Ein Wegweiser zum Stand der Forschung, in: Ders. (Hrsg.), Dimensionen politischer Korruption. Beiträge zum Stand der internationalen Forschung, 2005, S. 13-49.

v. Alemann, Ulrich/Bäcker, Alexandra/Schmidt, Christian K.: „Politische Korruption im staatlichen Bereich der Mitgliedstaaten der Europäischen Union", in: MIP 2008/09, S. 16-40.

Alexander, Elster/Lingemann, Heinrich/Schneider, Hans Joachim/Sieverts, Rudolf: Handwörterbuch der Kriminologie, 1998.

Alten, Klaus: Amtsmißbrauch. Eine rechtsvergleichende Untersuchung zu Artikel 323 des italienischen Strafgesetzbuchs, Diss., 2012.

Altmann, Susanne: Deutsches und tschechisches Bestechungsstrafrecht: eine rechtsvergleichende Untersuchung, Diss., 2012.

Altpeter, Frank: Strafwürdigkeit und Straftatsystem: Eine Untersuchung zur Einbeziehung von Strafwürdigkeitsaspekten in das Straftatsystem am Beispiel der vortatbestandlichen und tatbestandlichen Ebene, Diss., 1990.

Amato, Giovanna: Unternehmen und organisierte Kriminalität: Neue Szenarien der Straftatvorbeugung in Italien, in: ZStW 2016, S. 1177 - 1192.

Ambos, Kai: Zur Strafbarkeit der Drittmittelakquisition, in: JZ 2003, S. 345–354.

Amelung, Knut: Rechtsgüterschutz und Schutz der Gesellschaft: Untersuchungen zum Inhalt und zum Anwendungsbereich eines Strafrechtsprinzips auf dogmengeschichtlicher Grundlage; zugleich ein Beitrag zur Lehre von der „Sozialschädlichkeit" des Verbrechens, Diss., 1972.

Amelung, Knut/Weidemann, Jürgen: Bestechlichkeit und Förderung einer Selbstschädigung im Maßregelvollzug, Anm. zu BGH, NJW 1983, 462, in: JuS 1984, S. 595.

Amelung, Knut: Rechtsgüterschutz und strafbare Bestechung, in: Böse, Martin: Das Rechtsgut der Auslandsbestechung (§ 335a StGB), in: ZIS 4/2018, S. 119 - 129.

Androulakis, Ioannis N.: Die Globalisierung der Korruptionsbekämpfung. Eine Untersuchung zur Entstehung, zum Inhalt und zu den Auswirkungen des internationalen Korruptionsstrafrechts unter Berücksichtigung der sozialökonomischen Hintergründe, 2007.

Apaydın, Necati: TCK Tasarısı'ndaki Bazı Suç Düzenlemeleri Üzerine Düşünceler, in: Teoman Ergül (Ed.), Türk Ceza Kanunu Reformu, İkinci Kitap, Makaleler, Görüşler, Raporlar, 2004, s. 147 - 163.

v. Arnim, Hans Herbert: Korruption in Politik und Verwaltung, in: Ders. (Hrsg.), Korruption. Netzwerke in Politik, Ämtern und Wirtschaft, 2003, S. 16–30.

v. Arnim, Hans Herbert: Der gekaufte Abgeordnete – Nebeneinkünfte und Korruptionsproblematik, in: NVwZ 2006, S. 249 - 254.

v. Arnim, Hans Herbert/Heiny, Regina/Ittner, Stefan: Korruption. Begriff, Bekämpfungsund Forschungslücken, 2. Aufl. 2006.

Arslan, Çetin/Töngür, Ali Rıza: Edimin İfasına Fesat Karıştırma Suçu, in: TAAD, Yıl:4, Sayı:14, 2013, s. 229 - 251.

Artuk, Mehmet Emin: "Rüşvet Suçu", in: Yener, Ünver (Ed.), Kamusal ve Ticari Yaşamda Hukuk Ve Etik Açısından Yolsuzlukla Mücadele, 2014, s. 83 - 97.

Artuk, Mehmet Emin/Gökcen, Ahmet/Yenidünya, A. Caner: Ceza Hukuku Özel Hükümler, 13. Baskı, 2013.

Artuk, Mehmet Emin/Koçyiğit, Halime Ebru: "5237 Sayılı Türk Ceza Kanunu'nda Düzenlenen Rüşvet Suçunun Benzer Suçlardan Ayrımı", in: Terazi Hukuk Dergisi, Cilt:10, Sayı:106, Haziran 2015, s. 14–26.

Artuk, Mehmet Emin/Çınar, Ali Rıza: "Yeni Bir Ceza Kanunu Arayışları ve Adalet Alt Komisyonu Tasarı Üzerine Düşünceler", in: Teoman Ergül (Ed.), Türk Ceza Kanunu Reformu, İkinci Kitap, Makaleler, Görüşler, Raporlar, 2004, s. 37–84.

Arzt, Gunther: Filz statt Kriminalität, in: Albrecht et al. (Hrsg.), Internationale Perspektiven in Kriminologie und Strafrecht. Festschrift für Günther Kaiser zum 70. Geburtstag, Bd. 1, 1998, S. 495–507.

Arzt, Gunther: Siemens: Vom teuersten zum lukrativsten Kriminalfall der deutschen Geschichte, in: Jahn/Kudlich/Streng (Hrsg.), Strafrechtspraxis und Reform. Festschrift für Heinz Stöckel zum 70. Geburtstag, 2010, S. 15–42.

Arzt, Gunther/Weber, Ulrich: Strafrecht, Besonderer Teil: Lehrbuch, 2000.

Arzt, Gunther/Weber, Ulrich (Begr.)/Heinrich, Bernd/Hilgendorf, Eric: Strafrecht Besonderer Teil. Lehrbuch, 3. Aufl. 2015.

Ax, Thomas/Schneider, Matthias/Scheffen, Jacob: Rechtshandbuch Korruptionsbekämpfung: Prävention – Compliance – Vergabeverfahren – Sanktionen – Selbstreinigung, 2010.

Aydın, Hüseyin: Türk Ticaret Kanunu'nda Haksız Rekabet Suçları, Diss., 2008 (abrufbar unter https://tez.yok.gov.tr/UlusalTezMerkezi/).

Aydın, Hüseyin: "Ceza Hukukunda Kamu Görevlisi", in: Ankara Barosu Dergisi, Yıl:68, Sayı:1, 2010, s. 109–128.

Baba, Yasemin: "Şike ve Teşvik Primi Suçu", in: Türkiye Adalet Akademisi Dergisi, S. 10, 2012, s. 775–805.

Bachmann, Gregor/Prüfer, Gerald: Korruptionsprävention und Corporate Governance, in: ZRP 2005, S. 109 – 113.

Badura, Peter/Erichsen, Hans-Uwe/Martens, Wolfgang: Allgemeines Verwaltungsrecht, 4. Aufl., Reprint, 2016.

Baer, Susanne: Rechtssoziologie. Eine Einführung in die interdisziplinäre Rechtsforschung, 2017.

Banfield, Edward C.: Corruption as a Feature of Governmental Organization, in: J. of Law and Economics 18 (1975), S. 587–605.

Bannenberg, Britta: Korruption in Deutschland und ihre strafrechtliche Kontrolle. Eine kriminologisch-strafrechtliche Analyse, Habil., 2002.

Bannenberg, Britta: Kap. 2.4: Korruption, in: Schneider (Hrsg.), Internationales Handbuch der Kriminologie. Band 2: Besondere Probleme der Kriminologie, 2009, S. 359–383.

Bannenberg, Britta: Korruption und Wirtschaftskriminalität als soziales Problem, in: Albrecht, Günter / Groenemeyer, Axel (Hrsg.): Handbuch soziale Probleme. Band 1, 2. Auflage, 2012, S. 752 – 771.

Bannenberg, Britta: Korruption (12. Kapitel), in: Wabnitz, Heinz-Bernd/ Janovsky, Thomas (Hrsg.), Handbuch des Wirtschafts- und Steuerstrafrechts, 2014, S. 700 – 777.

Barranco, Norberto J. De La Mata: Korruptionsbekämpfung durch Strafrecht: Überlegungen, in: Sieber et al. (Hrsg.), Strafrecht und Wirtschaftsstrafrecht – Dogmatik, Rechtsvergleich, Rechtstatsachen –. Festschrift für Klaus Tiedemann zum 70. Geburtstag, 2008, S. 869 – 889.

Barth, Holger: Landesbericht Frankreich, in: Eser, Albin/Überhofen, Michael/ Huber, Barbara (Hrsg.): Korruptionsbekämpfung durch Strafrecht. Ein rechtsvergleichendes Gutachten zu den Bestechungsdelikten im Auftrag des Bayerischen Staatsministeriums der Justiz, 1997, S. 99 – 169.

Bauer, Fritz: Das Verbrechen und die Gesellschaft, 1957.

Bauer, Fritz: Die Kriminalität der „Weißen Kragen“, in: Schimmelpfennig (Hrsg.): Beiträge über Wirtschaftskriminalität, Bd. 11, 1979, S. 9 – 27 (zit. als: Bauer, in: Beiträge).

Bauer, Matthias: Korruptionsbekämpfung durch Rechtsetzung, Diss., 2002.

Bauknecht, Gesine/Lüdicke, Liselotte, Das französische Strafgesetzbuch, Code Pénal – Zweisprachige Ausgabe, 1999.

Baumann, Jürgen: Zur Problematik der Bestechungstatbestände, 1961.

Baumann, Jürgen: Zur Problematik der Bestechungstatbestände, in: BB 1961, S. 1057–1067.

Baumann, Jürgen/Weber, Ulrich/Mitsch, Wolfgang: Strafrecht: Allgemeiner Teil: Lehrbuch, 2003.

Baurmann, Michael: Korruption, Moral und Recht, in: v. Alemann (Hrsg.), Dimensionen politischer Korruption. Beiträge zum Stand der internationalen Forschung, 2005, S. 164–182.

Bayley, David H.: The Effects of Corruption in a Developing Nation, in: Heidenheimer, Arnold J./Johnston, Michael/LeVine, Victor T. (Hrsg.), Political Corruption. A Handbook, 1989, S. 935 – 953.

Baytemir, Erdal: 5237 sayılı Türk Ceza Kanunu Kapsamında Rüşvet Suçu, in: TBBD 2010, Sayı 88, s. 333 – 388.

Beck, Lotte/Nagel, Volker: Korruption aus ökonomischer Perspektive, in: Graeff/Grieger (Hrsg.), Was ist Korruption? Begriffe, Grundlagen und Perspektiven gesellschaftswissenschaftlicher Korruptionsforschung, 2012, S. 31–39.

Becker, Christian: Freiheitliche Ordnung, wehrhafte Demokratie und Staatsschutzstrafrecht, in: BLJ 3/2012, S. 113 - 118.

Beese, Dieter, Zur ethischen Dimension von Korruption in staatlichen Kontroll- und Strafverfolgungsbehörden, in: Mischkowitz, Robert/Bruhn, Heike/Desch, Roland/Hübner, Gerd-Ekkehard/Besse, Dieter: Einschätzungen zur Korruption in Polizei, Justiz und Zoll. Ein gemeinsames Forschungsprojekt des Bundeskriminalamtes und der Polizeiführungsakademie, 2000, S. 403 - 431.

Bell, Stefan: Die Teilnahme Außenstehender an Bestechungsdelikten, in: MDR 1979, S. 719 f.

Bellers, Jürgen/Schöler, Kurt: In der Grauzone von Recht und Politik, in: Bellers (Hrsg.), Politische Korruption. Vergleichende Untersuchungen, 1989, S. 82–104.

Benseler, Justus: Landesbericht USA, in: Eser, Albin/Überhofen, Michael/Huber, Barbara (Hrsg.): Korruptionsbekämpfung durch Strafrecht. Ein rechtsvergleichendes Gutachten zu den Bestechungsdelikten im Auftrag des Bayerischen Staatsministeriums der Justiz, 1997, S. 655 - 705.

Benson, George Charles: Political Corruption in America, 1978.

Benz, Jochen/Heißner, Stefan/John, Dieter/Möllering, Jürgen: Korruptionsprävention in Wirtschaftsunternehmen und durch Verbände, in: Dölling, Dieter (Hrsg.): Handbuch der Korruptionsprävention für Wirtschaftsunternehmen und öffentliche Verwaltung, 2007, S. 44 - 93.

Berg, Larry L./Hahn, Harlan/Schmidhauser, John Richard: Corruption in the American Political System, 1976.

Bergmann, Jens: Korruption und Systemrationalität: systemtheoretische Aspekte von Korruption am Beispiel des Kölner Müllskandals, 2007.

Berk, Wilhelm: Das aktuelle Erscheinungsbild der Wirtschaftskriminalität, in: in: BKA (Hrsg.), Wirtschaftskriminalität, Arbeitstagung des Bundeskriminalamtes Wiesbaden vom 18. bis 21. Oktober 1983, 1984, S. 45 - 57.

Bernsmann, Klaus: Die Korruptionsdelikte (§§ 331 ff. StGB) – Eine Zwischenbilanz, in: StV 2003, S. 521 - 526.

Bernsmann, Klaus: „Vorteil" und „Vorteilsannahme" (§ 331 StGB) des beamteten Forschers, in: Anderbrügge/Epping/Löwer (Hrsg.), Dienst an der Hochschule. Festschrift für Dieter Leuze zum 70. Geburtstag, 2003, S. 59–70.

Bernsmann, Klaus/Gatzweiler, Norbert: Verteidigung bei Korruptionsfällen, 2. Aufl. 2014.

Berz, Ulrich: Formelle Tatbestandsverwirklichung und materialer Rechtsgüterschutz: e. Unters. zu d. Gefährdungs- u. Unternehmensdelikten, 1986.

Biermann, Hans H.: Fragen der Wirtschaftskriminalität, in: Kriminalistik 1955, S. 327–331.

Binding, Karl: Handbuch des Strafrechts. Erster Band. Systematisches Handbuch der deutschen Rechtswissenschaft, 1885.

Binding, Karl: Lehrbuch des Gemeinen Deutschen Strafrechts. Besonderer Teil, Zweiter Band, Zweite Abteilung, 1905.

Binding, Karl: Die Normen und ihre Übertretung. Eine Untersuchung über die rechtmässige Handlung und die Arten des Delikts: Schuld, Vorsatz, Irrtum, 1916.

Birkmeyer, Karl: Bestechung (§§ 331–335 RStrGB.), in: Ders. et al. (Hrsg.), Vergleichende Darstellung des deutschen und ausländischen Strafrechts. Vorarbeiten zur Deutschen Strafrechtsreform. Besonderer Teil. IX. Band. Gemeingefährliche Verbrechen und Vergehen – Verbrechen und Vergehen im Amte, 1906, S. 309–374.

Blankenburg, Erhard: Der Aufstand der kleinen Richter gegen die Korruption der großen Politik, in: KJ 1999, S. 355 – 365.

Blei, Hermann: Die Neufassung der Bestechungstatbestände [Teil 1], in: JA 1974, S. 309–316.

Bonell, Michael Joachim/Meyer, Olaf (Hrsg.): The Impact of Corruption on International Commercial Contracts, 2015.

Borner, Silvio/Schwyzer, Christophe: Die Bekämpfung der Bestechung im Lichte der Neuen Politischen Ökonomie, in: Pieth, Mark/Eigen, Peter (Hrsg.), Korruption im internationalen Geschäftsverkehr. Bestandsaufnahme, Bekämpfung, Prävention, 1999, S. 17–39.

Bottke, Wilfried: Korruption und Kriminalrecht in der Bundesrepublik Deutschland, in: ZRP 1998, S. 215 – 221.

Bozbayındır, Ali Emrah: The Advent of Preventive Criminal Law: An Erosion of the Traditional Criminal Law, in: Criminal Law Forum, 2018, S. 25 – 62.

Bozdoğan-Akbulut, Berrin: Rüşvet Suçları, in: SÜHFD C. 8, S. 1–2, 2000, s. 633–652.

Böckmann, Alexander: Antikorruption: Wandel in Diskurs und Praxis, in: Achathaler, Lucas/Hofmann, Domenica/ Pázmándy, Matthias (Hrsg.), Korruptionsbekämpfung als globale Herausforderung. Beiträge aus Praxis und Wissenschaft, 2011, S. 149 – 165.

Böse, Martin: Das Rechtsgut der Auslandsbestechung (§ 335a StGB), in: ZIS 4/2018, S. 119 – 129.

Böttger, Marcus: Die Zeitraumvergrößerung bei der Verfolgungsverjährung von Bestechungsdelikten – Kollateralschäden bei der Korruptionsbekämpfung, in: Hiebl/Kassebohm/Lilie (Hrsg.), Festschrift für Volkmar Mehle, 2009, S. 77–89.

Böttger, Marcus (Hrsg.): Wirtschaftsstrafrecht in der Praxis, 2. Auflage, 2015.

Braasch, Matthias: „(Wirtschafts-)Korruption". Kriminologische Annäherung an einen unscharfen Begriff, in: Grüne/Slanička (Hrsg.), Korruption. Historische Annäherungen an eine Grundfigur politischer Kommunikation, 2010, S. 361–384.

Braum, Stefan: Korruption im demokratischen Rechtsstaat, in: NJ 1996, S. 450–454.

Brettel, Hauke/Schneider, Hendrik: Wirtschaftsstrafrecht, 2014.

Bringewat, Peter: Funktionales Denken im Strafrecht. Programmatische Vorüberlegungen zu einer funktionalen Methode der Strafrechtswissenschaft, Diss., 1974.

Bruhn, Heike/Mischkowitz, Robert/Held, Alexander: Gesamtbetrachtung, in: Mischkowitz, Robert/Bruhn, Heike/Desch, Roland/Hübner, Gerd-Ekkehard/Besse, Dieter (Hrsg.), Einschätzungen zur Korruption in Polizei, Justiz und Zoll. Ein gemeinsames Forschungsprojekt des Bundeskriminalamtes und der Polizeiführungsakademie, 2000, S. 387.

Brünner, Christian: Zur Analyse individueller und sozialer Bedingungen von Korruption, in: Ders. (Hrsg.), Korruption und Kontrolle, 1981, S. 677–705.

Buff, Herbert: Compliance, Diss., 2000.

Bundesministerium für Justiz, Österreich (Hrsg.): Korruptionsstrafrecht Neu, 2012.

Burkatzki, Eckhard: Legalität und Legitimität im Marktkontext. Institutionentheoretische Überlegungen zu den Entstehungsbedingungen wirtschaftskriminellen Handelns, in: ZIS 2011, S. 160 - 172.

Busch, Ralf: Kostenloser Computer für eine Schulfotoaktion – Erlaubtes „Schulsponsoring" oder strafbare Korruption?, in: NJW 2006, S. 1100–1103.

Bussmann, Kai-Detlef: Wirtschaftskriminologie I: Grundlagen – Markt- und Alltagskriminalität. 2016.

Bülte, Jens: Blankette und normative Tatbestandsmerkmale: Zur Bedeutung von Verweisungen in Strafgesetzen, in: JuS 2015, S. 769–777.

Bürger, Sebastian: Bestechungsgelder im privaten Wirtschaftsverkehr – doch noch steuerlich abzugsfähig?, in: DStR 2003, S. 1421–1426.

Calliess, Rolf-Peter: Theorie und Strafe im demokratischen sozialen Rechtsstaat: ein Beitrag zur strafrechtsdogmatischen Grundlagendiskussion, 1974.

Calliess, Rolf-Peter: Der Rechtscharakter der Regelbeispiele im Strafrecht – Zum Problem von Tatbestand und Rechtsfolge im 6. Strafrechtsreformgesetz, in: NJW 1998, S. 929 – 1016.

Canaris, Claus-Wilhelm: Systemdenken und Systembegriff in der Jurisprudenz: Entwickelt am Beispiel des deutschen Privatrechts, 2. Aufl., Habil., 1983.

Christelis, Natalie/Langseth, Petter (Hrsg.): United Nations handbook on practical anti-corruption measures for prosecutors and investigators, 2004 (zit. als UN-Handbook, 2004, abrufbar unter https://www.unodc.org/pdf/corruption/publications_handbook_prosecutors.pdf).

Clausen, Lars: Tausch: Entwürfe zu einer soziologischen Theorie, 1978.

Cordes, Josef: Die Bestechung von Beamten und Angestellten und ihre strafrechtliche Bekämpfung, Diss., 1920.

Corsten, Johannes: Erfüllt die Zahlung von Bestechungsgeldern den Tatbestand der Untreue?, in: HRRS 6/2011, S. 247 ff.

Cramer, Peter: Der Vollrauschtatbestand als abstraktes Gefährdungsdelikt, 1962.

Creifelds, Carl: Beamte und Werbegeschenke, in: GA 1962, S. 33–43.

Çakır, Murat: Türk Ceza Hukukunda Rüşvet Suçu, MA, 2013 (abrufbar unter https://tez.yok.gov.tr/UlusalTezMerkezi/).

Çelik, Yüksel: "Tanzimat Devrinde Rüşvet-Hediye Ikilemi ve bu Alandakı Yolsuzlukları Önleme Çabaları.", in: Türk Kültürü İncelemeleri Dergisi 15 (2006): s. 25–64.

Çınar, Nihal: Türk Ticaret Kanunu'na Göre Haksız Rekabet ve Yaptırımları, MA, 2014 (abrufbar unter https://tez.yok.gov.tr/UlusalTezMerkezi/).

Dağaşan, Zekai: Von der Sünde zur Straftat – Strafrechtstheorie in der türkischen Rezeptionsund Kodifikationsgeschichte, in: InULR 1/2012, S. 379 – 415.

Dann, Matthias: Anmerkung zu BGH, Urteil vom 19.6.2008 – 3 StR 90/08, in: NJW 2008, S. 3078 f.

Dann, Matthias: Korruption im Notstand – Zur Rechtfertigung von Schmiergeld- und Bestechungszahlungen, in: wistra 2011, S. 127–132.

Dann, Matthias/Birke, Rainer: Das russische Korruptionsstrafrecht und seine Internationalisierung, in: WiJ 2012, S. 133 ff.

Darley, John M.: The Cognitive and Social Psychology of Contagious Organizational Corruption, in: Brooklyn L. Rev., 2004, pp. 1177–1194.

Daşçıoğlu, Kemal: „Osmanlı Döneminde Rüşvet ve Sahtekârlık Suçları Ve Bunlara Verilen Cezalar Üzerine Bazı Belgeler", in: Sayıştay Dergisi, S. 59, 2005, s. 119–125.

Dauster, Manfred: Private Spenden zur Förderung von Forschung und Lehre: Teleologische Entschärfung des strafrechtlichen Vorteilsbegriffs nach § 331 StGB und Rechtfertigungsfragen, in: NStZ 1999, S. 63–68.

Deckert, Antje: Zum Strafwürdigkeitsbegriff im Kontext legislativer Kriminalisierungsentscheidungen im Verfassungsstaat, in: ZIS 2013, S. 266 – 275.

Degener, Wilhelm: Strafgesetzliche Regelbeispiele und deliktisches Versuchen, in: FS-Stree/Wessels, 1993, S. 305 ff.

Deiters, Mark: Bespr. von OLG Karlsruhe, Beschl. v. 27.4.2010 – 2 (7) Ss 173/09-AK, in: ZJS 2012, S. 255–260.

Deiters, Mark: Die dogmatische Struktur der sogenannten Unrechtsvereinbarung, in: Hecker, Bernd/Weißer, Bettina/ Brand, Christian (Hrsg.), Festschrift für Rudolf Rengier zum 70. Geburtstag, 2018, S. 209 – 219.

Demiral, Büşra: Türk Ceza Hukukunda Şike ve Teşvik Primi Suçu, MA, 2013 (abrufbar unter https://tez.yok.gov.tr/UlusalTezMerkezi/).

Demren-Dönmez, Burcu: "Türk Ceza Hukukunda Kamu Görevlisi Kavramı", in: TBBD, Sayı:94, Mayıs- Haziran 2011, s. 95–130.

Demuth, Björn/Peykan, Fariba: Zur Reichweite des Abzugsverbots nach § 4 Abs. 5 Satz 1 Nr. 10 EStG bei Zuwendungen an Angestellte und Beauftragte im Ausland nach der Einfügung von § 299 Abs. 3 StGB, in: DStR 2003, S. 1426–1428.

Depenheuer, Otto: Das öffentliche Amt (§ 36), in: Isensee, Josef/Kirschhof, Paul (Hrsg.), HStR Bd. III, 2005.

Dieners, Peter: Vermeidung von Korruptionsrisiken aus Unternehmenssicht Rechtliche Gestaltung von Geschäftsbeziehungen, Behördenkontakten und Lobbying -, in: Dölling, Dieter (Hrsg.): Handbuch der Korruptionsprävention für Wirtschaftsunternehmen und öffentliche Verwaltung, 2007, S. 185 – 240.

Dieterich, Peter: Systemgerechtigkeit und Kohärenz: Legislative Einheit und Vielheit durch Verfassungs- und Unionsrecht, 2014.

Dietz, Markus: Korruption: eine institutionenökonomische Analyse, 1998.

Dixon, Giles/Gößwein, Georg/Hohmann, Olaf: Gesetze zur Bekämpfung der Korruption im Vereinigten Königreich Großbritannien und Nordirland sowie in der Bundesrepublik Deutschland – Eine vergleichende Betrachtung der Rechtslage –, in: NZWiSt 2013, S. 361–366.

Doğan, İdris: Türk Ceza Hukukunda Rüşvet Suçu, MA, 2019 (abrufbar unter https://tez.yok.gov.tr/UlusalTezMerkezi/).

Doğan, Koray: "Rüşvet Suçunda Yapısal Değişim", in: Prof. Dr. Nevzat Toroslu'ya Armağan, Cilt: I, 2015, s. 337–359.

Dölling, Dieter: Betrug und Bestechlichkeit durch Entgeltannahme für eine vorgetäuschte Dienstpflichtverletzung? – BGH, NJW 1980, 2203, in: JuS 1981, S. 570–574.

Dölling, Dieter: Anmerkung zu BGH, Urteil v. 21.10.1985 – 1 StR 316/85, in: NStZ 1987, S. 69 f.

Dölling, Dieter: Empfehlen sich Änderungen des Straf- und Strafprozeßrechts, um der Gefahr von Korruption in Staat, Wirtschaft und Gesellschaft wirksam zu begegnen? Gutachten C für den 61. Deutschen Juristentag, in: Ständige Deputation des Deutschen Juristentages (Hrsg.), Verhandlungen des einundsechzigsten Deutschen Juristentages. Karlsruhe 1996, Bd. I (Gutachten), Teil C, 1996 (zit. als: Dölling, Gutachten, 1996).

Dölling, Dieter: Die Neuregelung der Strafvorschriften gegen Korruption, in: ZStW 112 (2000), S. 334–355.

Dölling, Dieter: General Report, XII. International Congress of Penal Law, Preparatory Colloquium, corruption and related offences in international economic activities, November 11 – 13, Tokyo, in: Int. Rev. of Penal Law, 2003, S. 37 – 53.

Dölling, Dieter: Anmerkung zu BGH, Urt. v. 28.10.2004 – 3 StR 301/03, in: JR 2005, S. 519–521.

Dölling, Dieter: Grundlagen der Korruptionsprävention, in: Ders. (Hrsg.): Handbuch der Korruptionsprävention für Wirtschaftsunternehmen und öffentliche Verwaltung, 2007, S. 2 – 43.

Dölling, Dieter/Duttge, Gunnar/König, Stefan [nur 4. Aufl.]/Rössner, Dieter (Hrsg.): Gesamtes Strafrecht. StGB – StPO – Nebengesetze. Handkommentar, 3. Aufl. 2013; 4. Aufl. 2017.

Dönertaş, Mehmet Akif: Türk Ceza Hukukunda Rüşvet Suçu, MA, 2010 (abrufbar unter https://tez.yok.gov.tr/UlusalTezMerkezi/).

Dönmezer, Sulhi: Özel Ceza Hukuku Dersleri, 1984.

Dönmezer, Sulhi/Erman, Sahir: Nazari ve Tatbiki Ceza Hukuku Cilt: II, 11. Baskı, 1999.

Duran, Gökhan Yaşar: Askeri Ceza Hukukunda Rüşvet Suçu, in: TBBD 2015, S. 203 – 256.

Durynek, Jürgen: Korruptionsdelikte (§§ 331 ff. StGB). Reformdiskussion und Gesetzgebung seit dem 19. Jahrhundert, 2008.

Ebert, Udo: Verletzung der amtlichen Schweigepflicht als Bezugshandlung der Bestechungsdelikte? Zur Auslegung des Begriffs „Diensthandlung" in den §§ 331ff. n. F. StGB, in: GA 1979, S. 361–390.

Edelhertz, Herbert: The nature, impact, and prosecution of white-collar crime, National Institute of Law Enforcement and Criminal Justice, 1970.

Eder-Rieder, Maria: Strafrechtliche und strafprozessuale Aspektc der neuen Korruptionsbestimmungen im österreichischen Strafrecht, in: ZIS 2014, S. 71–88.

Eisele, Jörg: Strafrecht – Besonderer Teil I, 3. Aufl. 2017.

Eker-Kazancı, Behiye: "Yolsuzluk Kavramı ve TCK'da Yolsuzlukla Mücadele Etmeyi Amaçlayan Hükümler", in: CHD, Yıl:3, Sayı:6, Nisan 2008, s. 51–90.

Engelhardt, Volker: Zur Struktur der Bestechungstatbestände: Eine systematische Untersuchung auf soziologischer, gestaltgeschichtlicher und rechtsvergleichender Grundlage, 1963.

Engels, Jens Ivo: Die Geschichte der Korruption. Von der Frühen Neuzeit bis ins 20. Jahrhundert, 2014.

Engisch, Karl: Die Einheit der Rechtsordnung, 1935.

Engisch, Karl: Zur phänomenologischen Methode im Strafrecht, in: ARSP 30 (1936/1937), S. 130–149.

Erb, Volker: Ungereimtheiten bei der Anwendung von § 299 StGB, in: FS-Geppert, 2011, S. 97 - 113.

Erdem, Eylül: Nüfuz Ticareti Suçu, MA, 2018 (abrufbar unter https://tez.yok.gov.tr/UlusalTezMerkezi/).

Erdem, Metin: Kamu Görevlisinin Mal Bildiriminde Bulunma Mecburiyeti, MA, 2018 (abrufbar unter https://tez.yok.gov.tr/UlusalTezMerkezi/).

Erdem, Mustafa Ruhan: Dördüncü Podyum Tartışması (Kamu İdaresinin Güvenirliğine ve İşleyişine Karşı Suçlar), in: TBB (Ed.), Türk Ceza Kanunu Reformu, Birinci Kitap, Panel, 21 - 22 Mayıs 2004, Ankara.

Erem, Faruk/Toroslu, Nevzat: Türk Ceza Hukuku Özel Hükümler, 1999.

Ergül, Ergin: Organize Suçlar ve Karaparanın Aklanması, in: Ekonomik Suç ve Ceza Sempozyumu, Türkiye Odalar ve Borsalar Birliği Yayını, 2005, s. 243 - 269.

Erman, Sahir/Özek, Çetin: Ceza Hukuku Özel Bölüm, Kamu İdaresine Karşı İşlenen Suçlar, 1992.

Eschenburg, Theodor: Ämterpatronage, 1961.

Eser, Albin: Zur Entwicklung von Maßregeln der Besserung und Sicherung als zweite Spur im Strafrecht, in: Guido Britz (Hrsg.): Grundfragen staatlichen Strafens: Festschrift für Heinz Müller-Dietz zum 70. Geburtstag, 2001, S. 213 - 236.

Eser, Albin: Strafrecht III, Delikte gegen die Person und Gemeinschaftswerte, 2. Aufl., 1980.

Esser, Robert/Rübenstahl, Markus/Saliger, Frank/Tsambikakis, Michael (Hrsg.): Wirtschaftsstrafrecht mit Steuerstrafrecht und Verfahrensrecht. Kommentar, 2017.

Fätkinhäuer, Hans Jürgen: Strafdrohung und Strafrechtslage in Deutschland, in: FES (Hrsg.), Korruption in Deutschland. Ursachen, Erscheinungsformen, Bekämpfungsstrategien, 1995, S. 71–78.

v. Feuerbach, Paul Johann Anselm: Themis, oder Beiträge zur Gesetzgebung, 1812.

v. Feuerbach, Anselm/Mittermaier, Carl Joseph Anton: Lehrbuch des gemeinen in Deutschland gültigen peinlichen Rechts, 13. Aufl., 1840.

Fırat, Elvan Sevi: Uluslararası Antlaşmalar Işığında Rüşvetle Mücadelenin Yeni Boyutu ve Tüzel Kişinin Cezai Sorumluluğu, Diss., 2019 (abrufbar unter https://tez.yok.gov.tr/UlusalTezMerkezi/).

Fiebig, Helmut/Junker, Heinrich: Korruption und Untreue im öffentlichen Dienst: Erkennen, Bekämpfen, Vorbeugen, 2000.

Fincke, von Martin, Das Verhältnis des Allgemeinen zum Besonderen Teil des Strafrechts, 1975.

Fischer, Thomas: Strafgesetzbuch mit Nebengesetzen, 63. Aufl. 2016; 64. Aufl. 2017; 66. Aufl. 2019.

Fleck, Christian/Kuzmics, Helmut: Einleitung, in: Dies. (Hrsg.), Korruption. Zur Soziologie nicht immer abweichenden Verhaltens, 1985, S. 7–39.

Flormann, Willi: Heimliche Unterwanderung: organisierte Kriminalität – Herausforderung für Staat und Gesellschaft, 1995.

Francuski, Ramona: Die Neuregelung der Abgeordnetenbestechung (§ 108e StGB), in: HRRS 2014, S. 220– 230.

Francuski, Ramona: Prozedualisierung im Wirtschaftsstrafrecht, Diss., 2014.

Freudenthal, Berthold: Die Begegnungsdelikte: ein Beitrag zur Lehre von der sog. nothwendigen Theilnahme, 1899.

Freund, Georg: Strafrecht Allgemeiner Teil: Personale Straftatlehre, 2009.

Friedhoff, Tobias: Die straflose Vorteilsannahme. Zu den Grenzen der Strafwürdigkeit in § 331 StGB – mit vergleichender Darstellung der entsprechenden Normen in Österreich und der Schweiz, 2012.

Friedrich, Carl J.: Pathologie der Politik: die Funktion der Missstände; Gewalt, Verrat, Korruption, Geheimhaltung, Propaganda, 1973.

Friedrichs, David O.: Political corruption as a White-Collar-Crime, in: MschrKrim, 2007, S. 91 ff.

Fuhrmann, Hans: Die Annahme von sogenannten Aufmerksamkeiten durch Beamte, in: GA 1959, S. 97–109.

Fuhrmann, Hans: Einzelfragen zu der Rechtsprechung über den „Ermessensbeamten", in: GA 1960, S. 105–111.

Gallas, Wilhelm: Abstrakte und konkrete Gefährdung, in: Lüttger, Hans/Heinitz, Ernst (Hrsg.), Festschrift für Ernst Heinitz zum 70. Geburtstag, 1972, S. 171 - 184.

Gänßle, Peter: Das Antikorruptionsstrafrecht – Balsam aus der Tube der symbolischen Gesetzgebung? –, in: NStZ 1999, S. 543–547.

Geerds, Friedrich: Über den Unrechtsgehalt der Bestechungsdelikte und seine Konsequenzen für Rechtsprechung und Gesetzgebung. Eine strafrechtliche und kriminologische Studie, 1961.

Geerds, Friedrich: „Kriminalphänomenologie — Ihre Aufgaben und Möglichkeiten", in: Ders./ Nauke, Wolfgang [Hrsg.], Beiträge zur gesamten Strafrechtswissenschaft - Festschrift für Hellmuth Mayer zum 70. Geburtstag, Berlin 1966, S. 605 - 629.

Geerds, Friedrich: „Probleme der Wirtschaftskriminalität und ihrer Bekämpfung", in: Kriminalistik 1968, S. 234 - 236.

Geerds, Friedrich: Über Änderungen der Bekämpfung krimineller Korruption, in: JR 1996, S. 309–314.

Geis, Gilbert/Meier, Robert Frank: White-Collar Crime: Offenses in Business, Politics, and the Professions, 1977.

Geisler, Nicole: Korruptionsstrafrecht und Beteiligungslehre, 2013.

Geppert, Klaus: Amtsdelikte (§§ 331 ff StGB), in: Jura 1981, S. 42–51.

Gerrig, Richard J./ Zimbardo, Philipp G., Psycohologie, 18. Aufl., 2008.

Gleß, Sabine/Geth, Christopher: Anmerkung zu BGH, Urt. v. 19.6.2008 - 3 StR 90/08, in: StV 2009, S. 183–186.

Glinder, Peter/Schröfel, Beate: Kommunale Antikorruptionssysteme, in: Louis, Jürgen/Glinder, Peter/Waßmer, Martin Paul (Hrsg.): Korruptionsprävention in der öffentlichen Verwaltung: Handbuch für die kommunale Praxis, 2020, S. 125 - 223.

Gökcan, Hasan Tahsin: "Türk Ceza Kanunu Uygulamasında Kamu Görevlisi Kavramı", in: Ceza Hukuku ve Kriminoloji Dergisi, C. 3, S. 2, 2015, s. 147–160.

Göktürk, Neslihan: Türk Hukuku'nda Suçların İçtimaı, in: CHKD, Cilt: 2, Sayı: 1–2, 2014, s. 31 - 59.

Gössel, Karl Heinz/Dölling, Dieter: Strafrecht - Besonderer Teil; 1: Straftaten gegen Persönlichkeits- und Gemeinschaftswerte, 2004.

Gözübüyük, Abdullah Pulat: "Ceza Hukukunda Memur ve Hizmetli Kavramları", in: Adalet Dergisi, Sayı:1, 1970, s. 5–12.

Graeff, Peter: Why should one trust in corruption?, in: Lambsdorff, Johann/ Taube, Markus/Schramm, Matthias (Hrsg.), The New Institutional Economics of Corruption, 2005, S. 40 – 58.

Graeff, Peter: Korruption und Sozialkapital: Eine handlungstheoretische Perspektive auf die negativen externen Effekte korrupter Akteursbeziehungen, in: Priddat, Birger P./ Schmid, Michael (Hrsg.), Korruption als Ordnung zweiter Art, 2011, S. 11 – 43.

Graeff, Peter/Dombois, Rainer: Soziologische Zugänge zur Korruptionsproblematik, in: Graeff/Grieger (Hrsg.), Was ist Korruption? Begriffe, Grundlagen und Perspektiven gesellschaftswissenschaftlicher Korruptionsforschung, 2012, S. 135–152.

Grafl, Lucas: Zum unterschiedlichen Verständnis von korrupten und strafwürdigen Handlungen – Eine empirische Untersuchung, in: Achathaler, Lucas/ Hofmann, Domenica/ Pázmándy, Matthias (Hrsg.), Korruptionsbekämpfung als globale Herausforderung. Beiträge aus Praxis und Wissenschaft, 2011, S. 175 - 191.

Graupe, Johannes: Die Systematik und das Rechtsgut der Bestechungsdelikte, 1988.

Greco, Luís: Annäherungen an eine Theorie der Korruption, in: GA 2016, S. 249–257.

Green, Stuart P.: The Concept of White Collar Crime in Law and Legal Theory, in: Buffalo Criminal Law Review, Vol. 8 No. 1, April 2004, pp. 1 – 34.

Greeve, Gina: Korruptionsbekämpfung (§ 25), in: Hauschka, Christoph E./ Moosmayer, Klaus/Lösler, Thomas (Hrsg.), Corporate Compliance: Handbuch der Haftungsvermeidung im Unternehmen, 2016, S. 647 – 705.

Gribl, Kurt: Der Vorteilsbegriff bei den Bestechungsdelikten, 1993.

Grieger, Jürgen: Anmerkungen zu Korruptionsbegriffen der Managementwissenschaft, in: Graeff/Grieger (Hrsg.), Was ist Korruption? Begriffe, Grundlagen und Perspektiven gesellschaftswissenschaftlicher Korruptionsforschung, 2012, S. 41–53.

Groenendijk, Nico: A Principal-Agent Model of Corruption. Crime, Law & Social Change 27, 1997, S. 207–229.

Gropp, Walter: Deliktstypen mit Sonderbeteiligung. Untersuchungen zur Lehre von der „notwendigen Teilnahme“, 1992.

Gropp, Walter: Korruption – „empirisch und dogmatisch“ – Eine Skizze, in: Görgen et al. (Hrsg.), Interdisziplinäre Kriminologie. Festschrift für Arthur Kreuzer zum 70. Geburtstag. Erster Band, 2. Aufl. 2009, S. 230–243.

Gropp, Walter: Strafrecht Allgemeiner Teil, 2015.

Gülel, İlhan: Edimin İfasına Fesat Karıştırma Suçu, in: TAAD, Yıl:9, Sayı:33, 2018, s. 753 – 783.

Güngör, Devrim: Şike Suçu, in: ABD 2011/4, s. 35 – 43.

Günther, Hans-Ludwig: Die Genese eines Straftatbestandes. Eine Einführung in Fragen der Strafgesetzgebungslehre, JuS 1978, S. 8 – 14.

Gürelli, Nevzat, İrtikâp ve Rüşvet Cürümleri, Diss., 1954.

Haffke, Bernhard: Delictum sui generis und Begriffsjurisprudenz, in: JuS 1973, S. 402– 407.

Hafızoğulları, Zeki/Aygün-Eşitli, Ezgi: Kamu İdaresinin Güvenilirliğine ve İşleyişine Karşı Suçlar, 2014.

Hakeri, Hakan: "Ceza Hukukunda Önemsiz Hareketler", in: TBBD, Sayı:69, 2007, s. 55–96.

Hakeri, Hakan: Ceza Hukuku Genel Hükümler, 2010.

Hakeri, Hakan: Geschichte des türkischen Strafrechts und ausländische Einflüsse auf die türkische Strafrechtsdogmatik, in: Hilgendorf, Eric/Ders. (Hrsg.), Alman-Türk Karşılaştırmalı Ceza Hukuku = Das Strafrecht im deutsch-türkischen Rechtsvergleich, 2010, S. 73 – 103.

Hâkimler ve Savcılar Yüksek Kurulu Hukuki Müzakere Toplantıları, 23–26 Mayıs 2013 – Hatay, Ceza Hukuku 3. Grup Raporu (zit. als: Kundakçı u.a., HMT 2013).

Hâkimler ve Savcılar Yüksek Kurulu Hukuki Müzakere Toplantıları, 14 – 17 Kasım 2013, Zonguldak, Ceza Hukuku 6. Grup Raporu (zit. als: M. Koca u.a., HMT, 2013).

Hardtung, Bernhard: Erlaubte Vorteilsannahme – §§ 331 StGB, 70 BBG, 10 BAT –. Zugleich ein Beitrag zur Einheit der Rechtsordnung und zur „Rückwirkung" behördlicher Genehmigungen im Strafrecht, 1994.

Hartmann, Marcus: Reformmodelle zur Abgeordnetenbestechung, 2013.

Hassemer, Winfried: Rechtliche, polizeiliche und administrative Möglichkeiten einer wirksameren Korruptionsbekämpfung, in: FES (Hrsg.), Korruption in Deutschland. Ursachen, Erscheinungsformen, Bekämpfungsstrategien, 1997, S. 79–83.

Hassemer, Winfried: Sicherheit durch Strafrecht, in: HRRS 4/2006, S. 130 – 143.

Hassemer, Winfried/Neumann, Ulfrid/Saliger, Frank/Büllesbach, Alfred: Einführung in die Rechtsphilosophie und Rechtstheorie der Gegenwart, 2016.

Hauschka, Christop E./Greeve, Gina: Compliance in der Korruptionsprävention – was müssen, was sollen, was können die Unternehmen tun?, in: BB 2007, S. 165 – 173.

Hauschka, Christoph E./Moosmayer, Klaus/Lösler, Thomas: Corporate Compliance: Handbuch der Haftungsvermeidung im Unternehmen, 2016.

Hefendehl, Roland: Kollektive Rechtsgüter im Strafrecht, 2002.

Hefendehl, Roland: Außerstrafrechtliche und strafrechtliche Instrumentarien zur Eindämmung der Wirtschaftskriminalität, in: ZStW 2007, S. 816 ff.

Heffter, August Wilhelm: Lehrbuch des gemeinen deutschen Strafrechtes mit Rücksicht auf ältere und neuere Landesrechte, 1857.

Heidenheimer, Arnold J.: Problems of Comparing American Political Corruption, in: Ders./Johnston, Michael/LeVine, Victor T. (Hrsg.), Political Corruption. A Handbook, 1989, S. 573 - 587.

Heilemann, Tina: Bestechlichkeit und Bestechung im sportlichen Wettbewerb als eigenständiges Strafdelikt - de lege lata, de lege ferenda, 2014.

Hein, Susanne: Italienische Reformbestrebungen bei den Bestechungsdelikten: Darstellung und Erläuterung eines neuen Gesetzesvorschlags, in: ZStW 107 (1995), S. 429- 440.

Hein, Susanne: Landesbericht Italien, in: Eser, Albin/Überhofen, Michael/Huber, Barbara (Hrsg.): Korruptionsbekämpfung durch Strafrecht. Ein rechtsvergleichendes Gutachten zu den Bestechungsdelikten im Auftrag des Bayerischen Staatsministeriums der Justiz, 1997, S. 213 - 281.

v. Heintschel-Heinegg, Bernd (Hrsg.): Beck'scher Online-Kommentar StGB [42. Ed., Stand 5/2019].

Heinrich, Bernd: Der Amtsträgerbegriff im Strafrecht. Auslegungsrichtlinien unter besonderer Berücksichtigung des Rechtsguts der Amtsdelikte, Habil., 2001.

Heinrich, Bernd: Rechtsprechungsüberblick zu den Bestechungsdelikten (§§ 331–335 StGB) (1998–2003), in: NStZ 2005, S. 197–204 (1. Teil), 256–260 (2. Teil).

Heinrich, Bernd: Anmerkung zu BGH, Urteil v. 27.11.2009, in: JZ 2010, S. 529 - 532.

Heinrich, Bernd: Zur Notwendigkeit der Unterscheidung von Amtsträgern und Mandatsträgern bei der Gestaltung strafrechtlicher Korruptionstatbestände, in: ZIS 2016, S. 382–395.

Heinrich, Bernd: Strafrecht, Allgemeiner Teil, 2016.

Heintzen, Markus: Beteiligung Privater an der Wahrnehmung öffentlicher Aufgaben und staatliche Verantwortung, in: Leistungsgrenzen des Verfassungsrechts. Öffentliche Gemeinwohlverantwortung im Wandel Berichte und Diskussionen auf der Tagung der Vereinigung der Deutschen Staatsrechtslehrer in St. Gallen vom 1. bis 5. Oktober 2002, 2003, S. 220 - 265.

Heinz, Wolfgang: Die Bekämpfung der Wirtschaftskriminalität mit strafrechtlichen Mitteln — unter besonderer Berücksichtigung des 1. WiKG, in: GA 1977, S. 193 - 221.

Heinz, Wolfgang: Konzeption und Grundsätze des Wirtschaftsstrafrechts (einschließlich Verbraucherschutz), in: ZStW 1984, S. 417 - 451.

Heinz, Wolfgang: Stichwort „Wirtschaftskriminalität", in: Kaiser u.a. (Hrsg.), Kleines Kriminologisches Wörterbuch, 1993, S. 585 - 590.

Heißner, Stefan: Erfolgsfaktor Integrität: Wirtschaftskriminalität und Korruption erkennen, 2014.

Hellmann, Uwe/Beckemper, Katharina: Wirtschaftsstrafrecht, 2013.

Helmrich, Jan: Zum Beginn der Verfolgungsverjährung bei Bestechungsdelikten (§§ 299, 331 ff. StGB), in: wistra 2009, S. 10–15.

Henkel, Heinrich: Die Bestechlichkeit von Ermessensbeamten, in: JZ 1960, S. 507–512.

Henning, Christoph, Private Virtues, Public Vices? Sozialphilosophische Implikationen der Rede von Korruption, in: Jansen, Stephan A./Priddat, Birger P. (Hrsg.), Korruption Unaufgeklärter Kapitalismus – Multidisziplinäre Perspektiven zu Funktionen und Folgen der Korruption, 2005, S. 189 - 205.

Herberger, Maximilian/Simon, Dieter: Wissenschaftstheorie für Juristen: Logik, Semiotik, Erfahrungswissenschaften, 1980.

Hess, Henner: Repressives Verbrechen, in: KrimJ 1976, S. 1 - 22.

Hettinger, Michael: Das Strafrecht als Büttel? Fragmentarische Bemerkungen zum Entwurf eines Korruptionsbekämpfungsgesetzes des Bundesrats vom 3.11.1995, in: NJW 1996, S. 2263–2273.

Hettinger, Michael: Die strafrechtlichen Regelungen zur Eindämmung korruptiven Verhaltens, in: v. Nell/ Schwitzgebel/Vollet (Hrsg.), Korruption. Interdisziplinäre Zugänge zu einem komplexen Phänomen, 2003, S. 99–117.

Hettinger, Michael: Die besonders schweren Fälle mit oder ohne Regelbeispiele: Misslungene oder gelungene Rechtsfiguren? – Ein Vorschlag zur Güte, in: FS-Paeffgen, 2015, S. 267 - 287.

Hetzer, Wolfgang: Strafrecht ist kein Allheilmittel, in: FES (Hrsg.), Korruption in Deutschland. Ursachen, Erscheinungsformen, Bekämpfungsstrategien, 1997, S. 123 ff.

Hetzer, Wolfgang: Kapitulation vor der Korruption?, in: APuZ 3–4/2009, S. 6–13.

Heuking, Christian/v. Coelln, Sibylle: Die Neuregelung des § 299 StGB – Das Geschäftsherrnmodell als Mittel zur Bekämpfung der Korruption?, in: BB 2016, S. 323–332.

Hey, Andreas: Die ökonomische Analyse ausgewählter Wirtschaftsstraftaten im historischen Normenkontext, 2001.

Heymann, Philip B.: Korruption in den USA. Rechtliche, wirtschaftliche und ethische Aspekte, in: FES (Hrsg.), Korruption in Deutschland. Ursachen, Erscheinungsformen, Bekämpfungsstrategien, 1995, S. 49–55.

Heymann, Philip B.: Democracy and Corruption, in: Fordham International Law Journal 20 (2), 1997, S. 323–346.

Hillenkamp, Thomas: 40 Probleme aus dem Strafrecht: Besonderer Teil, 2013.

v. Hippel, Robert: Lehrbuch des Strafrechts, 1932.

Hippel, Eike von: Rechtspolitik: Ziele, Akteure, Schwerpunkte, 1992.

Hoche, Alfred: Das Rechtsgefühl in Justiz und Politik, 1932.

Hohmann, Olaf: Gedanken zur Akzessorietät des Strafrechts, in: ZIS 1/2007, S. 38 - 47.

Hoppe, Tilmann: Korruption und strafrechtliche Immunität im Bereich der Legislative, Exekutive und Judikative europäischer Staaten, in: ZStW 123 (2011), S. 901–912.

Hoven, Elisa: Nötigung durch Bestechlichkeit? – Ein Beitrag zum Verständnis der Nötigung durch Drohung mit einem rechtmäßigen Unterlassen, in: ZStW 128 (2016), S. 173–193.

Hoven, Elisa: Auslandsbestechung Eine rechtsdogmatische und rechtstatsächliche Untersuchung, 2018.

Hoven, Elisa/Kubiciel, Michael: Stellungnahme zum Referentenentwurf eines Gesetzes zu dem Strafrechtsübereinkommen des Europarates vom 27. Januar 1999 über Korruption und dem Zusatzprotokoll vom 15. Mai 2003 zum Strafrechtsübereinkommen des Europarates über Korruption, in: KPzKp 4/2016.

Hoven, Elisa/Kubiciel, Michael: Korruption im Sport: Tagungen und Kolloquien, 2018.

Hoyer, Eva-Maria: Schiedsrichtermanipulationen aus wirtschaftsstrafrechtlicher Sicht, Diss., 2017.

Hoyler, Eva-Maria: Schiedsrichtermanipulationen aus wirtschaftsstrafrechtlicher Sicht, 2017.

Höffling, Christian: „Ich hab' Post für dich": Zur Phänomenologie korrupter Beziehungen, in: Krim. Journal 1998, S. 284 - 298.

Höffling, Christian: Korruption als soziale Beziehung, Diss., 2002.

Höltkemeier, Kai: Sponsoring als Straftat. Die Bestechungsdelikte auf dem Prüfstand, 2005.

Hufen, Christian: Ermessen und unbestimmter Rechtsbegriff, in: ZJS 2010, S. 603 ff.

Hugger, Heiner/Röhrich, Raimund: Der neue UK Bribery Act und seine Geltung für deutsche Unternehmen, in: BB 2010, S. 2643 ff.

Hund, Horst: Wege zur Bekämpfung der Korruption, 2002 (https://stakh.justiz.rlp.de/fileadmin/justiz/Staatsanwaltschaften/STA_Bad_Kreuznach/Dokumente/Korruptionsbekaempfung.pdf).

Huntington, Samuel P.: Modernization and Corruption, in: Heidenheimer, Arnold J./Johnston, Michael/LeVine, Victor T. (Hrsg.), Political Corruption. A Handbook, 1989, S. 377 – 389.

Isensee, Josef. Gemeinwohl und öffentliches Amt. Vordemokratische Fundamente des Verfassungsstaates, 2014.

Isfen, Osman: Dördüncü Podyum Tartışması (Kamu İdaresinin Güvenirliğine ve İşleyişine Karşı Suçlar), in: TBB (Ed.), Türk Ceza Kanunu Reformu, Birinci Kitap, Panel, 21 – 22 Mayıs 2004, Ankara.

Isfen, Osman: Anwendung der §§ 332, 335 StGB auf Auslandssachverhalte durch das EUBestG, in: Schulz/Reinhart/Sahan (Hrsg.), Festschrift für Imme Roxin, 2012, S. 227–239.

Isfen, Osman: Zwischen Hybris und Symbolik – die neuen Regelungen zur Auslandskorruption, in: JZ 2016, S. 228–236.

Jahn, Mattias: Strafbarkeit der Selbstgeldwäsche, Anm. zum BGH, Beschluss vom 27.11.2018 – 5 StR 234/18, in: NJW 2019, S. 533.

Jakobs, Günther: Kriminalisierung im Vorfeld einer Rechtsgutsverletzung, in: ZStW 97 (1985), S. 751–785.

Jellinek, Georg: Gesetz und Verordnung. Staatsrechtliche Untersuchungen auf rechtsgeschichtlicher und rechtsvergleichender Grundlage, 1887.

Jescheck, Hans Heinrich/Weigend, Thomas: Lehrbuch des Strafrechts, 1996.

Jhering, Rudolph von: Der Zweck im Recht, Bd. I, 1893.

Joecks, Wolfgang: Abzugsverbot für Bestechungs- und Schmiergelder. – Korruptionsbekämpfung durch Steuerrecht? –, in: DStR 1997, S. 1025–1032.

Joecks, Wolfgang: Strafgesetzbuch. Studienkommentar, 11. Aufl., 2014.

Joecks, Wolfgang/Miebach, Klaus (Hrsg.): Münchener Kommentar zum StGB, Bd. 1 u. 4, 1. Aufl. 2006; Bd. 1–3, 5 u. 7, 2. Aufl. 2011 (Bd. 1), 2012 (Bd. 2 u. 3), 2014 (Bd. 5), 2015 (Bd. 7); Bd. 3, 3. Aufl. 2019.

Jositsch, Daniel: Möglichkeiten und Grenzen der strafrechtlichen Korruptionsbekämpfung in der Schweiz, ZStrR 123 (2005), S. 241 ff.

Jositsch, Daniel: Das schweizerische Korruptionsstrafrecht, Referat v. 23.11.2016 (https://sponsoringschweiz.ch/wp-content/uploads/2019/03/defReferatNeuesRecht-SponsoringSchweiz.pdf).

Kahsnitz, Martin: Strafbarkeit von Korruption deutscher Unternehmen im Ausland: Unter besonderer Berücksichtigung des Strafanwendungsrechts, Diss., 2015.

Kaiser, Eberhard: Spenden an politische Parteien und strafbare Vorteilsannahme, in: NJW 1981, S. 321 f.

Kaiser, Günther: „Eine Hand wäscht die andere …" – Korruption in Politik und Wirtschaft, in: Universitas 1991, S. 1062–1071.

Kaiser, Günther: Kriminalpolitik, in: Ders./Kerner, Hans-Jürgen/ Sack, Fritz/ Schellhoss, Hartmut (Hrsg.), Kleines kriminologisches Wörterbuch, 1993, S. 280 - 286.

Kaiser, Günther: Kriminologie. Ein Lehrbuch, 3. Aufl., 1996.

Kaiser, Günther: Kriminologie: Eine Einführung in die Grundlagen, 1997.

Kaiser, Günther, Brennpunkte der Wirtschaftskriminologie, in: Sieber et al. (Hrsg.), Strafrecht und Wirtschaftsstrafrecht - Dogmatik, Rechtsvergleich, Rechtstatsachen –. Festschrift für Klaus Tiedemann zum 70. Geburtstag, 2008, S. 1583 - 1599.

Kaiser, Rolf: Die Bestechung von Beamten: Unter Berücksichtigung des Vorentwurfs zur Revision des schweizerischen Korruptionsstrafrechts, Diss., 1999.

Kannemann, Fabian: Korruption Und Anreize: Einflussfaktoren Auf Korruption Und Organisationsinterne Interventionsmöglichkeiten, Diss., 2013.

Karakurt-Eren, Ahu: Türk Ceza Kanununda Rüşvet Suçu, Diss., 2016 (abrufbar unter https://tez.yok.gov.tr/UlusalTezMerkezi/).

Kargl, Walter: Über die Bekämpfung des Anscheins der Kriminalität bei der Vorteilsannahme (§ 331 StGB), in: ZStW 114 (2002), S. 763–793.

Kargl, Walter: Zum Grundtatbestand der Tötungsdelikte, in: JZ 2003, S. 1141 - 1149.

Karmann, Christopher: Korruption von global agierenden Unternehmen: Regelungssysteme der Bekämpfung, 2016.

Karpen, Hans-Ulrich: Die Verweisung als Mittel der Gesetzgebungstechnik, 1970.

Karstedt, Susanne: Macht, Ungleichheit und Korruption: Strukturelle und kulturelle Determinanten im internationalen Vergleich, in: Oberwittler, Dietrich/ Karstedt, Susanne (Hrsg.), Soziologie der Kriminalität, 2003, S. 384 - 413.

Karstedt, Susanne: From the Crimes of the Powerful to the Crimes of Power: An Uncomfortable Situation, in: MschrKrim 2007, S. 78 - 90.

Katz, Erwin: Grundriss des Kanonischen Strafrechtes, 1881.

Katzenstein, Jacob: Die richterliche Bestechung. (§ 344 R.St.G.B.), in: ZStW 23 (1903), S. 163–202.

Kaufmann, Arthur: Anmerkung zu BGH, Urteil v. 21.11.1958 - 1 StR 458/58, in: JZ 1959, S. 375–377.

Kaufmann, Arthur: Das Unrechtsbewusstsein in der Schuldlehre des Strafrechts, 1985.

Keçelioğlu, Elvan: Der Einfluss des deutschen Strafgesetzbuches auf das neue türkische Strafgesetzbuch, Diss., 2009.

Kempf, Eberhard: Die Funktion von Strafrecht und Strafverteidigung in einer modernen Gesellschaft, in: NJW 1997, S. 1729 - 1736.

Kerner, Hans-Jürgen/Rixen, Stephan: Ist Korruption ein Strafrechtsproblem? – Zur Tauglichkeit strafgesetzlicher Vorschriften gegen die Korruption –, in: GA 1996, S. 355–396.

Kılıç, Ali Şahin: Uluslararası Boyutuyla Rüşvet Suçu, 2013, MA (abrufbar unter https://tez.yok.gov.tr/UlusalTezMerkezi/).

Killias, Martin: Korruption: Vive La Repression! - Oder was sonst? Zur Blindheit der Kriminalpolitik für Ursachen und Nuancen, in: FS-Schneider, 1998, S. 239 - 254.

Kindhäuser, Urs: Gefährdung als Straftat. Rechtstheoretische Untersuchungen zur Dogmatik der abstrakten und konkreten Gefährdungsdelikte, 1989.

Kindhäuser, Urs: Anmerkung zu BGHSt 41, 385, in: JZ 1997, S. 101 ff.

Kindhäuser, Urs: Voraussetzungen strafbarer Korruption in Staat, Wirtschaft und Gesellschaft, in: ZIS 2011, S. 461–469.

Kindhäuser, Urs: Strafrecht Allgemeiner Teil, 7. Aufl. 2017.

Kindhäuser, Urs: Strafrecht Besonderer Teil I. Straftaten gegen Persönlichkeitsrechte, Staat und Gesellschaft, 8. Aufl. 2017.

Kindhäuser, Urs/Goy, Barbara: Zur Strafbarkeit ungenehmigter Drittmitteleinwerbung – Zugleich eine Besprechung von BGH – 1 StR 372/01 und BGH – 1 StR 541/01 –, in: NStZ 2003, S. 291–296.

Kindhäuser, Urs/Neumann, Ulfrid/Paeffgen, Hans-Ullrich (Hrsg.): Nomos-Kommentar Strafgesetzbuch. Bd. 1 (AT, §§ 1–79b), 2 (BT, §§ 80–231), 3 (BT, §§ 232–358), 4. Aufl. 2013, 5. Aufl. 2017.

Kindhäuser, Urs: Strafgesetzbuch Lehr- und Praxiskommentar, 7. Aufl. 2017.

Kindhäuser, Urs: Zu Gegenstand und Aufgabe der Strafrechtswissenschaft, in: Joerden, Jan C./Schmoller, Kurt (Hrsg.), Rechtsstaatliches Strafen. Festschrift für Keiichi Yamanaka, 2017, S. 443–465.

Kindhäuser, Urs: Welzeis Konzeption sozialer Adäquanz normtheoretisch betrachtet, in: Hecker, Bernd/Weißer, Bettina/ Brand, Christian (Hrsg.), Festschrift für Rudolf Rengier zum 70. Geburtstag, 2018, S. 49 – 59.

Kirch-Heim, Claudio: Grand Corruption – A New Crime Under International Law? –, in: BLJ 2009, S. 35–40.

van Klaveren, Jacob: Die historische Erscheinung der Korruption, in: VSWG 44 (1957), S. 289 – 324.

Klesczewski, Diethelm: Strafrecht – Besonderer Teil. Lehrbuch zum Strafrecht der Bundesrepublik Deutschland, 2016.

Kliegel, Thomas: Der Straftatbestand der unerlaubten Bereicherung. Internationale Korruptionsbekämpfung und rechtsstaatliche Garantien, Diss., 2013.

Klitgaard, Robert: Controlling Corruption, 1988.

Klitgaard, Robert: Addressing corruption together, OECD Symposium, 2014 (https://www.oecd.org/dac/conflict-fragility-resilience/publications/FINAL%20Addressing%20corruption%20together.pdf).

Klug, Boris P. C.: Angestelltenbestechung. Eine strafrechtlich empirische Untersuchung zu § 299 Strafgesetzbuch, 2011.

Knauer, Christoph/Kaspar, Johannes: Restriktives Normverständnis nach dem Korruptionsbekämpfungsgesetz, in: GA 2005, S. 385–405.

Koca, Mehmet Reis: Nüfuz Ticareti Suçu, in: TAAD, Yıl: 4, Sayı: 15, 2013, s. 337 – 364.

Koca, Mehmet Reis: İrtikap Suçu, in: Uyuşmazlık Mahkemesi Dergisi, 6/2015, s. 247 – 279.

Koca, Mahmut/Üzülmez, İlhan: Türk Ceza Hukuku Genel Hükümler, 8. Baskı, 2015.

Koriath, Heinz: Zum Streit um die Gefährdungsdelikte, in: GA 2001, S. 51 – 74.

Korte, Matthias: Bekämpfung der Korruption und Schutz des freien Wettbewerbs mit den Mitteln des Strafrechts, in: NStZ 1997, S. 513–519.

Korte, Matthias: Korruptionsprävention im öffentlichen Bereich, in: Dölling, Dieter (Hrsg.): Handbuch der Korruptionsprävention für Wirtschaftsunternehmen und öffentliche Verwaltung, 2007, S. 292 – 352.

Korte, Matthias: Kampfansage an die Korruption, in: NJW 1997, S. 2556–2558.

Korte, Matthias: Anmerkung zu BGH, Urteil v. 28.8.2007 – 3 StR 212/07, in: NStZ 2008, S. 341 f.

Köhler, Michael: Strafrecht. Allgemeiner Teil, 1997.

Kölbel, Ralf: §§ 299a ff. StGB und die unzuträgliche Fokussierung auf den Wettbewerbsschutz, in: medstra 2016, S. 193 ff.

König, Peter: Neues Strafrecht gegen die Korruption, in: JR 1997, S. 397–404.

Köse, Saffet: "İslam Hukukuna Göre Rüşvet Suçu ve Cezası", in: İslam Hukuku Araştırmaları Dergisi, 2008, S. 11, s. 139–166.

Krack, Ralf: Die Tätige Reue im Wirtschaftsstrafrecht, in: NStZ 2001, S. 505–511.

Krack, Ralf: Sportwettbetrug und Manipulation von berufssportlichen Wettbewerben. Regierungsentwurf zu §§ 265c, 265d StGB, in: ZIS 2016, S. 540–551.

Krejci, Heinz: Privatrechtliche Aspekte des Schmiergeldphänomens, in: Brünner, Christian (Hrsg)., Korruption und Kontrolle, 1981, S. 529 – 573.

Krey, Volker: Deutsches Strafrecht. Allgemeiner Teil. Bd. 1: Grundlagen, Tatbestandsmäßigkeit, Rechtswidrigkeit, Schuld, 2008.

Krey, Volker / Hellmann, Uwe / Heinrich, Manfred: Strafrecht Besonderer Teil, Bd. 2: Vermögensdelikte, 16. Aufl., 2012.

Krey, Volker / Hellmann, Uwe / Heinrich, Manfred: Strafrecht Besonderer Teil, Bd. 1: Besonderer Teil ohne Vermögensdelikte, 16. Aufl. 2015 (zit. als: Heinrich, in: K/H/H).

Kronawitter, Stefanie: Korruption im Gesundheitswesen: Die Strafbarkeit des niedergelassenen Arztes nach § 299a StGB, 2018.

Krueger, Ann: The Political Economy of the Rent-Seeking Society, in: American Economic Review 64, 1974, S. 291–303.

Kubiciel, Michael: Die Wissenschaft vom Besonderen Teil des Strafrechts. Ihre Aufgaben, ihre Methoden, 2013.

Kubiciel, Michael: Kriminalisierung der Korruption im Gesundheitswesen – Inhalt und Tragweite der §§ 299a, 299b, in: jurisPR-Compl 3/2016 Anm. 1.

Kubiciel, Michael: Bekämpfung der Korruption im Sport – Die Straftatbestände gegen den Sportwettbetrug und die Manipulation berufssportlicher Wettbewerbe, in: jurisPR-StrafR 3/2016, Anm. 1.

Kubiciel, Michael: Das Verbot der Auslandsbestechung: Bedeutungswandel und Legitimationsfragen, in: Hoven, Elisa/Kubiciel, Michael (Hrsg.), Das Verbot der Auslandsbestechung – Tagungen und Kolloquien –, 2016, S. 13–16.

Kubiciel, Michael: Die Straftatbestände des Sportwettbetrugs und der Manipulation berufssportlicher Wettbewerbe. Legitimation, Interpretation und Folgen, in: Hoven, Elisa/Kubiciel, Michael (Hrsg.), Korruption im Sport, 2018, S. 61 – 87.

Kubiciel, Michael: Die Strafrechtswissenschaft als kritische Wissenschaft, in: Festschrift für Thomas Fischer, 2018, S. 141–152.

Kubiciel, Michael: Reform nach der Reform? Drei Jahre §§ 299a, 299b StGB, in: medstra 2019, S. 193 – 194.

Kubiciel, Michael/Spörl, Cornelia: Gesetz zur Bekämpfung der Korruption. Stellungnahme zum Referentenentwurf des Bundesministeriums der Justiz und für Verbraucherschutz, in: KPzKp 4/2014, S. 2–30.

Kubiciel, Michael/Weigend, Thomas: Maßstäbe wissenschaftlicher Gesetzgebungskritik, in: KriPoZ 2019, S. 8–13.

Kudlich, Hans: An den Grenzen des Strafrechts. Rationale und verfassungsorientierte Strafgesetzgebung, dargestellt am Beispiel des strafrechtlichen Schutzes gegen Doping, in: JA 2007, S. 90 – 95.

Kudlich, Hans: Die Relevanz der Rechtsgutstheorie im modernen Verfassungsstaat, in: ZStW 127 (2015), S. 635–653.

Kudlich, Hans/Aksoy, Derya: Eins, zwei oder drei? – Zum Verhältnis von Raub, räuberischem Diebstahl und räuberischer Erpressung in der Fallbearbeitung, in: JA 2014, S. 81–87.

Kudlich, Hans/Hoven, Elisa: Muss am deutschen Strafrechtswesen denn unbedingt die Welt genesen?, in: ZIS 2016, S. 345–351.

Kudlich, Hans/Oğlakcıoğlu, Mustafa Temmuz: Wirtschaftsstrafrecht, 2014.

Kuhlen, Lothar: Zu den Tathandlungen bei der Vorteilsannahme und Bestechlichkeit – Zugleich eine Besprechung von BGH – 4 StR 554/87 –, in: NStZ 1988, S. 433–441.

Kuhlen, Lothar: Untreue, Vorteilsannahme und Bestechlichkeit bei Einwerbung universitärer Drittmittel, in: JR 2003, S. 231–237.

Kuhlen, Lothar: Verjährungsbeginn bei Bestechung und Bestechlichkeit – zugleich Besprechung von BGH, Urt. v. 19.6.2008 – 3 StR 90/08, in: JR 2009, S. 53–56.

Kuhlen, Lothar: Nötigung und Bestechung, 2018.

Kuhlen, Lothar: Die Auslandsbestechung im deutschen Strafrecht, in: Ders./ Kudlich, Hans/ Martin, Victor Gomez/ Gimeno, Inigo Ortiz de Urbina (Hrsg.), Korruption und Strafrecht, 2018, S. 27 – 41.

Kulesza, Ryszard: Die Bestechung im politischen Leben Athens im 5. und 4. Jahrhundert v. Chr., 1995.

Kunter, Nurullah/Yenisey, Feridun/Nuhoğlu, Ayşe: Ceza Muhakemesi Hukuku, 2008.

Kunz, Karl-Ludwig: Strafrechtsmodelle und Gesellschaftsstruktur, in: Kriminologisches Journal, 42. Jahrgang, Heft 1/ 2010, S. 9–23.

Kunz, Karl-Ludwig: Kriminologie, 2011.

Kübl, Friedrich: Das Rechtsgefühl, 1913.

Küçükince, Alptekin: Rüşvet Suçu, 2007, MA (abrufbar unter https://tez.yok.gov.tr/UlusalTezMerkezi/).

Lackner, Karl (ehem. Bearb.)/Kühl, Kristian/Heger, Martin (Bearb.): Strafgesetzbuch. Kommentar, 28. Aufl. 2014; 29. Aufl. 2018.

Lagodny, Otto: Strafrecht vor den Schranken der Grundrechte die Ermächtigung zum strafrechtlichen Vorwurf im Lichte der Grundrechtsdogmatik; dargestellt am Beispiel der Vorfeldkriminalisierung, 1996.

Lambsdorff, Johann Graf: Corruption and Rent-Seeking, in: Public Choice, 113 (2), 2002, S. 97–125.

Lambsdorff, Johann Graf: The Institutional Economics of Corruption and Reform, 2007.

Lambsdorff, Johann/Beck, Lotte: Korruption als Wachstumsbremse, in: APuZ 3–4/2009, S. 19–25.

Langer, Winrich: Die Sonderstraftat: eine gesamtsystematische Grundlegung der Lehre vom Verbrechen, 2007.

Laufhütte, Heinrich Wilhelm/Rissing-van Saan, Ruth/Tiedemann, Klaus (Hrsg.): Strafgesetzbuch Leipziger Kommentar. Großkommentar, Bd. 1 (Einleitung; §§ 1–31), 2 (§§ 32–55), 4 (§§ 80–109k), 5 (§§ 110–145d), 9/2 (§§ 267–283d), 10 (§§ 284–305a), 11 (§§ 306–323) u. 13 (§§ 331–358), 12. Aufl. 2006 (Bd. 2), 2007 (Bd. 1 u. 4), 2008 (Bd. 10 f.), 2009 (Bd. 5, 9/2, 13).

Larenz, Karl: Lehrbuch des Schuldrecht. Band 1, 1987.

Leipolt, Klaus/Tsambikakis, Michael/Zöller, Mark A. (Hrsg.): AnwaltKommentar StGB, 2. Aufl., 2015.

Leitner, Werner/Rosenau, Henning (Hrsg.): NomosKommentar Wirtschafts- und Steuerstrafrecht, 2017.

Lenckner, Theodor: Privatisierung der Verwaltung und „Abwahl" des Strafrechts? Zur Frage der strafrechtlichen Amtsträgereigenschaft am Beispiel der für die Bauverwaltung tätigen privaten Planungsbüros, in: ZStW 106 (1994), S. 502–546.

Letzgus, Klaus: Der Begriff der Diensthandlung und des Vorteils bei der Bestechlichkeit sowie die Konkurrenz zwischen Bestechlichkeit und „strafbarer" Diensthandlung. Anmerkung zum BGH, Urteil v. 28.10.1986 – 5 StR 244/86, NStZ 1987, 326, in: NStZ 1987, S. 309–311.

Leyendecker, Hans: Korruption: Spiegel der politischen Kultur, in: APuZ 3–4/2009, S. 3–6.

Liebl, Karlhans: Ich bin korrupt, du bist korrupt, wir sind korrupt! – oder: Wer ist korrupt?". Überlegungen zur Korruptionsdiskussion und -definition, in: Soziale Proleme 11 (2000), S. 5–22.

Liebl, Karlhans: Wirtschafts- und Organisierte Kriminalität, 2016.

Lindenschmidt, Christian: Zur Strafbarkeit der parteipolitischen Ämterpatronage in der staatlichen Verwaltung, Diss., 2004.

Lindemann, Michael: Staatlich organisierte Anonymität als Ermittlungsmethode bei Korruptions- und Wirtschaftsdelikten, in: ZRP 2006, S. 127–130.

Liszt, Franz: Lehrbuch des deutschen Strafrechts, 1900.

Litzcke, Sven/Linssen, Ruth/Maffenbeier, Sina/Schilling, Jan, Korruption: Risikofaktor Mensch, 2012.

Loos, Fritz: Zum „Rechtsgut" der Bestechungsdelikte, in: Stratenwerth et al. (Hrsg.), Festschrift für Hans Welzel zum 70. Geburtstag, 1974, S. 879–895.

Louis, Jürgen/Glinder, Peter/Waßmer, Martin Paul (Hrsg.): Korruptionsprävention in der öffentlichen Verwaltung: Handbuch für die kommunale Praxis, 2020.

Löhr, Albert/Burkatzki, Eckhard (Hrsg.): Wirtschaftskriminalität und Ethik, 2008.

Lüderssen, Klaus: Antikorruptions-Gesetz und Drittmittelforschung, in: JZ 1997, S. 112–120.

Maak, Thomas/Ulrich, Peter: Korruption – die Unterwanderung des Gemeinwohls durch Partikularinteressen. Eine republikanisch-ethische Perspektive, in: Pieth/Eigen (Hrsg.), Korruption im internationalen Geschäftsverkehr. Bestandsaufnahme, Bekämpfung, Prävention, 1999, S. 103–119.

Mahmutoğlu, Fatih Selami: Dördüncü Podyum Tartışması (Kamu İdaresinin Güvenirliğine ve İşleyişine Karşı Suçlar), in: TBB (Ed.), Türk Ceza Kanunu Reformu, Birinci Kitap, Panel, 21 – 22 Mayıs 2004, Ankara.

Mahmutoğlu, Fatih Selami: "TBMM Adalet Komisyonu'nda Kabul Edilen Türk Ceza Kanunu Tasarısı Hakkında Görüş", in: Teoman Ergül (Ed.), Türk Ceza Kanunu Reformu, İkinci Kitap, Makaleler, Görüşler, Raporlar, 2004, s. 357–378.

Mahmutoğlu, Fatih Selami: Ekonomi Hukuku – Ekonomik Suçlar ve Ekonomi Ceza Hukuku, abrufbar unter http://fsmahmutoglu.av.tr/pdf/52d7e6b01c2e4d33b8620d33a7c4b9c58bb70ea77818090242.pdf.

Maiwald, Manfred: Die Amtsdelikte. Probleme der Neuregelung des 28. Abschnitts des StGB, in: JuS 1977, S. 353–363.

Maiwald, Manfred: Belohnung für eine vorgetäuschte pflichtwidrige Diensthandlung – Zur Problematik von Bestechlichkeit und Betrug, in: NJW 1981, S. 2777 – 2781.

Maiwald, Manfred: Anmerkung zu BGH, Urteil vom 26.10.1993 – 4 StR 347/93, in: NStZ 1994, S. 488.

Manow, Philip: Politische Korruption als Gegenstand der Politikwissenschaft – Eine Kritik des Forschungsstandes, in: v. Arnim (Hrsg.), Korruption. Netzwerke in Politik, Ämtern und Wirtschaft, 2003, S. 239–273.

Mansdörfer, Marco: Zur Theorie des Wirtschaftsstrafrechts. Zugleich eine Untersuchung zu funktionalen Steuerungs- und Verantwortlichkeitsstrukturen bei ökonomischem Handeln, 2011.

Mansdörfer, Marco/Kleemann, Sebastian/ Ziegler, Matthias: Subventionskriminalität in Deutschland: eine empirisch-kriminologische Untersuchung, 2017.

Marcelli, Walter: Anmerkung zu BGH, Urteil vom 24.4.1983 – 3 StR 66/85, in: NStZ 1985, S. 500 f.

Marek, Eva/Jerabek, Robert: Korruption und Amtsmissbrauch, 10. Aufl., 2017.

Markuntsov, Aleksandrovic/ Waßmer, Martin: Das aktuelle Korruptionsstrafrecht in der Russischen Föderation, in: WiRO 2019, S. 289–295.

Marsch, Anna-Catharina: Strukturen Der Internationalen Korruptionsbekämpfung: Wie Wirksam sind internationale Abkommen?, 2010.

Maschmann, Frank: Vermeidung von Korruptionsrisiken aus Unternehmenssicht – Arbeits- und Zivilrecht, Corporate Governance -, in: Dölling (Hrsg.): Handbuch der Korruptionsprävention für Wirtschaftsunternehmen und öffentliche Verwaltung, 2007, S. 93 – 184.

Matt, Holger/Renzikowski, Joachim (Hrsg.): StGB-Kommentar, 2013.

Maurach, Reinhart/Zipf, Heinz: Strafrecht, Allgemeiner Teil, Teilband 1, 8. Aufl., 1992.

Maurach, Reinhart/Schroeder, Friedrich-Christian/Maiwald, Manfred: Strafrecht Besonderer Teil, Teilband 2: Straftaten gegen Gemeinschaftswerte, 10. Aufl., 2012.

Mayer, Hellmuth: Strafrecht. Allgemeiner Teil, 1967.

Mbaku, John Mukum: Corruption and Rent-Seeking, in: Borner, Silvio/Paldam, Martin (Hrsg.), The Political Dimension of Economic Growth Proceedings of the IEA Conference Held in San José, Costa Rica, 1998, S. 193 – 212.

Meier, Bernd-Dieter: Kriminologie, 2010.

Meier, Bernd-Dieter: Strafrechtliche Sanktionen, 2019.

Meili, Raffael: Strafrechtliche Bekämpfung der Privatbestechung, Diss., 2018.

Menne, Leo: Korruption, in: KZfSS 1948/49, S. 144–188.

Mergen, Armand: in: Schimmelpfennig (Hrsg.): Beiträge über Wirtschaftskriminalität, Bd. 11, 1979, S. 151 – 171.

Mergen, Armand: Kriminalität in Wirtschaft und Politik, in: Haesler, W. T. (Hrsg.), Politische Kriminaliät und Wirtschaftskriminalität: [13. Tagung,

Comiténational suisse de la santé mentale]. Diessenhofen: Rüegger, 1984, S. 1 - 11.

Mergen, Armand: Die Kriminologie: eine systematische Darstellung, 1995.

Merges, Hans Dieter: Die Strafausschließungsgründe der Bestechungsdelikte, 1995.

Mert, Harun: «GRECO Tavsiyeleri ve TCK'nın Rüşvet Suçuna İlişkin Hükümlerinde Yapılan Değişiklikler.», in: Yener, Ünver (Ed.), Kamusal ve Ticari Yaşamda Hukuk Ve Etik Açısından Yolsuzlukla Mücadele, 2014, s. 35 - 58.

Meyer, Olaf: Korruption aus privatrechtlicher Perspektive, in: Graeff/Grieger (Hrsg.), Was ist Korruption? Begriffe, Grundlagen und Perspektiven gesellschaftswissenschaftlicher Korruptionsforschung, 2012, S. 67–78.

Mischkowitz, Robert, Sozialwissenschaftliche Gesamtbetrachtung, in: Ders./ Bruhn, Heike/Desch, Roland/Hübner, Gerd-Ekkehard/Besse, Dieter: Einschätzungen zur Korruption in Polizei, Justiz und Zoll. Ein gemeinsames Forschungsprojekt des Bundeskriminalamtes und der Polizeiführungsakademie, 2000, S. 387 - 402.

Mitsch, Wolfgang: Verjährung von Bestechungsdelikten und Beendigung der Tat, in: JURA 2009, S. 534- 538.

Middendorff, Wolf: Soziologie des Verbrechens: Erscheinungen und Wandlungen des asozialen Verhaltens, 1959.

Middendorff, Wolf: Die White-collar-Kriminalität in den USA, in: BKA (Hrsg.), Grundfragen der Wirtschaftskriminalität, 1963, S. 59 - 74.

Mommsen, Theodor: Römisches Strafrecht, 1899.

Montenbruck, Axel: Deutsche Straftheorie. Ein Lehrbuch, 3. Aufl., 2018.

Moosmayer, Klaus. Compliance: Praxisleitfaden für Unternehmen, 2012.

Morselli, Elio: Die subjektiven Elemente der Straftat aus kriminologischer Sicht, in: ZStW 1995, S. 324 - 361.

Mousiol, Wolfgang: Ämterpatronage: Gefahr für die Demokratie, 2013.

Möhrenschlager, Manfred: Der strafrechtliche Schutz gegen Korruption, in: Dölling, Dieter (Hrsg.): Handbuch der Korruptionsprävention für Wirtschaftsunternehmen und öffentliche Verwaltung, 2007, S. 387 - 566.

Mumcu, Ahmet: Osmanlı Devleti'nde Rüşvet, 3. Baskı, 2005.

Müller, Harald: Soziologische Entstehungsbedingungen und soziale Kontrolle abweichenden Verhaltens in der Wirtschaftsgesellschaft, 1993.

Müller-Magdeburg, Cornelia: Die Abgrenzung von Tatbestandsirrtum und Verbotsirrtum bei Blankettnormen, 1998 (zit. als: Müller-Magdeburg, Abgrenzung, 1998).

Müller, Rudolf/Wabnitz, Heinz-Bernd: Die Ausweitung der Wirtschaftskriminalität durch Fehlleistungen des Gesetzgebers, der Justiz und der Verwaltung, in: Liebl, Karlhans (Hrsg.), Internationale Forschungsergebnisse auf dem Gebiet der Wirtschaftskriminalität (Beiträge zur gesellschaftswissenschaftlichen Forschung; Bd. 1), 1987, S. 396 - 413.

N. N.: Tutanaklarla Ceza Muhakemesi Kanunu, 2005.

Nagel, Simone: Entwicklung und Effektivität internationaler Maßnahmen zur Korruptionsbekämpfung, 2007.

Naucke, Wolfgang: Zur Lehre vom strafbaren Betrug: ein Beitrag zum Verhältnis von Strafrechtsdogmatik und Kriminologie, 1964.

Naucke, Wolfgang: Über die Zerbrechlichkeit des rechtsstaatlichen Strafrechts, in: KritV 1990, S. 244 - 259.

Naucke, Wolfgang: Der Begriff der politischen Wirtschaftsstraftat: Eine Annäherung, 2012.

Neiseke, Eric: Anmerkung zu BGH vom 6.9.2011 - 1 StR 633/10, in: NZWiSt 2012, S. 233 f.

Nelken, David/Levi, Michael: The Corruption of Politics and the Politics of Corruption: An Overview, in: Journal of Law and Society, Vol. 23, No. 1, 1996, pp. 1 - 17.

Nell, M./Schlüter, H.: Die strafbefreiende Selbstanzeige als Instrument der Korruptionsbekämpfung?, in: NJW 2008, S. 1996 ff.

Neubacher, Frank: Politik und Verbrechen. Zur Terminologie und Typologie staatlicher bzw. gegen den Staat gerichteter Kriminalität, in: MschrKrim 2002, S. 290 - 300.

Neubacher, Frank: Kriminologie, 2011.

de Nève, Dorothée: Korruption und Demokratie - Perspektiven der Politikwissenschaft, in: Achathaler, Lucas/Hofmann, Domenica/ Pázmándy, Matthias (Hrsg.), Korruptionsbekämpfung als globale Herausforderung. Beiträge aus Praxis und Wissenschaft, 2011, S. 129 - 149.

Niggemeyer, Bernhard: Überblick über die gegenwärtigen Probleme der Wirtschaftskriminalität, in: BKA (Hrsg.), Grundfragen der Wirtschaftskriminalität, 1963, S. 7 - 14.

Noack, Paul: Korruption - die andere Seite der Macht, 1985.

Noack, Paul: Die politische Dimension der Korruption, in: FES (Hrsg.), Korruption in Deutschland. Ursachen, Erscheinungsformen, Bekämpfungsstrategien, 1995, S. 23 - 30.

Noltensmeier, Silke: Public Private Partnership und Korruption, 2009.

Noll, Peter: Übergesetzliche Rechtfertigungsgründe im besondern die Einwilligung des Verletzten, 1955.

Noor, Muhammad Tahir: Institutional Dynamics of Governance and Corruption in Developing World: The Case of Pakistan, 2009.

Nord, Erich: Das türkische Strafgesetzbuch vom 28. Zilhidje 1274 (9. August 1858), 1912.

Nötzel, Manfred: Strafverfolgung in Korruptionssachen, in: Dölling, Dieter (Hrsg.): Handbuch der Korruptionsprävention für Wirtschaftsunternehmen und öffentliche Verwaltung, 2007, S. 598 - 644.

Nuhoğlu, Ayşe: "Yeni Ceza Kanunu ile Kamu İdaresi Aleyhine Cürümlerde Getirilen Değişiklikler", in: Doç. Dr. Mehmet Somer'in Anısına Armağan, İstanbul, 2006, s. 985–994.

Nützenadel, Alexander: Korruption aus historischer Perspektive, in: Graeff/Grieger (Hrsg.), Was ist Korruption? Begriffe, Grundlagen und Perspektiven gesellschaftswissenschaftlicher Korruptionsforschung, 2012, S. 79–92.

Nye, Joseph S.: Corruption and Political Development: A Cost-Benefit, in: Heidenheimer, Arnold J./Johnston, Michael/LeVine, Victor T. (Hrsg.), Political Corruption. A Handbook, 1989, S. 963 - 985.

OECD (Hrsg.): Corruption. A Glossary of International Standards in Criminal Law, 2008.

OECD (Hrsg.): Handbuch „Bestechung und Korruption“ für den Innen- und Außendienst der Steuerverwaltung, 2013.

Offe, Claus/Fuchs, Susanne, Deutschland, in: Putnam, Robert D (Hrsg.), Gesellschaft und Gemeinsinn: Sozialkapital im internationalen Vergleich, 2001, S. 417 - 506.

Oğlakcıoğlu, Mustafa Temmuz: Die direkte Zuwendung eines Vorteils an Dritte als „Problemfall“ der Bestechungsdelikte, §§ 331ff. StGB. Zugleich Besprechung von OLG Karlsruhe, Beschluss vom 27.4.2010 - 2 (7) Ss 173/09-AK, in: HRRS 2011, S. 275–279.

Okuyucu Ergün, Güneş: "Görevi Kötüye Kullanma Suçu", in: TBBD, Sayı:82, Mayıs-Haziran 2009, s. 139–169.

Okuyucu Ergün, Güneş: Türk Ceza Hukukunda Zimmet Suçu, 2008.

Okuyucu Ergün, Güneş: "Rüşvet Suçu", in: Ünver, Yener (Ed.), Türk-Alman Uluslararası Ceza Hukuku Sempozyumu, 2015, s. 35 - 50.

Olteanu, Tina: Korrupte Demokratie?: Diskurs und Wahrnehmung in Österreich und Rumänien im Vergleich, 2012.

Opp, Karl-Dieter: Soziologie der Wirtschaftskriminalität, 1975.

Opp, Karl-Dieter: Definitionen und ihre Bedeutung für die Sozialwissenschaften, in: Graeff/Grieger (Hrsg.), Was ist Korruption? Begriffe, Grundlagen und Perspektiven gesellschaftswissenschaftlicher Korruptionsforschung, 2012, S. 13–28.

Ostendorf, Heribert: Kriminalität der Mächtigen. Überlegungen zur staatsanwaltschaftlichen Schwerpunktbildung, in: RuP 1990, S. 155 - 160.

Ostendorf, Heribert: Korruption. Eine Herausforderung für Staat und Gesellschaft, in: NK 1996, S. 16–21.

Ostendorf, Heribert: Bekämpfung der Korruption als rechtliches Problem oder zunächst moralisches Problem?, in: NJW 1999, S. 615–618.

Ostendorf, Heribert: Korruption - (k)ein Kavaliersdelikt, in: Buck, Henning (Hrsg.), Neue Fragen an den Rechtsstaat wie begegnen Politik, Recht und Exekutive aktuellen Friedensgefährdungen?, 2009, S. 95 - 101.

Otto, Harro: Konzeption und Grundsätze des Wirtschaftsstrafrechts (einschließlich Verbraucherschutz). Dogmatischer Teil I, in: ZStW 96 (1984), S. 339–375.

Otto, Harro: Die Tatbestände gegen Wirtschaftskriminalität im Strafgesetzbuch, in: Jura 1989, S. 24 - 35.

Otto, Harro: Grundkurs Strafrecht, 2004.

Otto, Harro: Grundkurs Strafrecht. Die einzelnen Delikte, 7. Aufl., 2005.

Önder, Ayhan: Die Entwicklung und Rezeption des Straf- und Strafverfahrensrechts in der Türkei, in: ZStW 1958, S. 313 - 322.

Önder, Ayhan: Türk Ceza Hukuku Özel Hükümler, 1991.

Özalp, Nabi: Türk Ceza Kanununda Rüşvet Suçu, Diss., 2018 (abrufbar unter https://tez.yok.gov.tr/UlusalTezMerkezi/).

Özbek, Veli Özer/Kanbur, Mehmet Nihat/Doğan, Koray/Bacaksız, Pınar/Tepe, İlker: Türk Ceza Hukuku Özel Hükümler, 8. Baskı, 2015.

Özbey, Ülkercan: 765 ve 5237 sayılı Türk Ceza Kanunları'nda Rüşvet Suçu, MA, 2010 (abrufbar unter https://tez.yok.gov.tr/UlusalTezMerkezi/).

Özen, Muharrem/Yılmaz, Sacit: Şike ve Teşvik Primi Suçları, in: ABD 2012/2, s. 17 - 41.

Özen, Mustafa: İrtikap ve Rüşvet Suçları, 2010.

Özgenç, İzzet: "Kamu Görevi, Yükümlülük Suçları, Yükümlülük Suçlarına İştirak (Karar İncelemesi)", in: SÜHFD, Cilt:4, Sayı:1–2, 1994, s. 329–348.

Özgenç, İzzet: Yeni Türk Ceza Kanunu'ndaki Ekonomi, Sanayi ve Ticarete İlişkin Suçlar, in: Ekonomik Suç ve Ceza Sempozyumu, Türkiye Odalar ve Borsalar Birliği Yayını, 2005, s. 73–78.

Özgenç, İzzet: Türk Ceza Kanunu Gazi Şerhi, 2. Baskı, 2005.

Özgenç, İzzet: İrtikap, Rüşvet ve Görevi Kötüye Kullanma Suçları, 2. Bası, 2013.

Özgenç, İzzet/Ünal, Osman Gazi: Rüşvet Olarak Özel Hukuk İlişkilerinde Kamu Görevlisi Sıfatını Taşımayan Kişilere Menfaat Sağlanması, in: 5. Türk-Kore Ceza Hukuku Günlerí. Karşılaştırmalı Hukukta Ekonomík Suçlar Sempozyumu, 23.9.2019 - 24.9.2019, Isparta.

Öztunç, Özgün: „Yargıtay Kararları Işığında Rüşvet Suçu", in: Legal Hukuk Dergisi, 2011, s. 2683–2701.

Pačić, Jasmin: Islamisches Strafrecht: Untersuchungen zur Rechtslehre und zur Rolle der Politik im Strafsystem der Scharia. Karlsruhe: Deutscher Informationsdienst über den Islam e.V., DIDI, 2009.

Palazzo, Francesco: Kriminologische und juristische Aspekte der öffentlichen Korruption, in: Hassemer/Kempf/Moccia (Hrsg.), In dubio pro libertate. Festschrift für Klaus Volk zum 65. Geburtstag, 2009, S. 525–539.

Pelke, Bernard: Die strafrechtliche Bedeutung der Merkmale „Übel" und „Vorteil". Zur Abgrenzung der Nötigungsdelikte von den Bestechungsdelikten und dem Wucher, 1990.

Peppler, Willy: Die Bestechung, Diss., 1915.

Peters, Anne: Korruption und Menschenrechte, in: JZ 2016, S. 217–227.

Pfister, Ulrich: Klientelismus, in: Historisches Lexikon der Schweiz, abrufbar unter http://www.hls-dhsdss.ch/textes/d/D16088.php.

Philipp, Julia: Der Straftatbestand des Einflusshandels (Trafic d'influence) Mögliche Implementierungswege in das deutsche Strafrecht unter Berücksichtigung internationaler Vorgaben sowie der französischen, belgischen, österreichischen und spanischen Korruptionsdelikte, Diss., 2016.

Pies, Ingo: Korruption: Diagnose und Therapie aus wirtschaftsethischer Sicht, in: v. Nell/ Schwitzgebel/Vollet (Hrsg.), Korruption. Interdisziplinäre Zugänge zu einem komplexen Phänomen, 2003, S. 41–63.

Pies, Ingo: Korruption: Diagnose und Therapie aus wirtschaftsethischer Sicht, in: Jansen, Stephan A./Priddat, Birger P. (Hrsg.), Korruption Unaufgeklärter Kapitalismus – Multidisziplinäre Perspektiven zu Funktionen und Folgen der Korruption, 2005, S. 63 – 85.

Pies, Ingo: Korruptionsprävention: Wie aktiviert man die Selbstheilungskräfte des Marktes?, in: Kempf, Eberhard/Lüderssen, Klaus/Volk, Klaus (Hrsg.), Die Handlungsfreiheit des Unternehmers – wirtschaftliche Perspektiven, strafrechtliche und ethische Schranken, 2009, S. 146 -171.

Pieth, Mark: Korruptionsstrafrecht (§ 22), in: Ackermann, Jürg-Beat/Heine, Günter (Hrsg.), Wirtschaftsstrafrecht der Schweiz. Hand- und Studienbuch, 2013.

Pieth, Mark: Wirtschaftsstrafrecht, 2016.

Pieth, Mark/Zerbes, Ingeborg: Sportverbände und Bestechung: Sachgerechte Grenzen des Korruptionsstrafrechts?, in: ZIS 2016, S. 619–625.

Pioletti, Ugo: Grundproblematik der Korruptionstatbestände aus rechtsvergleichender Sicht – zur Rechtslage in Deutschland und Italien – und zum Verhältnis von Recht und Moral im Spiegel der Korruptionsdelikte, in: NZWiSt 2016, S. 249–259.

Planas, Ricardo Robles: Das Wesen der Strafrechtsdogmatik, in: ZIS 2010, S. 357 - 365.

Poerting, Peter/Vahlenkamp, Werner: Strategien gegen die Korruption, in: Kriminalistik, 1998, S. 733 - 743.

Polaino-Orts, Miguel: Grenzen vorverlagerter Strafbarkeit: Feindstrafrecht, in: Heinrich, Manfred/Jäger, Christian/Achenbach, Hans (Hrsg.), Strafrecht als Scientia Universalis: Festschrift für Claus Roxin zum 80. Geburtstag am 15. Mai 2011, S. 91 - 113.

Pragal, Oliver: § 299 StGB – keine Straftat gegen den Wettbewerb!, in: ZIS 2006, S. 63–81.

Priddat, Birger P., Schwarze Locher der Verantwortung: Korruption Die negative Variante von Public-Private Partnership, in: Jansen, Stephan A./Ders. (Hrsg.), Korruption Unaufgeklärter Kapitalismus – Multidisziplinäre Perspektiven zu Funktionen und Folgen der Korruption, 2005, S. 85 - 101.

Priddat, Birger P.: Korruption als second-life-economy, in: Ders./Schmid, Michael: Korruption Als Ordnung Zweiter Art, 2011, S. 61 - 73.

Prittwitz, Cornelius: „Regierungskriminalität" und „Kriminalität der Mächtigen", in: Ders. (Hrsg.), Kriminalität der Mächtigen, 2008, S. 185 - 199.

Prüfer, Geralf: Korruptionssanktionen gegen Unternehmen: Regelungsdefizite/Regelungsalternativen, Diss., 2004.

Rabl, Tanja: Der korrupte Akteur, in: APuZ 3–4/2009, S. 26–32.

Rabl, Tanja: Korruption aus der Perspektive der Psychologie, in: Graeff/Grieger (Hrsg.), Was ist Korruption? Begriffe, Grundlagen und Perspektiven gesellschaftswissenschaftlicher Korruptionsforschung, 2012, S. 153 - 169.

Radbruch, Gustav: Gesetzliches Unrecht und übergesetzliches Recht, in: SJZ 1946, S. 105 - 108.

Raiser, Thomas: Grundlagen der Rechtssoziologie: Das lebende Recht. Grundlagen Der Rechtssoziologie, 2013.

Ransiek, Andreas: Strafrecht und Korruption. Zum Gutachten C für den 61. Deutschen Juristentag, in: StV 1996, S. 446–453.

Rasch, Dieter George: Die Bekämpfung des Bestechungsunwesens im Wirtschaftswettbewerb in der Bundesrepublik Deutschland und in den übrigen Mitgliedstaaten der Europäischen Gemeinschaft, 1985.

Rathgeber, Christian: Criminal compliance: Kriminalpräventive Organisations- und Aufsichtspflichten am Beispiel der Wirtschaftskorruption, Diss., 2010.

Rees, Wilhelm: Die Strafgewalt der Kirche: das geltende kirchliche Strafrecht, dargestellt auf der Grundlage seiner Entwicklungsgeschichte, 1993.

Rehbinder, Manfred: Rechtssoziologie, 8. Aufl., 2014.

Reichard, Christoph: Auseinandersetzung mit Korruption aus verwaltungswissenschaftlicher Sicht, in: Graeff/Grieger (Hrsg.), Was ist Korruption? Begriffe, Grundlagen und Perspektiven gesellschaftswissenschaftlicher Korruptionsforschung, 2012, S. 93 - 112.

Reichling, Tilman/Winsel, André: Die neuere (höchstrichterliche) Rechtsprechung zum Verjährungsbeginn bei ausgewählten Wirtschaftsstraftaten, in: JR 2014, S. 331 ff.

Rein, Wilhelm: Das Criminalrecht der Römer von Romulus bis auf Justinianus, 1844.

Reinhart, Michael: Prolegomena zu einer rechtsstaatlichen Theorie des Korruptionsstrafrechts, in: Schulz/ Reinhart/Sahan (Hrsg.), Festschrift für Imme Roxin, 2012, S. 69–87.

Reinhold, Philipp: Zur Strafbarkeit der „Klimapflege" nach §§ 331, 333 StGB. Zugleich Anmerkung zu BGHSt 53, 6ff. = HRRS 2008 Nr. 896, in: HRRS 2010, S. 213–219.

Reiwald, Paul: Verbrechensverhütung als Teil der Gesellschaftspsychohygiene, in: Meng, Heinrich (Hrsg.): Die Prophylaxe des Verbrechens, 1948, S. 105 - 263.

Rengier, Lukas: Auch vertikale Absprachen bei Ausschreibungen sind strafbar – Karlsruhe locuta, causa finita, in: Hecker, Bernd/Weißer, Bettina/ Brand, Christian (Hrsg.), Festschrift für Rudolf Rengier zum 70. Geburtstag, 2018, S. 291 - 301.

Rengier, Rudolf: Die öffentlich-rechtliche Genehmigung im Strafrecht, in: ZStW 1989, S. 874 - 907.

Rengier, Rudolf: Strafrecht Besonderer Teil II. Delikte gegen die Person und die Allgemeinheit, 20. Aufl., 2019.

Renner, Elke: Wie lässt sich Korruption wirksam bekämpfen? Empirische Befunde aus der experimentellen Wirtschaftsforschung, in: VJW 2004, S. 292 - 300.

Richter, Horst-Eberhard: Die Hohe Kunst Der Korruption: Erkenntnisse Eines Politik-Beraters, 1989.

Riegel, Hanspeter: Die Bestechungskriminalität im Landgerichtsbezirk Essen (1945–1957), Diss., 1961.

Rimann, Bernhard R. Wirtschaftskriminalität: Die Untersuchung bei Wirtschaftsdelikten, 1973.

Riz, Roland/Bosch, Johanna: Italienisches Strafgesetzbuch. Zweisprachige Ausgabe, 1995.

Rose-Ackerman, Susan: Corruption. A Study in Political Economy, 1978.

Rose-Ackerman, Susan: Globale Wirtschaft und Korruption, in: Pieth, Mark/ Eigen, Peter (Hrsg.), Korruption im internationalen Geschäftsverkehr. Bestandsaufnahme, Bekämpfung, Prävention, 1999, S. 40–55.

Rose-Ackerman, Susan: The Law and Economics of Bribery and Extortion, in: Annual Review of Law & Social Science 6, 2010, S. 217–238.

Rose-Ackerman, Susan: Corruption: Greed, Culture and the State, in: Yale Law Journal 120, 2010, S. 125–140.

Rosenau, Hennig/Lorenz, Hennig/Wendrich, Lisa: Korruption im Gesundheitswesen, in: Kuhlen, Lothar/Kudlich, Hans/ Martin, Victor Gomez/ Gimeno, Inigo Ortiz de Urbina (Hrsg.): Korruption und Strafrecht, 2018, S. 53 – 75.

Rotsch, Thomas: Mythologie und Logos des § 298 StGB, in: ZIS 11/2014, S. 579 - 594.

Rotsch, Thomas: Criminal Compliance, in: Achenbach, Hans/Ransiek, Andreas/ Rönnau, Thomas (Hrsg.): Handbuch Wirtschaftsstrafrecht, 4. Aufl. 2015, S. 52 - 107.

Roxin, Claus: Kriminalpolitik und Strafrechtssystem, 1973.

Roxin, Claus: Kriminalpolitik und Strafrechtsdogmatik heute, in: Schünemann, Bernd (Hrsg.), Strafrechtssystem und Betrug, 2002, S. 21 - 51.

Roxin, Claus: Strafrecht Allgemeiner Teil, Bd. II. Besondere Erscheinungsformen der Straftat, 2003.

Roxin, Claus: Strafrecht Allgemeiner Teil, Bd. I. Grundlagen – Der Aufbau der Verbrechenslehre, 4. Aufl. 2006.

Roxin, Claus: Täterschaft und Tatherrschaft, Habil., 9. Aufl., 2015.

Roxin, Claus: Kann die Drohung mit einem rechtmäßigen Unterlassen eine strafbare Nötigung sein? in: ZStW, Band 129, 2017, S. 277 - 301.

Roxin, Claus/Isfen, Osman: Der allgemeine Teil des neuen türkischen Strafgesetzbuches, in: GA 2005, S. 228 - 243.

Röhl, Klaus F.: Rechtssoziologie-online (https://rechtssoziologie-online.de/).

Rönnau, Thomas: Untreue als Wirtschaftsdelikt, in: ZStW 2007, S. 887 – 926.

Rönnau, Thomas: Wirtschaftskorruption, in: Achenbach, Hans/Ransiek, Andreas/Rönnau, Thomas (Hrsg.): Handbuch Wirtschaftsstrafrecht, 4. Aufl. 2015, S. 262 – 370.

Rudolphi, Hans-Joachim/Horn, Eckhard/Samson, Erich (Begr.)/Günther, Hans-Ludwig (ehem. Bearb.): Systematischer Kommentar zum Strafgesetzbuch, 7./8. Aufl., Bd. I, §§ 1–45b; Bd. III, §§ 123–211; Bd. IV, §§ 212–266b; Bd. VI, §§ 324–358 [Loseblatt].

Rudzio, Wolfgang: Rudzio, Das politische System der Bundesrepublik Deutschland, 2015.

Rumpf, Christian /Özdamar, Mehmet: Länderbericht Türkei, in: Passarge/Behringer (Hrsg.), Handbuch Compliance International, 2015, S. 595 – 648.

Rübenstahl, Markus: Die Amtsträgerkorruptionsdelikte nach italienischem und deutschem Recht Eine rechtsvergleichende Untersuchung, Diss., 2012.

Rübenstahl, Markus: Anmerkung zu BGH, Beschl. vom 6. September 2011 – 1 StR 633/10, in: wistra 2012, S. 117 f.

Rübenstahl, Markus: §§ 265c und 265d StGB – (Para-)Korruptionsstrafrecht zur Bekämpfung des Sportwettbetrugs und der Manipulation von Berufssportwettbewerben?, in: JR 2017, S. 264–279 (Teil 1), 333–338 (Teil 2).

Rüfner, Wolfgang: Daseinsvorsorge und soziale Sicherheit (§ 96), in: Isensee, Josef/Kirschhof, Paul (Hrsg.), HStR Bd. IV, 2006.

Rügemer, Werner: Die deutsche Justiz und die Korruption, in: KJ 1997, S. 458–474.

Saam, Nicole J.: Modellbildung, in: Kühl, Stefan/Strodtholz, Petra/Taffersthofer, Andrea (Hrsg.), Handbuch Methoden der Organisationsforschung. Quantitative und Qualitative Methoden, 2009, S. 517 – 533.

Sack, Fritz: Neue Perspektiven in der Kriminologie, in: Ders./König, René (Hrsg.), Kriminalsoziologie, 1979, S. 431 – 477.

Saliger, Frank: Radbruchsche Formel und Rechtsstaat, 1995.

Saliger, Frank: Kick-Back, „PPP“, Verfall – Korruptionsbekämpfung im „Kölner Müllfall“, in: NJW 2006, S. 3377–3381.

Saliger, Frank: Das Unrecht der Korruption, in: Albrecht et al. (Hrsg.), Festschrift für Walter Kargl zum 70. Geburtstag, 2015, S. 493–505.

Saliger, Frank: Zum Referentenentwurf des Bundesministeriums der Justiz und für Verbraucherschutz zur Strafbarkeit von Sportwettbetrug und der Manipulation berufssportlicher Wettbewerbe vom 03.11.2015, BRAK-Stellungnahme Nr. 8/2016 v. 12.4.2016.

Sancar, Fatma: Türk Ceza Hukukunda Rüşvet Suçu, MA, 2015 (abrufbar unter https://tez.yok.gov.tr/UlusalTezMerkezi/).

Yalçın-Sancar, Türkan: Çok Failli Suçlar, 1998.

Satzger, Helmut: Bestechungsdelikte und Sponsoring, in: ZStW 115 (2003), S. 469–500.

Satzger, Helmut: Der reformierte § 108e StGB – Bestechlichkeit und Bestechung von Abgeordneten nach neuem Recht, in: JURA 2014, S. 1022–1029.

Satzger, Helmut: „Sportwettbetrug“ und „Manipulation von berufssportlichen Wettbewerben“ – zwei neue Tatbestände mit zweifelhafter Existenzberechtigung, in: Jura 2016, S. 1142– 1155.

Satzger, Helmut: Korruption und Strafrecht, in: Kuhlen, Lothar/Kudlich, Hans/ Martin, Victor Gomez/ Gimeno, Inigo Ortiz de Urbina (Hrsg.): Korruption und Strafrecht, 2018, S. 89 – 101.

Satzger, Helmut/Schluckebier, Wilhelm/Widmaier, Gunter (Hrsg.): StGB. Strafgesetzbuch. Kommentar, 3. Aufl. 2016; 4. Aufl. 2018.

Sauer, Wilhelm: Kriminalsoziologie: Zugleich eine systematische Einführung in die Weiterentwicklung und in die Hilfswissenschaften des Strafrechts. Mit zahlreichen Tafeln und statistischen Übersichten, 1933.

Sauer, Wilhelm: System des Strafrechts / Besonderer Teil, 1954.

Sauer, Wilhelm: Allgemeine Strafrechtslehre: eine lehrbuchmäßige Darstellung, 1955.

Sax, Walter: Zur Problematik des „Teilnehmerdelikts“, in: ZStW 90 (1978), S. 927–964.

Schaefer, Hans Christoph: Referat, in: Ständige Deputation des Deutschen Juristentages (Hrsg.), Verhandlungen des einundsechzigsten Deutschen Juristentages. Karlsruhe 1996, Bd. II/1 (Sitzungsberichte – Referate und Beschlüsse), Teil L, 1996, S. L 9–L 33.

Schaupensteiner, Wolfgang J.: Bekämpfung von Korruptionsdelinquenz. Vom Unwesen des Bestechens und Bestochenwerdens, in: Kriminalistik 1994, S. 514–524.

Schaupensteiner, Wolfgang J.: Korruption in Deutschland, in: FES (Hrsg.), Korruption in Deutschland. Ursachen, Erscheinungsformen, Bekämpfungsstrategien, 1995, S. 95–104.

Schaupensteiner, Wolfgang J.: Gesamtkonzept zur Eindämmung der Korruption, in: NStZ 1996, S. 409–416.

Schaupensteiner, Wolfgang J.: Korruption in Deutschland – Das Ende der Tabuisierung, in: Pieth, Mark/Eigen, Peter (Hrsg.), Korruption im internationalen

Geschäftsverkehr. Bestandsaufnahme, Bekämpfung, Prävention, 1999, S. 131 ff.

Schaupensteiner, Wolfgang J.: Wachstumsbranche Korruption „10 Gebote der Korruptionsbekämpfung“ – Forderungen an Gesetzgeber und Verwaltung, in: BKA (Hrsg.), Wirtschaftskriminalität und Korruption, 2003, S. 73 – 110.

Scheerer, Sebastian: Stichwort „Kriminalität der Mächtigen“, in: Kaiser u.a. (Hrsg.), Kleines Kriminologisches Wörterbuch, 1993, S. 246 – 249.

Schenk, Ariane: Rechtsfragen im Kontext der Abgeordnetenkorruption. Wissenschaftliche Dienste des Deutschen Bundestages, 2008 (https://netzpolitik.org/wp-upload/Abgeordnetenkorruption.pdf).

Schick, Peter J.: Die Korruption im Spiegel des Strafrechts, in: Brünner, Christian (Hrsg)., Korruption und Kontrolle, 1981, S. 573 – 593.

Schirrmacher, Christine: Scharia – Eine Einführung, abrufbar unter https://www.igfm.de/die-scharia-eine-ein-fuehrung/

Schlüter, Harald: Schmiergeldvereinbarung und Hauptvertrag in Deutschland, England und Spanien, Diss., 2004.

Schmidhäuser, Eberhard: Strafrecht: Allgemeiner Teil – Lehrbuch, 1975.

Schmidt, Eberhard: Die Bestechungstatbestände in der höchstrichterlichen Rechtsprechung von 1879 bis 1959, 1960.

Schmidt-Hieber, Werner: Strafbarkeit der Ämterpatronage, in: NJW 1989, S. 558–562.

Schmidt-Hieber, Werner: Ämterpatronage in Verwaltung und Justiz, in: v. Arnim, Hans Herbert (Hrsg.), Korruption. Netzwerke in Politik, Ämtern und Wirtschaft, 2003, S. 84 – 96.

Schmitt, Rudolf: Die Bestechungstatbestände im Entwurf 1960 (Übersicht und Kritik), in: ZStW 73 (1961), S. 414–440.

Schneider, Hans Joachim: Wirtschaftskriminalität, in: Sieverts, Rudolf (Hrsg.), Handwörterbuch der Kriminologie, 1969, Bd. 3, S. 656 – 668.

Schneider, Hans Joachim: Kriminologie für das 21. Jahrhundert: Schwerpunkte und Fortschritte der internationalen Kriminologie; Überblick und Diskussion, 2001.

Schneider, Hans Joachim: Kriminologie im 21. Jahrhundert – Neue Erkenntnisse und Entwicklungen, in: JURA 2010, S. 370 – 379.

Schneider, Hans Joachim: Kriminologie – Ein internationales Handbuch, 2014.

Schneider, Hendrik: Wirtschaftskriminalität (§ 25), in: Bock (Hrsg.) Göppinger Kriminologie, 2008, S. 418 – 437.

Schneider, Hendrik: Unberechenbares Strafrecht. Vermeidbare Bestimmtheitsdefizite im Tatbestand der Vorteilsannahme und ihre Auswirkungen auf die

Praxis des Gesundheitswesens, in: Ders. et al. (Hrsg.), Festschrift für Manfred Seebode zum 70. Geburtstag, 2008, S. 331–350.

Schneider, Hendrik: Sonderstrafrecht für Ärzte? Eine kritische Analyse der jüngsten Gesetzentwürfe zur Bestrafung der „Ärztekorruption", in: Gaede et al. (Hrsg.), Im Zweifel für die Freiheit. Gedächtnisschrift für Manfred Seebode, 2015, S. 147–160.

Schlösser, Jan: Die Bestimmung des erlangten Etwas i.S.v. § 73 I 1 StGB bei in Folge von Straftaten abgeschlossenen gegenseitigen Verträgen - Zum Streit des 5. Senats und 1. Senats des BGH über den Umfang der Verfallserklärung –, in: NStZ 2011, S. 121 - 131.

Schönherr, Roland: Vorteilsgewährung und Bestechung als Wirtschaftsstraftaten. Eine Untersuchung über die Zuweisung dieser Delikte zur Wirtschaftskriminalität durch die Staatsanwaltschaften, 1985.

Schönke, Adolf (Begr.)/Schröder, Horst (ehem. Bearb.): Strafgesetzbuch. Kommentar, 15. Aufl. 1970; 26. Aufl. 2001; 28. Aufl. 2010; 29. Aufl. 2014; 30. Aufl. 2019.

Schönwälder, Dino Marc: Das Bestechungsunwesen in der Privatwirtschaft in Abgrenzung zur Amtsträgerkorruption: eine strafrechtliche Analyse, Diss., 2013.

Schreiber, Hans-Ludwig/Rosenau, Henning/Combé, Daniel/Wrackmeyer, Antje: Zur Strafbarkeit der Annahme von geldwerten Zuwendungen durch Städte und Gemeinden nach § 331 StGB, in: GA 2005, S. 265–280.

Schreier, Heiko: Drittvorteil und Unrechtsvereinbarung: Zugleich ein Beitrag zur Neufassung der Bestechungsdelikte durch das Korruptionsbekämpfungsgesetz, Diss., 2002.

Schroth, Ulrich, Strafrecht Besonderer Teil, 2010.

Schröder, Christian/Marcus Bergmann: Warum die Selbstgeldwäsche straffrei bleiben muss = Why self-money laundering must remain exempt from punishment, 2013.

Schröder, Horst: Die Irrtumsrechtsprechung des BGH, in: ZStW 1953, S. 178 - 209.

Schröder, Horst: Das Rechtsgut der Bestechungsdelikte und die Bestechlichkeit des Ermessensbeamten, in: GA 1961, S. 289–298.

Schröter, Barbara: Klientelismus in der Politik Mexikos: Parteien im Vergleich, 2011.

Schuschnigg, Artur: Korruptionsstrafrecht, 2015.

Schuchter, Alexander: Perspektiven verurteilter Wirtschaftsstraftäter. Gründe ihrer Handlungen und Prävention in Unternehmen, 2012 (zit. als, Schuchter, Wirtschaftskriminalität, 2012).

Schuller, Wolfgang: Probleme historischer Korruptionsforschung, in: Der Staat 16 (1977), S. 373–392.

Schuller, Wolfgang: Einleitung, in: Ders. (Hrsg.), Korruption im Altertum: Konstanzer Symposium, Oktober 1979, 1982, S. 9 – 18.

Schuller, Wolfgang: Korruption in der Antike, in: v. Alemann (Hrsg.), Dimensionen politischer Korruption. Beiträge zum Stand der internationalen Forschung, 2005, S. 50–58.

Schüler-Springorum, Horst: Kriminalpolitik für Menschen, 1991.

Schünemann, Bernd: Die deutsche Strafrechtswissenschaft nach der Jahrtausendwende, in: GA 2001, S. 205 – 225.

Schünemann, Bernd: Die Unrechtsvereinbarung als Kern der Bestechungsdelikte nach dem KorrBekG, in: Dannecker et al. (Hrsg.), Festschrift für Harro Otto, 2007, S. 777–798.

Schünemann, Bernd: Der Gesetzentwurf zur Bekämpfung der Korruption – überflüssige Etappe auf dem Niedergang der Strafrechtskultur, in: ZRP 2015, S. 68–72.

Schuster, Frank Peter: Das Verhältnis von Strafnormen und Bezugsnormen aus anderen Rechtsgebieten: eine Untersuchung zum Allgemeinen Teil im Wirtschafts- und Steuerstrafrecht, 2012.

Schütze, Theodor Reinhold. Die nothwendige Theilnahme am Verbrechen zugleich ein Beitrag zur Lćäuterung der gesammten Lehre von der Verbrechermehrheit, 1869.

Schwab, Annette: Die Beendigung der Bestechungsdelikte, 2019.

Schwind, Hans-Dieter/Schwind, Jan-Volker: Kriminologie und Kriminalpolitik: eine praxisorientierte Einführung mit Beispielen, 2016.

Sebaldt, Martin: Pathologie der Demokratie, 2015.

See, Hans: Wirtschaft zwischen Demokratie und Verbrechen, 2014.

Sensoy, Naci/Tolun, Osman: Das türkische Strafgesetzbuch vom 1. März 1926: Gesetz Nr. 765 (Türkisches Gesetzblatt Nr. 320 v. 13. März 1926), 1955.

Senturia, Joseph J.: Corruption, Political, in: Seligman, Edwin R. A. (Hrsg.): Encyclopaedia of the Social Sciences. New York, MacMillan, 1931, S. 448–452.

Sheleff, Leon: Internationale „White-Collar-Crime“, in: Liebl, Karlhans (Hrsg.), Internationale Forschungsergebnisse auf dem Gebiet der Wirtschaftskriminalität (Beiträge zur gesellschaftswissenschaftlichen Forschung; Bd. 1), 1987, S. 604 – 622.

Smelser, Neil J.: Stabilität, Instabilität und die Analyse der politischen Korruption, in: Fleck, Christian/Kuzmics, Helmut: Einleitung (Hrsg.), Korruption. Zur Soziologie nicht immer abweichenden Verhaltens, 1985, S. 202 - 228.

Sommer, Ulrich/Schmitz, Christian: Praxiswissen Korruptionsstrafrecht, 2. Aufl., 2016.

Sowada, Christoph: Kettenregel versus Lagertheorie. Die Teilnahmestrafbarkeit bei Tatbeständen mit spiegelbildlicher Deliktsstruktur (insbesondere im Korruptionsstrafrecht), in: Sieber et al. (Hrsg.), Strafrecht und Wirtschaftsstrafrecht - Dogmatik, Rechtsvergleich, Rechtstatsachen –. Festschrift für Klaus Tiedemann zum 70. Geburtstag, 2008, S. 273–298.

Soyaslan, Doğan: İhaleye Fesat Karıştırma Suçunda Yapılan Değişiklikler, in: Prof. Dr. Nur Centel'e Armağan, 2013, s. 403 - 406.

Sözüer, Adem: Die Reform des türkischen Strafrechts, in: ZStW 119 (2007), S. 717 - 749.

Spickhoff, Andreas (Hrsg.): Medizinrecht, 2018.

Sporer, Nazanin: Die Auswirkungen der Täuschung im Rahmen der §§ 331, 332 StGB, Diss., 2017.

Stammler, Rudolf: Theorie der Rechtswissenschaft, 1911.

Stanitzek, Rebekka: Die Bedeutung von Criminal Compliance für das Strafrecht bei der Bekämpfung von Wirtschaftskorruption, Diss., 2013.

Stegbauer, Christian: Reziprozität: Einführung in soziale Formen der Gegenseitigkeit, 2011.

Steinrücken, Torsten: Sind härtere Strafen für Korruption erforderlich? Ökonomische Überlegungen zur Sanktionierung illegaler Austauschbeziehungen, in: VJH 2004, S. 301 - 317.

Stephan, Richard: Strafgesetzbuch für das Königreich Italien: (Codice penale per il Regno d'Italia); nebst dem Einführungsgesetz vom 22. November 1888 und der Einführungsverordnung vom 30. Juni 1889, 1890 (zit. als: Stephan, codice penale, 1890).

Stierle, Jürgen, Korruptionscontrolling in öffentlichen und privaten Unternehmen, 2008.

Stoffer, Kristian F./Möckel, Jens: Reichweite der Strafbarkeit von Submissionsabsprachen, in: NJW 2012, S. 3270 - 3274.

Stuckenberg, Carl-Friedrich: Rechtsgüterschutz als Grundvoraussetzung von Strafbarkeit?, in: ZStW 129 (2017), 349–362.

Stratenwerth, Günter/Bommer, Felix: Schweizerisches Strafrecht. Besonderer Teil II: Straftaten gegen Gemeininteressen, 7. Aufl., 2013.

Sutherland, Edwin H.: White Collar Crime. With an introduction by Gilbert Geis and Colin Goff. – Uncut version, 2. [print.], 1983.

Sutherland, Edwin H./Cressey, Donald R.: Criminology, 10. Ed., 1978.

Swoboda, Sabine: Die Lehre vom Rechtsgut und ihre Alternativen, in: ZStW 2010, S. 24 – 50.

Şahin, Cumhur: Yeni Türk Ceza Kanunu'ndaki Ekonomi, Sanayi ve Ticarete İlişkin Suçlar, in: Ekonomik Suç ve Ceza Sempozyumu, Türkiye Odalar ve Borsalar Birliği Yayını, 2005, s. 66–73.

Teichmüller, Bernhard: Die Bestechung nach dem Strafgesetzbuche für das deutsche Reich, Diss., 1887.

Teixeira, Adriano: Das Unrecht der privaten Korruption im geschäftlichen Verkehr, Diss., 2018.

Tellenbach, Silvia, Landesbericht Türkei, in: Eser, Albin/Überhofen, Michael/Huber, Barbara (Hrsg.): Korruptionsbekämpfung durch Strafrecht. Ein rechtsvergleichendes Gutachten zu den Bestechungsdelikten im Auftrag des Bayerischen Staatsministeriums der Justiz, 1997, S. 618 – 653.

Tellenbach, Silvia: Einführung in das türkische Strafrecht, 2003.

Tellenbach, Silvia: Reformen in Strafrecht, Strafprozessrecht und Strafvollzugsrecht – Ein erster Überblick über die türkischen Reformgesetze des Jahres 2004. Internetportal für Recht und Wirtschaft der Türkei (http://www.tuerkei-recht.de/downloads/strafrecht_tellenbach.pdf).

Tellenbach, Silvia: Das türkische Strafgesetzbuch: Gesetz Nr. 5237 vom 26.9.2004, nach dem Stand vom 15.11.2008 = Türk Ceza Kanunu, 2008.

Tellenbach, Silvia: Das Türkische Strafgesetzbuch · Türk Ceza Kanunu. Gesetz Nr. 5237 vom 26.9.2004: Aktualisierung der zweisprachigen Ausgabe auf den Stand vom 25.10.2012 (zit. als: Tellenbach, Aktualisierung, 2012).

Terstegen, Otto: Die sog. »Weiße-Kragen-Kriminalität« unter besonderer Berücksichtigung des Entwurfs, in: BKA (Hrsg.), Strafrechtspflege und Strafrechtsreform, 1961, S. 81 – 118.

Tezcan, Durmuş/Erdem, Mustafa Ruhan: "DEÜ Hukuk Fakültesi TCK Tasarısı Hakkındaki Raporu", in: Ergül, Teoman (Ed.), Türk Ceza Kanunu Reformu, İkinci Kitap, Makaleler, Görüşler Raporlar, TBB Yayını, s. 327–355.

Tezcan, Durmuş/Erdem, Mustafa Ruhan/Önok, Rıfat Murat: Teorik ve Pratik Ceza Özel Hukuku, 10. Baskı, 2013.

Thiel, Stephanie: Korruption als Forschungsthema der Kriminologie, in: Graeff/Grieger (Hrsg.), Was ist Korruption? Begriffe, Grundlagen und Perspektiven gesellschaftswissenschaftlicher Korruptionsforschung, 2012, S. 169 – 189.

Tiedemann, Klaus: Welche strafrechtlichen Mittel empfehlen sich für eine wirksamere Bekämpfung der Wirtschaftskriminalität? Gutachten für den 49. Deutschen Juristentag, in: Ständige Deputation des Deutschen Juristentages (Hrsg.), Verhandlungen des neunundvierzigsten Deutschen Juristentages, Düsseldorf 1971. Bd. I (Gutachten), Teil C, S. C 1–C 106 (zit. als: Tiedemann, Gutachten, 1972).

Tiedemann, Klaus: Wirtschaftsstrafrecht und Wirtschaftskriminalität 1. Allgemeiner Teil, 1976.

Tiedemann, Klaus: Die kriminologische Erforschung der Wirtschaftskriminalität – Ein Überblick über den internationalen Stand der Forschung –, in: BKA (Hrsg.), Wirtschaftskriminalität, Arbeitstagung des Bundeskriminalamtes Wiesbaden vom 18. bis 21. Oktober 1983, 1984, S. 113 – 134.

Tiedemann, Klaus: Schmiergeldzahlungen in der Wirtschaft – Alte und neue Reformprobleme, in: Dölling, Dieter (Hrsg.), Festschrift für Ernst-Joachim Lampe, 2003, S. 759 – 769.

Tiedemann, Klaus: Wirtschaftsstrafrecht. Besonderer Teil mit wichtigen Rechtstexten, 3. Aufl., 2011.

Tiedemann, Klaus: Wirtschaftsstrafrecht, 5. Aufl., 2017.

Toroslu, Nevzat: Türk Ceza Hukuku Özel Kısım, 2015.

Többens, Hans W.: Die Bekämpfung der Wirtschaftskriminalität durch die Troika der §§ 9, 130 und 30 des Gesetzes über Ordnungswidrigkeiten, in: NStZ 1999, S. 1 – 8.

Többens, Hans W.: Wirtschaftsstrafrecht: Ein Studienbuch für Wirtschaftsjuristen und Wirtschaftswissenschaftler, 2006.

Triffterer, Otto: Kriminologische Erscheinungsformen des Machtmißbrauchs und Möglichkeiten zu ihrer Bekämpfung, in: ZfRV 1991, S. 184–210 und S. 262–287.

Triffterer, Otto: Regierungskriminalität durch Machtmißbrauch, in: Kaiser, Günther/Jehle, Jörg-Martin (Hrsg.), Kriminologische Opferforschung, 1994, S. 137 – 169.

Tsambikakis, Michael: Kommentierung des Gesetzes zur Bekämpfung der Korruption im Gesundheitswesen, in: medstra 2016, S. 131–141.

Türk, Fahri: Die Genese der Korruption im Osmanischen Staatssystem, in: Elektronik Siyaset Bilimi Araştırmaları Dergisi, Cilt 2, Sayı 2 Haziran 2011, s. 55 – 61.

Türkan-Er, Neslihan: Edimin İfasına Fesat Karıştırma Suçu, MA, 2016 (abrufbar unter https://tez.yok.gov.tr/UlusalTezMerkezi/).

Uğur, Hüsamettin: 3628 Sayılı Mal Bildiriminde Bulunulması, Rüşvet ve Yolsuzluklarla Mücadele Kanununa Eleştirel Bir Bakış Ve Çözüm Önerileri, in: Türkiye Barolar Birliği Dergisi, Mayıs-Haziran 2008, Sayı 76, s. 289 – 320.

Uğur, Hüsamettin: "Kabahatler Kanunu ve 5252 Sayılı Kanun'a Göre İdari Para Cezası ve Yargıtay Uygulaması", in: TBBD, Sayı:85, Kasım- Aralık 2009, s. 189–219.

Uğur, Hüsamettin: Mal Bildiriminde Bulunulması Rüşvet ve Yolsuzlukla Mücadele Kanunu Ulusal ve Uluslararası Boyutta Yolsuzlukla Mücadele, 2010.

United Nations, Legislative guide for the implementation of the United Nations Convention against Corruption, 2003 (zit. als: UN-Guide, 2003, abrufbar unter https://www.unodc.org/pdf/corruption/CoC_LegislativeGuide.pdf).

Überhofen, Michael: Rechtsvergleichender Querschnitt, Eser, Albin/Ders./Huber, Barbara (Hrsg.): Korruptionsbekämpfung durch Strafrecht. Ein rechtsvergleichendes Gutachten zu den Bestechungsdelikten im Auftrag des Bayerischen Staatsministeriums der Justiz, 1997, S. 705 – 791.

Überhofen, Michael: Korruption und Bestechungsdelikte im staatlichen Bereich. Ein Rechtsvergleich und Reformüberlegungen zum deutschen Recht, 1999.

Ümütli, Mehmet: İslam Hukukunda Rüşvet Suçu ve Hukuki Sonuçları, MA, 2006 (abrufbar unter https://tez.yok.gov.tr/UlusalTezMerkezi/).

Ünlü, Ufuk: "Son Değişiklik Kapsamında Rüşvet Suçu", in: TBBD, Sayı:102, 2012, s. 323–340.

Ünver, Yener: Ceza Hukukuyla Korunması Amaçlanan Hukuksal Değer, 2003.

Ünver, Yener: Das Türkische Strafrecht und Europa, in: Hilgendorf, Eric/Ders. (Hrsg.), Alman-Türk Karşılaştırmalı Ceza Hukuku = Das Strafrecht im deutsch-türkischen Rechtsvergleich, 2010, S. 317 – 365.

Vahlenkamp, Werner/Knauß, Ina: Korruption – hinnehmen oder handeln?, 1995.

Vanberg, Viktor: Markt und Organisation. Individualistische Sozialtheorie und das Problem korporativen Handelns, 1982.

Vasilikou, Thea: Zuwendungen im geschäftlichen Verkehr. Wo hört die Kundenpflege auf und wo beginnt Korruption?, 2016.

Vehrkamp, Robert B.: Die ökonomischen Konsequenzen der Korruption, in: Wirtschaftsdienst 2005, S. 776 – 783.

Vest, Hans/Weber, Jonas: Bestechungsstraftaten, 2009 (Skript).

Vogel, Joachim: Wirtschaftskorruption und Strafrecht – Ein Beitrag zu Regelungsmodellen im Wirtschaftsstrafrecht, in: Heinrich et al. (Hrsg.), Festschrift für Ulrich Weber zum 70. Geburtstag, 2004, S. 395–411.

Volk, Klaus: Referat, in: Ständige Deputation des Deutschen Juristentages (Hrsg.), Verhandlungen des einundsechzigsten Deutschen Juristentages.

Karlsruhe 1996, Bd. II/1 (Sitzungsberichte – Referate und Beschlüsse), Teil L, 1996, S. L 35–L 53.

Volk, Klaus: Die Merkmale der Korruption und die Fehler bei ihrer Bekämpfung, in: Gössel/Triffterer (Hrsg.), Gedächtnisschrift für Heinz Zipf, 1999, S. 419–431.

Wabnitz, Heinz-Bernd/Janovsky, Thomas (Hrsg.): Handbuch des Wirtschafts- und Steuerstrafrechts, 2014.

Wächter, Carl Georg von: Lehrbuch des Römisch-Teutschen Strafrechts. 2. Teil, 1826.

Wagner, Heinz: Die Theorie in der Rechtswissenschaft, in: JuS 1963, S. 457–465.

Wagner, Heinz: Amtsverbrechen, 1975.

Wagner, Heinz: Die Rechtsprechung zu den Straftaten im Amt seit 1975 – Teil 1, in: JZ 1987, S. 594- 605.

Wagner, Markus: Die Akzessorietät des Wirtschaftsstrafrechts: Zugleich ein Beitrag zu Begriff und Wesen des Wirtschaftsstrafrechts, Diss., 2016.

Walter, Michael: Zur Reichweite des Konzepts Kriminalität – Einige Überlegungen zur „Makrokriminalität", in: Krim. J., 1993, S. 117 - 133.

Walter, Tonio: § 298 StGB und die Lehre von den Deliktstypen, in: GA 2001, S. 131 - 141.

Walter, Tonio: Der Kern des Strafrechts, 2006.

Walther, Felix: Das Korruptionsstrafrecht des StGB, in: Jura 2010, S. 511–520.

Walther, Felix: Bestechlichkeit und Bestechung im geschäftlichen Verkehr. Internationale Vorgaben und deutsches Strafrecht, Diss., 2011.

Wankel, Hermann: Die Korruption in der rednerischen Topik und in der Realität des klassischen Athens, in: Schuller, Wolfgang (Hrsg.), Korruption im Altertum: Konstanzer Symposium, Oktober 1979, 1982, S. 29 - 48.

Wassermann, Rudolf: Strategien zur Eindämmung der Wirtschaftskriminalität, in: Schimmelpfennig (Hrsg.): Beiträge zur Wirtschaftskriminalität, Bd. 11, 1979, S. 28–52.

Waßmer, Martin Paul: Untreue bei Risikogeschäften, Habil., 1997.

Waßmer, Martin Paul: Die Europäisierung des Wirtschaftsstrafrechts, DGStZ 1/2017, 2–8.

Waßmer, Martin Paul: Unternehmensstrafrecht – quo vadis?, ZWH 2018, 233 - 238.

Waßmer, Martin Paul: Auslegungsprobleme der Strafvorschrift der „Manipulation von berufssportlichen Wettbewerben" (§ 265d StGB), ZWH 2019, 6–14.

Waßmer, Martin Paul: Strafrechtsübereinkommen des CoE über Korruption (III C 6.3), in: Grützner, Heinrich/Pötz, Paul-Günter/Kreß, Klaus/Gazeas, Nikolaos (Hrsg.): Internationaler Rechtshilfeverkehr in Strafsachen, 2019.

Waßmer, Martin Paul: Korruptionsstrafrecht, in: Louis, Jürgen/Glinder, Peter/Ders.: Korruptionsprävention in der öffentlichen Verwaltung: Handbuch für die kommunale Praxis, 2020, S. 223 – 365.

Wehler, Hans-Ulrich: Zum Verhältnis von Politikwissenschaft und Geschichtswissenschaft, in: Armingeon, Klaus (Hrsg.), Staatstätigkeiten, Parteien und Demokratie, 2013, S. 63 – 73.

Weigend, Thomas: Korruption und damit zusammenhängende Straftaten in internationalen Wirtschaftsbeziehungen – Die Vorkolloquien und Resolutionsentwürfe zur Vorbereitung des XVII. Internationalen Strafrechtskongresses der AIDP vom 12.–19. September 2004 in Peking, in: ZStW 2004, S. 242 ff.

Weiß, Matthias M.: UK Bribery Act 2010: Einführung in die Straftatbestände der Bestechung ausländischer Amtsträger und die Strafbarkeit von Unternehmen, in: HRRS 2014, S. 293–297.

Welzel, Hans: Das Deutsche Strafrecht. Eine systematische Darstellung, 11. Aufl. 1969.

Wentzell, Stefanie: Zur Tatbestandsproblematik der §§ 331, 332 StGB unter besonderer Berücksichtigung des Drittvorteils, Diss., 2004.

Wertheimer, Robert: Die Mischgesetze des Deutschen Straf-Gesetzbuchs: mit besonderer Berücksichtigung ihrer strafrechtlichen und strafprozessualen Behandlung, Diss., 1903.

Wessels, Johannes/Beulke, Werner/Satzger, Helmut: Strafrecht Allgemeiner Teil. Die Straftat und ihr Aufbau, 49. Aufl., 2019.

Wessels, Johannes/Hettinger, Michael/Engländer, Armin: Strafrecht Besonderer Teil 1. Straftaten gegen Persönlichkeits- und Gemeinschaftswerte, 41. Aufl., 2017.

Wewer, Göttrik: Politische Korruption, in: Holtmann, Everhard (Hrsg.): Politik-Lexikon, 3. Aufl. 2000, S. 509–512.

Wiehen, Michael H.: Kontrollinstrumentarien der Korruptionsprävention und -bekämpfung in Deutschland, in: ApuZ 32–33/2001, S. 15 – 20.

Wieland, Josef, Die Governance der Korruption, in: Jansen, Stephan A./Priddat, Birger P. (Hrsg.), Korruption Unaufgeklärter Kapitalismus – Multidisziplinäre Perspektiven zu Funktionen und Folgen der Korruption, 2005, S. 43 – 63.

Wittig, Petra: Wirtschaftsstrafrecht, 4. Aufl. 2017.

Wohlers, Wolfgang: Deliktstypen des Präventionsstrafrechts – zur Dogmatik „moderner" Gefährdungsdelikte, 2000.

Wohlers, Wolfgang: Rechtsgutstheorie und Deliktsstruktur, in: GA 2002, S. 15 – 20.

Wolf, Sebastian: Massnahmen internationaler Organisationen zur Korruptionsbekämpfung auf nationaler Ebene: Ein Überblick, 2006.

Wolf, Sebastian: Der Beitrag internationaler und supranationaler Organisationen zur Korruptionsbekämpfung in den Mitgliedstaaten, 2007.

Wolf, Sebastian: Politikwissenschaftliche Korruptionsforschung, in: Graeff/Grieger (Hrsg.), Was ist Korruption? Begriffe, Grundlagen und Perspektiven gesellschaftswissenschaftlicher Korruptionsforschung, 2012, S. 113 – 133.

Wollschläger, Sebastian: Der Täterkreis des § 299 Abs. 1 StGB und Umsatzprämien im Stufenwettbewerb, Diss., 2009.

Wolter, Jürgen: Notwendige Teilnahme und straflose Beteiligung, in: JuS 1982, S. 343 – 349.

Wolter, Jürgen (Hrsg.): Straftat, Strafzumessung und Strafprozeß im gesamten Strafrechtssystem, Straftatbegriff – Straftatzurechnung – Strafrechtszweck – Strafausschluß – Strafverzicht – Strafklagverzicht, 1996.

Wolter, Jürgen (Hrsg.): Systematischer Kommentar zum Strafgesetzbuch, Bd. VI, §§ 303– 358, 9. Aufl., 2016.

Wolters, Gereon: Das Unternehmensdelikt, 2001.

World Bank: Helping Countries Combat Corruption. The Role of the World Bank, September 1997 (http://www1.worldbank.org/publicsector/anticorrupt/ corruptn/corrptn.pdf).

Yarsuvat, Duygun/Bayraktar, Köksal/Yüzbaşıoğlu, Necmi/Bülbül, Erdoğan/Kocasakal, Ümit/Aksoy, Eylem/Memiş, Pınar/Kurt, Gülşah/Tansuğ, Çağla/Yılmaz, Didem: "Galatasaray Üniversitesi Hukuk Fakültesi TCK Tasarısı Hakkındaki Raporu", in: Ergül, Teoman (Ed.), Türk Ceza Kanunu Reformu, İkinci Kitap, Makaleler, Görüşler, Raporlar, s. 285–317 (zit. als: Der Bericht der Juristischen Fakultät von Universität Galatasaray).

Yemenici, Kürşat: Türk Hukukunda Nüfuz Ticareti Suçu, MA, 2015 (abrufbar unter https://tez.yok.gov.tr/UlusalTezMerkezi/).

Yenidünya, Caner: "2004 Türk Ceza Kanunu'nun Kamu İdaresinin Güvenilirliğine ve İşleyişine Karşı Suçlarına İlişkin Bölümü Hakkında Bir Değerlendirme", in: Kazancı Hukuk, İşletme ve Maliye Bilimleri Dergisi, Sayı:5, Ocak 2005, s. 121–130.

Yenisey, Feridun: Zum türkischen Straf- und Strafprozeßrecht. Entwicklungen zwischen 1983 und 1995, in: ZStW 1997, S. 243 – 265.

Yoldas, Yunus: Verwaltung und Moral in der Türkei, 2000.

Yumak, Semih: Eine alternative Sanktion zum Freiheitsentzug im deutschen und im türkischen Strafrecht: Die Verwarnung mit Strafvorbehalt (§ 59 StGB) und der Aufschub der Verkündung des Urteils (Art. 231 türk. StPO), MA, 2016.

Zachert, Hans Ludwig: Korruption und Korruptionsbekämpfung. Zehn Thesen, in: FES (Hrsg.), Korruption in Deutschland. Ursachen, Erscheinungsformen, Bekämpfungsstrategien, 1997, S. 85–93.

Zhang, Yan/Cao, Liqun/Vaughn, Michael S.: Social Support and Corruption: Structural Determinants of Corruption in the World, in: Australian and New Zealand J. of Criminology 42 (2009), S. 204–217.

Ziercke, Jörg: Wirtschaftskriminalität in der Bundesrepublik Deutschland: Fallbeispiele, Entwicklungstrends, Folgeschäden, in: Löhr, Albert/Burkatzki, Eckhard (Hrsg.): Wirtschaftskriminalität und Ethik, 2008, S. 25 - 43.

Zieschang, Frank: Das EU-Bestechungsgesetz und das Gesetz zur Bekämpfung internationaler Bestechung, in: NJW 1999, S. 105–107.

Zimmermann, Till: Korruption und Gubernation, in: ZStW 124 (2012), S. 1023–1063.

Zimmermann, Till: Das Unrecht der Korruption - Eine strafrechtliche Theorie, Habil., 2018.

Zimring, Franklin E./Johnson, David T.: On the Comparative Study of Corruption, The British Journal of Criminology. 45, no. 6, 2005, S. 793 - 809.

Zirpins, Walter: Wirtschaftskriminalität. Wesen und Gefährlichkeit der Wirtschaftsdelikte, in: Kriminalistik 1967, S. 576 ff.

Zirpins, Walter/Terstegen, Otto: Wirtschaftskriminalität. Erscheinungsformen und ihre Bekämpfung, 1963.

Zollner, Michael: Komplexität und Recht, Diss., 2014.

Zöller, Mark A.: Willkommen in Absurdistan - Neue Straftatbestände zur Bekämpfung des Terrorismus, in: GA 2010, S. 607 - 621.

Zöller, Mark A.: Bespr. v. BGH, Urt. v. 26.5.2011 - 3 StR 492/10, in: ZJS 2011, S. 550–556.

Berichte

Adli İstatistikler, 2018.

BKA, Bundeslagebild Korruption, 2004.

BKA, Bundeslagebild Korruption, 2014.

BKA, Bundeslagebild Korruption, 2016.

BKA, Bundeslagebild Korruption, 2017.

KOM-Bericht, 2014.

KOM-Bericht, 2017.

KOM-Bericht, 2018.

CoE, Explanatory Report to the Criminal Law Convention on Corruption, 1999.

CoE, Der Schutz von Whistleblower: Erläuternder Bericht zur Empfehlung, 2013 (https://rm.coe.int/16805c5ea1).

Darbishire, Helen/Quarz, Nicola/Semsrott, Arne/Trennheuser, Alexander: Transparenzranking 2017 (https://www.mehr-demokratie.de/fileadmin/pdf/2017-03-02_Transparenzranking.pdf).

Der Bericht der EU-Kommission über die Korruptionsbekämpfung in der EU: https://ec.europa.eu/home-affairs/sites/homeaffairs/files/e-library/documents/policies/organizedcrime-and-human-trafficking/corruption/docs/acr_2014_de.pdf.

Der Justizausschussbericht des StÄG v. 2012 (https://www.tbmm.gov.tr/sirasayi/donem24/yil01/ss278.pdf).

Die Botschaft über die Änderung des Schweizerischen Strafgesetzbuches und des Militärstrafgesetzes (Revision des Korruptionsstrafrechts) sowie über den Beitritt der Schweiz zum Übereinkommen über die Bekämpfung der Bestechung ausländischer Amtsträger im internationalen Geschäftsverkehr vom 19.4.1999.

Die schweizerische Botschaft über die Genehmigung und die Umsetzung des Strafrechts-Übereinkommens und des Zusatzprotokoll des Europarates über Korruption vom 10.11.2004 (Änderung des Strafgesetzbuches und des Bundesgesetzes gegen den unlauteren Wettbewerb).

Die Vorkolloquien und Resolutionsentwürfe zur Vorbereitung des XVII. Internationalen Strafrechtskongresses der AIDP vom 12.–19. September 2004 in Peking, in: ZStW 2004, S. 242 ff.

EU, KOM (2003) 317.

GRECO, Third Evaluation Round, Evaluation Report on Germany on Incriminations (ETS 173 and 191): https://www.coe.int/t/dghl/monitoring/greco/evaluations/round3/GrecoEval3(2009)3_Germany_One_EN.pdf.

GRECO, RC-III (2012) 4E: Üçüncü Aşama İncelemesi, Türkiye'de Suç Haline Getirme (ETS 173, 191, GPC 2) Değerlendirme Raporu (Tema I), http://www.uhdigm.adalet.gov.tr/greco/greco_turkiye_raporlar/TEMA%20I%20-%20suc_haline_getirme.pdf.

GRECO, Üçüncü Değerlendirme Aşaması Türkiye Hakkında İkinci Uygunluk Raporu, http://www.uhdigm.adalet.gov.tr/greco/greco_turkiye_raporlar/GrecoRC3(2013)27_Second_ Turkey_TR.pdf.

OECD, Specialised Anti-Corruption Institutions. REVIEW OF MODELS. Anti-Corruption Network for Eastern Europe and Central Asia, 2008 (https://www.oecd-ilibrary.org/docserver/9789264039803-en.pdf?expires=1583312751&id=id&accname=oid012784&checksum=1748F69DC4086E460833CC77B61E5F37).

OECD, Leitsätze für multinationale Unternehmen, 2011 (https://mneguidelines.oecd.org/48808708.pdf).

PKS, Jahrbuch 2018.

Strafverfolgungsstatistik, 2018.

TEPAV, Yolsuzlukla Mücadele, TBMM Raporu "Bir Olgu Olarak Yolsuzluk: Nedenler, Etkiler, Çözüm Önerileri", 2006.

The Bribery Act 2010, abrufbar unter: https://www.legislation.gov.uk/ukpga/2010/23/pdfs/ukpga_20100023_en.pdf.

TI, Corruption and the Environment, 2006.

TI, Positionspapier zur Ämterpatronage, 2009.

TI, Führungsgrundsätze für kleine und mittlere Unternehmen zur Bekämpfung von Korruption, 2014, abrufbar unter (https://www.transparency.de/fileadmin/Redaktion/Publikationen/2014/Fuehrungsgrundsaetze_KMU_TransparencyDeutschland_2014.pdf).

TI, Türkiye Şeffaflık Sistemi Analizi, 2016.

TI, Türkiye'de Yolsuzluk, 2016, abrufbar unter http://www.seffaflik.org/wp-content/uploads/2016/03/Uluslararası-Şeffaflık-Derneği-Yolsuzluk-Araştırması-2.pdf.

UNESCAP, Was is Good Governance?, https://www.unescap.org/sites/default/files/good-governance.pdf.

UNODC Indonesia, Impact of Corruption on the Environment and the United Nations Convention against Corruption, 2012 (https://www.unodc.org/documents/corruption/Publications/2012/Corruption_Environment_and_the_UNCAC.pdf).

United Nations Global Compact, Business Against Corruption – A Framework for Action, 2011 (https://www.unglobalcompact.org/docs/news_events/8.1/bac_fin.pdf).

Wörterbuch und Lexikon

Brockhaus Enzyklopädie, Jahrbuch 2006, 21. Aufl.

Wörterbuch der deutschen Gegenwartssprache, 1967 (https://www.dwds.de/).

Das Etymologische Wörterbuch des Deutschen (nach Pfeifer), 1993 (https://www.dwds.de/).

Kluge, Friedrich: Etymologisches Wörterbuch der deutschen Sprache, 2002.

Wahrig-Burfeind, Renate: Wahrig Deutsches Wörterbuch: mit einem Lexikon der deutschen Sprachlehre, 2006.

Hau, Rita, and Ursula Martini: PONS Wörterbuch für Schule und Studium Latein-Deutsch, 2012.

Duden-Online-Wörterbuch (https://www.duden.de/).

Bulitta, Erich/Bulitta, Hildegard: Wörterbuch der Synonyme und Antonyme Sinn- und sachverwandte Wörter und Begriffe sowie deren Gegenteil und Bedeutungsvarianten, 2003.

Görner, Herbert/Kempcke, Günter: Wörterbuch Synonyme, Dtv, 2005.

Nohlen, Dieter/Schultze, Rainer-Olaf: Lexikon der Politikwissenschaft: Theorien, Methoden, Begriffe, 2010.

Nohlen, Dieter/Grotz, Florian (Hrsg.): Kleines Lexikon der Politik, 2011.

Meyer, Hermann Julius/Preuß, Gisela: Meyers Handbuch über die Wirtschaft. 1970.

Duden Wirtschaft von A bis Z: Grundlagenwissen für Schule und Studium, Beruf und Alltag, 2013.

Kompakt-Lexikon Wirtschaft: 5.400 Begriffe nachschlagen, verstehen, anwenden, Piekenbrock/Hasenbalg (Hrsg.), Springer Gabler, 2014.

West's Law and Commercial Dictionary in five languages: definitions of the legal and commercial terms and phrases of American, English and civil law juristrictions, 1985.

Black, Henry Campbell: Black's law dictionary, 2009.

Creifelds, Carl/Weber, Claus/Cassardt, Gunnar: Rechtswörterbuch. 2014.

Köbler, Gerhard: Juristisches Wörterbuch: für Studium und Ausbildung, 2016.

Liebs, Detlef/Lehmann, Hannes/Strobel, Gallus/Möhring, Praxedis: Lateinische Rechtsregeln und Rechtssprichwörter, 2007.

Internetquellen

Interview mit dem Jens Ivo Engels, http://www.deutschlandradiokultur.de/gebe-nund-nehmen-jede-gesellschaft-braucht-ein-bisschen.954.de.html?dram:article_id=288983.

Über Pierre Bourdieu: https://www.deutschlandfunk.de/das-denken-pierre-bourdieus-im-21-jahrhundert-nochfeinere.1184.de.html?dram:article_id=398990.

Das preußische StGB v. 1851: http://www.koeblergerhard.de/Fontes/StrafgesetzbuchPreussen1851.pdf.

Das Strafgesetzbuch für das Deutsche Reich vom 15. Mai 1871: https://lexetius.com/leges/StGB/Inhalt?1.

Der Erlass zur Verhütung und Bekämpfung von Korruption in der öffentlichen Verwaltung, NRW, abrufbar unter https://recht.nrw.de/lmi/owa/br_text_anzeigen?v_id=54020150224090532740.

Der französische Code Pénal, abrufbar unter https://www.bijus.eu/?p=10720.

Die Entscheidung des türkischen Militärgerichts des Generalstabs im Jahr 2006: http://www.hurriyet.com.tr/gundem/ilhami-erdile-2-5-yil-hapis-cezasi-3901422.

Die türkische Verfassung, http://www.tuerkei-recht.de/downloads/verfassung.pdf.

Der Justizausschussbericht des türk. StGB v. 2004 (amtliche Begründung), www.ceza-bb.adalet.gov.tr/mevzuat/maddegerekce.doc.

Die englische Auffassung des russischen StGB, http://www.russian-criminal-code.com/PartII/SectionX/Chapter30.html.

https://www.fr.de/kultur/literatur/ethisch-selbstzufrieden11061061.html

Das heilige Buch des Islams: https://koransuren.com/

Internetadressen sind, soweit nicht anders angegeben, zuletzt im Dezember 2019 abgerufen worden.

www.ingramcontent.com/pod-product-compliance
Ingram Content Group UK Ltd.
Pitfield, Milton Keynes, MK11 3LW, UK
UKHW021420091026
15624UKWH00010B/256

9 783631 829325